浙江文化艺术发展基金资助项目
浙江省新型重点专业智库杭州国际城市学研究中心
浙江省城市治理研究中心成果

浙江智库
ZHEJIANG
THINK TANK

王国平 总主编

吴铮强 胡潮晖 编

南宋全书

第 11 册 南宋诏令编年（附金、夏、蒙元）（一）

南宋文献集成

浙江大学出版社 · 杭州
ZHEJIANG UNIVERSITY PRESS

南宋全书编辑委员会

《南宋全书》总序

王国平

　　2007 年 12 月 22 日,举世瞩目的我国南宋商船"南海一号"在广东阳江海域打捞出水。根据探测情况估计,整船金、银、铜、铁、瓷器等文物可能达到 6 万—8 万件,据说皆为稀世珍宝。迄今为止,除了中国,全世界都未曾发现过如此巨大的千年古船。"南海一号"的发现,在世界航海史上堪称一大奇迹,也填补与复原了南宋海上"丝绸之路"历史的一些空白。[①] 不少专家认为"南海一号"的价值和影响力将不亚于西安秦始皇兵马俑。这艘沉船虽然出现在广东海域,但反映了整个南宋经济、文化的繁荣,标志着南宋社会的开放,也表明当时南宋引领着世界经济的发展。作为南宋政治、经济、文化、科技中心的都城临安(浙江杭州),则是南宋社会繁华与开放的代表。从某种意义上讲,没有以临安为代表的南宋的繁荣与开放,就会有今日"南海一号"的发现;而"南海一号"的发现,也为我们重新审视与评价南宋,带来了最好的注解、最硬的实证。

　　提起南宋,往往众说纷纭,莫衷一是。长期以来,不少人把"山外青山楼外楼,西湖歌舞几时休?暖风熏得游人醉,直把杭州作汴州"[②]这首曾写在临安城一家旅店墙上的诗,当作当时南宋王朝的真实写照。虽然近现代已有海内外学者开始重新认识南宋,但相当一部分人仍认为南宋军事上妥协投降、苟且偷安,政治上腐败成风、奸相专权,经济上积贫积弱、民不聊生,生活上纸醉金迷、纵情声色,总之,把南宋王朝视为一个只图享受、不思进取的偏安小朝廷。导致这种历史误解的原因,

---

　　① 见《"南海一号"成功出水》一文,载《人民日报》2007 年 12 月 23 日。

　　② (南宋)林升:《题临安邸》,转引自田汝成:《西湖游览志余》卷二《帝王都会》,上海古籍出版社 1980 年版,第 14 页。

在很大程度上是人们对患有"恐金病"的宋高宗和权相秦桧一伙倒行逆施的义愤,这是可以理解的。但是,我们决不能坐在历史的成见之上人云亦云。只要我们以对历史负责、对时代负责、对未来负责的精神和科学求实的态度,以科学发展观为指导,对南宋进行全面、深入、系统的研究,将南宋放到当时的历史发展阶段中,放到中国社会发展的历史长河中,放到整个世界的文明进程中考察,就不难发现南宋在经济政治、思想文化、科学技术、国计民生等方面所取得的成就,就不难发现南宋对中华文明产生的巨大影响,以此对南宋做出科学、客观、公正的评价,"还原一个真实的南宋"。

宋钦宗靖康元年(1126)闰十一月,金军攻陷北宋京城开封。次年三月,金军俘徽、钦二帝北去,北宋灭亡。同年五月,宋徽宗第九子、钦宗之弟赵构,在应天府(河南商丘)即位,是为高宗,改元建炎,重建赵宋王朝。建炎三年(1129)二月,高宗来到杭州,改州治为行宫,七月升杭州为临安府。此时起,杭州实际上已成为南宋的都城。绍兴八年(1138),南宋宣布临安府为"行在所",正式定都临安。自建炎元年(1127)赵构重建宋室,至祥兴二年(1279)帝昺蹈海灭亡,历时 153 年,史称"南宋"。

我们认为,研究与评价南宋,不应当仅仅以王朝政权的强弱为依据,而应当坚持"以人为本"理念,以人们生存与生活状态的改善作为社会进步的根本标准。许多人评价南宋,往往把南宋朝廷作为对象,我们认为所谓"南宋",不仅仅是一个历史王朝的称谓,而主要是指一个特定的历史阶段和历史时期。在马克思主义看来,历史的进步是社会发展和人的发展相统一的过程,"人们的社会历史始终只是他们的个体发展的历史",①未来理想社会"以每个人的全面而自由的发展为基本原则"。② 人是社会发展的主体,人的自由与全面发展是社会进步的最高目标。这就要坚持"以人为本"的科学发展观,将人的生存与全面发展作为评价一个历史阶段的根本依据。南宋时期,虽说尚处在中国封建社会的中期,人的自由与发展受到封建集权思想与皇权统治的严重束缚,但与宋代以前漫长的封建历史时期相比,这一时期出现的对人的生存与生活的关注度以及南宋人的生活质量和创造活力达到的高度都是前所未有的。

研究与评价南宋,不应当仅仅以军事力量的大小作为评价依据,还应当以其社会经济、文化整体状况与发展水平的高低作为重要依据。我们评判一个朝代,不仅要考察其军事力量的大小,更要看其在经济、文化、科技、社会等各方面取得

---

① 《马克思恩格斯选集》第 4 卷,人民出版社 1995 年版,第 321 页。
② 《马克思恩格斯选集》第 23 卷,人民出版社 1995 年版,第 649 页。

的成就。两宋立国 320 年,虽不及汉唐、明清国土辽阔,却以在封建社会中无可比拟的繁荣和社会发展的高度,跻身于中国古代最辉煌的历史时期之列。无论文化教育的普及、文学艺术的繁荣、学术思想的活跃、科学技术的进步,还是社会生活的丰富多彩,南宋都达到了前所未有的程度,在当时世界上也都处于领先地位。著名史学家邓广铭认为"宋代的文化,在中国封建社会历史时期之内,截至明清之际西学东渐的时期为止,可以说,已经达到了登峰造极的高度"。① 研究与评价南宋,不能仅仅以某些研究的成果或所谓的"历史定论"为依据,而应当以其在人类文明进步中扮演的角色,以及对后世的影响作为重要标准。宋朝是中国封建社会里国祚最长的朝代,也是封建文化发展最为辉煌的时期。南宋虽然国土面积只有北宋的 3/5 左右,却维持了长达 153 年(1127—1279)的统治。南宋不但对中国境内同时代的少数民族政权和周边国家产生了积极影响,而且对后世中华文化产生了巨大影响。正如近代著名思想家严复认为:"中国所以成于今日现象者,为善为恶,姑不具论,而为宋人所造就,什八九可断言也。"② 近代史学大师陈寅恪先生也曾经指出:"华夏民族之文化,历数千载之演进,造极于赵宋之世。"③ 因此,我们既要看到南宋王朝负面的影响,更要充分肯定南宋的历史地位与历史影响,只有这样,才能"还原一个真实的南宋"。

一、在政治上,不但要看到南宋王朝外患深重、苟且偷安的一面,更要看到爱国志士精忠报国、南宋政权注重内治的一面

南宋时期民族矛盾异常尖锐,外患严重之至,前期受到北方金朝的军事讹诈和骚扰掠夺,后期又受到蒙元的野蛮侵略。这些矛盾长期威胁着南宋政权的生存与发展。在此情形下,南宋初期朝廷中以宋高宗为首的主和派,积极议和,向女真贵族纳贡称臣。南宋王朝确实存在消极抗战、苟且偷安的一面,但也要承认南宋王朝大多君王始终怀有收复中原的愿望。南宋将杭州作为"行在所",视作"临安"而非"长安",也表现了南宋统治集团不忘收复中原的意愿。我们更应该看到南宋 153 年中,涌现了以岳飞、文天祥为代表的一大批爱国将领和数百名爱国仁人志士。这是中国古代任何一个朝代都难以比拟的。

同时,南宋政权也十分注重内治,在加强中央集权制度,推行"崇尚文治"政策,倡导科举不分门第等方面均有重大建树。其主要表现在以下几方面。

1. 从军事斗争上看,南宋是造就爱国志士、民族英雄的时代

南宋王朝长期处于外族入侵的严重威胁中,为此南宋军民进行了 100 多年

① 邓广铭:《宋代文化的高度发展与宋王朝的文化政策》,《历史研究》1990 年第 1 期。
② 严复:《严几道与熊纯如书札节钞》,江苏古籍出版社 1999 年影印本,载《学衡》第 13 期。
③ 《陈寅恪先生文集》第 2 卷,上海古籍出版社 1980 年版,第 245 页。

艰苦卓绝的抵抗斗争,涌现了无数气壮山河、可歌可泣的爱国事迹和民族英雄。因而,南宋是面对强敌、英勇抗争的时代。众所周知,金朝是中国历史上继匈奴、突厥、契丹以后一个十分强大的少数民族政权,并非昔日汉唐时期的匈奴、突厥与之后明清时期的蒙古可比。金军先后灭亡了辽朝和北宋,南侵之势简直锐不可当,但南宋军民浴血奋战,虽屡经挫折,终于抵挡住了南侵金军一次又一次的进攻,使南宋在外患深重的困境中站稳了脚跟。在持久的宋金战争中,南宋的军事力量不但没有削弱,反而逐渐壮大起来。南宋后期的蒙元军队则更为强大,竟然以20年左右的时间横扫欧亚大陆,使全世界都谈"蒙"色变。南宋的军事力量尽管相对弱小,又面对当时世界上最为强大的蒙元军队,但广大军民同仇敌忾,顽强抵抗了整整45年之久,这不能不说是世界抗击蒙元战争史上的一个奇迹。①

南宋是呼唤英雄、造就英雄的时代。在旷日持久的宋金战争中,造就了以宗泽、韩世忠、岳飞、刘锜、吴玠吴璘兄弟为代表的一批南宋爱国将领。特别是民族英雄岳飞率领的岳家军,更使金军闻风丧胆。在南宋抗击蒙元的悲壮战争中,前有孟珙、王坚等杰出爱国将领,后有文天祥、谢枋得、陆秀夫、张世杰等抗元英雄。其中民族英雄文天祥领导的抗元斗争,更是可歌可泣,彪炳史册。

南宋是激发爱国热忱、孕育仁人志士的时代。仅《宋史·忠义列传》就收录有爱国志士277人,其中大部分是南宋人。② 南宋初期,宗泽力主抗金,并屡败金兵,因不能收复北宋失地而死不瞑目,临终时连呼3次"过河";洪皓出使金朝,被流放冷山,历尽艰辛,终不屈服,被比作宋代的苏武;陆游"死去元知万事空,但悲不见九州同"的诗句,表达了他渴望祖国统一的遗愿;辛弃疾的词则抒发了盼望祖国统一和反对主和误国的激情。因此,我们认为,南宋不但是造就民族英雄的时代,也是孕育爱国政治家、军事家、文学家和思想家的沃土。

2. 从政治制度上看,南宋是宋代继续加强中央集权、"干强枝弱"的时期

宋朝在建国之初,鉴于前朝藩镇割据、皇权削弱的经验教训,通过采取"强干弱枝"政策,不断加强中央集权统治。这一政策在南宋时得到了进一步强化。北宋王朝在中央权力上,实行军政、民政、财政"三权分立",削弱宰相的权力与地位;在地方权力上,中央派遣知州、知县等地方官,将原节度使兼领的"支郡"收归中央直接管辖;在官僚机构上,实行官(官品)、职(头衔)、差遣(实权)三者分离制度;在财权上,设置转运使掌管各路财赋,将原藩镇把持的地方财权收归中央;在

---

① 参见何忠礼《论南宋定都杭州对当地经济文化的重大影响》,载《杭州研究》2007年第2期。
② 俞兆鹏:《南宋人才之盛及其原因》,《杭州日报》2005年11月14日。

司法权上,设置县尉等职,将方镇节度使掌握的地方司法权收归中央;在军权上,实行禁军"三衙分掌",使握兵权与调兵权分离、兵与将分离,将各州军权牢牢地控制在中央手里,从而加强了中央对政权、财权、军权等方面的全面控制。南宋继承了北宋加强中央集权的这一系列措施,为维护国家内部统一、社会稳定和经济发展提供了良好的国内环境。尽管多次出现权相政治,但皇权仍旧稳定如故。

3. 从用人制度上看,南宋是所谓"皇帝与士大夫共治天下"的时代

两宋统治集团始终崇尚文治,尊重知识分子,重用文臣,提倡教育和养士,优待知识分子。与秦代"焚书坑儒"、汉代"罢黜百家"、明清"文字狱"相比,两宋时期可谓封建社会思想文化环境最为宽松的时期,客观上对经济、社会、文化发展起到了积极的促进作用。①

推行"崇尚文治"政策。宋王朝对文人士大夫采取了较为宽松宽容的态度,"欲以文化成天下",对士大夫待之以礼、"不得杀士大夫及上书言事人",②确立了"兴文教,抑武事"③的"崇文抑武"大政方针。两宋政权将"右文"定为国策。在这种政治氛围下,知识分子的思想十分活跃,参政议政的热情空前高涨,在一定程度上出现了"皇帝与士大夫共治天下"的局面,从而有力地推动了宋代思想、学术、文化的大发展。正由于两宋重用文士、优待文士,不杀文臣,因而南宋时常有正直大臣敢于上疏直谏,甚至批评朝政乃至皇帝的缺点,这与隋唐、明清时期动辄诛杀士大夫的政治状况大不相同。

采取"寒门入仕"政策。为了吸收不同阶层的知识分子参加政权,两宋对选才用人的科举制度进行了改革,消除了魏晋以来士族门阀造成的影响。两宋科举取士几乎面向社会各个阶层,再加上科举取士的名额不断增加,在社会各阶层中形成了"学而优则仕"之风。南宋时期,取士更不受出身门第的限制,只要不是重刑罪犯,即使工商、杂类、僧道、农民,甚至是杀猪宰牛的屠户,都可以应试授官。南宋的科举登第者多数为平民,如在宝祐四年(1256)登科的601名进士中,平民出身者就占了70%。④

二、在经济上,不但要看到南宋连年岁贡不断、赋税沉重的状况,更要看到整个南宋生产发展、经济繁荣的一面

人们历来有一种误解,认为南宋从立国之日起,就存在着从北宋带来的"积贫积弱"老毛病。确实,南宋王朝由于长期处于前金后蒙的威胁之下,迫使其不

① 参见郭学信《试论两宋文化发展的历史特色》,载《江西社会科学》2003 年第 5 期。
② 陶宗仪:《说郛》卷三九上,《景印文渊阁四库全书》,台湾商务印书馆,1986 年版。
③ 李焘:《续资治通鉴长编》卷一八,"太平兴国二年正月丙寅"条,中华书局 2004 年版,第 392 页。
④ 俞兆鹏:《南宋人才之盛及其原因》,《杭州日报》2005 年 11 月 14 日。

诗新境界,其影响直到清末民初。宋诗完全有资格在中国诗史上与唐诗双峰并峙,两水并流。三是话本兴起。南宋话本小说出现,在中国文学史上是一件极有意义的大事,标志着中国小说的发展已进入一个新阶段。宋代话本为中国小说的发展注入了新鲜活力,迎来了明清小说的繁荣局面。南宋还出现了以《沧浪诗话》为代表的具有现代审美特征的开创性的文学理论著作。四是南戏的出现。南宋初年,出现了具有很强的现实性和感染力的"戏文",统称"南戏"。南宋戏文是元代杂剧的先驱,它的出现标志着中国古代戏曲艺术的成熟,为我国戏剧发展奠定了雄厚基础。① 五是绘画的高峰。宋代是中国绘画史上的鼎盛时期,标志我国古代时期绘画高峰的出现。有研究者认为"吾国画法,至宋而始全"。② 宋代画家多达千人左右,以李唐、刘松年、马远、夏圭等人为代表的南宋著名画家,他们的作品在画坛至今仍享有崇高地位。此外,南宋的多位皇帝和后妃也都是绘画高手。南宋绘画题材多样,山水、人物、花鸟画等并盛于世,尤以山水画最为突出,对后世影响极大。南宋画家称西湖景色最奇者有十,这就是著名的"西湖十景"的由来。宋代工艺美术造型、装饰与总体效果堪称中国工艺史上的典范,为明清工艺美术争相效仿的对象。此外,南宋的书法、雕塑、音乐、歌舞等艺术门类也都有长足的发展。

3. 南宋是古代中国文化教育的兴盛时期

宋代统治者大力倡导学校教育,将"崇经办学"作为立国之本,使宋代的教育体制较之汉唐更加完备和发达。南宋官私学盛,彻底打破了长期以来士族地主垄断教育的局面,使文化教育下移,教育更加大众化,适应了平民百姓对文化教育的需求,推动了文化大普及,提高了全社会的文化素质,促进了南宋社会文化事业进步和发展。在科举考试推动下,南宋的中央官学、地方官学、书院和私塾村校并存,各类学校都获得了蓬勃的发展。南宋各州县普遍设立了公立学校,其规模、条件、办学水平,较之北宋有了更大发展。由于理学家的竭力提倡和科举考试的需要,南宋地方书院得到了大发展。宋代共有书院 397 所,其中南宋占310 所。③ 南宋私塾村校遍及全国各地,学校教育由城镇延伸到乡村,南宋教育达到前所未有的普及程度。

4. 南宋是古代中国史学的繁荣时期

南宋以"尊重和提倡"的形式,鼓励知识分子重视历史,研究历史,"思考历代

---

① 参见何忠礼、徐吉军《南宋史稿》,杭州大学出版社 1999 年版,第 657 页。
② 潘天寿:《中国绘画史》,上海人民美术出版社 1983 年版,第 158 页。
③ 何忠礼:《论南宋定都杭州对当地经济文化的重大影响》,《杭州研究》2007 年第 2 期。

治乱之迹"。陈寅恪先生指出:"中国史学莫盛于宋。"①南宋史学家袁枢的《通鉴纪事本末》,创立了以重大历史事件为主体,分别立目,完整记载历史事件的纪事本末体;朱熹的《资治通鉴纲目》创立了纲目体;朱熹的《伊洛渊源录》则开启了记述学术宗派史的学案体之先河。南宋在历史上第一次提出了"经世致用"的修史思想。南宋史学家不仅重视当代史的研究,而且力主把历史与现实结合起来,从历史上寻找兴衰之源,以史培养爱国、有用的人才。这些都对后代的史学家有很大的启迪和教益。

四、在科技上,既要看到整个宋代在中国古代科技史上的地位,也要看到南宋对古代中国科学技术的杰出贡献

宋代统治集团对在科学技术上有重要发明及创造、创新之人给予物质和精神奖励,为宋代科技发展与进步注入了前所未有的强大动力。宋朝是当时世界上发明创造最多的国家,也是古代中国为世界科技发展贡献最大的时期。英国学者李约瑟说:"每当人们在中国的文献中查找一种具体的科技史料时,往往会发现它的焦点在宋代,不管在应用科学方面或纯粹科学方面都是如此。"②中国历史上的重要发明,一半以上都出现在宋朝。宋代的不少科技发明不仅在中国科技史上,而且在世界科技史上也号称第一。《梦溪笔谈》的作者沈括、活字版印刷术的发明者毕昇这两位钱塘(浙江杭州)人,都是中外公认的中国古代伟大科学巨匠。南宋的科技在北宋基础上进一步得到发展,其科技成就在很多方面居于世界领先地位。

1. 南宋对中国古代"三大发明"的贡献

活字印刷术、指南针与火药三大发明,在南宋时期获得进一步的完善和发展,并开始了大规模的实际应用。指南针在航海上的应用,始见于北宋末期,南宋时的指南针已从简单的指针,发展成为比较简易的罗盘针,并被应用于航海上,是一项具有世界意义的重大发明。李约瑟指出,指南针在航海中的应用,是"航海技艺方面的巨大改革","预示计量航海时代的来临"。中国古代火药和火药武器的大规模使用和推广也始自南宋。南宋出现的管形火器,是世界兵器史上十分重要的大事,近代的枪炮就是在这种原始的管形火器基础上发展起来的。此外,南宋还广泛使用威力巨大的火炮作战,充分反映了南宋火器制造技术的巨大进步。南宋开始推广使用活字印刷术,出现了目前世界上第一部活字印本。此外,南宋的造纸技术更为发达,生产规模大为扩展,品种繁多,质量之高,近代

---

① 陈寅恪:《陈垣〈明季滇黔佛教考〉序》《陈垣〈元西域人华化考〉序》,载《金明馆丛稿二编》,上海古籍出版社1980年版,第238、240页。

② [英]李约瑟:《李约瑟文集》,辽宁科技出版社1986年版,第115页。

也多不及。

2. 南宋在农业技术理论上的重大突破

南宋陈旉所著《陈旉农书》是我国现存最早的有关南方农业生产技术与经营的农学著作。他是中国农学史上第一个提出土地利用规划技术的人。陈旉在《农书》中首先提出了土壤肥力论等多种土地的利用和改造之法,并对搞好农业经营管理提出了卓越的见解。稻麦两熟制、水旱轮作制、"耕耙耖"耕作制,在南宋境内都得到了较好的推广。植物谱录在南宋也大量涌现。《橘录》是我国最早的柑橘专著;《菌谱》是世界历史上最早的菌类专著;《全芳备祖》是世界最早的植物学辞典,比欧洲要早300多年;《梅谱》是我国最早的有关梅花的专著。

3. 南宋在制造技术上的高度成

就宋代冶金技术居世界最高水平,南宋对此作出了卓越贡献。在有色金属开采与冶炼方面,南宋发明了"冶银吹灰法"和"铜合金铁"冶炼法;在煤炭开发利用上,南宋开始使用焦煤炼铁(而欧洲人是在18世纪时才采用焦煤炼铁的),是我国冶金史上具有重大意义的里程碑。南宋是我国纺织技术高度发展时期,特别是蚕桑丝绸生产,已形成了一整套从栽桑到成衣的过程,生产工具丰富,为明清的丝绸生产技术奠定了基础。南宋的丝纺织品、织造和染色技术在前代的基础上达到了一个新水平。南宋瓷器无论在胎质、釉料,还是在制作技术上,都达到了新的高度。同时,南宋的造船、建筑、酿酒、地学、水利、天文历法、军器制造等方面技术水平,也都比过去有很大的进步。如南宋绍熙元年绘制、淳祐七年刻石的"宋淳祐天文图"(又称苏州石刻天文图)是世界上现存年代最早、存星最多的石刻天文图,绘于南宋绍定二年(1229)的石刻《平江图》,是我国现存最古老、最完整的城市规划图,至今仍完好地保存在苏州碑刻博物馆。

4. 南宋在数学领域的巨大贡献

南宋数学不仅在中国数学史上,而且在世界数学史上取得了极为辉煌的成就。南宋杰出的数学家秦九韶撰写的《数书九章》提出的"正负开方术",与现代求数学方程正根的方法基本一致,比西方早500多年。另一位杰出的数学家杨辉,编撰有《详解九章算法》《日用算法》《乘除通变本末》《田亩比类乘除捷法》《续古摘奇算法》(《乘除通变本末》《田亩比类乘除捷法》《续古摘奇算法》三者合称为《杨辉算法》)等十余种数学著作,收录了不少我国现已失传的数学著作中的算题和算法。杨辉对二阶等差级数求和的论述,使之成为继沈括之后世界上最早研究高阶等差级数的人。杨辉发明的"九归口诀",不仅提高了运算速度和精确度,而且还对我国珠算的发明起到了重要作用。李约瑟把宋代称为"伟大的代数学家的时代",认为"中国的代数学在宋代达到最高峰"。①

5.南宋在医药领域的重要贡献

南宋是中国法医学正式形成的时期。宋慈的《洗冤集录》是世界上第一部法医学专著,比西方早350余年。它不仅奠定了我国古代法医学的基础,而且被奉为我国古代"官司检验"的"金科玉律",并对世界法医学产生了广泛影响。南宋是中国针灸医学的极盛时期。王执中的《针灸资生经》和闻人耆年《备急灸法》两书,皆集历代针灸学知识之大全,反映了当时针灸学的最高水平。南宋腧穴针灸铜人是针灸学上第一具教学、临床用的实物模型。陈自明著的《外科精要》一书对指导外科的临床应用具有重要意义。陈自明的《妇人大全良方》是著名的妇产科著作,直到明清时期仍被妇科医生奉为经典。朱瑞章的《卫生家宝产科方》,被称为"产科之荟萃,医家之指南"。无名氏的《小儿卫生总微论方》和刘昉的《幼幼新书》,汇集了宋以前在儿科学方面所取得的成就,是我国历史上较早的一部比较系统、全面的儿科学著作。许叔微的《普济本事方》是中国古代一部比较完备的方剂专书。

五、在社会上,不但要看到南宋一些富豪官绅生活奢华、挥霍淫乐的一面,更要看到南宋政府关注民生、注重民生保障的一面

南宋社会生活的奢侈之风,既是南宋官僚地主腐朽的集中反映,也是南宋经济文化空前繁荣的缩影。我们不但看到南宋一些富豪官绅纵情声色、恣意挥霍的社会现象,更要看到南宋政府倡导善举、关注民生、同情民苦的客观事实。②两宋社会保障制度,在中国古代救助史上占有重要地位,并为宋后社会保障制度的建立奠定了基础。有学者认为,中国古代真正意义上的社会保障事业是从两宋开始的。同时,两宋时期随着土地依附关系逐步解除和门阀制度崩溃,逐渐冲破了以前士族地主一统天下的局面。两宋社会结构开始调整重组,出现了各阶层之间经济地位升降更替、社会等级界限松动的现象,各阶层的价值取向趋近,促进社会各阶层融合,平民化、世俗化、人文化趋势明显。两宋社会平民化,不仅体现在科举面向社会各个阶层,取士不受出身门第限制,而且体现在官民身份可以相互转化,可以由贵而贱,由贱而贵;贫富之间既可以由富而贫,也可以由贫而富。③

1.南宋农民获得了更多的人身自由

两宋时期,租佃制普遍发展,这是古代专制社会中生产关系的一次重大调

---

① 参见《中国科学技术史》第1卷第1册,科学出版社1975年版,第273、284、287、292页。

② 邓小南:《宋代历史再认识》,《河北学刊》2006年第5期。

③ 郭学信:《宋代俗文化发展探源》,《西北师范大学学报》2005年第3期。

规模流通称为"金融革命"。① 纸币流通的意义远在金属铸币之上,表明我国在货币领域发展已走在世界前列。

两宋对世界文明进程的影响。宋代文化对世界文化的影响,主要表现在两宋的活字印刷术、火药、指南针的西传上。培根指出:"这三种发明已经在世界范围内把事物的全部面貌和情况都改变了:第一种是在学术方面,第二种是在战事方面,第三种是在航行方面;由此产生了无数的变化,这种变化是如此巨大,以至没有一个帝国,没有一个教派,没有一个赫赫有名的人物,能比得上这三种机械发明。"②马克思的评价则更高:"火药、指南针、印刷术——这是预告资产阶级到来的三大发明。火药把骑士阶层炸得粉碎,指南针打开了世界市场并建立了殖民地,而印刷术则变成了新教的工具和科学复兴的手段,变成对精神发展创造必要前提的强大杠杆。"③两宋"三大发明"对世界文明的决定性作用是毋庸赘言的。两宋科举考试制度也对法、美、英等西方国家选拔官吏的政治制度产生了直接作用和重要影响,被人誉为"中国的第五大发明"。

2. 南宋对中国古代与近代历史发展之影响

中外学者普遍认为:"这时的文化直至 20 世纪初都是中国的典型文化。其中许多东西在以后的一千年中是中国最典型的东西,至少在唐代后期开始萌芽,而在宋代开始繁荣。"④

南宋促进了中国市民阶层的形成。随着商品经济的繁荣,两宋时期不仅出现了一大批大、中、小商业城市与集镇,而且形成了杭州、开封、成都等全国著名商业大都市,第一次出现了城市平民阶层,呈现了中国古代社会前所未有的时代开放性。南宋市民阶层的出现,世俗文化与世俗经济的形成与繁荣,意味中国市民阶层已具雏形,开启了中国社会平民化进程。正由于两宋时期出现了欧洲近代前夜的一些特征,如大城市兴起、市民阶层形成、手工业发展、商业经济繁荣、对外贸易发达、流通纸币出现、文官制度成熟等现象,美国、日本学者普遍把宋代中国称为"近代初期"。⑤

南宋促成了中国经济重心南移。由于南宋商品经济空前发展,有些学者甚至断言,宋代已经产生了资本主义萌芽。西方有学者认为南宋已处在"经济革命时代"。随着宋室南下,南宋经济的发展与繁荣,使江南成为全国经济最为发达

① 参见张邦炜《瞻前顾后看宋代》,载《河北学刊》2006 年第 5 期。
② [英]培根:《新工具》,商务印书馆 1984 年版,第 103 页。
③ [德]马克思:《机械、自然力和科学应用》,人民出版社 1978 年版,第 67 页。
④ [美]费正清、赖肖尔:《中国:传统与变革》,江苏人民出版社 1995 年版,第 118—119 页。
⑤ 张晓淮:《两宋文化转型的新诠释》,《学海》2002 年第 4 期。

的地区。南宋时期,全国经济重心完成了由黄河流域向长江流域的历史性转移,我国经济形态自此逐渐从自然经济转向商品经济,从封闭经济走向开放经济,从内陆型经济转向海陆型经济。这是中国传统社会发展中具有路标性意义的重大转折。① 如果没有明清的海禁和极端专制的封建统治,中国的近代化社会也许会更早地到来。

南宋推进了中华民族大融合。南宋时期,中国社会出现了第三次民族大融合。宋王朝虽然先后被同时代的女真、蒙古民族征服,但无论前金还是后蒙,在其思想文化上,都被南宋代表的先进文化折服,融入中华民族大家庭之中。10—13 世纪,中原王朝与北方游牧民族时战时和、时分时合,使以农耕文化为载体的两宋文化迅速向北扩散播迁,女真、蒙古政权深受南宋代表的先进政治制度、社会经济和思想文化影响,表示出对南宋文化认同、追随、仿效与移植,自觉不自觉地接受了先进的南宋文化,使其从文字到思想、从典章制度到风俗习惯均呈现出汉化趋势。② 南宋文化改变了这些民族的文化构成,提高了其文化层位,加速了这些民族由落后走向进步的进程,从而在整体上提高了中国北部地区少数民族的文明程度。

南宋奠定了理学在封建正统思想中的主导地位。理学的形成与发展,是南宋文化对中国古代思想文化的重大贡献。南宋理宗朝时,理学被钦定为封建正统思想和官方哲学,确立了程朱理学的独尊地位,并一直垄断元、明、清三代的思想和学术领域长达 700 余年,其影响之深广,在古代中国没有其他思想可以与之匹敌。③ 同时,两宋时期开创了中国古代儒、佛、道"三教合流"的文化格局。与汉武帝"罢黜百家、独尊儒术"不同,南宋在大兴儒学的前提下,加大了对佛、道两教的扶持,出现了"以佛修心,以道养生,以儒治世"的"三教合一"的格局。自宋后,古代中国社会基本延续了以儒学为主体,以佛、道为辅翼的文化格局。

两宋对中国后世王朝政权稳定的影响。两宋王朝虽然国土面积前不及汉唐,后不如元明清,却是中国封建史上立国时间最长的王朝之一。两宋王朝之所以在外患深重的威胁下保持长治局面,很大程度上取决于两宋精于内治,形成了一系列的中央集权制度和民族认同感,因此,自宋朝后,中华民族"大一统"思想深入人心,中国历史上再也没有出现过地方严重分裂割据的局面。

3.南宋对杭州城市发展之影响

正是南宋经济、文化、社会各方面的高度发展,促成京城临安极度繁荣,成为

---

① 参见葛金芳《南宋:走向开放型市场的重大转折》,载《杭州研究》2007 年第 2 期。
② 参见虞云国《略论宋代文化的时代特点与历史地位》,载《浙江社会科学》2006 年第 3 期。
③ 参见何忠礼《论南宋在中国历史上的地位和影响》,载《杭州研究》2007 年第 2 期。

12—13 世纪最为繁华的世界大都会,也正是南宋带来民族文化大交流、生活方式大融合、思想观念大碰撞,形成了京城临安市民独特的生活观念、生活方式、性格特征、语言习惯。直到今天,杭州人独有的文化特质、社会习俗、生活理念,都深深地烙上了南宋社会的历史印迹。

京城临安,一座巍峨壮丽的世界级"华贵之城"。南宋朝廷立临安为行都,使杭州的城市性质与等级发生了根本性的巨大变化。从州府上升为国都,这是杭州城市发展的里程碑,杭州由此进入历史上最辉煌的时期。南宋统治者对临安城建设倾注了大量心血,并倾全国之人力、物力、财力加以精心营造。经过南宋诸帝持续的扩建和改建,南宋皇城布满了金碧辉煌、巍峨壮丽的宫殿,足可与北宋的汴京城媲美。南宋对临安府大规模地改造和扩建的杰出代表便是御街。南宋都城临安,经过 100 多年的精心营建,已发展成为百万以上人口的大城市,成为当时亚洲各国经济文化的交流中心,城市规模已名列 12—13 世纪时世界的首位。当时的杭州被意大利著名旅行家马可·波罗称赞为"世界上最美丽华贵之天城"。而 12 世纪时,美洲和大洋洲尚未被殖民者发现,非洲处于自生自灭状态,欧洲现有主要国家尚未完全形成,罗马内部四分五裂,北欧海盗肆虐,基辅大公国(俄罗斯)刚刚形成。① 到了南宋后期(即 13 世纪中叶)临安人口曾达到 150万—160 万人,此时,西方最大最繁华的城市威尼斯也只有 10 万人口,作为世界最著名的大都会伦敦、巴黎,直至 14 世纪的文艺复兴时期,其人口也不过 4 万—6 万人。② 仅从城市人口规模看,800 年前的杭州就已遥遥领先于世界各大城市。

京城临安,一座繁荣繁华的"地上天宫"。临安是全国最大的手工业生产中心。南宋临安工商业发达,手工业门类齐、制作精、分工细、规模大、档次高,造船、陶瓷、纺织、印刷、造纸等行业都建有大规模的手工业作坊,并有"四百一十四行"之说。临安是全国商业最为繁华的城市。临安城内城外集市与商行遍布,天街两侧商铺林立,早市夜市通宵达旦;城北运河樯橹相接、昼夜不舍,城南钱江两岸各地商贾海舶云集、桅杆林立。临安是璀璨夺目的文化名城。京城内先后集聚了李清照、朱熹、尤袤、陆游、杨万里、范成大、辛弃疾、陈起等一批南宋著名的文化人。临安雕版印刷为全国之冠,杭刻书籍为我国宋版书之精华。城内设有全国最高的学府——太学,规模最为宏阔,与武学、宗学合称"三学"。临安的教育事业空前繁荣。城内文化娱乐业发达,瓦子数量、百戏名目、艺人人数、娱乐项

---

① 参见何亮亮《从"南海"一号看中华复兴》,载《文汇报》2008 年 1 月 6 日。
② 参见何忠礼《论南宋在中国历史上的地位和影响》,载《杭州研究》2007 年第 2 期。

目和场所设施等方面,也都是其他城市无法比拟的。临安不但是全国政治中心,也是全国经济中心和文化中心。今日杭州之所以能成为"人间天堂",成为全国历史文化名城,成为我国七大古都之一,很大程度上就是得益于南宋定都临安,得益于南宋经济文化的高度繁荣。

京城临安,一座南北荟萃、精致和谐的生活城市。北方人口的优势,使南下的中原文化全面渗透到本土的吴越文化之中,形成了临安独特的社会生活习俗,并影响至今。临安的社会是本地居民与外来人员和谐相处的社会,临安的文化是南北文化交融、中外文化交流的结晶,临安的生活是中原风俗与江南民俗相互融合的产物。总之,南宋临安是一座兼容并蓄、精致和谐的生活城市。其表现为:一是南北交融的语言。经过 100 多年流行,北方话逐渐融合到吴越方言之中,形成了南北交融的"南宋官话"。有学者指出:"越中方言受了北方话的影响,明显地反映在今日带有'官话'色彩的杭州话里。"[①]二是南北荟萃的饮食。自南宋起,杭人饮食结构发生了变化,从以稻米为主,发展到米、面皆食。"南料北烹"美食佳肴,结合西湖文采,形成了具有鲜明特色的"杭帮菜系",而成为中国古代菜肴一个新高峰。丰富美味的饮食,致使临安人形成追求美食美味的饮食之风。三是精致精美的物产。南宋时期,在临安无论建筑寺观,还是园林别墅、亭台楼阁和小桥流水,无不体现了江南的精细精致,更有陶瓷、丝绸、扇子、剪刀、雨伞等工艺产品,做工讲究、小巧精致。四是休闲安逸的生活。城市的繁华与西湖的秀美,使大多临安人沉醉于歌舞升平与湖山之乐中,在辛劳之后讲究吃喝玩乐、神聊闲谈、琴棋书画、花鸟鱼虫,体现了临安人求精致、讲安逸、会休闲的生活特点,也反映了临安市民注重生活与劳作结合的城市生活特色,反映了临安文化的生活化与世俗化,并融入今日杭州人的生活观念中。

4. 借鉴南宋"体恤民生"的某些仁义之举,努力将今天的杭州建设成为一个全民共享的"生活品质之城"

南宋社会关注民生、同情民苦的仁义之举,尤其是针对不同人群建立较为完备的社会保障体系,在构建社会主义和谐社会,建设覆盖城乡、全民共享的"生活品质之城"的今天,有着特别重要的现实意义。建设覆盖城乡、全民共享的"生活品质之城",既是一项长期的历史任务,又是一个重大的现实课题。要使"发展为人民、发展靠人民、发展成果由人民共享、发展成效让人民检验"理念落到实处,就必须把老百姓的小事当作党委、政府的大事,以群众呼声为第一信号,以群众利益为第一追求,以群众满意为第一标准,树立起"亲民党委""民本政府"的良好

---

① 参见徐吉军《论南宋定都杭州对当地经济文化的重大影响》,载《杭州研究》2007 年第 2 期。

形象。要始终坚持以人为本、以民为先的理念,既要关注城市居民,又要关注农村居民;既要关注本地居民,又要关注外来创业务工人员;既要关注全体市民生活品质的整体提高,更要特别关注困难群众、弱势群体、低收入阶层生活品质的明显改善。要始终关注老百姓的衣食住行、安危冷暖、生老病死,让老百姓能就业、有保障,行得便捷、住得宽敞,买得放心、用得舒心,办得了事、办得好事,拥有安全感、安居又乐业,让全体市民共创生活品质、共享品质生活。

5.整合南宋"安逸闲适"的环境资源,推进杭州"东方休闲之都"和国际旅游休闲中心建设

杭州得天独厚的自然山水环境,经过南宋 100 多年来固江堤、疏西湖、治内河、凿新井、建宫城、造御街、设瓦子、引百戏等多方面的措施,形成都城左江(钱塘江)右湖(西湖)、内河(市区河道)外河(京杭运河)的格局,使杭州的生态环境、旅游环境、休闲环境大为改观,极大丰富了杭州的旅游资源。南宋不但为我们留下一块"南宋古都"的"金字招牌",还留下了安逸闲适的休闲环境和休闲氛围。在"三面云山一面城"的独特环境里,集中了江、河、湖、溪与西湖群山,出现了大批观光游览景点,并形成著名的"西湖十景"。沿湖、沿河、沿街的茶肆酒楼,鳞次栉比、生意兴隆;官私酒楼、大小餐馆充满"南料北烹"的杭帮菜肴和各地名肴;大街小巷布满大小馆舍旅店,是外地游客与应考士子的休息场所。同时,临安娱乐活动丰富多彩,节庆活动繁多。独特的自然山水、休闲的环境氛围,使临安人注重生活环境、讲究生活质量、追求生活乐趣。不但皇亲国戚、达官贵人纵情山水、赏花品茗,过着高贵奢华的休闲生活,而且文人士大夫交结士朋、寄情适趣,热衷高雅脱俗的休闲生活;就是普通百姓也会带妻携子泛舟游湖,享受人伦亲情及山水之乐。

今天的杭州人懂生活、会休闲,讲究生活质量,追求生活品质,都可以从南宋临安人闲情逸致的生活态度中找到印迹。今天的杭州正在推进新城建设、老城更新、环境保护、街区改善等工程,都可以从南宋临安对左江右湖、内河外河的治理和皇城街坊、园林建筑的建设中得到有益的启示。杭州要打造"东方休闲之都",共建共享"生活品质之城",建设国际旅游休闲中心,就必须重振"南宋古都"品牌,充分挖掘南宋文化遗产,珍惜杭州为数不多的地上南宋遗迹。进一步实施好西湖、西溪、运河、市区河道综合保护工程;推进"南宋御街"——中山路有机更新,以展示杭州自南宋以来的传统商业文化;加强对南宋"八卦田"景区的保护与利用,以展示南宋皇帝"与民同耕"的怀古场景;加强对南宋官窑遗址的保护与利用,以展示南宋杭州物产的精致与精美;加强对南宋皇城遗址和太庙遗址的保护与利用,以展示昔日南宋京城的繁荣与辉煌。进入 21 世纪的杭州,不但要保护

利用好南宋留下的"三面云山一面城"的"西湖时代",更要以"大气开放"的宏大气魄,努力建设好"一主三副六组团六条生态带"的大都市空间格局,形成"一江春水穿城过"的"钱塘江时代",实现具有千年古都神韵的文化名城与具有大都市风采的现代化新城同城辉映。

南宋文献集成第 11 册目录

前　言 ……………………………………………………………… 3

凡　例 ……………………………………………………………… 12

南宋诏令编年　高宗朝卷一　建炎元年(1127)……………………… 13

南宋诏令编年　高宗朝卷二　建炎二年(1128) …………………… 112

南宋诏令编年　高宗朝卷三　建炎三年(1129) …………………… 163

南宋诏令编年　高宗朝卷四　建炎四年(1130) …………………… 315

南宋诏令编年　高宗朝卷五　绍兴元年(1131) …………………… 437

南宋诏令编年　高宗朝卷六　绍兴二年(1132) …………………… 639

南宋诏令编年　高宗朝卷七　绍兴三年(1133) …………………… 843

篇名索引 ………………………………………………………… 986

南宋诏令编年

（附金、夏、蒙元）

前 言

诏令,或曰诏、诏书、诏策等,是中国古代王朝以皇帝或皇太后命令形式发布的文书的统称。早在殷商时期,商王的王命就有以"令"相称者,除"令"以外又有"呼""册""告"等。历代学者则多将《尚书》中的"诰""誓""命"视为诏令的起源。秦始皇一统天下后,改"命为'制',令为'诏'",①以"制诏"作为皇帝命令文书的专称,其中"制"是皇帝颁布重大制度时所用的命令文书,有时也用于告谕或责让官员,皇帝发布的其他一般性命令则用"诏"。汉代诏令主要有四种类型,"一曰策书,二曰制书,三曰诏书,四曰诫敕",②各有不同的形制以及特定的使用场合。③唐代诏令大体可分为三类,"曰制,曰敕,曰册"。④《唐六典》又将唐玄宗时期使用的诏令分为七种:"一曰册书,二曰制书,三曰慰劳制书,四曰发日敕,五曰敕旨,六曰论事敕书,七曰敕牒。"⑤这七种类型大致可视为"制""敕""册"三种类型基础上的进一步细分。开元二十六年学士院设立以后,诏令又有白麻、黄麻之分,其中白麻主要由翰林学士起草,黄麻仍由中书舍人拟定,最终演化为"内制""外制"两大类诏令。及至宋代,诏令文书的名目愈加复杂,散见于各类文献中的诏令数量也远超前代。为使读者更好地利用本书,现对宋代诏令文书的种类、南宋诏令的保存情况、本书的编纂特色稍加介绍,以作前言。

一、宋代诏令文书的种类

现存宋代文献中,关于诏令文书种类、功能、体式等方面的详细描述比较缺乏,各类诏令文书名称的使用也相当随意,经常混用。就管见所及,当前学界对宋代诏令文书种类的研究以张祎的博士学位论文《制诏敕札与北宋的诏令颁行》

---

① 《史记》卷六《秦始皇本纪》。
② 《后汉书》卷一《光武帝纪》注引《汉官制》。
③ 《后汉书》卷一《光武帝纪》注引《汉官制》载:"策书者,编简也,其制长二尺,短者半之,篆书,起年月日,称皇帝,以命诸侯王。三公以罪免亦赐策,而以隶书,用尺一木,两行,唯此为异也。制书者,帝者制度之命,其文曰制诏三公,皆玺封,尚书令印重封,露布州郡也。诏书者,诏,告也,其文曰告某官云,如故事。诫敕者,谓敕刺史、太守,其文曰有诏敕某官。它皆仿此。"
④ 《唐六典》卷一《尚书都省》。
⑤ 《唐六典》卷九《中书令》。

较为详备。① 以下综合张祎等学者的研究,就宋代诏令文书的种类做一大致介绍。

宋代诏令根据起草者的不同可分为"内制""外制"两大类,《文苑英华》分别称之为"翰林制诏""中书制诰"。内制由内制官起草,即带有翰林学士及翰林学士承旨、直学士院、学士院权直登头衔的学士院官员。外制由外制官起草,元丰改制前主要是带知制诰等职衔的舍人院官员,元丰改制后则是以中书舍人为主的中书后省官员。一般来说,内制官起草的诏令要比外制官起草的诏令更加重要。

根据体式,宋代诏令又可细分为以下几种:

(一)册。按"册"字与"策"字通用,汉代的策书作为四种"帝之下书"之一,主要用于立后、封拜王侯等。东汉末年,封拜王公的"策"改用"册"字,"策"专用于皇帝对臣僚的咨询。唐宋时期,册书仍用于册封后妃及王公重臣。根据《神宗正史·职官志》的记载,"立后妃,封亲王、皇子、公主,拜三师、三公、侍中、中书、尚书令"②皆可用册书。不过由于朝廷倾向于允许受命者辞免册礼,用于人事任命的册书在宋代实际很少使用。在封拜场合中,册书是作为颁发给受命者的委任凭证来使用的,朝廷需要先以制书宣布除拜命令,再择日举行册命典礼,给受命者颁发册书。册书并不照录最初宣布除拜命令时的制词,而需要另外起草册文。册文起首有固定的格式,如绍兴十三年立吴氏为皇后的册文开篇称"维绍兴十三年岁次癸亥闰四月戊子朔十七日甲辰,皇帝若曰"③云云,与制书有明显区别。除人事任命以外,宋代的册书也用于郊祀祭享、上尊号、上谥号、迁梓宫等各种典礼。册书一般由内制官起草,有时也由宰执起草。

(二)制。与"册"不同,"制"这一文书概念在宋代相当复杂。在唐代文献中,"制""敕""诏"等文书概念就已经普遍混用,这种情况延续到了宋代。从最广义的角度来看,凡是文字形式的皇帝命令皆可称作"制",所谓"但是圣旨文字,皆为制书"。④《宋史·职官志》则记载:"制书,处分军国大事,颁赦宥德音,命尚书左右仆射、开府仪同三司、节度使,凡告廷除授,则用之。"⑤这里的"制书"实际上是指学士院所掌内制中因使用白麻纸而得名的"白麻制书",简称"麻制"或"麻",具体包括皇帝的遗诏,各种赦书、德音,后妃、太子、亲王、公主以及宰相、节度使等高

---

① 张祎《制诏敕札与北宋的诏令颁行》第一章《宋代诏令文书的种类与使用》,北京大学博士学位论文,二〇〇九年。

② 《宋会要辑稿》职官三引《神宗正史·职官志》。

③ 《中兴礼书》卷一八九。

④ 《朝野类要》卷四。

⑤ 《宋史》卷一六一《职官志》。

级官员的除拜诏令等。麻制有固定的行文格式,以"门下"开头、"主者施行"结尾,文中常以"於戏"二字引出皇帝的期望等内容,文体用四六文,"以便宣读"。①"制"也可用于指代册书以外的所有用于人事任免的诏令文书,即所谓"制诰文书"。②"制诰文书"又分两种类型,不同的学者对此有不同的表述,例如张祎称之为"麻制"与"外制",杨芹则袭用《宋史·职官志》的表述,称之为"制书"与"诰命"。用于人事任免的"麻制"("制书")由内制官起草,用于宰相、枢密使、节度使以上高级官员,行文格式如前文所述,以"门下"开头、"主者施行"结尾,文体用四六文,须经朝堂宣读才交付外廷机构制作官告。"外制"("诰命")由外制官起草,用于知枢密院事、参知政事以下官员,以"敕"字开头,侍从以上官员必须使用四六文,侍从以下官员可选用散文,制词经认可后即交付官告院,没有朝堂宣读这一程序。

(三)诏敕。与"制"相似,"诏""敕"这两种文书概念在宋代较为复杂,可特指或泛指不同的文书类型。南宋吕祖谦所编《宋文鉴》将北宋诏令分为八种类型,分别为"诏""敕""赦文""册""御札""批答""制""诰",其中"诏""敕"与其他几种文书类型相对容易区分,"诏"与"敕"之间在文书格式、体裁等方面则难以做出明确的区分,故张祎以"诏敕"统称之。据现存文献的记载,所谓"诏"与"敕"的区别可能体现在用纸的规格、承受者品级的高低等方面。使用场合方面,诏敕与其他几种诏令有比较明显的区别,主要有二:一是宣布朝廷某种举措或态度,通常因某件具体的事情而发出,不像赦宥那般有常例可循;二是颁布给个别臣僚,以表皇帝对臣僚的褒奖或训诫之意。前一种诏敕内、外制官皆有参与,后一种诏敕专由内制官起草。据王应麟《词学指南》,宋代诏敕格式如下:

> 敕门下(原注:或云敕某等):……故兹诏示(原注:奖谕、诫谕、抚谕,随题改之),想宜知悉。③

从现存的几件宋代诏敕原件来看,诏敕的文辞之后又书有日期(只有"某日"而无年、月)以及用较大字体书写的"敕"字,诏敕的纸张上盖有皇帝的印玺。文体方面,宋代诏敕四六文、散文皆可使用,其中外制官起草的诏敕使用散文的情况似乎更多一些。宋代又有一种名为"敕榜"、以"敕某"开头的诏令,可视为诏敕的一种变体,其特殊之处在于需要张榜公示。此外还有一种名为"御札"、主要用于

---

①　《词学指南》卷二。

②　关于"制诰文书"这一概念,参见杨芹《宋代制诰文书研究》第一章《宋代制诰文书概念之辨析》,上海古籍出版社,二〇一四年。

③　《词学指南》卷二。按,这里的"敕门下"是元丰改制后的情况,元丰改制前的诏敕通常以"敕中书门下"开头。

"布大号令"①（包括宣布改元以及举行郊祀等重大典礼的时间等）的诏令，其格式类似于诏敕，以"敕内外百僚等"开头、"故兹札示，想宜知悉"结尾，文体使用四六文，也可视作是诏敕的一种变体，《宋文鉴》所收"御札"均属此种。

（四）御前札子。宋代禁中以皇帝名义批出的文书，有"御札""御批""内批""内降""御笔""御宝批"等名目，其名称、类型、体式难以一一辨析清楚。有些文书较为随意，内容一般比较简短，最简单的仅有"依奏"二字，恐怕称不上是正式诏令。另有一种格式相对固定的"御札"，有时候称作"御前札子"，用于皇帝直接向外廷机构与臣僚下达指令，以"付某某"结尾，格式与一般性的诏敕有明显区别，并附有皇帝的御笔押字以及"御书""御书之宝"之类的御宝印章。② 宋代文献中又常见"手诏"一词，从字面意思理解是指皇帝"亲笔"书写的诏令。御前札子无疑属于"手诏"，一般性的诏敕若带有御笔押字或御宝印章等表示皇帝"亲书"涵义的标志也可称为"手诏"。

（五）批答。宋代的批答是一种专用于答复臣僚奏请的诏令文书类型，由内制官起草。一般性的诏敕、御前札子也可用于答复臣僚奏请，主要区别在于批答直接写于奏请表章的末尾，与表章一并返还陈请者，一般性的诏敕、御前札子需另外给付。此外，批答授付对象的资格要严于一般性的诏敕。批答也有相对固定的格式，一般以"赐某某"结尾，若奏章的留白不够书写则可续纸。

（六）口宣。口宣是宋代皇帝派使臣口头宣布的一种诏令，由内制官起草，主要用于宣劳、赏赐等方面，文体用四六文，以"有敕"开头。

（七）其他。据《杨文公谈苑》的记载，除上述各类诏令以外，宋代两制官员负责起草的文字还包括"赐外国曰蕃书，道醮曰青词，释门曰斋文，教坊宴会曰白语，土木兴建曰上梁文"，"此外更有祝文、祭文"等。③ 从最宽泛的意义来说，这些文书都可视作诏令。不过除蕃书（国书）以外，这些文书与政务运行关系不大。

以上就是宋代诏令类型的大致情况。对于现存文献中的大多数诏令，特别是保存在集部文献中的诏令，通过标题、格式以及所属类目不难判断其类型。但是也有一些诏令，特别是史书中摘录的诏令，由于首尾格式用词缺失等原因，难以判断具体类型。对于那些原无标题的诏令，本书一般参考《全宋文》等书新拟标题，但是新拟的标题未必完全符合其实际类型。例如，许多诏令以"某某诏"为题，但这里的"诏"其实是对诏令文书的总称，其种类未必属于一般性的诏敕，而

---

① 《宋史》卷一六二《职官志》。

② 前文已指出，宋代另有一种用于"布大号令"的"御札"，可视作是诏敕的某种变体。据周必大《淳熙玉堂杂记》卷上的记载，这种"御札"实际由有司"写本行出"，而非由皇帝"亲笔付外"。

③ 《杨文公谈苑》卷二。

可能是制、御前札子或批答。

二、南宋诏令的保存情况

诏令完成后需要发布、下达，例如用于人事任命的制诰最终需要制作成官告颁发给当事人，有具体承接部门的诏敕通常由宰相机构以敕牒、札子等文书形式转发给相关部门。学士院等机构则留有诏令的底稿或副本，例如欧阳修从学士院离任后，"院吏取予直草以日次之，得四百余篇"，①"直草"即诏令的草稿。这类档案性质的文书，相关部门会不定期地进行整理，例如大中祥符五年，学士院上言"本院文字蠹烂至多，将访旧规，屡成失坠。今欲自天书降后，应系诏、敕、祠、祝等编联大册，差吏三人，专主抄写，日给笔墨食钱三百。所冀编次齐整"，②得到朝廷批准；嘉祐三年，"诏学士院从下两员常专一管句编录国朝以来所撰制诏文字。从学士欧阳修之请也"。③据文献记载，宋代整理成书的本朝诏令汇编包括《五代国初内制杂编》十卷、《建隆景德杂麻制》十五卷、《神哲徽三朝制诰》三卷、《元符以来诏旨》二百卷、《宋大诏令集》二百四十卷、《中兴制草》六十四卷、《续中兴制草》三十卷、《绍兴宽恤诏令》二百卷、《淳熙宽恤诏令》三百卷、《绍熙宽恤诏令》三百四十六卷、《庆元宽恤诏令》四百二十六卷、《续修庆元宽恤诏令》七百五十八卷等。④遗憾的是，上述诏令汇编除《宋大诏令集》外，皆已亡佚。

现存南宋诏令散见于各类文献当中，据粗略统计其总数大约有二万篇，各时段分布不均，其中高宗朝三十五年约有八千篇，孝宗朝二十七年约有五千篇，光宗朝五年约有一千篇，宁宗朝三十年约有二千篇，理宗朝四十年约有四千篇，度宗朝十年约有三百篇，恭帝朝不到二年约有一百篇。其来源主要有二，第一种是史书。现存史书中摘录的南宋诏令，除去重复收录者约有八千篇，超过现存南宋诏令总数的三分之一。各类史书当中，会要作为官修的典章制度汇编，修纂时尤注重诏令材料的搜集，如乾道六年秘书省上言：

> 本省编修国朝会要，已降指挥自建炎元年接续修至乾道五年，续准指挥许逐旋关用建炎以后日历编修。缘其间多经去取，未为详备。欲望特降指挥在内令六部行下所属，在外令诸路监司行下所管州军，将建炎元年以后至

① 《欧阳文忠公集》卷四三《内制集序》。
② 《宋会要辑稿》职官六。
③ 《宋会要辑稿》职官六。
④ 参见《宋史》卷二〇九《艺文志》；《玉海》卷六四；周必大《省斋文稿》卷二〇《续中兴制草序》等。

乾道五年终应被受诏书及圣旨指挥,内百司限一月,外路州军限一季,并录全文赴省送纳,照用编修,所贵大典不致疏略。①

据粗略统计,《宋会要辑稿》摘录的南宋诏令有五千篇左右,数量远超其他现存史书。其余现存史书中摘录南宋诏令较多的又有《建炎以来系年要录》(约一千篇)、《宋史全文续资治通鉴》(约八百篇)、《宋史》(约三百篇)、《宋宰辅编年录》(约三百篇)、《中兴礼书》及《续编》(约三百篇)、《三朝北盟会编》(约二百篇)、《中兴两朝圣政》(约二百篇)等。

史书摘录的诏令以宣布政事举措类诏令为主,多经编纂者压缩、改写。例如史浩所撰《赐侍从台谏等笔札修具弊事诏》原文如下:

> 朕惟天下有弊事,无弊法。祖宗立法,夫岂不良? 今日之弊,在乎因仍习俗,固而不化,遂与法意背驰。若解而更张,宫商斯在。经不云乎:"变而通之以尽利,推而行之存乎人。"朕览张(寿)〔焘〕所奏,犁然有契于衷,已令侍从台谏集于都堂,今赐卿等笔札,宜取当今弊事悉意以闻。退各于听治之所,尽率其属,谕以朕旨,使极言之,毋得隐讳,朕有考焉。故兹诏示,想宜知悉。②

《建炎以来系年要录》《宋史全文续资治通鉴》仅节录"朕览张焘所奏"以下文字,又删去文末"故兹诏示,想宜知悉"一句。③《宋史》又进一步压缩,仅曰"诏侍从、台谏集议当今弊事,仍命尽率其属,使极言无隐"。④ 但也有一些史书收录的诏令相对完整,如《宋宰辅编年录》(主要收录宰辅任免诏令)等。

现存南宋诏令的第二种主要来源是草诏者的文集。宋代的诏令,除少数特别重要的诏令由宰执起草以外,主要由两制官起草。两制官离任后,可从相关部门获取自己任职期间所起草诏令的底稿,欧阳修《内制集序》、周必大《掖垣类稿序》对这一点均有提及。⑤ 宋人编纂文集时对诏令也颇为重视,例如傅崧卿"遗文百余卷,嗣孙稚贫甚,手自钞录,以传后世。未能竟,乃先缉外制数百篇"。⑥ 不过,南宋大多数草诏者的文集并没有流传下来。现存文集中的南宋诏令总数大概有一万多篇,留下诏令数量较多的草诏者有周必大(约一千二百篇)、刘克庄

---

① 《宋会要辑稿》职官一八。
② 《鄮峰真隐漫录》卷六《赐侍从台谏等笔札修具弊事诏》。
③ 《建炎以来系年要录》卷二〇〇;《宋史全文续资治通鉴》卷二三。
④ 《宋史》卷三三《孝宗纪》。
⑤ 参见《欧阳文忠公集》卷四三《内制集序》;周必大《掖垣类稿》卷首《掖垣类稿序》。
⑥ 《渭南文集》卷一五《傅给事外制集序》。

（约一千篇）、楼钥（约九百篇）、张扩（约七百篇）等。又有少数文集如李壁《雁湖集》等虽已亡佚，但可从《永乐大典》中辑得诏令若干。文集中收录的诏令，多数是人事任免类诏令。与史书中摘录的诏令相比，文集中收录的诏令一般更加完整，但大多未标注时间。

　　除《宋会要辑稿》《建炎以来系年要录》等史书以及草诏者的文集以外，还有一些诏令保存在与受诏者相关的文献当中，如岳珂为其祖岳飞所编《鄂国金佗稡编》《鄂国金佗续编》、周纶为其父周必大所编《周益国文忠公年谱》等。一些文集也会收录与作者相关的诏令，如刘一止《苕溪集》、杨万里《诚斋集》等。此外，方志、笔记等文献中也保存了若干南宋诏令，不一而足。需要说明的是，一些较晚形成的文献可能会收录伪造的南宋诏令，尤其是家谱文献。出于谨慎考虑，对于家谱文献中的南宋诏令，本书一般不予收录。

三、本书的编纂特色

　　宋人所编本朝诏令汇编流传至今者，仅有《宋大诏令集》一书。是书据称是南宋绍兴年间宋绶子孙所编，①原有二百四十卷，现存一百九十六卷，全书分"帝统""皇太后""妃嫔""亲王""皇女""宰相""典礼""政事"等十七门，分门别类、按年系月编次，所收诏令的时间范围是宋太祖开国至宋徽宗宣和年间，与南宋无涉。今人所编宋代诏令汇编文献有《宋代诏令全集》《南宋诏令辑校》。②其中《南宋诏令辑校》专收南宋诏令，然编者仅从《宋会要辑稿》中辑集诏令，无法完整呈现现存南宋诏令的全貌。《宋代诏令全集》是在《全宋文》基础上编成的现存两宋诏令汇编，效仿《宋大诏令集》分类编排，全书分"帝系""政事""官吏拜罢""典礼""舆服""职官""仪制""选举""学校""食货""刑法""军事"等二十大类，收录两宋诏令四万余篇，然多数诏令未标注时间。本书参考《全宋文》所收南宋诏令来源，又新增数百篇《全宋文》漏收的诏令，汇集南宋诏令两万余篇并以编年方式排序，是首部编年体南宋诏令文献集成。

　　众所周知，时间是历史学最重要的构成要素。现存二万余篇南宋诏令中，无系年者超过半数，因此考证这部分诏令的时间是本书编纂过程中的重点工作。部分诏令根据其所述史事不难确定具体的日期，如史浩《鄮峰真隐漫录》卷六收

---

　　①　《直斋书录解题》卷五；《玉海》卷六四。
　　②　王智勇、王蓉贵主编《宋代诏令全集》，四川大学出版社，二〇一二年；徐红整理《南宋诏令辑校》，湘潭大学出版社，二〇一五年。

有《抚定中原蜡告》,①而《宋史·孝宗纪》载:"(隆兴元年)二月壬戌朔,用史浩策,以布衣李信甫为兵部员外郎,赍蜡书间道往中原,招豪杰之据有州郡者,许以封王世袭。"②正与诏文相合。又如《容斋续笔》节录有洪迈所撰太史慈封灵惠侯之制词,原书仅曰"乾道中封灵惠侯,予在西掖当制",③而《宋会要辑稿》"顺应庙"条载:"庙在奉新县。太史都尉,孝宗乾道二年十月封灵惠侯,淳熙二年十一月加封昭应灵惠侯。"④但是更多的诏令已无从考证具体的日期,只能结合诏文所述史事、草诏者任两制官的时间等信息确定一个大致的时间范围。例如刘才邵撰有《赐莫将乞宫观诏》,文末有"春寒,卿比平安好"等语。⑤ 按,刘才邵于绍兴十三年八月至绍兴十四年二月间、绍兴二十六年三月至绍兴二十七年四月间任两制官,而莫将卒于绍兴十六年,故此诏当作于绍兴十四年正月至二月间。有些文集自南宋以来流传有序,其所收诏令大致按时间先后排序,这一点也可以作为判断诏令时间的辅助依据。但是对于那些宋明旧本已佚、今本辑自《永乐大典》的文集来说,单篇诏令在文集中的位置不可作为判断时间的依据,需要另外寻找线索。此外,宋代的文集特别是今本辑自《永乐大典》的文集,又多有误收他人诏令者。本书以编年体形式编排,在发现这类错误方面具有先天优势。例如王洋于绍兴二年八月至十月间任两制官,然今本《东牟集》中多有作于绍兴十七年前后的诏令,极有可能属误收。又如张扩《东窗集》卷九有一篇《庄同孙除大理寺丞制》,又见于刘克庄《后村先生大全集》卷六一。庄同孙活动于南宋后期,该制当是《东窗集》误收。凡遇到类似情况,本书均在"考校说明"一栏予以说明。

除考证无系年诏令的时间以外,对已有系年诏令的订误也是本书的重要工作之一。《全宋文》所收录的南宋诏令当中,标有时间的约有七千篇,基本上是出自原书。《宋代诏令全集》又依据《宋史》《建炎以来系年要录》等史籍,新考出二千余篇诏令的系年。本书编纂过程中重新核查了这部分诏令,凡发现错误即予以订正。例如,洪适《盘洲文集》卷一九有一篇《吴芾吏部侍郎制》,文曰:

> 中台六职,小宰之列甚高;选部三铨,右班之事最剧。欲捄放纷淹滞之失,须得严劲详明之人。克允金期,时惟邦杰。具官某,学足以适先王之正,识足以烛天下之微。顷独步于台端,兹再仪于禁密。批敕如风霜之旧,才见一斑;执政有瓜葛之嫌,恳陈三至。方赖回天之助,勉从易地之除。大振纪

---

① 《鄮峰真隐漫录》卷六《抚定中原蜡告》。
② 《宋史》卷三三《孝宗纪》。
③ 《容斋续笔》卷三。
④ 《宋会要辑稿》礼二一。
⑤ 《檆溪居士集》卷六《赐莫将乞宫观诏》。

纲,尽资藻镜。革此舞文之弊,副吾立武之心。益崇令名,以对殊遇。①

按,吴芾曾两除吏部侍郎,《宋史·吴芾传》载:"(吴芾)权刑部侍郎,迁给事中,改吏部侍郎。以敷文阁直学士知临安府。内侍家僮殴伤酒家保,芾捕治之,徇于市,权豪侧目。执政议以芾使金,复除吏部侍郎……"②《宋代诏令全集》以《乾道临安志》卷三为据,系于隆兴二年十二月五日。③ 隆兴二年十二月五日其实是吴芾第二次除授吏部侍郎的时间,而此篇制文实乃吴芾第一次除授吏部侍郎之制,当系于隆兴二年十一月二十六日前,④据同集前后文时间推断,大致在隆兴二年十月中下旬或十一月上旬。《盘洲文集》卷二三另有一篇同题制书,文中有"与其弹压都城,劳以牒诉,悾悾之事,岂若澄清选部"等语,⑤这才是吴芾第二次除授吏部侍郎的制书。诸如此类,不一一列举。

本书在《全宋文》的基础上,又新增数百篇诏令,其来源包括《宋会要辑稿》、宗泽、刘一止、崔敦诗等人的文集,韩世忠、胡安国、钱端礼等人的墓志碑传等。本书也关注到了近年来新面世的以实物形态存在的南宋诏令,包括二〇〇一年中国嘉德春季拍卖会及二〇二〇年中国嘉德秋季拍卖会推出的遂安詹氏家族告身原件、二〇一五年北京匡时春季拍卖会推出的吕祖谦与司马伋告身原件、二〇一二年从非法文物市场追回的徐谓礼文书中的告身录文等。当然,由于编者未能对现存文献开展全面调查与复核,各类文献中肯定还会有不少遗漏的南宋诏令。本书的又一编纂特色是以附录的形式将与南宋同时期的西夏、金、蒙元等政权的诏令一并收入。十二至十三世纪时期,南宋与西夏、金、蒙元等政权之间既有竞争,也有交流,不同民族间的互动促进了中华民族的大融合,推动了中国历史前进的步伐。希望本书在编纂体例上的这一创新对观照中国多民族交流与融合的多彩历史有所助益。

由于编者水平有限,书中难免出现很多不足与讹误,祈请读者批评指正。书稿的录文、校对曾得到曾晓祺、荆鹏超、葛旭婷、彭佳成、崔乔丹等同学的帮助,审稿专家们提出的意见使本书避免了若干疏漏,谨此一并致谢。

编　者
二〇二三年六月

① 《盘洲文集》卷一九《吴芾吏部侍郎制》。
② 《宋史》卷三八七《吴芾传》。
③ 《宋代诏令全集》,第一六二五页。按,《乾道临安志》卷三载:"隆兴二年十一月二十六日,左朝议大夫、试尚书吏部侍郎吴芾除敷文阁直学士、知临安府。是年十二月初五日复为吏部侍郎。"
④ 参见《乾道临安志》卷三。
⑤ 《盘洲文集》卷二三《吴芾吏部侍郎制》。

凡　例

　　一、本书所收南宋及西夏、金、蒙元诏令,始自宋高宗建炎元年五月一日,迄于宋恭帝德祐二年正月十八日。西夏、金、蒙元诏令以附录形式单独编排。

　　二、本书所收诏令文献的类型包括前言中提到的册、制、诏敕、御前札子、批答、口宣、国书等,皇帝写给太上皇、太上皇后的表文亦予以收录。用于郊祀等场合的册文、祝文、表文、青词之类文章只收录册文,祝文、表文、青词等一概不收录。本书只收录实际政务运行中形成的诏令,练习之作以及模仿诏令体裁的游戏文章一概不收录。史籍所收诏令多经编纂者压缩、改写,意思完整者本书皆收。

　　三、本书所收诏令,如原书即有标题,则一般不作改动;如原书无标题,则参考《全宋文》等书新拟标题。

　　四、本书所收诏令按时间顺序编排,无法确定具体日期、仅能确定大致时间范围的诏令一般系于该时间段的末尾。

　　五、本书所收诏令,一般以常见古籍版本作为底本,点校则参考《全宋文》等书,不出校勘记。本书"出处"一栏均不注版本,底本的具体版本参见书末所附"征引书目"。同一篇诏令如被不同的文献收录,则以"又见"领起,注明其他出处。

　　六、本书所收诏令如能确定撰者,则在"撰者"一栏予以注明。

　　七、"考校说明"一栏主要是说明判断诏令时间的依据(如诏令的原始出处已标有明确的时间则省略),兼及对诏令所涉人物、史事的考校。南宋两制官员的任职时间参见书末所附"南宋两制年表","考校说明"一栏不再一一说明。金、蒙元诏令凡据《金史》《元史》确定编年者,"考校说明"一栏亦不再一一说明。

　　八、为方便读者使用,本书册末附有"篇目索引"。

高宗朝卷一　建炎元年(1127)

高宗即位告天册文
(建炎元年五月一日)

嗣天子臣某,敢昭告于皇天上帝:金戎乱华,二帝北狩,天支戚属,混于穹居,宗社罔所依凭,夷夏罔知攸主。臣某以道君皇帝之子,奉宸旨以总六师,握大元帅之权,倡义旅以先诸将,冀清京邑,复两宫。而百辟卿士、万邦黎献,谓人思宋德,天眷赵宗,宜以神器,属于臣某。辞之再四,惧不克负荷,贻羞于来世,九州四海,万口一辞,咸曰不可。稽皇天之宝命,慄慄震惕,敢不钦承。尚祈阴相,以中兴于宋祚。

出处:《建炎以来朝野杂记》甲集卷五。又见《建炎以来系年要录》卷五。
撰者:滕康
考校说明:《三朝北盟会编》卷一〇一引汪伯彦《中兴日历》云:"命朱胜非撰册文告天,命滕康撰赦文肆赦。"《建炎以来系年要录》卷五注云:"案《绍兴日历》,滕康家自陈乃康所撰,伯彦误记也。"《建炎以来朝野杂记》甲集卷五云:"《册文》,记室滕子济所撰也。"《浮溪集》卷二六《滕子济墓志铭》亦云"告天及肆赦之文皆出公笔"。滕康时任太常少卿。

高宗登极大赦诏
(建炎元年五月一日)

皇天祐宋,卜世过于汉、唐;艺祖承周,受禅同乎舜、禹。列圣嗣无疆之历,保邦隆不拔之基。属以朝奸,稔成边衅。恃中都之安富,忘外敌之凭陵,驯致金人,来犯京邑。初登城而不下,终邀驾以偕行。痛念銮舆,远征沙漠,宗族从而尽徙,

13

宫阙为之一空。仍抑臣僚,俾僭位号。朕以介弟之亲而受旨,开元帅之府以总师。方输敌忾之忠,亟奉讲和之诏。岂图变故,终致陷危。盖尝指日以誓诸军,使前迎而后请;不惮戴星而檄率土,冀外附而内亲。而三事大夫与万邦黎献,共致乐推之恳,靡容退避之私。谓亶亶万几,难以一日而旷位;矧皇皇四海,讵可三月而无君。勉徇群情,嗣登大宝。宵衣旰食,绍祖宗垂创之基;疾首痛心,怀父母播迁之难。顾号令久隔,众罔系心,军旅荐兴,农多失业。慰民耳目之注,敷朕腹心之言。爰布湛恩,诞绥区夏,可大赦天下。应赦书到日,昧爽以前,罪人所犯罪无轻重,已发觉未发觉,已结正未结正,常赦所不原者,咸赦除之。朕惟火德中微,天命未改。考光武纪元之制,绍建隆开国之基。用赫丕图,益光前烈。可以靖康二年五月一日改为建炎元年。二帝北狩,随行官吏、班直诸军及诸色人等,见有家属,并仰依旧支破请给,常切存恤,无令失所。昨金人逼胁,使邦昌僭号,实非本心,今已归复旧班。其应干供奉行使之人,亦不获已,尚虑畏避,各不自安,其已前罪犯,并与放免,一切不问。一、应缘金人犯阙,殁于王事军人,祖父母妻笃疾,及年七十以上,家无子孙者,委所在勘会诣实,特与支本营小分请受。如阵亡人,依格合给多者,即从多给。一、应永安军祖宗陵寝、西京应天禅院、会圣宫影殿西坟,可差西京留守及台臣一员,日下前去躬亲省视,如有合修葺去处,一面措置,仍密具奏闻。南坟委汝州守臣依此。一、天下神霄宫,并罢舍屋、什物、钱粮、田产,州县拘收,具数申尚书省。一、应常平司散敛青苗钱谷,本以便民,岁久法弊,反为民患,可自今住罢。一、应缘军马侵犯,有临难死节,义不受辱,出使军前,及守御出战,并殁于王事,许本家经所在官司自陈,先次核实,具名保明奏闻,当议优与褒赏。访闻自来殁于王事合得恩数,官司多事指摘细故,非理问难逗留,致死事者不即霑恩,可令所属疾速施行。一、应缘金人大入,朝廷遣使往来,实历险难。有未经推恩人,许令自陈,与检详元指挥推恩。内有金人拘留未还者,其请给令所属且权给一半,赡养其家,候及一年止。一、应因金人驱拥及差使过军前官员及诸色人等,得还者并许依旧官职祗应、支破请给等,内官员已别差人者,并令吏部先次别与一般差遣。一、文臣承务郎、武臣承信郎以上,并内官、医官、技术官及致仕,并与转行一官。文臣中大夫、武臣承宣使,并回授与本宗有官有服亲。武功大夫未带遥郡一官,已带遥郡防御使,又与转行。右武大夫选人与循资,已系承直郎,与改官次等合入官。校、副尉、下班祗应,依格与转官资,仍并不隔磨勘。一、应诸路帅守监司,许依例进贡恩。其金人及盗贼,曾失守或逃避之人,不许进贡。一、应承务郎以上,服绿服绯及十五年者,不以赃私罪,与转服色。一、应文武升朝官并禁军都虞候以上,父母妻未有官封者并与封叙,已封叙者更与封叙。亡殁者与封赠,已封赠者更与封赠。祖父母在者,亦听回授。一、应文武致仕官,并赐粟帛羊酒。即曾任大中大夫、观察使以上者,官倍赐。一、应士庶男子、妇人年九十以上者,赐粟帛等,令户部具别则例,行下所在州县就赐。务令得实,不得扰呼。百岁以上,仍保明以闻。一、应禁军指挥使以上,各特与儿男下班祗应一名。诸军将校合加恩者,并与加恩。马步诸军将士等,并特优赏。仍比旧例,以三分为率,更增一分。一、应文武官因金人到离任者,并限一月内经所在州县自陈,并与免罪,转运、提刑司勘验给还任。一、应军人、丁夫等逃亡及溃散官兵,并州县百姓因金人所至令失业之人,皆因有首领统率,原其本心,皆欲勤王,止缘道路不通,迁延日久,粮食不继,因而取给民户,劫掠逐路,帅守不曾差人总率,见今啸聚未散,出首无路自新。限一月于所在首身,其已前罪犯,一切不问,并放令逐便。军人依旧本营元职名收管,仍免所辖官司及本营问当。其少欠官私债负,并与除放。百姓愿在军者,如少壮,即减三指刺填,即便支给例物请受。其徒中能谕众归业,或别首纳。限满不首,复罪如初。一、应今来啸聚贼徒,既许自新,如尚敢乘时作过,杀害军民,仰安抚、提刑司差那兵马捕捉,并家属务尽斩杀。如数多,本路军马不足,申枢密院差大兵前去剿除。仰提刑司原立赏格,召人擒捕,仍许徒中自相杀,并依格推赏。功效尤大者,别具保明,格外推恩。后获不以今降赦恩原减。一、应逃避公人,限一月出首,依旧职名收管。一、应逃亡军人,如能劝诱逃亡之人首身,本辖官司直簿拘籍,每五十人转一资,副都头以上每一百人转一资;及千人,所属具名申尚书省,当议优与推恩。一、应战斗亡失官马,及散亡军器什物之数,合该科罪,及官司见责令备者,仰统制官保明,如委无欺隐,特与放罪除免。其民间有收到军器等物,许限一月经所在官司陈首。其私收藏官马不纳,计赃科罪。一、应系官欠负,不以名色百贯,并行蠲免。其曾经金人兵马焚劫,残破州县乡村人户,日前私债,虽无利息,并限二年外方许理索。一、诸军昨缘勤王并因差出借过衣粮料钱,并与除破,更不克纳。一、应宣和七年十二月二十四日登极,合该转一官,向有未经改转之人,并令吏部逐旋具钞拟转。如失去公案,无可照据,许取见任告敕照验,许本色官一员委保,特与转补。如未祗受,殁于王事,许回授于本宗本色有官有服人。一、应缘金人经由州县,有烧毁系官屋宇等去处,除城池仓库外,未得差科修葺,少息民力。如违,以违制论,令监司按举。一、应经劫所在,坊场住罢月日,净课利钱,特与纽计除放。一、应因战守及差使,被贼劫杀虏者,特与免本家二年支移折变,仍仰州县倍加存恤。一、诸路纲船靠岸日久,或遭风水抛失,若被盗劫,勘会分明,委无欺弊,不得将官兵克折请受,特与除破。一、应诸路人户见欠税租,并依阁展税赋及缘纳钱物,并与除放。一、应诸路借贷常平钱谷,并特与除放。一、应诸路漕司多缘财用匮乏,将民户合纳二税宛转折纳,或支移他郡,却免未支移只纳脚乘实惠之类,致民间输纳增倍,深属掊克。今来并仰遵依条法,不得妄冒支移折变。仍许人户越诉,提刑司觉察,当重置典宪。内京西路昨缘方田添起税租,除六分外,止送四分见钱,更不支移折变。访闻转运司将所减分数敷入旧税,抑令人户输纳,重困民力。可限赦书到,令与蠲免。所有违法敷入旧税去处,悉行改正。仰提刑司觉察,仍许越诉。一、诸路税赋支移折变,自有成法。比年漕司以财用不足,往往反覆细折,如合纳见钱,令输绸绢,却以绸绢之直折纳丝绵之类,惟务削刻,良民受弊。自今仰转运司遵依条法,不得依前违戾。仍委提刑司觉察,听人户越诉。一、二税折科,合用纳月时估中价。近岁转运司与州县务于掊克,将及纳月,顿减时估,不以丰凶低昂,但称引用卷例,折纳太重,人户往往破产。今后朝廷非军事,更不下转运司非泛须索。如折科尚敢循习不革,守贰、转运司非泛须索,并以违制之罪加二等。仰提刑司、提举司觉察,于起催月终以前,具有无违戾保明闻奏,不以实闻,与同罪。一、预和买法,本支实价。访闻官司立价甚低,或高抬他物价直准折,或以无价虚券充数,甚者直至受纳未支本钱,不遵条限,前期起催,急于星火。今来上供之类,欲依祖宗法,其和预买,有前项违戾,守令并转运司并以违制论,加二等。仍委提刑司觉察,每岁于依限后一月内,具有无违戾闻奏,不以实闻,与同罪。一、诸路诸般徭役,非法令该载者罢,该载而非急务,仰监司守臣速具以闻,当议一切蠲罢。一、应逃田,见今地邻及地方掌管人等摊认租税,许令陈状,特与放免。其田依条召人承佃,候逃户人归业日给还。一、昨缘军兴,官司于民间劝借钱物,及靖康元年后来人户于所属州县献助钱物,依靖康元年六月二日指挥,给降空名告敕,计价书填给还。比缘监司州县申明,将未降上件指挥已前献助之物不理数。今仰逐州长吏,限十日将已降空名告敕,通计前后实纳之数,计价尽数书填给还讫以闻。如人数所纳前数未及,愿帖纳书填者听,即不得抑勒。如违,许越诉,当议重行黜责。一、应今来因金人所至州县劫掠逃避人户,仰监司守令多方招诱归业。内阙食不能自存之人,依灾伤七分法赈给,与免今年夏税。虽即归业,而无力耕种者,仰提举常平司更切审量,据等特行借贷钱粮,收买牛具之类,候将来收成之日,分三等逐科带纳。人户置买耕牛,权免税钱一年。其缘金人兵马蹂践田土乡村,依此施行。一、昨经大元帅府驻札及一月以上去处,应办军马,极为劳费。今来夏税特予除放。一、应天府兴王之地,理宜优异。今年夏税,并与放免。一、省举人、特奏名,并就殿试及再就殿试人,并与同进士出身。免解人与免省试。靖康元年得解及州学职事人,并免将来文解一次。一、应天府差人防秋,至今春未能放散,显妨农务,应将来差科保甲,除阵亡人外,特与免一科支移折变。一、诸路义仓,在法合同正税为一钞输纳。访闻提举司以转运司侵用,有令人户不得随税带纳去处,显属违法。仰令遵依成法改正施行。一、应人户典卖田宅,因官司不为减落等第,见依旧供应科配差使,限赦书到一月内,许自陈,验实,特与减免。一、应今日以前,典卖田宅马牛之类,违限印契,合纳倍税者,限百日许陈,特与蠲免。事发,在限内者,亦准此。一、应崇宁以来增置税务,其岁入课利,除给官吏等支费外,所收钱物不多去处,仰转运司体度,并行废罢。一、应崇宁以来,因买扑坊场河渡,及折欠官物,没纳田产,未有承买者,与减见买价三分,听欠户与收赎。限满不赎,即依所减价出榜,别召人承买,仍作三年六科输纳。一、访闻自来赦书所放逋欠,转运司及州县迫于调度,依旧催纳,至民间有"黄纸放,白纸催"之语,甚失朝廷宽恤爱民之意。今来大恩,与常赦不同,兼务节用,可以裕民。如监司、州县辄敢故违,巧作名目,依旧科抑,许被科人户越诉,其官吏当重行贬窜。一、应近年以来,州县缘应奉之费,用度窘迫,至有前期括借民间二税、免役、坊场、课利等钱,显是违法。自今须管依条限催纳,不得预借。一、祖宗以来,天下上供委有常数,自熙宁后,因臣寮奏请,岁有增加,不胜其弊。仰诸路转运司取索辖下,应于见今上供物数,开具祖宗旧制及熙宁以后增添数目闻奏。当议并行裁损,以纾民力。一、自崇宁以来,州县仓库受纳税赋,务加概量,以图出剩,东南六路为甚,以故民力困乏。其弊本于补发纲运斛斗,额外增数。可除岁额上供数外,其每年任其补发额斛,并权住罢。一、诸路常贡之内,有时新果味之类,所在因缘贡奉外取索,多归空库,更有馈送,骚扰为甚。仰礼部勘会,除缘天地宗庙陵寝供献所须外,余并罢贡。一、自崇宁以来,州县困乏,抛买上供纲运,取办民力,或以和雇为名,科差乡夫般担挽运,极为骚扰。自今后并不得以和雇为名科借乡户以代兵役。州县故违,或监司强抑州县应副者,仍许人户越诉,当议重行审黜。一、应监司、州县违法赋敛,涉于掊克,或科配代买物色实有扰害,及应干民间疾苦事件,并许中外臣庶详具利害,经所属官司陈述缴奏,或诣阙投进,当议考察改正施行。虽语言讹计,亦不加罪。一、应州县官昨缘京城围闭,赴任愆期,多致员缺,应已差下官,除程限一月到任。限满不到,令本路监司、郡守各选有才干人,权行具名奏差一次。已奏差者,他司不许冲替。及昨缘防秋所辟官属,先次赴任,因邮置梗涩,未受告身人,并以掌管职事日,与理为到任月日。一、应州郡金人曾到城下,保守无虞者,令所属等开具元守御及出战官兵等,保明申尚书省,取旨推恩。内应天府系祖宗开基之地,有三圣御容,两院宗室,控扼东南,为襟喉冲要之处,与其余州军事体不同,所有原守御出战官兵等,特先次与转一官资。选人比类施行。仍令元帅及应天府长官开具保申尚书省,给降付身。一、应吏部宗室注授恩例,自有定法。昨缘言官论列,遂同庶姓,甚失惇叙之意,可依旧法。一、应宗室犯罪,见锁闭、监管、拘管人,该遇今来恩宥,并放逐便。宗子妇人见入道为尼,愿还俗听,元有官封者依旧。一、应宗室昨来预贡及得解之人,并与推恩。一、应宗室无官人,依政和五年二月二十四日《册皇太子赦》,与量试推恩。一、应外官宗室未有差遣,及已授三路差遣愿别授者,并令吏部不依名次,先注阙,近便差遣。一、应诸宫院屋宇,近因拆毁,致使宗室至无处居止,并许量口数多寡,指占空闲官屋及寺院居住。一、应宗室因金人取过军前,本房老幼无人养赡,或因逃避,散居州县,以至失所,在京委开封府,在外委守臣,速行措置,月给钱米,无令失所。不管漏落,别听候朝廷指挥。一、应宗室年幼未曾出官,与依见今官序支破请给。一、应宗室年幼未及官员并忠义之士,在外非曾奉朝廷及大帅府指挥,激于忠愤,自募勤王人兵,未有统属,今来国事稍定,仰各将见管人兵交付所至州县主兵官讫,出公据量带人从,前来行在,特与推恩。一、应官员因疾病陈乞致仕,今已安痊,不以年限满,许召原保官员委保自陈,特令再任。一、应命官寻医侍养,许并召保注授。一、应恩泽补受文学,并许依法召保注授入官。一、应合特奏,并与免试。内曾经六举以上到省人与登仕郎,五举补京助教,四举上州文学,两举诸州助教人,愿赴将来特奏名殿试者,亦听。虽试在下等,不应出官人,亦取旨升推恩。一、新春合赴省试人,昨缘道路艰阻,复归本贯,及在京人,即未有取应之期,令礼部检会故例,取旨施行。试经者,与额外添数一次,合就试一百人以上添一名,二百人以上两名,三百人以上三名。一、应去年锡庆院试中武士,未经推恩人,仰本部限一月开具等第姓名,申尚书省。一、应寺院宫观有隔下拨放,并许于所属自陈,保明申礼部,限三日给降。其今岁乾龙节合拨放去处,虽不曾投进功德疏,特与依例拨放。一、应暴露遗骸,无人识认者,许在寺院埋瘗。每及一百人,令所属勘验,申礼部给度牒一道。一、应自今官员犯罪,若系赃私。自合断定,更取特旨断;如系公罪,止令刑部、大理寺断定刑名施行,更不取特旨。一、应命官流配、编管、羁管人、永不移放逐便。除名、追降官资及勒停、责授散官安置,或终身不齿放归田里人等,及永不收叙人,并与叙元官,落职人与复旧职。折资及降等差遣人,与复本等差遣。合检举者,刑部限三日检举。其蔡京、童贯、王黼、朱勔、李邦彦、孟昌龄、梁师成、谭稹及其子孙,皆误国害民之人,更不收叙。一、应吴储、吴侔、王寀、刘昺等亲属,前来禁锢约束指挥,条具以闻。停降诸色人等,未经叙用、及永不收叙人,并特与叙元职名。已迁补者,额外收补。一、应编管移乡人并永不移放者,并放逐便。沙门岛罪人,不以年岁远近,并移至乡五百里州军。一、应命官、公人、军人犯罪除名,有特旨除名、停替、羁管,大理寺合断刑名外,一时特旨除名、停替、羁配、安置之类,本不合坐罪者,并与除落理元断月日。一、应特旨还俗僧道,许自陈,特与依旧为僧道,令本州出给公据。一、应禁军犯偷盗情重,依条并行隔下,不得迁、补、转,若经断及五年不曾再犯,候转日委所属勘会诣实,特与转行。一、应急脚马递铺兵,因金人所至,逃避散在诸处,送递角可专委本路提刑司疾速措置招刺,依旧摆铺,仍依时支给请受。一、应缘军兴收置物色未曾支还价钱者,并限十日支还。一、京城围闭日久,商旅不行,今道路方通,理当优恤。其商贾欲般贩物货上京者,并经州县自陈,出给公据,特与免沿路税钱。一、应中外有文武才略艺出伦,或淹布衣,或沉下僚。内自禁从,外至监司、郡守,广行搜访,各举所知一名。如举得其人,并行旌擢,限十日内荐举,仍以所举人移文州县,以礼津遣赴行在。一、应孝子顺孙、义夫节妇,所宜旌表,以厚人伦。事节显著者,仰长吏保明白来上。一、应祖宗以来赦内常税宽恤事件,及名山大川历代帝王祭祀封爵等,并检会施行。呜呼!圣人何以加孝,朕每惟问寝之思;天子必有所先,朕欲救在原之急。嗟我文武之列,若时忠义之家。不食而哭秦廷,士当勇于报国;左祖而为刘氏,人咸乐于爱君。其一德而一心,伫立功而立德。共俟两宫之复,终图万世之安。副我忧勤,跻时康乂。

出处:《三朝北盟会编》卷一〇一。又见《宋朝事实》卷二。

撰者:滕康

考校说明:《宋朝事实》卷二载此赦,前有"门下",中无"应赦书到日"至"并检会施行"。四库馆臣按云:"周辉《清波杂志》云:'高宗即位于南京,肆赦文有两本,首尾皆同,如"道君发德音而罪己,退辞履位之尊;渊圣以震长而继天,首正误国之罪。悉捐金币,分割腴膏。思爱惜于两朝,忍轻加于一矢。生灵受赐,夷夏闻风。要质贤王,既驱车而北渡;连结异域,复拥众以南侵。慨溪壑之无厌,昧蜂虿之有毒。廷臣乏策,敌使诡和。款貔虎以退师,致金汤之失险。肆令狼子,荐食都畿"等语,与今所传本异,盖时有忌器之嫌也,皆太常少卿滕康行。'《永乐大典》所载,即当时所传本,而前诏特详于《清波杂志》,附识于此。"

黄潜善除中书侍郎制
(建炎元年五月一日)

中书政事之本,一新万化之原;贤者邦家之基,茂建百王之典。朕绍膺鸿绪,绥御庶邦。火正中微,国步孔棘。兴衰拨乱,坐收三杰之功;舍爵策勋,进陟五臣之命。具官某器资沉毅,而足以任天下之重;学问渊博,而足以识古人之全。蚤服采于禁涂,漫宣劳于外屏。胡尘侵犯,都邑震惊。缠氛祲于九重,接腥膻于万里。立辕门而左祖,倡义旅于南征。间关百难,独见松柏后凋之操;险夷一致,遂成桑荫不徙之勋。是用蔽于金言,擢升右省,式慰沃心之望,益惇大政之元。尔惟丕命其承,迪以先王之典;予其克迈乃训,永底烝民之生。益懋远猷,以对休命。

出处:《鸿庆居士文集》卷二六。又见《三朝北盟会编》卷一〇二。

撰者:孙觌

考校说明:编年据《宋史》卷二四《高宗纪》、《建炎以来系年要录》卷五、《三朝北盟会编》卷一〇二补。

汪伯彦除同知枢密院制
(建炎元年五月一日)

朕惟列圣储休,千龄累洽,军政隳坏,将帅堕骄,胡寇长驱,京邑震扰。博延群臣之议,人莫与能;檄召天下之兵,士无斗志。卒罹变故,几至阽危。肆畴佐命之功,共济经邦之业。具官某学贯千载,知出万夫。沈谋有先物之几,居简得镇时之望。参华延阁,出总藩符。属时访落之谋,实预扶衰之义,肇开莫府,爰整师干。丰邑故人,莫重萧、曹之冠;云台诸将,独高寇、邓之勋。是用顺考金言,蔽自朕意,擢司兵柄,进贰机庭。干予心膂之忧,实赖股肱之旧。胜残去杀,期臻奠枕之安;保大定功,共享销兵之福。往承茂渥,永底丕平。

出处:《鸿庆居士文集》卷二六。又见《三朝北盟会编》卷一〇二。

撰者:孙觌

考校说明:编年据《宋史》卷二四《高宗纪》、《建炎以来系年要录》卷五、《三朝北盟会编》卷一〇二补。

李纲用登极恩封赠制
(建炎元年五月一日后)

父 夔

木之升者,本大而实蕃;水之积者,源深而流广。故自古真贤之命世,必其先盛德之传家。具官某道本中庸,气全刚大。潜心圣域,蔚为学者之宗;晦迹卿联,靡逐世人之好。名浮于位,祉集其门,是生谋国之英,佐我中天之业。肆因大赉,载举彝章。正维垣一品之尊,为窀穸九原之庆。以遂显亲之志,以崇教子之功。

尚尔幽间,服吾褒宠。

母吴氏

朕惟"哀哀父母,生我劬劳"者,古孝子不得终养之诗也。故每于国家大庆,缘人情而厚追封之典。况相臣汝之自出,顾可以不褒哉?具封某氏,家本望族,嫔于名卿,庆善所锺,是生人杰,与吾同德,有此茂恩。载宏脂泽之封,用示泉扃之宠。其钦褒显,慰尔子孙。

妻张氏

朕嗣承大统,凡公卿士大夫之家,无不预被其泽也。矧以德配吾任职之相者,顾可以不褒哉?尔婉淑之称,为时妇表。传中郎之业,既以名家;知京兆之贤,自其平日。肆因大赉,载举彝章。宏汤沐之旧封,焕闱门之新渥。汝其任壸内之责,使汝夫专国家之忧,克济艰难,则为汝庆。

出处:《浮溪集》卷七。
撰者:汪藻
考校说明:编年据宋高宗即位时间补。

责李邦彦等诏
(建炎元年五月二日)

作事贵于谋始,自古不能去兵,苟乖此道,乱所由兴。李邦彦等皆靖康主和议之臣,或料敌失宜,自成懦弱之势;或过听误事,复忘备御之方。用起兵端,以误国计。孝慈渊圣皇帝勤政宵旰,庶图治安,谋臣既未能慎初,武服固难于善后。兴言及此,罚其可逃?其李邦彦、吴敏、蔡懋、李梲、宇文虚中、郑望之、李邺已下三省别行窜责。播告中外,咸使闻知。

出处:《三朝北盟会编》卷一〇二。

翁彦国除宝文阁学士知江宁府兼江南东西路经制使制
(建炎元年五月二日)

楚汉相距荥阳,百战不殆,而萧何独全关中,为汉开基之冠。安、史攻陷河洛,赤地千里,而刘晏营制东都,佐唐中兴之业。肆朕纂承之始,未堪多难之忧。选建臣工,鼎新邦命,必有中外文武之选,副予励精宵旰之怀。具官某智术疏通,风力强锐。爰整勤王之旅,益肩卫上之忠。进升内阁之华,益壮大邦之翰。庀徒作室,揆日相方。毋从乾没之奸,以蠹邦财;毋容聚敛之吏,以耗民力。毋张空最以衔虚名,毋急近功以遗后患。益思刻励,追配古人。

出处:《鸿庆居士文集》卷二六。
撰者:孙觌
考校说明:编年据《建炎以来系年要录》卷五补。

周望除考功员外郎制
(建炎元年五月二日)

具官某:一介之士,资逢盛世,皆能自致于显庸,而中台望郎,独高文武一时之选。尔以忠义之操,间关贼中,莫府咨询,又著婉画,擢升郎省,将有试焉。行其所知,以赴功名之会。

出处:《鸿庆居士文集》卷二六。
撰者:孙觌
考校说明:编年据《建炎以来系年要录》卷五补。

上乾龙皇帝尊号为孝慈渊圣皇帝御札
(建炎元年五月二日)

敕内外文武臣寮等:朕比以乘舆播越,宗庙阽危,迫于师言,勉绍大业。居轸晨昏之恋,载深手足之怀。恭惟乾龙皇帝聪明宪天,节俭由性,子育加于庶汇,色养逮于两宫。金人内侵,四郊多垒,乃遣单车之使,欲邀龙德之临。代亲而行,即日命驾。继以编户困于金缯,复再屈于虏营,欲为民而请命。沈几渊识,外晦内明。时方艰虞,圣以遵养。溥率万邦之望,傒瞻八骏之归。虽道妙无名,岂形容之可及?惟德施罔极,顾遵奉之敢忘。爰举徽称,用昭盛烈。乾龙皇帝宜上尊号曰孝慈渊圣皇帝。乃令所司择日奉上册宝,应合行典礼,礼官即速讨论以闻。

出处:《三朝北盟会编》卷一〇二。

上元祐皇后尊称为元祐太后御札
(建炎元年五月二日)

敕内外文武臣寮等:朕惟德盛者报必隆,属尊者礼宜备,古之彝训,国有故常。元祐皇后制行徽柔,宅心虚静。蚤俪极于永泰,久慕道于瑶华。庚辰并后之文已尝诞告,丙午复号之旨未及布宣。比者戎骑内侵,都城失守,方二圣之迁播,属百辟之抗言。还御宫闱,暂临庶务。洞达机事之变,深惟宗社之安。踵遣使轺,敦谕至意。逮此缵图之日,亟颁归政之书。功加于时,举协于义。是用参稽众志,奉上尊称。冀茂对于休辰,以永绥于寿祉。元祐皇后册为元祐太后。仍令所司择日奉上册宝。一应合行典礼,礼官疾速讨论以闻。

出处:《三朝北盟会编》卷一〇二。又见《宋会要辑稿》后妃二之一,《中兴礼书》卷一七三。

张深除龙图阁直学士京兆府路安抚使制
(建炎元年五月三日)

秦地被山带河,持戟百万,陆海之富,甲于四方。炎正中微,小雅尽废,国步日蹙,强房扇行。申画郊圻,责在将帅。具官某刚毅之气足以任重,忠信之行足以镇浮,历事三朝,夷险一节,中外边琐,首冒贵臣。风绩凛然,老而弥笃。进升内阁,镇抚大邦,为朕长城,折冲千里。伫闻报政,嗣有宠章。

出处:《鸿庆居士文集》卷二六。
撰者:孙觌
考校说明:编年据《建炎以来系年要录》卷五补。

王庶除直龙图阁权发遣鄜延路经略安抚使制
(建炎元年五月三日)

　　具官某:山西古秦俗也,扼虎命世之才,裂眦决胸之勇,常雄视天下。属时承平,气节衰矣,而故家遗俗,犹足震羌戎于万里之外。以尔忠信之行,事上不欺,刚健之才,临机克断,践更庶事,风绩蔼然。进直河图,往治西土,追还故俗,著之风声。使齐人归我侵疆,汝亦与有亡穷之闻。

出处:《鸿庆居士文集》卷二六。
撰者:孙觌
考校说明:编年据《建炎以来系年要录》卷五补。

范致虚知邓州制
(建炎元年五月三日)

　　朕承至尊,绥制群辟。而三朝元老、四镇大帅越在外服,想见风采,肆颁陟典,以示宠褒。具官某高明敦大之资,辩丽博通之学,发纾贤蕴,服在迩寮。肆绅秘殿之书,益壮大邦之翰。西洛之去思尚在,咸阳之报政已成。改畀左符,往绥南土。国之俊老,义同艰难,增重一方,折冲千里。往服朕命,奚俟训言。

出处:《鸿庆居士文集》卷二六。
撰者:孙觌
考校说明:编年据《建炎以来系年要录》卷五补。

杨渊除工部员外郎王起之除
屯田郎中秦伯祥除虞部员外郎制
(建炎元年五月三日)

　　具官某等:尚书政事之本也,朕初践服,天下观政,一有僭差之累,浸成蠹害之原。尔等或在文学之科,或居政事之选,首膺任使,延置中台,毋纵吏谩,以慰民望。

出处:《鸿庆居士文集》卷二六。

撰者:孙觌

考校说明:编年据《建炎以来系年要录》卷五补。

耿南仲罢门下侍郎诏
(建炎元年五月五日)

耿南仲为孝慈渊圣皇帝劝讲官十有五年,同朕在外历艰难险阻又逾半载。今以年老,乞罢机政,已从所请。见今恩数人从可特令依旧,余人不得援例。

出处:《三朝北盟会编》卷一〇二。

令李纲赴行在诏
(建炎元年五月五日)

敕李纲:卿被遇两朝,延登四辅。出专将钺,宣威久去于周行;总治王畿,申命已颁于召节。属朕缵承之始,遭时变故之余。经体赞元,必赖股肱之良弼;折冲排难,兼资廊庙之讦谟。蔽自予衷,诞敷廷号。俾发扬于贤业,以寅亮于天功。式遣其归,虚心以待。已除卿尚书右仆射兼中书侍郎。诏书到日,卿可疾速发来赴阙。

出处:《三朝北盟会编》卷一〇二。

李纲右仆射制
(建炎元年五月五日)

稽古建官,莫先于论相;用人惟己,尤谨于得贤。将宏济于多艰,盖眷图于旧德。巨川之济舟楫,兹惟暨于同心;元首之赖股肱,盖相须而成体。帝赉良弼,国有宝臣。肆延登于宰司,用敷告于列位。具官李纲器闳而道远,志大而德方。才兼文武之全,识洞圣贤之蕴。蚤纡宸眷,浸践华途。历事上皇,献言有同于药石;被遇渊圣,告猷亟践于枢衡。神明扶其靖忠,天下想其风采。顷暂释于枢管,旋总尹于上京。久留遐方,殊拂舆望。顾予眇质,获缵丕基。整皇纲于既坏之余,

25

张国势于中微之际。宜得硕辅,共恢远图。是用擢居右揆之崇,兼总西台之峻。乃加侯爵,仍陟文阶。衍以爰田,陪之圭赋。并昭异数,式劝具僚。於戏!周室中兴,吉甫明庶邦之若否;唐朝再造,子仪任一代之安危。朕惟经营,四方汝为;朕惟训饬,百工汝率。惟长虑远算可以弭难,惟竭诚爱日可以图功。其尚弼于一人,亦有辞于永世。

出处:《宋宰辅编年录》卷一四。

撰者:朱胜非

立嘉国夫人邢氏为皇后制
(建炎元年五月五日)

乾坤定位而万物育,日月递照而四时行。序人伦之大端,必庆于妇顺;得天下之内治,莫尚乎家齐。朕嗣守庆基,肇临寰宇,茂建长秋之号,爰稽前代之文。诞告外朝,式孚群听。嘉国夫人邢氏洵美且异,淑慎无违。系出华宗,凤启曾沙之庆;质全硕媛,载著倪天之歌。居自救以箴图,动常质于保姆。来嫔朱邸,增辉皇家。属兰驭之在行,顾椒涂之虚次。载念缵图之始,有怀内助之贤。翟茀以朝仁,来归于京邑;佩玉之傩将,表正于宫庭。登进名位之崇,昭示风化之首。於戏!涂山翊夏,克相神禹之功;莘国兴周,允资太姒之德。庶并受于福禄,以永格于和平。尚慎乃躬,期协朕志。可立为皇后。其合行册礼,令有司检详典故以闻。

出处:《三朝北盟会编》卷一〇二。又见《中兴礼书》卷一八八。

李纲除正议大夫尚书右仆射中书侍郎制
(建炎元年五月五日)

门下:稽古建官,莫先于论相;用人惟己,尤慎于得贤。将宏济于多艰,盍眷图于旧德。巨川之待舟楫,兹惟暨于同心;元首之赖股肱,盖相须而成体。帝赉良弼,国有宝臣。肆延登于宰司,用敷告于列位。资政殿大学士、大中大夫、领开封府职事、陇西县开国伯、食邑八百户、食实封一百户李纲,器宏而道远,学高而德方。才兼文武之全,识洞圣贤之蕴。蚤纡宸眷,浸践华涂。历事上皇,献言有同于药石;被遇渊圣,告猷丕式于几衡。神明扶其精神,天下想其风采。顷暂释于枢管,旋总尹于上京。久留遐方,殊拂舆望。顾予眇质,获纂丕图。整王纲于既坏之余,张国势于中微之际。宜得硕辅,共济远猷。是用擢居右揆之崇,兼侍西台之峻。乃锡侯爵,进陟文阶。御以爰田,陪之圭赋。并昭异数,式劝具僚。于乎!周室中兴,山甫明庶邦之若否;唐朝再造,子仪任一代之安危。朕欲经营四方,汝为;朕欲训饬百工,汝率。惟长策远算可以弭难,惟竭诚爱日可以图功。其尚弼予一人,亦有辞于永世。可特授正议大夫、尚书右仆射、中书侍郎,进封陇西郡开国侯,加食邑七百户、食实封三百户。主者施行。

出处:《三朝北盟会编》卷一〇三。

上韦贤妃尊号为宣和皇后御札
(建炎元年五月五日)

敕内外文武臣寮等:报德莫尚乎隆名,谨化必先乎广孝,兹古今之通谊,乃邦国之彝章。韦贤妃聪明惠和,淑柔渊懿,育于庆阀,媲我亲闱。象服是宜,淑则备于四教;彤管有炜,徽音冠于六宫。诞毓眇身,嗣绍大统。念慈颜之在远,尚阻奉于晨昏;顾令典之有稽,宜亟崇于位号。是用参稽众志,爰举丕称。肆张母道之尊,归安天下之养。宜上尊号曰宣和皇后,仍令所司择日奉上册宝。

出处:《三朝北盟会编》卷一〇二。又见《中兴礼书》卷一七三。

命马忠张换出兵河北诏
(建炎元年五月六日)

金人侵犯磁、相等州,遣将马忠将所部兵五千号一万,张换将所部如忠之数,与忠应接,相为声援,前去河北,自恩、冀州以北取路过河,趋河间府、雄州以来追袭。

出处:《宋会要辑稿》兵九之六。

具实闻奏天象休咎灾福诏
(建炎元年五月六日)

今后如有太阳、太阴、五星躔度凌犯或非泛星云气候等所主休咎灾福,令太史局、翰林天文局依经书实具闻奏。如敢隐蔽,当从军法。

出处:《宋会要辑稿》职官一八之八六。又见同书职官三一之五、职官三六之一〇八。

开启天申节道场诏
(建炎元年五月六日)

自今月七日天宁寺开启天申节道场,祝香作乐,宰执免茶酒,应天府官属依例排办。其外路州军指挥到日如趁办不及,自来年开启。

出处:《中兴礼书》卷二〇三。

吕好问除尚书右丞制
(建炎元年五月六日)

富贵不足解忧,方极慕亲之念;孝弟施于有政,莫先同德之求。朕以眇躬,嗣承大统,遭家不造,凛若渊冰。虽三军举同左袒之心,而二圣未返北辕之役。棠棣之华韡韡,敢忘原隰之求;大隧之乐融融,有待封人之荐。具官某儒术之茂,暗然日章;信厚之资,老而弥笃。遍仪甘泉法从之列,实自靖康总揽之初。从容片言,绰有回天之力;险夷一致,益肩卫上之忠。肆图邦命之新,进总文昌之辖。倚老成于典刑之重,登世臣于故国之遗。朕之股肱,谅同休戚,其念两宫戴天之义,体予一人前席之思。傥能遣侯公而说之,必有御赵王而归者。亶惟乃辟是佑,则于永世有辞。

出处:《鸿庆居士文集》卷二六。又见《三朝北盟会编》卷一〇三,《浮溪集》卷一一。

考校说明:编年据《宋史》卷二四《高宗纪》、《建炎以来系年要录》卷五补。《三朝

北盟会编》卷一〇三系于建炎元年五月八日。此文又见《浮溪集》,撰者存疑
待考。

冯澥除资政殿学士知潼川府制
(建炎元年五月六日)

朕奉承至尊,绥御群辟。图旧人而任政,共成访落之谋;肩一德以保躬,屡上
均劳之请。参稽陟典,申锡赞书。具官某雅量镇浮,讦谟经远。之才之美,有望
道之思;至大至刚,得养义之气。入持枢管,进贰文昌。属予缵绍之初,喜见仪刑
之老。屡形封奏,祈解烦机;诏谕数颁,恳辞莫夺。念崇宁之遗直,岿然独存;顾
靖康之旧臣,留之不果,升华书殿,出总藩符。以大臣暑行,徒得淮阳之重;而远
猷辰告,宜存魏阙之心。祗服宠章,益绥寿嘏。

出处:《鸿庆居士文集》卷二六。
撰者:孙觌
考校说明:编年据《建炎以来系年要录》卷五补。

李回依旧延康殿学士知洪州制
(建炎元年五月六日)

入参枢管,久资帷幄之谋;出殿大邦,增重藩宣之寄。眷予哲艾,为国老成,
恳辞机务之烦,用锡宠光之祉。具官某受才弘毅,秉义直方。正色立朝,屡效排
奸之力;懿文华国,尤高润色之工。擢自宪台,入司兵柄,遽形谦奏,欲遂便麾。
属于访落之初,参倚守藩之辅。抚绥疲瘵,慎固封圻。仍书殿之隆名,镇南昌之
巨屏。周旋中礼,蹈古人难进之风;明哲保身,应君子有终之吉。服我休命,永肩
一心。

出处:《鸿庆居士文集》卷二六。
撰者:孙觌
考校说明:编年据《建炎以来系年要录》卷五补。

宋齐愈起居郎制
(建炎元年五月六日)

具官某:朕绍膺时万之休,会逢阳九之厄,临朝愿治,当馈思贤。稽合庶言,登用正士,置诸坐右,其永无斁。尔以艺文冠冒多士,语妙天下,气盖诸公。靖康之初,遍游清贯,绅书中秘,列属宪台,誉喧一时,想见风采。擢升柱史,供奉殿坳。君举必书,毋悼后害。

出处:《鸿庆居士文集》卷二六。
撰者:孙觌
考校说明:编年据《建炎以来系年要录》卷五补。

李祐除京东转运副使制
(建炎元年五月六日)

具官某:青齐之国,沃野千里,桑麻之富,衣被天下。干戈未靖,饥疫相熏,申饬使轺,布宣德意。勿谓海隅之远,在予庭户之间。以尔慈惠有循吏之遗风,议论得世臣之余烈,荐更任使,强敏有闻。载畴尔劳,奉使一道。助朕初政,益修厥官,达于敛散之权,不失绥怀之体。上下与足,时乃之休。

出处:《鸿庆居士文集》卷二六。
撰者:孙觌
考校说明:编年据《建炎以来系年要录》卷七补。"李祐",《全集》卷二七、四库本作"李祐",当以为是,见《建炎以来系年要录》卷七及《宋会要辑稿》职官四二、食货四三、食货四七。

苏迟除右司郎官制
(建炎元年五月七日)

具官某:朕绍休鸿绪,思用老成,注想方深,慭遗兴叹。怀人念远,知狐突之教忠;崇德象贤,庶皋陶之济美。以尔儒术之茂,似其先人;忠厚之资,信于当世。属靖康之初政,褒元祐之名臣,故家尚存,遗风如在。肆予绩绍,想见仪行。擢自台郎,延登宰属,益思勉励,光贲前人。

出处:《鸿庆居士文集》卷二六。
撰者:孙觌
考校说明:编年据《建炎以来系年要录》卷五补。

令国史院别差官刊修神宗实录诏
(建炎元年五月八日)

朕惟宣仁圣烈皇后当元丰末立哲宗皇帝为皇太子,遂嗣大统。藩王初无觊觎,大臣未尝异论,其事载于《神宗实录》。及垂帘听政,保佑哲宗,有安社稷之功。二王出居外第,所以别嫌明微,德意深远。比者奸臣钩党附会,敢以空造之言仰诬盛德,著于史牒,以欺天下后世,闻者莫不愤惋。《神宗皇帝实录》,章惇提举修撰,审有建立之功,不应乃自刊削不载。参考其事,本末甚明,可令国史院别差官撼实刊修,播告天下。其蔡确、蔡卞、邢恕、蔡懋,三省取旨行遣,仍不得引用建炎元年五月一日赦文。

出处:《宋会要辑稿》礼一一之四。又见同书礼一一之五,《邵氏闻见后录》卷二。
考校说明:《邵氏闻见后录》系于建炎元年五月二日。

李若水赠观文殿学士诏
(建炎元年五月九日)

故吏部侍郎李若水忘身为国,知死不惧,忠义之节,无与比伦。达于朕闻,为之涕泣。可特赠观文殿学士,与子孙恩泽五人,赐其家银绢五百匹、两。

出处:《三朝北盟会编》卷八二。又见同书卷一○四,《建炎以来系年要录》卷五。

从仕郎傅雱改宣教郎借工部侍郎充大金通和使制
(建炎元年五月九日)

朕讲殊邻之好,求专对之才。念国家艰难之余,乃贤者驰骛之日。以尔疏通无壅,沈鸷有谋,虽山涛不学于孙吴,而季布得声于梁楚。比选出疆之使,实膺仗节之行。方事遐征,无几微见于言面;宜加宠数,进礼乐而有光华。是用擢之铨调之中,假以事官之贰。庶尔一言之合,成吾两国之欢。日伫来归,毋忘自力。

出处:《浮溪集》卷一〇。

撰者:汪藻

考校说明:编年据《宋会要辑稿》职官五一补。

修职郎王伦改朝奉郎充大金通问使制
(建炎元年五月九日)

朕惟疆事未宁,亲庭在远。夙宵轸念,庶孝悌通于神明;物色求人,傥忠信行于蛮貊。眷兹久矣,今乃得之。以尔胄出公侯,资兼勇智。言念主忧而臣辱,何有于生;如皆己佚而人劳,孰当其责?虽淹回之未试,独慷慨以请行。宜升郎秩之荣,仍委使华之重。朕既俯同晋国,用魏绛以和戎;尔其远慕侯生,御太公而归汉。勿惮徂征之远,伫期归报之休。

出处:《浮溪集》卷一〇。又见《三朝北盟会编》卷一一九,《新安文献志》卷一,《宋四六选》卷二。

撰者:汪藻

考校说明:编年据《宋会要辑稿》职官五一补。《宋代诏令全集》以《建炎以来系年要录》卷一〇为据系于建炎元年十一月五日辛卯(第一五一一页),误。《建炎以来系年要录》卷一〇载:"(建炎元年十一月辛卯)金人围磁州,朝奉郎王伦为大金通问使。时河东军前通问使宣教郎傅雱、副使阁门宣赞舍人马识远至汴京,诏趣还,问所得金人意。复遣伦与阁门宣赞舍人朱弁见左副元帅宗维议事。"注文曰:"伦、弁五月初已授命,但未成行,逮雱归而始遣耳。"

通问副使武功大夫赵哲可达州刺史制
(建炎元年五月九日)

朕通两国之和,遣单车之使。求专对四方之士,既得忠良;顾出疆万里之行,可无褒擢?具官某受材肤敏,临事激昂,久膺在服之荣,兹预聘邻之选。将诚甚远,具有皇皇之华;受命靡辞,初无悃悃之色。是用特颁殊渥,升刺大州,以昭临遣之荣,以励愿行之志。其思报称,副我仰成。

出处:《浮溪集》卷一〇。

撰者:汪藻

考校说明:编年据《建炎以来系年要录》卷五补。

李若水赠观文殿学士制
(建炎元年五月九日)

　　敕:节义士之大闲,能忘身而徇国;爵禄国之砥石,宜懋赏之报功。肆加恤典之崇,越进彝章之限。故朝奉郎、吏部侍郎、赐紫金鱼袋李若水,操履端重,学植纯粹。儒馆抡才,早膺选任;从班入侍,旋被旁求。属邻敌之内侵,数授辞而出使。勤劳靡惮,诚悫勿欺。念国难之非常,骇虏情之不测。二圣遭北迁之厄,大统有中绝之危。奋不顾身,义形于色。仁必有勇,知处死之非难;欲焉得刚,信苟生之可愧。忠义之节,无与比伦,达于朕闻,为之涕泣。是用宠以辅臣之异数,蹑升秘殿之隆名。赙物具仪,赏延及子。昔段秀实笏击朱泚,颜杲卿面折禄山。简册有光,精神如在。惟尔英烈,追配古人,魄其有知,服我休命! 可特赠观文殿学士,余如故。

出处:《三朝北盟会编》卷八二。

修国政手诏
(建炎元年五月十日)

　　朕遭家不竞,二圣播迁,单子一身,义不得死。三事大夫、群黎百姓戴宋惟旧,用归属于眇躬。朕欲身先士卒,北首赴难,咸曰:宗庙之重,不可一日乏祀;且将摄行国政,俟时复辟,则又曰:天下之大,不可三月无君。逊避无从,百辟复至。盖祖宗德泽在人,固若胶漆,天其或者崇降咎灾以警惧我宋,是用思宪祖宗之旧,仰承天意,庶或悔过,以辑宁我邦家,赍及赤子。呜呼! 惟孝弟可以动天,惟忧勤可以成务,惟恭俭可以富民,惟兢慎可以保国,惟大公可以悦人,惟至仁可以安众,惟求谠论、屏侧言可以达聪,惟近正人、远宠幸可以成德,惟守大信可以规远图,惟有常德可以立武事。不弛不扰,始终如一,夙夜惕励,式禳不祥,庶几降鉴,俾复我父母兄弟宗族。朕将规复旧章,不以手笔废朝典,不以内侍典兵权;容受直言,虽有失当,不加以罪;谨听断,除苛挠,抑末作,去浮靡;斥声乐之奉,绝游猎之荒;非奉典礼尚方无饰绣绘,非急缮治大匠无营土木,非军功无异赏,非戎备无偹工。弗利于众,虽衣服饮食皆可废;有宜于国,虽赴汤蹈火皆可为。断之必行,无或有二。尚虑群臣狃于故习,有以祥瑞奏闻,褒颂功德,浸于导谀,讳恶隐过,务在蒙蔽,大臣蔽贤,有举非实,台谏怀慝,有言非公。凡此之属,必杀毋赦。朕临御之始,德意未孚于上下,用伸播告,以敷朕心。兹言不食,咸听毋忽。

出处:《三朝北盟会编》卷一〇二。又见《建炎以来系年要录》卷五,《中兴两朝圣政》卷一,《宋史全文续资治通鉴》卷一六。

考校说明:"十日"原作"二日",据《建炎以来系年要录》等书改。

范宗尹除右谏议大夫制
(暂系于建炎元年五月上旬)

靖康初政,开广言路,日昃延群臣之议,夜分览四方之奏。异论蜂起,予夺相乘。故虽屡勤仄席之求,而终不克享贪贤之利。肆朕篡服,登用正人,苟一言可以兴邦,则天下如指诸掌。具官某志节刚大,识度精博。顷在宣和,以布衣发策,力陈时政之害;逮事渊圣,以谏臣抗疏,独论宰相之非。虽圆枘方凿,势有不容;而曲突徙薪,效见今日。复畀旧物,进长谏垣。挺一身之安危,为葵藿之卫;折众言之淆乱,制尊俎之冲。佇闻嘉猷,以对休命。

出处:《鸿庆居士文集》卷二六。
撰者:孙觌
考校说明:编年据孙觌任两制时间、原书前后文时间及文中所述"靖康初政……肆朕篡服"补。靖康元年十月十二日,范宗尹除右谏议大夫,十一月十二日罢(见《靖康要录》卷一一、卷一二)。靖康二年三月八日,范宗尹复除右谏议大夫(见《靖康要录》卷一六、《建炎以来系年要录》卷三)。《建炎以来系年要录》卷四建炎元年四月十六日乙亥条称范宗尹为"左谏议大夫",或误。然据文中所述"靖康初政……肆朕篡服",本文当作于高宗即位后。《建炎以来系年要录》卷五建炎元年五月一日庚寅条注文:"(高宗)即位之日,刘光世自鄜延至,路允迪、范宗尹自京师至,则天下豪杰之心归矣。"范宗尹或即因此而"复畀旧物"。

黄彦除京畿转运判官制
（暂系于建炎元年五月上旬）

具官某：阙门之外，惠泽所先。强寇内侵，赤地千里，人罹涂炭，祸及鸡豚。乃饬乘轺赋命之臣，体予哀矜元元之意。尔由推择，奉使邦畿，尚有遗民，往喻朕意。如烹鲜勿扰，如制锦勿伤，手摩拊之，裕其衣食。宜体任官之意，勿怀择事之心。益励厥修，美成在久。

出处：《鸿庆居士文集》卷二六。

撰者：孙觌

考校说明：编年据孙觌任两制时间、同集前文时间及文中所述"尔由推择，奉使邦畿，尚有遗民，往喻朕意"补。"黄彦"，明抄本作"黄敦彦"。《梁溪集》卷一八〇《建炎时政记下》载建炎元年七月黄敦彦除河北西路转运判官，或即同一人。

许份乞幸扬州状批答
（建炎元年五月十日）

敕：许份申"份与众熟议，皆以为扬州之地控带江淮，城壁新修，乞决定至计，即日御众治兵广陵"事具悉。淮海故区，下控南服，统临一道，实自本朝。卿以侍从之近臣，膺藩宣之重寄。志存王室，深惟国步之难；利究公家，继上时巡之请。属方勤于北顾，难遽议于东迁。言念忠诚，不忘嘉叹。所请宜不允。故兹诏示，想宜知悉。

出处：《三朝北盟会编》卷一〇三。

令范冲等赴阙诏
（建炎元年五月十一日）

朝奉郎提举淮南西路茶盐公事范冲、宣教郎上官愔、常同，令乘驿赴阙，三省审察。

出处：《建炎以来系年要录》卷五。

张邦昌依文彦博例一月两赴都堂诏
（建炎元年五月十二日）

张邦昌知几达变,勋在社稷。朕尊诸论道之地,宠以王爵,欲与日引同朝,共理万物,而养恳牢避,雅志莫夺。朕以崇德报功,悯劳以事,而养民保国,实赖图维。虽已断来章,宣赴都堂治事,未极褒崇之典。考祖宗故实,惟元祐间文彦博以累朝勋德礼绝群臣,一月两赴都堂,平章重事,最为异数。今邦昌已降指挥参决大政,属望尤重。可依文彦博例,一月两赴都堂,仍不限时刻出省;急速大政,许宰执同就第商议,以称朕优假荷赖之意。

出处:《三朝北盟会编》卷一〇四。又见《建炎以来系年要录》卷五,《宋史》卷二四《高宗纪》。

考校说明:原书系于建炎元年六月一日,据《建炎以来系年要录》《宋史》改。

恩转官事诏
（建炎元年五月十二日）

恩转官除文臣太中大夫、武臣正任观察使及宗室南班以上,并命辞给告身,其余令吏部具钞降敕。

出处:《宋会要辑稿》职官一一之六八。

罢天申节上寿诏
（建炎元年五月十四日）

朕承祖宗遗泽,获于士民之上,求所以扶持危颠,未知攸济。念二圣之銮舆在远方,万民失业,将士暴露,百官有司靡所底宁,夙夜痛悼,几废寝食。傥可以复二圣而保生灵,朕不爱身。敢自丰殖,以重国祸?况以眇躬之故,闻乐饮酒,以自为乐乎?非惟深拂朕志,实增感于朕心。所有将来天申节百官上寿常礼可罢。当体朕意,毋复有请。

出处:《三朝北盟会编》卷一〇三。又见《宋史》卷一一二《礼志》。

姚平仲复吉州团练使所在出榜召赴行在制
（建炎元年五月十四日）

汉室备边,复魏尚云中之守;秦人御晋,赦孟明殽毙之奔。与其选众而收新进之材,曷若弃瑕而责老成之效? 具官某禀资沈挚,事上朴忠。昨缘外侮之侵,尝畀中权之任,乃恃戎昭之果,靡遵庙胜之谋。坐此逾年,隐于亡命。肆朕纂图之始,时求敌忾之良,议者皆言汝为可用。执干戈而卫社稷,方急壮猷;听鼓鼙而思将臣,宜颁异数。爰复州团之秩,俾趋岳狩之朝。庶分北顾之忧,尚救东隅之失。勉图尔绩,仰副朕知。

出处:《浮溪集》卷一〇。又见《三朝北盟会编》卷一〇三,《新安文献志》卷一,《宋四六选》卷二,《江右文钞》卷二。
撰者:汪藻
考校说明:编年据《建炎以来系年要录》卷五补。

赐勤王兵钱诏
（建炎元年五月十六日）

诸路勤王兵还营日,令所在人赐钱三千。

出处:《建炎以来系年要录》卷五。

知东平府卢益落职官观制
（建炎元年五月十六日）

朕惟国家有天下几二百年,所恃以安存者,繄中外士大夫相与维持之力。一旦事出仓卒,宗社阽危,而四方藩臣赴援者无几,朕甚伤之。具官某初无他长,早服显仕,光被累朝之眷,进登常伯之尊。知人臣有见危致命之忠,在方面有振旅勤王之义,而丁宁靡顾,酣饮自如。逮予践阼之初,巧作谋身之计。近臣如此,谓疏者何? 其镌延阁之资,往食真祠之禄,兹为宽典,无重后愆。

出处:《浮溪集》卷九。

撰者:汪藻

考校说明:编年据《建炎以来系年要录》卷五补。

间丘升濮州团练副使封州安置制
(建炎元年五月十六日)

士大夫所严者名分,朝廷所恃者纪纲。傥于扰攘未定之间,即为专辄自便之计,国于何有,意则可知。尔初无他长,专喜自用。比以人材之乏,畀之一路之权,所冀兴师,以时赴援,而踌躇四顾,偃蹇不前。逮吾幕府之开,首戾辕门之令,福威在己,行止肆情。凡今台劾之所陈,皆昔道途之亲见。其镌宠秩,投畀要荒。尚坚循省之心,无负生全之赐。

出处:《浮溪集》卷一二。

撰者:汪藻

考校说明:编年据《建炎以来系年要录》卷五补。

覃恩进秩事诏
(建炎元年五月十七日)

覃恩进秩,惟侍从及宗室南班官给告,余并尚书省出敕。

出处:《建炎以来系年要录》卷五。

官员转官等合取会圆备诏
(建炎元年五月十九日)

应官员转官、磨勘、叙复、注授、差遣之类应取旨及具钞者,并令吏部就东京取会圆备,具钞闻奏。

出处:《宋会要辑稿》职官八之七。又见《宋会要辑稿补编》第五二三页。

文武官不得辄陈乞致仕诏
（建炎元年五月十九日）

今后文武官非疾病危笃及笃疾废疾不能任职者,不得陈乞致仕。

出处:《宋会要辑稿》职官七七之六四。

耿南仲落观文殿学士提举杭州洞霄宫制
（建炎元年五月二十一日）

兵家之算,所贵伐谋;廊庙之臣,岂容误国？倘或信常谈于纸上,不知堕黠虏之计中。苟偷岁月之安,驯致国家之祸。人言荐至,邦法何逃？具官耿南仲顷委政机,适当边警。朝廷可否,唯予旧学之评;天下安危,恃尔老成之重。谓当决沘水之战,乃专主平凉之盟。坐使中原,几为左衽。朕痛夫二圣之狩,考昔者群臣之言。谁致乱阶,汝为戎首。姑镌秘殿之秩,以正具臣之诛。尚省厥躬,毋忘予戒。

出处:《三朝北盟会编》卷一〇四。又见《宋宰辅编年录》卷一四。

邵溥落职京东小郡制
（建炎元年五月二十五日）

臣子事君,当守险夷之一节;国家多难,岂容顾避之两端？具官某服在近途,久更器使,昨抗章而请觐,既优诏以俯从,闻有出疆之行,乃为择地之计。怀谖如此,为尔怅然。其亟解于近班,用出临于小郡,兹为宽宥,毋废省循。

出处:《浮溪集》卷一二。
撰者:汪藻
考校说明:编年据《建炎以来系年要录》卷五、《宋会要辑稿》职官七〇补。《宋代诏令全集》误系于建炎元年五月二十九日戊午(第三六五七页)。

罢许便宜行事指挥诏
（建炎元年五月二十七日）

　　昨缘军兴,仓卒之际,许便宜行事。诸路、诸州及差委官往往陈乞便宜行事,遂至擅补官吏,擅用官物,擅刺良民,擅聚师旅,妄专生杀。自今除沿边帅守并建炎元年五月一日以后被授便宜指挥去处止许因边事便宜措置,仍不许擅支官物侵攘良民外,应已前许便宜行事指挥更不施行。

出处:《宋会要辑稿》兵一四之六。

知江宁府宇文粹中落职宫祠安置制
（建炎元年五月二十九日）

　　朕惟国家于都会屯兵列戍,又择重臣临之者,非以屏王室于平居闲暇之时,亦惟朝廷或出于艰虞,则四方万里之远,赖其大拊循之功,以固吾圉。具官某顷从近弼,出殿大藩,所图绥抚之良,无负顾忧之托。而威权素夺,选懦无谋,乃持柄以授人,至委身而就縶,吏戕民死,喋血江堘。朕方穷致乱之繇,用正尔弛防之罪,而一方冤状,猥自发舒。其镌秘殿之资,往食真祠之禄。无忘自讼,服我宽恩。

出处:《浮溪集》卷九。
撰者:汪藻
考校说明:编年据《建炎以来系年要录》卷五补。《宋会要辑稿》职官七〇载宇文粹中于六月三日落职。

前户部侍郎邵溥降一官制
（建炎元年五月二十九日）

　　古者挈瓶之智,守不假器。出纳靡咨,何名有司？属者国家多艰,泉府政坏,汝受寄委,实为大农。乃从官吏之营私,不顾邦财之折阅。公形判语,案牍具存,鞫实以闻,宜从薄罚。背公之罪,毋废省循。

出处:《浮溪集》卷九。

撰者:汪藻

考校说明:编年据《宋会要辑稿》职官七〇补。

王襄赵野分司制
(建炎元年五月二十九日)

忘身徇国者,臣子之心;赏勉罚偷者,朝廷之柄。矧在艰危之际,尤先综核之公。具官某早被眷知,预闻机政。昨属边裔之扰,大分方面之权,俾各专征,靡从中覆。列诸屯之卒乘,将内屏于京师,庶直风尘,即趋郊甸。岂有两君之在野,略无一骑之入关?故取迂涂,以为遁计。既无以上纾国难,复不能留庇居民,公纵偏裨,肆为盗贼。逮朕纂承之始,务昭含贷之仁,如汝等伦,置而不问。然人言洊至,公论靡容。其分务于别都,用少伸于邦宪,以惩不恪,以警无良。尚深循省之思,无重悔尤之积。

出处:《浮溪集》卷一二。

撰者:汪藻

考校说明:编年据《建炎以来系年要录》卷五及《宋会要辑稿》职官四六、职官七〇补。

钱盖落职制
(建炎元年五月二十九日)

盖缘推择,多所践更。付之五路之师,处以三秦之地。方都邑受围之日,乃维藩奔命之时。所冀投机,庶能弭敌。岂有望风而先溃,专图拥众以自营?仍纵叛亡,肆为攘夺。朕方念吾民之死祸,汝犹采虏说以诳朝。虽示小惩,未厌公论。其镌延阁之秩,往陪祠宫之闲。尚服宽恩,毋重后悔。

出处:《三朝北盟会编》卷一〇九。

考校说明:编年据《建炎以来系年要录》卷五补。《建炎以来系年要录》卷五:"(建炎元年五月戊午)资政殿学士宇文粹中、降授朝奉郎降充龙图阁待制钱盖并落职,提举亳州明道宫。粹中坐江宁军乱,盖坐陕西弃师也。"与文中所述"往陪祠宫之闲"相合。《全宋文》(第二〇一册,第一四三页)、《宋代诏令全集》(第三六六〇页)系于建炎元年六月二十七日。《建炎以来系年要录》卷六:"(建炎元年六月二十七日乙酉)降授朝奉郎、提举亳州明道宫钱盖复龙图阁待制,充陕西总制使。"注文曰:"《日历》钱盖复旧职为陕西经制使……(熊)克又云复盖元官,除总制使,与《日历》所书不同。案盖先降五官,后用登极赦,特旨叙复。今所谓复旧职者,盖指待制也。"《宋会要辑稿》蕃夷六:"光尧皇帝建炎元年六月二十七日,诏钱盖依旧为陕西经制使。"《三朝北盟会编》卷一〇九:"二十七日乙酉,折彦质散官安置,钱盖落职分司,许高、许亢编管。臣僚章疏论靖康末折彦质为宣抚副使,逃入川陕西,钱盖为陕西五路制置使,逃至湖北,许高、许亢总兵防河,逃至江南,不惩戒则后孰肯任责者。有旨:彦质责授散官,昌化军安置;钱盖落职,降授朝奉郎分司;高亢编管海外军。钱盖落职告词曰……钱盖复官,依旧陕西经制使。"疑《三朝北盟会编》卷一〇九"钱盖落职分司"事乃追述,非六月二十七日之事。

台官随从巡幸事诏
(建炎元年五月)

台官随从巡幸,许差破亲随,监察御史以上各二名,检法官、主簿各一名,依亲事官例日支食钱,候回銮日罢。

出处:《宋会要辑稿》职官一七之三三。

宗泽覃恩转朝请郎敕
(建炎元年五月)

朕篡服丕承,疏恩大赉,眷惟迩烈,宜在褒嘉。尔徽猷阁待制宗泽,执德粹明,受材宏达,自升华于法从,良著绩于周行。加秩之崇,于昭新渥,输忠之报,益展素怀。兹以覃恩转为朝请郎,奉敕如右。建炎元年五月日。

出处:《宋东京留守宗忠简公全集》卷首。

綦辛为奉迎驾至南京登宝位了当
坐甲有劳转忠训郎换给制
（暂系于建炎元年五月后）

敕：尔累以功效，屡进官阶。申颁书命，往其祗服。可。

出处：《紫微集》卷一三。

考校说明：编年据宋高宗即位时间补。张嵲此时未任两制，此文或为《紫微集》误收。

永兴军等准备巡幸诏
（建炎元年六月一日）

已降指挥，令永兴军、襄阳府、江宁府准备巡幸。仰逐处守臣营葺城池，建置宫室，官府务从简易，不得搔扰。以近便州郡神霄宫并空闲提举廨舍之类，拨移逐路漕司及提举常平司钱物应副。如不足，具数申尚书省。

出处：《宋会要辑稿》方域二之三。

太府卿徐公裕等降两官制
（建炎元年六月一日）

孟子以左右望而罔市利者，谓之贱丈夫。故君子之观人，在于有所不取。尔服官朝列，惟禄是资，谓能洁己以明污，顾乃乘时而射利。市所临之公贿，法既不容；利其直之私赢，义将安据？镌官二等，聊愧尔心，取予之间，毋忘慎择。

出处：《浮溪集》卷九。

撰者：汪藻

考校说明：编年据《宋会要辑稿》职官七〇补。"太府卿"，《宋会要辑稿》作"太府少卿"。

王襄赵野散官安置制
(建炎元年六月一日)

趋朋友之急者,不敢以存亡为辞;议《春秋》之诛者,莫先于功意俱恶。尔顷鬴近弼,出总重兵。受朝廷数世之恩,固当前死;闻君父重围之急,忍复自营? 乃专怀顾避之私,至巧作迁延之役。视国家有如于秦越,刈生灵不啻于草菅。言者以闻,为之于邑。其黜从于散秩,用投畀于遐荒。兹谓隆宽,毋忘至戒。

出处:《浮溪集》卷一二。

撰者:汪藻

考校说明:编年据《建炎以来系年要录》卷六、《宋会要辑稿》职官七〇补。

王宗濋散官安置制
(建炎元年六月一日)

国保城闉,赏诛而已;将援枹鼓,生死以之。矧提禁旅之严,中护皇居之重,倪先失守,安所逃刑? 具官某蚤鬴戚畹之华,擢置殿岩之邃,庶几自力,上答所蒙。方兵戈交内外之锋,于呼吸有存亡之变,卫吾宗社,恃汝腹心。乃无效命之忠,但作全躯之计,望风惊奢,委众溃奔。朕推祸乱之原,知汝罪辜之首。宜明邦宪,以谢国人。尚缘四姓之亲,姑从八辟之议,爰镌宠秩,畀以散官。其坚讼过之心,服我好生之德。

出处:《浮溪集》卷一二。

撰者:汪藻

考校说明:编年据《建炎以来系年要录》卷六补。

进奏官依限抄录传报诸路州军文字诏
(建炎元年六月三日)

进奏院自今年六月一日以后依格合传报诸路州军文字,限三月尽数抄录传报。其见在东京进奏官所管州军,并令见今随从行在进奏官兼行掌管传报,依此。

出处:《宋会要辑稿》职官二之四七。

知怀州霍安国赠延康殿学士制
(建炎元年六月五日)

贤者事君,岂为保妻子之计? 国家多事,所贵死封疆之臣。我有藩宣之英,靡从威武之夺。既遭奇祸,宜峻恩章。具官某少有令名,屡更烦使。昨任州符之寄,适当边徼之冲。婴无援之孤城,抗方炽之丑敌。壮矣张巡之百战,躬履颜行;哀哉卞壶之一门,几无噍类。属予初载,闻此沈冤,念逝者之何辜,为潸然而出涕,兹升华于秘殿,仍加恤于遗孤。庶尔精忠,光吾信史。

出处:《浮溪集》卷一〇。又见《新安文献志》卷一,《宋四六选》卷二。
撰者:汪藻
考校说明:编年据《建炎以来系年要录》卷六补。《三朝北盟会编》卷一〇七系于建炎元年六月七日。

张邦昌责授昭化军节度副使潭州安置制
(建炎元年六月五日)

以死偿节者,臣子之宜;求生害仁者,圣人所嫉。傥或志存于躯命,则将义薄于君亲。具官某身受国恩,位登宰辅。方宗社有非常之变,乃人臣思自尽之时,而不能抗虎狼强暴之威,徒欲为雀鼠偷生之计。陷于大恶,所不忍言。虽天夺之明,坐愚至此;然君异于器,代匮可乎? 宜大正于典刑,用肃清于名分。尚以本繇于迫胁,恻然姑示于矜容。出授散官,窜投荒服。其体好生之德,毋忘自讼之心。

出处:《浮溪集》卷一二。又见《三朝北盟会编》卷一〇五,《新安文献志》卷一,《宋四六选》卷二,《江右文钞》卷二。
撰者:汪藻
考校说明:编年据《建炎以来系年要录》卷六补。《三朝北盟会编》卷一〇五、《宋会要辑稿》职官七八系于建炎元年六月四日。

吴开莫俦散官安置制
(建炎元年六月五日)

朕惟国家励名节于百年之余,尊士夫于众人之上,非以周旋于闲暇,盖将责望于艰危。苟捐躯徇国之无人,则销难解纷之奚赖?具官某早缘推择,进蹑近班,当君亲蒙犯于氛埃,至臣子盗称于名字,兹非小变,何以生为?乃通命令之往来,坐使等威之差僭。此而阔略,孰不可容?宜宠秩之尽镌,以一官而置散。毋忘自省,服我宽恩。

出处:《浮溪集》卷一二。又见《三朝北盟会编》卷一〇六。

撰者:汪藻

考校说明:编年据《建炎以来系年要录》卷六、《宋会要辑稿》职官七〇补。《宋代诏令全集》系于建炎元年六月十五日癸酉(第三六〇页),误。今本《浮溪集》乃清人从《永乐大典》中所辑,标题"吴开"之前或脱漏"王时雍"、"徐秉哲"二人,参见《三朝北盟会编》卷一〇六。

敕榜诏
(建炎元年六月六日)

朕以菲德,获承宗祧,以临士民之上。属时多艰,未知攸济,慄慄危惧,若将陨于深渊。洪惟祖宗,膺受天命,覆育函夏,百有七十余载,德隆恩普,振古所无。道君太上皇帝以忧勤而内禅,孝慈渊圣皇帝以恭俭而纂图,海内乂安,苍生蒙福。适金人之入寇,挟诈谋以款师,待以不疑,堕其奸计,神都失金汤之险,翠华有沙漠之行。二圣既迁,六宫皆从。迨朕叔父弟昆,宗室戚属,悉被驱逼。祸故之臻,亦古未有,是用夙夜震悼于朕心。念父兄幽辱于敌廷,悯生灵重罹于兵革,饮泣尝胆,不遑宁居。惟尔四方士民,抱负忠义,其伊恤朕躬,以共济于艰难,以致安于宗社。载念行在将士,适当隆暑,暴露之久,尤轸朕怀,当时加犒设。州县民户,募师勤王,调发之烦,诚可嘉悯,当厚与抚循。赋敛之厚,当议蠲减;法令之弊,当议改更。溃兵为盗,因间虏掠,残破郡邑。虽已降赦令,当遣使招集,许令自新。赃吏为奸,乘时掊克,重困吾民,罪不可贷,当遣使按治,置于典宪。靖康之间,忠义敢言之士,或至窜逐,当悉召还。今日以往,智谋奇画之人,如能献陈,当悉擢用。旁招俊乂,窜黜奸回,协成治功,以笃中兴之烈。於虖!天下之士大夫,未忘我之祖宗,当同心以相扶;天下之军民,不显沦于异域,当协力以保守。国势既昌,天命益固,庶几邻敌悔祸,奉还銮舆,则予一人以宁,尔亦有无穷之闻,不其韪欤! 故兹诏示,想宜知悉。

出处:《梁溪集》卷三四。又见《锡山文集》卷二。

撰者:李纲

考校说明:编年据《梁溪集》卷一七八《建炎时政记上》补。李纲时任右仆射。

李回秘书少监分司南京制
(建炎元年六月七日)

节义廉耻,朕所望于士大夫也。方国家艰危,于此观人,而以择利误朝,形于言者之牍,汝安取此哉? 具官某奉事两朝,尝参三府,既不能知存亡而雪主之辱,复不能辨正伪而立人之朝,处之恬然,颜亦厚矣。其正名于中秘,以分务于陪京。服我保全,无忘惕厉。

出处:《浮溪集》卷九。

撰者:汪藻

考校说明:编年据《建炎以来系年要录》卷六补。

马忠可龙神卫四厢都指挥使充河北路
经制使措置节制军民兵等事制
(建炎元年六月七日)

朕惟两河之民,更百战之役。田野三时之务,所至一空;祖宗七世之遗,厥存无几。肆凤宵之轸念,如冰炭之交怀。孰知拊循经远之谋,我有枭俊折冲之士。具官某几能先物,勇不顾身。胄出名家,得山西气俗之厚;任更边锁,知漠北封坼之详。昨逢多垒之艰,屡立捍城之绩,虽进厥秩,未殚所长。爰升统帅之崇,加畀使权之重。料百城之丁壮,总以五符;提两路之精强,蒐其军实。兼收群力,用展壮猷,上以迎二圣之还,下以正四夷之守。任我之责,时乃之休。

出处:《浮溪集》卷一〇。

撰者:汪藻

考校说明:编年据《建炎以来系年要录》卷六补。

谭世勣赠延康殿学士制
(建炎元年六月七日)

松柏有心,于岁寒而乃见;璠玙至宝,岂烈火之能迁? 朕遭沧海之横流,阴考士夫所趋向,责其大节,全者几人? 方嘉一士之闻,已叹九泉之隔,清规如在,褒典可忘? 具官某学贯群书,文驰六艺。纯诚自表,坐销世俗之浮;廉靖无求,独得古人之大。畚预持麾之选,遍更法从之华,二圣所知,群臣鲜及。肆履艰危之会,果专忠孝之称。虽甄济佯喑,靡污天宝之乱;而龚生遽夭,不见南阳之兴。爰锡命书,升华秘殿,以耸具臣之听,以为信史之光。冀尔英魂,歆吾至意。

出处:《浮溪集》卷一○。又见《宋四六选》卷二。
撰者:汪藻
考校说明:编年据《三朝北盟会编》卷一○七补。

戒谕武臣诏
(建炎元年六月八日)

朕惟祖宗创业守成,垂二百年,涵养士大夫至矣。靖康变故,仕于中都者,曾无伏节死难之士,而偷生取容,何其众也。甚者乘时为奸,靡所不至,实为中国羞,公议弗容。姑取迹状尤显著者,量加窜黜,以为臣子之戒。夫节义正所以责学士大夫也,至于武臣卒伍,理当阔略,以责后效。惟王宗濋首引卫兵逃遁,致都城失守,不可不责。其余姑务含容,一切不问。咨尔有众,其体至怀。故兹诏谕,各宜知悉。

出处:《梁溪集》卷三四。又见《锡山文集》卷二,《三朝北盟会编》卷一○七。
撰者:李纲
考校说明:编年据《梁溪集》卷一七八《建炎时政记上》补。李纲时任右仆射。

谢克家降充龙图阁待制制
（建炎元年六月八日）

　　求生以害仁者,岂能杀身以成仁? 有心于避祸者,孰若无心于任运? 具官某受托渊圣,护持东宫,乃于多事之时,遽上乞身之请。国本如此,人言谓何? 降从延阁之班,薄示近臣之戒。尚坚晚节,无愧古人。

出处:《浮溪集》卷一二。

撰者:汪藻

考校说明:编年据《宋会要辑稿》职官七〇补。《宋代诏令全集》以《建炎以来系年要录》卷六为据系于建炎元年六月五日癸亥(第三六五九页),误。《建炎以来系年要录》卷六:"(建炎元年六月癸亥)新除翰林学士谢克家既以祖讳辞,上命'权不系'三字,克家以非旧典,不拜。李纲亦恶之,乃以为述古殿直学士、提举杭州洞霄宫。寻又坐围城中避事,降龙图阁待制。"六月五日乃谢克家除述古殿直学士、提举杭州洞霄宫之日,非降龙图阁待制之日。

刘韐赠资政殿学士诏
（建炎元年六月九日）

　　刘韐能死节,不为敌用,与追复银青光禄大夫,仍赠资政殿学士。

出处:《宋会要辑稿》职官七六之六二。又见《刘氏传忠录》正编卷一《刘韐墓志铭》。

李若水赐谥忠愍制
（建炎元年六月九日）

　　敕:朕灼观之古昔,历考忠义,凡有临危致命之秋,多仗节死难之士。世无仓猝扰攘之变,人有偷懦委靡之心。苟贪其生,鲜蹈于义。惟尔忘躯而徇国,我其录德而褒功。故朝奉郎、试吏部侍郎、赐紫金鱼袋、赠观文殿学士李若水,出入虏营,始终汉节。威武不屈,意气自如。嗟捐躯之靡他,宜旌嘉之首及。载稽谥典,式究金言。危身奉上谓之忠,佐国逢难谓之愍。于昭大节,以示宠光。慰尔九原之知,为吾百辟之劝。可特赐谥"忠愍",余如故。

出处:《三朝北盟会编》卷八二。

刘韐赠特进制
(建炎元年六月九日)

忠,人臣之大本,全者几希;死,天下之至难,在乎所处。嗟我仰成之耆哲,挺然不屈于兵威,既没元身,宜加爵秩。具官某天资庄重,心术邃明。内领藩条,懋活民之政;外临边锁,扬威敌之功。方资廊庙之谋,遽履朝廷之变。不幸闻名于丑敌,将令毁节于伪廷。龚胜饰巾,心肯移于二姓?仲翃临穴,人将赎于百身。升华一品之班,加贲九原之襚。庶几精爽,不昧钦承。

出处:《浮溪集》卷一〇。又见《三朝北盟会编》卷一〇七,《新安文献志》卷一,《宋四六选》卷二,《江右文钞》卷二,《刘氏传忠录》卷一。
撰者:汪藻
考校说明:编年据《宋会要辑稿》职官七六、《新安文献志》卷一补。《宋代诏令全集》以《三朝北盟会编》卷一〇七为据系于建炎元年六月七日(第四三六一页)。《三朝北盟会编》卷一〇七载:"(建炎元年六月七日)刘韐能死节,不为敌用,特赠资政殿大学士、特进。"然《宋会要辑稿》职官七六载:"高宗建炎元年六月九日,诏:'刘韐能死节,不为敌用,与追复银青光禄大夫,仍赠资政殿学士。'"《新安文献志》卷一亦题作《资政殿学士刘韐赠特进制》。据此,刘韐赠特进在赠资政殿学士之后,非同一日。

谢克家范宗尹落职宫祠制
(建炎元年六月十二日)

父母君臣之义,所谓在三;死生祸福之间,岂容有二?具官某等被宠有日,宜知所天,乃国家遭变之时,昧贤者洁身之道。虽扬雄之投天禄,自以无他;然郑虔之贬台州,难于幸免。宜镌华秩,退领宫祠。兹施宽贷之恩,毋废省循之戒。

出处:《浮溪集》卷一二。又见《宋四六选》卷二,《江右文钞》卷二。
撰者:汪藻

考校说明:编年据《建炎以来系年要录》卷六、《宋会要辑稿》职官七〇补。

贤妃潘氏生皇子赦天下诏
(建炎元年六月十三日)

　　门下:朕绍隆丕绪,寅御多方,置大器以求安,涉巨川而思济。勤于邦以图天下之逸,俭于家以资天下之丰。懔乎负荷之难,惕若继承之重。膺受祖宗之贻燕,昭格穹昊之贶临。有开昌期,诞生元嗣。庚伏火见,协长夏懋育之辰;玉裕渊清,禀璇源英秀之气。实庙社无疆之福,示本支有衍之符。以奉二圣覆露之慈,以系四海爱戴之望。循考累朝之旧典,咸推利物之深仁。矧在多艰,敢忘敷庆?宜覃旷荡之泽,式契荣怀之心。可大赦天下。应赦书到日昧爽以前罪人,除犯劫杀、谋杀、故杀、斗杀并为己杀人者,并十恶罪至死,伪造符印、放火、官员犯入己赃、将校军人公人犯枉法、监主自盗赃,不赦;内枉法自盗罪至死、情理轻者,奏取指挥,斗杀罪至死情理轻者,减一等刺配千里外牢城,断讫录案闻奏;其余罪无轻重,已发觉未发觉,已结正未结正,咸赦除之。应旧系籍及上书人,朝廷累降指挥检举叙复,至今经隔年月尚未结绝,宜并给还元带官职、赠谥、碑额等,已经给还而未足者,并依元初指挥;其未责降以前官职应得遗表或致仕恩泽者,亦令吏部、刑部条具申尚书省取旨。应靖康元年边事后来文武官因病陈乞致仕,朝廷不从所乞,内有身亡之人,特许依条陈乞致仕恩泽;及陈乞致仕,缘道路不通不曾被受致仕敕命者,亦许所在州军保明,特与依条推恩。应士庶投献章疏,见委官看详,如有利害灼然可采,令看详官先次保明申尚书省,当议旌擢,以为激劝。勘会科举之弊,至此极矣,苟无变通,则忠实异材之士何由而出?可自后讲元祐诗赋经术兼收之制,庶学者近正,仍令礼部疾速条画闻奏。缘已降指挥,建炎二年正月九日锁院省试,今来日已逼近,难以遽改,可自后举依此施行。应诸路解发到材武人并锡庆院材武人,昨有偶缘事故趁试不及之人,窃虑遗材,仰经礼、兵部投状,勘验诣实,当议特与别行收试,具合格人姓名申尚书省取旨推恩。应将士实有战功,缘罪停废之人,并特与牵复,仍令所在官司发赴行在,当议量材选用。应诸路有材勇谋略之人众所推伏,或曾经战阵得功可以倚仗,委本州具姓名保明,解发赴行在御营使司,当议量材录用,每州三人。应诸路勤王人兵有曾收复州县立功之人,仰四道都总管及经制使等同结罪诣实保明闻奏;虽不曾立功,曾到京城下或元帅府已结局遣回,而所辖人兵不曾逃散者,候到本处,仰本州具元发回及已到人数、元管押人职位姓名并元借官职保明闻奏,当议特与推恩。应遣回勤王人兵所带器甲,并于所到州县先次寄纳,如因在路遗失军器、赶趁队伍不及逃审之人，限赦到一月，经所在陈首，并与免罪，发遣归元来去处，依旧收管，仍给沿路口券；其因沿路失于机察，致散漫劫掠良民者，可责委随处统领等官将犯人便依军法，务要整肃。所过州县并先具统制等官职位牒报，候将来见得沿路不曾作过，令元起发处具统制、统领等官职位姓名保明申尚书省，取旨推恩；今日已后或失钤束部辖，亦当重行黜责。昨太原、真、定等处州郡，缘金人攻围，其官兵、统制、兵将官等有能竭节战守遂致陷殁之人，可疾速契勘推恩，厚抚家属，内忠义显著者，务加优异，以为将士殉国用命之劝。近缘军兴，应召募民兵、义兵，统领之人多是掳掠良民，强黥其面，共肆劫夺，念非本心，理宜优恤，近虽已有放散归农指挥，窃虑统领之人拘留未放，并仰经所在官司陈诉，给公据，令各归业，已前罪犯一切不问，令州县多出文榜晓谕。访闻昨因金人驱领及取过人口有逃遁回归，及有失业逃避人，往往被官兵等人不为辨验，复为驱领随行，甚可矜悯，仰限赦到十日内，将人口放令逐便，限满不放，并行军法，仍仰统制、主将等常切觉察。应昨因京城失守死节、守御战殁文武官，已降指挥令本壁统制官保明，特与推恩，访问官司多是非理沮难，逗遛行遣，致死事之家不即沾恩，可令所属疾速施行，如违，当行人重行停降。勘会近降赦恩，军人、丁夫等逃亡及溃散官兵并百姓因金人所至失业啸聚人，已立限首身，尚虑有出首未尽之人，并令赦到日已前，逃亡军人等并限一月许令出首，余依已降指挥。应诸班直、诸军亲从亲事官昨因京城失守，逾城逃遁，虽累降指挥立限许令自新，尚恐惧罪未敢出首，限赦书到一月内，许于所在州军自陈，仍仰逐州给在路口券，牒送在京所属，已前罪犯一切不问，依旧收管；如尚敢不首，复罪如初；及仰所属月具已未收管人数申枢密院。应未招降强寇如愿往出战自效者，限赦书到一月日内，经所在州县或统制等官出首，具首领、人数、姓名、职位闻奏，当议推恩，令随统制官前去，有能立到奇功，当优与奖擢。应缘金人并盗贼残破州军县镇逃避官吏等，虽已降指挥立限许还职任，窃虑限满未有还归之人，可限令赦到半月内，许归旧任职役；其被杀官，仰本路提刑司勘会诣实因依，保明闻奏，特与推恩。应京城失守溃散使臣，昨已降指挥立限赴部公参，违限不赴者并特勒停，如有似此未曾公参之人，特与免罪，许再限一月参部，依条注拟；如限满不赴公参，复罪如初。应殁于王事之人，累降指挥令所属保明推恩，官司循习，殊不体国，以诏旨为虚文，致死事之家终不沾恩，无以激劝忠义，自今仰本家自陈；未经保明者，令所属限三日保明，已经保明到者，限三日推恩，如违，人吏重行典宪，仍令御史台弹劾以闻。应陕西逐路昨因夏贼侵犯去处有立功并亡失将士，近缘道路不通，未经保明推赏者，仰帅司限五日开具实立功并亡失将士等保明闻奏，当议推恩，不管漏落。应昨缘军兴诸色人借支过官马，除实因战斗亡失与免赔偿，并见差出许乘骑外，其余合回纳者，限一月于所在官司送纳;如出限隐藏不纳,许人告,坐赃科罪。应缘昨来军兴遗弃器甲、头刃之类,并令所在官司拘收,如及千件以上,令逐路宪司保明闻奏,当议优与推恩,或民间纳及百件以上,亦令宪司相度,等第支赐;百日外不首纳,依私有法。其拘收到名数并令如法编拣排垛,内断烂不堪者,令宪司委官措置修整,仍先具拘收修整到名数封桩处所申枢密院。应因军兴前后民间劝借献助钱物,虽已委逐州长贰责限依格书填告命给还,尚虑其间阻节,如有委实献纳钱物,限外未经推恩给告之人,许径诣尚书省陈诉,如有照据文字,当议依格书填给降。勘会昨缘金人入寇,应宫观、寺院曾造发过乾粮应副军前,不无骚扰陪费,可在京委鸿胪寺、在外委转运司保明实费之数闻奏,当议特与给降度牒。勘会近降赦恩,昨缘金人拘留未还等人许支行请给,窃虑经历官司及仓库不即勘给,如敢稽违,许经开封府陈诉根究,重行断遣。应宗室昨因取往军前,今来却有回归者,其已前积下应干请给等,并与一并勘支。应河北、河东守臣亲属差往逐州干办,淹留敌寨未归,其家属在京或寄寓他郡,阙人照管,恐致失所,许经所在官司自陈,支赐银绢五十匹两,其干办官回日升擢。应百姓昨缘投充敢勇、效用,因出战陷殁,其家老小无人养赡,仰本路监司多方存恤,无令失所。应出戍军兵家属,仰所在州军常切存抚,无致少有失所。应诸州县有因溃散人兵及盗贼烧劫屋业之家,特与放免今年夏料屋税,内被杀或逃避,止有妇人小儿,贫乏不能自存者,仰所属抄札,依灾伤七分法赈给施行;仍多方招诱逃避人户归业。应诸处民户舍宅、房廊、寺观,如近经兵火焚烧,合行修盖,往别州县计置竹木之类者,于所属给据经由去处,与免抽税,仍不许官司拘截使用,如违,许人户越诉。勘会昨因金人取索人口,开封府差捉事使臣、火下等追捉,访闻内有妇女多被使臣、火下百端逼胁,致畏避发遣,愿归使臣、火下等家藏住收养之人,事同强掠,可限一月,许令犯人及本家人力女使经官陈首,与被收藏人并放令逐便,限满不首,复罪如初;邻人并地分巡察使臣、火下不觉举,减犯人罪三等,不知情,又减三等,仍仰留守司御史台密行觉察。应逃亡罪人见今监锢父母妻男骨肉收捉者,除系凶恶不原赦贼人外,余并放令逐便。应犯罪合备赏,并先以官钱代充,而犯人委已贫乏,无可催理,见监勒犯人并干系人名下均摊填纳者,并特与蠲放。访闻诸路州、军、县、镇酒务公库等,多将酒醋抑配与人户及过往客旅僧道等,为害甚大,仰监司、守臣常切觉察举劾,官吏重行黜责。应陂湖塘泺旧许人户采取,元无收立课额,后因官司措置创立课利去处,仰监司契勘,悉行罢免,依旧许民户采取;如是系豪强占据,仰所属州县严行禁止,仍委监司常切觉察。访闻京师物价未平,致鳏寡孤独不能自存之人艰食,除开封府见依法居养外,窃虑所委官不切用心,致惠泽不下,仰留守司更切检察,如法居养;如钱物不足,具合用数申留守司支降。应州县官职田访闻多系实无田土,抑令人户输纳租课,实为骚扰,自今仰提刑司勘会诣实,常切觉察,不得因前妄有骚扰。应诸路汉、蕃弓箭手合该承袭之人,因差使出外及别缘事故有失陈乞,致出违日限者,候赦书到日,限百日经所属自陈,许令依条承袭。近降赦文:"神霄宫罢,舍屋、杂物、钱粮、田产拘收,具数申尚书省。"及已降指挥:"江宁府神霄宫元系保宁寺,镇江府元系龙游寺,泗州元系普照寺,洪州元系上蓝寺,并舒州如元系投子山寺院,并先次给还,其余州军内有原系古寺改建者,令本州开具申尚书省,创建去处依赦施行,所有正殿圣像如元系佛像改塑,即行改正,若是创塑,即迎赴大庆观。"勘会合拘收舍屋等并谓旧有者,其后来因缘取降特旨并增置到者,并令转运司拘收应副省计,及古寺系谓李唐以前古迹,如泗州普照寺、舒州投子山、大名府大安寺之类,仰州郡疾速遵依已降指挥施行,无致违戾。应昨缘军兴,诸官司支借过某军阙额封桩钱物,及收租钱、废监省费钱、死马肉赃钱、不堪马价钱,权住拨还,候边事宁息日,委提刑司具数申枢密院,立限拨还。行在百司,已降指挥不以假故日逐供职,访闻东京官司多不入局,窃虑士人民户合有整会事理,不无阻节,及勘会累有指挥,应覃恩转官及叙复磨勘拟注之类,并已前积压未了文字,并令东京取会上钞等,其曹部官司往往推注,不为施行,致使士民往回道路,良为劳苦。自今东京官司须管不分假故,赴职检详累降指挥遵守行遣,不管依前留滞,如违,许士民赴行在陈诉,当议重行责罚。应朝廷宽恤事件,务实惠及民,如所属不切奏行,但为虚文,致民户陈诉,当议重置典宪。应义夫节妇、孝子顺孙,委所在长吏常切存恤,事状显著者,具名闻奏。应五岳四渎、名山大川、历代圣帝明王、忠臣烈士载于祀典者,委所在长吏精洁致祭。於戏!飞龙乘时,体黄离继明之治;梦熊占寝,应苍震一索之祥。均布湛恩,用饰多喜。咨尔有众,咸悉至怀。赦书日行五百里,敢以赦前事言者,以其罪罪之。主者施行。

出处:《梁溪集》卷一七九。又见《建炎以来系年要录》卷六,《宋会要辑稿》职官七六之三八、职官七六之六二、职官七七之六四、选举四之一七、选举一七之二五、食货二一之一八、食货六〇之八。

诫约市舶司不得枉费国用诏
(建炎元年六月十三日)

市舶司多以无用之物枉费国用,取悦权近,自今有以笃耨香、指环、玛脑、猫儿眼睛之类博买前来,及有亏蕃商者,皆重置其罪,令提刑司按举闻奏。

出处:《宋会要辑稿补编》第六四三页。又见《文献通考》卷二○。

抚谕河北河东诏
(建炎元年六月十四日)

　　敕河北、河东诸路州县守臣将帅忠义军民等:朕惟祖宗德泽在民,垂二百年,天下乂安,靡有变故。而宣和、靖康以来,国家多难,金人内侮。道君太上皇帝下哀痛之诏,讲揖逊之礼,比德尧舜,古今鲜伦。孝慈渊圣皇帝以恭俭之德,爰受内禅,海内欣戴,日徯治康,而期岁之间,戎马再侵,堕虏奸计,但以讲和一事,终至宗社贴危。既尽取玉帛子女,公私财力为之耗竭,乃始劫迁二圣、中宫,泊皇族尊幼、中外姻戚以行,戎狄之祸,振古未有。朕以介弟受命总师,臣民推戴,迫以大义,入继大统。重念父兄之辱,饮泣尝胆,疾首痛心,愿与天下忠臣义士共济艰难。而近者使臣来自朔郡,审闻两路守臣义不爱生,誓以死守。贼虽凭恃犬羊之众,敢肆攻围,而能率励士民,屡摧丑虏。其忠义军民等倡义结集,动以万计,邀击其后,功绩茂著,朕甚嘉之。夫河北、河东,国之屏蔽也,朝廷岂忍轻弃!靖康之间,特以金狄凭陵,不得已割地赂之,将以保全宗社,止兵息民,而金人不道,攻破都城,易姓改号,劫銮舆以北迁,则河北、河东之地又何割哉?已命某某遣师以为应援。尔两路州县守臣及忠义之士,如能竭力捍御,保有一方,及纠集师徒力战破贼者,至建炎二年当议畴其勋庸,授以节钺。其余官吏军兵,第加优赏。应税赋货财悉许移用,官吏将佐悉许辟置,朝廷更行量力应副,为国藩屏,以昭茂功。庶几中原弭宁,生灵休息,夷狄悔祸,二圣有可还之期,则予一人膺受多福,尔亦有无穷之闻,不其韪欤?故兹诏示,想宜知悉。

出处:《梁溪集》卷三四。又见《三朝北盟会编》卷一○八,《锡山文集》卷二。
撰者:李纲
考校说明:李纲时任右仆射。

行军用师依新法从事诏
(建炎元年六月十四日)

　　自今行军用师,并依新法从事。可依下项:一、祖宗法,一阶一级全归伏事之议,敢有违犯,上军当行处斩,下军徒三年,配五百里。近来因循,浸失法意,可遵守施行。一、祖宗法,禁军逃亡,上军处斩;在七日内者,流三千里,配千里;首身杖一百。下军第一度三年,首身杖九十;第二度流三千里,配邻州本城;首身徒二年。自今可常切遵守。过七日者不许自首,许人告捕,每获一名,赏钱十贯文。一、禁军出战,遇贼敌进前用命者赏,辄退不用命者斩。贼众我寡,力不能胜,因致溃散,不归本部本寨聚集者,斩;因而逃归住营去处及作过者,家族并诛。一、禁军于行师之际,盗博殴殴,饮酒至醉,拍掷器甲,藏匿妇人,胁持财物,扇摇惑众,买物不还价钱,并依军法。一、统制官、部队将遇敌怯懦,不能率众用命者,斩。贼攻一军危急,而余军不策应者,统兵官当行军法;贼攻一部一队,部、队不策应者,部、队将当行军法。一、统制官保明公状故不实,徇私不公者,当行军法。一、统制官不能抚御将士,致士卒摇动者,当行窜黜。一、统制官不能用兵,不能乘机取胜致败北,事理重者当行处斩;事理轻者编窜远恶州军。一、将士卒伍先登陷阵,及以弓弩射退贼者,虽不纳级,亦行推赏。一、全军胜则全军推赏,全队胜则全队推赏;同退走者尽斩。军队虽不胜,其间有能自斩贼级,及中伤在前者,自行推赏。一、将士战没,五甲将佐亲身而非逃亡者,委五甲将佐开具保明,当优恤其家,不得辄以收身不到开落,违者重行编配,许其家陈诉。一、统制官、部队将所统兵以十分为率,遇敌接战,获级与杀死士卒人数等者,免罪推赏;获级分数少,杀死士卒分数多,比折推恩;不能获级而士卒杀死众多者,斩。一、统制官不受大帅节制,部队将、甲正、伍长不递受节制,迹状显著者,斩。一、统制以下因出师辄敢扇摇谋变者,先家族。一、将佐卒伍出战获功多,缘再下保明遂致行赏稽滞,夫赏不逾时,欲士卒之知劝也。自今大帅统军画时保明,即行推赏,故不以实,许人告,根究得实,以赏与之;枢密院人吏辄拖延者,编配远恶州军。一、守纪律保护其上者赏,违犯者斩。一、守控扼要害敌处至固守不去者赏,弃所守者斩。一、使劫寨,或邀截,或追逐,或设伏,或出奇,或入敌营垒探事,能如令者,赏;违戾者斩。一、凡赏应转官资,或支例物,并军中画时给付。一、凡有罪处斩讫,并枭首令众;率先退走者,家属尽杀,余并依将法。

出处:《宋会要辑稿》刑法七之二八。

减诸路州军通判诏
(建炎元年六月十四日)

诸州军有通判两员去处,减一员,嘉祐以前员额依旧例。

出处:《宋会要辑稿》职官四七之六五。

减俸诏
（建炎元年六月十四日）

宰执俸钱支赐,见任宫观及有差遣待阙并未有差遣京朝官以上俸,并权减三分之一。

出处:《宋会要辑稿》职官五七之六三。

两浙福建提举市舶司并归转运司诏
（建炎元年六月十四日）

两浙、福建提举市舶司并归转运司,令逐司将见在钱谷器皿等拘收,具数申尚书省。

出处:《宋会要辑稿补编》第六四三页。

河北西路河东路守臣转官进职诏
（建炎元年六月十四日）

河北西路、河东路守臣各转两官,有职名者进职,余具职位、姓名以闻。

出处:《建炎时政记》中。

能收复河北河东等功效卓著者除官诏
（建炎元年六月十四日）

自今有能收复河北、河东两路州郡,及救解急保全一方,功效显著,除本处节度观察团练防御使,依方镇法。

出处:《宋会要辑稿》兵一八之二七。又见《建炎时政记》中。

淮浙盐仓盐货拨支真州在京钞诏
（建炎元年六月十六日）

令淮浙盐仓将见在日后纳下盐货并以十分为率,内拨五分支真州钞,五分支在京钞。其每日所支盐,在京钞虽多,不得过日下合支真州之数。

出处:《宋会要辑稿》食货二五之三一。

真州钞引止用见钱入纳诏
（建炎元年六月十六日）

真州钞引止用见钱入纳,自今年七月十五日为始。

出处:《宋会要辑稿》食货三二之二〇。

河北河东等添差武臣弓手诏
（建炎元年六月十七日）

弓手五百人:神臂弓一百人:上等二十人,各两石八斗;中等二十人,各两石六斗;下等六十人,各两石四斗。短桩神臂弓一百人:上等二十人,各三石四斗以上;中等二十人,各三石二斗以上;下等六十人,各三石以上。弓箭手三百人:上等六十人,各一石一斗以上,或马射九斗;中等六十人,各一石以上,或马射八斗;下等一百八十人,各九斗以上,或马射七斗。以上并兼习长枪袖棍,于内随宜差兼牌手,以充蔽捍。每州四县以上,置准备将领一员、部将一员总领,每旬遍诸县教习,遇统弓手人马出入,依将法。不及四县,令帅司措置以邻近县分兼隶;虽不及四县而人数及二千人者,依四县法,更不兼附近别县。弓手三等月给每人米一石,食钱上等二贯五百文,中等二贯文,下等一贯五百文。每五百人置都头二人总辖;十将五人,分管一百人;左将虞候五人,右虞候五人,左承局五人,右承局五人,左右将虞候、承局每人分管二十五人,押官五人,分管一百人差发事。管辖人有阙,先取有功人差填;如无有功人,于武艺内试高强人充;长行填下名,押官至都头,并次第升填。若获贼头,依大教法,每一级转一资;若都头获级,本州保明,量功赏轻重,更不理年限,特与出官。如射得两石五斗以上弓,上等神臂弓一百二十步,短桩上等神臂弓一百步,箭六只皆上垛、三中帖,押解赴帅司保明解赴阙,再试,换承信郎。弓手教头无公私过犯,马军满五年,步人满七年,并换进武校尉。如招置数足,委是土著人户,武艺及格,州县应副钱粮足备,本路帅司保明闻奏,特优典推赏。

出处:《宋会要辑稿》兵三之一三。

江淮两浙路招置弓手诏
(建炎元年六月十七日)

江、淮两浙路招置弓手,一切体格并依河北、河东、京畿等路已降指挥疾速催行,大县以三百人,小县以二百人为额,小县更不添置指使。余依已降指挥施行。

出处:《宋会要辑稿》兵三之一四。又见《宋会要辑稿补编》第四二三页。

胡舜陟胡唐老姚舜朋王俣各降两官制
(建炎元年六月十七日)

御史于百官之邪、政事之阙,皆得纠而言之,朝廷所恃以为安也。御史有不能其官者,顾独无责哉?顷者戎马内侵,变生都邑,銮舆出狩,事孰大兹?汝曾无一言,为国长虑,乃始终和议,堕敌计中。闻而不惩,失政刑矣。褫官二等,聊著厥辜。尚服宽恩,无贻后悔。

出处:《浮溪集》卷九。
撰者:汪藻
考校说明:编年据《建炎以来系年要录》卷七补。

三省人吏转官条法诏
(建炎元年六月十八日)

三省人吏转官依祖宗法,止朝请大夫以上者寄资,候出官收使。其有恩例未该收使者,许回授。枢密院人吏依此施行。

出处:《宋会要辑稿》职官三之三〇。

知筠州杨允降三官制
(建炎元年六月十九日)

　　古者四十而仕,七十而引年,所以节进趋、厉廉耻也。尔智昏耄,及贪禄忘归,不治之声,达于予听。镌官三等,聊愧尔心。尚讼厥愆,以休其老。

出处:《浮溪集》卷九。
撰者:汪藻
考校说明:编年据《宋会要辑稿》职官七七补。

与金元帅书
(建炎元年六月二十日)

　　建炎元年六月日,大宋皇帝致书于大金国相元帅帐前:盖闻天属所系,遇患相收;邻国之交,行道为福。辄披哀恳,用彻聪闻。顾大义之当然,宜高怀之洞照。痛念本国,远通贵朝。原其浮海之初,各有誓山之志。事有可恨,谋因不臧。一变欢盟,重罹祸故。兴言及此,虽悔何追!昨为将命之行,深冀接辞之幸。取道偶异,有怀弗宣。逮提入卫之师,承奉再和之诏。初谓登陴而不下,荷德何言;终闻举族以偕行,措躬无地。便欲自投于死所,莫能终拂于舆情。继体非心,抆泪盈握;早夜以思,投告无所。乃惟博达,必照几微。天有常理,不多上人者,盖识消息盈虚之数;天无私覆,非大无道者,皆有扶持安全之心。谅国相元帅特扩大度,深矜至衷。资二帝之南还,择六宫而偕行。无留宗族,并返官联。上承天地好生之心,俯慰黎元愿息之意。倘施恩之出此,宜图报之何如?四海流闻,必服柔而慕德;上穹降鉴,亦眷佑以垂休。兹惟治国之远图,不特冲人之私幸。炎蒸在候,调护惟宜。所有二帝、诸后问安表笺,并望指挥即令通达,许人进见,以慰夐夐瞻慕之心。有少礼物,具如别幅。谨白。

出处:《大金吊伐录》卷四。
考校说明:"二十日"据《建炎以来系年要录》卷六补。

沿河沿淮沿江置帅府要郡次要郡诏
（建炎元年六月二十一日）

　　京东东西路、京西南北路、河北东路、永兴军路、淮南、江南路、两浙东西路、荆湖南北路皆置帅府、要郡、次要郡。帅府为安抚使，带马步军都总管；要郡带兵马钤辖；次要郡带兵马都监；皆以武臣为之副。改路分为副总管、钤辖司，许以便宜行军马事，辟置僚属，依帅臣法，屯兵皆有等差。遇朝廷起兵，则副总管为帅副，钤辖、都监各以兵从听其节制，止官愿行者听。转运司副一员随军，一员留本路。提点刑狱弹压本路盗贼，遇有盗贼，则量敌多寡出兵会合，以相应接。本路帅臣、当职官措置兵马先就绪者，当优议旌赏。

出处：《宋会要辑稿》职官四一之九七。
考校说明：编年据《宋史》卷二四《高宗纪》补。

江宣州文武臣带兵马钤辖副钤辖诏
（建炎元年六月二十一日）

　　沿江要郡江、宣州文臣各一员带兵马钤辖，武臣各一员充副钤辖。

出处：《宋会要辑稿》职官四八之一一五。
考校说明：此诏疑为同日《沿河沿淮沿江置帅府要郡次要郡诏》（《宋会要辑稿》职官四一）之一部分。

置赏功司诏
（建炎元年六月二十一日）

　　三省、枢密院置赏功司。三省委左、右郎官，枢密院委都承旨检察，以授功状。三日不行者必罚，行赂乞取者依军法。许人告，仍以御史一员领其事。

出处：《建炎以来系年要录》卷六。

范讷罢东京留守司降授承宣使淄州居住制
(建炎元年六月二十一日)

天下安注意相,天下危注意将。乃者朝廷盖多故矣,其所以宠任汝者,亦岂轻哉? 具官某擢自周行,首膺器使,加以节钺之重,付之管钥之严。所望凤宵分吾忧顾,乃令弹劾上达听闻。谓专怀顾望而无意勤王,公纵剽攘而不能戢士。汝尚为尔,予何赖焉? 宜还眷倚之权,往即省循之地,过而能改,朕不汝忘。

出处:《浮溪集》卷九。

撰者:汪藻

考校说明:编年据《建炎以来系年要录》卷六补。按:《建炎以来系年要录》卷六建炎元年六月二十一日己卯条:"检校少傅、宁武军节度使、京城留守范讷落节钺,淄州居住。"《宋会要辑稿》职官七〇:"(建炎元年八月)二十一日,检校少傅、宁武军节度使、东京留守范讷罢留守司,降授承宣使,淄州居住。"《建炎以来系年要录》卷六建炎元年六月二十七日乙酉条:"龙图阁学士、知开封府宗泽为延康殿学士、开封尹、东京留守。"注文曰:"泽《遗事》云:'八月壬戌(引者注:五日)兼副留守,会范讷罢,乃除留守。'案讷六月己卯罢,不应后四十余日始为置副,《遗事》恐误。但《日历》然于此日书泽除留守,而八月乙丑又书之,疑是此日降旨,八月乃出告耳。日历如此者甚众。今不尽辨也。"疑《宋会要辑稿》职官七〇"八月"为"六月"之讹。

知淮宁府李弥大降两官制
(建炎元年六月二十一日)

盗发所临,虽威权之素夺;治得其道,何奸宄之敢萌? 既城守之几亡,于典刑而何道? 具官某早歠时望,久服禁涂,辍从簪橐之联,出守股肱之郡。谓镇物有深沈之度,若敌国然;乃驭军无仓卒之才,如儿戏耳。岂居中乃汲黯之职,而应变非武侯之长? 念莅事之云初,从镌官之末减。勉图而绩,用盖厥愆。

出处:《浮溪集》卷一二。

撰者:汪藻

考校说明:编年据《宋会要辑稿》职官七〇补。

刘光世特授奉国军节度使依前侍卫亲军马军都虞候进封武功县开国伯加食邑五百户食实封贰伯户制

（建炎元年六月二十一日）

己卯光世沈刚而善谋,壮勇而知义。气吞夷虏,蚤怀报国之图;学富韬钤,深得治兵之略。本山西之望族,擅陕右之威名。世美无亏,家声克震。出御塞垣之侮,畅王灵于四遐;入长羽林之军,肃禁屯于千列。更践滋久,望实益孚。自擢贰于中权,已积迁于留务。总全师于行阙,首输翊戴之忠;护清跸于陪都,曾靡艰勤之惮。屡膺委寄,备著劳能。是用稽涣奖于陟文,按舆籍以择地。锡以四明之节,衍其多户之封。以疏分阃之荣,以侈拱宸之峻。并推异数,式示至恩。於戏!联岩陛之近班,实司貔旅;建斋坛之大纛,为时虎臣。惟宽猛相济可以协士心,惟恭谨棐彝可以穆朝论。祗若予训,罙坚乃诚。

出处:《鄜王刘公家传》卷二,清抄本。

禁州县用乐诏

（建炎元年六月二十二日）

方时艰难,兵革未息,中原经劫掠之祸,四方有调发之劳,方彻乐菲食,凤宵在念,与群臣共图康济。访闻州郡官吏歌乐自若,殊无忧国念民之心,未欲便行诛责。可自今未得用歌乐筵燕,敢有违犯,监司按劾以闻。

出处:《宋会要辑稿》刑法二之九七。

沿河置巡察六使诏

（建炎元年六月二十三日）

沿大河置巡察六使,自白马、濬、滑抵沧州,分地分以为斥堠。

出处:《建炎以来系年要录》卷六。

惠柔民等押赴河北京东陕西路监当差遣制
（建炎元年六月二十五日）

　　人臣策名委质,知忠于所事而已,若夫死生祸福,岂人之所择哉?尔被选为郎,分居台省,国家休戚,何所不同,乃逆料时艰,飘然去国。自为谋则善矣,独不为朝廷毫发地乎?被边之州,汝所忌者,姑令而往。当知夫忘身殉国者,未必不安;而小智自私者,不容于幸免也。

出处:《浮溪集》卷九。
撰者:汪藻
考校说明:编年据《宋会要辑稿》职官七〇补。

钱景臻赠太师诏
（建炎元年六月二十六日）

　　仁宗皇帝长女秦鲁国大长公主驸马都尉赠太傅钱景臻,忠臣之后,昨缘薨逝,一无陈乞。今遇登极赦文,可与赠太师。景臻子,仁宗之甥,止有忱等今在阙下,忱、愕元任节度使,恦承宣使,依祖宗故事,并与依旧原任官,许持服。

出处:《宋会要辑稿》帝系八之二〇。

尚书户部右曹所掌坊场免役等法并归左曹诏
（建炎元年六月二十六日）

　　尚书户部右曹所掌坊场免役等法及所辖库务,并并归左曹。

出处:《建炎以来系年要录》卷六。

钱景臻还旧官诏
（建炎元年六月二十六日后）

　　钱景臻还旧官,其环卫官告令吏部拘收毁抹,赠太傅依旧,钱忱、钱愕、钱恦并令检讨官讨论取旨。

出处:《宋会要辑稿》帝系八之二〇。

罢监司州县职田诏
(建炎元年六月二十七日)

应监司、州县职田并罢,令提刑司拘收桩管,具数申尚书省。

出处:《宋会要辑稿》职官五八之二三。又见《建炎以来系年要录》卷六。

括买官民马诏
(建炎元年六月二十九日)

文臣许养马一匹。余官吏士民之有马者,并赴官,委守令籍为三等,以常平封桩钱偿其直。马高四尺六尺为上等,率直百千,余以是为差。有田之家,则折其税,僧道则以度牒取偿,限半月籍定。有隐寄者,以违制论。每买及百匹,则守倅令佐迁一官;不及者等第推赏。应诸军团练以五人为伍,伍有长;五伍为甲,甲有正;四甲为队,五队为部,皆有二将;五部为军,有正、副统率。凡招军,量增例物,其白身充募者全给,溃兵降盗及他军改刺者半之。陕西六路仍听支诸司钱,及截川纲金银。如有良家子愿备弓马从军者,依敢勇法月给钱米。应天下官吏、寺观、民户愿以私财助国者,听于所在送纳,等第推恩。仍令当职官劝诱,而宪臣总之,然后解赴行在。

出处:《建炎以来系年要录》卷六。

宗泽龙图阁学士知襄阳府提举随房郢州兵马巡检敕
(建炎元年六月)

唐太宗天策旧僚,以次登用,皆备公卿之选。朕元帅开府,总兵朔方,汝起滏阳之师,实为定倾之助。肆加襃擢,无愧前闻。尔朝请郎宗泽,博学雄文,懿行高节,刚大之气至老不屈,纵横之才应变尤长。力陈排难之谋,克奋勤王之志。独当一面,声望卓然,并嘉翊戴之功,宜有襃迁之宠。蹿延秘阁之华序,往镇襄阳之大邦,共济多艰,聿来图效。既通二禁之籍,勿替告猷,仍俾千里之民,悉安新政。特擢尔龙图阁学士、知襄阳府、提举随房郢州兵马巡检事,奉敕如右。建炎元年六月日。

出处:《宋东京留守宗忠简公全集》卷首。

许翰复职制
(建炎元年六月)

士有明于远图而暗于近略,工于为国而拙于谋身。虽当凿枘之不同,而今实著龟之先见。具官许翰蚤明古学,出应时须。翁归兼文武之材,无施不可;贾谊陈治安之策,所虑益深。方宏康济之规,忽蹈谴诃之域。栖迟闾里,淹历岁时。肆予吁俊之初,知汝投闲之久。悉还故秩,召对便朝。忠不忘君,当大摅于素蕴;人惟求旧,思复见于老成。汝其疾驱,以承朕命。

出处:《三朝北盟会编》卷一一三。

许景衡召为给事中制
(建炎元年六月)

敕:出入禁门,腹心之臣,辅弼之选也。朕嗣位之初,思得骨鲠白首、耆艾魁垒之士,议通古今、忧国如渴者,举而置之近密之地。庶几重言十七,孚听于当廷;法戒三千,共恢于远驭。朝散大夫许景衡严毅而守峻节,静深而造微□。有温雅华国之文,有恫惆爱君之志。顷持宪简,尝奋击于巨奸;荐擢掖垣,亦排摈于当路。三已无愠,一节不渝。朕嗣位之初,招徕俊乂,俾还禁橐,仍进黄扉。夫李藩批敕之风,由诚节之激厉;元素回天之力,翳论说之著明。其永念于前猷,庶不辜于殊倚。可特授依前官给事中。

出处:民国《瑞安县志》文征卷六,民国三十五年铅印本。
考校说明:题后原注:“《瑞安许氏谱》四。”

覃恩转官事诏
（建炎元年七月二日）

覃恩转官,文臣职事官、武臣横行及带遥郡人依侍从官例检举。在外令所在州军保明,见在东京并行在人许自陈到部,限五日具钞。

出处:《宋会要辑稿》职官八之八。又见《宋会要辑稿补编》第五二三页。

宋齐愈罢谏议大夫送御史台根勘制
（建炎元年七月三日）

义重于生,虽匹夫不可夺志;士失其守,或一言几于丧邦。具官某蒙国厚恩,为时显宦。方氛祲结萧墙之内,至强敌谋闰位之人。事既非常,坐皆失色。所幸探符之未获,奈何援笔以遽书? 遗毒至今,造端自汝。眭孟五行之说,岂所宜言? 袁宏九锡之文,兹焉安忍? 其解谏垣之职,以须廷尉之平。邦有常刑,朕安敢赦?

出处:《浮溪集》卷一二。又见《容斋三笔》卷八,《新安文献志》卷一,《宋四六选》卷二,《江右文钞》卷二。
撰者:汪藻
考校说明:编年据《建炎以来系年要录》卷七补。

算请盐钞事诏
（建炎元年七月六日）

若盐仓有客人同日算请真州并在京钞,即合遵依各支五分指挥,如或其日无真州钞,只有在京钞算请之客,自合不限分数算请京钞。

出处:《宋会要辑稿》食货二五之三一。

知杭州叶梦得复旧职制
(建炎元年七月六日)

　　股肱宣力四方,实寄藩维之重;精神折冲千里,允资师帅之良。矧吾左右之臣,殿彼东南之服,隽功来上,褒渥可忘? 具官某蚤以时才,扬于禁路。粹矣朝廷之表,巍然人物之英。治必有声,能使所居之官大;动皆中节,故每不劳而功成。比缘蛇豕之妖,未正鲸鲵之戮,篁竹深阻,溪山绎骚,乃摅掌上之奇,尽服潢中之众。惟三仕三已,莫明令尹之心;故七纵七擒,微见武侯之略。宜还宠数,用示眷怀。尚加厉于壮猷,庶永绥于遐俗。

出处:《浮溪集》卷一〇。
撰者:汪藻
考校说明:编年据《建炎以来系年要录》卷七补。

陆藻李邴复旧职制
(建炎元年七月六日)

　　朕选储人材,如圃艺木,封殖长养,各成其天。与其擢自条枚,待坚实风霜之后;孰若因其合抱,收创残斤斧之余。具官某蚤以时髦,仪于禁路。文章尔雅,有作者之风;议论正平,得近臣之体。一从吏议,再阅岁时,既需泽之更新,宜故官之稍复。人惟求旧,朕方深贾傅之思;忠不忘君,汝无废萧生之意。其加恬养,以待简求。

出处:《浮溪集》卷一〇。
撰者:汪藻
考校说明:编年据《建炎以来系年要录》卷七补。

诸路发到米纲以三分之一给行在支遣诏
(建炎元年七月八日)

　　诸路发到米纲,以三分之一给行在支遣,余于京师桩管。其已卸下空船,自京师般载六曹案杏及器甲等至行在。

出处:《宋会要辑稿》食货四七之一二。

知恩州赵子昉落职降三官制
（建炎元年七月十日）

分忧共理,二千石之职也。倘择利自营,驯致一城之祸者,乌可以不惩哉?尔受命典州,当趋期会,乃虚其官守,引日不行,坐使河堤决于所治,提封之内,民悉为鱼。靖言昏垫之灾,皆汝迁延之致。镌官三等,仍解近班,以谢无辜,犹为末减。

出处:《浮溪集》卷九。
撰者:汪藻
考校说明:编年据《建炎以来系年要录》卷七补。

省官诏
（建炎元年七月十一日）

台省寺监官减学官、馆职之半;以常平司归提刑司,市舶司归转运司。罢诸州分曹制掾。县户不满万,勿置丞。堂吏磨勘止朝请大夫,出职止为通判。宰执子弟任待制以上者并罢。执政官减俸钱三之一,京官奉祠者亦如之。

出处:《建炎以来系年要录》卷七。

今年五月一日以前差出官罢归元任诏
（建炎元年七月十一日）

年在京并外任官多求差出,托故便私,般家东下,假势作威,搔扰百端;及外州县奉使寄居待阙官甚多,委是坐费廪禄。令吏部关牒诸部、省、台、寺、监,诸路监司,具自今年五月一日以前差出官罢归元任,及月具奉使并寄居待阙官申尚书省。

出处:《宋会要辑稿》刑法二之九七。

高卫落职降两官宫祠制
（建炎元年七月十一日）

古者将帅死绥，士大夫死列，有离局失官者必杀无赦，兹师行有律而敌不能侵也。具官某蒙国选抡，分时忧顾，敌兵一入，狼狈出奔。纵力不支，犹当守境，乃委四封之众，跳驱千里之余。兹而不惩，何以为国？虽值纂承之庆，难从赦宥之科，褫爵秩之华资，投宫祠之散地。祗承宽典，无重后愆。

出处：《浮溪集》卷九。
撰者：汪藻
考校说明：编年据《建炎以来系年要录》卷七补。

翟汝文降两官制
（建炎元年七月十一日）

汉置部刺史，秩六百石耳，而吏二千石皆察焉，所以尊朝廷也。具官某幸蒙国恩，出典方面，知奉使有指，所当遵承，而妄引诏书，猥相侵辱。镌官二等，姑示薄惩，尚锄而骄，无重后悔。

出处：《浮溪集》卷九。
撰者：汪藻
考校说明：编年据《建炎以来系年要录》卷七、《宋会要辑稿》职官七〇补。

吏部举催召赴行在并除授职任人诏
（建炎元年七月十二日）

艰难之际，人臣义当体国，岂可徇私自便。应召赴行在并除授职任人，并令吏部三日一次举催，仍令郎官常切检举，如尚敢迁延，重行黜责。钱伯言令镇江府扬州疾速津遣。

出处：《宋会要辑稿》选举三四之五一。

敕榜独留中原诏
（建炎元年七月十三日）

朕惟祖宗都汴垂二百年，天下乂安，重熙累洽，未尝少有变故。承平之久，超轶汉唐。比年以来，图虑弗臧，祸生所忽。金人一岁之间，再犯都城，信其诈谋，终堕诡计，尽取金帛子女，遂邀二圣銮舆、六宫戚属，悉拥以行。非常之祸，振古未有，四海臣子，孰不痛心！肆朕纂承，永念先烈，眷怀旧京，潸然出涕，思欲整驾还京，谒款宗庙，以慰士大夫军民之心。而兵火之余，民物如故，朕之父母兄弟宗族靡有留者。顾瞻宫室，何以为怀？是用权时之宜，法古巡狩，驻跸近甸，号召军马，以防金人秋高气寒，再来入寇。朕将亲督六师，以援京师，及河北、河东诸路，与之决战。已诏迎元祐太后，逮遣六宫及卫士家属，置之东南，朕与群臣将留中原，以为尔京城及万民百姓请命于皇天。庶几天意昭答，中国之势浸强，归宅故都，迎还二圣，以称朕夙夜忧勤之意。应在京屯兵聚粮，修治楼橹器具，并令留守司京城所、户部疾速措置施行。咨尔士大夫军民，体朕至怀，无有疑虑。故兹诏示，想宜知悉。

出处：《梁溪集》卷三四。又见《建炎以来系年要录》卷七，《锡山文集》卷二。
撰者：李纲
考校说明：李纲时任右仆射。

窜黜叛臣诏
（建炎元年七月十三日）

吴开移韶州安置；颜博文移贺州安置；朱宗之责授蕲州团练副使，岳州安置；范宗尹责授忻州团练副使，鄂州安置；卢襄责授陈州团练副使，衡州安置；何昌言责授隰州团练副使，及追致仕恩泽；何昌辰除名勒停，送永州编管；冯澥责授朝议大夫、秘书少监，分司南京，成州居住；黎确、李健、陈戬远小处监当。撰劝进文及事务官札子，留守司开具姓名申尚书省。

出处：《三朝北盟会编》卷一一一。又见《宋会要辑稿》职官七〇之四。

李回散官安置制
(建炎元年七月十三日)

君臣分定,宜生死之靡他;义利趣殊,在贤愚之所择。岂有本朝之颠沛,遽令大节之磷缁?尔幸受国恩,预闻机政,知拔本塞源之大愤,盖戴天履地之所同。乃甘心二姓之庭,至冒宠百寮之上。兹而不问,何以驭臣?宜从置散之科,用正投荒之典。皆尔自取,非朕敢私。

出处:《浮溪集》卷一二。又见《三朝北盟会编》卷一一一。

撰者:汪藻

考校说明:编年据《宋会要辑稿》职官七〇补。《宋代诏令全集》系于建炎元年六月,未载依据(第三六六一页)。据《建炎以来要录》卷六、《宋会要辑稿》职官七〇,建炎元年六月李回先是"落延康殿学士,依前朝议大夫,与宫祠",后又"责授朝奉大夫、秘书少监、分司南京,袁州居住",均非"散官安置"。《宋会要辑稿》职官七〇:"(建炎元年七月十三日)李回责授安远军节度副使,惠州安置。"

武臣县尉一员专一总领弓手诏
(建炎元年七月十四日)

创置弓手,差武臣县尉一员专一总领,不得预县中差使。

出处:《宋会要辑稿》兵三之一四。又见《宋会要辑稿补编》第四二三页。

杀获强盗定赏诏
(建炎元年七月十四日)

今后应杀获强盗,别无生擒徒伴照证,令所属州军申提刑司勘验诣实,即下所属依条保奏,从吏部定夺。如有已保明而事节不圆,复经烧劫无从取会,即令所属委曹官一员根究,开具因依结罪保明回申,依政和条格定赏。

出处:《宋会要辑稿》职官一〇之二。

赐李纲言吕好问手札
（建炎元年七月十五日前）

好问心迹与余人不同，言者所不知，仰尚书省行下。

出处：《建炎以来系年要录》卷七。

宋齐愈特不原赦依断诏
（建炎元年七月十五日）

宋齐愈身为士大夫，当守节义，国家艰危之际，不能死节，乃探金人之情，亲书僭逆之臣姓名，谋立异姓，以危宗社。造端在前，其罪非受伪命臣僚之比。可特不原赦，依断，仍令尚书省出榜晓谕。

出处：《三朝北盟会编》卷一一一。

巡幸东南手诏
（建炎元年七月十七日）

京师未可住，当巡幸东南，为避敌之计。来春还阙，令三省、枢密院条具合行事件。

出处：《建炎以来系年要录》卷七。又见《宋史》卷二四《高宗纪》。

迎奉神主赴行在诏
（建炎元年七月十九日）

兵部郎官、太常寺官一员计置舟船车乘等，迎奉神主赴行在，就差太庙亲事官抬捧，殿前司差拨禁军三百人防护，内侍二员充同共都大主管。应用礼器随宜充代，荐新仪物令所至州军斟酌应副。

出处：《宋会要辑稿》礼一五之一五。又见《建炎以来系年要录》卷七。

宗泽迁开封府敕
(建炎元年七月二十日前)

朕衰悯元元间罹兵祸,思欲濯疮痍为燠寒,变呻吟为讴歌,用以灵承,顾提天命,庶几休息。惟京师杂五方之俗,事物大繁,号称难治。用劳侍从之良,典司尹正之重,以尔宗泽,气浑而质厚,中伟而外庄,笃望可以镇浮,长才足以周变,优游两禁,誉处益隆,是用膺青社赐履之邦,茌三辅浩穰之寄。惟尔乃者从朕兵间,訏谟密勿,固知予德虑所向矣,特迁知开封府,往宣尔术,底于辑宁,益昭尔庸,用符金属,可依前件,宜亟钦承。建炎元年七月日。

出处:《宋东京留守宗忠简公全集》卷首。
考校说明:"二十日前"据同集同卷《宗泽东京留守诏》补。

宗泽东京留守诏
(建炎元年七月二十日)

朕临御天下,宵旰怀忧,痛二帝之北辕,悯四方之多难,非得巨才,畴为匡济。卿宗泽经纶素积,熟谙训练之谋,教习有方,令行禁止不爽,文武兼资,可充兹举。擢为东京留守,假节剖符,星驰莅任,镇抚黎民,训练兵士,毋以九折之疲为畏,当行三年之绩为期。毋负朕命,嗣有宠褒。建炎元年七月二十日。

出处:《宋东京留守宗忠简公全集》卷首。

三省人吏任知州事诏
(建炎元年七月二十四日)

应三省人吏出职合任知州者,并先任通判一次,与理知州资序。

出处:《宋会要辑稿》职官三之三〇。

戒励士风诏
（建炎元年七月二十七日）

朕观古之为士者，何其分义之明，而忠厚之至也！承平之时，靡好爵，享丰禄，相与同安荣；多事之际，不择地，不苟免，相与同患难。故人之好我，至于"示我周行，王事靡盬"，至于"不遑启处"，而《鹿鸣》《四牡》之诗作，先王之泽，可谓盛矣！祖宗涵养士类垂二百年，教以礼乐，风以《诗》《书》，班爵以贵之，制禄以富之，于士无负；而士之所以图报国家者，不能无愧于古人。日者二圣播迁，宗社几至于颠覆，而伏节死难者罕有所闻，其故何哉！肆朕纂承，慨然思任群材，相与协济，修政事、缮兵甲，以奉迎銮舆，而士大夫奉公者少，营私者多，徇国者稀，谋身者众。乞去则必以疾病为辞，沿檄以自便者相望于道途，避寇而去官者日形于奏牍。甚者至假托亲疾，不俟报而东下，挈家而远遁。夫礼义廉耻，正所以责士大夫也。所守如此，朕何望焉？岂朕初嗣大位，所以训告者未至欤？将士大夫狃于故习，而未能遽革欤？已诏甚失节者置之极典，其次投之远方，为多士万世之戒矣。其自今已往，各恭乃职，一乃心，助予一人，克复大业，底绥四方，以匹休于隆古。敢有弗率弗迪，尚蹈前愆，在内委御史台、在外委监司弹劾以闻。邦有常刑，朕不敢赦。故兹诏示，想宜知悉。

出处:《梁溪集》卷三四。又见《三朝北盟会编》卷一一一。
撰者:李纲
考校说明:李纲时任左仆射。

右曹所辖局务并归左曹诏
（建炎元年七月二十七日）

右曹所辖局务并见行坊场，免役之法并归左曹，令户部尚书总领，人吏依元祐法，五十四人为额。

出处:《宋会要辑稿》食货五六之四一。

令张所招抚山寨首领民兵渡河复地诏
（建炎元年七月二十八日）

　　赐河北西路招抚使张所章服遣行，以京畿兵三千于大名府置司，一面遣官于河北西路告谕，招抚山寨首领、民兵。候就绪日渡河，先复濬、卫、怀州、真定府，次解中山府等处围。

出处:《宋会要辑稿》兵九之七。

翁彦国吴昉落职御批
（建炎元年七月二十八日）

　　彦国、昉骚扰东南，并落职与宫观，令学士院降诏慰抚。

出处:《建炎以来系年要录》卷七。

张昱转两官阁门祗候知慈州制
（建炎元年七月）

　　得城则以侯其将，得赂则以分其士，兹古英主所以收天下豪俊之用也。肆朕临御，适遭多艰，恨无奇功，当此酬赏。今乃得汝，尚庶几焉。进官而兼上阁之华，因仕而付专城之寄，并兹异数，待汝可知。尚既乃心，无忘予报。

出处:《浮溪集》卷八。
撰者:汪藻
考校说明:编年据《建炎以来系年要录》卷七补。"慈州"，《建炎以来系年要录》卷七作"磁州"，当以为是。

起居道君太上皇帝表本
（建炎元年七月）

　　臣某言:神京不守，坐失金汤。天旆启行，越在草莽。凡为臣子之列，均深痛愤之情。臣某诚悲诚感,顿首顿首。恭惟道君太上皇帝陛下游神穆清,宅心昭旷。法尧舜之逊禅,济家国之艰难。方交两宫之欢,永享四海之养。邻邦犯顺,戈戟暗于中原;帝座移居,銮舆幸于朔野。神人感愤,华夏悲摧。而臣滥总帅权,莫陪执驭,迫群臣再三之恳请,谓大宝不可以久虚,勉徇舆情,嗣守神器。瞻行宫而靡及,慕慈训以增怀。辑睦师徒,冀宗祊之可保;抚宁方夏,伫车驾之言归。谨遣通直郎、试太常少卿臣周望奉表起居以闻,臣无任。

出处:《梁溪集》卷三三。

撰者:李纲

考校说明:题后原注:"建炎元年七月得旨拟撰。"李纲时任右仆射或左仆射。

起居孝慈渊圣皇帝表本
(建炎元年七月)

臣某言:戎马荐兴,环日畿而布列;帝都不守,致天步之艰难。万国悼心,三灵失色。臣某诚悲诚感,顿首顿首。恭惟孝慈渊圣皇帝陛下法禹汤之恭俭,体尧舜之聪明。十载东宫,令德闻于海县;逾年南面,仁政浃于寰区。适当嗣位之初,两致邻邦之寇。割地增币,以生灵屈己而讲和;擐甲登埤,为庙社忘身而固守。金汤失险,羽卫启行。致翠华之蒙尘,瞻紫微而移座。华夏失庇,神人畴依。而臣叨总师徒,莫陪羁鞯,迫群臣之恳请,嗣大宝以抚临。仰遵勤俭之风,庶格中和之治。伤心北望,缅怀异域而增悲;整驾南还,尚冀敌人之悔祸。谨遣通直郎、试太常少卿臣傅雱奉表起居以闻,臣无任。

出处:《梁溪集》卷三三。

撰者:李纲

考校说明:题后原注:"建炎元年七月得旨拟撰。"李纲时任右仆射或左仆射。

根治周懿文等诏
(建炎元年八月一日)

访闻昨来京城围闭,王府主第宗室及戚里勋腕之家以至民庶根括金银等官周懿文、王及之、余大均、胡思、陈冲等,因缘为奸,隐匿财物万数,及聚敛歌乐,靡所不为。士大夫负国至此,难一例宽贷。可差殿中侍御史黎确、马伸就台根治,具案闻奏。

出处:《三朝北盟会编》卷一一二。

周懿文散官岭外安置制
(建炎元年八月一日)

昔季文子有言:见无礼于君者,犹鹰鹯之逐鸟雀也。故春秋不诛其人,而诛其人之意,岂无说哉?尔服采在廷,官荣禄厚,国家平日,何负汝曹?方君亲危急之时,虽鳌犹不恤其纬,乃乘时幸变,乾没自私,以为无复朝廷之治矣。呜呼,汝亦士也,何为而至于此极哉!念本无知,诛之奚益?姑全首领,投畀遐荒,尚保余生,毋忘予德。

出处:《浮溪集》卷九。又见《三朝北盟会编》卷一一二。
撰者:汪藻
考校说明:编年据《宋会要辑稿》职官七〇补。

韩世忠除定国军承宣使制
(建炎元年八月三日)

解赵城之围,威镇河朔;却胡马之牧,效著睢阳。

出处:《名臣碑传琬琰之集》卷一三《韩忠武王世忠中兴佐命定国元勋之碑》。
考校说明:编年据《建炎以来系年要录》卷八补。

李纲除左仆射制
(建炎元年八月五日)

门下:朕博观群书,历考往古,将启中兴之昌运,必资希世之伟人。俾丕修于政经,以大慰于民望。爰登硕辅,敷告治朝。正奉大夫、守尚书右仆射李纲志大而德刚,器闳而虑远。自任以天下之重,皆谓有王佐之才。粤疏高华,每著名节。螭坳造膝,识者想闻其风声;奉常建言,公议共推其雅望。超跻丞辖,进长枢庭。风采耸于迩遐,闻誉溢于中外。尚稽魁柄,殊郁师瞻。肆朕篡临之初,首图召用之亟。遂升次辅,以率群工。民情惟嘉,国是以定。念华夏狃承平而弛备,致夷戎伺间隙以肆凌。惟民怀旧德而靡忘,惟士俟新政而甚切。当今朝有内修外攘之志,汝其比迹于樊侯;朕欲民臻仰事俯育之安,汝其希踪于裴度。使任大事,以尔为栋梁;使断大疑,以尔为龟筮。是用延登上相,秉斡鸿钧,特尊左揆之崇,兼贰东台之峻。仍其公爵,陟以文阶,增衍爰田,陪敦贡赋,泬臻殊渥,昭示显庸。於戏! 得贤邦家之基,汝能追配于前哲;论相人主之职,朕则无愧于古人。益远乃猷,以对朕命。可特授银青光禄大夫、守尚书左仆射。

出处:《三朝北盟会编》卷一一二。又见《宋宰辅编年录》卷一四。

诸路都监改为副钤辖诏
(建炎元年八月八日)

诸路都监改为副钤辖,其请给、人从、序位等,并依旧定监例,仍于要郡驻札。

出处:《宋会要辑稿》职官四八之一一五。

推行枢密院立定忠义巡社之法诏
(建炎元年八月十日)

诸路安抚使及钤辖司、提刑司各依今来措置,督责州县疾速推行,仍令尚书户部遍牒行下,及令本路置籍举催,每旬检举取会诸路已施行次第缴申枢密院。

出处:《宋会要辑稿》兵二之五八。

差李祐检察措置催促纲运诏
(建炎元年八月十二日)

差发运副使李祐自南京至真州往来躬亲检察、措置,催促粮运并应见在淮汴金帛钱物纲运,限一日起发,户部给行程历付李祐。所至州、军、府、县、镇、关、津官,批上到发月日,回日缴赴户部点检。仍令祐督责诸州县当职官并催促直达纲,及发运司干办官等亦给觉察催促纲运历,亦各每日批上行程。县知佐、巡尉、州通判及排岸催纲官,从发运及逐路转运司官点检,仍三日一次具所至检察并催过纲运物数,及逐纲押纲官职位、姓名申户部,委张悫专一督察。

出处:《宋会要辑稿》职官四二之五二。

陈乞词状赴洪州三省、枢密院披诉诏
(建炎元年八月十三日)

今后除官员系堂除得替人许到都堂见宰执陈乞差遣外,其余词状如系军期边防急切机密公事,许诣尚书省陈乞,余更不收接,并赴洪州三省、枢密院披诉。

出处:《宋会要辑稿》职官一之四七。

官司及诸路军脚下马不得衷私转卖诏
(建炎元年八月十四日)

应官司及诸路军脚下马,别立印号。其印号,令骐骥院拟申枢密院。如衷私转卖兑易之人,决脊配海岛;买马及牙侩,并与同罪。许诸色人告捉,每匹赏钱一百贯。先以官钱代支讫,于卖买及牙侩人均偿。若内有能自告首,以马价充赏,仍免罪。

出处:《宋会要辑稿》兵二四之三一。

傅亮罢制置使发赴行在御笔
(建炎元年八月十四日)

傅亮兵少,不可渡河,罢制置副使,发赴行在。

出处:《三朝北盟会编》卷一一一。

捉杀陈通诏
(建炎元年八月十五日后)

令浙东安抚司、浙西钤辖司、两浙提刑司起邻近州军弓兵,并江宁府鲍贻逊所领枪杖手,及令淮东安抚司摘那将兵二千人,选择将佐,火急前去会合掩杀。其军兵在路,委统领官以军法部勒,不得纵容作过。其逐项军兵等到镇江府,听赵子崧节制,平江府听赵岍节制,杭州听本路提刑司节制。

出处:《宋会要辑稿》兵一〇之一九。

张自牧补从事郎御营使司准备差使制
(建炎元年八月十五日后)

朕出爵不待廉茂,几以致天下之豪杰。况汝以经术行谊,为众所推,而达于朕听者乎? 然名誉之下,古难其人,可令施行,毋甚高论。

出处:《浮溪集》卷八。
撰者:汪藻
考校说明:编年据《建炎以来系年要录》卷八补。

耿南仲散官南雄州安置制
(建炎元年八月十六日)

梁信侯景之奸,而台城不守;唐养禄山之乱,而灵武仅存。惟议者失于毫厘之间,斯敌人玩于股掌之上。尔迂儒无断,循默苟容。道君疑萧傅之贤,选参储禁;渊圣用甘盘之旧,擢预政机。方强寇之冯陵,举中原而震扰,克绥多难,所恃老谋。方凭款敌之言,坚主弭兵之议,积其惯眊,成此艰危。朕念夫当垂白之年,宁为尔受失刑之谤? 而讼言沓至,重比难私,姑黜置于散官,用窜投于荒服。汝虽知免,吾悔可追?

出处:《浮溪集》卷一二。又见《三朝北盟会编》卷一〇八,《新安文献志》卷一。
撰者:汪藻
考校说明:编年据《建炎以来系年要录》卷八、《宋会要辑稿》职官七〇补。

李纲罢左相为观文殿学士提举杭州洞霄宫制
（建炎元年八月十八日）

论人臣之大戒,罪莫重于擅朝;置辅相以仰成,责尤严于误国。式扬明命,敷告治朝。具官李纲顷以时才,列于清要。属戎兵之急变,参纲辖于中台;同流俗以沽名,秉枢机于右府。既统师而败绩,举绌典以投荒。肆朕绍图,惟人求旧。念召环之已赐,适摓席之犹虚。首登次辅之崇,旋陟上台之峻。而乃谋谟莫效,狂诞罔悛。亏恭慎之前规,负弼谐之初望。既请尽括郡县之私马,又将竭取东南之民财。以喜怒自分其贤愚,致赏罚匪出以功罪。出令允符于清议,屡抗执以封还;用刑若拂于群情,必力祈于亲札。弟欲恃恩于己,靡思移怨于君。比劾江浙骚扰之官,亟下闾里宽恤之诏。贴改已画之旨,巧庇外姻之奸。兹遣防秋之师,实为渡河之援。预颁告命,厚犒缗钱。费逾百万之多,仅达京师而止。每训趣其速进,辄沮格以不行。设心谓何,专制如此。忽览刻章之奏,具陈引咎之辞。顾物论以大谊,岂邦宪之可屈？宜解钧衡之任,俾从祠观之游。仍联秘殿之近班,并推加恩之异数,以全体貌,以厚股肱。於戏！国步多艰,方切履冰之惧;鼎司失职,更怀覆餗之忧。尚缘注意之求,特徇乞身之请。往祗训语,毋怠省循。

出处:《三朝北盟会编》卷一一三。又见《中兴小纪》卷二,《宋宰辅编年录》卷一四。
撰者:朱胜非
考校说明:《宋史》《中兴小纪》均系于建炎元年八月十八日,《宋宰辅编年录》系于建炎元年八月二十日,《宋会要辑稿》系于建炎元年八月二十五日。

令检会李纲乞都江宁府奏状诏
（建炎元年八月二十二日）

近者大臣以擅朝误国去位,而小人在外,乃谓请还京师,执争而去,未烛厥由。可检会李纲乞都江宁府奏状榜示,以解众惑。

出处:《建炎以来系年要录》卷八。

赐杭州招谕作过军民黄榜诏
（建炎元年八月二十三日）

赐杭州黄榜,招谕作过军民。若能率众归降,当赦其罪,一切不问,仍审量事状情理,命以官赏;若敢抗拒,仍旧为恶,则掩杀正贼外,父母妻子并行处斩。如大兵会合,已到城下,即今来改过出降放罪推赏指挥更不施行。仍令监司召募土豪自率乡兵,会合讨荡,亦许先次借补官职。

出处:《建炎以来系年要录》卷八。又见《咸淳临安志》卷八九。

差江端友等抚谕闽浙湖广江淮京东西诸路诏
（建炎元年八月二十八日）

昨金人入寇,朝廷命令隔绝,贼盗骚扰,民不奠居。近朝廷已措置捍御金贼,扫荡群盗,崇俭除苛,弛役薄敛,凡不便于众者悉行蠲除,稍向就绪,令学士院降诏差官抚谕,及体访官吏廉谨勤恪、军民利病以闻。两浙东西、福建路差兵部郎官江端友,荆湖南北、广南东西路差殿中侍御史马绅,淮南东西路、江南东西路差监察御史寇防,河东路就差王璪,河北路就差马忠,陕西路就差钱盖,四川就差喻汝砺,京东西路、京西南、北路差吏部郎官黄次山。朕绍膺骏命,寅御宝图,以万方之戚休,为一体之舒惨,思敷渥泽,溥润黎元。日者奸臣瘝败边防,胡骑凌犯京邑,是以盗贼伺其间隙,郡县为之残破,井邑萧然,田畴荒矣,毒流民体,痛轸朕心。每一顾瞻,为之流涕。虽号令间阻者半载,而臣民爱戴者一心。惟祖宗德泽之深,致海宇怀来之固,岂朕菲薄,所敢遑宁?惕然若涉春冰,懔乎如驭朽索。夜分忘寐,日再御朝,补缉政纲,讲究民瘼。捍御北戎之备亦既图严,荡平群盗之奸几于弭息。以至崇节俭之至朴,除繁苛之细文,弛役蠲徭,薄征轻敛,凡不便于众者,急有闻而罢之,若时所为,稍向就绪。是用分遣信使,具宣恩言。及官吏之勤惰廉污杂于并进,与兵民之利害疾苦壅于上闻,咸俾周询,尽期洞照。将大明于升黜,且悉议于革因。嘉与多方,复跻至治。诞告尔众,咸体朕怀。

出处:《宋会要辑稿》职官四二之六九。

天下诸州建祈福道场诏
（建炎元年八月三十日）

天下诸州于天宁节并前一月,即寺观建祈福道场,靖康圣节依此。

出处:《建炎以来系年要录》卷八。

答宗泽乞拘留敌使诏
（建炎元年八月）

卿弹压强梗,保护都城,宽朕顾忧,深所倚仗。但拘留金使,未达朕心,宜迁置别馆,优加待遇。朕之待卿尽矣,卿宜体此。建炎元年八月日。

出处:《宋东京留守宗忠简公全集》卷七。又见《建炎以来系年要录》卷七,《续宋编年资治通鉴》卷一。

宗泽加延康殿学士兼开封尹敕
（建炎元年八月）

汴居郑、滑、曹、许之间,其地平衍,无山河百二之固。太平日久,人亦惰骄骫骳不武,一经边尘,矍然惕息,尤欲得人而绥辑之。卿宗泽,顷守滏阳,一节不挠,艰难险阻,忠力弥劲,身膺简寄,更试留钥,曾未阅月,政声流闻。延登秘殿之华,增重畿封之任,特加延康殿学士、京城留守兼开封府尹。尔其戢奸恤隐,酌宽猛之中,使民畏而爱之,称朕畀付之意。钦哉!建炎元年八月日。

出处:《宋东京留守宗忠简公全集》卷首。

答宗泽辞延康殿学士开封尹诏
（建炎元年八月）

省所奏辞免恩命事,具悉。国家制均诸郡,薄循铜虎之规;体重别都,特厚玉麟之寄。矧今京邑,实古大梁,亿载之所卜年,列圣于斯御极。肆朕纂承之始,暂为巡狩之行,倚贵臣而居留,仍兼官于尹正,庶几弹压,克用敉宁。卿坚强敢为,慷慨自信,威以禁暴,明足以烛奸,善良恃以帖安,豪猾为之戢息。兹升华于秘殿,俾增重于中都,何必谦挠,形于奏牍,往膺褒显,以副眷怀。所请宜不允。建炎元年八月日。

出处:《宋东京留守宗忠简公全集》卷七。
考校说明:此诏时间当稍晚于同集卷首《宗泽加延康殿学士兼开封尹敕》。

许景衡除御史中丞制
(建炎元年八月)

敕:孔子曰:"有德者必有言。"有德者之心,能为天下国家。上忠于君,下为于民,知当世之先务,不为空言而已。朕于中执法之任,盖贵之以此尔。朝散大夫、试给事中许景衡博学多识,砥节励行。有古人之风,知君子之守。西省东堂,扬历既久,凝然远度,宜长风宪。今天下之势若涉渊冰,罔知攸济。尊尔所知,明为朕一一言之。先其大者,后其小者,悉陈无隐,嗣有大用。可特依前官试御史中丞。

出处:民国《瑞安县志》文征卷六。
考校说明:题后原注:"《瑞安许氏谱》四。"

荣国柔惠夫人郭氏等位祗候使臣支破身分驿券诏
(建炎元年九月四日)

荣国柔惠夫人郭氏、永嘉郡夫人王氏、宜春郡夫人孙氏位祗候使臣、诸色祗应人等,依和国王夫人例支破身分驿券、诸般请给。

出处:《宋会要辑稿》后妃四之一三。

方闻降两官冲替制
(建炎元年九月五日)

乃者盗发江墺,一方喋血。汝为使者,受命督奸,不折其萌,已为失职。至变成祸结,当力蔺除,乃退避以自营,至文移而亦废。逮臻绥靖,事出他人,方公肆于诞谩,反自论于功伐。事君如此,于汝安乎?宜免所居,仍镌厥秩,尚为轻比,无废省循。

出处:《浮溪集》卷九。

撰者:汪藻

考校说明:编年据《建炎以来系年要录》卷九补。

河北经制使马忠降两官制
(建炎元年九月五日)

师以气为胜,将以勇为能。古者凿凶门而出,言有进死而无退生也。具官某受予推毂,与敌交锋,既昧搴旂陷陈之机,复无以律行师之整。三军利用,帅则不前,千里折冲,朕将奚赖?宜削褒崇之秩,用明逗挠之诛。军有常刑,汝无自佚。

出处:《浮溪集》卷九。

撰者:汪藻

考校说明:编年据《建炎以来系年要录》卷九、《宋会要辑稿》职官七〇补。

京西路转运副使昌弼降两官制
(建炎元年九月五日)

汉部使者以六条察郡国之不如法者,所以治人,而非治于人者也。尔出分台纲,举措专恣。于绳治未有闻焉,而反为人所劾,岂不负吾任使之意哉?镌夺二官,用惩失职,毋以小罚为无伤而不戒也。

出处:《浮溪集》卷九。

撰者:汪藻

考校说明:编年据《建炎以来系年要录》卷九补。"京西",《建炎以来系年要录》卷九作"京东"。"昌弼"即程昌弼。

知襄阳府黄叔敖落职降两官监当制
（建炎元年九月五日）

朕惟国家分方面之权，于平日遴帅臣之选，付千里兵民之寄，严列城节制之威。亦惟事出于非常，则当效死而不去。矧襄阳都会之地，实汉晋用兵之郊，方虑凭陵，恃为屏蔽。岂有潢池之内侮，遽捐城守以出奔？坐使旄倪，皆为鱼肉。迹其致祸，安所逃诛？念更肇造之恩，姑置惟轻之典，削夺名宠，斥之冗官。往思民冤，痛自惩艾。

出处：《浮溪集》卷一二。

撰者：汪藻

考校说明：编年据《建炎以来系年要录》卷九、《宋会要辑稿》职官七〇补。

江南东路转运副使刘蒙提举常平陆友谅降五官制
（建炎元年九月五日）

附权规利者，市井所羞；挟诈欺君者，简书不赦。尔幸蒙朝委，出领使华。肆国家承艰厄之余，适方面有凶残之吏，毒被千里，声闻九重。尔坐观比屋之冤，曾靡片言之劾，使终家箦，已失邦刑。乃腾反是之辞，为丐无涯之泽。一方耳目，寄尔奚为？其重削于官资，以永惩于党蔽。罚行止此，宜服宽恩。

出处：《浮溪集》卷一二。

撰者：汪藻

考校说明：编年据《建炎以来系年要录》卷九、《宋会要辑稿》职官七〇补。

令吕颐浩等准备修治城池诏
（建炎元年九月七日）

将来巡幸驻跸扬州，可行下知扬州吕颐浩修治城池，差膳部员外郎陈兖干办顿递行宫、一行官吏将佐军兵安泊去处，虞部员外郎李侗干办舟船并桩办粮草，发运使李祐、淮南转运使李传正并差随军转运使。

出处:《宋会要辑稿》方域二之三。

向子谭落职与郡制
(建炎元年九月七日)

汝戚里子,朝廷以六路之权付汝,任不轻矣。谓能夙宵,力图报称,而肆为虚诞,行不顾言,私拥众而多耗邦财,擅补官而不繇王命。姑镌宠秩,畀以一州。虽汝辩足以欺众,亦岂能掩至公之论哉?

出处:《浮溪集》卷九。
撰者:汪藻
考校说明:编年据《建炎以来系年要录》卷九补。

知河中府席益落职制
(建炎元年九月七日)

怀利事君者,人情所恶;委城覆众者,军法当诛。具官某早以诸生,亟跻朊仕,入备从班之列,出专方面之权。谓当边鄙之咽喉,能助朝廷之毫发。弗思为国,专主谋生,至以天子之近臣,而从帅藩之幕府。委符而去,何诏之承? 坐令百万之民,皆被侵陵之毒。逮兹累月,乃始还朝,不知蒐慝之已陈,犹设谰辞而罔上。有臣如此,为朕之羞。盍镌延阁之华,聊示邦刑之正。其思往咎,以戒终身。

出处:《浮溪集》卷一二。
撰者:汪藻
考校说明:编年据《建炎以来系年要录》卷九、《宋会要辑稿》职官七〇补。

巡幸所过无得骚扰诏
(建炎元年九月十日)

荆襄、关陕、江淮皆备巡幸,并令因旧就简,无得骚扰。访闻州县不能深体至意,色色求备,吏卒并缘为奸,百姓受害。朕临位以来,欲求民瘼、恤民隐,思所以为民利者,未厌朕心。有司以巡幸之故,乃更前期骚动,朕甚痛之! 今戎马惊扰之后,盗贼间作,朕夙夜忧维,念不暂安。纵未能尽除大患,使吾民各安南亩,其可事一己之奉以重困吾民乎？凡巡幸所止之处，当使百姓若不预知。朕饮食取足以养气体，不事丰美；亭传取足以庇风雨，不易卑陋；什器轻便不求备用，供帐简寡不求备仪，可赍以行，皆无取于州县；桥梁舟楫取足济渡。道路无治，官吏毋出，一切无所追呼，随从臣僚皆体朕意。有司百官敢骚扰，重置于法。惟是军马刍粮必务丰洁，将士寨栅必令宽敞，官吏无得少懈，部使者皆朕耳目之官，有违戒敕而不以闻者，当与同罪。若自为骚扰，罚更加重，许民越诉。

出处：《三朝北盟会编》卷一一三。又见《宋会要辑稿》方域二之三，《中兴两朝圣政》卷二，《建炎以来系年要录》卷九，《宋史全文续资治通鉴》卷一六。

奉迎太庙神主赴扬州诏
（建炎元年九月十五日）

遣官具舟奉迎太庙神主赴扬州，就命徽猷阁待制从橚提举一行事务孟忠厚干办礼仪公事。合用礼器，随宜充代，荐新物令本州酌量应付。

出处：《建炎以来系年要录》卷九。

召募水手诏
（建炎元年九月十六日）

逐州召募能没水经时伏藏之人，以五十为额，每月请给外，更支食钱三百文，百姓支食钱二百文，月给米一石。当职官能于限内计备堪委战舟船，召募水手足备，并转一官，知州、通判减三年磨勘；限满不足，当职官展二年磨勘，知州、通判展一年；不及八分，展三年磨勘，知州、通判展二年；不及七分，降一官，知州、通判展三年磨勘。内当职官计备舟船与招募水手事不相须应赏罚者，递降一等。其公共办力干办招置数目不等者，并比类分受赏罚。仍仰逐路提刑司各具应该赏罚官职位姓名，及别具优劣一两处，申尚书省取旨，重行升黜。

出处：《宋会要辑稿》食货五〇之九。

掩瘗诸路亡殁战士诏
（建炎元年九月十六日）

访闻陕西至京及诸路有亡殁战士遗骸不曾收瘗，加以连岁兵革，暴露转战，使士卒流离道路，朕甚悯之。仰三省行下诸路措置掩瘗，疾速施行。

出处：《宋会要辑稿》食货六八之一二○。

溃逃人逐急投充效用功赏补授事诏
（建炎元年九月十八日）

近来军兵多因溃散，及避逃罪逃窜，却缘诸处召募并不显军额，逐急投充效用，以应一时之选。偶因功赏补授副校尉及使臣了当，陈乞称元系某处军分职名，情愿不就校副尉及使臣名目，只乞于已前军额名目上一并改转。可将应今日以前似此投充效用获功补转之人愿依旧军额者，每两资止当一资收使，其一资人更不许换。如日后更有如此投充效用获功之人，更不推恩。

出处：《宋会要辑稿》兵一八之二七。

沿河州县明远斥堠上下应援杀敌诏
（建炎元年九月十八日）

沿河控扼州县团练民兵，明远斥堠。若金人欲乘船渡河，先使善没水手钻穴其舟，并力掩杀，上下应援，毋为自守之计。有能没两舟者，白身与进义副尉。沿海州军依此。

出处：《建炎以来系年要录》卷九。

暂驻跸淮甸诏
（建炎元年九月二十二日）

谍报金人欲犯江浙，可暂驻跸淮甸。捍御稍定，即还京阙，不为久计。应合行事件,令三省、枢密院措置施行。

出处:《建炎以来系年要录》卷九。

申严斥堠诏
(建炎元年九月二十二日)

申严斥堠,通报平安。除在京已有御史台外,应天府、泗州各留监察御史一员,督责传报,仍令察视军政等事。

出处:《建炎以来系年要录》卷九。

令三省枢密院措置巡幸合行事务诏
(建炎元年九月二十二日)

暂驻跸淮甸,庶使四方有警,皆易应换。除河北、河东已相继发兵,及京师已应副纲运并委措置防拓外,可分留精兵、科拨钱物,于应天、拱、泗州等处防守。应合行事务,令三省、枢密院同共措置。今来巡幸,应科拨舟船,分定带行及存留官吏数目,措置赏罚,遣发先后次序,般载图籍文案,户部钱物及准备随行支遣之物,申严斥堠,通报平安,止绝官吏离任迎谒,关防伪冒,觉察奸细,掩袭盗贼,拘截逃亡,批支口券食钱,预行下沿路实支数目,供办置买饮食实数,关防一切搔扰,申严沿边及近地防守,措置并创置控扼,督责征诛等,并令三省、枢密院别措置行下。

出处:《宋会要辑稿》方域二之四。

赵点勒停制
(建炎元年九月二十二日)

孟子曰:"未有仁而遗其亲者也,未有义而后其君者也。"然则挟利怀奸,不知尊上,移所报于他人者,其可使之在服哉?尔受命典藩,仕非不显,岂有国家之德,不如权贵之恩?驵骏名驹,选充私厩;驽骀下驷,乃及乘舆。悖戾之心,一何至此?斥从民伍,示有朝廷。汝虽至愚,宁不知罪?

出处:《浮溪集》卷九。

撰者:汪藻

考校说明:编年据《宋会要辑稿》职官七〇补。

京畿府县官初到任进秩一等诏
(建炎元年九月二十四日)

自今京畿府县官初到任并进秩一等。任满无遗阙,亦如之。

出处:《建炎以来系年要录》卷九。

令张邦昌自裁诏
(建炎元年九月二十五日)

张邦昌初闻以权宜摄国事,嘉其用心,宠以高位。虽知建号肆赦,度越常格,优支赏钱数百万缗,尤以逼于金人之势,其示外者或不得已。比因鞫治他狱,始知在内中衣赭衣,履黄袱,宿福宁殿,使宫人侍寝,心迹如此,甚负国家,遂将盗有神器。虽欲容贷,惧祖宗在天之灵,尚加恻隐,不忍显肆市朝。今遣殿中侍御史马伸问状,止令自裁,全其家属,令潭州日给口券,常切拘管。

出处:《建炎以来系年要录》卷九。又见《宋宰辅编年录》卷一四。

不许妄议巡幸摇动朝廷诏
(建炎元年九月二十六日)

朝廷以连年兵革,国势未强,所以长虑却顾,巡幸淮甸。访闻小人乐于侥幸,撰造言语,妄倡事端,意在扇惑军民,成其私计,不可不治。应敢妄议欲摇动朝廷者,许人告,有官人转五官,白身人补保义郎;同谋或为首始谋之人能自首者免罪,依此推恩;其同谋及知情曾见闻不告之人,并行处斩。

出处:《建炎以来系年要录》卷九。

诚约百官不得擅离任所诏
（建炎元年九月二十七日）

见今行在及东京百司官如擅离任所,并追官勒停根捉,就本处付狱根勘,令刑部疾速施行。

出处:《宋会要辑稿》方域二之五。又见《建炎以来系年要录》卷九。

增立进纳补官条例诏
（建炎元年九月二十七日）

靖康元年六月一日指挥,进纳补官立为三等:七千贯承节郎,五千五百贯承信郎,六千贯迪功郎。今增立诸州文学而下至进武副尉为六等,庶几中产之家易于献纳:进义副尉七百贯,进武副尉一千贯,进义校尉一千五百贯,进武校尉二千贯,诸州司士、文学二千五百贯,诸州助教二千贯。

出处:《宋会要辑稿》职官五五之四三。

成都等备巡幸诏
（建炎元年九月二十八日）

川陕成都、京兆府,京西襄、邓州,荆湖潭州、荆南府,江淮江宁府、扬州,仰逐路漕臣积聚钱粮,帅守修治城垒、宫室、官舍,以备时巡,省观风俗。务从俭约,勿致搔扰。

出处:《宋会要辑稿》方域二之五。又见《建炎以来系年要录》卷九。

奖谕宗泽诏
（建炎元年九月）

昔汉赵广之尹京兆,民称颂不容口,以为自汉兴治三辅者皆莫能及。朕念京师兵火之后,遴选抚绥弹压之才,以卿帅府旧僚,从班耆宿,擢居尹正之任,肃然政令之行,摧折豪强,发摘奸伏,刚果不挠,盗贼屏迹。懿考前躅,能以严治,威克允济,亦莫如卿。比升秘殿之隆名,仍专留司之重寄,视古无愧,乃绩可嘉载。惟王畿千里之封,实为诸夏本根之地。都邑闾阎之众,既遂谧宁,甸服田亩之间,益当安辑,以至练防卫之兵,谨守城之备,经营财用,预思可继之图,拯济艰虞,务存善后之策。谅卿体国之志,必通时事之宜。嗣有宠休,靡忘褒赞,故兹昭示,想宜知悉。建炎元年九月日。

出处:《宋东京留守宗忠简公全集》卷七。

禁擅募民兵溃卒诏
(建炎元年十月四日)

诸路官司及寄居待次官或非王命备补之人,以勤王为名,擅募民兵溃卒者,并令散遣。有擅募者,帅、宪司案劾以闻。

出处:《建炎以来系年要录》卷一〇。

晓谕盗贼立功赎罪诏
(建炎元年十月七日)

诸处盗贼起因各各不同,其间有本心忠义,偶因事冒冒不能自明,或缘过失负罪不敢出首,或逃亡溃散归队不得,或遭驱虏势不获已之人,若遣发重兵尽行捕杀,则情有可悯,若一例招安,则其间作过不改之人又不可恕。可晓谕,应干贼盗如能与见领徒众同体国家分别之意,并灭别火或本火盗贼了当,赴官出首,自表本心,当依下项:正补官资除授差遣,更令立功以雪前耻。一并灭别火盗贼或本火作过不改贼众一万人以上,并计州县通知确实人数,后项准此。立功人第一名武功大夫、忠州刺史,正将差遣;第二名武翼大夫、阁门宣赞舍人,副将差遣;第三名武显郎、阁门祗候,准备将领差遣;第四名武经郎,第五名武翼郎,并诸州兵马都监;第六名已下及小头领,并令首领保明,以次赏之。并灭千人至五百人,立到赏格有差。如能劝谕本火作过人改过自新,经官出首,送纳器仗,军人听归旧营或与一般军分,百姓令归业;或愿充军,比附职次安排;亦许人数依格推赏。如更能劝谕别火依此改过自新者,仍别取旨推恩。如不能并灭全火,但能杀到众所共识近上贼首,送官审验得实,亦随所杀贼首大小高下取旨,等第推赏。立功人元系有官者,依前项第格推恩外,仍取旨加转。仍令帅臣监司募人赍赴贼寨告谕。

出处:《宋会要辑稿》兵一三之二。

诸路帅司转运司同计会一路合添兵数等诏
(建炎元年十月九日)

诸路帅司及转运司同共计会一路合添兵数,及每岁所收可以供赡若干,可以令诸州各具申尚书省、枢密院,及诸路帅司、转运司不得隐漏卤莽。所有旧管军兵止据见管人数外,将合桩阙额钱亦计入今来可充招赡新军之数。

出处:《宋会要辑稿》食货六四之七四。

招置新兵不得仰度牒紫衣及许杂兵改刺诏
(建炎元年十月九日)

帅府、辅郡、要郡等招置新兵,初不计合用钱粮,止仰度牒紫衣之属,及许杂兵改刺,紊乱纪律,为害甚大,其罢之。水军准此。

出处:《建炎以来系年要录》卷一〇。

获到强盗罪至死情理巨蠹者不申提刑司详覆诏
(建炎元年十月二十一日)

今后获到强盗罪至死,依京东已降指挥;如系人众或所犯巨蠹、大情明白者,更不申提刑司详覆,令本州差不干碍官再行审问,一面依法处断讫,具犯由申提刑司审察。候贼盗衰息日依旧。

出处:《宋会要辑稿》兵一三之二。又见《建炎以来系年要录》卷一〇。
考校说明:原书系于建炎元年十二月二十一日,据原书前后文时间及《建炎以来系年要录》卷一〇改。

诸路监司州郡不得用便宜行事指挥诏
(建炎元年十月二十四日)

诸路监司或州郡如敢循习故态,尚用便宜行事指挥,行在及在京委台官、诸路委帅臣宪漕按察,具名闻奏,原情行遣。

出处:《宋会要辑稿》兵一四之七。

赵哲提举两浙路巡社兼提点刑狱公事制
(建炎元年十月二十四日)

古者乡立坞壁,防盗贼之侵己,室家可保。今吾广其法于天下,又置使者推行之,庶几奸宄潜消,里闾无事。以尔屡更烦使,蔚有能称,兹用假尔绣衣之荣,往临吴会。汝其遍诣提封,申明约束,毋强不欲,毋纵败群。使农安于野,行旅通于涂,则为称职。

出处:《浮溪集》卷八。
撰者:汪藻
考校说明:编年据《建炎以来系年要录》卷一〇补。

入内内侍省内侍省使臣不得与统制官等私相往来诏
(建炎元年十月二十七日)

入内内侍省、内侍省,今后两省使臣不许与统制官、将官等私接见往来同出入,如违,追官勒停,编管远恶州郡。

出处:《宋会要辑稿》职官三六之二三。又见《建炎以来系年要录》卷一〇。

广西沿边无得受安南逃户诏
(建炎元年十月三十日)

广西沿边无得受安南逃户,仍令监司讥察。

出处:《建炎以来系年要录》卷一〇。

答宗泽第十一疏乞回銮诏
(建炎元年十月)

朕惟上都据四方之中,开基历十世之久,祖宗创业,置诸奠枕之安,城社奔流,势若建瓴之顺。兹请特巡之制,姑为近甸之行,思宏济乎艰难,致殚劳于栉沐。每念本根之重,尝思监守之怀,迄绥靖于侯邦,即趋归于观阙。任卿司守,属在王畿,共倾戴后之诚,来效回銮之请,眷言忠荩,良剧叹嘉。建炎元年十月日。

出处:《宋东京留守宗忠简公全集》卷七。

许景衡迁朝请大夫制
(建炎元年十月)

敕:朕昭受正符,丕承大宝。霈湛恩于寰海,诞增秩于臣工。眷维荷橐之贤,方总霜台之峻。肃加褒律,式示至怀。朝散大夫许景衡学造渊源,才超伦类。久蔼台端之誉,旋升禁掖之华。识类精深,人莫涯其量;议论坚正,士想见其风。比畴金言,俾司中宪。火后见琼璜之质,不变色于炎凉;岁寒知松柏之姿,独后凋于霜雪。是以优推涣渥,宠陟崇阶。益馨忠嘉,仰答宏奖。可特授依前官迁朝请大夫。

出处:民国《瑞安县志》文征卷六,民国三十五年铅印本。
考校说明:题后原注:"《瑞安许氏谱》四。"

给事中王绚复朝散郎制
(建炎元年六月至十一月间)

圣人之心,如权衡之公,法无私者;君子之过,如日月之食,人皆见之。具官某顷服禁严,职当献纳,而失于详慎,至陷小文。兹被湛恩,宜除宿负。卫侯醇谨,初岂有于他肠? 颜子庶几,尚何忧于贰过? 毋惩纤芥,而废激昂。

出处:《浮溪集》卷一〇。

撰者:汪藻

考校说明:编年据王绹官历补,见《建炎以来系年要录》卷六、卷一〇。

李纲落职鄂州居住制
(建炎元年十一月二日)

朋奸罔上,有虞必去于欢兜;欺世盗名,孔子首诛于正卯。肆朕纂承之始,昧于考慎之宜。相靡有终,刑兹无赦。具官某空疏而不学,凶愎而寡谋,志轻天下而自谓无人,权震朝廷而不知有上。靡顾国家之大计,但营市井之虚名。专杀尚威,伤列圣好生之德;信狂喜佞,为一时群小之宗。比再被于延登,朕颇怀于虚伫,而果于修怨,奸以事君。庇己姻亲,至擅刊夫诏令;括民财力,曾罔恤于基图。念存体貌之恩,姑解钧衡之任,虽居远外,犹极优崇。谓上印以投闲,能阖门而讼过。乃倾家积,阴与贼通。伊举错之非常,于听闻而实骇。宜镌宠秩,移置偏州。昔汉弃京房,罪本縁于不道;唐诛元载,恶盖在于罔俊。往革乃心,毋忘予戒。

出处:《浮溪集》卷一二。又见《建炎以来系年要录》卷一〇,《鹤林玉露》卷二。

撰者:汪藻

考校说明:编年据《建炎以来系年要录》卷一〇补。

求能使绝域将万众者诏
(建炎元年十一月四日)

朕以眇躬,嗣承大器,属时艰厄,栗如冰渊。念二圣、母后之未还,震于梦寐;而宗庙生灵之重任,尝惧弗胜。临御以来,备殚智力,而人多规利,弗乐赴功。靡弊之余,难于振起。遣两道奉迎之使,未副所期;为中原固守之图,亦虑弗至。思得忠信宏博可使绝域,与智谋勇毅能将万众,成朕孝弟之志,而共安中原。虑其湮沈,弗能自达。夫以天下之大,祖宗德泽涵养之久,宜多异材,副朕延伫。仰三省、枢密院昭示朕意,不以有无官资,并许诣行在登闻检院自陈,朕将不爱爵禄,优加礼遇,以表忠义济时之功。

出处:《三朝北盟会编》卷一一四。又见《中兴小纪》卷二,《建炎以来系年要录》卷一〇。

罢政和以来诸庆节诏
（建炎元年十一月五日）

政和以来诸庆节号真元、宁贶、天成、天符、天应者,皆罢之,惟开基节如故。

出处:《建炎以来系年要录》卷一〇。

杂犯死罪有疑及情理可悯许酌情减降诏
（建炎元年十一月六日）

自今杂犯死罪有疑及情理可悯者,许酌情减降,断讫以闻,俟道路通行日如旧。

出处:《建炎以来系年要录》卷一〇。
考校说明:《宋史》卷二四《高宗纪》系于建炎元年十一月三日己丑。

不得辄拨诸司钱物抑勒民间出钱诏
（建炎元年十一月八日）

福建路招募枪仗手已行住罢,今后非被受朝旨,辄敢拨诸司钱物,及以劝诱为名抑勒民间出钱者,并不得施行,仍具职位姓名申尚书省。

出处:《建炎以来系年要录》卷一〇。

张悫尚书左丞制
（建炎元年十一月九日）

朕敷求众俊,协济多艰。矧惟丞弼之联,实赖赞襄之益。自非耆哲,孰副倚毗。具官张悫直道行身,赤心事国。不澄清而挠浊,肯叶刚而茹柔。邈有古人之风,浑然君子之器。顷繇民部,进赞枢庭。崇论竑议,无闻而不言;长虑却顾,虽久而可信。宜从右府,进陟左纲。斯谋斯猷,惟无忘于入告;朕心朕德,庶有赖于钦承。往体至怀,期成丕绩。

出处:《宋宰辅编年录》卷一四。

颜岐初任执政封赠制
(建炎元年十一月九日后)

曾祖仲昌

孔氏、颜氏,皆鲁国之望。孔氏繇秦汉以来,本支蝉联,文献相属;而颜氏仅闻于宋齐之间,至唐方显。今孔氏稍微矣,而尔家三世皆有令闻,为国光辉,缙绅所慕。岂圣贤之泽,所行者远,其兴也固自有次第哉?具官某言为人师,行为世表,以学从仕,栖迟一官。若子若孝,前英后喆,究观厥庆,其德可知。爰因登俊之辰,俾遂笃亲之志。加之峻秩,振尔遗芳,岂惟世家增谱牒之荣,抑使士夫知为善之报。

祖太初

朕思凫绎之贤,其流风遗书具存,而其人不及见也。虽后世无闻,犹当有以褒大之。矧其孙预吾机政,而宠绥之数,出于常典者哉?具官某道德文章,著于当代。发明古学,独得孟轲之传;疏辟化源,聿兴鲁国之绪。家承厥范,再世似之,皆因特起之招,继被非常之用。虽其躬可贵,宁须人爵之崇?然以泽上覃,难废邦彝之旧。宜颁宫保之命,往赫家祠之光。庶尔名扬,令吾俗厚。

父 复

昔汉陈寔以道理高世,而其子纪、纪子群皆有令名,信史书之,以为盛事。今吾颜氏,亦庶几焉。具官某嗣谦退之风,得精深之学。气刚而行峻,用以立朝;言信而文醇,见于垂世。早被裕陵之眷,晚登延阁之华。有子而贤,弼古之治。爰因闻政之始,用奖教忠之能。繇法从之旧班,正宫师之新秩。魂而不昧,尚克享之。

出处:《浮溪集》卷七。又见《陋巷志》卷五。
撰者:汪藻

考校说明：编年据颜岐官历补,见《建炎以来系年要录》卷一〇。

曲赦应天府宿亳楚泗扬州高邮军诏
(建炎元年十一月十日)

朕法羲易之省方,体周王之时迈,粤自纂图之岁,率勤巡狩之行。比繇睢阳,来抚淮甸。历宿、亳之境域,过楚、泗之郊圻。观广陵形势之雄,思艺祖规模之大。讲求民瘼,修举政纲。念圣人之德好生,常轸怀于矜恤;而天子所至曰幸,得无望于惠绥。矧复兹礼甚希,吾人实众。虽戒供须之扰,宁微应办之劳。驻跸之初,惠恩可后? 宜敷庆宥,用慰群情。於戏! 若日月之有光明,或先临照;如天地无不覆载,咸所盖容。思万方之罪在予,尚一人之庆有赖。悉蠲咎累,共迪中和。咨尔庶邦,咸悉朕意。

出处:《三朝北盟会编》卷一一四。
考校说明:"高邮军"原无,据《建炎以来系年要录》卷一〇、《宋史》卷二四《高宗纪》补。原书系于建炎元年十一月一日,据《建炎以来系年要录》《宋史》改。

诈冒军兵姓名伪造券旁盗请系官钱粮者不用今降赦原诏
(建炎元年十一月十一日)

财用以赡军兵,其诈冒军兵姓名、伪造券旁盗请系官钱粮入己之人,侵耗邦财,有害军须,情犯深重,可特不用今降赦原免。

出处:《宋会要辑稿》刑法七之三〇。

诸路无额上供钱米更不立额诏
(建炎元年十一月十四日)

诸路无额上供钱不合立额,可自建炎二年正月一日为始,并依旧法。当职官拘收灭裂,致有欺隐失陷者,重加典宪。

出处:《宋会要辑稿》食货三五之三〇。又见同书食货六四之六三,《建炎以来系年要录》卷一〇。

考校说明:《建炎以来系年要录》卷一〇系于建炎元年十一月三日。

翁彦国追夺宝文阁学士制
(建炎元年十一月十四日)

《易》曰"开国承家,小人勿用";召康公于成王莅政之初,亦以求贤用吉士为戒。盖朝廷安危治乱之分,在于用吉士小人之间。具官某本摘山之徒,操驵侩之术,谄事非类,亟污从班。以妾妇之道为身谋,以豺狼之心幸时变。比缘巡狩,遣治别都。言念艰虞之未平,务从简易而安众,屡加训敕,非不丁宁。乃并法以为奸,专阻威而害物,毒流千里,诸路骚然。未明跋扈之诛,已被幽间之戮,不追宠秩,孰慰群冤? 虽既死之何知,庶将来之可戒。

出处:《浮溪集》卷九。

撰者:汪藻

考校说明:编年据《建炎以来系年要录》卷九、《宋会要辑稿》职官七〇补。

军资库物许桩留诏
(建炎元年十一月十八日)

军资库物既非上供额数,自合桩留,充本州本路军兵衣赐。诸路依此。

出处:《宋会要辑稿》食货五四之七。又见同书食货五二之三二。

监司郡守辟差官禁辟差本土进纳人诏
(建炎元年十一月十八日)

应监司郡守辟官及差权官,不得辟差本土进纳人。

出处:《宋会要辑稿》职官五五之四三。

马忠落龙神卫指挥使降充经制副使制
(建炎元年十一月十八日)

朕于将帅,待之至者所以责其忠,望之深者所以必其胜。具官某粤从小校,擢领中权,宠任兼隆,在廷莫比。谓能夙夜分朕顾忧,乃无多算之奇,莫止偏师之败。全军退舍,坐失事机。宜镌卫帅之崇,仍损使权之重。再稽朕命,军有常刑。

出处:《浮溪集》卷九。
撰者:汪藻
考校说明:编年据《建炎以来系年要录》卷一〇补。

被受中使传宣密具所得旨实封以闻诏
(建炎元年十一月十九日)

自今被受中使傅宣者,当时密具所得旨实封以闻,如事有未便者,许执奏。

出处:《建炎以来系年要录》卷一〇。

宣旨等元无条贯者并中书枢密院取旨诏
(建炎元年十一月十九日)

凡宣旨及官司奏请事,元无条贯者,并中书、枢密院取旨;非经三省、枢密院者,官司无得受。

出处:《建炎以来系年要录》卷一〇。

传宣等系元无条贯者并中书枢密院覆奏取旨诏
(建炎元年十一月十九日)

如传宣或降指挥及官司奏请,虽得旨依奏,系元无条贯者,并中书、枢密院覆奏取旨。内系非理干求恩泽及原减罪犯者,仍奏劾犯人。其上殿进呈文字批送中书、枢密院,不得直批圣旨送诸处。如违,所承官司未得施行,并具事状闻奏。

出处:《宋会要辑稿》仪制七之二七。

许景衡除尚书右丞制
（建炎元年十一月二十二日）

敕：朕希宣、文之复古，法尧、舜之知人，兼总群材，用康庶政。朝请大夫、御史中丞许景衡恢宏而简重，敏达而醇明。学问之美，有得于古人；识趣之超，不群乎流俗。自还迩列，良副汝谐。宜从□榻之严，往陟右纲之峻。外患内侮，画策而销弭；天意人事，毕力而图回。尽攄平日之所言，一振当世之先务。永绥治理，庸答眷知。可特授中大夫、守尚书右丞，赐紫金鱼袋。

出处：民国《瑞安县志》文征卷六。
考校说明：编年据《建炎以来系年要录》卷一〇补。题后原注："《瑞安许氏谱》四。"

东南漕臣遇帅司那移军马去处具实状奏闻诏
（建炎元年十一月二十三日）

国事艰难，盗贼窃发，帅司那移军马，全籍漕臣支拨钱粮应副。访闻东南监司陵轹帅臣，漕司全不应副，殊失将命体国之意。仰东南漕臣遇帅司那移军马去处，即具实状奏闻。

出处：《宋会要辑稿》食货四九之三五。

向子褒钱丰赠官制
（建炎元年五月至十二月间）

朕惟獫狁乱常，衣冠蒙难，皆吾不足以胜残，而置汝于涂炭也，故于追录之际，每加意焉。以尔遭世艰虞，共婴城守，力全节履，遽没其身。爰锡闵章，进官三等，英魂如在，尚克享之。

出处：《浮溪集》卷八。
撰者：汪藻
考校说明：编年据向子褒卒年、汪藻任两制时间补，见《建炎以来系年要录》卷五等。

命从臣四员充讲读官就内殿讲读诏
(建炎元年十二月一日)

朕朝暮见大臣,访庶务,已则泛论古今,援据经史,凡有益于治者,随事商榷,以受荛言。延见进对臣僚,询究利害,退阅四方奏牍,少空则披诵载籍,取鉴前古,故于讲学久未皇暇。念亲儒臣以稽先圣之格言,百代之明验,虽羽檄交驰,巡幸未定,亦不可废。可差侍从官四员充讲读官,遇万机之暇,令三省取旨,就内殿讲读。

出处:《宋会要辑稿》职官六之五九。又见《中兴两朝圣政》卷二,《建炎以来系年要录》卷一一,《玉海》卷二六。

省试合取分数下诸路类试诏
(建炎元年十二月一日)

诸道进士赴京省试,今春兵革,已展一年。国家急于取士,已降指挥来年正月锁院。缘巡幸非久居,盗贼未息灭,道路梗阻,士人赴试非便,可将省试合取分数下诸路,令提刑司差官转运司所在州类试,三省措置。省试合放人额,纽计正解、免解,转运司正解并衮同,合以一十四人取一名,余分不及一十四人亦取一名,不终场者不计。内河东路合赴试人令附京西路转运司所在试,国子监、开封府合就试人于开封府,诸路合就试人于转运司置司州军类试。内国子监合赴试人如在外路州军愿就本路试者听。其国子监、开封府人令留守司、诸路令提刑司依贡举法选差试官六员,两路者各差三员,内开封府令留守司差御史台官一员,诸路令提刑司临时实封移牒转运使副或判官一员监试,不得干预考校。如有合避亲之人,专委官依公考校,所避之官不得干预;合避非本路提刑者,依本路监司法。前期牒邻路合避试官者,封弥官暗记送别位,应逐场试卷不得止送一位考校,仍令监试官专切觉察。

出处:《宋会要辑稿》选举四之一七。

禁约游畋诏
(建炎元年十二月二日)

朕侧身寅畏,与二三大臣宵旰图治,罔贵奇玩,罔好畋游,罔昵近习,使干政事,罔有邪封墨敕以滥名器,夙夜正心持诚,祈天助顺。访闻小人为奸,或诈欺请托,鬻爵是谋,或臂鹰走犬,畋猎是习,乃狂百姓,辄谓御前之物。朕之好恶何以昭示外人,何以格于上帝? 虑近习余风未殄,朕不遑宁。仰三省、枢密院榜谕戒约,言官觉察弹奏,敢有违者,重置于法;并许人告,赏钱一千贯;内畋猎之人辄称御前鹰犬者,根治得实,配沙门岛。

出处:《宋会要辑稿》刑法二之九八。又见《建炎以来系年要录》卷一一,《永乐大典》卷一二九二九。

罢省台寺监百官司权官者诏
(建炎元年十二月三日)

省、台、寺、监百官司各有存留在京员数,如全阙官,止差一员通管职事,见权官并罢。

出处:《建炎以来系年要录》卷一一。

谏议大夫卫肤敏中书舍人制
(建炎元年十二月五日)

朕惟古者讳言之朝,谏臣有不得其职者,况非言责之任乎? 如其不然,虽畎亩刍荛皆蒙危言之策,矧居侍从,献纳岂殊? 以尔具官某,直谅多闻,端方有守。出将使节,屡为疆场之华;入对便朝,每罄箴规之益。比虽升于厥秩,实未究于所长。是用嘉尔能言,试之掌制。辍自七人之列,擢居四禁之联。虽润色除书,所赖词章之富;然论思政本,必资风节之强。勿以兹迁,而忘予弼。

出处:《浮溪集》卷八。
撰者:汪藻

考校说明:编年据《建炎以来系年要录》卷一一补。

令监司巡历烧劫州县诏
(建炎元年十二月六日)

诸路监司应曾烧劫州县,并躬亲巡历,一岁再遍。所至具月日申尚书省,仍开坐所措置过事,尚书省类聚,考其当否而为之升黜。

出处:《宋会要辑稿》职官四五之一五。又见《建炎以来系年要录》卷一一。

知秀州赵叔近落职制
(建炎元年十二月七日)

尔奸利之私,有市井所不为者。朕方置汝于理,将肃清官曹,延阁之班,尚安得处? 其加镌夺,以听有司。

出处:《浮溪集》卷九。
撰者:汪藻
考校说明:编年据《建炎以来系年要录》卷一一补。

邢焕特换光州观察使诏
(建炎元年十二月九日)

历考祖宗朝,后父无任文臣侍从官者,朕欲遵依旧制,以复祖宗平治之时,岂可以近亲违戾彝宪? 邢焕可特换光州观察使,依旧提举亳州明道宫。

出处:《宋会要辑稿》后妃二之一。又见《建炎以来系年要录》卷一一。

走马承受公事职事依祖宗法诏
(建炎元年十二月十二日)

今后应走马承受公事职事并依祖宗法。如违,以违制论,委帅臣奏劾。

出处:《宋会要辑稿》职官四一之一三五。

许侍读官奏陈书中所见诏
(建炎元年十二月二十一日)

将来开讲日,侍讲官于进读书内或有所见,许读毕具札子奏陈,仍降付本所,载之注记,依元丰旧制。

出处:《宋会要辑稿》职官六之五九。又见《建炎以来系年要录》卷一一。

已罢添差官宗室各还旧任诏
(建炎元年十二月二十三日)

昨降指挥罢添差官,访闻诸路将宗室例罢,致各失所。可令已罢添差宗室各还旧任。

出处:《宋会要辑稿》帝系五之三二。

改正旧无签判处存留司录充签判诏
(建炎元年十二月二十三日)

降指挥,诸州、军、府司录依旧为签书判官厅公事,诸路除旧有签判官自合存留司录改充,余州司录并令减罢。访闻旧无签判处却存留司录充签判,令都省札下吏部遍牒诸州军,依元降指挥改正,仍行下转运司,取会所辖州军改正减罢员阙类聚申尚书省。如有违戾,按劾以闻。

出处:《宋会要辑稿》职官四八之九。

拘收付身诏
(建炎元年十二月二十四日)

自今年五月以前非专奉朝旨,及五月朔以后借补之人,并拘收付身。其有系盗贼招安者,命帅司验实以闻。

出处:《建炎以来系年要录》卷一一。

罢后增置路分巡社诏
（建炎元年十二月二十五日）

除京畿、京东、京西、河北、河东、陕西路依元降指挥置巡社外,后来增置路分并罢,内有已就绪去处,民情或以为便,愿存留者,仰本处申取朝廷指挥。

出处:《宋会要辑稿》兵二之五八。

户部支银绢付两浙提刑司置场收籴封桩诏
（建炎元年十二月二十五日）

行在户部支银二十万两、绢一十万匹付两浙提刑司,分劈于沿流州县置场收籴封桩,听候朝廷支用。

出处:《宋会要辑稿》食货四〇之一二。

中书舍人刘观给事中制
（建炎元年十二月二十五日）

东西二省,自祖宗以来为维持政本之地,其要等耳。然琐闼邃于披垣,书牍优于词命,抡才既遴,疏宠亦殊。以尔具官某,秉直谅之心,懋精深之学。贯穿今古,饰以词章之华;辨明是非,凛然风节之劲。比司诏命,蔚有能称。宜升文石之班,遂正黄扉之秩。惟忠臣事上,知无不言;惟君子居官,要为可纪。勿令批敕之誉,减于代言之时。

出处:《浮溪集》卷八。
撰者:汪藻
考校说明:编年据《建炎以来系年要录》卷一一补。

给事中刘珏吏部侍郎制
(建炎元年十二月二十五日)

唐以铨衡付吏部,居其官者得进退天下之才,而人重于法;今启拟归朝廷,典选者谓之有司,按籍第员,书名惟谨,而法重于人。自艰难以来,真伪浑淆,铨综之权,其轻尤甚。非用心于法度之外者,安能振颓纲于既坏之后哉?具官某性识疏通,天资雅亮。守其当守,必求至理之归;言所难言,良得近臣之体。比居琐闼之任,屡阅囊封之陈。孰副予求,莫如汝器。往佐而官之长,深求厥弊之原。呜呼!惟仁能恤滞淹,惟明能察侥冒,惟勤能济事剧,惟正能检吏欺。兹尔优为,勉之而已。

出处:《浮溪集》卷八。
撰者:汪藻
考校说明:编年据《建炎以来系年要录》卷一一补。

都官员外郎尹忠臣广南东路转运判官制
(建炎元年十二月二十五日)

朕惟岭海去京师万里之远,民弱而陋,吏贪而愚,法令诏条,所存无几,非廉平强济者,孰能称吾临遣之意哉?以尔风力有闻,吏功屡最,宜从省户之选,往疾使轺之驱。尔其谨视官邪,拊循蛮俗,使斯民受赐,如在朕户庭之间,则汝为称职。

出处:《浮溪集》卷八。
撰者:汪藻
考校说明:编年据《建炎以来系年要录》卷一二补。

待制杨时工部侍郎制
(建炎元年十二月二十五日)

朕不堪多难,思见老成。如升堂而闻箫韶,庶几还风俗之厚;若入国而望乔木,有以知朝廷之尊。既得其人,当縻以秩。具官某言垂当世,名配前修。学必可行,得师友渊源之正;心无他虑,惟国家饥渴之忧。兹复缀于清班,将每询于黄发。虽闵劳以职事之剧,然重失此典刑之英。非贰卿崇奖,何以慰士大夫之心?非起部优闲,无以宽耆艾之责。勉留助朕,勿复言归。

出处:《浮溪集》卷一一。又见《新安文献志》卷一。
撰者:汪藻
考校说明:编年据《建炎以来系年要录》卷一一补。

令言时政阙失诏
(建炎元年十二月三十日)

朕以眇躬,获嗣大统。以一心之思虑而图四海之安危,以一己之见闻而万机之情伪,非尽臣工之谋议,曷臻方夏之敉宁?肆敷朕心,历告列位。自今服采在职,其各悉心极言,凡言动举措之过差,暨军旅财用之阙失,人情之逆顺,政事之否臧,号令不便于民,法制无益于国,若将施设,咸得指陈。或抗章而尽辞,或造膝而入告,务从简直,以便听观。切至而有根源,忠鲠而无顾忌,亟当奖擢,昭示劝旌。咨尔有位,体至意焉。

出处:《宋会要辑稿》帝系九之二四。又见《建炎以来系年要录》卷一一,《中兴两朝圣政》卷二。

徽猷阁待制邢焕换授正任观察使制
(建炎元年十二月)

朕不敢以私爱而害天下之公,亦不欲以己亲而紊祖宗之制。言念后家之宠,虽参法从之华,乃眷诸姻,汝为近属。假戎班之峻秩,勉为朕迁;庶戚里之贵游,悉从卿始。具官某谦恭而不伐,廉靖而寡求。早推择于公朝,浸践扬于华贯。比正长秋之位,因升次对之联。惟周家《十月》之诗,首讥皇父;岂汉将云台之选,可及伏波?朕既明大义以示四方,汝何惜一官而销众幸?其上论思之秩,往持廉察之权,保绵远之宠荣,奉优游之朝请。朕之处卿者,可谓安矣;卿之体国者,顾不韪欤?

出处:《浮溪集》卷一二。又见《宋四六选》卷二。
撰者:汪藻
考校说明:编年据《建炎以来系年要录》卷一一补。

高宗朝卷二 建炎二年(1128)

知兴仁府邓绍密右文殿修撰制
(建炎二年正月前)

昔汉陈杨、唐郭元振,皆以不护细谨,卒成功名。故古之论人材者曰使信如尾生,廉如伯夷,亦何益于成败之数哉? 尔起于投间,守此凋郡,而能因时制变,分朕顾忧,纠合民兵,率先诸郡。清资显秩,本以待功,矧方艰虞,于汝何惜? 往服朕命,益勤抚绥。岂无茂恩,观汝来效。

出处:《浮溪集》卷八。

撰者:汪藻

考校说明:编年据邓绍密官历补,见《建炎以来系年要录》卷一二。

孙默许德之复官制
(建炎元年五月至建炎二年正月间)

有司之法如权衡,虽微不失;人主之恩如江汉,何濯非新? 朕入纂丕图,与民更始,矧吾士类,尤所当先。尔尝以过差,絓于吏议。兹予拔拭,不汝瑕疵,宜尽削于丹书,复进参于华贯。幸难数得,其戒之哉。

出处:《浮溪集》卷一○。

撰者:汪藻

考校说明:编年据孙默卒年及汪藻任两制时间补,见《建炎以来系年要录》卷一二等。

诸司诸州月具承受朝省文字遣人赴行在投下诏
（建炎二年正月一日）

诸司诸州月具承受朝省文字遣人赍赴行在,投下文字。人回日,请领递角前去。无故不依程限到州者,各从杖一百科罪。

出处:《宋会要辑稿》职官二之四七。

录两河流亡吏士并沿河给流民官田牛种诏
（建炎二年正月二日）

河东、河北郡县自太原、真定失守之后,皆因攻围,官吏军民誓以死守。访闻失职之吏、失次之军、失业之民度河东南者流离失所,未有所归,朕甚哀之! 其令河北、京西、陕西帅臣监司悉心措置,于沿河州县分布,除官员发赴行在外,公吏人补元职,次充役,数多无阙额者奏取指挥;军人仿旧军,分高下补逐处阙额,便支行衣粮,已足者权于额外收,以十分为率,不得过一分,余数发填邻路州军阙额;百姓以附近官田及未复业田计丁给授,牛具、种子以常平钱借给,并须验实,几察奸伪,先令权于寺观及系官闲屋内居止,公吏军人限十日分拨,百姓限一月给授了毕。间以常平司钱粮计数量给口食,如不足,具数开奏。各体至意,毋为文具,措置就绪,厚加旌擢。

出处:《宋会要辑稿》食货六九之四五。又见《中兴小纪》卷三,《中兴两朝圣政》卷三,《建炎以来系年要录》卷一二。

孔彦舟转武翼大夫添差东平府钤辖制
（建炎二年正月五日前）

朕惟国家多事之时,智者献其能,勇者服其劳。兹人材毕见,桑阴未徙而功成也。顷者帅幕初开,群臣陪扈,间关跋履,遂济中兴。小大悉褒,汝其一也。擢居使秩,出总州兵,兹谓异恩,无忘报称。

出处:《浮溪集》卷八。

撰者:汪藻

考校说明:编年据孔彦舟官历补,见《宋史》卷二五《高宗纪》。

武臣未至武功大夫不得除遥郡诏
(建炎二年正月六日)

自今武臣未至武功大夫,不得除遥郡,虽系军功特旨,亦不施行。

出处:《建炎以来系年要录》卷一二。

令诸系籍及上书人家自陈诏
(建炎二年正月八日)

诸系籍及上书人,许其家子孙将父祖未责降以前官职告敕录白,仍召朝官三员委系保经所在州军保明闻奏,当议与合得赠谥碑额,其致仕、遗表恩泽条具取旨。

出处:《宋会要辑稿》职官七六之六三。又见《建炎以来系年要录》卷一二。
考校说明:《建炎以来系年要录》卷一二系于建炎二年正月九日。

寺院改官观者仍还寺院诏
(建炎二年正月八日)

应崇宁以来诸寺院改为宫观者,自天宁观外,余悉还之。

出处:《建炎以来系年要录》卷一二。

张公济仓部郎官谢亮主客郎官制
(建炎二年正月八日)

朕设诸郎以振举治功,以待异时非常之选,凡加抡擢,必考金言。以尔公济有制繁之材,兹予命尔以司储之职。以尔亮有专对之敏,兹予命尔以掌客之官。各既乃心,钦承予意。

出处:《浮溪集》卷八。

撰者:汪藻

考校说明:编年据《建炎以来系年要录》卷一二补。

季陵右司员外郎制
(建炎二年正月八日)

朕惟国家艰难以来,百司纲纪,日失其序,诏令稽壅,吏偷不虔,思得誉髦之英,任吾宰属之职。以尔受材开敏,临事激昂。经术精深,为诸生之冠;议论坚正,有前辈之风。稽诸金言,汝称兹选。惟蚁封知良马之艺,惟肯綮见良庖之能,勉究乃心,赞成予治。

出处:《浮溪集》卷八。

撰者:汪藻

考校说明:编年据《建炎以来系年要录》卷一二补。

置行在榷货务诏
(建炎二年正月十日)

真州榷货务与行在印卖钞引并为一司,以"行在榷货务"为名,各依旧随处置局,梁扬祖、杨渊依旧提领,其提辖等官以"行在榷货务"系衔。

出处:《宋会要辑稿》食货五五之二五。又见同书食货三二之二〇,《建炎以来系年要录》卷一二。

考校说明:《宋会要辑稿》食货三二系于建炎二年二月三日,《建炎以来系年要录》卷一二系于建炎二年正月七日,《宋史》卷二五《高宗纪》系于建炎二年正月六日。

中书籍记枉法自盗赃人姓名诏
(建炎二年正月十日)

自今枉法自盗赃人,令中书省籍记姓名,罪至徒者,永不叙用。按察官失于举劾者,并取旨科罪,不以去官原免。

出处:《建炎以来系年要录》卷一二。又见《宋史》卷二五《高宗纪》。

考校说明:《宋史》卷二五《高宗纪》系于建炎二年正月十一日丙申。

放被虏百姓归业诏
(建炎二年正月十日)

访闻诸处百姓缘被贼驱虏,面刺"入火"等字,后来遁归,经由乡村,其巡社辄便杀害,深恐无辜良民陷贼,永不敢归业。令诸路帅臣宪司行下州县榜谕村社,系被虏百姓即给公据,放令归业;如非被虏之家,依条施行。

出处:《宋会要辑稿》兵一三之三。

纲运条约诏
(建炎二年正月十日)

粮纲卸讫,空船虽许差乘,若往别路及经过所差州军,元差官司及乘船官各徒二年;真州排岸及瓜洲堰闸官不切检察者,各杖一百。其以前已差往别路粮斛船,令转运司委官催回本路,如乘船官占吝,依"未出本路非理迁延占留人船致妨本处装运钱粮,计日坐罪"指挥施行。

出处:《宋会要辑稿》食货四三之一四。又见同书食货四七之一二,《宋会要辑稿补编》第五七二页。

筑扈从军马营寨诏
(建炎二年正月十日)

扈从一行军马见在扬州诸处札寨,虑春雨淋漏,及地卑湿润,暴露不便,令扬州计会都统制官合用营寨地步,于城中踏逐空地,约度人数,标拨营寨地基。令逐军将佐自筑地基,开通沟渠,外设营寨墙围,分布行列,搭盖一体木柱梁栋竹椽起脊席屋,务令坚厚,可避风雨。其合用材木,令御营使司会计实数,令户部支钱下诸处依市价收买。所有拆移沿流居养、安济屋宇,充营寨内统制、统领、将佐等官居住,令逐处依元间椽逐一记号,务令便可卓立。如内有椽栋等材植损烂比旧数少,即令逐处补足起发。

出处:《宋会要辑稿》方域一九之二二。

李楫监察御史制
(建炎二年正月十二日)

　　朕稽考百官之治,赖一时耳目之官,求诸时髦,未见刚者。以尔殚精古学,博极群书,不以轩裳为心,老于州县之役。兹近臣之论荐,适有契于予衷,擢自遐方,俾参台属。夫为国督奸者,法吏之职;至诚嫉恶者,古人之心。朕既以激浊扬清待卿,汝无以交浅言深为戒。

出处:《浮溪集》卷八。
撰者:汪藻
考校说明:编年据《建炎以来系年要录》卷一二补。

知杭州叶梦得落职制
(建炎二年正月十四日)

　　都会之地,所以控制一方;师帅之臣,所以统领千里。既威权之素夺,且师律之不修,坐以城郭,委于奸宄,原情定罪,安所逃诛? 具官某出入朝廷,践扬盖久,比付重寄,谓能折冲。而狂狡之谋,发于肘腋,衅连祸结,曾莫知前。喋血经时,至烦禁旅,虽卒禽灭,其伤已多。宜镌延阁之华,少谢无辜之众。汝虽知免,朕则屈刑。

出处:《浮溪集》卷一二。
撰者:汪藻
考校说明:编年据《建炎以来系年要录》卷一二补。

赐夏国主诏
(建炎二年正月十五日)

　　敕夏国主:世守封陲,心驰观阙,比属屯危之会,致疏问讯之通。缅想提封,同膺袭吉。兹俯临于凉序,宜益护于生经。今赐某物,具于别录,至可领也。故兹诏示,想宜知悉。

出处:《浮溪集》卷一三。
撰者:汪藻
考校说明:编年据《建炎以来系年要录》卷一二补。《建炎以来系年要录》卷一二:"(建炎二年正月)庚子,主客员外郎谢亮为陕西抚谕使兼宣谕使,持诏书赐夏国主乾顺,从事郎何洋为太学博士偕行。"注文曰:"西夏未尝再遣使。洋盖从亮行,其云'未几再使者',当是建炎三年。亮从张浚至秦州,准备出使,而洋又与之俱,其实未尝出疆也。"

诚约纲船官诏
(建炎二年正月十六日)

如根刷纲船官不拘收团并,管押使臣卸讫回运不至泗州排泊,所差官在泗州不将回运空船依元路分归逐路团并漕运,各以违制论。

出处:《宋会要辑稿》职官四二之五三。

内侍邵成章送南雄州编管诏
(建炎二年正月十六日)

内侍邵成章不守本职,辄言大臣。自祖宗朝未尝有内侍言大臣者,可特除名勒停,送南雄州编管。

出处:《宋会要辑稿》职官三六之二四。

范冲荆湖北路转运副使制
(建炎二年正月十八日)

呜呼!自艰难以来,民劳甚矣。欲惠吾元元无侵冤之苦者,非部使者孰任其责哉?以尔论议英明,世其家学,践扬中外,所至可观。惟湖湘控带东南,地数千里,盗新喋血,耕稼失时。汝其谨视官邪,应条辄举,使一方之俗,皆蒙朝廷之恩,副朕临遣之意,则汝之誉处,岂不休哉?

出处:《浮溪集》卷八。

撰者:汪藻

考校说明:编年据《建炎以来系年要录》卷一三补。

新除中书舍人孙觌可待制与郡制
(建炎二年正月二十日)

任贤者虽人主之明,从欲者亦圣人之恕。兹用时髦之俊,复居词禁之华。遽以疾闻,难以诏夺。具官某早膺抡擢,浸服禁严,文章为后学之宗,论议得近臣之体。中缘排斥,久已照知。方贾谊见思,欲召还于宣室;而仲舒厌事,颇不乐于京师。宜升延阁之班,再付专城之寄。其摅所蕴,以拯吾民,伫观千里之休,入奉三年之计。

出处:《浮溪集》卷一〇。

撰者:汪藻

考校说明:编年据《建炎以来系年要录》卷一二补。

孙觌知平江府制
(建炎二年正月二十日)

朕惟儒雅饰吏事,皆西汉之能臣;岳牧用词人,盖有唐之旧制。眷吴门之重镇,迩岳狩之行朝,户口夥于承平之余,人心摇于惊扰之后,不付贤隽,孰分顾忧?具官某明国宪章,知民情伪,学必期于有用,材无适而不宜。兹诏来归,力求自便,以甘泉之法从,临通德之邻封。子牟虽在江湖,岂忘魏阙;汲黯宜居禁闼,毋薄淮阳。勉布中和,即还严近。

出处:《浮溪集》卷一〇。

撰者:汪藻

考校说明:编年据《建炎以来系年要录》卷一二补。

不受烧金术付三省手札
（建炎二年正月二十日）

朕不忍烧假物以误后人,其遣还之,仍毁其烧金之具。

出处:《建炎以来系年要录》卷一二。

令扬州两浙路开具御前顿放
金玉等物及收买海味等闻奏诏
（建炎二年正月二十一日）

令扬州开具见称御前顿放金玉等物乱占屋宇寺院去处,申尚书省,不得漏落。及访闻两浙路有妄称御前收买海味等物者,仰本路提刑司收捉根勘,先具闻奏,仍令尚书省出榜晓谕。

出处:《宋会要辑稿》刑法二之九九。

知建州张勋降三官制
（建炎二年正月二十一日）

朕以师帅之权,付汝于数千里之外,而驭军抚民,其悖谬如此,朕亦何所赖哉？虽罪止镌官,务从阔略,而无辜之民,死者不可复生矣,于汝安乎？

出处:《浮溪集》卷九。
撰者:汪藻
考校说明:编年据《宋会要辑稿》职官七〇补。

招降盗贼诏
（建炎二年正月二十二日）

朕惟祖宗仁覆天下,生育休息垂二百年,家有积聚,人知礼教,尊君亲上,安业乐生,车书所通,烟火万里。项自奸臣误国,边隙既开,戎祸及于黎元,胡尘暗于京阙。兵以伤残而溃散,民因侵轶而流亡。遂假勤王之名,公为聚寇之患。肆朕嗣位,震悯于兹,遭时艰难,涉道寡昧。寅畏恭俭,不敢怠荒,宽大公平,庶宏共济。阅日尚浅,群听未孚,攻剽劫掠,寇乱滋起。重矜州县之民,莫保田庐之安。生灵何辜,天意未悔。今朕驻跸淮甸,寅奉庙社以来,遣使金人,屡致父兄之请,念欲复泝清汴,却迁故都。而群盗猥多,师虞弗靖。膏畛截于大河之外,形势削于累年之间。兴言及兹,痛愤良切。咨尔有众,共图兴邦。咸有乡党邻里之情,岂无父母妻子之念?凡今日夺攘纵暴之众,皆异时回心忠义之人。白日照临,明尔迁善之意;皇天覆帱,监予止杀之诚。一应盗贼,回心易虑,散归田里,或失业不能自还者,令所在官司条具以闻,朕当区处;其日前犯罪一切不问。

出处:《三朝北盟会编》卷一一五。又见《宋会要辑稿》兵一三之三,《中兴两朝圣政》卷三,《建炎以来系年要录》卷一二。

禁诸将引溃兵入蜀诏
(建炎二年正月二十四日)

沿边将兵避难入蜀者,并放罪,限半月赴行在。仍于大散关置关使二员,自今官员入蜀,审验告敕,无伪者听过。

出处:《建炎以来系年要录》卷一二。

崇宁以来无状之人除罪恶深重外随材选用诏
(建炎二年正月二十六日)

近缘臣僚论列,乞以崇宁以来无状之人编为一籍。已降指挥,候谏官御史具到,令三省、枢密院参酌施行。然念才行难于兼全,一眚不可终废,当宏大度,咸俾图新。除参酌到罪恶深重不可复用人外,并许随材选任;如显有绩效,可以补前行之失者,因事奏陈,特与湔洗,仍许擢用。

出处:《建炎以来系年要录》卷一二。又见《中兴小纪》卷三,《中兴两朝圣政》卷三,《宋史全文续资治通鉴》卷一六。

委宗泽置场收籴诏
（建炎二年正月二十七日）

京师阙米，令榷货务于桩下河北路寄籴斛斗钱内支钱五十万贯，委宗泽置场收籴。仍下两浙、江淮路转运司出榜晓示客旅通行知委。

出处：《宋会要辑稿》食货四〇之一三。

非泛假日权住更不修务诏
（建炎二年正月二十八日）

非泛假日并权住更不修务，俟边事平息依旧。

出处：《建炎以来系年要录》卷一二。

褚宗谔广南东路转运副使制
（建炎元年五月至建炎二年二月间）

朕惟岭海万里之远，虽飞挽刍粟，不至中州，而象犀珠贝之珍，实佐经费。以尔吏能高妙，所至有声，深达利源，精于心计。其上江墟之节，往临蛮蜑之区。报政来归，参华奚远？

出处：《浮溪集》卷八。
撰者：汪藻
考校说明：编年据汪藻任两制时间、褚宗谔官历补，见万历《广东通志》卷一〇。

凌唐佐直秘阁京畿提刑再任制
（建炎元年五月至建炎二年二月间）

朕省方南服空，京师不都，然宗庙宫室在焉。既命重臣以守，又择部使者岁时按行其封。以尔详练有闻，不辞繁剧，平反畿内，民以不冤。其升延阁之班，重付祥刑之寄。尚巡凋瘵，毋废哀矜。

出处:《浮溪集》卷八。

撰者:汪藻

考校说明:编年据凌唐佐宦历及汪藻任两制时间补,见《建炎以来系年要录》卷二二等。

开封府推官范世延降一官制
(建炎元年五月至建炎二年二月间)

国尔忘家,公尔忘私,人臣所以事君也。尔列官都畿,分守城壁,方此多事,岂容有他?乃乱法以为奸,专营私而丰己,徇群小无厌之请,希一时横得之恩,靡思体国之忠,徒挟耗财之意。不加惩创,孰警贪邪?聊褫文阶,用明邦宪,尚图来效,以赎厥愆。

出处:《浮溪集》卷九。

撰者:汪藻

考校说明:编年据范世延宦历、汪藻任两制时间补,见《建炎以来系年要录》卷一三等。"范世延",《建炎以来系年要录》卷一二、卷一三作"范延世",《宋会要辑稿》方域二、《宋史》卷二五《高宗纪》、乔行简《忠简公年谱》等作"范世延"。

苏轼孙从事郎符改宣教郎制
(建炎元年五月至建炎二年二月间)

论世者岂惟乔木,怀人者犹及甘棠。伟哉千载之英,繄我五朝之望,朕不及见,有孙而才。宜加改秩之荣,用示好贤之意。昔贾生明王道,汉录贾嘉之能;魏公进忠规,唐表魏谟之烈。入门兼用,今古所同。其振尔之家声,以待予之器使。

出处:《浮溪集》卷一〇。又见《文章辨体》卷二三,《永乐大典》卷七三二五,《新安文献志》卷一。

撰者:汪藻

考校说明:编年据苏符宦历及汪藻任两制时间补,见《建炎以来系年要录》卷一三等。

阎瑾正任防御使制
(建炎元年七月至建炎二年二月间)

谦者君子之光,巽者武人之正。故先鸣而求勇爵,见鄙《春秋》;独屏而耻论功,取高汉史。具官某比提义旅,来援京师,属余践阼之初,锡尔赏劳之典。抗章不拜,陈义甚高。宜加褒劝之恩,用正捍防之秩。尚思策励,无负眷知。

出处:《浮溪集》卷一〇。
撰者:汪藻
考校说明:编年据阎瑾官历及汪藻任两制时间补,见《建炎以来系年要录》卷七、卷一九等。

京东路转运判官柴天因升转运副使兼知青州制
(建炎二年二月一日)

海岱之间,称古形胜,人比习乱,莽为盗区。思得详练刚明之材,兼膺折冲馈饷之任。以尔知吏方略,为时老成,久分外计之权,颇熟东州之事。其升使选,勉为朕行。昔管仲佐齐侯,内修军政;龚遂至渤海,首散郡兵。伊治术之何常,惟贤明之所择。审思筹策,毋失事机。

出处:《浮溪集》卷八。
撰者:汪藻
考校说明:编年据《建炎以来系年要录》卷一三补。

太史局天文不许报诸处诏
(建炎二年二月二日)

太史局天文自今除报御前外,并不许报诸处。

出处:《建炎以来系年要录》卷一三。

耿南仲移临江军居住诏
（建炎二年二月四日）

责授单州团练副使耿南仲系渊圣皇帝二十年宫僚,免过岭,移临江军居住。

出处:《建炎以来系年要录》卷一三。

诸路邻近州军互相策应诏
（建炎二年二月四日）

诸路有警报,邻近三百里内州军不拘路分,互相策应。

出处:《建炎以来系年要录》卷一三。

上官愔秘书省校书郎制
（建炎二年二月七日）

汝名臣子,少有轶材,方时急贤,当在崇养。今册府,士大夫之冀北也。少休骏足,以适夷涂。

出处:《浮溪集》卷八。
撰者:汪藻
考校说明:编年据《建炎以来系年要录》卷五补。

张孝纯子颖直秘阁制
（建炎二年二月七日）

尔父身陷敌,而尔母援比为尔求官。夫延阁之华,朕方澄此选,今以假汝,不谓无恩。惟毋颓家声,是为报国。

出处:《浮溪集》卷八。
撰者:汪藻

考校说明:编年据《建炎以来系年要录》卷一三补。

辛炳落致仕制
(建炎二年二月七日)

朕惟静而阅世者,可与语天下之谋;恬于趋时者?可与共朝廷之任。尔十年不调,归老于家,虽屏迹无意于人间,而飞声日闻于朕听。宜辍安车之乐,复参文石之班。出处惟时,毋专求志。

出处:《浮溪集》卷一〇。
撰者:汪藻
考校说明:编年据《建炎以来系年要录》卷一三补。

户部侍郎吕颐浩户部尚书制
(建炎二年二月七日)

舜列庶位,莫非因能;汉多真材,盖以久吏。故大而如夷夔之贤者,终身礼乐;小而如仓库之贱者,至氏子孙。与其用新进之士而试以剧烦,孰若遂已成之功而峻其班秩?具官某早用儒奋,晚为吏师。智略纵横,得古人心计之妙;规摹详密,知天下利源之归。兹卜时巡,实资邦用,总号经费,责在有司。所贵通融之权,岂惟出纳之吝?畴习予事,莫如汝能。是用就升常伯之联,全付大农之政。惟生众用寡而无悖出之弊,则贯朽粟陈而及承平之时。朕既纾忧,汝为称职。

出处:《浮溪集》卷一一。
撰者:汪藻
考校说明:编年据《建炎以来系年要录》卷一三补。

刑部尚书周武仲吏部尚书制
(建炎二年二月七日)

朝廷有端方之人,则鉴裁公而流品肃;官府得详练之长,则纪纲立而事功成。矧吾铨曹,实冠法从,任激浊扬清之责,当扶衰振弊之时,不求时髦,孰厌公论?具官某宗庙瑚琏之器,国家羽仪之贤。材本天成,浑然不见圭角;德虽日用,考之皆有宫庭。蚤扬台省之联，久积士夫之望，逮予初载，首副详延。岁寒而松柏后凋，昔闻所守；鉴明而尘垢不至，今见其心。爰陟天官之尊，仍陪经幄之邃。置诸人物铨量之地，观汝庙堂经济之材。方藉远猷，奚烦多训？

出处：《浮溪集》卷一一。
撰者：汪藻
考校说明：编年据《建炎以来系年要录》卷一三补。

御史中丞王宾刑部尚书制
（建炎二年二月七日）

孔氏之门，子路折狱；帝尧之世，皋陶惟刑。盖非刚而勇者，不足以持法之重轻；非直而清者，不足以寄人之生死。具官某心秉端悫，学道精深。正色立朝，常自下而劘上；捐身关策，不茹刚而吐柔。粤从朕于艰难，即照知其忠实。一登谏省之邃，两总台纲之严。金铸鼎而魑魅莫逢，奸邪既远；兽在山而藜藿不采，威令自行。是用升之常伯之尊，付以祥刑之重。尔其决谳以抨弹之果，平反以献替之忠，庶几无讼之功成，坐使所居之官大。

出处：《浮溪集》卷一一。
撰者：汪藻
考校说明：编年据《建炎以来系年要录》卷一三补。

宇文虚中特与复中大夫诏
（建炎二年二月八日）

宇文虚中应诏奉使绝域，可特与复中大夫，乘递马发赴行在。

出处：《宋会要辑稿》职官七六之三八。

知寿州康允之进直龙图阁制
（建炎二年二月八日）

自军兴以来，师帅之官，闻敌而委城者相望也。尔以孑然孤垒，屹立于群盗沸拿之中,得其人心,皆以死奋,坐令反寇,奔溃不支。河图之华,未足旌汝,方稽阀阅,嗣有宠褒。

出处:《浮溪集》卷八。

撰者:汪藻

考校说明:编年据《建炎以来系年要录》卷一二补。其时寿州已改称寿春府。

宇文虚中复太中大夫赴阙制
(建炎二年二月八日)

朕念二圣和鸾之驭,远勤沙漠之征;惮两河耕稼之民,久困干戈之役。思得贤士,往使殊方。岂无忘身徇国之人,应侧席救灾之诏?尔名实相称,文武兼资。雅意论兵,用合孙、吴之妙;高才视草,夙推颇、牧之奇。亟荐历于禁涂,遂参陪于枢管。稍愆清议,荐置丹书。兹露章于公车,蕲将命于绝域。朕嘉乃陈议,慨然请行,宜复次于廷绅,俾来朝于跸辂。当图忠报,益展素怀。亡尔疾驱,副予临遣。

出处:《三朝北盟会编》卷二一五。

考校说明:月、日据《宋会要辑稿》职官七六、《宋史》卷二五《高宗纪》补。

差待阙使臣副校尉巡察扬州奸细诏
(建炎二年二月十七日)

按抚司于内外见任或得替待阙使臣、副校尉内,不以诸般拘碍,踏逐差委,理为在任月日,仍差破当直厢军二人外,其日支食钱依已降指挥。如将来别无违阙,与理短使一次。

出处:《宋会要辑稿》兵一三之三。

赦免建州作过军民诏
(建炎二年二月十八日)

建州作过军民既已受招,已前所犯,不论轻重,可并赦免,令尚书省降敕榜晓谕。

出处:《建炎以来系年要录》卷一三。

减罢内侍官兼钤辖教坊诏
（建炎二年二月二十日）

自来以内侍官一员兼钤辖教坊,盖太平无事时故事。朕方日拯忧念,屏绝声乐,近缘内侍官更代,失于检察,仍带前项兼领,实虽废而名尚存。所有内侍钤辖教坊名阙可减罢,更不差置。

出处:《中兴两朝圣政》卷三。又见《建炎以来系年要录》卷一三,《宋会要辑稿》职官二二之三〇,《宋会要辑稿补编》第八五六页。

谕刘光世措置江口御笔
（建炎二年二月二十一日）

见今江口措置最为急务,不可时暂意缓,正藉卿力。未审即日如何施行,仰具措置、探报动息,排日奏来。

出处:《郿王刘公家传》卷二。

恤民诏
（建炎二年二月二十三日）

先王省方,所以观民;天子巡守,盖将展义。粤朕纂临之岁,肇为时迈之行。爰縰睢阳,来抚淮甸。询究民瘼,采听风谣。颇闻东南极困征敛,绎骚未定,懵怛靡忘。方将孚惠泽以感人心,躬节俭以先天下。卑宫菲食,刑家御邦。而掊克之臣奉行失指,务为奢利,志在悦谀。营缮广于砖灰,期会急于星火。转输罢极,趣督暴苛。自闻张皇,旋即贬黜。以至率私财而助国,下及胥徒;纳经税以输仓,大增概量。亦既训告,俾悉蠲除。尚余弊端,犹郁舆议。若郡县沿供须以奉公上,侵渔民赀;监司妄矫设以市私恩,耗蠹邦用。岂不知民赀匮则敛怨于国,邦用竭则复取于民。吏弗知思,朕复何望? 岂表仪之不至,将播告之未修。云何纠纷,自作悖谬。兹申严于儆饬,庶咸变于恪恭。克黜乃心,丕从朕志。呜呼! 高宗遁于荒野,爰知稼穑之勤;宣帝兴于闾阎,洞悉艰难之务。兹见自昔中兴之主,未有不通众志之微。朕久涉兵间,深烛民隐。况抚巡之滋久,顾情伪之益分。每聆怨咨,重轸矜悯。自今诏令到日,其各恳款恤民。务销愁叹之声,同底乐康之俗。布告列位,深体至怀。否有常刑,朕不汝赦。故兹诏示,想宜知悉。

出处:《宋会要辑稿》刑法二之九九。

胡珵特追所有官诏
(建炎二年二月二十五日)

秘书省正字胡交结权要,传导风指,讽谕狂生,扇摇国是。可特追所有官,勒停,送梧州编管。

出处:《建炎以来系年要录》卷一三。

措置招填阙额军兵诏
(建炎二年二月二十八日)

靖康元年正月一日至建炎二年正月一日已前逃亡、事故军兵合支钱粮,通为阙额数目,除陕西路依旧招填旧阙,及京畿、京西、河北、京东、河南路依今来措置专招可以制御铁骑振华新军外,余路并令以前项钱粮并已降指挥科拨窠名钱物相兼招置新法弓手及本处阙额军兵。

出处:《宋会要辑稿》食货六四之七四。

置振华军诏
(建炎二年二月二十八日)

募河南北、淮南土人有民籍者为振华军,以六万人为额。即不足,听募两河流移之众,毋得过三分。皆于左鬓刺"某州振华"四字。

出处:《建炎以来系年要录》卷一三。

刘光世进检校少保依前奉国军节度使充殿前都虞候御营使司专一提举一行事务都巡检使制置使进封彭城郡开国侯加食邑五百户食实封贰伯户制
（建炎二年二月二十八日）

　　光世世陟将坛，名传夷落。勇概锐于临敌，威略长于治边。蚤输翊上之忠，旋总军中之势。执干戈以扈岩陛，具宣环尹之勤；颛铁钺以镇藩维，允赖捍城之助。比讲省方之制，兹为近甸之巡。清跸初驻于淮壖，剧寇忽扰于江表。俾率虎貔之旅，往戡蜂蚁之屯。转战历水陆之冲，追奔涉冬春之序。身同行伍，冒锋刃以先登；志扫妖氛，履艰危而采励。迄荡平于群孽，遂获保于列城。嘉乃殊劳，作时褒律。参贰公之峻秩，视亚保之彝仪。进爵通侯，衍食加户。见知良厚，注意益深，以重倚毗，以华夷等。

出处:《鄜王刘公家传》卷二。

宗泽进朝奉大夫资政殿学士敕
（建炎二年二月）

　　先京师而后诸夏，布政有伦；得猛士以守四方，用人为重。乃眷帝王之宅，数惊塞北之尘。朕首简循良，俾司浩穰，迄臻绥靖，宜有褒嘉。卿宗泽，材禀沉雄，器涵浑厚，仕宦至晚而鼎贵，功业遇事而遂彰。肆朕省方，俾尔留朝。萧何镇守，克宽西顾之忧；毕公保厘，终底东郊之治。载畴伟绩，特峻徽章，升秘阁之华资，进文阶之一等，并昭异数，庸奏肤功。瞻望国门，未泯葱葱之佳气；巡行淮甸，岂能郁郁而久居？惟既乃心，以固吾圉，特进朝奉大夫、资政殿学士、东京留守兼开封尹，奉敕如右。建炎二年二月日。

出处:《宋东京留守宗忠简公全集》卷首。

答宗泽辞进朝奉大夫资政殿学士诏
（建炎二年二月）

　　无德不报，实赏典之所先；有功见知，乃众情之共悦。矧玉麟之重寄，属荷囊之名臣,于义当褒,欲辞焉可?卿慷慨而有大志,镇静而好远谋,纵横康世之图,谈笑适时之略。肆朕省方于淮甸,倚卿居守于汲郡,更历春冬,帖安京辅,屹若长城之固,晏然奠枕之宁。虽萧何之抚关中,寇恂之守河内,以卿比迹,于古有光。特升秘阁之峻资,仍进文阶之崇秩,并昭异数,丕表茂功,何必封章以避休命。深嘉冲节,难徇雅怀。宜亟钦承,庸昭眷遇。建炎二年二月日。

出处:《宋东京留守宗忠简公全集》卷七。
考校说明:此诏时间当稍晚于同集卷首《宗泽进朝奉大夫资政殿学士敕》。

李长民秘书省正字制
(建炎二年二月)

朕惩夫艰危之时,见士大夫无可使者,欲广储英俊,时出而用之。以尔种学绩文,声华藉甚。图书之府,本以养材,往游其间,观汝远器。

出处:《浮溪集》卷八。
撰者:汪藻
考校说明:编年据《南宋馆阁录》卷八补。

曾谓陕西转运副使制
(建炎二年二月前后)

关陕虽被边临塞,然天下用兵,未尝不为朝廷重也。矧今多事,尤在得人。以尔风力强明,见于屡试,朕方西顾,藉尔一行。尔其峙糗粮、通盐策,勿病吾俗,勿饥吾师,繁策蚁封之间,挥斤盘错之地,往辨吾事,益观尔能。

出处:《浮溪集》卷八。
撰者:汪藻
考校说明:编年据《建炎以来系年要录》卷一二补。《建炎以来系年要录》曰:"是日(二月戊戌)……陕府西路转运副使直秘阁桑景询、判官曾谓、京兆府路提点刑狱公事奉直大夫郭忠孝、经略司主管机宜文字王尚及其子建中与宗闵皆死。"注文曰:"熊克《小历》以谓为本府通判,盖承《会要》之误。《日历》绍兴三年四月庚戌宣抚处置司奏状亦称永兴通判曾谓死事不屈,或是未受命也。汪藻《外制集》

又称谓除转运副使,恐太骤,当考。"

勘验解发到材武人文状诏
(建炎二年三月四日)

诸路已解发到材武人,令兵部将元给公据勘验,如不曾揩改姓名、月日,及所给公据在建炎元年六月十三日敕前,投试文状在今年三月初三日已前,并许收试。其靖康元年五月二十七日指挥更不施行。

出处:《宋会要辑稿》选举一七之二五。又见《宋会要辑稿补编》第二八二页。

诸路帅臣等供给诏
(建炎二年三月七日)

诸路帅臣供给每月不得过二百五十贯,诸路提举茶盐公事、陕西福建路提举茶事、广南路提举市舶、江淮等路提点坑冶铸钱、都大提举成都府等路榷茶司、蔡河拨发催趱纲运、广济河都大主管催遣辇运公事、提举三门白波辇运公事、同提举三司辇运汜水、同提举催促辇运公事,并知县资序知州军人,并与通判供给,每月不得过一百五十贯,旧例数少者并依旧,其节序并非泛供给,纽计充本月供给数。

出处:《宋会要辑稿》职官五七之六六。

令诸路安抚使便宜节制官吏诏
(建炎二年三月八日)

诸路虽各建帅府,然于一路见任官吏初无节制指挥,致玩习常态,缓急难以集事,宜令诸路安抚使便宜节制施行。

出处:《宋会要辑稿》职官四一之九七。

禁擅行支用大礼合用金银钱帛诏
（建炎二年三月十九日）

诸路划刷今年大礼合用金银钱帛等,或擅行支用,依擅支朝廷封桩钱物法加一等,不以去官、赦降原减。

出处:《宋会要辑稿》礼二五之一八。

诫约行在并差出及五军下出战军兵诏
（建炎二年三月二十一日）

应行在并差出及五军下出战军兵,闪避征役,抛离队伍,妄通姓名应募他处之人并招收,知情、争占人并依军法施行。

出处:《宋会要辑稿》刑法七之三〇。

与高丽国王诏
（建炎二年三月二十三日前）

数遇中微,变生外围。肆朕缵诏,方图敉宁。惟三韩之旧邦,实累世之与国。向烦信使,来效充庭。乃缘艰虞,久缓报聘。想亦量其多故,当不替于素怀。兹奉大金之尺书,特驰一介之行李。航海越境,良有溷烦;救灾恤民,必加轸助。聊将薄物,不逮彝仪。今差杨应诚、韩衍等充国信使、副,兼赐国信、礼物:衣带、金镀银器、杂色匹段、散马等物。

出处:《高丽史》卷一五。
考校说明:编年据《宋史》卷二五《高宗纪》补。

文武臣举所知二人诏
（建炎二年四月三日）

文臣从官至牧守,武臣管军至遥郡,各荐所知二人,置为二籍,一留禁中,一付三省、枢密院，遇监司、帅守、将官、钤辖有阙，于所举人内擢用之。犯赃连坐即罪废及法不当得之人，皆毋得举。

出处：《建炎以来系年要录》卷一五。

禁逃田税役辄勒邻保代输诏
（建炎二年四月五日）

逃田税役辄勒邻保代输，许人户越诉，令提刑司觉察。今日以前逃田无人承佃应召人请射者，特依远年无案籍逃田法免催科。

出处：《宋会要辑稿》食货六九之四六。

罢置巡社诏
（建炎二年四月六日）

京畿、京东、京西、河北、河东、陕西依元降指挥置巡社外，余路应权添置武臣提刑去处，并于衔内带兼专一措置捉杀盗贼公事，仍除去旧衔内"提举巡社"四字，内杭州、温州巡社已就绪愿存留指挥更不施行。

出处：《宋会要辑稿》兵二之八五。又见《建炎以来系年要录》卷一五。

下第举人保明申礼部议推恩诏
（建炎二年四月七日）

今来下第举人进士六举曾经御试、八举曾经省试并年四十以上，进士四举曾经御试、五举曾经省试并年五十以上，内河北、河东、陕西举人特与各减一举，曾经元符三年以前到省前后实得两解，并免解共及两举人，更不限年，令诸路转运司、开封府保明申礼部，特与奏名，许就殿试。元符三年以前到省一举、见年五十五以上者，令本贯州县当职官勘实无违碍，结除名罪保明申礼部；开封府、国子监令召见任承务郎以上二员结除名罪保明，委本属关送礼部勘验，逐旋闻奏，当议特与推恩。

出处:《宋会要辑稿》选举四之二〇。

进士理解诏
(建炎二年四月七日)

进士请到解并免解,因事故不曾赴今次试人,与理为到省一举;进士两处取解,已及今次特奏名举数人,虽已违限,未曾经所属保明并举之人,特许并举推恩;进士元符三年得解,因事故至崇宁二年到省试下人,理元得解年为省试下;进士门引不到,因事故赴试不及,若举数已该奏名,依南省下第人例,令礼部勘实,疾速施行。如合该取会并下所属保明之人,且令就试,不给唱名号,其敕牒等并令礼部收掌,候到,如无违碍,召保官当官给付;若有违碍,即具因依并敕牒等缴申尚书省。

出处:《宋会要辑稿》选举四之二〇。

皇城司逃亡人限时出首诏
(建炎二年四月九日)

皇城司亲事官等,日前应逃亡之人,或辄投他处及影占私役,许指挥到日限一年所在州县出首,特与免罪,不理过名,支破请给,押送皇城司依旧职名收管;限内不首,依先降依军法从事;容蔽及影占私役官员,亦科违制之罪,人吏决配二千里。

出处:《宋会要辑稿》职官三四之三四。

诸路监司条具靖康以来弃城逃遁及保城力守者诏
(建炎二年四月十三日)

诸路监司条具靖康以来凡弃城逃遁者某人、保城力守者某人,书其功罪,著其赏罚,赏太薄者厚加其赏,罚太轻者严正其罚,罪状未闻者付之有司推明,使守土之臣有以惩劝。

出处:《宋会要辑稿》帝系九之二五。

刺配罪人权送本处重役营分收管诏
(建炎二年四月十四日)

诸州刺配罪人断遣讫,权送本处重役营分收管,俟道路通快日遣行。

出处:《建炎以来系年要录》卷一五。

户部督责司农太府及辖下仓场库务各置都簿诏
(建炎二年四月二十三日)

户部督责司农、太府及辖下仓场库务,并依政和令,各置都簿,具载所辖应用簿历名数,差近上职级掌管,遇有增减,报督簿司除附。遇官员替罢、人吏出职、监专替移,并申所属同赤历库经要切簿书对交,仍增立批上印纸之法。

出处:《宋会要辑稿》食货五六之四一。

将现阙军额去处拨入一等军分敷足旧额诏
(建炎二年四月二十四日)

诸军教阅,在法日差将校分番部押,其早教仍轮兵官一员巡按。比年以来,军额既阙,州郡长吏玩习,不务招填,教阅不精,兵官不切巡按,致诸军人额不足,武艺退堕。今后将现阙额去处并拨入一等军分敷足旧额,以便教阅。

出处:《宋会要辑稿》职官一四之五。

禁抑令客贩粮斛柴草入京船车纳力胜商税钱诏
(建炎二年四月二十七日)

应客贩粮斛柴草入京船车,经由官司抑令纳力胜商税钱者,从杖一百科罪,许客人越诉;收数多法应重者,自从本法。

出处:《宋会要辑稿》食货一七之三三。又见《宋会要辑稿补编》第六八〇页。

除信王榛河外兵马都元帅制
(建炎二年四月)

顷戎虏之内侵,属都城之失守,逼宫闱而远适,历险阻以备尝。肆眇躬之缵承,济多难而恢复。追袭之兵继遣,勤请之使屡驰。抚时序以既周,怅初心之未遂。忽览章疏之近奏,始闻行役之独留。盍既言归,伫宽遐念。乃陈手足之助,愿效忠孝之诚。慨然壮图,副朕本旨。宜就颛于临制,庶尽总于营屯。以迎二圣六宫之还,以慰两河诸镇之望。

出处:《三朝北盟会编》卷一一六。又见《建炎以来系年要录》卷一五。

毛宏为招安张清及掩杀贼首赵海等贼节次立功转忠训郎换给制
(暂系于建炎二年四月后)

敕:尔以招捕群盗,屡进武阶。申锡命书,祗服无怠。可。

出处:《紫微集》卷一三。
考校说明:编年据赵海卒年补,见《建炎以来系年要录》卷一五。张嵲此时未任两制,此文或为《紫微集》误收。

还京诏
(建炎二年五月二日)

朕即位之初,踌躇近服,会李纲上江左之章,继执南阳之议,鸠工葳事,浸失时几。旋为淮甸之行,就弭寇攘之患。守中原而弗远,见朕意之所存。昨稽时措之宜,默辨言还之计。设施有序,播告未先。或者不知,尚乃有请。可无委积,以谨备虞。宜令发运司尽起淮、浙入京物料及军需辎重等物,以次发遣赴京师,朕将还阙,恭谒宗庙。仍令三省、枢密院、御营使司条具合行事件。应臣寮将士自应天府扈从至扬州者,并进官一等。

出处:《建炎以来系年要录》卷一五。又见《中兴两朝圣政》卷三。

许景衡以资政殿大学士提举杭州洞霄宫罢右丞制
（建炎二年五月二日）

敕:承辖之臣,纲维所寄。虽论议有不合,岂礼貌之遽衰? 中大夫、守尚书右丞许景衡,顷繇中司,进与机务。念方资于辰告,庶共济于多艰。续决北归,力请南去。按秦故地,弗思奉春之谋;还汉旧都,未协武侯之略。览言章之来上,顾国步以何依? 其疏秘殿之恩,往即琳宫之佚。益祗眷遇,无有退心。可特授依前官中大夫、守尚书右丞、充资政殿大学士、提举杭州洞霄宫,恩赐赠如故。

出处:民国《瑞安县志》文征卷六。
考校说明:题后原注:"《瑞安许氏谱》四。"原书系于六月,据《建炎以来系年要录》卷一五等改补。

禁官司拘籍人户养马数目诏
（建炎二年五月三日）

敕:诸路人户养马不限数目,官司不得拘籍,仍不许差借和雇。俟其孳生渐盛,听于所在官司投卖,优还价直。

出处:《庆元条法事类》卷七九,一九五七年古籍出版社刷印本。又见《宋会要辑稿》兵二之五八。

许同伪造度牒紫衣师号及知情引领变卖人陈首诏
（建炎二年五月八日）

伪造度牒、紫衣师号,并许同造及知情引领变卖人陈首,与免罪犯,依告获给赏。其照牒公据如有伪冒,依条施行。

出处:《宋会要辑稿》职官一三之二七。

曲赦河北陕西京东路诏
(建炎二年五月十一日)

朕绍履尊极,寅畏多艰,凛乎朽驭之难持,浩若涉川之求济。讲兴复之策,庶以迎二圣之还;躬巡省之劳,庶以副四方之望。然而夷狄靡闻于悔祸,干戈未息于内侵。荐渡河津,分攻城邑。突骑横驰于畿右,控弦大入于关中。绵朔野以绎骚,亘山东而惊震。自闻警奏,继遣援师。嗟赤子以何辜,重罹屠掠;盖朕躬之不德,罔克抚存。尚赖祖宗在天之灵,弗替忠义徇国之俗。番汉协心而御敌,军民戮力以殄仇。有嘉攘剿之功,深悯伤残之患。宜敷渥泽,式慰群情。於戏!民所怀者仁,既濡汪洋之泽;天所助者顺,必臻眷佑之符。觊国势之渐隆,复邦国于永固。咨尔有众,咸体至怀。

出处:《三朝北盟会编》卷一一七。
考校说明:《三朝北盟会编》卷一一七系于建炎二年七月十一日,据《建炎以来系年要录》卷一五、《宋史》卷二五《高宗纪》等改。

苏轼追复端明殿学士诏
(建炎二年五月十二日)

苏轼立朝履历最为显著,追复端明殿学士,尽还合得恩数。

出处:《建炎以来系年要录》卷一五。又见《中兴两朝圣政》卷三,《宋会要辑稿》职官七六之六三。

知州带管内安抚使节制将副诏
(建炎二年五月十七日)

应将副虽在他处驻札,随将兵住营或出戍去处,知州带管内安抚使,亦令听节制,并依本路安抚使法。

出处:《宋会要辑稿》职官四一之九七。

催押斛斗诏
（建炎二年五月十九日）

在京岁用斛斗浩瀚，从来指拟东南漕运，除发运司合应副南京、拱州斛斗共四十四万硕，并淮浙合赴京畿下卸年额斛斗共九千万五千硕，逐司自当别行应副外，将发运司未起今岁合发额斛斗二百五十八万九千八百余硕，淮浙今岁未起额斛：淮南一百四万七千余硕，两浙六十八万七千余硕，并仰多方措置，限十月终已前须管尽数般运至京。其逐路建炎元年已前旧欠各仰前期计置桩办，自来年为始，分限三年发，不得更有拖欠。其措置不扰，及押人如期到京，不碍分数，并转运司取旨，优加酬赏；若催发稽慢，不及今来所起之数，并押纲人迁延违滞，令逐处按劾，官当窜逐，人吏远配。如阙少纲船，仰依已降手诏优支雇直和雇，其牵挽人夫亦仰添支雇钱雇募，仍约束押纲人常切存恤。其江湖未起之数浩瀚，专委司农卿史徽催促收桩，候逐路斛斗装发离岸，专委发运吕源催赶至淮南，自淮南专委梁扬祖催赶至泗州，自泗州专委李祉催赶至东京，仰所委官各给押纲人行程。若有住滞，所委官随分定地分行遣。仍仰东京户部官躬亲常切点检觉察，毋令少有稽违住滞。

出处：《宋会要辑稿》食货四三之一四。又见同书食货四七之一三，《宋会要辑稿补编》第五七二页。

走马承受公事于帅司用申状诏
（建炎二年五月二十二日）

走马承受公事应行移帅司文字，合并用申状，其见帅臣亦合依属官例。

出处：《宋会要辑稿》职官四一之一三五。又见《建炎以来系年要录》卷一五。

不得擅杀见任官诏
（建炎二年五月二十七日）

自今见任官有涉疑异志者，止许经不碍官陈告。如径行杀戮，事虽有实，亦坐擅杀官吏之罪。即妄杀平人以为奸细者，从军法。

出处:《建炎以来系年要录》卷一五。

蔡庄罢徽猷阁待制诏
(建炎二年五月三十日)

持服人蔡庄罢徽猷阁待制,其告令所属收掌,候服阕日给付。其余前宰执子弟见带职人,令吏部限十日条具申省。

出处:《建炎以来系年要录》卷一五。

圭田更不拘借诏
(建炎二年五月三十日)

圭田,士大夫贫者仰以养廉,国用虽乏,其可取此? 自今勿得借。

出处:《建炎以来系年要录》卷一五。又见《宋会要辑稿》职官五八之二三。

答宗泽乞回銮第二十三疏恩抚慰劳诏
(建炎二年五月)

舜巡四岳,当归格艺祖之文;周抚万邦,存王归在丰之训。庸如帝王之轨范,咸以都邑为本根。朕遭时多艰,思世大治,永怀拨乱之策,不惮省方之劳。俟粉宁之有期,即旋复之何晚?夙夜轸虑,寝食不忘。虽王者以天下为家,曾靡常于临幸,而臣子视君犹父,行无郁于瞻思!卿留居千里之畿,拱护九重之阙,合数十百函之奏,倾亿千万众之心,渴闻鸣跸之音,虔举回銮之情。备观忠荩,深可叹嘉。建炎二年五月日。

出处:《宋东京留守宗忠简公全集》卷七。又见《三朝北盟会编》卷一一七。

许景衡特赠五官加正奉大夫瑞安县开国男谥忠简制
（建炎二年五月）

敕:嗣承大宝,眷遇迩臣。德惟终始之同,恩罔存亡之异。肆须明命,用发幽光。故资政殿大学士、中大夫、守尚书右丞、赐紫金鱼袋许景衡,博学而才周,虑深而气劲。居家孝弟,行素重于乡闾;事上公忠,节尤高于朝宁。进居纲辖,尽所赞襄;退就琳宫,方从优逸。阅时未久,遽以讣闻。慨念音容,良用悯恻。赐官延赏,宠数兼隆。英爽如存,歆我渥泽。可特赠五官正奉大夫、瑞安县开国男,谥忠简,余如故。

出处:民国《瑞安县志》文征卷六。

考校说明:编年据《宋会要辑稿》仪制一一补。

进纳补官人令尚书省度量给付官告诏
（建炎二年六月二日）

尚书省度量给付逐路,每路差监司一员专一提举,委官劝人户献纳,依随处在市实价。如纳已七千贯,补承节郎;五千五百贯,承信郎;六千贯,补迪功郎。依已降指挥,并不作进纳。出身已系进纳人愿缴元授付身贴纳,数中以十分为率,更减一分,亦不作进纳。所纳之物,内京东东路并随处桩管;余路计纲起发上京;不系沿途去处,变兑易轻赍物色赴元丰库送纳。并须召人情愿,不得抑勒科配。

出处:《建炎以来系年要录》卷一六。又见《宋会要辑稿》职官五五之四三。

禁增荆湖江浙客贩米斛赴行在税钱诏
（建炎二年六月二十一日）

应荆湖、江浙路客贩米斛赴行在,而经由税务辄于例外增收税钱,罪轻者徒一年,许诣尚书省越诉。

出处:《宋会要辑稿》食货一七之三三。

指名抽差补填翰林天文局瞻望学生见阙诏
（建炎二年六月二十六日）

翰林天文局瞻望学生见阙颇多,可于太史局等处逐急指名抽差补填见阙,到局依条合得例物,令行在左藏库等处限一日支给。所有逐局已取窠阙,仰太史局却于额外人内踏逐补填,候回銮日依旧试补。

出处:《宋会要辑稿》职官三一之五。又见同书职官一八之八七、职官三六之一〇八。

福建路提刑司募少壮武勇枪杖手
专一准备东南捕盗使唤诏
（建炎二年六月二十七日）

福建路提刑司募少壮武勇枪杖手五千人,专一准备东南捕盗使唤。数内选取事艺高强、众所推伏或曾经调发有功之人,每百人差一名部辖人,先次借补进武校尉。若所部人一年别无过犯,委所属保明,特与补正所借名目。或别有立到功效,即随所立功优加爵赏,令逐路晓谕。所募人并不差往西北,仍令逐州知、通专一措置合用器甲,常切训练教习;合用钱粮令提刑司立定则例,申尚书省。

出处:《宋会要辑稿》兵一之一五。

王庶节制陕西六路军马曲端充节制司都统制诏
（建炎二年六月）

傥不靖难于残暑之前,必致益兵于秋凉之后。

出处:《建炎以来系年要录》卷一六。

宗泽特加朝散大夫敕
（建炎二年六月）

忠于许国，允资制剧之才；老矣告劳，宜遂归休之志。眷言哲人，爰锡纶章。卿宗泽器识恢宏，性资方正，事达古今之要，才兼文武之全。逮予纂图，俾守留钥，恩威并施，夙夜惟勤。生灵赖庇以保厘，寇盗望风而披靡。方资谋画，遽以疾闻，力贡忱辞，恳求谢事。念宣力之勤瘁，宜锡命以褒嘉。岁五百而生贤，克济艰难之业；礼七十而致仕，益高知止之风。乃命进阶，以昭贵老；尚期勿药，以介寿康。可特进朝散大夫，依旧资政殿学士，赐如故。建炎二年六月日。

出处：《宋东京留守宗忠简公全集》卷首。

吏部审量到行在京官诏
（建炎二年七月一日）

京官到行在者并令吏部审量，非政和以后进书颂及直赴殿试之人，乃听参选。

出处：《建炎以来系年要录》卷一六。

蔡京王黼所用人许自新复用诏
（建炎二年七月五日）

国步多艰，人才为急，如蔡京、王黼当国日久，孰不由其拟受？果贤且才，岂可不用？自今毋得分别，使自奋忠义。仰三省遵行之。

出处：《建炎以来系年要录》卷一六。

士卒有犯依军法不得过为惨酷诏
（建炎二年七月六日）

自今士卒有犯，并依军法，不得剜眼剜心，过为惨酷。令御营使司行下。

出处:《建炎以来系年要录》卷一六。

禁班直辄经他处陈状侥求差遣等诏
(建炎二年七月七日)

班直并不许辄经他处陈状侥求差遣,及逃窜在诸统兵官下使唤,如违,并依军法施行。如有差占去处,限三日发遣归殿前司,免罪,依旧收管。仍令殿前司常切遵守。

出处:《宋会要辑稿》职官三二之八。

郊祀天地御札
(建炎二年七月七日)

天子必有尊,斯极两仪之奉;圣人能缩帝,故膺多福之崇。朕以眇躬,嗣承鸿业。念险阻艰难之未济,常严恭寅畏而靡宁。乃应乎天,维新其命。兆民欣戴而无离德,大将数起而少凶年。遣使交邻,庶厎干戈之载戢;出师荡寇,已臻枹鼓之稀鸣。顾庙社之复安,实神祇之并贶。惟世祖建武之二载,始立郊位之规;而肃宗乾元之初年,尝行禋祀之典。虽属羽檄交驰之际,岂忘天地祇事之诚?在古有稽,于今敢怠?是用遵累朝之成宪,举三岁之亲祠。谒款紫坛,升侑烈祖。哀万灵而咸秩,洽百礼以精禋。列陈嘉笾,聿隆大报之谊;遵迎善气,均锡函生之休。明戒先期,诞孚群听。朕以今年十一月二十二日郊祀天地。咨尔攸司,各扬乃职,相予肆祀,罔或不恭。

出处:《宋会要辑稿》礼二八之二一。又见《中兴礼书》卷一〇一。

谕诸帅臣等保明立功事诏
(建炎二年七月十六日)

诸帅臣并应统制统领兵将官,今后遇攒功状内有一名累次立功之人,于本名下只作一项开排立功次数因依,保明陈乞。

出处:《宋会要辑稿》兵一八之二八。

禁诈冒入川诏
（建炎二年七月十六日）

自来入川、陕之人,依法经官司投状,给公凭听行。今多事之际,尤宜几密。若诈冒入川,杖一百;已度关者加一等;所犯重者从重。候事息日,即依常法。

出处:《宋会要辑稿》刑法二之一〇二。
考校说明:此诏原书系于绍兴四年后,按原书此处于建炎二年五月十一日赦文后插入建炎四年及绍兴四年奏议,致有淆乱,今予订正。

令通判检察命官无职事请俸诏
（建炎二年七月十九日）

应命官无职事请俸者,专委逐州通判检察,其违法请过钱物,并行追纳。

出处:《宋会要辑稿》职官五七之六四。

令监司郡守条上阙政并蠲州郡灾甚者田赋诏
（建炎二年七月十九日）

乃者春多雨霾,夏仍旱暵。飞蝗为沴,余寇尚存。弗能道天地之和,何以弭邦家之患?永惟厥咎,当在眇躬。应政事有未便者,俾郡守监司条上;被灾处验实,与免租税;禁囚淹延,趣其结绝。

出处:《中兴小纪》卷四。又见《中兴两朝圣政》卷三,《建炎以来系年要录》卷一六。

申明京官知县关升诸州通判考数诏
（建炎二年七月二十一日）

京官知县两任已上实及六考,方许关升诸州通判。

出处:《建炎以来系年要录》卷一六。又见《中兴两朝圣政》卷三。

诸路应兵将捕盗等官应援不得逗遛诏
（建炎二年七月二十八日）

诸路应兵将捕盗等官合应援地理内逗遛不进,许安抚使从军法。

出处:《建炎以来系年要录》卷一六。

宗泽赠观文殿学士通议大夫诰
（建炎二年七月）

具官宗泽,气劲而谋深,识高而虑远,怀尊主庇民之志,有爱国忘家之心。逮朕省方,擢司留钥,言多底绩,勇于敢为。折冲樽俎之间,制敌股掌之上,三军服其纪律,百姓安于教条。方借壮猷,以复大业,以观奏牍,遽尔告终。未究雄图,但闻遗爱,载用叹嘉!李广云亡,史有成蹊之喻;羊公已逝,时兴堕泪之思。升观殿之华资,进文阶之峻秩,特隆异数,并示眷怀。英烈如存,尚克歆享。特赠观文殿学士、通议大夫致仕。庸昭休命,益彰乃勋。建炎二年七月日。

出处:《宋东京留守宗忠简公全集》卷首。

不得辄行追呼扬州排岸司人吏诏
（建炎二年八月二日）

扬州排岸司人吏,非所辖官司等辄行追呼,杖一百,沿流在京排岸司依此。

出处:《宋会要辑稿》职官二六之二九。

拘收添酒钱与发运司打船使用诏
（建炎二年八月九日）

上色酒每升许添三钱,次色酒添二文,令转运司置历拘收,逐旋与发运司打船使用。候支拨数足日,令转运司具数取旨拨归转运司。

出处:《宋会要辑稿》食货五〇之一〇。

逐路提刑司按察新额招置弓手诏
(建炎二年八月十一日)

新额招置弓手,令逐路提刑按察,仍具训练招置次第申尚书省。

出处:《宋会要辑稿》兵三之一七。

机密文字实封不得贴说所奏事宜诏
(建炎二年八月十一日)

诸路州军日逐差人投下机密急速紧切文字赴通进司,往往通封,上有贴黄,称说事目。虑恐未投进间,因而漏泄,深属未便。仰通进司自今投进文字用黄帕复包角,本司监官书臣名封记,赴内东门投进。仍令刑部遍牒诸路州军,如奏机密文字,并须实封,面题机密文字,不得贴说所奏事宜,进奏院依自来条例施行。

出处:《宋会要辑稿》仪制七之二七。

户部于江宁平江府置库桩管纲运诏
(建炎二年八月十六日)

诸路州军纲运,二广、湖南北、江东西路赴江宁府送纳,福建、两浙路赴平江府送纳,京畿、淮南、京东西、河北、陕西路及川纲并赴行在左藏库送纳。二广、湖南北纲运如经由两浙路,亦许平江府送纳,福建纲运经由江东西,亦许赴江宁府送纳。逐州府委清强官受纳,专委通判监视,提点刑狱官常切点检。如所在州军辄敢移用,依擅支朝廷封桩法加等科罪。

出处:《宋会要辑稿》食货四七之一四。又见《宋会要辑稿补编》第五七二页,《建炎以来系年要录》卷一七。
考校说明:《建炎以来系年要录》卷一七系于建炎二年八月六日戊午。

许用乐迎送高丽国使诏
（建炎二年八月二十日）

访闻高丽国遣使入贡，所过许用乐送迎，其守臣宴设，以二帝未还，勿用乐。

出处：《建炎以来系年要录》卷一七。

赐李成一行将佐诏
（建炎二年八月二十二日）

朕观风南服，注意中原，有嘉忠荩之臣，夙统骁雄之众。捍时蜂虿，为国金汤。方炎燠之异常，想戍屯之良苦。特驰信使，往谕至恩。当体眷怀，益坚图报。

出处：《三朝北盟会编》卷二一八。

试礼部奏名进士制策
（建炎二年八月二十三日）

盖闻治道本天，天道本民，故视听从违不急于算数占候，而惟民是察，持以至诚，无远弗届。古先哲王，罔不由斯道也。朕承宗庙社稷之托于俶扰阽危之后，怀父母兄弟之忧于携贰单微之时。念必抚民以格天，庶几悔祸以靖难。逾年于兹，寝兴在是。故府库殚匮，军费倍滋，而赋敛加薄；外患未弭，寇盗尚多，而追胥有程。择守令以厚牧养，责按廉以戢贪暴。命令为民而下者十常六七，凡曰聚所欲、去所恶者，朕有弗闻，未有闻而不恤、恤而不行也。然而迎亲之使接武在道，而敌情未孚；保国之谋刻意在兵，而军势未张。躬纯俭以厚本，而骄侈之习未悛；扩大公以示训，而私枉之俗尚胜。刑赏不足以振偷惰之气，播告不足以革狂迷之心，田亩未安，旱蝗害岁。岂朕不德无以动天？抑政令失宜而民以为病乎？何精诚之弗效，而祸患之难戢也！伊欲复亲族，奠疆埸，清寇壤，善风俗，使百姓安业而亹亹迓衡，何修而可以臻此？子大夫涉艰险以副详延，诚亦勤矣，其必有至言欲为朕陈者，其悉言之毋隐。若乃矜空文而无补于实，咎既往而无益于今者，非朕之所欲闻也，其以朕所未闻而宜于时者言之，朕将亲览焉。

出处:《宋会要辑稿》选举八之一。

刘宁止綦崇礼等除尚书工部员外郎制
(建炎二年八月二十六日)

敕承奉郎刘宁止等:文昌诸郎,上应列宿,选除之遴,委任匪轻,繁简异曹,材德并用。以尔等或以时望蔼于儒林,或以吏能闻于仕路,或进以其叙,或擢以不次。率由简拔,用其所长,分属六卿,各扬尔职。益懋业履,以称宠休。可特授依前承奉郎、尚书工部员外郎。

出处:《北海集》附录上。

令搬取起发祭器等应副郊祀大礼诏
(建炎二年八月二十八日)

令东京所属官司搬取起发祭器、大乐、礼神真玉、朝祭服、仪仗法物赴扬州行在,应副郊祀大礼。

出处:《中兴礼书》卷九。又见《建炎以来系年要录》卷一七。

靖康以后三省不应发出职人吏转资诏
(建炎二年九月一日)

靖康以后三省不应发出职人吏,并于正额名目上许收使所得转一资旨挥出职,余额外资级,每一资与作转一官并使,仍令吏部改正。建炎以后准此。

出处:《宋会要辑稿》职官三之三〇。

权许客人就东南盐仓支请盐钞诏
(建炎二年九月七日)

东南盐仓未支盐钞数多留滞,客人权许就盐场依自来资次支请,仍限半年,依旧令逐州盐仓官前去就场支发,其盐场多处,如州仓官不足,令本州选官贴差。

出处:《宋会要辑稿》食货二五之三二。

抽差弓手土兵条诏
(建炎二年九月九日)

今后除依条合差数外,若不因巡捕盗贼,即不得勾抽差占。如遇会合,并令巡尉部领前去,仍不许畸零抽差。如违,仰逐路帅臣按劾闻奏,重置典宪。

出处:《宋会要辑稿》兵三之一七。

添置弓手将领部将诏
(建炎二年九月十三日)

更添置准备将领、部将各一员,其诸路若一州系八县或不及八县,以邻近县分合兼隶;及八县以上,并依此添差。

出处:《宋会要辑稿》兵三之一八。又见《宋会要辑稿补编》第四二五页。

夔利州守臣升带本路兵马钤辖诏
(建炎二年九月十三日)

夔、利州守臣并依成都府条例,升带本路兵马钤辖。

出处:《建炎以来系年要录》卷一七。

诸路军兵差拨事诏
(建炎二年九月十四日)

今后诸路应系将不系将军兵,并听帅司差拨,应土军、弓手并听本路提刑司差拨。如辄敢申请占吝及直行差拨者,并以违制论。

出处:《宋会要辑稿》刑法七之三一。又见《建炎以来系年要录》卷一七。

守臣带管内安抚使者听帅司节制诏
（建炎二年九月十六日）

诸路管内安抚使军期事,并听帅司节制。如将兵屯戍就粮在本州,听管内安抚使节制。

出处:《宋会要辑稿》职官四一之九八。又见《建炎以来系年要录》卷一七。

诸路类试开拆试卷委提刑官诏
（建炎二年九月二十三日）

诸路类试开拆试卷,并委提刑官;如提刑不在本州,委走马承受;若走马承受不在本州及不置路分,委类试所在州守臣。

出处:《宋会要辑稿》选举四之一九。

见任宫观等俸钱全支诏
（建炎二年九月二十五日）

除责降人外,见任宫观及未有差遣待阙京朝官以上,俸钱依旧全支。

出处:《宋会要辑稿》职官五七之六四。

差官主濒江州县官渡口诏
（建炎二年十月二日）

濒江州县官渡口并差官主之,应公私舟船遇夜并泊南岸。

出处:《建炎以来系年要录》卷一八。

冬祀封赠文武升朝官并经所属保明诏
(建炎二年十月四日)

今岁冬祀,应封赠文武升朝官并经所属保明,其绫纸钱却于行在左藏库送纳,给钞缴申司封奏钞。

出处:《宋会要辑稿》职官九之九。

诸路钞旁定帖依宣和七年四月指挥诏
(建炎二年十月十二日)

诸路钞旁定帖依宣和七年四月二十八日指挥,令人户自写输纳,依旧纳合同印记钱,仍专委逐路提刑司拘收桩管,不得擅行支用,每季具数申尚书省。如敢支用,依擅支朝廷封桩钱物法加二等科罪。

出处:《宋会要辑稿》食货三五之二〇。

提领措置茶盐司官吏等各转一官诏
(建炎二年十月十九日)

提领措置茶盐司官吏并行在都茶场榷货务官吏,依自来实合推恩人例各转一官。

出处:《宋会要辑稿》食货五五之二五。

建炎二年进士及第授官诏
(建炎二年十月)

以进士及第第一名李易为左宣教郎、签书江阴军判官厅公事。第二、第三人为左宣义郎,第四、第五人为左儒林郎,第一甲第六人以下为左文林郎,第二甲并为左从事郎。

出处:《宋会要辑稿》选举二之一四。

以师号赎罪条诏
(建炎二年十一月三日)

四字师号每道价二百贯,许犯公私罪杖各一次听赎。内私罪仍除盗及殴击人外,余听赎。

出处:《宋会要辑稿》职官一三之二七。

刘光世进检校少傅依前奉国军节度使充御营使司专一提举一行事务都巡检使江淮制置使加食邑五百户食实封贰伯户制
(建炎二年十一月八日)

戊子光世天资宏毅,世济忠勤。沈雄制千里之冲,慷慨决万人之敌。中分边琐,进总戎昭。文武宪邦,干戈卫社。方大将推毂军门之日,正凶渠弄兵草莽之中,折棰一挥,投戈四溃,群偷尽得,余党迎降。式宽绥顾之忧,用涣畴庸之典。篆车希冕,荣跻九棘之联;虎韐镂膺,增焕十连之重。陪崇多邑,加衍真封。以侈龙光,益隆体貌。

出处:《郧王刘公家传》卷二。

与高丽国王诏
(建炎二年十一月十一日后)

朕比遣使轺,亟驰殊域。念父兄之远狩,邈川陆之相望。假道无从,问安深切。爰荷藩维之旧,庶资疆场之通。遽谂奏封,备陈诚悃。鉴观弥日,慨叹在中。顾孝友之思,虽欲伸于己志;然几微之虑,亦当尽于人情。既谅恭勤,无忘屏卫。

出处:《高丽史》卷一五。
考校说明:编年据《宋史》卷二五《高宗纪》补。

诫百官诏
(建炎二年十一月二十二日)

朕承祖宗有道之长,赖黎献戴宋之旧,嗣守神器,适岁当郊,祗见皇天后土。慨念父母兄弟越在他邦,宗庙社稷之托中更异姓,一时赤子涂炭靡依。独予一人,旧勤于外,天其或者俾复大业,保乂斯民,以导迎南还之御。惟兹肇祀,实报以祈。朕斋栗存念,大惧菲德,弗获顾歆,乃先事三日,繁阴凝翳,润不至濡,震于朕心,罔承灵祉。逮祖庙及坛,垂象焕炳,夜气晏温,风霭澄霁,迄用成礼。顾朕眇昧,罔有一二,敢曰馨闻于上,实惟祖宗之灵相佑在天。惟尔万方有众,不替忠顺,协于天心。朕既获祗事,勿敢谓幸。矧敢怠康,方恐惧修省,以灵承扶持全安之眷。念与尔有众同体共利,冀各迪乃心,无拂于上下神祇,共迎景贶,以宏济多艰,用诞告于率土。惟世理乱,在臣庶休戚,无有大小远迩,惟底宁尔国,则亦宁尔家尔躬焉。在股肱大臣,其同寅协恭,思难图易,辅朕不逮,以倡百辟论思献纳之官,若耳目风宪左右侍卫,有言达于予听,必忠必诚,毋夺以私。凡曰有官君子,饬躬谨行,惟职业是修,守令部使者暨尔僚佐,有为有守,其必曰毋伤于民,毋害于国,无及尔身暨尔家,则获神休而永终誉。中外爪牙之臣,贾勇敌忾,思建戡难之勋,以懋远图,毋贻名节之羞。军民战士咸奋忠力,遂尔宠荣。至于失业无依,哨聚林薮,怙众为暴,杀掠无辜,当思神明遣殛之报,应若影响,古今诛讨之刑,虽缓必正。革心自效,掩罪以功,锡尔官爵,永维我国家之用,朕信不渝。呜呼! 天道福善祸淫,助顺罚恶,疏而不失,股肱大臣暨尔万方有众,咸思寅畏,冀天悔祸,救民涂炭,复我父母兄弟、宗族臣民,跻世隆平,与万方有众共之。咸孚朕志,毋苟目前之安,而敢怠惑,尚有赏刑,为尔后报。

出处:《三朝北盟会编》卷一一九。又见《中兴小纪》卷四,《中兴两朝圣政》卷三,《建炎以来系年要录》卷一八,《宋史全文续资治通鉴》卷一六。

南郊大赦天下制
(建炎二年十一月二十二日)

观会通以行典礼,莫严定位以交神;远罪疾而弭兵灾,亦或因时而致祷。朕绍承大统,诞受多方。属外患之相仍,爰省方而临幸。念父母兄弟尚屈于敌疆,惟甲胄干戈再淹于岁序。问寝阙温清之奉,在原深急难之情。信使屡驰,久犹未报；全师再遣，坐待底宁。复盗窃之无良，乘边陲之多事。凭陵州县，震扰民氓。衣冠倾仆于道途，耒耜荒残于本业。行者未知所适，居者莫获其安。伤闾里之疾苦，则抚循之政尚愆；悯行阵之勤劳，则休息之期尤远。每抚心而及此，屡当食以兴嗟。险阻艰难，固备尝矣；劳来还定，孰安集之？岂菲德之敢图，惟上穹之悔祸。永怀眷祐，恭俟监临。虽兹多垒之辰，适在当郊之岁。惟祭之或祈或报，必稽于时物之仪；而礼之有俭有丰，特视情文之称。是用谋有虞东巡之制，循建武二成之规。新黻冕以严恭，逮胥徒而斋沐。盖高在上，聪明皆自于我民；与善惟人，治乱无艰于天位。既殚诚恫，深极战兢。仰覆冒之何心，讵存时怨？况颠危之已甚，宁忍我遗。疾呼反本而必闻，精意默通而可动，庶几来假，式燕多艰。新命旧邦，协幽明而并貺；此疆尔界，一内外以均安。其敷旷荡之恩，已广庞鸿之施。可大赦天下。於戏！为斯民而请命，敢忘庶民之无辜；置大器于复安，实冀昊天之所予。尚赖六服群辟、三事大夫，共宏恢复之功，亟底隆平之业。

出处：《三朝北盟会编》卷一一九。又见《宋朝事实》卷五。

考校说明：此赦文内容原删，《宋会要辑稿》载有较多内容，今录以备考（其中有系于"二十一日""二十三日"者，皆当为"二十二日"之误）：

应昨因逃移逐熟或归业之人经过州县，不为赈恤，却行邀拦抑勒役军者，并许越诉，勘会诣实，特与放停。勘会昨缘军人及盗贼人户抛弃田业流移，虽已归业，尚虑无力能尽行耕种，仰令佐躬亲体度，据见布种田土顷亩理纳租赋；其见荒闲未曾耕种田土，不得一例理纳，务要实惠及民，无容冒滥。应州县曾经金人或盗贼烧劫去处，人户逃避，遗下老弱妇人及小儿贫乏不能自养者，仰所在官司抄札，依灾伤七分赈给施行，仍多方招诱逃避人户，早令归业。（《宋会要辑稿》食货六九）

诸路省试到并合格特奏名试人，以道路艰阻，既到行在，已过试期，不愿赴将来殿试人，亲身经礼部陈状，勘验诣实，召京朝官二员结除名罪委保，申尚书省。正奏名赐同进士出身，特奏名与州助教，仍依下州文学恩例。（《宋会要辑稿》选举四）

近立法选择民兵备御盗贼，保护乡县，以安吾民。访闻州县有奉行失当，猾吏奸民并缘烦扰，仰逐路转运、提刑官躬诣所部询察，所行次第尚有合行更易利便，速具条奏；若违戾初意，致有烦扰去处，即仰按劾以闻。（《宋会要辑稿》兵一）

应命官酬赏，因犯公罪须候一任回方推恩者，若经今赦，合依无过人例，便许收使。（《宋会要辑稿》职官八）

应命官犯罪合该原免，如经断未了合朝见人，特许先次朝见，内合磨勘改官、

关升、差注者,并与放行。(《宋会要辑稿》职官一〇)

应今日以前不得差出之官,因官司违法差出、本官失于限内申陈致破考,及不许通理考任者,并特许理为资任。(《宋会要辑稿》职官一〇)

承直郎以下犯私罪徒、赃罪杖得不碍选举差注者,若有举主、考第,比无过犯人例,合磨勘者奏裁。(《宋会要辑稿》职官一一)

应冲替命官系事理重者,与减作稍重,系稍重者减作轻,系轻者便与差遣,差替放罢者依无过人例。使臣比类施行。其缘公犯罪冲替、重降作轻、稍重者,使与本等差遣。(《宋会要辑稿》职官七六)

应合叙用人并与理当三期,命官编配、羁管、责授、散官安置人理为一赦。勘会责授散官安置居住羁管人往往在道故作稽留,不赴贬所,除已降指挥将经过容留不即催督州军知、通行遣外,其虔奉责命已到贬所降及半年人,该遇今来赦恩,虽止合理为一赦,可特令所属州军保明,谘实申本路监司覆实闻奏,特议移贷。(《宋会要辑稿》职官七六)

应捕盗官始因不职停废,或勒留捕贼,或本处别委捉杀,后来立到功效重于本罪过名之人,仰所属保明,当议以功补过,特与甄复。(《宋会要辑稿》职官七六)

应承务郎以上及使臣不因赃罪降充监当者,如后来别无赃私过犯,并与牵复。(《宋会要辑稿》职官七六)

应诸路进士曾经政和二年以前省试下贡士退归本贯合理举人,并政和八年以前御试下开封府、国子监进士贡士,政和八年以前省试下退归本贯合理举人,并曾经政和八年以前御试下及诸路进士曾经省试下贡士退归本贯合理举人,各及四举,并开封府、国子监进士贡士两举到省,并特与免将来文解。(《宋会要辑稿》选举一六)

应诸路举人合于元得解路转运司类试,昨缘道途艰阻,却就别路类试下,特许理为一举。(《宋会要辑稿》选举一六)

应全人及盗贼经由州县,内有烧□系官屋宇等处,除城池仓库外,余并未得兴修,以宽民力。如违,以违制论,仍令监司按举。(《宋会要辑稿》食货五四)

应犯流罪配役人,并放逐便,沙门岛人限赦到两月内,具元犯因依、配到年月日、自到有无过犯开拆闻奏,当议特与量移。(《宋会要辑稿》刑法四)

应刺面不刺面配军、编管、羁管人等,除谋叛已上、缘坐入强盗已杀人外,并特与减三年,三岁理为拣放年限。其系永不移放,而祖父母、父母年及八十以上或笃疾者,具元犯因依奏裁。以上情理巨蠹及蕃部溪洞人,具元犯因依及自到后有无过犯开析奏裁,当议看详情犯时量移。(《宋会要辑稿》刑法四)

应汉、蕃弓箭手合承袭之人,依条限百日陈乞。如限内有失申陈,在一年内特与限一季许经所属自陈,勘会谙实。若少壮无病武艺及等堪任披带,保明申本路帅司验实,许令承袭。(《宋会要辑稿》兵四)

应官吏等奉使见在金国之人,所有其余应干恩数等,并候回日一并给还,仍不拘厘革年限。(《宋会要辑稿》职官五一)

刘光世进封彭城郡开国公加食邑
五百户食实封贰伯户余如旧制
(建炎二年十一月二十二日后)

郊祀光世躬履忠勤,世怀勇略。出入行阵,威名久著于边陲;祗扈殿岩,勋绩屡登于盟府。南驰江左,北捍淮堧。受命即前,所当辄破。分节旄于九伐,视冕黻于三孤。亦既褒崇,有隆眷倚。逮此庆成之泽,时惟神保之休,爰考旧章,载陪多邑。

出处:《鄜王刘公家传》卷二。
考校说明:编年据《建炎以来系年要录》卷一八补。《鄜王刘公家传》仅言"以郊恩进封"。《建炎以来系年要录》卷一八:"(建炎二年十一月)壬寅,亲祀上帝于圜丘,配以太祖,用元丰礼也。"

禁将归朝官及因谋叛等人一例发遣诏
(建炎二年十一月三十日)

永州发遣到归朝官段孝恭、任简,道州发遣到归朝官柏立、吴康、李万,令元管押人却押赴逐州依旧收管,其张子龄令王渊收管使唤。今后即仰诸州军依元降指挥,不得将归明及因谋叛并劫掠财物编、羁管人一例发遣。

出处:《宋会要辑稿》兵一五之一。

李楫为掩杀叛贼史斌生擒到伪第五将
王晟转一官比类循两资制
(暂系于建炎二年十一月后)

敕:尔以文吏,而有武功;有司阅实,具应赏格。申锡命书,往其钦承。可。

出处:《紫微集》卷一三。

考校说明:编年据史斌卒年补,见《建炎以来系年要录》卷一八。张嵲此时未任两制,此文或为《紫微集》误收。

住罢留守司违法差权诏
(建炎二年十二月三日)

留守司违法差权在京百司窠阙,并妄作名目差出浙江等处干事。每月除本身合请分数料钱外,所请过钱米并行追纳。

出处:《宋会要辑稿》职官五七之六三。

非见阙官及已授人违年不赴毋奏辟诏
(建炎二年十二月九日)

诸路非见阙官及已授人,违年不赴,皆毋得奏辟。

出处:《建炎以来系年要录》卷一八。

茶事司招诱客人入钱请买茶引诏
(建炎二年十二月十二日)

行在都茶场据福建路额合卖茶引,从所属官司印造,前期差官押赴本路,令茶事司招诱客人入钱请买,更不得抑配州县。自今州县有敢以招诱为名科率民户僧寺出卖钱引者,茶事司先坐之。

出处:《宋会要辑稿》食货三二之二一。

黄潜善拜左相制
（建炎二年十二月十九日）

　　人主论一相,实系重轻;大臣论四方,谊同休戚。肆朕纂承之始,尤艰考谨之求。两宫定省之期,尚勤于北顾;九庙烝尝之享,未返于东巡。用畴十乱之勋,仁见一夔之烈。晋登元宰,敷告治朝。具官黄潜善清明冲淳,刚健笃实。忠恂茂于众行,质诸鬼神而无疑;弘毅裕于大方,塞乎天地而无害。出处著三朝之望,险夷更百变之难。属予访落之初,实赖扶衰之政。太尉之安刘氏,将北军左袒之师;太公之谅武王,见牧野鹰扬之旅。首倡兴王之业,独高佐命之勋。参秉国成,延登揆路。遭时多故,宏济大艰。宅百揆以奋庸,茂著王猷之塞;严六德而亮采,迄成帝载之熙。是用简于朕心,授以魁柄。兼峻东台之秩,更陪多户之封。国论既孚,岩瞻惟允。於戏! 单于畏汉相之风采,必有万里折冲之威;齐人归鲁国之侵疆,庶见三年有成之效。力行所学,以底丕平。

出处:《宋宰辅编年录》卷一四。

吴给徽猷阁待制知东平府制
（建炎二年十二月二十五日）

　　朕惟齐鲁之墟,更此侵陵之变,不复为郡,逮今逾时。每轸念于宵旰,孰拯民于涂炭? 以尔具官某,谋能威敌,勇不顾身,坐修坞壁之严,悉保旄倪之众,剿除群丑,绥靖一方。爰升次对之联,仍委藩宣之寄。往图长算,勿废前功。

出处:《浮溪集》卷八。
撰者:汪藻
考校说明:编年据《建炎以来系年要录》卷一八补。汪藻此时未任两制,此文作者或非汪藻。"吴给"当为"吴玠"之误,见《建炎以来系年要录》卷一八、卷二五等。

宗泽加赠开府仪同三司诰
(建炎二年十二月)

　　赠故开封府尹、东京留守、观文殿学士、通议大夫谥忠简宗泽者。盗贼猖狂,吏鲜称职,不务挥灭,惟事遁逃。卿乃忠义自恃,能知分守,寇至不避,志在复国。兹特厚恤章,进尔爵秩,非徒使节概之士增气益励,庶几使苟免幸生者闻风而更愧焉! 可加赠开府仪同三司,以贲英爽。尚其有知,钦此宠渥。建炎二年十二月。

出处:《宋东京留守宗忠简公全集》卷首。
考校说明:黄碧华、徐和雍编校《宗泽集》系于建炎四年十二月(浙江古籍出版社,二○一二年,第九一页)。

奖谕权邦彦诏
(建炎二年十二月后)

　　斗谷于菟毁家以纾楚国之难,颜真卿委郡而为朝廷之归。

出处:《诚斋集》卷一二四《权公墓志铭》。
考校说明:编年据《建炎以来系年要录》卷一八补。

高宗朝卷三 建炎三年(1129)

刘洪道除直显谟阁制
(建炎三年正月前)

敕:国家承平日久,州县之官非文法吏即书生也。自外敌冯陵,继以寇盗,二千石而下,颠沛失据,莫能枝梧,而元元之众病矣。此朕焦心劳思,求慷慨之士为吾捍御,以慰安斯民也。尔奋身庠序,早更任使。青、齐之郊,实尔桑梓之地,乃能纠率师徒,抚宁三郡。奏功来上,朕用汝嘉。峻陟文阶,进直延阁。益图来效,庸称茂恩。可。

出处:《大隐集》卷一。
撰者:李正民
考校说明:编年据刘洪道官历补,见《建炎以来系年要录》卷一九。

归朝官等支俸条约诏
(建炎三年正月四日)

归朝官如见系军前使唤,及曾随军立功人旧曾全支后来减半支给者,并全给;其不系随军及不曾立功人,止支俸给之半。

出处:《宋会要辑稿》职官五七之六四。

占城国王杨卜麻叠特授检校太傅制
(建炎三年正月十日)

　　门下:得大横之兆,式帝命于九围;推神策之占,候阳明于七日。升烟泰畤,登就吉仪。孚号明庭,诞敷沛泽。怀远军节度、琳州管内观察处置等使、金紫光禄大夫、检校太保、使持节琳州诸军事、琳州刺史兼御史大夫、上柱国、占城国王、食邑五千户、食实封二千一百户杨卜麻叠,躬怀德善,世载忠劳。推虎落之雄,迈城池金汤之固;导驲旗之节,书山河带砺之盟。属予巡甸之初,适在当郊之岁。一时文轨,方丕冒于海隅;万里梯航,谅心存于魏阙。奉禋祠于奠璧,效方物于贡琛。进升槐位之联,申衍爱田之食。於戏!戎祀国之大事,迨臻奏假之成;黼帗王之荩臣,用介庞鸿之祉。克祗猷训,茂对宠光。可特授检校太傅,加食邑一千户、食实封四百户。

　　出处:《宋会要辑稿》蕃夷四之四七。

赐青州刘洪道奖谕敕书
(建炎三年正月十六日)

　　尔履百战之军锋,保一方之生齿。讫臻宁谧,备见忠勤。然方面之权,岂容或二;军中之令,尤在致公。必惬舆情,方收群力。傥习因循之弊,坐乖绥御之方。无以驭戎,便成误国。其体倚毗之意,无从牵制之私。

　　出处:《三朝北盟会编》卷一二〇。

见任官不得辄搬家及动摇人心诏
(建炎三年正月二十一日)

　　有警而见任官辄搬家者,徒二年;因而动摇人心者,流二千里。

　　出处:《建炎以来系年要录》卷一九。

抚慰维扬迁徙人诏
（建炎三年二月八日）

朕以单微之质，遭世大变，赖臣庶共戴，获承祖宗之余德，念必宅中经远，均布惠泽，以慰万邦归往之心。故虽外迫于敌兵，誓不遽离于近甸。省刑薄敛，抚事与民，一毫不扰郡邑。行再期矣，输诚尽礼，遣使相望，而敌兵未寝；选将练师，朝夕从事，而力不逮志。至闻长驱之谋，议者请适东南险远之地，以保朕躬。朕宁不免于敌，不忍先事苟生，弃我西北之人而遽远别也。故出两道之师，外为蔽援，而嗣遣使命之臣，祈保赤子，以待敌心之易虑，则共图康居日可计矣。人力虽殚，天命难谌。大名、东平相继陷失，始命官吏民庶绝江自便，朕迁延不先，俟天人之我相也。逮轻骑潜行，不日遽至。朕与近臣始挺身东行，由江浙为暂避之计。凡乘舆服御若帑藏之积，一切弃捐，二三大臣至不能保其家室。念虽颠沛至是，而不负于中原西北之人，朕心犹庶几焉。与其谋己忘民、未及患而去，则不得已而启动，不犹愈乎！但闻官吏军民虽有自便之诏，多不及避，生计荡然，或不得其家属俱来，痛切朕心，愧负何极？自昔帝王脱身于遑遽之时，而立国于颠危之后，失势于屡挫之辱，而戡难于必胜之功，昔尚有之。夫良农不为水旱辍其耕，志士不为贫穷怠其道。朕能劳形克己，至死不变，图保生民，而不能使吾民之咸安；能侧身修行，以己赎民，图格天心，而不能保天心之相向。赖卿士大夫暨尔万方有众，戮力一心，式孚于帝，庶几成绩，咸保康乂。朕诚切至，宜察朕心。

出处:《三朝北盟会编》卷一二一。又见《建炎维扬遗录》。

朱胜非节制平江府秀州军民控扼等事诏
（建炎三年二月八日）

权差中书侍郎朱胜非节制平江府、秀州军民控扼等事，应申发行遣，并依申尚书省体例。以礼部侍郎张浚为副。事有奏陈不及者，听便宜施行讫奏。

出处:《宋会要辑稿》兵一四之七。

吕颐浩充江淮两浙制置使诏
（建炎三年二月十一日）

签书枢密院事吕颐浩充江淮两浙制置使,速往镇江府防金人南渡,诸事更以便宜措置。

出处:《宋会要辑稿》兵一四之七。

避殿诏
（建炎三年二月十四日）

朕仓卒南渡,致士大夫弃其家属,禁卫五军老幼不时渡济,颇闻逼扰,尚未有达行在者。虽累次委刘光世、王渊多以绢帛堆垛江口,赏募舟人,日夜济渡,犹恐既渡之后徒步颠仆道路,仰康允之日下拨在岸空粮船五十只,纲稍先支一月请受,选差使臣二员给券管押,明立旗号,前去常、润一路装载南来之人,早令至行在。朕以此未敢独享宫壸之安,仰有司于后殿御阁,朕当自处其中,以俟衣冠兵卫、士庶老小咸造行在,方御寝殿。其三省日下出黄榜晓示。

出处:《三朝北盟会编》卷一二二。又见《宋会要辑稿》食货六九之四七,《建康维扬遗录》。

责己诏
（建炎三年二月十四日）

朕以菲躬,获承大统。万方请命,未能解涂炭之忧;二圣蒙尘,莫获展晨昏之养。兵已练而力屈,备虽设而用违。震于朕心,罔知攸济;实由凉德,未究远图。仰无以当上帝之意,而祸乱遄臻;俯无以得百姓之心,而流亡失所。比因强敌深入近境,退保江津,以援淮甸,事出仓卒,人用震惊。衣冠顿踣于道途,帑藏弃捐于兵火。呜呼!皇天后土,岂不鉴朕之至诚;志士仁人,岂不恤朕之恳恻? 倪以寡昧,难弥凶灾,宜降罚于朕躬,以谢罪于率土。尚以国家历数之未艾,祖宗德泽之在人,未至沦亡,必将恢复,益当洗心改事,雪涕输诚。悉去弥文,务从简素。屏斥细务,专事兵戎。明告庶邦,暨于列位:忠言可以规朕之过失,长策可以救国之倾危,毋蕴于衷,悉以上达。庙堂近服宜务交修,藩翰诸侯深思夹辅。将帅致爪牙之用,黎元保父母之邦。思持颠而扶危,用兴仆而起坏。庶资多助,驯致丕平。咨尔万邦,钦予至意。

出处:《三朝北盟会编》卷一二二。又见《建康维扬遗录》。

省费诏
(建炎三年二月十四日)

朕以凉昧,荐历艰险,深惟不德,天未悔祸,是以仓猝南渡,驻于江浙。念国势之益削,慨宗社之仅存。虽政事宜有改更,在朕躬尤当省惧。自今以往,当益务勤畏俭约,修德立政。庶几上当天心,转祸为福;下慰人意,易危为安。所有应缘供奉禁省事专属朕身者,如仪物之饰,膳羞之奉,仰有司痛行裁损,必遵菲薄;其后宫除有职事掌管人不可减放外,其余悉行减放,各听从便。仰三省行下,体朕至诚之意。

出处:《建炎维扬遗录》。又见《三朝北盟会编》卷一二二,《宋会要辑稿》崇儒七之七九。

赐刘光世御笔
(建炎三年二月十四日)

刘光世可于镇江府取绢五千匹,于江岸上支散海船人兵及渡江士庶,以示激劝。

出处:《郾王刘公家传》卷二。

赐汪伯彦敕
(建炎三年二月十四日)

省所奏札子:"理昧几先,事出仓卒。致銮舆之遑遽,拿舟楫以播迁。伏望录臣罪愆,重赐窜殛。"事具悉。朕以菲躬,绍承大统。爰自初载,图济多艰。惟卿同德之臣,陪辅中兴之业。帷幄密勿,何勤如焉;羁绁艰危,备尝之矣。比缘邻敌深入近畿,狩于江津,以援淮甸。退循眇末,良用怃然。既不能恪天人佑助之心,顾何以平夷夏抢攘之乱? 不德之故,特朕之尤,岂必大臣专执其咎? 务恢远画,庶保后图,毋重引愆,以求去位。所乞不允。故兹诏示,想宜知悉。

出处:《三朝北盟会编》卷一二二。

令侍从等荐士诏
(建炎三年二月十六日)

许侍从及寺监长贰,限两日举见近在行及远方有才术贤士大夫二人。

出处:《建炎维扬遗录》。

寻访逃避守贰兵官归任诏
(建炎三年二月十六日)

应缘金人曾到州军逃避守贰兵官,并令本路监司寻访,发遣归任。

出处:《建炎以来系年要录》卷二○。

德 音
(建炎三年二月十六日)

朕以眇末,获承至尊。德不足以惠绥黎民,武不足以戡定乱略。谓言行可以动天地,而朕卑辞屈礼,未能交南北之情;谓孝弟可以通神明,而朕焦心劳思,莫能拯父兄之难。比军书之告警,骇敌国之长驱。尚未定约于一言,敢惮避师于三舍? 而事出仓卒,民用震惊。官寮顿仆而失容,老稚奔逃而系路。实由菲德,昧于远图。方藉走集之冲,坐成控扼之势。候载书之不食,即反旆以言旋。惟道途次舍多供亿之烦,而师徒扈从有征行之苦。民靡安于农业,士或后于军期。宜沛湛恩,荡宥多辟。於戏! 周三十而卜世东都,实会于诸侯;汉二百而中天南阳,乃兴于王业。惟上帝之所命,岂朕躬之敢图? 尚赖臣民各宣忠力,庶资群策,协济多难。咨尔多方,钦予至意。

出处:《三朝北盟会编》卷一二二。

令左右司轮官设次看详谋虑之士所陈诏
(建炎三年二月十九日)

国步艰难,谋虑之士咸愿献陈,往往无路达于朝廷。令左右司轮官设次延接,看详所陈,纳尚书省。

出处:《宋会要辑稿》帝系九之二五。又见《建炎以来系年要录》卷二〇。

叶梦得除尚书左丞制
(建炎三年二月二十日)

敕:朕惟天下之事,总于文昌,纲维政几,实赖丞辖。日者敌骑北乘,匹马南渡,政事衡决,图籍散亡。朕欲经理庶务,舍其旧而新是图,非得耆明博通之士而谋之,鲜克有济。具官某精微之学兼明乎古今,强敏之材不择乎剧易。两直銮禁,蔚为词宗;再领版曹,实藉心计。论思献纳,宏益居多。朕方深共政之图,宜正频虚之位。摅发底蕴,革弊扶衰,以助朕有为,是所望于尔也。其体眷怀,无废朕命。

出处:《毗陵集》卷二。
撰者:张守
考校说明:编年据《建炎以来系年要录》卷二〇补。

张澂除尚书右丞制
(建炎三年二月二十日)

朕闻古人有云:未至而言,固常为虚,及其已至,又无所及。此人之所以难言,言所以难听,而上下蔽塞,祸乱相寻,人主往往悔悟而不能救。朕遭时多艰,匹马南渡,登用贤俊,庶几改图。具官某学造古人之全,才周当世之用。赤心事上,有孜孜奉国之公;正色立朝,有謇謇匪躬之节。曩由词掖,擢长宪台,进药石之良规,发蓍龟之先见。南渡之事,卿尝预言,庸臣蒙蔽,以及于难。中夜悼念,流涕何追! 今方易柱改弦,鼎新百度,揆之清议,蔽于朕心,进辖文昌,参决大政。

朕盖有愧于初而图功于后也。益罄远猷,以济大业。朕意所属,尔其钦哉!

出处:《毗陵集》卷二。
撰者:张守
考校说明:编年据《建炎以来系年要录》卷二〇补。

黄潜善罢左仆射制
(建炎三年二月二十日)

朕罹国大艰,遭家不造。兴衰拨乱,仁上天悔祸之期;扶颠持危,赖四邻交修之助。大臣失职,公议靡容。用诏群工,式孚涣号。具官黄潜善蚤缘时望,被遇两朝。托备藩维,逮参法从。唱义师于社稷阽危之日,扶国步于军民震荡之中。佐佑朕躬,嗣兴大统。仪图旧德,正位宰司。方深倚注之怀,共底丕平之业。戎虞未殄,边遽实惊。匹马蒙尘,六师远将。衣冠顿仆,郡邑荒残。其谁之愆,惟尔不任。朕方下罪己之诏,庶谢无辜之民;卿力陈造膝之言,自执罔功之咎。移股肱者,固非朕意;作耳目者,言皆汝尤。俾解繁机,时惟众允。纶书秘殿,作屏大邦。肆加体貌之崇,增重蕃宣之托。於戏!进退必由其道,持躬惟古义之师;富贵不离其身,劳谦应有终之吉。往祗休命,益壮远猷。

出处:《宋宰辅编年录》卷一四。

汪伯彦罢右仆射制
(建炎三年二月二十日)

惟辟作威,废置得驭臣之柄;事君尽礼,进退为万世之规。属予艰难嗣服之初,敢替黜陟大公之典?肆颁诏綍,用宣廷绅。正议大夫、守尚书右仆射、兼中书侍郎、御营副使、新安郡开国公、食邑三千二百户、食实封一千一百户汪伯彦,被遇两朝,屡更镇使。方国步阽危之日,正胡尘侵犯之初。悼二圣之北辕,岂天地鬼神之意;唱大军而左祖,见讴歌讼狱之归。肆酬翊戴之勋,进总枢机之密。延登宰路,参秉国钧。念兹访落之初,允赖扶颠之助。明谋弗效,变故非常。宗庙神灵暴露野次,衣冠名族颠踣道途。帑藏一空,盗贼四起。封章交至,惟汝之尤。公议靡容,非朕敢贷。深念潜藩之旧,犹怀佐命之勋,俾解政机,尚图来效。进直殿庐之秘,出分藩屏之雄。一札疏荣,十连增重。既降体貌,用示保全。於戏!

入则论道经邦,具士民之瞻于天下;出则承流宣化,通辅相之籍于殿中。兹予始终之恩,故无内外之间。勿替朕命,益懋尔庸。

出处:《三朝北盟会编》卷一二三。又见《宋宰辅编年录》卷一四。

边防措置等事归三省枢密院诏
(建炎三年二月二十二日)

御营使司止管行在五军,其边防措置等事,并依祖宗法厘正归三省、枢密院。

出处:《建炎以来系年要录》卷二〇。

罢监司州县擅立军期司诏
(建炎三年二月二十三日)

监司、州县有擅立军期司为名讽谕迫胁,搭刻民财,自今尽令止罢。违者委御史台专切纠察,当重置典宪。

出处:《宋会要辑稿》刑法二之一〇二。又见《宋会要辑稿补编》第六八六页。
考校说明:原书此条系于"同日",前一条引录三诏,日期分别为"(建炎)三年二月二十三日""四年二月二十三日""六月十九日"。此条"同日"指建炎三年二月二十三日,见《建炎以来系年要录》卷二〇。

除授迁官非侍从并给敕量行开说补授因依诏
(建炎三年二月二十三日)

应除授、迁官等合出告身,并仿元年覃恩转官例;余并札子内补授名目人,于所授敕札上量行开说补授因依,候事定日依旧。

出处:《宋会要辑稿》职官一一之六八。又见《建炎以来系年要录》卷二〇。

诚约江浙等州军官司不得非理阻节客旅般贩米斛诏
（建炎三年二月二十三日）

江浙等州军应客旅般贩米斛，并从便往来。其经由官司如敢非理骚扰阻节，许客人经尚书省越诉。官员停替，人吏决配。仰提刑司觉察。

出处：《宋会要辑稿》刑法二之一〇二。又见《宋会要辑稿补编》第六八六页。

谕刘光世守江御笔
（建炎三年二月二十四日前）

览卿奏，并看金人首级，知卿忠义，朕实不忘。卿当尽力守江，及卿本路人马并诸军，朕当不次赏。仍宣谕诸军，各体国艰难之时。若有渡江军兵，卿宜留守江，别听指挥。卿多方明斥候，存恤军兵。此文字卿当谕与诸军，且令过江救居民。

出处：《鄜王刘公家传》卷二。

赠陈东欧阳澈承事郎诏
（建炎三年二月二十六日）

陈东、欧阳澈赠承事郎，官有服亲一人，令所居州县存恤其家；降授奉议郎、监濮州酒务马伸除卫尉少卿，赴行在。

出处：《建炎以来系年要录》卷二〇。

求直言诏
（建炎三年二月二十七日）

朕以菲躬，遭时多故，举事失当，知人不明。昨以宰臣非才，任用既久，专执己见，壅塞下情，事出仓皇，匹马南渡。深思厥咎，在予一人。既以悔过责躬，洗心改事，放斥宫嫔，贬损服御，罢黜宰辅，收召隽良，尚虑多方未知朕志。自今政事阙遗,民俗利病,或有关于国体,或有益于边防,并许中外士民直言陈奏,朕当躬览,采择施行,旌擢其人,庸示劝奖;言之或失,朕不汝尤。咨尔万邦,钦予至意。

出处:《建炎以来系年要录》卷二○。又见《三朝北盟会编》卷一二三,《宋会要辑稿》帝系九之二五,《中兴小纪》卷五,《中兴两朝圣政》卷四,《宋史全文续资治通鉴》卷一七,《续宋编年资治通鉴》卷二。

郎官以上荐士并令入对诏
(建炎三年二月二十七日)

郎官以上所荐士,不候审察,并令入对,日于进膳后即后殿引三班。

出处:《建炎以来系年要录》卷二○。

幸江宁府诏
(建炎三年二月二十八日)

国家历运中微,干戈未彻,因时巡省,盖顺权宜。以江宁府王气龙盘,地形绣错。据大江之险,兹为用武之邦;当六路之冲,实有丰财之便。将移前跸,暂驻大邦。外以控制于多方,内以经营于中国。尚虑有司排办过于奉承,百姓惊呼疲于道路。傥齐民之或扰,岂菲德之敢安? 将来巡幸,沿路州郡及两浙、江东监司、江宁府不得分毫骚扰,以安人心。故兹诏示,想宜知悉。

出处:《三朝北盟会编》卷一二三。又见《宋会要辑稿》方域二之七,《景定建康志》卷三。
考校说明:《宋会要辑稿》《景定建康志》系于建炎三年三月。

商守拙大理卿制
(建炎三年二月)

法者一成而不变,情者日出而无穷。以不变之法,驭无穷之情,而决死生于此,非其人可乎? 以尔某详练有闻,端方不挠,古所谓明察之官,忠信之长者,尔庶几焉。往践九卿之联,司吾三尺之宪。昔人以身蹈死,救人之死者,方为称职。汝当其责,可不勉欤!

出处:《浮溪集》卷八。

撰者:汪藻

考校说明:编年据《建炎以来系年要录》卷二〇补。

王宾追复龙图阁学士制
(建炎三年二月后)

敕:赦过宥罪,惠溥及于多方;隐卒崇终,礼夙优于近列。乃眷论思之旧,肆颁甄叙之恩。具官学问深醇,性资直谅。事朕干戈之际,备殚羁靮之劳。粤自台端,亟跻谏省。进执中司之法,旋更八座之联。献纳居多,每尽心于启沃;忠诚自许,浸忤意于贵权。遂贻贝锦之伤,往就祠庭之逸。方思图任,遽叹沦亡。念沛泽之荐更,矧嘉言之犹在。俾复河图之职,聿为窀穸之光。恩典有加,幽冥无憾。缅惟精爽,尚克钦承。可。

出处:《大隐集》卷一。

撰者:李正民

考校说明:编年据王宾卒年补,见《建炎以来系年要录》卷二〇。

赐右谏议大夫郑毂乞待罪不允诏
(建炎三年正月至三月间)

敕郑毂:省所奏乞待罪事,具悉。比以强敌岁侵,中原日削,奄入淮甸,驻跸吴中,引咎责躬,以弭祸变。卿以忠义之节,謇谔之言,宏益居多。庸臣沮伤,不悉听用。肆予寡昧,方赖箴规,屏居固辞,非朕之志。往安厥次,益罄乃忠。所辞宜不允。故兹诏示,想宜知悉。

出处:《毗陵集》卷一。

撰者:张守

考校说明:编年据郑毂官历及张守任两制时间补,见《建炎以来系年要录》卷一八、卷二一。

择日幸江宁府诏
（建炎三年三月一日）

昨金人逼近，仓卒南渡，暂至钱塘，势非得已。每念中原，未尝终食敢忘。今累据探报，金人军马归回，已离扬州，钱塘非可久留之地，便当移跸江宁府，经理中原之事。可令于四月上旬择日进发。应江宁府合预排办并沿路一行所须等事，有司疾速排日施行，务要前期趁办。应副诸军外，余事悉从简便，不得骚扰。

出处：《三朝北盟会编》卷一三五。又见《宋会要辑稿》礼五二之一三、方域二之六。

考校说明：原书系于建炎三年三月三日，据《宋会要辑稿》礼五二、方域二改。

监司不得擅置官属诏
（建炎三年三月二日）

监司缘事擅置官属，理当重置典宪，为累经赦宥，特免行遣，其所差官并罢。今后更敢擅自差置者，差与被受官并徒三年，所在官司不得放行请给。

出处：《宋会要辑稿》职官四五之一六。

令人户将纪元历经等赴行在送纳诏
（建炎三年三月二日）

《纪元历经》等文字，如人户收到并习学之家，特与放罪，赴行在太史局送纳，当议优与推恩。

出处：《宋会要辑稿》职官一八之八七。又见同书职官三一之五。

朱胜非右仆射制
（建炎三年三月二日）

进有德则朝廷尊，视仪刑于百辟；用真贤则天下治，俾纲纪于四方。朕遭时多艰，涉道寡昧。宵旰图治，若蹶者之愿趋；梦想求贤，若饥者之待哺。将奋大有为之志,宜用不世出之英。兹得其人,具诏列位。具官朱胜非忱恂而博达,惇重而高明。其学足以经治具而赞王猷,其才足以制敌情而厌国难。保捍留钥,屹若长城之坚;翊戴潜藩,预赞大横之决。自陪几政,屡罄明谟。非尧舜则不陈,允矣佐王之略;识文武之大者,裕然济世之资。属跸驭之时巡,总师干而后拒。卒乘辑睦,次舍安行。朕嘉其许国之忠,倚以为相者久。慨念眇躬之嗣服,适当否运之中微。万民罹涂炭之灾,二圣隔晨昏之奉。国势日削,天监未回。惟循覆车者不足致九达之衢,而鼓胶柱者岂能识五音之变。肆仪图于硕辅,俾振起于颓纲。陟右揆之崇,独斡化钧之重;峻西台之侍,兼厘政本之微。升使组于天营,衍干封于真食。於戏!惟恐惧修省,可以答上天之谴戒;惟劳来还集,可以慰赤子之流离。庙谟审则可指踪于将臣,武备设则可修睦于邻敌。士气沮伤之后,当鼓以无前之威;国势抢攘之余,当约以不刊之法。惟尔训于朕志,惟天祐于我家。其共济于多艰,以再兴于大业。往祗明命,毋替远猷。

出处:《宋宰辅编年录》卷一四。

撰者:李邴

令李迒等主管车驾巡幸诏
(建炎三年三月三日)

金部郎中李迒、金部员外郎高士佴差主管车驾巡幸随行左藏库钱物官,两浙转运副使刘诲差主管车驾巡幸钱粮官。

出处:《宋会要辑稿》方域二之六。

周杞奏车驾巡幸事答诏
(建炎三年三月三日)

除曾经安设御座御榻之处外,余并赐依旧作州衙,其余沿路州县及今后巡幸去处,并准此。

出处:《宋会要辑稿》方域二之六。

叶梦得除知洪州制
(建炎三年三月三日前后)

朕惟大江之西,为支郡十,悉统于豫章郡。盖据九江上流,凡由荆、襄顺流而下,有建瓴之势。顾朕时巡建康,严饬备御,而豫章之地,实为襟喉,简求时髦,作我藩翰。具官某稽古之学足以济时,应变之才足以拨剧。登廊庙而赞经纶之业,制国用而斡盈虚之权,无施不宜,有言底绩。辍从迩列,殿此大邦,使隐然长城,有以折冲制胜于无形,实朕所以用尔之意也。祗服朕命,往其懋哉!

出处:《毗陵集》卷二。

撰者:张守

考校说明:编年据《建炎以来系年要录》卷二一补。建炎三年三月辛巳,叶梦得罢尚书右丞,朱胜非《秀水闲居录》载叶梦得罢尚书右丞后"降帅江西",《建炎以来系年要录》卷二一注文曰"此所云与其行述全不同……梦得除帅江西,诸书皆无此事,恐是明受中指挥"。

孙觌除户部尚书制
(建炎三年三月三日)

朕获承至尊,适际艰运。郡邑残破而赋入滋削,边邮傒扰而费出无穷。将因陋就寡而不为远图,则有国不足之忧;将仰取俯拾而不遗余力,则有民不堪之患。欲付是任,实难其人。具官某学问醇深,言奇而适于用;智虑英敏,遭变而知其权。才无不宜,用然后见。当乘舆一旦南渡之后,而行阙百须并起之时,斡旋盈虚,指顾办给。效见已试,亟升八座之崇;国恃以强,伫富九年之积。周冢宰制国用,盖垂量入为出之规,唐宰相兼度支,乃贻剥下媚上之诮。其体慈俭之意,益图均节之方,尔所优为,宁俟多训。

出处:《毗陵集》卷二。

撰者:张守

考校说明:编年据《建炎以来系年要录》卷二一补。

叶梦得提领户部财用御批
(建炎三年三月三日)

梦得深晓财赋,可除资政殿学士,提举中太一宫,兼侍读,提领户部财用,充车驾巡幸顿递使。

出处:《建炎以来系年要录》卷二一。

赐新除户部尚书孙觌辞免恩命不允诏
(建炎三年三月三日后)

敕孙觌:省所奏札子辞免户部尚书恩命事,具悉。文学政事,昔为两科。文学之士患于虚浮而无实用,政事之才患于固陋而无远谋。求其兼全,付以剧任。卿以文学则博古通今,而有可用之实;以政事则练达利害,而有经远之谋。惟时地官,实总国用。制多寡之数,以节其出入;斡盈虚之权,以通其有无。卿盖优为,何足逊避!惟长与贰,事任略同,循次而迁,公议金穆。亟祗成命,务体眷怀。所请宜不允。故兹诏示,想宜知悉。

出处:《毗陵集》卷一。
撰者:张守
考校说明:编年据《建炎以来系年要录》卷二一补。

逊位诏
(建炎三年三月五日)

朕即位以来,强敌侵凌,远至淮甸,其意专以朕躬为言。朕恐其兴兵不已,枉害生灵,畏天顺人,退避大位。朕有元子,毓德东宫,可即皇帝位,恭请隆祐太后垂帘同听政事。庶得消弭天变,安辑人情,敌国闻之,息兵讲好。右札付刑部,仰于赦书速颁降施行。

出处:《三朝北盟会编》卷一二七。又见《建炎复辟记》,《中兴两朝圣政》卷四,《建炎以来系年要录》卷二一,《宋史全文续资治通鉴》卷一七。

王渊正典刑令尚书省晓谕诏
（建炎三年三月六日）

王渊身为都统制，车驾驻跸维扬，金人轻兵前来，并无措置，斥堠不明，致仓猝南渡，士民肝脑涂地，宗庙倾危；及交结内侍康履等，并以正典刑。令尚书省出榜省谕。

出处：《建炎以来系年要录》卷二一。又见《建炎复辟记》，《三朝北盟会编》卷一二七。

考校说明：建炎三年三月五日，苗傅、刘正彦发动兵变，逼迫宋高宗退位，拥立高宗子赵旉为帝，直至同年四月一日高宗复辟。

侍从官荐举台谏官诏
（建炎三年三月六日）

台谏员阙甚多，令侍从官公共荐举堪充台谏官二员。

出处：《宋会要辑稿》职官五五之一七。又见同书职官三之五六。

即位赦天下制
（建炎三年三月六日）

朕以幼冲之质，承传序之休。比者大国侵凌，奄至淮甸，太上睿圣仁孝皇帝以权宜之计，驻跸吴江，深虑敌人指为衅隙，兴师内侵，结祸弥深，滥使无辜肝脑涂地。上畏天戒，下惜生灵，发于至诚，匪由勤惰，退避大位，传于眇躬。隆祐太后德厚母仪，道侔坤载，练达国家之务，深得臣庶之情，恭请同听政事。众志既定，宝祚维新，宜沛洪恩，以宥多辟。太上皇帝议上徽号曰"睿圣仁孝皇帝"，以杭州显宁寺为睿圣宫。可大赦天下，应赦画书到日。於戏！寅畏帝命，既膺内禅之文；独固邦图，方笃无疆之祐。尚赖文武将相，中外士民，各暨乃心，同底于治。

出处：《建炎复辟记》。又见《建炎以来系年要录》卷二一。

康允之除徽猷阁待制制
（建炎三年三月六日）

敕：国家肇建延阁，以奉祖宗谟训。翚飞跂翼，邃在西清，乃置学士、待制等员，以为搢绅誉处。二千石有治理效，辄畀以美名，联于法从，所以示褒劝也。具官某怀应务之材，有御众之略。早更烦使，克著能声。比守寿阳，屡摧强敌。逮移镇于武林，而能寓兵于农，鼓作士气，为战守备，忠绩可嘉。宜还次对之班，增重名藩之寄。夫膺文儒之选，以论思献纳为先；专方面之权，以镇御抚绥为重。益图来效，庸称朕恩。可。

出处：《大隐集》卷一。

撰者：李正民

考校说明：编年据《建炎以来系年要录》卷二一补。《宋代诏令全集》："按《乾道临安志》卷三载'建炎二年七月庚戌，以徽猷阁待制康允之知杭州'，而李正民权中书舍人在建炎三年，此制或非其所草。"（第一九五一页）《乾道临安志》卷三所载"徽猷阁待制"疑为"直龙图阁"之误，见《建炎以来系年要录》卷一六。据《建炎以来系年要录》卷二一，康允之升徽猷阁待制事在建炎三年三月六日。

赐新除翰林院学士李邴辞免恩命不允诏
（建炎三年三月六日后）

敕李邴：省所奏辞免恩命，具悉。朕惟缵承大统，虽有事于戎昭，鼓动多方，亦莫先于文告。简求隽老，寓直禁林。卿学探本原，文参经纬。发挥七制，曩闻黄绢之词；流落两朝，宜复青毡之旧。仍伫论思之益，岂专润色之工。成命既颁，公言胥穆，宁烦冲挹，亟体眷怀。所请宜不允。故兹诏示，想宜知悉。

出处：《毗陵集》卷一。

撰者：张守

考校说明：编年据《建炎以来系年要录》卷二一补。

赐新除徽猷阁待制康允之辞免恩命不允诏
（建炎三年三月六日后）

敕允之：省所奏札子辞免恩命事，具悉。朕省方观民，录德定位，式示臣工之劝，岂容名器之私？卿识虑精明，风力强敏。寿春假守而群偷辟易，隐若长城之贤；武林开藩而千室晏安，熏然慈父之政。肆加询考，备见忠劳，可无劝赏之公，以慰借留之愿？赐金增秩，颁汉室之玺书；簪笔持荷，缀甘泉之法从。增华使节，允协师言，何必执谦，尚仍固避？往祗成命，亟体至怀。所请宜不允。故兹诏示，想宜知悉。

出处：《毗陵集》卷一。
撰者：张守
考校说明：编年据《建炎以来系年要录》卷二一补。

外家不得干预朝政诏
（建炎三年三月八日）

宣仁圣烈皇后同听政时，外家不任要职，亦不干预政事，天下至今歌咏盛德。况以凉薄，当兹艰难，尤宜戒慎。仰学士院降诏，戒敕忠厚以下，不得辄与朝政，交通贵近，务循退静，以保家族。仍不得于私第谒见宰执。如有职事，即赴都堂禀白。可令三省以诏书榜示。

出处：《建炎以来系年要录》卷二一。
考校说明：本文是孟氏以太后身份发布的诏令。

文武官除授迁转依旧给告诏
（建炎三年三月九日）

文武除授、迁转，并依旧给告，仍令官告院疾速制造法物。尚书省先次札下除授、迁转并已给敕官，候法物成日给告。

出处：《宋会要辑稿》职官一一之六八。

改明受之年诏
(建炎三年三月十日)

朕以眇末之资,膺付托之重,太上虑深保国,意在爱民。谓大邦之兴师,指前事以兴衅,与其连兵不已,致流毒于无辜,曷若去位弗居,庶释言于强敌。睿言既定,刚断莫回。遂以冲人,嗣守神器。惟东朝有托,实系保佑之慈;而万机至繁,必资参决之助。隆祐太后仁施四海,德盛三朝,恭请权同听政事。稽日月有临之义,式符大德之明;合天人并受之公,更保无疆之历。以建炎三年三月十日改年号为明受元年。

出处:《建炎复辟记》。
考校说明:高宗复辟后废除明受年号,仍称"建炎三年",故明受时期诏令仍用建炎系年。

赐中书侍郎王孝迪尚书左丞卢益赴阙诏
(建炎三年三月十日)

敕孝迪:朕遭时艰危,宵旰求治,实赖左右前后协恭戮力,以图康功。卿誉望才猷,简于朕志。图任共政,时惟旧人,召还庙堂,允资经济,固宜朝闻命夕引道也。倚注兹久,未闻造朝。其悉大臣体国之诚,无徇匹夫小廉之节,亟祗新命,以副虚怀。已除卿中书侍郎,诏书到日,卿星夜起发前来赴行阙,不得更有辞免。故兹诏示,想宜知悉。春暄,卿比平安好,遣书指不多及。

出处:《毗陵集》卷一。
撰者:张守
考校说明:编年据《建炎以来系年要录》卷二一补。王孝迪、卢益同时被召,原标题或无误。

卢益除尚书左丞制
(建炎三年三月十日)

朕以眇眇之身,奉丕丕之绪,虽临御听断,仰法祖宗,而谋谟赞襄,实赖丞弼。

眷求旧德,协图康功。具官某德度粹夷,英姿亮达,经济之才足以决巨细之务,淹该之学足以通古今之宜。中外践扬,望实休显。昨登右府,参斡枢衡,尝共济于艰难,未少撼于素蕴。遽辞机政,殊咈师言。念强敌之凭陵,想旧人之风采。载惟二辖,实总万几,有嘉难进之风,申畀频虚之位。尚期展略,以副虚怀。

出处:《毗陵集》卷二。

撰者:张守

考校说明:编年据《建炎以来系年要录》卷二一补。《宋代诏令全集》系于建炎三年三月三日辛巳(第一三二六页)。《建炎以来系年要录》卷二一载:"(建炎三年三月辛巳)同知枢密院事卢益守尚书左丞,未拜,复罢为资政殿学士,提举西京嵩山崇福宫……(戊子)资政殿学士卢益为尚书左丞。"

范宗尹除中书舍人制
(建炎三年三月十日)

朕观三代而上,训诰誓命,载为六经,后世老师宿儒,白首不能究。至唐奉天诏书,虽一时武夫悍卒,至于挥涕感激。何三代之言难明,而奉天之诏易谕也?盖三代之言醇质简古,贻万世之训;奉天之诏哀痛深切,济一时之危。精粗浅深,固不相准,其有补于世亦岂异也?朕博求誉髦,置之词掖。具官某学该综而能文,气刚方而有守。发宣和之册,具闻謇谔之言;立靖康之朝,尤著论思之益。兹久淹于湖海,谅弥富于经纶。乃复赐环,俾从掌制。盖将求药言于季辅,问古事于仲舒,不特取词命之有补于世而已也。尚勉之哉!

出处:《毗陵集》卷二。

撰者:张守

考校说明:编年据《建炎以来系年要录》卷二一补。

王孝迪除中书侍郎制
(建炎三年三月十日)

朕以冲眇之身,获纂承于丕绪;抚艰难之运,思图任于旧人。眷时耆英,久去廊庙,肆加褒诏,用协朝金。具官王孝迪进止详华,风度凝远,学足以翊襄于帝载,文足以润色于王猷。遍扬从橐之华,入侍西台之峻。谋谟底绩,誉望映时。

曾未见于设施,已见疑于谗间。朕肇膺付托,想见仪形。谅兹涵养之深,益富经纶之蕴,其还旧服,伫听嘉猷。

出处:《宋宰辅编年录》卷一三。
撰者:张守

赐新除中书侍郎王孝迪辞免恩命不允诏
（建炎三年三月十日后）

敕孝迪:省所奏辞免恩命事,具悉。天下有缓急之势,君子有行藏之时。上既求贤而图济于艰虞,下思行道以自期于著见,则君臣相得,而治功可成。卿望临一时,身兼数器。顾予眇质,允赖于交修;惟尔旧人,乃先于图任。况兹国势未振,政本久虚,何弗体于眷怀,尚曲形于谦挹? 亟践厥次,无复有辞。所请宜不允。故兹诏示,想宜知悉。春暄,卿比平安好,遣书指不多及。

出处:《毗陵集》卷一。
撰者:张守
考校说明:编年据《建炎以来系年要录》卷二一补。

许行在官将料钱米麦于所寄住州军请领诏
（建炎三年三月十一日）

行在官如愿将料钱、米麦于所寄住州军请领者听,不以路分钱数为限。

出处:《宋会要辑稿》职官五七之六四。

中书舍人黄唐传林遹除待制宫祠制
（建炎三年三月十一日）

朕以冲眇,属兹艰危。加惠臣工,使之均劳逸而全进退;不吝名器,所以兴豪杰而图治功。矧予迩联,以疾来谂,式颁宠渥,庸示眷私。具官某,学术粹醇,操履端洁。遹云"学识高明,才猷敏劭"。掌纶言于西掖,方仗于论思;扈銮驭以南巡,偶愆于卫养。重违勤请,俾即便安,爰升次对之华,乃畀真祠之逸。顾朕宵衣旰食于上,群臣缨冠濡足之时,谅雅意于朝廷,当不忘于畎亩。往服朕命,思馨乃忠。

出处:《毗陵集》卷二。

撰者:张守

考校说明:编年据《建炎以来系年要录》卷二一补。"黄唐传",一作"黄唐傅",见《建炎以来系年要录》卷二一、《淳熙三山志》卷二七等。据《建炎以来系年要录》卷二一,"中书舍人黄唐傅罢为徽猷阁待制,奉祠"在建炎三年三月十一日己丑,"中书舍人林遹充徽猷阁待制,在外宫观"则系于三月十四日壬辰,注文曰:"遹除中舍及罢,《日历》皆不载,《后省题名》书罢不书除。以未见本日,故因季陵除命,遂书之。"《宋代诏令全集》系于建炎三年三月十日戊子(第三二一四页),误。

苗傅授武当军节度使诏
（建炎三年三月十二日）

功多厚赏,既卫社稷以勤王家;辅周者强,宜登坛而建上将。朕钦承慈训,躬受宝图。投艰于身,凛若渊冰之未济;注意于将,庶几柱石之扶危。爰辑群功,宣飏大号。具官苗傅姿材英特,器宇雄深。洞将略之五权,心达玉璜之秘;习兵家之三阵,世推虎落之勋。比总制于天营,克训齐于貔虎。军师整肃,号令静严。岂惟高护佑之功,固以茂绥怀之略。属边隅之未静,慨国步之多艰。奋不顾身,义形于色。愤嫉奸慝,大刑既正于国章;扶奖阽危,嘉绩遂书于庙社。顾酬庸之未称,岂诏爵之敢忘? 推毂受命,任总十连之长;分茅焘社,荣开四履之封。并实户田,厚加辕赋。於戏! 有严翼以共武服,予亦并赏于勋多;无宠利以居成功,尔则永膺于茅禄。往祗明训,益戒壮猷。可特受武当军节度使,依前御营使司都统制,进封武功县开国子,食邑五百户,实封二百户。

出处:《建炎复辟记》。又见《建炎以来系年要录》卷二一。

撰者:李邴

刘正彦授武成军节度使诏
（建炎三年三月十二日）

威武文德之辅助,人主所以选任于英豪;忠义天下之节概,君子所以扶持于社稷。乃建利门之将,久钦武服之共。比建奇谋,克宣忠力。方序功而诏爵,宜发号以扬庭。具官刘正彦气暴以刚,智周以敏。袭弓冶箕裘之绪,岂止读其父书;保山河带砺之铭,固已载之盟府。蚤以武贤之世胄,永怀定边之壮图。折冲独运于奇兵,绥带惟称于儒将。属边隅之震扰,慨国步之阽危。首陈大义之公,亟断巨奸之戮。刑章昭著,邦祚妥安。惟才大而志益谦,顾功高而赏弗称。麾旄导节,授北国之成师;舆地按图,祚东方之乐土。赞书作命,血食衍封。以彰徇国之勤,以迪懋官之劝。於戏!敏我公而锡祉,既嗣续于前人;守尔典以承休,宜对扬于朕命。益兼忠荩,用济艰难。可特授武成军节度使,依前御营副统制,进封彭城县开国子,食邑五百户,实封二百户。

出处:《建炎复辟记》。又见《建炎以来系年要录》卷二一。

撰者:李邴

<h2 style="text-align:center">刘光世除太尉淮南制置使制</h2>
(建炎三年三月十二日)

门下:履至尊而制六合,莫先御侮之图;赏有功而劝百僚,敢后酬庸之典。顾予寡昧,抚时艰虞。眷右武之辰,思复隆平之业;矧本兵之寄,尤资英杰之才。咸造于庭,明听朕计。具官某识虑精敏,性资沈雄,久宣卫社之忠,茂著干城之略。禀山西之劲气,事不辞难;运堂上之奇兵,算无遗策。蚤颁将钺,祇扈殿岩,外总制于元戎,内视仪于公保。威名播于夷夏,嘉绩蔼于旂常。爰念敌骑北侵,銮舆南渡,众披靡而引避,独慷慨而请行。捍蔽江流,屹若长城之固;折冲淮甸,隐然敌国之威。繄控扼之殊劳,曾褒崇之未称,是用酌诏功之上赏,进掌武之崇资。位盖久虚,器非轻授。若古命数,有加印绶之荣;视今官仪,实亚台衡之俊。增衍爰田之赋,并加真食之封。下金穆于师言,外增华于帅阃。於戏!有常德而立武事,朕方依尔猷为;无宠利以居成功,卿何劳于戒训。尚恢远略,嗣有宠章。

出处:《毗陵集》卷二。

撰者:张守

考校说明:编年据《建炎以来系年要录》卷二一补。

张浚除礼部尚书制
（建炎三年三月十二日）

六经之道同归,而礼乐之用为急。记礼者必曰军旅有礼故武功成,用兵者必曰少长有礼而师可用,则礼岂端为治世设哉！朕遭时多艰,方以马上治天下,而不敢忘俎豆,意出如此。具官某高明而重厚,刚毅而裕和,博敏之学足以济时,清修之节足以励世。论事则婴鳞而不惧,治剧则游刃而有余。曩由台端,擢贰宗伯,因时绵蕝,咸适所宜。以至赞军画以居中,总戎旃而殿后,智勇之略,尤简朕心。长兹春官,亶穆群听。然岂特用尔以礼文之事而已哉？论思献纳,以助朕有为,盖所望于尔也。往祗厥官,无替朕命。

出处:《毗陵集》卷二。
撰者:张守
考校说明:编年据《建炎以来系年要录》卷二一补。

客贩东南盐须于经过州军县镇批引诏
（建炎三年三月十三日）

客贩东南盐,不于经过州军县镇批引者,杖一百,许人告,每袋赏钱二贯至一百贯止。官司批凿无故留滞经日者,杖一百,一日加一等,罪止徒二年。

出处:《宋会要辑稿》食货二五之三四。

季陵除中书舍人制
（建炎三年三月十四日）

朕惟艰难之时,虽从事军旅,以图恢复,然亦必有威责之令、文告之词风动四方,使之退听。言之不文,行之不远。具官某学博而贯于古,才敏而宜于今,文词之工,士论推美。郎曹宰属,洊更剧烦;奉常蟠坳,载历华近。兹畴人望,俾代予言,庶几播告之修,不匮厥指。抚循疲民,而父老惜须臾之死;鼓舞流俗,而武夫怀感激之心。则于当今,乃为称职。

出处:《毗陵集》卷二。

撰者:张守

考校说明:编年据《建炎以来系年要录》卷二一补。季陵曾两任中书舍人,分别是在建炎三年三月、建炎四年六月。季陵第二次任中书舍人时,张守已升任参知政事,故将此文系于季陵第一次任中书舍人时。

郑毅除中丞制
(建炎三年三月十四日)

晋叔向曰,大臣重禄而不谏,小臣畏罪而不言,此患之大者。肆予寡昧,奉列圣丕基,重罹多艰,大启言路,思得直谅之士,付耳目之寄,肆加询考,实难其人。具官某以刚毅敢言之姿,怀精忠向上之志,践历谏省,规益居多,深明治乱之机,力办忠贤之实。已试之效,著乎朝金;执法于中,蔽自朕志。尔其展尽底蕴,入告嘉猷,朕虚心委己以听焉。必体至怀,宁俟多训。

出处:《毗陵集》卷二。

撰者:张守

考校说明:编年据《建炎以来系年要录》卷二一补。

赐新除御史中丞郑毅辞免恩命不允诏
(建炎三年三月十四日后)

敕郑毅:省所奏辞免恩命事,具悉。朕闻良药有苦口之利,明鉴无见疵之尤。惟求谠言,有补治道。方仟告猷之益,式图已试之功。卿远识造微,纯诚许国。践扬谏省,箴规久著于青蒲;擢长台端,弹击仟观于白简。宜亟殚于忠赤,以宏济于艰虞,何执执谦,尚形逊避?往祗成命,益体眷怀。所请宜不允。故兹诏示,想宜知悉。

出处:《毗陵集》卷一。

撰者:张守

考校说明:编年据《建炎以来系年要录》卷二一补。

加太皇太后尊号不允诏
(建炎三年三月十六日)

吾以菲德,托于东朝。睿圣仁孝皇帝以保国爱民之故,责躬消变,禅位于元子。属以幼冲,未堪多难,请吾同听大政。吾以保佑圣躬,义不获已,盖顺权宜。今大臣乃以吾逮事泰陵,于属为尊,稽考旧章,欲加吾以太皇太后之号,以称皇帝尊崇之意。盖名有徇而失实,礼有变而从宜。今外敌凭陵,生灵涂炭,兵革未变,国削滋甚,将遣信使,请和大国,庶几扶颠持危,保安宗社,全活元元。顾兹不德,方痛自贬抑,损之又损,尚惧无以合天心,惬民志,岂可用承平故事以自尊大?三省、枢密院其明喻吾意,勿复有请。

出处:《建炎复辟记》,学津讨原本。又见《建炎以来系年要录》卷二一,《建炎纪事》第九页。

考校说明:本文是孟氏以太后身份发布的诏令。

诸路民兵重立劝沮诛赏之法诏
(建炎三年三月十七日)

诸路民兵火甲之令,重立劝沮诛赏之法,委逐州守臣措置,即不得因缘搔扰,仍委提刑司专切点检。

出处:《宋会要辑稿》兵二之四二。

许人户纳钱补官诏
(建炎三年三月二十一日)

给降通直、修武郎官告各一十道,听人户从便纳钱,及五万缗书填告一道给付,理为官户,仍依条格封赠,并许不限内外差遣注授。有艺能,许量材录用。

出处:《宋会要辑稿》职官五五之四三。

睿圣皇帝皇帝称号诏
(建炎三年三月二十五日)

睿圣皇帝宜称皇太弟、天下兵马大元帅、康王;皇帝称皇太侄、监国。

出处:《宋史》卷二五《高宗纪》。
考校说明:本文是孟氏以太后身份发布的诏令。

太后赐门下诏
(建炎三年三月二十七日)

敕门下:以公灭私者哲王之明训,右贤左戚者治世之远图。吾以寡昧之资,际艰难之运,永惟付托之重,宁辞保祐之劳。听政垂帘,非眇躬之得已;抚时多垒,岂故事之敢遵。已裁御府之膳羞,仍损家庭之恩数。靡敢伸于私讳,恐涉僭逾;复申敕于本宗,以防干挠。乃掌兵于内外,或庇职于朝廷,事属嫌疑,理宜避免。克自抑畏,期感格于天心;始于忧勤,庶绪熙于治道。咨尔有众,咸体至怀。除膳羞已裁减外,其因垂帘应干恩数,痛行减省。故事当讳父名,亦更不避,以称吾恭己抑畏之意。本宗子弟已降诏旨,不任要职,不于私第见宰执,不干于朝政,可令今后不得任内外掌兵官及在京并行阙职事官,忠厚见提举巡幸一行事务亦罢。故兹诏示,想宜知悉。

出处:《毗陵集》卷一。
撰者:张守
考校说明:编年据《建炎以来系年要录》卷二一补。本文是孟氏以太后身份发布的诏令。

有司排办巡幸不得骚扰诏
(建炎三年三月二十八日)

国家历运中微,干戈未弭,时因巡省,盖顺权宜。以江宁府王气龙盘,地形绣错。据大江之际,兹惟用武之邦;当各路之冲,实有丰财之便。将移前跸,暂驻大邦。外以控制于多方,内以经营乎中国。尚虑有司排办过于奉承,百姓追呼,疲于道路。傥齐民之或扰,岂菲德之敢安! 将来巡幸缘路州郡及两浙路、江东监司、江宁府不得分毫骚扰,以安人心。

出处:《宋会要辑稿》礼五二之一三。

赐新除端明殿学士同签书枢密院事郑毂辞免恩命不允诏
（建炎三年三月二十八日后）

敕郑毂:省所奏辞免恩命事,具悉。朕纂承丕绪,蒙训东朝。国步多艰,允赖股肱之力;边郵制胜,尤先帷幄之筹。博选人豪,俾参兵柄。卿纯心许国,厚德镇时,谏垣多补过之规,宪府著摧刚之节。直而不挠,屹砥柱于中流;行其所知,灼元龟之先见。已信顾言之行,兼图济武之文,宜密赞于枢机,亟延登于廊庙。允符公望,何事执谦? 往即官常,毋替朕命。所请宜不允。故兹诏示,想宜知悉。

出处:《毗陵集》卷一。
撰者:张守

考校说明:编年据《建炎以来系年要录》卷二一、《宋史》卷二五《高宗纪》补。《宋代诏令全集》以《宋史全文续资治通鉴》卷一七为据,称"郑毂除同签书枢密院事在建炎三年四月六日癸丑"(第三九二三页),误。建炎三年四月六日癸丑乃郑毂除签书枢密院事之日,非除同签书枢密院事之日。

赐新除端明殿学士同签书枢密院事李邴辞免恩命不允诏
（建炎三年三月二十八日后）

敕李邴:省所奏辞免恩命事,具悉。朕以寡昧,属兹艰虞。内侮外陵,国有阽危之势;将骄卒惰,人无贾勇之心。顾经世之鸿才,付本兵之重寄。卿器姿阔达,问学渊深,粲然华国之文,籍甚映时之望。复登鳌禁,小心盖得于郑絪;肆演纶言,大手每烦于德裕。已赖挥毫之助,更资借箸之谋。入赞鸿枢,实谐清议。曷过形于奏牍,欲恳避于恩章? 往即钦承,体兹眷待。所请宜不允。故兹诏示,想宜知悉。

出处:《毗陵集》卷一。
撰者:张守

考校说明:编年据《建炎以来系年要录》卷二一、《宋史》卷二五《高宗纪》补。

郑枢密封赠曾祖制
(建炎三年三月二十八日后)

敕:古者,公卿大夫皆有庙以祀其先,而视名位之高下为多寡。今朕推褒崇之典,以观在列;亦因爵秩之隆杀,以差远近。惟执政大臣,乃得追荣其三世,则待遇之礼亦云厚矣。具官曾祖某积德累行,晦于丘园,流泽之长,锺于后裔。赞我枢府,惟尔曾孙,遭时艰难,能任重大。兹属延登之始,宜疏休显之恩,超进文阶,以为尔宠。灵而有识,尚鉴之哉! 可。

出处:《大隐集》卷三。
撰者:李正民
考校说明:编年据"郑枢密"(郑瑴)官历补,见《宋史》卷二一三《宰辅表》。

郑枢密赠曾祖母制
(建炎三年三月二十八日后)

敕:妇人正位乎内,有全德懿行之美,无以自表暴于世。惟其宗族之盛,子孙之贤,有闻于时,浸以昌大。虽乃祖乃父积累之庆,抑其内德之茂,盖有助焉。具官某曾祖母某氏柔闲静专,克配君子,宜其家室,胥及逸勤。流泽之长,克昌厥后,赞我枢府,惟尔曾孙,遭时艰难,能任重大。兹属延登之始,启以大邦之封。灵而有知,尚克歆享。可。

出处:《大隐集》卷三。
撰者:李正民
考校说明:编年据"郑枢密"(郑瑴)官历补,见《宋史》卷二一三《宰辅表》。

郑枢密赠祖制
(建炎三年三月二十八日后)

敕:《传》称商俗尚神,说者或讥焉。然盘庚之迁都,告其群臣以灾祥祸福之降,未尝不以乃祖乃父为言,则庙祀之礼,褒封之典,历世修而兼用之,岂特为虚文而已哉。具官祖某潜德弗耀,积善弥彰。行义之修,称于乡党,厥躬弗有,施及后昆。惟尔贤孙,赞我枢府。兹属延登之始,并疏褒显之恩。超进文阶,用光窀穸。灵而有识,尚克钦承。可。

出处:《大隐集》卷三。

撰者:李正民

考校说明:编年据"郑枢密"(郑毂)官历补,见《宋史》卷二一三《宰辅表》。

郑枢密赠祖母制
(建炎三年三月二十八日后)

敕:自秦汉以来,妇人或裂郡县以称君,汤沐之奉,与列侯比。近岁分八等之封,以易郡邑之号,虽曰弥文,盖亦美称也。以为闺门之宠光,实兼古今之令典。具官祖母某氏温恭淑慎,宜其家人,妇德之良,称于宗党,厥躬弗有,施及后昆。惟尔贤孙,赞我枢府。兹属延登之始,并疏褒显之恩。启封大邦,用光窀穸。灵而有识,尚克钦承。可。

出处:《大隐集》卷三。

撰者:李正民

考校说明:编年据"郑枢密"(郑毂)官历补,见《宋史》卷二一三《宰辅表》。

郑枢密赠父制
(建炎三年三月二十八日后)

敕:古者,子为大夫,父为士,则祭以大夫而服以士,盖服不敢以子之贵而加于父也。今之士族,子贵且显矣,父之爵秩或弗至焉,则非所以慰其心,此朕推褒封之典以及其先,有不宜缓者也。具官父某躬秉德义,性服典常,流泽之深,施于后裔。惟尔贤子,赞我枢庭,御侮折冲,方资庙算,显亲报德,式称孝思。超进宫师,以锡尔宠。丕昭有后之庆,蔚为窀穸之光。冥漠有知,尚其歆享。可。

出处:《大隐集》卷三。

撰者:李正民

考校说明:编年据"郑枢密"(郑毂)官历补,见《宋史》卷二一三《宰辅表》。

郑枢密赠母制
(建炎三年三月二十八日后)

敕:人子之于亲,虽三牲之养,未足以为孝;惟立身行道,扬名于后世,以显父母,于是为至。然自彤管女史之职废,而纯德懿行之美不传于时,惟观其子之贤,世昌以大,则母之德可知矣。是可无褒显之恩哉? 具官母某氏温恭淑慎,克勤厥家。辅佐严君,乃有贤子,赞我枢府,为时名臣。爰于试用之初,并举疏封之典。俾开名郡,加贲重泉。冥漠有知,尚其歆享。可。

出处:《大隐集》卷三。
撰者:李正民
考校说明:编年据"郑枢密"(郑毂)官历补,见《宋史》卷二一三《宰辅表》。

郑枢密封妻制
(建炎三年三月二十八日后)

敕:夫贵于朝,妻荣于室,古之义也。然执政大臣方尽瘁于国事,而家事有弗及知焉。矧当艰难之时,类皆以一身从朕于干戈之际,则壶内之寄,必有贤德之助,可无褒异之典哉? 具官妻某氏柔惠温良,克佐君子。赞我枢府,为时名臣。爰于登用之初,并举疏封之典,乃启大郡,以为尔荣。尚祗服于宠光,益克羞于馈祀。可。

出处:《大隐集》卷三。
撰者:李正民
考校说明:编年据"郑枢密"(郑毂)官历补,见《宋史》卷二一三《宰辅表》。

赐韩世忠手诏
(建炎三年三月二十九日)

知卿已到秀州,远来不易,朕居此极安宁。苗傅、刘正彦本为宗社,始终可嘉,卿宜知此意,遍谕诸将,务为协和,以安国家。

出处:《建炎以来系年要录》卷二一。又见《中兴两朝圣政》卷四,《宋史全文续资治通鉴》卷一七,《名臣碑传琬琰之集》卷一三《韩忠武王世忠中兴佐命定国元勋之碑》。

考校说明:本诏是宋高宗以太上皇身份发布的诏令。

宰执大臣奏乞睿圣还尊位皇太后批答
(建炎三年三月二十九日)

吾近以睿圣皇帝授位元子,请同听政,以国家艰难,义不得辞,朝夕不遑,亟愿还政。今览卿等所奏,甚契吾心,可依所奏疾速奏请施行。

出处:《三朝北盟会编》卷一二八。又见《建炎以来系年要录》卷二二。
撰者:张守
考校说明:本文是孟氏以太后身份发布的诏令。

赐资政殿学士叶梦得辞免知洪州恩命不允诏
(建炎三年三月前后)

敕梦得:省所奏札子辞免知洪州恩命事,具悉。朕惟才能之士可与有为,而或失之轻;道德之士可与有守,而或失之缓。乃选于众,兼用所长。卿学问深博,而道德足以镇浮;识虑精明,而才能足以办剧。眷南昌之都会,寔行阙之藩维,辍吾重臣,殿此南服。惟镇浮而不扰,乃能绥靖兵民;惟办剧而不劳,乃能镇服奸暴。允穆清议,宁烦固辞,式遄其行,无替朕命。所请宜不允。故兹诏示,想宜知悉。

出处:《毗陵集》卷一。
撰者:张守
考校说明:编年据《建炎以来系年要录》卷二一补。建炎三年三月辛巳,叶梦得罢尚书右丞,朱胜非《秀水闲居录》载叶梦得罢尚书右丞后"降帅江西",《建炎以来系年要录》卷二一注文曰"此所云与其行述全不同……梦得除帅江西,诸书皆无此事,恐是明受中指挥"。

贾安宅落致仕除吏部侍郎制
（建炎三年三月前后）

天下无事,则猎缨整襟以进取而有余;天下有事,则褰裳濡足以驰救而不足。君子之行藏进退,适于义而已矣。厥今海内绎骚,国势卑弱,群聚天下之英隽而共图之,盖褰裳濡足之时也。具官某才周而用博,学富而词工。奉对广廷,文冠多士;升华从橐,望临一时。顾当强仕之年,而有乞身之请。虽挥金娱老,有慕于古人;念仄席求贤,盍存于王室。况天官高选,铨叙群才,金曰汝谐,勉为朕起。其体眷待,务罄论思。

出处:《毗陵集》卷二。

撰者:张守

考校说明:编年据《建炎以来系年要录》卷二一补。

疾速请睿圣皇帝还位诏
（建炎三年四月一日）

吾近以睿圣皇帝授位元子,请同听政。以国家多难,义不得辞。朝夕不遑,亟欲还政。今览卿等所奏,甚契吾心,可依所奏疾速施行。

出处:《建炎纪事》,清抄本。又见《中兴两朝圣政》卷五,《宋史全文续资治通鉴》卷一七。

考校说明:本文是孟氏以太后身份发布的诏令。

皇太后赐睿圣皇帝诏
（建炎三年四月一日）

嗣君冲幼,强敌未宁,事尤急于防秋,理难安于垂箔。臣僚恳请,不可重违,宜复御朝,以安中外。

出处:《建炎以来系年要录》卷二二。

撰者:张守

考校说明:本文是孟氏以太后身份发布的诏令。

赐门下诏
(建炎三年四月一日)

朕顾德弗类,遭时多虞,临民驭朽索之危,涉道济巨川之远。向者敌师深入,国步载艰,永惟责躬避位之图,专为讲好息兵之计。力祈大国,冀迎二圣以遄归;庶保丕基,可致四方之绥静。今则奉太母之慈训,念嗣君之幼冲,致兵民推戴之诚,谕内外请祈之切,谓防秋在迩,当爱日以有为,谓遣使出疆,恐寻盟而未遂。露章狎至,复辟为期。朕以太后之旨不敢违,群下之情不可却,逊辞靡获,任重难堪。仰太母之慈仁,许同听断;肆眇躬之寡昧,敢惮忧勤!朕以东朝有垂帘保祐之劳,元子有践祚纂承之托,上徽称于长乐,以致四海之欢,正家嗣于青宫,以系万民之望。式颁温诏,诞告多方。呜呼,有臣三千,实倚同心之助;卜年七百,复开过历之期。更资中外之交修,庶格天神之协祐。咨尔有众,咸体至怀。太后宜上尊号曰隆祐皇太后,令有司择日奏请。嗣君宜立为皇太子,令有司择日备礼册命施行。所有三月六日赦文应干恩赏等事,有司疾速施行。如有稽迟,重置典刑。故兹诏示,想宜知悉。

出处:《毗陵集》卷一。又见《三朝北盟会编》卷一二八,《建炎复辟记》,《建炎以来系年要录》卷二二,《宋史全文续资治通鉴》卷一七。
撰者:张守
考校说明:张守时为同签书枢密院事。

振济东路军民诏
(建炎三年四月一日)

东路军民久阙粮食,已拨发上京粮斛,令尚书省差发运使一员,同本路漕臣专一往来催促起发,须管于七月一日以前起发尽绝。所雇在巡尉及应干捕盗官部领弓兵往来防护,各至界首交割,不管稍有疏虞。如有弛慢不职去处,令发运使按劾以闻,当议重行停降。

出处:《宋会要辑稿》食货四三之一五。又见《宋会要辑稿补编》第五七三页。

不得非理邀阻兴贩物斛入京诏
(建炎三年四月一日)

应兴贩物斛入京,许客人经所在去处陈状,出给公据,沿路商税、力胜并特放免,粜到价钱,不限贯百,令留守司验实给据,放令出门。其般贩先至京城入中数多之人,从留守司具名取旨,当议推赏。如官司辄敢非理邀阻,许客人越诉,官吏重行编置,仍仰逐路提刑司常切觉察。

出处:《宋会要辑稿》食货一七之三四。又见《宋会要辑稿补编》第六七九页。

宰执等乞皇帝复位表批答
(建炎三年四月一日)

朕以金人连年内侵,断然不疑,避位与子,恭请太母同听政事,庶便和议,以迎二圣,以安生灵。今承太后圣旨,并得卿等所奏"当还尊位,总揽万几",殊非本意,难议允从。兼已具奏太后,卿等宜体朕怀。

出处:《三朝北盟会编》卷一二八。又见《建炎复辟记》。

宰执等再乞皇帝复位表批答
(建炎三年四月一日)

朕奉太母慈训,及臣寮奏请:"还即大位,亲总万几。"深惟避位本意,专在修和,觊以迎还二圣,安辑生灵。今慈旨丁宁,与臣寮继请:"宗社之计至重,防秋之期已迫。"祈请之使恐难必遂,若太母念国家艰难之极,不惮忧勤,同听政事,则朕犹可勉徇臣庶之愿,共图国事。不然,断不敢以独当。

出处:《三朝北盟会编》卷一二八。又见《建炎复辟记》。

诸军犯罪至死若还行在申枢密院取旨断遣诏
（建炎三年四月二日）

自来将帅行军,诸军于军前犯罪,或违节制不用命,自合于军前处置外,若军马已还行在,诸军犯罪至死,申枢密院取旨断遣。

出处:《宋会要辑稿》刑法七之三一。又见《建炎以来系年要录》卷二二。

皇太后撤帘诏
（建炎三年四月三日）

吾以国家变生仓卒,遵用本朝故事,同听大政,皇帝复位,即愿撤帘。皇帝恳请者再,义不得已,黾勉数日。今中外宁一,天下共庆,皇帝宜专决万几,吾当退处东朝,以遂初志。可以今月四日撤帘。故兹诏示,想宜知悉。

出处:《三朝北盟会编》卷一二八。
撰者:张守

皇太后撤帘圣旨
（建炎三年四月三日）

吾惟自昔人君冲幼,必资保护,则有同听政故事。前日特以仓卒之变,勉徇权宜。皇帝复位数日,内外宁一,机务既宜专决,臣庶亦思瞻望,岂宜久同大政?已下诏用今月四日撤帘,宜速遵用施行。

出处:《三朝北盟会编》卷一二八。
撰者:张守

悬赏斩捕苗傅刘正彦诏
（建炎三年四月三日）

如生擒到苗傅、刘正彦,有官人与承宣使,无官人与正任观察使;如捉到王钧甫、马柔吉、张逵、苗翊、苗瑀,与转七官;如能斩首级,亦与上件赏。其余一行官兵、将校并与放罪,一切不问,仰于所在陈首,出给公据,发赴行在,依旧收管。如不愿就上件官,每获苗傅、刘正彦一名,支赏钱十万贯,余人每名支赏钱一万贯。若徒中官员、将校、人兵等有能斩到逐人首级,亦依此施行。

出处:《宋会要辑稿》兵一〇之二三。

凌唐佐升职知应天府制
(建炎三年四月三日后)

敕:睢阳要冲,宋台都会。实艺祖兴王之地,乃朕躬纂服之邦。爰择守臣,式隆委寄。尔材猷之美,风力之强,将命王畿,声绩懋著。其升华于延阁,俾司钥于留都。尔其绥抚疲民,缮修守备。思固吾圉,以观尔成。可。

出处:《大隐集》卷二。
撰者:李正民
考校说明:编年据《建炎以来系年要录》卷二二补。

撤帘诏
(建炎三年四月四日)

吾惟自昔人君冲幼,义资保护,则有同听政故事。前日特仓卒之变,勉徇权宜。皇帝复位数日,内外宁一,机务既得专决,臣庶亦思瞻望,吾岂宜久同大政。今下诏,今月四日撤帘,宜速遵用施行。

出处:《建炎纪事》。
考校说明:编年据《建炎复辟记》补。本文是孟氏以太后身份发布的诏令。

招安苗傅刘正彦部下兵诏
(建炎三年四月四日)

苗傅、刘正彦下兵出清波门,其路至富阳,可通徽、宣、严、婺、湖、广诸州军。见今逢敌溃散,仰诸郡遣将领各于界首防托。如遇上件溃兵,便行招安降。苗傅等数人为首,其余应干胁从人将佐、使臣、效用、军兵等本不知谋,各系无罪之人,限一月出首,所在出给公据,赴行在,依旧收管。其出首辄有擅行杀戮,并依擅杀平人法。

出处:《宋会要辑稿》兵一〇之二三。

皇太子嗣位赦优赏诸军改作复辟优赏诏
(建炎三年四月五日)

前日皇太子嗣位赦内优赏诸军,改作复辟优赏,余不行。

出处:《建炎以来系年要录》卷二二。

尚书右仆射兼中书侍郎兼御营使
朱胜非罢为观文殿大学士知洪州制
(建炎三年四月六日)

亟持诏节,趣秉国钧。夫何信宿之间,乃尔震惊之遽!深惟菲德,退避别宫,甫再逾旬,即复大位。虽援兵之交至,亦秘策之允臧。

出处:《建炎以来系年要录》卷二二。
撰者:王绚

朱胜非观文殿大学士知洪州制
(建炎三年四月六日)

敕:通班秘殿,地冠禁严;作牧大邦,望隆屏翰。匪我旧弼,曷称茂恩?具官德宇靖深,材猷博敏。懿文足以华国,谠议足以济时。遍历禁涂,荐更政府。适属省方之日,进跻次辅之联。遽解繁机,易临近郡。朕惟君臣相与之际,既谅乃诚,而进退曲全之间,重违所请。眷锺陵之都会,实江表之上游。繄我宗工,镇兹南服。乃申前命,庸便尔私。噫!廊庙期年,克保初终之节;湖山千里,允资绥抚之方。毋有遄心,伫闻报政。可。

出处:《大隐集》卷一。

撰者:李正民

考校说明:编年据《建炎以来系年要录》卷二二补。《宋代诏令全集》以《建炎以来系年要录》卷二五为据系于建炎三年七月八日甲申(第二三五八页),误。《建炎以来系年要录》卷二五:"(建炎三年七月甲申)于是胜非自观文殿大学士、知洪州落职,提举亳州明道宫。"

颜岐资政殿学士宫祠制
(建炎三年四月六日)

敕:朕忧勤庶政,思济艰难;进退大臣,矜全体貌。具官早以材望,闻于搢绅。遍更侍从之华,进秉钧衡之重。赞襄滋久,裨益居多。方隆注倚之怀,遽有便安之请。察其雅志,盖亦重违。加秘殿之宠名,领殊庭之馆御。庸昭朕眷,庶便尔私。噫!邦国多虞,赖君子经纶之蕴;燕闲自适,蹈大雅明哲之方。毋有退心,对予休命。可。

出处:《大隐集》卷一。

撰者:李正民

考校说明:编年据《建炎以来系年要录》卷二二、《宋会要辑稿》职官七八补。

朱胜非罢相制
(建炎三年四月六日)

入则秉钧衡之寄,明主所以图任于贤才;出则宣屏翰之劳,大臣所以冀卫于王室。备终始之顾遇,极内外之宠荣。眷言硕辅之英,独干鼎司之重。骤辞机务,莫夺恳诚。敷告大廷,明听朕命。具官朱胜非,襟度凝远,才资伟闳。量涵广博,而持之以逊谦;识照机微,而晦之以静密。比朕纂承之始,尤嘉翼戴之功。纶阁玉堂,荣膺首选;礼官经幄,遍践华途。遂跻右辖之荣,旋贰西台之峻。谋谟具益,望实益孚。比移跸于钱塘,请殿邦于吴会。隐若敌国,贤为长城。朕嘉其存心之忠,倚以为相者久,亟驰召节,超界国钧。无何信宿之间,乃尔震惊之遽。深惟菲德,退避别宫。甫再弥旬,即复大位。虽援兵之交至,亦秘策之允臧。诚笃爱君,义深保国。靡矜讨伐,专务靖安。既洪济于多艰,忽力祈于丕责。章屡却而仍上,使既召而复归。深亮乃诚,重违其请。解文昌之重托,加秘殿之隆名。

镇江表之上游,帅南昌之乐国。并颁异数,式宠尔行。於戏！得贤则能立邦基,朕尚增修于明德;乃心无不在王室,尔其益励于远猷。宜体至怀,奚俟多训。

出处:《宋宰辅编年录》卷一四。又见《建炎以来系年要录》卷二二。
撰者:李邴
考校说明:《建炎以来系年要录》卷二二称此制乃工部尚书兼直学士院王绹所草。

吕颐浩拜右相制
（建炎三年四月六日）

抚万邦而巡侯甸,非展义无以格敉宁之功;咸一德以享朕心,惟得贤为能胜辅弼之任。兹考谨于魁俊,俾燮调于鼎司。悉造在廷,咸听朕命。具官吕颐浩,才猷英杰,识虑精明,智通事物之微,学造圣贤之蕴。政事敏达,则盘错之迎解;议论慷慨,则指顾而立行。中外践更,望实融显。久总邦计,财资腾丰裕之称;晋长天官,铨选有澄清之誉。兹移跸而南渡,戾止嘉禾;请帅师而北行,往防京口。深嘉忠义,悉出恳诚。升秘殿之峻资,贰鸿枢之重托。镇抚六路,缉绥兆民。俟讫外庸,俾图内治。属营屯之沸扰,致宫阙之震惊。靡资召节之符,呼兵入卫;尽护同盟之帅,鼓众偕行。使孽将之宵遁,鬃义师之云合。朕素嘉其有王佐之略,复见其得大臣之风。是用度越群工,亟付魁柄。爰登左揆之峻,兼侍西台之隆。累进文阶,敦陪邑赋。茂颁恩渥,丕示宠褒。匪朕尔私,惟予尔翼。於戏！天子之宰通四海,朕惟图任于上贤;丞相之职抚四夷,尔尚弥攘于外侮。往祗明训,益励壮猷。

出处:《宋宰辅编年录》卷一四。
撰者:李邴

赐朱胜非诏
（建炎三年四月七日）

朕览卿所奏苗傅等申请朝廷不曾施行事十八纸。卿任宰司之三日,变起仓卒,方群凶肆虐,劫制上下,图谋为逆。卿在庙堂能折奸言,拒而不行,保安两宫,卒以无虞。虽曰在外大臣将帅提兵入援,实卿谋虑周密、终始保护之功,朕其嘉之。已除卿观文殿学士、知平江府。盖朕将幸建康以援中原,倚大臣为屏翰,委任重矣。故兹亲笔示谕,想宜知悉。

出处:《三朝北盟会编》卷一二六。又见《宋宰辅编年录》卷一四。

令苗傅刘正彦部下将佐使臣军兵自首诏
(建炎三年四月七日)

　　近苗傅、刘正彦谋为不轨,王钧甫、马柔吉、王世修、张逵、苗翊、瑀同情共谋,自合收捕外,其余将佐使臣、效用军兵等本不知谋,各系无罪之人,许其出首;擅行杀戮,并依杀平人法。已降敕条告谕所在出给公据,赴行在依旧收管。切虑尚怀畏避,潜藏不敢出首,可多出文榜晓示,限一月出首,依已降敕条施行;应干失职官吏,已令三省日下黜谪了当,自后并不得请处。

出处:《建炎复辟记》。

刘光世除太尉依前奉国军节度使御营副使
加食邑五百户食实封贰伯户制
(建炎三年四月七日)

　　光世识虑精敏,性资沈雄。久宣卫社之忠,茂著干城之略。禀山西之劲气,事不辞难;运堂上之奇兵,算无遗策。蚤颁将钺,祗护殿岩。外总寄于元戎,内视仪于公保。威名播于夷夏,嘉绩蔼乎旂常。爰念虏骑内侵,銮舆南渡,众披靡而引避,独慷慨而请行。捍蔽江流,屹若长城之固;折冲淮甸,隐然敌国之威。縻控扼之殊劳,曾褒崇之未称,是用酬诏功之上赏,进掌武之崇资。位盖久虚,器非轻授。若古命数,有加印绶之荣;视今官仪,实亚台衡之峻。增衍爰田之赋,并加真食之封。下金穆于师言,外增华于帅阃。

出处:《郎王刘公家传》卷二。

答郑毂奏御笔
(建炎三年四月七日)

　　顷者逆徒作难,将臣跋扈,胁制朝廷,行其私意,大臣俯首,唯其所为。卿适在中司,义形于色,不为妻子之计,屡陈社稷之言。虽文武协规,外有勤王之举;

而忠义奋发,皆由守节之臣。迨兹还政之初,特有枢庭之授。景想节义,殊深嘉叹。故兹亲笔诏谕,想宜知悉。

出处:《建炎复辟记》。又见同治《乐平县志》卷首。

大赦天下制
(建炎三年四月八日)

　　门下:天祐民而作君,所以大乎一统;王体元以居正,所以临于万方。朕属时多艰,顾德弗类。武不足以戡定乱略,德不足以惠绥庶民。两宫远狩,则四时怀温清之思;金国内侵,则万民罹涂炭之苦。念艰虞之若此,岂眇末之能胜?盖少贬抑至尊之称,庶以厌上天之祸。惟国家之历数未艾,而祖宗之德泽在人。露章率吁者若出于一辞,总师入觐者沓来于数路。断鳌足而立四极,既成开辟之功;驭日角而受五龙,始正神明之御。爰念拨乱者当同于创业,救弊者宜急于改为。方图事揆机,为良久之规;而训兵积粟,严备御之策。庶恢隆于大业,以驯致于丕平。帝尧无黄屋之心,岂菲躬之敢议;汉高先马上之治,庶后效之可成。嘉与多方,一新需泽。可大赦天下。於戏!圣人大宝曰位,既还宸极之尊;王者求端于天,期浃仁恩之溥。尚赖文武将相、中外士民,咸一乃心,同底于治。

出处:《三朝北盟会编》卷一二八。又见《建炎复辟记》。
考校说明:此赦文内容已删,《宋会要辑稿》《永乐大典》诸书载有部分内容,今录以备考:

　　应诸路见禁公事除该今来赦合原放外,内有未结正者,限十日结绝了当;或有合申奏断遣之人,亦仰疾速依条结案申奏,不得淹延刑禁。(《宋会要辑稿》刑法六)

　　应旧行赏典,除补资军功战功阵功殁于王事之家恩泽外,并权住行遣一年;其未经推赏之人,候到驻驿处,委省官四员限一月施行。今后功赏应经历处,各限三日与决行下。(《宋会要辑稿》兵一八)

　　仁宗皇帝在位四十余年,恩结民心,社稷长久,应仁宗法度理合举行。元祐大臣虽累降处分、尽还官职恩数,尚虑未尽沾恩,其令本家自陈,有司疾速施行。(《永乐大典》卷一二九二九)

　　应天下民庶,并许置弓弩。本家习学,以防外患。如有事艺高强,许于所在州县自陈,委长吏审验人材,解发赴御营使司审议推恩。(《宋会要辑稿》兵一)

禁内侍用事诏
（建炎三年四月十日）

自崇宁以来，内侍用事，循习至今，理宜痛革。自今内侍不许与主管兵官交通，假贷馈遗，借役禁军，非所管职务擅行移文取索、贴占屋宇，陈乞提领外朝官职事，干预朝政；外朝非亲戚亦不得往还。如违，并行军法。委台谏纠察弹劾，仍许诸色人陈告。如委得实，量事加赏。

出处:《宋会要辑稿》职官三六之二四。又见《建炎以来系年要录》卷二二。

胡安国除给事中制
（建炎三年四月十一日）

敕:朕惟祖宗时，中书、门下合而为一，而封驳之官实在银台，不废厥职。肆朕篡服，属时艰难，爰举旧章，务从简易，封驳之任，必惟其人。具官某以文学甲儒科，以德行著闾里。嘉言谠议，显于朝廷。朕方康济阽危，瘝寐贤俊。宜为朕起，复还迩联。尔其守乃节，修乃职。举凡诏敕有未善，除授有不当，悉论而驳正之，勿使批敕之名独专于前世。尚勉之哉！可。

出处:《大隐集》卷一。
撰者:李正民
考校说明:编年据《建炎以来系年要录》卷二二补。

周望给事中制
（建炎三年四月十一日）

敕:朕惟祖宗时，中书、门下合而为一，而封驳之官实在银台，不废厥职。肆朕篡服，属时艰难，爰举旧章，务从简易，封驳之任，必惟其人。具官某操履清修，志气刚大。顷求人而将命，乃徇义以请行。遂旌尔劳，浸陟华贵。比戎车之及境，复抗节以出疆。轺传载驰，能达国命。孔子不云乎："行己有耻，使于四方，不辱君命，可谓士矣。"尔其守乃节，修乃职，凡诏敕有未善，除授有不当，悉抗论而驳正之，勿使批敕之名独专于前世，则于尔为无愧矣。尚勉之哉！可。

出处:《大隐集》卷一。

撰者:李正民

考校说明:编年据《建炎以来系年要录》卷二二补。

刘珏吏部侍郎制
(建炎三年四月十一日)

敕:天官之选,吏员猥众,簿书丛杂。在承平时,号为难治。顷自巡幸浙右,典籍多为煨烬。凡在选之士,自一命而上,功罪履历之实,漫不可考,自非精明吏治而习知其事者,孰能胜斯任哉。具官识度详明,政事练达。居怀忧国之虑,荐贡救时之言。顷贰选曹,佥谓平允。分符出守,曾未淹时。宜还法从之联,复典中铨之寄。尔其区别贤良,纠正隐匿,使吏无得并缘为奸。时乃之休,是为称职。可。

出处:《大隐集》卷一。

撰者:李正民

考校说明:编年据《建炎以来系年要录》卷二二补。

叶份户部侍郎制
(建炎三年四月十一日)

敕:国家之务,用度为急。祖宗循五代之制,总于三司;元丰复六官之联,归于户部。比缘多故,稍革旧章,兵食所资,费出弥广。典领厥事,实难其人。具官某智略疏通,材资敏达。荐更事任,绰著能称。纠察省纲,总临漕运。朕方时巡江左,式遏寇攘。眷兹百万之师,奚止千金之费?资尔心画,以饷五军。擢参法从之班,往贰地官之任。尔其裁制盈虚,斡旋多寡,使朕有足食足兵之信。兹为称职,尚勉之哉!可。

出处:《大隐集》卷一。

撰者:李正民

考校说明:编年据《建炎以来系年要录》卷二二补。

黄概兵部侍郎制
（建炎三年四月十一日）

敕：国家自祖宗以来，聚天下之兵于京师。尺籍伍符，付之列将；牙璋虎节，秘在枢庭。夏官所掌，特其名与数而已。厥今国步方艰，外患未弭，五兵之寄，视承平为重。畴咨庶位，我得其人。具官风力敏强，性资超迈。试之选部，而铨总平允；列于宰属，而纠察严明。遂进直于河图，俾按临于蜀道。惜其远去，宜为朕留。擢居法从之联，进参帷幄之议。朕方时巡江左，式遏寇攘，资尔谋猷，济予经画。尚恢远略，庸报异恩。可。

出处：《大隐集》卷一。
撰者：李正民
考校说明：编年据《建炎以来系年要录》卷二二补。

宋彦通待制知筠州制
（建炎三年四月十一日）

敕：承平之世，朝廷尊荣，人乐仕进，则所重在内；多事之日，州郡闲暇，人思远去，则所重在外。昔人或起登仙之羡，或恨得地之晚也。具官材资敏达，识虑精深。列职郎曹，声猷克茂。司刑卿寺，谠议惟明。奉使节而出疆，属戎车之在境，能达国命，式遄其归。俾仍延阁之班，往莅一邦之寄。尔其布宣惠泽，抚字远民。无以暇逸自居，是为称职。可。

出处：《大隐集》卷二。
撰者：李正民
考校说明：编年据《建炎以来系年要录》卷二二补。

李邺待制知越州制
（建炎三年四月十一日）

敕：承平之世，朝廷尊荣，人乐仕进，则所重在内；多事之日，州郡闲暇，人思远去，则所重在外。昔人或起登仙之羡，或恨得地之晚也。具官材猷敏达，识虑精深，素怀忠义之心，习知边鄙之事。宣和之季，亭堠弛严。方万骑之济河，以单车而出境。未明信誓，复应诏音。慨然请行，载驰使传，能达国命，式遄其归。俾仍延阁之班，往莅大邦之寄。广宣惠泽，镇抚列城，无以暇逸自居，是为称职。可。

出处：《大隐集》卷二。

撰者：李正民

考校说明：编年据《建炎以来系年要录》卷二二补。

罢诸路添差官诏
（建炎三年四月十二日）

诸路州军除添差宗室、归朝官存留外，余并日下减罢，监司属官依此施行。其江东路经制司属官日下减罢，所有职事并令安抚司属官兼领。

出处：《宋会要辑稿》职官四五之一六。又见《建炎以来系年要录》卷二二。

仓部印司依户部通用令选差诏
（建炎三年四月十三日）

仓部印司依户部通用令先于知杂案书吏、令史内选差，无，即通选满三年无过犯转一资勘验，关司勋推赏讫，再满三年替。

出处：《宋会要辑稿》食货五三之二。

罢司农寺诏
（建炎三年四月十三日）

罢司农寺。内本寺掌行诸仓支纳、诸路起到上供粮斛、诸草场受纳税草行，下所属仓界；草场交纳支遣事务拨隶仓部。

出处：《宋会要辑稿》食货五三之二。

减大理寺官诏
（建炎三年四月十三日）

大理断刑治狱少卿、寺正各一员，断刑寺丞六员减三员，治狱寺丞减二员，断刑司直兼治狱司直，其寺簿并治狱司直并罢，吏人并三分减一。

出处：《宋会要辑稿》职官二四之一五。

天申节开启满散公筵权罢伎乐诏
（建炎三年四月十六日）

天申节诸州军开启满散公筵，以二圣未还，权罢伎乐，余依例排办。

出处：《中兴礼书》卷二〇三。

苗傅犯寿昌县令防托诏
（建炎三年四月十六日）

令杨可辅催督严、徽、衢、信、饶、池州县尉部领新旧弓手三合把隘其县，仍听乔仲福节制，即不得勾赴军前使唤，其逐州军兵止令本州守御防托。

出处：《宋会要辑稿》兵一〇之二三。

差注京东西等路州县窠阙事诏
（建炎三年四月二十日）

京东西、陕西、河北东路州县员阙，除知通、监司及茶盐等提举官、武臣城寨官将领以上外，余窠阙可令转运司依八路差官条法差注。

出处：《宋会要辑稿》食货四九之三六。

帅臣监司等采访寓居文武官诏
（建炎三年四月二十三日）

天下帅臣监司守令采访寓居文武官有智谋及武艺精熟者,具名以闻,量材录用。

出处:《建炎以来系年要录》卷二二。

三省枢密院人吏减残年出职条诏
（建炎三年四月二十六日）

三省额外人入仕及十二年,许减残年出职,枢密院同及五年以上者,比拟减残年人对展磨勘,以十二年为限。额外出职人,每资与展一官,依建炎二年九月一日指挥施行。

出处:《宋会要辑稿》职官三之三〇。。

赐陈东乡钱诏
（建炎三年四月）

陈东尝奏封事,出于忠义,大臣涉私,亟请诛戮。朕方深悔祸之诚,旌尽忠之士。已赠京秩,仍官其子。今行经其乡,未忘于怀。可特赐钱五百贯。

出处:《京口耆旧传》卷五。

张浚辞元枢不允诏
（建炎三年四月）

卿以小宗伯之职,赞天营之事,乃能总合诸师,来赴行在之急,俾奸宄不敢辄肆。威声既振,妖孽宵奔,致朝廷于安平无事之地,卿之功大矣。宜勿复辞。

出处:《晦庵先生朱文公文集》卷九五《张公行状》。又见康熙《绵竹县志》卷三。

周颖检正制
(建炎三年四月后)

敕具官:朕循祖宗之法,中书、门下合而为一,所以省文书而一统类也。又命设官,以纠察诸房之事,如古掾属,列于公府,庶使大臣不劳心于细故,而专意于机务之大者,非夫明敏练达,孰宜任此哉?尔儒学之美,政事之能,有称于时,见于已试。其由铨选之任,俾赞机要之司。往其钦哉,毋忝休命。可。

出处:《大隐集》卷二。
撰者:李正民
考校说明:编年据文中所述"朕循祖宗之法,中书、门下合而为一"补,见《宋会要辑稿》职官三。

李成为固守蒲城劳效转五官内两官授忠州防御使制
(建炎三年五月前)

强敌不道,背干齐盟;关陕众城,颇为敌屈。若其婴垒自保,守义不侵,自非知臣子之大戒,明逆顺之远图,其孰能之!当极优隆,风示远迩。具官某奋由行伍,克蹈忠义,慕古节士,志徇国家。眷蒲城之在郊,如黑子之著面,而率众入保,卒能抗敌。忠壮之烈,遂震一方;毁义之人,慑耆自恨。览观功状,嘉叹良深。武列重阶,捍防重任,并为显赏,以示优隆。仍假郡符,兼副戎律。益坚义概,用答殊荣。

出处:《紫微集》卷一一。
考校说明:编年据李成官历补,见《建炎以来系年要录》卷二三。张嵲此时未任两制,此文当为《紫微集》误收。

滕康初任执政封赠制
(建炎三年五月六日后)

曾　祖

萧瑀事唐,八叶相传而益大;王祥在晋,百年虽远而屡兴。厥惟衣冠不绝之家,必有廊庙非常之器。今吾滕氏,亦庶几焉。具官某学道圣贤,传家忠孝。遥遥谱牒,早为族党之华;奕奕子孙,常出乡评之右。既厥锺之茂盛,宜所报之绵长。当此艰难,生吾英杰。并属延登之始,爰加追锡之荣。纳襚重泉,升班亚品。尚炜蒿之不昧,知焜耀于无穷

曾祖母陈氏王氏

妇人之德,其贤不出于闺门;王者之恩,所报必通于泉壤。非尔后昆之有立,安能数世而益光?具封某氏,挺柔婉之资,配高明之族。化行于内,既壸范之潜修;庆衍其余,遂家声之遐振。因闻孙之入辅,择吉壤以增封。正邦国小君之仪,焕宗祧初室之祀。其祚乃后,永孚于休。

祖

大夫之家,则知曾祖;贤者之报,不必在身。矧吾近辅之贤,出汝庆门之大,盍加异数,用发幽光。具官某养志安恬,视身孝谨。力探载籍,自表于儒先;漫仕周行,靡求于宦达。观本支之相望,知朝夕之所存。褒章以子而既穷,恤典因孙而更越。锡储宫之峻秩,掩家牒之前休。往体蜜章,永安泉夕。

祖母张氏郑氏

位之尊者,礼不可以不称;功之茂者,报不可以不隆。今吾二三执政大臣,非其材者莫得而居也,既在兹选矣,虽祖妣皆与荣焉,非称情文而为之报也哉?具封某氏,闺风静专,母道慈懿。以子而贵,既参象服之朝;至孙而昌,复佟脂田之赐。爰因初命,载锡湛恩。焕鱼轩之旧仪,明柱石之新纪。九原虽邈,不显其承!

父

璧琮之璞,必出于方流;松柏之材,岂生于近阜?注意功名之会,每求忠孝之家。具官某识造几微,气函刚大。知言之要,文章为后学之宗;直道而行,议论得古人之正。早挺险夷之节,晚齐得丧之心。虽嗟颜驷之不逢,终喜臧孙之有后。是生人杰,参预政机。因其履位之初,懋以报亲之典。正宫师之峻秩,隆庙祀之新仪。旌而教子之忠,成朕得人之庆。盍缘趺癋,来对宠光

母常氏

父母之有令子,犹国家之有良臣,皆人之所愿然也。今吾用康任枢管之事,而实汝之所生,盖同其庆也。其追封之典,顾可以不厚哉?具封某氏,出于名家,端静有法。配黔娄之德,盖尝以道而相安;生仲郢之材,非止于先而无愧。既有柄朝之命,宜疏饰壤之恩。荒千里之新封,发九原之潜懿。荣魂如在,茂渥其承。

故妻张氏

朕闵士大夫之家同艰难于婚宦之初,而不得其贵宠也,于疏恩之际,既追荣其先,则并及焉。所以正风化之端,厚人伦之本也。具封某氏,世胄高华,嫔吾硕辅。牛衣之泣,虽效于生前;翟茀之朝,但荣于身后。咸宁吉壤,兹谓新恩。从汝舅姑,承休无斁。

妻朱氏

古者诸侯之妻必齐姜宋子,所以取其族出之大,闻见之华;有夙夜相成之道,称其服饰之盛,而与君子偕老也。岂今公卿,室家为助于内者,其贤遽不如古哉?具封某氏,以崇宁大臣之子,媲吾枢辅之贤,婉娈静专,壶仪甚著。小君之号,非尔孰宜?尔其勉夫子以功名忠孝之事,协济艰难,无愧周诗所云,则吾当屡封特封,不一封而已也,可不懋哉?

出处:《浮溪集》卷七。
撰者:汪藻
考校说明:编年据滕康官历补,见《建炎以来系年要录》卷二三。

谢伋与权行在宗正司赵令畤同措置移司事务诏
(建炎三年五月八日)

知大宗正丞谢伋许通理前任成资月日,别令理任。谢伋与权行在宗正司令畤同措置移司事务。

出处:《宋会要辑稿》职官六〇之二七。

改江宁府为建康府诏
(建炎三年五月八日)

建康之地,古称名都,既前人创业之方,又仁祖兴王之国。朕本縡代邸,光膺宝图。载惟藩潜之名,实符建启之兆。盖天人之允属,况形势之具存。兴邦正议于宏规,继体不失于旧物。其令父老再睹汉官之仪,亦冀士夫无作楚囚之泣。江宁府可改为建康府,其节镇之号如故。

出处:《三朝北盟会编》卷一二九。又见《舆地纪胜》卷一七,《景定建康志》卷三,《永乐大典》卷一二九二九。
考校说明:原书系于建炎三年五月九日,据《景定建康志》等书改。

内侍蓝珪等遣赴行在诏
(建炎三年五月十日)

内侍蓝珪等并缘苗傅作乱,无辜遣斥,所至州军火急遣赴行在。

出处:《建炎以来系年要录》卷二三。

赐洪皓敕
(建炎三年五月十日)

朕惟疆事未靖,亲庭在远。凤宵轸念,庶孝弟通于神明;物色求贤,俾忠信行于蛮貊。眷兹久矣,今乃得之。以尔胄出公侯,资兼勇智。言念主忧而臣辱,何有于生?如皆己佚而人劳,孰当其责?虽淹回之未试,独慷慨以请行。宜升郎秩之荣,仍委使华之重。朕既俯同晋国,用魏绛以和戎;尔其上效侯生,御太公而归汉。勿惮祖征之远,伫期归报之休。可假礼部尚书、大金通问使。奉敕如右。建炎三年五月初十日。

出处:同治《乐平县志》卷首,同治九年刻本。

赐戒谕李逵宫仪张成等敕书
(建炎三年五月十二日)

敕李逵等:朕惟胡虏凭陵,山东震扰。保此数州之地,皆由诸将之功。尔等夙著忠诚,各应委任。宜互倾于肝腑,以同奖于朝廷。速底成功,是为报国。

出处:《三朝北盟会编》卷一二九。

许太史局天文官吴师颜等将带学生内中止宿诏
(建炎三年五月十四日)

太史局天文官吴师颜、郭中泰、吕璨,自今后许将带学生内中止宿,祗备宣问天象。

出处:《宋会要辑稿》职官一八之八七。又见同书职官三一之六。

诚约诸路预买并行支给价钱诏
(建炎三年五月十六日)

诸路预买,多是不给价钱,虽累降诏旨预支与钱,多不曾给散,仰诸路监司守贰每岁预买绵绢合给钱须管转那,并行支给。若或有违,并重置典宪。

出处:《宋会要辑稿》食货三八之一三。又见《宋会要辑稿补编》第三六四、六五六页。

封显应忠烈顺济公诏
(建炎三年五月)

敕:二凶干纪,未就夐诛,爰有虎臣,来遄巨舰。乃风不扬波,安行无恐。有以见神阴相国事,而王师之举必捷也。是用锡之缗钱,更新庙貌,用神旧秩,增重美称。宜特封显应忠烈顺济公。

出处:《刘氏传忠录》卷一。

上官悟吏部员外郎制
(建炎三年五月)

　　敕:吏部在南宫为眉目,于选士为司命。自国朝以来,非名士不以居之。比因典籍弗存,而议者喜出新意,因事立文,承用多驳。吏缘为奸,不可胜诛。非得儒学之士通于世务者,孰能举其职哉?尔文雅决科,达于吏治。学宫策府,皆所践更。往佐天官,俾司小选。汝其检吏而勿纵,守法而勿拘。使文书无滞留而铨综平,则予汝嘉,尚有褒宠。可。

出处:《大隐集》卷二。
撰者:李正民
考校说明:编年据《南宋馆阁录》卷七补。

商守拙知筠州制
(建炎三年五月后)

　　敕:次对西清,持从臣之橐;承流列郡,分刺史之符。爰眷贤劳,肆颁朕命。具官褆身无咎,秉德有常。既砥砺于材猷,亦明习于文法。比繇廷尉,进贰秋官。属就领于真祠,俾刊修于挈令。力祈外补,盖亦重违。其绾郡章,俾从尔志。宜布朝廷之惠,往安闾里之民。可。

出处:《大隐集》卷二。
撰者:李正民
考校说明:编年据商守拙官历补,见《宋会要辑稿》职官七六。

上官悟除直秘阁京畿运副制
(建炎三年五月后)

　　敕具官:昔荣夷公好专利,而王悦之。芮良夫知王室之将卑,以为王人者,导利而布之上下者也,而或专之,其害多矣。朕念掌财计之臣,务以聚敛趣办,或者取羡余以市恩,其能捐横敛,恤民隐,为朝廷布仁义之泽者几希。尔将漕王畿,论事有体。乃能奉朕宽恤元元之意,丐罢苛扰刻剥之令于用度殚屈之时,朕甚嘉之。其升延阁之班,仍正使名之重,将以风厉四方,使刻削之风丕变,而吾凋瘵之民,庶乎少休息矣。清资显秩,于尔何爱焉。可。

出处:《大隐集》卷三。

撰者:李正民

考校说明:编年据上官愔宦历补,见《南宋馆阁录》卷七。

沈思赠官制
(建炎三年五月后)

敕:朕待遇臣邻,务全终始。遽起沦亡之叹,可无恻之恩。具官夙励材猷,浸跻华近。代言西掖,早殚润色之劳;均逸琳宫,自得燕闲之适。稍淹岁序,未究设施。顾逝川之弗留,嗟易箦之何及。宜加恤典,厥有彝章。俾超进于文阶,用增光于幽壤。灵而未泯,尚克钦承。可。

出处:《大隐集》卷三。

撰者:李正民

考校说明:编年据沈思卒年补,见《建炎以来系年要录》卷二三。

程昌寓直显谟阁制
(建炎三年六月前)

敕:国家承平日久,州县之官非文法吏即书生也。自外敌冯陵,继以寇盗,二千石而下,颠沛失据,莫能枝梧,而元元之众病矣。此朕焦心劳思,求慷慨之士为吾捍御,以慰安斯民也。尔智略深茂,材力强勉。承淮、蔡伤残之后,而能拊循疲瘵,缮修守备,朕用嘉之。乃俾进职二等,以为尔劝。昔汉世二千石有治理效,辄增秩赐金,以表宠之。尔宜体朕意,益懋尔庸。尚有褒恩,以须后效。可。

出处:《大隐集》卷一。

撰者:李正民

考校说明:编年据程昌寓宦历补,见《建炎以来系年要录》卷二四。

令召郎官以上言阙政诏
（建炎三年六月二日）

宰执可来日召郎官以上赴都堂宣谕朕旨,各言朕之过失、政事失当、百姓疾苦,庶可以收人心、召和气、消天变。各令实封以闻。

出处:《宋会要辑稿》帝系九之二五。

御马院合破草料依昇阳宫例交纳诏
（建炎三年六月五日）

御马院合破草料,依昨昇阳宫例,据每日合批请数目,令所属差人赴院交纳。

出处:《宋会要辑稿》职官三二之五一。又见《宋会要辑稿补编》第四一一页。

池州招枪杖手等充控扼守御诏
（建炎三年六月六日）

池州招枪杖手及忠义敢勇一万人充控扼守御,内破用使臣日支食钱四百文、米三升。钱粮并从朝廷应付。

出处:《宋会要辑稿》兵一之一五。

召材武之士诏
（建炎三年六月六日）

诸路帅臣、监司、郡守许召来材武之士,官为给食,仍量材录用。

出处:《建炎以来系年要录》卷二四。

观文殿学士可除宣武军节度使制
(暂系于建炎三年六月七日)

门下:朕躬履艰难,志图兴复。念两宫之远播,久废晨昏;劳七萃以时巡,屡淹岁序。眷我上都之镇,倚予耆德之英。辍领从官,往护诸将。诞扬廷号,用耸朝绅。具官某,性禀高明,气充刚大。直躬山立,去来肯徇于麾招;夷量渊渟,清浊罔渝于澄挠。遍履禁严之地,备闻献纳之言。延置疑丞,参陪政事。同心谋国,方切仰于忠嘉;引疾乞身,遽请均于劳逸。重违冲节,俾解繁机。顾精神有赖其折冲,且威望可资于镇俗。虽秘殿耆儒之选,足奉谘询;而浚郊节制之权,方图居守。爰宠斋坛之重,用增留钥之严。慨念京都,隔兹戎马。粮道梗于馈饷,廪乏见储;农亩废于耕桑,野多饿莩。守御疲荷戈之苦,更番困行路之艰。阛阓萧条,闾阎愁叹。轸予忧顾,藉尔抚宁。矧九庙之主未迁,而二圣之狩犹远。宫阙虚而不守,宗族散而莫收。痛在朕躬,咎将谁执? 念已逼防秋之际,正欲图诸夏之安。往激励于貔貅,以驱攘于蛇豕。於戏! 听鼓鼙而思将帅,朕方倚重于戎昭;如子弟之见父兄,汝其务充于人望。繄我旧弼,岂烦训词。可。

出处:《北海集》卷七。

考校说明:编年据《三朝北盟会编》卷一二九补。《四库全书考证》卷八一:"案此制原本失载人名,考《宋史·朱胜非传》,曾以观文殿学士除宣武军节度使,此制疑即为朱胜非作。"检《宋史》卷三六二《朱胜非传》,实无朱胜非除宣武军节度使之记载,此制受制者疑为杜充。《宋史》卷四七五《杜充传》:"(建炎)三年,以户部尚书兼侍读召,未至,改资政殿学士,节制淮南、京东西路,依前京城留守,寻知宣武军节度使。七月,以同知枢密院召还,至,即拜尚书右仆射、同平章事、御营使。"《建炎以来系年要录》卷二〇:"(建炎三年二月戊辰)枢密直学士、东京留守杜充升端明殿学士。"《建炎以来系年要录》卷二一:"(建炎三年三月)丁亥,端明殿学士、东京留守杜充为资政殿大学士,节制京东西路,恩数视执政。殿前副都指挥使、武康军承宣使、东京副留守郭仲荀为昭化军节度使,以登极恩也。"注文曰:"赵甡之《遗史》二人之除在此月庚寅,今从《会要》附九日丁亥。"《建炎以来系年要录》卷二四:"(建炎三年)六月戊申朔……宣武军节度使、东京留守杜充兼宣抚处置副使,节制淮南、京东西路。先是朝廷闻充引兵赴行在,乃除充节钺,仍节制京东西路、应天、大名府,许便宜行事。"注文曰:"充建节不见月日。案明年五月庚戌,上谕大臣语有云'朕待充,自庶官除从官、建节,遂召同知枢密',亦不知的在何时。蜀中士大夫家有藏纶言集者载充此麻,乃自资政殿大学士除,其词有云'顷闻整众而行,远举勤王之役',以事考之,当在充离京师之时。且附此,当求他书参考。"可知"蜀中士大夫家有藏纶言集者载充此麻"与此制不同。《三朝北盟会编》卷一二九系于建炎三年六月七日,与本制所言"念已逼防秋之际"相合,姑从之,标题"观文殿学士"或为"资政殿大学士"之误。如标题"观文殿学士"无误,则此制当作于建炎三年二月至三月间。据《建炎以来系年要录》卷二五,慕崇礼建炎三年七月二十四日由起居郎除中书舍人,此制或为《北海集》误收。

发遣宗室从军者赴都堂审量与升等差遣诏
(建炎三年六月八日)

宗室国之枝叶,自艰难以来,有不得已从事军旅之人,可限指挥到日,应在军中充参谋、统领之类,并发遣赴都堂审量,与升等差遣;如不即发遣,其主兵官及合发遣人并重行黜责。

出处:《宋会要辑稿》帝系五之三二。

合纳绫纸钱依旧法寄纳诏
(建炎三年六月八日)

应合纳绫纸钱,并依旧法于所属州军寄纳,连钞保明申司封。其二年十月四日指挥更不施行。

出处:《宋会要辑稿》职官九之九。

存恤忠义死节之家诏
(建炎三年六月八日)

军兴以来忠义死节之家,令中书省、枢密院籍记姓名,优加存恤,访其子孙,量材录用。

出处:《建炎以来系年要录》卷二四。

李迨李承造御营使司参议官制
（建炎三年六月八日）

朕遭时多艰,思屈群力,既与二三大臣制胜于帷幄之中,而又览天下之英豪以收其略。以尔性资明锐,多所践更,明今日之事机,得古人之筹策。兹升延阁,参预秘谋。往图不世之功,以济中兴之举。

出处:《浮溪集》卷八。
撰者:汪藻
考校说明:编年据《建炎以来系年要录》卷二四补。

吏部侍郎刘珏吏部尚书制
（建炎三年六月八日）

国家待士以三铨之严,积功于百年之久。虽重轻委法,固不足以收一世英豪;然能否随人,亦未尝闻终身留滞。自时南狩,滋紊典常,非夫藉老成通济之才,何以胜颓靡剧烦之任? 具官某性资夷澹,心术刚明。所守不回,有古人之风烈;其言可复,为世论之统盟。自台阁之遍更,每功名之可纪。粤司官簿,再阅岁时。岂惟嘉裴马之知人,固已及唐虞之考绩。是用擢居其长,益究尔能。激浊扬清,据天下人材之会;论思献纳,首甘泉法从之班。伊我俊髦,奚烦多训?

出处:《浮溪集》卷一一。
撰者:汪藻
考校说明:编年据《建炎以来系年要录》卷二四补。

新除吏部侍郎高卫辞免恩命不允诏
（建炎三年六月八日后）

朕以卿为时名卿,如古耆俊。当震风凌雨之暴,未尝或辞;于错节盘根之间,靡所不试。比还表著,良副眷怀。处以天官之除,将资辰告之益。兹卿旧物,奚用固辞?

出处:《浮溪集》卷一四。

撰者:汪藻

考校说明:编年据《建炎以来系年要录》卷二四补。

刘珏辞免吏部尚书不允批答
(建炎三年六月八日后)

朕以卿有老成之风,精人物之鉴,典司铨部,绵历岁时,检柅吏奸,衣冠所赖。进居其长,孰曰不宜? 方期勉卒于前功,胡乃力辞于新命? 往袛厥职,副朕仰成。

出处:《浮溪集》卷一五。

撰者:汪藻

考校说明:编年据《建炎以来系年要录》卷二四补。

拣放不堪使唤弓手诏
(建炎三年六月九日)

将京畿诸路添置武臣县尉、将领等官依旧通行总领部辖,添置县尉亦与旧置县尉通管职事。仍令逐路通判遍诣所管县分,将年老弱不堪使唤弓手便行拣放。今后即不得将不堪使唤之人乱行招填阙额,枉费钱粮。其未尽事理,仍令京畿提刑司、逐路安抚钤辖司将新旧弓手条约、续降指挥子细参酌,条具经久可行事状闻奏。

出处:《宋会要辑稿》兵三之一八。

赈济渡江之民诏
(建炎三年六月十二日)

淮南、江浙转运司量给钱米赈给,其病患者差官医治。务要实惠及民,不管少有失所。

出处:《宋会要辑稿》食货五九之二一。又见同书食货六八之一二〇。

罪己诏

（建炎三年六月十四日）

朕纂承大统，二年于兹，天监未回，国势滋削。乃者季夏之月，常阴示谴，当煥而寒，变不虚生，实由菲德。今朕历陈过失，明告庶邦。爰自建炎之初，大敌始去，臣民劝进，思戴旧恩，便合纠率群心，力图恢复，直造京都，号令四方，而乃退避苟安，迟回不决，滋乱长寇，以迄于今，此则朕昧经邦之远图，其失一也。维扬驻跸，忘援中夏，不能指授将帅保固疆陲，西自关陕，东逾兖、郓，爰及唐、邓，悉为战区；加以斥堠不明，备御无策，敌师深入，直抵淮甸，仓卒之间，匹马南渡，至使衣冠陷没，井邑丘墟，老稚啼号，遗骸枕藉，此则朕昧戡乱之大略，其失二也。溃散军兵，避寇黎庶，既无主帅，又乏资粮，本以邀求，渐成剽夺，暴露风雨，隐匿山林，寝终夕而靡遑，日偷生而何乐？想亦厌为暴客，思作平人。特以诚意未通，彼此猜阻，使我良家子弟被不令之名，报国儿郎怀自疑之计，此则朕无绥人之德，其失三也。既达余杭，群帅在外，逆党苗傅等潜怀异志，乘我中虚，擅杀枢臣，称兵魏阙，逼胁上下，颠倒乾坤。所赖在外大臣抗疏输忠，提兵入卫，将帅协济，国步再安，社稷之危，几如垒卵。此朕失驭臣之柄，其失四也。朕之四失，姑举大纲，至如直言之士，衔愤未摅；死事之家，遗孤未录；朝纲尚紊，军律不严。兵无杀敌之心，士亡死节之谊。京东两路旱蝗相继，斗米万钱，粟麦虽成，反资贼廩，加以军期津发，力役繁兴，远迩嗷嗷，民不堪命。疆宇之内，悉是吾人，怙乱阻兵，更相屠戮。杀气薰为疾疫，善良转为敌仇。皆自朕不能抚恤军民，以至于此。为人父母，惭德良多。尚赖九庙神灵遗泽未泯，万邦臣子怀旧一心，宗社未夷，历数无改。今朕深自修省，悔过责躬。一食之间，惟二圣是念；一席之上，惟四方是忧。逆耳忠言钦而必受，宽民良法信而必行。放斥宫嫔，减损服御。捐不急之务，罢冗食之官。积粟训兵，图复旧业。庶渐平于多垒，获迎奉于两宫。茕茕此心，未知攸济。惟尔股肱辅弼暨于在庭，同恤朕躬，罔自遐逸，爰日图治，庶几小康；惟尔爪牙将臣奋激忠勇，并力齐心，捍御邦家，懋建勋名，攘却寇敌；惟尔监司郡守拊循疲瘵，安集流亡，合势连衡，以销外侮；惟尔群黎百姓念祖宗复育之恩，怀父母乡邦之念，各坚忠义，同卫王家。呜呼！天虽远，诚意既孚，则如影响之随；民虽远，人心既洽，则如堂奥之近。尔有疾痛，朕同其嚬呻；尔有忧劳，朕同其焦灼。尚虑有众，未悉朕志，特颁诏书，谆谕再三。行在令尚书省出榜朝堂，在外令监司郡守行下告谕，无有远迩，咸知朕悔过之意。庶几上下协德，中外一心，销弭灾异，导迎善气，嘉与四海，同臻绥靖，顾不美欤！

出处:《三朝北盟会编》卷一三〇。又见《建炎以来系年要录》卷二四。

考校说明:《三朝北盟会编》卷一三〇系建炎三年六月十六日,据《建炎以来系年要录》卷二四、《宋史》卷二五《高宗纪》改。

以绢充封赠官告诏
(建炎三年六月十八日)

封赠官告如阙绫罗,即以绢充,仍于左藏库支绢三百匹、次色锦五十五匹制造。

出处:《宋会要辑稿》职官一一之六八。

袁植出知池州诏
(建炎三年六月二十日)

朕亲擢袁植,置之谏垣,意其补过拾遗,以救阙失。而植供职以来,忠厚之言未闻,杀戮之事宜戒。可出知池州。

出处:《建炎以来系年要录》卷二四。

赵鼎除司谏吕祉除正言制
(建炎三年六月二十日)

古者君臣之职,在于听言纳言之间。言而不从,君任其咎矣;居言责之地而不尽言于其君者,独无愧于其官乎? 以尔学问操修,士夫所仰,兹予置尔于七人之列。尔其夙夜馨竭,以报所蒙,毋谓其君不能而蹈古人之戒也。

出处:《浮溪集》卷八。

撰者:汪藻

考校说明:编年据《建炎以来系年要录》卷二四补。

枢密院择材武可仗者贰沿江巡检诏
(建炎三年六月二十一日)

　　以防秋在近,自南京至镇江府沿江巡检五十有五员,令枢密院各择材武可仗者一人为之贰。其土军有阙者,并招填之。

出处:《建炎以来系年要录》卷二四。

傅崧卿黄叔敖中书门下检正制
(建炎三年六月二十六日)

　　朕惟异时宰士,止于中台之属,不足以预闻命令之原,故又置检正之官,以通知三省之政。非夫详练老成、通知世务者,不在兹选。以尔性资明锐,多所践更,兹予首以命汝。汝其摘过差以裨国论,程期会以扼吏奸。肆观尔能,尚有殊擢。

出处:《浮溪集》卷八。
撰者:汪藻
考校说明:编年据《建炎以来系年要录》卷二四补。

刘宁止直龙图阁同提领水军制
(建炎三年六月二十六日)

　　朕修方岳之巡,讲舟师之备,欲恢远略,当得通材。以尔禀性端方,临机敏锐,衮衮尽纳言之益,惓惓怀忧国之心。是用假延阁之班,付昆池之事。勿辞劳剧,同济艰难。

出处:《浮溪集》卷一〇。
撰者:汪藻
考校说明:编年据《宋会要辑稿》职官四〇补。

待制陈彦文兵部侍郎制
(建炎三年六月二十六日)

宣力者股肱之臣,而论思归于法从;将屯者将帅之职,而政事本于文昌。朕因方岳之时巡,周览江湖之形胜,既用老成之略,宜还亚旅之班。具官某禀气清刚,临机敏锐。早膺委寄,赖文武之兼资;中坐谴诃,挺险夷之一节。比任偃藩之剧,屡闻敌忾之奇。虽外资搜练之长,惧中失赞襄之益,往贰中台之秩,实专武部之权。尚展壮猷,对扬休命。

出处:《浮溪集》卷一一。
撰者:汪藻
考校说明:编年据《建炎以来系年要录》卷二四补。

中书舍人范宗尹御史中丞制
(建炎三年六月二十七日)

国家建御史以纠百官之正邪,以维持政事之得失,与汉唐略等。而常虚大夫之官不除,用中执法为之长。然其人之贤否,系国之重轻。观一时朝廷举措如何,而中执法之才见矣。具官某操修端亮,学问渊深。高论凛然,力扶公道;直声藉甚,屡击权臣。久违表著之班,良竭箴规之益。是用还之宪府,付以朝纲。昔真卿当再造之初,不废抨弹于多事;僧孺踵稍宽之后,每先简练于有才。惟尔之贤,必知所处。

出处:《浮溪集》卷八。
撰者:汪藻
考校说明:编年据《建炎以来系年要录》卷二四补。

御史中丞张守礼部侍郎制
(建炎三年六月二十七日)

昔光武受命,汉仪复见于中原;平王迁都,周礼但存于宗国。繄品章之传世,繇官守之得人。自时艰难,礼乐湮放,朝廷容典,百不一存。孰知缀缉补苴之宜,赖有详练疏通之士。具官某材兼世用，学到古人，文章行远而日新，议论处中而时当。自予识擢，多所建明。顾久陟宪台，劳柱后抨弹之事；宜擢居宗伯，付淹中绵蕝之文。勿以司存，而忘忠告。

出处：《浮溪集》卷一一。
撰者：汪藻
考校说明：编年据《建炎以来系年要录》卷二四补。

韩俨加职制
（建炎三年六月二十七日）

敕：云梦之间，复为支郡。自顷寇攘屡扰，二千石能保其封疆，亦已难矣。尔以材猷往膺郡寄，抚循疲瘵，逮此期年。俾进尔职，以彰治理之效。《传》不云乎："有功而见知则说矣。"尚勉之哉！可。

出处：《大隐集》卷三。
撰者：李正民
考校说明：编年据《建炎以来系年要录》卷二四补。

防秋谕中外军民诏
（建炎三年六月二十八日）

朕膺九五之尊，当百六之会。内则纪纲堕坏，未有振举之方；外则夷狄侵陵，未有御攘之策。顷者退保淮甸，暂驻维扬。而辅弼无先见之几，将帅失间探之实。乃禁愚民之迁避，颇咈舆情；惮于日下之小劳，驯致大祸。敌人奄至，王室阽危。皆朕德之不明，致生灵之重困。虽创惩而罔怠，念哀痛以何追？今者迫近防秋，理当凤戒。朕已命杜充提重兵为淮南、京东西宣抚处置副使，力保诸路。又于七月下旬恭请隆祐太后，津遣皇太子、六宫及宗室近属迎奉神主前去江表，百司庶府非与军旅之事者，并令从行。朕与二三谋臣、帷幄宿将、士庶军人戮力同心，以备寇敌，进援中原。念社稷之与存，冒锋镝而敢避！誓有一死，以保群生。尔民尔兵，不无室家之累、乡邦之怀，虽去危就安，事不可忽。一应官员百姓欲遣家属南去者，官司不得禁止，仍令沿路州县优与存恤，无致失所。见留官吏兵将义当体国，不可辄离官守。所有家属亦听从便，所至去处，听逐路寺观空闲房舍宿泊,不得邀截拦阻。咨尔卿士大夫、军民人等,勿谓朕躬有罪,而忘宗祖涵养之恩;勿谓国步方艰,而忘父兄忠义之训。永坚忠悃,共济丕图。

出处:《三朝北盟会编》卷一三○。又见《建炎以来系年要录》卷二四,《宋史》卷二五《高宗纪》。

文武臣给告身条例诏
(建炎三年六月二十八日)

今后文臣带直秘阁、武臣带遥郡以上给告,朝奉大夫、武翼大夫给敕,其初补官人依自来条例给付身。

出处:《宋会要辑稿》职官一一之六八。又见《建炎以来系年要录》卷二四。

胡寅驾部员外郎制
(建炎三年六月二十八日)

朕比裁中都官之员,于员外郎选精矣。其委任之间,亦岂异时比哉? 尔问学有闻,早膺推择,兹锡命书之宠,复从省户之游。往服清涂,益恢远业。

出处:《浮溪集》卷八。
撰者:汪藻
考校说明:编年据《建炎以来系年要录》卷二四补。

王绹为从弟投拜金人自劾不允诏
(暂系于建炎三年六月后)

昔羊舌坐诛,靡连叔向;王敦稔恶,犹赦茂弘。盖古者君臣相与于腹心之间,未尝以兄弟辄投于形迹之地。卿秉德陪朕,二年于兹,险阻艰难,备宣忠力。岂容纤介,及我老成? 况纲之于卿,本非同产,虽亏臣节,了不相关,卿何嫌何疑,而求去位乎? 卿其勉服厥官,思所以弼朕者。抗章自劾,非所望于断金也。

出处:《浮溪集》卷一四。

撰者:汪藻

考校说明:编年据汪藻任两制时间、文中所述"卿秉德陪朕,二年于兹"补。

检校少保建武军节度使龙神卫四厢
都指挥使杨惟忠加恩制
（建炎三年六月后）

朕稽汾上之图,以灵承天地;歌《我将》之颂,以升配祖宗。祗被崇筵,居总章之右个;荐修备物,因平秩之西成。既毕宗祈,当明福应。乃眷爪牙之旧,方扬江汉之威,锡以殊休,告于列位。具官某生而气决,少以材闻。勇不顾身,本山西之将种;谋常先物,得圯上之兵书。秉油幕之中权,为羽林之上将。执羁绁而扈时巡之役,率貔貅而行内宄之诛。兹竣事于合宫,肆均厘于寰宇。矧居统督,可废彝章? 衍井邑之新封,增赋租之久食,用均锡羡,以奖勤劳。於戏! 飨神而获精禋之交,福祥斯下;命将而任顾忧之寄,庆赐是宜。往懋厥休,毋烦予训。

出处:《浮溪集》卷一一。
撰者:汪藻
考校说明:编年据杨惟忠宦历及汪藻任两制时间补,见《建炎以来系年要录》卷二一、卷二三等。

洪皓大金通问使降两官制
（建炎三年六月后）

见危致命,兹行有望于使臣;择利营私,厥趋何殊于市道? 具官某粤从冗调,擢聘殊邻。有礼乐之光华,既膺显秩;无几微于言面,自诡成功。夫何跋履之未遑,遽以艰难而为解? 镌官二等,姑示薄惩。尚体含容,无忘惕厉。

出处:《浮溪集》卷一二。
撰者:汪藻
考校说明:编年据洪皓宦历及汪藻任两制时间补,见《建炎以来系年要录》卷二三等。

张自牧转两官直秘阁京东转运判官制
（建炎三年七月前）

朕惟东州经喋血之余，兵民杂屯，农末皆病，思得奇士，通吾利源。以尔膺特起之招，有非常之略，顷将使指，信著此方。其升延阁之班，仍峻文阶之等。往乘轺传，临按列城。如飞挽之稍行，则疮痍之可复。政成来报，朕不汝忘。

出处：《浮溪集》卷八。

撰者：汪藻

考校说明：编年据张自牧官历补，见《建炎以来系年要录》卷二五。

韩肖胄左司员外郎制
（建炎三年七月前）

敕具官：昔唐太宗谓房玄龄曰："公为仆射，当广访贤材。比闻阅讼牒日数百，岂暇求人哉？"因敕细务属左、右丞，大政乃关仆射。今朕当艰难之时，方以战守大策责成宰辅，而左司郎官乃冢司之属也。凡文昌细务，宜悉以付之，则选任之意，视平时为加重矣。以尔名臣之孙，践更省府，老成练达，裁剸详明，是用命尔以尚书左司之事。尔其弥纶省闼，纠正纪纲，使大臣不劳而庶事皆理。时乃之休，嗣有褒陟。可。

出处：《大隐集》卷二。

撰者：李正民

考校说明：编年据韩肖胄官历补，见《建炎以来系年要录》卷二五。

柳约太常少卿制
（建炎三年七月前）

敕：《记》有之："班朝治军，莅官行法，非礼，威严不行。"盖礼虽治定而后制，然治军之间亦不可废也。朕遭时艰难，讲古巡狩，而宗庙朝廷、征伐军旅之事，凡系于礼文者非一，则率属以任其职者，可无其人哉？具官某性资开敏，学术深醇。早励猷为，践更台阁。比参议于军事，遽书警奏，殆无虚日。虽遇盘根错节，迎刃

231

而解。朕用汝嘉,肆命汝进贰于奉常,以司赞导。朕将观汝之材,而试用之矣。昔祭遵为将,虽在军旅,不忘俎豆,矧汝以礼为职乎! 往祗厥官,无忝朕之明命。可。

出处:《大隐集》卷二。

撰者:李正民

考校说明:编年据李正民任两制时间、柳约官历补,见《建炎以来系年要录》卷二五。

莱州张成进天申节礼物金银奖谕敕书
(建炎三年七月前)

朕惟东莱隔绝于兵,久不为郡,乃纪诞弥之月,远输贡篚之珍,自非诚悃之确然,安能骏奔而至此? 载观来奏,嘉叹久之。

出处:《浮溪集》卷一六。

撰者:汪藻

考校说明:编年据张成官历补,见《宋史》卷二五《高宗纪》等。

大金通和使傅雱转五官郎官制
(建炎元年十月至建炎二年二月间或建炎三年六月至七月间)

朕昨聘殊邻,首驰信使。如文王有玁狁之难,始于忧勤;乃博望至月氏而还,得其要领。宜加宠赉,式奖贤劳。尔奋自书生,蔚为国士。挺身应募,遂膺仗节之华;即日办严,靡惮乘轺之远。果持书币,遄返阙庭。是用峻升朝著之班,仍正省闱之选,示朕见知之意,旌而不辱之功。尚体眷怀,毋忘忠荩。

出处:《浮溪集》卷一〇。

撰者:汪藻

考校说明:编年据傅雱官历及汪藻任两制时间补,见《建炎以来系年要录》卷一〇、卷二五等。

禁约诸军粮料院人吏逃亡诏
(建炎三年七月四日)

行在诸军粮料院人吏依诸司粮料院例,每日添破食钱二百贯文。如今后逃亡,从杖一百科罪;因事逃亡,仍勒停,并许人告,赏钱五十贯;首身减三等。

出处:《宋会要辑稿》职官二七之五七。

左司谏赵鼎殿中侍御史制
(建炎三年七月七日)

法吏以纠官邪,谏官以箴主失,二涂虽异,委任则均。以尔亮直端方,其言有物,伏蒲未久,厥誉四闻。姑借尔才,重吾宪府。尔其勿惮大吏,知无不言,勿谓当从容议论之余,而不乐抨弹之事也。

出处:《浮溪集》卷八。
撰者:汪藻
考校说明:编年据《建炎以来系年要录》卷二五补。

赐韩世忠诏
(建炎三年七月七日)

余杭之难,卿首奋忠勇,已破凶逆。朕之复辟,惟卿之功。

出处:《名臣碑传琬琰之集》卷一三《韩忠武王世忠中兴佐命定国元勋之碑》。
考校说明:编年据《建炎以来系年要录》卷二五补。

韩世忠妻梁氏封护国夫人制
(建炎三年七月七日)

智略之优,无愧前史。给内中俸,以示报焉。
出处:《名臣碑传琬琰之集》卷一三《韩忠武王世忠中兴佐命定国元勋之碑》。又见《建炎以来系年要录》卷二五。

韩世忠除两镇节度使制
(建炎三年七月七日)

提貔虎以振天威,窣入山川之阻;取鲸鲵而摅国愤,永为宗社之休。既执讯以来归,宜酬勋于不次。肆颁明命,敷告治朝。具官某事上朴忠,临机英果。禀刚故俗,甘陈兼六郡之良;决胜重围,飞羽有万人之敌。蚤备师干之试,旋膺斋钺之除。岂惟蹇蹇以匡躬,每见多多而益善。昨属时巡之遽,因成国步之艰,群小窥朝,元凶干纪。既罪人之未得,斯王旅以徂征。迎敌鼓行,麾待前茅之侦;擒囚归报,遂成独柳之诛。华夷由此以知威,天地为之而卷褥。凯歌一奏,盟府交书。是用取累朝最盛之规,加两镇久虚之幄。视班亚保,升爵元侯。增邑食于爰田,衍井腴于真赋。并为异数,用表元勋。於戏!见无礼于君,尔既殚于忠荩;归饮至于庙,我何爱于宠襃?惟功名烈士之始终,惟爵禄有邦之劝沮,尚图后效,更掩前休。

出处:《浮溪集》卷一一。又见清抄一百五十卷本出处:《圣宋名贤五百家播芳大全文粹》卷九○,《新安文献志》卷一,《古俪府》卷一○,《八代四六全书》卷二,《宋四六选》卷三,《江右文钞》卷二。
撰者:汪藻
考校说明:编年据《建炎以来系年要录》卷二五补。

赐新除徽猷阁学士提举临安府洞霄宫
詹乂辞免恩命不允诏
(建炎三年七月七日后)

敕詹乂:省所奏辞免恩命,事具悉。卿年加耆艾,时谓老成。从朕于艰,勤劳惟旧。名还东省,曾未淹时,惜其旅力之愆,重烦官职之事,畀真祠之优廪,仍延阁之近班。示朕至恩,皆卿旧物。往绥寿祉,毋事谦辞。所请宜不允。故兹诏示,想宜知悉。秋冷,卿比平安好?遣书,指不多及。

出处:《北海集》卷一五。
撰者:綦崇礼

考校说明：编年据《建炎以来系年要录》卷二五补。

辛企宗辞免御营使司都统制不允批答
（建炎三年七月七日后）

朕以卿忠义沈雄，得其家法，为予敌忾，所向有功。兹升统督之权，将责捍防之事。恳辞之语，岂朕欲闻？

出处：《浮溪集》卷一五。

撰者：汪藻

考校说明：编年据《建炎以来系年要录》卷二五补。

责罚朱胜非等诏
（建炎三年七月八日）

朱胜非、颜岐、张澂、路允迪当轴处中，荷国重任，而不能身卫社稷，式遏凶邪。方逆臣乱常之日，恣其凌肆，以紊机衡。危而不持，颠而不扶，孔子以为"焉用彼相"。昔冯道历仕数代，尝为宰辅，措身安宠，以免于时，坐视废君易主，如同行路，而欧阳修以为"有臣如此，愧断臂之妇人"。朕方力致中兴，总核名实，虽藏垢纳污，务从宽贷，而国之纲纪，当辨忠邪。今二凶就诛，典刑斯正，胜非之徒，盍议其罪？

出处：《三朝北盟会编》卷一三〇。又见《建炎以来系年要录》卷二五，《中兴两朝圣政》卷五，《宋史全文续资治通鉴》卷一七。

考校说明：原书系于建炎三年六月二十八日，据《建炎以来系年要录》等书改。

李会徽猷阁待制知庐州制
（建炎三年七月八日）

朕比缘岳狩，申儆边虞，厥惟冲要之藩，当得老成之隽。具官某早因时望，进陟英躔，常持平进之心，殊有后凋之操。中投散地，颇郁舆情。兹升延阁之班，特付专城之寄。尚思绥驭，无负眷怀。

出处:《浮溪集》卷一○。

撰者:汪藻

考校说明:编年据《建炎以来系年要录》卷二五补。

权邦彦复旧职知江州兼制置使制
(建炎三年七月八日)

遇敌而致殽陵之奔,孟明有罪;毁家而纾楚国之难,令尹为忠。我有藩臣,尝隳城守,已正简书之坐,当还符竹之分。具官某顷典大州,适当强敌,既尽逾年之抗,遂遭全室之留。虽徐庶思亲,何胜方寸之乱;而真卿委郡,不废朝廷之归。在国法以靡容,于人情而可悯。付兵民之重寄,专江汉之上游,尽复尔班,式遄其往。毋怆家庭之祸,当思王室之艰。

出处:《浮溪集》卷一○。又见《宋四六选》卷二,《江右文钞》卷二。

撰者:汪藻

考校说明:编年据《建炎以来系年要录》卷二五补。

胡舜陟徽猷阁待制淮西安置使制
(建炎三年七月八日)

策名委质,可萌苟且之心?趋事赴功,尤在艰难之际。矧予驭贵,惟以劝从,既闻敏锐之才,何爱褒扬之渥?具官某邃通经术,明识事机。顷在朝廷,衮衮尽致君之益;泊居方面,惓惓怀忧国之忠。比阅奏陈,备知祈向,愿提躬于卒乘,以同奖于朝廷。是用升甘泉法从之班,付淮右陈屯之事,用昭殊遇,伫展壮猷。尚观儒者之折冲,勿使武夫之专美。

出处:《浮溪集》卷一○。

撰者:汪藻

考校说明:编年据《宋会要辑稿》职官四○补。

给事中周望兵部尚书制
(建炎三年七月八日)

朝廷分职,政源悉本于文昌;天下多艰,边算方资于武部。矧在迩联之选,尤高常伯之除。兹得俊髦,宜符公论。具官某高明而多学,沈鸷而有谋。才为时生,少则有拯民之意;智因机显,动而成希世之功。昨将使指之光华,每得敌人之要领。比缘国恶,未正邦刑,独冒险以直前,卒成禽而归报。是用付以腹心之寄,升之喉舌之司。公绰书生,能夺武夫之气;陈遵儒侠,坐成反寇之诛。往展壮猷,嗣颁优数。

出处:《浮溪集》卷一一。

撰者:汪藻

考校说明:编年据《建炎以来系年要录》卷二五补。

权邦彦起复依旧知江州制
(建炎三年七月八日)

敕:移孝为忠,乃尽人臣之节;断恩以义,盍先戎事之忧。我图共理之良,式举夺情之典。具官材为世用,仕以学优。智名得之勇功,文事兼其武备。早更华序,旋镇边陲。既委赘以造朝,实毁家而殉国。方赖干城之略,遽兴陟岵之悲。朕惟墨以临戎,晋侯能达礼之变;经而从政,闵子得事君之宜。俾节抑于苴麻,亟亲临于金革。允资千里之寄,靡待十旬之淹。王事不以家辞,鲁史著为明训;长吏难以忧去,汉法载其旧章。勉迄尔庸,思称朕命。可。

出处:《大隐集》卷二。

撰者:李正民

考校说明:编年据《建炎以来系年要录》卷二五补。

赐莱州张成进天申节礼物金银奖谕敕书
(建炎三年七月九日)

朕惟东莱隔绝于兵,久不为郡,乃以诞弥之日,远输贡篚之珍。自非诚悃之确然,安得驰奔而至此? 载观来奏,嘉叹久之。

出处:《三朝北盟会编》卷一三〇。

恭福帝姬追封隋国公主制
(建炎三年七月十日)

尚亲慈幼,本骨肉之至情;追远厚终,有邦家之令典。具封某受灵宝纬,毓粹璇源。方欣设帨之祥,已遇逝川之戚。既安厚夜,宜锡新章。爰开主邑之封,用正王姬之号。尚期婉淑,不昧钦承。

出处:《浮溪集》卷七。
撰者:汪藻
考校说明:编年据《建炎以来系年要录》卷二五补。

增免役钱诏
(建炎三年七月十三日)

诸路免役钱于元外更增三分,官户更不减半。令户部限二日勘当申尚书省,其随钞纳钱可罢。

出处:《宋会要辑稿》食货一四之一七。

辛企宗提举御营使司一行事务制
(建炎三年七月十三日)

出而戡敌,专师律之雄;居则卫王,总禁屯之重。我有虎臣之贵,兼诸人杰之长。借尔威棱,振吾纲领。具官某性资敏甚,气节伟然。持重不惊,得真将军之勇;好贤如渴,有古名将之风,兹喜还朝,方资扈跸,爰付剧烦之寄,用观周济之才。勿以贤劳,孤予器使。

出处:《浮溪集》卷一〇。
撰者:汪藻

考校说明：编年据《建炎以来系年要录》卷二五补。《宋代诏令全集》系于建炎三年七月七日癸未(第一五二〇页)，误。《建炎以来系年要录》卷二五载："(建炎三年七月癸未)除授宜州观察使、御营使司后军统制辛企宗为御营使司都统制……(己丑)御营使司同都统制辛企宗提举御营使司一行事务。"

兵部尚书周望同签书枢密院制
（建炎三年七月十三日）

腹心留侯，高祖肇基于有汉；文武吉甫，宣王复振于宗周。非夫躬不世之全材，何以济中兴之远业？贤者登用，国其庶几。具官某志大而器宏，谋深而识远。治术讲明于胸次，学不空言；事机迎解于目前，神无滞用。肆朕艰难之际，得于扈从之间。夷险百为，始终一节。有功见知则悦，屡膺使指之褒；执事顺成为臧，仍有戎昭之捷。是用参稽舆论，进陟机廷。威重一临，奸萌皆弭。所赖庙堂之上，相我维持；岂徒帷幄之中，为之指纵？勉思康济，用副眷怀。

出处：《浮溪集》卷一一。
撰者：汪藻
考校说明：编年据《建炎以来系年要录》卷二五补。

王绹第一表辞免参知政事不允批答
（建炎三年七月十三日后）

朕遭时多艰，涉道尚浅。缅怀鸿业，未知图济之方；思得真贤，庶任仰成之责。以卿学兼今古，节贯险夷，遍历禁涂，通知世务。惟此延登之亟，出于试可之详。佥曰汝谐，何辞之有？

出处：《浮溪集》卷一五。
撰者：汪藻
考校说明：编年据《建炎以来系年要录》卷二五补。

王绚第二表不允批答
(建炎三年七月十三日后)

朕惟有邦图治之难,嘉前古得人之盛,乘变故抢攘之后,求刚明笃实之材。以卿凤擅儒宗,蔚为国器,遍仪台省,积有岁时。亟升廊庙之班,实赖股肱之力。兹为佥允,非朕尔私。谓当勉强以赴功,奚乃频烦而稽命?

出处:《浮溪集》卷一五。
撰者:汪藻
考校说明:编年据《建炎以来系年要录》卷二五补。

周望第一表辞免签书枢密院事不允批答
(建炎三年七月十三日后)

朕惟天下之事,常患于能者不使为,而为者非其人,故自艰难以来,窾窾豪杰,几于一遇其真。以卿有功名之心,兼文武之器,自予初载,遍历险夷,师胜来归,国人属目。乃从舆望,擢置机庭。谓即慨然,协图康济,抗章牢避,岂朕意哉?

出处:《浮溪集》卷一五。
撰者:汪藻
考校说明:编年据《建炎以来系年要录》卷二五补。"签书枢密院事",《建炎以来系年要录》卷二五作"同签书枢密院事"。

周望第二表辞免不允批答
(建炎三年七月十三日后)

朕惟明君越资而用隽,所以致天下之材;志士爱日而就功,所以趋国家之急。以卿清刚有守,明锐敢为,予于旬日之间,任尔以本兵之重。卿而不用,尚欲何求?胡抗奏以力辞,既喻怀而复请?毋坚所执,勉副朕知。

出处:《浮溪集》卷一五。
撰者:汪藻

考校说明：编年据《建炎以来系年要录》卷二五补。此批答当在《浮溪集》卷一五《周望第一表辞免签书枢密院事不允批答》之后。

谏院别置局诏
（建炎三年七月十五日）

谏院别置局，不隶后省，许与两省官相见议事。

出处：《建炎以来系年要录》卷二五。

两浙路守臣兼制置安抚使不得妄用便宜诏
（建炎三年七月二十日）

两浙路守臣兼制置安抚使者，非缘军旅，毋得妄用便宜。令御史台讥察。

出处：《建炎以来系年要录》卷二五。

蠲免太平池州等被劫人户租赋诏
（建炎三年七月二十日）

太平、池州及南康、饶州管下浮梁等县，经贼烧劫居民逃避，又以去秋灾伤，米价踊贵，令本路转运司体究被焚劫人户，依灾伤法量分数减免。

出处：《宋会要辑稿》食货六三之一。

刘诲直显谟阁知楚州制
（建炎三年七月二十一日）

人臣趋事，莫乐于见知；王者用材，当求于已试。以尔禀资明锐，临事激昂，昨将使指之光华，备历征涂之险阻。兹分忧于凋郡，宜进秩于清班。尚体仰成，仁闻书最。

出处：《浮溪集》卷一○。又见《建炎以来系年要录》卷二五。

撰者:汪藻

考校说明:编年据《建炎以来系年要录》卷二五补。

赐关陕官吏诏
(建炎三年七月二十四日)

朕嗣承大统,遭时多故,夙夜以思,未知攸济。正赖中外有位悉力自效,共拯倾危。今遣知枢密院事张浚往谕密旨,黜陟之典,得以便宜施行。卿等其念祖宗积累之勤,勉人臣忠义之节。以身殉国,无贻名教之羞;同德一心,共建隆兴之业。当有茂赏,以答殊勋。

出处:《建炎以来系年要录》卷二五。又见《中兴两朝圣政》卷五,《三朝北盟会编》卷一二九,《晦庵先生朱文公文集》卷九五《张公行状》,康熙《绵竹县志》卷三。

考校说明:《三朝北盟会编》系于建炎三年六月七日。

胡寅富直柔左右史制
(建炎三年七月二十四日)

敕:左右置史,言动必书。自艰难以来,或废典籍而不录,然《春秋》之义,当系日月而无遗。若时记注之臣,思得誉髦之士。兹以尔寅,湖湘之秀,直谅多闻;以尔直柔,名臣之孙,儒雅蕴藉。宜并司于国志,以对侍于螭坳。往修厥官,无忝朕命。可。

出处:《大隐集》卷一。

撰者:李正民

考校说明:编年据《建炎以来系年要录》卷二五补。

汪藻给事中制
(建炎三年七月二十四日)

敕:黄门列职,均为侍从之臣;东省设官,乃专论驳之任。择人而授,历代攸艰。虽官曹沿革之制不同,而政令书读之事则一。匪时髦杰,弗以次迁。具官某襟度粹夷,性资端亮。夙蕴贯穿淹该之学,发为经奇伟丽之文。荐长赞书,动无滞思。简严而蔚,仲舒最得于古风;纯厚而明,元稹遂变于时体。虽称办事,允谓贤劳。宜进陟于琐闱,俾更直于鳌禁。当官不挠,尚观批敕之言;论事必行,更效回天之力。益坚尔守,庸称朕恩。可。

出处:《大隐集》卷一。

撰者:李正民

考校说明:编年据《建炎以来系年要录》卷二五补。

张阗等并诸曹员外郎制
(建炎三年七月二十四日)

敕张阗等:文昌天府,众务泉薮。内外折衷,远近禀仰。而诸曹郎吏分职其间,虽烦简不同,其选任则均也。尔等或以儒学进,或以才能显,誉处之美,有闻于时。并趋丹地之严,往佐列曹之长。各恭尔事,勿怠厥修。可。

出处:《大隐集》卷二。

撰者:李正民

考校说明:编年据《建炎以来系年要录》卷二五补。《建炎以来系年要录》卷二五:"(建炎三年七月庚子)承奉郎吴若试尚书考功员外郎,奉议郎张阗守驾部员外郎,朝奉郎周离亨为尚书金部员外郎。"

李承造右司员外郎制
(建炎三年七月二十四日)

敕具官:国家元丰中肇建文昌,以六曹分总天下之事,而提纲提领,实在都司。必得明敏之士,乃堪其选。以尔名臣之孙,闻见殚洽,忠义之气,勇于敢为,是用命尔以尚书右司之事。其跻省闼之严,以参宰士之列。是为遴柬,尚勉之哉!可。

出处:《大隐集》卷二。

撰者:李正民

考校说明:编年据《建炎以来系年要录》卷二五补。

綦崇礼除中书舍人制
(建炎三年七月二十四日)

敕:西台出令之原,内史赞书之任。自昔独存于三字,专号词臣;于今分押于六曹,兼总吏事。择人而授,得士为难。宣教郎、试起居郎綦某,学富本元,文兼体要。既殚洽于闻见,亦明习于宪章。省户握兰,恬而自适;螭坳载笔,动而必书。比给札于尚方,俾试言于右省。落笔而观者如堵,共惊倚马之材;终篇而纸价顿高,深得演纶之体。肆扬成命,进陟从班。时方属于艰难,朕急图于贤俊。修饰润色,允资播告之辞;献纳论思,更伫尽规之益。往祗朕训,无怠厥修。可。

出处:《大隐集》卷二。
撰者:李正民
考校说明:编年据《建炎以来系年要录》卷二五补。

李公彦中书舍人制
(建炎三年七月二十四日)

敕:西台出令之原,内史赞书之任。自昔独存于三字,专号词臣;于今分押于六曹,兼总吏事。择人而授,得士为难。具官学富本元,文兼体要。驰声场屋,早冠上游;试艺词科,复居前列。遂预道山校雠之职,纵观策府奇异之书。滋博洽于见闻,益沈涵于器业。比还著位,再贰奉常。命给札于尚方,俾试言于右省。肆扬成命,进陟近班。时方属于艰难,朕急图于贤俊。修饰润色,允资播告之辞;献纳论思,更伫尽规之益。往祗朕训,无怠厥修。可。

出处:《大隐集》卷二。
撰者:李正民
考校说明:编年据《建炎以来系年要录》卷二五补。

董迪徽猷阁待制与郡制
(建炎三年七月二十四日)

敕:入持从橐,出领藩符。惟时迩臣,宜膺异数。具官某博学而多识,殚见而洽闻。诵甘泉之遗仪,如指诸掌;记南宫之故事,不忘于心。早擢秀于士林,遂飞英于儒馆。荐更郡寄,复叹郎潜。浸陟九卿之联,乃跻二史之列。遽以疾谂,丐于外迁。宜升次对之班,俾遂偃藩之逸。往祗朕命,勿替厥修。可。

出处:《大隐集》卷二。

撰者:李正民

考校说明:编年据《建炎以来系年要录》卷二五补。

进士陈大川程百之并迪功郎制
(建炎三年七月二十五日)

朕收群策以制外侮之奸,规远图以济中兴之业。言可采者,禄则随之。以尔奋自布衣,言天下事,敷陈辩甚,有契予心。朕既略科举之法而命汝以官矣,汝其思所以称此者。往懋厥学,无崇空言。

出处:《永乐大典》卷七三二五。

撰者:汪藻

考校说明:编年据《建炎以来系年要录》卷二五补。

三省枢密院迁洪州诏
(建炎三年七月二十六日)

朕属时多艰,涉川未济。念边隅之震扰,慨国势之抢攘。将兼总万几,则军旅之政在所先;欲专意五兵,则邦家之事不可废。盖文武一道,固无任用之殊;而军国异宜,容简经常之务。必有救弊之策,以为戡乱之方。今则因时变通,随事参酌,合三省、枢密之任,总百官庶务之繁,爰命迩臣,俾行厥职。若征伐财用之大计,与赏罚选任之至权,悉属行营,具关朕听。既获亲于戎律,亦无废于邦经。庶振大威,稍平多垒。朕已躬请隆祐皇太后率六宫往江表,其行在有司非预军旅之事,悉俾从行。仍命李邴权知三省枢密院、滕康权同知三省枢密院,从卫前去。应军旅、钱谷、差除等事,咸总于行宫;其常程有格法事务及四方刑狱奏案、吏部注授差遣、整会功赏举辟之类,并隶洪州三省枢密院。播告中外,咸使闻知。

出处:《三朝北盟会编》卷一三〇。又见《宋会要辑稿》后妃二之二。

资政殿学士李邴滕康权知三省枢密院
事扈从大母往洪州制
（建炎三年七月二十六日）

朕眷留近甸,规复中原,载惟南国之奥区,宜处东朝之严卫。乃令近弼,恭扈遐征,既专留钥之权,仍总行台之政。具官某刚明而沈邃,敦实而裕和,谋谟为至治之基,议论得大臣之体。延登未久,已闻魏相之有声;委任虽艰,所赖姚崇之知变。兹属阽危之会,尤须倚重之才,孰副予求,莫如汝器。是用辍从四近之列,遣率百司之行。朝长乐之宫,以日承于温清;分周公之陕,其身任于安危。稍戢干戈,即还廊庙。

出处:《浮溪集》卷一一。又见《三朝北盟会编》卷一三〇。
撰者:汪藻
考校说明:编年据《建炎以来系年要录》卷二五补。《建炎以来系年要录》卷二五:"以参知政事李邴、端明殿学士签书枢密院事滕康并为资政殿学士,邴权知三省枢密院事,康权同知三省枢密院事。"

东京留守杜充同知枢密院制
（建炎三年七月二十六日）

精神折千里之冲,莫若先声之振;文武作万邦之宪,允资全德之良。朕忧未济之难,思得非常之佐。永怀人杰,久去朝廷,辍诸管钥之严,付以枢机之重。具官某刚明不挠,沈鸷有谋。徇国忘家,得烈丈夫之勇;临机料敌,有古名将之风。比守两京,备更百战,夷夏闻名而褫气,兵民趋死而一心。与其统方面而保我国都,孰若委腹心而还之廊庙?庶仲尼既用,齐人悉反侵疆;随会来归,晋国永无群盗。副予虚伫,时乃之休。

出处:《浮溪集》卷一一。
撰者:汪藻
考校说明:编年据《建炎以来系年要录》卷二五补。

杜充同知枢密院事辞免恩命不允诏
(建炎三年七月二十六日后)

朕惟今日之事,在于审观机会,先立规模,度吾足以胜彼与吾足以守此者而已。以卿资兼智勇,识洞古今,兹予付尔以本兵之任。此孟子所谓"国人皆曰贤"然后命者也,岂朕私意哉? 奚乃累章,过形控避? 朕言不再,勿复重陈。

出处:《浮溪集》卷一四。

撰者:汪藻

考校说明:编年据《建炎以来系年要录》卷二五补。

王参政赠曾祖制
(建炎三年七月二十六日后)

敕:朕惟王氏远有谱系,而望出太原琅琊者,遂独盛于天下。自秦汉以来,世为将相大家。淮水之占,尤盛于东晋。逮我国朝,凡元功宿将,多其苗裔,虽受姓命名或不同,然其源流之盛远矣。具官曾祖,秦国正懿之孙,郑国恭肃之子,锺英令族,为时闻人。质俭自将,弗流于骄侈;刚介特立,靡惰于燕闲。垂训义方,乃有贤子。名继登于科甲,已安享于寿康。虽跻环卫之官,未究清芬之选。参吾大政,实尔曾孙,爰于登用之初,诞举褒崇之典。正位宫保,光贲泉扃,以彰积善之家,以示君子之泽。庶几英爽,服此宠休。可。

出处:《大隐集》卷三。

撰者:李正民

考校说明:编年据"王参政"(王绹)官历补,见《宋史》卷二一三《宰辅表》。

王参政赠曾祖母制
(建炎三年七月二十六日后)

敕:朕惟唐室之制,宰辅封赠不过其父。故权德舆自东都改葬其先,始求赠祖以五品之秩,亦未尝极保傅之位也。国朝加礼大臣,务隆恩典。名器之大,必上及于三世;褕翟之贵,亦光施于有家。待遇之意,可谓厚矣。具官曾祖母某氏柔闲静专,温恭淑慎。生于贵族,来嫔大家。风行闺壸之间,惠浃宗姻之党。乃生贤子,子又有孙,为吾政事之臣,事朕艰难之日。国方图于协济,尔宜极于褒荣。特开名郡之封,载锡小君之号。庶几冥漠,服此宠休。可。

出处:《大隐集》卷三。
撰者:李正民
考校说明:编年据"王参政"(王绚)官历补,见《宋史》卷二一三《宰辅表》。

王参政赠祖制
(建炎三年七月二十六日后)

敕:昔汉世祖中兴,不以功臣任事,故高秩厚礼,允答元功;峻文深宪,责成吏职。于是邓禹教授诸子各守一艺,贾复之徒并摽甲兵、崇儒学,然后守成之业茂焉。国朝修文偃武,元功宿将,皆教子孙以诗书,而鸿儒硕学之士,接武于朝者众矣。矧其流泽之长,世昌以大,是可无褒异之恩哉?具官祖承勋门之后,蹈儒者之风。下帷潜心,讲诵大业。躬禀义方之训,显登甲乙之科。受知公卿,宜居馆阁。黄香博士之举,当接武于俊游;祁奚内举之亲,终引嫌而补外。屈临别乘,旋剖左符。弗有于身,庆锺厥后。参吾大政,实尔闻孙。爰于登用之初,诞举褒崇之典。东宫三少,位极显荣。聿为窀穸之光,丕显子孙之庆。灵而有识,尚或钦承。可。

出处:《大隐集》卷三。
撰者:李正民
考校说明:编年据"王参政"(王绚)官历补,见《宋史》卷二一三《宰辅表》。

王参政赠祖母皇甫氏制
(建炎三年七月二十六日后)

敕:妇人正位乎内,虽有全德懿行之美,无自表暴于世。惟观其子孙之贤,浸以昌大。虽乃祖父积累之庆,而内德之茂,盖有助焉。具官祖母某氏秉柔懿之姿,躬婉娩之行。生于贵族,来嫔大家。有士而良,服采朝列,流泽浸远,积善弥彰。惟尔贤孙,参吾大政。国方资于协济,尔宜极于褒荣。俾开名郡之封,载锡小君之号。灵而有识,尚或钦承。可。

出处:《大隐集》卷三。

撰者:李正民

考校说明:编年据"王参政"(王绹)官历补,见《宋史》卷二一三《宰辅表》。

<h2 style="text-align:center">王参政赠祖母韩氏制</h2>
(建炎三年七月二十六日后)

敕:妇人正位乎内,虽有全德懿行之美,无自表暴于世。惟观其子孙之贤,浸以昌大。虽乃祖父积累之庆,而内德之茂,盖有助焉。具官祖母某氏秉柔懿之姿,躬婉娩之行。生于贵族,来嫔大家。被贤王训育之恩,著妇德慈祥之誉,均一之美既显,馈祀之职惟恭。克勤厥家,以相君子,流泽浸远,积善弥彰。惟尔贤孙,参吾大政。国方资于协济,尔宜极于褒荣。俾开名郡之封,载锡小君之号。灵而有识,尚或钦承。可。

出处:《大隐集》卷三。

撰者:李正民

考校说明:编年据"王参政"(王绹)官历补,见《宋史》卷二一三《宰辅表》。

<h2 style="text-align:center">王参政赠祖母来氏制</h2>
(建炎三年七月二十六日后)

敕:妇人正位乎内,虽有全德懿行之美,无自表暴于世。惟观其子孙之贤,浸以昌大。虽乃祖父积累之庆,而内德之茂,盖有助焉。具官祖母某氏躬淑慎之姿,服组纴之事。克媲君子,勤于厥家。裴秀之誉早闻,王符之书既显。训于贤息,罔有逸言。未开石窌之封,每结寒泉之念。跻华近列,惟尔有孙。早推天支就傅之恩,允惬前人追封之志。始颁恩典,未极褒崇。兹进服于政涂,方参毗于国论。乃即登延之始,并推加赠之文。升荣号于小君,启新封于名郡。灵而有识,尚克钦承。可。

出处:《大隐集》卷三。

撰者:李正民

考校说明:编年据"王参政"(王绹)官历补,见《宋史》卷二一三《宰辅表》。

王参政赠父制
（建炎三年七月二十六日后）

敕：昔汉张汤、杜周并起文墨小吏，致位三公，皆有贤子，德器自过，继踵将相，遂为世家，史臣乃谓："元功儒林之后，莫之能及。"然自我国家奄有区夏，宗工名臣，轩冕相承，大抵皆元功儒林之后，岂遽不及文墨吏哉？具官父某嗜学弗厌，执德不回。仲舒究天人之原，晁错明国家之体。虽沈英于州县，乃驰誉于朝廷。尝被名卿之荐论，莫遂谠言之访对。厥躬弗有，施及后人。以文学嗣其家声，以材德进为时辅，参预大政，康济多艰。爰于登用之初，诞举褒封之典。式扬先德，进位宫师，以彰积善之符，以显儒家之庆。英灵未泯，休命其承。可。

出处：《大隐集》卷三。

撰者：李正民

考校说明：编年据"王参政"（王绹）官历补，见《宋史》卷二一三《宰辅表》。

王参政赠母制
（建炎三年七月二十六日后）

敕：古者君子之仕也，三釜及亲，则足以乐；至于千锺弗洎，则其心悲。盖父母之德，欲报冈极。己则富贵，而亲弗逮焉，此人情之所甚戚也。宜有褒崇之恩，以慰霜露之感。具官母某氏秉贤淑之姿，躬婉娩之行。动不违于矩矱，性自乐于组纴。生于名门，来嫔甲族。爱子益严于慈训，趋庭弗假于义方。是征令息之贤，早著上庠之誉。遍仪禁路，为时名臣。参华政事之联，实朕股肱之辅。登用兹始，恩典并加。式彰圣善之规，特锡小君之号。启封名郡，增贲重泉。尚想冥灵，钦承休命。可。

出处：《大隐集》卷三。

撰者：李正民

考校说明：编年据"王参政"（王绹）官历补，见《宋史》卷二一三《宰辅表》。

王参政赠故妻制
（建炎三年七月二十六日后）

敕:邦君之妻,各因其国,而称曰"夫人",古也未尝裂郡县以表之。自秦汉以来,汤沐之奉,与列侯比。至于金印紫绶,文轩丹毂,显于当世,盖所以宠劝臣下者如此,虽曰弥文,亦不可废也。朕兼历代之制,以修襃封之典,则燕及其私庭者,顾不厚哉?具官妻某氏温恭淑慎,严恪静专,克勤厥家,以相夫子。降年不永,弗逮显荣。宜疏名郡之封,载锡小君之号。副之钿轴,贲于泉扃。尚想冥灵,钦予休命。可。

出处:《大隐集》卷三。

撰者:李正民

考校说明:编年据"王参政"(王绹)宦历补,见《宋史》卷二一三《宰辅表》。

王参政封妻制
（建炎三年七月二十六日后）

敕:朕尝观召南之化,始于诸侯大夫之妻。修德循礼,不失法度,其效见于人伦既正,朝廷既治。夫形于国者如此,则施诸家者,其勤亦至矣。今吾政事之臣,修身齐家,以致禄位,则盥馈在中,必有其助,是可无襃显之恩哉?具官妻某氏柔明淑懿,婉娩静庄。生于名门,来嫔令族,辅相君子,为时良臣。参华机务之联,实朕股肱之佐。方亟图于王事,靡暇及于私家。壸则具修,繄尔内助。载锡小君之号,俾开名郡之封。永保宠荣,称予休命。可。

出处:《大隐集》卷三。

撰者:李正民

考校说明:编年据"王参政"(王绹)宦历补,见《宋史》卷二一三《宰辅表》。

杜充第二表辞免同知枢密院不允批答
（建炎三年七月二十六日后）

朕遭世多艰,临川望济,求贤靡获,当馈兴嗟。以卿负天下之奇才,明古人之大略,两京之绩,四海所闻。兹擢预于几微,庶稍宽于忧顾。朕志定于召卿之始,卿谋期于弼朕之成。众论皆然,屡辞奚益?

出处:《浮溪集》卷一五。又见《三朝北盟会编》卷一三〇。
撰者:汪藻
考校说明:编年据《建炎以来系年要录》卷二五补。

滕康辞免权同知三省枢密院事不允仍断来章批答
(建炎三年七月二十六日后)

朕惟古者扶危持颠之世,必有任重致远之臣,天为时生,国因人定。比讲戍屯之策,暂分台省之权,资硕辅之经纶,扈慈闱之跋履。求之至矣,今乃得卿。谓闻命以办严,反辞荣而继请。勉遵朕指,勿复有言。

出处:《浮溪集》卷一五。
撰者:汪藻
考校说明:编年据《建炎以来系年要录》卷二五补。

滕康辞免权同知三省事不允口宣
(建炎三年七月二十六日后)

卿总提台省,远去朝廷,顾委任之非轻,岂巽辞之可免?往思长算,协济危机。

出处:《浮溪集》卷一五。
撰者:汪藻
考校说明:编年据《建炎以来系年要录》卷二五补。"权同知三省事",《建炎以来系年要录》卷二五作"权同知三省枢密院事"。

江西福建等路枪杖手峒丁预先依数团结排拣诏
(建炎三年七月二十九日)

江西、福建、广南东、西、湖南、北枪杖手、峒丁各预先依数团结,仍差官总领排拣,定姓名人数,准备缓急勾唤。

出处:《宋会要辑稿》兵四之三七。

籍淮南沿江民间水手小舟姓名以备战守诏
(建炎三年七月二十九日)

淮南沿江民间水手小舟,并委守令籍其姓名,俟有探报,其巡检各部赴江岸与本处地分同备战守,优给钱米,候事定日放散。

出处:《建炎以来系年要录》卷二五。

中书舍人叶涛赠徽猷阁待制制
(建炎三年七月)

人君予夺,何有于胸中;天下是非,尝公于身后。眷前朝之近侍,罹钩党之非辜,既削深文,宜还故秩。具官某性资和裕,心术刚明。谠论排奸,不屈浩然之气;高文行远,还追作者之风。中遭媒孽之仇,久掩焄蒿之恨。兹分枉直,奚间幽明?焕延阁之新班,易重泉之往襚。英魂如在,茂渥其承。

出处:《浮溪集》卷一〇。
撰者:汪藻
考校说明:编年据《宋会要辑稿》仪制一一补。

右武大夫梁州防御使知滑州张㧙赠三官四资恩泽制
(建炎三年七月)

朕稽盟府而懋赏功之典,听磬声而思死事之臣。以尔具官某料敌有谋,秉心无贰。昨守频河之垒,适当喋血之锋,身奋于前,力穷而踣。既峻升于显秩,仍悉禄于遗孤。英魂未亡,幽扃奚憾?

出处:《浮溪集》卷一〇。
撰者:汪藻

考校说明：编年据《宋会要辑稿》仪制一一补。

赐新除建康府路安抚大使兼知池州
吕颐浩再辞免恩命不允诏
（建炎三年七月后）

　　敕颐浩：省所札子奏，辞免恩命，事具悉。君子处己，以用舍为行藏；大臣立朝，寄安危于进退。卿中辞政柄，出拥斋旄。闵劳机务之繁，优假真祠之逸。惟乃心王室，能忘国步之艰？顾无逾老臣，用倚帅藩之托。赐环趣召，弭节来朝。苍生之望素高，元老之猷益壮。垂绅正笏，精神端可以折冲；缓带轻裘，谈笑何难于却敌？维吾旧德，宜体眷怀，勉图克复之功，毋徇执谦之节。所请宜不允。故兹诏示，想宜知悉。

出处：《北海集》卷一三。
撰者：綦崇礼
考校说明：编年据綦崇礼任两制时间、吕颐浩宦历补，见《建炎以来系年要录》卷三四补。

连南夫知饶州制
（建炎三年七月后）

　　敕：名藩巨镇，在全盛之日并列于方维；通邑大郡，自艰难以来半罹于兵革。凡兹易地而处，必曰度时之宜。靡有重轻，式均委寄。具官风猷凝粹，学术深醇。早擢殊科，遂跻儒馆。逮专对于绝域，旋联华于从班。出守淮邦，闾里有安居之适；奉迎戎辂，储峙无告乏之忧。载念尔劳，易临便郡。朕惟黄霸之治，称于颍川；公绰之材，优于赵魏。往祗休命，益究尔能。可。

出处：《大隐集》卷二。
撰者：李正民
考校说明：编年据《建炎以来系年要录》卷二五、《南涧甲乙稿》卷一九《连公墓碑》补。

朝散大夫充徽猷阁待制季陵可落职依旧宫观制
（建炎三年七月后）

敕：朕操予夺以驭臣，明赏刑以励世，行之以公义，处之以无心。苟自致于人言，固难逃于邦宪。具官某，顷当明受，实掌赞书。属逆党之啸凶，惧外臣之赴难，谋夺之兵而不可，欲加之罪其无辞。尔适代言，乃颛顺指，肆为诬诋，曾靡嫌疑。朕方资耳目于言官，委心腹于枢辅，览抨弹之继上，酌好恶之甚明，其收从橐之华，尚假真祠之逸。往加惕励，毋重悔尤。可。

出处：《北海集》卷五。

撰者：綦崇礼

考校说明：编年据綦崇礼任两制时间、季陵官历补，见《建炎以来系年要录》卷二四。

承奉郎直龙图阁添差权发遣副使刘宁止朝散
郎权发遣江东转运副使李尚行可各降一官制
（建炎三年七月后）

敕具官某等：朕以中原用武，江津严备，乃命大臣奉迎长乐宫，处于深隐之地。尔等各以使指，往护其行，而率职不虔，曾弗戒备，风涛之恐，舟楫几危。虽神龙阴相，寻于安济，而从行兵民，盖有不免于没溺者矣。台臣言状，良骇予闻，贬秩一等，用惩失职。体兹宽宥，毋怠省循。可。

出处：《北海集》卷五。

撰者：綦崇礼

考校说明：编年据刘宁止、李尚行官历补，见《建炎以来系年要录》卷二五。

刘洪道直龙图阁制
（建炎三年正月至八月间）

敕：朕惟海岱之区，丝枲之利，号为冠带，衣履天下。自顷群盗相挺，兵无宁岁，田莱多荒，呻吟未息。其能攘却丑类以保斯民者，可无褒劝之恩哉？尔早膺任使，总制东秦，而能剿除鲸鲵，抚绥疲瘵。河图之直，文阶之峻，并以命尔，式奖贤劳。往服恩荣,益登乃绩。可。

出处:《大隐集》卷一。

撰者:李正民

考校说明:编年据刘洪道官历补,见《建炎以来系年要录》卷一九、卷二六。《建炎以来系年要录》卷二六:"(建炎三年八月)乙亥,直显谟阁、知青州刘洪道充徽猷阁待制、京东经略安抚制置使。"此处"直显谟阁"疑为"直龙图阁"之误。

降授通议大夫充显谟阁待制知袁州
王仲嶷可先次落职放罢制
(建炎三年四月至八月间)

敕:昔天宝之乱,河北诸郡悉陷,独常山、平原能为国守,则以杲卿、真卿二颜在焉。功虽不遂,而堂堂忠烈之姿相望一时,可谓不辱其门,而无负于国矣。以尔具官某出自相阀,宜知义方。久尘侍从之班,未闻报效,尚缘家世,每与使令,为郡江西,与其弟并。属秋师之南寇,顾城守之弗图,力诚不支,死犹有说,乃敢显亏臣节,颓其家声。临川既降,宜春继屈。鲁卫之政,若循一途。偷生之计则然,教忠之训安在? 汝虽不惭于颜氏兄弟,亦何施面目见汝先人于地下乎! 其解郡章,并收从橐,往需后命,以省前非。可。

出处:《北海集》卷五。又见《三朝北盟会编》卷一三五。

撰者:綦崇礼

考校说明:编年据《建炎以来系年要录》卷三二、卷三六补。

资政殿学士权知三省枢密院事李邴乞闲慢差遣不允诏
(建炎三年七月至八月间)

朕方排难而解纷,未暇宅中而图治,乃眷重江之阻,实宜慈壶之居。爰辍辅臣,往司行省。以卿负古人之学,有当世之才。比擢预于政机,坐收还于威柄。详观底蕴,尤具典刑。兹权中外之宜,实付安危之计。是为分陕,咸谓得人。奚未喻于至怀,尚力辞于成命。往图经济,用释顾忧。

出处:《浮溪集》卷一四。

撰者:汪藻

考校说明:编年据李邴宜历补,见《建炎以来系年要录》卷二五、二六。

谢克家兵部尚书制
(建炎三年八月三日)

敕:文昌分理万务,武部实掌五兵。自国家复董正之联,视前代有因革之异。军政归于枢府,右选总于天官。品秩高华,文书清简。匪时贤德,曷称褒迁? 具官材度宏深,性资忠厚。殖学造古人之蕴,摛辞追作者之英。早师表于儒宫,遂翱翔于谏省。文章尔雅,入更四禁之游;恂恂无华,出载列城之誉。久辞著位,想见仪型。比锡对于便朝,实副怀于虚仁。宜陟中兵之长,进联八座之崇。时属多虞,朝方尚武。虽军旅征伐,必资庙算之奇;而献纳论思,允赖辰猷之告。益殚忠荩,图济艰难。可。

出处:《大隐集》卷一。

撰者:李正民

考校说明:编年据《建炎以来系年要录》卷二六补。

曾楙礼部尚书制
(建炎三年八月三日)

敕:文昌兼总六联,宗伯实典三礼。祷祠祭祀之事,既系于司存;学校选举之文,悉掌其政令。比属干戈之扰,靡闻典籍之传。必求其人,俾领厥事。具官风猷庄重,德宇粹温。学该六艺之醇,文擅四科之美。早驰声于庠序,旋任职于词垣。浸升延阁之班,出奉名藩之寄。朕遭罹变故,躬总师徒。既垂橐于尔邦,遂驻跸于近甸。首修朝贡,深叹忠勤。念久去于周行,适来还于翰苑。宜陟春官之长,进联八座之崇。时属多虞,朝方右武。军旅以同邦国,亦惟尔职之修;方岳以朝诸侯,更讲时巡之制。益殚忠荩,图济艰难。可。

出处:《大隐集》卷一。

撰者:李正民

考校说明:编年据《建炎以来系年要录》卷二六补。

叶焕待制知镇江府制
(建炎三年八月三日)

敕:价藩共理,允资师帅之良;延阁通班,尤高次对之选。矧方思于固守,宜增重于近邦。将图尔庸,肆颁朕命。具官某性资爽迈,风力强明。荐更藩翰之符,雅著循良之誉。官所居而可纪,材无施而不宜。比辍漕权,往分郡寄。朕念朱方之巨屏,实居京口之要津。宜升迩联,式隆雅望。瓮门曲格,尚存铁瓮之高墉;战舰艨艟,更讲水犀之长技。往服厥事,益既乃心。可。

出处:《大隐集》卷二。
撰者:李正民
考校说明:编年据《建炎以来系年要录》卷二六补。

兵部尚书谢克家辞免恩命不允诏
(建炎三年八月三日后)

朕遭时多故,烛理未明,肆求已试之材,共振中兴之业。以卿清名垂世,雅望在人,兹祗召以趋朝,见敏诚于体国,擢居常伯,姑示优恩。奚固执于冲怀,未即膺于成命?所请宜不允。

出处:《浮溪集》卷一四。又见《五百家播芳大全文粹》卷五〇。
撰者:汪藻
考校说明:编年据《建炎以来系年要录》卷二六补。

两浙及江南西路广行收籴诏
(建炎三年八月四日)

两浙并江南西路今岁丰熟,令三省支俵籴本,付逐路转运司广行收籴,于稳便州县别项封管,非奉朝廷指挥,不得擅行支用。

出处:《宋会要辑稿》食货四〇之一三。又见《宋会要辑稿补编》第六二一页。

高卫往洪州因便处置控扼及具形势以闻诏
(建炎三年八月六日)

尚书吏部侍郎高卫往洪州,仍兼御营使司参赞军事,沿路因便处置控扼,及具形势以闻。

出处:《建炎以来系年要录》卷二六。

刘珏权知三省枢密院事制
(建炎三年八月六日)

敕:朕遭时艰难,法古巡狩。念长乐六宫之众,必安处于善邦;惟百司庶府之繁,难久稽于常务。思讲变通之策,预图忽眇之几。欲寄朝纲,式资时杰。具官性资忠厚,识度详明。行已过乎古人,言有补于当世。遍更两省,殚献可替否之忠;进总三铨,著激浊扬清之誉。朕惟江表之寄,实均廊庙之权。思得老成,共厘邦采。矧践扬于台阁,仍久习于宪章。特升秘殿之华资,俾视政涂之宠数。载隆众望,允出朕怀。奉东朝之尊,宜益严于羽卫;总行台之政,当躬治于文书。时乃之休,宽予忧顾。可。

出处:《大隐集》卷三。
撰者:李正民
考校说明:编年据《建炎以来系年要录》卷二六补。

滕康权知三省枢密院事制
(建炎三年八月六日)

敕:朕遭时艰难,法古巡狩。念长乐六宫之重,必安处于善邦;惟百司庶府之繁,难久稽于常务。思讲变通之策,预图忽眇之几。欲寄朝纲,式资时杰。具官材堪大受,学富多闻。厚德足以镇浮,懿文足以华国。遍仪禁路,殚献可替否之忠;入赞枢廷,有厌难折冲之略。比分江表之寄,共持廊庙之权。念久服于股肱,实备昭于悃愊。载隆柄任,允出朕怀。奉东朝之尊,宜益严于羽卫;总行台之政,当躬治于文书。时乃之休,宽予忧顾。可。

出处:《大隐集》卷三。

撰者:李正民

考校说明:编年据《建炎以来系年要录》卷二六补。"权知三省枢密院事"原作"权知三省枢密院",据《建炎以来系年要录》卷二六改。

侍从官所得官给葬事指挥勿行诏
(建炎三年八月九日)

应侍从官非功在社稷,及死于国事之人,所得官给葬事指挥勿行。

出处:《建炎以来系年要录》卷二六。

祠部度牒改用绫纸诏
(建炎三年八月十日)

祠部度牒改用绫纸,仿茶盐钞法,用朱印合用号,仍增绫纸工直钱十缗,通旧为百二十缗,以尚书户部侍郎叶份兼权礼部侍郎提领措置。

出处:《建炎以来系年要录》卷二六。

勘验伪造度牒等诏
(建炎三年八月十六日)

伪造度牒、紫衣师号,其知情、货卖、牙引及资给之家,并勘验书填官司知而取受者,并罪加一等;若勘验卤莽致有透漏,减三等;赃重者自从重。其知情、货卖、牙引及资给之家如能告首,即与免罪,赏外仍依今来指挥给赏。

出处:《宋会要辑稿》职官一三之二八。

差往诸路军兵经由州县毋得入城诏
（建炎三年八月十九日）

应差往诸路捉杀军兵经过州县,不得直入州县,止许城外踏逐寺院并空闲官舍安泊。如遇批请买卖物色,仰统兵官据差定人数预报诸县,给牌号方许放入,不得经宿。其券驿并据往还合勘请日分支给,不得过数批勘。仍令州县如遇军兵过往,候起离日,其有无搔扰及应副过钱物等数目申尚书省,仍札与行在诸军统兵官遵守。

出处:《宋会要辑稿》刑法七之三二。又见《建炎以来系年要录》卷二六。

差提举措置新法度牒等事所合用押号簿使臣诏
（建炎三年八月二十一日）

提举措置新法度牒等事所合用押号簿使臣,下吏部于得替待阙、已未参部大小使臣内踏逐指差,与免短使,先次赴任,具名申尚书省,给降付身;其请给理任券马等,并依榷货务前后已得指挥。

出处:《宋会要辑稿》职官一三之二九。

与金国左副元帅宗维书
（建炎三年八月二十一日）

八月日,谨致书于国相元帅阁下:某昨遣洪皓输恳切之诚,惧道涂梗塞,或不时布闻,则又令崔纵进书御者。既遣使者于庭,君臣相聚,泣而言曰:古之有国家而迫于危亡者,不过守与奔而已,今大国之征小邦,譬孟贲之搏焦侥耳。以中原全大之时,犹不能抗,况方军兵挠败,盗贼交侵,财贿日脧,土疆日蹙。若偏师一来,则束手听命而已,守奚为哉!自汴城而迁南京,自南京而迁扬州,自扬州而迁江宁,建炎三年之间,无虑三徙,今越在荆蛮之域矣。所行益穷,所投日狭,天网恢恢,将安之耶?是以守则无人,以奔则无地,一身彷徨,踢天蹐地,而无所容厝。此所以朝夕誾誾然,惟冀阁下之见哀而赦已也!恭维元帅阁下以宗英之重,行吊伐之师,谋略如神,威权不世,其用兵之妙,与黄帝争驱。遂北平契丹,南取中国,极天所覆,混为一区,此岂载籍所有哉!故前者连奉书,□□□□□□□愿削去旧号,自此一□□□者,盖知天命有归,而欲仰以成□□一尊之人也。如此,则□□□□□□□□□□□□□金珠玉帛者,大金之外府也;学士大夫者,大金之陪隶也。是天地之间,皆大金之国,而尊无二上矣,亦何必劳师远涉,然后为快哉!昔秦并天下,可谓强矣,而不废卫角之祀;汉高祖成帝业,可谓大矣,而不灭尉佗之国;周武帝兼南北朝,可谓广矣,而许留萧詧以为附庸。故曰:竭山而畋者,非善畋者也;竭泽而渔者,非善渔者也。伏望元帅阁下恢宏远之图,念孤危之国,回师偃甲,赐以余年。□□□□□□□□□□□□□□□傥异时奉事之诚不足以当保持之意,则移师问罪,□□□□□□何难之有,某亦将何辞?呜呼!中天而立,至威也;相时而动,至明也;存人之血祀,至信也;全人之肝胆,至仁也。兼是四者,在阁下之德为何如,在某之感为何如!不宁惟是而已,大军一回,则数百万之生灵永保家室,数万里之山河永成井邑,亦大国之利也。孰与夫皇皇称兵,而自残其一统之内哉?今□□□□□□社稷存亡,在阁下一言,某之受赐有若登天之难,而阁下之垂恩不啻转圜之易,伏惟留神而特加矜察焉。谨再遣使资政殿学士朝请大夫文安县开国子食邑五百户赐紫金鱼袋杜时亮、副使武功大夫开州刺史武功县开国男食邑三百户宋汝为特诣行府,倘蒙许使参见,面受约束,幸甚。素秋将杪,德履冀慎寝食,永绥寿祉。

出处:《建炎以来系年要录》卷二六。

新法度牒号簿付逐路公吏不得邀阻取受诏
(建炎三年八月二十五日)

新法度牒号簿付逐路提刑转运司,逐处公吏敢有邀阻取受,许人告,从徒二年科罪;若官吏辨验到伪造度牒等,每一火各转一官资。

出处:《宋会要辑稿》职官一三之二九。

捕妄书填民间未书填度牒诏
(建炎三年八月二十五日)

民间未书填度牒等,计会州军行用钱物妄作日前书填者,许人捕,依伪造度牒罪赏施行。

出处:《宋会要辑稿》职官一三之三○。

张守翰林学士制
（建炎三年八月二十八日）

敕:帝王有所号令,前代议者谓其难能;文章施于朝廷,近世儒臣以为荣遇。矧在险阻艰难之际,欲图德意志虑之孚。入直禁林,必符雅望。具官性资鲠亮,材术周通。奥学贯乎九流,高文兼于众体。训词温厚,允资西掖润色之工;议论坚明,更显南司纠弹之峻。薛宣举措之当理,真卿绳治如平时。比恳解于宪纲,乃力祈于外补。朕惟尔久居台阁,宜在朝廷。俾参宗伯之官,将典行台之政。载念北门之邃,夙传内相之称。警跸时巡,文书云委。方用兵如至德,式求深谋密议之咨询;必下诏若奉天,可使悍卒武夫之感涕。力行尔学,庸称朕恩。可。

出处:《大隐集》卷一。
撰者:李正民
考校说明:编年据《建炎以来系年要录》卷二六补。《宋中兴学士院题名》系于建炎三年六月。

刘洪道除待制制
（建炎三年八月二十九日）

敕:国家肇建延阁,以奉祖宗谟训。又置学士、待制等员,以为搢绅誉处。二千石有治理效,辄畀以美名,所以示褒劝也。具官智略深沈,材猷敏达。早膺显授,总制东秦。保全一方,攘却劲敌。宜升次对之秩,增重连城之寄。斯为高选,其益懋哉。可。

出处:《大隐集》卷一。
撰者:李正民
考校说明:编年据《建炎以来系年要录》卷二六补。

戒谕李逵宫仪张成等敕书
（建炎三年八月二十九日）

敕李逵等：朕惟强寇凭陵，山东震扰，保此数州之地，皆而诸将之功。虽在艰难，颇宽忧顾。今还洪道制置之节，付宫仪济南之符，并召阎皋，来朝行在，率抡材而显用，非因事而有他。尔等夙著忠诚，各膺委任，宜互倾于肺腑，以同奖于朝廷。速底成功，是为报国。

出处：《浮溪集》卷一六。
撰者：汪藻
考校说明：编年据《建炎以来系年要录》卷二六补。

赐高丽国王诏
（建炎三年八月）

王缅守基图，夙同文轨。乃附乘桴之信，嗣修贡篚之恭。惟忠顺之无他，质神明而靡愧。属关闻听，良用叹嘉。言念晚年，实为多故。举中原之生聚，遭强敌之震惊。既涉境以采深，犹称兵而未已。兹移仗卫，暂驻江湖。如行使之果来，恐有司之不戒。俟休边警，当问聘期。坏晋馆以纳车，庶无后悔；闭汉关而谢质，非用前规。想彼素怀，知吾诚意。

出处：《宋史》卷四八七《高丽传》。又见《高丽史》卷一六。

张徵知江州充江南东路制置使制
（建炎三年闰八月前）

敕：浔阳古郡，据上流之地，在东晋时号为重镇，非宿望大臣不以居之。朕今时巡江左，式遏寇攘，缮甲治兵，以张军势。匪我旧辅，孰付帅权。具官风格方严，器宇浑厚。代言西掖，润色居多；执宪中司，纠弹甚峻。逮兹南渡，进总右纲。方赖协恭之诚，遽陈均逸之请。朕命四邻之旧，任重股肱；矧兹多难之辰，忧深屏翰。爰分符竹之寄，俾捍江湖之冲。加畀使名，庸示眷倚。钦予时命，益励远猷。可。

出处:《大隐集》卷三。

撰者:李正民

考校说明:编年据张徽官历补,见《建炎以来系年要录》卷二七。

令行在职事管兵官条奏定居建康安危利害诏
(建炎三年闰八月一日)

朕嗣位累年,寅奉基绪,爱育生灵,凡可以和戎息兵者,卑辞降礼,无所不至。而敌人猖獗,迫逐陵犯,未有休息之期,朕甚悼之。比命杜充提兵防淮,然大江之北,左右应接,我之所守者一,由荆、襄至通、泰,敌之可来者五六,兵家胜负,难可豫言。议者众多,未易偏废,轸念旬月,莫适决择。朕定居建康,不复移跸。与夫右趋岳、鄂,左驻吴、越,山川形势,地利人情,孰安孰危,孰利孰害;以至彼我之所长,步骑之所宜,何险可守,何地可战;某路之钱帛可敛,某郡之谷可漕。其各悉心以致思,明以告朕。昔汉高谋臣良将多矣,都雒之计已定,及闻娄敬一言,而入关之意立决,况吾士大夫之确论,朕岂不能虚怀而乐从之哉! 三省可召应行在职事官兵条具以闻。

出处:《宋会要辑稿》帝系九之二六。又见《建炎以来系年要录》卷二七,《中兴两朝圣政》卷一,《挥麈后录》卷一○,《咸淳临安志》卷一。

李邴知平江府制
(建炎三年闰八月二日)

敕:浙部奥区,苏台重镇。当三江五湖之会,多强宗大姓之家。民俗阜蕃,食货滋殖。乃眷藩垣之任,必资心膂之臣。爰涣茂恩,式隆委寄。具官某智周而材赡,学博而闻多。恺悌足以临民,忠嘉足以谋国。遍仪禁路,殚论思献纳之诚;入赞政涂,有同寅协恭之德。比辞机务,均逸祠庭。念王室多事之秋,正大臣宣劳之日。矧吴门之名郡,欲师帅之得人。畴咨于朝,肆以命尔。朕心朕德,凤惟左右之亲;有社有民,宜布朝廷之惠。抚循良善,摧抑豪强。尚既乃心,图称朕命。可。

出处:《大隐集》卷二。

撰者:李正民

考校说明:编年据《建炎以来系年要录》卷二七补。

胡舜陟知建康府制
(建炎三年闰八月二日)

敕:昔汉高守关中,光武保河内,皆深根固本,以制天下。朕念中原云扰,未有旋旆之日。惟建康实古帝王所宅,又为仁祖兴王之国,符朕躬潜邸之名,形胜具存,亦今日之关河也。付之守帅,可不遴其选哉?具官某智略辐凑,材资俊明,事不辞难,勇于为义。载惟是邦,乃江左要地,是用命尔,以二千石之重,为朕守焉。尔其修捍御之备,励水陆之师,以保长江天堑之险,无令敌人侵轶而已。勉迄尔庸,图称朕命。可。

出处:《大隐集》卷二。

撰者:李正民

考校说明:编年据《建炎以来系年要录》卷二七补。

胡舜陟水军措置使制
(建炎三年闰八月二日)

敕:肄习舟师,屡更使任。未见久长之策,已当危急之秋。宜得其人,俾司厥事。具官材猷敏给,识虑精深。振职台端,风采行于百辟;承流方面,威望著于列城。三载服劳,群盗屏迹。比览奏封之来上,深嘉论议之坚明。更界使权,旋颁召节。载念戈船之利,实防天堑之津。谓尔智之有余,验尔能于已试。历选在服,莫如汝谐。仍延阁之近班,总水犀之长技。往祇朕命,益究乃心。可。

出处:《大隐集》卷三。

撰者:李正民

考校说明:编年据《建炎以来系年要录》卷二七补。《建炎以来系年要录》卷二七:"(建炎三年闰八月戊寅)徽猷阁待制、知庐州胡舜陟知建康府,充沿江都制置使,集英殿修撰王羲叔副之。"《新安文献志》卷七八《胡待制传》:"会杜充以宰相宣抚淮南而制置司罢,徙舜陟提领水军沿江措置使,俄知建康府兼措置水军使。"

王羲叔水军措置副使制

（建炎三年闰八月二日）

　　敕:朕式遏寇虐,经营四方。少安警跸之行,周览江山之胜。俾修守备,当择其人。具官识虑精深,猷为敏达。著君卿行能之美,实山东礼义之家。早历郎曹,遂跻禁从;久辞著位,退处燕闲。朕肆习舟师,屡更使任。未见久长之策,已当危急之秋。历选于朝,肆以命尔。总水犀之节制,捍天堑之要津。其既乃心,亟图厥事。可。

出处:《大隐集》卷三。

撰者:李正民

考校说明:编年据《建炎以来系年要录》卷二七补。《建炎以来系年要录》卷二七:"(建炎三年闰八月戊寅)徽猷阁待制、知庐州胡舜陟知建康府,充沿江都制置使,集英殿修撰王羲叔副之。"《新安文献志》卷七八《胡待制传》:"会杜充以宰相宣抚淮南而制置司罢,徙舜陟提领水军沿江措置使,俄知建康府兼措置水军使。"

诸处不得抽差盐场地分巡检土军诏

（建炎三年闰八月九日）

　　盐场地分巡检下土军,诸处不得抽差。如违及巡捕官擅行发遣,并徒二年。

出处:《宋会要辑稿》食货二五之三四。又见《宋会要辑稿补编》第七七七页。

杜充右仆射制

（建炎三年闰八月十一日）

　　宅百揆而熙帝载,必资斡旋枢机之才;有一德以享天心,斯见感遇风云之会。朕宵衣图治,侧席求贤。思命世之豪英,翊中天之绪业。我有耆隽,告于朝端。具官杜充敦大而裕和,疏通而简重。洽闻该于载籍,敏识贯于堪舆。中外践扬,屡更剧任。事功休显,浸履华涂。分阃制于边陲,憺威名于夷落。兼综龙韬之学,静以伐谋;亲提鹰扬之师,动而制胜。屡省方于南服,畀留钥于中都。存许国之精忠,恢保邦之远略。有严有翼,克成吉甫之征;来旬来宣,爰锡召公之祉。贰枢衡而经武,纡使组以宣风。事不辞难,算无遗策。比载稽于舆议,宜进秉于国钧。升华揆席之隆,兼护天营之重。超增命秩,并衍户租。於戏! 国势阽危,有抱火厝积薪之急;人才间出,惟疾风知劲草之坚。天未丧于斯文,帝乃赉予良弼。尚殚素蕴,宏济多艰。

出处:《宋宰辅编年录》卷一四。

考校说明:《建炎以来系年要录》卷二六、《中兴两朝圣政》卷六等系于建炎三年闰八月十三日。

<h1 style="text-align:center">吕颐浩拜左仆射制</h1>
(建炎三年闰八月十三日)

人主之职论相,敢忘考谨之规。大臣以道事君,克展经纶之蕴。眷我良弼,时惟宗工。久宣机务之劳,爰正冢司之重。式颁典册,诞告缙绅。具官吕颐浩器博而高明,虑周而敏达。学问通乎今古,忠义格乎天渊。获渭水之非熊,美固传于奕世;探虞渊而取日,勋独冠于群工。趋自枢衡,超登揆路。不习孙吴而与之合,既得英卫而济以文。惟劲草可以受疾风,惟盘根然后识利器。变故艰难之日,知无不为;纵容酬酢之间,绰有余裕。属省方于侯甸,总使组于天营。经体赞元,内仪刑于百辟;折冲厌难,外镇抚于四夷。参考师言,载畴显绩。昭示台躔之峻,冠兹宰席之隆。增晋文阶,启封国社。既陪敦于多邑,仍衍食于真租。并示宠嘉,益资励翼。於戏! 申伯才兼于文武,致天下之复平;汾阳身佩于安危,见国家之再造。尚恢远业,毋愧前人。

出处:《宋宰辅编年录》卷一四。

撰者:汪藻

考校说明:编年据《建炎以来系年要录》卷二七补。

<h1 style="text-align:center">范致虚知鼎州制</h1>
(建炎三年闰八月十三日)

朕惟式遏寇虐,康济艰难。当馈兴嗟,岂必借贤于异代;若古有训,亦惟图任于旧人。眷兹师帅重权,宜畀庙堂凤望。尔智博而材赡,文丽而学优。守节不渝,尝闻汲黯之好直;因时或异,遂见徐公之有常。协赞机衡,斯谋必告;荐临方面,靡劳弗宣。兹趣召于遐陬,俾来朝于行在。德与年而弥劭,志虽穷而益坚。还秘殿之华资,以彰体貌;领殊庭之馆御,庸便咨询。乃慷慨以有陈,愿驰驱而自效。惟荆楚之奥壤,实夷獠之与邻。方赖老成,重烦镇抚。杜诗在外,乃心不忘乎朝廷;申伯于蕃,王室允资其屏翰。往祗朕命,尚远乃猷。可。

出处:《大隐集》卷二。

撰者:李正民

考校说明:编年据《建炎以来系年要录》卷二七补。

宫仪转两官遥郡刺史制
(建炎三年闰八月十四日后)

胜敌而擒,兹为妙算;闻功则赏,岂限常规。矧转斗以猝然,决重围于俄顷。忽而不录,何以示公?具官某胆略沈雄,神锋警捷。独出万夫之上,亲更百战之余。比缘强虏之师,遍蹂全齐之地。过城辄下,连壁方坚。汝扬貔虎之威,尽复金汤之固。爰峻加于显秩,仍升刺于大州。勉建奇功,更图茂渥。

出处:《三朝北盟会编》卷一三一。

胡寅直龙图阁宫观制
(建炎三年闰八月十四日后)

敕具官:国家祥符中肇建延阁,以奉祖宗谟训,华榜昭揭,拟古河图。乃置学士、待制等员,以为缙绅劝誉处。而资望未至者,亦俾寓直其间,迄今为五阁之冠,其选任岂不美哉!尔儒雅端亮,跻于柱史,乃以亲疾,祈便奉养。贴以峻职,处之祠庭。尔其益励忠孝之节,以待异时之用。尚其勉之。可。

出处:《大隐集》卷一。

撰者:李正民

考校说明:编年据《宋史》卷四三五《胡寅传》、《建炎以来系年要录》卷二七补。

分擘定防江臣僚诏
（建炎三年闰八月十五日）

分擘定防江臣僚：杜充建康府，王民、孟清、刘经、颜孝恭、曾珏、郭仲荀并听杜充使唤；刘光世太平州，兼保护池州；韩世忠镇江府；辛企宗吴江县；陈思恭福山口；王燮常州。内刘光世仍听杜充节制。

出处：《宋会要辑稿》刑法七之三二。

杜充宣抚使制
（建炎三年闰八月十五日）

敕：安强成道德之威，莫先于正本；折冲在精神之运，尤贵于择人。朕遭时艰难，法古巡狩。暂驻江左，式遏寇攘。方倚用于耆英，往控临于淮甸。宜正使名之重，以光阃寄之雄。具官庄重而渊深，刚方而弘毅。厚德有镇时之望，沉谋烛先事之机。比守两都，尽消群盗。吴汉隐若敌国，民赖以安；李勣贤于长城，寇莫能犯。辍司留钥，入赞筹帷。逮来对于便朝，实副怀于虚伫。人皆欣见其风采，朕亦深挹其谋谟。兹属盛秋，当严武备。仍总枢机之柄，亟驱徒御之行。增重使权，益隆节制。式符众望，庸示眷怀。噫！光弼之号令一新，旌旗改色；万福之威声夙著，草木知名。往励壮猷，图称休命。可。

出处：《大隐集》卷三。
撰者：李正民
考校说明：编年据《建炎以来系年要录》卷二七补。

韩世忠可除西路制置使应沿江防守战守备御之事
并听节制依旧镇江府驻札制
（建炎三年闰八月十五日）

敕：控长江而作镇，既先十乘之行；护诸将以临屯，兹属三军之帅。爰加使号，用壮军容。具官某，沈毅有谋，骁雄无匹。临机而出方略，弗资金版之书；定乱而事干戈，曷取毛锥之用。奋身边塞，宣力颜行。勇盖北方，夜捣全师之坚垒；

勋高南土,生俘同恶之逋囚。乃视秩于三孤,仍兼荣于双节。属当备险,方俾移军。列戍江津,实倚长城之重;分厘浙部,宜归大将之权。遂专节制之雄,庶一师徒之志。临淮号令,觉士气之增新;道济威名,想敌人之严惮。宽予忧顾,勉尔成功。可。

出处:《北海集》卷二。

撰者:綦崇礼

考校说明:编年据《建炎以来系年要录》卷二七补。

诸路送纳金银绢帛之类赴行在送纳诏
(建炎三年闰八月二十日)

日后诸路送纳纲运物色,除见钱并粮斛赴建康府户部送纳外,其余金银绢帛之类并赴行在送纳。其已降朝旨江东转运司收买大麦草数内及折变税草,合赴建康府送纳。

出处:《宋会要辑稿》食货七之一四。又见《宋会要辑稿补编》第五七三页。

朝散大夫充徽猷阁待制知镇江府充两浙西路
安抚使叶焕降授朝散郎制
(建炎三年闰八月二十七日)

敕:膺师帅之托,莫尚于循良;制方面之雄,尤先于镇静。苟辜委遇,宜抵谴诃。具官某夙有能名,疑堪剧任,为徙帅藩之寄,俾增州牧之权。弗能慎重以济功,乃尔狂疏而生事。请不待报,辄募兵于他邦;用非其人,几召乱于属邑。顾京口要冲之地,正江津备御之秋,轻率若斯,设施何赖?聊举黜官之罚,用惩失职之愆。往讼前非,尚图后效。可。

出处:《北海集》卷三。

撰者:綦崇礼

考校说明:编年据《建炎以来系年要录》卷二七补。

叶焕可落职提举亳州明道宫制
（建炎三年闰八月二十七日）

敕：西清次对之联，是为近侍；京口抚绥之任，实控要津。傥公议之靡容，岂非才之宜处？具官某术疏而果，志浅而狂。尝更践于剧烦，或推称其风力，遂膺选择，往备藩宣。进书殿之名，越持从橐；徙帅垣之节，增重守符。期镇理之可能，肆要求而拂拒。顾未闻于治状，忽继览于弹章。宿负隐愆，既犯士夫之清议；轻谋妄作，徒传中外之笑端。初无忧国之诚，何望折冲之效？盖获利则怀自营之计，将脱身而为微罪之行。原情信然，明罚奚逭？收还禁职，黜领真祠。姑从邦宪之常，薄示守官之戒。益思厥咎，毋遂尔非。可。

出处：《北海集》卷三。
撰者：綦崇礼
考校说明：编年据《建炎以来系年要录》卷二七补。

巡幸不得搔扰百姓诏
（建炎三年闰八月二十八日）

镇江府、常州、平江府、秀州并沿路州县人户，不得关闭店舍卖买。专委知州措置军行，并令占宫观寺院庙宇官舍安泊，即不得乱行拘占居民屋舍，如违，当从军法施行。随从除卫兵给蒸湖熟肉外，更无一毫取买。如辄有取觅借索什物，仰州县不得应副，许诸色人经尚书省陈诉。

出处：《宋会要辑稿》方域二之九。

刘洪道知楚州制
（建炎三年闰八月前后）

敕：朕惟敌国内侵，兵无宁岁；寇攘竞扰，民靡奠居。念齐鲁之邦，已悉罹于涂炭；惟淮楚之壤，当益固于藩篱。爰得能臣，俾膺郡寄。具官猷为敏达，学术详明。早践儒林，浸跻郎选。向结倚庐之戚，适当戎事之兴。乃析左符，俾守尔土。智足摧夫强敌，材堪制夫劲兵。方属盛秋，就分近屏；眷兹望郡，俯控长川。是谓可为之时,矧曰必争之地。淮甸既倚之为轻重,江吴亦视之以安危。尚悉乃心,思固吾圉。可。

出处:《大隐集》卷二。

撰者:李正民

考校说明:编年据刘洪道官历及文中所述"念齐鲁之邦,已悉罹于涂炭;惟淮楚之壤,当益固于藩篱"补,见《建炎以来系年要录》卷二七。《建炎以来系年要录》卷二七:"(建炎三年闰八月己丑)武功大夫、忠州刺史、知济南府宫仪屯盘石河,数与金战……仪与京东经略安抚制置使刘洪道奔九仙山,敌又逼之,洪道以余兵二千奔海州。李逵、吴顺乃以密州降金。洪道过楚州,为郭仲威所败,遂至真州。诏仪即真州屯驻。"

张公济除右司员外郎制
(建炎三年九月前)

敕具官:国家元丰中肇建文昌,以六曹分总天下之事,而提纲提领,实在都司。必得明敏之士,乃堪其选。尔以儒雅,缘饰吏事,练达世务,金谓老成,久参郎位之华,既预列卿之贰。比持使节,士誉益孚。其跻省闼之严,以参宰士之列。是为遴柬,尚勉之哉!可。

出处:《大隐集》卷二。

撰者:李正民

考校说明:编年据张公济官历补,见《建炎以来系年要录》卷二八。

中奉大夫新除右司员外郎张公济可除
中书门下省检正诸房公事制
(建炎三年九月前)

敕具官某:朕权时之宜,合东西省,参稽旧制,设检正之官,以分厘细务。任阶给舍,秩视都司,而机事亦与闻焉,其选可谓重矣。以尔智术疏通,才资敏达,践扬中外,绰著风猷。顷重列卿,首将使指,方召还于宰属,且更命于是官。其悉乃心,以佐长吏。纲条不紊,而庶政以行。予则汝嘉,钦哉毋忽。可。

出处:《北海集》卷四。

撰者:慕崇礼

考校说明:编年据张公济宦历补,见《建炎以来系年要录》卷二八。此制当在《大隐集》卷二《张公济除右司员外郎制》之后。

赐端明殿学士左朝奉大夫江南西路安抚大使
兼知洪州赵鼎乞除一宫观差遣不允诏
(建炎三年七月至九月间)

敕赵鼎:省所奏札子,乞除一宫观差遣,事具悉。股肱大臣,义均一体。入则参裨机务,出则分理藩条,中外迭居,祖宗之制也。顾今郡邑空残,民力凋敝,事繁责重,非如平时,此大臣与朕同所宜忧者。览卿所陈,乃以立朝多怨,意有避就,则过矣。卿既以直自许,计在官之事,必公厥心,又何祸患之有?矧卿谓朕能施恩于拔擢进用之初,岂独不能保卿始终待遇之意?苟使人人虑患,自为之谋,咸欲如卿,彼尝更言责而有所抨弹者,是将举不得并立于朝,忠厚之风,斯复焉在?勉安乃职,式副眷怀。所请宜不允。故兹诏示,想宜知悉。秋热,卿比平安好?遣书,指不多及。

出处:《北海集》卷一三。

撰者:慕崇礼

考校说明:编年据赵鼎宦历及文中所述"秋热"补,见《建炎以来系年要录》卷六三、卷六八。

朝散郎充徽猷阁待制提领水军沿江措置制置使
胡舜陟为前知庐州日因郡盗孙琦攻城守御有劳
可特转一官授朝请郎制
(建炎三年闰八月至九月间)

敕:朕注意良翰,分忧大邦。有社有民,既获保安之效;懋官懋赏,可忘旌劝之规?乃眷劳臣,宜加褒典。具官某性仁而勇,气侠而儒。直节忠言,耸宪台之风采;壮猷宏议,伟从橐之论思。顷图师帅之良,尝倚藩宣之重。念彼淮右,鞠为盗区。惠政洽于一方,亲如父母;威声闻于四境,畏甚神明。驱豺虎以遄奔,奠金汤而自若。载嘉往绩,申进文阶。朕方畴其守土之功,付以保江之责,因能而任,堪事何疑。惟尔慨然有为,及此时哉勿失。继有殊宠,伫观厥成。可。

出处:《北海集》卷四。

撰者:綦崇礼

考校说明:编年据胡舜陟官历补,见《建炎以来系年要录》卷二七、卷二八。

程振赠朝议大夫端明殿大学士诏
(建炎三年九月一日)

天凉宋祚,祸逮臣僚。惟尔刑部侍郎程振历仕先朝,中遭危变。始建邀击之议,既沮抑于群言;继兴逆劫之谋,复泄败于媒蘖。卒奉诏旨,督敛赀输;抗节虏廷,丧元刃下。虽杀身成仁,在卿志之已偿;顾主圣臣休,于朕心乎有忝。每追旧事,用是痛心! 兹特赠朝议大夫、端明殿大学士,仍诏以其子若亲属三人进备取用。庶几表平原之节,庸劝后来;尚冀奋睢阳之灵,协图兴复。九原有知,亮兹昭悉。建炎三年九月初一日。

出处:同治《乐平县志》卷首。

吕颐浩罢尚书左仆射同中书门下平章事御营使特授镇南军节度使开府仪同三司醴泉观使食邑食实封如故任便居住制
(建炎三年九月七日)

独化钧陶之上,尝首备于弼谐;闵劳官职之烦,宜特加于崇奖。惟时上宰,实我元勋,兹祈解于近司,爰宠颁于殊渥,诞扬大号,敷告群工。具官某心术疏通,性资明锐。运筹泉涌,独当天下之危机;游刃风生,能断朝廷之大事。昨属艰难之运,尤输经济之忠,冒险直前,服勤无致。取虞渊之日,重正乾坤;问襄野之涂,卒安社稷。顾在廷之莫及,方当宁以仰成。而浸怀偏见之私,殊失大臣之体,占吏员而有亏铨法,专兵柄而几废枢庭。下吴门之诏,则虑失于先时;请浙右之行,则力违于众议。既人言之浯至,于物望以靡谐。屡腾引去之章,莫副挽留之意。念有铭书之伟绩,难从策免之常规,乃峻彝章,务全体貌。植牙建纛,总节制于雄藩;执璧面槐,视班联于上衮。假以真祠之佚,从其私计之安。皆儒臣希有之荣,盖邦国久虚之典。朕为无歉,汝亦有终。於戏! 险夷一心,非忠诚孰能至此? 进退二道,惟明哲足以尽之。矧兼将相之崇,靡缺君臣之遇,毋云去位,不我告猷。

出处:《浮溪集》卷一二。又见清抄一百五十卷本出处:《圣宋名贤五百家播芳大全文粹》卷九〇,《建炎以来系年要录》卷三二,《宋宰辅编年录》卷一四,《宋四六选》卷三。

撰者:汪藻

考校说明:编年据《宋会要辑稿》职官七八补。

陈邦光除刑部侍郎制
(建炎三年九月八日)

敕:文昌六卿之贰,品秩惟均;宪部三典是司,条章滋众。矧在险阻艰难之际,凡居论思献纳之联,思协公言,必图凤望。具官某论辩阔博,问学淹通。文足以广国华,材足以通世务。望之射策,早擢于科甲;主父奏书,尝嗟于晚见。遂陟西垣之峻,旋临南夏之雄。无施不宜,所居可纪。向召从于远服,趣来还于近班。逮此造朝,允符前席。宜辍司于国用,俾总谳于邦刑。傅古义以决疑,其克修于尔职;有嘉猷则入告,尚益究于乃心。济时多艰,对予休命。可。

出处:《大隐集》卷一。

撰者:李正民

考校说明:编年据《建炎以来系年要录》卷二八补。

张守签书枢密院制
(建炎三年九月八日)

敕:天下之兵至众,操柄必在于朝廷;堂上之奇无穷,胜算莫先于樽俎。朕绍承令绪,思济多艰。念匈奴之日骄,叹得臣之犹在。爰图髦杰,入赞枢机。具官靖深而能谋,端方而不挠。智足以知当世之取舍,学足以造古人之渊源。久总台纲,实参国论。远矣君子之虑,利哉仁人之言。磨涅不能磷缁,刚柔无所吐茹。属枢廷之虚位,眷词禁之得贤。与其因笔墨以成文,发予号令;曷若运帷幄以决胜,修我戎兵。特跻秘殿之名,兼峻文阶之序。进联宥密,协济事功。噫!上兵伐谋,靡待干戈之用;真儒无敌,允资德义之修。尚远乃猷,图称朕命。可。

出处:《大隐集》卷三。

撰者:李正民

考校说明:编年据《建炎以来系年要录》卷二八、《宋宰辅编年录》卷一四补。"签书枢密院",《建炎以来系年要录》卷二八、《宋宰辅编年录》卷一四作"签书枢密院事"。

周望宣抚使制
(建炎三年九月八日)

敕:决胜千里,允资帷幄之谋;宣力四方,必赖股肱之助。眷予枢辅,总国兵机。思远振于军容,俾暂将于使指。具官中正不挠,弘毅敢为。邵毅既说于诗书,翁归兼备于文武。单车出使,屡通邻国之情;十乘前驱,实仗元戎之略。既克平于遹寇,益增重于威名。遂跻常伯之联,进陟中枢之峻。朕念江汉上游之地,是为荆楚四战之郊。宜乘轺传以按临,悉总连城之节制。击楫而济,祖逖奋威于中原;抵几以行,公瑾收勋于赤壁。聿臻绥靖,式仁旋归。可。

出处:《大隐集》卷三。

撰者:李正民

考校说明:编年据《建炎以来系年要录》卷二八补。

端明殿学士朝奉大夫同签书枢密院事周望可除两浙宣抚使制
(建炎三年九月八日)

敕:自南渡以来,乱靡有定,敌不去境,人情未安。思得魁垒之臣,付以折冲之寄,尽护诸将,镇兹要津。我求其人,得于近辅。具官某深沈而精敏,敦大而高明。行义足以厉风俗之偷,忠诚足以荷邦家之重。居无择事,任不辞难。北使强邻,衔命冒兵交之险;南平遹寇,出师行天讨之诛。载畴勋庸,延置宥密。摅发经纶之蕴,备闻帷幄之谋。朕方移跸南巡,留屯近戍,其即枢机之任,往铁钺之威。维患必豫防,正循江而严备;顾兵难预度,烦总众以亲临。伫闻绥靖之期,还倚赞襄之助。体予注意,勉尔成功。可。

出处:《北海集》卷四。

撰者:慕崇礼

考校说明:编年据《建炎以来系年要录》卷二八补。

禁官兵搔扰客人诏
(建炎三年九月十日)

国家养兵,全在茶盐以助经费。近来州军把隘官兵以搜检奸细为名,非理搔扰,致客人畏避,有妨折运舟船变卖物货。令所在通、知多方禁止,犯者具姓名申尚书省,并依军法施行。

出处:《宋会要辑稿》食货三二之二二。又见《宋会要辑稿补编》第七〇一页。

监司守臣不得缘军兴横敛诏
(建炎三年九月十日)

监司守臣今后不得并缘军兴妄有横敛。如违,命官窜海外,吏人决配。

出处:《宋会要辑稿》刑法二之一〇二。又见《宋会要辑稿补编》第六八六页。

禁江东西等路守倅出受谒及接送诏
(建炎三年九月十二日)

江东西、湖南北、两浙、福建守倅,今后并不许出谒及受谒、接送。违者,徒三年。虽监司亦不许接送。如系休务假日准此。官属非实缘干办事,妄作名目辄求差出,与差者各徒二年。

出处:《宋会要辑稿》刑法二之一〇二。又见《宋会要辑稿补编》第六八六页。

根刷到并州县起到钱物依法于军资库桩收诏
(建炎三年九月十六日)

诸路漕运司差官根刷到诸路钱物见于别库寄收,并以后州县起到钱物,并须管依法于军资库桩收。如违及不经勘旁支给,官窜岭南,人吏决配,并不以去官、赦降原免。

出处:《宋会要辑稿》食货五四之七。又见同书食货五二之三二。

邢㑧责授汝州团练副使英州安置诏
(建炎三年九月十六日)

靖康之春,金人既退,正国家坚明信誓,以靖多难,而邢㑧小生,首倡结伊都之议,李纲和之。遂令敌国有辞,再致凌犯,迫迁二圣,涂炭万民。职此厉阶,至今为梗。则生事败国,义不容诛。而乃雄据要藩,尚临民社。虽㑧之颜面无耻,而国之典刑当正。可责授汝州团练副使、英州安置,仍令荆湖北路提刑司差人押赴贬所。

出处:《北海集》卷五。

邢㑧责授汝州团练副使英州安置制
(建炎三年九月十六日)

敕具官某:乃者靖康之难,戎骑既旋,盍思守约以靖民,何至徼功而生事?维时愚相,信尔狂生,弗量用间之难,徒负败盟之曲。结其贵将,为此厉阶。肆敌国之有辞,乘中原之无备,荐兴军旅,再犯京师。致两宫勤沙漠之行,使万民罹涂炭之苦。噬脐靡及,流涕何追!顾当时主议之臣,既从远斥;独先事首谋之罪,未抵严诛。犹窃任于藩宣,乃安临于民社。尔则无耻,国当有刑,其更散秩之员,往即遐荒之窜。尚知宽宥,无重悔尤。可。

出处:《北海集》卷五。
撰者:綦崇礼
考校说明:编年据《建炎以来系年要录》卷二八补。

徽猷阁直学士朝请郎陈彦文可先次落职制
(建炎三年九月十六日)

敕:端木赐,孔门高第,而货殖;韩安国,汉朝名臣,而资贪。如彼昔人之贤,未免后世之议,矧非其匹,可有是疵。具官某,早陟近班,久更烦使。属此艰虞之际,起于摈废之中,图有一日之长,付以九江之责。驱攘盗贼,实宣捍御之劳;抚养罢羸,顾乏廉平之誉。掊取无艺,侵渔一空。既徙厥官,尽去其籍。会枢臣之出使,按罪迹以上闻。方劾实于台僚,难厕名于从橐。其镌禁职,往对狱辞。尚省尔愆,无尤邦宪。可。

出处:《北海集》卷五。
撰者:綦崇礼
考校说明:编年据《建炎以来系年要录》卷二八补。

诸路监司不得差待阙官出干事诏
(建炎三年九月十七日)

诸路监司今后差官属出干事,不得差待阙官。如辄差,其元差官司及被差官各徒二年,不以去官、赦降原减。

出处:《宋会要辑稿》职官四五之一六。

广南东路监事委通判专行诏
(建炎三年九月十七日)

应广南东路监事,并委通判专行,务要客贩通快,仍常切钤束官司协力奉行。如敢违戾,并令按劾。

出处:《宋会要辑稿》职官四七之六五。

程迈除太常少卿制
(建炎三年九月二十二日)

敕具官某:奉常职典天地,任兼礼乐。凡历代之沿革,本朝之典故,皆当深思而熟讲之,以参酌情文述作之本旨。自非博习之士通于古今者孰能任之?尔以儒学决科,以文雅饰吏,荐更剧任,继历要涂。比自螭坳,复持使节,宣劳于外,亦既阅时。兹用召还,俾居秩宗之任。斯为清选,尚勉之哉!可。

出处：《大隐集》卷二。

撰者：李正民

考校说明：编年据《建炎以来系年要录》卷二八补。

陈邦光知镇江府制
（建炎三年九月八日至二十四日间）

　　敕：设官分职，文昌为政事之源；宣化承流，刺史居吏民之表。眷予近列，方造明廷，宜膺柬求，式分委寄。具官某风猷英迈，智略深通。彬彬徐幹之文，纚纚马周之论。早被非常之遇，骤更不次之迁。荐析州符，屡逾岁纪。逮来朝于行在，俾进陟于贰卿。念当戎辂之戒涂，尤重朱方之近屏。地隆京口，城迫江津。惟武备之未修，顾帅臣之屡易。与其持橐簪笔，参兹侍从之班；孰若缮甲治兵，固我封疆之守。跻华延阁，作镇大邦。允资材术之长，实出眷怀之厚。伫观来效，庸称茂恩。可。

出处：《大隐集》卷二。

撰者：李正民

考校说明：编年据陈邦光宦历补，见《建炎以来系年要录》卷二八。

减东南和预买绅绢诏
（建炎三年九月二十四日）

　　朕累下宽恤之诏，而迫以经费，未能悉如所怀。今闻东南和预买绸绢，其弊尤甚，可行下两浙、江东西路于见买数内蠲减四分之一，以宽民力。仰逐路转运司今后预桩见钱依时俵散。如违，重置典宪。

出处：《宋会要辑稿》食货三八之一三。又见《建炎以来系年要录》卷二八，《文献通考》卷二〇，《宋史全文续资治通鉴》卷一七。

陈邦光移知建康府制
(建炎三年九月二十四日)

敕:朕省方侯甸,移跸近邦。惟置器之未安,念橐弓之无日。分屯师旅,控扼襟喉。爰求侍从之良,俾任藩宣之寄。具官某谋议深博,材资俊明。早润色于西台,旋镇临于南服。比朝行在,进陟贰卿。辍从荷橐之近班,付以朱方之巨屏。惟时建业,实古名都。据吴会之要冲,命相臣而留抚。资尔术略,修彼戎兵。宜析左符,就更重镇。能通世务,儒者虽乐于有为;思济时危,人臣固难于择事。图称朕命,益既乃心。可。

出处:《大隐集》卷二。

撰者:李正民

考校说明:编年据《建炎以来系年要录》卷二八补。

胡唐老知镇江府制
(建炎三年九月二十四日)

敕:朕省方侯甸,移跸近邦。惟置器之未安,念橐弓之无日。分屯师旅,控扼襟喉。爰求侍从之良,俾任藩宣之寄。具官某材猷敏劭,识虑精深。早更台阁之华,继奉麾符之守。荡平逋寇,荐奏肤功。遂进陟于近班,仍易临于重镇。属枢臣之将命,顾幕府之须材。载念朱方,夙称京口。适严武备,已驻大将之鼓旗;遴柬帅臣,俾总连城之节制。允繄术略,协济事功。尚悉乃心,图称朕命。可。

出处:《大隐集》卷二。

撰者:李正民

考校说明:编年据《建炎以来系年要录》卷二八补。

朝散大夫秘阁修撰知衢州胡唐老可除徽猷阁待制知镇江府充浙西路安抚使制
(建炎三年九月二十四日)

敕:西清次对之联,是为近侍;京口抚绥之任,实控要津。敷求文武之通才,庶协搢绅之公论。具官某系出华胄,名闻上庠。提椠怀铅,饱艺文于芸省;明目张胆,耸风采于霜台。出分师帅之忧,适据闽吴之会。比更大盗,安保坚城。恩威既著于吏民,施设具存于条教。载畴绩用,进易藩宣。升延阁之近班,俾参法从;付临江之雄镇,兼制列城。庶均一郡之功,并浃七州之惠。国方多难,奖扶允赖于折冲;时已盛秋,备御正资于设险。奠兹南土,倚尔长城。往服训词,伫观成效。可。

出处:《北海集》卷二。

撰者:綦崇礼

考校说明:编年据《建炎以来系年要录》卷二八补。《大隐集》卷二已有《胡唐老知镇江府制》。《建炎以来系年要录》卷二八:"(建炎三年九月己巳)徽猷阁待制、知建康府胡舜陟为两浙宣抚使司参谋官,徽猷阁直学士、知镇江府陈邦光为显谟阁直学士、知建康府、沿江都制置使,徽猷阁待制、两浙宣抚使参谋官胡唐老知镇江府。"注文曰:"舜陟、邦光之除,熊克《小历》系之十一月己酉。案唐老实代邦光,而《日历》四年四月壬辰有唐老母康氏乞恩泽状云自宣谋移镇江府,十一月三日到任,决不是初五日除。《日历》闰八月四日陈邦光知建康府,九月七日陈邦光除刑部侍郎,此亦差误。案《建康知府题名》,陈邦光今年十月到任,以时考之,当是九月二十四日除,日历误差一月,今移附此。但不知唐老何以许时方到官,当考。"《宋史》卷四五三《忠义八·胡唐老传》:"(建炎)三年,知衢州……以功擢秘阁修撰,未几,进徽猷阁待制,充两浙宣抚司参谋官,知镇江府兼浙西安抚使。"

汤东野除待制依旧知平江府制
(建炎三年九月一日至二十五日间)

敕:朕躬履至尊,遭时多故。师徒沸扰,宫闱震惊。非赖股肱心膂之臣,与夫藩垣屏翰之寄,提兵入卫,扶义抗章,孰能协济而戡斯难哉?具官某夙蕴智谋,素怀节义。使华将命,风力著闻。郡国承流,教条孚信。比属勤王之举,载嘉宣力之劳。尽瘁赴功,竭忠卫社。宜进从班于延阁,复仍旧治于苏台。用昭庆典之行,聿为有功之劝。可。

出处:《大隐集》卷二。

撰者:李正民

考校说明:编年据汤东野宦历补,见《建炎以来系年要录》卷二八。《绍定吴郡志》

卷一一载汤东野以徽猷阁直学士、中大夫两知平江府,或误。

汤东野徽猷阁直学士知平江府制
(建炎三年九月二十五日)

敕:分职六卿,盖重朝廷之体;承流千里,式隆屏翰之权。惟内外之势既殊,则名位之实必称。方膺委寄,宜涣宠章。具官某器局靖深,材资敏劭。果艺以达,得孔堂从政之方;经术而文,继汉儒饰吏之美。荐更事任,蔼著声猷。眷兹吴门,乃尔旧治。顷缘移跸之务,实繄先置之行。颍川愿借于寇恂,西河欣迎于郭伋。俾即贰卿之秩,仍纡太守之章。属议臣之有陈,稽旧典而或戾。谓创开于近比,非增崇于本朝。宜更延阁之班,专布名藩之政。矧吏民素遵于条教,而关梁方谨于谁何。尚悉乃心,益观来效。可。

出处:《大隐集》卷二。
撰者:李正民
考校说明:编年据《建炎以来系年要录》卷二八补。《宋代诏令全集》误系于建炎三年九月八日癸丑(第二三六一页)。

邹浩可特与追复龙图阁待制制
(建炎三年九月二十六日)

敕:朕履兹艰运,迹彼乱源,伤谄佞之成风,悼忠良之获罪,肆褒遗直,用劝在官。故具官某处心不欺,养气至大。言期寤意,引裾尝犯于雷霆;计不惜身,去国再迁于岭徼。具臣动色,志士倾心。英爽不亡,想生气之犹在;奸谀亦死,知朽骨之尚寒。其还延阁之清资,少慰重泉之幽愤。噫,为善之效,其报也长。身虽抑于生前,志卒伸于地下。尚其肸蠁,歆此宠光。可。

出处:《北海集》卷二。又见《宋史》卷三七八《綦崇礼传》。
撰者:綦崇礼
考校说明:编年据《建炎以来系年要录》卷二八补。标题后原有綦崇礼后裔所加按语:"此词乃先祖行草,具官告假,李正民舍人当直,不复改作,用先祖词,以己名行下。"

沈积中可特追复资政殿学士还旧官与合得致仕恩泽制
（建炎三年九月二十六日）

敕：乃者燕山之役，谋之不臧。贪目前尺寸之利，而亡以善其后。靡敝中国，启衅夷狄，卒成意外之祸。呜呼，谁生厉阶，至今为梗。既往何及，言之痛心！以尔故具官某，顷使朔陲，备闻初议。迨今师阃，实始兴言，乃独抗章，陈其不可。致权臣之甚恶，陷狱吏之深文。奄至没身，遂遭削籍。载惟前事，良恻朕心。矧元恶之已诛，顾重辜之未洗，是用还文阶之峻秩，复秘殿之隆名。仍推延世之恩，并视漏泉之泽。魂而不泯，尚克歆承。可。

出处：《北海集》卷二。
撰者：綦崇礼
考校说明：编年据《建炎以来系年要录》卷二八补。原书正文之前有以下说明文字："敕(此字疑衍)会沈积中昨知真定府，力陈不可取燕山，所献书具在。童贯深恶其言，奏差积中所仇，置狱根究，文致其罪，遂至追夺。九月二十六日，三省、枢密院同奉圣旨，特追复资政殿学士，还其旧官与合得致仕遗表恩泽。"

巡幸随驾百司不得取索州县诏
（建炎三年九月二十九日）

朕巡幸所至，应什物供帐之具，不许于民间科配。诏旨丁宁，诚谕切至。访闻百司玩习须索，却成搔扰。仰尚书省札下应随驾百司，不得于州县取索分文以上物色。如违，其监官及当行人吏并坐赃论，及私受馈送者准此。

出处：《宋会要辑稿》方域二之九。

谕刑部给降空名告札事诏
（建炎三年九月二十九日）

契勘应给降空名告札等，先注籍，仍取会有无补授之人及姓名、因依销簿。

出处：《宋会要辑稿》职官一一之六八。

梁汝嘉直秘阁制
（建炎三年九月）

敕：中秘寓直,清选也。异时文学材能之士,咸得庀职其间,所以劝在列而起治功也。尔倅贰支郡,服采惟勤。朕比因时巡,再临浙部。供帐趣办,民不告劳,则尔之材能可见矣。自顷贰车,未尝贴以秘职,今以命尔,是为优恩,其尚知劝而勉哉！可。

出处：《大隐集》卷一。
撰者：李正民
考校说明：编年据周必大《平园续稿》卷二九《梁汝嘉神道碑》补。按,周必大《庐陵周益国文忠集》含《省斋文稿》《平园续稿》《玉堂类稿》等子目,为省篇幅,本书引用《庐陵周益国文忠集》时一般仅标注子目,以下不再一一说明。

赵鼎侍御史制
（建炎三年九月）

敕：宪府职在纠弹,台端号为雄剧。维持政体,督察官邪,傥正色而立朝,可不绳而自肃。尔材猷敏达,议论坚明。尝赋命于使华,旋记功于选部。顷粊谏省,执法殿中,不为义疚而利回,岂以刚吐而柔茹。抨弹既允,裨益居多。其升横榻之严,进贰中司之峻。惟尔之任职者,见于已试;而朕之用尔者,盖以叙迁。益奋厥忠,奚俟多训。可。

出处：《大隐集》卷一。
撰者：李正民
考校说明：编年据《建炎以来系年要录》卷二八补。

谢克家徽猷阁学士知泉州制
（建炎三年九月）

敕：设官分职,文昌为政事之原;宣化承流,刺史乃吏民之表。匪时贤德,曷称选抡。具官造道深醇,秉心端亮。既孜孜而奉国,每惓惓而纳忠。上庠居师儒之官,西省联谏诤之列。遂遍更于华要,旋出殿于藩垣。召自南邦,进跻八座。方资辰告,乃以疾辞。升延阁之崇资,镇温陵之巨屏。宣扬惠泽,抚字远民。尚既尔心,图称朕命。可。

出处:《大隐集》卷二。
撰者:李正民
考校说明:编年据《建炎以来系年要录》卷二八补。

<h2 style="text-align:center">右武大夫吉州团练使泾原路经略安抚使
知渭州曲端可除遥郡防御使制
(建炎三年九月)</h2>

　　敕:朕注意将臣,分忧边镇。建旌就道,已谐谋帅之求;出綍疏恩,申赍临戎之宠。具官某材空冀北,气禀山西。谋合孙、吴,进退中事机之会;名追程、李,恩威得军律之宜。自历艰难,荐膺任使。众许摧锋之勇,屡闻却敌之功。遂拥高牙,往临方面。爰进兵防之重,式增阃寄之雄。慨念疆陲,比多凋敝。抚循里俗,实资守土之良;绥附羌夷,宜讲和戎之利。务农积粟,蕃马练兵。共守卫于中原,其削平于外寇。副予所望,时乃之休。可。

出处:《北海集》卷三。
撰者:綦崇礼
考校说明:编年据《宋史》卷三六九《曲端传》补。《建炎以来系年要录》卷二七:"(建炎三年闰八月)是月……宣抚处置使张浚自建康至襄阳,留二十日,召帅守、监司令预储蓄,以待上西幸。浚方搜揽豪杰为用,以泾州防御使、新除御营使司提举一行事务曲端在陕西屡与敌角,欲仗其威声,承制拜端威武大将军、宣州观察使,充本司都统制。端登坛,将士欢声雷动。端退,谓之曰:'使刘平子在,端安敢居此。'""承制拜端威武大将军、宣州观察使,充本司都统制"事在建炎三年十二月,见《宋史》卷二五《高宗纪》。

287

责授安远军节度使范致虚可复旧官除资政殿学士提举中太一宫制
（建炎三年九月）

敕：山有猛兽，知藜藿之无伤；国倚老臣，视典刑而犹重。眷惟故弼，久屈遐荒，宜颁起废之恩，用示急亲之举。具官某才兼文武，学贯古今，望凤领于搢绅，名素闻于夷夏。逢时被用，虽一岁九迁，而人靡间言；去国遭谗，盖终朝三褫，而己无愠色。更百为于夷险，挺一节以周旋。顾国步之艰难，正人情之危惧。咨老成之智，思获壮猷；访仁人之言，冀闻长利。召从岭表，入对省中。嘉谋既沃于朕心，宠命可稽于朝听？其复文阶之峻秩，并还秘阁之隆名，假领真祠，式优耆哲。军机未定，正资借箸之谋；国事有疑，更仸抵龟之决。维我旧德，岂烦训辞。可。

出处：《北海集》卷四。又见《宋四六选》卷三。
撰者：慕崇礼
考校说明：编年据《建炎以来系年要录》卷一七补。《建炎以来系年要录》卷一七系于"（建炎）三年九月辛丑"，然是月无辛丑日。

赐报张浚西行三奏手书
（建炎三年九月）

卿自离阙，曾未几时，奇画深规，忠言谠论，著之简牍，已三上矣。虚怀领览，嘉叹不忘。

出处：《晦庵先生朱文公文集》卷九五《张公行状》。又见康熙《绵竹县志》卷三。

赐杨惟忠奖谕诏
（建炎三年秋）

敕惟忠：朕以久劳宿卫，备罄忠勤，宫掖远行，实系保护。比由章贡，还次鄱阳。将士同心，能体朕意。行虽永久，无扰吾民。非总率有方，何以至此？眷言尽瘁，深用叹嘉。故兹奖谕，想宜知悉。秋冷，卿比安好？遣书，指不多及。

出处:《北海集》卷九。

撰者:綦崇礼

考校说明:编年据文中所述"宫掖远行,实系保护。比由章贡,还次鄱阳"及"秋冷"补,见《建炎以来系年要录》卷二五。

赐新除建康府路安抚大使兼知池州
吕颐浩乞给假将治不允诏
(建炎三年秋)

敕颐浩:省所奏:"比因饮食不时,遂致胃弱,因伤寒变为疟疾。伏望俯念衰残,给假将治,才候稍安,即兼程起发前去。"事具悉。为臣之规固重于进退,许国之谊宜徇于安危。乃眷元臣,实勤多难。扁舟径去,身虽远于朝廷;魏阙遐瞻,心谅存于王室。属此防秋之急,肆先作牧之求。素志克伸,何恙不已?中兴江表,今复见于夷吾;薄伐太原,尚有劳于吉甫。其趣介圭之觐,副兹仄席之思。所请宜不允,仍依累降指挥,疾速前来赴行在,奏事讫之任。故兹诏示,想宜知悉。秋热,卿比安好?遣书,指不多及。

出处:《北海集》卷一二。

撰者:綦崇礼

考校说明:编年据吕颐浩宦历及文中所述"秋热"补,见《建炎以来系年要录》卷三四。

赵令崶起复黄州制
(建炎三年十月前)

敕具官:列城共理,国之藩垣;要经从宜,理有权变。方遭时之右武,斯以义而断恩。尔顷执亲丧,乃辞王事。顾黄陂之支郡,亦淮右之要津。欲捍侵凌,当图备豫。宜服晋侯之墨,往分汉守之符。勉修厥官,恩固吾圉。可。

出处:《大隐集》卷二。

撰者:李正民

考校说明:编年据赵令崶宦历补,见《建炎以来系年要录》卷二八。

赵令峸直龙图依前知黄州制
(建炎三年十月前)

　　敕具官：昔唐天宝之际，张巡、许远守睢阳，身殒而名传；薛愿守淮阳，城全而事不显。杜牧乃有"良臣不如忠臣"之论。顷自扰攘以来，敌国内侵，寇盗充斥，二千石能保其城郭者鲜矣。尔以宗室子任符竹之寄，忠勇自奋，备御有方。身被重伤，誓以固守，保全城垒，民赖以安。乃俾进直河图，以为尔宠，所以劝良臣也。尚勉之哉，聿观后效。可。

出处：《大隐集》卷二。
撰者：李正民
考校说明：编年据赵令峸官历补，见《建炎以来系年要录》卷二八。此制当在原书同卷《赵令峸起复黄州制》之后。

朝散郎权都大同主管成都府等路茶马赵开可除直秘阁制
(建炎三年十月前)

　　敕具官某：自昔中秘之府，豪英所群，寓直其间，时谓高选，非显有勤绩，不轻假人。以尔干局敏强，性资忠厚，远将使指，克以才称，其从芸阁之游，式重皇华之寄。益思竭尽，嗣有宠褒。可。

出处：《北海集》卷四。
撰者：綦崇礼
考校说明：编年据赵开官历补，见《建炎以来系年要录》卷二八补。

按察官岁上所发擿赃吏姓名以为殿最诏
(建炎三年十月一日)

　　诸路按察官自通判至监司，岁具发擿过赃吏姓名，置籍申尚书省，以为殿最。即有失察而因事闻者，重谴之。

出处：《建炎以来系年要录》卷二八。

书填度牒等专委近上职级即时书填给付诏
（建炎三年十月十二日）

今后令诸路转运、提刑司遇有合书填度牒等,专委近上职级即时书填给付。如敢非理阻节乞取去处,并许越诉者,官当窜逐岭南,人吏并配海岛。

出处:《宋会要辑稿》职官一三之三〇。

武功大夫忠州刺史淮南西路提刑马识远可除
右武大夫知寿春府兼淮南西路安抚使制
（建炎三年十月二十三日前）

敕:监司帅守,为职不同,然于恤民御寇,平亭狱讼,经略所部,逆待不虞,方时艰难,其责任均也。具官某学究韬钤,治游盘错。盖由策武,擢置抢魁。更事任之既多,出材能而自见。其还使节,往殿要藩。进升横列之荣,以重中权之寄。惟淮右当水陆奔冲之会,而寿春承兵火伤残之余。屏翰长江,辅车近甸。乃眷按临之旧,当知缓急之宜。必内安闾里之居,渐消奸宄;而外谨关梁之备,深戒侵凌。务足食而足兵,俾且耕而且战。需尔报政,宽予顾忧。可。

出处:《北海集》卷三。又见《永乐大典》卷一三五〇七。
撰者:綦崇礼
考校说明:编年据《建炎以来系年要录》卷二八补。

刘锡辞免熙河路安抚使不允批答
（建炎三年十月二十三日后）

朕以卿屡禀庙谟,习知边锁。方时多故,未宽西顾之忧;藉尔一行,特付中权之任。兹为优眷,倚俟壮猷,何为固辞,殊咈予听?

出处:《浮溪集》卷一五。
撰者:汪藻
考校说明:编年据刘锡宦历补,见《建炎以来系年要录》卷二八等。

赡学钱粮户部置籍拘催诏
(建炎三年十月二十四日)

今后赡学钱粮并从户部置籍拘催,诸路提刑司收桩。敢有隐漏、不实,并依供报无额钱物隐漏法断罪。

出处:《宋会要辑稿》食货五六之四二。

许客人于行在送纳见钱或用金银算请钞引诏
(建炎三年十月二十五日)

客人愿于行在送纳见钱或用金银算请钞引者听,仍令提领司措置受纳,限日下给公据或合同递榜前去,令杭州本场候到,日下算给钞引。

出处:《宋会要辑稿》食货五五之二五。

富直柔特转一官诏
(建炎三年十月二十八日)

右谏议大夫富直柔遇事敢谏,皆合大体。艰难之中,赖其献替,以裨朕躬。可特转一官,报行天下,使知朕优贤纳谏之意。

出处:《建炎以来系年要录》卷二八。

沈与求兵部员外郎制
(建炎三年十月)

敕具官:汉以尚书为中台,御史为宪台,二者地望略等。自唐以来,南省为重。国朝以台察省,虽任职不同,其选则均也。尔以儒学之美,列属推弹。议论慨然,风采振起。为郎武部,其职甚清。往祗厥官,嗣有褒陟。可。

出处:《大隐集》卷二。

撰者：李正民

考校说明：编年据《建炎以来系年要录》卷二九补。

赐湖南广南江东西抚谕诏
（建炎三年十月后）

朕比避敌锋，来临海徼，念父兄之在远，忧宗社之阽危，不辞卑礼以屈尊，务欲休兵以息战。乃阻威益甚，修好莫从，遂率众以长驱，至渡江而深入。虽蹂践城池之不免，幸杀伤士马之相当。既尔凭陵，即从引避。言念方隅之远，颇艰诏令之通，爰遣使人，往宣朕旨。尔其各扬厥职，善抚吾人，期共复于邦图，用上承于天意。

出处：《浮溪集》卷一三。

撰者：汪藻

考校说明：编年据文中所述"朕比避敌锋，来临海徼……乃阻威益甚，修好莫从，遂率众以长驱，至渡江而深入"等补，见《建炎以来系年要录》卷二八等。

李擢徽猷阁待制制
（建炎三年十一月前）

敕：朕惟祖宗圣神相继，咸有谟训，载在方册，历代宝之，藏于延阁。又命儒学之士寓直其间，以为咨访讨论之地。其选任顾不美哉！具官文辞之敏，行义之良，早被征求，荐跻华贯，掖垣琐闼，尝已践更。属时艰危，久辞著位。宜还次对之选，以备内朝之臣。往即钦承，无忘励翼。可。

出处：《大隐集》卷一。

撰者：李正民

考校说明：编年据李擢宦历补，见《建炎以来系年要录》卷二九。

郑望之吏部侍郎制
（建炎三年十一月前）

敕：唐制右列三铨，掌于武部；本朝肇分四选，总于天官。方时多虞，尤号难治。惟品流之庞杂,员患其多;矧典籍之散亡,吏得以肆。欲司厥事,必惟其人。具官某识虑精明,材猷敏济。顷郎曹之分职,正戎马之在郊。奋身请行,抗节而出。遂陟近班之峻,以昭信誓之劳。旋徇公言,乃从远适。兹召还于著位,将协济于事功。俾参常伯之联,专掌武阶之众。尔其纠摘真伪,审核条章。人无滞留之嗟,吏绝欺罔之弊。斯为称职,尚勉之哉! 可。

出处:《大隐集》卷一。
撰者:李正民
考校说明:编年据《建炎以来系年要录》卷二九补。

惠柔民礼部万格祠部并员外郎制
(建炎三年十一月前)

敕某官等:文昌之政,兼总治官;宗伯之联,特为清选。掌南宫之章奏,举祀典之礼文,列属其间,必求名士。尔等由庠序进,以儒学称。宜参郎位之华,往佐春官之长。各恭尔事,勿替厥勤。可。

出处:《大隐集》卷二。
撰者:李正民
考校说明:编年据万格官历补,见《建炎以来系年要录》卷二九。

郑望之工部侍郎制
(暂系于建炎三年十一月前)

敕:文昌为万化之源,水部掌百工之事。虽缮修营造,在巡幸之日有不暇为;而献纳论思,凡侍从之臣悉资辰告。肆颁明命,褒进迩僚。具官某知术疏通,材猷敏达。荐更事任,绰著能称。当虏骑之济河,以单车而出使。遂修邻好,峻陟近班。逮信誓之载渝,徇公言而远适。朕方时巡江左,式遏寇攘,思得豪俊之人,共济艰难之运。尔顷缘使事,能察虏情,宜还持橐之联,俾赞筹帷之密。济予经画,赖尔谋猷。往称茂恩,尚恢远御。可。

出处:《大隐集》卷一。
撰者:李正民

考校说明：编年据李正民任两制时间、郑望之宦历补，见《建炎以来系年要录》卷二九。靖康元年，郑望之假工部侍郎为军前计议使（见《宋史》卷三七三《郑望之传》）。然据文中"朕方时巡江左，式遏寇攘"，此制当作于高宗朝。《建炎以来系年要录》《宋会要辑稿》《宋史》等史籍未见郑望之高宗朝除工部侍郎之记载。《宋史》卷三七三《郑望之传》："建炎初，李纲以望之张皇敌势，沮损国威，以致祸败，责海州团练副使，连州居住。纲罢，诏望之为户部侍郎，寻转吏部侍郎。论王云之冤，帝为感动，复云元官，与七子恩泽。寻兼主管御营司参赞军事。论航海不便，忤旨，以集英殿修撰再领亳州明道宫。"《建炎以来系年要录》卷二九建炎三年十一月戊辰条称郑望之为"新除吏部侍郎"，其除工部侍郎或在除吏部侍郎之前。

青州刘洪道奖谕敕书
（建炎三年六月至十一月间）

　　朕惟全齐沃衍之区，遭强寇凭陵之毒，连城莫守，毁节相望。卿挺志孤坚，奋身忠勇。以阖境凋残之后，于横流奔沸之中，裒集兵民，指挥将帅，掩群凶而麕击，救一路于阽危。将乘其锋，悉复诸旧。载披来奏，深用叹嘉。

出处：《浮溪集》卷一六。
撰者：汪藻
考校说明：编年据刘洪道宦历及汪藻任两制时间补，见《建炎以来系年要录》卷二九等。

建炎三年十一月三日德音
（建炎三年十一月三日）

　　御敌者莫如自治，动民者当以至诚。朕自缵丕图，即罹多故，昧绥怀之远略，贻播越之深忧。虽眷我中原，汉祚必期于再复；而迫于强敌，商人几至于五迁。兹缘仗卫之行，尤历江山之阻。老弱扶携于道路，饥疲蒙犯于风霜。徒从或苦绎骚，程顿不无烦费。所幸天人协相，川陆无虞，仿治古之时巡，即奥区而安处。言念连年之纷扰，坐令率土之流离，乡间遭焚劫之灾，财力困供输之役，肆夙宵而轸虑，如冰炭之交怀。嗟汝何辜？由吾不德。故每畏天而警戒，誓专克己以焦劳。欲睦邻休战，则卑辞厚礼以请和；欲省费恤民，则贬食损衣而从俭。苟可坐销于氛祲，殆将无爱于发肤。然边陲岁骇，而师徒不免于屡兴；馈饷日滋，而征敛未遑于全复。惟八世祖宗之泽,岂汝能忘? 顾一时社稷之忧,非予获已。少俟寇攘之息,首图蹔省之宜。况昨来蒙蔽之俗成,致今日凌夷之祸亟。虽朕意日求于民瘼,而人情终壅于上闻。主威非特于万钧,堂下自遥于千里。既真伪有难凭之患,则遝迍衔无告之冤。已敕辅臣,相与虚怀而听纳;亦令在位,各须忘势以咨询。直言者勿遭危疑,忠告者靡拘微隐,所期尔众,咸体朕怀。尚虑四民兴失职之嗟,百姓有夺时之怨。科需苛急,人心难俟于小康;犴狱繁滋,邦法有稽于末减。乃用迎长之节,特颁在宥之恩。於戏! 王者宅中,夫岂甘心于远狩;皇天助顺,其将悔祸于交侵。惟我二三之臣,与夫亿兆之众,亟攘外侮,协济中兴。

出处:《浮溪集》卷一三。又见《三朝北盟会编》卷一三四,《新安文献志》卷一,《奇赏斋古文汇编》卷一四一,《四六法海》卷一,《宋四六选》卷一,《江右文钞》卷二。
撰者:汪藻
考校说明:此德音内容原书未载,《宋会要辑稿》载有部分内容,今录以备考:

访闻州县近因军兴,并缘为奸,非理科率。如修城科买砖石,采斫材木,及沿江州郡科造木筏,致费四五十千,大困民力。并令日下住罢。如依旧科率,许人户越诉,及探访得知,其当职官并窜岭表。(《宋会要辑稿》刑法二)

访闻两浙人户岁出丁盐钱,每丁钱纳钱二百二十七文。后来并令折纳绢一尺,绵一两,已是太重。近年以来,户口减耗,丁盐钱价未尝蠲除,至有一丁认三丁之赋。加以近岁绵绢价高,比之纳钱,暗增数倍。民户重困,无甚于此。自今第五等以下人户一半依旧折纳外,余一半只纳见钱。(《宋会要辑稿》食货一二)

访闻川路盐井有岁久井水耗淡煎盐不成去处,人户乞封闭井口,缘州县虑减损课额,例不肯相验封闭,人户至有破产,以此民间不敢告发新井。若州县不惮相验封闭,即人户告发必多,公私两便。令逐路漕臣躬亲按视,详加体究,如有抑勒人户不肯封闭官吏,奏劾,取旨施行。(《宋会要辑稿》食货二五)

陈戬太常少卿制
(建炎三年十一月四日)

敕具官某:昔齐仲孙湫适鲁,犹秉周礼,知其未可动也。朕当艰难之际,未尝不谨于礼。故比虽裁损溢员,九卿之列皆罢,而太常之官独存焉,岂非隆礼而重本哉? 尔儒雅自将,操行无玷,台僚省户,皆所践更。其贰奉常,以掌郊庙朝廷礼仪之事。虞舜命九官,于伯夷作秩宗,曰:"夙夜惟寅,直哉惟清。"盖不如是,不足以交神人也。往祗尔职,尚勉厥修。可。

出处:《大隐集》卷二。

撰者:李正民

考校说明:编年据《建炎以来系年要录》卷二九补。

程迈除检正制
(建炎三年十一月四日)

敕具官:中书、门下,机要之司,给事中、舍人皆为其属。然列于从官,各有职守。纠驳讽议,莫非朝廷大务,至文墨细故,参酌典法,督责稽违者,又不可以无其人。此朕设检正以察诸房之事也。尔儒学之美,吏治之明,有称于时,见于已试。践更中外,再至九卿。兹用仍其旧职,处之宰属。是为高选,其益懋哉! 可。

出处:《大隐集》卷二。

撰者:李正民

考校说明:编年据《建炎以来系年要录》卷二九补。

流寓文武官给钱有差诏
(建炎三年十一月七日)

昨降指挥,流寓文武官许破格差岳庙宫观一次。其请受与支破本身料钱衣赐外,选人自承直郎至迪功郎给钱五贯文,仍于付身内该说系破格差注,令所属批上文历,于所居州军按月批勘;堂除并依格除授人自依常法,文臣朝奉郎以上、武臣武翼大夫以上,十贯;文臣宣教郎以上、武臣修武郎以上,七贯;文臣承务郎以上五贯,武臣承信郎以上三贯。

出处:《宋会要辑稿》职官五七之六四。

都省奏守倅有端坐廨宇一两日不出厅者答诏
(建炎三年十一月九日)

自今及有职事及急速利害,并许接见外,受谒、出谒依已降指挥,如依前废事,仰监司按劾以闻。

出处:《宋会要辑稿》刑法二之一〇三。

验实新法度牒条诏
(建炎三年十一月十日)

新法度牒如客人再行翻改往别路州军者,许令经守臣陈状,当官拆实封递牒验实,于公据后批凿"某州军某年月日验认,别无虚伪"。系衔用印押字,仍别给折角实封递牒,当官面付客人赍执前去所指州军货卖。如更愿翻改,亦依此施行。

出处:《宋会要辑稿》职官一三之三〇。
考校说明:疑此诏与同日《新法度牒不得擅书填诏》(同书同卷)为同一诏令之不同部分。

新法度牒不得擅书填诏
(建炎三年十一月十日)

今后应书填新法度牒官司,候书填讫,当日出给公据付本人,于受戒处照验,方许受戒。其私下辄擅书填人,欲依私拆递牒法断徒二年罪,赏钱三百贯文。

出处:《宋会要辑稿》职官一三之三〇。

两浙转运司具所得指挥申尚书省取旨应副诏
(建炎三年十一月十二日)

两浙转运司除承受行在指挥应副外,其余去处,令本司具所得指挥申尚书省取旨应副。

出处:《宋会要辑稿》食货四九之三七。

令逐路提刑司将经制钱尽数起发依限赴行在诏
（建炎三年十一月二十日）

经制钱令尚书省每十日一次札下逐路,东南八路提刑司遵依已降指挥,恣意拘收,每季终便行尽数起发,赴行在送纳,不得视为文具。若稍有违慢,致有隐漏,或不依限起发,提刑司官重行窜逐,人吏决配海岛。

出处:《宋会要辑稿》食货三五之二〇。又见同书食货六四之八六。

斩向大猷诏
（建炎三年十一月二十一日）

前知滨州向大猷为臣不忠,屡为叛逆,移文指斥,罪状深重。可令越州领赴市曹处斩。

出处:《建炎以来系年要录》卷二九。

禁海舶擅载外国入贡者诏
（建炎三年十一月二十二日）

海舶擅载外国入贡者,徒二年,财物没官。

出处:《庆元条法事类》卷七八。又见《建炎以来系年要录》卷二九。

移跸浙西迎敌谕中外诏
（建炎三年十一月二十三日）

朕纂承以来,深轸念虑,谓父兄在远,而兵民未抚,不欲身陷于锋镝,故包羞忍耻,为退避之谋,冀其逞志而归,稍得休息。卑辞厚礼,遣使相望,以至愿去尊称,甘自贬黜,请用正朔,比于藩臣。在建康则遣洪皓、崔纵、杜时亮,在平江则遣张邵,其为书指,无不曲尽哀祈。假使金石无情,亦当少动。近报金人一项自采石,一项自黄州渡江,生民嗷嗷,何时宁息!今诸路兵聚于江、浙之间,朕已移跸浙西,为迎敌之计。我将佐人民,与其束手待毙,不若并计戮力,以存国家。

出处:《建炎以来系年要录》卷二九。

撰者:汪藻

回浙西迎敌诏
(建炎三年十一月二十三日)

　　国家自遭金人侵逼,无岁无兵。朕篡承以来,深轸念虑,谓父兄在难,而吾民未抚,不欲使之陷于锋镝,故包羞忍耻,为退避之谋,冀其逞志而归,稍得休息。自南京移淮甸,自淮甸移建康,自建康移会稽,播迁之远,极于海隅。卑词厚礼,遣使相望,以至愿去尊称,甘心贬屈,请用正朔,比于藩臣。在建康则遣洪皓、崔纵、杜时亮,在平江则遣张邵,其为书旨,无不曲尽哀祈。假使金石无情,亦当少动。近探报,金人一项于和州欲渡采石,一项于黄州渡兵,已至兴国军界,是朕累年卑屈拳拳哀祈者,卒未见从,生民嗷嗷,何时宁息?今诸路兵聚于江、浙之间,朕不惮亲行,据其要会。如金人尚容朕为汝兵民之主,则朕于事大之礼,敢有不恭?或必欲窥我行在,倾我宗社,涂炭生灵,竭取东南金帛子女,则朕亦何爱一身,不临行阵,以践前言,以死保群生?朕已取十一月二十五日移跸前去浙西,为迎敌之计。惟我将士人民,念国家涵养之恩,二圣拘縻之辱,悼杀戮焚残之祸,与其束手待毙,曷若并计合谋,同心戮力,奋励而前,以存国家。故兹诏示,想宜知悉。

出处:《宋会要辑稿》兵七之一五。又见《建炎以来系年要录》卷二九,《宋史》卷一一四出处:《礼志》,《宋元通鉴》卷六三。

禁舡户揽载无券引军人诏
(建炎三年十一月二十五日)

　　今后舡户辄敢揽载无券引军人,不以曾与不曾作过,许诸人告捉,每名支赏钱五十贯,其犯人并依军法施行,及舡户名下船没官,或给告捕人充赏。如军人散往私小路乡村僻静处作过,其经从官司失觉察,致透漏去处,并科违制之罪。

出处:《宋会要辑稿》刑法二之一〇三。

范宗尹除参知政事制
(建炎三年十一月二十五日)

敕:朕履险阻艰难之会,怀宗庙社稷之忧。迫蹙侵陵,曾无宁岁;震荡播越,靡有奠居。思得豪英之材,共济阽危之运。具官某清明而博达,简重而粹夷。奥学贯于本元,沈谋周于事物。惟众口易諰之日,当诸儒射策之辰,首发谠言,力扶颓俗。逮寇难之遽作,以直谅而见思。擢置宪台,遂跻谏省。比召从于外服,旋进长于中司。慷慨济时之心,密勿安邦之论,屡观献纳,灼见忠嘉。宜峻陟于文阶,俾参陪于政路。天下之势如置器,必审处于安危;邦家之基在得贤,每因人而轻重。往服朕命,其远乃猷。可。

出处:《大隐集》卷一。
撰者:李正民
考校说明:编年据《建炎以来系年要录》卷二九、《宋史》卷二五《高宗纪》、《宋宰辅编年录》卷一四补。

万格监察御史制
(建炎三年十一月二十五日)

敕具官:御史府,朝廷纪纲所寄。自分建六察,以督文昌诸曹之政事,凡有稽违,皆得纠而治之,于是抨弹之职,益为雄峻。尔刚介不屈,儒学自将。黄舍郎曹,誉处休显。宜易冰厅之简,往践霜台之严。尔其澄肃官僚,振举法度,斯为称职,尚勉之哉!可。

出处:《大隐集》卷一。
撰者:李正民
考校说明:编年据《建炎以来系年要录》卷二九补。

赵鼎除御史中丞制
(建炎三年十一月二十五日)

敕:昔谏议大夫郑昌有言:山有猛兽,藜藿为之不采。是以汲黯在朝,淮南寝谋;干木处魏,诸侯息兵。矧居纲纪之地,持纠弹之权,为吾中执法者乎! 诚得人而任之,则精神折冲,有见于朝廷之上矣。具官操行直方,志气刚大。既洁身而无党,每论事而不回。自总杂端,风节甚峻。属中司之虚位,顾横榻之久专。宜进长于南台,俾澄肃于在列。真卿之当至德,绳治不异于平时;孔纬之在凤翔,造朝独先于百辟。勿以扰攘而废厥职,思于艰难而尽其忠。往体训言,期予于治。可。

出处:《大隐集》卷一。

撰者:李正民

考校说明:编年据《建炎以来系年要录》卷二九补。

端明殿学士朝奉大夫同签枢密院事
周望可除中大夫同知枢密院事制
(建炎三年十一月二十五日)

敕:入则总枢机之任,以制胜于庙堂;出则宣军旅之威,以折冲于戎敌。膺此艰难之托,属予魁垒之臣,不有褒隆,曷昭眷倚。具官某直方而不挠,庄重而有谋。将命出疆,数冒干戈之险;奉辞伐罪,克申铁钺之诛。忠信弗渝,勋劳备著。进举本兵之务,俾参近辅之联。惟著意以方深,顾循名而未称,宜深位次,以正官仪。眷吴会之要津,扼敌人之要路。王师在戍,姑授印于军中;巨寇即平,还运筹于帷内。安危所系,中外维均。益既乃心,无忘朕训。可。

出处:《北海集》卷三。

撰者:綦崇礼

考校说明:编年据《建炎以来系年要录》卷二九补。"同签枢密院事",《建炎以来系年要录》卷二九作"签书枢密院事"。《宋代诏令全集》以《宋宰辅编年录》卷一四为据系于建炎三年十二月(第一三三〇页),《宋宰辅编年录》卷一四实未载此事,见王瑞来《宋宰辅编年录校补》(中华书局,一九八六年,第九四五页)。

赐浙东宣抚副使郭仲荀诏
(建炎三年十一月二十五日后)

朕以金人渡江,移幸傍郡,委卿宣抚浙部,统率将士,以捍强敌。始欲俟朕驻跸明州，期卿等来，今会到钱谷数极微少，深忧乏绝，以饥我师。而又探闻敌师已围建康，分兵由常、或宣徽、或衢婺，以窥会稽，则区区之意，专在朕躬。又思敌人虽强，劳师远袭，已非所利，而况吴越阻山带江，地皆沮洳，道径隘狭，得地之利，于兹为多。若以逸待劳，以少击众，资卿忠智，诚非所难。又思国家艰难以来，裁损百费，竭力养兵。若俟缓急，以保卫为名，不复接战，已非本意；而又君臣聚首，窜身海隅，纵获生存，岂不有愧？朕中夜思念，寝食靡遑。今卿与张俊、辛企宗有甲兵二万，并李邺所聚民兵亦约万人，西阻涛江，南依山险，以此众战，谁能御之？卿宜审思，以身督战。大将以下，有不用命，当以军法从事。俟卿战退大敌，功状来上，即除卿同知枢密院事。故兹亲笔，卿宜知悉。

出处：《毗陵集》卷一。

撰者：张守

考校说明：编年据郭仲荀宦历补，见《建炎以来系年要录》卷二九。张守时为同签书枢密院事。

赐御营都统制辛企宗诏
（建炎三年十一月二十五日后）

朕比委卿于会稽，固非得已，始图驻跸，驰驿召卿。今闻敌师之东，专于窥朕，四明空乏，无以聚兵。朕之精兵，皆会吴越，若不依地利之险阻，作士气以驱攘，则君臣窜身，去将焉避！中夜思念，图济艰危。已诏仲荀、俊戮力协谋，以捍远敌。况闻分兵而来，其徒必不众多。惟卿宗族，被遇累朝，卿之忠嘉，朕所体悉，告辞之际，屡布悃诚。谅不以入卫为心，则天下非朕所有。卿宜体国家之急，忘位貌之殊，贾勇争先，无致嫌隙。赏罚之柄，朕不敢私，傥有成功，即颁旄钺。示兹亲笔，朕不食言。

出处：《毗陵集》卷一。

撰者：张守

考校说明：编年据辛企宗宦历及文中所述"朕比委卿于会稽"等补，见《建炎以来系年要录》卷二九等。张守时为同签书枢密院事。

参知政事范宗尹故曾祖德赠太子少保制
（建炎三年十一月二十五日后）

敕：朕眷礼大臣，盖俯殊于庶位；褒崇先世，乃上及于曾门。惟流庆之有来，顾疏恩之可后？具官故曾祖某，韬光布素，隐迹丘园。独矜天爵之修，曾靡世荣之慕。考之报施，宜有吉祥。生而不享于其躬，没乃克兴于厥后。锺之三世，大彼一门。方延置于疑丞，俾参陪于政事。首举显先之典，用章积善之休。贲嘉命于九原，陟春宫之二品。尚其肸蠁，知克歆承。可。

出处：《北海集》卷二。

撰者：綦崇礼

考校说明：编年据范宗尹官历补，见《建炎以来系年要录》卷二九。

参知政事范宗尹故曾祖母朱氏杨氏制
（建炎三年十一月二十五日后）

敕：眷礼大臣，盖俯殊于众位；褒崇先世，乃上及于曾门。惟衍庆之有来，顾疏恩之可后？具官故曾祖母某氏，出自良族，嫔于吉人。既无愧于平生，肆有兴于后裔。锺此三世，大其一门。方延置于疑丞，俾参陪于政事。首举显先之典，用彰积善之休。锡嘉号于小君，贲新恩于幽穸。尚其肸蠁，知克钦承。可。

出处：《北海集》卷二。

撰者：綦崇礼

考校说明：编年据范宗尹官历补，见《建炎以来系年要录》卷二九。

参知政事范宗尹故祖昌可赠太子少傅制
（建炎三年十一月二十五日后）

敕：朕眷遇大臣，复绝百僚之礼；显扬先阀，并推三世之恩。盖积善之源既深，肆流根之泽亦厚。具官某故祖某，生有懿行，没遗令名。凤传美于当年，初无缺行；审贻谋于后叶，宜有显人。锺此贤孙，为吾近辅。方延登之伊始，稽典故之攸存。宠追祖庙之光，超亚储闱之傅。英灵不泯，嘉命其承。可。

出处:《北海集》卷二。

撰者:綦崇礼

考校说明:编年据范宗尹官历补,见《建炎以来系年要录》卷二九。

参知政事范宗尹故祖母制
(建炎三年十一月二十五日后)

敕:朕眷遇大臣,复绝百僚之礼;显扬先阀,并推三世之恩。盖积善之源既深,肆流根之泽亦厚。具官某故祖母某氏,生有懿行,没遗令名。夙传闺阃之风,犹作乡闾之法。蓄其余庆,锺此闻孙。方延置于岩廊,首褒崇于祖庙。追贲筓珈之赠,式增泉壤之光。魂而有知,服我嘉命。可。

出处:《北海集》卷二。

撰者:綦崇礼

考校说明:编年据范宗尹官历补,见《建炎以来系年要录》卷二九。

参知政事范宗尹故父昱可赠太子少师制
(建炎三年十一月二十五日后)

敕:朕登用宝臣,参陪机政,岂独公朝之喜,亦惟私阀之荣。宜有宠章,逮其考妣。具官某故父某,抱能未试,藏器弗沽。宗族称其慈仁,乡闾推其信谊。于公驷马,兹无愧于高门;韦氏一经,终有传于遗子。克生令器,为时显人。养志何追,但美流根之泽;教忠有自,方收报国之功。欲慰孝心,式嘉褒典。举密章之一命,亚储苑之三师。英爽不忘,追崇未艾。可。

出处:《北海集》卷二。

撰者:綦崇礼

考校说明:编年据范宗尹官历补,见《建炎以来系年要录》卷二九。

参知政事范宗尹故前母李氏郝氏制
（建炎三年十一月二十五日后）

敕：朕登用宝臣，参陪机政，岂独公朝之喜，亦惟私阀之荣。宜有宠章，逮其考妣。具官某故前母某氏，生禀淑质，来嫔庆门。惟妇职之无亏，惜天年之不永。克相夫家之祉，锺兹嗣叶之贤。均被子恩，何殊己出。锦囊犀轴，爰追贲于彩纶；翟茀鱼轩，用增光于泉壤。尚其冥漠，知克歆承。可。

出处：《北海集》卷二。
撰者：綦崇礼
考校说明：编年据范宗尹官历补，见《建炎以来系年要录》卷二九。

参知政事范宗尹故母李氏制
（建炎三年十一月二十五日后）

敕：朕登用宝臣，参陪机政，岂独公朝之喜，亦惟私阀之荣。宜有宠光，逮其考妣。具官某故母某氏，妇仪之善，母道之严。相其夫，则闺门之内无违；训其子，则朝廷之间有立。发为贤业，服在近司。方收报上之忠，宜慰显亲之志。爰稽故事，式举彝章。特纡纶綍之华，追贲筓珈之贵。尚其幽爽，歆此新恩。可。

出处：《北海集》卷二。
撰者：綦崇礼
考校说明：编年据范宗尹官历补，见《建炎以来系年要录》卷二九。

参知政事范宗尹妻张氏可封和义郡夫人制
（建炎三年十一月二十五日后）

敕：朕登用宝臣，参陪机政，岂独公朝之喜，亦惟私室之荣。宜有宠光，逮其伉俪。具官某妻张氏，赋资淑慎，禀质柔明。既擢秀于闺房，宜作嫔于君子。献可以替否，曾弗夺于家谋；尽公不顾私，岂无资于内助？爰稽彝典，用侈新恩。甫从一命之初，遽锡小君之号。往祗休渥，嗣有褒封。可。

出处:《北海集》卷二。

撰者:綦崇礼

考校说明:编年据范宗尹宦历补,见《建炎以来系年要录》卷二九。

赐两浙制置使韩世忠诏
(建炎三年十一月后)

迩者金人南渡,遂陷建康,复遣偏师,径趋杭越,朕以宗社之重,暂避其锋。然念敌人劳师深入,冒犯阻险,残暴亡厌,殆天亡之时也。比在会稽,吕颐浩献议,欲会京口,邀截归路,以为永图,方须卿来,讲究利害。遂览来奏,及图上方略,实契朕怀。惟卿忠愤之诚,谋虑之审,千里之外,不谋而同,载观规图,深所嘉叹。倘能投机,一战取胜,则中兴宋祚,惟卿之功,不次之赏,朕不敢靳。凡获敌所有资财玉帛,尽予将士。已令降空名告札二百道,用资激赏,及助军需。勉践尔言,以副期待,故兹告示,想宜知悉。

出处:《毗陵集》卷一。又见《名臣碑传琬琰之集》卷一三《韩忠武王世忠中兴佐命定国元勋之碑》。

撰者:张守

考校说明:编年据韩世忠宦历及文中所述"迩者金人南渡,遂陷建康,复遣偏师,径趋杭越……比在会稽,吕颐浩献议,欲会京口,邀截归路,以为永图,方须卿来,讲究利害"等补,见《建炎以来系年要录》卷二九等。"两浙制置使",《建炎以来系年要录》卷二七、卷二九等作"浙西制置使"。张守时为同签书枢密院事。

福建路转运提刑奖谕敕书
(建炎三年十一月后)

朕比缘国步之艰,越至海隅之阻。尔等忠能体国,志在纾邦,前期哀经赋之常,倍道助行朝之费。忧思及此,嘉叹久之。

出处:《浮溪集》卷一六。

撰者:汪藻

考校说明:编年据汪藻任两制时间及文中所述"越至海隅之阻"等补,见《建炎以来系年要录》卷三〇。

唐璟任和州通判日金人内侵势力不加遂至杀害赠两官制
(暂系于建炎三年十一月后)

敕：尔顷以郡丞，登陴捍寇，死获其所，良所叹伤。秩以议郎，俾书其枢，以明忠善之有报也。尚歆耀之！可。

出处：《紫微集》卷一九。

考校说明：编年据唐璟卒年补，见万历《和州志》卷八。张嵲此时未任两制，此文或为《紫微集》误收。

陈起宗直徽猷阁都大提举川陕路茶马制
(建炎三年十二月前)

朕惟马政不修，无甚今日，军容废缺，朕甚忧之。以尔少有俊才，累更幕府，必能为吾讲摘山之利，得充厩之良，协和种羌，贸易无壅。是用进凝严之直，为临遣之荣。昔卫文公承国迁之后，元年车三十乘，末乃十之。岂区区诸侯之国，而今不及古哉？在尔勉之而已。

出处：《浮溪集》卷八。

撰者：汪藻

考校说明：编年据陈起宗官历补，见《建炎以来系年要录》卷三〇。

曲端知渭州制
(建炎三年十二月前)

敕：陕右奥区，平凉古郡，统制夷落，表里关河。宜得爪牙之臣，往任藩垣之寄。具官材资弘毅，智略深沈。学通玉帐之奇，气禀金方之劲。早共武服，屡积战功。比统率于西师，以缉绥于陕服。朕念关中之险固，实为天下之本根。士马精强，歌谣慷慨。稍失藩篱之守，半为蛇豕之场。宜纠合于邻邦，力恢复于列郡。自顷连帅之职，靡亲行阵之临。方时多虞，岂遑自逸。凡今警急之报，尚何文法之拘。援枹鼓以徂征，冀旌旗之改色。永清全雍，以济我师。其益励于壮猷，用钦承于远御。可。

出处:《大隐集》卷二。

撰者:李正民

考校说明:编年据《宋史》卷二五《高宗纪》、卷三六九《曲端传》补。

李迨除户部侍郎制
(建炎三年十二月八日)

敕:文昌政事之本源,民部财赋之管辖。兼《周官》司徒、司会之职,总唐室度支、盐铁之权。于时列曹,号为剧任。欲贰厥事,每难其人。具官某智术周通,材资夙给。服劳郎署,已观心计之良;列属宰庭,克著声猷之美。干戈未定,调度方烦。全师驻于会稽,馈饷资于左户。俾陟贰卿之峻,往图经费之充。士饱而嬉,无乏千金之用;师直为壮,伫收三捷之勋。尚悉乃心,期称朕命。可。

出处:《大隐集》卷一。

撰者:李正民

考校说明:编年据《建炎以来系年要录》卷三〇补。

起复中散大夫试尚书户部侍郎兼权御营使
司参赞军事李迨乞持余服不允诏
(建炎三年十二月八日后)

朕属艰难之运,须济办之才,不究利源,孰资军实?以卿通明无壅,更练已多,兹升禁近之联,俾贰剧烦之部。当趋邦国之急,暂辍家庭之忧,勉服攸司,毋庸有请。

出处:《浮溪集》卷一四。

撰者:汪藻

考校说明:编年据《建炎以来系年要录》卷三〇补。

刘洪道知明州制
(建炎三年十二月十四日)

敕:朕惟四明奥区,西限重江,东奄左海,在承平之时,号为无事。比因外敌冯陵,移跸于此。事丛人众,供亿萧然。非有文武智术者,不足以胜守臣之职也。具官躬应务之材,怀御众之略。顷守东秦,屡摧强敌。提兵远涉,纪律甚明。山涛暗合孙吴之言,充国习知夷虏之事。今干戈未定,州县多虞。尔其式遏寇虐,惠绥黎元,固城守,明斥堠,以制胜于未形,则所赖以为安者,非特尔一邦而已,可不勉哉!

出处:《大隐集》卷二。
撰者:李正民
考校说明:编年据《建炎以来系年要录》卷三〇补。

宋辉直龙图阁发运副使制
(建炎三年十二月十四日)

敕:朕惟江淮六路,财赋之渊薮,而发运使副,实总治之。自外敌冯陵,移驻江左。仰给调度,视平日为多;而懋迁有无,于一时为急。欲任厥事,可不惟其人哉?尔材力强敏,心计精明。事不辞难,所临必最。舳舻应募,则千艘毕集;转输浮海,则万斛安济。已试之效,卓然可观。是用命尔,进直河图,以总东南之漕计。尔其究心乃事,济时多艰。益著尔劳,思称朕命。可。

出处:《大隐集》卷三。
撰者:李正民
考校说明:编年据《建炎以来系年要录》卷三〇补。"直龙图阁",《建炎以来系年要录》卷三〇作"直徽猷阁",注文曰:"《日历》书除直龙图阁,误也,辉明年正月乃除直龙图。"

刘诲赠直龙图阁制
(建炎三年十二月十八日)

生,好物也;死,恶物也。好物乐也,恶物哀也,乐生哀死,人之情也。圣人之治,顺人情而已。刘诲山阳之守臣,钱唐之寓公也。纷然围城之中,推以为守而奉承之,非深知其贤为可恃也;指以为叛而剿绝之,非深知其罪为可诛也。事穷势迫,人人自危,横议之发,初无根柢,卒使身涂草野,尸混卒伍,是亦不幸焉尔。锡以宠名,官其遗息,姑以致哀死之义而已。尚其不昧,知享此哉。

出处:《三朝北盟会编》卷一三五。

赐 张 俊 诏
(建炎三年十二月十九日)

惟卿忠勇,事朕累年,非卿则倡义谁先,非朕则前功俱废。卿宜戮力,共捍贼兵,一战成功,当封王爵。

出处:《三朝北盟会编》卷一三五。

赐 威 武 大 将 军 曲 端 诏
(建炎三年十二月前后)

朕遭时多艰,移跸暂避。眷关中阻山带河之势,为天下劲兵健马之区,捍我边虞,倚时将略,邈在遐外,惕然顾怀。曩临遣于枢臣,俾昭宣于德意。惟卿姿禀沈毅,世笃忠勋,久提貔虎之师,式著疆场之略。比览行台之近奏,益知分阃之贤劳。已建殊名,俾护诸将。旁兼制于五路,外折冲于二边。用彰推毂之诚,复峻廉车之秩。宠嘉特异,眷倚可知。庶图展尽于猷为,岂复致疑于谗间。朕念隆上都而观万国,孰逾关陕之雄;得猛士以守四方,远相韩彭之烈。其体朕志,无愧前修。

出处:《毗陵集》卷一。
撰者:张守

311

考校说明:编年据曲端官历补,见《宋史》卷二五《高宗纪》。张守时为同签书枢密院事。

赐严州柳约诏
(建炎三年十二月后)

金人入寇,遽犯临安,复遣偏师,远及明、越。朕方避地,遵海而南,将士惰骄,鲜复用命。卿守偏邦,慨然请行,欲与诸郡合从,克复吴会。比览来文,良用嘉叹。今张俊在明州,已闻捷报;韩世忠全军在槜李,杜充在仪真,各图邀击。已令周望遣陈思恭统兵前去,收复临安。卿更审量事宜,统率将士土豪,以决进讨。如不可躬行,即选将官前去。候立功绩,当不次褒擢,其余将士土豪等第推恩。故兹亲笔,想宜知悉。

出处:《毗陵集》卷一。又见周必大《省斋文稿》卷二九《柳公约神道碑》。
撰者:张守
考校说明:编年据柳约官历及文中所述"今张俊在明州,已闻捷报"等补,见《淳熙严州图经》卷一、《建炎以来系年要录》卷三〇等。张守时为同签书枢密院事。

刘晏直龙图阁制
(建炎三年十二月后)

敕具官:比自外敌冯陵,继以寇盗,其能先登贾勇,以挫其锋者鲜矣。尔以忠力自奋,纠率戎行,阻隘鼓儳,杀敌决胜。乃俾进直河图,以为尔劝。是谓不次之赏矣,其益思所以称之。可。

出处:《大隐集》卷一。
撰者:李正民
考校说明:编年据刘晏官历补,见《宋史》卷四五三《刘晏传》、《建炎以来系年要录》卷三〇。

明州城下与金人接战阵亡将官谞俊可赠鄂州观察使制
（建炎三年十二月后）

敕：朕厚赏战多，优褒死事，所以劝有功而哀尽节也。故具官某夙以材勇闻于军中，鄞江之役，力战以没，主帅言状，朕甚悼之。噫，士固有临敌忘生而义不反顾者，身虽陨，而忠烈之名以垂不朽，而激懦夫。与夫畏怯逗挠、玩寇苟生之徒，盖有间矣。廉车峻秩，肆以追命。魂而不泯，尚克钦承。可。

出处：《北海集》卷二。

撰者：慕崇礼

考校说明：编年据明州之战时间补，见《建炎以来系年要录》卷三〇。

临安府民兵抚恤敕书
（建炎三年十二月后）

敕临安府民兵等：省本府奏，自金人攻陷府城，内外民兵，并力拒敌，血战五日，方始城破，又缘诸县村保，防护岩密，往往多被掩杀，缘此怨恨，临行之日，焚烧屋宇，城郭一空，比之其他残破州郡，被祸尤酷，实可痛恻，欲望优加抚恤事。朕惟左衽之凭陵，奄及东吴之都会，尔等挺身御敌，为国忘生，率其忠义之豪，挫彼侵陵之暴。逮逾累日，方失坚城。凡分坞壁之屯，皆奋兵戈之锐。缘兹厚毒，为我深仇。洎敌骑之旋归，举民居而焚荡，靡思人怨而神怒，惟务井堙而木刊。言念吾民，重罹此祸，眷疮痍之未复，每寤寐以兴嗟。已遣守臣，往宣恩意，其各从于安集，以同待于承平。故兹抚恤，想宜知悉。

出处：《浮溪集》卷一六。

撰者：汪藻

考校说明：编年据文中所述"自金人攻陷府城"等补，见《建炎以来系年要录》卷三〇。

减福建广南上供银诏
（建炎三年）

访闻福建、广南自崇宁以来,岁收买上供银数浩瀚,陪备搔扰,民力不堪。可自后岁减三分之一,以示远方宽恤之意。

出处:《宋会要辑稿》食货六四之六一。又见同书食货三四之一七。

与金国元帅请和书
（建炎三年前后）

顷罹邦祸,时止缘亟徇于民心,有失先资于大国。今则尽携臣属,远窜蛮荆。念守御以图存,师徒莫振;欲逃奔而求免,封域已穷。故因元帅而主,所冀宅中而受命,无烦涉远以劳师。

出处:《建炎以来系年要录》卷二五

考校说明:李心传原注云:"臣家藏杂书一编,号《国史拾遗》者,杂记绍兴和战时文字,其中有《请和诏》,略云……未知此即(汪)藻所草耶,或又它人作也。今姑附此,或可削去。"省略部分即此文。此文题为《请和诏》,然按其内容,实似高宗与金国元帅书之残文。

高宗朝卷四　建炎四年(1130)

晁公为直秘阁知台州制
(建炎四年正月前)

敕:朕惟东粤之壤,民物康阜,凡在守臣,尤加遴择。尔雍容文雅,誉处甚休。进直中秘之严,往莅名邦之寄。有民有社,尚勉之哉! 可。

出处:《大隐集》卷二。

撰者:李正民

考校说明:编年据晁公为官历补,见《建炎以来系年要录》卷三一。

林遹待制知福州制
(建炎三年三月至建炎四年正月间)

敕:东瓯故区,福唐都会。旁连百粤,兼总七闽。在治安之时,镇临为重;当扰攘之际,抚驭尤难。宜择近臣,往分委寄。具官材猷通敏,学术淹该。以文章成名,居多杰思;用儒雅饰吏,蔼著能声。比殚润色之劳,愿就词廷之选。朕念南方之巨屏,荐更赤子之弄兵。溪山阻深,民俗剽悍,思得贤守,安而治之。惟尔久在里间,身习知其情伪;尝持使节,下亦服其教条。宜剖左符,往谕朕指。尚图来效,庸称朕恩。可。

出处:《大隐集》卷二。

撰者:李正民

考校说明:编年据林遹官历补,见《建炎以来系年要录》卷二一、卷三一。乾隆《福州府志》卷三〇称林遹建炎四年九月以徽猷阁待制知福州,"四年"或为"三年"

之误。

知徐州赵立治郡忠劳显著可特转武德大夫
兼阁门宣赞舍人充管内安抚使制
(建炎三年七月至建炎四年正月间)

敕具官某:彭门当淮楚要冲之会,承兵火伤残之余,井邑丘墟,闾阎埃烬。尔能收合离散,保守城隍,经画有方,忠劳显著。载嘉乃绩,褒进厥官,兼傧赞之荣名,领抚绥之重寄。益殚尔力,以称朕恩。可。

出处:《北海集》卷三。又见《永乐大典》卷一三五〇七。
撰者:綦崇礼
考校说明:编年据綦崇礼任两制时间、赵立官历补,见《建炎以来系年要录》卷三一。

令韩世忠率部邀击金军诏
(建炎四年正月三日)

韩世忠见驻军华亭江湾,将所部前军往建康、镇江、平江府、湖、秀州以东等,候金人北归,率众邀击,尽死一战。

出处:《宋会要辑稿》兵九之七。

晁公为直显谟阁制
(建炎四年正月三日)

敕具官:延阁寓直,儒臣清选。二千石有治理效,辄畀以美名,所以示劝也。尔服勤文艺,不坠家声。承流海邦,敏于从政。来朝行在,朕用汝嘉。其飊中秘之严,蹿进文谟之直。往钦朕命,尚勉厥修。可。

出处:《大隐集》卷一。
撰者:李正民
考校说明:编年据《建炎以来系年要录》卷三一补。

殿前都指挥使昭化军节度使郭仲荀
可责授汝州团练副使广州安置制
（建炎四年正月十日）

　　敕：自干戈外侮，寇攘日深。皆缘将帅之臣，莫适任患；虽有国家之法，曾不加诛。至因循成姑息之风，肆偃蹇蓄自安之志。欲严师律，宜正邦刑。具官某蚤践戎行，尝更边寄，久典周庐之卫，遂分斋钺之雄。谓其被宠以知恩，庶克临危而效死。属江津之失守，当浙部之戒严，考彼师言，汝为宿将，俾副宣威之任，冀收御敌之功。贼已侵杭，兵宜备越。怀私顾望，智岂迷于利昏；闻敌仓黄，胆真惭于身大。规作奔逃之计，漫陈分戍之宜。未闻朝命而遽行，多取军须而妄费。既移师而远遁，乃委众以先驰。居民惊扰于闾阎，部曲散离于山谷。逮还经于行在，辄潜过于轻舟。隳军而长寇仇，既负畔官之责；委质而为臣子，敢乖事上之恭。览近臣之抗言，用中司而即讯，靡知引咎，犹欲饰非。此而弗惩，孰不可忍！尚念勤劳之旧，时宽典宪之常。黜以散员，投之远服。往体涵容之德，毋忘惕励之诚。可。

出处：《北海集》卷五。
撰者：綦崇礼
考校说明：编年据《建炎以来系年要录》卷三一补。

两浙州郡降金官吏特与放罪诏
（建炎四年正月十三日）

　　金人侵犯两浙，陷没州郡，官吏以众寡不敌，遂且降伏，推其本心，实非诚意。并特与放罪，令尚书省榜谕。

出处：《建炎以来系年要录》卷三一。

程迈集英殿修撰知福州制
（建炎四年正月十四日）

　　敕具官：福在东南，为一都会。俗兼瓯粤之旧，地有山溪之险。师帅之任，岂不慎选哉？尔以儒术之美，政事之材，中外践更，誉处休显。比持使节，往按列城。宜跻论撰之华资，俾任藩宣之重寄。外敌侵迫，南土震惊。其修捍御之方，布抚绥之政。庶臻嘉靖，式宽顾忧。可。

出处:《大隐集》卷二。
撰者:李正民
考校说明:编年据《建炎以来系年要录》卷三一补。

推赏张俊军诏
（建炎四年正月十五日）

两浙东路制置使张俊本军人马，在明州率先出城与金人迎敌，杀死金贼不知其数。奇功军兵各与转七资，余各有差。

出处:《宋会要辑稿》兵一八之二九。

抚恤潭州官吏军民等敕书
（建炎四年正月二十日后）

朕惟胡虏凭陵，东南震扰，长驱骑卒，奄及湘城。方薄垒以来攻，至浃辰而麾息。尔等明于分义，属此艰危，虽巧言之百端，终坚持于一意。逮金汤之失守，犹夙夜以输忠。躬履军锋，罥之极口。力为巷战，奋以忘躯。因奏牍之来陈，想忠诚而嘉叹。

出处:《三朝北盟会编》卷一三六。

朝奉郎吴表臣可除监察御史制
（建炎四年正月二十一日）

敕具官某:文昌万微所会，而御史六察，分纠列曹，非学足以知今古，识足以明治体，不在兹选。以尔智术疏通，更练世务，才猷之美，趣操之端，见推士论，达于朕听。耳目之任，尔实宜之。自兵兴以来，事多从权，取便一切。典章堕紊，荡无纲纪。绳治振肃，要如平时。庶几艰难之中，犹有朝廷之法。往践厥次，毋违朕言。可。

出处:《北海集》卷二。

撰者:慕崇礼

考校说明:编年据《建炎以来系年要录》卷三一补。

资政殿学士朝请大夫权知三省枢密院事滕康可落职提举亳州明道宫资政殿学士朝散大夫权同知三省枢密院事刘珏可落职提举江州太平观制
(建炎四年正月二十五日)

敕:朕以边尘未靖,江戍方严,式图近辅之臣,往总行台之务。即豫章之便郡,奉长乐之安居,分厘政事之常,期固邦家之本。苟辜委遇,曷逭遣诃？具官某等各以时名,扬于禁路,偶承人乏,进视柄司,俾陪侍从之行,冀副艰难之托。既同责任,罔克寅恭,或狠愎而无远谋,或烦碎而失大体。两执所短,交诋其非。弗思备御之图,旋致奔逃之祸。敌兵既逼,军伍皆离。慈闱宁免于惊惶,宫掖半遭于劫辱。衣冠顿仆,黎庶伤残。谋实尔乖,咎将谁执？览彼台臣之奏,劳予旰食之忧。其镌秘殿之华资,尚假真祠之优禄。往加循省,毋重悔尤。可。

出处:《北海集》卷五。

撰者:慕崇礼

考校说明:编年据《建炎以来系年要录》卷三一补。

许僧尼道士女冠将已书填黄白纸度牒等赴礼部纳换诏
(建炎四年正月二十六日)

应僧、尼、道士、女冠愿将已书填黄白纸度牒等赴礼部纳换者听。内度牒每道贴纳工墨钱一十贯文省,紫衣师号减半,令礼部一就书填;及有缘贼马毁失度牒,经官自陈给到公据愿就礼部纳换者,亦令依此。

出处:《宋会要辑稿》职官一三之三〇。

令侍从官条具时宜诏
（建炎四年正月二十八日）

侍从官条具金人若退，当如何措置；金人不退，当如何措画，及将来何处驻跸以闻。

出处:《宋会要辑稿》帝系九之二五。

不得辄邀阻士大夫避难入福建诏
（建炎四年正月二十八日）

访闻士大夫避难入福建者，所至守隘之人以搜检为名，拘留行李，又不听去；稍自辨明，至有被害者；不免复还温、台，而逐州不许入城，至今县镇有不得安泊之禁。老幼流难，进退无所，甚非朕存恤衣冠之意。可行下戒饬逐州，令约束所在防托官辨验，如来历分明，不得辄有邀阻。

出处:《宋会要辑稿》刑法二之一〇三。

蠲放福建路州军诏
（建炎四年正月二十九日）

福建路州军今日以前见欠左藏库估剥银数，亏欠官钱，特与蠲放。

出处:《宋会要辑稿》食货六四之六一。

明州奏捷赐诏
（建炎四年正月）

朕观国家自金人入寇以来，士气沮丧，莫敢撄其锋者。今复遣轻兵深入四明。卿贾勇先登，以身督战，大获胜捷，忠谊之节，俘馘之功，独高一时。载览封章，良极嘉叹。已令张公裕具海船二百只前去，以俟凯还。更宜勉励，以全大功，毋使匹马生还，是所望于卿者。懋功之赏，朕不敢私。故兹亲笔奖谕，想宜知悉。

出处:《毗陵集》卷一。

撰者:张守

考校说明:编年据文中所述"今复遣轻兵深入四明。卿贾勇先登,以身督战,大获胜捷……已令张公裕具海船二百只前去,以俟凯还"等补,见《建炎以来系年要录》卷三一等。张守时为同签书枢密院事。

滕膺直秘阁制
(建炎四年二月前)

敕:国家承平日久,州县之间非文法吏即书生也。自外敌冯陵,继以寇盗,二千石、部使者颠沛失据,莫能枝梧,而元元之众病矣。此朕焦心劳思,求慷慨之士以将使指,而慰安斯民也。尔智略深茂,材术强敏,早縻州掾,能御贼锋。倅贰淮阳,克著声绩。自被皇华之选,尤嘉宣力之勤。进直秘严,以为尔宠。宜体朕意,勉迄尔庸。尚有褒恩,以须后效。可。

出处:《大隐集》卷一。

撰者:李正民

考校说明:编年据滕膺宦历补,见《建炎以来系年要录》卷三一。

知蔡州程昌禹可除直龙图阁制
(建炎四年二月前)

敕具官某:乃者敌骑长驱,直抵江浙,道路拥塞,王命罕通。而淮西居中,能为国守。载省忠力,朕甚嘉之。进直龙图,姑为尔宠。尚坚守备,以俟康平。朕不汝忘,嗣有褒陟。可。

出处:《北海集》卷二。

撰者:綦崇礼

考校说明:编年据程昌禹宦历补,见《三朝北盟会编》卷一四〇。

荆南府唐悫奖谕敕书
(建炎元年六月至建炎二年二月间或建炎三年六月至建炎四年二月间)

朕申儆边虞,载除戎器,将兼收于方贡,用大振于军声。尔才裕守藩,诚深体国,首备方船之载,豫期给仗之颁。旗帜精明,有周帛织文之盛;戈铤犀利,得楚金工冶之良。缅想忠勤,不忘嘉叹。

出处:《浮溪集》卷一六。
撰者:汪藻
考校说明:编年据唐悫宦历及汪藻任两制时间补,见《建炎以来系年要录》卷六、卷三一等。

朝奉郎知宣州李光治效显著可除直龙图阁制
(建炎三年七月至建炎四年二月间)

敕具官某:朕注意良翰,分忧近邦。有社有民,既著理平之绩;懋官懋赏,可忘旌劝之规?以尔早见吏能,尝持台宪,识朝廷之德意,习郡邑之民情。蠲省烦苛,自得人心之悦;张明纪律,亟观郡政之修。蔼然治声,达于予听。进直龙图之秘,用增符竹之华。朕方尝胆思仇,枕戈念乱,期邦家之再造,欲中外之同功。顾敌骑乘秋,虑密窥于淮甸;而王师守险,正严备于江津。维彼宣城,时为要地,勉尔折冲之效,副予倚重之怀。尚有异恩,以需成绩。可。

出处:《北海集》卷二。
撰者:綦崇礼
考校说明:编年据李光宦历、綦崇礼任两制时间补,见《宋史》卷三六三《李光传》。《宋代诏令全集》以《建炎以来系年要录》卷二二为据系于建炎三年四月十一日戊午,且言"按綦崇礼建炎三年七月方为中书舍人,此制是否崇礼所草,当考"(第一九五二页),误。《建炎以来系年要录》卷二二:"(建炎三年四月)戊午,龙图阁直学士、知宣州刘珏复为尚书吏部侍郎……新除侍御史李光直龙图阁、知宣州。"注文曰:"光之除,《日历》不载,因刘珏改除附此。"而据此制标题及《宋史》卷三六三《李光传》可知,李光除知宣州、直龙图阁不在同一日。

朝散郎上官悟除秘阁修撰制
（建炎三年八月至建炎四年二月间）

　　敕具官某：朕以寇氛弗靖，国步犹艰，乃眷京都，未还警跸，实赖居留之寄，宽予忧顾之勤。以尔学有家风，才堪用世。邦畿千里，既倚重于皇华；君门九重，复兼劳于管钥。载畴忠力，岂吝宠光？进升论撰之华，益近禁严之选。尚期勉励，嗣有襃迁。可。

出处：《北海集》卷三。
撰者：綦崇礼
考校说明：编年据上官悟宦历补，见《建炎以来系年要录》卷二六、卷三一。

吏部侍郎兼权户部侍郎高卫可降一官制
（建炎三年八月至建炎四年二月间）

　　敕：朕以中原用武，江津戒严，肆命大臣奉迎长乐宫，处于幽隐之地，分遣百执，从卫而南。虽是供亿之繁，盖资四路之计，各有区处，固亦裕然而不乏矣。具官某，久稔搢绅之言，谓更金谷之用，方典选部，俾兼地官。曾经画之未闻，遂开陈而有请。尔犹若此，予何赖焉！尚宽失职之辜，薄示黜官之罚。往图来效，以盖前非。可。

出处：《北海集》卷五。
撰者：綦崇礼
考校说明：编年据高卫宦历补，见《建炎以来系年要录》卷二六、卷三一。

巡幸所至严禁骚扰民户商旅诏
（建炎四年二月一日）

　　巡幸所至，令御营使司严切觉察，如有官员、将兵、人吏强占民间舍屋，辄夺商旅舟船，买物不还价直，及诸般骚扰等事，将上取旨，犯人重作施行。应干官司取索等事不经三省、枢密院取旨行下事件，州县不得回报，亦不得应副；三省六曹不得发白帖子勾唤人吏，须经官长印押勾追方许发。如违，官员勒停，吏人决配，仍出榜晓示。

出处:《宋会要辑稿》刑法二之一○四。

朝议大夫试礼部尚书曾楙可除显谟阁学士知洪州制
(建炎四年二月二日)

敕:大江之西,提封十郡,而锺陵为一都会,素号繁雄。属敌骑南侵,遂遭蹂躏。念戎车之退,徒委空城,而兵火之余,未能安业,肆择循良之牧,辄资侍从之贤。具官某,儒学有闻,行谊无玷。更践三朝之久,越跻八座之崇。尝历藩宣,每著声绩。眷济阴之郡政,朕所深知;且豫章之士风,汝其旧习。更资岂弟,往抚凋罢。仍通学士之班,以重师垣之寄。烟尘未息,益修却敌之方;郡邑新残,务致安民之惠。政成事定,不汝久劳。维吾迩臣,当体兹意。可。

出处:《北海集》卷三。
撰者:慕崇礼
考校说明:编年据《建炎以来系年要录》卷三一补。

中奉大夫直龙图阁知温州卢知原治状
有闻可特除右文殿修撰制
(建炎四年二月二日)

敕具官某:昔汉宣中兴,以为太守吏民之本,数变易则下不安,故二千石有治理效,辄以玺书勉厉,增秩赐爵,用表章之,人以竞劝。汉世良吏,于斯为盛,朕甚慕之。以尔剸剧有余,临民不扰。永嘉假守,阅时即多,蔼然治声,达于予听。俾升华于书殿,式增重于守符。朕方久郡将之权,以图厥绩;尔其先国家之急,勿恤乃私。益观政事之修,庸副吏民之望。冈俾前美,独尊昔人。可。

出处:《北海集》卷四。
撰者:慕崇礼
考校说明:编年据《建炎以来系年要录》卷三一补。

奉直大夫充集英殿修撰知洪州王子献可先次落职放罢制
（建炎四年二月二日）

　　敕具官某：朝廷置守以典一州，命帅以临一路，固欲任民社之托，遏寇攘之侵。倪乖所期，奚逭明宪？尔顷由宿望，分牧江西，庶资御敌之方，可冀折冲之效。而有城弗守，闻寇遽奔，捐井邑于豺狼，陷生灵于涂炭。力虽不足，责欲谁归？乃引咎于抗章，方原情而议罪。其上帅藩之符节，仍镌禁殿之班资。往讼前愆，以需后命。可。

出处：《北海集》卷五。
撰者：綦崇礼
考校说明：编年据《建炎以来系年要录》卷三一补。"王子献"当为"王子献"之误。

中奉大夫集英殿修撰沿江制置副使
王义升可先次落职放罢制
（建炎四年二月二日）

　　敕具官某：尔顷尝条上防秋之策，若可施行，论者固以尔为疑矣。朕不欲以人废言，故置群议，而付之以其事。乃自去冬以来，寂无奏报，而寇得济江而南者，则尔所部也。噫！使经画几察，有以先之，如尔之言，能至是乎？用人之失，果败吾事。其镌禁职，乃罢厥官。往省尔愆，以俟后命。可。

出处：《北海集》卷五。
撰者：綦崇礼
考校说明：编年据《建炎以来系年要录》卷三一补。"王义升"当为"王義叔"之误。

永嘉知县乞立限召人请买没官田宅答诏
（建炎四年二月三日）

　　并依，两限半月。今来所卖田宅系要赡军支用，全在州县当职官吏协力措置，如敢高抬下估亏损公私，遣官按视比近田土舍宅，稍有高下，官员取旨审责，人吏杖脊配海岛。

325

出处:《宋会要辑稿》食货六一之二。

令福建路提举茶盐司干办公事陈麟改铸
新印及量添吏额诏
（建炎四年二月五日）

福建路提举茶盐司干办公事陈麟,令于漳州直司依所乞改铸新印,及量添吏额二人。旧盐亭户纳盐每斤支四文五分,于旧价上增二文五分,通计七文。应受纳盐货亭户合支盐本,并限当日支还。

出处:《宋会要辑稿》食货二五之三五。

置行在内军器库诏
（建炎四年二月十日）

行在军器、衣甲、内弓箭、南内外库四库并为一库,以"内军器库"为名,除存留衣甲库监官专副手分库子九人、长行二十九人外,余并罢。内库子令温州以等仗刺填阙额禁军。

出处:《宋会要辑稿》食货五二之二七。

赐临安府民兵敕书
（建炎四年二月十三日）

敕临安府民兵:省本府奏"自金人攻陷府城,内外军民并力拒敌,血战五日,方始城破。又缘诸县村堡防护严密,往往多被掩杀,缘此怨恨,临行之日,焚烧屋宇,城郭一空,比之其他残破州郡,被祸尤酷,实可痛恻,欲望优加抚恤"事。朕惟左衽之凭陵,奄及东吴之都会。尔等挺身御敌,为国忘生。率其忠义之豪,挫彼腥膻之暴。逮逾累日,方失坚城。凡分坞壁之屯,皆奋兵戈之锐。缘兹厚毒,为我深仇。洎贼马之旋归,举民居而焚荡。靡思人怨而神怒,惟务井堙而木刊。言念吾民,重罹此祸,顾疮痍之未复,每寤寐以兴嗟。已遣使臣往宣恩意,其各从于安乐,以同待于承平。故兹抚恤,想宜知悉。春暄,汝等各比好否,遣书指不多及。

出处:《三朝北盟会编》卷一三七。

令刘光世止统本部乘间击金军诏
(建炎四年二月十四日)

光世所部军不少,今又会兵,深虑骚动。可止统本部乘间击之,毋失机会。

出处:《建炎以来系年要录》卷三一。

中散大夫行大理少卿王衣可除大理正卿制
(建炎四年二月十七日后)

敕具官某:廷尉天下之平,职当守正;大理人命所系,戒在深文。苟非其人,可与兹选?以尔处心忠恕,用法详明。久更践于刑官,屡决平于疑狱。体钦恤哀矜之意,得重轻宽急之中。进列正卿,是为因任。昔释之居职,时无冤民;日知理囚,议无死法。予欲胜残而止杀,尔其据正以持平。往率乃僚,期继前轨。可。

出处:《北海集》卷四。
撰者:綦崇礼
考校说明:编年据《北海集》卷三五《故右中大夫充集英殿修撰提举江州太平观历城县开国男食邑五百户赐紫金鱼袋王公墓志铭》、《宋史》卷二六《高宗纪》补。

降杜充观文殿学士提举江州太平观制
(建炎四年二月二十二日)

运筹而决千里之胜,兹有赖于宗臣;失律而致三军之凶,顾可居于宰职?眷居次辅,尝领中权,既贻疆场之忧,宜解机衡之任。具官某早缘人望,骤履政涂。谓其惇大而有谋,可以艰难而立事,故擢持于国秉,乃专付于戎昭,总诸将万夫之屯,当长江一面之寄。所期李勣,为我长城;宁使周公,至于破斧。逮敌人之临境,率我众以交锋。虽胜负者兵家之常,当死生为天下之计。乃因奔北,惟事退藏。至大弃于其师,将焉用于彼相?会边虞之稍息,闻物论之交兴,已拂民瞻,难逃策免。念备股肱之久,姑存体貌之余,止罢要权,独存优数。赋殊廷之厚禄,加秘殿之隆名。於戏! 泰阶平而风雨时,始共期于康济;采薇废而征伐缺,今良疚于倚毗。尚冀桑榆之收,复全龟玉之毁。勉图伟绩,用对予休。

出处:《浮溪集》卷一二。又见清抄一百五十卷本出处:《圣宋名贤五百家播芳大全文粹》卷九〇,《宋宰辅编年录》卷一四,《宋四六选》卷二,《江右文钞》卷二。
撰者:汪藻
考校说明:编年据《宋会要辑稿》职官七八补。

朝奉郎提举亳州明道宫邵薄可责授
汝州团练副使峡州安置制
(建炎四年二月二十二日)

敕具官某:仲尼上圣也,君命召则不俟而行;杇者贱工也,而其为言曰"食焉不怠其事"。夫圣与庸亦远矣,然义之所在,不相为谋而有合焉。尔儒服衣冠,世有名节,久习朝廷之事,尝为侍从之臣,稔行治之有闻,宜险夷之不易。而乃避匿君命,务从便安,耗蠹公钱,坐糜供馈。忘圣人之大训,为贱工之所羞。岂尔之贤,而安处此? 至于干挠府政,妄腾事端,则又非所望于尔者。呜呼! 靖康、建炎之际,尔则未免于累矣,乃惮从朕于艰难,是诚何心哉! 度尔之私,其以亲故,览近臣之劾状,益有恻于朕怀。姑易散员,迁之远郡。体兹宽宪,毋重悔尤。可。

出处:《北海集》卷五。
撰者:綦崇礼
考校说明:编年据《建炎以来系年要录》卷三一补。"邵薄",《建炎以来系年要录》卷三一作"邵溥",当以为是。

徽猷阁直学士通议大夫知庆阳府王似可差知成都府制
(建炎四年二月二十三日)

敕:自顷中州云扰,外寇日滋。眷惟井络之区,独保剑门之险,肆求良牧,以惠远人。具官某赡智通方,周才济物。垂绅鸣玉,久联侍从之班;分阃析符,屡典藩宣之寄。顷更方面,实莅庆阳,羌戎绥服其风声,吏士畏安其教令。念威边乘塞,虽资方叔之壮猷;而化俗使民,更藉文翁之善政。其易梦刀之任,勿辞叱驭之勤。勉尔令图,宽予忧顾。可。

出处:《北海集》卷三。

撰者:綦崇礼

考校说明:编年据《建炎以来系年要录》卷三一补。

自海道归驻跸浙东德音
(建炎四年二月二十三日)

朕自遭敌国之侵,越在方隅之外。且念二圣徂征之久,惧四方荼毒之深。不辞痛屈于眇躬,庶或少回于善政。每辛勤而遣使,祈和好以休兵。谓既殚诚,亦须悔祸。乃狃凭陵之态,专行暴蔑之威。跨万里以长驱,分数途而并进。悉提群丑,径渡长江。朕惟子视于生灵,何惜身临于行阵?遂下平江迎敌之诏,即为景德亲征之行。誓以六军,期于一战。会近境已成于对垒,而群臣坚请于避锋。勉驭舟师,来临海道。既阻兵之理极,致率土之愤盈。念祖宗涵养之恩,痛社稷陵夷之耻。乡豪竞奋,禁旅争先。始金陵杀获之相当,继鄞水剿除之几半。或骁将大诛于淮甸,或奇兵邀击于江西。捷奏既腾,凶威遂屈。今则移师远去,阃境皆清。朕惟驻跸于浙东,将即返兵于吴会。乘中原已振之气,复列圣无穷之基。嘉与群生,再为乐国。言念承平之俗,重罹蹂践之灾。妻孥隔绝于封疆,肝脑糜捐于原野。祸非汝咎,痛贯予心!今虽幸免于干戈,岂获尽安于田里?止俟捍防之暇,祛除正赋之烦。虽诚意之未申,岂沛恩之可后。宜布哀矜之惠,用苏凋瘵之民。於戏!历数之在舜躬,顾朕岂堪于克绍;讴吟而思汉氏,赖兹可致于中兴。况今丕应之逡遒,与我实同于休戚。勉图远略,茂对宏休。

出处:《三朝北盟会编》卷一三七。

行宫禁卫所已给散敕号不许代名借带诏
(建炎四年二月二十四日)

行宫禁卫所已给散敕号,并不许代名借带。其借及借之者,并以违制科罪,许诸色人告捉,每名赏钱一百贯,日下于御前钱内支给。

出处:《宋会要辑稿》职官三二之二六。

令福建有司措置榷酤以闻诏
（建炎四年二月二十五日）

令福建路漕司、帅司、提刑司公共相度措置榷酤有妨碍,仍其官监或召人买扑,或给卖曲引方许造酒,孰为利便,以闻。

出处:《宋会要辑稿》食货二〇之一四。

朝奉郎中书门下省检正诸房公事傅崧卿
可除直龙图阁知越州制
（建炎四年二月）

敕具官某:乃者长江失守,敌骑南侵,爰及会稽,并陷烽火。念戎车之退,徒委空城;而兵火之余,尚多失业,肆求良牧,往抚疲民。以尔富有艺文,通知世务,辍自机衡之地,往从金革之劳。捍牧圉以临戎,既心存于王室;即乡邦而为政,庶身习于民情。其升延阁之华,以侈绣衣之宠。烟尘甫熄,益修御敌之宜;郡邑新残,务致安民之惠。勉赴功名之会,永为闾里之荣。可。

出处:《北海集》卷四。
撰者:綦崇礼
考校说明:编年据《嘉泰会稽志》卷二补。

赐报张浚兴元两奏手书
（建炎四年二月）

卿受命而西,大恢远略,布朝廷之惠意,得将士之欢心。积粟练兵,兴利除害,去取皆当,黜陟惟公。而又雅志本朝,嘉猷屡告。眷惟忠恳,实副倚毗。

出处:《晦庵先生朱文公文集》卷九五《张公行状》。又见康熙《绵竹县志》卷三。

季陵复待制知温州制
（建炎三年六月至建炎四年三月间）

　　敕：朕惟浙东之壤，民物阜康，凡在守臣，尤加遴择。具官文辞典丽，经术深醇。早奋励于材猷，久践更于台阁。守官柱史，夙推载笔之辞；书命掖垣，深得代言之体。眷永嘉之支郡，实负海之名邦。时属多虞，允为寄重。宜还次对之秩，往奉藩宣之行。尔其捍御侵凌，消弭盗贼，俾尔四封之内，自臻比屋之安。尚悉乃心。图称朕命。可。

出处：《大隐集》卷二。

撰者：李正民

考校说明：编年据季陵官历补，见《建炎以来系年要录》卷二四、卷三二。《建炎以来系年要录》卷二四："（建炎三年六月乙亥）中书舍人季陵罢为徽猷阁待制、知太平州。陵论遣张浚宣抚陕、蜀，任太专，非是。议既忤。乃自引求去。未行，改提举亳州明道宫。旋夺职。"《建炎以来系年要录》卷三二："（建炎四年三月）是月，朝奉郎季陵充徽猷阁待制、知临安府。陵去位数月，即复职知温州，又除中书舍人，皆不赴。范宗尹力荐其才，乃有是命。"

赐浙东制置使张俊诏
（建炎三年十一月至建炎四年三月间）

　　朕比委卿提重兵制置两浙事宜，本图数日间与卿会于明州，今闻明州钱粮空乏，岂能聚兵？又闻敌人或由常州，或由宣、徽，或由衢、婺，以犯越州。设谋措意，专在朕躬，若失浙邦，朕将焉避！中夜思念，寝食靡宁。今已委郭仲荀、辛企宗同力捍御。惟卿忠勇，事朕累年，共尝险艰，备著劳绩。昨者提兵勤王，定计复辟，朕非卿则倡义谁先，卿舍朕则前功俱弃，君臣之际，休戚是同。今则水陆道穷，宗社危甚，卿宜协谋戮力，共捍北兵。若能破敌，保我越州，当加王爵，以酬忠荩。卿宜深悉，朕不食言。

出处：《毗陵集》卷一。

撰者：张守

考校说明：编年据张俊官历补，见《建炎以来系年要录》卷二九、卷三二。张守时为同签书枢密院事。

赐浙东制置使张俊诏
(建炎三年十一月至建炎四年三月间)

朕自艰难以来,竭国帑以养士,捐好爵以劝功。缓急之际,鲜复为用,或望风畏怯,或临敌奔溃,朕甚悼之。今者敌骑遽犯浙东,朕方避地海隅,远迩震惧。卿独奋忠谊,请留明州,秣马厉兵,为决战计。剡章来上,三军贾勇,载观志画,良极叹嘉。比闻敌遣偏师,止数百辈,涉远劳敝,势宜易图,卿以精甲十倍,阻险迎击,必可万全。朕有不次之赏以待卿,下及将士,次第褒擢。更宜申严纪律,毋致侵扰官私。惟卿心腹之将,朕所倚毗,必副眷怀,宁俟多训,故兹示谕,想宜知悉。

出处:《毗陵集》卷一。

撰者:张守

考校说明:编年据张俊宦历补,见《建炎以来系年要录》卷二九、卷三二。张守时为同签书枢密院事。

令宋辉诱说两浙储蓄之家借助米斛诏
(建炎四年三月五日)

发运副使宋辉诱说两浙州军储蓄之家借助米斛,以备巡幸。

出处:《建炎以来系年要录》卷三二。

陈思恭转遥郡团练使制
(建炎四年三月五日前后)

敕具官:《周官》司勋之职,凡赏无常,轻重视功。朕于勤王之赏,已加厚矣,其有拘于彝制而未尽者,岂所以示劝哉。尔见义敢为,临机必断。移檄以令近郡,率师而当戎行。已进陟于武阶,仍遥升于郡寄。益殚忠荩,图报恩荣。可。

出处:《大隐集》卷三。

撰者:李正民

考校说明:编年据《建炎以来系年要录》卷三二补。

赐大食国敕书
(建炎四年三月七日后)

敕大食国王姓名:汝分藩遐服,率职中原,比缘兵祲之交,致阻诏函之达。缅惟恭顺,兼受福祥。兹临风露之辰,益慎寝饔之节。赐汝某物,至可领也。

出处:《浮溪集》卷一六。
撰者:汪藻
考校说明:编年据汪藻任两制时间及文中所述"赐汝某物,至可领也"等补,见《建炎以来系年要录》卷三二。《宋会要辑稿》蕃夷四作"建炎三年三月七日",或误。

处置投敌官及贷溃散州军统兵官罪诏
(建炎四年三月十八日)

昨金人犯侵州县,其投拜官除知、通别取旨外,余并罢。内统兵官以众寡不敌致有溃散,理宜矜恤,可特放罪,仍旧统押人马。

出处:《建炎以来系年要录》卷三二。

柳约充右文殿修撰诏
(建炎四年三月)

柳约当狂敌猖獗,邻邦纷扰之时,力图御敌,贼无敢犯者,其以约充右文殿修撰,守郡如故。

出处:周必大《省斋文稿》卷二九《柳公约神道碑》。

朝请郎新除中书舍人季陵可除徽猷阁待制知临安府制
(建炎四年三月)

敕:乃者长江失守,敌骑南凌,爰及钱塘,亦陷蹂躏。念戎马之退,徒委空城,而兵火之余,尚多失业,肆择循良之牧,得予侍从之英。具官某学贯圣言,才周世务。处米盐之密,明既析于秋毫;当盘错之时,刃亦游于余地。顷从纶阁,丐领真祠。式资尔雅之文,方复代言之任。属吴江之谋帅,辍禁掖以抡才,金曰汝宜,勉为朕往。仍还近职,以示宠章。载念浙江,重罹戎寇。烟尘甫熄,益修御敌之方;井邑新残,务致安民之应。亟回驿骑,往慰吾人。可。

出处:《北海集》卷三。

撰者:綦崇礼

考校说明:编年据《建炎以来系年要录》卷三二补。《乾道临安志》卷三系于建炎四年四月。"朝请郎",《建炎以来系年要录》卷三二作"朝奉郎"。

刘舜文防御使制
(建炎四年四月前)

敕:朕遏寇虐,以绥疲瘵之民;厚爵赏,以劝忠勤之士。览奇功之来上,宜异等以疏恩。具官久践戎行,克共武服。屡底战多之最,荐膺懋赏之褒。威名既立于淮邦,绩效未书于盟府。爰正有司之误,载酬马栅之功,增重使名,用昭御侮。往祗朕命,益励尔庸。可。

出处:《大隐集》卷三。

撰者:李正民

考校说明:编年据刘文舜卒年补,见《建炎以来系年要录》卷三二。"刘舜文",清乾隆翰林院抄本及《建炎以来系年要录》卷一三、卷二二等均作"刘文舜",当以为是。

刘文舜可特授左武大夫遥郡团练使制
(建炎四年四月前)

敕:朕比遣大臣,追捕逆徒。巨猾成擒,已从枭戮;余妖假息,犹肆跳梁。具官某谊激报君,志存疾恶。全师掩击,残党尽歼。载省忠勤,良深嘉叹。进阶横列,兼领戎团。并锡茂恩,用昭殊赏。益思奋励,尚有宠褒。可。

出处:《北海集》卷四。

撰者：綦崇礼

考校说明：编年据刘文舜宦历补，见《建炎以来系年要录》卷三二。

通议大夫守尚书左仆射同中书门下平章事
吕颐浩乞除在外宫观差遣任便居住不允诏
（建炎三年闰八月至建炎四年四月间）

朕以卿有干时之略，应物之才，擢秉事枢，逮兹旬岁。幸今军锋，边警稍缓于前；当与群贤，共趋功名之会。卿何求去之果乎？虽雅志高怀，于进退有道，然古之大臣，急于济世者，未尝不忘身徇国，必能勉为朕留也。所请宜不允。

出处：《浮溪集》卷一三。

撰者：汪藻

考校说明：编年据吕颐浩宦历补，见《建炎以来系年要录》卷二七、卷三二。"左仆射"，《建炎以来系年要录》卷三二作"右仆射"，误。

尚书左仆射吕颐浩罢授镇南军节度使
开府仪同三司中太一宫使制
（建炎四年四月一日）

门下：独任陶镕之正，尝首备于弼谐；闵劳官职之烦，宜特加于崇奖。惟时上宰，实我元勋。兹祈解于近司，爰宠颁于殊渥。诞扬大号，敷告群工。具官某心术疏通，性资明达。运筹泉涌，独当天下之危机；游刃风生，能断朝廷之大事。昨属艰难之运，尤输经济之忠。冒险直前，服勤无致。取虞渊之日，重正乾坤；问襄野之涂，卒安宗社。故在廷之莫及，方当宁以仰成。然浸怀偏见之私，殊失大臣之体。占吏员而有亏铨法，专兵柄而几废枢庭。下吴门之诏，则虑失于先时；请浙右之行，则力违于众议。既人言之荐至，于物望以靡谐。屡腾引去之章，莫副挽留之意。念有铭书之伟绩，难从策免之常规。乃峻彝章，务全体貌。植牙造蠹，总节制于雄藩；执璧面槐，视班联于上衮。假以真祠之佚，从其私计之安。皆儒臣希有之荣，盖邦国久虚之典。朕为无歉，汝亦有终。於戏！险夷一心，非忠诚孰能至此；进退二道，惟明哲足以尽之。劝兼将相之崇，靡缺君臣之遇。毋云去位，不我告猷。

出处:《三朝北盟会编》卷一三七。

考校说明:《建炎以来系年要录》卷三二系于建炎四年四月二十五日,《宋宰辅编年录》卷一四系于建炎四年四月二十四日。

抚谕州军敕书
(建炎四年四月三日)

敕某州军官吏军民等:自衅缠朔土,祸结中原,不虞僭叛之徒,敢肆猖狂之计。神州既梗,王命未通,痛尔士民,陷兹涂炭。旧都旧邑,力虽劫于凶威;我子我臣,志岂忘于归戴?稍闻忠谊,浸效款诚。察人意之合符,知天心之悔祸。克将所部,还奉本朝。唇齿相依,同盟而奖王室;掎角以进,连衡而折寇仇。务救灾而恤邻,且讲信而修睦。勿怀私忿,勉就大功。期九庙之再安,庶两宫之可复。山河之誓,金玉不渝。故兹抚谕,想宜知悉。夏热,汝等好否?遣书,指不多及。

出处:《北海集》卷一六。

撰者:綦崇礼

考校说明:编年年份据綦崇礼任两制时间补。标题"抚谕"后原有小字"缺"字。此敕书通用于各州军,所谓"海词",非有缺文。

巡幸经由海道神祠庙宇加封及赐庙额诏
(建炎四年四月九日)

巡幸经由温、台、明三州海道,应神祠庙宇已有庙额封号处,令太常寺加封;有封号无庙额去处,与赐额;其未有庙额、封号,令所在官司严洁致祭一次,钱于本路转运司系省钱内支破。

出处:《宋会要辑稿》礼二〇之四。

浙西亲征诏
(建炎四年四月十三日)

朕念中原之微弱,愤强敌之凭陵,固尝屈己以请和,尚复阻兵而肆虐。比由海徼,还次越邦。赤子流离,殆失耕桑之候;聚庐焚荡,尽为瓦砾之场。咎在朕躬，祸贻尔众。幸民心之未替，知天命之攸归。然而残敌尚假息于江壖，溃卒复肆行于近境，坐念伤痛，讵容怀安！是思晋文桑下之谋，远迹汉高马上之略，斥嫔御膳羞之奉，躬鞍马甲胄之劳，董率六师，巡行列部。既欲抚绥于凋瘵，又将弹戢于奸偷，庶几消弭祸灾，图回基绪。尚赖朝廷将士，州县吏民，戮力奉公，忘家徇国，各务殚于忠赤，用宏济于艰难。朕以四月某日巡幸浙西，所有六官百司并留越州。

出处：《毗陵集》卷一。

撰者：张守

考校说明：编年据《建炎以来系年要录》卷三二补。张守时为同签书枢密院事。

朝奉大夫试御史中丞赵鼎可除吏部尚书制
（建炎四年四月十九日）

敕：《周官》冢宰，任首六卿；汉制尚书，位参八座。维职典铨衡之要，而班邻丞辅之崇。在昔既然，于今斯重。久虚厥次，兹得其人。具官某和裕而靖庄，直方而敦大。立朝正色，折冲允赖于精神；遇事敢言，发愤每披其肝胆。赤墀频对，白简屡闻。载嘉乌府之劳，进陟銮坡之峻。抗章引避，陈义甚高。察其操守之坚，虽力辞于翰苑；亮尔公忠之素，可轻去于朝廷？其升常伯之联，往率天官之属。顾干戈扰攘，衣冠多失职之嗟；而典籍散亡，胥吏有用权之患。实藉通明之鉴，克谐平允之称。往既乃心，无忝朕命。可。

出处：《北海集》卷二。

撰者：綦崇礼

考校说明：编年据《建炎以来系年要录》卷三二补。

福建路钞盐法更不施行诏
（建炎四年四月二十一日）

昨驻跸温州，以金人犯淮浙，虑恐盐场废坏，遂行福建路钞盐法。今来到越州，淮浙盐场并已兴复，客人入纳渐广，可以补助经费。其福建路钞盐法更不施行，所有客人已算请钞引，听支发尽绝。

出处:《宋会要辑稿》食货二五之三六。又见《宋会要辑稿补编》第七七七页。

淮南西路残破州军建置科场诏
(建炎四年四月二十四日)

淮南西路残破州军建置科场未得者,令转运司分就别州附试。

出处:《宋会要辑稿》选举一六之二。

赐吕颐浩乞宫观不允诏
(建炎四年四月二十五日前)

省所奏乞宫观事。卿出倅外藩,力捍强敌,卧护诸将,蔽遮行朝,隐然长城,中外倚重。忽览来奏,引疾丐间。虽高冲退之怀,殊拂倚毗之意。今诸将进兵麋击,军声已张。精神折冲,政有资于元老;药石自辅,其务究于远猷。协济多艰,毋复有请。所乞不允。

出处:《毗陵集》卷一。
撰者:张守
考校说明:编年据吕颐浩、张守官历补,见《建炎以来系年要录》卷三二等。张守时为同签书枢密院事。

赐吕颐浩乞宫观不允诏
(建炎四年四月二十五日前)

省所奏乞宫祠事,具悉。比者李成越境南渡,抗逆王师,有吞噬江左之心。卿以旧弼,卧护诸将,扼其奔冲,使诸将尽锐征讨,克复郡县,而贼不敢出一骑以窥饶信。行朝恃以无恐者,卿之功也。朕方倚毗,共灭此贼,露章引疾,殊拂朕闻。朕之待卿,自谓无愧,至于兵将分合,务济事机,非关轻重,殆不得已,谅卿体国,必悉朕怀。卿宜少安厥次,勉卒乃功,以称朕始终眷遇之意,勿复有请。

出处:《毗陵集》卷一。
撰者:张守

考校说明：编年据吕颐浩、张守宦历补，见《建炎以来系年要录》卷三二等。张守时为同签书枢密院事。

赐吕颐浩乞宫观不允诏
（建炎四年四月二十五日前）

朕以卿勋旧，委卿江南，所赖精神折冲，仪刑百辟，亦非专以吏事责卿。向闻移疾求去，数遣使轺，手笔开谕，至于再三，朕之待卿尽矣。比览来奏，犹未视事，欲遂前请，何未体朕眷委之意也？以卿平日志不辞难，乃贻避事之讥，忠以事上，而蹈慢令之戒，朕窃为卿惜之。况今寇攘未除，防秋在迩，远近百执，宜惜寸阴。卿为大臣，与国同休，而必欲求去，何以责将士之用命，率臣庶以赴功？朕顾江南，非卿谁可！卿虽力请，朕志不移。今遣内侍某抚问，候卿视事讫奏，卿宜深亮，勿复有辞。

出处：《毗陵集》卷一。

撰者：张守

考校说明：编年据吕颐浩、张守宦历补，见《建炎以来系年要录》卷三二等。张守时为同签书枢密院事。

镇南军节度使开府仪同三司醴泉观使任
便居住吕颐浩再辞免恩命不允诏
（建炎四年四月二十五日后）

朕惟在昔祖宗之时，大臣常兼将相之职，以褒隆于有绩，亦昭劝于具僚。自朕纂承，未行此典，兹缘殊奖，举以授卿。用文武崇极之资，示终始保全之意。虽屡形逊牍，汝志可嘉；然已告明廷，朕言不再。所请宜不允，仍断来章。故兹诏示，想宜知悉。

出处：《浮溪集》卷一三。

撰者：汪藻

考校说明：编年据《建炎以来系年要录》卷三二补。

新除镇南军节度使开府仪同三司醴泉观使任便居住吕颐浩辞免恩命不允诏
（建炎四年四月二十五日后）

朕惟功大者报必宏，恩隆者礼亦称。卿致位上宰，为时元勋，方仰秉于国钧，遽祈从于家食。虽露章屡奏，已曲徇于雅怀；然盟府有书，固难遵于常矩。乃正斋坛之拜，仍跻衮职之班，兹谓得宜，庶为无歉。顾尚辞于厥命，岂未喻于朕怀？所请宜不允。

出处：《浮溪集》卷一三。

撰者：汪藻

考校说明：编年据《建炎以来系年要录》卷三二补。

曾经残破州军发解举人数诏
（建炎四年四月三十日）

诸路曾经残破州军发解举人，以靖康元年就试终场人数为率，纽计取放。

出处：《建炎以来系年要录》卷三二。

禁将帅监司守臣等陈乞空名告敕宣札诏
（建炎四年四月三十日）

比年以来，爵赏失实，名器寝轻，人不加劝。盖自童贯、谭稹之流统兵，乘时射利，预乞空名告敕、宣札任意书填，驯致今日未能遽革，深属冒滥。可自今后应将帅、监司、守臣等并不得陈乞空名告敕、宣札。如系实有功人，即仰保明申奏，以凭推赏。虽大臣出使，亦当遵守。如违，重置典宪。

出处：《宋会要辑稿》刑法二之一〇四。又见同书职官一一之六八，《建炎以来系年要录》卷三二。

起复中散大夫试户部侍郎李迨可除显
谟阁待制江淮荆浙发运使制
（建炎四年四月）

敕：朕惟狄难犹炽，方尝胆以思仇；王师再行，政张颐而待哺。维时漕挽之寄，必资强济之才。式图近臣，以庀厥事。具官某吏能敏捷，心计精明。事朕军中，盖有潜藩之助；馈师海上，肆升从橐之华。既登贰于地官，实委成于邦计。属敌兵之将退，顾粮道之尚艰，众且思琦，国方仰晏。宜易西清之职，往持大将之权。维江湖淮浙之间，困盗贼兵革之苦。因功利而求宠，固尔不为；贪富强而劳民，岂朕所欲？其善经于调度，以共济于艰难。尚既乃心，毋忘斯训。可。

出处：《北海集》卷三。

撰者：綦崇礼

考校说明：编年据《建炎以来系年要录》卷三二补。

赐两浙制置使韩世忠诏
（建炎四年四月后）

卿比统率舟师，邀击敌兵，忠勇之节，远近所闻。相距大江，殆将两月，杀伤莫计，俘馘良多。兹捷奏之屡闻，嘉茂勋之鲜俪。岂谓济师之失援，致隳定乱之全功。然成败者天理之难知，而胜负亦兵家之常事。度尚所亡之少少，岂足介怀；淮阴益办于多多，尚观来效。卿其抚伤痍之众，上俘馘之功，以及战亡，并当赏赍。今差内侍某前去抚问。如欲便赴行在，即仰疾速起发前来；或且驻师江阴，休养士卒，即令下户部行下所属应副钱粮。故兹示谕，想宜知悉。

出处：《毗陵集》卷一。又见《名臣碑传琬琰之集》卷一三《韩忠武王世忠中兴佐命定国元勋之碑》。

撰者：张守

考校说明：编年据韩世忠宦历及文中所述"相距大江，殆将两月，杀伤莫计，俘馘良多"等补，见《建炎以来系年要录》卷三二等。"两浙制置使"，《建炎以来系年要录》卷二七、卷二九等作"浙西制置使"。张守时为同签书枢密院事。

赐淮南诸镇诏
(建炎四年四月后)

朕秉德弗类,遭时多虞,敌骑凭陵,贪残滋甚,乘舆播越,艰险备尝。永怀祖宗积德之勤,远念父兄劫迁之难,下悯黎元之荼毒,近伤井邑之陵夷,踢地蹐天,痛心疾首。比旋师于江浙,尚牧马于淮壖,静言淹久之因,复有窥伺之意。爰念肇分列镇,实控敌巢。奋忠谊以致身,必思贾勇;顾敌人之在境,谅已疚心。矧盛夏之抗阳,属群雄之解甲,弓弩弛缓,鞍马疲羸,事亦易图,机不容失。宜倡齐公九合之义,共成宣王六月之征。击其惰归,庶有符于往志;贵乎拙速,当毋失于天时。懋建非常之勋,即膺不次之赏。候诏书到日,可会合诸镇,同共剿除淮甸金人余党,以成大功。故兹亲笔示谕,想宜知悉。

出处:《毗陵集》卷一。
撰者:张守
考校说明:编年据文中所述"比旋师于江浙,尚牧马于淮壖"等补,见《建炎以来系年要录》卷三二等。张守时为同签书枢密院事。

赐韩世忠御札
(建炎四年四月后)

胡马饮江,大肆残虐,卿感激思奋,慷慨自期。独提全军,往邀归路。将士用命,水陆齐攻。捷音遽闻,杀获甚众。言念忠劳,不忘嘉叹。

出处:《名臣碑传琬琰之集》卷一三《韩忠武王世忠中兴佐命定国元勋之碑》。
考校说明:编年据韩世忠宦历补,见《建炎以来系年要录》卷三二。

赐陕西宣抚处置使张浚诏
(建炎四年五月前)

金人去冬两路深入,南蹂洪、抚,以至筠、袁,东陷昇、杭,以及明、越。朕以宗社至重,父兄未还,远避敌锋,图保基绪。而我将士怀积年愤郁之志,乘骄敌劳敝之师,各输厥忠,人自为怒。张俊迎战于鄞水,刘光世邀击于江西,周望以大军控御于嘉禾,赵立拥义旅驱攘于淮甸。捷书日报,俘馘踵来,敌人挫伤,前所未有。
爰念既得地利之险,以保江浙,兼亦因天时之便,以规河山。惟卿忠翊朕躬,勋在
王室,宣风边徼,备著勤劳。宜属壮猷,共恢远略。盖闻敌人用兵,深忌暑月。要
即骑卒解甲弛鞍之际,稍资秦兵投石超距之余,于五月间引兵深入,一由同州渡
渭以取蒲、解,一由鄜延界渡河以取晋、隰。俯从战胜百倍之气,仰符前王六月之
征。用我计之未尝,出敌人之不意。窃谓一举,可图万全。卿宜审度事机,益深
筹虑,勉卒贤业,无规近功。庶几尽复两河,迎还二圣,以底中兴之烈,岂不伟欤!

出处:《毗陵集》卷一。

撰者:张守

考校说明:编年据张浚宦历及文中所述"金人去冬两路深入……张俊迎战于鄞
水,刘光世邀击于江西……要即骑卒解甲弛鞍之际,稍资秦兵投石超距之余,于
五月间引兵深入"等补,见《建炎以来系年要录》卷二三等。张守时为同签书枢密
院事。

郑士彦除吏部员外郎制
(建炎四年五月前)

敕:天官之选,吏员猥众,簿书丛杂,在承平时号称难治。自扰攘以来,人怀
欺诞,吏缘为奸,必得明敏之士,以为其属。尔材猷之美,列职奉常,进擢郎曹,俾
赞铨综。是为高选,其益懋哉! 可。

出处:《大隐集》卷二。

撰者:李正民

考校说明:编年据郑士彦宦历、李正民任两制时间补,见《宋会要辑稿》职官六三。

薛庆武功大夫忠州刺史制
(建炎四年五月前)

敕:上游之地,素号繁庶,比经外寇,民物凋残。而吏或拘于文法,不能为战
守之方。尔乃纠率兵民,缮修备御。措画有绪,忠义可嘉。其峻陟于武阶,仍遥
分于郡刺。并以命尔,是为优恩。尚既乃心,益图来效。可。

出处:《大隐集》卷二。

撰者:李正民

考校说明:编年据薛庆官历补,见《建炎以来系年要录》卷三三。

神龙卫四厢都指挥使降授明州观察使
间丘勋可复保宁军承宣使制
(建炎四年五月前)

敕:罚以示惩,盖本至公之义;赦当除罪,用推更始之仁。具官某材禀骁雄,性资沈毅。奋由行阵,展为筋力之能;总此师徒,任我爪牙之寄。失于战下,坐以败官。既获宥于宠恩,俾还升于故秩。惟勤劳可以补过,惟忠谊可以报君。往服予言,益图乃绩。可。

出处:《北海集》卷四。

撰者:綦崇礼

考校说明:编年据间勋官历补,见《建炎以来系年要录》卷三三。"间丘勋",《宋会要辑稿》礼五八、职官三、兵九作"间勋",《建炎以来系年要录》或作"间勋",或作"阎勋"。

王棣赠资政殿学士制
(建炎三年正月至建炎四年五月间)

敕:志能之士,因时而立功名;封疆之臣,守死而明节义。既叹捐躯之易,宜推恤典之隆。具官出自相门,跻于侍从。智勇足以捍难,恩惠足以抚民。久领近邦,适逢外寇。力振孤军之气,屡摧强敌之锋。爨既甚于析骸,食殆穷于掘鼠。睢阳无援,张巡之志不衰;东郡久围,臧洪之辞靡屈。虽势穷而力尽,终身殒而名存。特升秘殿之华资,俾视政涂之宠数。用彰死节,加贲泉扃。式慰冥漠之知,聿为忠义之劝。可。

出处:《大隐集》卷一。

撰者:李正民

考校说明:编年据李正民任两制时间补。《建炎以来系年要录》卷一八:"(建炎二年十一月乙未)金人陷濮州……显谟阁学士、知开德府充本路经略安抚使王棣率军民固守。金伪为书至城下日:'王显谟已归附,汝百姓何敢拒帅。'军民闻之,欲杀棣。棣走至南门,为军民所践而死,城遂陷。经略司主管机宜文字、朝请郎郑建古亦为乱兵所杀。金怒其拒战,杀戮无遗。事闻,赠棣资政殿学士,赠建古朝请大夫。"

王朋约赠直龙图阁制
(建炎三年正月至建炎四年五月间)

敕具官:朕顷者省方淮甸,移跸江吴。念斥堠之不明,骇风尘之甚遽。衣冠顿踣,倪耄震惊。眷惟在服之臣,不及巨川之济。陨于非命,朕甚伤之。尔列职周行,宣劳王事。奄罹物故,适丁斯时。其进直于河图,仍优加于恩典。庶几冥漠,尚克钦承。可。

出处:《大隐集》卷一。
撰者:李正民
考校说明:编年据李正民任两制时间补。

刘榕除直龙图阁制
(建炎三年正月至建炎四年五月间)

敕:济阴,大邦也,自敌国侵暴之后,寇攘竞扰,二千石能保其封疆,亦已难矣。尔顷以材猷往膺郡寄,阅时滋久,宣力居多,乃俾进直河图以为劝。《传》不云乎:"有功而见知则说矣。"尚勉之哉! 可。

出处:《大隐集》卷一。
撰者:李正民
考校说明:编年据李正民任两制时间补。

商守拙待制制
(建炎三年正月至建炎四年五月间)

敕:延阁谟训所藏,西清咨访之地。糜劳心于文墨,将次对于燕闲。爰涣茂恩,用优耆德。具官处躬纯厚,应务详明。练达国章,进跻廷尉。释之议罪,每见于持平;陈宠献言,务从于矜恕。擢司宪部,允赖老成。乃引疾以陈辞,欲就闲而去位。朕法仁祖之宽厚,举嘉祐之诏条,谳议颇殊于重轻,著令未分于甲乙。必资明习文法之士,以定摩研编削之规。虽遽去于朝廷,宜勉留于祠馆。往亲药石之辅,少须符竹之行。尚究乃心,图称朕命。可。

出处:《大隐集》卷一。

撰者:李正民

考校说明:编年据李正民任两制时间补。

范直方直秘阁参议官制
(建炎三年正月至建炎四年五月间)

敕:惟尔曾大父仲淹方未显时,慨然已有忧天下之志。晚更大任,名重华夷。辅政临戎,咸有成绩,深谋谠议,人到于今称之。尔渐摩余训,克守家法。服采朝列,未究尔能。乃俾夺情,进直延阁。参吾行营之议。朕将观尔之材,而试用之矣。尚勉之哉,毋忝朕命。可。

出处:《大隐集》卷一。

撰者:李正民

考校说明:编年据李正民任两制时间补。

张上行直秘阁制
(建炎三年正月至建炎四年五月间)

敕具官:汉自宣帝综核名实,二千石有治理效,辄增秩赐金,或爵至关内侯,故汉世良吏于是为盛,称中兴焉。尔顷以材猷往临郡寄,兵既服于纪律,民遂安于里闾。冉駞妥安,巴夔静谧。俾进直于延阁,用旌表于尔劳。思称朕恩,益图来效。可。

出处:《大隐集》卷一。

撰者:李正民

考校说明:编年据李正民任两制时间补。

胡考宁直秘阁制
(建炎三年正月至建炎四年五月间)

敕具官:中秘寓直,清选也。异时文学材能之士,咸得庀职其间,所以劝在列而起治功也。尔倅贰襄阳,屡当寇敌。逾年保守,宣力惟多,则汝之材能可见矣。乃俾进直,以为尔劝。是曰优宠,其益懋哉! 可。

出处:《大隐集》卷一。
撰者:李正民
考校说明:编年据李正民任两制时间补。

贾惇诗直秘阁制
(建炎三年正月至建炎四年五月间)

敕具官:中秘图书之府,朝廷以为清选。异时文学材能之士,咸得庀职其间,所以劝在列而起治功也。尔倅贰淮邦,克图固守。因事献策,忠义可嘉。乃俾进直,以为尔劝。是曰优宠,其益懋哉! 可。

出处:《大隐集》卷一。
撰者:李正民
考校说明:编年据李正民任两制时间补。

陈国瑞直秘阁制
(建炎三年正月至建炎四年五月间)

敕具官:惟我太宗崇儒右文,肇建秘阁,奎壁之画,昭回在上。又命儒学之臣寓直其间,以为咨访讨论之地。谅匪名人,未易称选。尔以材猷之敏,将漕浙部。锡对便殿,敷纳可嘉。进直中秘之严,增重皇华之寄。往祗朕命,益究乃心。可。

出处:《大隐集》卷一。
撰者:李正民
考校说明:编年据李正民任两制时间补。

向子伋直秘阁制
(建炎三年正月至建炎四年五月间)

敕:惟我太宗崇儒右文,肇建秘阁,奎壁之画,昭回在上。乃命儒学之臣寓直其间,以为咨访讨论之地。自匪名人,未易称选。尔以材猷,往膺郡寄。逾年于此,治效已彰。宜增重于麾符,俾进职于中秘。益思砥砺,图称恩荣。可。

出处:《大隐集》卷一。
撰者:李正民
考校说明:编年据李正民任两制时间补。

陈机直秘阁制
(建炎三年正月至建炎四年五月间)

敕具官:尔以艰难之时,居郡守之任,用能缮修备御,审度事几,奏牍详明,达于行在。察其忠荩,朕用汝嘉。进直中秘之严,增重一邦之寄。益图来效,庸称朕恩。可。

出处:《大隐集》卷一。
撰者:李正民
考校说明:编年据李正民任两制时间补。

赵不群直秘阁制
(建炎三年正月至建炎四年五月间)

敕具官:中秘寓直,清选也。异时文学材能之士,咸得庀职其间,所以劝在列而起治功也。尔顷以邑令,能御强敌。擢贰郡政,宣力尤勤。比涉鲸波,朝于行在,论事中理,朕甚嘉之。乃俾升华延阁,倅于近郡。是为优宠,其益懋哉!可。

出处:《大隐集》卷一。
撰者:李正民
考校说明:编年据李正民任两制时间补。

杨辇礼监察御史制
(建炎三年正月至建炎四年五月间)

敕:国家自元丰中始正御史之职,以分察文昌六曹之政事,视唐推弹公廨杂事之制为加详矣。于是枢机周密,品式备具,上下相维,莫有苟且之意,迄于今而遵用之。宜择其人,俾修厥职。尔议论平正,经术深醇。兹用擢置台属,以司纠察之事。《传》不云乎:"人有所不为,然后可以有为。"朕观汝之靖共守道,不求合于当世之人,今或可以有为矣,尚其勉哉!可。

出处:《大隐集》卷一。

撰者:李正民

考校说明:编年据李正民任两制时间补。"杨辇礼"疑为"杨悖礼"之误,见《淳熙三山志》卷二七、《闽中理学渊源考》卷三二等。

张纲吏部员外郎制
(建炎三年正月至建炎四年五月间)

敕:文昌六联,兼总万务,而诸曹郎吏分职其间,虽繁简不同,其选任则均也。尔早以经术名冠多士,书林省户,皆所践更。往佐天官,俾司小选。亟祗尔事,嗣有褒升。可。

出处:《大隐集》卷二。

撰者:李正民

考校说明:编年据李正民任两制时间补。据《建炎以来系年要录》卷三五、《华阳集》卷四〇《张公行状》,建炎四年七月张纲曾除司勋员外郎。如此制"吏部员外郎"即指此,则此制或为《大隐集》误收。

张宗元工部员外郎制
(建炎三年正月至建炎四年五月间)

敕具官:朕比遣枢臣,往将使指。命尔由奉常之属,掌其幕府文书之事。乃能纠合士马,张其军声。用酬宣力之勤,俾陟郎曹之秩。是为高选,其益懋哉! 可。

出处:《大隐集》卷二。
撰者:李正民
考校说明:编年据李正民任两制时间补。

韩裕兵部员外郎制
(建炎三年正月至建炎四年五月间)

敕具官:朕观春秋之际,列国公卿大夫之子孙,咸以材能表见于世,朕甚嘉之。尔名臣之后,儒雅自将。学以从政,有如寒士。擢居郎属,用显尔长。往祗厥官,嗣有褒宠。可。

出处:《大隐集》卷二。
撰者:李正民
考校说明:编年据李正民任两制时间补。

潘因刑部员外郎制
(建炎三年正月至建炎四年五月间)

敕:昔路温舒患治狱之吏,以刻为明,以为奏当之成,虽咎繇听之,为死有余辜。何则? 成炼者众,文致之罪明也。今朕设宪部之官,以掌天下之奏谳,务从宽恕。又以尔明察,俾为之属。其深惟前载之言,以广吾好生之德,则予汝嘉。可。

出处:《大隐集》卷二。
撰者:李正民
考校说明:编年据李正民任两制时间补。

成大亨祠部员外郎制
(建炎三年正月至建炎四年五月间)

敕:文昌六联,分理万务,诸曹郎吏,列属其间。虽烦简不同,而选任均也。

尔以材猷早居宪部,出临漕计,宣力惟多。还陟祠曹,素号清选。往修尔职,其益懋哉! 可。

出处:《大隐集》卷二。

撰者:李正民

考校说明:编年据李正民任两制时间补。

王禹得礼部员外郎制
(建炎三年正月至建炎四年五月间)

敕具官:宗伯之属,掌礼文表奏之事,号为南宫舍人。自非名流,不在其选。尔儒学操履,见称于时。不忮不求,恬于进取。其升华于郎位,俾列职于春官。益励厥修,嗣有褒宠。可。

出处:《大隐集》卷二。

撰者:李正民

考校说明:编年据李正民任两制时间补。

王昂驾部员外郎制
(建炎三年正月至建炎四年五月间)

敕具官:文昌六联,分理万务,自顷裁损溢员,而郎选重矣。尔以强学待问,名冠多士,书林省户,皆所践更。誉处既休,器业弥茂。惟舆辇车乘之政,属于武部,职清而事简,亦儒者之所宜居也。今以命尔,往其懋哉! 可。

出处:《大隐集》卷二。

撰者:李正民

考校说明:编年据李正民任两制时间补。

韩古都官员外郎制
(建炎三年正月至建炎四年五月间)

敕:都官之名尚矣,在汉为司隶校尉之属,纠中都官不法事。自后凡盗贼臧获,部曲俘囚之事悉掌之。于今为刑曹之联,而职事视前世则简矣。尔以材猷,荐更任使。其升华于郎位,俾列属于秋官。往既乃心,嗣有褒陟。可。

出处:《大隐集》卷二。

撰者:李正民

考校说明:编年据李正民任两制时间补。

管思可度支员外郎制
(建炎三年正月至建炎四年五月间)

敕:地官之职,素号繁冗。自顷裁损滥员,而太府、司农出纳之数悉隶其间。期会簿书,视前日尤剧。为之属者,可不遴其选哉?尔枢臣之后,材谞有闻。久服官常,所临必最。宜还郎位,总核邦财。其既乃心,毋乏吾用。可。

出处:《大隐集》卷二。

撰者:李正民

考校说明:编年据李正民任两制时间补。

韩球度支员外郎制
(建炎三年正月至建炎四年五月间)

敕具官:古人有言曰:"千里馈粮,士有饥色。樵苏后爨,师不宿饱。"今朕命相臣提重兵以镇抚建康,又分遣大将戍守旁郡,凡馈饷所须者博矣。乃留掌计之臣,专领供亿之务。有请于朝,以汝为属。兹命起之庐次,列于郎曹,所以因尔之能而济事功也。其悉乃心,往佐而长。可。

出处:《大隐集》卷二。

撰者:李正民

考校说明:编年据李正民任两制时间补。

黄龟年除仓部员外郎制
(建炎三年正月至建炎四年五月间)

敕具官:古人有言曰:"虽有金城汤池,带甲百万,无粟不能守也。"故用兵行师,馈饷为急。尔早以选擢,尝赞铨衡。材智之优,宜膺任使。载加召对,敷奏可观。司庚民曹,是为剧任。往修厥职,嗣有褒升。可。

出处:《大隐集》卷二。
撰者:李正民
考校说明:编年据李正民任两制时间补。

李釜中书舍人制
(建炎三年正月至建炎四年五月间)

敕:政事总于西台,诏令掌之内史。赏罚黜陟之柄,既得以与闻;讨论润色之辞,必资于行远。每难是选,必得其人。具官经术邃深,文词敏妙。儒科发策,早居多士之先;选部为郎,固已历年之久。比列曲台之贰,浸跻柱史之联。自密侍于轩墀,尝赞为于名命。宜起祠庭之逸,进参法从之华。时方属于艰难,朕急图于英俊。致治以得贤为本,当益励于尔猷;鼓众以出命为先,其不匮于朕指。往服予训,亟修厥官。可。

出处:《大隐集》卷二。
撰者:李正民
考校说明:编年据李正民任两制时间补。

刘范起居舍人制
(建炎三年正月至建炎四年五月间)

敕具官:朕惟古之王者,世有史官,君举必书,所以慎言行、昭法式也。左史记言,右史记事,帝王靡不同之。顷自艰难以来,典籍或废而不录,刓官弗备员,将孰举其职乎?尔学问通博,质性淳厚。尝冠多士,老于郎潜,退处祠庭,安恬自得。宜还朝序,入侍螭坳。尔其秉笔而书,言动悉载。斯为称职,尚勉之哉!可。

出处:《大隐集》卷二。

撰者:李正民

考校说明:编年据李正民任两制时间补。

李贵遥郡刺史制
(建炎三年正月至建炎四年五月间)

敕具官:朕命枢管之臣,提兵捍敌,军功爵赏,皆决于外,不从中御也。剡章来上,谓尔尝有战多之绩,而恩典未称。是用命尔以遥刺之秩,以为懋功之劝。朕惟尔方执干戈,备戎行,而强敌之侵暴未已。是汝立功名、取富贵之日也。畴昔之劳,赏既厚矣;方来之效,尔其图之。可。

出处:《大隐集》卷二。

撰者:李正民

考校说明:编年据李正民任两制时间补。

许中知桂州制
(建炎四年正月至五月间)

敕具官:桂林大邦,湘南都会,师帅之任,尤难其人。尔博涉艺文,通达吏治。校雠儒馆,多所见闻;践历郎曹,已称强敏。兹承流于江表,乃闻问于朝廷。其升延阁之华资,俾镇南荒之巨屏。自昔夷獠之俗,每患于难安;惟时方面之臣,必先于无扰。服我明训,往其钦哉!可。

出处:《大隐集》卷二。

撰者:李正民

考校说明:编年据李正民任两制时间及嘉靖《广西通志》卷七补。嘉靖《广西通志》卷七称许中为"知静江府",误。桂州于绍兴三年升静江府。

柳约直龙图阁知吉州制
（建炎三年正月至建炎四年五月间）

　　敕:朕惟吴越之壤,民物阜蕃,凡在守臣,尤加遴选。尔儒学吏能,见称于世。践更台省,贰于奉常。乃俾直河图,付以郡寄。朕择人共理之意厚矣,其茂承之。可。

出处:《大隐集》卷二。
撰者:李正民
考校说明:编年据李正民任两制时间补。

李釜待制知筠州制
（建炎三年七月至建炎四年五月间）

　　敕:次对西清,持从臣之橐;承流列郡,分刺史之符。谅匪时髦,曷膺宠数。具官文兼体要,学富本原。早居多士之先,浸为当世之用。惟践扬而滋久,顾誉处以弥休。比擢置于西垣,俾典司于外制,而乃固形辞避,至于再三。其班延阁之华,往莅名邦之寄。宣扬惠泽,抚字远民。尚悉乃心,图称朕命。可。

出处:《大隐集》卷二。
撰者:李正民
考校说明:编年据李正民任两制时间、李釜宦历补,见《建炎以来系年要录》卷三六。

董逌知信州制
（建炎三年七月至建炎四年五月间）

　　敕:次对西清,持从臣之橐;承流列郡,分刺史之符。谅匪时髦,孰膺宠数。具官材猷博敏,学问淹该。出典藩垣,惠昭民誉;入更省寺,望著朝端。宜陟近班,俾膺郡寄。往继循良之治,广宣德意之孚。可。

出处:《大隐集》卷二。

撰者:李正民

考校说明:编年据李正民任两制时间、董逌官历补,见《建炎以来系年要录》卷二五。

俞儋遥郡团练使制
(建炎三年正月至建炎四年五月间)

敕具官:出纳之吝,谓之有司,然必得其人,乃可以举职也。以尔材力,掌吾外府之事,而究心夙夜,克修厥官。会课当迁,既有常法,俾尚仍于旧贯,特升秩于州团。益励尔为,图称朕命。可。

出处:《大隐集》卷三。

撰者:李正民

考校说明:编年据李正民任两制时间补。

刘锺赠团练使制
(建炎三年正月至建炎四年五月间)

敕:殉义忘生,乃见忠臣之节;捐躯捍敌,宜膺国典之褒。具官早服戎行,克宣勇力。冒锋镝而弗顾,履行陈以无前。势既屈于豺狼,身遂膏于原野。载嘉尔烈,深厪朕怀。特升左武之阶,仍领遥团之寄。庶几英爽,尚克钦承。可。

出处:《大隐集》卷三。

撰者:李正民

考校说明:编年据李正民任两制时间补。

李承造两浙转运使制
(建炎四年正月至五月间)

敕:朕惟吴越之壤,民物阜康。惟兹戎辂巡幸之时,尤重外台转漕之寄。尔才资明敏,智略周通。比由宰士之联,往莅名城之守。以下原本缺。

出处:《大隐集》卷三。

撰者:李正民

考校说明:编年据李正民任两制时间、《咸淳临安志》卷五〇补。"转运使",《咸淳临安志》卷五〇作"运副"。

成大亨直秘阁两浙转运使制
(建炎三年正月至建炎四年五月间)

敕具官:外台转漕之权,浙部富实之境。衣冠避地,流寓为多;警跸省方,仰给者众。枢庾遴选,宜得能臣。尔早涉艺文,尤通吏治。久服劳于州县,既擢位于郎曹。誉处弥休,安恬自得。俾直图书之府,往临吴越之区。非威望不足以厌服奸萌,非清裁不足以表率群吏。贡赋无追科之扰,关梁有捍御之方。往体训言,是为称职。可。

出处:《大隐集》卷三。

撰者:李正民

考校说明:编年据李正民任两制时间补。

苏恪广东转运使制
(建炎三年正月至建炎四年五月间)

敕:朕惟五岭之南,去朝廷远甚,官多假版,吏缘为奸。思得忠信之臣,往将使指。尔材猷明敏,列职郎曹。服采惟勤,闻誉休显,持节南粤,宜为朕行。使民情上闻,惠泽下究,斯为称职,尚勉之哉!可。

出处:《大隐集》卷三。

撰者:李正民

考校说明:编年据李正民任两制时间补。

姜仲谦起复湖北转运使制
(建炎三年正月至建炎四年五月间)

敕:人子执亲之丧,三年不从政,然金革之事无避也。朕属时艰难,思与四方之士共图康功,可不变礼以从宜哉?尔风力强明,材猷敏济。荐更使指,咸以能闻。比以苴衰，乃辞王事。朕惟荆湖之沃壤，实连江海之上游，控扼输将，于今为重。宜起倚庐之戚，往持漕运之权。其既乃心，亟图厥事。可。

出处：《大隐集》卷三。

撰者：李正民

考校说明：编年据李正民任两制时间补。

乔仲福左武大夫遥郡防御使制
（建炎三年正月至建炎四年五月间）

敕：朕躬履至尊，遭时多故。孽臣骚扰，反易天常。实赖熊罴之士，不二心之臣，纠合戮力，克清大憝。肆颁国典，用答殊功。具官拳勇有闻，忠诚自许。荐更武服，屡奏肤功。比属勤王之行，实嘉宣力之著。躬率虎士，先驱颜行。宜仍左武之班，进领御戎之寄。兹为异数，益励壮猷。可。

出处：《大隐集》卷三。

撰者：李正民

考校说明：编年据李正民任两制时间补。

王罕赠观察使制
（建炎三年正月至建炎四年五月间）

敕：徇义忘生，乃见忠臣之节；捐躯捍敌，宜膺国典之褒。具官某久服周行，克宣武力。顷总戎于畿右，适遇敌于淮西。授兵登陴，既励三军之气；蒙楯负羽，孰当强敌之锋。孤坚不支，摧陷以殁。载嘉尔烈，深蔼朕怀。俾遥领于廉车，仍就升于显秩。并隆恩典，用慰存亡。想尔冥灵，钦予休命。可。

出处：《大隐集》卷三。

撰者：李正民

考校说明：编年据李正民任两制时间补。

贾说换观察使制
(建炎三年正月至建炎四年五月间)

敕:君臣之义,险夷当秉一心;立国之方,文武固无二道。适图守备,宜越常规。具官某风力强明,材猷敏劭。早联儒服,亟践周行。浸跻华近之班,屡典剧繁之寄。比繇庐次,畀以使权。捍天堑之要津,总水犀之节制。辍以从橐,易处廉车。其躬属于戎鞬,以总临于战舰。往祗朕命,益既乃心。可。

出处:《大隐集》卷三。
撰者:李正民
考校说明:编年据李正民任两制时间补。

奉圣旨内侍郑谌恬退自守不妄干进特除和州观察使制
(建炎三年正月至建炎四年五月间)

昔者先王以德诏爵,以为两者皆天下之达尊,必惟其人而后称。君唯曰天命,臣唯曰德赏,则上下不敢以轻而民服。具官某恬于势利,不妄进取。夫以左右近习之臣,而有廉节自喜之行,固朕之所嘉予也。陟汝廉车,以劝在位,使汝德称其服,而人浮于食也,不亦于汝安乎?可。

出处:《大隐集》卷三。
撰者:李正民
考校说明:编年据李正民任两制时间补。

田思迈袭封溪洞都誓首制
(建炎三年正月至建炎四年五月间)

敕:《春秋》列潞子之爵,许其慕中夏也。尔父世守边隅,克谨侯度。剡章来上,以老自陈,溪山故封,俾尔承袭。尔其敬念忠孝之义,永为封疆之臣。无忝乃父之训,以钦服朕命。尚其勉哉!可。

出处:《大隐集》卷三。

撰者:李正民

考校说明:编年据李正民任两制时间补。

周离萼直秘阁转运判官制
(建炎三年正月至建炎四年五月间)

敕具官:朕惟仁祖时,尤重东南漕路。漕运之职,乃命施昌言、许元为之使,又命马遵为判官。三人者其才足以相济,能叶于厥赋。是时人不告劳而财赋充足,朕甚嘉之。以尔学问甚富,材力有余。早践郎曹,尝升柱史。比列地官之属,允资心计之良。宜直秘严,往图邦用。能通世务,儒者虽乐于有为;思济时危,人臣固难于择事。仁观成效,无愧前修。可。

出处:《大隐集》卷三。

撰者:李正民

考校说明:编年据李正民任两制时间补。"周离萼",《宋代诏令全集》以乾隆翰林院抄本及《建炎以来系年要录》卷一三、卷二五为据改作"周离享"(第二一五页),误,当作"周离亨",见《建炎以来系年要录》卷一三、卷二五,《宋会要辑稿》职官六九、选举二〇,《宋史》卷三六三《许景衡传》等。

徐处仁赠官制
(建炎三年正月至建炎四年五月间)

敕:秉钧当轴,尝宣力于邦家;隐卒崇终,宜疏恩于泉壤。乃眷我朝之旧弼,未膺身后之余荣。厥有典常,式隆著位。具官忠厚廉正,靖深简夷。学造古人之方,材周当世之务。遍仪禁路,兼严、乐侍从之能;屡典藩符,擅龚、黄政事之美。靖康有作,寇难方滋。首擢冠于机衡,遂再安于龟鼎。总领众职,已闻魏相之有声;镇抚四夷,方赖陈平之多智。恳辞魁柄,退处祠庭。遽兴愍遗之悲,莫逮亲临之礼。尔孤有请,令德未忘。升特进之崇阶,示褒贤之异数。庶几英爽,尚克歆承。可。

出处:《大隐集》卷三。

撰者:李正民

考校说明:编年据李正民任两制时间补。

魏宪赠父制
（建炎三年正月至建炎四年五月间）

敕：朕躬执珪币，祗见郊丘。逮厘事之告成，肆湛恩之溥及。眷予近列，宜有宠章。乃推本于所亲，用追荣其先世。具官父某躬怀德义，性服典常。沈于下僚，未究远业。丕显子孙之余庆，遂为富贵之大家。服在迩臣，实汝贤嗣，荐举褒扬之典，已跻通显之班。属禋祀之肇修，乃弟昆之有请。载迁峻秩，用贲幽扃。尚想冥灵，钦承休命。可。

出处：《大隐集》卷三。

撰者：李正民

考校说明：编年据李正民任两制时间补。

魏宪赠母制
（建炎三年正月至建炎四年五月间）

敕：朕躬执珪币，祗见郊丘。逮厘事之告成，肆湛恩之溥及。眷予近列，宜有宠章。乃推本于所亲，用追荣其先世。具官母某氏秉心淑慎，迪德温恭。宜其家人，克昌厥后。丕显子孙之余庆，遂为富贵之大家。服在迩僚，实汝贤嗣。荐举褒扬之典，已膺休显之称。禋祀肇修，弟昆有请，载锡小君之号，俾开名郡之封。尚想冥灵，钦承休命。可。

出处：《大隐集》卷三。

撰者：李正民

考校说明：编年据李正民任两制时间补。

魏宪封妻制
（建炎三年正月至建炎四年五月间）

敕：朕纂绍丕图，欲修禋祀。举三岁之大典，以初为常；施四海之湛恩，无远弗届。眷予近列，宜有宠章。肆推家室之荣，以示闺门之庆。具官妻某氏温恭淑慎，柔间静专。生于名门，来嫔令族；辅佐君子，克勤厥家。早开石窌之封，已侈褕衣之贵。载疏国典,式示朕恩。往修中馈之恭,更劝南山之义。钦予时命,永建乃家。可。

出处:《大隐集》卷三。

撰者:李正民

考校说明:编年据李正民任两制时间补。

<h1 style="text-align:center">刘棐复官制</h1>
(建炎三年正月至建炎四年五月间)

敕具官:数赦者,古人之德;宥罪者,君子之仁。朕临御以来,殊恩屡下,矧方隆于郡寄,宜一洗于刑书。尔顷坐愆违,法当褫秩。既荐更于肆眚,盍悉复于故官。尚谨厥修,勿以为幸。可。

出处:《大隐集》卷三。

撰者:李正民

考校说明:编年据李正民任两制时间补。

<h1 style="text-align:center">兰整复官制</h1>
(建炎三年正月至建炎四年五月间)

敕:朕祇见圆丘,肆颁大赉。赦过宥罪,咸与惟新;施惠行仁,无远弗届。矧方共于武服,宜一洗于丹书。具官久历边陲,屡膺任使。顷上太原之奏,有亏石建之恭。降领廉车,已更霈泽。其复使名之旧,以昭庆典之行。往服恩荣,益思祇慎。可。

出处:《大隐集》卷三。

撰者:李正民

考校说明:编年据李正民任两制时间补。

李釜转官致仕制
(建炎三年正月至建炎四年五月间)

敕:告老而闵烦,若古之明训;以疾而谢事,近代之通规。眷予迩臣,宜加恩典。具官名生于实,行顾于言。早冠儒科,浸阶醲仕。冯唐潜于郎署,仲舒老于胶西。比畴凤望之孚,擢掌赞书之重。乃陈疾疢,愿丐麾符。方跻次对之班,遽上退休之请。勉从尔志,叙进文阶。式宠其归,往钦朕命。可。

出处:《大隐集》卷三。
撰者:李正民
考校说明:编年据李正民任两制时间补。

曹昱转官致仕制
(建炎三年正月至建炎四年五月间)

敕:告老而闵烦,若古之明训;以疾而谢事,近代之通规。眷予迩臣,宜加恩典。具官持身愿悫,迪德端良。出于鼎甲之门,自励材猷之美。荐更任使,进陟近班。遽上封章,愿还印绶。其勉从于雅志,仍增秩于崇阶。以彰止足之风,以示归休之宠。钦予时命,益介寿康。可。

出处:《大隐集》卷三。
撰者:李正民
考校说明:编年据李正民任两制时间补。

辛兴宗辛企宗降官制
(建炎三年正月至建炎四年五月间)

敕:无将之诛,罔或攸赦;缘坐之法,厥有常刑。岂容私恩,辄紊成宪。具官早共武服,久捍边陲,既稍积于战多,遂进跻于留务。属时逆党,乃尔外姻。弗知请罪于私门,遽敢露章于政府。公为道地,轻视朝廷。其降领于廉车,尚屈从于宽典。往思循省,无重悔尤。可。

出处:《大隐集》卷三。

撰者:李正民

考校说明:编年据李正民任两制时间补。

董逌赠官制
(建炎三年七月至建炎四年五月间)

敕:朕待遇臣工,务全终始。遽起沦亡之叹,可无褒赠之恩?具官早负时名,亟跻儒馆。嗜学至老而不厌,所闻既博而愈精。未尝枉道以徇人,故每进寸而退尺。晚记言于柱史,浸联华于从班。方俾分符,俄闻易箦。宜优加于恤典,仍峻陟于文阶。庸示轸伤,并推余泽。尚其灵爽,歆此宠休。可。

出处:《大隐集》卷三。

撰者:李正民

考校说明:编年据李正民任两制时间、董逌官历补,见《建炎以来系年要录》卷二五。

沈与求殿中侍御史制
(建炎三年十月至建炎四年五月间)

敕:御史府,朝廷纲纪之地。台纲正则朝廷治,朝廷治则天下理,故选用寮属,必得实材。尔问学多通,议论持正。比自师儒之官,锡对便殿,嘉尔敷纳,擢置枏弹。乃能遇事慨然,无所枉挠。旋更郎署,未究尔长。其执法于殿中,以纠绳于列位。尔其毋畏拂指,毋惮当权,知无不言,以广朕耳目之寄。斯为称职,尚勉之哉!可。

出处:《大隐集》卷一。

撰者:李正民

考校说明:编年据沈与求官历补,见《建炎以来系年要录》卷二八、卷三三。

监司帅守应办军期有劳止进阶官诏
（建炎四年五月一日）

执政大臣，自今监司、帅守应办军期有劳者，依祖宗旧制，止进阶官，俟有大功显效，间加职名。庶几名器增重，艰难之际，人益知劝。令三省遵守。

出处：《宋会要辑稿》职官一之四八。

除范宗尹特授通议大夫守尚书右仆射同中书门下平章事进封高平郡开国侯加食邑食实封制
（建炎四年五月三日）

门下：论一相而弼一人，斯举有邦之职；典百寮以择百揆，必求名世之才。朕遭时险艰，注意贤隽，庶获中兴之佐，共图复古之功。我得其人，肆颁明命。中大夫、参知政事、高平县开国男、食邑四百户、赐紫金鱼袋范宗尹，端凝而和裕，沉厚而高明。学深造于本原，识该通于远大。布衣论事，马周若素官于朝；白简持平，元衡负真宰之器。擢陪丞辅，备罄谋谟。勤小物而务振于颓纲，断大事而靡闻于遗策。属虚魁柄，实总政机。询用群言，独取梓人之效；讲明故事，远追汉相之规。顾考慎之已详，察忠纯之可属。其延登于揆路，俾寅亮于天工。并陟文阶，进分侯社。倍增采赋，昭示宠光。慨念我家，复高前古。久戢干戈之用，遽生疆场之忧。胡马长驱，但肆侵凌之计；乘舆远播，未知旋复之期。王师益偷，而无决胜之兵；军食浸艰，而乏相因之粟。念兹国步，危若缀旒。非望可折冲，则何以镇服于四夷；非力能起废，则何以弥纶于百度。繄汝秉钧之责，宽予当馈之嗟。断以不疑，任之勿贰。於戏！兴衰拨乱，朕敢忘王业之难；持危扶倾，尔其任天下之重。尚赖同心之助，克伸尝胆之诚。往究远图，奚劳多训。可特授通议大夫、守尚书右仆射、同中书门下平章事，进封高平郡开国侯，食邑一千户，食实封四百户。主者施行。

出处：《北海集》卷六。又见《宋宰辅编年录》卷一四。
撰者：綦崇礼
考校说明：编年据《宋宰辅编年录》卷一四、《建炎以来系年要录》卷三三补。

赐新除通议大夫守尚书右仆射同中书门下平章事进封高平郡开国侯范宗尹辞免恩命不允诏
（建炎四年五月三日后）

敕宗尹：省所上札子奏辞免恩命，事具悉。自祸结远夷，岁甚一岁，长驱南牧，遂济于江，吴越荆湘，咸被其酷。迨今归寇，犹据淮堧，肆暴穷凶，窥我未已。朕虽痛心疾首，尝胆枕戈，盖未知其攸济也。重念舆图滋削，国步愈艰，顾瞻中原，孰与戮力？则凡治军旅、制国用、抚百姓、攘四夷，一相之图，朕敢轻付？虚位逾月，实难其人。维卿天畁瑰材，自负国器。由布衣策试之日，盖常陈爱君忧国之言；方壮年进用之时，固旧倚有德老成之望。擢陪大政，亦稔具瞻，求之在廷，无出其右。制麻初布，欢然一词。胡为逡巡，犹欲退避？卿而不可，尚谁可者？亟安厥位，以副所期。所请宜不允。故兹诏示，想宜知悉。

出处：《北海集》卷一〇。

撰者：綦崇礼

考校说明：编年据《建炎以来系年要录》卷三三补。

范宗尹辞免右仆射不允批答
（建炎四年五月三日后）

朕履国家之否运，思得天下之奇材。以卿粤从布衣，早有人望，屡击权臣于方用，未尝奸利以徼名，每陈治道之可行，无不会文而切理。泊擢参于大政，尤灼见于所存。一意尽公，群伦皆理。乃付巨川之济，用符岩石之瞻。制诰一颁，搢绅相庆。仁卿行志，知国有人。谓当承命以周旋，犹复抗章而逊避。惟此举而国无陋矣，今何时而卿辞位乎？勉究良图，毋庸再请。

出处：《浮溪集》卷一五。

撰者：汪藻

考校说明：编年据《建炎以来系年要录》卷三三补。

新除通议大夫守尚书右仆射范宗尹
再上表辞免恩命不允断来章批答
(建炎四年五月三日后)

朕惟治乱两途,未有不由于用相;君臣一德,相逢鲜值于同时。卿识遂而才全,谋深而器远,学古人之至要,言天下之大公,简于朕心,非止今日。故擢司风宪,升预政机,将观所长,不次而用。而卿性资天至,议论日新。言其重厚,则如倚太山而坐中原;语其疏通,则若驾轻车而就熟路。乃布大号,任之不疑。卿当图群策以兼收,念寸阴之可惜,立规模于素定,应机会于方来,辅成再造之基,同享无疆之福。此则尽卿致主之术,而成朕知人之明也。亟上封章,百辞奚益?

出处:《浮溪集》卷一五。又见《三朝北盟会编》卷一三九。
撰者:汪藻
考校说明:编年据《建炎以来系年要录》卷三三补。

范宗尹辞免右仆射恩命不允口宣
(建炎四年五月三日后)

卿比符舆望,进陟冢司,方观远大之规模,用济艰危之机会。已扬涣号,难徇执谦。

出处:《浮溪集》卷一五。
撰者:汪藻
考校说明:编年据《建炎以来系年要录》卷三三补。

新除通议大夫守尚书右仆射范宗尹
再上表辞免恩命不允断来章口宣
(建炎四年五月三日后)

卿比缘才望,入秉事枢,安危由此以坐分,中外翕然而相庆。趋图成效,勿复固辞。

出处:《浮溪集》卷一五。

撰者:汪藻

考校说明:编年据《建炎以来系年要录》卷三三补。

时政记令三省枢密院轮次通修诏
(建炎四年五月九日)

今来三司、枢密院系司班奏事,所有时政记自合轮次通修。

出处:《宋会要辑稿》职官六之三一。

赐新除兵部侍郎兼权直学士院汪藻
辞免恩命乞除一在外宫观差遣不允诏
(建炎四年五月十日后)

敕汪藻:省所奏辞免恩命,事具悉。卿以隽望通才,独当琐闼;以英词大笔,兼直銮坡。从朕于艰,阅时最久。眷言勤勋,姑俾序迁。乃因移疾以家居,遂欲投闲而远引。载披来请,殊拂朕心。矧进贰夏官,非有甚繁之务;而留居翰苑,方资尔雅之文。其即钦承,毋劳逊避。所请宜不允。故兹诏示,想宜知悉。

出处:《北海集》卷一〇。

撰者:綦崇礼

考校说明:编年据《建炎以来系年要录》卷三三补。

赵子栎所至按月支行请给诏
(建炎四年五月十一日)

国家宗枝凋零,侍从之间,有子栎近已除在外宫观,令所至按月支行请给,无令失所,以称朕敦睦宗族之意。

出处:《宋会要辑稿》帝系五之三三。

徽猷阁学士通奉大夫卢法原可除户部尚书制
（建炎四年五月十一日）

敕：朕躬乘艰运，志靖中原。永惟戎旅之繁，虑孰先于军食；乃眷版曹之重，职实总于邦财。敷求其人，俾共厥事。历选列辟，得吾旧臣。具官某心计精明，器资宏博。才济剧烦而不露，刃游盘错而有余。典选天官，士克称于平允；守藩坤服，人咸咏于中和。久叹滞淹，肆从收召。其上三年之最，还居八座之崇。慨念烟尘，远弥县县。帑廪虚而干戈未戢，生灵困而征役不休。足食足兵，正方今之急务；知取知予，思在昔之良规。顾如汝能，无愧前比。往钦朕命，尚懋尔庸。可。

出处：《北海集》卷三。
撰者：綦崇礼
考校说明：编年据《建炎以来系年要录》卷三二补。

新除吏部侍郎綦崇礼辞免恩命不允诏
（建炎四年五月十一日后）

朕惟天官之职，人物综焉。南渡以来，法隳吏弛，思得能者，以振颓纲。卿识照几先，才周世用。见闻殚洽，知祖宗沿革之宜；学问精深，得师友渊源之正。比借才于铨管，果腾誉于簪绅，灼见所长，就加兹命。举直错枉，伫成平允之功；辞尊居卑，宜略谦冲之礼。

出处：《浮溪集》卷一四。
撰者：汪藻
考校说明：编年据《建炎以来系年要录》卷三三补。

赐新除签书枢密院事赵鼎辞免不允诏
（建炎四年五月十二日后）

敕赵鼎：省所札子奏，辞免新除签书枢密院事恩命，事具悉。卿操术端纯，性资忠鲠。自居风宪，力振颓纲，纠弹罔避于权强，慷慨直当于仇嫉。忱诚无隐，刚毅不回。朕察其用心,既已计从而言听;验之行事,庶克危持而颠扶。肆擢赞于中枢,俾参联于近辅。筹帷画策,方需留侯借箸之忠;叛国寝谋,仰赖汲黯在朝之望。朕心虚伫,物论允谐。遽览奏陈,犹形逊避。其趣祗于位著,以共济于艰难。所请宜不允。故兹诏示,想宜知悉。

出处:《北海集》卷九。
撰者:綦崇礼
考校说明:编年据《建炎以来系年要录》卷三三补。

赐新除参知政事张守辞免恩命不允诏
(建炎四年五月十二日后)

敕张守:省所奏札子,辞免新除参知政事恩命,事具悉。顷以胡骑长驱,直侵江表;乘舆远播,至涉溟波。所赖二三之臣,左维右挈,迨兹旋踵,用克无虞。惟卿以直道忠言,进联枢辅,谋谟协赞,为力居多。念国步之益艰,而舆图之滋削,政需贤哲,以救颠危。卿有经济之才,而未克大施;有忠嘉之略,而未克尽用。肆辍本兵之务,俾陪机政之繁。式资献可替否之忠,庶成兴衰拨乱之绩。过形谦避,非朕所闻。其殚夙夜之勤,以赴功名之会。所请宜不允。故兹诏示,想宜知悉。

出处:《北海集》卷一二。
撰者:綦崇礼
考校说明:编年据《建炎以来系年要录》卷三三补。

赐新除参知政事张守上表辞免恩命不允仍断来章批答
(建炎四年五月十二日后)

省表具知。朕权时之宜,以宰执大臣通治三省,使政事归一,而责任维均。庶几同寅,协济多难。卿文能华国,道足治君。夙怀王佐之才,实应中兴之辅。顷由鳌禁,擢赞鸿枢。虽兵机专帷幄之筹,而政柄隔钧衡之地。肆从改命,式副畴庸。惟卿素推体国之诚,顾朕自负得贤之喜,胡为谦挹,犹尔逡巡?其勉就于大功,勿徒拘于小节。所请宜不允,仍断来章。有敕:久同艰险,深谅忠勤,肆辍领于中枢,俾进陪于大政。方需伟绩,勿事固辞。今差。

出处:《北海集》卷一七。又见《永乐大典》卷一四九一二。

撰者:綦崇礼

考校说明:编年据《建炎以来系年要录》卷三三补。

赐新除端明殿学士签书枢密院事赵鼎
上表辞免恩命不允仍断来章批答
(建炎四年五月十二日后)

省表具知。士大夫好议久矣,平居天下之事,知之患不得言,言之患不得行。今朝廷迁播,国制抢攘,政令所施,咸出一切,岂无事之可议而不获上闻者? 卿以直谅之资,任风宪之责,盖常偘偘为朕言之。朕既察其忠诚,虚心开纳。然徒使卿排击当权,以言之于下,孰若其协心国论,以行之于上? 是用延登廊庙,参秉枢机。顾视前时弊病阙失,多怀懣不平之气;今而摅发猷为,可以大伸其志矣。方资倚赖,冀图厥功,谦抑逡巡,非朕所望。其祗成命,勿复重陈。所请宜不允。仍断来章。有敕:卿夙怀忠略,久著直声。进陪枢管之司,实慰搢绅之论。体兹深眷,毋事固辞。今差。

出处:《北海集》卷一七。

撰者:綦崇礼

考校说明:编年据《建炎以来系年要录》卷三三补。

新除吏部尚书卢法原新除礼部尚书谢克家
新除刑部尚书胡直孺并赴行在供职诏
(建炎四年五月十四日)

朕履此多难,期于小愒,寤寐簪缨之隽,维持宗社之安。乃眷迩僚,久居外服,爰锡赞书之宠,进班常伯之尊。想闻图旧之诚,共奋扶颠之志。乃心存阙,即日问涂,冀不惮于暑行,庶速闻于辰告。

出处:《浮溪集》卷一三。

撰者:汪藻

考校说明:编年据《宋会要辑稿》选举三四补。

新除资政殿大学士提举万寿观
兼侍读王绚辞免恩命不允诏
（建炎四年五月十四日后）

《诗》曰"虽无老成人，尚有典刑"，《书》曰"人惟求旧，器非求旧，惟新"。盖老成旧人之于国家，其重如此。朕以卿有精深之学，通济之才，出入周旋，在廷最久。兹因诚恳，亟解繁机。故加卿以秘殿之资，处卿以中都之馆，留陪经幄，不使去朝。兹大臣出处之殊荣，而朕待卿之至意也。采之舆论，咸谓得宜。援例力辞，卿言徒费。所请宜不允。

出处：《浮溪集》卷一四。

撰者：汪藻

考校说明：编年据《建炎以来系年要录》卷三三补。

新除资政殿大学士提举万寿观兼侍读
王绚上表辞免恩命不允断来章批答
（建炎四年五月十四日后）

朕于群臣无所不用其至，亦无所不用其恩，盖有取于孟子手足腹心之意。况卿奉事帷幄，历年于兹，直谅多闻，仰成非一，以礼进退，雍容可观，疏恩虽隆，是谓宜称。与其屡形逊牍，伸冲素之怀；孰若体朕诚心，服休嘉之命。

出处：《浮溪集》卷一五。

撰者：汪藻

考校说明：编年据《建炎以来系年要录》卷三三补。

新除资政殿大学士提举万寿观兼侍读
王绚上表辞免恩命不允断来章口宣
（建炎四年五月十四日后）

卿力辞机要，愿即安闲，乃疏尤异之恩，用示老成之眷。亟膺兹渥，无事于辞。

出处:《浮溪集》卷一五。

撰者:汪藻

考校说明:编年据《建炎以来系年要录》卷三三补。

高卫可除显谟阁待制知虔州制
(建炎四年五月十五日)

敕:大江之西,虔为剧郡,平时狱市,已称夥繁。矧胡马南侵,而豫章不守,宫闱官府,迁寓是邦,必资宿望之臣,俾任分忧之责。具官某蚤更器使,久著能声。疏通之才,多所练达;深厚之量,见谓老成。顷擢贰于天官,俾分曹于行省。适兹择守,佥曰汝贤,爰更次对之班,就畀藩宣之寄。军民未靖,其镇抚于营屯;兵革甫宁,尚保安于宫掖。政成事定,朕不汝忘。可。

出处:《北海集》卷四。

撰者:綦崇礼

考校说明:编年据《建炎以来系年要录》卷三三补。

行宫禁卫所使臣人吏特依旧支破每日券钱诏
(建炎四年五月十七日)

行宫禁卫所使臣人吏等可住罢赡家钱,特与依旧支破每日券钱。其余官司不得援例。

出处:《宋会要辑稿》职官三二之二七。

复置权尚书六曹侍郎诏
(建炎四年五月十七日)

复置权尚书六曹侍郎,如元祐故事,位太中大夫上,请给视中书舍人。告谢日,即赐三品服。满二年为真,补外者除待制;未满除修撰。

出处:《建炎以来系年要录》卷三三。

枢密院授功罪簿与诸将诏
（建炎四年五月十七日）

枢密院以功罪簿授诸将,随事即书之,师还日缴申本院,不得续添,以革冒滥。

出处:《建炎以来系年要录》卷三三。

綦崇礼除尚书吏部侍郎制
（建炎四年五月十七日）

敕:朕维枢机之务悉统于文昌,铨综之权独归于选部。乃者官失其籍,吏缘为奸。必求绝类之才,以正二卿之位。通直郎、试中书舍人、赐金鱼袋綦某德操纯一,气机渊冲。学问通乎古今,名实加于上下。久居词披,文誉甚高;暂领铨曹,士类咸喜。肆颁成命,以究尔能。昔裴行俭摘发如神,奸回悉屏;高季辅清明若鉴,贤否自分。虽时异而法殊,然人存则政举。勉希前哲,以副虚怀。可直授依前通直郎、试尚书吏部侍郎。

出处:《北海集》附录上。

綦崇礼辞免尚书吏部侍郎不允诏
（建炎四年五月十七日后）

敕某:省所奏"辞免新除尚书吏部侍郎恩命"事具悉。天官之职,人物综焉。南渡以来,法隳吏弛,思得能者,以振颓纲。卿识照事几,才周世用。见闻殚洽,知祖宗沿革之宜;学问精深,得师友渊源之正。比借才于铨管,果腾誉于簪绅。灼见所长,就加兹命。举直错枉,伫成平允之功;辞尊居卑,宜略谦冲之礼。所请宜不允。故兹诏示,想宜知悉。

出处:《北海集》附录中。
考校说明:编年据同集附录上《綦崇礼除尚书吏部侍郎制》补。

蠲放福州人户均认准备巡幸钱粮诏
（建炎四年五月十八日）

福州人户均认准备巡幸钱粮十万贯石,可并特予蠲放。官吏尚敢拘催,重置典宪,仍许越诉。

出处:《宋会要辑稿》食货六三之一。

给事中綦崇礼可除翰林院学士制
（暂系于建炎四年五月十八日）

敕:学士职清地近,极天下文章之选。非深厚尔雅,不足以代王言;非直谅多闻,不足以备顾问。矧艰难之际,干戈未宁,军国事丛,诏令数下,倚马立办,实难其人。必有敏速之思如枚皋,乃能当飞书驰檄之任,激切之词如陆贽,乃能感武夫悍卒之心。我求其人,得于禁闼。具官某辞知体要,学尽精微。蚤驰骤于华途,遂翱翔于青锁。张公论事,有回天之效;李藩举职,得批敕之风。载畴东省之勤,进直北门之邃。惟纳忠之素,方仡于谋猷;惟摛藻之工,尤资其润色。用为七体,庶其皆雅奥之文;布在四方,俾人识坦明之制。朕将兼收内相之助,尔亦毋恤私人之嫌。往究乃心,期副予意。可。

出处:《北海集》附录上。

考校说明:编年据《建炎以来系年要录》卷三三补。《宋代诏令全集》:"此制原书编于建炎二年八月制之后,建炎四年五月制之前,而未注明年月。且此题亦甚可疑。检《宋史·綦崇礼传》及《建炎以来系年要录》等书所载崇礼仕履,崇礼以建炎二年八月除工部员外郎,寻为起居郎,三年六月兼权给事中,七月拜中书舍人,未见有以给事中除'翰林院学士'之事。(至崇礼以兵部侍郎除翰林学士乃在绍兴二年九月,别有制词,见后。)今姑编于建炎三年七月之末,更俟详考。"(第一九〇〇页)此制疑为綦崇礼兼权直学士院之制,然綦崇礼时任吏部侍郎而非给事中。《建炎以来系年要录》卷三三:"(建炎四年五月壬子)中书舍人綦崇礼试尚书吏部侍郎……寻又诏崇礼兼直学士院。"注文曰:"《日历》己巳崇礼兼权直学士院。案:此月二十三日甲子分镇诏书系崇礼所草,不应除命乃在其后,疑是十八日己未降旨,而《日历》误系之二十八日也,今且附此。"

许遇恩文武升朝官再封赠诏
（建炎四年五月二十一日）

文武升朝官遇恩，母妻虽不该迁改等，愿再封赠者听。

出处：《宋会要辑稿》职官九之九。

行在职事官及厘务官门客请解事诏
（建炎四年五月二十一日）

门客请解取人，合依《崇宁贡举令》外，余依所乞，仍就转运司附试。

出处：《宋会要辑稿》选举一六之二。

京畿等路流寓士人许于所在州府附试诏
（建炎四年五月二十二日）

京畿、京东、京西、河北、陕西、淮南路士人，许于流寓所在州军各召本贯或本路及邻路文官两员，结除名罪保识，每员所保不得过二人，仍批书印纸，听附本州军进士试，别为号。以终场二十人解一名，余分或不及二十人处，亦解一名，不及五人，附邻州试。

出处：《宋会要辑稿》选举一六之二。

赐门下分镇诏
（建炎四年五月二十三日）

敕门下：周建侯邦，四国有藩垣之助；唐分节镇，北边无夷狄之虞。永惟凉眇之资，履此艰难之运。为黎元之父母，未能除丧乱之忧；保宗社之土疆，无以救侵凌之患。远巡南国，久隔中原。盍因豪杰之徒，各奠方隅之守。是用考古之制，权时之宜。画野离疆，咸就瓜分之势；折冲御侮，俾无尾大之嫌。断自荆淮，接于畿甸。岂独植藩篱于江表，盖将崇屏翰于京都。欲隆镇抚之名，为辍按廉之使。

有民有社,得节制于境中;足食足兵,听专征于阃外。若转移其财用,与废置其属僚,理或应闻,事无待报。维宠光之所被,既并享于终身;苟功烈之克彰,当永传于后裔。尚赖连衡之力,共输夹辅之忠。期捍御于寇戎,用匡扶于王室。咨尔列辟,体予至怀。故兹诏示,想宜知悉。

出处:《北海集》卷九。又见《中兴两朝圣政》卷七,《建炎以来系年要录》卷三三,《宋史全文续资治通鉴》卷一七。
撰者:綦崇礼
考校说明:编年据《建炎以来系年要录》卷三三补。

禁宰杀耕牛诏
(建炎四年五月二十三日)

访闻行在诸军及越州内外多有宰杀耕牛之人,可今御营使司出榜禁止。诸色人告捉,赏钱三百贯;犯人依军法;如系军兵,其本军统领官取旨施行。

出处:《宋会要辑稿》刑法二之一○四。

权擢翟兴为镇抚使制
(建炎四年五月二十四日后)

果毅自奋,智略有余。总合师徒,贾携剑摧锋之意;袭逐虏寇,有履军搴旗之功。

出处:《三朝北盟会编》卷一四一。
考校说明:编年据《建炎以来系年要录》卷三三补。

罢诸州守臣见带管内安抚使诏
(建炎四年五月二十七日)

诸州守臣比年以来往往陈乞带管内安抚使,不过欲增置官吏,辟举亲识,无补事功。其诸州守臣见带管内安抚使可并罢。

出处:《宋会要辑稿》职官四一之九八。

御前中军差赴充亲兵祗应人改刺充皇城司亲从诏
(建炎四年五月二十八日)

御前中军差赴禁卫所充亲兵祗应共三百四十八人,并特令改刺充皇城司亲从,五指挥收管。如内有不及等,三路人亦令改刺。

出处:《宋会要辑稿》职官三四之三四。

令诸镇戮力御寇诏
(建炎四年五月二十八日)

令诸镇戮力悉心,藩屏王室,外惇睦邻好,救灾恤难。如有外寇侵犯,更相应援,或能解围却敌,当议推赏。

出处:《宋会要辑稿》职官四二之七五。

汤东野降官制
(建炎四年六月三日)

敕:刑辟所系,虽有司存,州郡之权,悉归长吏,倘容越逸,难逭谴诃。具官顷以材能,跻以侍从。惟兹警跸巡幸之地,实同辇毂浩穰之区,赖尔强明,俾之兼治。因徒纵脱,实典狱之瘝官;讥察阔疏,乃自陈其旷职。用示防奸之戒,聊从降秩之科。往既乃心,益图来效。可。

出处:《大隐集》卷三。
考校说明:编年据《建炎以来系年要录》卷三四补。李正民已于建炎四年五月十一日壬子由中书舍人除给事中(见《建炎以来系年要录》卷三三),其后未见李正民兼两制之记载,惟《建炎以来系年要录》卷三九建炎四年十一月五日甲辰条仍称李正民为"中书舍人"。《大隐集》所收诏令凡可考具体时间者,除此制及《张汝舟除直显谟阁依旧知明州制》以外,均作于建炎四年五月十一日前,《建炎以来系年要录》卷三九所载疑误,此制或为《大隐集》误收。

御营使司并归枢密院为机速房诏
（建炎四年六月四日）

御营使司并归枢密院为机速房,就差御营使司人吏充机速房人吏。余候边事稍息,取旨施行。

出处:《宋会要辑稿》职官三之三二。

张汝舟除直显谟阁依旧知明州制
（建炎四年六月四日）

敕具官:国家肇建延阁,以奉祖宗谟训。翚飞跂翼,列于西清,乃俾搢绅之士,寓直其间,以为儒者之高选。部使者、二千石有治理效,辄畀以美名,所以示劝也。尔儒学吏事,有称于时。顷自台僚出分符竹,鄞江之政亦及期年。治行有闻,办事不扰。进跻华职,用奖尔劳。增秩赐金,无愧于古。盍思报称,尚勉之哉。可。

出处:《大隐集》卷二。

考校说明:编年据《建炎以来系年要录》卷三四。李正民已于建炎四年五月十一日壬子由中书舍人除给事中(见《建炎以来系年要录》卷三三),其后未见李正民兼两制之记载,惟《建炎以来系年要录》卷三九建炎四年十一月五日甲辰条仍称李正民为"中书舍人"。《大隐集》所收诏令凡可考具体时间者,除此制及《汤东野降官制》以外,均作于建炎四年五月十一日前,《建炎以来系年要录》卷三九所载疑误,此制或为《大隐集》误收。

朝散大夫直秘阁苏迟可除中书门下省检正诸房公事制
（建炎四年六月四日）

敕具官某:朕于故家,积习名教,更练世务,见谓老成。曩陟郎闱,尝联宰属,惟朝廷之事、台阁之仪,其知之详矣。宜还朝著,往践此官。尚既乃心,以佐而长。可。

出处:《北海集》卷四。

撰者:慕崇礼

考校说明:编年据《建炎以来系年要录》卷三四补。

<h2 style="text-align:center">宗室陈乞添差法诏</h2>

(建炎四年六月五日)

今后陈乞添差宗室,并已经朝廷陈状,及召保经都司审验未曾注授之人,并赴吏部投状,内已经审保人更不召保。仰本部遵依已降指挥差注,不得过立定员额之数。其已前朝廷添差宗室虽溢额,特许赴任,仍不厘务。

出处:《宋会要辑稿》帝系五之三三。

<h2 style="text-align:center">应副秦鲁国大长公主请给诏</h2>

(建炎四年六月五日)

秦鲁国大长公主本身请给,令所至州军于诸司钱内应副,不足,即许截拨上供钱;其余官吏等并依元降指挥施行。仍具每月请给名色数目申尚书省,内生日支赐并节料之类并权住支。

出处:《宋会要辑稿》帝系八之二○。

<h2 style="text-align:center">御药院见管书写崇奉祖宗表词待诏等依旧各自收管诏</h2>

(建炎四年六月七日)

御药院见管书写崇奉祖宗表词待诏等八人,今本院依旧各自收管,出职请给等并依御书院条例施行。遇阙,召收试补学生。今后准此。余依大观二年七月十七日已降指挥施行。

出处:《宋会要辑稿》职官一九之一四。

文武臣转官给告身条诏
（建炎四年六月八日）

文臣朝奉大夫、武臣武翼大夫以上转官给告；文臣通直郎、武臣武翼郎以上转官给敕；选人初授官给绫纸，改京朝官给告，换阶官给敕。

出处：《宋会要辑稿》职官一一之六八。又见《建炎以来系年要录》卷三四。
考校说明：《建炎以来系年要录》卷三四系于建炎四年六月五日乙亥。

行在受纳米斛钱帛仓库不得大量升合非理退剥诏
（建炎四年六月八日）

行在受纳米斛钱帛仓库，今后须管两平交纳，不得大量升合，非理退剥，阻节骚扰。如违，许纳人经尚书省越诉，其合干官吏并科二年之罪；及许人告捉，每名支赏钱二百贯。仍令尚书省出榜晓示。

出处：《宋会要辑稿》刑法二之一〇五。

南班宗妇支破钱物事诏
（建炎四年六月九日）

昨在京师，南班宗室留下新妇，见随大宗正司人数有子孙见食禄人外，余缌麻亲新妇每月特支料钱八贯，春冬衣大罗、大绫各二匹，小绫各四匹，绢各六匹，冬加绵八十两；袒免亲新妇每月料钱五贯，春冬衣大罗、大绫各一匹，小绫各二匹，绢各三匹，冬加绵四十两，并许随司批勘。仍令大宗正司具的实合该请给南班宗室妇数目各人服属申尚书省，其逐人旧请并罢，止依今来则例支破。

出处：《宋会要辑稿》帝系五之三三。又见《建炎以来系年要录》卷三四。

赐王瓌军兵席屋之费诏
（建炎四年六月十日）

神武前军统制王瓌军兵颇多暴露，至于架篠梗、蒙破席而寝处，雨不能免沾濡，暑无以芘烈日，可赐钱三千缗为席屋之费。

出处：《宋会要辑稿》兵六之一六。

崇宁以后冒滥功赏转官减年者不许收使诏
（建炎四年六月十一日）

崇宁以后冒滥功赏转官减年，今后更不许收使。其已收使人并行改正；其已给付身，并令拘收毁抹。

出处：《宋会要辑稿》职官一〇之三。

检正都司取索条具见责降人曾任宰执侍从者诏
（建炎四年六月十五日）

见责降人曾任宰执、侍从官，令检正都司取索条具；文臣带职、武臣观察使管军已上，令刑部疾速检举。并限一月尽绝，毋令漏落。

出处：《建炎以来系年要录》卷三四。

赐吕颐浩乞收还节度使印钺落开府仪
同三司却除一合得职名不允诏
（建炎四年六月十六日后）

敕颐浩：省所奏，乞除一合得职名，事具悉。朕惟古者任人各有定位，功高者厥禄厚，德盛者其爵尊。故知将相之官，自是勋贤之器。卿有大德于朕，有大功于时，既宣卫上之忠，遂陟秉钧之任。虽云免政，岂不念劳？肆开公府之仪，并侈将旄之宠。务隆异数，特越常规。视人望以为宜，在朕心而无歉。矧分临于巨屏,烦坐镇于长江。六纛前驱,用佐先声之震慑;三槐在著,尚期旧德之来归。往体眷怀,毋劳逊避。所请宜不允。故兹诏示,想宜知悉。

出处:《北海集》卷一三。

撰者:綦崇礼

考校说明:编年据吕颐浩宦历及文中所述"既宣卫上之忠,遂陟秉钧之任。虽云免政,岂不念劳……翊分临于巨屏,烦坐镇于长江"补,见《宋史》卷二一三《宰辅表》、《建炎以来系年要录》卷三四。

赐江南安抚大使吕颐浩诏
(建炎四年六月十六日后)

卿以元勋旧弼,出殿大藩。奸宄乱常,提师薄伐,冒犯锋镝,跋履山川。虽未收斩将搴旗之功,亦可见推躯徇国之谊。方时艰棘,寒气滋隆,次舍之间,节宣是慎。今遣中使赐卿银合茶药,想宜知悉。

出处:《毗陵集》卷一。

撰者:张守

考校说明:编年据吕颐浩宦历补,见《建炎以来系年要录》卷三四。"江南安抚大使","江南"后疑脱"东路"二字。张守时为参知政事。

宁武军节度使开府仪同三司充两浙
西路安抚大使刘光世加恩制
(建炎四年六月十六日后)

朕即九筵之室,躬三岁之祠。诚意上通,靡待荐辞之史;蕃厘下逮,均沾相祀之臣。乃眷周行,畴膺重寄,爰颁祭泽之渥,用奖戎昭之英。具官某志锐而坚,谋深以远。久矣将屯于近甸,隐然为国之长城。日月旂常,盖屡书于成绩;江淮草木,亦咸识于威名。比严禋祀之修,虽阻骏奔之助,边防不耸,吉礼用成。縻陪扈之实劳,岂褒扬之可后?肆加多邑,并衍真租,益增衮钺之华,永著山河之信。於戏!天下安危之所系,方赖折冲;圣人斋战之兼修,敢专受福?既拜神明之贶,当图宗社之安。服我荣怀,保兹誉处。

出处:《浮溪集》卷一一。

撰者:汪藻

考校说明:编年据《建炎以来系年要录》卷三四补。《建炎以来系年要录》卷三四作"两浙路安抚大使",同书卷三五、卷三六均作"浙西安抚大使"。

分镇州军有功人定赏事诏
(建炎四年六月十七日)

分镇州军因获贼及守御有功人,不以分镇前后,令镇抚使一面定赏。内应补转官资者,申尚书省给降付身。

出处:《建炎以来系年要录》卷三四。

禁监司巡历用米曲价钱于公使库买酒诏
(建炎四年六月十八日)

诸州公使库造酒自有定额,其监司供给已分定州军。今后巡历去处除合得供给外,并不许用米曲价钱于公使库买酒。

出处:《宋会要辑稿》食货二一之一九。

户部支钱修合汤药调治侍卫马步军病患人诏
(建炎四年六月二十一日)

侍卫马步军缘行在地气卑湿病患人,令户部日下支钱修合汤药调治;如给散数多,许申乞接续支降。

出处:《宋会要辑稿》职官三二之八。

赵立措置邀击金军诏
(建炎四年六月二十一日)

金贼见在江北滁、和、真州、天长军、六合下寨,见遣发刘光世、张俊提领大兵前去措置掩击外,令镇抚使赵立会合淮南诸镇协力措置,出奇邀击,务要速成大功。如立到功效,当不次推恩。

出处:《宋会要辑稿》兵九之八。

朝请郎监察御史林之平可除右司员外制
(建炎四年六月二十二日)

敕具官某:文昌万微所会,而都司分纠六联,维时官曹,最为要重。非学足以知治体,识足以达时变,不在兹选。以尔奋蠲儒术,列属宪台。庀事远行,克中机会。载嘉才谞,宜有褒迁。进畴尔能,俾从宰士。勉佐尔长,以举厥官。尚有宠章,待尔成绩。可。

出处:《北海集》卷三。
撰者:綦崇礼
考校说明:编年据《建炎以来系年要录》卷三四补。

诸军统制官不得容纵军兵骚扰百姓诏
(建炎四年六月二十三日)

诸军统制官常切钤束,不得容纵军兵等带领无图百姓挟持兵势,采打鱼蚌、莲荷、菱草,践踏苗稻,及拆去笆篱,斫伐墓园桑竹等。如有违犯之人,并依强刈田苗已降指挥。立赏钱五百贯,许诸色人告捉,犯人并申解枢密院重作施行;其统制官不切觉察,亦当重置典宪。仍出榜禁约。

出处:《宋会要辑稿》刑法二之一〇六。

去失付身告札印纸令经监司陈乞诏
(建炎四年六月二十八日)

今后除行在州军保奏去失付身告札印纸令吏部取索照验外,其余州军并令经监司陈乞,委逐官取索保官付身告札印纸,躬亲审实,批凿保奏。如非监司所在州军陈乞,知、通依此施行,仍吏部更切审覆。其差注磨勘类恐去失文字之人多,止召保官二员施行。

出处:《宋会要辑稿》职官八之一〇。又见《宋会要辑稿补编》第五二三页。

监司巡历辄以米曲价钱于所部公使库买酒以盗赃论诏
（建炎四年六月三十日）

应监司巡历去处,除合得供给外,辄以米曲价钱于所部公使库买酒入己者,以自盗论,不入者以坐赃论。

出处:《宋会要辑稿》职官四五之一六。

禁将客人遗弃下钞引诈妄官司支盐诏
（建炎四年六月三十日）

辄将客人遗弃下钞引诈妄官司支盐,虽未得,徒二年;盐仓公吏知情批凿保明者,与同罪。赏钱一百贯,许人告捉。本法重者,自从重。盐仓失觉察,杖八十,仍先次施行。

出处:《宋会要辑稿》食货二五之三八。又见《宋会要辑稿补编》第七七八页。

吕颐浩乞守前官通奉大夫致仕不允诏
（建炎四年六月前后）

朕以卿英敏绝人,忠精贯日,柄朝旬岁,四海具瞻,故甫辍于经纶,已不胜于虚伫。属防秋之有日,分巨镇以临边。濒江要区,徒得卿重,谓必体国,办严疾驱。兹倚俟于造朝,乃力祈于解组。优游缓带,第安坐以折冲;夔铄据鞍,宁甘心于投老? 勉趋驾以就道,毋怀安而败名。所请宜不允。

出处:《浮溪集》卷一三。
撰者:汪藻
考校说明:编年据吕颐浩宦历及文中所述"柄朝旬岁……属防秋之有日,分巨镇以临边"补,见《建炎以来系年要录》卷三四。吕颐浩建炎四年四月罢相时寄禄官为通议大夫(见《建炎以来系年要录》卷三二),而此文称"吕颐浩乞守前官通奉大夫致仕",当在吕颐浩罢相后。文中"属防秋之有日,分巨镇以临边"当指建炎四年六月吕颐浩充建康府路安抚大使、兼知池州事。文中又称"柄朝旬岁",亦与吕颐浩官历相合(吕颐浩于建炎三年四月除右仆射,见《建炎以来系年要录》卷二二)。

赐观文殿学士朱胜非辞免恩命不允诏
(建炎四年夏)

敕胜非:省所上表辞免恩命,事具悉。朕以中原离隔,外虞未宁,政赖故弼大臣分处藩屏,庶几折冲坐镇,增重本朝。卿襟度恢闳,谋猷深远。仪形维旧,人所具瞻。起于公务退闲之中,付以师帅抚绥之任。既隆体貌,斯极宠名。秘殿清班,时乃旧物。卿能副朕眷倚,往疾其驱,而兹恩典之常,奚足谦避?亟祗成命,以徇舆情。所请宜不允。故兹诏示,想宜知悉。夏热,卿比安好?遣书,指不多及。

出处:《北海集》卷九。

撰者:綦崇礼

考校说明:编年据朱胜非官历、文中所述"付以师帅抚绥之任"及"夏热"补,见《建炎以来系年要录》卷三二。

赐太尉奉国军节度使御营副使刘光世
乞一便郡差遣或守本官致仕不允诏
(建炎四年夏)

敕光世:省所奏,乞一便郡差遣,或守本官致仕,事具悉。朕遭时艰运,注意将臣。欲图兴衰拨乱之功,实藉御侮折冲之任。卿忠诚许国,勋烈传家。久宣军旅之劳,屡载旂常之绩。比出屯于江次,实横制于敌人。频袭归师,多俘丑类。威名既震,他盗悉平。爰需吉甫之来归,以仗汾阳之再造。乃愿分于符竹,且欲治于菟裘。顾国步之若斯,岂谋身之当尔?遽披来请,良拂朕心。所请宜不允。故兹诏示,想宜知悉。夏热,卿比安好?遣书,指不多及。

出处:《北海集》卷一一。

撰者：綦崇礼

考校说明：编年据綦崇礼任两制时间、刘光世官历及文中所述"夏热"补，见《建炎以来系年要录》卷二二、卷三四等。

赐新除端明殿学士朝议大夫权同知三省枢密院事李回辞免恩命乞除一宫观差遣不允诏

（建炎四年夏）

敕李回：省所奏，乞除一宫观差遣，事具悉。顷分政府，往奉东朝，由寮寀之不虔，致军民之弗靖。肆图宿望，更领行台。复秘殿之班联，视辅臣之仪物。眷怀良旧，宠命维新。何以嫌疑，欲从闲散？顾晨昏久废，甫迎护于慈闱；而道路方长，赖总齐于庶务。亟安尔位，用宽朕忧。所请宜不允。故兹诏示，想宜知悉。夏热，卿比安好？遣书，指不多及。

出处：《北海集》卷一四。

撰者：綦崇礼

考校说明：编年据李回官历及文中所述"夏热"补，见《建炎以来系年要录》卷三一。

路允迪责授散官英州安置制

（建炎三年三月至六月间或建炎四年六月至七月间）

习知故情，尝讲和戎之利；往将使指，庶收存鲁之功。岂为股肱，翻成项领。

出处：《建炎以来系年要录》卷二一。

撰者：季陵

考校说明：编年据季陵任两制时间补。据《建炎以来系年要录》卷二二、卷二三、卷二五、卷三五，建炎三年四月，资政殿学士、签书枢密院事路允迪以旧职提举醴泉观兼侍读；建炎三年五月，路允迪除淮西制置使；建炎三年七月，路允迪落职提举江州太平观；建炎四年七月，路允迪复端明殿学士。此制似未施行。

赐新除礼部尚书谢克家辞免恩命不允诏
（建炎四年五月至七月间）

敕克家：省所奏，辞免礼部尚书恩命，事具悉。士大夫平居积学厉志，穷古今治乱之源，岂徒疲精思于陈言之末哉？盖将以有为也。今中原沦没，国步阽危，政资其人，相与戮力。如卿道德纯备，见闻殚洽，谋谟议论，维时所需。以疾去朝，滞于远郡。肆从收召，还长春官。庶几谘询，可闻至策。夫干戈之际，固俎豆之未遑；然揖逊之间，亦征诛之所寓。往祗乃职，毋事劳辞。所请宜不允。故兹诏示，想宜知悉。

出处：《北海集》卷一一。

撰者：綦崇礼

考校说明：编年据谢克家官历补，见《建炎以来系年要录》卷三三、卷三五。

投降蕃人李委波等赴行在补官诏
（建炎四年七月一日）

投降蕃人李委波等，元乘骑鞍马及弓箭等，取押赴行在。李委波等补修武郎，张马佐补承信郎，李永寿、高菩萨、李得寿、张波乃，并补进义校尉，田兴儿补下班祗应，并神武中军收管使换。

出处：《宋会要辑稿》兵一七之一七。

许僧道尼自陈因盗贼散失度牒诏
（建炎四年七月二日）

诸路僧道尼应因盗贼散失度牒，并许召保，限一季内于所在州军自陈，保明申部，出给公据。

出处：《宋会要辑稿》职官一三之三一。

京畿等路科举诏
(建炎四年七月四日)

京畿、京东西、淮南、荆湖北路既已分镇,监司并罢。其本路科举,令提举茶盐司差官于逐路可置科场州军分赴就试。

出处:《宋会要辑稿》选举一六之三。又见《宋会要辑稿补编》第四八页。

禁闽越商贾载重货往山东贩卖诏
(建炎四年七月六日)

闽、越商贾常载重货往山东贩卖,令沿海诸州禁止。

出处:《建炎以来系年要录》卷三五。

谕河北等路失守州军失付身之人诏
(建炎四年七月七日)

河北、河东、陕西、京西、京东、淮南失守州军去失付身之人,如有当时去失州军给到干照,或但得别有照据文字一件可以照使,即许于寄居所在州军保奏,其保官二员。若无曾同任差遣或同时出身或同乡里,但委识今来所保之人,即于状内添入所保人曾任何官,便许收使。

出处:《宋会要辑稿》职官八之一一。又见《宋会要辑稿补编》第五二三页。

除刘光世特授开府仪同三司集庆军节度使依前充两浙西路安抚大使马步军都总管兼知镇江军府事兼管内劝农使加食邑食实封制
(建炎四年七月七日)

门下:更六纛以临军,兹表元戎之绩;拟三台而建府,益隆上将之权。朕遭履艰危,怀思英杰。御侮戡乱,既彰胜获之功;饮至策勋,可后褒崇之典? 诞扬大号，敷告群工。太尉、奉国军节度使、充两浙西路安抚大使、马步军都总管、兼知镇江军府事兼管内劝农使、彭城郡开国公、食邑三千三百户、食实封一千三百户刘光世，识洞韬钤，躬持礼法。禀山西之劲气，常贾勇于三军；传阃外之威名，自折冲于千里。蚤由世将，久服戎行。荡寇出师，从北讨南征之役；勤王入卫，有左扶右掖之劳。负功名而每怀谦退之诚，居富贵而曾靡骄矜之色。风移介胄，誉在搢绅。授钺斋坛，克嗣建旄之旧；差肩政路，遂兼长武之雄。曩属防秋，俾从分戍。提行营之印，往屯淮甸之冲；遏南牧之师，旋易溢城之镇。隐然巨屏，屹若长城。马既饮江，贼逢避境。虽寇锋莫御，俘丑类以良多；顾鼠辈何为，扫妖氛而略尽。奉介圭而入觐，喜文陛之重登。语及艰难，志犹慷慨。念作藩于京口，方新大帅之名；肆换节于谯都，超视上公之秩。并加异数，用答殊勋。人望所同，师言其穆。於戏！为将为相，斯贵极于人臣；忧国忧家，谅心存于王室。朕则无负于忠勋之报，尔其勿忘于祸乱之图。捐尔之私，则尔亦成其私；先吾之利，则尔亦成其利。尚念股肱之同体，益坚金石之一心。期共剪于寇仇，克再安于宗社。往服兹训，伫观厥成。可特授开府仪同三司、集庆军节度使，依前充两浙西路安抚大使、马步军都总管、兼知镇江军府事兼管内劝农使，加食邑五百户、食实封三百户。主者施行。

出处：《北海集》卷六。

撰者：慕崇礼

考校说明：编年据《建炎以来系年要录》卷三五补。

刘光世除集庆军节度使开府仪同三司依前两浙西路安抚大使马步军都总管兼知镇江府兼管内劝农使加食邑五百户食实封三百户制

（建炎四年七月七日）

光世谦恭好礼，居多贤士之风；临敌乘机，暗合孙吴之策。风移介胄，望在搢绅。授钺斋坛，克嗣建旄之旧；差肩政路，遂兼掌武之雄。比属防秋，往从分戍。提行宫之印，屯溢浦之冲。马既饮江，贼终避境。虽虏锋莫御，俘丑类以良多；顾鼠辈何为，扫妖氛而略尽。奉介圭而入觐，喜文陛之重登。念作藩于京口，方新大帅之名；俾换节于谯邦，超进上公之秩。於戏！朕则无负于忠勋之报，尔其勿忘于祸乱之图。捐尔之私，则尔方成其私；先吾之利，则尔亦享其利。尚念股肱之同体，益坚金石之一心。期共剪于寇仇，克再安于宗社。往服予训，无忘汝成。

出处:《鄜王刘公家传》卷三。

新除利州观察使孔彦舟辞免恩命不允诏
(建炎四年七月八日后)

乃者湖湘之会,漫为豺虺之区。以尔出力提兵,忘身徇国,既扫除于丑类,仍绥拊于齐民,坐令千里之间,无复一夫之警。乃进廉车之秩,荣分方面之权。勋阀具宜,舆情咸允。往图忠报,无事固辞。所请宜不允。

出处:《浮溪集》卷一三。
撰者:汪藻
考校说明:编年据《建炎以来系年要录》卷三五、《宋会要辑稿》兵一八补。

内军器库许置库子长行架子头诏
(建炎四年七月九日)

内军器库许置库子、长行、架子头,通以一百人为额。据见阙人数内令库于逐库旧人内依公选择曾经入殿祗应惯熟之人充填。

出处:《宋会要辑稿》食货五二之二七。

赐新除宁武军节度使开府仪同三司
刘光世辞免恩命不允断来章诏
(建炎四年七月十一日后)

敕光世:省所札子奏,辞免恩命,事具悉。人君之御下,欲劝于用赏;人臣之事上,常悦于见知。卿世有威名,久宣忠力。执干戈而入卫,实维虎臣;冒矢石以先登,允称鹰武。既兹献馘,因俾策勋。六纛先驱,换戎旃之名镇;三槐在著,视衮职之盛仪。粗答元功,少猒众望。胡为谦挹,乃尔逡巡?顾属任之方隆,且敌师之犹偪,其体艰难之托,勿循逊避之常。所请宜不允。缘大敌在近,浙西阙人,措置难依常制,辞免仍断来章。故兹诏示,想宜知悉。

出处:《北海集》卷一一。
撰者:慕崇礼
考校说明:编年据《郧王刘公家传》卷三补。

诫约浙西根括蔡京等田产官吏诏
(建炎四年七月十三日)

应官吏干系人欺隐,根括不尽不实,或小出价钱,并依二月三日指挥断罪。仍许人告,赏钱壹百贯文。

出处:《宋会要辑稿》食货六一之二。

淮浙盐场买纳亭户盐不得大秤斤重诏
(建炎四年七月十五日)

淮浙盐场买纳亭户盐,监官、公吏大秤斤重,罪轻者并徒一年,许亭户越诉。即将大秤到盐妄作亭户支请官盐钱入己计赃,以自盗论。并许人告捕,赏钱二百贯文。提举官常切检察。知而不举并监官知情,与同罪;不觉察者,各杖一百。

出处:《宋会要辑稿》食货二五之三八。又见《宋会要辑稿补编》第七七八页。

赐新除龙图阁直学士知泉州叶份辞免恩命不允诏
(建炎四年七月十六日后)

敕叶份:省所奏辞免恩命,事具悉。自南幸以来,中原梗塞,兵拿不解,用度日滋。及胡马寇江,毒流荆浙,民力既屈,储廥一空;而警跸屡迁,益繁供亿。卿器识沉靖,心计精明。独干民曹,于兹两岁,不动声色,饷给以充。非才智有余,孰堪其事?方兹进位,倚以成功,乃力抗章,愿从均逸。念贤劳之已久,宜诫恳之重违,改职守藩,时维常典。往祗成命,勿复谦辞。所请宜不允。故兹诏示,想宜知悉。

出处:《北海集》卷一三。
撰者:慕崇礼

考校说明:编年据《建炎以来系年要录》卷三五补。

令诸处差教骏祗应赴御前马院诏
(建炎四年七月十八日)

行在左、右骐骥院差教骏五十人,赴御前马院养喂御马;祗应添作二百五十人为额,听本院于诸处踏逐指名差取,日下发遣。

出处:《宋会要辑稿》职官三二之五一。又见《宋会要辑稿补编》第四一一页。

新除户部侍郎季陵辞免恩命不允诏
(建炎四年七月十八日后)

朕惟周官以司徒致天下之财,而冢宰均节之,其权可谓重矣。后世惟盐铁领于丞相,而出纳之要,实总地官。自军兴以来,调度百出,则户部盖兼萧何、刘晏之任。乃者官缺,颇难其人。以卿详练精明,神无滞用,通于世务,所至可称,悉付利权,金言惟允。亟供尔职,何以辞为?

出处:《浮溪集》卷一四。
撰者:汪藻
考校说明:编年据《建炎以来系年要录》卷三五补。

令浙江福建有司分定州县巡按土豪所立寨栅诏
(建炎四年七月十九日)

令逐路提点刑狱与提举茶盐官斟量紧慢,分定州县巡按,笃责措置。如不亲临,当重置典宪。仍州委通判、县委知令火急措置,其募充甲头、寨长,所差官候过防秋,别无疏虞,令束所部民兵枪杖手不曾作过,即具保奏,特与推恩;若稍有透漏违犯,及官吏用情抑配不均,并当重作施行。各具相度到险隘置寨处去,令提点刑狱、提举茶盐官具以分定州县画图贴说以闻。

出处:《宋会要辑稿》兵一之一六。

江南三帅各置准备将领等诏
（建炎四年七月二十三日）

江南路已分三帅，逐路各置准备将领四员，准备差遣六员，准备差使八员，准备使唤十员。

出处：《宋会要辑稿》职官四一之一〇〇。

程僖特留充入内省法司诏
（建炎四年七月二十四日）

入内内侍省法司程僖已年满出职，补承信郎，可特留充，依旧祗应。应见请诸般请给等，权于本省文历内批勘。

出处：《宋会要辑稿》职官三六之二四。

诸军使臣效用军兵不得辄投别军诏
（建炎四年七月三十日）

诸军使臣、效用军兵今后辄投别军者，使臣特除名勒停，永不收叙，效用军兵并依军法。统制、统领、将佐容纵收留，亦重行典宪。

出处：《宋会要辑稿》职官三二之八。

洪拟起居郎制
（建炎四年七月）

敕具官某：昔孔子作《春秋》，于隐、桓之际则彰，于哀、定之间则微，辞虽不同，然记事之文不可废也。朕惟艰难以来，史失其职，而著作之庭俄空焉。撰述之官，非左右记注，将孰任其事乎？尔儒术资深，议论持正。横经学省，师表克修；执法台端，风节甚峻。践扬之久，誉处弥高。兹既御于祥琴，宜即还于朝著。尔其载笔轩陛，言动悉书，无旷厥官，使论次者有考焉。可。

出处:《大隐集》卷二。

撰者:李正民

考校说明:编年据《建炎以来系年要录》卷三五补。李正民此时已任给事中,此制作者或非李正民。

检校少保光山军节度使同知大宗正事士儦可除知大宗正事制
(建炎四年八月前)

敕:朕以衅结外夷,痛两宫之远狩;兵缠中夏,悯九族之散迁。肆择宗英,俾司属籍,庶赖纠绥之力,克隆惇叙之思。具官某率礼无违,好贤有誉。宠先近属,盖惟道德之亲;位在元戎,允谓诗书之帅。历更事任,备著材猷。宜典领于宗盟,以保宁于公族。朕方驰驱戎马,力图家国之安;尔其收合天枝,用固本根之庇。益祗厥职,以副所期。可。

出处:《北海集》卷四。

撰者:綦崇礼

考校说明:编年据赵士儦宦历补,见《建炎以来系年要录》卷三六。

赐士儦辞免宗司不允批答
(建炎三年六月至建炎四年八月间)

朕嘉周《诗》常棣之华,念汉室葭莩之弱,欲司属籍,当得宗英。既加委任之专,应有褒崇之渥。乃锡绿绨之诏,俾乘夏篆之车。理亦宜之,人谁议者?固守谦冲之志,岂昭敦睦之诚?

出处:《浮溪集》卷一五。

撰者:汪藻

考校说明:编年据赵士儦宦历及汪藻任两制时间补,见《宋史》卷二四七《宗室四·赵士儦传》、《建炎以来系年要录》卷三六等。

赐士儇辞免检校少保不允批答
（建炎三年六月至建炎四年八月间）

朕以卿宗室仪型之老，阅天下义理之多，乃升执帛之联，式重维城之寄。胡为难进，每欲固辞？当勉拜于思书，毋再形于逊牍。

出处：《浮溪集》卷一五。

撰者：汪藻

考校说明：编年据赵士儇宦历及汪藻任两制时间补，见《宋史》卷二四七《宗室四·赵士儇传》、《建炎以来系年要录》卷三六等。

赐新除参知政事谢克家上表辞免恩命不允仍断来章批答
（建炎四年八月一日后）

省表具知。史臣有言："用人非难，用人尽其才为难。"诚哉是言也！夫建明堂、营大厦，必求材于梗楠豫章之木。顾梁楹栋干之弗取，斫而小之，乃以充榱桷之细，其可以言用材也欤？卿识量宏达，学术深醇，足以任重而致远，朕之知卿久矣。每欲收用，而每不果，中实歉焉。召自藩方，甫还朝著，采之物望，副之宿心，遂断不疑，擢陪大政。庶几朕无用不尽才之悔，而卿亦获大展其才，辅朕以有为于时矣。方宜戮力，叶济艰难，辞逊小廉，朕所不取。亟祗乃事，毋复重陈。所请不允，仍断来章。有敕：卿行能高世，德望腴时。既登贰于政机，实允谐于物论。往服已行之命，毋烦屡至之辞。今差。

出处：《北海集》卷一七。

撰者：綦崇礼

考校说明：编年据《建炎以来系年要录》卷三六补。

福建及温台等州海船民户权行籍定五家为保诏
（建炎四年八月二日）

福建、温、台、明、越、通、泰、苏、秀等州，有海船民户及尝作水手之人，权行籍定五家为保，毋得发船往京东，犯者并行军法。

出处:《建炎以来系年要录》卷三六。

吏部差注诏
(建炎四年八月二日)

自京堂除窠阙内不载去处,并令吏部差注。除知州军及旧格堂除通判外,一切拨还吏部。

出处:《建炎以来系年要录》卷三六。

神武中军益选亲兵入直禁中诏
(建炎四年八月三日)

神武中军益选亲兵,通旧作六百人,更三番入直禁中,不隶禁卫所,命统制官辛永宗提举之。

出处:《建炎以来系年要录》卷三六。

责降落职人经赦未曾牵叙等官展限召保诏
(建炎四年八月三日)

责降落职人经赦未曾牵叙等官,展限一月召保自陈,令所在州军勘检,仍保明自责降后来有无过犯及事故申部,候到,令刑部限一日截会检会申尚书省。如自陈及委保不实,依已降指挥断罪。内曾任侍从官以上,令见寄居州军勘会其元犯事因及责降后来有无过犯及事故申刑部,候到,令本部限一日关检正都司照会元降指挥施行。应承受会问官司,并仰疾速回报,不得故有留滞。

出处:《宋会要辑稿》职官七六之四一。

赐江南西路安抚大使朱胜非诏
（建炎四年八月五日后）

朕比裂江北之地，分置镇抚，以捍外敌。眷惟江南，密迩行在，复择勋望之臣，建三大帅。所赖心德惟一，精神折冲。稽之公言，蔽自朕志。卿惟旧弼，朕所眷知，九江上流，倚卿为重，意其朝闻命夕引道也。抗章逊避，殊咈朕怀。朕以艰难累岁，夙夜究图，小大之臣，所宜戮力。吕颐浩、刘光世皆以复辟之勋，当一面之重，授任而往，罔敢惮行，庶几公忠，表倡列位。卿其体国，勿复固辞。除已令学士院降诏并遣使抚问外，故兹亲笔，宜悉朕怀。

出处：《毗陵集》卷一。
撰者：张守
考校说明：编年据《建炎以来系年要录》卷三六补。张守时为参知政事。

韩世忠起复检校少师武成感德军节度使制
（建炎四年八月七日）

朕遭百六艰危之后，赖二三枭俊之臣。跪推毂而遣将军，守境既腾于戎捷；歌出车而劳还帅，酬勋敢废于邦彝？爰锡赞书，用孚群听。具官某勇闻天下，气盖关中，堂堂将种之英，凛凛军锋之冠。行己恭而事上敬，蚤服周行；临机果而料敌明，屡扬伟绩。昨属交侵之警，俾屯要害之区。蓄锐以须，鼓儳而击。纵精兵于数路，若珠走盘；挤劲敌于长江，如杵投臼。坐以中坚之整，成兹南纪之安。威行而海内息肩，师胜而国人属目。是用兼隆徽数，特奏肤公。出拥齐旌，易两镇提封之大；入乘夏篆，视三孤绝等之崇。申衍采封，陪敦井赋，以永旃常之载，以昭帷幄之成。於戏！武能威敌者，将帅之荣；赏不逾时者，人君之信。惟忠力可以任安危之重，惟谦冲可以保富贵之终，勉图而休，毋废朕命。

出处：《浮溪集》卷一一。又见《宋四六选》卷二，《江右文钞》卷二。
撰者：汪藻
考校说明：编年据《建炎以来系年要录》卷三六补。《宋代诏令全集》以《三朝北盟会编》卷一三八为据系于建炎四年四月二十四日（第三一三二页）。《三朝北盟会编》卷一三八："（建炎四年四月）二十四日乙未，韩世忠败金人于建康府江中。捷奏至,除世忠检校少师,改武成、感德节度使。"《建炎以来系年要录》卷三六:"(建炎四年八月)丁丑,起复检校少保、武胜定国军节度使、神武左军都统制韩世忠迁检校少师,易镇武成、感德,始录守江之劳也。"四月二十四日当为"韩世忠败金人于建康府江中"之日,非"捷奏至,除世忠检校少师,改武成、感德节度使"之日。

张俊检校少保宁武昭庆军节度使制
(建炎四年八月七日)

三军利用,莫如忠勇之两全;十乘启行,尤贵武文之兼宠。朕博稽舆论,优奖虎臣,乃疏进律之褒,用竦在廷之听。具官某性资沈鸷,材力骁雄,得孙吴方略之奇,兼信布爪牙之勇。执干戈而卫社稷,居存謇謇之忠;安边境而立功名,躬履堂堂之阵。昨缘多故,尤见殚诚。提万旅以趋朝,扈六飞而复辟。旋因冬狩,留驻海埦,偶边马之长驱,帅王师而鏖战。奋当大敌,援桴鼓以忘身;坐扫妖氛,用鲸鲵而筑观。兹及行朝之底定,复销群盗之抢攘,并录茂勋,用加酬赏。秩视三孤之贵,地兼两镇之崇。载锡爰田,仍加真赋。增中权节制之重,示上将威仪之多。於戏!有功见知,朕既每存于大信;纵敌生患,汝其勿替于前功。惟一心同奖于朝廷,斯千载永书于令甲。服予之训,时乃之休。

出处:《浮溪集》卷一一。又见清抄一百五十卷本出处:《圣宋名贤五百家播芳大全文粹》卷九〇,《宋四六选》卷三,《江右文钞》卷二。
撰者:汪藻
考校说明:编年据《建炎以来系年要录》卷三六补。

赐检校少师武成感德军节度使神武
左军都统制韩世忠奖谕诏
(建炎四年八月七日后)

朕惟唐之名将多矣,独郭子仪巍然以功名始终,岂非以其谦畏自将,有爱君体国之诚心故耶?卿屡立战功,计安宗社,而每怀兢慎,虑涉非彝,知天下之至公,合古人之大节。比以闺门之私谒,至投奏椟于公车,国尔忘家,屏居待谴。既关闻听,朕甚嘉之。《书》不云乎,"臣罔以宠利居成功"者,卿之谓也。其梁逢、韩彦臣除授指挥,已令寝罢,成卿自陈之美。卿其急趣表著,副朕眷怀。故兹奖谕。

出处:《浮溪集》卷一三。又见《五百家播芳大全文粹》卷五〇。

撰者:汪藻

考校说明:编年据韩世忠宦历补,见《建炎以来系年要录》卷三六。

检校少师武成感德军节度使充神武
左军都统制韩世忠加恩制
(建炎四年八月七日后)

朕躬帝亲之飨,合丘泽之祠。一纯二精,幸拜熙成之贶;千乘万骑,孰宣拱扈之劳? 我有劲臣,宜膺徽数。具官某忠不辟难,勇常冠军。先人有夺人之心,进则奋沈雄之略;尚贤无自贤之行,退而皆名义之谈。兼两镇之节旄,视三孤之皮帛。军律整甚,王灵赫然。远斥堠而省文书,士皆为之乐死;微师徒而讨乱略,疆由是以少安。比修重屋之仪,尤谨周庐之卫,祝嘏所告,君臣则同。乃增井邑之封,仍衍赋租之入,爰示旌忠之义,以均受胙之休。於戏! 心膂爪牙,方资筹策之胜;囊兜戟蘲,益耸威仪之瞻。惟满盈天道之所亏,惟正直神明之所听。服我休命,钦哉惟时。

出处:《浮溪集》卷一一。又见清抄一百五十卷本出处:《圣宋名贤五百家播芳大全文粹》卷九〇。

撰者:汪藻

考校说明:编年据《建炎以来系年要录》卷三六补。

新除检校少保定江昭庆军节度使依前神武
右军都统制张俊上表辞免恩命不允批答
(建炎四年八月七日后)

卿以整暇提军,以忠劳卫国,逢时艰棘,屡立战功。既外御于寇戎,亦内销于奸宄。兹还表著,弥尚执谦,乃申带砺之盟,益重腹心之寄。义无反汗,何以辞为?

出处:《浮溪集》卷一五。

撰者:汪藻

考校说明:编年据《建炎以来系年要录》卷三六、《三朝北盟会编》卷一四一补。

《三朝北盟会编》卷一四一"七月丁丑"当为"七日丁丑"之误。"定江昭庆军节度使",《建炎以来系年要录》卷三六作"宁武昭庆军节度使"。

检校少保定江昭庆军节度使张俊
再上表辞免恩命不允断来章批答
(建炎四年八月七日后)

朕披荆棘以立朝廷,听鼓鼙而思将帅,赏无妄予,轻重视功。以卿阀阅屡闻,搢绅有纪,乃颁异数,用示至公,胡为执谦,久而未拜?往祗朕命,勿复重陈。

出处:《浮溪集》卷一五。

撰者:汪藻

考校说明:编年据《建炎以来系年要录》卷三六、《三朝北盟会编》卷一四一补。《三朝北盟会编》卷一四一"七月丁丑"当为"七日丁丑"之误。"定江昭庆军节度使",《建炎以来系年要录》卷三六作"宁武昭庆军节度使"。

新除起复检校少师武成感德军节度使
韩世忠上表辞免恩命不允批答
(建炎四年八月七日后)

朕惟寇入中原,凭陵不忌,而吾将士,曳兵弃甲,习以成风,斩将搴旗,未之或见。每怀及此,朕甚耻之。卿秉忠谊之心,厉枭雄之气,屯兵要害,邀击其归,大振军威,杀伤过当。殊方震叠,知国有人,师胜来归,搢绅属目,凯歌大献,宗社安荣。卿而不褒,尚欲谁赏?虽耻论功伐,卿能师冯异之谦;而有功见知,朕安可废文王之信?往祗新命,勿复固辞。

出处:《浮溪集》卷一五。又见《鸿庆居士文集》卷三六《韩公墓志铭》。

撰者:汪藻

考校说明:编年据《建炎以来系年要录》卷三六补。

新除起复检校少师武成感德军节度使
韩世忠上第二表辞免恩命不允断来章批答
（建炎四年八月七日后）

朕闻古人于将帅有功者，听鼓鼙而思，指带砺而誓，或铭之钟鼎，或载之旂常。非欲宠私其人，所以令天下而使人知劝也。卿为王敌忾，斩敌陷坚，立志枭豪，策勋奇伟，乃颁异数，以告诸朝。卿而力辞，义则高矣，以此示后，人将谓之何？其听朕言，勉膺成命，勿使国家有吝赏之名，而蹈印刓不予之戒也。

出处：《浮溪集》卷一五。

撰者：汪藻

考校说明：编年据《建炎以来系年要录》卷三六补。

新除起复检校少师武成感德军节度使韩世忠
上第二表辞免恩命不允断来章口宣
（建炎四年八月七日后）

卿于国尽忠，以功受赏，屡形逊避，殊咈眷怀。命出惟行，勿庸再请。

出处：《浮溪集》卷一五。

撰者：汪藻

考校说明：编年据《建炎以来系年要录》卷三六补。

新除起复检校少师武成感德军节度使
韩世忠上表辞免恩命不允口宣
（建炎四年八月七日后）

卿执俘献社，祗召还朝，乃颁国赏之酴，用表戎昭之果。褒扬非过，逊避奚为？

出处：《浮溪集》卷一五。

撰者：汪藻

考校说明:编年据《建炎以来系年要录》卷三六补。

检校少保定江昭庆军节度使张俊
再上表辞免恩命不允断来章口宣
(建炎四年八月七日后)

卿屡立战功,宜加勇爵,爰颁渥惠,用奖忠精。亟体眷怀,毋烦逊避。

出处:《浮溪集》卷一五。
撰者:汪藻
考校说明:编年据《建炎以来系年要录》卷三六、《三朝北盟会编》卷一四一补。
《三朝北盟会编》卷一四一"七月丁丑"当为"七日丁丑"之误。"定江昭庆军节度使",《建炎以来系年要录》卷三六作"宁武昭庆军节度使"。

令诸路州县召募土豪乡兵捍御把隘诏
(建炎四年八月九日)

诸路州县应水陆控扼合行把隘去处,委守臣知县召募土豪招集乡兵捍御把隘。如能自备钱粮、器甲,招到委可使唤兵及三百人,把隘二十日以上,其首领仰所属州军开具召募人数、把隘日分保明奏闻,当议参酌各随人数日分多寡等第补授官资。内有立到奇功忠义显著之人,即优加旌赏。其把隘土豪乡兵并仰先期籍定姓名、人数,如遇警急,即赴隘所防托,仍仰所属州县选择清强官躬亲前去隘所部辖。即不得以把隘及办验奸细为名,将官员商贾一例妄行阻当骚扰。如违,并依军法施行。仍多出文榜于隘所并州县分明晓示。

出处:《宋会要辑稿》兵一之一七。

推赏土豪立功之人诏
(建炎四年八月九日)

令诸州将昨来土豪实曾立功之人勘验诣实,保明申奏,当议参酌推赏,仍分明出榜告谕。若今来防秋或敢报怨复仇,劫掠作过,并许相容隐人并奴仆同伴告首,特与推赏,犯人遣兵剿戮,定不招抚。

出处:《宋会要辑稿》兵一之一七。

王璂乞节制管下诸县乡兵等事答诏
（建炎四年八月十二日）

遇有盗贼警急,其本州管下巡尉捕盗官兵许权听节制。若有军期急速奏报不及事务,亦许权暂便宜措置施行讫具状闻奏。即不得因而搔扰生事。

出处:《宋会要辑稿》兵一四之八。

新除户部侍郎孟庾辞免恩命不允诏
（建炎四年八月十二日后）

朕惟治财犹治水也,必通融无滞,顺其所趋,则测之益深,酌之不竭,民乐输上,邦用以饶。比者大农,厌于屡易,思得能者,付之利权。以卿精力有余,浩更烦使。既守藩持节,昔有其功;则足国裕民,今岂无术? 往摅心计,宽朕顾忧,勿使管萧,专美齐汉。所请宜不允,仍依已降指挥,日下供职。

出处:《浮溪集》卷一三。
撰者:汪藻
考校说明:编年据《建炎以来系年要录》卷三六补。

令刘光世前去镇江堤备金兵诏
（建炎四年八月十五日）

金贼人马于真、扬州界出没,及将滁、和舟舡出江,不测南渡。令刘光世前去镇江府分遣官兵于江岸张耀兵势,过为堤备,及会合淮南诸镇军兵,并力邀击。

出处:《宋会要辑稿》兵九之八。

两浙西路安抚大使许置官属诏
(建炎四年八月十五日)

两浙西路安抚大使许置参谋、参议、主管机宜文字、主管书写本司机宜文字官各一员,干办公事官五员,其请给令尚书省立定则例行下。

出处:《宋会要辑稿》职官四一之一〇一。

浙西安抚大使司官属请给诏
(建炎四年八月十五日)

两浙西路安抚大使司官属请给,参谋、参议官依本路提举茶盐官例,主管及书写机宜文字、干办公事以上京朝官依通判例,选人依签判例,准备将领、准备差遣、差使、使唤、使臣并依本军逐等官见今所请则例支给,内已请供给人,更不支破驿券。

出处:《宋会要辑稿》职官五七之六五。

废弃旧法未曾书填度牒诏
(建炎四年八月十五日)

旧法未曾书填度牒,并更不行使用,在官者并令缴申礼部毁抹。

出处:《宋会要辑稿》职官一三之三一。

罢提领度牒所诏
(建炎四年八月十五日)

提领度牒所官吏并罢,官依省罢法,度牒事并拨归礼部。

出处:《宋会要辑稿》职官一三之三一。

士㒟特起复依前检校少保光山军节度使制
(建炎四年八月十五日)

朝廷之尊,爵常兼德;阃外之治,义则掩恩。我有崇英,久司属籍,既衔哀而去位,盍变礼以从宜? 诞告治朝,式扬新命。具官某褆身敕备,操行淑均,出祖宗胄裔之华,得师友见闻之博。汉廷大议,更生世列于公卿;唐室中兴,道古官兼于将帅。虽被展亲之渥,独专纠族之权。虽支疏旁及于葭莩,乃信厚皆如于麟趾。方兹宠寄,遽以忧闻。用大宗率小宗,当念维城之重;以家事辞王事,岂惇许国之诚? 况在从戎,固难终制。其复齐旄之拜,以隆公族之瞻。於戏! 孺慕终身,丧虽无于二事;宗盟同姓,礼盖许于夺情。姑辍蓼莪之哀,毋令常华之废,勉兴块次,茂对邦休。

出处:《浮溪集》卷一一。

撰者:汪藻

考校说明:编年据《建炎以来系年要录》卷三六补。

新除起复依前检校少保光山军节度使知
大宗正事士㒟辞免恩命不允诏
(建炎四年八月十五日后)

朕惟卿资宗室之英,拥将旄之重,俾统盟于庶族,用藩屏于行朝。庶藉本支之强,永图龟鼎之固。虽中外属阽危之会,而戚休惟同姓之均。盍体诏恩,即祗官守? 恳辞之语,朕未欲闻。

出处:《浮溪集》卷一四。

撰者:汪藻

考校说明:编年据《建炎以来系年要录》卷三六补。

命官陈乞祖父母父母恩例不得诈冒诏
(建炎四年八月十六日)

命官陈乞祖父母、父母老疾恩例,除依条召保外,见任人于所任州,非见任于于所居州陈乞,勘会诣实,给据照验。如诈冒者徒三年,未差注减二等,并许人告。

出处:《宋会要辑稿》职官八之一一。又见《宋会要辑稿补编》第五二三页。

器甲所限十日结局诏
(建炎四年八月十七日)

器甲所限十日结局,其官吏、工匠拨归原来去处,现在物料令提举制造御前军器所拘收。

出处:《宋会要辑稿》职官一六之四。

饶信州德音
(建炎四年八月十八日)

应曾被焚劫逃避人户,仰令佐多方招诱归业。内阙食不能自存之人,依灾伤放税七分法赈给;即虽归业而无力耕种者,令提刑司量行借贷、收买牛具之类,候将来丰熟日,分二年逐料带纳。人户置买耕牛,权免税钱一年。

出处:《宋会要辑稿》食货六九之四八。

令岳飞率兵掩击金兵诏
(建炎四年八月十九日)

金人已犯扬州,必侵承、楚,令岳飞率兵腹背掩击,及令刘光世遣兵渡江应援淮南州军,无失事机。

出处:《宋会要辑稿》兵九之八。

赐新除御史中丞富直柔辞免恩命不允诏
（建炎四年八月二十一日后）

敕直柔：省所奏辞免恩命，事具悉。朕躬履艰难，鉴既往之失，广直言之路，开无讳之门。凡白简所弹，皂囊所论，不惮屈己从之，惟恐下情之壅于上闻也。然人臣进言，自昔称难；而人主听言，尤为匪易。伊欲天下有尽言之益，而上有用言之效，安得遇事必言，而言之必可行者哉！卿天资直谅，绰有祖风。谏垣琐闼，纳忠多矣。不诡不讦，动中事会。盖夫二者之难，求适厥中，期于济国家之务而已，朕用嘉之。肆进汝位，长兹风宪之司，俾率乃僚，冀闻正论。往体眷意，何以辞为？所请宜不允。故兹诏示，想宜知悉。

出处：《北海集》卷一三。
撰者：綦崇礼
考校说明：编年据《建炎以来系年要录》卷三六补。

祠部作度牒事诏
（建炎四年八月二十六日）

今后祠部每料作五百道，据合要路分数目供申，本部备申朝廷，降黄牒下部修写制造，仍差人前来请领。

出处：《宋会要辑稿》职官一三之三一。

造成诸路度牒合同号簿事诏
（建炎四年八月二十六日）

今后遇有造成诸路度牒合同号簿，每路从本部直关吏部，限一日差小使臣一员管押，依昨申请到指挥与免短使。其差出合破券马等，并依榷货务号簿使臣见行条法，每及千里与减一年磨勘。若阙，于巡幸所至州军差有物力使臣或衙前管押，其券马依使臣例，候回日与免重难差使一次。

出处：《宋会要辑稿》职官一三之三一。

文思院打背度牒紫衣师号官吏专置一司管办诏
（建炎四年八月二十六日）

文思院打背度牒、紫衣师号官吏专置一司管办,可罢监官一员,预发遣归本院手分二人减一名,工匠五人减三人,合存留手分、工匠欲并拨归度牒库,令监官兼行主管。

出处:《宋会要辑稿》职官一三之四〇。

赐陕西宣抚处置使张浚诏
（建炎四年八月后）

卿宣威关陕,备著忠劳,遣将出师,屡闻胜捷。昨得七月奏,已复鄜延一路及京兆府等。载观规画,良极叹嘉。仍期八月进兵,图取蒲、解。自是以后,音驿不闻,夙夜惟念,颇深西顾之忧。盖闻金人会兵进锐,以窥陕右,深恐万一或堕敌计,更宜珍重以收全功。今朕留会稽,沿江捍御,颇严淮甸,敌人不敢南渡。但江南诸盗未静,已遣张俊同池帅吕颐浩悉力翦除,皆不足虑。计卿欲知,因令密院遣人问卿动息。军事曲折,可悉以闻。

出处:《毗陵集》卷一。
撰者:张守
考校说明:编年据张浚官历及文中所述"昨得七月奏,已复鄜延一路及京兆府等。载观规画,良极欸嘉。仍期八月进兵,图取蒲、解。自是以后,音驿不闻……今朕留会稽……但江南诸盗未静,已遣张俊同池帅吕颐浩悉力翦除"等补,见《建炎以来系年要录》卷三六等。张守时为参知政事。

朝奉郎直龙图阁刘棐可除礼部员外郎制
（建炎四年九月前）

敕具官某:春官职典礼文之事,而郎曹兼掌笺奏,号南宫舍人。异时词臣,多此途出,推择之慎,顾岂他官比哉! 以尔问学该通,文词敏丽。常参联于宰属,益明习于宪章。顷从外迁,稍稽召用。宜举赐环之命,俾归列宿之司。维此小仪,亦其已试。属乱离之未定,将典故之是咨。勉行所知,以俟褒擢。可。

出处:《北海集》卷四。
撰者:慕崇礼
考校说明:编年据刘斐官历补,见《建炎以来系年要录》卷三七。

朝议大夫试中书舍人李公彦可转中奉大夫守中书舍人致仕制
(建炎三年十一月至建炎四年九月间)

敕:侍从之臣,朕所优遇。矧上还于官政,宜加厚于宠章。具官某久以艺文,历居华要。藉其素望,擢在近班。既观润色之能,方仄论思之益。属往从于行省,乃奔避于征尘,未即遄归,遽兹引疾。念艰难之际,虽切于用贤;矜确苦之辞,勉从于谢事。其陟文阶之峻,以为故里之荣。尚勤药石之功,永介寿康之福。可。

出处:《北海集》卷二。
撰者:慕崇礼
考校说明:编年据李公彦历官历补,见《建炎以来系年要录》卷二九、卷三七。

保明推恩实有劳效官员乡兵土豪诏
(建炎四年九月一日)

今后并仰所属州军将实有劳效官员、乡兵、土豪如因金贼立功,即保明申本路安抚司;或缘盗有劳,即申本路提刑司。并令逐司核实,保明闻奏推恩。

出处:《宋会要辑稿》兵一之一八。

令刘光世督责王德等掩击金兵诏
(建炎四年九月六日)

访闻金贼尚在承、楚盘泊,未有归意。窃虑贼情狡狯,别有奸谋,窥伺通、泰。令刘光世多遣精锐军马渡江,令督责王德等进兵掩击,仍令岳飞、赵立、王林掎角相应,并力剿杀,逼逐渡淮,候淮南界并无金人,方得勾回人马。仍遣使臣深入贼寨,体探贼情进兵次第,日具申枢密院。

出处:《宋会要辑稿》兵九之八。又见《鄜王刘公家传》卷三。

赐岳飞诏
(建炎四年九月七日)

敕岳飞:节义忠勇,无愧古人。所至不扰,民不知有兵也;所向必克,寇始畏其威也。朕甚嘉焉。方今国步艰难,非卿等数辈,朕孰与图复中土者耶!奈何江表尚多余寇,卿可竭力措置擒获,必期静尽,无使越境,为吾之忧。姑赐卿金注盌一副、盏十只,聊以示永怀也。七日。御押。

出处:《鄂国金佗续编》卷一。又见《鄂国金佗稡编》卷五,《汤阴精忠庙志》卷四。

令刘光世选精锐军马渡江杀贼诏
(建炎四年九月十一日)

令光世选精锐军马渡江前去会合诸镇,并兵掩杀,务要速成大功。如擒获龙虎大王,白身与补观察使,有官人取旨优异推恩,不次升擢。

出处:《宋会要辑稿》兵九之九。

令刘光世督王德等乘胜进兵诏
(建炎四年九月十一日后)

光世督王德等贾勇士卒,乘胜进兵,务成奇功,仍将逐次出战立功人疾速开具闻奏。

出处:《宋会要辑稿》兵九之九。

赐岳飞诏
（建炎四年九月十五日）

近据刘光世差王德等统率军马过江之后，累奏战捷，杀获金人甚多。贼久驻江、淮，即渐抽退，其未去者数虽不多，若不乘势剿除，终作腹心之患，正诸将立功报国之秋也。岳飞奋命许国，忠劳甚著，朕常嘉之。今可与光世所遣将领等协力并进，往承州、楚州等处，杀伐金贼，期于剿扑，当议不次推赏。其有能获龙虎太师者，白身与除观察使。九月十五日，付岳飞。

出处：《鄂国金佗续编》卷一。又见《汤阴精忠庙志》卷四。

奖谕刘光世御笔
（建炎四年九月十七日）

卿自临镇总，未淹岁时，捷音屡闻，众听皆喜。其于朕意，嘉叹不忘，载伸至情，往其深悉。卿素怀尽敌之志，动则有成；常励爱君之诚，意无不至。惟兹凶丑，虽日残赢，倘无剿扑之近期，犹作腹心之深患。卿既敷陈之甚著，宜望实之相当，勉除国忧，用成尔绩。

出处：《郎王刘公家传》卷三。

诸色人于检鼓院陈献文字诏
（建炎四年九月二十日）

应四方士民诉冤论事，自来经检院投进文字，虽狂妄诋讦，未尝加罪。今许齐贤、王师吴乃敢揭榜通衢，喧突关门，所言略无可采，意在鼓惑即众，理合惩戒。已施行外，今后诸色人陈献文字并于检鼓院，不得少有邀阻，仍令尚书省出榜晓谕。

出处：《宋会要辑稿》职官三之六八。

归明归朝人支给诏
(建炎四年九月二十日)

敕:归朝归明白身、效用、无差使人,并归朝归明官、效用等身故之家老小、无依倚人,仰寄居州军计口数,大人每口每月支钱八百文省、米八斗。内十三岁已下人各减半,仍每家不得支过五口以上。并依时支给,无致失所。

出处:《庆元条法事类》卷七八。又见《宋会要辑稿》兵一七之一八。

赐刘光世御札
(建炎四年九月二十日)

卿训励精兵,扣房营而期于尽敌;脱遗细故,协诸将而欲与共功。载嘉高世之风,雅有践言之效。念兹蜂蚁,尚繁有徒,时属凉秋,正勤念虑。惟军旅之阙,朕不阅日而应其须;而国家之虞,卿宜以时而除其患。今赐卿银绢二万匹两,应副激赏。卿宜多作措置,驱除剿杀金贼,以清淮甸。

出处:《鄜王刘公家传》卷三。

朝奉大夫直龙图阁知福州林安上可落职与宫观制
(建炎四年九月前后)

敕具官某:人臣事上,当慎于私交;君子持身,尤严于内行。尔久更事任,盍励材猷,夫何操履之间,未免士大夫之责?薄于伉俪,伤闺门雍睦之恩;厚彼苞苴,结将帅勤渠之意。师徒既远,馈遗何名?至于有士卒而不知抚循之方,任蕃宣而不知镇靖之术。惟居家而弗理,宜治郡以无闻。兹继览于弹章,省尝兴于讼牒。优容至此,观听谓何?念其经侍于轩墀,姑俾上还于符竹,并罢龙图之直,往从祠馆之游。尚识宽恩,益思前过。可。

出处:《北海集》卷五。
撰者:綦崇礼
考校说明:编年据林安上宦历补,见乾隆《福州府志》卷三一。

赐新除淮南江浙荆湖等路制置
发运使权邦彦辞免恩命不允诏
（建炎四年秋）

敕邦彦：省所奏辞免恩命，事具悉。日者胡马南寇，所过为墟，荆湘江浙之间咸被其毒。今防秋又偪，而军赋未充，实资才智之臣，克司漕挽之事。是用辍卿方面，付以六路之权，庶日千金，无乏大计。昔史称刘晏以民不加赋，而上用足，今民力竭矣，而调度方繁，非心计有余，知所取予，其何以任此？求之庶位，无以逾卿。往图足食之方，以徇移忠之节。逡巡退避，勿事小廉。所请宜不允。故兹诏示，想宜知悉。秋热，卿比安好？遣书，指不多及。

出处：《北海集》卷一二。

撰者：綦崇礼

考校说明：编年据权邦彦官历及文中所述"秋热"补，见《建炎以来系年要录》卷三四。

赵公谨奖谕敕书
（建炎四年秋）

敕赵公谨等：省抚州状，契勘本州据管下金溪县申，为饶州、信州界内有事魔贼徒王九十二，杀人放火，去本县界甚近，州司差拨巡尉等前去把隘，据知金溪县、统领把隘所郭玠等申，魔贼侵犯金溪县，即时统率弓兵斗敌，杀获贼级等事。乃者妖氓乱常干纪，一方骚动，民不奠居。尔等冒险直前，以诚许国，提军力战，反贼伏辜，道路清平，城郭安堵。既备知于忠谊，顾何爱于宠褒？详览奏陈，惟深嘉叹。其弓兵等，仍仰本州量功力等第，特行犒设一次。故兹奖谕，想宜知悉。秋冷，汝等各比好否？遣书，指不多及。

出处：《浮溪集》卷一六。

撰者：汪藻

考校说明：编年据文中所述"饶州、信州界内有事魔贼徒王九十二，杀人放火"等补，见《建炎以来系年要录》卷三六等。

朝奉郎充集英殿修撰知婺州沈晦可除徽猷阁待制制
(建炎三年十二月至建炎四年十月间)

　　敕:江津失守,敌骑长驱。当其隧者,何止井湮而木刊;避其锋者,谁复渊停而岳镇? 念皆有山溪之险,固岂无城邑之防? 要在得人,乃能保境。具官某顷由西掖,出殿方州。属暴敌之猖狂,正邻邦之扰攘。躬在守臣之责,力图御敌之方。事不辞难,克徇国家之急;锋无敢犯,遂宽民社之忧。宜有宠光,以为旌劝。其升华于禁职,俾增重于守符。尚懋尔庸,嗣有褒典。可。

出处:《北海集》卷二。
撰者:綦崇礼
考校说明:编年据綦崇礼任两制时间、沈晦官历补,见《宋史》卷三七八《沈晦传》,《建炎以来系年要录》卷三〇、卷四〇。

赐尚书右仆射范宗尹生日诏
(建炎四年五月至十月间)

　　降神在旦,赉弼告祥。助庆私庭,备醴醴饩牵之锡;输忠王室,仵盐梅曲蘖之和。往服宠章,式蕃寿祉。今赐卿羊酒米面等,具如别录,至可领也。故兹诏示,想宜知悉。

出处:《北海集》卷八。
撰者:綦崇礼
考校说明:编年据范宗尹官历及綦崇礼任两制时间补,见《建炎以来系年要录》卷三三等。

武功郎阁门宣赞舍人阎皋可特与补吉州防御使所有借宣州观察使候再立功日申朝廷取旨施行制
(建炎三年七月至建炎四年十月间)

　　敕:将能胜敌,既积日以战多;赏以劝功,可久稽于国典? 具官某奋由行阵,克效忠勤。顷提骁锐之师,首复破残之郡。奉朝廷而听令,总部曲以同心。既擢领于兵权,继往从于帅府。外攘暴敌,内御叛徒。凡转战之经时,视杀伤之过当。载嘉劳勚,宜在宠褒。右武崇阶,遥防优秩,爰因所假,俾即其真。尚勉立其新功,以嗣膺于后命。可。

出处:《北海集》卷三。

撰者:綦崇礼

考校说明:编年据綦崇礼任两制时间、阎皋官历补,见《建炎以来系年要录》卷四六。

枢密直学士通议大夫知渭州席贡可除徽猷阁学士知遂宁府制
(建炎三年七月至建炎四年十月间)

敕:朕闵烦边琐,均逸便藩。眷于耆艾之臣,宜厚宠光之数。具官某通材济务,宿望映时。分阃析符,屡易帅垣之寄;垂绅鸣玉,历更法从之联。惟久赖于折冲,乃尚淹于乘塞,式加优礼,少憩贤劳。殿东蜀之名邦,进西清之禁职。羽仪近侍,既仗于老成;师帅远民,更资于恺悌。往敷惠政,庸称朕怀。可。

出处:《北海集》卷四。

撰者:綦崇礼

考校说明:编年据綦崇礼任两制时间、席贡官历补,见《建炎以来系年要录》卷五〇。

奉直大夫知泰州王浚明可除直秘阁制
(建炎三年七月至建炎四年十月间)

敕具官某:乃者胡马南侵,尘暗江浙。而海陵居中,能自保守,士民安赖,朕甚嘉之。内阁华资,儒林荣选,肆以命汝,用劝厥劳。益图捍御之方,嗣有宠褒之典。可。

出处:《北海集》卷四。

撰者:綦崇礼

考校说明:编年据綦崇礼任两制时间、王浚明官历补,见《双溪集》卷一五《王公墓志铭》、《建炎以来系年要录》卷四一。

神龙卫四厢都指挥使明州观察使熙河兰廓路经略安抚使知熙州刘锡可除捧日天武四厢都指挥使制

（建炎三年十月至建炎四年十月间）

敕：朕注意将臣，分忧边镇。建旗就道，已谐谋帅之求；出絿疏恩，申贲临戎之宠。具官某性资英毅，智蕴深沈。风俗西山，勇烈称万人之敌；家声塞外，威名折千里之冲。自励材猷，荐膺任使。入备周庐之卫，出图方面之勋。践履既深，勤劳滋久，爰进军权之次，式增阃寄之雄。慨念疆陲，比多凋敝。抚循里俗，实资守土之良；绥附羌夷，宜讲和戎之利。务农积粟，蕃马练兵。共守卫于中原，期削平于外寇。副予所望，时乃之休。可。

出处：《北海集》卷三。

撰者：綦崇礼

考校说明：编年据刘锡官历补，见《建炎以来系年要录》卷二八、卷三八。

赐宁远军节度使充醴泉观使孟忠厚辞免回授转官恩命不允诏

（建炎四年八月至十月间）

敕忠厚：省所札子奏，辞勉恩命，事具悉。乃者戎事方繁，顾朕不获躬致东朝之养，肆命百执，从卫远行。逮其来还，实宣忠恪，序迁阶秩，用酬厥功。卿选自懿亲，首尾在事。格以有司之法，分为属族之荣。非曰宠私，时维常典。体予孝治，勿事谦辞。所请宜不允。故兹诏示，想宜知悉。秋冷，卿比安好？遣书，指不多及。

出处：《北海集》卷一四。

撰者：綦崇礼

考校说明：编年据綦崇礼任两制时间、孟忠厚官历及文中所述"乃者戎事方繁，顾朕不获躬致东朝之养，肆命百执，从卫远行。逮其来还，实宣忠恪"补，见《建炎以来系年要录》卷三六等。

赈济诸处流移老弱到行在者诏
（建炎四年十月三日）

诸处流移老弱到行在者，日夕饥饿，可专委官具数量支米钱赈济，死亡者委诸寺僧行收瘗，具数给赐度牒，务使实惠加于存殁，以称朕意。

出处：《宋会要辑稿》食货六〇之八。又见同书食货六八之一三八。

令刘光世率大军渡江讨杀金兵诏
（建炎四年十月三日）

刘光世虽已遣王德等军马渡江前去，缘见与承州贼马相拒，未能直抵楚州，仰光世亲率大兵渡江，由天长军西路径抵楚州，仰会合诸镇军马，务要成功。及郭仲威虽遣统制官杨望等部兵会合，即不见仲威躬亲前去，仰郭仲威、岳飞、王林火急亲率军马前去会合，并力讨杀。稍失事机，当重作施行。

出处：《宋会要辑稿》兵九之九。

温州观察使王瓊辞免复两官恩命不允诏
（建炎四年十月三日后）

卿顷将去病之军，尝坐孟明之眚，稍镌勇爵，久挂刑书。既屡奋于徂征，当悉除于宿负。还卿旧著，示朕至恩。庶宽左衽之忧，用救东隅之失。往祗承命，勿复固辞。所请宜不允。故兹诏示，想宜知悉。冬寒，卿比平安好？遣书，指不多及。

出处：《浮溪集》卷一四。
撰者：汪藻
考校说明：编年据《建炎以来系年要录》卷三八补。

监司被旨体究公事不得迁延及循情灭裂诏
（建炎四年十月四日）

应监司被旨体究公事,如敢迁延观望及循情灭裂,令御史台弹奏,重置典宪。

出处:《宋会要辑稿》职官四五之一七。

招人承佃户绝逃田事诏
（建炎四年十月七日）

见今业主未归,并田户死亡无人耕佃者,委令佐多方招诱招人承佃。除依旧认纳常赋外,其余合还业户课利。言今来系创行布种,与旧佃人户不同,欲以十分为率,五分给与佃户,二分半纳官,二分半官中权行拘收,后业主归,即给还,仍自来年夏料为始。非泛科率差徭与免一年,如过三年佃主不归,即依户绝法,其分镇去处,下镇抚使一面措置召人耕种。

出处:《宋会要辑稿》食货六九之四八。

宣奉大夫提举亳州明道宫朱胜非可除观文殿学士充江西荆湖南北路宣抚使制
（建炎四年十月八日）

敕:经体赞元,入则秉钧衡之重;折冲御侮,出则宣军旅之威。维兼资文武之臣,宜迭任安危之寄。我图故弼,兹焕宠章。具官某敦大而刚明,深沈而和裕。镇群情之疑畏,屹如鼎甗之安;裁庶事之纠纷,判若蓍龟之决。顷罹变故,实赖弥纶。驯暴虎而卒无所伤,扶神器而终能返正。逮从去位,旋坐黜官。虽身远于朝廷,亮心存于王室。惟边尘之未靖,念国步之方艰,非时旧人,孰任吾事?是用宠班秘殿,往总行师。抚江湖三道之遥,临荆鄂上游之镇。庶资宿望,式控中原。昔谢安起东山之游,以苍生之所系;而裴度委北门之寄,由朔寇之未宁。尚勤绥御之方,克副忧劳之托。维吾元老,岂烦训辞。可。

出处:《北海集》卷二。

撰者：綦崇礼
考校说明：编年据《建炎以来系年要录》卷三二补。

官员差除降黜等事令六曹类聚行下诏
（建炎四年十月十三日）

今后官员差除降黜及外路合通知事件，令六曹各随所行事类聚，每五日一次行下，进奏院速传送所属监司。事干茶盐铸钱司，即报逐司翻录施行。若事体稍重，令本部三次行移，以防失坠。稍有违慢，当行人吏取旨行遣。

出处：《宋会要辑稿》职官二之四八。

禁杀耕牛告赏条约诏
（建炎四年十月十四日）

知情买肉兴贩者，徒二年，许人告，赏钱五十贯。

出处：《宋会要辑稿》刑法二之一〇四。

赐浙西安抚大使刘光世诏
（建炎四年十月十五日后）

承州残敌攻围山阳，诸镇之师逗挠不进，以卿任兼将相，勋望特隆，已即指挥，并听节制。比见探报，王师砦栅皆在高邮之南，去楚尚远，势不相及，深虑淹久，致失事机。唇亡之忧，于卿为重。宜速渡大江，以身督战，庶使诸镇用命，戮力尽忠，亟解山阳之围，一扫垂尽之敌，朕亦议遣大军以为卿援。谅卿体国，必悉朕怀。

出处：《毗陵集》卷一。又见《鄜王刘公家传》卷三。
撰者：张守
考校说明：编年据《建炎以来系年要录》卷三八补。张守时为参知政事。

天申节回进隆祐皇太后度牒紫衣事诏
(建炎四年十月十六日)

天申节合回进隆祐皇太后度牒五十道、紫衣五十道,令礼部于内东门司日下进入。

出处:《中兴礼书》卷二○三。

越州赈济流移百姓诏
(建炎四年十月十八日)

诸处流移百姓,所在孤苦无依者,并仰越州安泊赈济,务在全活;其有不幸死损者,收敛瘗藏,并如近降指挥施行。

出处:《宋会要辑稿》食货五九之二二。又见同书食货六八之一二○。

綦崇礼除徽猷阁直学士知漳州制
(建炎四年十月十八日)

敕:隆侍从之礼,盖允赖于猷为;恤臣邻之私,抑有关于风化。俯徇急难之请,式推务本之恩。通直郎、试尚书吏部侍郎、赐紫金鱼袋綦某,蚤以英声,亟跻迩列。才适世用,文为国华。领选部铨综之烦,兼禁林书诏之重。任惟克称,居之有余。士靡滞淹,服清明于藻鉴,辞知体要,嘉润色于丝纶。方资许国之忠,遽诉陟冈之戚。矜其来奏,固所重违。峻内阁之宠名,付龙溪之便郡。哀彼原隰,孔怀既遂于尔私;惠兹闾阎,共理毋忘于予治。伫闻报政之敏,归副前席之思。可特授依前通直郎、充徽猷阁直学士、知漳州军州事、兼管内劝农使,替陈公格,赐如故。

出处:《北海集》附录上。
考校说明:编年据《建炎以来系年要录》卷三八补。

新除徽猷阁直学士知漳州綦崇礼辞免恩命不允诏
(建炎四年十月十八日后)

朕惟卿有裴马之才,高崔之学,遍仪禁路,蔚有能声,兹求便私,殊惜而去。西清之秩,惟以宠行,往重郡符,何辞之有?

出处:《浮溪集》卷一四。

撰者:汪藻

考校说明:编年据《建炎以来系年要录》卷三八补。

宗室支破请给诏
(建炎四年十月十九日)

宗室已出官有差遣人,许支破所差去处立定请给;未出官宗室,依见今官序支破请给。

出处:《宋会要辑稿》职官五七之六五。

新除同知枢密院事李回辞免恩命不允诏
(建炎四年十月二十日后)

朕惟国家倾危屯否,未有甚于此时者也,非得天下人豪,策虑出乎拘挛之外者,不足以辅成中兴之功。以卿有当世之材,邃古人之学,详练周密,为时耆明。故闻千里之造朝,寝食不忘于虚伫,擢置枢机之地,共图龟鼎之安。卿而不能,尚谁可者?勉服朕命,毋庸固辞。所请宜不允。

出处:《浮溪集》卷一四。

撰者:汪藻

考校说明:编年据《建炎以来系年要录》卷三八补。

同知枢密院事李回批答口宣
(建炎四年十月二十日后)

卿五年去国,千里造朝,乃升枢管之司,将付腹心之寄。往祗新命,勿复固辞。

出处:《浮溪集》卷一五。
撰者:汪藻
考校说明:编年据《建炎以来系年要录》卷三八补。

耿南仲追复宣奉大夫诏
(建炎四年十月二十二日)

耿南仲追复宣奉大夫,依条与致仕遗表恩泽,特赠观文殿学士,令所属量行应副葬事,依条借官物居住,候服阕日拘收。如愿添差亲属差遣照管孤遗,即具状申尚书省。

出处:《宋会要辑稿》职官七六之六四。

谕刘光世诏
(建炎四年十月二十七日)

刘光世所奏,备见体国忠勤。今来楚州既失,其通、泰最为要害,万一虏人侵犯,必窥海道。仰光世多有措置,节制诸镇,诚谕协和一心,戮力保守。若无疏虞,即当以功赎过,更与优异推恩。仍当切探伺,如得机便,即乘势击袭渡淮,不得稍失机会。

出处:《鄂国金佗续编》卷二五。

秦桧辞免礼部尚书不允诏
(建炎四年十月二十八日)

卿顷者当干戈之际,有社稷之言。以忠信笃敬而行蛮貊之邦,以靖共正直而为神明之听。四年去国,万里还朝。乃升常伯之联,用示匪躬之劝。昔锺仪之留晋国,不忘南音;苏武之在匈奴,常持汉节。方卿所守,未足为难。况乎践阼之初,已有旌贤之诏。夺安车之高志,加秘殿之隆名。今兹之除,盖理前命。褒崇非过,何以辞为?

出处:《三朝北盟会编》卷一四二。

柳约进秩一等诏
(建炎四年十月)

军兴,费出无艺,吏慢弗虔。柳约独谨赋输,率先程督,其进秩一等。

出处:周必大《省斋文稿》卷二九《柳公约神道碑》。

赐陕西宣抚处置使张浚诏四斩赵哲待罪
(建炎四年十月后)

比闻金人纠合重兵,力图关陕。惟卿倚重,宽我顾忧。虽提五路之全师,乃当百战之勍敌,非赏罚信,号令明,不挠不疑,鲜克有济。尔来纵敌玩兵,骄惰成风。卿能明节制之权,正逗挠之律,罚一劝百,孰谓不然?引咎露章,益见忠谨。况乃一胜一负,兵家之常,所亡不多,无足介意。更图后举,以收全功,其坚乃心,益务持重。庶几尽复境土,以成中兴之烈,朕之所望也。所待罪放,想宜知悉。

出处:《毗陵集》卷一。
撰者:张守
考校说明:编年据《建炎以来系年要录》卷三八补。张守时为参知政事。

无照验功赏不得更有保明诏
(建炎四年十一月一日)

诸军今后保明无照验功赏,不得更有保明,令三省、枢密院遵守。

出处:《宋会要辑稿》兵一八之二九。

令三省检举褒赠吕公著等诏
(建炎四年十一月四日)

吕公著、吕大防、范纯仁皆盛德元老,同居庙堂,国势奠安,四裔顺服,而遭罹贬斥,久历岁时,尚拘微文,未获昭雪。朕经此时巡之久,益知致治之难。念兹老臣,历险夷而匪石不转;追其深画,更艰危而其道弥彰。是宜褒称,以励风俗。三省可检举速行褒赠,并其余党籍臣僚,下有司责以近限,具名取旨施行。

出处:《建炎以来系年要录》卷三九。又见《中兴两朝圣政》卷八,《宋宰辅编年录》卷一四。

赵鼎罢签书枢密院事制
(建炎四年十一月五日)

共政之臣,实当大任;本兵之地,方倚真才。惟体貌之素隆,在进退而兼重。俾之均佚,式示眷私。具官赵鼎志虑刚明,气资宏博,早以隽望,闻于周行。蔽自朕心,擢居宪府。尽忠事上,务有补于国家;正色立朝,曾弗挠于贵势。嘉乃匪躬之节,副予侧席之求。遂参管于兵机,实联荣于政路。边氛未静,智略毕陈。每殚夙夜之勤,靡爽节宣之适。虽入陪宥密,固有待于壮猷;而退即燕间,宜勉从于雅尚。奉列仙之馆御,仍秘殿之宠名。情厚臣邻,不替优贤之礼;义均出处,毋忘辰告之忠。

出处:《宋宰辅编年录》卷一四。

新除吏部侍郎李正民辞免恩命不允诏
（建炎四年十一月五日后）

朕惟孔子之门，虽文学、政事，别为二科。然西汉名臣列于九卿者，未尝不以儒术饰吏事也。卿文章尔雅，直谅多闻，献纳之余，敏于从政。乃擢天官之贰，俾专铨综之权。命出惟行，毋烦逊避。所请宜不允。

出处：《浮溪集》卷一四。
撰者：汪藻
考校说明：编年据《建炎以来系年要录》卷三九补。

安抚司合用关牒申状事诏
（建炎四年十一月六日）

诸路安抚使兼知州者，安抚司事干监司，系职事不相统摄，合用关牒。有本州事干监司，其知州官系大中大夫、观察使以上，应用申状者，书检不系名衔；知州官未至太中大夫、观察使，合用申状。

出处：《宋会要辑稿》职官四一之一〇一。

綦崇礼降授宣教郎制
（建炎四年十一月七日）

敕：朕体无私于天地，行罚不阿于近臣；考大法于《春秋》，责人常备于贤者。确持此义，断以不疑。徽猷阁直学士、通直郎、新差知漳州军州事兼管内劝农使、赐紫金鱼袋綦某夙以艺文，径跻华近。虽暂司于铨部，仍兼直于螭坡。遽为遐外之行，实徇急难之请。方趋厥服，忽致烦言。谓借牒之愆，虽去官而可免；而持橐之重，当薄罚以示惩。服我训词，毋忘祗慎。可特降授宣教郎依前徽猷阁直学士，差遣、赐如故。

出处：《北海集》附录上。又见《永乐大典》卷七三二五。

新除端明殿学士签书枢密院事富直柔辞免恩命不允诏
(建炎四年十一月八日后)

朕惟庆历宗臣,驰单车入不测之敌,以片言成万世之功,相吾三宗,如古伊吕,朕慨然怀其人而不及见也。以卿高明浑厚,德颇似之,故擢之众人之中,付以台谏之职。果能从容议论,动中事几。乃跻宥密之庭,将赖维持之力。庶使纪纲一振,威令四驰,坐臻宗社之安,复见君臣之盛,岂不济卿奕世之美,而成朕知人之明乎? 陈义固辞,良非所望。所请宜不允。

出处:《浮溪集》卷一四。

撰者:汪藻

考校说明:编年据《建炎以来系年要录》卷三九补。

新除端明殿学士签书枢密院事富直柔上表辞免恩命不允断来章批答
(建炎四年十一月八日后)

孔子曰:"视其所以,观其所由,察其所安。"朕照临百官,盖率此道。以卿天资警敏,洞达古今。负刚明之才,操卓至之论。从容献替,有益于时。自升台谏之联,既阅岁时之久。朕于卿志,可谓灼知;卿为朕庸,固已素定。岂于今日,乃复可辞? 往即厥官,无烦辞费。

出处:《浮溪集》卷一五。

撰者:汪藻

考校说明:编年据《建炎以来系年要录》卷三九补。

富直柔签书枢密院事制
(建炎四年十一月九日)

王室之兢,吁俊为先。汲黯之在汉朝,奸谋寝而不用;叔孙之居楚国,敌兵解而自投。折冲有赖于精神,决胜盖存于帷幄。克膺斯寄,今得其人。具官富直柔刚毅粹温,疏通端亮。志虑深于忧国,术略足以济时。朕纂绍丕图,缅怀先正;敷求世类,想见仪刑。爰得异才,置诸近列。谏诤极尽规之义,封驳著直绳之称。简在朕心,擢长宪府。居多謇谔之论,进殚密勿之忠。宜参管于机庭,共协图于兵政。尔其咨谋,不怠夙夜。以思修除经武之规,讲画攘戎之略。以削平于多难,用恢复于故疆。配是似于前人,当承辟国之烈;不陨名于世德,用昭济美之才。其务对扬,毋忘朕训。

出处:《宋宰辅编年录》卷一四。

新差充荆湖南路马步军副总管孔彦舟
辞免利州观察使恩命不允诏
(建炎四年十一月十日后)

朕垂酬赏以待四海之功臣,披诚心以用一时之人杰。卿材能锐甚,忠义凛然,力除僭叛之奸,坐抚荒余之俗。湖山不扰,耕稼相望。乃进陟于廉车,用增崇于藩屏。胡屡形于控逊?殊不体于眷怀。往服厥官,毋稽朕命。所请依前降诏书不允。仍令卿将实有功将佐官兵,依前降指挥,同共开具等第职次姓名,疾速保明闻奏。故兹诏示,想宜知悉。春暄,卿比平安好?遣书,指不多及。

出处:《浮溪集》卷一三。
撰者:汪藻
考校说明:编年据《建炎以来系年要录》卷三九补。"兖"字当为"充"字之误。

追封吕公著范纯仁吕大防诏
(建炎四年十一月十二日)

故司空、平章军国事吕公著特赠太师,追封晋国公;故观文殿大学士、左正议大夫范纯仁特赠太师,追封许国公,给还元谥;观文殿大学士、左正议大夫吕大防特赠太师,追封宣国公,赐谥令有司拟定申尚书省。应合得恩例,并各依元任官职给还,令逐家具名陈奏。

出处:《宋会要辑稿》职官七六之六四。

人犯流配事诏
(建炎四年十一月十二日)

　　敕:应诸路人犯配沙门岛,权配海外州军,谓万安、昌化、吉阳军、琼州。广东、福建、江西、湖南路人应配广南远恶及广南者,并止依本法配行,仍须各及二千里以上州军;无二千里以上州军,止于广南东、西两路从一远配。

　　出处:《庆元条法事类》卷七五。

放散行在百司量留官吏诏
(建炎四年十一月十三日)

　　放散行在百司,除侍从、台谏官外,吏、户、祠部、大理寺、量审、官告、御马院、禁卫所、阁门、驰坊、御厨、皇城、通进司、左内藏库、省仓、榷货务并当量留官吏,余令从便寄居,候春暖赴行在。

　　出处:《建炎以来系年要录》卷三九。

再令刘光世过江邀击金军诏
(建炎四年十一月十三日)

　　朕驻跸会稽,密迩京口,控御大江,特倚卿为重。自承、楚失守,通、泰告急,深虑虏骑不测,尚欲南渡,正赖卿激励将士,半涉邀击,不失机会。连日得沿江探报,虏骑已犯扬州,人情忧疑,尤轸朕怀。可速引将士过江,捣虚邀击,歼厥渠魁,以宽侵轶之患。虽疏封王爵,朕亦何吝!

　　出处:《鄜王刘公家传》卷三。

赐刘光世御笔
(建炎四年十一月十四日)

　　览卿初八日奏,知已分兵列屯要害,守江却敌,自期万全。方强敌侵虞,物情震扰,得卿所奏,群疑载安,以谓卿志在必行,言不妄发。神灵宗祖既鉴其衷,军国士民悉闻卿语。况卿世为骁将,名震山西,朕所倚凭,必能办贼。载嘉勤恳,寤寐不忘。益宜勉旃,保致嘉靖。赐卿踏台凤御犀带一、牙简一、香茶,至可领也。

出处:《鄜王刘公家传》卷三。

诸路旧置弓手节级立功转资条例诏
(建炎四年十一月十六日)

诸路旧置弓手、节级立功转资,与比附新置弓手押官名目上转行。

出处:《宋会要辑稿》兵三之二一。又见《宋会要辑稿补编》第四二七页。

令刘光世修书金帅求和御笔
(建炎四年十一月十七日)

前御史中丞秦桧近自挞辣郎君寨中脱身来归,所得情实及虏中事宜皆可质据。今令宰执与桧商量,撰成书一通,录以付卿。卿可依此修写,作书五本,自以卿意,十余日间累遣五辈令往通达。彼若审见利害之实,肯以师还,不复侵略,庶几粗获休息。

出处:《鄜王刘公家传》卷三。

刘光世请定战守方略答诏
(建炎四年十一月二十一日)

省所奏:"既与挞辣郎君书,未审合与不合依臣已备办事追杀金贼,伏望速降处分施行。"朕驻跸于兹,倚卿以为巨屏。卿受寄甚重,为国当究远图。贼之猖狂,旧多变态,去来难测,阴狡多端。虽爱整师徒,要须袭逐乘便;而内维固根本,当令镇守无虞。惟是两途,推诚倚办,朕不遥制,卿其图之。

出处:《鄜王刘公家传》卷三。

张汶系权京西南路安抚司使唤本路副总管王辟辄生叛逆汶节次掩杀收复房州便宜特授武义大夫兼阁门宣赞舍人制

(暂系于建炎四年十一月后)

敕:尔顷随大军,迫措群盗,与有劳绩,进秩官荣。其申命书,以为尔劝。可。

出处:《紫微集》卷一三。

考校说明:编年据宋廷招抚王辟、收复房州时间补,见《建炎以来系年要录》卷三七、卷三九。张嵲此时未任两制,此文或为《紫微集》误收。

令高卫总率张用宋畋等军马前来江州应援诏

(建炎四年十二月二日)

令知鄂州高卫总率张用、宋畋等军马疾速前来江州应援。如能解围,其张用特与除正任观察使,宋畋除横行遥郡,其余将佐等当议优异推恩。

出处:《宋会要辑稿》兵九之九。

令韩球速往饶州划刷钱粮诏

(建炎四年十二月三日)

度支员外郎韩球速往饶州,所过州县钱粮,尽数划刷,别项桩管;应沿江纲船不以空重,并令赴饶州岸下摆泊。

出处:《建炎以来系年要录》卷四〇。

赐孔彦舟诏

(建炎四年十二月四日)

汝顷事朕藩邸,具知忠勤,从军累年,颇著劳绩。比闻提兵遽入湖南,公肆侵扰,远近惊疑,以谓汝有攀附之恩,亦复如此,为天下笑。朕为汝惜之。谅因军兵阙粮,非汝本意,昨已除汝正任观察使湖南副总管,想已祗受。今闻李成遣马进攻围江州,江南大扰,吕颐浩已统万人问罪。朕以行在防秋,未欲继发大兵,汝可统率部曲,解围江州,并力以讨马进。候剿除净尽,入觐行在,不特以功赎过,朕当以节度使授卿。勉立大功,务全终始,故兹亲笔,宜悉朕怀。

出处:《毗陵集》卷一。

撰者:张守

考校说明:编年据《建炎以来系年要录》卷四〇补。张守时为参知政事。

刘光世奏阙军粮答诏
（建炎四年十二月七日）

省所奏军粮阙乏等,并悉。卿外抗强虏,内维本朝,欲众力之共功,可一日而无食?况在驰驱之际,适兹激励之时,想竭精诚,倍加循抚,终冀缉睦,用胜凶残。今赐盐钞、度牒十万贯数,变转充卿本军使用。已令曾纡前去镇江府应副。或曾纡迁延不即前去,卿可立具奏闻,当重加黜责,以惩懈怠。并以朕意抚谕诸军:朕屈己爱人,推诚待物,每殚府藏之积,以酬将士之勋。念敌强而寇深,亦绝甘而分少。汝等久从贤帅,共禀奇谋,功名将底于万全,勤苦已输于累岁。更宜各相勉谕,无替忠劳,务体朕怀,益成尔绩。

出处:《郿王刘公家传》卷三。

给行在禁卫诸班直等雪寒柴炭钱诏
（建炎四年十二月十四日）

行在禁卫诸班直,亲从、亲事辇官,宿卫亲兵,神武并神武副,诸枢密院、三衙军兵,宰执下亲兵,并令户部依年例特支雪寒柴炭钱一次。将校一贯文,十将、节级七百文,长行五百文。

出处:《宋会要辑稿》礼六二之五五。

监司郡守通判三年为任诏
(建炎四年十二月十五日)

监司郡守遵依累降御笔指挥,并三年为任,今后通判准此。

出处:《宋会要辑稿》职官四七之六六。

赠郑骧父制
(建炎四年十二月十六日)

父之教子,期于成名;子之孝亲,志于显耀。肆国家推恩之典,必有以体其尽孝之心,而酬其善教之功。尔故信州军判郑琬,乃同州知州郑骧之父,齐家有政,教子义方;子骧尽忠,恤典宜渥。兹特赠尔为通议大夫。灵其不昧,服此休嘉。

出处:同治《玉山县志》卷九下,同治十二年刻本。

赠郑骧母制
(建炎四年十二月十六日)

孝莫大于显扬,恩莫隆于褒恤。朝廷推恩臣下,而荣必及亲者,所以崇孝典、示激劝也。尔吴氏乃同州知州郑骧之母,懿行夙著于闺内,慈训能成乎贤子。禄虽不逮,恩尚可推。兹特赠尔为淑人。祗服隆恩,用光泉室。

出处:同治《玉山县志》卷九下。

江西州县受理作过徒党事诏
(建炎四年十二月十九日)

仍委提刑司专切点检觉察,即不得将作过正贼妄作胁从之人一例不行受理,其见禁公事限半月结绝。

出处:《宋会要辑稿》刑法六之六三。

擒获李敦仁等推恩诏
（建炎四年十二月二十一日）

擒获李敦仁，白身补修武郎，有官人转七官，仍与带阁职；擒获世臣、世雄，白身补秉义郎，有官人转七官。如徒中能自擒获，依此推恩。枢密院降黄榜下江东、西两路提刑司、虔州、建昌军晓谕。

出处：《宋会要辑稿》兵一○之二七。

观文殿大学士宣奉大夫朱胜非奏受告新差江州路安抚大使知江州乞就近别行差官不允诏
（建炎四年冬）

朕岁有边虞，日修戎备，念振先声于殊俗，莫如旧弼之英材。爰方镇于三分，庶折冲于万里。矧伊湓浦，实控上游，岂无他人，徒得卿重。谓抗旌而就道，即交印以临军，乃腾逊避之章，殊失倚毗之意。惟贤者同民之忧乐，惟大臣系国之安危。况自鄂以趋江，可朝发而夕至，无失机会，勤吾顾忧。所请宜不允，仍依已降指挥，疾速前去之任。故兹诏示，想宜知悉。冬寒，卿比平安好？遣书，指不多及。

出处：《浮溪集》卷一四。
撰者：汪藻
考校说明：编年据朱胜非宦历及文中所述"冬寒"补，见《建炎以来系年要录》卷三四。

建炎四年科举诏
（建炎四年）

国家承百年积累之基，赖多士维持之力。每张设于科目，务收揽于人材。为兼学业之长，用济功名之会。昨缘多故，莫守旧章，已失三年之期，遂为一切之制。与贤乡老，虽靡本郡之计偕；较艺春官，姑付外台而类试。幸国有从权之法，使士无失职之嗟。逮亲策于明廷，果允符于众望，揭从此举，今复其时。缘敌国之尚侵，恐行期之靡定，念欲便群髦之集，莫如遵近岁之宜。朕方慨慕古人，共图今日之治；尔其各从秋赋，以待有司之公。苟中度程，何忧爵禄？

出处：《浮溪集》卷一三。
撰者：汪藻

赐陈正汇白金御札
（建炎间）

朕思忠臣而录用其子孙。如卿者，抑又保家之主也。虽暂能趋造于朝，而终以疾病退归丘园，岂胜慨叹！今赐卿白金二百两，聊助僦装之费，至可领也。书诏付陈正汇。

出处：《宋陈忠肃言行录》卷二。

陶悦特赠秘阁修撰制
（建炎末）

故承议郎陶悦：朕信赏必罚，以励多士；彰善瘅恶，以风四方。率由陟降之公，靡有幽明之间。以尔刚毅有守，直谅不回。顷自郎曹，出将指使。陈杜钦窥虏之策，排王㤗首祸之谋。时既息于起戈，忠遂昭于瘝主。言非耳剽，事可指陈。一时误国之奸，既莫逃于明罚；九泉遗忠之士，岂可后于显褒？疏恩闵章，升华秘殿。庶以伸久郁之公议，贲不朽之余光。尚其有知，钦此茂宠。可特赠秘阁修撰。

出处：《三朝北盟会编》卷六。

高宗朝卷五　绍兴元年(1131)

南平王李乾德嗣子阳焕吊祭敕书
（绍兴元年前）

卿貌居要服，夙慕华风，方嗣守于世封，愿入输于方贡。载惟诚款，良用叹嘉。

出处：《浮溪集》卷一六。

撰者：汪藻

考校说明：编年据李乾德卒年补，见《建炎以来系年要录》卷五〇。

知信州李尚行等奖谕敕书
（绍兴元年正月前）

敕李尚行等：省所状申，据宣抚处置使司前军统制军马帐前使臣孙德状，专差前来信州等，上饶县取本司参议王以宁所寄官告物帛等，其本州未敢便行给付，更合取自朝廷指挥施行事。昨遭时艰，靡吝爵赏，惧申覆或差于机会，故出征多付于便宜，豫锡赞书，俾专除命。逮循常之既久，与擅爵以无殊。每念其非，未知所革。尔等居官详练，临事敏明，能上体于朝廷，知不轻于名器。属观敷奏，良用叹嘉。今信州将上件告等，尽数申纳尚书省。故兹奖谕，想宜知悉。春暄，汝等各比好否？遣书，指不多及。

出处：《浮溪集》卷一六。

撰者：汪藻

考校说明：编年据王以宁宦历补，见《建炎以来系年要录》卷四一等。

437

赐参知政事谢克家生日诏
(建炎四年八月至绍兴元年正月间)

惟时发春,于月既望,集流通之嘉气,生经济之英材。既昭弧矢之祥,宜厚牵醪之礼。往祗恩遇,益介寿祺。今赐卿生日羊酒米面等,具如别录,至可领也。

出处:《浮溪集》卷一三。

撰者:汪藻

考校说明:编年据谢克家官历补,见《建炎以来系年要录》卷三六、卷四一。

改建炎五年为绍兴元年德音
(绍兴元年正月一日)

圣人受命以宅中,莫大邦图之继;王者体元而居正,盍新年纪之颁? 朕遭时艰难,涉道寡昧,熟视斯民之荼毒,莫当强敌之侵陵。负此百忧,于今五载。曷尝不夙明求治,当馈思贤。念两宫之远,而菲陋是安;恐九庙之颠,而艰危是蹈。苟祸可弭,虽劳弗辞。然生灵久困于干戈,城郭悉残于煨烬。丁壮系身于异域,旄倪暴骨于中原。桑田失时,男女隳业。仅存常产者苦斗升之歉,乍失故乡者无寸土之依。或迫饥寒,散为盗贼。始焉莫之加恤,终而无以自还。致汝于斯,皆予之过。幸高穹之未厌,哀否运之已穷。戎马虽来,边防粗备。嘉与照临之内,共图休息之期。绍奕世之宏休,兴百年之丕绪。爰因正岁,肇易嘉名。发涣号于治朝,霈鸿恩于寰宇。其建炎五年可改为绍兴元年。於戏! 小雅尽废,宣王嗣复于宗周;炎正中微,光武系隆于有汉。静言凉德,敢对前人。尚期中外之彝伦,同念祖宗之遗泽。辅成此志,永底于休。

出处:《三朝北盟会编》卷一四四。

考校说明:此德音内容原书未载,《宋会要辑稿》载有部分内容,今录以备考:

元祐党籍臣僚未经襃赠人,近降指挥令吏、刑部限一月检举条具,申尚书省。如内有无案牍可照者,仰逐部行下本家取索。今来尚虑无案牍可照,党籍臣僚子孙远在四方,逐部取索,艰于周遍,致有稽滞,未称朝廷崇忠良之意。可令诸路州军多方晓谕党籍臣僚之家,录白系籍人出身告敕或干照文字,经所在州军验实保明,申尚书省,当议优加襃赠。(《宋会要辑稿》仪制一)

太学上舍已该再免省试,合赴绍兴七年殿试人,特免赴殿试,并与赐同进士出身。下等上舍免解,合赴省试一次,至绍兴四年再免,方合赴殿试人,特令赴今次殿试。内舍优等平等校定人,依昨降指挥,各有免解次数,并与递减省试一次。(《宋会要辑稿》选举四)

东南州县比缘差保正副代户长催税,力不胜役,抑以代纳,多致破产。已降指挥:罢催税户长,依熙丰法,以乡村三十户差甲头一名催纳,以纾民力。访闻诸处尚未奉行,致人户未获安息。仰逐路州、县遵依已降指挥,疾速施行。如敢违戾,许人户越诉,提刑司觉察以闻,当议重置典宪。(《宋会要辑稿》食货一四)

遥拜太上皇帝表
(绍兴元年正月一日)

接千岁之统,推神荚以膺期;上万年之觞,御端朝而受祉。若稽故实,遥企清光。恭惟太上道君皇帝陛下体道粹精,怡神冲漠。方席宗祧之庆,遽成国步之艰。尧游汾水之阳,久忘天下;文遇《明夷》之卦,益见圣人。臣自远威颜,浑更时序。当玑衡之载复,怅旒冕之犹赊。鸿雁虽宾,莫附帛书于沙漠;风涛中阻,徒瞻云气于蓬莱。

出处:《三朝北盟会编》卷一四四。

礼部奏科举事答诏
(绍兴元年正月一日后)

疏义出题及撰题官临时取旨,其将来考校中选推恩,依天圣、景祐年故事,余并依旧制并礼部看详到事理施行。

出处:《宋会要辑稿》选举一一之二二。

江南路荆湖路各分东西路诏
(绍兴元年正月十日)

江南路依旧分东西路,各置转运司,见任漕臣依旧分路管干职事。建炎四年五月二十七日江南分三路置帅并置都转运司指挥更不施行。一以鄂州、岳、潭、衡、永、郴、道州、桂阳监为荆湖东路,于鄂州置安抚司;以鼎、澧、辰、沅州、靖州、邵、全州、武冈军为荆湖西路,于鼎州置安抚司。其荆湖南、北路转运司改为荆湖东、西路转运司,通管两路财赋。其湖南提刑并提举茶盐官并改充荆湖东路,其荆湖西路合创置提刑并提举茶盐官管干职事。

出处:《宋会要辑稿》职官四一之一〇一。又见同书食货四九之三七。

检校少保定江昭庆军节度使江淮路招讨使张俊加恩制
(绍兴元年正月十日后)

朕遹修吉礼,歌昊天成命之诗;翕受灵厘,拜黄帝泰元之策。孚号四海,疏恩百工。有怀隆委之臣,方属凯旋之役,其因祚祉,以奖贤劳。具官某材雄万夫,身履百战。统骑士材官之众,屡奋天诛;执信臣精卒之权,蚤膺邦寄。绾节旄之两组,视皮帛于三孤。昨奉王灵,出征江介。冒敌而进,忠如皎日之明;当锋者摧,势甚迅霆之击。曾未期月,卒成大功。靡淹貔虎之师,坐获金汤之固。惟边虞之绥靖,致禋祀之备成,不懋宠休,孰明忠力?乃进封于多户,仍申锡于真租。於戏!圣动也威,莫大安民之武;祭泽之大,宜均惠下之仁。惟忠义天下之大闲,惟谦亨君子之终吉。益励尔绩,用承厥休。

出处:《浮溪集》卷一一。又见清抄一百五十卷本出处:《圣宋名贤五百家播芳大全文粹》卷九〇。
撰者:汪藻
考校说明:编年据张俊宦历补,见《建炎以来系年要录》卷四一等。

参知政事谢克家乞外任宫观不允诏
(绍兴元年正月十三日前)

朕惟卿直谅多闻,于国家有益,方艰难之际,将每事咨焉。而屡以微疴,慨然求去,非朕意也。方春和豫,辅养其时,勉为朕留,勿思闲适。所请宜不允。

出处:《浮溪集》卷一四。
撰者:汪藻
考校说明:编年据《建炎以来系年要录》卷四一、《宋会要辑稿》职官七八补。

新除资政殿学士提举临安府洞霄官
谢克家辞免恩命不允诏
（绍兴元年正月十三日后）

卿以刚明之材，行精诣之学；以卓至之论，启渊深之谋。矧尝率先群臣，见朕初载，有房琯之辩、宋昌之忠。兹升庙堂，相与图治。曾未数月，决然请辞。朕虽贪夫老成之留，而闵以官职为累，升华秘殿，庸示至恩。胡为抗章，贬损殊甚？卿而不可，尚谁可哉？式焕尔行，毋虚朕意。所请宜不允。

出处：《浮溪集》卷一四。又见《五百家播芳大全文粹》卷五〇。

撰者：汪藻

考校说明：编年据《建炎以来系年要录》卷四一、《宋会要辑稿》职官七八补。

荐举除授京朝官知县诏
（绍兴元年正月十四日）

今后京朝官知县阙次，并令三省选择差除，仍内外侍从官各举堪充县令京朝官二员，中书门下省籍记姓名，以次除授。俟有善政，任满升擢差遣；或犯赃罪，连坐举官依保举法。不历县令人，勿除监司郎官；不历外任人，勿为侍从。著为永法。

出处：《宋会要辑稿》职官四八之三四。又见《建炎以来系年要录》卷四一，《中兴两朝圣政》卷九。

许诸路差随行在军兵借衣诏
（绍兴元年正月十四日）

□□□差随行在军兵，各许借衣。内禁军春冬绢二匹，厢军等绢一匹。旧有衣粮□□□人合依元请则例，新给历之人春冬衣赐依出军例，并支一半。如一年不及□□数，即依所借则例。

出处：《宋会要辑稿》职官二七之五七。

行在供职官吏请受条约诏
(绍兴元年正月十六日)

应行在供职官吏除本身合得请受外,其添给等不得过三色,内有兼职人更许支破兼职一色,通本职添给等不得过四色,若已过今来立定之数,即将数少名色减罢。如违,计赃科罪,批勘官司不觉察,与同罪。

出处:《宋会要辑稿》职官五七之六六。又见《建炎以来系年要录》卷四一。

录赵普子孙诏
(绍兴元年正月二十二日)

赵普佐命之勋,犹汉萧何,今子孙流落,所宜悯恤。令诸州郡博加寻访,如法敦遣赴行在,量才录用。

出处:《宋会要辑稿》崇儒六之二五。又见《建炎以来系年要录》卷四一。

令有司上袭封安定郡王人名手诏
(绍兴元年正月二十三日)

朕念太祖皇帝创业垂统,德被万世,神祖诏封子孙一人为安定郡王,世世勿绝。乃者宣和之末,以太常、礼部各有所主,依违不决,使安定之封至今不举,朕甚悯之! 有司其上合袭封人名,遵依故事施行。

出处:《建炎以来系年要录》卷四一。又见《宋会要辑稿》帝系五之三四,《中兴两朝圣政》卷九,《宋史全文续资治通鉴》卷一八。

州县奉行德音宽恤事件诏
(绍兴元年正月二十五日)

比降德音宽恤事件,州县自宜悉意奉行,违者监察案劾,御史台察之。

出处:《建炎以来系年要录》卷四一。

推赏赵伦胡安中诏
(绍兴元年正月二十五日)

京畿提刑兼权京城副留守赵伦及京西南路提刑权知唐州胡安中,并在境内措置,保守一方军民安堵,及奏报金人动息,各特转三官。内赵伦于横行上转两官,遥郡上转一官,令学士院降诏奖谕。

出处:《宋会要辑稿》兵一八之三〇。

左武大夫成州刺史京畿提刑兼权京城副留守赵伦武德大夫忠州刺史京西南路提刑权知唐州胡安中奖谕敕书
(绍兴元年正月二十五日)

敕赵伦:唐州境内,措置保守,一方军民安堵。及道路梗阻之际,差人远赴行在,奏报金人动息,备见忠勤事。尔肃提有众,退保一方。当横流奔溃之时,抱孤立激昂之志,捍防凶憝,绥靖荒余,忘道路之险艰,想朝廷于悠远。乃锡命书之宠,亟跻朝著之崇。缅想忠诚,惟深嘉叹。故兹奖谕,想宜知悉。春暄,汝等各比好否?遣书,指不多及。

出处:《浮溪集》卷一六。又见《武阶备志》卷二二。
撰者:汪藻
考校说明:编年据《建炎以来系年要录》卷四一补。

命官冲替勒停年月日内请受并不支破诏
(绍兴元年正月二十六日)

命官因犯公私罪冲替、勒停与改正理元断月日者,其冲替勒停年月日内请受并不支破。

出处:《宋会要辑稿》职官五七之六六。

诚谕刘光世措置边备诏
(绍兴元年正月二十八日)

刘光世极力措置堤防,如遣兵追袭,务保万全,无速近功,却致落贼奸便。仍日具探报动息,入斥候铺飞申枢密院。

出处:《宋会要辑稿》兵九之一〇。

綦崇礼复授通直郎制
(绍兴元年正月二十八日)

敕:人谁无过,观其党而知仁;俗与为新,免乎险而作解。矧惟尔列,宜锡宠章。徽猷阁直学士、降授宣教郎、知漳州军州事兼管内劝农使、节制管内军马、赐紫金鱼袋綦某学务师心,文能耀道。多言往行畜其德,令闻广誉施诸身。同官为寮,但敦于私好;致法诖义,遂陷于小文。适布湛恩,乃还故秩。无负天下,刘向指有过之臣;有益公家,王嘉推当免之吏。勉齐前哲,以副朕言。可特授通直郎、依前徽猷阁直学士,差遣、赐如故。

出处:《北海集》附录上。

赐吕颐浩诏
(绍兴元年正月后)

卿以元宰出殿藩州,慨然帅师援九江之围,引义竭诚,不择剧易。比览捷报,已收奇功,斩馘执俘,前后非一,战舰旗鼓,获致亦多。缅想忠劳,良极嘉叹。辅臣奏卿出入行间,冲冒风雨,稍愆调护,尤用恻然。今专遣内侍抚问,仍赐卿马一匹,并镀金银鞍辔一副,至可领也。

出处:《毗陵集》卷一。
撰者:张守
考校说明:编年据文中所述"卿以元宰出殿藩州,慨然帅师援九江之围"等补,见《建炎以来系年要录》卷四一。张守时为参知政事。

越州差拨人匠修讲筵所诏
（绍兴元年二月三日）

越州只今差拨人匠将带合用物料,赴行宫门外东阙庭,擗截东壁二间,充讲筵所御览书籍库、讲筵官直舍人吏司房等。

出处:《宋会要辑稿》崇儒七之一。

赵公爝特与改合入官事诏
（绍兴元年二月三日）

大理评事赵公爝随逐行在,虽非试中刑法,缘本寺断刑官独有本人,候到任及一年,通历任成五考,有举官三员,从长贰保明,特与改合入官。

出处:《宋会要辑稿》职官二四之一六。

令江南等路提刑司亲诣所部州县划刷合起金银钱帛诏
（绍兴元年二月六日）

今岁大礼,江南东、西路、福建、荆湖东、西路各令提点刑狱司躬亲诣所部州县划刷应干合起金银钱帛,疾速计纲起发,限七月以前到行在左藏库送纳。

出处:《宋会要辑稿》礼二五之一八。

明堂大礼赏给事诏
（绍兴元年二月七日）

今岁明堂赏给,令户部限十日条具诸司今岁并以应未起钱物,合以何窠名、若干数目桩充赏给,开具申尚书省置籍。今后起到合充赏给钱物,郊时申赏勾销,仍令本省不时督责户部,如起发远慢去处,令户部按劾闻奏,重行贬黜,户部有失按劾,尚书省觉察取旨。

出处:《宋会要辑稿》礼二五之一八。

知县县令不得差出诏
(绍兴元年二月八日)

应知县、县令今后不以是何官司,并不得差出,虽专画到许差见任官指挥,亦不许一例指差。仰守臣检察。如或违戾,按劾以闻,被差及差之者以违制论。

出处:《宋会要辑稿》职官四八之三四。

责沈长卿等诏
(绍兴元年二月九日)

中伤大臣,力肆诋毁,露章台省,摇动众情。此而不惩,为患滋大。

出处:《建炎以来系年要录》卷四二。

赐刘光世支军食御笔
(绍兴元年二月十日)

卿训励师徒,招徕降附,恃兹众力,用集大谋,而军食比来至于阙乏。惟漕吏转输之缓,少或愆期;而朝廷应接之勤,常深注意。卿宜体悉,无致忧劳。近于数日前已诏支钱、米、马料各盈万数,充卿军中经费。卿宜整饬,益振威声,抚辑新降,深思控御,副朕委寄,成尔勋庸。

出处:《鄜王刘公家传》卷三。

令州县措置擒捕盗贼诏
(绍兴元年二月十一日)

自今盗贼令州县极力措置擒捕,毋得申奏陈乞,及擅便招安。

出处:《建炎以来系年要录》卷四二。又见《宋会要辑稿》兵一三之七。

秦桧辞免参知政事不允诏
（绍兴元年二月十四日）

安社稷为悦，尝抗死以力陈；与鸟兽同群，卒奉身而旋返。虏叹子卿之不屈，人知季友之来归。

出处：《三朝北盟会编》卷一四四。又见《宋宰辅编年录》卷一五。

秦桧参知政事制
（绍兴元年二月十四日）

天下安危，由治道之得失；贤者进退，系国势之重轻。惟庶事资股肱之良，斯四辅有社稷之卫。则邦家咸乂，而朝廷自尊。具官秦桧挺特不群，刚方有立。蕴任重致远之器，敦砥节砺行之风。金石自开，忠信行于异域；藜藿不采，精神折于遐冲。朕惕厉临朝，焦劳念治。思仰成于辅弼，庶共济于艰难。延登政涂，参掌国柄。方今羯胡之患既息，潢池之盗尚滋。馈饷方烦，师屯未彻。资尔排难解纷之略，副予兴衰拨乱之怀。汲黯用而在朝，知淮南之畏汉；士会归而为政，宜晋盗之奔秦。尚恢远图，以将休命。

出处：《宋宰辅编年录》卷一五。

令韩球施行纲运诏
（绍兴元年二月十六日）

韩球照会前降事理，体度行在赡兵数多，将见划刷不以粗细色纲运，遵依建炎四年十月一日已降陆运指挥疾速施行，不得少涉搔扰。内合应副张俊下军钱粮，仰于今来所般数内量度拨留应副。其后内降应干合于饶、信州桩垛钱物粮斛等事理更不施行。

出处：《宋会要辑稿》食货四三之一七。又见同书食货四八之一九。

三省监印使依大观政和条诏
(绍兴元年二月十六日)

三省监印使并依大观、政和条,今置历,日具名件数目单子,经由职级勘实,书押付印司收掌,每日结计件数,不许辄印空纸。仍令本房守阙及贴房赍赴管印房用印,即不得令人承代。如违,并取旨重行责罚。

出处:《宋会要辑稿》职官三之三二。

通议大夫试刑部尚书胡直孺辞免恩命兼侍读不允诏
(绍兴元年二月十六日后)

朕执古以御今,取人而为善。居广厦细旃之上,必洽闻殚见之儒。以卿学造古人,言垂当世,潜心载籍,虽老不衰,擢置经帷,日资启沃。抗章祈免,岂朕意哉? 所请宜不允。

出处:《浮溪集》卷一三。
撰者:汪藻
考校说明:编年据《建炎以来系年要录》卷四二补。

王瓔依旧听吕颐浩使唤诏
(绍兴元年二月十七日)

诏神武前军统制王瓔依旧听江东安抚大使吕颐浩使唤,与江淮招讨使张俊大军犄角,讨捕马进等贼。

出处:《建炎以来系年要录》卷四二。

郡守在任改移须俟新官合符诏
(绍兴元年二月十七日)

自今郡守在任改移,并俟新官合符,方得离任。

出处:《建炎以来系年要录》卷四二。

取问非理科率人户钱米官司诏
(绍兴元年二月十八日)

诸州军非理科率人户钱米繁重,仰逐路提刑司取问违法官司,具析因依申尚书省。余依已降德音指挥施行。

出处:《宋会要辑稿》兵一三之七。

令孔彦舟率军马前来筠州掩杀李成贼马诏
(绍兴元年二月二十二日)

孔彦舟疾速统率军马前来筠州掩杀,及措置把截袁州至临江军一带,无令贼势滋长,侵犯以南州军。仍与吕颐浩、张俊大军约日会合。

出处:《宋会要辑稿》兵一〇之二一。

诫约诸郡供申窠阙不得违限及隐匿漏落诏
(绍兴元年二月二十三日)

诸郡供申窠阙,如违限不到及隐匿漏落者,依建炎四年六月二日指挥,知、通、当职官特降一官,人吏科徒二年罪,委提刑勾决。

出处:《宋会要辑稿》职官八之一二。又见《宋会要辑稿补编》第五二四页。

将士立功推赏先申朝廷审度诏
(绍兴元年二月二十四日)

今后将士立功,量高下拟定合转官资或初补名目,先次给与照会文字申朝廷审度,迁转补授。庶得信赏,有以激劝。

出处:《宋会要辑稿》兵一八之三○。

令侍从台谏条陈时宜手诏
(绍兴元年二月二十六日)

朕以国难日深,政治未洽。寇虏充斥,污潴于齐鲁宋卫之郊;而盗贼跳梁,株连于江鄂洪抚之地。闽中屡扰,淮上多虞。是用大惕于朕心,惧坠祖宗之业,而正士大夫可为之时也。三省可令侍从、台谏各为悉意条具当今切务所宜施行,何道而可以保民,何术而可以弭盗,何策而可以遏虏寇,何术而可以产国财,各具以闻,朕当虚己而力行之。

出处:《宋会要辑稿》帝系九之二七。

今年秋试于诸路类试诏
(绍兴元年二月二十九日)

朕宵衣图治,侧席思贤。昨诏谕于绵区,俾宾兴于髦俊。兹阅贤书之献,将偕计吏之来。言念杪秋,适当大缛。有司校艺,于祀事以或妨;多士在途,恐行期之靡逮。姑从近制,分试外台。用比岁之彝章,临大庭而亲策。既克成于朕志,亦良便于尔思。可将省额合取分数下诸路提刑司,差官于转运司所在州类试,就今年八月上旬内择日引试,于来年三月上旬择日殿试。

出处:《宋会要辑稿》选举四之二三。

置江南东路兵马钤辖诏
(绍兴元年二月三十日)

建康府、池、饶、宣、徽、信、抚、太平州、广德、建昌军为江南东路,依临安府例,改作江南东路兵马钤辖。

出处:《宋会要辑稿》职官四八之一一五。

大理评事差填条例诏
(绍兴元年三月七日)

评事阙,委本寺长贰依旧制选择应格人赴刑部议定,申朝廷差填。如应格人不足,即踏逐实谙练刑法人权充。

出处:《宋会要辑稿》职官二四之一六。

章识减二年磨勘诏
(绍兴元年三月八日)

文林郎、越州观察推官章识看验得沙弥利珊等度牒四十九道并系伪印,与减二年磨勘,比类施行。

出处:《宋会要辑稿》职官一三之三二。

武功大夫荣州团练使知郢州曹成武功大夫
贵州团练使知复州李宏并一行人兵奖谕敕书
(绍兴元年三月八日后)

敕曹成并一行人兵:尔等昨遭戎马之乱离,亲帅国人之豪杰。家虽罹祸,义不受污。冒兵褮以直前,慕王灵而力战。旋投帅幕,假守山城。既定荒余之区,耻从专辄之命,远腾奏牍,自拔归朝。载惟多故之时,能尽事君之义,宜加显秩,并锡真符。俾乃抚于州民,得上通于王所。往提有众,各坚忠义之心;毋使此方,遂作华离之域。款诚备见,嘉叹不忘。故兹奖谕,想宜知悉。春暄,汝等各比好否? 遣书,指不多及。

出处:《浮溪集》卷一六。
撰者:汪藻
考校说明:编年据《建炎以来系年要录》卷四三补。

赐张深程唐刘子羽奖谕诏
（绍兴元年三月十二日）

朕治兵南服，属意西陲。眷秦雍之疆，岁被胡尘之扰；连巴蜀之阻，日闻边遽之惊。念此伤夷，痛如焚灼。倚注枢臣之重，总提师律之严。虽云堂上之奇兵，自能制胜；允藉幕中之婉画，相与图全。卿起自儒家，明于将略。阀阅通于禁管，未减颇牧之贤；韬钤赞于庙谟，必合孙吴之法。山川跋涉，岁月淹留。挫强敌于方骄，贾余勇而再振。执讯获丑，斩将搴旗。成兹克捷之功，繄乃参佐之力。算计见效，嘉叹不忘。然念虎狼哮噬之无厌，岂胜其忿；熊罴奋励而有获，所戒者轻。更怀持重之思，助成戡难之烈。嗣颁异赏，宁限彝章。

出处：《沈忠敏公龟溪集》卷四。又见《三朝北盟会编》卷一四五。
考校说明：沈与求此时未任两制，此文或为《沈忠敏公龟溪集》误收。

三省正官都录事转官事诏
（绍兴元年三月十三日）

自今后三省有正官都录事用磨勘并收使酬奖转官，每年通共不得展过两官。其今日已前已展过两官人，与免改正。

出处：《宋会要辑稿》职官三之三三。

宁武军节度使开府仪同三司新除淮南路
宣抚使刘光世辞免恩命不允诏
（绍兴元年三月十四日后）

朕惟淮右失平，居民无盖，既尘氛之稍辑，当耕战之兼修。卿为国折冲，实民司命。社稷已资于忠力，山川咸震于威名。仍重使权，俾营军实。及国家之闲暇，收农亩之荒余。率众逾江，分屯力穑。昔充国留田于汉鄙，坐制先零；重华给耒于唐军，卒全振武。可令长算，有愧前人？其趋奉于诏除，毋或差于机会。所请宜不允。故兹诏示，想宜知悉。春暄，卿比平安好？遣书，指不多及。

出处:《浮溪集》卷一四。

撰者:汪藻

考校说明:编年据《建炎以来系年要录》卷四三补。"淮南路宣抚使",《建炎以来系年要录》卷四三作"淮南京东路宣抚使"。

令刘光世讨李成诏
(绍兴元年三月十五日)

寇虏远遁,烽燧遽宁;人情既安,军势益振。惟卿忠力备御逾时,嘉其勤诚,重兹委属。朕以金人致扰,于今累年;盗贼乘时,所在窃发。虽爪牙宣力,每常致击于初;而根蘖未除,随复作难于后。狂狡因窥于空隙,朝廷不绝于忧虞。至于民力已殚,府藏皆竭,株连浸广,剿扑渐艰。非吾亲臣,孰付大任?卿其体国,无辞屡劳。朕今以胡寇、李成之事并委于卿,卿可分遣师徒,坚明约束,捣贼巢穴,径取舒、蕲。使贼马进不得肆蛇豕之情,而李成自救腹心之患。贼既首尾受困,则枭馘可期;上流既清,则中兴可致。傥其尽力,时卿之功。卿勇冠三军,位逾诸将,出师勿规于近利,图功当极于远谋。更宜审画长规,益思外御,谨固江津之守,并绥淮甸之民。於戏!以将帅终岁之违颜,而未遑于亲抚;士卒百战之效力,而不获于少休。盖叛乱非武毅不除,艰危非忠贤曷托。勉卿诚实,解朕忧劳。

出处:《郿王刘公家传》卷三。

罢诸路州军免行钱诏
(绍兴元年三月十七日)

诸州军依已降指挥,免行钱并罢,见系行人户更不作行户供应,见任官买卖并依市价。违者计赃,以自盗论;许人户越诉,监司所部州军分明出榜晓谕。如有违戾,按劾闻奏。候边事宁息日,令户部取旨依旧法施行。

出处:《宋会要辑稿》刑法二之一〇八。又见同书食货六四之六五,《建炎以来系年要录》卷四三。

何克忠献书补官诏
(绍兴元年三月十八日)

何克忠所献书,内《会要》虽系节本,当文籍残缺之际,首先投进,可特与补下州文学。其书付秘书省,仍令录本进入。

出处:《宋会要辑稿》崇儒四之二○。

严止遏籴诏
(绍兴元年三月十九日)

比来行在米价腾踊,或重税以困其兴贩,或遏籴以扼其流通,或夺舡以害其往来。今后仰州县特蠲收税,严止遏籴,及不得夺装载米斛舟船。如违,并以违制论。

出处:《宋会要辑稿》刑法二之一○二。又见《宋会要辑稿补编》第六八六页。

犒设行在禁卫诸班直等诏
(绍兴元年三月十九日)

行在禁卫诸班直、亲从亲事辇官、宿卫亲兵、神武诸军、枢密院三衙兵军、宰执下亲兵,并令户部依例犒设一次。

出处:《宋会要辑稿》礼六二之五五。

奖谕桑仲敕书
(绍兴元年三月二十五日)

敕桑仲:朕惟强虏乱常,中原失驭。凡王灵之靡及,皆寇虐以横行。汝尽节朝廷,有功江汉,见奸人之专杀,用国法以成擒,坐使群方,肃然知畏。剡章来上,良用叹嘉,故兹奖谕,想宜知悉。

出处:《三朝北盟会编》卷一四五。

辛道宗罢枢密都承旨御笔
(绍兴元年三月二十六日)

近诏臣僚条具当今切务,其应诏者多言将帅侵预朝权,而指辛道宗为怙宠卖恩。朕于任人,一繇公论,当令抑损,以全辛氏。道宗可罢枢密院都承旨,与外任。

出处:《建炎以来系年要录》卷四三。

禁约官司辄截留赴行在钱物斛斗诏
(绍兴元年三月二十七日)

诸路应赴行在钱物斛斗,官司辄截留借兑支拨,并依上供条法指挥施行。

出处:《宋会要辑稿》食货三五之三二。又见同书食货六四之四六。

令张俊晓谕赦李成胁从及赏斩成级诏
(绍兴元年三月二十七日)

可除李成不赦外,其余并许出首,以前罪犯一切不问,百姓放令逐便,军人依旧收管,有官人量材录用。如依前拒抗,令张俊一例剿戮。徒中有能斩成级或缚成来赴军前投降者,旧系大小使臣及白身与正任承宣使,系旧副使以上与节度使,仍并支赐钱一万贯、银一万两。令尚书省给降黄榜付张俊,于贼垒附近去处遍行晓谕。

出处:《宋会要辑稿》兵一〇之二一。

赐张俊诏
(绍兴元年三月二十八日前)

以李成之狡狯,马进之猖狂,盘踞已深,根株已固,卿奋励决策,频有克捷,快士民之意,解朝廷之忧。且朕待卿最亲,卿事朕最久,君臣之际,休戚实同,是宜乘贼势之已衰,当官军之已振,驱除剿戮,收建全功。

出处:《三朝北盟会编》卷一四五。又见《海陵集》卷二三《张俊神道碑》。

赈恤流民诏
(绍兴元年三月二十八日)

常州、平江府近有淮南、京东西等路避寇渡江流移失业之民,可专委逐州知、通措置赈恤,仍依老疾贫乏不能自存人条法给散;及虑艰得柴薪,每人每日特更给钱二十文,七岁以下减半,以本州常平钱谷支拨。深虑数目不足,平江府降度牒二百道,常州一百道,变转应副。

出处:《宋会要辑稿》食货五九之二二。又见同书食货六九之四九,咸淳出处:《重修毗陵志》卷五。

赐江南西路安抚大使朱胜非诏
(绍兴元年三月二十八日)

朕建三大帅控临两淮,率用勋德大臣,以隆方面之寄。卿惟故相,朕所眷知,畀卿九江,选任实重。除命之下,已淹岁时,犹未奉诏之藩,搴帷视事。弹章累上,谓朕失刑,命令倘或废于大臣,法度岂复申于百执?朕亦恐道途尚梗,或致愆期,而典宪遽加,有伤体貌,益思全度,务极始终。卿宜念九江收复之初,百姓凋敝之极,即日引道,往见吏民,抚摩疮痍,招辑流冗。不独逭卿逋慢之责,亦得以副朕勤恤之心。毋复稽留,重招物议。故兹诏示,其体至怀。

出处:《毗陵集》卷一。
撰者:张守
考校说明:编年据朱胜非官历及文中所述"除命之下,已淹岁时……卿宜念九江收复之初"等补,见《建炎以来系年要录》卷四三。张守时为参知政事。

差官措置淮南东路盐事诏
（绍兴元年三月二十九日）

郭掟差提举淮南东路茶盐公事，填见阙，专一措置兴复盐事。其招集亭户置办盘灶可以一面施行事仰先次施行，仍疾速条画申尚书省。

出处：《宋会要辑稿》食货二六之一。

柳约充集英殿修撰诏
（绍兴元年三月）

柳约郡当敌冲，而能不辞难，不避事，益严列栅，保绥一方，朕甚嘉之。其以约充集英殿修撰。

出处：周必大《省斋文稿》卷二九《柳公约神道碑》。

李齐一行军兵等奖谕敕书
（绍兴元年春）

敕李齐并一行军兵等：朕惟海岳之区，久服侵陵之毒，王灵靡及，戎德无厌。尔等合闾里之诸豪，冒干戈而力战，其行莫遏，所向有功。遂摧席胜之凶，颇获提封之旧。爰加勇爵，用表军锋。俟登井赋之舆图，其上师徒之阀阅。缅闻忠烈，良用叹嘉。除李齐先次给告，授武翼郎、阁门宣赞舍人外，一行军兵，候收复到郡州，具功绩申尚书省，取旨褒擢。故兹奖谕，想宜知悉。春暄，汝等各比好否？遣书，指不多及。

出处：《浮溪集》卷一六。又见《三朝北盟会编》卷一五五。
撰者：汪藻
考校说明：编年据《建炎以来系年要录》卷四四、文中所述"春暄"补。

赐陕西宣抚处置使张浚诏
（绍兴元年三月前后）

朕眷关中，天下根本，卿将使指，为朕远行，载涉岁华，具宣忠力。自得去年九月所上章，寻降亲笔，放罪去讫。比览吕颐浩奏，谓卿失利之后，退保兴州，欲取间道至熙河，点兵以图再举。朕复闻此，宵旰增忧。重以山川阻修，道路榛梗，音驿不至，已逾半年，机事之间，难于隃度。复念自古成败不可必期，卿宜审量事机，择利而处。敌人既悉重兵以窥秦蜀，而我师挫伤之余，或未能长驱而深入也。第宜谨守关塞，益务持重。傥或牵制强敌不能南侵，则亦惟卿之功。当忍小忿，徐为后图。近者李成跳梁，剽残江南数州，已委吕颐浩、张俊犄角进兵，大获胜捷，想此逆贼不日剿除，而淮甸残敌亦稍引去。谅卿闻之，当亦少宽忧国之意。人回，宜悉具彼中事宜曲折，一一闻奏。

出处：《毗陵集》卷一。
撰者：张守
考校说明：编年据张浚宦历及文中所述"比览吕颐浩奏，谓卿失利之后，退保兴州……近者李成跳梁，剽残江南数州，已委吕颐浩、张俊犄角进兵，大获胜捷"等补，见《建炎以来系年要录》卷四三等。张守时为参知政事。

大洪山僧守珍补承节郎制
（绍兴元年三月前后）

顷者群盗鼓行，攻围城邑，汝营坞壁，招辑乡闾，既卫善良，亦除凶慝。其忠可录，何惜一官？尚勉之哉，毋忘后效。

出处：《浮溪集》卷八。
撰者：汪藻
考校说明：编年据《建炎以来系年要录》卷四三补。

赐陕西宣抚处置使张浚诏
（绍兴元年三月后）

比得卿三月四日奏,待罪及乞选委重臣镇抚关陕事,具悉。卿宣风陕服,久著忠勤,失地丧师,颇增忧顾。夫敌以乘胜不可当之锋,我以新集不素练之卒,众寡坚脆,固不可侔,欲一战以收功,岂万全之可必？天未悔祸,既往莫追。然敌人既得志于三秦,必垂涎于全蜀；而又南牧之兵尚顿淮扬,则吞噬江左之心犹未已也。卿宜收合痍散,养锐待时。但能据险坚壁,谨守要害,既以保固四川之地,又能牵制南下之师,则亦惟卿之功。兵忿者亡,古人所戒。毋疾战以规近利,毋深入以蹈覆车。益远乃猷,毋忽朕命。相去万里,音驿罕通,次舍之间,更宜尚慎。所待罪放免。

出处:《毗陵集》卷一。又见《晦庵先生朱文公文集》卷九五《张公行状》,康熙《绵竹县志》卷三。

撰者:张守

考校说明:编年据张浚宦历及文中所述"比得卿三月四日奏,待罪及乞选委重臣镇抚关陕事,具悉"等补,见《建炎以来系年要录》卷四三等。张守时为参知政事。

军兵打草不得收刈田苗诏
（绍兴元年四月四日）

令枢密院札下诸军统制,今后遇军兵出城打草,须差使臣部押,不得将人户田苗收刈。如或违犯,许人告捉,赏钱一百贯；其统兵将佐不切觉察,亦当重黜责。

出处:《宋会要辑稿》刑法二之一〇八。

省曹台院等诸司被受指挥及改更诏条
并限当日录申修日历所诏
（绍兴元年四月八日）

省曹、台院、寺监、库务、仓场、诸司被受指挥及改更诏条,并限当日录申修日历所。月内无即于月终具申。其取索急速者限一日,余皆二日。如追呼人吏,限当日赴所。已出者次日,展限不得过三日。违限及供报草略者,从本所将当行人吏直送大理寺,从杖一百科罪。

出处:《宋会要辑稿》运历一之一九。

不得辄入国史日历所诏
(绍兴元年四月九日)

国史、日历,事干机密,辄入本所者,流三千里;凡所见闻因而漏泄,并行军法。

出处:《建炎以来系年要录》卷四三。

馆职选人供职及一年通理四考诏
(绍兴元年四月十一日)

馆职选人供职及一年,通理四考,并自陈改京官。

出处:《建炎以来系年要录》卷四三。

江南东西路在官合起发上供米斛依市价出粜诏
(绍兴元年四月十三日)

仍仰将已纳在官合起发上供米斛依市价出粜。如有未纳数目,即拘催本色,不得抑勒税户认纳价钱,却成搔扰。

出处:《宋会要辑稿》食货三五之三三。又见同书食货六四之四七。

校定省仓见使升斗诏
(绍兴元年四月十三日)

工部官一员将省仓见使升斗,令文思院重别较定讫,降样下诸州官司行使。

出处:《宋会要辑稿》食货六九之一〇。

秘书省合撰乐章等并长贰分请官撰诏
(绍兴元年四月十四日)

秘书省合撰乐章、赞、颂、敕葬、敕祭文、夏国人使到驿宴设教坊白语、删润经词及答高丽书本,并依旧制,长贰分请官撰。

出处:《宋会要辑稿》职官一八之二四。

秘书省官轮季点检太史局等诏
(绍兴元年四月十四日)

秘书省所辖太史局、测验浑仪刻漏所、文德殿钟鼓院,长、贰、丞、郎轮季诣点检。内有系在禁中置局者,前期报皇城司及经由门户听入。

出处:《宋会要辑稿》职官一八之二五。

秘书省官转官诏
(绍兴元年四月十四日)

本省官正字通除京朝官、选人。内选人到任一年有四考,许自陈,据状奏闻,如合入官,其省官不替人。

出处:《宋会要辑稿》职官一八之二五。

秘书省书库官楷书员额诏
(绍兴元年四月十四日)

秘书省权置书库官二人,楷书十人。候就绪日,具元额申尚书省裁定。

出处:《宋会要辑稿》职官一八之二五。

考校说明:此诏原接于乾道三年五月二十五日诏文后,且不注年月。今据该书前后文系年例改订。

隆祐皇太后遗诰
(绍兴元年四月十四日)

吾自履宫闱,于今三纪,常惧菲薄,不足以踵先后之懿,而格神灵之休。乃晚年以来,逢国多故,二圣遄狩,心常盝然。皇帝仁孝自天,实同忧患,虽在颠沛,礼无缺违。幸时小康,还自江介,方欲缭天下之养,即东朝之安。而吾节宣不时,偶遇微疾,遽至危惙,莫能自还,怅此两宫,遂成永诀。方时艰难,合行礼仪,难以备举。皇帝服期,以日易月,十三日而除,仍不候除服御朝。作乐、婚姻,并勿禁止。敛以常服,不得用金玉宝贝。权宜就近择地攒殡,候军事宁息,归葬园陵。所制梓宫,取周吾身,勿拘旧制,以为他日迁奉之便。於戏!生者人之暂寓,死为数之大终,甲子一周,复奚所恨?尚赖臣民之众,永坚忠孝之心,辅翼圣明,早臻康乂。存殁之际,悁悁何言?故兹遗诰,想宜知悉。

出处:《浮溪集》卷一三。
撰者:汪藻
考校说明:编年据隆祐太后卒年补,见《宋会要辑稿》礼五五。

赐门下诏
(绍兴元年四月十五日)

朕遭时艰危,两宫北狩,实赖隆祐皇太后母仪天下,保佑朕躬。菲德寡祐,奄臻祸变。伏读遗诰,贬降礼仪,固宜仰遵慈仁之训。爰念太上皇帝继统于哲宗,靖康垂帘,授位于冲眇;中更苗、刘之变,尤高社稷之功。虽正隆名,未极大养。非尽尊崇之典,曷昭仰报之诚!隆祐皇太后应干典礼,可比拟钦圣宪肃皇后故事,令有司讨论,详定以闻。朕以继体之重,当从重服,以称孝思之意。故兹诏示,想宜知悉。

出处:《毗陵集》卷一。
撰者:张守
考校说明:编年据《中兴礼书》卷二五五补。张守时为参知政事。

秘阁书不许本省官及诸处关借诏
（绍兴元年四月十五日）

秘阁书除禁中外,并不许本省官及诸处关借,虽奉特旨,亦不许。

出处:《宋会要辑稿》职官一八之二五。

考校说明:此诏原接于乾道三年五月二十五日诏文后,且不注年月。今据该书前后文系年例改订。

隆祐皇太后应行典礼比拟钦宪皇后故事诏
（绍兴元年四月十五日）

朕遭时艰危,两宫北狩,实赖隆祐皇太后母仪天下,保佑朕躬。菲德寡祐,奄臻祸变。伏读遗诏,贬降礼仪,固宜仰遵慈俭之训。爰念道君皇帝继统于哲宗,而靖康垂帘,授位于冲眇,中更苗、刘之变,尤高社稷之功。虽正隆名,未极大养,非尽尊崇之典,曷昭仰报之诚！隆祐皇太后应干典礼,可比拟钦圣宪肃皇后故事,令有司讨论详定以闻。朕以继体之重,当从重服,以称孝思之意。故兹诏示,想宜知悉。

出处:《中兴礼书》卷二五五。又见《建炎以来系年要录》卷四三。

文武百僚宰臣范宗尹等上表乞遵隆祐
皇太后遗诰服期允批答
（绍兴元年四月十五日）

朕惟隆祐皇太后,体柔明之德,履屯否之期,拥佑朕躬,厥恩甚大。昊天不吊,奄弃宫闱,追攀无从,欲厚之报。虽丧与其易也宁戚,固合从隆;然礼称情谓之节文,又当知变。封章来上,有概予心,勉奉遗音,茹哀何极！所请宜允。

出处:《浮溪集》卷一五。

撰者:汪藻

考校说明:编年据《中兴礼书》卷二五五补。

范宗尹等乞不重服临朝批答
（绍兴元年四月十五日）

省表具之。朕惟隆祐皇太后体柔明之德，履屯否之期。拥佑朕躬，厥恩甚大。昊天不吊，奄弃宫闱。追攀无从，欲厚之报。虽丧与其易也宁戚，固合从隆；然礼情为之节文，又当知变。封章来上，有概予心。勉奉遗音，茹哀何极！所请宜允。

出处：《中兴礼书》卷二五五。

范宗尹等乞听政允批答
（绍兴元年四月十八日）

省表具之。朕自离东朝之忧，不能食事者数日，庶以有余之哀，补其不足之礼。而卿等屡以"四方未清，万机不可久旷"为言，朕亦安敢背先王制礼之意，而失俯就跂及之中乎！所请宜允。

出处：《中兴礼书》卷二五六。

通议大夫试刑部尚书兼侍读胡直孺辞免昭慈献烈皇太后攒宫桥道顿递司结局转两官恩命不允诏
（绍兴元年四月十八日后）

朕提黜陟之权，以劝多士；稽勤偷之实，以辑庶功。班序虽隆，彝章可废？卿昨因园寝之役，祗奉辒车之行，凡挽绋之所经，举川涂而皆办。厥劳甚著，于赏则宜。谓即拜于褒迁，奚尚形于逊避？所请宜不允。

出处：《浮溪集》卷一三。
撰者：汪藻
考校说明：编年据《建炎以来系年要录》卷四三补。

榷货务遵守茶盐见行成法诏
（绍兴元年四月二十一日）

仰榷货务遵守茶盐见行成法，更不得毫发改更，务要上下孚信，入纳增广。

出处：《宋会要辑稿》食货二六之一。又见《建炎以来系年要录》卷四三。

令福建州县访询乡村豪侠信义之人诏
（绍兴元年四月二十三日）

福建路自今盗贼未息，州县乡村豪侠信义之人为人推服者，仰所部州县公共访询，次第保明申诸司，籍记乡里姓名。遇有盗贼，临时随乡里选委弹压说谕。候实有劳效，即诸司同共保奏，量材录用。

出处：《宋会要辑稿》兵一三之七。

文武百僚范宗尹等上表请皇帝听政不允批答
（绍兴元年四月二十三日）

朕闻哀所贵者称情，丧不容于二事，此先王制礼以厚人伦而自天子达者也。乃者东朝弃养，朕念夫保佑之恩，欲极其报，礼顾有制而不得为者。方用怵惕，靡宁于心，岂有俨然在丧服之中，而可以辄治他务者乎？当宁而躬万几之烦，非惟不安，盖亦未暇。所请宜不允。

出处：《浮溪集》卷一五。
撰者：汪藻
考校说明：编年据《宋会要辑稿》礼五五补。

文武百僚宰臣范宗尹等再上表请皇帝听政允批答
（绍兴元年四月二十三日）

朕自罹东朝之忧，不能食事者数日。庶以有余之哀，补其不足之礼。而卿等屡以四方未靖、万几不可久旷为言,朕亦安敢背先王制礼之意而失俯就跋及之中乎? 所请宜允。

出处:《浮溪集》卷一五。

撰者:汪藻

考校说明:编年据《宋会要辑稿》礼五五补。《宋会要辑稿》礼五五载:"三上表固请,批答:'卿等以四方未靖,万机不可久旷为言,所请宜允。'"

百司进呈条册钞录送刑部诏
(绍兴元年四月二十四日)

百司进呈条册,候降到颁行,各具册抄录送刑部,仍逐季具有无冲改续降关报。如有差漏及违慢不报,即依旧制,人吏杖一百。

出处:《宋会要辑稿》刑法一之三四。

天申节道场不许施乐诏
(绍兴元年四月二十五日)

文武百僚开启天申节道场合作乐祝香。朕以大母初崩,俯终易月之制,余哀未泯,情所不安,可不许施乐。

出处:《中兴礼书》卷二〇三。

中书门下两省合送给舍文字更不分送诏
(绍兴元年四月二十七日)

中书、门下两省已并为中书门下省,其两省合送给舍文字,今后更不分送,并送给事中、中书舍人。

出处:《宋会要辑稿》职官一之七九。

禁诸军补转官资辄增请受诏
（绍兴元年四月二十七日）

自今诸军补转官资非奉宣帖者，毋得增给请受。违者令吏部及监司劾之。

出处：《建炎以来系年要录》卷四三。

官员去失付身止经州军保奏诏
（绍兴元年四月二十七日）

官员去失付身，免经监司陈乞保明，止经逐处州军保奏施行。

出处：《宋会要辑稿》职官八之一二。

临安府秀州亭户合给二税依皇祐专法诏
（绍兴元年四月二十九日）

临安府、秀州亭户合给二税，依皇祐专法，计实直价钱折纳盐货。

出处：《建炎以来系年要录》卷四三。

兴国军知通以下军兵将佐奖谕敕书
（绍兴元年五月前）

敕兴国军知通以下军兵将佐等：省李宜申，汝等愿以死守，尽节君亲，遂得一境安帖，悉无二心，以免残破事。比者敌兵，犯吾江介。绎骚千里，既恃众以阻威；震动列城，多望风而毁节。尔等天资忠义，志在君亲，虽巧说之百端，终坚持于一意，显诛来使，卒保提封。唐郡皆降，惟平原之能守；齐城既下，恃即墨以复兴。惟尔之功，何惭于古？载披来奏，良用叹嘉。

出处：《浮溪集》卷一六。
撰者：汪藻

考校说明：编年据李宜官历补，见《建炎以来系年要录》卷三七。

文武百僚宰臣范宗尹等再上表请皇帝御正殿不允批答
（绍兴元年五月一日）

朕嗣守洪业，五年于兹。其在危疑之中，所以扶持而全安之者，系太母之力。日冀光复，驾旋旧京，正东朝之仪，极天下之养。而慈训中夺，茕然无依，兹朕用摧割于中，而悼其志之弗遂也。今甫终易月之制耳，乃欲释哀御朝，遽见百辟，虽有彝章可考，岂朕所忍哉？所请宜不允。

出处：《浮溪集》卷一五。
撰者：汪藻
考校说明：编年据《宋会要辑稿》礼五五补。

吕颐浩等兼淮南诸州宣抚使诏
（绍兴元年五月二日）

淮南民未复业，全藉威望大臣措置。令江东安抚大使吕颐浩、江西安抚大使朱胜非、浙西安抚大使刘光世并兼宣抚淮南，颐浩领寿春府、滁、庐、和州、无为军，胜非领德安府、舒、蕲、光州、汉阳军，光世领真、扬、通、泰、承、楚州、涟水军。

出处：《建炎以来系年要录》卷四四。

夺李成官诏
（绍兴元年五月二日）

李成罢舒、蕲、光、黄四州镇抚使，削夺在身官职，俟获日依法施行。

出处：《建炎以来系年要录》卷四四。

文武百僚宰臣范宗尹等上表请皇帝御殿不允批答
(绍兴元年五月二日)

《传》曰"丧事欲其纵纵尔","故骚骚尔则野",所以辟不怀也。朕既不能遂服以毕期年之衰,顾才阅旬日即负扆以见群臣,而忘亲恩之报,天下其谓朕何? 便座畴咨,治固无壅,必御正宁,诚非所安。

出处:《浮溪集》卷一五。

撰者:汪藻

考校说明:编年据《中兴礼书》卷二五六补。

范宗尹等请御正殿第二表不允批答
(绍兴元年五月三日)

省表具之。朕嗣守洪业,五年于兹,其在危疑之中,所以扶持而安全之,繄太母之力。日冀光复,旋驾就京,正东朝之仪,极天下之养。而慈训中集,梵然典依。兹朕用摧刭于中,而悼其志之弗遂也。今甫易月之制,尔乃欲释哀御朝,遽见百辟。虽有彝章可考,岂朕所忍哉! 所请宜不允。

出处:《中兴礼书》卷二五六。

右朝议大夫直徽猷阁李弼孺可落职永不与堂除差遣制
(绍兴元年五月四日)

敕具官某:尔曩以愆尤,事存白简,召从闲散,权试使令,于汝厚矣。逊夷急病,古有格言,就易辞难,谁不乐此? 削籍内间,以戒妄庸。可。

出处:《苕溪集》卷三九。

考校说明:编年据《建炎以来系年要录》卷四四补。"朝议大夫",清抄本作"朝请大夫",当以为是,见《宋会要辑稿》职官七〇。刘一止此时未任两制,此文当为《苕溪集》误收。

左藏库许置官吏兵士诏
(绍兴元年五月五日)

左藏东库上下界许置专知官各一名,副知各一名,押司官共二名,手分共一十二名,书手共三名,库级共二十名,兵士共二十五名;左藏西库上下界专知官各一名,副知各二名,押司官共二名,手分共一十二名,书手共三名,库给共二十五名,兵士共二十五名。左藏东西库门手分共二名,库子共二名。

出处:《宋会要辑稿》食货五一之二六。

文武百僚宰臣范宗尹等三上表请皇帝御正殿允批答
(绍兴元年五月五日)

朕惟先王之于丧纪,因亲疏隆杀之宜而制为之极。行道之人,皆弗忍也。今慈训日远,与其追不及之养而致无穷之哀,孰若安宗社、奉遗言而存天子之孝哉?群公之请,至于再三,敢徇至情,以隳彝制?所请宜允。

出处:《浮溪集》卷一五。
撰者:汪藻
考校说明:编年据《宋会要辑稿》礼五五补。又见《中兴礼书》卷二五六。

全去失付身官员等不许委保诏
(绍兴元年五月六日)

官员去失其身以来文字,给到公据,内有见任告敕并宣札,自合依旧作保外,所有全去失付身并使臣非参部历任人,并不许委保官员去失文字。

出处:《宋会要辑稿》职官八之一二。又见《宋会要辑稿补编》第五二四页。

有官人全去失付身者不许召保陈乞诏
（绍兴元年五月六日）

有官人若全去失付身，止给到公据者，并不许召保陈乞；其去失见任告敕宣札印纸，许依旧召保施行。

出处：《宋会要辑稿》职官八之一三。又见《宋会要辑稿补编》第五二四页。

赐门下诏
（绍兴元年五月八日前）

朕惟隆祐皇太后坤仪如昨，瘗奉有期，永怀夫保佑之功，务极其哀荣之典。爰念蒙垢于绍圣之末，即瑶华而退居；复位于上皇之初，实钦圣之慈旨。值奸谀之当制，乃隐没而不言，未洗谤伤，久淹岁月。肆朕纂绍，逢时艰难，虽正隆名，未伸褒册。将即庙庭而登配，岂容典礼之久稽。用诏攸司，载加追赉。可令礼部、太常寺讨论合行典礼及奏告天地宗庙等事，申尚书省。

出处：《毗陵集》卷一。
撰者：张守
考校说明：编年据《中兴礼书》卷二五七补。张守时为参知政事。

有官人委保去失告敕陈乞恩泽者条法诏
（绍兴元年五月八日）

有官人委保去失告敕陈乞恩泽之人，所保年终共不得过五次，其余作保名色，并依自来条法施行。

出处：《宋会要辑稿》职官八之一三。又见《宋会要辑稿补编》第五二四页。
考校说明：原书系于“八月”，据上下文及《宋会要辑稿补编》改。

明堂御札
（绍兴元年五月十二日）

　　敕内外文武臣僚等：朕荷天之休，为帝所子。肇称吉礼，已见于三岁之郊；载考彝章，当间以九筵之祀。因秋成物，辑古上仪。会天地以同禋，升祖宗而并配。庶尽诚于眇质，用祈福于黎元。朕以今年九月有事于明堂。咨尔攸司，各扬厥职，相予肆祀，罔或不恭。故兹札事，想宜知悉。

出处：《中兴礼书》卷四四。

积粟之家出粜补官有差诏
（绍兴元年五月十四日）

　　诸路见今米价踊贵，细民阙食，令州军将常平仓见在米量度出粜，仍广行劝诱富家将愿粜米谷具数置历出粜，州委通判，县委令佐。如粜及三千石以上之人，与守阙进义副尉，六千石以上与进武副尉，九千石以上与下班祇应，一万二千石以上与进义校尉，一万五千石以上与进武校尉，二万石以上取旨优异推恩。如已有官荫不愿补受名目，当比类施行，并令州军保奏。通判、令佐劝诱人户出粜数多，令本路监司保奏，等第推恩。务要实惠及民，即不得虚桩数目，陈乞推恩。仍令监司觉察，如违，按劾取旨重作责罚。

出处：《宋会要辑稿》食货五七之一六。又见同书食货五九之二二、食货六八之五六，《宋会要辑稿补编》第五九一页。

诸路死罪囚应奏谳者降等断遣诏
（绍兴元年五月十六日）

　　道路未通，诸路死罪囚应奏谳者，权令降等断遣。

出处：《建炎以来系年要录》卷四四。

辨验并存恤自金国南归之人诏
（绍兴元年五月二十二日）

江淮州军如有自金国南归之人，仰子细询问来历，辨验诣实，优加存恤，差人护送前来行在。有称赍到二圣密诏并文檄蜡弹之类，未得奉行，具申朝廷，听候指挥。如违，重置典宪。

出处：《宋会要辑稿》兵一五之一。又见《建炎以来系年要录》卷四四。

持杖劫盗等依法真决配行诏
（绍兴元年五月二十二日）

今后持杖劫盗并其余合配之人，并令依法真决，据地里配行。其政和三年正月二十一日免决刺配靖州运粮指挥更不施行。

出处：《宋会要辑稿》刑法四之四三。

诫约州县不得非理科率手诏
（绍兴元年五月二十四日）

朕遭时艰难，盗贼蜂起，比分遣将帅，招来平荡，而民力久困，不可枝梧。访闻县令夤缘为奸，廉者取羡余悦权贵，为进身之术，贪者充家。民无所聊，朕甚悯恻。虽累降指挥州县不得非理科率，缘其间实因军期急切，有不得已合须索之物，窃虑州县假此声势，过数率敛，为害不细。仰自今后州县如有似此合科催物色，须管明以印榜开坐实数于前，次具乡村户口若干，依等第每户合出若干，仍具一般印榜申监司，因出巡亲行按察，不得更似日前先多科其数，然后轻重出没。如违，官窜岭表，人吏决配，仍许民户越诉。

出处：《宋会要辑稿》刑法二之一○八。又见同书刑法四之四四，《建炎以来系年要录》卷四四。
考校说明：《宋会要辑稿》刑法二系于绍兴元年五月十四日，据《宋会要辑稿》刑法四、《建炎以来系年要录》卷四四改。

令张俊速将李成除灭诏
（绍兴元年五月二十五日）

遣张俊疾速渡江前去,将李成贼党日近措置除灭尽静。候回军日,且在江州驻札,许班师方得赴行在。

出处:《宋会要辑稿》兵一〇之二一。

选人投下磨勘文字令关报御史台置簿籍定诏
（绍兴元年五月二十五日）

应选人投下磨勘官文字,以姓名及到部月日关报御史台置簿籍定。如人吏受赂及故违条限,仍许御史台检举,送大理寺依法断遣。所有京朝官大使臣亦依此。

出处:《宋会要辑稿》职官五五之一七。

令监司即时按劾侍从所荐县令不法御笔
（绍兴元年五月二十五日）

监司以侍从所荐县令不法,不即按劾,重置典宪。

出处:《宋会要辑稿》职官四五之一七。

封昭裕公制
（绍兴元年五月）

敕:朕展义事东南,驻跸都会。宫室城郭之必葺,殆岁之周;氛祲妖孽之弗兴,繄神之祐。是用锡上公之尊爵,加二字之荣名。不显其光,庸示无穷之报;自今以始,常储有羡之祥。宜特封昭裕公。

出处:《两浙金石志》卷八。又见《术古录》第三五页。

支拨米应副刘光世招降女真汉儿诏
（绍兴元年六月一日）

刘光世下招降女真、汉儿等，今见行措置增添钱粮外，令刘宁止于合起户部米内先次支拨二千石桩管，专一应副支用。

出处：《宋会要辑稿》礼六二之五五。

隆祐皇太后哀册文
（绍兴元年六月一日）

维绍兴元年岁次辛亥，四月丁卯朔，十四日庚辰，隆祐皇太后崩于行宫之行殿。六月癸酉，上尊谥曰昭慈献烈皇后。壬午，迁座于攒宫，遵遗诰也。鸡唱既发，龙輴载脂，分卫仗以容与，合箛鼓之凄悲。皇帝洒然涕慕，至哉孝思。陈祖奠而既彻，痛慈容之永违。爰命遹烈，丕扬懿徽，纪无前之勋德，播不朽之声诗。其词曰：宋受景命，克肖天德。维天之天，列圣是则。亦维坤元，克配宸极。母后之贤，践履一律。粤我泰陵，忧勤中昃，昭慈来嫔，德协于一。逮事宣仁，恪遵法式，孝奉钦圣，肃恭妇职。珩璜是节，蘋蘩是烈，德著三宫，化行九域。蒙谗避位，名显声厄。世狃升平，变生边隙。骋戎马以长骛，邀两宫而远适。属我圣后，母仪万国，炼娲石以补天，探虞渊而取日。翊戴上圣，乘乾御历，续皇纲于指顾，决大策于呼吸。既正神器，即复明辟，就东朝之大养，彻帘帷而渊默。逮夫清跸南渡，凶渠作逆，躬御篋舆，靡辞锋镝。明大义以指麾，折奸锋而避易，导六飞而反正，讫群妖之就殛。泽既浃于生灵，勋更安于社稷。勤翟辂以南行，避戎狄之远逼。阙温清于岁序，形焦劳于玉色，迎还行朝，喜动宫掖。期孝养于无穷，曷昊天之不吊。呜呼哀哉！坤舆震覆，星轩掩匿。玉绳晓兮月堕，翠幄阴兮春寂。服黄桑兮辍上帝之荐，簪素柰兮极吴人之感。兰殿阒兮燕归，鸾鉴虚兮尘积。委大练于椒房，掩柔桑于织室。呜呼哀哉！婉嬺型于嫔御，慈俭孚乎蛮貊，善必告于吾皇，恩靡放于外戚。德盛炳兮无瑕，苍穹杳兮莫诘。呜呼哀哉！奉遗训以薄敛，卜菆涂而习吉。稽山之阴，神禹所宅，百神骏奔，千岩环翼。意仙游兮缥缈，驻飙驭兮偃息。净洛邑之妖氛，反泰陵之窀岁。呜呼哀哉！薤歌咽兮露晞，丹飞翻兮风急。白日惨兮云愁，行路凄兮雨泣。矧圣孝之有加，攀素车而靡及。永念周旋，久罹奸棘。冀上天之悔祸，启中兴之伟迹。庶同太平，少慰畴昔。曾不慭遗，遽此永隔。呜呼哀哉！汉马邓有贪位之讥,周任姒夼无拨乱之绩。擅全美于简编,振徽音于金石。即清庙以登侑,配皇图之赫奕。似神灵之不泯,佑子孙于千亿。呜呼哀哉！

出处:《中兴礼书》卷二六〇。

撰者:张守

考校说明:张守时任参知政事。

大行隆祐皇太后谥册文
(绍兴元年六月三日)

哀侄嗣皇帝臣某谨再拜稽首上言:伏以坤舆厚载,德著于承天;月御并明,功标于遡日。盖至化藏于不宰,而常道同于可名。乃如俪质圣皇,母仪昭代。有撩乱之嘉绩,有济物之湛恩。伊欲揭懿范以表众观,流芳馨以孚奕世,则累行定谥,璂玉述辞,莫可已者。恭惟大行隆祐皇太后禀淑慎之姿,遵正信之度。发祥魏国,作合泰陵。夙逮事于宣仁,久受知于钦圣。妇道无失,邦诬自明。骇狂虏之凭陵,痛两宫之播越。大器炭炭,群情喁喁。勉奥窔之间出,副臣民之望。手握神筴,面授冲人。洎巡驻于东南,倏变生于肘腋。内外疑沮,黎元震惊。仰繁训告之勤,用折奸凶之势。再安宗庙,重整乾坤。已而退处深闲,绝意几务。里谒不闻于外阃,偏恩罔及于私家。恬澹怡神,静仁宜寿。而昊天不吊,大养靡终。兹用茹痛薰心,抑哀雨泣,顾归祔之犹阻,宁修殡之敢稽！涓日戒途,庀官议事,物无足以称德,礼莫重于推尊。爰饬备仪,诞扬徽册。谨遣某官奉宝册,上尊谥曰"昭慈献烈皇后"。恭惟盛德允升,精爽不昧,助扫妖槐之慝,终还清洛之居,永配祖宗,同歆孝飨。谨言。

出处:《中兴礼书》卷二五七。

撰者:秦桧

考校说明:秦桧时任参知政事。

閤门赐孟忠厚告口宣
(绍兴元年六月四日后)

朕永怀慈壸,追录外家,乃升肺腑之贤,进视机衡之秩。往服赞书之宠,永为庆阀之光。今赐卿告,想宜知悉。

出处:《浮溪集》卷一五。

撰者:汪藻

考校说明:编年据文中所述"追录外家"等补,见《建炎以来系年要录》卷四五。

赵应之特落致仕诏
(绍兴元年六月五日)

赵应之自淮南远赴行在,备历艰险,可特落致仕,于遥郡上转行一官。

出处:《宋会要辑稿》职官七七之六五。

令平江府埋瘗流尸诏
(绍兴元年六月七日)

平江府须管日近掩瘗尽绝,令每及二百人给度牒一道,本路提刑司检察。或尚有暴露去处,按劾闻奏。

出处:《宋会要辑稿》食货六八之一二〇。

起复明州观察使吴玠兼陕西诸路都统制诏
(绍兴元年六月七日)

孝移于忠者,圣人之格言;国而忘家者,人臣之彝宪。而况分阃外之寄,统诸路之师,淬厉以须,枕戈待旦,而可以亲丧废乎!起复明州观察使吴玠,比以功伐,寝阶显荣。却敌有沈果之机,驭军适威爱之济。战多中率,懋赏既行。遽深风木之悲,方从金革之事。矧临敌忌于易将,而制阃容于夺情。其安厥常,毋旷尔职。苟能扬名于世,以显其父母,则忠孝之道两得矣,尔其懋哉!可特授陕西诸路都统制。敕如右,符到奉行。绍兴元年六月七日。

出处:《临清县志》卷一六,民国二十三年铅印本。又见《三朝北盟会编》卷一九六《吴武安功绩记》。

臣僚言田产事答诏
（绍兴元年六月九日）

仍委逐路提刑总领措置田事，各许置干办官一员，并朝廷选差，其请给人从等依监司下干办条例施行，候事毕日罢。

出处:《宋会要辑稿》食货六一之四。

尽鬻诸路官田诏
（绍兴元年六月九日）

尽鬻诸路官田，每路以宪臣总领措置，朝廷为择干办一员佐之。

出处:《建炎以来系年要录》卷四五。

朝奉郎以上陈乞致仕身亡许任子诏
（绍兴元年六月十日）

朝奉郎以上陈乞致仕，未受敕而身亡者，许任子。

出处:《建炎以来系年要录》卷四五。

令刘光世剿杀张琪诏
（绍兴元年六月十日）

刘光世先差统制官潘迁军马，令取便道与王德并力剿杀，韩世清策应，无令稍失事机。

出处:《宋会要辑稿》兵一○之三○。

赐韩世忠诏
（绍兴元年六月十一日）

　　世忠为朕爪牙之臣，出师必克，克且无扰，是宜有后于我。比览有司奏闻，卿欲买新淦之田，为子孙计，盖亦善矣。今举以赐卿，非惟示朕之私，亦聊以旌有功也，卿宜勉哉！故敕。六月十一日，付世忠。

出处：康熙《临江府志》卷一五，康熙十九年增刻本。又见《鹤林玉露》乙编卷二。
考校说明："绍兴元年"据同治《新淦县志》卷九《韩蕲王赐田碑记》补。

孟忠厚特授起复镇潼军节度使开府仪同三司
充醴泉观使进封东海郡开国侯加食邑食实封制
（绍兴元年六月十三日）

　　朕膺南面之尊，赖东朝之训。祸移中壸，既临窆祔之期；恩及外家，宜厚期功之属。肆颁徽数，敷告路朝。持服前宁远军节度使、充醴泉观使、东海县开国子、食邑五百户、食实封二百户孟忠厚，蚤负通材，亟跻膴仕。忠于事上，膺两宫奉使之荣；学以忘忧，为四姓小侯之冠。自正斋坛之拜，尤高戚畹之称。中罹闵凶，久辍朝请。念徽音之益远，知厚德之难酬。乃录遗宗，遍加殊渥。求于母党，聿恩服之并隆；惟我人英，盖亲贤之莫二。是用夺衰麻之制，还旄钺之权。相吉壤以开藩，载严戎律；视上公而进秩，永穆师瞻。既疏侯社之封，仍赋祠庭之禄，益陪圭食，加畀井腴。以慰在天之灵，以伸濡露之感。於戏！薄氏长者，实有助于汉朝；吴侯小心，亦中兴于唐室。惟谦恭可以长世，惟忠荩可以亢宗。服予邦休，笃尔私庆。可特授起复镇潼军节度使、开府仪同三司、充醴泉观使，进封东海郡开国侯，加食邑五百户，食实封二百户。主者施行。

出处：《浮溪集》卷一一。
撰者：汪藻
考校说明：编年据《建炎以来系年要录》卷四五、《宋会要辑稿》职官七七补。

新除起复镇潼军节度使开府仪同三司充醴泉
观使孟忠厚辞免恩命乞许终丧制不允诏
（绍兴元年六月十三日后）

朕以卿材猷通敏,识度邃深。无忌于忧患必同,未尝有己;野王以器能自进,不专为恩。比缘长乐之哀,追念渭阳之后,颁朕徽数,夺卿至情。顾勋贤之并隆,于恩礼以非过,抗章而避,何志之谦? 所请宜不允。

出处:《浮溪集》卷一四。
撰者:汪藻
考校说明:编年据《建炎以来系年要录》卷四五补。

起复镇潼军节度使开府仪同三司
充醴泉观使孟忠厚加恩制
（绍兴元年六月十三日后）

朕展祀合宫,荐诚上帝。从昆仑而入,既成绵蕝之仪;奉茧栗以祠,幸获烟黄之应。有嘉异姓之戚,适列侍祠之侯,爰锡诏恩,用孚朝听。具官某敏而好学,忠以事君。同国之忧,无忌独兼于文武;为时之杰,野王宜任于公卿。早登旄钺之班,继锡衮衣之命,戚藩增重,朝著益隆。兹躬拜于熙成,实有资于显相。乃均庆赐,首及亲贤。进荒大邑之封,仍衍真租之入。於戏! 朝廷八柄,莫先贵富之颁;祭典十伦,尤重亲疏之别。兼将相威仪之盛,预天人精禋之交,兹为尔荣,无替朕命。

出处:《浮溪集》卷一一。
撰者:汪藻
考校说明:编年据《建炎以来系年要录》卷四五补。

镇潼军官吏军民道士僧尼耆寿等示谕敕书
（绍兴元年六月十三日后）

朕以孟忠厚太母近亲,中朝隽望,备参华于法从,旋疏渥于斋坛。比缘慈壸之倾，欲厚外家之报，相攸吉壤，庸示湛恩。乃升槐鼎之联，移镇河山之会。想汝提封之众，知吾懿戚之临，将芘其休，溥同兹庆。今特授孟忠厚起复镇潼军节度使、开府仪同三司，充醴泉观使，进封东海郡开国侯，加食邑五百户，食实封二百户。故兹示谕，想宜知悉。

出处：《浮溪集》卷一六。

撰者：汪藻

考校说明：编年据文中所述"今特授孟忠厚起复镇潼军节度使、开府仪同三司，充醴泉观使"等补，见《建炎以来系年要录》卷四五。

镇潼军节度使开府仪同三司孟忠厚
上表辞免恩命不允批答
（绍兴元年六月十三日后）

朕惟衮钺之班，实兼文武之任，累圣除授，必求其人。卿既东朝之近亲，复有搢绅之秀誉，爰考舆论，锡之赞书。胡为谦冲，屡以情谂？成命已出，岂容复回！

出处：《浮溪集》卷一五。

撰者：汪藻

考校说明：编年据《建炎以来系年要录》卷四五补。

镇潼军节度使开府仪同三司孟忠厚
再上表辞免恩命不允仍断来章批答
（绍兴元年六月十三日后）

《传》曰：亲不失其为亲，故不失其为故。卿昭慈近属，才行有闻，艰难之时，事朕初载，可谓亲且故矣。视仪三司，谁曰不宜？涣号已孚，百辞奚益？

出处：《浮溪集》卷一五。

撰者：汪藻

考校说明：编年据《建炎以来系年要录》卷四五补。

镇潼军节度使开府仪同三司孟忠厚
上表辞免恩命不允口宣
(绍兴元年六月十三日后)

卿比用懿亲,特加徽数,允协褒崇之典,乃兴谦挹之怀。往即厥官,毋稽朕命。

出处:《浮溪集》卷一五。

撰者:汪藻

考校说明:编年据《建炎以来系年要录》卷四五补。

孟忠厚辞免恩命不允断来章口宣后
(绍兴元年六月十三日)

卿夺服倚庐,视仪揆路,虽忱辞之屡罄,固涣号之难回。其服殊荣,以昭厚报。

出处:《浮溪集》卷一五。

撰者:汪藻

考校说明:编年据文中所述"卿夺服倚庐"等补,见《建炎以来系年要录》卷四五。

令张俊复渡江州驻札诏
(绍兴元年六月十六日)

张俊已破李成,可引兵复渡江州驻札,候江湖宁静,取旨班师。仍自沿江东下群盗悉行招捕,拘收崔增、李进彦、韩世清、耿进所部战舡人兵权暂使唤,事毕遣还。

出处:《宋会要辑稿》兵一○之二二。

官司申陈阙乏更不降给茶盐钞引诏
（绍兴元年六月十七日）

今后官司申陈阙乏，更不降给茶盐钞引，令榷货务常切遵守成法施行。

出处：《宋会要辑稿》食货三二之二五。又见《宋会要辑稿补编》第七〇二页。

令温台明越州严禁牙人邀籴南米诏
（绍兴元年六月十九日）

浙西州县米价翔贵，虽有南船载到，濒海诸州多被米牙人邀阻，用大斗低价量籴私停，高价出粜。仍令温、台、明、越州严行约束。

出处：《宋会要辑稿》刑法二之一〇二。又见《宋会要辑稿补编》第六八六页。

令吕颐浩等扑灭张琪诏
（绍兴元年六月二十五日）

令吕颐浩、刘洪道就分军马，与韩世清犄角相应，务令擒获首恶，扑灭群凶。

出处：《宋会要辑稿》兵一〇之三〇。

新除吏部侍郎黎确辞免恩命不允诏
（绍兴元年六月二十六日后）

朕惟天官之任，人物所宗，以拨烦剸剧之材而行激浊扬清之政，号称兹职，古难其人。以卿学术精深，行能高妙，周旋谏省，绵历岁时，知无不言，言皆有补，乃付铨衡之寄，实为表著之光。公论翕然，谦辞过矣。

出处：《浮溪集》卷一四。
撰者：汪藻
考校说明：编年据《建炎以来系年要录》卷四五补。

新除礼部侍郎李正民辞免恩命改授一闲慢职局不允诏
(绍兴元年六月二十六日后)

朕惟典礼之在有司,非人莫济;秩宗之于省户,其选甚高。卿辩博多闻,刚明不挠,践扬滋久,誉望益隆。眷惟千古之弥文,宜付一时之俊彦,故从剧部,移置清曹。朕择地以处卿,可谓优矣;卿抗章而辞朕,何其过哉?

出处:《浮溪集》卷一四。
撰者:汪藻
考校说明:编年据《建炎以来系年要录》卷四五补。

赐刘光世玉带等诏
(绍兴元年六月二十七日)

差睿思殿祗候罗宣赐两浙西路安抚大使刘光世玉带、金带、西蕃鞍、提刀、玉珠、翠首饰及新制缬帛,仍令即日系所赐玉带,具知禀。

出处:《宋会要辑稿》礼六二之五五。

李元瀹与外任诏
(绍兴元年六月二十八日)

秘书丞李元瀹学无根源,妄议典礼,可与外任。

出处:《建炎以来系年要录》卷四五。

州县常平免役案吏人支重禄钱诏
(绍兴元年六月二十八日)

州县常平免役案吏人合支重禄钱,依逐州役法元载立顾食钱数支给。

出处:《宋会要辑稿》职官五七之九九。

京畿京西湖北淮南路诸州军抚谕敕书
（建炎元年夏或建炎三年夏或建炎四年夏或绍兴元年夏）

敕开封府等官吏军民：朕惟中原耕稼之区，遭强寇侵陵之毒。百城相望，无复炊烟；三壤虽存，鞠为茂草。每兴言而及此，辄回首以怆然。使民丧乱以无归，皆朕菲凉之所致。幸昊穹之悔祸，偶边鄙之息肩，顾乖离荡析之余，宜还定拊循之急。故令方伯，就布诏恩。尔其勉率族姻，归安闾里。庤钱镈而观铚艾，虽未能即及于周《诗》；卖刀剑而买犊牛，庶或可渐成于汉俗。亟臻宁谧，用副焦劳。故兹抚谕，想宜知悉。夏热，汝等各比好否？遣书，指不多及。

出处：《浮溪集》卷一六。
撰者：汪藻
考校说明：编年据汪藻任两制时间、文中所述"夏热"补。

抚问吕颐浩等口宣
（建炎四年夏或绍兴元年夏）

卿等分国顾忧，暴师遐外，方属炎燠之候，有劳绥驭之怀。特遣信臣，往宣至意。

出处：《浮溪集》卷一五。
撰者：汪藻
考校说明：编年据汪藻任两制时间、吕颐浩官历及文中所述"卿等分国顾忧，暴师遐外，方属炎燠之候"补。建炎四年夏、绍兴元年夏吕颐浩时任建康府路安抚大使、兼知池州。

赐吕颐浩银合茶药并抚问一行将佐军兵等口宣
（建炎四年六月至绍兴元年七月间）

卿等肃提有众，躬讨不庭，当冰霰之萧辰，涉江湖之远道。特驰督御，往示湛恩。

出处:《浮溪集》卷一五。

撰者:汪藻

考校说明:编年据汪藻任两制时间、吕颐浩宦历补,见《建炎以来系年要录》卷三四、卷四六。吕颐浩时任建康府路安抚大使、兼知池州。

堂除及举辟差遣之人条约诏
(绍兴元年七月三日)

自今堂除及举辟差遣之人,如碍本贯,并不得放上。

出处:《建炎以来系年要录》卷四六。

诸州军每季取索本州并属邑借支钱物数诏
(绍兴元年七月五日)

诸州军每季取索本州并属邑一季内应支借过发运监司并属官下公吏请给钱物数目。如逐县有坑冶盐场、铸钱监院之类,亦从本州取索,限次季孟月终申户部。若有漏落,州县官吏并依借请借兑违法、当职官故纵条科罪。

出处:《宋会要辑稿》职官五七之九九。

去失印纸告札保奏条约诏
(绍兴元年七月五日)

去失印纸告札,诸州或监司保奏,如其他事件并已圆备,虽无躬亲审验之文,但声说保明是实,并与行使。

出处:《宋会要辑稿》职官八之一三。又见《宋会要辑稿补编》第五二四页。

令范福李宝激励所部将士掩杀贼兵诏
(绍兴元年七月六日)

令蔡州范福、淮宁李宝遍谕所部将士,各奋忠勇,期约掩杀。如能擒获或杀戮，当依已降指挥授以节钺，支赐钱银，以次首领比类补授，有功将佐、军兵一例不次推恩；虽未能剿除，但常令人马攻捣，使不能遂成巢穴，亦当优异推恩。今枢密院选差使臣四人，原支激赏作两番，赍蜡书前去，先次转一官，回日更转两官。

出处：《宋会要辑稿》兵一〇之二二。

罢四川宣抚司自行制造度牒出卖诏
（绍兴元年七月六日）

四川宣抚处置使司自行制造度牒出卖应副使用，自今降旨挥到日住罢。今后如有合应副支使去处，即差使臣前来行在请降。

出处：《宋会要辑稿》职官一三之三二。

招安南剑州将乐县作过百姓诏
（绍兴元年七月七日）

南剑州将乐县百姓昨因阙食，遂致啸聚作过。访闻已受官司招安，尚怀反侧，未敢出首。仰吴逴星夜之任，多方招谕，各令安业，应已前罪犯一切不问。如敢依前作过，仰本路制置安抚司遣兵收捕。仍令尚书省给降敕牒付吴逴前去晓谕。

出处：《宋会要辑稿》兵一三之八。

太史局奏阙人吏答诏
（绍兴元年七月八日）

除把门亲事官更不差破外，洒扫灵台投送文字剩员差四人，余并以见在人数为定额。

出处：《宋会要辑稿》职官三六之一〇八。

汉阳军荆湖东路招抚使马友奖谕敕书
（绍兴元年七月八日）

敕马友:省所奏,进奉天申节功德疏并银五百两事,具悉。卿当艰难之时,膺遐外之寄,兵革充斥,道涂阻修,乃记诞弥之辰,具输方贡之物。载于忠实,独冠等夷。知忧顾之可纾,览奏陈而兴叹。故兹奖谕,想宜知悉。秋热,汝比好否?遣书,指不多及。

出处:《浮溪集》卷一六。
撰者:汪藻
考校说明:编年据《建炎以来系年要录》卷四六补。

擒获邵清等可推恩诏
（绍兴元年七月九日）

擒获邵清,白身与补修武郎,有官人转七官,仍带阁职。擒获单德、孙立、魏义、阎在,白身人与补秉义郎,有官人转七官。胁从之人,十日出首放罪;徒中自相擒获,依此推恩。若逾限不首,例行剿杀。李进先转三官,仍令枢密院榜谕,及令光世催促官兵擒捕,无令逃逸。

出处:《宋会要辑稿》兵一〇之二八。

令支拨广南西路转运司上供钱应副买马诏
（绍兴元年七月九日）

令广南西路转运司于建炎三年、四年未起有额无额上供钱内,疾速支拨应副,通前共不得过十万贯。如逐项年额钱已有起在路之数,却于绍兴元年分合起上供钱内按数贴拨。

出处:《宋会要辑稿》兵二二之一五。

招安舒蕲等七州军作过百姓诏
（绍兴元年七月十三日）

　　昨逆贼李成占据淮南作过,已遣张俊讨杀外,其舒、蕲等七州军管下尚有缘贼驱虏,或因阙食啸聚作过,实非本心,并令招收赦罪。被虏老弱给据归业,其实堪出战人,并听宣抚使朱胜非使唤,仍具首领姓名闻奏,当议推恩。

出处:《宋会要辑稿》兵一三之八。

用省样新斗诏
（绍兴元年七月十五日）

　　行在省仓受纳纲运,令户、工部斟量较定斗样,缴申尚书省,责下所属制造,降下诸路州军。应受纳支遣、起纲交量并用省样新斗量,今后每遇起纲,并于纲解内分明声说系用新降斗量起发,仰省仓依条受纳,不得作弊。如有违犯,许本纲诸色人越诉。

出处:《宋会要辑稿》食货五三之二。又见同书食货六二之一二。
考校说明:《宋会要辑稿》食货六二系于绍兴元年七月五日。

陈允亨特授承议郎诏
（绍兴元年七月十九日）

　　将仕郎权福州闽县尉陈允亨躬亲部领弓级,提获同火死罪强盗林喜等一十六人,及知盗所在,会合抵界福清县尉共力捉获郭新等一十人,共二十六人,可特受承奉郎。

出处:《宋会要辑稿》兵一三之八。

罢论武臣滥赏御批
(绍兴元年七月二十日)

朕不欲归过君父,敛怨士大夫。可日下寝罢。

出处:《建炎以来系年要录》卷四六。

编配京畿等路军人百姓事诏
(绍兴元年七月二十二日)

敕:京畿等路军人、百姓如合以住家、住营定编配州军者,权以见拨隶或寄居州军为限。谓如军人权以见拨隶处为住营,若系逃亡未有拨隶去处,即以所断州为住营,并百姓以见寄居州军为住家,如系无家累住止人,即以所断州为住家之类,计地里编配。候道路通行,却依常法施行。

出处:《庆元条法事类》卷七五。

行在厢军禁军一等借支绵诏
(绍兴元年七月二十三日)

行在厢军、禁军绵并一等借支一十两,新给历人绵亦支一半,其令内元不载支绵去处,更不支给。

出处:《宋会要辑稿》职官二七之五七。

刑部尚书兼侍读胡直孺辞免昭慈献烈皇太后
攒宫桥道顿递司结局转两官依所乞奖谕诏
(绍兴元年七月二十三日后)

子贡却赎人之金,当时恐其难继;晏婴还邶殿之邑,后世以为美谈。盖君子于辞受之间,惟其义之所在。乃者遣车之役,卿实有劳。朕惟孝养送终之诚,褒功当渥;而卿以军兴遴赏之戒,陈义甚高。控避之章,再三莫夺。岂惟见卿养恬之素,亦足律时贪进之夫。勉徇冲怀,何胜嘉叹？所乞宜允。其告令阁门,缴申尚书省。

出处:《浮溪集》卷一三。

撰者:汪藻

考校说明:编年据《建炎以来系年要录》卷四六补。

谕刘光世简练士卒以省军资诏
（绍兴元年七月二十九日）

比省卿奏,以军储不继为请。朕甚念之,常切责有司应副。而臣僚复有章疏,以谓卿军中招徕无穷,而国家常赋有数,难以供给。卿当简练士卒,以满三万众,而卿常多算,则可以禁暴御侮,而朝廷易为应办也。且莫敖欲请济师于王,斗廉曰:"师克在和不在众。成军以出,又何济焉？"郭子仪亦有殚屈廪给之论。卿宜体国,以副朕怀。

出处:《鄜王刘公家传》卷三。

王俣万格送吏部治罪诏
（绍兴元年七月二十九日）

朝请大夫知邛州王俣、尚书右司员外郎万格,以刻薄之资,成傅会之恶,首建讨论之议,尽失士夫之心,姑示轻刑,用惩私意。可送刑部。

出处:《建炎以来击年要录》卷四六。

范宗尹特授观文殿学士提举临安府洞霄宫
依前通议大夫食邑食实封如故任便居住制
（绍兴元年七月二十九日）

朝廷隆钧轴之任,去留虽别于二涂;王者待股肱之臣,终始盖如于一致。朕懋建台弼,甫更岁时,力辞柄任之烦,屡上囊封之恳。姑从雅志,用锡湛恩。具官某蚤以时髦,仪于禁路。钦王如孟子,特高台谏之称;选众举皋陶,首冠丞疑之位。方倚俟巨川之济,乃浸乖岩石之瞻。日者轻用人言,妄裁官簿,以庙堂之尊而负天下之谤,以人主之孝而暴君亲之非。朕既丁宁德意,而申命于朝;汝方废格诏书,而持必于下。属上还于相绂,愿休养于祠庭。详览所陈,重违其请,解冢司之要务,加秘殿之隆名,曾弃瑕疵,盖全体貌。於戏! 畴若予采,尝膺同德之求;式遣其归,终听乞身之去。往服朕命,永孚于休。

出处:《浮溪集》卷一二。又见《建炎以来系年要录》卷四六,《宋宰辅编年录》卷一五,《续资治通鉴》卷一〇九。

撰者:汪藻

考校说明:编年据《宋会要辑稿》职官七八补。

新授观文殿学士提举临安府洞霄宫
范宗尹辞免恩命不允诏
(绍兴元年七月二十九日)

朕委政于卿,逮兹期岁,吁俞帷幄,弘益居多。比缘人言,释位而去,恳牍屡上,挽留莫从。书殿隆名,盖褒旧弼,国家常典,何足固辞? 所请宜不允。

出处:《浮溪集》卷一四。

撰者:汪藻

考校说明:编年据《宋会要辑稿》职官七八补。

绍兴元年科举诏
(绍兴元年八月前)

朕宵衣图治,仄席思贤,昨诏谕于绵区,俾宾兴于髦俊。兹阅贤书之献,将偕计吏之来。言念杪秋,适当大飨。有司较艺,于祀事以或妨;多士在涂,恐行期之靡逮。姑从近制,分试外台,用比岁之彝章,临大廷而亲策。既克成于朕志,亦良便于尔私。可将省额合取分数下诸路提刑司,差官于转运司所在州类试,就今年八月上旬内择日引试。其余应合行事件,并令礼部比附建炎三年十二月二日指挥,条具申尚书省,于来年三月上旬择日殿试。

出处:《浮溪集》卷一三。

撰者:汪藻

赐陕西宣抚处置使张浚诏
(建炎四年闰八月至绍兴元年八月间)

朕以疆埸多虞,风尘未静,东巡江左,倏已逾年。西顾秦中,邈焉万里,念王灵之阻阔,将使指以宣风。卿位冠枢衡,勋昭社稷。挺忠精之特操,早被简知;秉经济之远猷,靡辞烦剧。曩畴咨而临遣,独慷慨以请行,载涉炎凉,备宣忠力。蒐卒补乘,既大振于军声;摘伏发奸,复少苏于民瘼。每阅封章之上,具形忧国之诚。爰遣使韬,往宣德意。载念高秋在候,残敌未还,恐尚肆于贪谋,盖有资于外援,宜提劲旅,预控上流。谅惟心德之同,必体国家之急。朕所倚重,宁烦训辞。故兹亲笔示谕,想宜知悉。

出处:《毗陵集》卷一。
撰者:张守
考校说明:编年据张浚、张守官历及文中所述"东巡江左,倏已逾年"等补,见《建炎以来系年要录》卷二七等。张守时为参知政事。

赐知枢密院事李回生日诏
(建炎四年十月至绍兴元年八月间)

素秋分序,凉月腾辉,兹宇宙之佳辰,生庙堂之贤佐。乃颁饫赐,加贲耆英。往膺恩数之隆,益介寿祺之永。今赐卿生日羊酒米面等,具如别录,至可领也。

出处:《浮溪集》卷一三。
撰者:汪藻
考校说明:编年据李回官历补,见《建炎以来系年要录》卷三八、卷四六。"知枢密院事",《建炎以来系年要录》卷三八等均作"同知枢密院事"。

赐福建制置使辛企宗诏
(绍兴元年二月至八月间)

朕眷七闽,险远瘠薄,俗既纤啬以趋利,间多椎剽而为奸。州县之吏初既失于拊循,盗贼之萌又复稽于弹戡,驯致纷扰,莫获奠居。朕比委卿制置一路,入境问俗,不惮险艰,折馘执俘,洊闻胜捷。士卒之气既振,奸宄之锋自摧。缅想忠勤,良极嘉叹。益蕲除于党类,期绥靖于里闾。讫其外庸,仁有褒陟。故兹示谕,想宜知悉。

出处:《毗陵集》卷一。

撰者:张守

考校说明:编年据辛企宗、张守宦历补,见《建炎以来系年要录》卷四二、卷四六等。张守时为参知政事。

范温等抚谕招收敕书
(绍兴元年六月至八月间)

敕范温等:省所奏,今来京东路登、莱等州,似温等诸头项忠义之人不少,缘未知车驾驻跸息耗,未肯前来,伏望给降海行抚谕付温等招收,并力剿金人事,具悉。朕昨遭左衽之侵,颇失中原之驭,凡承平之故俗,皆隔绝于殊邦。按图以思,当馈而叹。兹暂留于越峤,怅尤阔于齐封。乃闻英豪,多率徒旅,坚坞壁以自守,冒干戈而直前。怀祖宗涵养之休,耻仇敌服从之丑。嘉汝能尔,为之慨然,爰颁恻怛之书,用示绥怀之意。其懋合并之力,以图兴复之期,趋扫边尘,永同文轨。故兹示谕,想宜知悉。秋凉,汝等各比好否? 遣书,指不多及。

出处:《浮溪集》卷一六。

撰者:汪藻

考校说明:编年据文中所述"来京东路登、莱等州,似温等诸头项忠义之人不少,缘未知车驾驻跸息耗"及"秋凉"等补,见《建炎以来系年要录》卷四四。此文当作于《赐范温等奖谕敕书》之前。

法济院权奉安祖宗神御诏
(绍兴元年八月一日)

天章阁祖宗神御见在舡中安顿,于崇奉之礼未便。可将行在粮料院见占法济院权行奉安。

出处:《宋会要辑稿》礼一三之九。

复观文殿学士知潭州吴敏乞辞免恩命不允诏
（绍兴元年八月三日后）

朕惟湖湘之会,纷扰数年,耕稼之区,榛荒千里,思得魁柄之旧,倚如长城之坚。以卿宇量恢宏,材猷英发,蚤参帷幄之论,具有搢绅之瞻,乃遣使轺,特颁诏检。庶此遐方之弊,隐然贤弼之临。引手以摩,知生之乐。胡遽形于逊避,殊未体于眷怀。念方急于淮扬,徒得君重;当俯同于去病,无以家为。勉疾而驱,钦承朕命。所请宜不允。限指挥到日,疾速前去之任。故兹诏示,想宜知悉。秋凉,卿比平安好? 遣书,指不多及。

出处:《浮溪集》卷一四。

撰者:汪藻

考校说明:编年据《建炎以来系年要录》卷四六补。安:《宋代诏令全集》认为吴敏所辞为绍兴元年正月二十六日甲子复观文殿学士、知潭州之命(第三九四二页),据文中所述"秋凉",当是绍兴元年八月三日丁卯荆湖东西、广南路宣抚使兼知潭州之命。《建炎以来系年要录》卷四六:"(绍兴元年八月)丁卯,观文殿学士、新知潭州吴敏为荆湖东西、广南路宣抚使兼知潭州。时江湖余寇未平,而敏留居岭右,故就用之。"

赐范温等奖谕敕书
（绍兴元年八月三日）

敕范温等:省所奏,"契勘金兵初渡黄河,温等便遁居牢山,继闻本路投顺,遂集忠义,乘船入海,据守福岛。山东既下,北军于登州黄县,莱州小高、潍川、昌邑,密州凿山,及沿胶河两岸,深沟高垒,分屯人马,督责州县,括刷钱粮,讨掳乡村,拘牧牛马。老稚离散,田野荒芜,民不聊生,无以赴诉。温等虽寻常上岸,或稍绰游骑,或攻劫营寨,剿杀多人,誓竭忠节。本军凡遇金人接战,内有得功之人,别无犒赏,遂量功绩,逐急借补,加转官资。伏望将已借补之人,给付告札,补正官资"事,具悉。朕惟强寇长驱,全齐不守,凡妖氛之所被,如沧海之横流。汝志存忠诚,耻附污逆,乃前期而避锐,径率众以乘危。隔绝朝廷,荐更岁籥,偶使旃之及境,附奏牍以披诚。志节如斯,古今谁及? 爰峻加于尔秩,仍遍录于有功。

其共复于予封,以卒成于汝志。

出处:《浮溪集》卷一六。

撰者:汪藻

考校说明:编年据《宋会要辑稿》兵一八补。

<h1 style="text-align:center">减免湖州吉安县人户夏料税赋诏</h1>
(绍兴元年八月五日)

湖州吉安县人户绍兴元年夏料税赋,并以十分为率,分三等减免:被烧劫及被虏杀人户与减免七分,被劫掠人户减免五分,不被劫虏人户减免三分。

出处:《宋会要辑稿》食货六三之二。

<h1 style="text-align:center">措置浙西籴本事诏</h1>
(绍兴元年八月六日)

发运副使宋辉取拨浙西路逐州军见管坊场增添五分净利钱,与已支降官告度牒师号等相兼品搭,专充籴本支用,仍先具日前见在合取拨数目申尚书省。其已后收到钱,仰宋辉专一拘收桩管,具每月约收钱数申朝廷,听候指挥支降,方得支使。

出处:《宋会要辑稿》职官四二之五四。

<h1 style="text-align:center">造苍璧黄琮事诏</h1>
(绍兴元年八月七日)

已降玉,令文思院制造苍璧黄琮。尚虑数多,今更降玉璧一块,可相度添用。

出处:《中兴礼书》卷五六。

新除兵部尚书胡直孺辞免恩命乞除台严一州差遣不允诏
(绍兴元年八月七日后)

朕以中台常伯之选,处厚德老成之人,非责之有司之事,而程其岁月之劳也。顾秩高地近,论思献纳,朕有助焉。兹者递迁,肆颁新命,非恩数之过也。而卿乃援以求外,岂朕志哉?当艰危之会,不与人同忧,后天下而先一州,卿安取此?所请宜不允。

出处:《浮溪集》卷一三。

撰者:汪藻

考校说明:编年据《建炎以来系年要录》卷四六补。

新除参知政事李回辞免恩命不允诏
(绍兴元年八月十四日后)

朕惟天下之事,一日二日万几,不植则僵,不修则坏。况今中外岌岌,干戈未宁,疆宇未复,可终食之间,辍而不图哉?卿早跻禁涂,蔚为旧德。世故精练,审而有谋,本兵几年,纲目咸理。是用辍从右府,擢贰中台,庶藉老成之人,同纾今日之急。乃抗章来上,岂朕所望哉?卿其趋揽事枢,思所以康济艰难者。分阴可惜,勿复重陈。所请宜不允。

出处:《浮溪集》卷一四。

撰者:汪藻

考校说明:编年据《建炎以来系年要录》卷四六补。《宋代诏令全集》系于绍兴元年七月三十日甲子(第三九四四页),误。

新除资政殿学士提举临安府洞霄宫
任便居住张守辞免恩命不允诏
(绍兴元年八月十四日后)

卿奋于周行,以诚辅朕,饬躬寡过,持论正平,始终二年,朕所眷礼。方赖弘益,浩然求归,挽留莫从,良郁予抱。升华秘殿,姑示异恩,式宠尔行,毋烦逊避。

所请宜不允。

出处:《浮溪集》卷一四。

撰者:汪藻

考校说明:编年据《建炎以来系年要录》卷四六补。张守除资政殿学士、提举临安府洞霄宫之日,《宋会要辑稿》职官七八系于绍兴元年八月十五日。《宋代诏令全集》系于绍兴元年八月四日戊辰(第三九四三页),误。

新除参知政事李回上表辞免恩命不允断来章批答
(绍兴元年八月十四日后)

朕录德而定位,量能而授官,自一命以上,必审稽功实,未尝以名器假人也。况从容帷幄,与朕日图天下之事者乎? 卿学通渊源,世习台阁,预政未几,赫然有闻。擢诸枢机之廷,付以丞弼之任。惟九德咸事,既灼知之已详;虽三命滋恭,岂牢辞之可免? 趋体朕意,毋虚厥官。

出处:《浮溪集》卷一五。

撰者:汪藻

考校说明:编年据《建炎以来系年要录》卷四六补。

新除同知枢密院事富直柔上表辞
免恩命不允断来章批答
(绍兴元年八月十四日后)

朕惟人君知其臣之可庸,故委以心而不贰;人臣知其君之可辅,故极其用而不辞。此先主任武侯而张良从高祖,皆终其身而不去者也。卿自居台谏之联,朕已有用卿之意。况今预政滋久,结知益深,乃于序迁之命而谆谆以辞乎? 卿其毕精筹维,图所以报国者,廉退小礼,夫奚足为?

出处:《浮溪集》卷一五。

撰者:汪藻

考校说明:编年据《建炎以来系年要录》卷四六补。

新除参知政事李回上表辞免恩命不允断来章口宣
（绍兴元年八月十四日后）

　　卿受天英气，为国老成，比膺吁俊之除，屡贡辞尊之恳。往祗懋渥，难徇冲怀。

出处：《浮溪集》卷一五。

撰者：汪藻

考校说明：编年据《建炎以来系年要录》卷四六补。

新除同知枢密院事富直柔上表辞免恩命不允断来章口宣
（绍兴元年八月十四日后）

　　卿虽奉诏除，未离机省，乃布由衷之恳，愿还涣汗之恩。成命已颁，忱辞祗费。

出处：《浮溪集》卷一五。

撰者：汪藻

考校说明：编年据《建炎以来系年要录》卷四六补。

张守罢参知政事制
（绍兴元年八月十五日）

　　上章绶而引去，盖崇易退之风；下诏书以勉留，式示好贤之美。逮闻称笃，乃许告归。惟用舍之际可观，则君臣之义两得。具官张守禀淳和之正气，资该洽之异闻。周堪通明，爰有常度。广德醖藉，乃闻直声。从予艰难者累年，嘉乃险夷之一致。以秘计进陪于枢管，以嘉猷参燮于化元。每殚夙夜之勤，屡爽晦明之节。既腾章以告病，且卧家而辞荣。灼见忱诚，闵劳机务。俟以琳宫之厚禄，优加书殿之清名。并侈宠光，用昭体貌。噫！奉身而退，是维出处之常；秉志不忘，曾何内外之间。尚思报礼，毋有遐心。

出处：《宋宰辅编年录》卷一五。

李回参知政事制
（绍兴元年八月十五日）

朕嗣有令绪,绍开中兴。齐励翼于三阶,参界鸿钧之寄;间英髦于两社,益图黄发之询。格我多盘,允资寿后。具官李回器函博大,德备醇明。考经事综物之言,才固优于任重;图庆难折冲之略,识独敏于知几。许延中枢,修行外侮。近资发踪指示之计,远辑摧陷廓清之功。大事晏安,繄太叔之能赞;小物办治,亦毕公之克勤。聿筹明谟,登翊庶政。诞昭邦采,预柄国钧。朕方中夜以兴,慨平世之何日;当宁而叹,思古人之并时。其惟老成,未愧前哲。肆共厘于几务,庶遄致于丕平。噫!方斫是虔,将迪栋隆之吉;玉铉在协,用调鼎石之和。勉罄远猷,奚烦多训。

出处:《宋宰辅编年录》卷一五。

复置催驱六曹房诏
（绍兴元年八月十七日）

尚书省依旧制催驱三省房,并复置催驱六曹房,仍令三省催驱房月具已未结绝文字闻奏。

出处:《宋会要辑稿》职官一之四九。

防江及出战立功人推赏诏
（绍兴元年八月十八日）

特依选人比类施行,碍止法人依条回授,白身效用、民义兵、签军等并依陕西效用法迁转,阵亡军、民义兵等令本路帅司依自来条例施行。

出处:《宋会要辑稿》兵一八之三一。

明堂礼毕给赐诏
（绍兴元年八月十八日）

将来明堂礼毕,例有给赐。除掌兵官及诸军并禁卫诸班直、亲从亲事官辇官等,令户部一切桩办给赐。

出处:《宋会要辑稿》礼六二之五六。

五路举人依旧制别项考校诏
（绍兴元年八月十九日）

五路举人依旧制别项考校,每一十四人取一名;如有零分,听更取一名。

出处:《宋会要辑稿》选举四之二四。

秦桧辞免右仆射不允诏
（绍兴元年八月二十三日）

朕方嘉得社稷之臣,招之不来,麾之不去者,屹然在朝。庶几外侮之奸,闻风而靡。

出处:《宋宰辅编年录》卷一五。又见《三朝北盟会编》卷一四八。

李回辞免参知政事不允诏
（绍兴元年八月二十三日）

省表具悉。朕录德而定位,量能而授官,自一命以上必审稽切实,而未尝以名器假人也,况从容帷幄,与朕日图天下之事者乎! 卿学通渊源,世习台阁,与政未几,赫然有闻。擢诸枢机之廷,付以丞弼之任。惟九德咸事,既灼知之已详;虽三命滋恭,岂牢辞之可免? 趣体朕意,毋虚厥官。所请宜不允,仍断来章。

出处:《三朝北盟会编》卷一四八。

诸路漕司估折帛钱申省诏
(绍兴元年八月二十三日)

诸路折帛钱,昨每匹三千,虑高下不等。若一概立定,有亏公私。自来年令诸路漕司各估实直申省,听候指挥约折。

出处:《建炎以来系年要录》卷四六。

秦桧特授通议大夫守尚书左仆射同中书门
下平章事进封文安郡开国侯加食邑食实封制
(绍兴元年八月二十三日)

君臣相须成体,股肱良而元首乃尊;政事要在得人,纲纪张而众条皆举。朕遴选贤佐,协图治功,孰膺名世之期,我得爽邦之俊。肆颁大号,用诏群工。具官某才博而周,气刚以大。出处行藏,皆合乎道;死生祸福,不移其心。谋国尽忠,尝若蓍龟之先见;捐身挺节,独如松柏之后凋。巍巍真社稷之臣,奕奕盖庙堂之器。昨缘人望,参决政机,惟献替之日陈,殆弼谐之天授。定策而安刘氏,素闻周勃之贤;矢谟而翊舜朝,终赖皋陶之智。是用擢登次辅,实首中台。广井邑之提封,增赋租之奠食。肇开侯社,并峻文阶。以明论相之公,以辑用贤之庆。於戏!君不借才于异代,所资当世之豪英;天将降任于是人,必付终身之勋业。朕既兼收于群策,汝其勿弃于分阴。往恢厥图,卒相予治。

出处:《浮溪集》卷一一。又见《五百家播芳大全文粹》卷五○,《宋宰辅编年录》卷一五,《八代四六全书》卷二,《宋四六选》卷二。
撰者:汪藻
考校说明:编年据《建炎以来系年要录》卷四六补。"左仆射",《建炎以来系年要录》卷四六、《宋宰辅编年录》卷一五均作"右仆射"。

程颐追赠直龙图阁制
(绍兴元年八月二十四日)

敕:故左通直郎、崇政殿说书程颐,朕惟周衰,圣人之道不得其传,世之学者违道以趋利,舍己以为人,其欲闻仁义道德之说者,孰从而听之? 间有老师大儒,不事章句,不习训传,自得于正心诚意之妙,则曲学阿世者又从而排陷之,卒使流离颠仆,其祸贼于斯文甚矣! 尔颐潜心大业,无待而兴者也。方退居洛师,则子弟从之,孝弟忠信,及进侍讲帷,则拂心逆旨,务引君以当道。由其内以察其外,以所已为而逆所未为,则高明自得之学可信不疑。而浮伪之徒,自知其学问文采不足表见于世,乃窃其名以自售,外示恬默,中实奔竞,外示朴鲁,中实奸猾,外示严正,中实回僻。遂使天下之士闻其风而疾之,是重不幸焉。朕锡以赞书,宠以延阁,所以振耀褒显之者,以明上之所与,在此而不在彼也。尚其明灵,知享此哉。可特赠直龙图阁。

出处:《道命录》卷三。又见《建炎以来系年要录》卷四六,《中兴两朝圣政》卷一〇。

蠲减大观三年额外增添䌷绢等续诏
（绍兴元年八月二十五日）

昨降德音,将大观三年额外增添数目特予三分中蠲减一分。如逐路虽系大观二年修定格目,如大观三年为额认数起发,即合依昨降德音蠲减。令户部申明行下,逐路转运使照会施行。

出处:《宋会要辑稿》食货六三之二。

差明堂五使诏
（绍兴元年八月二十六日）

明堂大礼使差秦桧,礼仪使兼礼卫使李回,礼器使兼礼顿使富直柔,并更不置司,合行事令三省礼房专行。今具下项:一、五使合行事并令有司随事申禀,赴尚书省开拆房投下。一、令尚书省开拆房承受官司申五使文字,发付礼房。遇承受申五使文字,随事呈禀,请笔押印行遣,更不通押。一、文字并用尚书省印。一、有合取会有司事务,依例押提点贴子取索。

出处:《中兴礼书》卷六七。
考校说明:《建炎以来系年要录》卷四六系于绍兴元年八月二十七日辛卯。

募人往河南伺金齐事及慰抚忠义之人诏
（绍兴元年八月二十六日）

募人往河南伺金、齐事宜，且持蜡书慰抚忠义之人保聚者，至汴京，人给钱十千。还日有验，授保义郎。余州等第赏给。

出处：《建炎以来系年要录》卷四六。

赐西蕃部族将士抚恤诏
（建炎元年五月至建炎二年二月间或建炎三年六月至绍兴元年九月间）

乃者强敌侵陵，群方俶扰，尔舍荐居之故俗，坚内向之诚心，哀集种豪，捍防边警，用枭雄而争奋，知忠款之靡他。方在营屯，不无暴露，兹谕绥怀之意，其图报称之宜。

出处：《浮溪集》卷一三。
撰者：汪藻
考校说明：编年据汪藻任两制时间补。

抚恤单州军民诏
（建炎元年五月至建炎二年二月间或建炎三年六月至绍兴元年九月间）

朕惟单父之墟，实控东州之要，兹属守丞之陋，以为将士之忧，即正典刑，俾离官守。言念封陲之内，孰非涵养之余？惟疆事之未宁，致王灵之靡及。其安尔止，以复于初，共须兵革之休，永保室家之庆。

出处：《浮溪集》卷一三。
撰者：汪藻
考校说明：编年据汪藻任两制时间补。

绍兴元年追严隆祐皇太后诏
（绍兴元年四月至九月间）

朕惟隆祐皇太后，母仪后德，夙表宫闱；圣烈神功，实施社稷。自遭罹于多故，尤眷佑于眇躬。方期孝养于无穷，忽痛仙游之不返。念欲追严于景福，莫如溥降于隆宽。乃眷囹拘，或忧疾疢，爰挺桁杨之系，庶臻囹圄之空，以伸过隙之哀，以慰在天之监。其行在并诸路州军，见禁公事，如大情已明，小节未圆，并免取会，先此结断。行在令御史台、诸路州军令提点刑狱官检察，无令少有冤滥。应缘干证非本犯人，如已供证了毕，即时放出，不得苛留。故兹诏示，想宜知悉。

出处：《浮溪集》卷一三。
撰者：汪藻
考校说明：编年据隆祐太后卒年及汪藻官历补，见《宋会要辑稿》礼五五等。

赐镇潼军节度使开府仪同三司充醴泉
观使孟忠厚生日诏
（绍兴元年六月至九月间）

九秋将杪，万宝告成，即此清时，生吾懿戚。爰颁牢醴之赐，用慰庭闱之思。简洁端良，益懋祺身之美；奇庬福艾，永承注意之休。今赐卿生日羊酒米面等，具如别录，至可领也。

出处：《浮溪集》卷一三。
撰者：汪藻
考校说明：编年据孟忠厚官历及汪藻任两制时间补，见《建炎以来系年要录》卷四五。

赐同知枢密院事富直柔生日诏
（绍兴元年八月至九月间）

隆冬方启，上日惟良，气锺申甫之英，家袭韦平之庆。乃宠颁于牢醴，俾归奉于庭闱。服我恩褒，增其寿祉。今赐卿生日羊酒米面等，具如别录，至可领也。

出处:《浮溪集》卷一三。

撰者:汪藻

考校说明:编年据富直柔宦历及汪藻任两制时间补,见《建炎以来系年要录》卷四六。

仲琮乞罢宗正司不允诏

(建炎元年五月至建炎二年二月间或建炎三年六月至绍兴元年九月间)

卿以老成,为宗室祭酒。阽危之际,所赖维城,有何嫌疑,而遽求去? 露章来上,良用怃然。所乞宜不允。

出处:《浮溪集》卷一四。

撰者:汪藻

考校说明:编年据汪藻任两制时间补。

辛企宗乞免秦凤路经略安抚使不允诏

(建炎元年五月至建炎二年二月间或建炎三年六月至绍兴元年九月间)

朕念秦中之强弱,常为天下之重轻,故择能臣,往图长算。以卿挺雄刚之质,秉忠义之心,世服戎昭,习知边琐,威名之烈,关陇信之。兹历选于在廷,俾绥怀于一道。义无反汗,当即办严,抗牍以辞,岂予所望?

出处:《浮溪集》卷一四。

撰者:汪藻

考校说明:编年据汪藻任两制时间补。

隆祐太后推赠制

(建炎元年五月至建炎二年二月间或建炎三年六月至绍兴元年九月间)

曾　祖

朕惟国家诸后,比德姜任。考其渊源,皆有所自。非一时勋阀之后,则累朝将相之家。惟其先置社稷于安,斯子孙享天下之养。伊予太母,实对前人,既克济于多艰,盍推尊于奕世?隆祐太后曾祖具官某,早缘才奋,式副时须。殄蛇豕之妖,肃清戎垒;总貔貅之众,祗扈殿庐。由功纪于太常,故锺钟于长乐。念方伸犹子之礼,何以慰弄孙之心,是用特侈恩颁,追崇祀始,稽诸国典,襚以王章。活千人者封,兹为显报;泽五世而斩,岂限常规?冀夫未泯之灵,服我无穷之宠。

曾祖母

妇从夫,母从子,于阴功及物为难。而能使百年之后,三世之孙,履六宫之尊,阅四朝之久,其积累岂浅也哉?隆祐太后曾祖母具封某氏,胄出名家,化行中壸。静专恭顺,蔚有采蘋之称;硕大光明,衍为梦月之庆。发源既巨,再世而兴。既推母党之尊,宜极祖慈之报。乃侈脂田之旧,用为泉穸之荣。家国同休,启魏邦之吉壤;云来致享,隆孟氏之新祧。尚尔有知,保兹无斁。

祖

朕以寡昧而托南面之尊,于艰难而获东朝之养,欲厚外家之报,孰如大父之亲?爰举彝章,用昭余庆。隆祐太后祖具官某,戚畹之望,将种之英。沈迹下僚,久抱孙吴之学;流芳后裔,蔚为马邓之家。方隆坤育之仪,盍焕廷扬之宠?惟显亲孝之终也,德本身修;乃自义率而推之,恩从祖始。锡上公之峻秩,荒大国之新封,持我命书,告于园邑。

祖　母

朕惟炁昴祖妣,以洽百礼,王者所以祀其先也。虽吾群臣,亦得用此。岂国家奉太母之尊,而恩不及再世哉?隆祐太后祖母具封某氏,克承姆训,夙有闺风。生子则贤,初肇纪侯之庆;至孙而大,遂开渭水之祥。天命既新,坤仪方肃,宜崇二室之配,用赫九原之光。推本徽音,孰致思齐之盛?相攸吉壤,莫如全冀之雄。尚我宠灵,行于冥漠。

父

明德高汉两京,本伏波之贻庆;懿安佑唐四世,由代国之能贤。于赫予家,有严圣母。更夷险于二纪，系安危于九重。欲报之恩，当循其本。隆祐太后父具官某，丕承徐国，逮事泰陵，早奋迹于周行，独有声于外戚。才堪共理，屡分藩屏之符；谋必折冲，几秉斋坛之钺。虽国勋之屡纪，于人爵以未酬。乃积阴功，用隆坤极。念慈闱之方正，于恤典以畴先。爰正台躔，用宏祢庙。为国家肺腑之式，慰宫壶葛覃之思。逝魄如存，垂休曷已？

<h2 style="text-align:center">母</h2>

后为王之贰，緊德是宜；母者女之师，非贤曷似？仰惟坤载，懋育寰区。伊厥范之非常，于所生而可见。爰加异数，用发幽光。隆祐太后母具封某氏，以淑惠之资，配高明之族。身先胎教，早成衣练之贤；家积阴功，遂发造舟之庆。念隆长信之奉，宜饰观津之藏。爰出明缙，进封大国。焕鱼轩之故秩，旌沙麓之初祥。亢尔夫宗，光吾戚里。

出处：《浮溪集》卷七。
撰者：汪藻
考校说明：编年据汪藻任两制时间补。

<h1 style="text-align:center">宣和皇后推赠推封制</h1>
（建炎元年五月至建炎二年二月间或建炎三年六月至绍兴元年九月间）

<h2 style="text-align:center">曾祖赠太保</h2>

涂山有娀、有莘，皆古诸侯国也，以积功累行，启天子后妃之祥。然本大源深，必数世而后见。繇今比昔，天岂吾欺？宣和皇后曾祖具官某，挺独善之资，励久幽之操。太阴叶梦，兆百年积德之余；华衮升班，为三室荐馨之首。属兴大隧之感，遥正东朝之仪，爰锡命书，载光前烈。正公台之显秩，加帝保之隆名。尚作曾孙之休，永为太上之辅。

<h2 style="text-align:center">曾祖母赠越国夫人</h2>

后妃上直四星，母育天下，其流庆之源，固岂一世之积哉？宣和皇后曾祖母具封某氏，以淑德宜内外之亲，以阴功笃幽明之祐，乃启当熊之懿，实开降氂之

祥。既升配于至尊，宜推崇于所本。爰旌泉壤，载启汤封，庶潜德之显融，与始基而绵远。

祖赠太傅

俪极之尊，世无比者；抱孙之泽，今乃见之。矧天下不足解忧，虽圣人无以加孝，其于母党，敢废邦彝？宣和皇后祖具官某，秉德自强，韬光不试。虽心游物外，无汾阳高密之勋；然庆衍家余，有和熹懿安之裔。方兴怀于所恃，盍加宠于其先？是用慰我亲闱，显其祖武，升一品公台之贵，为二南风化之光。精爽如存，宠灵奚远！

祖母赠徐国夫人

朕惟宣和皇后，懋倪天之德，储梦日之休，诞育眇躬，纂承丕绪。虽正宫闱之号，尚遥亲膝之欢。乃宠家庭，先崇祖配。宣和皇后祖母具封某氏，禀灵有自，渐德惟深。早积闺中之仁，百神所相；遂生天下之母，再世而昌。既成位于后坤，兹加封于王妣。春秋合享，上齐帝傅之夫；今古绵休，下视公师之子。便蕃所及，肸蠁其承。

父赠太师

朕膺图籍之尊，念庭闱之报。虽少康之承禹后，实本有仍；然文帝之自代来，未迎薄后。爰稽列圣之典，载锡外家之恩。宣和皇后父具官某，善积诸躬，实孚于众，是生圣女，亲育朕躬。方进策于长秋，宜显亲于厚夜。眷惟祢庙之宠，已极台躔之崇，用是襚以蜜章，班之衮职。赫外家之孝祀，慰吾母之慈心。往厚所凭，永绥乃后。

母封福国夫人

周《诗》言后妃者，无虑数篇，而独以《葛覃》为后妃之本，岂非恭俭节用，化天下以妇道者，自其父母家始哉？宣和皇后母具封某氏，为女有事亲之孝，为妇有仪家之贤，为母有积庆之实。乃生柔德，作合清躬。既陟中宫，丕显思齐之德；盍隆外氏，大开新野之封。以衍脂田之腴，以增园邑之奉。尚垂景福，式称嘉名。

《浮溪集》卷七。

撰者:汪藻

考校说明:编年据汪藻任两制时间补。

李纲封赠制
(建炎元年五月至建炎二年二月间或建炎三年六月至绍兴元年九月间)

曾祖僧护赠少保

君子之泽,更五世而未衰;国家之恩,虽九原而必及。具官某潜德不耀,老于乡间,庆锺其家,既远而大。是生元弼,济朕中兴。肆于秉政之初,伸汝显亲之志。进居帝保,兹谓公台,尚繄明灵,歆此光宠。

曾祖母卢氏廖氏龚氏已赠郡夫人赠国夫人

妇人之秩,系其夫与其子孙。今汝夫登帝保之尊,而三世之孙则吾大丞相,是也亦可以为荣矣。具封某氏,出于名家,克配君子,庆积而大,实生英贤,致身庙堂,秉德陪朕。属此延登之宠,伸其追远之诚。正位小君,改封大国,尚其精爽,不昧钦承。

祖赓赠少傅

贤者之报,不必在身;大夫之家,则知尊祖。矧吾元弼,出汝庆门,其于大父之亲,可后群臣之宠?具官某家传经术,世禀义方。教子以忠,既肯畲而且获;至孙而大,遂自叶以流根。肆于柄任之初,知汝阴功之自。进居帝傅,兹谓公台,尚繄明灵,歆此休命。

祖母黄氏饶氏已赠郡夫人赠国夫人

吾与大丞相朝夕论天下事,亲莫二焉。而尔为之祖妣,呜呼亦荣矣,其于褒叙之典,可不厚哉?具封某氏,禀性淑灵,来嫔望族,积庆流祉,是生英贤,光复中兴,为吾伊吕。爰正鱼轩之秩,大开脂泽之封,庶几明灵,服我休命。

父夔赠少师制

谢哀以晋名士老于太常,而庆集谢安;李栖筠以唐直臣终于御史,而宠归吉甫。盖爵禄不酬于盛德,则子孙必缵其令名。具官某如古耆儒,登时膴仕。学精以博,得圣人至当之归;志大而刚,有君子后凋之操。早正乐卿之位,晚登延阁之班。廉静无求,优游卒岁。既辞荣而不有,宜流祉于无穷。生此真贤,与予同德。肆遇登庸之始,爰加褒宠之优。进位公师,用光泉壤,以示籯金之训,以明畬获之功。尚尔英魂,服予休命。

母吴氏已封郡夫人进封国夫人

朕读卫人寒泉之诗,览鲁侯寿母之章,而知人子以不得终养为恨,而以及亲为荣也。具封某氏,壶范有闻,嫔于隽老,是生贤子,佐朕中兴。爰因柄任之初,益侈胙封之旧。尚期精爽,不昧钦承。

妻张氏已封郡夫人进封国夫人

朕惟公卿大夫以学识自见于功名之会者,岂独师友渊源之力哉,亦内德有助焉耳。具封某氏,族出华大,媲于宗工,读父之书,勉夫以正。肆予论相,并宠其家。爰开大国之封,正尔小君之号,是为光宠,无怠钦承。

出处:《浮溪集》卷七。
撰者:汪藻
考校说明:编年据汪藻任两制时间补。

桂州甘氏年九十可封太孺人制
(建炎元年五月至建炎二年二月间或建炎三年六月至绍兴元年九月间)

朕恢崇孝治,尊礼高年,嘉涵养之遐区,有期颐之寿母。爰加封邑,以厚人伦。庶几万里之庆门,尚见七朝之遗俗。

出处:《浮溪集》卷七。又见《永乐大典》卷二九七二。

撰者:汪藻

考校说明:编年据汪藻任两制时间补。

掌设王氏典言吴氏并转国夫人制
(建炎元年五月至建炎二年二月间或建炎三年六月至绍兴元年九月间)

朕自潜藩,入承大统,汝祇妇职,常侍宫闱。其迁大国之封,以视小君之秩。益思淑慎,用对宠休。

出处:《浮溪集》卷七。

撰者:汪藻

考校说明:编年据汪藻任两制时间补。

宣和皇后侄女母吴氏封恭人制
(建炎元年五月至建炎二年二月间或建炎三年六月至绍兴元年九月间)

朕感颍谷封人之言,于母党之亲,未尝不致意也。以尔常事外家,实生息女,宜加封号,以示异恩。尚保厥休,无忘所命。

出处:《浮溪集》卷七。又见《永乐大典》卷二九七二。

撰者:汪藻

考校说明:编年据汪藻任两制时间补。

皇叔祖郑州观察使同知宗正司事仲昒可承宣使制
(建炎元年五月至建炎二年二月间或建炎三年六月至绍兴元年九月间)

昔宣王中兴,召穆公以同姓纠合宗族于成周,而赋《常棣》之诗。今朕受命纂承,汝亦能辑吾支属,虽肺腑葭莩之亲,莫不咸在,朕甚嘉之。《书》不云乎:"亲睦九族,九族既睦,平章百姓。"虽尧之圣,不敢后宗族而治天下也,则汝之劳乌可以不录哉? 留务之秩,实亚节旄,肆以命汝,尚思吾所以宠进之意,可不懋哉!

出处:《浮溪集》卷八。

撰者:汪藻

考校说明:编年据汪藻任两制时间补。

方阖国子司业制
(建炎元年五月至建炎二年二月间或建炎三年六月至绍兴元年九月间)

朕惟国家之治乱,未有不由庠序之废兴者也。故古之贤君,有投戈讲艺、息马论道者,岂尝一日忘学哉?以尔某秉心靖专,操行纯一,必能使吾胄子弦诵不衰。呜呼!贤士之关,风化之所从出也,其销患于冥冥之中多矣,朕之所以望汝者,故岂浅哉?

出处:《浮溪集》卷八。
撰者:汪藻
考校说明:编年据汪藻任两制时间补。

王彦成太仆少卿制
(建炎元年五月至建炎二年二月间或建炎三年六月至绍兴元年九月间)

朕临御以来,躬节俭为天下先,未尝有舆马之好也。然郊庙之奉,攻守之须,所以为军国之容,有不得而废者。以尔某清修有立,廉靖无求,出入朝廷,践扬盖久,必能修明厥职,体朕至懷。然古者仆臣正,厥后克正,则朕之所以望尔者,亦岂舆马之间哉!

出处:《浮溪集》卷八。
撰者:汪藻
考校说明:编年据汪藻任两制时间补。

祝廷卫尉少卿制
(建炎元年五月至建炎二年二月间或建炎三年六月至绍兴元年九月间)

九卿,朝廷高选也。异时率以诸郎久次者为之,未有径跻而躐至者也。以尔太学誉髦之旧,累朝循吏之余,独抱遗编,不忘所学,屡持使节,几老于行。是用升之特揖之联,遂尔本朝之志。职闲无事,惟以均劳。

出处:《浮溪集》卷八。

撰者:汪藻

考校说明:编年据汪藻任两制时间补。

王拨除直秘阁制
(建炎元年五月至建炎二年二月间或建炎三年六月至绍兴元年九月间)

朕惟獯狁乱常,小雅尽废,枕戈尝胆,虽寝食间,意未尝不在大河之北也。尔效官忠勇,假守一州,能得士心,杀敌过当,隽功来上,朕甚壮之。延阁之华,搢绅所贵,肆以命汝,尚勉之哉。朕之期卿,不止于此。

出处:《浮溪集》卷八。

撰者:汪藻

考校说明:编年据汪藻任两制时间补。

贵州刺史知顺安军徐沅转团练使制
(建炎元年五月至建炎二年二月间或建炎三年六月至绍兴元年九月间)

昔李牧为赵守边,匈奴不敢犯塞;吾艺祖用郭进守山西,疆场无事几二十年。肆国家艰难以来,敌骑长驱,城门无结草之卫,朕思古人之贤,而恨今日枭俊擒敌之臣未之见也。以尔等智足经远,忠能解纷。于王灵不及之时,厉士卒沮伤之气,力固吾圉,不为敌吞。朝廷爵禄,乃与汝等共之者也,顾惜一官,为汝之劝哉?然锐于始,怠于终,古人之至戒。其益明筹策,副吾所以仰成之意。隽功来上,嗣有宠襃。

出处:《浮溪集》卷八。

撰者:汪藻

考校说明:编年据汪藻任两制时间补。

随龙康益特转团练使监御辇院制
(建炎元年五月至建炎二年二月间或建炎三年六月至绍兴元年九月间)

方国家多事,凡禁列之高者,无不将屯乘塞,为士卒先。尔乃以需恩升州团之班,而掌吾舆辇之事,靡有忧责,从容殿庐,非以劳且旧乎？往践厥官,求所以称此者,毋谓恩可常得而不知幸也。

出处:《浮溪集》卷八。

撰者:汪藻

考校说明:编年据汪藻任两制时间补。

王敏文潼川府路转运副使制
(建炎元年五月至建炎二年二月间或建炎三年六月至绍兴元年九月间)

呜呼！自艰难以来,民劳甚矣。惟两川独为全,实譬善医者护其良肤,则其他疮痏所生,不劳而复。其于命使,可不选抡？以尔操行廉平,所临辄治,是用付尔以潼江之节。尔其调节邦用如血脉然,使一方阜安,则中原蒙福。能任兹责,时乃之休。

出处:《浮溪集》卷八。

撰者:汪藻

考校说明:编年据汪藻任两制时间补。

武功大夫成州刺史黄珙已复旧官差知邕州制
(建炎元年五月至建炎二年二月间或建炎三年六月至绍兴元年九月间)

朕于天下,一视同仁,虽遐荒万里之远,择二千石之良,与吾东西州无以异也。尔明于军政,有将帅材,浼更使令,中坐小法,肆予拔拭,用汝典州。汝其慎守封陲,信于蛮菁。有民有社,所任非轻;足食足兵,以安为上。勉图来效,嗣有宠褒。

出处:《浮溪集》卷八。

撰者:汪藻

考校说明:编年据汪藻任两制时间补。

甘晖可宣赞舍人制
(建炎元年五月至建炎二年二月间或建炎三年六月至绍兴元年九月间)

朕以宸闱二阁,处天下戎班之俊,而掌宾赞之事者,其选尤高。以尔器识疏通,屡更繁使,顷从牧圉,事朕艰难。既缘大赉之均,仍有旧恩之异。积兹宠数,陟以华资。汝其体朕眷知,勉思忠恪,始终保此,惟乃之休。

出处:《浮溪集》卷八。
撰者:汪藻
考校说明:编年据汪藻任两制时间补。

蔡溥太府寺丞制
(建炎元年五月至建炎二年二月间或建炎三年六月至绍兴元年九月间)

周官太府,下大夫二人,而上士七十二人为之属。今丞,其遗法也。以尔知识敏明,践扬滋久,盖能知出纳之吝者。往助而长,以济剧繁。

出处:《浮溪集》卷八。
撰者:汪藻
考校说明:编年据汪藻任两制时间补。

郭敏修都水监丞制
(建炎元年五月至建炎二年二月间或建炎三年六月至绍兴元年九月间)

古者有水官水学,以是学而居是官,其失鲜矣。以尔习于河事,用志不分,往督堤繇,宽吾忧顾。勿徒繁扰,而或负丞。

出处:《浮溪集》卷八。
撰者:汪藻
考校说明:编年据汪藻任两制时间补。

傅宿韩澄吏部郎官制
(建炎元年五月至建炎二年二月间或建炎三年六月至绍兴元年九月间)

天官所以总天下之材,而自省方以来,官簿不辑,吏缘为奸。苟得其人,贤于法具。以尔宿儒学之秀,以尔澄世家之良,兹用付以铨曹之繁,处之省户之要。往佐而长,益观汝能。

出处:《浮溪集》卷八。

撰者:汪藻

考校说明:编年据汪藻任两制时间补。

驾部员外郎尹东珣库部员外郎制
(建炎元年五月至建炎二年二月间或建炎三年六月至绍兴元年九月间)

朕于郎曹,均取才望,选除之宠,易地皆然。以尔开敏之资,有声省户,兹缘换部,姑正厥名。往服朕恩,靖共尔位。

出处:《浮溪集》卷八。

撰者:汪藻

考校说明:编年据汪藻任两制时间补。

张宗臣大理寺丞孔仲原大理司直制
(建炎元年五月至建炎二年二月间或建炎三年六月至绍兴元年九月间)

皋陶为大理,汉法罪人必正于理,岂不以狱者人之司命,固不可苟哉?今尔等有职于其间,盖朝廷遴选也。其思钦慎,以对宠休。

出处:《浮溪集》卷八。

撰者:汪藻

考校说明:编年据汪藻任两制时间补。

进士周义起刘宜孙充大金通问使属官特授从事郎制
(建炎元年五月至建炎二年二月间或建炎三年六月至绍兴元年九月间)

汉使绝域,必求茂材异行之人;唐聘诸蕃,亦用经术通明之士。尔等早游庠序,以学发身,而能临义慨然,奋身不顾。虽为人之属,而任则匪轻。何惜一官,成汝之志?使诚通而好结,则予之所以待汝者,岂止此哉?

出处:《浮溪集》卷八。

撰者:汪藻

考校说明:编年据汪藻任两制时间补。

黎译御史台主簿制
(建炎元年五月至建炎二年二月间或建炎三年六月至绍兴元年九月间)

御史府朝廷风宪之地,以簿领钩稽于其间者,盖不轻授。往赞而长,毋失官职。

出处:《浮溪集》卷八。又见《永乐大典》卷一四六〇七。

撰者:汪藻

考校说明:编年据汪藻任两制时间补。

苏良冶太常寺主簿制
(建炎元年五月至建炎二年二月间或建炎三年六月至绍兴元年九月间)

簿领虽卑,然隶于预闻礼乐之事,非他官比也。非尔通敏,朕不汝除。

出处:《浮溪集》卷八。又见《永乐大典》卷一四六〇七。

撰者:汪藻

考校说明:编年据汪藻任两制时间补。

萧伦都水监主簿制

(建炎元年五月至建炎二年二月间或建炎三年六月至绍兴元年九月间)

水失其行,堤繇不息,虽勾稽之官,有不得而废者。今以命汝,往服朕恩。

出处:《浮溪集》卷八。又见《永乐大典》卷一四六〇八。

撰者:汪藻

考校说明:编年据汪藻任两制时间补。

赵善淑等各可补承信郎制

(建炎元年五月至建炎二年二月间或建炎三年六月至绍兴元年九月间)

公族,国之枝叶也。葛藟犹能庇其本根,而况于国乎? 此朕于艰难之时,敦睦之恩,尤不敢替也。汝等幸同属籍,岁久浸蕃。虽胄出祖宗,信厚皆如麟趾;然身夷编户,贫者或乘牛车。各命一官,使之从仕,往安尔禄,无负朕恩。

出处:《浮溪集》卷八。

撰者:汪藻

考校说明:编年据汪藻任两制时间补。

宗子赵彦谟补承信郎制

(建炎元年五月至建炎二年二月间或建炎三年六月至绍兴元年九月间)

尔宗室子,学业中程,更此湛恩,宜登仕版。益勤讲习,上答所蒙。

出处:《浮溪集》卷八。又见《永乐大典》卷七三二七。

撰者:汪藻

考校说明:编年据汪藻任两制时间补。

谢才等补承信郎制
(建炎元年五月至建炎二年二月间或建炎三年六月至绍兴元年九月间)

顷者盗发潢池,东南震扰,汝从民伍,斩敌有功。何惜一官,旌其忠勇?尚图来效,以称朕恩。

出处:《浮溪集》卷八。
撰者:汪藻
考校说明:编年据汪藻任两制时间补。

进武校尉常益等可承信郎制
(建炎元年五月至建炎二年二月间或建炎三年六月至绍兴元年九月间)

尔顷因遣使,奉靮以从,既返国都,宜酬其绩。进官一等,尚勉之哉!

出处:《浮溪集》卷八。又见《永乐大典》卷七三二七。
撰者:汪藻
考校说明:编年据汪藻任两制时间补。

任浃补承信郎制
(建炎元年五月至建炎二年二月间或建炎三年六月至绍兴元年九月间)

春秋时士有死兵者,其家必得仕于其国,盖责人以所甚难者,其报当尔也。今予以尔从弟某,死于城守,褒恤有加,泽之所覃,遂至官汝。呜呼!汝知夫死者不可复生,而国家之恩不可妄得也,可不勉哉!

出处:《浮溪集》卷八。
撰者:汪藻
考校说明:编年据汪藻任两制时间补。

枢密院编修官张灏改宣教郎制
（建炎元年五月至建炎二年二月间或建炎三年六月至绍兴元年九月间）

计日而迁，不可秋毫私者，有司之法也。今尔以编削之才，游枢机之府，而略其岁月者，盖朝廷之恩。往服宠荣，以须甄擢。

出处：《浮溪集》卷八。

撰者：汪藻

考校说明：编年据汪藻任两制时间补。

秉义郎甘晖可阁门祗候制
（建炎元年五月至建炎二年二月间或建炎三年六月至绍兴元年九月间）

上阁之秩，武臣之高选也。朕常遴择，不妄假人。以尔材识敏明，忠于奉上，肆加兹宠，以别汝能。尚克祗承，无忘报称。

出处：《浮溪集》卷八。

撰者：汪藻

考校说明：编年据汪藻任两制时间补。

承信郎潘璋可阁门祗候制
（建炎元年五月至建炎二年二月间或建炎三年六月至绍兴元年九月间）

朕于小大文武之臣，苟材轶于众者，必思有以表异之。以尔智识敏明，服勤匪懈，兹予试尔以上阁之秩。虽未极褒升，而于汝辈流则宠矣，可不懋哉！

出处：《浮溪集》卷八。

撰者：汪藻

考校说明：编年据汪藻任两制时间补。

吴讽改合入官通判本州制
(建炎元年五月至建炎二年二月间或建炎三年六月至绍兴元年九月间)

昔令尹子文毁家以纾楚国之难,春秋贵之。尔以小官,与闻郡政,区区城守,惧力不支,愿解己官,募兵讨贼。迄臻绥靖,其志可嘉,宜辞铨调之劳,就佐一州之政。勉图来效,称我茂恩。

出处:《浮溪集》卷八。

撰者:汪藻

考校说明:编年据汪藻任两制时间补。

吕士昭提举保甲兼河东提刑制
(建炎元年五月至建炎二年二月间或建炎三年六月至绍兴元年九月间)

朕惟河东之民,当敌骑之入,一方凋瘵,士气索然,思有以作新振起之。以尔擢自稠人,屡更繁使,必能为吾得被坚执锐之士,扬钩深致远之威。虽列职外台,未殚所蕴,政成来报,朕不汝忘。

出处:《浮溪集》卷八。

撰者:汪藻

考校说明:编年据汪藻任两制时间补。

刘亚夫何处厚复职与郡制
(建炎元年五月至建炎二年二月间或建炎三年六月至绍兴元年九月间)

朕持刑赏之柄若权衡然,称物而为之重轻,不以铢黍私也。尔名在刑书,有年数矣,今而更始,可以自新。其还尔之宠名,以分吾之忧顾。汝知夫复玷缺之艰难也,可不慎哉!

出处:《浮溪集》卷八。

撰者:汪藻

考校说明:编年据汪藻任两制时间补。

建阳知县黄邦光起复制

（建炎元年五月至建炎二年二月间或建炎三年六月至绍兴元年九月间）

　　晋人墨衰，闵子腰绖，然一切从权，有不得而废者。以尔字遐方之俗，当群盗之锋，捍御征输，备殚忠力。方为军府之赖，遽有家庭之忧。宜夺尔情，姑安厥职。其体藉才之意，无忘移孝之诚。

出处：《浮溪集》卷八。

撰者：汪藻

考校说明：编年据汪藻任两制时间补。

进纳陈真可承节郎制

（建炎元年五月至建炎二年二月间或建炎三年六月至绍兴元年九月间）

　　国家用兵，有节者死，有财者输，所以能济也。汝入金县官，盖知此意。往登仕版，无忝朕恩。

出处：《浮溪集》卷八。

撰者：汪藻

考校说明：编年据汪藻任两制时间补。

信阳军义士首领孙仲等补秉义郎制

（建炎元年五月至建炎二年二月间或建炎三年六月至绍兴元年九月间）

　　尔等顷以从众，弄兵潢池，闻朕招携，幡然听命。其膺铨录，以待使令。尚服予恩，无渝所守。

出处：《浮溪集》卷八。

撰者：汪藻

考校说明：编年据汪藻任两制时间补。

王琪赠武经郎制
(建炎元年五月至建炎二年二月间或建炎三年六月至绍兴元年九月间)

顷者奸民,侵败王略,守险旅拒,犯吾颜行。尔以偏裨,出从主帅,先登陷阵,遽没元身。朕惟死者人之所甚难,而至于以生易死者,非根于忠义,畴克尔哉?是用蠹然,进官二等,尚期精爽,不昧钦承。

出处:《浮溪集》卷八。

撰者:汪藻

考校说明:编年据汪藻任两制时间补。

曾升赠五官与一子恩泽制
(建炎元年五月至建炎二年二月间或建炎三年六月至绍兴元年九月间)

朕闵夫死者以身从事而不得终于牖下也,既崇以秩,又录其孤。呜呼,亦足以明朕意矣。魂而不昧,尚克钦承。

出处:《浮溪集》卷八。

撰者:汪藻

考校说明:编年据汪藻任两制时间补。

张瑄散官安置权主管北外承司公事制
(建炎元年五月至建炎二年二月间或建炎三年六月至绍兴元年九月间)

古之居官者,官修其方,一日失职则死及之。尔职在河堤,所当夙夜,乃便安离局,择利自营,坐使狂澜,奔流千里,一城被害,民悉为鱼。靖言昏垫之灾,皆汝旷瘝之致,宜申典宪,以谢无辜。聊黜置于散官,俾责成于后效。尚殚尔力,以盖厥愆。

出处:《浮溪集》卷九。

撰者:汪藻

考校说明:编年据汪藻任两制时间补。

仲辑降三官制
（建炎元年五月至建炎二年二月间或建炎三年六月至绍兴元年九月间）

朕观汉唐宗室，以沓贪暴戾失其爵禄而亡其躯者，至不可胜数。故择同姓之贤者为汝曹率，庶几人人信厚，如古盛时。而近属之间，尚有仲辑，朕甚伤之。乃者王室多艰，宗盟靡振，朕于九族，惟恐不咸。而尔乃以口语纷然，为有司所劾，岂朕所以待汝之意哉？其示薄惩，褫官三等。尚思自好，无陷非彝。

出处：《浮溪集》卷九。
撰者：汪藻
考校说明：编年据汪藻任两制时间补。

王公亮降两官放罢制
（建炎元年五月至建炎二年二月间或建炎三年六月至绍兴元年九月间）

人臣守法，所以事君，率意妄陈，罚安可逭？具官某比缘岳狩，遣守殿庐。方国艰危，当思忠恪，乃专为姑息，欲利小人，无体国之公心，怀市恩之私意。不加惩艾，孰塞侥求？聊镌宠进之阶，仍解谁何之职。其祗予戒，以省厥愆。

出处：《浮溪集》卷九。
撰者：汪藻
考校说明：编年据汪藻任两制时间补。

淮东提刑汪师忠降两官制
（建炎元年五月至建炎二年二月间或建炎三年六月至绍兴元年九月间）

朕惟江淮之间，群盗充斥，二千石不为用，非部使者躬行其封，明于赏诛，则民之冤安所赴诉？尔幸蒙推择，职在督奸，知臣子奉公，所当夙夜，而栖迟偃仰，于国貌然。食人之食而忧人之忧者，固如是乎？姑示薄惩，镌官二等。尚无后悔，朕不汝容。

出处：《浮溪集》卷九。

撰者：汪藻

考校说明：编年据汪藻任两制时间补。

东南第三将郭实降两官放罢制
（建炎元年五月至建炎二年二月间或建炎三年六月至绍兴元年九月间）

国不知将之任，将不知士之情，兵家之大忌也。尔居军吏之上，当纤悉必闻；乃贼徒交通，近出麾下。愦眊如此，军容可知。绥御之材，非而所任，镌官二等，仍解将权。尚服宽恩，毋忘自讼。

出处：《浮溪集》卷九。

撰者：汪藻

考校说明：编年据汪藻任两制时间补。

应天府钤辖王彻降两官制
（建炎元年五月至建炎二年二月间或建炎三年六月至绍兴元年九月间）

趋事赴功，人臣之职也。朕比除戎器，用戒不虞，辇致国都，汝司其役。而屡加程督，偷惰不虔。既稽命以愆期，方便文而谒告。考其用意，安所逃刑？宜镌二等之阶，以示有司之戒。其思往咎，服我宽恩。

出处：《浮溪集》卷九。

撰者：汪藻

考校说明：编年据汪藻任两制时间补。

应天府士曹黄诩降一官制
（建炎元年五月至建炎二年二月间或建炎三年六月至绍兴元年九月间）

乐事劝功，人臣之职也。食焉而怠，其事可乎？尔服采府僚，事官台省，知当趋期会，而督责靡酬，自干慢令之诛，宜正褫官之罚。尚图黾勉，无重悔尤。

出处：《浮溪集》卷九。

撰者：汪藻

考校说明:编年据汪藻任两制时间补。

南道总管司属官诏齐降两官勒停制
(建炎元年五月至建炎二年二月间或建炎三年六月至绍兴元年九月间)

　　侵官乱法,专命废忠,人臣之大戒也。尔为人属,事有禀承,乃乘祸变以招权,至用兵民而摄吏。靖言狂率,当伏典刑,姑示务容,削官二等。往从民伍,尚省厥愆。

出处:《浮溪集》卷九。

撰者:汪藻

考校说明:编年据汪藻任两制时间补。

提举皇城司郭镇降两官制
(建炎元年五月至建炎二年二月间或建炎三年六月至绍兴元年九月间)

　　古者周庐千列,以卫至尊,宫正掌王宫之戒令,此其职也。具官幸蒙推择,委以徼巡,而楗柜之间,谁何不谨,宜惩怠慢,并上两官。尚究乃心,无贻后悔。

出处:《浮溪集》卷九。

撰者:汪藻

考校说明:编年据汪藻任两制时间补。

内侍黄逊先降两官取勘制
(建炎元年五月至建炎二年二月间或建炎三年六月至绍兴元年九月间)

　　古者听买卖以质剂,虽防民私,盖朝廷之法也。尔幸蒙官使,曾不服驯,悍骄而贪,蔑视官府,宜镌爵秩,以警无良。其罪所归,则从吏治。

出处:《浮溪集》卷九。

撰者:汪藻

考校说明:编年据汪藻任两制时间补。

知麟州韩忠嗣降两官放罢制
(建炎元年五月至建炎二年二月间或建炎三年六月至绍兴元年九月间)

捍城之寄,所赖折冲;失律而颠,岂容佚罚?尔检身无状,专欲自私,丧长吏之威权,为下人之所逐。镌官二等,非独汝惩,亦使边臣,视兹为戒。

出处:《浮溪集》卷九。
撰者:汪藻
考校说明:编年据汪藻任两制时间补。

吕噩司勋各降一官制
(建炎元年五月至建炎二年二月间或建炎三年六月至绍兴元年九月间)

乃者盗拏山东,声隐汶上,汝承台檄,往备戎行。乃假事以为辞,至愆期而非顾。褫官一等,姑示薄惩。军有常刑,毋贻后悔。

出处:《浮溪集》卷九。
撰者:汪藻
考校说明:编年据汪藻任两制时间补。

徐慎言落职制
(建炎元年五月至建炎二年二月间或建炎三年六月至绍兴元年九月间)

汝燕山之役,附非类而得宠名者,于有司之法,当镌久矣。况以沓贪凶肆,达于朕听者乎?官曹既清,安用汝辈?

出处:《浮溪集》卷九。
撰者:汪藻
考校说明:编年据汪藻任两制时间补。

孟汝嘉马向刑部郎官制
(建炎元年五月至建炎二年二月间或建炎三年六月至绍兴元年九月间)

既得之情,仁人不喜;一成之法,君子尽心。朕于庶狱,虽罔敢知,而择人之间,未尝不慎。以尔等吏能屡试,风力有闻,平反之长,人颇推汝。往膺省户之选,助阅邦刑之书。广朕好生,钦哉毋忽。

出处:《浮溪集》卷一〇。

撰者:汪藻

考校说明:编年据汪藻任两制时间补。

俞随刘公彦知东上閤门事
(建炎元年五月至建炎二年二月间或建炎三年六月至绍兴元年九月间)

朕肇开四门,延纳多士,思得戎班之俊,长吾宾赞之寮。具官某秉德忠纯,受材开敏,地处横班之邃,秩升廉使之崇。其服端揆,并司谒者,肃等威于表著之位,传胪句于陛廉之间。嗣有宠褒,无忘祗恪。

出处:《浮溪集》卷一〇。

撰者:汪藻

考校说明:编年据汪藻任两制时间补。

刘锡可龙神卫四厢都指挥使制
(建炎元年五月至建炎二年二月间或建炎三年六月至建炎四年十月间)

朕以中国之大而制四夷,以九重之尊而临天下,宜有统督,用强主威。具官某躬沈鸷之资,任爪牙之责。早登勇爵,声望著于三军;旋总戍昭,精神行于万里。肆加异数,进董亲兵。尔其分夙夜之忧,俾朕获寝兴之佚。忠勤无斁,恩赏何涯?

出处:《浮溪集》卷一〇。

撰者:汪藻

考校说明:编年据刘锡宦历及汪藻任两制时间补,见《建炎以来系年要录》卷三八等。

镇庆关使徐杰转防御使制
(建炎元年五月至建炎二年二月间或建炎三年六月至绍兴元年九月间)

朕披荆棘以立朝廷,听鼓鼙而思将帅,苟当懋赏,岂负成言? 以尔顷被选抡,出分忧顾,坐控边关之阻,靡容敌骑之侵。戍既更时,宠宜如约。爰进捍防之秩,用为屯守之光。益务绥怀,仰求嘉奖。

出处:《浮溪集》卷一○。
撰者:汪藻
考校说明:编年据汪藻任两制时间补。

武义大夫董植可落致仕制
(建炎元年五月至建炎二年二月间或建炎三年六月至绍兴元年九月间)

尔忠勇之气,投老不衰。方边防急甚于救焚,岂壮士得从于高枕? 起之闲佚,以示见知。其摅恬养之豪,用称搜扬之宠。

出处:《浮溪集》卷一○。
撰者:汪藻
考校说明:编年据汪藻任两制时间补。

入内内侍省武经郎朱回敦武郎陈彦乞
转出归部致仕依所乞制
(建炎元年五月至建炎二年二月间或建炎三年六月至绍兴元年九月间)

尔等宣劳宫省,涉历岁时。兹缘疾恙之侵,不胜洒扫之职,愿还铨部,归老田庐。朕常恐一物之遗,其遂尔终身之志。尚加调摄,以称懋恩。

出处:《浮溪集》卷一○。
撰者:汪藻

考校说明：编年据汪藻任两制时间补。

孙览李熙靖王资深韩持各赠五官制
（建炎元年七月至建炎二年二月间或建炎三年六月至绍兴元年九月间）

人臣尽瘁，既罹易箦之凶；王者饰终，宜懋书棺之渥。矧居近侍，可废常规？具官某学问淹该，操修坚正，早预时髦之选，浸参法从之华，奄忽云亡，愍伤何及？不陟文阶之峻，孰明恤典之哀？是用追锡殊恩，蹯升数等。其服诏除之宠，以为身后之光。

出处：《浮溪集》卷一〇。

撰者：汪藻

考校说明：编年据孙览、李熙靖、王资深卒年及汪藻任两制时间补，见《建炎以来系年要录》卷一、卷三、卷七等。

皇叔检校少保光山军节度使知大宗正事士儇加恩制
（建炎四年八月至绍兴元年九月间）

朕膺祖宗之传序，蒙天地之贶临。见泰元之尊，幸潜交于阽蠲；眷宗室之老，宜首霈于龙光。锡以命书，颁于朝著。具官某疏达通敏，忧恫靖庄，更险夷而秉忠孝之心，居富贵而绝侈骄之习。出神明之后，虽益疏而不王；阅义理之多，知为善之最乐。昨付斋坛之钺，仍乘夏篆之军，祗扈时巡，克惇属籍。兹成复庙之飨，益见维城之功。是用增广旧封，并加真赋。於戏！脤膰分兄弟之国，盖莫重于天支；带砺指山河之盟，其永蕃于王室。往服休命，无忘远图。

出处：《浮溪集》卷一一。又见清抄一百五十卷本《圣宋名贤五百家播芳大全文粹》卷九〇。

撰者：汪藻

考校说明：编年据赵士儇宦历及汪藻任两制时间补，见《建炎以来系年要录》卷三六等。

皇叔祖检校少傅靖海军节度使开府仪
同三司嗣濮王仲湜加恩制
(建炎元年六月至建炎二年二月间或建炎三年六月至绍兴元年九月间)

朕涓吉杪秋,乘上辛之正气;肇禋重屋,修邃古之闳仪。会天地祖宗之神,奉粢牲圭弊之荐。惟时公族,实相躬祠,乃均锡于灵厘,用光华于属籍。具官某清修寡欲,肃括提身。于亲莫尊,为刘氏之祭酒;其德可尚,分鲁公之大旆。以宗盟之统而视近弼之班,以王土之封而袭洪支之庆。闻合宫之毖祝,承明诏以骏奔。当柴燎之升禋,奉匏尊而参酌。曲尽始终之恪,实宣左右之劳。绥我思成,莫如同姓。爰侈并封之旧,仍陪圭食之真。於戏!将相寄以安危,敢重烦于耆艾?亲爱欲其富贵,始务极于尊荣。勉遵令猷,永介多福。

出处:《浮溪集》卷一一。又见清抄一百五十卷本《圣宋名贤五百家播芳大全文粹》卷九〇。
撰者:汪藻
考校说明:编年据赵仲湜官历及汪藻任两制时间补,见《建炎以来系年要录》卷六等。

枢密院主事王露可兵房副承旨制
(建炎元年五月至建炎二年二月间或建炎三年六月至绍兴元年九月间)

尔以材能,服劳枢省。考其阀阅,当以次迁。往懋厥官,无忘报称。

出处:《永乐大典》卷一〇一一六。
撰者:汪藻
考校说明:编年据汪藻任两制时间补。

拱卫大夫成州团练使权荆湖东路
副总管马友并一行官兵等奖谕敕书
(绍兴元年七月至九月间)

敕马友并一行官兵等:比者剧盗凭陵,遐方震扰,汝等忠能徇国,勇不顾身,帅名义以直前，掩凶徒而麾击。国威大振，贼党几歼。览书备见于忠勤，当宁不忘于嘉叹。除马友特与补正拱卫大夫、成州团练使、差权荆湖东路副总管，候擒获孔彦舟，与正差。其一行官兵，仍令马友先次开具实立功人，申本路安抚司保明闻奏，当议优异推恩。故兹奖谕，想宜知悉。秋热，汝等各比好否？遣书，指不多及。

出处：《浮溪集》卷一六。又见《武阶备志》卷二二。

撰者：汪藻

考校说明：编年据马友宦历及汪藻任两制时间补，见《建炎以来系年要录》卷四六等。

从义郎张琪等奖谕敕书
（建炎元年五月至建炎二年二月间或建炎三年六月至绍兴元年九月间）

朕惟敌暴中原，民亡本业，慨然西顾，寝馈不宁。尔等奋哀乡社之豪，图复土疆之旧，归吾方伯，愿备行间。忠义可观，叹嘉何已！

出处：《浮溪集》卷一六。

撰者：汪藻

考校说明：编年据汪藻任两制时间补。

戒谕刘洪道敕书
（建炎元年五月至建炎二年二月间或建炎三年六月至绍兴元年九月间）

尔履百战之军锋，保一方之生齿，迄臻宁谧，备见忠勤。然方面之权，岂容或二？军中之令，尤在至公。必洽舆情，方收群力，傥习因循之弊，坐乖绥驭之方，无以御戎，便成误国。其体倚毗之意，无从牵制之私。

出处：《浮溪集》卷一六。

撰者：汪藻

考校说明：编年据汪藻任两制时间补。

麟府等州抚谕敕书
(建炎元年五月至建炎二年二月间或建炎三年六月至绍兴元年九月间)

朕惟中原傲扰,并塞绎骚,古称河外之区,世作朝廷之屏。虽拜戎之不暇,终固圉以无他。繄兵民竭力于保邦,亦官吏有谋而绥众。尚殚忠荩,无负顾忧。

出处:《浮溪集》卷一六。
撰者:汪藻
考校说明:编年据汪藻任两制时间补。

河南府官吏军民抚谕敕书
(建炎元年五月至建炎二年二月间或建炎三年六月至绍兴元年九月间)

朕惟涧瀍之墟,陵寝所镇,隔绝多事,侵寻累年,慨然永怀,忧或忘食。汝等固守岩邑,尽诚本朝,屡收鏖战之功,颇获款降之众。忠勇如此,叹嘉久之。尚益谨于折冲,俾少宽于轸虑。爰因来使,申谕至怀。

出处:《浮溪集》卷一六。
撰者:汪藻
考校说明:编年据汪藻任两制时间补。

潭州官吏军民等抚恤敕书
(建炎元年五月至建炎二年二月间或建炎三年六月至绍兴元年九月间)

朕惟强寇凭陵,东南震扰,长驱骑壒,奄及湘城,方薄垒以来攻,至淹辰而靡息。尔等明于分义,属此艰危,虽巧谗之百端,终坚持于一意。逮金汤之失守,犹夙夜以输忠,躬履军锋,詈之极口,力为巷战,奋以忘躯。因奏牍之来陈,想忠诚而嘉叹。

撰者:汪藻
考校说明:编年据汪藻任两制时间补。

蔡州官吏军民等奖谕敕书
（建炎元年五月至建炎二年二月间或建炎三年六月至绍兴元年九月间）

朕惟衅发强邻，祸缠中国，凡版图之生齿，皆鱼肉于兵戈。尔等虽隔朝廷，各怀忠荩，坚一心而胥誓，保千里之提封，远慕王灵，来输诚款。譬横流奔溃，终砥柱之不移；如烈火方炎，独精金之常在。载观敷叙，良用叹嘉。

出处：《浮溪集》卷一六。

撰者：汪藻

考校说明：编年据汪藻任两制时间补。

朝散郎提举淮南西路茶盐公事
许大年并本司官属奖谕敕书
（建炎元年五月至建炎二年二月间或建炎三年六月至绍兴元年九月间）

乃者烟尘蔽于淮甸，分涂并进，破垒相望。凡当寇虐之冲，鲜保忠诚之节，士而至此，朕甚伤之。尔等或领国使华，或为人官属，虽遇稽天之暴，讫无离局之私。敷奏既闻，叹嘉何已。

出处：《浮溪集》卷一六。

撰者：汪藻

考校说明：编年据汪藻任两制时间补。

贾说辞免宝文阁直学士不允批答
（建炎元年五月至建炎二年二月间或建炎三年六月至绍兴元年九月间）

朕以卿性资明锐，风力敏强，厥望在人，以忧去位。惟朝廷之治，方叹于才难；则门内之恩，宜从于义夺。趋膺成命，勿复牢辞。

出处：《浮溪集》卷一五。

撰者：汪藻

考校说明：编年据汪藻任两制时间补。

韩世忠告敕口宣
(建炎元年五月至建炎二年二月间或建炎三年六月至绍兴元年九月间)

卿振旅还朝,执俘告社,厥有畴庸之典,是为希世之恩。往服宠褒,益图忠报。

出处:《浮溪集》卷一五。

撰者:汪藻

考校说明:编年据汪藻任两制时间补。

抚问韩世忠口宣
(建炎元年五月至建炎二年二月间或建炎三年六月至绍兴元年九月间)

卿肃提精锐,亲冒险艰,力输敌忾之忠,坐致执俘之众。宜加恩抚,用示眷怀。

出处:《浮溪集》卷一五。

撰者:汪藻

考校说明:编年据汪藻任两制时间补。

韩世忠辞免恩命不允口宣
(建炎元年五月至建炎二年二月间或建炎三年六月至绍兴元年九月间)

朕以卿有功来归,邦国同庆,赏虽甚渥,人则宜之。成命已颁,岂容反汗?

出处:《浮溪集》卷一五。

撰者:汪藻

考校说明:编年据汪藻任两制时间补。

抚问刘光世等口宣
（建炎元年五月至建炎二年二月间或建炎三年六月至绍兴元年九月间）

卿等总提貔虎,控扼襟喉,兹适届于严凝,当不无于暴露。勉殚忠力,用副倚毗。

出处:《浮溪集》卷一五。

撰者:汪藻

考校说明:编年据汪藻任两制时间补。

抚问张俊口宣
（建炎元年五月至建炎二年二月间或建炎三年六月至绍兴元年九月间）

提兵伐叛,为国除奸,遄驱方警于前茅,迅扫遂成于破竹。特驰信使。往布殊恩。

出处:《浮溪集》卷一五。

撰者:汪藻

考校说明:编年据汪藻任两制时间补。

抚问王璀一行将佐仍赐犒设口宣
（建炎元年五月至建炎二年二月间或建炎三年六月至绍兴元年九月间）

卿等身更累战,力剿群凶,当郁蒸炎燠之辰,有暴露夷伤之苦。爰颁厚锡,以示殊褒。往究前功,毋忘至意。

出处:《浮溪集》卷一五。

撰者:汪藻

考校说明:编年据汪藻任两制时间补。

抚问韩世忠等一行军兵将佐口宣
(建炎元年五月至建炎二年二月间或建炎三年六月至绍兴元年九月间)

　　卿等远从江介,祗护沁园,惟道里之阻修,有风寒之匽薄。宜加慰抚,用示眷怀。

出处:《浮溪集》卷一五。
撰者:汪藻
考校说明:编年据汪藻任两制时间补。

抚问吕颐浩王瓛杨惟忠并赐银合茶药口宣
(建炎元年五月至建炎二年二月间或建炎三年六月至绍兴元年九月间)

　　卿躬率军锋,志清江介,贼势既穷于不战,王灵遂畅于无垠。宜锡珍芳,用昭眷奖。

出处:《浮溪集》卷一五。
撰者:汪藻
考校说明:编年据汪藻任两制时间补。此口宣很可能颁于吕颐浩建康府路安抚大使任上。王瓛时为神武前军统制,杨惟忠时为江州路副都总管,均在吕颐浩周边活动。

抚问吕颐浩朱胜非并赐银合茶药口宣
(建炎元年五月至建炎二年二月间或建炎三年六月至绍兴元年九月间)

　　卿顷护诸将,肆征不庭,爰迅决于天诛,遂肃清于江介。锡以珍芳之剂,昭吾眷礼之诚。今差某官传宣抚问,并赐卿银合茶药,想宜知悉。

出处:《浮溪集》卷一五。
撰者:汪藻
考校说明:编年据汪藻任两制时间补。此口宣很可能颁于吕颐浩建康府路安抚大使任上。朱胜非时为江州路安抚大使。

神武前军统制王璨等奖谕敕书
（建炎三年六月至绍兴元年九月间）

　　敕王璨等：省所状，生擒胡少隆、胡木香解赴朝廷事，具悉。乃者奸宄之民，干吾典宪。尔等忠于许国，闻命遄驱，奋当军锋，如报私忿。擒其魁宿，曾不淹辰；坐令一方，按堵如故。载披来奏，良用叹嘉。

出处：《浮溪集》卷一六。

撰者：汪藻

考校说明：编年据王璨宦历及汪藻任两制时间补，见《建炎以来系年要录》卷二〇等。

责李成军中诏
（建炎三年十月至绍兴元年九月间）

　　朕承祖宗之休，托民庶之上。念连岁兵戈之扰，祸不胜言；闻一夫屠戮之灾，痛如在己。而李成者，生本边隶，世蒙国恩，乘朝廷多事之时，为盗贼乱常之首，假顺欺众，拿兵累年。朕方待以开懷，冀其悔过，屡下自新之诏，勉行姑息之恩。列数郡以开藩，封疆特大；遣使人而将命，锡赉相望。而成敢负眷私，专怀凶狡，每候边尘之警，反为王旅之仇。挟持两端，猖獗万状。自谓能逃于天地，人皆洞见其肺肝。乃至擅离淮右之区，越蹂江南之地。既包容而愈悖，岂征讨之得辞？爰遣将臣，前临贼境。才旌麾之一指，俄壁垒之四摧，动辄有功，捷无虚日。顾全师之尽北，知元恶之靡逃。往即屠之，势无难者。言念胁从之众，孰非涵养之余？失身一陷豺狼，终岁莫还田亩。骨肉至于离散，头颅莫克保全。靖言无辜，有所不忍。已敕令于主帅，专擒取于渠魁，凡汝有徒，赦而不问，以示好生之德，以昭除乱之诚。国有大刑，所冀鲸鲵之必得；民皆赤子，岂容玉石之俱焚？咨尔染污之伦，体吾宏贷之意，速违乱略，永保嘉生。

出处：《浮溪集》卷一三。

撰者：汪藻

考校说明：编年据汪藻任两制时间及文中所述"乃至擅离淮右之区，越蹂江南之地"等补，见《建炎以来系年要录》卷二八等。

范浩赠直徽猷阁制
(建炎三年六月至绍兴元年九月间)

自古皆有死,谁则长存?为善而获殃,谓之不幸。肆颁异数,追吊沈冤。以尔某早有轶材,尝登腜仕。初谓洛阳之年少,可与有为;孰云北地之儒生,遽罹非命。由吾至此,为尔怆然,宜升密勿之班,进预凝严之直。尚歆宸渥,勿悼泉扃。

出处:《浮溪集》卷一○。
撰者:汪藻
考校说明:编年据范浩卒年及汪藻任两制时间补,见《建炎以来系年要录》卷二○等。

郑毂赠七官制
(建炎三年七月至绍兴元年九月间)

为官择人,方资帷幄之胜;尽瘁事国,乃致股肱之亏。孰摅震悼之怀,惟有褒崇之典。肆颁异数,用表遗忠。具官某庄重而有威,刚明而知断。至诚忧国,皇皇无一日之安;正己立朝,凛凛有万夫之望。虽岁时之未久,赖筹策以居多。天不慭遗,邦其殄瘁。峻陟文阶之等,用为幽爽之光。复魄傥存,垂休无斁。

出处:《浮溪集》卷一○。
撰者:汪藻
考校说明:编年据郑毂卒年及汪藻任两制时间补,见《建炎以来系年要录》卷二五等。

江西转运司于洪州置司诏
(绍兴元年九月一日)

江西转运司依旧于洪州置司,仍每年遇防秋,自七月轮郡漕臣一员前来江州、兴国军,专一往来应办钱粮,后至次年三月防秋了毕,归回本司。

出处:《宋会要辑稿》食货四九之三八。

考校说明:编年据《建炎以来系年要录》卷四七、《宋史》卷二六《高宗纪》补。原书系于绍兴元年八月。

江南东西路安抚大使分别兼知建康府洪州诏
(绍兴元年九月一日)

江南东路安抚大使兼知建康府,西路兼知洪州,所有洪、池守臣今后选差武臣。其绍兴元年正月十日江、池州帅司并安抚大使兼知逐州指挥更不施行。

出处:《宋会要辑稿》职官四一之一〇三。

许全州遇军期听广南西路经略安抚司节制诏
(绍兴元年九月一日)

全州今后遇有军期,许听广南西路经略安抚司节制,互相应援。

出处:《宋会要辑稿》职官四一之一〇二。

迪功郎张滉改官制
(绍兴元年九月三日)

敕具官某:惟枢臣浚开济忠略,勤劳王家,经营三川,以至关辅,朕甚赖之。以尔同产之亲,久从幕府,请以故赏,驰尔京僚。朕方思劝宣力之臣,成乃弟之美,岂有爱于一官乎?尚克钦承,以图报称。可。

出处:《北山小集》卷二二。又见《新安文献志》卷一。
撰者:程俱
考校说明:编年据《建炎以来系年要录》卷四七补。

新除少保尚书左仆射吕颐浩上表辞免恩命不允口宣
(绍兴元年九月三日后)

卿入造行朝,延登元宰,岂特搢绅之愿,实为宗社之休。往服攸司,毋稽朕命。

出处:《浮溪集》卷一五。
撰者:汪藻
考校说明:编年据《建炎以来系年要录》卷四七补。

令刑部郎官亲诣越州取黄德等公案看详诏
(绍兴元年九月五日)

越州见勘军人黄德等,令刑部郎官躬亲往彼取索公案看详审问,如情犯别无翻异,即依今来指挥断遣;如或情节可疑,难便处断,即具奏闻。

出处:《宋会要辑稿》刑法五之三二。

文臣寄禄官分左右字诏
(绍兴元年九月六日)

文臣寄禄官依元祐法分左右字,赃罪人更不带,以示区别。

出处:《建炎以来系年要录》卷四七。

新除江南东路安抚大使兼知寿春府滁濠庐和州无为军宣抚使叶梦得辞免恩命不允诏
(绍兴元年九月六日后)

朕惟多事以来,厥民涂炭;大军之后,所至荆榛。日求绥驭之良,庶复纂承之旧。惟大江襟带之会,实前古国都之余,地关安危,势控南北,岂独赖兵民之镇,盖将期农战之修。非吾耆旧之英,孰任倚毗之大?爰颁优诏,用畀剧权。谓与人而同忧,必不日而引道,乃形逊牍,殊咈眷怀。其趣届于提封,以毋勤于轸虑。所请宜不允,仍不得再有陈请。诸处不许收接文字,日下前去之任。故兹诏示,想宜知悉。秋冷,卿比平安好?遣书,指不多及。

出处:《浮溪集》卷一四。

撰者:汪藻

考校说明:编年据《建炎以来系年要录》卷四七补。"江南东路安抚大使兼知寿春府滁濠庐和州无为军宣抚使",《建炎以来系年要录》卷四七作"江东安抚大使兼知建康府兼寿春等六州宣抚使"。

令逐州守臣修置缺坏圩岸诏
(绍兴元年九月七日)

令逐州守臣将缺坏圩岸疾速措置如法修置。人户耕种内合用功料,并见佃贫乏无力人户,并许取拨常平钱米量行应副,及借贷支使。

出处:《宋会要辑稿》食货六一之一○七。

减放昭慈献烈皇太后灵驾发引潗浸处租税诏
(绍兴元年九月九日)

昭慈献烈皇太后灵驾发引经由水路,因堰闸去处潗浸禾稼,可差官按视分数减放租税。

出处:《宋会要辑稿》食货六三之二。

定审计司员额诏
(绍兴元年九月十日)

审计司主押官一员、前行二人、后行七人、贴司三人为额。今来减罢及已后罢役之人,不得在外点缝写历、充诸处抱历。如违,徒一年,每名赏钱一百贯,以犯人家财充。

出处:《宋会要辑稿》职官二七之六一。

剿捕张琪贼马诏
(绍兴元年九月十二日)

王爕疾速领人马同韩世清措置剿捕,刘洪道督责小张俊等军马会合,日下并力掩杀,李彦卿措置捍御。

出处:《宋会要辑稿》兵一〇之三〇。

赐吕颐浩茶药口宣
(绍兴元年九月十二日后)

卿远拿舟楫,来觐阙庭,复瞻元老之仪刑,嘉与群工而慰喜。乃因迎劳,申锡珍芳,其疾而驱,以承予眷。

出处:《浮溪集》卷一五。
撰者:汪藻
考校说明:编年据汪藻任两制时间及文中所述"卿远拿舟楫,来觐阙庭,复瞻元老之仪刑,嘉与群工而慰喜"补。《建炎以来系年要录》卷四六:"(绍兴元年七年辛酉)召江东安抚大使兼知池州吕颐浩赴行在,欲代范宗尹也。"《建炎以来系年要录》卷四七:"(绍兴元年九月乙巳)是日,吕颐浩自饶州至行在。"

令张缜发遣王冠人马讨捕张琪诏
(绍兴元年九月十三日)

张琪见犯宣州,贼马甚众,令建康守臣张缜就便遣发王冠人马并力剿杀。

出处:《宋会要辑稿》兵一〇之三〇。

令枢密院每半年遣使臣往河南省视诸陵诏
(绍兴元年九月十四日)

枢密院每半年遣使臣二员,往河南省视诸陵,因抚问所屯将士。

出处：《建炎以来系年要录》卷四七。

起发纲运金银计价推赏诏
（绍兴元年九月十五日）

敕：诸路起发纲运，依法见钱二万贯纽计金二万两、银一十万两，各为一全纲推赏。令权将金、银计价，以金八万贯、银五万贯为一全纲，并令交纳处计价推赏，余依见行条法。

出处：《宋会要辑稿》食货四五之一四。

明堂前朝飨太庙册文
（绍兴元年九月十六日）

维绍兴元年岁次辛亥九月甲午朔，十六日己酉，孝曾孙嗣皇帝臣某谨遣某官姓名敢昭告于僖祖立道肇基积德起功懿文宪武睿和至孝皇帝、文懿皇后崔氏：伏以维德不类，嗣承明禋，乃涓刚辰，祗见上帝，燕及宗祐，垂休亡穷。谨以嘉玉量币、柔毛刚鬣、明粢、芗萁、嘉疏、嘉荐、清酌，式陈明荐。尚飨！

出处：《中兴礼书》卷七七。又见《五百家播芳大全文粹》卷八三。
撰者：汪藻
考校说明：文末小字注云：“自元年至十年朝飨太〔庙〕册文词并同，内十年添徽宗册文。”又有历代祖考妣称号及“孝曾孙”“孝孙”“孝子”等相应称呼，文繁不录。

明堂飨昊天上帝册文
（绍兴元年九月十八日）

维绍兴元年岁次辛亥九月甲午朔，十八日辛亥，嗣天子臣某敢昭告于昊天上帝：伏以明明在上，照临四方，惟我邦家，凤膺景命。世修禋类，猥及冲人。祗见合宫，敢忘其旧。谨以玉帛牺齐、粢盛庶品，肃恭禋祀，式展诚钦。太祖启运立极英武睿文神德圣功至明大孝皇帝、太宗至仁应道神功圣德文武睿烈大明广孝皇帝，配神作主。尚飨！

出处:《中兴礼书》卷七七。又见《五百家播芳大全文粹》卷八三。

撰者:汪藻

明堂飨皇地祇册文
(绍兴元年九月十八日)

维绍兴元年岁次辛亥九月甲午朔,十八日辛亥,嗣天子臣某敢昭告于皇地祇:伏以肇禋明堂,飨帝之盛,于赫厚载,与天同尊。二仪合祛,厥有常典。敢馨斋栗,用祈顾歆。谨以玉帛牺齐、粢盛庶品,肃恭禋祀,式展诚钦。太祖启运立极英武睿文神德圣功至明大孝皇帝、太宗至仁应道神功圣德文武睿烈大明广孝皇帝配命作主。尚飨!

出处:《中兴礼书》卷七七。又见《五百家播芳大全文粹》卷八三。

撰者:汪藻

明堂飨太祖皇帝册文
(绍兴元年九月十八日)

维绍兴元年岁次辛亥九月甲午朔,十八日辛亥,孝曾孙嗣皇帝臣某敢昭告于太祖启运立极英武睿文神德圣功至明大孝皇帝:伏以于皇祖宗,肇有四海,陟配上帝,百年于兹。眇然冲人,嗣主兹祭,报以崇极,旧章敢忘。谨以制币牺齐、粢盛庶品,肃恭明荐,侑神作主。尚飨!

出处:《中兴礼书》卷七七。又见《五百家播芳大全文粹》卷八三。

撰者:汪藻

考校说明:太宗册文词同,惟庙号、谥号改为"太宗至仁应道神功圣德文武睿烈大明广孝皇帝"。

明堂大礼赦文
(绍兴元年九月十八日)

门下:朕迪惟祖宗之清明,奉若天地之况施。涓休成而毖祀,所以孚精棳之交;受厚福以锡民,所以大神灵之泽。久矣二仪之嘉向,宜哉百世以承平。然而道有盈虚,运随亨否。两宫远狩,未闻沙漠之回舆;四海横流,曾是黔黎之宁宇。食中昃而不暇,衣未明而先求。上苍怀悔祸之心,群策竭定倾之力。六师奏凯,灵旗指而巨盗清;九扈成功,玉烛和而嘉谷茂。聿修大报,爰举宗祈。眷兹省方布政之堂,实乃负扆临朝之位。苍龙宪象,仰符大火之躔;玉带披图,讵必泰山之趾。是用补苴轶典,讲聚弥文。乘颢气于凛秋,协重光之吉日。制器尚质,展犠告纯。天施地生,稽用合祛之享;祖功宗德,虔遵并侑之规。既隆报本之诚,遂致析禋之告。惟照临有赫,识大憝之不终;惟覆载无私,闵群元之何罪。亟臻戡定,永饬斋精。于时奉盛令芳,奠玉华润。冕旒颙若,企云车风马之来游;光景肃然,粲壁月珠星之在上。顾备成于将礼,敢专卿于蕃厘。嘉与多方,共承丕贶。云云。於戏!致之曰:大德馨于穹壤,既哀荐饎之祥;敷惠术于迩遐,更布发荣之号。尚赖同心四辅,委质庶工。文经借箸之谋,武辑干城之略。叶图恢复,永底和宁。

出处:《中兴礼书》卷八五。又见《建炎以来系年要录》卷四七,《中兴两朝圣政》卷一○,《宋史全文续资治通鉴》卷一八上。

撰者:席益

真腊国王金衷宾深明堂加恩制
(绍兴元年九月十八日后)

门下:宗祈之庆,覃及万方;象胥之言,通于九译。乃眷海隅之长,屡修时事之恭。其敷神休,用锡尔宠。大同军节度、云州管内观察处置等使、金紫光禄大夫、检校司徒、使持节云州诸军事、云州刺史、兼御史大夫、上柱国、真腊国王、食邑三千四百户、食实封一千四百户金衷宾深,夙推诚节,远有令名,载驰大赂之琛,入效充庭之实。亦惟恃我朝廷爵秩,假宠有邦;用能保尔山川土田,传序累世。顷专将阃之任,久假斋钺之华。能肩乃心,不失旧物。朕躬祈宗祈,敷佑群黎,涓选季秋之辰,具严三岁之享。敞九筵之重屋,并侑祖宗;率万国之欢心,奉承圭币。爰因熙事之惠泽,增益食赋之爰田。宠尔世臣,并加命数。其祗敦策戒,思保宠荣。於戏!翕受蕃禧,以丕厘上帝之命;大赉率土,用不遗小国之臣。可特授前检校司徒、持节云州诸军事、云州刺史、充大同军节度、云州管内观察处置等使、兼御史大夫、真腊国王,加食邑五百户,食实封二百户,散官勋如故。主者施行。

出处:《忠惠集》卷一。又见《容斋随笔》卷八。

撰者:翟汝文

考校说明:编年据翟汝文任内制时间、南宋明堂大礼时间补。

占城国王杨卜麻叠明堂加恩制
(绍兴元年九月十八日后)

朕采汶上之仪,因省方而享帝;授泰元之策,期敛福以锡民。欢忻既洽于群神,庆施遂周于四海。载颁显命,以建殊邦。具官某气禀纯和,性资忠一。介南溟而有国,世蒙湛露之多濡;谨北面以称藩,蚤识疾风之不作。庭琛屡贡,爵典荐加。建大将之高牙,视三公之极位。王灵滋至,侯度益恭。属展采于宗祈,既成熙事;顾广恩于祭泽,可废彝章?乃增衍于爱田,并倍隆于真实。以侈精禋之贶,以昭顺节之褒。於戏!崇德报功,朕则靡遐遗之间;向风慕义,尔其坚内附之诚。往对宠恩,永绥厚禄。

出处:《忠惠集》卷一。

撰者:翟汝文

考校说明:编年据翟汝文任内制时间、南宋明堂大礼时间补。

阇婆国王悉里地茶兰固野明堂加恩制
(绍兴元年九月十八日后)

朕省方近国,聿崇三岁之亲祠;展采合宫,咸仿九筵之往制。玉帛交荐,豆笾骏奔。辑广礼以涓成,委鸿休而来假。肆推庆施,用轶绵区。具官某性质温恭,天资诚顺。宅海隅而有众,自矜乐国之余;向天阙以观光,夙起华风之慕。梯航屡至,爵服载颁。地虽隔于域中,心每倾于日下。属修元祀,普洽湛恩。惟显相之劳赏,已加于群后;念来臣之旧泽,岂间于遐方!即六纛之前仪,仍三槐之故秩。衍之多户,陪以真封。并为裔土之光,式广穹旻之祐。於戏!宠均列辟,曾无内外之殊;居限重溟,当识朝廷之谊。往绥蕃祉,以永令名。

出处:《忠惠集》卷一。

撰者:翟汝文

考校说明:编年据翟汝文任内制时间、南宋明堂大礼时间补。

同知枢密院事富直柔明堂大礼赦恩曾祖任尚书都官员外郎赠太师中书令兼尚书令追封韩国公言改封鲁国公制
(绍兴元年九月十八日后)

敕:朕观载籍之传,考盛衰之绪。君子之泽,或五世而方兴;积善之家,信百祥之来降。植德之报,莫尔之隆。是生经世之臣,为国元老;及我运筹之佐,乃其曾孙。庆赐方行,褒嘉可后?具官曾祖周才不试,厚德在躬,修仁义于奥窔之间,委穷通于寒暑之序。冯唐老于郎省,曾无不遇之嗟;于公大其闾门,固有将兴之兆。属均厘于霈泽,举开国之旧章,是用冠于五等之封,胙之东鲁,仍以三公之贵,兼长中台。足慰烝尝之思,亦广燕诒之庆。可。

出处:《北山小集》卷二二。
撰者:程俱
考校说明:编年据程俱任两制时间、南宋明堂大礼时间、富直柔官历补。清抄本、四库本"曾祖"前有"封赠"二字。

富直柔曾祖母韩国夫人韩氏赠鲁国夫人制
(绍兴元年九月十八日后)

敕:天将赍良佐于有邦,以为生民之庇,则必有休祥之兆,若警告于斯人者。此尔子之生,旂旐导从,天赦是承,所以发于梦寐而闻于国人者也。然则益昌厥后者,孰始基之?具官曾祖母懿质淑范,来嫔德人。仁爱之实,见怀姻族。身享孝养,极于显荣。逮见其子出入将相,功德兼隆,为母如是,亦可谓鲜俪矣。而庆及四世,复亢厥宗。国有沛恩,肆加锡命,改封大国,亦礼之宜。可。

出处:《北山小集》卷二二。
撰者:程俱
考校说明:编年据程俱任两制时间、南宋明堂大礼时间、富直柔官历补。

富直柔祖任武宁军节度使太师守司徒致仕
韩国公谥文忠弼追封魏国公余如故制后
(绍兴元年九月十八日)

　　敕:朕仰念仁祖聪明慈俭,燕及于万方;永怀宗臣端亮忠嘉,功昭于四辅。是为不朽,施于后昆。肆予厘事之成,与享湛恩之被。具官某祖贤业经世,王功在民。闲邪责难,莫如孟子之事上;盛德至善,有若武公之佐周。措国家于九鼎之安,息兵革于百年之久。逮兹涂炭之极,益见菁龟之明。宜世济之有人,知庆余之不爽。举斯宠典,表以大名。用易国封,且仍公位。亦何加于旧物,姑申命于恩纶。可。

出处:《北山小集》卷二二。又见《新安文献志》卷一。
撰者:程俱
考校说明:编年据程俱任两制时间、南宋明堂大礼时间、富直柔官历补。

富直柔祖母韩国夫人晏氏赠魏国夫人制
(绍兴元年九月十八日后)

　　敕:景祐、庆历之际,有旧学之臣曰临淄公殊,以隽德远业,克相睿明,乐善不倦,以得天下之英才举而进之,布在显列,数世赖焉。是生贤女,作配人杰。福善之庆,逮其子孙。具官祖母庄静明淑,礼法具宜,闺门之中,有叙有爱。鱼轩翟茀,命服赞书,而居有之,以至偕老。朕宗祀上帝,敷泽绵区,恩数首行于四邻,宠绥上及于三世。无以加厚,易封大邦。匪唯告第之增华,抑俾有家之知劝。可。

出处:《北山小集》卷二二。又见《新安文献志》卷一。
撰者:程俱
考校说明:编年据程俱任两制时间、南宋明堂大礼时间、富直柔官历补。

富直柔父任右朝议大夫赠宣奉大夫绍庭赠太子少师制
(绍兴元年九月十八日后)

　　敕:朕爰以季秋,肇称禋祀,冀获神灵之佑,不替祖宗之休。遂敷锡于四方,且推恩于百辟。矧辅臣之济美,知义教之有方,顾兹追远之思,用举彝章之旧。具官父温恭是蹈,扬历具宜。沛然诗礼之无违,远矣德言之不朽。确守先志,恳辞官荣。是知岂弟之求,卒飨蕃昌之报。惟储宫之二品,有训导之六官,莫严于师,用以加宠。益阐家庭之庆,式慰春秋之怀。可。

出处:《北山小集》卷二二。

撰者:程俱

考校说明:编年据程俱任两制时间、南宋明堂大礼时间、富直柔官历补。

富直柔母普安郡夫人刘氏赠彭城郡夫人制
(绍兴元年九月十八日后)

敕:士有砥节厉行,克承勋德之世,以保其靖共之美、廉洁之操者,苟无内助之贤,则亦不能成其志也。既相其夫,以成其家矣,又有贤子,为吾辅臣。宠渥之加,则有旧典。具官母其承上也顺而正,其临下也简以慈。积善在躬,以有兹庆。属合宫之大旅,均霈泽于多方,易彼故封,锡之大郡。既增荣于存没,亦用慰于劬劳。可。

出处:《北山小集》卷二二。

撰者:程俱

考校说明:编年据程俱任两制时间、南宋明堂大礼时间、富直柔官历补。

富直柔故妻齐安郡夫人王氏赠太宁郡夫人制
(绍兴元年九月十八日后)

敕:先王制礼,与夫推恩接下之文,未尝不本于人情也。夫相其夫于勤约之中,既已躬廉俭而同甘苦矣,而不共享其安荣,则追赠之隆,抑以慰其私尔。具官妻贤淑有闻,宜其闺门,嫔于大家,安若素习。夭阏不寿,褒贲可忘。既疏锡于齐安,复进封于大郡。用均厘泽,以示宠绥。可。

出处:《北山小集》卷二二。

撰者:程俱

考校说明:编年据程俱任两制时间、南宋明堂大礼时间、富直柔官历补。

参知政事李回明堂大礼曾祖赠正奉大夫祥赠太子少保制
（绍兴元年九月十八日后）

敕：朕展采合宫，肇修宗祀。荐见上帝，方熙事之既成；敷锡庶民，肆湛恩之广被。举此在廷之籍，与蒙追远之私。矧吾辅臣，庆发先世，旧章故在，宠命惟行。具官曾祖某潜德无瑕，怀才不试。责报百年之外，非此其身；固穷一世之间，克昌厥后。惟储宫之二品，有训导之六官，锡以赞书，宠之亚保。岂唯发幽光之有炜，抑以劝为善于无穷。可。

出处：《北山小集》卷二三。

撰者：程俱

考校说明：编年据程俱任两制时间、南宋明堂大礼时间、李回官历补。清抄本、四库本"曾祖"前有"封赠"二字。

李回曾祖母咸宁郡夫人印氏赠武陵郡夫人制
（绍兴元年九月十八日后）

敕：朕惟祖宗以来，庆锡之典每下，未尝不追赉廷臣之世者。岂徒广孝道于天下，抑为积善之劝为。具官曾祖母相其夫于隐约之中，成其家以勤俭之行，是必有淑恭之美，柔嘉之仪，以裕其后昆者。不然，何子孙之多贤而济美也？属我宗祀，敷泽加惠，以大赉于士民，则辅弼之先、宠绥之旧，其可后哉！疏封武陵，是惟大郡。用告于第，尚克承之。可。

出处：《北山小集》卷二三。

撰者：程俱

考校说明：编年据程俱任两制时间、南宋明堂大礼时间、李回官历补。

李回祖任太子中允赠正奉大夫禹赠太子少傅制
（绍兴元年九月十八日）

敕：朕肇修宗祀，敷锡寰区，恩数首加于四邻，宠绥上及于三世。举储宫之近著，下玉绶以载扬。其有修德在躬，不逾中盾之秩，贻孙有庆，亟跻亚傅之崇，益显流光,又为特美。具官祖靖共厥位,岂弟宜民。谅多三异之称,见于遗爱;卒飨百祥之报,以裕后昆。有子有孙,以孝以享。服此惟新之命,用孚不朽之言。可。

出处:《北山小集》卷二三。

撰者:程俱

考校说明:编年据程俱任两制时间、南宋明堂大礼时间、李回宦历补。

李回祖母晋康郡夫人姚氏赠太宁郡夫人制
(绍兴元年九月十八日后)

敕:姚姓出于有虞,而李者咎繇之裔也。始以祥刑,弼于五教,使四方风动,不犯于有司,以成重华之治,阴德懋焉。乃有女子,嫔于庆门,是生隽臣,扬历从橐,以没元身;而又继以贤孙,流光未艾。膺此宠典,贲于家庭。具官祖母克以淑德,相其君子,周旋膴仕,通籍金闺。生享锡封,没有加赠。逮兹均沛,疏荣太宁。岂唯旌尔之休,抑以昭庆泽之远。可。

出处:《北山小集》卷二三。

撰者:程俱

考校说明:编年据程俱任两制时间、南宋明堂大礼时间、李回宦历补。

李回父任宝文阁待制太中大夫赠太师琮追封襄国公制
(绍兴元年九月十八日后)

敕:昔在神祖,厉精有为,凡膺简眷之余,故多侍从之老。是生贤子,亮采累朝。属予大飨以致虔,爰始敷施而班庆。具官父才猷之邵,推重朝廷,敏济之资,腾声中外。出则赋政承流于方面,入则赞治率属于省台。顾绩望之在人,宜庆祥之贻后。久矣便蕃之典,炜然诗礼之庭。既位极于帝师,载锡封于公社。尚有英爽,歆此宠绥。可。

出处:《北山小集》卷二三。

撰者:程俱

考校说明:编年据程俱任两制时间、南宋明堂大礼时间、李回宦历补。

李回嫡母鲁国夫人吴氏赠秦国夫人制
（绍兴元年九月十八日后）

敕:关内大国,莫如咸秦,古称小君,是亦封爵。以彰闺壶之懿,用易龟蒙之詹。属敷泽于多方,肆疏恩于新命。具官嫡母毓秀庆胄,作嫔高门。礼法宜其宗姻,辅佐成其夫子。方耆隽论思于法从,虽不逮于偕荣;而弼臣寅亮于天工,终致隆于追远。贲徽章于纶綍,庶有辉于丘原。可。

出处:《北山小集》卷二三。
撰者:程俱
考校说明:编年据程俱任两制时间、南宋明堂大礼时间、李回宦历补。

李回继母越国夫人邵氏赠秦国夫人制
（绍兴元年九月十八日后）

用易句吴之邦。上下词同。

出处:《北山小集》卷二三。
撰者:程俱
考校说明:编年据程俱任两制时间、南宋明堂大礼时间、李回宦历补。

李回继母燕国夫人孙氏赠秦国夫人制
（绍兴元年九月十八日后）

敕:上词同。是亦封爵。以彰闺壶之懿,用示便蕃之恩。肆于敷锡之初,式布惟新之命。具官继母。云云,下词同。

出处:《北山小集》卷二三。
撰者:程俱
考校说明:编年据程俱任两制时间、南宋明堂大礼时间、李回宦历补。

李回所生母信安郡夫人常氏赠文安郡夫人制
（绍兴元年九月十八日后）

敕：汉之王符，蚤著潜夫之誉；晋之周颛，世仰忠臣之门。亦惟母教之勤，何取外家之盛。必有懿德，发于幽光。具官所生母淑慎有闻，温恭不懈，实生贤子，为我辅臣。属兹熙事之成，咸畀奉先之泽。易之大郡，表以嘉名。用慰杯棬之思，以增松槚之焕。可。

出处：《北山小集》卷二三。
撰者：程俱
考校说明：编年据程俱任两制时间、南宋明堂大礼时间、李回官历补。

李回妻齐安郡夫人郭氏封同安郡夫人制
（绍兴元年九月十八日后）

敕：公卿大夫积行累功以致休显，夫人以内助之美而居有之，此《鹊巢》之作所以永言于斯也。国有庆锡，有家者与蒙其休，则疏封锡命，以荣其私者，顾可后哉？具官妻以令淑静嘉，作配君子，宜于上下，其甘苦丰约之同，儆戒相成之际，由初迄今，勤亦至矣。此疏封之典所以有加而无已也。同安大郡，以易旧封，膺此宠绥，永其祗服。可。

出处：《北山小集》卷二三。
撰者：程俱
考校说明：编年据程俱任两制时间、南宋明堂大礼时间、李回官历补。

同知枢密院富直柔加食邑实封制
（绍兴元年九月十八日后）

敕：朕肇修禋祀，祗见合宫。刺六经之文，严祖功宗德之配；导三灵之况，布吁天请命之诚。粤厘事之无违，敷湛恩于有截。眷予廊庙之辅，与相肃雍之成，爰有旧章，以申宠数。具官几深济务，端亮在躬，爰登密宥之司，益著赞襄之美。运筹决胜，方迟子房之功；锡祉扬休，抑见召公之似。逮此精纯之展，故多陟降之劳。用加衍于户封,且陪敦于真赋。既启尔宇,勉思辟国之谋;益奋乃庸,无旷代天之用。钦我徽命,永孚于休。可。

出处:《北山小集》卷二三。

撰者:程俱

考校说明:编年据程俱任两制时间、南宋明堂大礼时间、富直柔宦历补。

知枢密院张浚加食邑实封制
(绍兴元年九月十八日后)

敕:朕遭时艰虞,驻跸吴越,思投诚于上帝,肆展禋于合宫。创业守文,严艺祖太宗之配;贵诚上质,备匏尊槁席之仪。熙事告成,湛恩遝布,矧复钧枢之重,可忘庆锡之颁? 具官英特应辰,几深济务,忠节著于勤王之际,才术见于持宪之初。扫除奸凶,方懋有征之举;肃清宫阙,伫成再造之功。用加衍于户封,亦陪敦于真赋。云云。下词同富。

出处:《北山小集》卷二三。

撰者:程俱

考校说明:编年据程俱任两制时间、南宋明堂大礼时间、张浚宦历补。

参知政事李回加食邑实封制
(绍兴元年九月十八日后)

敕:朕涓吉季秋,荐诚上帝。导三灵之况,方衷昭格之休;敷百顺之祥,式布汪洋之泽。惟在廷之显相,有进律之彝章。具官迪德粹和,受才宏敏,自延登于廊庙,益有赖于赞襄。望之雅意本朝,故多乡纳;毕公乃心王室,尚告谋猷。用加真赋之封,且衍爰田之入。既启尔宇,勉思辟国之谋。云云。下词同富。

出处:《北山小集》卷二三。

撰者:程俱

考校说明:编年据程俱任两制时间、南宋明堂大礼时间、李回宦历补。

兵部尚书胡直孺父任职方郎中
赠开府仪同三司况赠少保制
（绍兴元年九月十八日后）

敕：上词同汪父。具官父蚤以儒科，周旋腼仕，靖共乐恺，藏器郎曹。不克大施，委庆厥嗣，位我常伯，为时老成。惟兹保傅之联，是谓孤卿之列。用均厘泽，以示宠绥。可。

出处：《北山小集》卷二三。

撰者：程俱

考校说明：编年据程俱任两制时间、南宋明堂大礼时间、胡直孺官历补。

胡直孺故母赠淑人制
（绍兴元年九月十八日后）

词同汪。

出处：《北山小集》卷二三。

撰者：程俱

考校说明：编年据程俱任两制时间、南宋明堂大礼时间、胡直孺官历补。

胡直孺故继母嘉国夫人龚氏赠徐国夫人制
（绍兴元年九月十八日后）

词同。

出处：《北山小集》卷二三。

撰者：程俱

考校说明：编年据程俱任两制时间、南宋明堂大礼时间、胡直孺官历补。

胡直孺故妻淑人吕氏赠淑人制
（绍兴元年九月十八日后）

（存目）

出处:《北山小集》卷二三。

撰者:程俱

考校说明:编年据程俱任两制时间、南宋明堂大礼时间、胡直孺宦历补。

龙图阁待制知广州林遹父任建州司理
参军赠中大夫格赠太中大夫制
（绍兴元年九月十八日后）

　　敕:上词同。具官父蚤以廉平,服勤州椽,义方之教,行于家庭。不克大施,委庆厥嗣,职在延阁,出帅巨藩。惟兹五品之阶,往视七人之列。用均厘泽,以示宠绥。可。

出处:《北山小集》卷二三。

撰者:程俱

考校说明:编年据程俱任两制时间、南宋明堂大礼时间、林遹宦历补。

林遹故母令人陈氏赠硕人制
（绍兴元年九月十八日后）

（存目）

撰者:程俱

考校说明:编年据程俱任两制时间、南宋明堂大礼时间、林遹宦历补。

林遹妻令人范氏赠硕人制
（绍兴元年九月十八日后）

（存目）

撰者：程俱
考校说明：编年据程俱任两制时间、南宋明堂大礼时间、林遹官历补。

工部侍郎韩肖胄父中大夫赠正奉大夫治赠光禄大夫制
（绍兴元年九月十八日后）

敕：上词同。具官父盛德之后，克承厥家，端雅靖共，亦济其美。中更闲退，公议益孚。不克大施，委庆厥嗣。惟崇资之二品，视畴昔之六卿。用示宠绥，以均厘泽。可。

出处：《北山小集》卷二三。
撰者：程俱
考校说明：编年据程俱任两制时间、南宋明堂大礼时间、韩肖胄官历补。

韩肖胄故母硕人文氏赠和义郡夫人制
（绍兴元年九月十八日后）

敕：在仁祖时，辅相之贤，有若彦博，弼亮三世，实为帝师。既已勤劳王家，以安社稷矣，其余泽遗范，刑于厥家者，盖可知焉。具官故母婉嫕之质，锺自庆门，淑靖之仪，宜于姻族。乃有令子，为我从臣。属敷锡于寰区，用宣恩于纶綍。进封一等，表以嘉称，以示宠章，抑光彤史。可。

出处：《北山小集》卷二三。
撰者：程俱
考校说明：编年据程俱任两制时间、南宋明堂大礼时间、韩肖胄官历补。

韩肖胄继母太硕人文氏赠齐安郡夫人制
(绍兴元年九月十八日后)

词同前

撰者:程俱

考校说明:编年据程俱任两制时间、南宋明堂大礼时间、韩肖胄官历补。

韩肖胄故妻令人王氏赠硕人制
(绍兴元年九月十八日后)

词同汪

撰者:程俱

考校说明:编年据程俱任两制时间、南宋明堂大礼时间、韩肖胄官历补。

韩肖胄故妻令人文氏赠硕人制
(绍兴元年九月十八日后)

词同

撰者:程俱

考校说明:编年据程俱任两制时间、南宋明堂大礼时间、韩肖胄官历补。

吕好问父任奉直大夫直秘阁赠太子少师
希哲赠太子太傅制
(绍兴元年九月十八日后)

敕:上词同汪。而况职在秘殿,尝更钧辖之任者哉!具官父某盛德遗范,锺于其身,纯粹靖共,见于行己。中更党论,公望益明。不克大施,委庆厥嗣。惟储宫之峻秩,有训导之古官,均彼师严,升之二品。用敷厘泽,益示宠绥。可。

出处:《北山小集》卷二三。

撰者:程俱

考校说明:编年据程俱任两制时间、南宋明堂大礼时间补。

吕好问故母齐安郡夫人张氏赠文安郡夫人制
(绍兴元年九月十八日后)

敕:士有砥节厉行,修身于奥窔之间,遗庆于数十年之后,其必有内助之贤,相与守廉勤之操,保平康之福,以成其室家,故既久而弥大也。具官故母云云,同前词。

出处:《北山小集》卷二三。

撰者:程俱

考校说明:编年据程俱任两制时间、南宋明堂大礼时间补。

吕好问故妻永嘉郡夫人王氏赠东莱郡夫人制
(绍兴元年九月十八日后)

敕:辅弼之臣,有以才德自奋,以底显荣,至于耆老,五福成备,而内助之贤,不与享焉,则湛泽之施,其可后哉!具官故妻云云,同前词。

出处:《北山小集》卷二三。

撰者:程俱

考校说明:编年据程俱任两制时间、南宋明堂大礼时间补。

给事中洪拟明堂大礼父赠通议大夫固赠通奉大夫制
(绍兴元年九月十八日后)

敕:朕肇修宗祀,祗见合官,厘事既成,肆敷锡于四海。凡通籍于朝者,皆得宠赠其先,俾申追远之志,而况吾簪笔持橐,出入禁省之臣哉!具官父某种德在躬,委庆厥嗣,历践高显,甚贤而文。惟时三品之阶,视昔贰卿之秩,用均厘泽,以示宠绥。可。

出处:《北山小集》卷二三。

撰者:程俱

考校说明:编年据程俱任两制时间、南宋明堂大礼时间、洪拟官历补。清抄本、四库本"父"字前有"封赠"二字。

<h1 style="text-align:center">洪拟妻宜人邓氏封令人制</h1>
(绍兴元年九月十八日后)

敕:二《南》之诗,妇德是懋。夫以鸤鸠均一之美,螽斯众多之报,俯仰无斁,淑慎有闻,岂非妇人之盛节,而有家之可愿者哉!具官妻婉懿之美,宜其宗姻,克相厥夫,有兹休显。属我均厘之泽,肆颁纶綍之褒。易以嘉称,时为宠命。可。

出处:《北山小集》卷二三。

撰者:程俱

考校说明:编年据程俱任两制时间、南宋明堂大礼时间、洪拟官历补。

<h1 style="text-align:center">资政殿大学士中大夫提举万寿宫兼侍读王绚故
祖任尚书都官郎中赠太子少傅克存赠太子少师制</h1>
(绍兴元年九月十八日后)

敕:朕爰以季秋,肇称禋祀。贵诚上质,备匏尊槁席之仪;创业守文,严艺祖、太宗之配。既成厘事,用焕渥恩,举兹在服之臣,与蒙追远之贲。矧予旧学,顷赞洪钧,加宠厥先,理其可后!具官故祖某蓄德深厚,藏器恢宏。炳文艺以决科,蔼循良之令闻。冯唐老于郎省,曾无不遇之嗟;于公大其闾门,固有将兴之兆。惟春宫之峻秩,设六傅以备官,莫如师严,以视公贰。用加荣于褒锡,以增宠于幽潜。可。

出处:《北山小集》卷二三。

撰者:程俱

考校说明:编年据程俱任两制时间、南宋明堂大礼时间、王绚官历补。

王绹故祖母平原郡夫人韩氏赠文安郡夫人制
（绍兴元年九月十八日后）

敕：朕惟祖宗以来，庆赐之典每下，未尝不追贲廷臣之世者。岂徒广孝道于天下，抑以为积善之劝焉。具官故祖母克以淑德，相其君子，周旋腾仕，通籍金闺。生享锡封，没有加赠。而高门之泽，大于厥孙，为时醇儒，实我旧学。肆朕展合宫之飨，推四海之恩，用申出綍之褒，以广均厘之需，易封大郡，增贲九原。岂唯慰烝尝之思，抑以表庆祥之远。可。

出处：《北山小集》卷二三。

撰者：程俱

考校说明：编年据程俱任两制时间、南宋明堂大礼时间、王绹官历补。

王绹故祖母安化郡夫人皇甫氏赠饶阳郡夫人制
（绍兴元年九月十八日后）

敕：朕祇祀上穹，均厘四海，追远之数，下及于庶僚；而况辅政之旧，稽古之儒，加宠其先，盖有彝典。具官故祖母令仪懿范，礼法其宜，嫔于德人，庆流厥后，致位休显，为时老成。顷进服于大僚，既加恩于三世，逮兹庆赐，益示宠绥。申之大郡以疏封，易以饶阳之美称。时惟新命，用贲有家。可。

出处：《北山小集》卷二三。

撰者：程俱

考校说明：编年据程俱任两制时间、南宋明堂大礼时间、王绹官历补。

王绹故祖母临淮郡夫人来氏赠淮安郡夫人制
（绍兴元年九月十八日后）

敕：朕观载籍之传，考兴衰之绪，其流泽后世，俾衣冠之盛、忠厚之风益隆而不坠者，非独世德之修而已，盖有闺壶之助焉。具官故祖母礼法是蹈，淑靖在躬，化行于闺门，仁及于宗戚，以有兹庆，迄成厥家。肆予展禘于合宫，爰始均厘于绵宇，矧繄旧学，尝赞国钧，加宠其先，盖有彝典。是用疏淮安之大郡，易泗上之故封。时惟新恩,歆我休命。可。

出处:《北山小集》卷二三。

撰者:程俱

考校说明:编年据程俱任两制时间、南宋明堂大礼时间、王绚官历补。

王绚故父任宣教郎赠太子少师发赠太子太保制
(绍兴元年九月十八日后)

敕:官无小大,惠足以及物者,其泽必长;天无私亲,位弗称其德者,其偿必厚。惟善祥之不爽,知义教之有方。顾兹褒赠之彝章,是亦报施之明验。具官故父某育德宽裕,提身肃恭,遹承诗礼之规,无愧循良之吏。云云。

出处:《北山小集》卷二三。

撰者:程俱

考校说明:编年据程俱任两制时间、南宋明堂大礼时间、王绚官历补。

王绚故母高平郡夫人张氏赠太宁郡夫人制
(绍兴元年九月十八日后)

敕:扬名显亲,盖人子之至愿,而圣人以为孝道之终者也。其有作配君子,允宜其家,有子而贤,为国近弼,既荐蒙于宠数,可无与于均厘乎?具官故母徽懿之仪,见于内则,慈祥之行,成此庆门。虽五鼎千锺,不逮南陔之养;而清台石窔,式慰寒泉之思。比疏锡于高平,固益彰于休显。太宁大郡,用易故封。肆加纶綍之荣,以为庆善之劝。可。

出处:《北山小集》卷二三。

撰者:程俱

考校说明:编年据程俱任两制时间、南宋明堂大礼时间、王绚官历补。

王绚故妻淄川郡夫人高氏赠济阳郡夫人制
（绍兴元年九月十八日后）

敕：先王制礼，与夫"推恩接下"之文，未尝不本于人情也。夫相其夫于勤约之中，既已躬廉俭而同甘苦矣，而不共享其安荣，则追赠之隆，抑以慰其私尔。具官故妻贤淑有闻，宜其闺门，嫔于大家，安若素习。夭阏不寿，褒贲可忘？既疏锡于淄川，复进封于大郡。时惟新命，歆此宠休。可。

出处：《北山小集》卷二三。

撰者：程俱

考校说明：编年据程俱任两制时间、南宋明堂大礼时间、王绚官历补。

王绚妻永嘉郡夫人强氏封同安郡夫人制
（绍兴元年九月十八日后）

敕：二南之诗，本于王化之基，而及于夫人之德。虽形四方、风一国，小大不同，然其所以循法度、奉烝尝、致辅佐之宜一也。具官妻婉嫕之仪，明淑之美，克配君子，宜其宗姻。至于艾耆，有此休显。既更大郡之锡，载易同安之封，以示宠荣，用均厘泽。可。

出处：《北山小集》卷二三。

撰者：程俱

考校说明：编年据程俱任两制时间、南宋明堂大礼时间、王绚官历补。

吕颐浩拜左相制
（绍兴元年九月二十日）

朕中天而兴圣绪，兼创业守文之所难；论相以恢远图，揽善谋能断而并用。载念旧人之共政，无逾著节之老臣。扬于王庭，授以魁柄。具官吕颐浩挺刚明之度，函英果之姿，识每豫于造微，才自优于任重。申伯作翰，实维岳崧之神；太公秉旄，遂应渭滨之兆。向辑勤王之略，最先戡难之勋。妖氛尽扫于紫微，羲驭复行于黄道。神器既正，大猷乃经。独秉国钧，安危并深于注意；外绥戎律，文武兼备于宪邦。比勤宣室之思,遄趣介圭之觐。论帝王之秘策,既深契于朕心;章祖宗之极功,当聿求于元宰。窃叹省方之久,未知定鼎之期。任栋愈艰,筹帷加谨。惟几深以成务,何用不臧;惟审固以定谋,乃终有庆。粤兹耆俊,实易多盘。还正位于东台,仍晋官于亚保。理阴阳而遂万物,旧厘冢宰之成;亮天地以弼一人,肇拜二公之典。并敦井赋,用峻岩瞻。於戏,陈平智有余,而安刘寄于周勃;宋璟喜持正,而应变专于姚崇。是皆同心而济谋,无嫌比德以赞事。益成大烈,罔愧前猷。

出处:《宋宰辅编年录》卷一五。

撰者:席益

新除少保尚书左仆射同中书门下平章事
吕颐浩辞免恩命不允诏
(绍兴元年九月二十日后)

朕惟有不世之略,然后足以成不世之功;有非常之才,然后足以济非常之务。卿迈往之气,绝人之资,泽在生民,勋在王室,兹已试之效也。故去国未几,靡人不怀。乃者申敕使轺,趋朝行阙,召见便坐,博询嘉猷,忠诚慷慨,议论明辨。兹用延登亚保之位,复畀冢司之权。卿不闻孟子之言乎,"如欲平治天下,舍我其谁"?盖古人自任以天下之重如此。今日之势,非卿孰安?卿其慨然为朕力图所以兴复者,兹卿自许,而亦朕之所期于卿者也。区区小廉,以待常士而已,岂足为卿道哉?所请宜不允。

出处:《浮溪集》卷一三。又见《五百家播芳大全文粹》卷五〇。

撰者:汪藻

考校说明:编年据《建炎以来系年要录》卷四七补。

吕颐浩辞免少保恩命不允诏
(绍兴元年九月二十日后)

朕惟成周六卿之官,冢宰为之长。所谓公孤,则以六卿有道德者为之。故曰"坐而论道,谓之三公"。三孤贰公弘化,《君奭》曰"召公为保,周公为师,相成王为左右"是也。本朝自祖宗以来,辅相亦多兼此官。神祖以司徒命韩琦,哲宗以司空命吕公著,最为近例。卿有大功于社稷,再冠冢司。朕之责成于卿,固非他相之比。况召自衮钺,入居庙堂,擢升亚保之联,古今皆有明据,褒礼非过,卿何辞焉?所请宜不允。

出处:《浮溪集》卷一三。
撰者:汪藻
考校说明:编年据《建炎以来系年要录》卷四七补。

吕颐浩除左仆射再辞免恩命不允诏
(绍兴元年九月二十日后)

君不借材于异代,所资一世之豪英;天将降任于是人,必副千龄之期会。朕以卿国之镇瑞,人所帲幪,更中外之百为,挺险夷之一节。博稽舆论,升冠冢司。陛九级而上廉,方观威重;月三日而成魄,难徇谦光。勉图厥成,毋废朕命。

出处:《浮溪集》卷一三。又见《五百家播芳大全文粹》卷五〇。
撰者:汪藻
考校说明:编年据《建炎以来系年要录》卷四七补。

少保尚书左仆射吕颐浩加恩制
(绍兴元年九月二十日后)

朕承列圣之基,荷三灵之眷,当艰危屯否之运,赖拥佑全安之休。念德之大者,非美报无以昭其诚;曰礼之隆者,惟躬祠可以达其义。乃涓刚日,祇见合宫。眷吾同德之臣,实首侍祠之列,爰颁涣号,用告明廷。具官某伟识自天,英才经世。以忠劳安社稷,屹如山岳之崇;以强敏决事儿,沛若江河之下。有大勋于彝鼎,无异论于搢绅。昨辞廊庙之尊,出殿藩维之重,中权不试,南纪以安。歌破斧而美周公,虽尝分于内外;开延英而见裴度,兹复寄于安危。方锋车祇觐之辰,适玉食斋居之次,元老显相,群工骏奔。爰增井食之封,益峻钧衡之望。於戏!正直为神之所听,固雅志之素孚;福祥非朕之敢专,宜均恩之首及。往弼邦治,共承天休。

出处:《浮溪集》卷一一。又见清抄一百五十卷本《圣宋名贤五百家播芳大全文粋》卷九〇。

撰者:汪藻

考校说明:编年据《建炎以来系年要录》卷四七补。

新除少保尚书左仆射吕颐浩上表辞免恩命不允批答
(绍兴元年九月二十日后)

朕惟汉唐中兴,莫盛于宣帝、明皇之时,而魏相、姚崇为之佐。是二人者,皆以庙堂不世之才,应天下无穷之变,用能易乱为治,即危为安,勋业巍然,照映今古,朕甚慕之。乃者国家盖多故矣,朕念龌龊拘挛者,不足以图今日之事,思得英伟大度之士,斡旋于谈笑之间,庶几折冲解纷,无愧前哲。卿宏博强敏,出于天资,粤从外迁,甫期岁耳,而人无小大,皆有里言。乃登元宰之司,仍进贰公之秩,兹实慰中外之望,而非朕私卿也。古所谓大臣者,以道事君,不可则止,今岂不可为而当止之时耶? 其勉修良规,济朕鸿业,控避之礼,毋庸再三。

出处:《浮溪集》卷一五。又见《五百家播芳大全文粹》卷五〇。

撰者:汪藻

考校说明:编年据《建炎以来系年要录》卷四七补。

放散范汝为徒党不得迁延诏
(绍兴元年九月二十一日)

辛企宗措置放散汝为徒党民兵去后,经今年未见了当。令企宗措置放散,不得迁延,具见统放散人数闻奏。

出处:《宋会要辑稿》兵一〇之二五。

令河南诸州互相救应诏
(绍兴元年九月二十一日)

河南府孟汝、唐州镇抚使翟兴、襄阳府邓随、郢州镇抚使桑仲、金房州镇抚使王彦、淮宁顺昌府蔡州镇抚使李祐互相救应,一处有急,候文字到别镇,方许出兵。

出处:《宋会要辑稿》职官四二之七六。

朝奉大夫起居舍人侯延庆除右文殿修撰与郡制
（绍兴元年九月二十一日）

敕具官:右文邃在中秘,著撰之职,号为高华。异时言动之史出守四方,得是者鲜矣。尔敏晤文采,称于辈流,慨慷赴功,见于已试,出入郎省,才能益明。曾未几时,簪笔殿陛,而以亲来谂,自诡治民。顾宣力之何如,在中外而奚间？升华书殿,且畀郡符,岂惟便尔之私,抑以成吾忠厚之政。服此休命,往其懋哉！可。

出处:《北山小集》卷二二。
撰者:程俱
考校说明:编年据《建炎以来系年要录》卷四七补。

孟庾除户部尚书制
（绍兴元年九月二十一日）

敕:《周官》以司徒制天下之地征,而均节财用者冢宰。宋兴,以执政领天下之漕计,而调度出纳者三司。繇兹以来,代有因革。今则成周之法,祖宗之制,凡宰辅攸司之守,举而归诸户部矣。然则为之长者,顾不重哉！具官学不泥古,才足济时,忧国首公,见于华皓。高密之政,有循理之称;睢阳之守,有捍成之节。朕付以邦计,擢之贰卿,足兵食于垂罄之余,备典礼于时迈之际,事不愆素,官无乏共。是用冠以纳言,陟之常伯。岂徒益观于来效,抑以昭劝于赴功。然方今民力已穷,军旅之事未息,节以制度,当务所先。非予率之以朴俭,无以化溪壑之侈心;非尔去敝于因循,无以纾黔黎之深瘝。唯民不加敛而国用足,则予汝嘉。可。

出处:《北山小集》卷二二。
撰者:程俱
考校说明:编年据《建炎以来系年要录》卷四七补。

席益差知温州制
(绍兴元年九月二十一日)

敕:永嘉闽粤之交,其俗剽悍以啬,其货纤靡,其人多贾,其士风任气而矜节。为之守者,非达于政理,未有能成治最而厌与言者也。具官学艺之敏,称于朝廷,疏通之才,适于权变,荐委重寄,未之或辞。毋轻小邦,犹足观政。昔吾丘任连城之守,而名不称于在前;严助去承明之庐,则职已违于侍从。惟尔之遇,于古有光。尚懋乃功,以答休宠。可。

出处:《北山小集》卷二二。
撰者:程俱
考校说明:编年据《建炎以来系年要录》卷四七补。《宋代诏令全集》误系于绍兴元年九月二十二日(第二三六七页)。

新除户部尚书孟庾辞免恩命不允诏
(绍兴元年九月二十一日后)

昔萧何之调关中,寇恂之实河内,诸葛武侯之漕斜谷,刘晏之转江淮,皆于艰难之时,足兵足食,国用强富,一时赖之。朕比因时巡,越在南服,岁大费二,悉非经常之规。而卿深究利源,夙宵尽瘁,从容济办,无愧古人。端右之除,姑旌心计,进协公议,卿何辞焉?所请宜不允。

出处:《浮溪集》卷一三。
撰者:汪藻
考校说明:编年据《建炎以来系年要录》卷四七补。

户部尚书孟庾故父赠朝散大夫赠中奉大夫制
(绍兴元年九月二十一日后)

敕:上词同洪。具官种德在躬,委庆厥嗣,司我邦计,实吾信臣。惟时三品之阶,视昔贰卿之列。用均厘泽,以示宠绥。可。

出处:《北山小集》卷二三。

撰者:程俱

考校说明:编年据程俱任两制时间、南宋明堂大礼时间、孟庚官历补,见《建炎以来系年要录》卷四七。

孟庚故母宜人申氏赠淑人制
(绍兴元年九月二十一日后)

敕:上词同汪。如綍之褒,易以嘉称,时惟宠命。

出处:《北山小集》卷二三。

撰者:程俱

考校说明:编年据程俱任两制时间、南宋明堂大礼时间、孟庚官历补,见《建炎以来系年要录》卷四七。

孟庚妻宜人徐氏封淑人制
(绍兴元年九月二十一日后)

词同汪。

出处:《北山小集》卷二三。

撰者:程俱

考校说明:编年据程俱任两制时间、南宋明堂大礼时间、孟庚官历补,见《建炎以来系年要录》卷四七。

席益徽猷阁待制与郡制
(绍兴元年九月二十二日)

九月二十一日,三省同奉圣旨:"朕以眇躬,获主大器。居位五祀,而王室益微。念兹永怀,惨若焚灼。比因宗祀明堂,投诚上帝,冀获悔祸,以雪神人之耻。而赦文夸大,悖咈朕心,方夕惕若。又除吕颐浩麻制,首为'中天而兴圣绪,兼创业守文'之言,徒使四方消于有识。席益可与外任。"九月二十二日,三省同奉圣旨:席益徽猷阁待制与郡。敕:朕以眇躬,获主大器,遭时机阢,国势未振。夕惕以思,心焉如灼。播告厥旨,实在执笔之臣。而乃矜功于肆眚之文,广己于求助之际,其言夸矣,朕甚恶焉。具官夙以言扬,见推警敏,赞书持橐,亦既有年,号令之间,宜知国体。失辞若此,谓天下何? 解掖垣之近班,仍西清之旧物。往有民社,尚其钦哉! 可。

出处:《北山小集》卷二二。

撰者:程俱

考校说明:"绍兴元年"据《建炎以来系年要录》卷四七补。

知岳州袁植赠直龙图阁制
(绍兴元年九月二十二日)

敕具官:乃者盗发江表,虔刘郡邑,奸凶乘间,为长蛇封豕,以肆毒于一方。而尔适守岳阳,仗正不挠,卒与祸会,衔恨九泉。今御史列其冤状与其所以怒寇之由,推原厥初,出于徇国,朕蠹然伤之。惟尔词学之优,才猷之美,历官台省,绰有能声,没身贼区,志士增慨。升华延阁,赉及后昆,庶其有知,歆此褒渥。可。

出处:《北山小集》卷二二。

撰者:程俱

考校说明:编年据《建炎以来系年要录》卷四七补。

刘宁止复旧职制
(绍兴元年九月二十三日)

敕具官:比以输漕不继,丽于刑书,于兹逾年,执事滋恪。而相臣交章来上,以谓曩者勤王之举,馈饷是共,乃克济兹,以成丕绩。以功补过,谁曰不然。朕方搜罗英才,捐弃细故,虽疏远未试,犹将熏沐而收之,况吾宣力内外而果艺不回之士乎? 复职河图,虽云旧物,尚体恩遇,益励厥修。可。

出处:《北山小集》卷二二。

撰者:程俱

考校说明:编年据《建炎以来系年要录》卷四七补。

知太平州郭伟依已降指挥再任制
（绍兴元年九月二十三日）

　　敕具官：姑熟江左之重镇也，承平之时，号为乐土。然处荆湘之下流，据采石之形势，所以通淮南而辅建业，其置戍择守，顾可付非其人哉？以尔才力方刚，慷慨自任，志在徇国，勇于赴功；乃者溃叛之徒游魂四出，而尔登陴保聚，屡抗贼锋，安辑兵农，斯亦勤矣。与其更选长才，孰若因任于已试。进职一等，还之故官。唯息疲瘵，则可以固民心；唯谨绥驭，则可以奋武卫。克迈予训，尚有宠嘉。可。

出处：《北山小集》卷二二。又见《三朝北盟会编》卷一四八。

撰者：程俱

考校说明：编年据原题及《三朝北盟会编》卷一四八，《宋会要辑稿》职官六〇、选举三四补。此制原题为《九月二十三日三省同奉圣旨郭伟依已降指挥再任》，《全宋文》（第一五五册，第二二页）、《宋代诏令全集》（第二三六七页）改作《知太平州郭伟依已降指挥再任制》。《宋代诏令全集》系于绍兴元年八月二十八日壬辰，"考郭伟乃知太平州再任，见《建炎以来系年要录》卷四六、《南宋书》卷二六，今改题，并据《建炎以来系年要录》系年"。《三朝北盟会编》卷一四八绍兴元年九月二十三日丙辰条节录此制，结合原题中的"九月二十三日"，此制当下于绍兴元年九月二十三日。至于《建炎以来系年要录》卷四六所载绍兴元年八月二十八日之除命，或即原题提到的"已降指挥"。《全宋文》（第二〇二册，第五九至六〇页）、《宋代诏令全集》（第二三六七至二三六八页）又据《三朝北盟会编》卷一四八收录《郭伟知太平州再任制》，实即此制节文。

令江东安抚司拘留取勘方承诏
（绍兴元年九月二十三日后）

　　方承劫持朝廷，理当行遣，追理出身。令江东路安抚大使司拘留取勘，具案闻奏。

出处：《三朝北盟会编》卷一四八。

赐尚书左仆射同中书门下平章事吕颐浩等
为火灾待罪不允诏
（绍兴元年九月二十三日后）

御笔批：天之降灾，缘朕失德。方觉惧未宁，遽得颐浩所上表，欲与朕分谴，益明愧戴。可降诏安慰之。敕颐浩：省所上表奏："今月二十二日，越州遗火，延烧民居，上轸圣虑，乞待罪。"事具悉。朕惟失德，孽火示灾，延及无辜，夕惕以惧。将深戒于不治，方引咎以责躬。忽览奏函，力祈分谴。震于夙夜，方且畏天之威；移之股肱，亦岂朕之所欲？宜思励翼，用副忧勤。抚绥失业之氓，助宣保民之意。各安厥位，勿复有陈。所请宜不允。故兹诏示，想宜知悉。

出处：《北海集》卷一三。

考校说明：编年据《建炎以来系年要录》卷四八补。《建炎以来系年要录》卷四八："（绍兴元年九月二十三日丙戌）是晚，行在越州火，燔民居甚众。"此诏"二十二日"或为"二十三日"之误。綦崇礼于绍兴二年二月还朝（见《建炎以来系年要录》卷五一），此诏或为《北海集》误收。

讨捕曹成贼马诏
（绍兴元年九月二十四日）

曹成贼马自今春已来，由岳、鄂入分武宁，南犯新昌、上高，西犯袁州四县，西南寇攸县、醴陵。遣湖东副总管马友与李宏同率官军讨捕。

出处：《宋会要辑稿》兵一○之三一。

禁福建转运使抑勒士民出助军钱物诏
（绍兴元年九月二十五日）

福建路转运司不得责牒下所部州县，抑勒士民出备助军钱物。如违，仰提刑司觉察闻奏。

出处：《宋会要辑稿》刑法二之一○八。又见《建炎以来系年要录》卷四七。

差孟庾为江东西湖南路宣抚制置使诏
（绍兴元年九月二十六日）

江东西、湖南路上供钱粮久失措置，夏秋二税上户拖欠不催，下户受弊，逐路盗贼尚众，至今招收未尽。可差户部尚书孟庾带见任充江东西湖南路宣抚制置使。其应干财赋拘催蠲放，依条照赦施行，务要宽恤民力。其上供钱粮催促依限起发；应贼盗当招收或掩击者，并委相度措置，条具闻奏。

出处：《宋会要辑稿》职官四〇之四。又见《建炎以来系年要录》卷四七。

翰林学士汪藻父任奉议郎致仕赠
正议大夫縠赠正奉大夫制
（绍兴元年九月十八日至二十八日间）

敕：朕肇修宗祀，祗见合宫，厘事既成，肆敷锡于四海。凡通籍于朝者，皆得宠赠其先，俾申追远之志；而况吾簪笔持橐、出入禁省之臣哉？具官父某蚤以文艺，策名儒科，廉平之政，静退之守，有闻于时。不克大施，委庆厥嗣，司我内制，甚文而贤。惟时正奉之阶，视昔贰卿之秩，用均厘泽，以示宠绥。可。

出处：《北山小集》卷二三。
撰者：程俱
考校说明：编年据程俱任两制时间、南宋明堂大礼时间、汪藻官历补，见《建炎以来系年要录》卷四七。

汪藻前母淑人陈氏赠淑人制
（绍兴元年九月十八日至二十八日间）

敕：士有砥节厉行，修身于隐约之中，而遗庆于数十年之后，其必有内助之贤，相与保勤俭、均甘苦，以成其室家，故既久而弥大也。具官母淑靖之美，宗姻所怀；儆戒之宜，君子是赖。属我均厘之泽，肆颁纶綍之褒。虽称谓之不殊，亦宠嘉之有炜。可。

出处:《北山小集》卷二三。

撰者:程俱

考校说明:编年据程俱任两制时间、南宋明堂大礼时间、汪藻官历补,见《建炎以来系年要录》卷四七。题后原注:"故母陈氏同。"

汪藻故妻淑人赵氏赠淑人制
(绍兴元年九月十八日至二十八日间)

敕:士方抱艺守约,沉于下僚,以保廉俭之操,不以穷达累其心者,亦室家之助也。及其安荣通显,而不与焉,则湛泽之施,其可以后? 具官故妻薰陶贤范,毓质庆门,淑慎之仪,宜于姻族。属我云云。下词同。

出处:《北山小集》卷二三。

撰者:程俱

考校说明:编年据程俱任两制时间、南宋明堂大礼时间、汪藻官历补,见《建炎以来系年要录》卷四七。

汪藻妻淑人庄氏封淑人制
(绍兴元年九月十八日至二十八日间)

敕:二南之诗,妇德是懋。夫以《鸤鸠》均一之美,《螽斯》众多之报,俯仰无斁,淑慎有闻,岂非妇人之盛节,而有家之可愿者哉! 具官妻毓质庆胄,婉懿静专,克相厥夫,有兹休显。属我云云。下词同。

出处:《北山小集》卷二三。

撰者:程俱

考校说明:编年据程俱任两制时间、南宋明堂大礼时间、汪藻官历补,见《建炎以来系年要录》卷四七。

吏部侍郎黎确父任许田县主簿国子监直讲赠朝议大夫宗孟赠中大夫制

（绍兴元年九月十八日至二十八日间）

敕：上词同。具官父蚤以经术，掌教儒宫，宽裕以文，靖共是蹈。委庆厥嗣，实贰天官。惟兹五品之阶，往视储宫之友，用均厘泽，以示宠绥。可。

出处：《北山小集》卷二三。

撰者：程俱

考校说明：编年据程俱任两制时间、南宋明堂大礼时间、黎确宦历补，见《建炎以来系年要录》卷四七。

黎确故母赠淑人制

（绍兴元年九月十八日至二十八日间）

词同汪母。

出处：《北山小集》卷二三。

撰者：程俱

考校说明：编年据程俱任两制时间、南宋明堂大礼时间、黎确宦历补，见《建炎以来系年要录》卷四七。

黎确故妻赠淑人制

（绍兴元年九月十八日至二十八日间）

敕：士方抱艺守约，困于未试，而有以保其廉俭之操者，亦室家之助也。其安荣。云云。下词同汪故妻。

出处：《北山小集》卷二三。

撰者：程俱

考校说明：编年据程俱任两制时间、南宋明堂大礼时间、黎确宦历补，见《建炎以来系年要录》卷四七。

黎确妻封淑人制
(绍兴元年九月十八日至二十八日间)

词同汪妻。

出处:《北山小集》卷二三。

撰者:程俱

考校说明:编年据程俱任两制时间、南宋明堂大礼时间、黎确宦历补,见《建炎以来系年要录》卷四七。

吏部侍郎高卫父任左朝请郎尚书户部郎中
铸赠银青光禄大夫制
(绍兴元年九月十八日至二十八日间)

敕:上词同汪。具官父蚤以才猷,进陟华省,靖共是蹈,风绩故存。不克大施,委庆厥嗣。惟时二品之位,视昔六宫之联,用示宠绥,以均厘泽。可。

出处:《北山小集》卷二三。

撰者:程俱

考校说明:编年据程俱任两制时间、南宋明堂大礼时间、高卫宦历补,见《建炎以来系年要录》卷四七。

高卫故前母普安郡夫人赵氏赠淮安郡夫人制
(绍兴元年九月十八日至二十八日间)

敕:上词同汪。纶綍之褒。疏大郡以易封,增宠章之有炜。可。

出处:《北山小集》卷二三。

撰者:程俱

考校说明:编年据程俱任两制时间、南宋明堂大礼时间、高卫宦历补,见《建炎以来系年要录》卷四七。

高卫故母齐安郡夫人赵氏赠同安郡夫人制
(绍兴元年九月十八日至二十八日间)

词同前。

出处:《北山小集》卷二三。

撰者:程俱

考校说明:编年据程俱任两制时间、南宋明堂大礼时间、高卫宦历补,见《建炎以来系年要录》卷四七。

高卫故妻令人李氏赠硕人制
(绍兴元年九月十八日至二十八日间)

敕:侍从宣力之臣,有以才术自奋,出入腬仕,以底显荣,至于耆艾。而内助之贤,不与享焉,则湛泽之施,其可后哉? 具官妻婉嬺之质,锺自庆门,云云,同汪故妻。之褒。惟恩綍之荐加,贲宠章之有炜。可。

出处:《北山小集》卷二三。

撰者:程俱

考校说明:编年据程俱任两制时间、南宋明堂大礼时间、高卫宦历补,见《建炎以来系年要录》卷四七。

求能还两宫之人诏
(绍兴元年九月二十八日)

朕以眇末,获承至尊,五年于兹,天未悔祸。父兄远狩,岁月浸深。虽祷祝而求,不忘于寤寐;而祈请之使,莫效于精诚。引领瞻望,心焉如疚。日者于艰危之际,称秩元祀,盖以温清急难之念,请命于皇天后土及我祖宗,夙夜祇栗,以候降监。载念国家百七十年之涵养,岂无忠义感发、怀愤善谋之士如汉侯生者慰朕焦劳? 苟銮驭之可还,讵彝章之足报。应四方有为谋策能还两宫者,实封以闻;可行者有效,当以王爵赏之。播告天下,明知朕意。

出处:《三朝北盟会编》卷一五三。又见《宋会要辑稿》帝系九之二七,《建炎以来系年要录》卷四七,《宋史》卷二六《高宗纪》。

考校说明:原书系于绍兴二年十一月五日,据《宋会要辑稿》等书改。

委通判检察宗室请给诏
(绍兴元年九月二十八日)

诸路宗室有官人及不厘务人请给,按月支给,专委通判检察;其无官宗子、宗女钱米亦委通判检察监支。内建炎四年十月十六日不厘务宗室请给减半指挥不行。

出处:《宋会要辑稿》帝系五之三七。

翰林学士汪藻龙图阁直学士与郡制
(绍兴元年九月二十八日)

敕:法从之臣,居则献纳论思,分职率属,以赞朝廷之治;出则赋政共理,以致吾泽于民。其所以隆体貌之恩、严陛廉之势者,顾岂有异哉?具官某简亮通博,蚤以言扬,学问文词,推于时隽。肆朕缵服,推自奉常,纶綍是司,出入五载。闵劳侍从之务,辍严助于承明;欲详政事之宜,试萧生于冯翊。宠以河图之直,仍联学士之班。往奋尔庸,副兹眷伫。可。

出处:《北山小集》卷二二。
撰者:程俱
考校说明:编年据《建炎以来系年要录》卷四七补。

吏部侍郎黎确龙图阁待制与郡制
(绍兴元年九月二十八日)

敕:上词同具官操修之美,信于友朋,学问之优,见于践历。比对扬之动听,属谏诤之须才,敷纳之言,启沃是赖,旋加明陟,俾贰天官。虽藉铨衡之公,闵劳侍从之事,是用举河图之内阁,即次对之近班。庸示宠章,尚有申命。往其祇服,益懋乃功。可。

出处:《北山小集》卷二二。

撰者:程俱

考校说明:编年据《建炎以来系年要录》卷四七补。"龙图阁待制",《建炎以来系年要录》卷四七作"徽猷阁待制"。

吏部侍郎高卫龙图阁待制与郡制
(绍兴元年九月二十八日)

敕:上词同具官敏强之实,称于中台,才术之优,见于出使。周旋浩穰,浸躐高华。召自外藩,陟之小宰。既更时序,益究云为。虽藉云云。下词同。尚懋乃功。可。

出处:《北山小集》卷二二。

撰者:程俱

考校说明:编年据《建炎以来系年要录》卷四七补。"龙图阁待制",《建炎以来系年要录》卷四七作"徽猷阁待制"。

吏部员外郎胡世将校书郎刘一止除监察御史制
(绍兴元年九月二十八日)

敕具官:御史台属,皆朕耳目之官也。自元丰肇新官制,于是尚书诸曹分隶六察,虽非言责之地,然尚书万机本,天下之事,无不总焉。而御史得以纠六曹之愆违,则其任亦不轻矣。以尔问学之美,推于辈流,才术之敏,见于已试,召对便殿,敷奏可观,维持朝纲,肆以命尔。其祗厥职,尚有宠嘉。可。云云推于辈流,已上词同。才术之施,宜无不可,选自雠校,维持朝纲。尚体懋恩,益祗厥职。可。

出处:《北山小集》卷二四。又见《苕溪集》卷五五。

撰者:程俱

考校说明:"绍兴元年"据《建炎以来系年要录》卷四七补。

文林郎河南府孟汝唐州镇抚使司干办公事
任直清与改合入官除直秘阁仍赐绯章服制
（绍兴元年九月二十八日）

　　敕具官：尔以诸生，奋身戎幕，百舍重趼，入奏行朝，赐对从容，有嘉忠恪。官以寄禄，实视京僚，蓬莱道山，以储英俊，并用示宠，锡以身章。求之异时，非声誉在人，服勤之久，保任应格，功效卓然者，未有一朝而兼得者也。朕之宠尔者厚矣，尔亦思所以报之。可。

出处：《北山小集》卷二四。

撰者：程俱

考校说明："绍兴元年"据《三朝北盟会编》卷一四八补。《建炎以来系年要录》卷四七系于绍兴元年九月九日。

武节大夫河南府孟汝唐州镇抚使
翟兴武功大夫遥郡防御使制
（绍兴元年九月二十八日）

　　敕具官：朕遭时艰虞，东狩吴会，顾瞻旧都，永怀创守，未尝不中夜以兴、当馈而叹也。尔奋自校长，不忘国恩，独以貔虎之师，屡挫奚虏之气，辑绥民社，祗奉寝园，遂定洛京，益张武卫，朕甚嘉之。进阶三等，以旌尔功；仍陟兵防，俾持使节。是皆超躐，宜体眷知。尔其益厉于忠勤，朕亦无爱于爵禄。腾声懋绩，岂不韪哉。可。

出处：《北山小集》卷二四。

撰者：程俱

考校说明：编年据《三朝北盟会编》卷一四八补。

汪藻龙图阁直学士知湖州制
（绍兴元年九月二十八日）

　　敕：浙河之西，列郡惟八。吴兴当苕霅之会，适繁简之中，在于平时，最为乐土。昨者虏寇大入,跳梁郡疆,县当厥冲,鲜不震荡。然则备御安集,盖难其人。具官辍自禁苑,则吾信臣。况淹练古今,于从政乎何有;而敷陈利病,每诚心乎爱民。谅坚及物之心,益观儒者之效。虽鞅掌讽议,若中外之或殊;然针石拊摩,实乂安之是赖。休戚所系,往其钦哉。可。

出处:《北山小集》卷二四。

撰者:程俱

考校说明:编年据《建炎以来系年要录》卷四七补。

黎确龙图阁待制知漳州制
（绍兴元年九月二十八日）

敕:七闽南粤之交,有漳浦焉。其地俭陋,故其民窭以啬;其为郡僻左,故吏至则鄙夷其人。是以泽不下宣而民益困,非里社不远,因俗制宜,鲜克称治。具官辍自侍从,则吾信臣。云云,下词同汪。

出处:《北山小集》卷二四。

撰者:程俱

考校说明:编年据《建炎以来系年要录》卷四七补。"龙图阁待制",《建炎以来系年要录》卷四七作"徽猷阁待制"。

高卫龙图阁待制知抚州制
（绍兴元年九月二十八日）

敕:乃者虏骑大入,蹂吾江西,临川之民,荡析厥居,罔或生聚。朕思得敏惠之士,往而劳来,还定安集之。庶几补创痍之酷,息愁叹之声,有以召和而弭乱也。具官辍自侍从,则吾信臣。况尝将命于外台,固已淹通于政事;且复阶荣于近著,所宜深体于焦劳。谅于绥驭之间,益展忠勤之效。虽尔身在外,若远迩之或殊;然国步方艰,亦承宣之是赖。休戚所系,往其钦哉!可。

出处:《北山小集》卷二四。

撰者:程俱

考校说明:编年据《建炎以来系年要录》卷四七补。"龙图阁待制",《建炎以来系年要录》卷四七作"徽猷阁待制"。

龙图阁学士朝议大夫致仕翟汝文翰林学士制
(绍兴元年九月二十八日)

敕:朕惟唐室中微,出狩于外,时则有帷幄之杰、不二心之臣如陆贽者,通达国经,弥缝衮阙,克乂厥辟,迄成恢复之功,朕未尝不想见其人也。具官瑰玮之文,藻饰王度;迈往之气,高视士林。出则藩宣之良,入为侍从之长。兹用旧物,还之禁涂。岂唯资润色之工,感人心而孚朕意;庶几有论思之赖,竭忠节以赞中兴。其景行于昔贤,以钦承于休命。可。

出处:《北山小集》卷二四。

撰者:程俱

考校说明:编年据《建炎以来系年要录》卷四七补。"龙图阁学士",《建炎以来系年要录》卷四七作"显谟阁直学士"。

朝奉郎徽猷阁待制知婺州李光尚书吏部侍郎主管右选制
(绍兴元年九月二十八日)

敕:古者源清而官省,故以尚书总铨衡;近世法具而员多,则分四选为左右。自兵车之为卫,巡方岳以在行,文牒浸亡,防范随缺。思举浩繁之治,必资通简之才。具官劲挺得于天姿,学术明于治理。抗愤世疾邪之论,有捐躯徇国之心。久均逸以就间,盍共思于丕济。俾赞天官之职,益观邦治之成。惟去敝戢奸,若尔之为守令,则政修事举,予不谬于简知。往其钦哉,懋乃攸绩。可。

出处:《北山小集》卷二四。

撰者:程俱

考校说明:编年据《建炎以来系年要录》卷四七补。

李弥大尚书吏部侍郎主管左选制
(绍兴元年九月二十八日)

敕:上词同。具官问学该通,器质浑厚,自艰难而多故,每慷慨以奋忠。均逸殊庭,荐更岁律,盍共思于丕济,庶益展于嘉猷。俾贰天官,以赞邦治。苟吏属知戢奸而远罪,则尔为无负于简求;若官曹皆宣力而建功,则朕亦何忧于不理。钦予时命,尚其懋哉。可。

出处:《北山小集》卷二四。
撰者:程俱
考校说明:编年据《建炎以来系年要录》卷四七补。

赐新除吏部尚书李光辞免恩命不允诏
(绍兴元年九月二十八日后)

敕李光:省所奏辞免恩命,事具悉。为国之患,在于有贤而不能用。卿学行修饬,识虑通明。许国之诚,慨然有为;济务之材,绰有余裕。搢绅所贤,而朕所知也。天官常伯,任首六联,位次二府。需贤而用,今始得卿。胡为抗章,犹尔逊避?亟祗成命,庸副朕怀。所请宜不允。故兹诏示,想宜知悉。

出处:《北海集》卷一四。
撰者:綦崇礼
考校说明:编年据《建炎以来系年要录》卷四七补。

令胡世将兼程去福建措置盗贼诏
(绍兴元年九月二十九日)

福建路盗贼未平,乡村久被焚掠,民力困于养兵,师老患深,不当玩寇。若不速行招安,即合并力掩捕。差监察御史胡世将前去充抚谕,限三日起发,兼程前去,与辛企宗商量。如合招收,即疾速措置,如合掩击,疾速进兵,不得有失措置。

出处:《宋会要辑稿》兵一三之九。

严禁越州杀牛诏
(绍兴元年九月二十九日)

越州内外杀牛、知情、买肉人,并徒二年,配千里,立赏钱一百贯。

出处:《宋会要辑稿》刑法二之一〇四。

赐少保尚书左仆射同中书门下平章事吕颐浩生日诏
（绍兴元年九月）

凉飙肃穆,爱景舒迟。伟哉图旧之贤,生此就盈之月。颁芳嘉之礼食,赞燕喜于私庭。期坐届于遐龄,用永扶于昌祚。今赐卿生日羊酒米面等,具如别录,至可领也。

出处:《浮溪集》卷一三。
撰者:汪藻
考校说明:编年据吕颐浩宦历及汪藻任两制时间补,见《建炎以来系年要录》卷四七。

武义大夫忠州刺史阁门宣赞舍人襄阳府
邓随郢州镇抚使桑仲奖谕敕书
（建炎四年八月至九月间或绍兴元年秋）

敕桑仲:朕惟边圉不宁,中原失驭,凡王灵之靡及,皆寇虐以显行。汝尽节朝廷,有功江汉,见奸人之专杀,用国法以成禽,坐使群方,肃然知畏。剡章来上,良用叹嘉。故兹奖谕,想宜知悉。秋冷,汝比好否? 遣书,指不多及。

出处:《浮溪集》卷一六。
撰者:汪藻
考校说明:编年据桑仲宦历及汪藻任两制时间补,见《建炎以来系年要录》卷三六等。

尚书右仆射秦桧曾祖赠太子少保某赠太子太保制
（绍兴元年九月后）

敕:朕思济艰难以图恢复,眷惟辅相之举措,实系邦家之安危。断自朕心,既得良弼,推庆贻之所自,宜锡命之有加。具官曾祖某独善在躬,怀才不试。高尚其事,兰弗服而弥芳;文字之祥,源既深而益远。种德百年之内,收功三世之余。位冠百僚,忠迈前古。谅仪刑于遗范,斯衍绎于流光。是用下王綍以宠襃,陟储宫之辅翼。庶见菁龟之喜,以尉烝尝之思。可。

出处:《北山小集》卷二二。

撰者:程俱

考校说明:编年据程俱任两制时间、秦桧官历补,见《建炎以来系年要录》卷四六。

秦桧曾祖母永嘉郡夫人王氏赠崇国夫人制
(绍兴元年九月后)

　　敕:朕观载籍之传,考兴衰之绪,其流泽后世,俾衣冠之盛、孝悌之风益隆而不坠者,非独世德之修而已,盖有闺壸之助焉。具官曾祖母克以内则,相其君子,其必有柔嘉之行、淑慎之仪,膳服适于亲疏,慈祥足以矜式者矣。不然,何垂裕之深也?惟我次辅,为世纯臣。大国加封,虽云故事;有兹宠渥,其命则新。可。

出处:《北山小集》卷二二。

撰者:程俱

考校说明:编年据程俱任两制时间、秦桧官历补,见《建炎以来系年要录》卷四六。

秦桧祖赠太子少傅某赠太子太傅制
(绍兴元年九月后)

　　敕:天人之际,世或以为难知;报施之宜,理则疑于可待。故有积德不售,遗泽则深,在其子孙,合若符节。优隆之典,旌劝兼焉。具官祖某成性守于宫庭,履信行于州里,表贵名于异代,远慕王通之著书;竦公望于布衣,近希文正之忧国。朕图柄任,爰得硕臣。推循祖德之修,实遗邦基之庆。惟青宫之高选,若师傅之古官。用贲家庭,以申异数。可。

出处:《北山小集》卷二二。

撰者:程俱

考校说明:编年据程俱任两制时间、秦桧官历补,见《建炎以来系年要录》卷四六。

秦桧祖母普安郡夫人俞氏赠嘉国夫人制
(绍兴元年九月后)

敕:自汉魏以来至于今者,秦氏之世,未有显人。而丞相独以儒学起家,忠节自奋,致位执政,遂登宰司。而俞氏之世,寂寥千载,亦无闻焉。夫啬之久则其施必昌,发之迟则其行必远。内外蓄德,贻泽厥孙。具官祖母惟礼惟法,无非无仪,化行于中馈,仁及于宗姻,遂成厥家,以有兹庆。既疏封于大郡,朕以为未足也,嘉实大国,锡命有加。肆宠尔私,抑以劝于为善。可。

出处:《北山小集》卷二二。
撰者:程俱
考校说明:编年据程俱任两制时间、秦桧官历补,见《建炎以来系年要录》卷四六。

秦桧父任信州玉山县令赠太子少师某赠太子太师制
(绍兴元年九月后)

敕:官无小大,惠足以及物者,其泽必长;天无私亲,位弗称其德者,其偿必厚。惟善祥之不爽,知义教之有方。顾兹褒赠之彝章,是亦报施之明验。具官述业该贯,提身肃恭,自奋宾兴之书,无愧循良之吏。弦歌之用,莫究厥施;襦袴之仁,谅多遗爱。密令之为太傅,褒贤虽隔于当年;于公之启高门,阴德果昌于厥后。是用举封曹之懋典,极望苑之崇资,以成追远之思,用显流光之庆。可。

出处:《北山小集》卷二二。
撰者:程俱
考校说明:编年据程俱任两制时间、秦桧官历补,见《建炎以来系年要录》卷四六。

秦桧母和义郡夫人王氏赠荣国夫人制
(绍兴元年九月后)

敕:士方隐约陋巷,栖迟小官,刑于室家,相与躬顾,复之勤保廉俭之操者,亦以成其子也。子既贤矣,展忠纯之节,都辅相之位,而亲不逮养,此风木之况古人所以深悲,而追荣之典朝廷所以加厚也。具官母礼法是蹈,淑靖有闻。鞠身守约,既以饬其闺壶矣;以子知母,则慈严之教,所以薰陶成就者又可知焉。疏封大国,庸示宠绥,抑以慰孝子之心云尔。可。

出处:《北山小集》卷二二。

撰者:程俱

考校说明:编年据程俱任两制时间、秦桧官历补,见《建炎以来系年要录》卷四六。

秦桧妻信安郡夫人王氏封镇国夫人制
(绍兴元年九月后)

敕:二南之诗,本于王化之基,而及于夫人之德,虽形四方、风一国,小大不同,然其所以循法度、奉烝尝、致辅佐之宜一也。具官妻生子庆门,积习名教,克配君子,礼以自防。顾兹翊赞之勋,方且延登于揆路;岂无儆戒之助,固当覃庆于闺门。太行之东,镇为大国,疏封锡命,谓之小君。时惟懋恩,永其祗服。可。

出处:《北山小集》卷二二。

撰者:程俱

考校说明:编年据程俱任两制时间、秦桧官历补,见《建炎以来系年要录》卷四六。

左仆射吕颐浩曾祖赠太子少保元吉赠太子太保制
(绍兴元年九月后)

敕:朕嗣有基业,思济艰难,爰以季秋之吉辰,虔展合宫之禋祀。祗见天地,用申祈报之诚;配以祖宗,敢忘功德之自。肆均厘于四海,且涣泽于庶工。矧予佐理之臣,与存追远之典。具官曾祖种德不售,怀仁在躬,灼知五世之隆,责报百年之后。惟厥元宰,乃其曾孙,勤劳王家,缉熙帝载。推我奉先之志,用敷余庆之覃。肆出綍以宠绥,正储宫之保护。岂特锡高门之福,又将劝为善之宗。可。

出处:《北山小集》卷二五。

撰者:程俱

考校说明:编年据吕颐浩官历补,见《建炎以来系年要录》卷四七。

吕颐浩曾祖母荣国夫人李氏赠充国夫人制
（绍兴元年九月后）

敕：源之深者其流长，膏之沃者其光烨，此不易之理也。其有积善在躬，衍庆于后，至于休显盛大，冠于一时，而其泽足以仁其九族者，非独祖德之修而已，盖亦有内则之助焉。具官曾祖母克以懿德，相其君子，是必有淑靖之仪，慈爱之行，宜于上下，怀其宗姻者。不然，何垂裕之远也？既已荐被恩典，疏封于荣，兹予宗祀合宫，用敷锡于天下，进封大国，时惟宠绥。尚克祗歆，加贲泉壤。可。

出处：《北山小集》卷二五。

撰者：程俱

考校说明：编年据吕颐浩官历补，见《建炎以来系年要录》卷四七。

吕颐浩祖赠太子少傅京赠太子太傅制
（绍兴元年九月后）

敕：朕展寀合宫，荐见上帝。均厘之泽，恩数首加于四邻；追贲之私，宠绥上及于三世。时亦懋德，厥惟旧章。具官祖行己以恭，抱能不试。忠信孚于州里，知少游之为善人；福祥逮其子孙，若于公之有阴德。眷予硕画之辅，实在骏奔之庭。用申敷锡之宜，益彰余庆之美。惟储宫之六傅，有汉仪之古官。若留侯筹策之良，仅为副贰；以疏广止足之操，式配幽潜。岂唯慰烝尝之思，抑以大褒嘉之典。可。

出处：《北山小集》卷二五。

撰者：程俱

考校说明：编年据吕颐浩官历补，见《建炎以来系年要录》卷四七。

吕颐浩故祖母崇国夫人耿氏赠徐国夫人制
（绍兴元年九月后）

敕：古之祭者，必有脤膰之赐，以及在位之臣，所以均神明之福，思与臣下共之也。国家郊庙之祀，间行于三年，厘事告成，则必敷泽于上下，而宰辅之臣，褒嘉之隆上及三世,益封进律,无所爱焉。具官故祖母淑慎之仪,事上则肃;慈祥之行,逮下以仁。迄成厥家,委庆于后。汤沐之邑,命书之褒,告于第者屡矣。今用徙封大国,益示宠绥。爰举纶綍之华,永为窀穸之赍。可。

出处:《北山小集》卷二五。

撰者:程俱

考校说明:编年据吕颐浩官历补,见《建炎以来系年要录》卷四七。

吕颐浩故父任宣德郎赠太子少师当赠太子太师制
(绍兴元年九月后)

敕:朕惟熙宁之初,始以经术造士,其在科级,率多俊良。然有策名虽振于一时,而历位不过于八品,遗庆贤子,为吾辅臣。肆均厘事之恩,爰举宠章之旧。具官故父怀才宏博,蓄德浑全。奋迹士乡,褒为选造之举;效能官次,绰有廉平之称。不究厥施,克昌其世。属我艰危之际,荐著忠劳之勋。狐突之教益明,臧孙之后可待。式敷王綍之涣,俾冠储宫之班。惟宠数之有加,庶歆承于休命。可。

出处:《北山小集》卷二五。

撰者:程俱

考校说明:编年据吕颐浩官历补,见《建炎以来系年要录》卷四七。

吕颐浩故母温国夫人魏氏赠郓国夫人制
(绍兴元年九月后)

敕:昔者毕万之封,休祥是告,表以盈数,传之大名。是以后之子孙,绪业滋显,有国有氏,至于汉唐;宰辅相望,号为甲族,以迄于今。乃有女子,嫔于德门,是生时英,实我良弼。熙成之泽,追远是先,厥有彝章,亦惟其称。具官故母图史是训,法度是循。慈教见于择邻,妇德行乎中馈。积善之报,发于家庭。既生享于安荣,亦没加于宠赠。进封大国,锡以东平。不忘桑梓之依,式慰松楸之望。可。

出处:《北山小集》卷二五。

撰者:程俱

考校说明：编年据吕颐浩宦历补，见《建炎以来系年要录》卷四七。

吕颐浩故妻嘉国夫人魏氏赠蔡国夫人故妻
和国夫人姜氏赠卫国夫人制
（绍兴元年九月后）

敕：才德之臣，有以忠智自奋，勤劳王家，致位上宰，有此显荣，而内助之贤，相与保廉俭之操于勤约之时而不与享焉，亦足叹矣。然则均厘之锡，宠绥之典，上以推吾漏泉之恩，而下以慰其伉俪之感者，其可后哉！具官故妻妇德是懋，仪于庆门，静女之规，克遵古训。天阙不寿，末如命何。既荐锡于宠章，爰从封于大国。以光彤史之载，无忝纶言之褒。可。

出处：《北山小集》卷二五。

撰者：程俱

考校说明：编年据吕颐浩宦历补，见《建炎以来系年要录》卷四七。

资政殿学士张守故父赠太子少师彦直赠太子太保制
（绍兴元年九月后）

敕：朕爰以季秋，肇称禋祀，贵诚上质，备匏尊槁席之仪；创业守文，严艺祖、太宗之配。既成厘事，用涣渥恩。举兹在服之臣，与蒙追远之贲。矧惟邦彦，顷赞国均，加宠厥先，理其可后。具官故父怀才不试，蓄德在躬。义教有方，美哉桥梓之度；盛事不朽，蔚然椿桂之荣。惟时中子之贤，实予共政之旧。顾储宫之极品，有保德之古官。用申出綍之华，以广均厘之泽。时为休命，尚克歆承。可。

出处：《北山小集》卷二五。

撰者：程俱

考校说明：编年据程俱任两制时间、张守宦历补，见《建炎以来系年要录》卷四六。

张守故母永嘉郡夫人王氏赠文安郡夫人制
（绍兴元年九月后）

敕：朕观载籍之传，考兴衰之绪，其流泽后世、俾衣冠之盛、孝悌之风益隆而不坠者,非独世德之修而已,盖有闺壶之助焉。具官故母以正顺事其夫,以慈教成其子。蓋绥三鼎之养,不洎万锺之荣。属予有事于合宫,因以均厘于寰宇。矧尔贤子,尝更辅臣。宠绥式举于旧章,纶綍载扬于申命。易封大郡,表以嘉称。以慰烝尝之思,抑彰淑善之报。可。

出处:《北山小集》卷二五。

撰者:程俱

考校说明:编年据程俱任两制时间、张守官历补,见《建炎以来系年要录》卷四六。

张守妻普安郡夫人姚氏封太宁郡夫人制
(绍兴元年九月后)

敕:二《南》之诗,本于王化之基,而及于夫人之德。虽形四方、风一国,小大不同,然其所以循法度、奉烝尝,致朝佐之宜一也。具官妻恭慎之美,宜其姑嫜;淑静之仪,表于闺壶。辅佐君子,有斯显荣。属厘事之告成,肆湛恩于无外。敷锡之典,厥有故常。疏名郡以易封,揭太宁之嘉称。钦予时命,永服宠休。可。

出处:《北山小集》卷二五。

撰者:程俱

考校说明:编年据程俱任两制时间、张守官历补,见《建炎以来系年要录》卷四六。

起复镇潼军节度使开府仪同三司充醴泉观使孟忠厚曾祖任内殿承制閤门祗候赠太师追封秦王随追封魏王制
(绍兴元年九月后)

敕:朕展衮合宫,肇修宗祀,荐见上帝,方熙事之既成;敷锡庶民,肆湛恩之广被。矧繄戚苑,可后彝章。具官曾祖绍服忠勤,躬持廉恪。积是余泽,委于后人。既膺长信追贲之荣,复被奕叶褒崇之渥。维垣一品,极周汉之官仪;列国三公,更秦魏之土宇。易兹旧服,式表大名。惟纶綍之有加,庶丘原之增焕。可。

出处:《北山小集》卷二五。

撰者:程俱

考校说明:编年据程俱任两制时间、孟忠厚官历补,见《建炎以来系年要录》卷四五。

孟忠厚曾祖母徐豫国夫人张氏赠秦魏国夫人制
(绍兴元年九月后)

敕:朕惟孝子奉先追远之志,推而上之,岂有穷哉。而祭享之仪,追荣之典,唯达者遂焉。非独曲成其私,亦所以为积善之劝也。具官曾祖母承训令族,作配高门,克有孙曾,以承庆祉。肆因大赍之及,载新两国之封,以慰烝尝之思,以为存没之宠。歆予时命,尚其有知。可。

出处:《北山小集》卷二五。
撰者:程俱
考校说明:编年据程俱任两制时间、孟忠厚官历补,见《建炎以来系年要录》卷四五。

孟忠厚祖任武安军节度观察留后致仕
赠太师追封岐王遂追封韩王制
(绍兴元年九月后)

敕:朕爰以季秋,肇称禋祀,冀获神灵之祐,不替祖宗之休。遂敷锡于四方,且推恩于百辟。矧是戚藩之贵,宜膺宠典之先,用降命书,以新宠数。具官故祖某受才宏博,蓄德浑深。虽栖迟于小官,已激昂于壮志。邓氏之多阴德,何止千人;长孙之得坤爻,卒符二马。褒崇之典,纶綍具膺。虽久享于庙封,盖莫如于韩乐。以兹告第,益示宠绥。庶几有知,尚其祇服。可。

出处:《北山小集》卷二五。
撰者:程俱
考校说明:编年据程俱任两制时间、孟忠厚官历补,见《建炎以来系年要录》卷四五。

孟忠厚祖母夏商国夫人王氏赠韩豫国夫人制
(绍兴元年九月后)

敕:朕惟昭慈献烈皇后睿德懿范,凤遭多难,起于间燕之中,实负宗桃之重。

举此神器,属予冲人。扶危定倾,迄安赵氏。然则外家之泽,可不致于优隆乎?具官祖母夙以名族,嫔于庆门。淑慎有闻,礼法是蹈。诞育圣母,实仪泰陵。属予宗祀之告成,方锡神休于无外,是用易封大国,曰豫与韩。虽未足以答长信非常之勋,亦庶几以达朕心不忘之意。尚其歆服,以尉孝思。可。

出处:《北山小集》卷二五。

撰者:程俱

考校说明:编年据程俱任两制时间、孟忠厚宦历补,见《建炎以来系年要录》卷四五。

孟忠厚父任中散大夫开封府左司录赠通议 大夫徽猷阁待制彦弼赠太子少师制
(绍兴元年九月后)

敕:昔在承平之世,益知文教之隆。凡宗戚将帅之门,多诗书礼乐之好。惟东朝之盛烈,挺邹母之余风,有子之贤,服儒盖久,翱翔通籍,出入禁涂。逮兹敷锡之恩,故有宠嘉之典。具官故父赋才明晤,持己靖恭。绰有温良之称,曾无侈丽之习。荐膺华绶,追陟从班。顾冢嗣之在廷,视鼎司之极品。属予宗祀,均此繁禧,是用举司封之旧章,有望苑之崇秩。孤卿之首,加赠为宜。尚其英爽之临,抑伸畴昔之志。可。

出处:《北山小集》卷二五。

撰者:程俱

考校说明:编年据程俱任两制时间、孟忠厚宦历补,见《建炎以来系年要录》卷四五。

孟忠厚母徐郓国夫人李氏赠吴越国夫人制
(绍兴元年九月后)

敕:小君之爵,于古有之;而不系其夫,自以国名者,盖出后世。至于兼取两国,以大厥封,是为弥文,有加无已。妇人之贵,至是无复加矣,非懿亲具美,何以得之?具官故母淑德早彰,令仪终誉。辅佐之美,既成厥家;庆善之施,益昌厥后。追崇之典,膺受则多。有子而贤,视仪三事,用加沛泽,易以大封。庶几丘原,歆服光宠。可。

出处:《北山小集》卷二五。

撰者:程俱

考校说明:编年据程俱任两制时间、孟忠厚宦历补,见《建炎以来系年要录》卷四五。

孟忠厚妻卫国夫人王氏封楚国夫人制
(绍兴元年九月后)

　　敕:元丰之际,圣主厉精于上,以图回万几,爰有相臣,靖共厥位,将顺缉熙。逮其子孙,周旋显仕,仍有女子,嫔于戚藩。贵视其夫,鱼轩翟茀,出入禁闼,时节东朝,以至于今,嗣有休渥。具官妻婉嫕之美,淑慎之仪。法度是循,宗姻无间。疏荣大国,易以楚封。时惟新恩,均我厘祉。可。

出处:《北山小集》卷二五。

撰者:程俱

考校说明:编年据程俱任两制时间、孟忠厚宦历补,见《建炎以来系年要录》卷四五。

给事中胡交修故父赠中大夫宗旦赠太中大夫制
(绍兴元年九月后)

　　敕:上词同汪藻。具官故父某屡以经术,预于宾兴,一命未沾,九原莫作。孝友廉逊,信于乡闾。不克大施,委庆厥嗣。云云。

出处:《北山小集》卷二六。

撰者:程俱

考校说明:编年据胡交修宦历补,见《建炎以来系年要录》卷四七。

胡交修故母令人姚氏赠硕人制
(绍兴元年九月后)

　　敕:朕惟嘉祐之际,修典礼之书,文献未亡,因革咸载。怀铅之士,世绪浸微。女子之贤,嫔于名族,是生令子,实我从臣。庆赐之行,宠章斯在。具官故母淑靖之美,宜于宗姻;图史之规,奉以终始。夭阏不寿,勤俭莫酬。虽命綍之屡颁,顾孝思而何极。易兹嘉称,是亦懋恩。庶几有知,歆此休命。可。

出处:《北山小集》卷二六。

撰者:程俱

考校说明:编年据胡交修官历补,见《建炎以来系年要录》卷四七。

胡交修继母太令人杨氏封太硕人制
(绍兴元年九月后)

敕:诸杨系出建安,而文学之臣曰亿,博敏之外,名节凛然。而其裔孙作配名族,守志不易,岂其流风,无爽三从之规,迄飨千锺之养。属兹宗祀,宜有宠绥。具官继母明淑有余,礼法是蹈。均一之德,宗姻所推。既荐锡于命书,用再加于美称。永其祗服,有此显休。可。

出处:《北山小集》卷二六。

撰者:程俱

考校说明:编年据胡交修官历补,见《建炎以来系年要录》卷四七。

卫振为父靖招收李忠贼马阵亡补承信郎制
(暂系于绍兴元年九月后)

尔父顷以战贼,陨于行阵,赏延及尔,遂服武阶。申锡命书,无忘毖慎。

出处:《紫微集》卷一九。

考校说明:编年据王彦击败李忠、李忠降伪齐时间补,见《建炎以来系年要录》卷四七。张嵲此时未任两制,此文或为《紫微集》误收。

吴玠明州观察使制
(绍兴元年九月至十月间)

敕:朕以经理二陕,付之枢臣,奉将天威,式遏乱略。非有熊罴之士、不二心之臣相与勠力尽忠,内抚外御,则戡定之期未可以岁月冀也。朕公来上,懋赏是宜。具官才气不群,忠勇自奋,策足功名之会,腾声关陇之间。比者擢帅泾原,尽护诸将;岐下之战,尤为隽功,获其酋豪,丑类折北。是用畴其多捷,陟以廉车。夫雄职美官,朕所以待功能之士也。益奋尔烈,朕无爱焉。可。

出处:《北山小集》卷二四。
撰者:程俱
考校说明:编年据程俱任两制时间、吴玠官历补,见《建炎以来系年要录》卷四八。

明州观察使吴玠起复前件官职差遣制
(绍兴元年九月至十月间)

敕:孝移于忠者,圣人之格言;国尔忘家者,人臣之彝宪。而况分阃外之寄,统诸路之师,淬厉以须,枕戈待旦,而可以亲丧废乎? 具官比以功伐,浸阶显荣。却敌有沉果之机,驭军适威爱之济。战多中率,懋赏既行,遽深风木之悲,方从金革之事。矧临敌忌于易将,而军制容于夺情。其安厥常,毋旷尔职。苟能扬名于世,以显其父母,则忠孝之道两得矣。尔其懋哉! 可。

出处:《北山小集》卷二四。又见《新安文献志》卷一。
撰者:程俱
考校说明:编年据程俱任两制时间、吴玠官历补,见《建炎以来系年要录》卷四八。此制当在《吴玠明州观察使制》之后。

令两浙转运司改造座船诏
(绍兴元年十月一日)

令两浙转运司将本司已分下州县打造座船改造浙东行运舫子一十七只,所有纲船仍打造二百五十,科船三十五只,仰别开具的实用物料钱数申尚书省。

出处:《宋会要辑稿》食货五○之一二。

蔡京王黼门人有才能者公举叙擢诏
（绍兴元年十月二日）

　　党锢之论,自古病之,本朝自章惇、蔡京首建元祐之党,至崇宁、宣和间,委任一相,则天下人材不归蔡京则归王黼之门矣。恭闻太上内禅之日,已自悔为奸臣蒙蔽,乃属其大臣,令辅渊圣,尽用司马光政事。逮朕嗣位以来,遵用太上玉音,追复元祐臣僚官职,我又录用其子孙,亦欲破朋党之论也。方今国削而迫,殊乏贤能干蛊之士与其图治,而于推择除授之际,尚以蔡京、王黼门人为嫌,似未通变。自今应京、黼门人实有材能者,公举而器使之,庶几人人自竭,以济艰难之运。

出处:《建炎以来系年要录》卷四八。

参知政事李回除资政殿学士江南西路
安抚大使令谢辞上殿制
（绍兴元年十月二日）

　　敕:宣力四方,必有股肱之赖;折冲千里,是资帷幄之良。朕念江西之上游,有若豫章之巨镇,民亦劳止,岂无还定安集之思;我仪图之,爰得礼乐诗书之帅。具官才足以经远,学足以赞猷。蚤献纳于朝端,亦缉熙于王度。静而能应,刚以有容。乃者扈长乐之遄征,总行台之庶务。暨还吴会,陟副枢庭,遂佐国均,益资辰告。属悬辞于机政,方图任于蕃宣,用升秘殿之华,仍付中权之重。惟庙堂之宿望,固应深体于焦劳;惟荆楚之旧临,谅已周知于利病。往苏疲瘵,式副倚毗。行尔所闻,岂烦多训。可。

出处:《北山小集》卷二四。
撰者:程俱
考校说明:"绍兴元年"据《建炎以来系年要录》卷四八补。

给事中洪拟除吏部尚书制
(绍兴元年十月二日)

　　敕:天官掌六典以佐王,是为周制;吏部建九品以取士,始大魏邦。惟今古之异宜,在倚毗而均重,求诸近列,吾得其人。具官学问之优,见于从政;靖兵之美,仪于本朝。夙将使指于四方,亦既敷宣于德教。周历宪台之三院,固多启沃于聪谋。比自司言,进膺平奏,属铨量之虚位,思振举于颓纲,念非老成,莫克付授。矧自文籍散逸,吏缘为奸,真伪混淆,官益以冗。至于法出而诈起,安得风流而令行。惟通简如裴、王,则足以应无穷之绪;惟清明如崔、范,则足以祛积敝之源。谅亦优为,伫观成绩。可。

出处:《北山小集》卷二四。
撰者:程俱
考校说明:编年据《建炎以来系年要录》卷四八补。

左司员外郎赵子昼太常少卿制
(绍兴元年十月二日)

　　敕具官:太常礼乐之司,自天下多故,文籍散亡,猝有讨论,莫之折中。仪曹博士,口咕而不能对,掌故客史,意行而无所稽,朕甚闵焉。以尔学问该通,操履修洁,试之宰士,裨益则多,擢贰曲台,时惟高选。夫哀文籍于散亡之后,明礼乐于缺坏之余,唯其勉哉,时尔之任。可。

出处:《北山小集》卷二四。
撰者:程俱
考校说明:编年据《建炎以来系年要录》卷四八补。"赵子昼",《建炎以来系年要录》误作"赵子画"。

降授朝奉大夫姚舜明左司郎官吏部
员外郎仇悆右司员外郎制
（绍兴元年十月二日）

敕具官：尚书万几本，而联治分职，允厘于六官。处中经体，则任之大臣；举纲引墨，则责之宰士。不有弥纶之助，孰承斟酌之宜？以尔舜明中外荐更，颇著风绩；以尔悆比参铨叙，克守厥官；矧皆俊造之升，是资儒雅之饰。尚其祗恪，以副简求。可。

出处：《北山小集》卷二四。

撰者：程俱

考校说明：编年据《建炎以来系年要录》卷四八补。

潘良贵考功郎官楼炤兵部李易屯田
张衿刑部张汇比部郎官制
（绍兴元年十月二日）

敕具官：六卿之属不同，其于赞喉舌之司，成考会之务者，顾岂有异哉。以尔良贵自信不回，顷更言路；以尔炤绰有才辩，慷慨事功；以尔易发策行朝，先鸣多士；以尔衿该通律令，号为详明；以尔汇为吏有称，济以强敏。或翱翔于已试，或激昂于有为。俾列位于文昌，庶效能于司会。时惟遴简，无旷厥官。可。

出处：《北山小集》卷二四。

撰者：程俱

考校说明：编年据《建炎以来系年要录》卷四八补。

诸郡守臣改移及罪罢不俟新官先次罢任诏
（绍兴元年十月三日）

自今诸郡守臣改移及罪罢者，并不俟新官，先次罢任，令转运使选以次廉干官权行主管，其帅臣则令监司权摄。

出处:《建炎以来系年要录》卷四八。

禁诸军擅出城斫柴诏
(绍兴元年十月四日)

已降指挥,令逐军自二月十三日后权住采斫。若阙少柴薪,申取指挥,给限于买到山内采斫。如擅出城斫柴,当依军法。将佐不钤束,重置典宪外,今后诸军并三衙遇得朝廷指挥许打柴,军兵并令长官给号,差官部押;如无押号及虽有而采斫坟茔林木作过,许巡尉、乡保收捉,赴枢密院取旨,部押官重作行遣。

出处:《宋会要辑稿》刑法二之一〇九。

赐新除户部侍郎柳约辞免恩命不允诏
(绍兴元年十月四日后)

敕柳约:省所奏辞免恩命,事具悉。昔汉官有试守者,满岁则为真;而唐制,要官亦俾权知,久乃正授。盖已试而迁,则上之用人也审;循次而进,则士之居位也安。朕于贰卿,致详者如此。卿以疏通之才,司邦国之计,阅时虽近,绩效已闻,就正厥官,孰曰不可? 矧方倚以使事之重,远聘绝域,送之以礼,宠命是宜。其即钦承,无劳逊避。所请宜不允。故兹诏示,想宜知悉。

出处:《北海集》卷一四。
撰者:綦崇礼
考校说明:编年据《建炎以来系年要录》卷四八补。

诸处差破兵级人从请给事诏
(绍兴元年十月五日)

今后应合差破兵级人从去处,并报所隶军马司,正行差拨填阙。若系踏逐差无旧请,及诸处减罢发遣正身不到所隶军马司之人,并不支破请给。

出处:《宋会要辑稿》职官二七之六一。

林遹除龙图阁直学士诏
(绍兴元年十月五日)

宝文阁待制、新知广州林遹,当苗、刘之乱,首请纳禄,可除龙图阁直学士,以宠其节。

出处:《建炎以来系年要录》卷四八。

告谕范汝为徒党诏
(绍兴元年十月六日)

尔等素怀忠义,为国宣力,比缘阙食,因而啸聚,原其所自,实非本心。今遣使招收,应日前罪犯一切不问,特与赦免。仰将被胁从之人给据放散,令胡世将具首领姓名具奏,当议推恩。

出处:《宋会要辑稿》职官四二之七〇。

官军杀获范汝为等赏格诏
(绍兴元年十月七日)

官军杀获范汝为,与补汝为见带官职,杀获以次首领,亦与所获人见带名目,已有官资人比附推恩,并其余立功人各等第优加赏典。徒中擒获汝为出首之人,特补武翼郎外,更与除一阁职。仍给降空名告一道付宣抚司军前旌赏。

出处:《宋会要辑稿》兵一〇之二六。

进奏院承受文字依限投下诏
(绍兴元年十月七日)

今后进奏院应承受文字,并仰依限投下,仍置簿抄上日收名件都数及有无违碍文字申明,门下后省严切检察。如敢依前邀阻、乞觅钱物,或藏匿文书,许诣尚书省越诉。犯人取旨,监官失觉察,重行责黜。

出处:《宋会要辑稿》职官二之四八。

孟庾除参知政事制
（绍兴元年十月七日）

敕:朕丕承基绪,思济艰难。无竞惟人,方急贤能之举;不懈于位,宁忘岂弟之宜。俾人赞于国均,庶有孚于舆望。具官忱诚许国,才业应辰。宣力四方,更外台之赋政;元戎十乘,司留钥于陪京。益既乃心,咸有成绩。遂升华于延阁,旋分职于司徒。肆予肇祀之成,繄尔丰财之助。陟明斯在,方鸣玉以造庭;经体是宜,用出纶而敷命。方今国势未振,民力既疲,共惟置器之安,以佐涉川之济。唯德称而义厥辟,毋面从而有后言。卜式膺二府之求,盖朴忠之是赖;刘晏辅中兴之业,亦食货之周知。尚奋尔庸,以起予治。可。

出处:《北山小集》卷二四。
撰者:程俱
考校说明:编年据《建炎以来系年要录》卷四八、《宋史》卷二六《高宗纪》补。

直龙图阁前知婺州傅崧卿除秘书少监制
（绍兴元年十月七日）

敕具官:承平之初,肇建三馆,凡文学论思之选,鲜不出于其间。官制既行,归之秘省,为之贰者,未尝轻以畀人。以尔宾贡春闱,蔚为俊造之首;周旋朝著,雅有端谅之称。进思多忧国之言,出使有爱民之志。召自近郡,对于宴间,俾侍兰台,益懋远业。时惟遴简,其往钦哉。可。

出处:《北山小集》卷二四。
撰者:程俱
考校说明:编年据《建炎以来系年要录》卷四八补。

诸路屯驻军官支给钱米事诏
（绍兴元年十月九日）

诸路州军见屯驻官兵,其所支钱米内有官员,仰帅司照帐内姓名径下本军取索付身照验。如系正授朝廷付身充本军差遣,及专降指挥许差之人,即行下本州随见今职名依旧放行;若系官司一面补授,或本处自行差委,即是不得批勘。

出处:《宋会要辑稿》职官五七之六七。

吏部尚书洪拟除龙图阁待制知温州制
（绍兴元年十月九日）

敕:法从之臣,云云,上词同汪藻与郡。具官肃括而济之以和,明察而行之以恕。辍自常伯,则吾信臣。况淹练古今,于从政乎何有;而讲明治道,每诚心乎爱民。顾永嘉之保疆,实浙东之名郡。惟西清之延阁,有河图之旧班。虽鞅掌讽议,若中外之或殊;然针石捬摩,实乂安之是赖。尚体眷任,益懋尔庸。可。

出处:《北山小集》卷二四。
撰者:程俱
考校说明:编年据《建炎以来系年要录》卷四八补。

吏部员外郎廖刚起居舍人制
（绍兴元年十月十一日）

敕具官:自史官之职不修,而言动之记随以阔略,仗下之后,吁俞谋议不得闻焉;设官之意,盖自唐室而失之。然非行艺有闻,不以充选。以尔操履端谅,学问优深,有猷有为,名实既加于士类矣,簪笔殿陛,亦吾从臣。罔非正人,则有古训;承弼乃辟,惟尔之休。往其钦哉,祗我新命。可。

出处:《北山小集》卷二四。
撰者:程俱
考校说明:编年据《建炎以来系年要录》卷四八补。

陆长民孙近吏部郎官王珩户部郎官胡蒙度支郎官制
（绍兴元年十月十一日）

敕具官等：中台六官，实总天下之务，而吏户二曹，最为浩繁。得其人则铨叙平而财用理，不得其人则事不治而受其敝者众，故异时常以通简敏达之士为之属。以尔长民儒雅润饰，见于践扬；以尔近词学策名，尝更治郡；以尔珩政事不苟；以尔蒙强济有闻。或繇俊造之升，或著廉平之效。文昌之选，尤重于今，惟是名曹，事任加剧。时惟新命，尚其懋哉。可。

出处：《北山小集》卷二四。
撰者：程俱
考校说明：编年据《建炎以来系年要录》卷四八补。《建炎以来系年要录》卷四八云"秘阁修撰孙近为尚书户部郎中"，与此制标题不合。《建炎以来系年要录》卷五〇称孙近为"尚书吏部郎中"，则同书卷四八"户部郎中"当为"吏部郎中"之误。

秦某与绯章服除直秘阁与郡制
（暂系于绍兴元年十月十一日）

敕具官某：尔以俊造，策名儒科，寄任荐更，遂跻郎省。属尔同气，为予相臣。惟合治之相临，援故常而自列，召对便殿，恫愊无华，敦朴之风，见于言貌。擢以秘职，锡之身章，并示宠绥，且有申命。夫人为尚书郎，出为二千石，乃身在外而名直禁中，盖儒者之荣，而当今之高选也。惟克报称，益恢远图。可。

出处：《北山小集》卷二二。
撰者：程俱
考校说明：编年据《建炎以来系年要录》卷四八补。"秦某"疑是秦梓。

枢密院先因童贯陈请过指挥更不施行诏
（绍兴元年十月十五日）

枢密院先因童贯陈请过指挥更不施行，如有可行事件，令本院参酌取旨。

出处:《建炎以来系年要录》卷四八。

审计司阙官权差诏
（绍兴元年十月十六日）

审计司监官每遇阙官,逐急差权,每月支钱三十贯文;权不满月,计日支给,食钱三百文罢。

出处:《宋会要辑稿》职官二七之六一。

德安府复州汉阳军镇抚使陈规除徽猷阁待制制
（绍兴元年十月十六日）

敕:朕以安复汉阳三郡之众,设为巨屏,命守臣持节镇抚之,所以保人民、奋武卫也。乃能内辑外御,军声隐然,懋赏之行,理其可后。具官才猷见于已试,忠智资于自然。屡婴贼锋,卒固城守,劳来安集,荆襄之民实赖焉。夫待制西清,是为法从,肆以命尔,以旌尔功。且身在侯藩,职在延阁,则朕腹心之臣也。勉建功业,朕不汝忘。可。

出处:《北山小集》卷二四。
撰者:程俱
考校说明:编年据《建炎以来系年要录》卷四八补。

德安府通判李忴直秘阁制
（绍兴元年十月十六日）

敕具官:图书之府,上应奎躔,祖宗以来,用储英俊。有职于此,率时闻人,用以劝功,则为异数。以尔能以才力,佐治一邦,屡婴贼锋,卒固城守,清华之选,以示宠绥。尚其钦哉,益思报称。可。

出处:《北山小集》卷二四。
撰者:程俱
考校说明:编年据《建炎以来系年要录》卷四八补。"李忴",《建炎以来系年要录》

卷四八作"李忤"。

官吏辨验伪造度牒赏格诏
(绍兴元年十月十七日)

应诸路州军官吏能用心辨验伪造,每火已经官司推勘断遣了当,即将元验获官吏比提刑、转运司推赏;如人吏不愿转资,许依货卖牙引告首支赏,仍以收到书填度牒等縻费钱内支给。

出处:《宋会要辑稿》职官一三之三二。

谢克家差知泉州制
(绍兴元年十月十七日)

敕:朕惟瓯闽之区,实居岭海之会,督府之外,泉为大邦。四方游寓之所栖,百货懋迁之自出。顷者盗发旁乡,土民震惊,师出淹时,调度繁广。顾艰危之未息,岂安集之可稽。苟非重臣,孰任忧寄。具官文学政事,伟于朝端;宽裕疏通,达于治体。比擢参于大政,方允赖于嘉猷,遽陈辞剧之章,且申均逸之请。重违雅志,俾侍殊庭。属深轸于遐方,因即勤于卧治。昔白傅退居于西洛,亦就拜于尹厘;若毕公身在于东郊,尚无忘于入告。朕命不易,往其钦哉! 可。

出处:《北山小集》卷二四。
撰者:程俱
考校说明:编年据《建炎以来系年要录》卷四八补。

户部印押见钱关子召人入中诏
(绍兴元年十月十九日)

户部印押见钱关子,降付婺州召人入中,执关子赴杭、越榷货务请钱,每千搭十钱为优润。有伪造者,依川钱引抵罪。

出处:《建炎以来系年要录》卷四八。

王庶转两官除徽猷阁直学士制
(绍兴元年十月二十一日)

敕：自奚虏大入，暴师中原，六年于兹矣，而戡定之功，未云获也。其有分绥御之权，制阃外之事，而能所历有纪，威声隐然，至于夷险不回，绩效尤著，则陟明之典，其可后乎！具官忠荩出于天姿，才猷见于累试。蚤被器使，投刃之下无全牛；比属时危，疾风而后知劲草。爰更帅路，屡奏肤公；载抚兴元，有嘉豫备。枢臣来谂，功状卓然。岂唯宽朕北顾之忧，抑以张吾犄角之势。延阁之邃，学士之班，是为清华，以旌功代。仍进官之二等，亦示劝于一时。益懋乃庸，以称休宠。可。

出处：《北山小集》卷二四。又见《新安文献志》卷一。
撰者：程俱
考校说明：编年据《建炎以来系年要录》卷四八补。

朝奉大夫直秘阁赵开除直显谟阁制
(绍兴元年十月二十一日)

敕具官：师行川陕，于今三年矣。所以御敌者在兵，而所以聚兵者在食。至于权货殖以资军实，则又不可以乏共者焉。以尔奋自诸生，果于立事，付之财计，才效沛然。枢臣奏功，进官一等。升华延阁，并示宠嘉。尚其勉之，以畅荣问。可。

出处：《北山小集》卷二四。
撰者：程俱
考校说明：编年据《建炎以来系年要录》卷四八补。

赈给越州被烧民户事诏
(绍兴元年十月二十三日)

越州城内遗火，延烧民舍屋不少，致贫民无处居止。仰三省行下本州分委官躬亲仔细抄札，应实曾被火延烧下户，每十人作一保，结罪保明单甲姓名申尚书省,以凭支钱赈给。应官私地基许元赁人搭盖,依旧居住;其合纳房钱并地基钱,并与放两月。

出处:《宋会要辑稿》食货五九之二二。又见同书食货六八之一二○。

令叶梦得体究诣实宣州贱价收买客盐事诏
(绍兴元年十月二十六日)

朝廷大费,全藉茶盐之利,务要客旅兴贩通快。其宣州知州辄敢将妄乱告首客盐更不勘会诣实拘收入官,擅置回易务,贱价收买。李彦卿可先次降一官,令叶梦得体究诣实闻奏。

出处:《宋会要辑稿》食货二六之三。又见《宋会要辑稿补编》第七七九页。

官司条例改送敕令所立限刊定诏
(绍兴元年十月二十九日)

先令左、右司郎官以省记之文刊定颁行,恐不能专一,可改送敕令所立限刊定,镂版颁降。内吏部条法最为急务,责限一月,余并限一季成书。

出处:《宋会要辑稿》刑法一之三四。

结绝刑狱诏
(绍兴元年十月三十日)

致理之体,先德后刑。比来旱既太甚,斯民嗷嗷而望云霓,深可悯恻! 朕惟兢兢业业,祗畏祈禳,未尝敢自赦也。窃虑刑法失当,狱讼淹滞,怨恚所由生,而和气消铄多矣。可令逐路宪臣限指挥到日,日下躬亲前去遍诣诸州县刑狱,催督结绝施行。如违,当议黜责。

出处:《宋会要辑稿》刑法五之三二。

参知政事孟庾曾祖珏赠太子少保制
（绍兴元年十月后）

　　敕：朕宵衣旰食，思洪济于艰难；任贤使能，冀内修于政事。爰得忠良之佐，以图康乂之功。追赉厥先，具存故事。具官某故曾祖遁世无闷，躬行不言。忠信孚于乡间，仁义修于奥突。责报百年之后，非此其身；固穷一世之间，克昌厥后。惟我近弼，乃其曾孙。用加纶綍之褒，以示宠绥之厚。举司封之彝典，有望苑之孤卿。锡命是宜，疏恩兹始。尚其歆服，有此显休。可。

出处：《北山小集》卷二五。

撰者：程俱

考校说明：编年据孟庾宦历补，见《建炎以来系年要录》卷四八。

孟庾曾祖母王氏赠高平郡夫人制
（绍兴元年十月后）

　　敕：男正位乎外，女正位乎内，有家之道，所以保安乐而遗子孙，其修身积善，必有内则之助焉。具官曾祖母静专有仪，淑慎是履。以妇则顺，以母则慈。是以泽流曾孙，致位辅弼。而宠绥之数，上及于三世也。疏封大郡，实为高平。岂唯慰烝尝之思，抑以广家庭之庆。可。

出处：《北山小集》卷二五。

撰者：程俱

考校说明：编年据孟庾宦历补，见《建炎以来系年要录》卷四八。

孟庾祖任赵州司录某赠太子少傅制
（绍兴元年十月后）

　　敕：上词同吕父。具官祖怀才不试，积善在躬。重厚推于士卿，廉平见于吏检。少游之乘下泽，见称善人；于公之有高门，故多阴德。修身之报，诒庆厥孙。属我艰难之时，入参机务之重。拜命之始，追赠厥先。眷惟储副之备官，莫如师傅之为宠。升之二品，以贲幽潜，庶几九原，歆此休显。可。

出处:《北山小集》卷二五。

撰者:程俱

考校说明:编年据孟庾官历补,见《建炎以来系年要录》卷四八。

孟庾祖母郭氏赠齐安郡夫人制
(绍兴元年十月后)

敕:朕惟辅臣实当天下之重任,其任之也重,故车服宠数莫不致其隆焉,所以励其节而要其报尔。至追赉其先,上及三世,一命而得东宫之二品,初封而名列郡之小君,皆致隆之意也。具官故祖母毓秀高门,惟古名族。贤淑之质,乃其固然。委庆厥孙,参予大政。追远之典,则有故常。齐安之邦,实望淮服,命以华綍,贲于家庭。尚其有知,歆此蕃锡。可。

出处:《北山小集》卷二五。

撰者:程俱

考校说明:编年据孟庾官历补,见《建炎以来系年要录》卷四八。

孟庾父赠中奉大夫淳赠太子少师制
(绍兴元年十月后)

敕:源之深者其流长,膏之沃者其光烨。不有余庆,何以明种德之符;不有义方,何以成立身之美?虽生而不飨其乐,而没有追远之荣,举是宠章,以劝为善。具官故父某受才敏博,蓄德浑深。悃愊无华,盖任重致远之器;忠信为实,怀爱人利物之心。不克有施,实锺厥嗣。赞襄经体,方倚召公之功;徇国忘躯,灼知狐突之教。是用繇九卿之视秩,超六傅之崇资。旌宠兼之,显扬两遂。庶其歆服,有此褒荣。可。

出处:《北山小集》卷二五。

撰者:程俱

考校说明:编年据孟庾官历补,见《建炎以来系年要录》卷四八。

孟庚母淑人申氏赠永嘉郡夫人制
（绍兴元年十月后）

敕：士方隐约闾里，刑于室家，相与躬顾复之勤，保廉俭之操者，亦以成其子也。子既贤矣，展忠纯之节，都辅相之位，而母不逮养，此风木之况，古人所以深悲，而追荣之典，朝廷所以加厚也。具官母淑德懿范，乡党所程。妇训母仪，四外无间。以子知母，则慈严之教，所以薰陶成就者，又可知焉。疏封大郡，庸示宠绥，抑以慰孝子之心云尔。可。

出处：《北山小集》卷二五。

撰者：程俱

考校说明：编年据孟庚官历补，见《建炎以来系年要录》卷四八。

孟庚妻淑人徐氏封普安郡夫人制
（绍兴元年十月后）

敕：先王制礼，与夫"推恩接下"之文，未尝不本于人情。故公卿大夫之妻，其车服命书视其夫以为之节，所以崇有家、观内助也。具官妻淑靖之仪，推于姻族，图史之训，奉以周旋，是以克相君子，法度是循。荐被宠章，有兹休显，疏封大郡，是谓小君。时亦懋恩，永其祗服。可。

出处：《北山小集》卷二五。

撰者：程俱

考校说明：编年据孟庚官历补，见《建炎以来系年要录》卷四八。

刑部员外郎钱稔大理少卿制
（绍兴元年九月至十一月间）

敕具官：廷尉天下之平，得其人则天下无冤民，不得其平则民将无所措手足。然则为之贰者，其可不重其任哉！以尔比以才选，为郎尚书，持节饷军，转输不匮，风力之敏，于此可观。士制祥刑，往为之佐。尚其忧恪，以答宠休。可。

出处:《北山小集》卷二四。

撰者:程俱

考校说明:编年据程俱任两制时间、钱稔官历补,见《建炎以来系年要录》卷四九。

<h1 style="text-align:center">诸州钤辖差除兵官遵守见行条格诏
(绍兴元年十一月一日)</h1>

诸路诸州钤辖自今差除兵官,令枢密院更切遵守见行条格,其添差除系随龙并宗室及归明归朝官外,更不差人。

出处:《宋会要辑稿》职官四八之一一五。

<h1 style="text-align:center">通议大夫试兵部尚书兼侍读胡直孺赠端明殿学士制
(绍兴元年十一月一日)</h1>

敕:生有体貌之恩,没有追赠之典,所以崇陛帘之势而成忠厚之政焉。故具官某识虑优深,才猷通敏。文知体要,学有本原。既荐历于浩繁,亦备尝于险阻。召自南服,率属中台。鸣玉在廷,掌五兵九伐之政;簪笔入侍,读三坟八索之书。法从之英,莫如尔旧。云亡之叹,有盡予怀。惟秘殿之华资,实迩臣之极选,爰申异数,加贲老成。尚其有知,歆我休命。可。

出处:《北山小集》卷二六。

撰者:程俱

考校说明:编年据《建炎以来系年要录》卷四九补。

<h1 style="text-align:center">向宗厚除祠部郎官兼权太常少卿制
(绍兴元年十一月一日)</h1>

敕具官某:朕方经营四方,居无常处,乃以太室原庙之主奉安永嘉,以需恢复。常以祠曹郎一人行太常事,掌献馈祠烝尝之仪,与凡庙中之禁令,其为选任亦重矣。以尔持身靖恭,被服古雅,事神典礼,金以为宜,夙夜惟寅,往祗厥服。可。

出处:《北山小集》卷二六。

撰者:程俱

考校说明:编年据《建炎以来系年要录》卷四九补。

武功大夫忠州防御使新差主管迎奉景灵宫万寿观
会圣宫章武殿神御所岑筌除内侍省押班制
(绍兴元年十一月一日)

　　敕具官:朕方经营四方,居无常处,乃以原庙之主奉安永嘉,以需恢复。既以在廷之臣,总司宗祐之事;又以内侍共给殊庭。苟非其人,或不胜任。以尔出入禁闼,于兹有年,资历既高,忠勤弥著。升华官省,俾冠近班。奉先之思,当识朕意。靖恭尔位,则予汝嘉。可。

出处:《北山小集》卷二六。

撰者:程俱

考校说明:编年据《建炎以来系年要录》卷四九补。

有劳绩功赏整会叠转授之人陈诉事诏
(绍兴元年十一月二日)

　　令尚书省出榜都门晓示,应有劳绩功赏整会叠转授之人,今后并仰经所辖官司陈诉,从本处勘会诣实,关申所属施行,即不得依前越诉。如违,重行典宪。

出处:《宋会要辑稿》兵一八之三二。

知宣州李彦卿除刑部郎官制
(绍兴元年十一月二日)

　　敕:出为二千石,入为尚书郎,朕所以待宣力之臣,称劳能而均剧易也。尔以才选,属守宣城;而弄兵之民,散地之卒,啸聚恣睢,虔刘尔疆。屡婴贼锋,迄固吾圉,安集绥驭,厥效著焉。召还郎曹,实赞司寇。惟刑之恤,尚往钦哉。可。

出处:《北山小集》卷二六。

撰者:程俱

考校说明:编年据《建炎以来系年要录》卷四九补。

朝奉大夫胡安国除中书舍人兼侍讲制
(绍兴元年十一月二日)

　　敕:中书政本之地,掌丝纶者,非特取词艺之工而已;其论思出纳,弥缝衮阙,抑有待于斯焉。具官志节端亮,议论正平。扬历禁涂,公望弥属。自朕缵服,召节屡班。夫持难进之守者,必无患失之心;古人与稽者,固非阿世之学。词垣经幄,非苟以为荣也,克称厥官,是则事道。钦予时命,尚其懋哉。可。

出处:《北山小集》卷二六。

撰者:程俱

考校说明:编年据《建炎以来系年要录》卷四九补。

翰林学士翟汝文兼侍读制
(绍兴元年十一月三日)

　　敕:学古则获,好问则裕,先哲之格言也。朕延修洁博通之士,讲艺于枕戈之际,论道于戎马之间,凡夙寤晨兴,罔敢暇逸者,庶几资以为王者事而已。具官某器识英迈,文词卓荦。朕既置之禁林,固以润色论思为职矣;又俾侍劝读,益以自近,以广朕之所闻。《诗》不云乎,"日就月将,学有缉熙于光明",朕之志也。"佛时仔肩,示我显德行",尔尚勉之。可。

出处:《北山小集》卷二六。

撰者:程俱

考校说明:编年据《建炎以来系年要录》卷四九补。

招安江南等作过百姓诏
(绍兴元年十一月四日)

　　尔等素怀忠义,国家宣力,比缘阙食,因而啸聚,原其所自,实非本心。今遣使招收,应日前罪犯特与赦免。仰将被虏及老弱不堪披带人经所属给据放散外,其实堪披带出战之人结成队伍,并听江南东路安抚大使使唤,仍具首领姓名闻奏,当议推恩,依此给降三十副。

出处:《宋会要辑稿》兵一三之八。

赐参政福建宣抚使孟庾诏
(绍兴元年十一月五日后)

卿辍从廊庙,往总戎兵,先声所临,群丑自殄。虽闽粤已定,方奏凯旋;而湖湘未宁,犹烦凤驾。勉事道路,务专精神。思见仪刑,念山川之悠远;倚成筹策,赖樽俎之折冲。特谕朕怀,益严师律。

出处:《忠惠集》卷一。

撰者:翟汝文

考校说明:编年据《建炎以来系年要录》卷四九补。"福建宣抚使",《建炎以来系年要录》卷四九作"福建、江西、荆湖宣抚使"。

赐福建宣抚副使韩世忠诏
(绍兴元年十一月五日后)

卿率先戎行,往遏乱略,慨然忠义之奋,殄此狂狡之余。究观用心,造次许国。见危授命,不以事至而辞难;好功与名,岂待爵赏而加劝!方今底平闽越,士已策勋,经略湖南,兵未振旅。俟卿凯旋献捷,荡定有期,论次前后之庸,并加宠数之渥。益坚用命,其体至怀。

出处:《忠惠集》卷一。

撰者:翟汝文

考校说明:编年据《建炎以来系年要录》卷四九补。"福建",《建炎以来系年要录》卷四九作"福建、江西、荆湖"。

徐康国权知临安府措置移跸事务诏
(绍兴元年十一月五日)

绍兴府驻跸日久,漕运艰梗,军兵薪水不便。可移跸临安府,令徐康国日下前去权知临安府,措置移跸事务。候席益到,交割府事讫,依旧同共措置。

出处:《宋会要辑稿》礼五二之一三。

差岑筌主管迎奉温州景灵宫等处神御诏
(绍兴元年十一月六日)

差内侍省押班岑筌充主管迎奉温州景灵宫等处神御,其应行移文字,并与同宗厚同衔由发,其余内侍并依已降指挥,不得一面行移由发文字。

出处:《宋会要辑稿》职官三六之二五。

娄寅亮除监察御史制
(绍兴元年十一月六日)

敕具官某:朕永思艰难,未知攸济,虽一介之士告以善道,未尝不虚心焉,庶以来天下之嘉谋至论也,则其于不次之举,岂有爱哉! 以尔俊造策名,慷慨自信,上书论事,虑国则深;锡对于朝,敷纳详允。既迁之一官,而朕意以为未足也。御史耳目之任,古今之高选,肆以命尔,益观厥猷。往克祗钦,则予亦与有知人之美。可。

出处:《北山小集》卷二六。
撰者:程俱
考校说明:编年据《建炎以来系年要录》卷四九补。

谕孟庾韩世忠诏
(绍兴元年十一月八日)

应官吏军兵一切事务,共为一司,不得辄分彼此。自范汝为外,余皆与免罪,许令归业。

出处:《建炎以来系年要录》卷四九。

令杨公弼与徐康国同措置擗截行宫诏
(绍兴元年十一月八日)

已降指挥移跸临安府,可差内侍杨公弼前去与徐康国同措置擗截行宫,务要简省,更不得华饰。

出处:《宋会要辑稿》方域二之九。
考校说明:原书系于绍兴元年八月,据上下文叙事系年改。

赐宇文虚中诏
(绍兴元年十一月九日)

男子有四方之志,夙厉于远图;行人道二国之言,久勤于将命。肆颁渥泽,用侈光华。卿顷以才猷,常登枢近。抗使旌于万里,不惮勤劳;留异域者十年,益昭忠信。念其良勋,宜有褒嘉。锡以兼金,赍之束帛。加织文之纤致,分异荼之甘芳。特示殊私,式将厚意。每怀靡及,方赖于咨谋;有功见知,尚期于来谂。

出处:《三朝北盟会编》卷二一五。
考校说明:编年据《建炎以来系年要录》卷四九。《全宋文》系于绍兴七年(第二〇三册,第二三八页),误。

百司收管军兵令申取朝廷指挥诏
(绍兴元年十一月十二日)

今后百司应收管军兵,并令申取朝廷指挥收管,不得陈乞改易家粮。

出处:《宋会要辑稿》职官一四之六。

官员陈乞封赠文字事诏
(绍兴元年十一月十二日)

应所在州军申到官员陈乞封赠文字,内无知、通审验一节,及小节不圆,先次放行,却行下取会。

出处:《宋会要辑稿》职官九之一○。

许人告官员入己赃罪诏
(绍兴元年十一月十三日)

官员犯入己赃,许人越诉,其监司、守倅不即究治,并行黜责。

出处:《宋会要辑稿》刑法三之二五。

淮河捕获到铜钱断罪条约诏
(绍兴元年十一月十四日)

敕:刑、户部看详信阳军取淮河滩浅处二十里内捕获到铜钱,比附余条未过减一等断遣;如已装成马驮,于淮河一里内捕获者,比附沿淮地分已装载下船未离岸依已渡法指挥断罪;若取淮河二十里之外,但本军内捕获,亦比附余条未过减一等上又减一等定断,内有荫人不用荫赎。

出处:《庆元条法事类》卷七六。

以厢军抵替粮料院审计司占破禁军诏
（绍兴元年十一月十五日）

粮料院、审计司见占破殿前马步军司弹压禁军,仰步军司差权厢军抵替,归逐司教阅。如所差厢军未足,将禁军从上军分逐旋对数抵替归司。

出处:《宋会要辑稿》职官二七之五八。又见同书职官二七之六一。

富直柔罢同知枢密院事依前中大夫差
提举临安府洞霄宫制
（绍兴元年十一月十七日）

敕:二府极贤能之选,盖有赖于仪刑;大臣加体貌之恩,顾岂轻于退黜。苟亏靖慎,莫副倚毗,公论靡容,朕其敢置。具官顷以识拔,用之朝廷,庶几魏郑之孙,复振臧僖之后。亟置言路,颇当朕心。曾无几时,致位如此,而乃授意谏省,结交匪人,无忧国奉公之思,有徇私植党之累。弹章来上,深用怅然。需奏屡陈,辞荣甚确,谅难安于政地,姑就列于殊庭。加膝坠渊,朕之所戒;尽忠补过,尔尚省循。可。

出处:《北山小集》卷二六。
撰者:程俱
考校说明:编年据《建炎以来系年要录》卷四九补。

方孟卿除右司谏制
（绍兴元年十一月十八日）

敕具官:谏官之设,所以佐佑上德、规正朝廷,补阙拾遗而引君于道者也。祖宗以来,非天下第一流不以充选。故魁垒光大贤杰之臣,未尝不繇此涂出,朕甚慕之。以尔端靖有常,济以敏博,荐扬华要,号为老成。乡者驻跸淮南,实将使指,转输之外,因事纳忠,其爱君谋国之思,亦足嘉矣。是用辍自宰士,置之谏垣。朕固虚怀以须士,亦倾耳而听矣,可不钦哉! 可。

出处:《北山小集》卷二六。

撰者:程俱

考校说明:编年据《建炎以来系年要录》卷四九补。题后原注:"右司郎中。"

百辟卿士各举所知诏
(绍兴元年十一月十九日)

朕之不德,宗社播迁,方仰瞻于昊天,思雪神人之大耻,不有济济多士,置我周行,则不能也。且己虽贤,不若荐贤之为愈。故孟轲曰:"一薛居州,独如宋王何?"近得陈襄荐章,起司马光而下三十三人,德行言语,政事文学,皆所具备,审如所荐,斯为盛矣。后世瞻之仰之,以襄为何如人耶?今宣示百辟卿士,可各举尔所知。一应内外侍从须得举三人以上,在外令三省镂板行下诸监司、郡国,备录申牒诸寄居,限到五日具名同罪保举,缴连以闻。举得其人,当受上赏;其或不当,宜坐谬举之罪。无以先得罪于朝廷及蔡京、王黼门人为嫌,惟善所在而公举之,朕将亲选焉。

出处:《三朝北盟会编》卷一四九。又见《中兴两朝圣政》卷一〇,《建炎以来系年要录》卷四九,《名贤氏族言行类稿》卷一一,《宋史全文续资治通鉴》卷一八。

考校说明:原书系于绍兴元年十二月,据《中兴两朝圣政》等书改补。

令临安府贴占严洁寺院充奉祖宗神御诏
(绍兴元年十一月十九日)

令临安府贴占严洁寺院,或宽展宅舍,充奉天章阁祖宗神御二十四位,仍先画图本闻奏。

出处:《宋会要辑稿》礼一三之九。

天章阁祖宗神御权于临安府院奉安诏
(绍兴元年十一月十九日)

天章阁祖宗神御二十四位,权于临安府院奉安,朔望节序,酌献供馈一分而已。

出处:《建炎以来系年要录》卷四九。

桑仲奏乞驻跸荆南答诏
(绍兴元年十一月十九日)

桑仲所奏,备见忠嘉。荆南东连吴会,西彻巴蜀,北据汉、沔、利尽南海,自古形势之地,止以目今粮道未通,已差参知政事孟庾充江西荆湖东西宣抚使,韩世忠充宣抚副使,计置沿路粮食,俟就绪日进发。

出处:《宋会要辑稿》方域二之一〇。

陈刚中特与改合入官制
(绍兴元年十一月十九日)

敕具官某:朕时巡以来,疏远之士上书论事者为不少矣。凡所以躬访问、捐爵禄者,庶以来天下之忠言至计而已。而尔之所陈,类有可采,召对便殿,敷纳益明。方详考而后行之,无言不酬,朕岂爱于一官也。祗我休命,益思远图。可。

出处:《北山小集》卷二六。
撰者:程俱
考校说明:编年据《建炎以来系年要录》卷四九补。

翟汝文除翰林学士承旨制
(绍兴元年十一月十九日)

敕:朕旁招俊彦,歘如渴饥。故有一节以趋,方兴见晚之叹;三命而俯,已加昼接之恩。俾冠禁林,独承密旨,久虚之位,今得其人。具官某才气文词,简于朕听,蓄宣献纳,誉在朝绅。再入承明之庐,蔚为法从之长。其成朕志,益既乃心。式敷皇极之言,与赞中兴之举。可。

出处:《北山小集》卷二六。
撰者:程俱

考校说明:编年据《建炎以来系年要录》卷四九补。

校书郎林待聘司封员外郎制
(绍兴元年十一月二十日)

敕具官某:省官以来,朝之位著盖寡,于是尚书郎之选益高,其分曹设属,皆以待天下贤能才谞之士也。以尔好学自修,荐更文字之职,编摩雠校,既阅岁时。封爵是司,实惟天官之清选,爰示宠陟,且以观尔之能。可。

出处:《北山小集》卷二六。
撰者:程俱
考校说明:编年据《建炎以来系年要录》卷四九补。

关防州县官吏容纵邻人换易蔡京田产诏
(绍兴元年十一月二十二日)

令宋辉限三日重别措置关防,如何不致邻人欺弊换易事状以闻,仍多出文榜晓谕。应今日已前有耕换易之田,限半月许令陈首,特与免罪,更不追理日前所收地利;如出限不首,许地邻及诸色人告,每亩给赏钱三十贯,于犯人名下追理,犯人估所换田产价直计赃加二等科罪;地邻人不告,与同罪。

出处:《宋会要辑稿》食货六一之四。

礼部侍郎李正民除徽猷阁待制知吉州制
(绍兴元年十一月二十二日)

敕:大官大邑,身之所庇,而使学者制焉,此古人之所戒也。故汉之郎官,出宰百里;唐以台省之士,迭守方州,俾更内外而习宪章,庶几免于墙面矣。具官某蚤以科第,浸被选抡。自陛从班,既阅岁序,次对之职,是惟渥恩。试以一州,益观尔政。毋以私情废公议,毋以谗言乱厥官,毋耻过作非,毋倚法以削。祗若予训,往其钦哉!可。

出处:《北山小集》卷二六。

撰者:程俱

考校说明:编年据《建炎以来系年要录》卷四九补。

悬赏告捉宰杀耕牛诏
(绍兴元年十一月二十六日)

左藏库支钱三百贯,于尚书省都门桩垜充赏,许诸色人告捉。如绍兴府内外捕盗兵官不切用心缉捕,并先勒停。仍令尚书省检坐指挥,出榜晓示。

出处:《宋会要辑稿》刑法二之一〇四。

修内司工匠添支食钱诏
(绍兴元年十二月一日)

修内司工匠已降指挥每日添支食钱一百文,可每日更添支一百文,仍自除降指挥日起支。

出处:《宋会要辑稿》职官三〇之二。

龙图阁学士朝请大夫提举江州太平观路
允迪守本官职致仕制
(绍兴元年十二月一日)

敕:士不患不逢,而患无所立于世。既以才用于时矣,而或不能全其节以归,岂唯委质为臣者常叹息于斯,而人君亦未尝不思所以爱惜成就之也。具官某先鸣俊造,进蹑高华,恪恭有余,慎密无遗。衔命四国,义不辞难。入赞钧枢,退均劳逸,止足之请,朕不忍违。服我宠休,益绥祉福。可。

出处:《北山小集》卷二六。

撰者:程俱

考校说明:编年据《建炎以来系年要录》卷五〇补。

江东提刑程瑀太常少卿制
（绍兴元年十二月二日）

敕具官某：汉高初定天下，得叔孙通而知人主之尊；有唐始复两京，而亟以颜真卿为礼仪使。然则典章所在，礼乐是司，虽草创艰难之时，未可以后也。以尔名冠儒科，学耽古训，器质端厚，议论正平，陟之奉常，佥以为允。《书》不云乎："夙夜惟寅，直哉惟清。"尔其勉之，以称朕意。可。

出处：《北山小集》卷二七。
撰者：程俱
考校说明：编年据《建炎以来系年要录》卷五〇补。

中大夫吴敏新除观文殿学士知潭州除资政殿学士提举洞霄宫制以祖母老辞潭州
（绍兴元年十二月二日）

敕：朕畴咨旧弼，布列要藩，俾分共理之忧，盖有折冲之赖。念召公维翰，庶成定国之功，而令伯陈情，方爱事亲之日，其更新命，以慰尔私。具官某端亮之姿，蚤推国器；忠嘉之益，具叶师言。式繇平奏之司，亟进秉均之地。乃者起自南土，稍还故官，属谋帅于荆湘，用剖符于民社。惟宣恩赋政，益仁于壮猷；而辞剧就间，祈申于孝养。重违雅志，庸示隆恩。宠之秘殿之华，继以殊庭之禄。永思尽节，尚告嘉谋。可。

出处：《北山小集》卷二六。
撰者：程俱
考校说明：编年据《建炎以来系年要录》卷五〇补。

复置枢密都承旨诏
（绍兴元年十二月三日）

祖宗时，枢密都承旨一员，并差两制。盖以本兵宥密之地，不可不择人，付以承旨之事。元祐中，范纯礼、刘安世尝任此职。可依祖宗朝故事，置都承旨一员，其杂压检会《元祐职制令》施行。内未曾任侍从官之人,即依权侍郎法。

出处:《宋会要辑稿》职官六之一〇。又见《建炎以来系年要录》卷五〇。

枢密直学士通议大夫知遂宁府席贡赠五官制
(绍兴元年十二月三日)

敕:生则爵秩之隆有加伦等,没则赠襚之典极于哀荣,吾于侍从之臣,亦云厚矣。况乃蕃宣之久,其可忘诸?具官某蚤以时髦,浸升华要,中更才选,荐历浩繁。付之古连帅之权,迄为直学士之长。恢然余地,所至有称。告终之奏遽闻,不淑之嗟何已!惟官仪之三品,视畴昔之六卿,用以宠绥,尚其歆服。可。

出处:《北山小集》卷二六。
撰者:程俱
考校说明:编年据《建炎以来系年要录》卷五〇补。

祈雨雪诏
(绍兴元年十二月五日)

雨雪稍愆,日轮侍从一员诣上天竺灵感观音前精加祈祷,务在速获感应。

出处:《宋会要辑稿》礼一八之三二。

告谕范汝为徒党手诏
(绍兴元年十二月七日)

闽贼范汝为啸聚日久,反覆变诈,害吾良民。比再遣帅,尽行翦戮。重念军旅暴露,转输劳烦,皆朕不德之所致也。王师到日,其诸徒众能执汝为请命者,当重赏,其余咸赦除之。可令宣抚司多出榜示,及箭射蜡弹入贼中,使明知朕意。

出处:《建炎以来系年要录》卷五〇。

曾任宰执侍从责降落职人依已降赦敕检举诏
(绍兴元年十二月八日)

责降落职等人曾任宰执并侍从官,不以曾未牵复,依已降赦敕检举,各沾恩宥。令见寄居州军勘会其元犯事因及责降后来有无过犯事故,申刑部施行。

出处:《宋会要辑稿》职官七六之四四。

犒设邵清所管人数诏
(绍兴元年十二月八日)

令张俊取见邵清所管的确人数特行犒设一次,仍每人支钱一贯文,合用钱令李光于户部支给。

出处:《宋会要辑稿》礼六二之五六。

前江西安抚使司主管机宜文字叶夏卿除直秘阁知饶州制
(绍兴元年十二月九日)

敕具官某:册府英髦之选,侯藩民社之寄,华宠委遇,亦不轻矣。而尔以疏远,召对外朝,得于立谈,宜识朕意。尔惟克称厥职,辑绥疲氓,以有休誉,则尔无虚受之愧,而得才之美,我与有焉。可。

出处:《北山小集》卷二六。
撰者:程俱
考校说明:编年据《建炎以来系年要录》卷五〇补。

告捕妄言火灾者诏
(绍兴元年十二月十二日)

立赏钱千缗,有妄言火灾者,许人告捕,从军法。

出处:《建炎以来系年要录》卷五〇。

蠲建炎三年以前积欠手诏
（绍兴元年十二月十四日）

比缘国难,盗起未息者,盖奸赃之吏无恤民意。及烦王师,而军需不免又取于民,因循展转,日甚一日,欲民不盗,不可得也。可将建炎三年以前积欠,除形势户及公人外,一切蠲除。如州县不奉诏,及监司迫胁州县巧作催科者,并除名。令御史台纠察,多出黄榜晓谕。

出处:《建炎以来系年要录》卷五〇。

令三省将真决赃吏旧制镂板行下诏
（绍兴元年十二月十四日）

三省备坐祖宗朝真决赃吏旧制,镂板行下。自今有犯,依法行遣,仍籍没家财。

出处:《建炎以来系年要录》卷五〇。

赐神武副军都统制岳飞辞免恩命不允诏
（绍兴元年十二月十四日后）

敕岳飞:省所奏辞免恩命,事具悉。朕以九江之会,襟带武昌,控引秋浦,上下千里,占江表形胜之地。宿师遣戍,向已属卿;增壮军容,爰加使号。盖图乃绩,顾匪朕私。矧殄寇之功、驭军之略,表见于时,为后来名将,江湖之间尤所欣赖,儿童识其姓字,草木闻其威声。则夫进秩任、就一道,岂特为卿褒宠,亦以慰彼民之望,其尚何辞? 所请宜不允。故兹诏示,想宜知悉。

出处:《北海集》卷一三。
撰者:綦崇礼
考校说明:编年据《建炎以来系年要录》卷五〇补。

陈戬差知明州制
（绍兴元年十二月十五日前）

敕：朕惟郡邑之民，罹荼炭之苦矣，而吏不之恤，至以残贼立威，以诛求称办，使民不堪命，散而为寇攘饿殍者，朕未尝有忘于心。其能劳来安集，俾百姓欣然若更生者，未有闻焉。以尔具官儒术自奋，才志敏强，徇国赴功，乃其素志；况事朕潜府，又吾侍臣，宜识朕怀，施于政理。夫鄞傅海之郡，实为名藩，凋瘵流离，呻吟之声未息也。然则衔勒之驭，襦袴之思，威爱允济，俾民阜安者，朕所望于尔焉。往其钦哉！可。

出处：《北山小集》卷二六。
撰者：程俱
考校说明：编年据《宝庆四明志》卷一补。

推恩范温等诏
（绍兴元年十二月十七日）

范温忠节显著，特与转武功大夫、遥郡刺史，依旧兼阁门宣赞舍人。其管押到蕃人参议、统领官、使臣，各与转一官资，忠义长行、梢工、水手，合转两官。蕃人田干送神武中军收管。参议军事李植、统领官杨辟、使臣王保等一十九人，忠义长行、使臣王政等七人，梢工姚士宁等二人，水手于世等三十四人。

出处：《宋会要辑稿》兵一八之三二。

盐地分失察亭户隐缩私煎盗卖盐者责罚条约诏
（绍兴元年十二月十七日）

盐地分巡检不觉察亭户隐缩、私煎、盗卖盐者，杖一百，监官、催煎官减二等，内巡检仍依法计数冲替。余路依此。

出处：《宋会要辑稿》食货二六之三。

武翼郎閤门宣赞舍人范温转武功大夫
康州刺史依前閤门宣赞舍人制
（绍兴元年十二月十七日）

　　敕具官某：自虏寇之入，凭陵京师，蹂躏郡县，毒流吾民者，五年于兹矣，朕未尝有忘焉。而尔以齐鲁之封，礼义之俗，独能鸠集族类，为国捍城，艰难备尝，保险不下，迄以忠欵，奏功行朝，可谓不二心之臣矣，朕甚嘉之。进官八等，宠以郡符。岂唯褒大尔功，亦以为山东忠义之劝。可。

出处：《北山小集》卷二七。
撰者：程俱
考校说明：编年据《建炎以来系年要录》卷五〇补。"康州刺史"，《建炎以来系年要录》卷五〇作"忠州刺史"。

诸州供给酒钱条诏
（绍兴元年十二月十八日）

　　诸州供给酒钱，除收建炎三年十一月三日德音外，巡检依县；倚郭知县不以京朝官、选人，并依职官；其县丞从事郎以上比知县减三贯，迪功郎以上依簿尉支给。

出处：《宋会要辑稿》食货二一之一九。

赐薛安靖玺书
（绍兴元年十二月十八日后）

　　身虽屈于羯胡，心常存于王室。总领义师，擒灭丑类。凡陷没之郡闻风响应，各籍土地奉上本朝者，寔汝有以倡之也。

出处：《宋史列传补遗稿》卷五二，清钞本。
考校说明：编年据文中所述史事补，见《宋史》卷二六《高宗纪》。

抚谕淮东州县诏
（绍兴元年十二月二十一日）

朕惟祖宗覆育海内垂二百年，爱惜元元，同于赤子。乃者祸发所忽，胡虏内侵，二圣往征，中原大扰。顾朕崎岖迁避，粤在海隅，尝胆痛心，靡忘宵旰。思欲救民涂炭，与之更生。眷尔淮东，最近行在。曩自未经兵火，国已困于官司。调役频烦，科敛苛重。赋租之入，取足于灾伤逃亡之后；榷贩之课，责办于陷折颠沛之余。凡所当施于民者略不及施，而所欲取于民者殆无不取，民受其害。以及比年寇盗相仍，亦唯尔淮甸之间被祸尤酷，盖十百有一仅获生存，而又漂荡零丁，憔悴困苦，日不堪命，朕甚愍之！是宜划革蠹弊，振拔衅灾，以加惠一方，俾获苏息。就委傅崧卿采访民间利病条具来上，即议罢行。所有人民见令归业。而官吏多阙，抚存未至，种粮全乏，耕作无资，仰傅崧卿与营田等司及州县长吏多方措置，期称朕意。惟兵赖民以养，民恃兵以安，必得百姓不失耕桑之时，然后三军不乏廪给之奉。淮东将士素著忠义，已令奖谕犒赐，勉力守御，庶几更相风励，保护吾民。助朕再造之基，实自兹始。朕意恳切，非事空言。咨尔军民，其各体悉。

出处:《宋会要辑稿》职官四二之七一。

秘书丞刘大中尚书吏部员外郎新授
国子监丞汪廷直屯田员外郎制
（绍兴元年十二月二十二日）

敕具官等:冢宰冠于六卿，而后世属之铨部；食货先于八政，而裕国莫如屯田。朕方振而举之，思得胜其任者。以尔大中莅官循理，行己有常；以尔廷直经谊该通，性姿朴茂。或自图书之府，或縻学校之官。庶几待其所知，足以达于从政，克有声绩，以称选抡。可。

出处:《北山小集》卷二七。
撰者:程俱
考校说明:编年据《建炎以来系年要录》卷五〇补。

大理寺且留绍兴府诏
（绍兴元年十二月二十三日）

大理寺且留绍兴府,俟勘断见禁公事尽绝,赴行在。

出处:《建炎以来系年要录》卷五〇。

保明功赏等须勘验虚实诏
（绍兴元年十二月二十三日）

今后应保明功赏及陈乞恩泽之类,并仰保奏官司取索初补及见任真本告敕、宣札等勘验,委非伪冒,及借补人分明开说逐次借补因依、及是何官司借补,并汉蕃归明使臣、效用各随名色声说。如不依今来开具,未得推恩,退送元保明官司重别开具。若隐匿不实,当职官重行奏责,人吏刺配。仍令进奏院镂板遍牒应干合属去处。今后每月检举行下,说申三省、枢密院。

出处:《宋会要辑稿》兵一八之三三。

罢收籴赏格诏
（绍兴元年十二月二十三日）

令宋辉将价直低小去处量行增添,召人结揽收籴,见任官赏格并罢。其任籴买官令宋辉量支食钱,仍严切约束受纳官司,不得收耗,接便搔扰。

出处:《宋会要辑稿》食货四〇之一四。

侍从及百司官吏逐旋起发前去临安府诏
（绍兴元年十二月二十三日）

令侍从及百司官吏并自正月十日许逐旋从便先次起发前去外,留户部侍郎并郎官一员,左、右司郎官各一员,枢密院检详官一员,粮、审院官各一员,左藏西库官一员,量载见钱金银随从进发。

出处:《宋会要辑稿》礼五二之一三。

诚约出师毋得搔扰诏
(绍兴元年十二月二十四日)

诸军出师,并合严切钤束,一行沿路不得秋毫骚扰作过。仍从枢密院采访觉察,大将察统制官,统制官察统领官,统领官察将副,将副察部队将、使臣,部队将、使臣察拥押队旗头,拥押队旗头察队下人。如敢违犯之人,并行军法;家人有犯而知情者,与同罪;若失觉察,别因败露,其次序合觉察人并当重置典宪。所有见在诸处屯泊出师军马令依此遵守,各具知禀闻奏。

出处:《宋会要辑稿》刑法七之三三。又见《建炎以来系年要录》卷五〇。

文臣陈乞状词系衔带左右字诏
(绍兴元年十二月二十四日)

文臣金紫光禄大夫至承务郎,有出身人带"左"字,无出身人带"右"字。

出处:《宋会要辑稿》职官八之一三。

移跸临安扈从军兵诏
(绍兴元年十二月二十四日)

车驾移跸临安府,留神武右军统制官刘宝、张宗颜两项人马仍且在绍兴府驻札,听候朝廷指挥起发;令张俊统其余兵并中军将全装军兵,结成队伍,准备扈从。

出处:《宋会要辑稿》礼五二之一三。

官员陈乞状词札子须声说带左右字诏
（绍兴元年十二月二十五日）

应到省文字内将初拟官并磨勘改官人等,若见得有无出身及赃罪带左、右字,其元文内不曾声说出身人,且据文字行遣外,仍令尚书省及吏部出榜晓示。自来年正月一日应官员陈乞状词札子及吏部上省文字,并遵依今降指挥。

出处:《宋会要辑稿》职官八之一三。又见《宋会要辑稿补编》第五二四页。

令桑仲王彦释怨诏
（绍兴元年十二月二十六日）

襄邓镇抚使桑仲、金房镇抚使王彦,释怨体国,不得自相侵扰。

出处:《建炎以来系年要录》卷五〇。

左司员外郎江跻除殿中侍御史制
（绍兴元年十二月二十六日）

敕具官某:宪台肃振朝纲,而殿中以纠官邪为职,非通达国体,守正不挠,莫克称焉。以尔器质端厚,才智敏明,昨者简自朕心,命之台察。旋繇铨部,进陟宰士。而能戢吏督奸,绳愆析滞,不苟不懈,上下赖之。是用置之耳目之官,以裨风宪之举。惟是非可否,毕协于公,则惟尔之贤,亦永终誉。可。

出处:《北山小集》卷二七。
撰者:程俱
考校说明:编年据《建炎以来系年要录》卷五〇补。

吴玠授镇西军节度使制
（绍兴元年十二月二十六日）

兵势无前,用兼必胜之将;王灵克布,允系敌忾之威。眷我虎臣,时献戎捷。

受尽护诸将之任,当兼总两帅之雄。控临要冲,遏制侵轶。永念雍州之域,久罹羯虏之灾。属敌势之方张,励兵锋而益倍。阴设奇伏,躬率启行。俘当户之众酋,殄引弓之群丑。威声遐畅,凯奏上闻。班劳策勋,敢后畴庸之典;建牙拥节,益隆制阃之权。肆衍户租,仍加真食。并颁徽数,式示眷怀。於戏!迪果毅于戎昭,益申威于武备。方乘战胜之功,行赐山河之誓。勉恭乃事,图报异恩。可特授镇西军节度使、陕西诸路都统制、武功县开国子、食邑五百户、食实封二百户。

出处:《三朝北盟会编》卷一九六。
考校说明:编年据《建炎以来系年要录》卷五〇、《宋史》卷二六《高宗纪》补。

存恤张孝纯等家属诏
(绍兴元年十二月二十七日)

存恤张孝纯、郑亿年、李邺家属,命所在州根刷期已上亲赴行在。候到,取旨迁擢。

出处:《建炎以来系年要录》卷五〇。

吏部员外郎潘良贵左司员外郎制
(绍兴元年十二月二十八日)

敕具官某:极政事之选,必于贤哲之科;求正固之才,故非文俗之吏。尚书喉舌之地,而宰士纠录之司,苟非其人,莫称是任。以尔性质刚方,辅以学识,践历之久,声称蔼然。勉处中和,益扬尔职。可。

出处:《北山小集》卷二七。
撰者:程俱
考校说明:编年据《建炎以来系年要录》卷五〇补。

断勘乘乱作过人诏
(绍兴元年十二月二十九日)

应系昨因蕃寇溃兵作过之时,居民有乘时杀人放火、虏夺财物者,如首领人已经捉获、依法断治外,其余徒党元系胁从,本无他意者,委州县详度虚实,方许受理。其缘此见禁勘公事大情已正、小节未圆,并许结断。仍委提刑司专切点检觉察,即不得将正贼妄作胁从之人,一例不行受理。其见禁公事限半月结绝。

出处:《宋会要辑稿》兵一三之九。

林叔豹除秘书省正字制
(绍兴元年十二月)

敕具官:兰台册府,前世所以纪善恶、聚图书,英俊之地也。朕率旧典,修废官,以详延多士,非直取文艺之能而已,亦以观器识焉。以尔蚤以宾贡,掞辞南宫,则忧时论治之言,其陈义已高矣。雠书之职,才识具宜,益励厥修,以称朕所以详延之意。可。

出处:《北山小集》卷二六。
撰者:程俱
考校说明:编年据《南宋馆阁录》卷八补。

应见科催合出印榜御札
(绍兴元年十二月)

朕惟邦本实在斯民,比缘盗贼绎骚,而元元之民肝脑涂地,故选命车徒焉。应缘军须不得已而取于民者,务在均敷,其率先应办处,尤宜省察,勿令夤缘为奸。若实尽公竭力、臣不加扰者,当重置赏典。可检会先降应见科催,合出印榜,开其所列实数于前,次列户口等第,每名当若干。勿取羡余,而使斯民重苦。仍揭榜晓谕,使民知朕意。

出处:《群书考索》后集卷六四。

葛胜仲复显谟阁待制制
(绍兴元年冬)

朕比以月正元日,涣发大号,绍休之志,用以纪年,以敷泽于天下。凡丽于刑书,无以远迩,一皆去累涤垢,与之更新,而况持橐屏翰,出入侍从之臣哉！具官某蚤以文学,奋于朝廷。啧有烦言,久去近著。吴兴之政,民亦宜之。还职西清,不失旧物。尚体恩遇,益慎厥修。可。

出处:《北山小集》卷二二。

撰者:程俱

考校说明:编年据《丹阳集》卷二四《葛公行状》补。

高宗朝卷六　绍兴二年(1132)

令吕颐浩寻访徐俯手诏
（绍兴二年正月前）

朕比观黄庭坚集,称道其甥徐俯师川者,闻其人在靖康中立节可嘉,今致仕已久,想不复存,可赠右谏议大夫;或尚在,即以此官召之。

出处:《建炎以来系年要录》卷五一。

宣州太平州官修治圩田赏罚条约诏
（绍兴二年正月一日）

宣州、太平州见修治圩田,逐州当职官能趁时兴修了当,将来收租税,及选人与改合入官,京官转一官,更减二年磨勘;如过期、违慢,仰提刑司具名按劾,官取旨重行勒停,人吏决配。

出处:《宋会要辑稿》食货六一之一〇七。

复置贤良方正直言极谏科诏
（绍兴二年正月二日）

朕缵承基绪,若涉渊冰,夕惕晨兴,焦劳愿治。永惟万事之统,虑失厥中,纳谏求言,思补阙失,尚惧图回康功未之获也。乃复考西汉元光之诏,宪本朝制举之文,爰命攸司,讲明其旧,益广求贤之道,庶几方正博洽之士,英伟拔俗之才,进繇此涂,敷陈谠言,有补当世之务,以辅予治,岂特修故事、崇虚文而已也！祖宗

639

以来百余年间,尝以此科获致豪俊,有显闻于天下矣。朕方求才以济艰难之运,尚期得人,远追前烈,庶亦无愧于斯焉。今后科场复置贤良方正能直言极谏科,自尚书两省、谏议大夫以上,御史中丞、学士、待制各举一人,不拘已仕未仕,以学问俱优堪备策问者充,仍具本人词业缴进以闻。

出处:《宋会要辑稿》选举一一之二三。

谳诸路死罪囚诏
(绍兴二年正月三日)

诸路死罪囚应谳者,道路已通处,依旧法奏案;未通处,许酌情减降如旧。

出处:《建炎以来系年要录》卷五一。

张浚书写奏状张槔授承务郎制
(绍兴二年正月六日)

敕某人:惟汝季父分陕专征,式遏乱略,指纵之效,屡上肤公,书奏之劳,宜加庆赏。始沾命秩,即视京僚。是惟懋恩,其思报称。可。

出处:《北山小集》卷二七。
撰者:程俱
考校说明:编年据《建炎以来系年要录》卷五一、《宋会要辑稿》职官六二补。

张守知绍兴府制
(绍兴二年正月六日)

敕:辞剧就闲,方解赞元之任;分忧共理,是资同德之良。惟东南之奥区,有会稽之重镇,庶几河润,施及海隅。具官某文学之优,见于行事;端亮之美,宜于本朝。乡由密宥之司,进陪机政之重。既谋猷之毕告,盖艰险之共尝。不以名器而假人,固亦靖共而在位。自闵劳于夙夜,既聿除于岁时。繄望实之具高,于藩辅乎何有。起于均逸,命以守符。其苏凋瘵之余,少宽宵旰之急。坐啸画诺,虽殊平治之时;缓带轻裘,聊为方面之重。益恢志业,用副倚毗。可。

出处:《北山小集》卷二七。

撰者:程俱

考校说明:编年据《建炎以来系年要录》卷五一补。

陈汝锡特责授汝州团练副使漳州安置制
(绍兴二年正月六日)

敕具官某:朕念凋瘵之氓,困于征调有年于兹矣,而贪残之吏又并缘为奸,故制下郡国,思有以革而禁之。而尔之所治,近在毂下,寒暑易节矣,而漫不布宣,不虔之辜,安所逃责! 姑以散秩,置之远方,用以为慢令之戒。可。

出处:《北山小集》卷二七。

撰者:程俱

考校说明:"绍兴二年"据《建炎以来系年要录》卷五一补。原题作"正月六日三省同奉圣旨:陈汝锡身为守臣,不行宽恤手诏,特责授汝州团练副使、漳州安置"。

赐韩世忠御札
(绍兴二年正月九日后)

省奏,范汝为已就灭亡,遂释朕南顾之忧。其余畸零贼党并叶谅等,想已招捉,惟务随宜处置,勿留后患。

出处:《名臣碑传琬琰之集》卷一三《韩忠武王世忠中兴佐命定国元勋之碑》。

考校说明:编年据韩世忠宦历补,见《建炎以来系年要录》卷五一。

赐韩世忠御札
(绍兴二年正月九日后)

卿比执讯获丑,安靖一方,非特秋毫无犯,给耕夫之牛,使不失时。虽古名将,何以加诸! 朕始闻此,喜而不寐,是惟威爱兼得,体我至仁,加惠斯民者也。卿之劳苦,实永朕怀。

出处:《名臣碑传琬琰之集》卷一三《韩忠武王世忠中兴佐命定国元勋之碑》。

考校说明:编年据韩世忠官历补,见《建炎以来系年要录》卷五一。

左司员外郎姚舜明直龙图阁江淮荆浙等路发运副使制
(绍兴二年正月十七日)

敕具官某:国家仰六路之漕输,给中都之货食,既以责之部刺史,又以制置使者总之,以时其灌输缓急、氏印懋迁之宜。时巡以来,虽事异平日,而称是职者亦难其人。以尔才术疏通,践扬中外,比于帅幕,召置都司。还直河图,虽云旧物;时惟新命,以重使华。无或病民,勉思裕国。可。

出处:《北山小集》卷二七。

撰者:程俱

考校说明:编年据《建炎以来系年要录》卷五一补。

侍御史沈与求御史中丞制
(绍兴二年正月二十日)

敕:御史中执法上以广人主之聪明,次以肃朝廷之纲纪,非通达国体、特立不回,未有能大厥官而厌舆论者也。具官某学识精敏,性质端方,简自朕心,周历三院。比从郡寄,再陟台端,不吐刚而茹柔,每闭邪而陈善。谋猷所及,启沃滋多。进长霜台,益观远业。当使群工庶尹知风宪之尊,君子小人迭消长之分。时尔之赖,往其懋哉!可。

出处:《北山小集》卷二七。又见《三朝北盟会编》卷一五〇。

撰者:程俱

考校说明:编年据《建炎以来系年要录》卷五一补。

禁止行在诸军使臣军兵等强占民屋诏
(绍兴二年正月二十一日)

令枢密院出榜禁止。如违犯之人,仰临安府收捉,申解赴枢密院,重作行遣。

出处:《宋会要辑稿》刑法二之一〇九。

放免租税诏

(绍兴二年正月二十一日)

朕遭时艰难,遂为行国。凡驻跸去处,理合优异,宽恤民力,始称朕怀。其临安府诸县人户拖欠下税租等物依去秋明堂赦令合行倚阁者,并特与放免;如官吏日后复行催纳者,依沮格诏令科罪。

出处:《咸淳临安志》卷四〇。又见《宋会要辑稿》食货六三之二。

分擘人马往广东西界首把截曹成贼马诏

(绍兴二年正月二十一日)

遣宣抚司大兵取道筠、袁州前去潭州。深恐贼徒侵犯二广,仰分擘高举一头项人马,由汀、道州路往广东、西界首把截,候宣抚司大兵到日会合。

出处:《宋会要辑稿》兵一〇之三一。

罢修造诏

(绍兴二年正月二十三日)

比移跸临安,六宫尚留会稽者,政缘不欲增广行阙,重困民力。访闻行在系官修造去处甚多,可日下并罢。自今后非得旨许令增修而辄敢擅役人夫者,令御史台纠弹以闻,仍令尚书省出榜晓示。

出处:《咸淳临安志》卷四〇。又见《宋会要辑稿》方域二之一〇。

徐俯除右谏议大夫诏

(绍兴二年正月二十四日)

徐俯文学行义有闻于时,可特除右谏议大夫,令所在州军疾速敦遣赴行在。

出处:《宋会要辑稿》选举三四之五一。

除放诸路建炎四年以前未起上供钱物粮斛诏
(绍兴二年正月二十四日)

诸路建炎四年正月一日以前应未起上供等钱物粮斛,并特予除放。其形势及官户、州县公人本户不经残破之家纳到残租积欠,仰具数以闻。

出处:《宋会要辑稿》食货六三之二。

赐张浚手书
(绍兴二年正月二十九日)

朕非敢决取秦穆之效,而卿自修孟明之政,是用夙夜叹嘉。今遣内侍任源往宣旨。

出处:《晦庵先生朱文公文集》卷九五《张公行状》。又见康熙《绵竹县志》卷三。
考校说明:编年据《宋史》卷二七《高宗纪》补。康熙《绵竹县志》系于是年十二月,恐误。

中大夫徽猷阁待制王昇太中大夫致仕制
(绍兴二年正月前后)

敕:仕而至于耄耋,其陈力于国多矣。故引年谢事,未尝有违焉,所以佚其老而成其志也。具官某《礼》经之传,《易》象之秘,刻意是学,见于云为。向繇布政之官,升诸法从之列,均休祠馆,有年于兹。不忘戒得之言,迄申知足之请。进官一等,以宠其归。守尔所闻,庶可以无大过矣。可。

出处:《北山小集》卷二七。
撰者:程俱
考校说明:编年据王昇官历、卒年补,见《建炎以来系年要录》卷五一。

黄叔敖除给事中制
(绍兴二年二月前)

　　敕:国之用人,循资考之常,则不足以得超轶之材;不次而升,则或无以厌天下之望。虽然,二者岂有必哉,唯其当而已矣。具官某文学吏事,皆有可观;恬退之节,见推士类。屡将使指,旋守襄阳,未究厥施,公论弥属。夫黄门出纳之地,政事之弛张,人材之进退,莫不由焉以达之天下。虽论而行之者在上,而给事中得以置献替可否于其间,是则政令之出而有不当于人心者,盖亦任其责也。往其钦哉,毋旷厥职。可。

出处:《北山小集》卷二六。
撰者:程俱
考校说明:编年据黄叔敖官历补,见《建炎以来系年要录》卷五一。题后原注:"中大夫。"

拱卫大夫宣州观察使刘公彦差同管
客省四方馆阁门公事制
(绍兴元年九月至绍兴二年二月间)

　　敕:治朝之法,诸臣之位,诏相献予之宜,所以辨上下、正班爵、昭德而别微者也。自省方东南,典文或阙,绵蕝草创,失其故者尚多,稽参古今,折中润色,未遑暇也。然率其属以共其事者,亦可不慎所择哉!具官备以世劳,荐更器使,积官累伐,不专为恩,亦既显融,致位廉察。予惟董正朝会宾客礼容之事,举以命尔。夫出入省闼,给事左右,其任固亦亲且重矣。惟暨乃僚,恪居厥职,惟祗惟慎,服我宠休。可。

出处:《北山小集》卷二二。
撰者:程俱
考校说明:编年据程俱任两制时间补。

资政殿学士太中大夫提举临安府洞霄宫
吕好问守本官致仕制
（绍兴元年九月至绍兴二年二月间）

敕：太上有立德，斯为不朽之图；故国有世臣，亦慎进贤之举。惟予先正，贻庆后昆。顷致位于夔谐，盖兼隆于问誉。逮更变故，旋即便安，遽形告老之言，勉徇退身之志。具官某孝悌之美，得于天姿，重厚之称，信于士类。比中罹于党锢，弥克守于家规。靖康之初，首被简拔，亟跻谏省，遂总台纲。掌邦政于文昌，赞皇猷于钧轴。肆予缵绍，俾复疑丞，啧有烦言，浸辞剧职。奉祠均逸，既历于岁时；谢事言归，不慭于雅素。览公车之需奏，即秘殿之崇资，用以宠绥，益全终始。庶无劳于凤夜，几永介于寿康。可。

出处：《北山小集》卷二二。
撰者：程俱
考校说明：编年据程俱任两制时间补。绍兴元年七月吕好问已卒于桂州，见《建炎以来系年要录》卷四六。

端明殿学士正议大夫致仕黄裳父赠
金紫光禄大夫文庆赠特进制
（绍兴元年九月至绍兴二年二月间）

敕：朕向者除地广陵之阳，于是始郊，荐见上帝，均厘四海，追远之赠，下及庶僚。而况侍从之老，出入四朝，加宠厥先，具有彝数，丝纶之出，岂有久近之间哉！具官父具官潜德不耀，晦迹里间，是生时英，致位休显。特进二品，地极文阶，以贲九原，抑以为积善之劝。可。

出处：《北山小集》卷二二。
撰者：程俱
考校说明：编年据程俱任两制时间补。《宋代诏令全集》："按《建炎以来系年要录》卷三九载黄裳卒于建炎元年十一月，而程俱绍兴元年九月方除中书舍人，此制是否程俱所草，当考。"（第四六二六页）黄裳实卒于建炎四年，非建炎元年。

黄裳母永宁郡夫人吴氏赠高密郡夫人制
（绍兴元年九月至绍兴二年二月间）

上词同具官母云云懿范有炜，嫔于德人，是生时英，致位休显。高密大郡，疏封益隆，以贲九原，抑以为积善之劝。可。

出处：《北山小集》卷二二。

撰者：程俱

考校说明：编年据程俱任两制时间补。

梁扬祖复徽猷阁学士制
（绍兴元年九月至绍兴二年二月间）

上词同而况屡将使指，尝备法从之列者哉。具官某昨总漕输，虏寇大入，不共厥职，以抵谴诃。亦既累年，其还旧物。恩则厚矣，尚克有之。可。

出处：《北山小集》卷二二。

撰者：程俱

考校说明：编年据程俱任两制时间补。

陆宰复直秘阁制
（绍兴元年九月至绍兴二年二月间）

敕具官：上词同而况名臣之世，尝备任选者哉。尔顷使畿西，虏寇大入，不共厥职，以抵谴诃。亦既累年，还之册府。尚其靖恪，以答恩休。可。

出处：《北山小集》卷二二。

撰者：程俱

考校说明：编年据程俱任两制时间补。

责授单州团练副使宋晔叙朝请大夫制
（绍兴元年九月至绍兴二年二月间）

朕比以月正元日,涣发大号,绍休之志,用以纪年,以敷泽于天下。凡丽于刑书,无以远迩,一皆去累涤垢,与之更新。尔顷以罪戾,公义弗容,屏之远方,庶其循省。兹缘肆眚,复尔故官。尚务恪恭,以答恩宥。可。

出处:《北山小集》卷二二。
撰者:程俱
考校说明:编年据程俱任两制时间补。

杨康国特赠徽猷阁待制制
（绍兴元年九月至绍兴二年二月间）

敕:钩党之祸,岂不痛哉!惟时怙权罔上之臣,实始斫丧忠良,以骋志于天下,凡元祐、靖国仪刑之余,守正之士,傅以大戾,举而纳诸丹书。朕用盡伤,思有优恤,而况残酷之害被其闺门,而天下冤之者乎?具官才业之美,奋于昌辰,摄贰天官,升华书馆。出入中外,时论具宜。遭罹以来,殆将三纪。待制延阁,虽非故官,时惟渥恩,以慰沉抑。可。

出处:《北山小集》卷二二。又见《新安文献志》卷一。
撰者:程俱
考校说明:编年据程俱任两制时间补。

中奉大夫龙图阁待制知抚州高卫磨勘转中大夫制
（绍兴元年九月至绍兴二年二月间）

敕:三载考绩,三考黜陟幽明,故任土作贡之功,必成于四考之后,而绩用弗成之罚,亦九载而后加焉。此唐虞黜陟之明验也。后世迁徙既数,考课之法不行,侍从之官,率三载而进秩,徒以夙夜之劳而已。具官宣力中外,才猷既孚,方自铨曹,出守大郡,举有司之彝典,加四品之崇资。是亦新恩,往其祗服。可。

出处:《北山小集》卷二四。

撰者:程俱

考校说明:编年据高卫官历补,见《建炎以来系年要录》卷四七、卷五一。

王氏封和义夫人制
(绍兴元年九月至绍兴二年二月间)

敕王氏:朕方每食尝胆,未明求衣,固无逸豫之思,与夫声色之奉。傥服勤于夙夜,亦宜示于宠嘉。以尔婉嫕自持,温恭是蹈,属备贯鱼之列,爰参祀燕之仪。顾小心而弗违,疏大郡以加锡。尚其祗恪,以称渥恩。可。

出处:《北山小集》卷二四。

撰者:程俱

考校说明:编年据程俱任两制时间补。

掌衣苏氏典宝宋氏典彩制
(绍兴元年九月至绍兴二年二月间)

敕掌衣苏氏等:朕即位以来,时巡方岳,掖庭之属,屡简仅存。其有躬夙夜之劳,居掌事之列,理宜加秩,用示宠升。以尔恪慎无违,服勤浸久,进之八品,宝彩是供。时为懋思,益祗乃事。可。

出处:《北山小集》卷二四。

撰者:程俱

考校说明:编年据程俱任两制时间补。

河东转运判官直秘阁王燮赠正议大夫制
(绍兴元年九月至绍兴二年二月间)

敕:举褒赠之典,恤死事之孤,所以劝忠劳之臣而致仁厚之意也。具官顷以才选,转漕河东,而奚虏之众,长围太原,身与帅臣,婴城固守。王略不赡,卒为贼图。将军生降,方安右校之位;少从前死,不随属国之归。而妻子自言流离之状,朕怃然伤之。进官七等,视昔贰卿。且推恩其子孙,抑加劝于遐迩。服此嘉宠,尚其有知。可。

出处:《北山小集》卷二四。又见《三朝北盟会编》卷五三。
撰者:程俱
考校说明:编年据程俱任两制时间补。

瑞昌县玉仙乡税户迪功郎周仁厚与改承务郎制
(绍兴元年九月至绍兴二年二月间)

敕具官:乃者淮右之寇跳梁江西,命将臣俊以所部致讨焉。汝能以私储诣军自献,食以不匮,亦与有劳。寄禄初阶,是为京秩。益务报称,服我恩休。可。

出处:《北山小集》卷二四。
撰者:程俱
考校说明:编年据程俱任两制时间补。

胡唐老赐谥制
(绍兴元年九月至绍兴二年二月间)

敕:毋将陈定陶之议,号称安国之言;丙吉飨博阳之封,兼收不伐之美。其有一时造膝,世莫得闻,五载不言,死而后显,易名之典,非朕尔私。具官俊造策名,儒雅饰吏。峨冠宪府,居有匪躬之思;剖符侯邦,绰著干城之节。顾惟京口,实控吴疆,畴其已试之功,付之连帅之任。俄属邻邦失守,大将移军,空城莫婴,散卒横溃。方身叩城垒,示以招徕之不疑;而盗憎主人,何虞祸变之忽起。素志不遂,朕甚伤之。比因同产之抗章,具列靖康之关说,节惠之请,下之有司。举安民大虑之言,与在国逢难之故,合是二法,贲于九原。庶英爽之有知,亦金舆之无间。可。

出处:《北山小集》卷二四。
撰者:程俱
考校说明:编年据程俱任两制时间补。

故中书侍郎赠开府仪同三司张悫谥忠穆制
（绍兴元年九月至绍兴二年二月间）

敕：士方逢时，力或可致；国有公是，死而益明。褒善贬恶，则存诸太史之书；考行易名，则付之礼官之议。是谓彝典，谁其敢私。具官以强济之才，持公忠之志，蚤更器使，懋著廉平之称；晚事潜藩，益展勤劳之节。旋登政地，俾赞国均。发言无华，每怀尽瘁以纾患；特立不惧，弗为姑息以市恩。人望顿隆，朝佥惟允。不淑之叹遽没于元身，无斁之思尚孚于舆议。属迩臣之有请，繄节惠以加褒。惟虑国以忘家，与布德而执义，合是二法，贲于九原。庶几英爽之歆，抑为忠荩之劝。可。

出处：《北山小集》卷二四。

撰者：程俱

考校说明：编年据程俱任两制时间补。

谢文瓘赠徽猷阁待制与两资恩泽制
（绍兴元年九月至绍兴二年二月间）

敕：上词同杨康国。思有优恤。具官熙宁之间，以经术登上第；靖国之岁，以学行备从官。献可稽疑，议论持正。遭罹谗毁，流落丧亡。公论既明，宠嘉可后。待制延阁，时惟渥恩。且推泽于子孙，庶少伸于抑厌。可。

出处：《北山小集》卷二四。

撰者：程俱

考校说明：编年据程俱任两制时间补。

通议大夫冯躬厚磨勘转通奉大夫制
（绍兴元年九月至绍兴二年二月间）

敕：上词同高卫。具官蚤繇俊造，浸历显荣，持以靖共，安于恬养。举有司之彝典，视贰卿之旧班。是亦懋恩，尚其祗服。可。

出处:《北山小集》卷二五。

撰者:程俱

考校说明:编年据程俱任两制时间补。

宣和皇后故曾祖赠太子太保韦舜臣赠太子太傅制
(绍兴元年九月至绍兴二年二月间)

敕:朕于缵位之初,以当郊之岁,相方定址,荒度广陵之阳,奠玉荐诚,寅恭上帝之祀。熙成云始,庆赐遂行。凡厥在廷之臣,悉膺追远之泽。矧宣和之俪极,实诞育于冲人,加贲厥先,盖存故事。宣和皇后故曾祖某潜德不耀,世莫得闻;积善在躬,神之所听。委庆贤媛,来嫔后宫,既正位于长秋,荐推恩于上世。惟官联之一品,若储副之三师,举是宠章,载褒华绂。庶其歆服,有此显休。可。

出处:《北山小集》卷二五。

撰者:程俱

考校说明:编年据程俱任两制时间补。

宣和皇后故曾祖母惠国夫人段氏赠徐国夫人制
(绍兴元年九月至绍兴二年二月间)

敕:古之祭者,必有脤膰之赐,以及在位之臣,所以均神明之福,思与天下共之也。而长信之尊,追远之典,上及三世,益封进律,厥有故常。宣和皇后故曾祖母淑善之德,慈爱之宜,行于闺门,信于闾里。委庆邦媛,是生冲人。汤沐之邑,命书之褒,告第者屡矣。易封徐国,其命则新。尚克祗歆,以光窀穸。可。

出处:《北山小集》卷二五。

撰者:程俱

考校说明:编年据程俱任两制时间补。

宣和皇后故祖赠太傅韦子华赠太师制
(绍兴元年九月至绍兴二年二月间)

敕:朕栉风沐雨,方勤五载之时巡;侍膳问安,莫遂三宫之色养。乡因景至,始拜神休,除地广陵,奠玉上帝。既均厘于绵宇,且加惠于廷臣。矧我外家,式遵彝典。宣和皇后故祖某修身奥宎,腾誉康庄。谨厚自其天姿,才术明于世务。顾百祥之弥远,逮奕叶而方兴。惟予顾复之慈,既正穆宣之位,奉先之典,岂朕敢忘。燮理之官,公师之首,极于一品,贲彼九原。尚其有知,克承休命。可。

出处:《北山小集》卷二五。

撰者:程俱

考校说明:编年据程俱任两制时间补。

宣和皇后故祖母庆国夫人杜氏赠秦国夫人制
(绍兴元年九月至绍兴二年二月间)

敕:关内大国,莫如咸秦;古称小君,是亦封爵。以彰彤管之懿,用广椒涂之恩。属沛泽于多方,肆显扬于新命。宣和皇后故祖母柔嘉有炜,礼法是遵。合韦社之流风,钟涂暨之令德。言念广陵之狩,肇称禋祀之仪。诞敷锡于绵区,漏泉无间;极优崇于戚苑,陟岵是怀。载颁出綍之华,益懋疏封之典。庶其休渥,加贲幽潜。可。

出处:《北山小集》卷二五。

撰者:程俱

考校说明:编年据程俱任两制时间补。

宣和皇后故父赠太师追封普安郡王韦安礼追封简王制
(绍兴元年九月至绍兴二年二月间)

敕:朕式观方册之传,以究天人之际,种德之报,非此其身。譬之封植之勤,固非朝夕之故。虽拱把之养,初若甚微;然荫翳之功,久则可待。惟我外氏,实繄庆门,顾追宠于厥先,盖具存于故典。宣和皇后故父某晦迹闾里,积善家庭。遵老氏之同尘,无复五浆之先馈;有于公之阴德,固知驷马之可期。属予时迈于维扬,爰展精禋于有昊。既迄郊丘之礼,方深屺岵之瞻。眷惟戚藩,旧有锡壤,进疏王爵,以重师垣。远追异姓之封,益彰君子之泽。可。

出处:《北山小集》卷二五。

撰者:程俱

考校说明:编年据程俱任两制时间补。

宣和皇后故母越国夫人宋氏赠魏国夫人制
(绍兴元年九月至绍兴二年二月间)

敕:朕乡以仲冬,肇称禋礼,为斯民而请命,冀有昊之降休。创业守文,严祖功宗德之配;贵诚上质,备匏尊槁席之仪。熙事既成,湛恩斯布。矧惟长信,远念慈闱,追贲厥先,敢愆故典。宣和皇后故母蕃以贤懿,嫔于隽良,闺壸具宜,乡闾推善。是生邦媛,诞育眇躬。顾兹宠赠之常,荐有华褒之诏。易封魏国,以表大名。用慰岁时之思,益彰圣善之德。可。

出处:《北山小集》卷二五。

撰者:程俱

考校说明:编年据程俱任两制时间补。

知枢密院宣抚制置使张浚曾祖赠
太子少保文矩赠太子太保制
(绍兴元年九月至绍兴二年二月间)

词同李回曾祖。有训导之三师,锡以赞书,升之保德。

撰者:程俱

考校说明:编年据程俱任两制时间补。

张浚曾祖母南平郡夫人杨氏赠高密郡夫人制
(绍兴元年九月至绍兴二年二月间)

词同李回曾祖母。何子孙之能贤也。易封大邦,实惟高密。

撰者:程俱

考校说明:编年据程俱任两制时间补。

张浚祖赠太子少傅赠太子太傅制
（绍兴元年九月至绍兴二年二月间）

敕:朕肇修云云三世上词同李回祖。盖膏之沃者其光烨,源之深者其流长。厥有故常,亦惟懋典。具官故祖学以为己,善不近名。忠信行乎乡间,福庆施于孙子。若留侯调护之寄,亦世厥官;兼二疏前后之荣,用申异数。以广均厘之泽,肆颁出纶之华。时惟显休,尚其歆服。可。

出处:《北山小集》卷二五。

撰者:程俱

考校说明:编年据程俱任两制时间补。

张浚祖母德阳郡夫人赵氏赠武陵郡夫人制
（绍兴元年九月至绍兴二年二月间）

（存目）

撰者:程俱

考校说明:编年据程俱任两制时间补。

张浚祖母平昌郡夫人王氏赠太宁郡夫人制
（绍兴元年九月至绍兴二年二月间）

敕:词同王陶祖母。具官故祖母。云云。下词同秦桧曾祖母。

出处:《北山小集》卷二五。

撰者:程俱

考校说明:编年据程俱任两制时间补。

张浚父赠太子少师咸赠太子太师制
（绍兴元年九月至绍兴二年二月间）

敕:上词同富直柔父。具官故父蚤以贤业,策名昌辰。通达古今,远希晁错之三道;贯穿典籍,何止井丹之五经。不克大施,委庆厥嗣,是生邦彦,冠我枢庭。惟储副之三师,实官联之一品,用兹告第,以广繁禧。歆予宠休,尚有英爽。可。

出处:《北山小集》卷二五。

撰者:程俱

考校说明:编年据程俱任两制时间补。

张浚前母齐安郡夫人任氏赠蕲春郡夫人制
（绍兴元年九月至绍兴二年二月间）

（存目）

撰者:程俱

考校说明:编年据程俱任两制时间补。

张浚前母普安郡夫人赵氏赠通义郡夫人制
（绍兴元年九月至绍兴二年二月间）

敕:朕思起中兴之绪,修报本之诚,祖宗居歆,天地昭格。非股肱之佐内辅台德,外将天威,维持艰危,则亦安能成是礼哉? 庆泽之敷,理其可后! 具官故前母蚤以令德,来嫔庆门。淑慎有闻,温恭不懈。夭阏弗寿,邈先九原。属予熙事之成,益申追远之泽,易之大国,表以嘉名。庶其有知,歆此休命。可。

出处:《北山小集》卷二五。

撰者:程俱

考校说明:编年据程俱任两制时间补。

张浚母永嘉郡夫人计氏封淮安郡夫人制
(绍兴元年九月至绍兴二年二月间)

敕:士方隐约陋巷,栖迟小官,刑于室家,相与躬顾复之勤、保廉俭之操者,亦以成其子也。迄有贤子,为时辅臣,居则经体赞猷,行则宣威制胜,慈教之效,斯焉可知。具官母淑靖在躬,礼法是蹈。既已瘅身守约,以相厥夫矣;而成就其子者,又如此其白也。均厘之泽,犹及庶僚,刿繄旧封,荐膺宠命。易以大郡,益彰显荣。惟克钦承,永膺多福。可。

出处:《北山小集》卷二五。

撰者:程俱

考校说明:编年据程俱任两制时间补。

张浚妻信安郡夫人乐氏封同安郡夫人制
(绍兴元年九月至绍兴二年二月间)

敕:上词同秦桧妻。具官妻恭恪之美,宜于姑嫜;淑慎之仪,闻于宗党。克配君子,使外得以经营四方,尽匪躬之节,而内无乏于温清定省之宜者,繄尔之助焉。虽荐被命书,继封大郡矣,兹予宗祀之泽,易以新渥,实惟同安。其克祗钦,永绥休显。可。

出处:《北山小集》卷二五。

撰者:程俱

考校说明:编年据程俱任两制时间补。

端明殿学士左中大夫冯澥靖康元年任左丞
封赠故曾祖某赠太子少保制
(绍兴元年九月至绍兴二年二月间)

敕:辅弼之臣,实当天下之重任,其任之也重,故车服宠数莫不致其隆焉,所以励其节而要其报尔。至追贲其先,上及三世,一命而得东宫之二品,初封而名列郡之小君,皆致隆之意也。具官故曾祖某潜德不耀,积善在躬。报施循环,迄昌厥后。丞辖之旧,乃其曾孙。东宫之官,莫重师保,三孤是视,时惟渥恩。用加纶綍之褒,以慰烝尝之感。可。

出处:《北山小集》卷二六。

撰者:程俱

考校说明:编年据程俱任两制时间补。

冯澥故曾祖母雍氏赠咸宁郡夫人制
(绍兴元年九月至绍兴二年二月间)

敕:上词同曾祖。具官故曾祖母婉嫕之德,宜其宗姻。泽流曾孙,致位政府。疏封大郡,实惟咸宁。尚其有知,歆此休显。可。

出处:《北山小集》卷二六。

撰者:程俱

考校说明:编年据程俱任两制时间补。

冯澥故祖赠朝奉大夫仲堪赠太子少傅制
(绍兴元年九月至绍兴二年二月间)

敕:靖康之初,厎席贤隽,怒如调饥。凡人望所属,党论不容者,举而萃于朝廷,以至近弼。而尔之孙,位在丞辖,追远之赠,厥有故常。逮兹六年,乃克成命。具官故祖孝悌之美,学行之优,不克大施,乃终有庆。惟储宫之二品,视外朝之三孤,用贲丘原,以为积善之劝。可。

出处:《北山小集》卷二六。

撰者:程俱

考校说明:编年据程俱任两制时间补。

冯澥故祖母宜人杜氏赠咸安郡夫人制
(绍兴元年九月至绍兴二年二月间)

(存目)

撰者:程俱

考校说明:编年据程俱任两制时间补。

冯澥故祖母宜人汝氏赠德阳郡夫人制
(绍兴元年九月至绍兴二年二月间)

敕:上词同故祖。毓质庆胄,来嫔高门。淑靖之仪,家庭是赖。咸安大郡,用以锡封。岂唯祥善之宜,抑慰幽潜之德。可。

出处:《北山小集》卷二六。

撰者:程俱

考校说明:编年据程俱任两制时间补。

冯澥故父任朝请郎尚书祠部郎中赠
宣奉大夫山赠太子少师制
(绍兴元年九月至绍兴二年二月间)

敕:上词同孟庾父。具官故父某学古是务,躬行有常。循良之政在民,靖共之操无爽。乃有令子,为时辅臣。超异之恩,厥有故事。惟东宫训导之官,少师品在第二,尚德之举,莫此为宜。庶其有知,歆此休命。可。

出处:《北山小集》卷二六。

撰者:程俱

考校说明:编年据程俱任两制时间补。

冯澥故母淑人王氏赠普安郡夫人制
(绍兴元年九月至绍兴二年二月间)

敕:上词同父。具官故母淑德早彰,令仪终誉。辅佐之美,既宜厥家;慈教之施,克成厥子。荐膺宠赠,亦既显荣。疏封大邦,增贲窀穸。用阐丝纶之渥,以纾风木之悲。可。

出处:《北山小集》卷二六。

撰者:程俱

考校说明:编年据程俱任两制时间补。

冯澥故妻安人赵氏赠南昌郡夫人制
(绍兴元年九月至绍兴二年二月间)

（存目）

撰者:程俱

考校说明:编年据程俱任两制时间补。

冯澥故妻安人黎氏赠安岳郡夫人制
(绍兴元年九月至绍兴二年二月间)

敕:辅弼之旧,有以才学自奋,以底显荣,至于艾耆,福禄咸备,而内助之贤,不与享焉,则湛泽之施,其可以已?具官故妻淑靖之仪,推于姻族;图史之训,奉以周旋。法度是循,克相君子。疏封大郡,是谓渥恩。庶其有知,歆此休命。可。

出处:《北山小集》卷二六。

撰者:程俱

考校说明:编年据程俱任两制时间补。

綦崇礼磨勘授奉议郎依前徽猷阁直学士制
(绍兴元年九月至绍兴二年二月间)

敕:自考绩之法不行于汉唐,至于我宋,参酌古今之宜,凡省阁侍从之臣,不繇岁课以迁,时推特恩,是亦道揆。及肇新官制,则有司存,付之定法,然犹有三载考绩之意焉。具官某学识深敏,溢于文词。入掌丝纶,出宣政化,年则淹矣,劳亦有焉。虽云序进之常,是谓宠绥之数。服我休命,益奋乃庸。可。

出处:《北山小集》卷二六。

撰者:程俱

考校说明:编年据程俱任两制时间补。

武功大夫文州团练使兼阁门宣赞舍人
知泰州张荣特授防御使制
(绍兴元年九月至绍兴二年二月间)

　　敕具官某:傅海之邦,牢盆之入,所以通商贾而共货财者,其利亦云博矣。兵革之后,亭无居人,末业之民无所得食。而尔外固吾圉,内守郡条,流亡稍归,盐策复振,阜安之渐,庶有望焉。就陟使名,益彰忠力,尚懋尔绩,以报宠休。可。

出处:《北山小集》卷二六。

撰者:程俱

考校说明:编年据程俱任两制时间补。

朝奉大夫秘阁修撰方闻都官员外郎制
(绍兴元年九月至绍兴二年二月间)

　　敕具官某:上词同前。以尔经谊该贯,性行淳和,固已师表贤关,领袖册府矣。郎选之盛,昔未有焉。钦哉惟时,益振乃职。可。

出处:《北山小集》卷二六。

撰者:程俱

考校说明:编年据程俱任两制时间补。

越州奏从事郎黄大知状母洪氏年九十一岁
乞依明堂赦书推恩封太孺人制
(绍兴元年九月至绍兴二年二月间)

　　敕具官某母:箕子陈大法九畴,而寿为五福之首。汝生于承平,既阅三世,仁者之效,岂其然乎。褒封之荣,著在令甲。其以慈训于里闾。可。

出处:《北山小集》卷二六。

撰者:程俱

考校说明:编年据程俱任两制时间补。

朝奉郎向伯奋弟奉议郎仲堪乞依赦回授封叙与祖父母制
(绍兴元年九月至绍兴二年二月间)

祖父承议郎致仕蔚特授朝散郎致仕

敕具官某祖父具官某:熙事既成,用敷泽于天下,凡通籍于朝者,皆得褒显其亲,此故事之常也。而又得以施及大门,则仁厚之意至矣。尔以寿善,养承厥孙,服此恩书,时惟宠渥。其以孝悌忠信训于后生,虽云里居,是亦为政。可。

祖母魏氏

敕具官某祖母:上词同前。时惟宠渥。余庆之美,以劝里闾。可。

出处:《北山小集》卷二六。

撰者:程俱

考校说明:编年据程俱任两制时间补。

尚食直笔杨一娘赐名从信特除知内尚书省事制
(绍兴元年九月至绍兴二年二月间)

敕:天下之计,上于中台,设官分治,而令仆为之长。万几之务,关于予听,下于三府者,内尚书省总其凡。内外小大虽殊,其维持体统,付受出纳,固亦重矣。具官某明于典章,恪慎不懈,给事宫掖,积有岁年。董正六司,肆以命尔。是惟才选,非以次迁。服此宠休,其祗厥职。可。

出处:《北山小集》卷二六。

撰者:程俱

考校说明:编年据程俱任两制时间补。

赠通议大夫郑骧谥威愍制
(绍兴元年九月至绍兴二年二月间)

敕:朕以艰难以来,死事之臣其加赠恤孤既极于褒隆矣,而又命有司考行易名以旌显之,所以深劝天下之卫社稷而死封疆者也。具官某初以才选,畀之郡

符,而虏众大入,孤城不支,玉石俱焚,罔知攸济。有子自列,朕用恻然,固已追贲
九原,赠官四品。惟兹节惠之典,考诸太常之议,曰威与愍。合是二法,用示宠
绥,抑以昭尔之烈。可。

出处:《北山小集》卷二六。
撰者:程俱
考校说明:编年据程俱任两制时间补。

江西路招讨使张俊申具到掩杀李成等功状奇功统制
官亲卫大夫文州防御使杨沂中等统领官协忠大夫温
州观察使张翼等将官起复左武大夫忠州刺史郭吉等
使臣武显大夫武勖等各转五官并遥郡制
(绍兴元年九月至绍兴二年二月间)

敕:乃者反虏盗据群舒,游魂江西,暴略郡县,吏民患苦之。爰命将臣,恭行
天讨。不淹时序,丑类既歼,惟彼渠魁,奉头鼠窜。懋功之赏,其可后乎! 具官某
才略兼长,忠勇自奋。出征入卫,貔虎是将。幕府上功,绝出伦辈。进官五等,宠
以廉车。用示异恩,益思报称。可。"宠陟军防","宠陟军国","宠以郡符"。

出处:《北山小集》卷二七。
撰者:程俱
考校说明:编年据程俱任两制时间补。"江西路招讨使",《建炎以来系年要录》作
"江淮招讨使"。

朱赟等转武功大夫遥郡刺史制
(绍兴元年九月至绍兴二年二月间)

敕具官某:乃者云云,同前。以尔蚤自颜行,见推忠勇,才足自奋,貔虎是将。
云云,下词同前。

出处:《北山小集》卷二七。
撰者:程俱
考校说明:编年据程俱任两制时间补。

第一等统领官左武大夫贵州刺史曹涤将官亲卫大夫史德等使臣右武大夫刘全等四官第二等统制官拱卫大夫忠州防御使鲁珏将官武功大夫齐闰使臣武功大夫阁门宣赞舍人张子厚三官遥郡第三等使臣武功大夫康州防御使田友及两官制
(绍兴元年九月至绍兴二年二月间)

敕:乃者反虏云云,词同杨沂中等。陷敌攻坚,策功第一。进官四等。上下词同。

出处:《北山小集》卷二七。

撰者:程俱

考校说明:编年据程俱任两制时间补。

使臣横行已上制
(绍兴元年九月至绍兴二年二月间)

敕:艰难以来,寇盗群起,招徕珍戮,将帅是毗。朕于捐爵禄、糜金帛以为将士之赐,亦不薄矣。然潢池之聚,未尽削平。意者养寇避敌、掠功冒级之敝未除也。乃若斩俘中率,功效显明,懋赏之行,理不可后。具官某奋以材武,奋身戎行,鏖战江西,策功异等。进官五等,宠以郡符。服我渥恩,益思报效。可。

出处:《北山小集》卷二七。

撰者:程俱

考校说明:编年据程俱任两制时间补。

阵亡官赵谨等赠五官制 恩泽两资,更与一名进义副尉。
(绍兴元年九月至绍兴二年二月间)

敕:执干戈以卫社稷,圣人之所褒;旌死事而恤遗孤,军政之所急也。具官某负其材力,奋不顾身,讨贼江西,勇气自倍。卒以战没,深用蠹伤。加贲九泉,进官五等。推恩厥后,并示不忘。尚其有知,服此旌宠。可。

出处:《北山小集》卷二七。

撰者:程俱

考校说明:编年据程俱任两制时间补。

枢密院检详诸房文字张公济右司郎中朝
请郎刘峤枢密院检详制
(绍兴元年九月至绍兴二年二月间)

　　敕具官某等:文武二柄,所以经纬百度、敉宁多方者也。祖宗以来,分建二府,举而属之大臣。然六部五房之政事得以稽参纠正,无所不与者,唯左右司检详官为然,可以知其选矣。尔等皆以才业,用于朝廷,宣力既多,荐更要剧。以是命尔,益观尔能。尔惟举厥职,则积虽微而效速成;尔惟尸厥官,则事日隳而受其弊者广。治否所系,可不钦哉。可。

出处:《北山小集》卷二七。

撰者:程俱

考校说明:编年据程俱任两制时间补。

安化州殿侍银青光禄大夫检校国子祭酒兼
监察御史蒙光仲等加安化州三班借差余如故制
(绍兴元年九月至绍兴二年二月间)

　　敕具官某:尔等远慕声明,久怀忠顺,保障千里,夷险一心,奉琛不绝于中朝,锡命宜加于显秩。益思诚恪,服此宠休。可。

出处:《北山小集》卷二七。

撰者:程俱

考校说明:编年据程俱任两制时间补。

朝请郎直秘阁知明州吴懋转朝奉大夫制
(绍兴元年九月至绍兴二年二月间)

　　敕具官某:除戎器,戒不虞,时方承平,未之或废,而况兴衰戡乱之际,可一日而不备乎？尔以才选,守符近藩,甲胄之工,不愆于素。俾正郎秩,用以劝劳。是惟渥恩,益思报称。可。

出处:《北山小集》卷二七。

撰者:程俱

考校说明:编年据程俱任两制时间、吴懋宦历补,见《建炎以来系年要录》卷五一。

显谟阁直学士中大夫提举临安府洞霄宫魏宪特授太中大夫制
(绍兴元年九月至绍兴二年二月间)

敕:自考绩之实废,后世放而行之者,三载之文而已。然所谓磨勘之法,则亦有考绩之意焉。具官某经术醇深,履行端雅。簪笔持橐,出入从班者,岁且一终,亦可谓时之耆隽者已。进官一等,虽资格之常,是亦宠休,往其祗服。可。

出处:《北山小集》卷二七。

撰者:程俱

考校说明:编年据程俱任两制时间补。

李邈赠节度使制
(绍兴元年九月至绍兴二年二月间)

敕:朕思复艰难之业,永怀将帅之良。禁暴安民,虽未成卫社稷之效;忘躯徇国,庶几得死封疆之臣。苟于颠沛之余,深明逆顺之理,卒与祸会,不为利回,可无褒显之恩,用著君臣之义？具官材能屡试,智术有余。既通籍于朝闱,亦将输于使传。率职匪懈,复命不欺。旋更鹓弁之班,荐剖虎符之寄。方虏师之入塞,当空道之雄藩,邈无唇齿之依,坐失金汤之固,拘原方力,裹革莫还,不贻陇右之羞,迄守睢阳之操。宜申宠锡,以劝多方。眷惟右武之辰,莫重登坛之任,肆颁纶綍,以寄哀荣。尚繄忠魂,歆此休命。可。

出处:《北山小集》卷二七。

撰者:程俱

考校说明:编年据程俱任两制时间补。

婕妤张氏祖赠中奉大夫张仲迪赠太中大夫制
（绍兴元年九月至绍兴二年二月间）

敕：朕爰以季秋，肇称禋祀，冀获神灵之祐，不替祖宗之休。遂敷锡于寰区，且推恩于中外。矧繄邦媛，实赞椒风，用加先世之褒封，益举有司之彝典。婕妤张氏故祖某怀才不试，积善在躬，流庆女孙，参华嫔则。既荐膺于纶綍，宜增贲于家庭。惟兹四品之官，视昔七人之列，以均厘泽，益示宠休。可。

出处：《北山小集》卷二七。

撰者：程俱

考校说明：编年据程俱任两制时间补。

婕妤张氏祖母令人孙氏赠淑人制
（绍兴元年九月至绍兴二年二月间）

敕：朕观载籍之传，考兴衰之绪，其流泽后世，俾高门之庆益隆而不替者，非独世德之修而已，盖有闺壶之助焉。婕妤张氏故祖母静专有仪，淑慎是履，为善之报，不于其身，逮其后人，发祥椒掖。熙成之泽，中外具膺，易以嘉称，是为异等。尚其祗服，有此宠灵。可。

出处：《北山小集》卷二七。

撰者：程俱

考校说明：编年据程俱任两制时间补。

婕妤张氏父任忠翊郎赠修武郎张彦度赠武节大夫制
（绍兴元年九月至绍兴二年二月间）

敕：朕涓吉季秋，荐诚上帝。导三灵之况，方裒昭格之休；敷百顺之祥，式布汪洋之泽。惟厥后宫之懿，宜加先世之恩。婕妤张氏故父某晦迹戎冠，饬躬仕版，是生邦媛，实侍宸帏。粤惟庆善之从，荐被宠绥之及，宜超常等，以沛漏泉。尚其有知，歆此休命。可。

出处:《北山小集》卷二七。

撰者:程俱

考校说明:编年据程俱任两制时间补。

婕妤张氏故母孺人李氏赠淑人制
(绍兴元年九月至绍兴二年二月间)

敕:先王制礼,与夫"推恩接下"之文,未尝不本于人情也。故外之廷臣,内之妃御之亲,凡恩沛之行,宠嘉之典,必视其品而为之节,所以慰孝思而劝为善也。婕妤张氏故母夙以婉懿,嫔于庆门,是生女子,入侍帷闱。既膺显赠,宜进厥封。申兹出綍之褒,以广漏泉之泽。用彰令淑,尚克祗歆。可。

出处:《北山小集》卷二七。

撰者:程俱

考校说明:编年据程俱任两制时间补。

婕妤张氏故继母孺人赵氏赠淑人制
(绍兴元年九月至绍兴二年二月间)

敕:上词同。婕妤张氏故继母以妇则顺,以母则慈。比以宫庭之恩,既膺休显之赠,易兹美称,以表令仪。肆加出綍之褒,用广漏泉之泽。可。

出处:《北山小集》卷二七。

撰者:程俱

考校说明:编年据程俱任两制时间补。

张浚故妻信安郡夫人乐氏赠武陵郡夫人制
(绍兴元年九月至绍兴二年二月间)

敕:朕肇修宗祀,祗见合宫,厘事既成,肆敷锡于四海。凡通籍于朝者,皆得宠赠,赉其家庭;而况冠密宥之司,专阃外之制,伉俪之重,夭阏不延,厥有故常,理其可后?具官某故妻以令淑静嘉,作配君子,宜于上下,其甘苦丰约之同,儆戒相成之际,由初迄今,勤亦至矣。疏封大郡,以寄哀荣。庶其有知,歆此休命。可。

出处:《北山小集》卷二七。

撰者:程俱

考校说明:编年据程俱任两制时间、南宋明堂大礼时间补。

端明殿学士中大夫冯澥遇建炎元年赦恩转太中大夫制
（绍兴元年九月至绍兴二年二月间）

敕:朕乡以遭时多难,二帝北狩,王公士民不释之故,即位睢水之阳,推恩万邦,小大之臣进官一等,而远方士大夫至今有未被丝纶之命者。况国之旧弼,其可已乎! 具官某夙以志节,推重搢绅;晚以讦谟,进陪机政;均逸闾里,于兹有年。爰举霈恩,视官大谏。往其钦服,是亦宠休。可。

出处:《北山小集》卷二七。

撰者:程俱

考校说明:编年据程俱任两制时间补。

故武功大夫康州防御使提举江州太平观陈淬赠
四官拱卫大夫遥郡观察使与两资恩泽制
（绍兴元年九月至绍兴二年二月间）

敕:舍生取义,士君子之所难。其有奋身戎行,能以死战,褒恤之典,其可后乎! 具官某勇以赴功,忠于卫上。虏寇之入,适当其锋。捐躯兵间,曾不顾计。赠官四等,旌劝兼焉。尚其精诚,知此湛泽。可。

出处:《北山小集》卷二七。

撰者:程俱

考校说明:编年据程俱任两制时间补。

权户部侍郎柳约故父任述古殿直学士通议大夫赠正奉大夫庭俊赠光禄大夫制
(绍兴元年十月至绍兴二年二月间)

敕:上词同胡交修。具官故父某蚤以英秀,腾声士林;晚著才猷,致位从橐。扬历中外,风绩蔼然。有子而才,司我邦计。属兹庆赉,加被宠章。惟兹二品之崇,视昔六官之长。庶几英爽,歆此显休。可。

出处:《北山小集》卷二六。

撰者:程俱

考校说明:编年据柳约官历补,见《建炎以来系年要录》卷四八、卷五一。

柳约母硕人胡氏封齐安郡夫人制
(绍兴元年十月至绍兴二年二月间)

敕:胡姓东南之望族也,其积庆深厚,至虽女子,时有闻焉。既相其夫,有兹光显,又克教厥子,推于搢绅,而皆仗节藩方,持橐禁近。有家之庆,鲜克兼之。具官母为妇则顺,为母则慈。闺门之所化从,乡党之所矜式。兹予大祀,展事合宫,敛五福以敷庶邦,既推泽于上下矣,则侍臣之亲,宠数之及,其可后哉?封以大郡,是惟小君。永绥厥荣,祇服休命。可。

出处:《北山小集》卷二六。

撰者:程俱

考校说明:编年据柳约官历补,见《建炎以来系年要录》卷四八、卷五一。

柳约故妻孺人魏氏赠硕人制
(绍兴元年十月至绍兴二年二月间)

敕:法从之臣,方以才业自奋,以底显荣,而内助之贤,不与飨于耆艾之时,则湛泽之施,所以加赉其私者,其可后也?具官故妻淑慎之姿,宜于上下,而夭阏不寿,末如命何。属兹熙事之成,用敷锡于四海,丝纶之宠,易以嘉称。用告于家,庶其祇服。可。

出处:《北山小集》卷二六。

撰者:程俱

考校说明:编年据柳约官历补,见《建炎以来系年要录》卷四八、卷五一。

禁约官司擅行夺占舟船诏
(绍兴二年二月一日)

官司舟船须管支给雇钱,不得以和雇为名擅行夺占。如违,许船户越诉。

出处:《宋会要辑稿》食货五〇之一二。

禁人至临安府近行宫高阜诏
(绍兴二年二月一日)

临安府近行宫高阜,禁人毋得至其处。犯者徒二年。

出处:《建炎以来系年要录》卷五一。

尽数收买贺铸家所藏图籍诏
(绍兴二年二月二日)

御前图籍以累经迁徙,散亡殆尽,访闻平江府贺铸家所藏,见行货之于道涂,可委守臣尽数收买,秘书省送纳。

出处:《宋会要辑稿》崇儒四之二一。

李承造充两浙转运副使诏
(绍兴二年二月四日)

李承造充两浙路转运副使,专一应副刘光世军。遇有军马出入,即委本官随军移运供馈。

出处:《宋会要辑稿》食货四九之三八。

禁州县及把隘官兵非理阻节茶盐客贩诏
(绍兴二年二月五日)

令逐路提举茶盐、转运、提刑司常切严行约束。如违,并依建炎四年十月二十四日已降指挥断罪。

出处:《宋会要辑稿》食货二六之四。

太常少卿程瑀给事中制
(绍兴二年二月五日)

敕:王公坐论于上,士大夫作而行之于下,而谏诤纠驳、左右献纳之臣,得以可否救正于其间,凡以建大中、持公道,相与保邦制治而已。具官某抗志厉节,自其少时,行己立朝,信于士类,固尝以忠实充谏列,以学业赞成均矣。朕方招延端士,使萃于朝,故召诸外台,几自以自近,亟从礼乐之选,置之平奏之司。益单厥心,以禆予治。可。

出处:《北山小集》卷二七。
撰者:程俱
考校说明:编年据《建炎以来系年要录》卷五一补。

吏部侍郎李光吏部尚书制
(绍兴二年二月五日)

敕:魏以选士属铨衡,盖任人而不任法;唐以长行定资格,则任法而不任人。苟能其官,咸克用乂。具官某自信甚笃,用心则刚。学不蕲于空言,才实周于众务。比自侯服,俾之贰卿,既忠益之屡闻,亦勤劳之匪懈。惟六属之长,成周兼以三公;而四选之官,尚书冠于二品。不次之举,无旷是图。益懋厥猷,庶其底绩。可。

出处:《北山小集》卷二七。

撰者:程俱

考校说明:编年据《建炎以来系年要录》卷五一补。

吏部侍郎李弥大户部尚书制
(绍兴二年二月五日)

　　敕:朕惟财用在于天下,出纳总于地官。譬以百川之流,潴之万顷之泽,苟决漏之不禁,则乾涸之可期。眷惟兵食之资,实繄制度之节,掌兹邦计,宜得国华。具官某静以有为,宽而克济。屡更要近,绰著风猷。凡此在廷之臣,莫先持橐之旧。进班常伯,如古司徒。傥无爽于阜通,且周知于盈缩,国用既足,邦本以宁。惟尔之休,亦朕之志。可。

出处:《北山小集》卷二七。

撰者:程俱

考校说明:编年据《建炎以来系年要录》卷五一补。

徽猷阁直学士知漳州綦崇礼吏部侍郎兼权直学士院制
(绍兴二年二月五日)

　　敕:铨曹之敝极矣,猾贼之吏舞文毁则,以遂其奸欺,其根深株连,长贰郎虽有摘伏振滞之心,能窒其敝而正厥愆者鲜矣。具官某通敏之才,恢博之器。比以文学,典司纶言,进贰天官,绰有休誉。用还旧物,兼直禁林。已试之能,益观成绩。可。

出处:《北山小集》卷二七。

撰者:程俱

考校说明:编年据《建炎以来系年要录》卷五一补。

给事中胡交修显谟阁待制提举江州太平观制
(绍兴二年二月五日)

　　敕:朕博选隽良,置诸左右,苟劳侍从之事,陈进退之宜,朕亦不得强之使留也。具官某宽裕靖共,犯而不校;学问词采,用之不穷。退食自公,择地而蹈。而乃以疾来谂,重违尔私,易之延阁之班,赋以殊庭之禄。用均劳佚,爰示宠绥。可。

出处:《北山小集》卷二七。

撰者:程俱

考校说明:编年据《建炎以来系年要录》卷五一补。

綦崇礼辞免吏部侍郎兼权直学士院不允诏
(绍兴二年二月五日后)

缘学士院独员,敕差撰。朕以卿政事文华,见推士论,而铨衡之地实藉于通才,词禁之林方虚于寓直。眷予侍从之隽,邈在闽粤之邦,趣召造朝,肆班成命。是皆已试,佥以为宜。奚事多辞,亟趋定著。

出处:《北山小集》卷二八。

撰者:程俱

考校说明:编年据《建炎以来系年要录》卷五一补。"吏部侍郎",《建炎以来系年要录》卷五一作"礼部侍郎",同书卷五二、卷五六均作"吏部侍郎",当以"吏部侍郎"为是。

赐新除户部尚书李弥大辞免恩命不允诏
(绍兴二年二月五日后)

敕弥大:省所奏辞免恩命,事具悉。自兵兴以来,费出无艺,民力屈,财用殚,至于斯极矣。朕方兴衰拨乱,经营四方,而军赋所资为尤急。必有为朕裁理调度,知取知予,使民不困而用足者,以任吾事。维卿靖重之操,详练之才,扬历三朝,为时宿望。比还省户,未复旧班。进长地官,繄老成是赖。毋留成命,庸副朕怀。所请宜不允。故兹诏示,想宜知悉。春暄,卿比安好? 遣书,指不多及。

出处:《北海集》卷一四。

撰者:綦崇礼

考校说明:编年据《建炎以来系年要录》卷五一补。

推赏崇德嘉兴官吏手诏
（绍兴二年二月六日）

昨降官告、度牒籴买军储，缘有司定价太高，无人承买，以此未支还人户价钱甚众，而和籴徒有虚名。访闻秀州崇德、嘉兴两县度量损减，与米价相当，民未病籴，是能体国恤民者。可委本路宪司保明诣实，具名闻奏，当议推赏。其余州县令依仿施行，无致怨讟流于道路，以塞朕怀。仍出榜晓谕。

出处:《宋会要辑稿》食货四〇之一五。又见《宋会要辑稿补编》第六二一页。

天章阁祖宗神御先行过钱塘江诏
（绍兴二年二月六日）

天章阁祖宗神御，可先行趁潮汛过江。仰临安府差渡船五只，令巡检引带保护过江。

出处:《宋会要辑稿》方域二之一一。

计市价偿民材诏
（绍兴二年二月七日）

比缘移跸临安，令漕臣措置营缮。闻诸颇取材于民，违背初旨。可令监察御史黄龟年取索，仍给银绢度牒，计市价偿之。

出处:《建炎以来系年要录》卷五一。

榷货务制造官斗颁降诸路诏
（绍兴二年二月七日）

榷货务取省仓见用官斗依样制造一百只，赴户部颁降，诸路不得别置私量行使。

出处:《宋会要辑稿》食货六九之一○。

福建转运判官张巏考功员外郎制
(绍兴二年二月七日)

敕具官某:四选之士,凡磨勘于吏部者,必繇考功。其予夺当否,士之升沉,利害系焉,盖不可不察也。以尔慷慨自任,才术有余,起于诸生,通达世务,试以吏治,厥闻有休,召置郎曹,益观尔学。其往懋哉。可。

出处:《北山小集》卷二七。
撰者:程俱
考校说明:编年据《建炎以来系年要录》卷五一补。

遣兵捕杀曹成贼马诏
(绍兴二年二月八日)

令宣抚司催督高举星夜应援二广,及令湖东安抚使岳飞统率副总管马友并李宏、吴锡、韩京军马急袭逐掩击,马友等听岳飞节制。如宣抚大使司军未到间能擒获曹成,特除马友观察使。逐项军马合用钱粮,令湖东漕臣极力应办,内岳飞一军专委江西运副韩球应副。仍仰广东、西帅臣起发洞丁刀弩手疾速统帅前去逐路界首,与岳飞等会合,并力夹击。务要一举万全,无致稍失机会。高举人马权听广东帅臣节制,广东漕臣应副钱粮。仍立定捕获曹成等赏格下。

出处:《宋会要辑稿》兵一○之三一。

李纲除观文殿学士荆湖广南路宣抚使兼知潭州制
(绍兴二年二月八日)

敕:朕眷彼荆湘之上流,旁连交广之五管,震扰未靖,辑绥是图,必得重臣,用康远俗。具官某器质英迈,才猷敏明。忠诚足以动众心,刚果足以任大事。向繇人望,首置宰司。去国累年,公议攸属。晋军谋帅,莫居郤縠之先;周室任贤,有若召公之翰。俾专阃制,往布恩言。仍跻秘殿之华,式为南服之伯。顾位均分陕,矧繁国步之方艰;庶功比平淮,无使古人而专美。惟予旧弼,无待费辞。可。

出处：《北山小集》卷二七。又见《新安文献志》卷一。

撰者：程俱

考校说明：编年据《建炎以来系年要录》卷五一补。

綦崇礼再除尚书吏部侍郎制
（绍兴二年二月十日）

敕：铨曹之敝极矣，猾贼之吏，舞文毁则，以遂其奸欺。其根深株连，长贰郎虽有擿伏振滞之心，能窒其弊而正厥愆者，鲜矣。徽猷阁直学士、左奉议郎、北海县开国男、食邑三百户、赐紫金鱼袋綦某通敏之才，恢博之器，比以文学，典司纶言，进贰天官，绰有休誉。用还旧物，兼直禁林，已试之能，益观成绩。可特授依前左奉议郎、试尚书吏部侍郎，封赐如故。

出处：《北海集》附录上。

诸路州军天申节拨放僧道度牒诏
（绍兴二年二月十一日）

诸路州军遇天申节依旧试经，拨放僧道度牒，每三百人放一名。

出处：《建炎以来系年要录》卷五一。

令临安府差人兵救护遗火民财诏
（绍兴二年二月十一日）

临安府居民多不谨火烛，虽已差殿前、马步军司人兵救护，缘措置未严，致多攘夺财物，民甚苦之。可更令本府差定救护人兵，仍令逐司并临安府依东京例，各置新号并救火器具，俟扑灭，即时点觑搜检讫，方得放散。及仰临安府差缉捕使臣，立赏钱收捉遗火去处作贼之人，犯人并依前项指挥；其寄赃、隐匿之家，许依已立日限陈首，仍与免罪给赏。

出处：《宋会要辑稿》刑法二之一〇九。

起居舍人廖刚权吏部侍郎制
（绍兴二年二月十一日）

敕：自官制之行，六卿之贰，选任甚重。乃者推元祐之意，复摄行之官，虽品秩少杀，而位遇略同，然为从臣一也。具官某学有师承，言无枝叶。夷考其素，行称其名。既已擢在记言，侍朕左右；而天官右选，吏猥事繁，尔为郎摄贰于此屡矣，既习其治，莫如尔宜。俾集选之士各得其平，则称朕所以懋官之意。可。

出处：《北山小集》卷二七。
撰者：程俱
考校说明：编年据《建炎以来系年要录》卷五一补。

李友闻复集英殿修撰差提举江州太平观制
（绍兴二年二月十一日）

敕具官某：国家刑赏之施，未尝不出于忠厚。尔比以缘累，褫职投闲。朕惟汉武之族李陵，不如魏文之待于禁也。矧尔荐更才使，至于耄期。秘殿修书，还尔旧物，殊庭之禄，以裕尔私。朕之恩则厚矣，其亦思所以报乎。可。

出处：《北山小集》卷二七。
撰者：程俱
考校说明：编年据《建炎以来系年要录》卷五一补。

官户与编户一例均敷科配诏
（绍兴二年二月十四日）

应官户除依格合得顷亩免差役外，其他科配不以限田多少，并同编户一例均数敷，候将来却依旧制行。

出处：《庆元条法事类》卷四八。

置御前忠锐军诏
（绍兴二年二月十五日）

閤门宣赞舍人崔增，极密院准备将领赵延寿、单德忠、李振、徐文，武功大夫李捧，枢密院水军统制邵青，所部兵分为七将，以"御前忠锐"为名。内增、青仍作水军，并隶侍卫步军司。非枢密院得旨，毋得擅发。仍铸印赐之。

出处：《建炎以来系年要录》卷五一。

给事中黄叔敖兼侍读权吏部侍郎廖刚兼侍讲制
（绍兴二年二月十五日）

敕：圣人之言，譬水火之为用；前史之载，实龟鉴之具存。朕思广聪明，旁资讲读，庶兼收于直谅，抑有助于艰难。以尔具官黄叔敖儒雅饬躬，温良成性；以尔具官廖刚渊源有自，劲挺不回。皆以时髦，深明古训。继金华之业，盖无事章句诵说之繁；读倚相之书，亦当有切磨讽议之益。其敷尔志，以沃朕心。可。

出处：《北山小集》卷二七。又见《新安文献志》卷一。
撰者：程俱
考校说明：编年据《建炎以来系年要录》卷五一补。

褒赠黄庭坚张耒晁补之秦观敕
（绍兴二年二月十七日后）

故朝奉郎黄庭坚等：自熙宁大臣用事变法，始以异同排斥士大夫。维我神祖念之不忘，元丰之末，稍稍收召。接于元祐，英俊盈朝，而尔四人以文采风流为一时冠，学者欣慕之。及继述之论起，党籍之禁行，而尔四人为罪首，则学者以其言为讳。自是以来，缙绅道丧，纲纪日堕，驯致宣和之乱，言之可为痛心。乃朕纂承，既从昭洗，今尔四人复加褒赠，斯足以见朕志矣。呜呼，西清之游，书殿之选，惟尔曹为称。使生而得用，能尽其才，亦何止于是欤？举以追命，聊伸赍志之恨，亦以少慰天下士大夫之心。英爽不忘，歆此休显。

出处:同治《义宁州志》卷首,同治十二年刻本。又见《山谷年谱》卷三〇。

监司官不得除乡贯系本路人诏
(绍兴二年二月十八日)

今后监司令三省取见本贯,不得除乡贯系本路人。

出处:《宋会要辑稿》职官四五之一七。

内外诸军月具籍申枢密院诏
(绍兴二年二月十八日)

内外诸军并各供具人马衣甲器械总数,及开坐统制、统领官所辖数以闻。自今每军月具籍申枢密院。

出处:《建炎以来系年要录》卷五一。

故臣寮之家合破宣借兵请给条约诏
(绍兴二年二月十八日)

故臣寮之家合破宣借兵给,令兵部置簿,出给付身券头,于行在粮料院出给。不系兵部付身粮料院券头,州县并不得帮支。

出处:《宋会要辑稿》职官一四之七。

令张浚选精锐赴行在诏
(绍兴二年二月二十一日)

张浚选精锐西兵五千人骑,遣将统押,随中使任源赴行在。

出处:《建炎以来系年要录》卷五一。

六部开便门以便赴都堂禀白职事诏
（绍兴二年二月二十四日）

六部于东北角开便门，遇有职事，赴都堂禀白，听于便门出入。

出处：《建炎以来系年要录》卷五一。

赐新除检校少保定国军节度使依前知枢密院
事宣抚处置使张浚辞免恩命不允诏
（绍兴二年二月后）

敕张浚：省所札子奏，辞免恩命，事具悉。乃者外侮凭陵，中原梗阻。整予师众，姑巡守于南邦；烦我枢臣，往分忧于西鄙。尽护诸帅，屡当强胡。顾失利富平，岂不贤于避敌？及麾兵岐下，乃终底于成功。一战之威，三军克振。有嘉忠略，爰赐宠章。假孤棘之班资，建将旄之仪物。并昭异数，式励群情。胡尔好谦，尚兹请避？虽推原雅志，固非爵禄之求；而进复旧疆，正欲功名之劝。勉膺茂命，毋事劳辞。所请宜不允。故兹诏示，想宜知悉。冬寒，卿比安好？遣书，指不多及。

出处：《北海集》卷一五。
撰者：綦崇礼
考校说明：编年据綦崇礼任两制时间、张浚宦历补，见《建炎以来系年要录》卷五一。

何九章为妻父贾信与董先贼兵斗敌身死得两资恩泽
内将一资与次男僧奴其僧奴未曾承受间身死乞改正
补承信郎换给制
（暂系于绍兴二年二月后）

在法，非执政大臣不得貤爵外姓，而死事者顾得之，所以厚其报也。肆予命尔，往服官荣。无以得之之易，而堕乃力。

出处:《紫微集》卷一九。

考校说明:编年据董先叛附伪齐时间补,见《建炎以来系年要录》卷五一。张嵲此时未任两制,此文或为《紫微集》误收。

武义为与翟兴军兵接战收复陕城转忠训郎换给薛道为措置牛十八等贼马有功转成节郎又措置赵常贼马转保义郎换给杜远为照管关隘捍御贼马并两次杀散逆贼等转保义郎换给张蒙为捕捉群贼易当世立功转一官吴青为收捉叛贼黄先等贼马转承节郎又与金人见阵转成忠郎换给制

(暂系于绍兴二年三月前)

尔顷以捕贼,有劳应赏。申锡书命,祗服官荣。

出处:《紫微集》卷一三。

考校说明:编年据翟兴卒年补,见《三朝北盟会编》卷一五五。张嵲此时未任两制,此文或为《紫微集》误收。

赐资政殿学士左中大夫江南西路安抚大使马步军都总管兼知洪州军州充德安府舒蕲光黄复州汉阳军宣抚使李回奖谕诏

(绍兴二年二月至三月间)

敕李回:省枢密院奏:"江南西路安抚大使司申:契勘今来杨勍结连山砦诸砦贼徒复欲作过,焚劫州郡,及阴与江西贼首通款。其杨惟忠并属官捕斩杨勍,将所管人兵分隶边将,尽皆安帖。显见措画有方。"夹辅大臣,入则制胜庙堂,出则镇安方面。宿奸巨猾,桀黠何为? 眷吾老臣,顷辞机务,载劳旧德,往殿江西。谈笑雍容,叛将授首。无焦头烂额之役,收折冲厌难之功。允赖壮猷,宽吾忧顾。枢庭言状,深用叹嘉。故兹奖谕,想宜知悉。春暄,卿比安好? 遣书,指不多及。

出处:《北海集》卷九。

撰者:綦崇礼

考校说明:编年据慕崇礼任两制时间、文中所述"其杨惟忠并属官捕斩杨勍"及"春暄"补,见《建炎以来系年要录》卷五一、《三朝北盟会编》卷一五〇。

赐知枢密院事张浚乞许辞免先除检校
少保定国军节度恩命不允诏
（绍兴二年二月至三月间）

敕张浚:省所上表,乞许辞免先除检校少保、定国军节度使恩命,事具悉。日者卿专制行谋,尽护诸将。破敌岐梁之际,虏众载歼;伸威巴蜀之冲,人心克固。惟指纵之功既茂,则褒扬之命宜先。赏已定于三年,恩岂移于一旦?迨将入见,乃更力辞。顾六纛多仪,允称本兵之任;而贰公显秩,雅宜辅政之司。何所嫌疑,毋烦逊避。所请宜不允,仍不得再有陈请。故兹诏示,想宜知悉。春暖,卿比平安好?遣书,指不多及。

出处:《北海集》卷一五。
撰者:慕崇礼
考校说明:编年据慕崇礼任两制时间、张浚宦历及文中所述"春暖"补,见《建炎以来系年要录》卷五一。

亲卫大夫荣州防御使巨师古可降三官制
（绍兴二年二月至三月间）

敕:李广临众简易,而士乐为之死;程不识治军严苛,而虏不得犯。或宽或猛之不同,而二人皆为名将。往迹具存,唯所以用之如何耳。以尔具官某尝征畔徒,克降其众。居尔部曲,亦既逾年,军政人情,宜相谙习。岂统驭之无术,将抚循之少恩,奸心复萌,重致奔逸。维时主将,责可逃乎?尚念前劳,特宽严宪,黜官三等,用示薄惩。体我明恩,往图后效。可。

出处:《北海集》卷五。
撰者:慕崇礼
考校说明:编年据慕崇礼任两制时间、巨师古宦历补,见《建炎以来系年要录》卷四八、卷五二。

令桑仲度势收复陷没诸郡诏
(绍兴二年三月一日)

襄随郢等州镇抚使兼节制应援京城军马桑仲,量度事势,乘时收复陷没诸郡。仍令河南翟兴、荆南解潜、金房王彦、德安陈规、蕲黄孔彦舟、庐寿王亨更相应援,毋失机会。如能成功,当议不次推赏。

出处:《建炎以来系年要录》卷五二。

温州太庙百步内居止遗火条约诏
(绍兴二年三月二日)

温州太庙百步内居止遗火者,徒二年;致延烧奉安寺观,流三千里。余依见行条法。

出处:《宋会要辑稿》礼一五之一五。又见《宋会要辑稿补编》第二九页。

临安府犯强盗等依开封府条法断罪诏
(绍兴二年三月四日)

临安府城内犯强盗及放火烧有人居止之室,并依开封府条法断罪。告捕人除依条推赏外,令所属具诣实闻奏,当复与推恩,仍令尚书省出榜。

出处:《宋会要辑稿》刑法二之一〇九。又见《建炎以来系年要录》卷五二。

赐新除端明殿学士左朝奉郎充江南东路安抚大使兼知建康府充寿春府滁濠和州无为军宣抚使李光辞免恩命不允诏
(绍兴二年三月七日后)

敕李光:省所奏辞免恩命,事具悉。朕惟侍从之贤,出入选用。其在朝则矢谟禁闼,为腹心之臣;在外则折冲大邦,膺屏翰之寄。时有缓急,任随重轻。朕方擢卿从班,首冠六联之长,属建康谋帅,所急在兹。虽坐执铨衡,甚宜其职;而宣威方面,无以逾卿。肆升秘殿之华,以壮长城之托。亟祗成命,勿事牢辞。所请宜不允。故兹诏示,想宜知悉。

出处:《北海集》卷一四。

撰者:綦崇礼

考校说明:编年据《建炎以来系年要录》卷五二补。

除占城国王杨卜麻叠特授依前检校太傅使持节琳州诸军事琳州刺史充怀远军节度使琳州管内观察处置等使兼御史大夫占城国王加食邑食实封散官勋如故制

（绍兴二年三月八日）

门下:朕采汶上之仪,因省方而飨帝;授泰元之策,斯敛福以锡民。欢欣既洽于群臣,庆施远周于四海。载颁显命,以逮殊邦。怀远军节度使、琳州管内观察处置等使、琳州刺史、上柱国、占城国王、食邑六千户、食实封二千五百户杨卜麻叠,气禀纯和,性资忠壹。介南滇而有国,世蒙零露之多濡;谨北面以称藩,盖识烈风之不作。庭琛屡贡,爵典荐加。建大将之高牙,视三公之极位。王灵滋至,侯度益恭。属展采于宗祈,既成厘事;顾广恩于祭泽,可废彝章?乃增衍于爰田,并倍敦于真食。以侈精禋之贶,以昭顺节之褒。於戏!崇德报功,朕则靡遑遗之间;向风慕义,尔其坚内附之诚。往对庞禧,永绥厚禄。可依前检校太傅、使持节琳州诸军事、琳州刺史、充怀远军节度使、琳州管内观察处置等使、兼御史大夫、占城国王,加食邑五百户、食实封二百户。主者施行。

出处:《北海集》卷七。

撰者:綦崇礼

考校说明:编年据《建炎以来系年要录》卷五二补。

除阇婆国王悉里地茶兰固野特授依前检校司徒使持节琳州诸军事琳州刺史充怀远军节度使琳州管内观察处置等使兼御史大夫阇婆国王加食邑食实封散官勋如故制

（绍兴二年三月八日）

门下:朕省方近国,适当三岁之亲祠;展采合宫,咸仿九筵之往制。玉帛交荐,笾豆骏奔。辑旷礼以涓成,委鸿休而来假。肆推庆施,用轶绵区。怀远军节度使、琳州管内观察处置等使、金紫光禄大夫、检校司徒、使持节琳州诸军事、琳州刺史、兼御史大夫、上柱国、阇婆国王、食邑三千四百户、食实封一千四百户悉里地茶兰固野,性质温恭,天资诚顺。宅海邦而有众,自矜乐土之饶;向天阙以观光,凤起华风之慕。束帛屡至,爵服载颁。地虽隔于域中,心每倾于日下。属修元祀,普洽湛恩。维显相之劳,尝已加于群后;念来臣之旧,泽岂间于遐方。即六蘷之前仪,仍三槐之故秩。衍之多户,倍以真封。并为裔土之光,式广昊穹之祐。於戏! 宠均列辟,曾无内外之殊;居限重溟,宜识朝宗之谊。往绥蕃祉,以永令名。可特授依前检校司徒、使持节琳州诸军事、琳州刺史、充怀远军节度使、琳州管内观察处置等使、兼御史大夫、阇婆国王、加食邑五百户、食实封二百户,散官、勋如故。主者施行。

出处:《北海集》卷七。

撰者:綦崇礼

考校说明:编年据《建炎以来系年要录》卷五二补。

诚约纲运赴合属仓分送诏

（绍兴二年三月十二日）

应纲运不以人粮、马料,不得在外一面支遣,并赴合属仓分送纳。如违,并从杖一百科罪,每名赏钱五十贯文,以犯事人家财充,仍先以官钱代支。

出处:《宋会要辑稿》食货四三之一八。又见同书食货四七之一六,《宋会要辑稿补编》第五七四页。

秘书省校书事诏
（绍兴二年三月十六日）

秘书省降下书籍，依旧制分四库拨充秘阁，置进帐、副帐、门牌库经一本，仍分官日校二十一板，于卷尾亲书"臣某校讫"。仍置课程簿，每月结押，旬申本省。入伏传宣住校。

出处：《宋会要辑稿》职官一八之二五。

淮南通判到任赏格诏
（绍兴二年三月十七日）

将淮南通判到任赏比附建炎元年九月二十四日京畿已降指挥，到任与转一官；及一年别无事故、替移，保明申吏部给告者；若一年内替罢，更不收使；任满无遗阙，更转一官。

出处：《宋会要辑稿》职官四七之六六。

人户典田产事诏
（绍兴二年三月十七日）

应人户典田产，如于入务限内年限已满，备到元钱收赎，别无交相不明，即许依条施行。仍令户部行下。

出处：《宋会要辑稿》食货六一之六三。

孟庚韩世忠至荆湖措置事务从本司施行诏
（绍兴二年三月十八日）

孟庚、韩世忠至荆湖日，应措置事务，合从本司施行。候将来班师，令李纲措置。

出处:《建炎以来系年要录》卷五二。

边顺复莱州防御使制
(绍兴二年三月二十日)

敕:国家崇宥过之仁,宪网开自新之路,恩施浃洽,下逮幽微。眷惟先后之臣,可缓甄收之典?具官边顺,周旋军旅,练习艰难,出入禁庭,小心无过。在省方所底之地,有居民延烧之灾,曾畚缶之弗修,致郁攸之煽害。尝镌旧秩,既沐新恩,用复正于官联,其益祗于乃事。可。

出处:《东牟集》卷八。
考校说明:编年据《建炎以来系年要录》卷五一补。《建炎以来系年要录》卷五一:"(绍兴二年二月庚寅)直龙图阁、知临安府宋辉,莱州防御使、主管侍卫马兵司公事边顺皆贬秩一等,坐城中多劫盗也。既而盗获,复其官。"与本文所述"有居民延烧之灾,曾畚缶之弗修,致郁攸之煽害"不合。王洋此时未任两制,此文或为《东牟集》误收。

推恩汤易道等诏
(绍兴二年三月二十一日)

汤易道特与补承信郎,捕捉官都监安寿、高居实、县尉侯秉衡各与转一官,提事兵员刘赟、林礼、洪仲、蔡旺、陈养、王周、陈靖、高胜各与转一资,并于正贼职名上迁转。内侯秉衡已系承直郎,候改官了日收使。

出处:《宋会要辑稿》兵一三之一〇。

放行请给须先行检察诏
(绍兴二年三月二十二日)

敕:请给有诈作文历或诡名增数,或合纳历不行缴纳,或职事合罢尚有勘请,止凭一状出一旁便支官物。应州县除见任及久来寄居外,如过往官员初到州府申乞请给,并依宗室孤遗检察法委职官一员先行检察讫,然后过粮料院放行请受。

出处:《庆元条法事类》卷三七。又见《宋会要辑稿》职官五七之六七。

诚谕诸路州军依条起发上供钱帛斛斗诏
(绍兴二年三月二十二日)

两浙东、西、江南东、西路各就委逐路划刷折帛钱官拘催,并福建路、荆湖南、北路、广南东、西路并仰逐路漕臣照会户部已行事理训诫州县,将合起发物各依条限起发。今来系充赡军支用,务在悉心拘催,毋令蹈袭前弊,令户部不住拘催促施行。如尚敢违限,不为依数起发,仰本部按劾取旨,重置于法。

出处:《宋会要辑稿》食货六四之四七。又见同书食货三五之三三。

招诱淮东八郡人户佃田纳税条约诏
(绍兴二年三月二十二日)

昨招诱淮东八郡人户佃田,并免二年税租。将来合行催纳之岁,可止据当年已种顷亩计数征纳;其后逐岁添展垦辟到田亩,亦据实数添纳。庶得人户晓然,易以安业。如或州县过数催纳,并科违制之罪,仍许人户越诉。

出处:《宋会要辑稿》食货六三之一九七。

捉获顾安推恩刘坦等诏
(绍兴二年三月二十二日)

临安府使臣刘坦、王勋各转一官,减二年磨勘,各更支赏钱一千五百贯,李振、郭立各减三年磨勘,各更支赏钱五百贯。内赏钱等第分给缉捕人兵,令户部支给。

出处:《宋会要辑稿》兵一三之一〇。

官吏军下使臣等不得辄指占舟船诏
（绍兴二年三月二十二日）

应官吏、军下使臣等辄干州县乱作名色指占舟船,及州县因作非泛使名经过差人捉船,并从徒一年科罪,许船户越诉,仰州县常切遵守,散出榜晓谕。如奉行不虔,许监司觉察闻奏,重行黜责。仍令工部遍牒行下。

出处:《宋会要辑稿》食货五〇之一二。

应逃亡等产去税存之户画时依法倚阁检察推割诏
（绍兴二年三月二十三日）

朕于民事未尝敢缓,而守令监司弗之察也。访闻造簿之岁,奸赃狼藉,民被其苦,而又轮差甲头、保长之后公然有备偿之说,大无谓也。可自今后应逃亡死绝、诡名挟佃、产去税存之户,不待造簿,画时依法倚阁,检察推割,庶使斯民犹堪给养,而不被无艺之横敛也。如违,令佐、公吏并窜配海岛;有赃者,依去年十二月十四日指挥;知通、监司隐庇而不举发者同罪。应昨来造簿不公,及今后不为画时依法施行者,并许民户越诉,令户部立法取旨行下。

出处:《宋会要辑稿》食货一一之一五。又见同书食货六九之二一,《群书考索》后集卷五三。

赐御试考校官御批
（绍兴二年三月二十三日）

今次殿试对策,直言之人擢在高等;谄佞者置之下等;辞语尤谄佞人,与诸州文学。仍限十日考校。

出处:《宋会要辑稿》选举八之三。

行在御试策题
（绍兴二年三月二十三日）

朕嗣承大统，夙夜望治，慨然思中兴之烈，戡海内之难，六年于兹矣。而大勋未集，甚矣求治之难也。子大夫咸造在庭，朕虚心垂意而问焉。盖闻古先辟王，继中微之世，乘思治之民，芟夷大患，事半而功倍。少康一旅而复有夏，宣王兴衰以隆成周，光武三年而兴汉祚，肃宗再岁而复两京，皆蒙前人之绪业，拨乱反正，若此其易也。今赖四方黎献，翊戴于朕，列圣之泽未远也。朕用心焦劳，不敢爱身以勤民，然屈己以事敌而敌内侵，招携以弭盗而盗犹炽，用师以御侮而兵日以骄，务农以积谷而田日以废，须人材以赴功而患于材难，理财用以养兵而患于财匮，民凋瘵矣赋役重烦，士失职矣流冗者众，呜乎伤哉！朕遭时艰虞，凡此数者，寝而不寐，当食而叹者也。岂朕弗明于理，设施倒置而未得其术欤？将治乱有数，所为非力，必至于极而后返欤？子大夫其为朕切磋究之，无有所隐。方今非力御强敌，不能以靖民；非用军行师，不能以决胜。顾其策安在？前世中兴之主，其施为次第有功于今者，祖宗传序累世，其法度可举而行者，子大夫其悉意以陈，朕将亲览。

出处：《忠惠集》卷八。又见《宋会要辑稿》选举八之二。
撰者：翟汝文
考校说明：《宋会要辑稿》选举八所载文字有所差异。

令韶州铸钱不得灭裂诏
（绍兴二年三月二十五日）

自今所铸新钱，毋得灭裂，务令民间不能仿效。

出处：《建炎以来系年要录》卷五二。

减景灵宫酌献用羊诏
（绍兴二年三月二十七日）

景灵宫诸殿神御酌献食合用羊三百三十八口，以三分为率减一分。

出处:《宋会要辑稿》礼一四之一二一。

五品以下官等给告以缬罗代锦标诏
(绍兴二年三月二十七日)

四品以上官及职事官监察御史以上官告并用锦标外,五品以下官及执事官非监察御史以上应给告者并封赠,权用缬罗代充。仍令所属依旧制描样开板制造,先装背四轴申尚书省。

出处:《宋会要辑稿》职官一一之六九。又见《宋会要辑稿补编》第五四八页,《建炎以来系年要录》卷五二。

定左右金吾街仗司额诏
(绍兴二年三月二十八日)

左、右金吾街仗司共通立二百人为额,衮同差使。如遇额管不足,许令招刺补填。

出处:《宋会要辑稿》职官二二之一四。

蔡孟容为乞将生擒贼徒李敦仁功赏于阶官
上转行奉圣旨循修武郎制
(绍兴二年三月前后)

敕:尔顷从大军,擒捕剧寇,宜膺赏典,仍界文阶。祗服恩荣,益思报效。可。

出处:《紫微集》卷一三。
考校说明:编年据宋廷平定李敦仁时间补,见《建炎以来系年要录》卷五二。张嵲此时未任两制,此文当为《紫微集》误收。

赐川陕宣抚使司张浚诏
(绍兴二年三月后)

　　敕川陕宣抚使司：省所奏："金人四太子自领北点刷甲军前来凤翔府，聚集诸路签军叛将，取道攻取和尚原，决谋入川作过。三月三日，据吴玠申：二月二十一日，金人四太子与皇弟郎君引领万户千人、酋首七十余人，率大军十余万前来仙人关、杀金平、野塞垒，连珠扎硬寨四十余座。于二十七日一拥前来冲撞官军，血战三十余阵。又于二十九日番兵来攻击官军营寨，我军并用神臂弓施放砲石，打死番兵无数。又于三十日甲军十余万一拥前来攻击营垒，官军迎敌，杀退金人。博勒卓别添生兵再来攻击五十余番，及推拥洞子数十座、云梯三百座，一发搭上城角。官军戮力向前捍御，用砲石打折洞子，并用杆撞折云梯，金人不能上城。鏖战一百阵，杀死金人万户、千户并军兵莫知其数，大获胜捷。"又奏："续据吴玠申：金人屡败，终未退师，遂于三月一日夜遣将兵劫动金人寨，鏖战直至天明，杀败番众，伤折无数。官兵占夺得番兵前寨，并夺到傍牌、衮枪、鞍马、旗帜不少，番兵退却寨栅，委获胜捷。又三月二日夜三更以来，劫破四太子、皇弟郎君大寨，使首尾不能相救，拔寨遁走。见遣诸头项官兵追袭，痛行掩杀前去，委是大获胜捷。臣等已行下吴玠取索功状奏闻。"事具悉。自秦关失险，蜀道戒严，寇尝及于梁洋，未能得志；兵益出于岐陇，曾靡悛心。乃衷番汉之师，直犯金汤之阻。吴玠夙高将略，预料敌情。据地利于要冲，不守已陈之迹；感人心于忠义，遂收必胜之功。三捷以闻，六师增色。繄抚和之有素，肆指纵以无前。载嘉却敌之劳，方叙策勋之典。往稽厥实，亟上于朝，庶赏不至于逾时，而士克劝于用命。诏书到日，可疾速闻具吴玠等功状，报明闻奏。故兹诏示，想宜知悉。

出处：《北海集》卷八。
撰者：綦崇礼
考校说明：编年据文中所述仙人关之战史事补，见《建炎以来系年要录》卷七四。

范综为杀败贼兵授右武大夫依前贵州刺史换给制
(绍兴二年三月后)

　　敕：士之赴功，每亡躯而急病；予之懋赏，岂阅月而酬劳。惟我俊臣，尚稽真授，申颁书命，以示褒优。具官某结发从戎，早登于勇爵；将屯固圉，累立于尤功。

惟豺狼莫肆于凭陵,恃貔虎相资而掎角。览其献状,宽我顾忧,俾升横列之班,遥领兵团之寄。尚思懋勉,嗣有褒嘉。可。

出处:《紫微集》卷一三。

考校说明:编年据文中所述史事、范综宦历补,见《建炎以来系年要录》卷五二、卷一〇三。张嵲此时未任两制,此文当为《紫微集》误收。

吴伦因金人来侵陇州掩杀金兵及解围
方山原等立功授左武大夫威州刺史制
(绍兴二年三月后)

士之赴功,每亡躯而急病;予之懋赏,岂阅月而酬劳。惟我俊臣,尚稽真授,申颁书命,以示褒优。具官某结发从戎,早登于勇爵;将屯固圉,累立于尤功。惟强敌莫肆于凭陵,恃貔虎相资而掎角。览其献状,宽我顾忧。俾升横列之班,遥领分符之寄。尚思懋勉,嗣有褒嘉。可。

出处:《紫微集》卷一三。

考校说明:编年据文中所述史事补,见《建炎以来系年要录》卷五二。张嵲此时未任两制,此文当为《紫微集》误收。

谢才为掩杀桑仲贼马转忠训郎掩杀
李成贼马转秉义郎换给制
(暂系于绍兴二年三月后)

尔顷遏寇御乱,三战皆获,有司第劳,骤进阶列。其申书命,以示恩荣。益厉尔图,思所报称。

出处:《紫微集》卷一三。

考校说明:编年据桑仲卒年补,见《建炎以来系年要录》卷五二。张嵲此时未任两制,此文或为《紫微集》误收。

李英为掩杀桑仲补守阙进义副尉掩杀李忠贼
马授承信郎又掩杀桑仲授保义郎制
（暂系于绍兴二年三月后）

尔再捍剧寇,皆以胜归。有司第劳,骤进阶列。其申书命,以示恩荣。益励尔图,思所报称。

出处:《紫微集》卷一三。

考校说明:编年据桑仲卒年补,见《建炎以来系年要录》卷五二。张嵲此时未任两制,此文或为《紫微集》误收。

孟诠元系保正因掩杀桑仲贼马立功节次转成忠郎制
（暂系于绍兴二年三月后）

敕:尔顷以捕贼,有功应赏。申锡书命,祗服官荣。可。

出处:《紫微集》卷一七。

考校说明:编年据桑仲卒年补,见《建炎以来系年要录》卷五二。张嵲此时未任两制,此文或为《紫微集》误收。

向世章为掩杀桑仲贼众得功转承节郎
并部押义军赴宣抚司转保义郎换给制
（暂系于绍兴二年三月后）

尔顷以捕贼,有功应赏。申锡书命,祗服官荣。

出处:《紫微集》卷一七。

考校说明:编年据桑仲卒年补,见《建炎以来系年要录》卷五二。张嵲此时未任两制,此文或为《紫微集》误收。

李纶因掩杀叛贼李忠授承信郎谭敏修为与王辟贼

马斗敌获功于进义副尉上转四资授承信郎徐西美

为归州捍御桑仲等贼马转忠翊郎又因杀王铁创贼

马转忠训郎换给庞宏为杀叛贼桑仲等贼马转忠翊

郎又因杀捕叛贼李忠等转从义郎又因捍御桑仲转

修武郎换给董礼为

（暂系于绍兴二年三月后）

敕：尔顷以捕贼，有劳应赏。申锡书命，祗服官荣。

出处：《紫微集》卷一三。

考校说明：编年据桑仲卒年补，见《建炎以来系年要录》卷五二。张嵲此时未任两制，此文或为《紫微集》误收。

戒士大夫不为朋党诏

（靖康元年三月至十月间或绍兴元年九月至绍兴二年四月间）

朕惟先王之时，在位者有羔羊素丝之节，故其诗曰："退食自公，委蛇委蛇。"其谓曲折而行可踪迹也，其谓出公门入私门而无有外交也。盖知诚身以事君为忠，而岂以邀夫爵禄。呜呼，其何修而可以至此乎！朕夕寐晨兴，以稽若先王之宪，以训迪在位，罔以侧言乱度，罔以逸欲从己。躬率是道，以先士大夫，庶几士大夫咸以名节自励，形于四方，民有所视效。而还观之久，未始云获也，朕慁然念之。岂朕躬教之辟，董正于尔在官者未信欤？将风俗未殄，而难可遽革欤？凡所为爵禄劝勉者，不足以警动人欤？盖先王所以励世，不独以庆赏刑威为国，使人于庆赏刑威之外，有所愧耻而不为。夫秉忠蹈义之士，朕之所嘉也，比周朋党，朕所弗藏也。顾所为拂朕之志，蹈于耻辱，则子大夫其无乃自弃不自好也欤！《书》曰："以公灭私，民其允怀。"苟尽公也，民怀之矣，况朕于尔所欲，顾有不察乎？继自今，其祗若朕训，以既乃心。尔或不从朕言，其于尔躬有罚。布告在位，明体朕怀。

出处：《忠惠集》卷一。

撰者:翟汝文

考校说明:编年据翟汝文任内制时间补。

赐新除汝州观察使曹曚辞免恩命不允诏
(靖康元年三月至十月间或绍兴元年九月至绍兴二年四月间)

敕曹曚:省所奏辞免汝州观察使恩命事,具悉。乃者加命使节,属当戎行,尔以世禄引嫌,抗言避宠。朕惟光献临朝之泽,烈武佐命之勋,及其子孙,褒尔阀阅。往服新命,无为固辞。所请宜不允。故兹诏示,想宜知悉。

出处:《忠惠集》卷一。

撰者:翟汝文

考校说明:编年据翟汝文任内制时间补。据原书前后文时间,疑此诏作于靖康元年三月至十月间。

工部侍郎除节度制
(靖康元年三月至十月间或绍兴元年九月至绍兴二年四月间)

朕若古有训,无竞维人。六军之将命卿,用严师律;万夫之长观政,以总戎功。图惟元老之猷,增重师干之寄。畴于常伯,迪此外庸。咨汝在廷,听予明命。具官某智涵远略,文被明章。有见危授命之忠,不愆于素;有决胜运筹之略,惠可底行。惟懋汝绩,克简朕心。肇自冬官之崇,往司方岳之寄。贲斋坛之旄钺,具将阃之威仪。受兹中阙锡韩侯之赤舄。虎符龙节,荒外服之山川;犀甲熊旗,侈元戎之威命。用光于众,有焕其容。四国于蕃,内以承宁于诸夏;大邦维翰,外以统制于殊方。予欲壮形势以重国威,汝惟扬声名以振邻敌。腹心干城之寄,公侯所以好仇;先后御侮之臣,昆夷所以致附。式遏乱略,以戒不虞。於戏! 修方伯之职,以受王嘉师;殿天子之邦,用成尔显德。无失朕命,往肩乃心。

出处:《忠惠集》卷一。

撰者:翟汝文

考校说明:编年据翟汝文任内制时间补。

严禁亭户将所煎盐货私与百姓交易诏
(绍兴二年四月七日)

令尚书省降黄榜付诸门晓谕,专委捕盗官用心巡捉,仍令逐军统制官常切觉察,及许人告捕,每名支赏钱二百贯文;犯人取旨,常法外重行断治;统制官知情与同罪,失觉察减等。

出处:《宋会要辑稿》食货二六之五。

改置清酒务诏
(绍兴二年四月八日)

州路州县人烟不至繁盛处,酒场依内地改置清酒务,造酒出卖。所收息钱除还净课利外,其增收钱贯济助支用。

出处:《宋会要辑稿》食货二○之一五。

景灵宫潜火兵士额诏
(绍兴二年四月九日)

景灵宫潜火兵士以七十人为额,止于温州差专一巡防,并不得别有占使,仍轮差官兵常切巡警。其台州差到人并放归。

出处:《宋会要辑稿补编》第二九页。

翟汝文参知政事制
(绍兴二年四月九日)

朕恭承丕绪,乃履多虞。积薪既然,安之犹寝其上;乱绳已结,解者必得其人。肆图异材,以执大政。副此虚伫,庶几知人。具官翟汝文学高而识明,器博而用远。入居严近,则文辞独行中朝;出殿藩维,则忠信可结百姓。久在外服,名简朕衷。一时所倾,三召乃至。虚心以问贡禹,前席而听贾生。天将降大任于人，果符于众誉；予不欲匹夫之勇，所务者远猷。其自禁林，进陪庙论。虽威容德望，自足以折冲；而外惧内忧，勉思于昔日。往服朕命，以图尔功。

出处：《宋宰辅编年录》卷一五。

赐新除参知政事翟汝文辞免恩命不允诏
（绍兴二年四月九日后）

敕汝文：省所札子奏，辞免恩命，事具悉。卿侍从三朝，为时宿望，虚伫旧矣。属辅臣未备，物色其人，想见仪刑，起之田里。进对之际，深契朕心。顾岂劳承密旨于銮坡，盖将俾济嘉谟于廊庙。擢陪大政，遂断不疑。《诗》不云乎："虽无老成人，尚有典刑。"朕今自喜得老成之助，则发其所蕴，协赞经纶，亦卿之志也，夫尚何辞？所请宜不允。故兹诏示，想宜知悉。

出处：《北海集》卷一四。
撰者：綦崇礼
考校说明：编年据《建炎以来系年要录》卷五三补。

赐新除参知政事翟汝文上表辞免恩命不允断来章批答
（绍兴二年四月九日后）

省表具知。朕以国势未安，责在辅政之臣。惩数易之烦，慎厥付予。历选于众，乃得老成。式遄其归，引以自近。几闻奇论，协济艰难。卿既幡然而来，副朕斯意，胡为抗章，犹以衰疾为解？顾卿年加而志弥壮，养厚而气愈刚。庶几乎精神折冲，坐镇雅俗，夫岂劳卿以筋力之事为哉？往体至怀，毋复坚避。所请宜不允。仍断来章。有敕：卿三朝旧德，当世名臣。方图辅政之功，咸有得人之庆。亟祗成命，勿事劳辞。今差。

出处：《北海集》卷一七。
撰者：綦崇礼
考校说明：编年据《建炎以来系年要录》卷五三补。清乾隆翰林院抄本"不允"后有"仍"字。

禁神武诸军等衷私借差本军兵卒诏
(绍兴二年四月十一日)

应神武诸军、御前志锐军诸将、准备差遣使唤使臣不能马步射者,逐军统制将官体量放罢,今后不许衷私借差本军兵卒。如违及借之者,并科违制之罪。

出处:《宋会要辑稿》刑法七之三三。

德　音
(绍兴二年四月十一日)

被虏人户陷贼,州县便行籍没家产,情实可矜。除曾为贼首及贼中用事名字显著之人外,家产并行给还;若已出卖,听被虏人自陈,州县取见诣实,方听给还,却给元价与已卖人。

出处:《宋会要辑稿》食货六一之六三。

福建路上供银,昨建炎三年九月已减三分之一,绍兴元年三月内建州、南剑州于所减数内又免半分。尚虑经此兵火,民力不易,所有今年合起之数,上四州全免一年,下四州减半。

出处:《宋会要辑稿》食货六四之六一。

访闻福建路范汝为等贼徒及上四州军曾系作贼招安之人,自前占据乡村民田耕种,或虽不占据,而令田主计亩纳租及钱银之类,今贼魁已行诛戮,深虑尚敢凭恃恩贷,占夺民田,认为己业。仰州县出榜晓谕,许人户陈诉,官为断还。

出处:《宋会要辑稿》刑法三之四七。

定江浙安抚大使司准备差遣准备差使员额诏
(绍兴二年四月十二日)

江南东、西路、两浙东路安抚大使司准备差遣以辟文臣,不得过十五员;准备差使以辟武臣,不得过十五员,为定额。其见差下人,限指挥到日并令依条减罢。

出处:《宋会要辑稿》职官四一之一〇三。

太府寺丞措置印给茶盐钞引事诏
(绍兴二年四月十三日)

太府寺丞措置印给茶盐钞引,每月支破钞纸三二百张,令交引库以料次收买应副。

出处:《宋会要辑稿》职官二七之二七。

赐新除显谟阁直学士左朝请郎
知平江府李弥大辞免恩命不允诏
(绍兴二年四月十七日后)

敕弥大:省所奏辞免恩命,事具悉。卿历事三朝,再登八座。方图宿望,俾捍外虞。与其屈参相幕之行,曷若专委藩方之寄? 还升延阁,用贲左符。往体恩私,毋劳逊避。所请宜不允。故兹诏示,想宜知悉。夏热,卿比安好? 遣书,指不多及。

出处:《北海集》卷一四。
撰者:綦崇礼
考校说明:编年据《建炎以来系年要录》卷五三补。

和雇船户起发浙西上供籴买钱米诏
（绍兴二年四月十八日）

浙西起发上供籴买钱米及起发安抚大使司赡军钱粮,船户令转运司依实值和雇,即不得辄便差科。如违,许人户径赴尚书省越诉。

出处:《宋会要辑稿》食货五〇之一二。

禁宗室诈称袒免亲陈乞请受诏
（绍兴二年四月十八日）

诸宗室非袒免亲诈称袒免亲陈乞起支请受者,论如诈欺法;宗正司保明审验不实,与同罪。著为令。

出处:《宋会要辑稿》职官二〇之二三。

禁三省枢密院人本宗有服亲任军中差遣诏
（绍兴二年四月十八日）

三省、枢密院人本宗有服亲,不许任军中差遣。如违,重行黜责。

出处:《建炎以来系年要录》卷五三。

逐路差拨听候差使员额诏
（绍兴二年四月十九日）

逐路分充听候差使依条许差拨去处,每司不得过六人,二年一替。其见带兵马钤辖州军充听候差使人并罢。

出处:《宋会要辑稿》职官四八之一一五。

吴国长公主所过州县不得过有搔扰诏
（绍兴二年四月十九日）

吴国长公主所过州县，据所管的确人数批文驿券。其人夫器皿等量行应副，不得过有搔扰。仍札与本宅使臣照会，不得伪冒支请官物。如违，计赃重作施行。

出处:《宋会要辑稿》帝系八之三二。

令内外侍从等各举中原流寓士人诏
（绍兴二年四月二十一日）

比自宗朝播越，国步艰难以来，中原士夫隔绝滋久。间有流寓东南者，往往乏谋寡援，致姓名不能上达，良可惜也。可诏内外侍从监司郡守各搜访，荐举三两人，以备器使。

出处:《建炎来系年要录》卷五三。又见《中兴两朝圣政》卷一一。

诚谕朝臣同心体国诏
（绍兴二年四月二十二日）

朕寐寤中兴，累年于兹，任人共政，治效缺然。载加考绩，登庸二相，盖欲其谋断，协济事功，倚毗眷遇，体貌惟均。凡一时启拟荐闻之士，顾朕拔擢任使之间，随其才器，试可乃已，岂有二哉？尚虑进用之人，才可胜德，心则媚奥，潜效偏私，浸成离间，将见分朋植党，互相倾摇，由辨之不早辨也，可不戒哉！继自今小大之臣，其各同心体国，敦尚中和，交修不逮。如或朋比阿附，以害吾政治者，其令台谏论列闻奏，朕当严置典刑，以诛其意。

出处:《建炎以来系年要录》卷五三。又见《中兴两朝圣政》卷一一。

补授文学人听参选诏
(绍兴二年四月二十三日)

今次补授文学人,不俟赦降,令升朝官三员保任听参选。

出处:《建炎以来系年要录》卷五三。

医官填阙诏
(绍兴二年四月二十五日)

行在医官昨依礼部勘当,止以四十三员为额,令遇有阙日,依条以本色名次最先之人拨填入额。若见管额内医官有在今来均立到额数外之人,缘随驾祗应,可将拨不尽人以先后许借阙补填,作入额人数。

出处:《宋会要辑稿》职官三六之一〇三。

除吕颐浩特授依前尚书左仆射同中书门下平章事兼知枢密院事都督江淮两浙荆湖诸军事
(绍兴二年四月二十七日)

门下:承天子而裁万化,入则断国论于一堂;位冢宰而总六师,出则折遐冲于诸夏。欲并注安危之两意,顾莫先文武之兼资。虽三公在朝,协济经邦之任;而一相处内,宜存分陕之规。属我元臣,诞扬丕号。特进、尚书左仆射、同中书门下平章事、兼知枢密院事、文安郡开国侯、食邑五千五百户、食实封一千八百户吕颐浩,高明而笃实,刚毅而恢闳。学推齐鲁之英,气禀山河之粹。达于权而知变,更剧易之百为;勇于义以奋忠,挺险夷之一节。慷慨而安神器,勤劳而乂王家。名动华戎,勋高庙社。自再登于揆路,实首执于事枢。房、杜同功,每推权而不吝;苏、宋共政,盖相得以甚欢。方内治之交修,顾外夷之孰御,深轸纳沟之虑,备陈多垒之忧。谓玩岁苟安,非拯溺救焚之意;且待时自定,岂兴衰拨乱之图。请以身先,愿为众倡。朕念国步迍遭之滋久,邦基虺虺而靡宁,警跸屡迁,藩篱莫固,徒得君重,果为朕行。矧黄裳佐唐,专决用兵之算;而王导辅晋,尝兼都督之称。是用独委戎旃,并提相印。董师干于八路,仍魁柄于中朝。尽长江表里之封,悉归经略;举宿将王侯之贵,咸听指挥。庶宣畅于威灵,用拊宁于方域。陪敦邑赋,昭示眷怀。鼎铉不移,式系苍生之望;旌旄所向,正需元老之功。於戏!内惟张仲之贤,吉甫之行何远;上若宪宗之断,裴度之功乃成。朕固披勿贰之衷,汝亦有同心之助。艰虞攸托,中外实均。往扬厉于天声,伫恢隆于宰业。惟我耆德,岂烦训词。可特授依前尚书左仆射、同中书门下平章事、兼知枢密院事、都督江淮两浙荆湖诸军事,加食邑一千户、食实封四百户,封如故。主者施行。

出处:《北海集》卷七。又见《宋宰辅编年录》卷一五。

撰者:綦崇礼

考校说明:编年据《宋史》卷二七《高宗纪》、《宋宰辅编年录》卷一五补。乾隆翰林院抄本标题作《除吕颐浩特授依前尚书左仆射同中书门下平章事兼知枢密院事都督江淮两浙荆湖诸军事加食邑实封制》。

赐新除都监江淮两浙荆湖诸军事吕颐浩
上表辞免恩命不允批答
(绍兴二年四月二十七日后)

省表具知。朕获承丕绪,属此中微,方内正于纲维,且外攘于暴乱。顾文武贰柄,不可有分;而军国异容,孰能兼任?眷我钧衡之老,独高社稷之功。精神足以折冲,威望自然镇物。肆以上公之重,往临八路之师。庶克震于天声,遂再安于国步。卿之志也,何以辞为?所请宜不允。有敕:卿中秉国钧,外严师律。耸华夷之观听,寄宗社之安危。涣号已行,谦辞何有?今差。

出处:《北海集》卷一七。

撰者:綦崇礼

考校说明:编年据《宋史》卷二七《高宗纪》补。“都监”,《宋史》卷二七《高宗纪》作“都督”,当以为是。

赐吕颐浩再上表辞免恩命不允仍断来章批答
(绍兴二年四月二十七日后)

省表具知。卿位隆辅相,望重勋贤。牧野莅师,允属鹰扬之大老;新亭止泣,岂惟江左之夷吾?顾国论之攸同,患兵权之不一,乃烦上宰,尽督诸军。惟卿慨然自任于安危,则朕庶乎少宽于宵旰。察众志之咸定,何君言之太谦? 其体至怀,毋为固避。所请宜不允。仍断来章。有敕:卿忠惟许国,志在康时。兼隆将相之权,无易勋劳之旧。体兹至意,勿复重辞。今差。

出处:《北海集》卷一七。

撰者:慕崇礼

考校说明:编年据《宋史》卷二七《高宗纪》补。

赐新除户部侍郎黄叔敖辞免恩命不允诏
(绍兴二年四月二十八日后)

敕叔敖:省所奏辞免恩命,事具悉。卿文学行义,深得家传,而吏能心计,特闻于世。服勤仕版,逾四十年,名蔼搢绅,达于朕听,擢居琐闼,兼侍经帷。议论之长,见闻之洽,初不自表,阅试乃详。老成可亲,朕益自信。念时方多故,而财用为急,更图往效,进贰地官。夫转输调度之宜,卿固优为之矣,亟安乃职,毋事谦挹。所请宜不允。故兹诏示,想宜知悉。

出处:《北海集》卷一二。

撰者:慕崇礼

考校说明:编年据《建炎以来系年要录》卷五三补。

赐新除端明殿学士江东路安抚大使
李光再辞免恩命不允诏
(绍兴二年四月)

敕李光:省所奏再辞免恩命事,具悉。朕观秣陵根本之地,有表里河山之固,非我文武兼资之臣,孰当公侯干城之任? 乃者辍卿帷幄,为国藩翰。庶几京师之蒙福,将使自叶而流根。而卿乃以人言,过自为计。朕惟谗说殄行,能震朕师,蒐慝服谗,本诬盛德,岂容小丑,历诋在廷? 以卿自信不疑之心,副朕委任责成之意。益务体国,无复有辞。所请宜不允,仍疾速起发,兼程前去之任。故兹诏示,想宜知悉。夏热,卿比平安好,遣书指不多及。

出处:《忠惠集》卷一。

撰者：瞿汝文

考校说明：编年据瞿汝文任内制时间、李光官历及文中所述"夏热"补，见《建炎以来系年要录》卷五二。

守臣监司按举戍兵违法者诏
（绍兴二年闰四月二日）

诸处分遣在州县守戍官兵并余统兵官等，元系朝廷遣使，即依将副序位；若止是军中，或帅司一面差委，即与州都监序位；其余使臣与当部队将序位。如违，并依部内有犯许令守臣监司按举。其兵校于屯驻去处，知、通并依阶级法。

出处：《宋会要辑稿》刑法七之三三。又见《庆元条法事类》卷四、七，《建炎以来系年要录》卷五三。

禁军人百姓集徒众买贩私盐诏
（绍兴二年闰四月三日）

军人、百姓结集徒众买私盐一百斤以上入城货卖，并依已降指挥，许人告捕，每名支赏钱二百贯文；犯人取旨，法外重行处断。若于城外结集徒众买贩二百斤以上，依此断罪理赏。若有透漏，致他处捕获，其透漏官司取旨重行断遣。告捕不及今来立定之数，并纽算支赏。

出处：《宋会要辑稿》食货二六之六。又见《宋会要辑稿补编》第七七九页。

回赐高丽国王陈奏诏
（绍兴二年闰四月三日后）

诏高丽国王：省所上表陈奏，事具悉。朕省方南国，通道东藩。载嘉享上之恭，重有观光之请。归时事于宰旅，将效勤诚；会诸侯于涂山，更惭寡德。爰即乘舆之所幸，以须信使之来庭。顾秋塞马肥，或戒严之未暇；而春潮舟稳，庶利涉以无虞。往体至怀，永坚素节。所差下奉使韩桂、尹彦植，候明年春暖起发，于临安府受礼。故兹诏示，想宜知悉。夏热，比安好？遣书，指不多及。

出处:《北海集》卷八。又见《高丽史》卷一六。

撰者:綦崇礼

考校说明:编年据《建炎以来系年要录》卷五三、《高丽史》卷一六补。

回赐高丽国王起居诏
(绍兴二年闰四月三日后)

诏高丽国王:省所上表起居,事具悉。夙奉藩仪,远驰函奏。恪致谨时之问,益彰好礼之风。披阅以还,叹咨无致。故兹诏示,想宜知悉。夏热,比安好?遣书,指不多及。

出处:《北海集》卷八。

撰者:綦崇礼

考校说明:编年据《建炎以来系年要录》卷五三补。此诏当与同集同卷《回赐高丽国王陈奏诏》作于同时。

回赐高丽国王进奉方物诏
(绍兴二年闰四月三日后)

诏高丽国王:省所上表,进奉方物,事具悉。梯航阻远,方咨信使之期;器币错陈,先备土毛之奉。载观华腆,益见恭勤。岂无好赠之仪,用示宠嘉之意?今回赐,并特赐礼物,具如别录,至可领也。故兹诏示,想宜知悉。夏热,比安好?遣书,指不多及。

出处:《北海集》卷八。

撰者:綦崇礼

考校说明:编年据《建炎以来系年要录》卷五三补。此诏当与同集同卷《回赐高丽国王陈奏诏》作于同时。

高丽使副朝见托归馆赐御宴口宣
(暂系于绍兴二年闰四月三日后)

有敕:卿等远修方贡,来会时巡。既入造朝,复休就舍。载嘉恭顺,宜赐燕私。今差某官赐卿等御筵,想宜知悉。

出处:《北海集》卷一七。

撰者:綦崇礼

考校说明:编年据綦崇礼任两制时间、高丽入贡记录补,见《建炎以来系年要录》卷五三。此文原注"三月二十二日",待考。

高丽使副朝辞赐御筵口宣
(暂系于绍兴二年闰四月三日后)

有敕:卿等观光入觐,已事告还。眷言去路之长,属此归艎之迅,宜颁燕饫,以示恩私。今差某官赐卿等御筵,想宜知悉。

出处:《北海集》卷一七。

撰者:綦崇礼

考校说明:编年据綦崇礼任两制时间、高丽入贡记录补,见《建炎以来系年要录》卷五三。此文原注"三月二十三日",待考。

诸路类试进士赴殿试不及人恩例诏
(绍兴二年闰四月五日)

诸路类试进士赴殿试不及人,正奏名与进士同出身,特奏名与诸州助教,调官如文学例。

出处:《建炎以来系年要录》卷五三。

出矾引给江西茶盐司召人算请诏
(绍兴二年闰四月六日)

令榷货务据上供矾指数给降矾引,赴本路茶盐司出榜,召人算请。其收到钱数发赴行在所属。

出处:《宋会要辑稿》食货三四之六。

臣僚之家宣借人换给历头事诏
（绍兴二年闰四月八日）

应臣僚之家宣借人，候兵部置部出到付身，拖照旧请历换给历头，所属州军批勘，仍将旧历毁抹。

出处：《宋会要辑稿》职官一四之七。

绍兴府都茶场移于建康府置局诏
（绍兴二年闰四月九日）

绍兴府榷货务都茶场移于建康府置局，限三日结绝讫起发前去。

出处：《宋会要辑稿》食货五五之二六。

典卖田产事诏
（绍兴二年闰四月十日）

典卖田产，不经亲邻及墓田邻至批退，并限一年内陈诉，出限不得受理。

出处：《宋会要辑稿》食货六一之六四。

臣僚乞令福建将合发上供银委官置场收买答诏
（绍兴二年闰四月十二日）

札与福建路转运司从长相度，务要便民，限三日申尚书省。

出处：《宋会要辑稿》食货三五之三三。又见同书食货六四之四七。

推恩仲综孙女诏
（绍兴二年闰四月十三日）

皇叔祖、检校少保、武泰军节度使、追封平原郡王仲综合得遗表恩泽，候孙女出嫁日，夫特与补承信郎。

出处：《宋会要辑稿》帝系六之一。

宣抚处置使司参议官宝文阁直学士程唐复阁学士制
（绍兴二年闰四月十七日）

敕：乐事赴功，非小廉曲谨之能办；赦过宥罪，亦施仁发政之所宜。故败鼓不弃医师之门，而绝足得于泛驾之马，苟惟悔其少作，则亦与之更新。具官某夙以才能，屡膺任使，强济见于从政，敏晤足以致身。粤自外台，亟跻从橐。惟茶马之旧制，盖兵食之所资，傥移货殖于权门，无复懋迁之预备，良法既坏，边防为空。旋致烦言，继更大沛。比复西清之直，与参幕府之谋，追此上功之初，重违承制之请，尽还故物，可谓渥恩。庶几桑榆之收，无忘纶綍之训。可。

出处：《北山小集》卷二七。
撰者：程俱
考校说明：编年据《建炎以来系年要录》卷五三补。程俱此时未任两制，此制作者或非程俱。"宝文阁直学士"，《建炎以来系年要录》卷五三作"徽猷阁直学士"。

开启天申节道场两府官作休务假诏
（绍兴二年闰四月十八日）

今月二十一日三省、枢密院官以下赴天竺寺开启天申节道场，本处并作休务假。

出处：《中兴礼书》卷二〇三。

典田宅年限诏
(绍兴二年闰四月二十三日)

应典田宅,若故违投契日限,经隔年月遇赦恩方始自陈即印契者,其所典年限并自交业日为始。

出处:《宋会要辑稿》食货三五之五。又见同书食货七〇之一三九。

榷货务官吏推恩事诏
(绍兴二年闰四月二十三日)

榷货务今后如桩收钱及一千万贯,其应干官官吏仍须首尾在职管干,不系去官改役之人,方合推恩转官。

出处:《宋会要辑稿》食货五五之二六。

令酌量曹成贼势措置掩杀诏
(绍兴二年闰四月二十五日)

令宣抚司酌量贼势,如岳飞孤军难以破贼,即疾速分拨人马前去策应,务要剿除尽净,保全二广。及期约广西帅臣许中起发本路军兵及洞丁等并力会合掩杀。

出处:《宋会要辑稿》兵一〇之三二。

令桑仲等不得擅出兵诏
(绍兴二年闰四月二十五日)

诸镇抚使襄阳桑仲、河南翟兴、荆南解潜、金州王彦、德安陈规、蕲黄孔彦舟、庐州王亨训习兵马,广行布种,储蓄粮食。非奉朝旨,毋得擅出兵。

出处:《建炎以来系年要录》卷五三。

除刘光世特起复宁武军节度使开府仪同三司依前充两浙西路安抚大使马步军都总管兼知镇江军府事淮南东路宣抚使兼营田使食邑食实封如故制
（绍兴二年闰四月二十八日）

门下：忠之所移者孝，顾孰先父子之恩；礼之有变者权，盖宜徇国家之急。嗟予良翰，宅彼大忧。虽直麻之慕方深，然金革之虞可夺。式颁明命，敷告治朝。持服前宁武军节度使、开府仪同三司、充两浙西路安抚大使、马步军都总管、兼知镇江军府事、淮南东路宣抚使兼营田使、彭城郡开国公、食邑四千三百户、食实封一千八百户刘光世，智勇无前，恭勤不懈。南征北讨，名凤播于华夷；入卫出藩，任兼隆于将相。自镇临于京口，且绥定于淮壖。休士卒以屯田，方讲营平之策；拊流亡而复业，浸观渤海之功。威望既彰，敌情原屈。正赖折冲之效，遽兴陟岵之悲。维乃先臣，为时宿将。联勋盟府，得教子之义方；从乃穷庐，卒陨身于名节。念尔家仇之未雪，属兹戎事之犹繁，义不戴天，应厉枕戈之志；忠当许国，难从释位之规。即命衮之上仪，仍斋坛之旧节。其还所治，用讫尔庸。於戏！丧以礼成，固欲尽三年之爱；恩由义断，亦奚拘贰事之嫌。期两报于君亲，盍并图于家国？尚抑茹荼之痛，毋忘尝胆之思。可特起复宁武军节度使、开府仪同三司，依前充两浙西路安抚大使、马步军都总管、兼知镇江军府事、淮南东路宣抚使兼营田使，食邑、食实封如故。主者施行。

出处：《北海集》卷六。
撰者：綦崇礼
考校说明：编年据《建炎以来系年要录》卷五三补。

封寿春吏隐真人制
（绍兴二年闰四月）

敕：朕向巡狩于南国，以豫章为东朝。母后率掖庭而行，舟楫冒风波之险。凡所经涉，必有护持。爰锡褒恩，以答神贶。洪州丰城县大江北岸梅福升仙坛观寿春真人，正谏不用，高名独存。悯汉室之不纲，去吴市而莫返。既严祠馆，亦锡封名。兹复益以美称，盖少敷于新渥。其歆异数，少慰平生。可特封寿春吏隐真人。

出处:《历世真仙体道通鉴》卷一四。又见《舆地纪胜》卷五。

考校说明:此篇《全宋文》据《舆地纪胜》收入,题作《加封吏隐制》,误系于绍兴三年(第二○二册,第二七九页)。

蓬岭败曹成获捷抚谕将士诏
(绍兴二年闰四月后)

敕岳飞下一行将士等:比缘逋寇,未即天诛,既蹂躏于湘南,又窥觎于岭表。顾作民父母,岂朕志之敢宁;而为国爪牙,繄汝曹之可仗。爰整貔貅之旅,往夷蜂蚁之群。一心争先,再战皆克。缅维忠力,深用叹咨。属此暑时,方当穷讨。重念征行之远,能无暴露之勤? 勉服颜行,亟平氛祲;更趋后效,毋替前功。并需饮至之期,优议策勋之典。宜令岳飞一一记录将士劳绩,候贼平日,参酌功效高下开具闻奏,当议优与推恩。故兹诏示,想宜知悉。

出处:《鄂国金佗续编》卷三。

考校说明:编年据文中所述史事补,见《建炎以来系年要录》卷五三。

赐试兵部尚书权邦彦辞免兼侍读恩命不允诏
(绍兴二年二月至五月间)

敕邦彦:省所奏辞免恩命,事具悉。朕忧时多难,克己自修。亲用正臣,俾奉退朝之燕;博观前载,以求致治之原。庶资直谅之规,用勉缉熙之效。卿性质端厚,学术深醇。盖尝授业以为多士之模,横经而动一人之听。劝读之益,推择是宜。往思启迪之方,毋执执谦之节。所请宜不允。故兹诏示,想宜知悉。

出处:《北海集》卷一二。

撰者:綦崇礼

考校说明:编年据綦崇礼任两制时间、权邦彦官历补,见《建炎以来系年要录》卷五四。

赐资政殿学士左中大夫知绍兴府张守辞免提举万寿观兼侍读恩命并乞外任宫观一次不允诏
（绍兴二年四月至五月间）

敕张守：省所奏札子，辞免恩命并乞外任宫观一次，事具悉。卿顷辞近辅，继领便藩。虽政化之优，流闻甚迩；而话言之益，渴想于中。蔽之朕心，召以自近。方需昼接，乃以疾陈。矧琳馆奉祠，无吏文之拘迫；而经帷进读，得燕语之从容。宜深念于多艰，以来裨于不逮。退闲之语，非朕所期。所请宜不允。故兹诏示，想宜知悉。夏热，卿比安好？遣书，指不多及。

出处：《北海集》卷一二。
撰者：綦崇礼
考校说明：编年据张守官历及文中所述"夏热"补，见《建炎以来系年要录》卷五四。

赐新除端明殿学士签书枢密院事权邦彦辞免恩命不允诏
（绍兴二年五月二日后）

敕邦彦：省所奏辞免恩命，事具悉。朕以军国大政分畀辅臣，顾尚右武之时，尤重本兵之任，久虚厥次，盖难其人。卿悃愊无华，靖共有守。临危徇节，忠尝至于毁家；遭变苦心，虑宜深于谋国。延登廊庙，参与枢机。金言允谐，朕志素定。方需阅议，叶济多虞。胡为逡巡，犹乃逊避？往励匪躬之操，共伸尝胆之图。所请宜不允。故兹诏示，想宜知悉。

出处：《北海集》卷一二。
撰者：綦崇礼
考校说明：编年据《建炎以来系年要录》卷五四补。

赐新除端明殿学士佥书枢密院事权邦彦上表辞免恩命不允仍断来章批答
（绍兴二年五月二日后）

省表具知。朕遭时多难，思复大业。永惟二三政事之臣，是咨是图。登用之际,其何敢易?乃者右府虚位,阴察在廷。顾端亮之姿,靖重之器,更事久,虑患深,老成可亲,亡逾卿者。肆颁显命,擢与筹帷。盍体朕知,职思其报?雍容辞逊,岂所望哉!所请宜不允。仍断来章。有敕:卿忠纯一德,夷险百为。方登枢密之严,伫决庙谟之胜。亟祗乃事,庸副朕怀。今差。

出处:《北海集》卷一七。
撰者:綦崇礼
考校说明:编年据《建炎以来系年要录》卷五四补。

朱胜非兼侍读召赴行在诏
(绍兴二年五月三日)

朱胜非与复宣奉大夫,差提举万寿观兼侍读。令见住州军差兵级五十人,逐州交替津遣前来赴行在。

出处:《宋会要辑稿》职官七六之四五。

张九成类试第一名授官诏
(绍兴二年五月六日)

张九成系类试第一名,合升一甲,唱名又系第一甲第一名,可特转一官,授左宣教郎、签书镇东军节度判官厅公事。

出处:《宋会要辑稿》选举二之一四。

正奏名进士范寅宾等转官诏
(绍兴二年五月六日)

正奏名进士范寅宾、杨愿、孙朝彦、张庭寔、严习己、王宣哲系有官人,未曾推恩,各与转一官。内选人循一资,仍占射差遣。

出处:《宋会要辑稿》选举二之一五。

谕岳飞掩捕曹成事诏
（绍兴二年五月十一日后）

令岳飞不以远近，袭逐掩捕。事毕，当议取赴行在，优与褒擢。如曹成实有自新之意，一面从长措置。

出处：《宋会要辑稿》兵一○之三二。

结绝刑狱诏
（绍兴二年五月十三日）

霖雨不止，诸处刑狱窃虑淹延，行在委刑部郎官、在外委提刑躬亲催督结绝见禁公事，具已结绝月日申尚书省。

出处：《宋会要辑稿》刑法五之三三。

黄子游乞许请盐钞客人入纳米斛答诏
（绍兴二年五月十四日）

依建炎四年五月十四日已降指挥施行，仍与免税，更不立限。其召保给据及报榷货务都茶盐场籍记拘收，一切关防断罪，并依用金银钞算请已降指挥。

出处：《宋会要辑稿》食货二六之九。

赐新除兵部侍郎程瑀辞免恩命不允诏
（绍兴二年五月十五日后）

敕程瑀：省所奏，辞免恩命，乞宫观，事具悉。人臣之忠尤难于尽言，君子之孝莫大于养志。卿举职东省，遇事必陈。既得尽言之美，朕用嘉之，载从推择，进贰夏官。时乃次迁，理无足避。顾以亲老自列，遂求退闲。经不云乎：立身行道，扬名于后世，以显父母，孝之终也。二亲之志，其亦以是望于卿耳。口体之养，于亲奚有？惟卿慨然学古之道，在君亲之际，虑之宜熟，夫尚何辞？所请宜不允。

故兹诏示,想宜知悉。

出处:《北海集》卷一三。

撰者:綦崇礼

考校说明:编年据《建炎以来系年要录》卷五四补。

神武五军汉弓箭手权添口食米诏
(绍兴二年五月十六日)

应神武五军下汉弓箭手,除见随韩世忠外,并依韩世清下军兵每月权添口食米三斗,余人不得援例。

出处:《宋会要辑稿》兵四之三〇。

赐签书枢密院权邦彦生日诏
(绍兴二年五月十七日)

储神骏岳,列辅鸿枢。方资借箸之谋,适庆垂弧之旦。宜加宠锡,用介禧祥。今赐卿生日羊酒米面等,具如别录,至可领也。故兹诏示,想宜知悉。

出处:《北海集》卷八。

撰者:綦崇礼

考校说明:“绍兴二年”据权邦彦宦历补,见《建炎以来系年要录》卷五四、卷六三。

董悯送五百里外州军编管诏
(绍兴二年五月十八日)

董悯特送五百里外州军编管,永不得应举,其保官除名勒停。

出处:《宋会要辑稿》选举四之二四。

左藏东西库不得留难阻节纲运诏
（绍兴二年五月二十日）

左藏东、西库遇纲运到库，如敢留难阻节，不即交纳出给钞附，许管押人径赴尚书省越诉。

出处:《宋会要辑稿》食货五一之二七。

江东西籴买诏
（绍兴二年五月二十二日）

江东西各籴一十万石，委催促物帛郎官将合起发应付。如不足，于俞儋榷货务钱内贴支。江东于建康府，江西于饶州府封桩。其籴买日限及应干合行事件，并依两浙已得指挥施行。

出处:《宋会要辑稿》食货四○之一五。又见《宋会要辑稿补编》第六二二页。

江东西上供丝帛于建康府吉州桩管诏
（绍兴二年五月二十七日）

江东西诸州上供丝帛，并于建康府、吉州桩管。非朝旨而擅用者依军法。

出处:《建炎以来系年要录》卷五四。

令内外侍从等官条具省费裕国强兵息民之策手诏
（绍兴二年五月二十七日）

朕以纪纲坏乱之余，悼师旅凋残之极。国用虐而费广，兵力弱而民疲。苟可救时，安避改作？应内外侍从、省台、寺监、职事官、监司、守令、寄居曾任郡守郎官以下，限半月各述所职，及己见的确利害，凡可以省费裕国、强兵息民者，条具以闻。中外之臣，所同济难。各陈忠义之策，共成长久之利。咨尔有众，咸体朕怀。

出处:《宋会要辑稿》帝系九之二八。

除授榷货务都茶场等官事诏
(绍兴二年五月二十八日)

榷货务都茶场仍旧堂除;御史台检法官、主簿令本台自辟;其寺监丞以下及检、鼓等六院官,并还吏部。

出处:《建炎以来系年要录》卷五四。

主管西南外敦宗院等官堂除诏
(绍兴二年五月二十八日)

主管西南外敦宗院、大宗正司宗室财用、榷货务都茶场并依旧堂除,御史台检法官依旧本台举辟,盐场官依旧本路提举官举辟,寺监、丞、主簿、登闻鼓检院、官告、进奏院、左藏库、粮审院官,外路节镇、签判、兼盐知县、市舶、排岸司、监官,并令吏部按格法差注。

出处:《宋会要辑稿》选举二三之一三。

百官日轮一人转对诏
(绍兴二年五月二十九日)

朕承中否之运,不啻创业之难。宵衣旰食,犹恐不逮,尚敢暇逸?昔我太祖皇帝尝令百官轮之,转对日并须指陈时政得失,举朝廷急务,凡关利害,得以极言。可自今后行在百官日转轮一人面对,宜各尽底蕴,以救其时弊。朕当虚伫,以听其言,且观其行。将有非次之选,用凯多士之宁。

出处:《宋会要辑稿》职官六〇之六。

大小使臣校尉缘军功补授而于军中解罢者参试诏
（绍兴二年五月二十九日）

大小使臣校尉缘军功补授,而于军中解罢者,到部日验发遣诣实,送殿前司,依第三等法,呈试事艺,马射弓六斗力,直背射三箭,各把以里右为合格。如合格,本司给据,许参选。若未经呈试,或呈试未中,各不在参选及堂除辟差之限。两试不中,及不赴试,不理军功材武,满五年,许参部。诸下班祗应缘军功补授,依大小使臣参选法,着为令。自靖康元年军兴以来,应缘军功补授之人,如已到部以前有差遣,虽已到任得替,候再到部日,亦依今来指挥施行。

出处:《宋会要辑稿》选举二四之五。

张守侍读醴泉观使制
（绍兴二年五月二十九日）

出有藩条,已著列侯之式;入陪经幄,方严一节之趋。爰锡徽章,用昭眷礼。具官职明而行粹,器博而用周。穷六艺之本原,发为事业;兼四科之品藻,名重荐绅。自往镇于海沂,忽屡更于岁篇。乃眷服勤之久,宜颁均逸之恩。召使遄归,副兹虚伫。路门劝读,傒闻入告之嘉言;瑶馆奉祠,仍示闵劳之殊渥。朕求多闻而建事,咨旧弼而图勋。正学以言,勿事公孙之阿世;责难于我,当如孟子之钦王。谅克奉承,无烦训励。

出处:《斐然集》卷一三。
考校说明:编年据《建炎以来系年要录》卷五四补。《宋代诏令全集》以《建炎以来系年要录》卷九一为据系于绍兴五年七月十七日戊子,并指出"'醴泉观',《建炎以来系年要录》作'万寿观',当考。"(第三二一九页)《建炎以来系年要录》卷五四载:"(绍兴二年五月戊子)资政殿学士、知绍兴府张守提举醴泉观,兼侍读。"此时胡寅未任两制,此制或为胡寅父胡安国(时任中书舍人)所作而《斐然集》误收。

起复徽猷阁直学士朝议大夫利州路经略安抚使知兴元府王庶转行两官制
(绍兴元年十月至绍兴二年六月间)

敕:由关陕之地通于巴蜀,有梁州之区焉。德宗迫朱泚之乱,盖由奉天进狩于梁,而戡难之勋,自其地始。其风声气习之尚,宜可概见。有能为朕拊循其民,申明尺籍,以振山西之气,则前人之功,斯无愧矣。具官某好谋而能断,任难而有成。率边郡之良家,兴于义勇;抗数州之贼气,全我陕区。朕方期枢臣成阃外之功,汝能为国家建方面之略。虽土门之师未集,而陕右之势已张。宜锡美官,用作尔祉。念方图河内之守,莫若寇恂;成异时淮蔡之功,或归李愬。兹益隆于任寄,宜自奋于功名。可。

出处:《东牟集》卷八。

考校说明:编年据王庶官历补,见《建炎以来系年要录》卷四八、卷五五。据《建炎以来系年要录》卷四三,王庶已于绍兴元年三月由朝议大夫升中大夫,然据《建炎以来系年要录》卷四八,王庶于绍兴元年十月由龙图阁待制升徽猷阁直学士(《宋史》卷三七二《王庶传》误作绍兴五年),待考。"利州路经略安抚使",《建炎以来系年要录》卷四八、卷五三及《宋史》卷三七二《王庶传》均作"利夔路制置使"。王洋此时未任两制,此文或为《东牟集》误收。

赐参知政事翟汝文乞除在外一宫观差遣不允诏
(绍兴二年四月至六月间)

敕汝文:省所上札子奏,乞除在外一宫观差遣,事具悉。朕履兹艰运,忧畏靡宁,所赖二三大臣合诚交修,用辅不逮。矧卿以先达宿望,同升庙堂,久怀嘉谋,庶克有济。中外攸属,曾亡间言,何嫌何疑,而弗安厥位?乞骸之语,匪朕欲闻。勉协乃心,以永终誉。所请宜不允。故兹诏示,想宜知悉。

出处:《北海集》卷一四。

撰者:綦崇礼

考校说明:编年据翟汝文官历补,见《建炎以来系年要录》卷五三、卷五五。

书填空名官告事诏
（绍兴二年六月二日）

给降空名官告绫纸,已令官告院置簿。今后诸处补授,令书填官司限一日开具申吏部。应告空名官告绫纸,官司半年一次开具已未书填道数申吏部照会。

出处:《宋会要辑稿》职官一一之六九。

置枢密院效士诏
（绍兴二年六月二日）

进士陈边事可采,及自河北、京东赴行在之人,并充枢密院效士,月奉钱十千,米一斛。

出处:《建炎以来系年要录》卷五五。

赐特进尚书左仆射同中书门下平章事兼知枢密院事都督江淮荆浙路诸军事吕颐浩辞免长男承议郎抗次男宣教郎摭除职名赐章服恩命不允诏
（绍兴二年六月二日后）

敕颐浩:省所上札子奏,辞免男抗、摭除职名、赐章服恩命,事具悉。卿再登元辅,尝立大勋,比总六师,往督诸道,忠勤诚至,不惮暑行。而于其所私,曾弗内顾,在朕其可忘之? 矧方倚卿以图邦国再造之功,而卿之息则未录,岂其礼哉? 肆推茂恩,断自朕志。今卿乃以异时侥幸者为戒,引谊力辞,殊失厥旨。宜识兹意,勿复重陈。所请宜不允。故兹诏示,想宜知悉。夏热,卿比安好? 遣书,指不多及。

出处:《北海集》卷一三。
撰者:綦崇礼
考校说明:编年据《建炎以来系年要录》卷五五补。

军兵经过州县收支钱粮赢余储别库诏
（绍兴二年六月八日）

恢复丙军兵经过州县,收支过钱粮去处,分委监司专差属官遍诸州县驱磨。元收到及实支见剩之数,收其赢余储在别库,以待不时之须,免复敛民。庶几奸吏不得侵盗。

出处:《宋会要辑稿》食货六四之七五。

赐新除龙图阁直学士折彦质辞免恩命
并召赴行在乞除在外宫观不允诏
（绍兴二年六月八日后）

敕彦质:省所奏辞免恩命,事具悉。卿畲由才谞,尝缀近严。擅边境之功,世高将阀;服诗书之教,名在儒科。岂伊一眚之为尤,乃与远图而并弃?肆还近职,趣赴行朝。尽涤前辜,将观后效。缅惟忠谊,宜自激昂。忽披来谂之诚,殊失所期之素。矧湖湘谋帅,已继锡于赞书;则江海就闲,可辄安于祠馆?往祗朕命,毋费乃辞。所请宜不允。故兹诏示,想宜知悉。

出处:《北海集》卷一〇。
撰者:綦崇礼
考校说明:编年据《建炎以来系年要录》卷五五补。

堂除选人任大理司直评事迁转事诏
（绍兴二年六月九日）

堂除选人任大理司直评事,供职满二年,通理五考,有举主三员,并改合入官。

出处:《建炎以来系年要录》卷五五。

除刘光世特授宁武宁国军节度使依前起复开府仪同三司充两浙西路安抚大使马步军都总管兼知镇江军府事淮南东路宣抚使兼营田使加食邑食实封制
（绍兴二年六月十一日）

门下：越十连而置帅，所以尊大夫之权；兼两镇以秉旄，所以重元戎之寄。维时屏翰，凤倚勋贤。抚岁序以再迁，眷勤劳之备至。肆扬褒册，用诏庶工。起复宁武军节度使、开府仪同三司、充两浙西路安抚大使、马步军都总管、兼知镇江军府事、淮南东路宣抚使兼营田使、彭城郡开国公、食邑四千三百户、食实封一千八百户刘光世，胄出山西，书传圯上。谦虚好礼，居多贤士之风；慷慨赴功，真是将家之种。从戎二纪，宣力四方。昨上印于行营，俾出藩于京口。长城可托，实南蔽于吴江；故地稍还，遂北收于淮楚。数摧巨敌，屡奏肤功。折馘取俘，浸息烽烟之祸；披坚执锐，每先裨校之劳。虽推功遍迨于师徒，而议赏未加于主帅，载惟尔绩，有慊于心。顾品秩既崇，久列三槐之次；而仪章增大，式颁双节之雄。不移宁武之旧邦，更莅宣城之名镇。进陪采赋，仍衍真封。以示宠光，以昭眷遇。於戏！将者国之辅，盖方图王室之中兴；钺为将之威，亦何爱斋坛之叠授？念边尘之有警，且敌境之与邻，其谨备于不虞，以毋忘于远略。尚坚素志，勿替前功。可特授宁武宁国军节度使，依前起复开府仪同三司、充两浙西路安抚大使、马步军都总管、兼知镇江军府事、淮南东路宣抚使兼营田使，加食邑五百户、食实封三百户，封如故。主者施行。

出处：《北海集》卷六。

撰者：綦崇礼

考校说明：编年据《建炎以来系年要录》卷五五补。

除韩世忠特授太尉依前武成感德军节度使神武左军都统制福建江西荆湖南北路宣抚副使加食邑实封制
（绍兴二年六月十一日）

门下：司勋等战功之目，别庶绩以称多；太尉掌武事之官，视群公而为重。朕若稽周典，参酌汉仪，肆酬良将之劳，用冠元戎之号。诞扬明命，敷告大庭。检校少师、武成感德军节度使、神武左军都统制、福建江西荆湖南北路宣抚副使、南阳郡开国侯、食邑二千户、食实封七百户韩世忠,鸷决有谋,骁雄无匹。驭军得士,优兼程、李之能;临敌乘机,自合孙、吴之法。身更百战,勇盖一时。积勋伐以居多,席宠名而加厚。昨属闽湘之扰,欲严斧钺之诛。受命不辞,俾副宣威之任;成功可必,果谐注意之求。航海道以济师,环贼巢而捣垒。神兵天下,恶党昼歼。驱狗鼠以无余,抚方隅而悉定。捷书来上,旰食为宽。方奏凯以北旋,遂移军而西指。威声既震,叛众亦降。虽功不自言,益见贤能之节;而事当贵信,可忘懋赏之规?还九棘之上仪,假五兵之重柄。以侈有邦之典,以隆上将之权。增衍户封,陪敦井赋。并昭宠数,用示眷怀。於戏!以德行仁者王,朕敢怠息民之志;自上安下曰尉,尔其思勘乱之图。虽内寇之略平,顾外虞之未靖,尚勤乃力,勿替前功。可特授太尉,依前武成感德军节度使、神武左军都统制、福建江西荆湖南北路宣抚副使,加食邑五百户、食实封二百户,封如故。主者施行。

出处:《北海集》卷七。

撰者:慕崇礼

考校说明:编年据《宋史》卷二七《高宗纪》补。"实封",清乾隆翰林院抄本、四库本作"食实封"。

岳飞除中卫大夫武安军承宣使告
(绍兴二年六月十一日)

敕:朕思将帅之臣,为社稷之卫,克戡多难,以靖四方。厥有茂功,宜膺优渥。亲卫大夫、建州观察使、神武副军都统制岳飞为时良将,统我锐师。许国惟以忠诚,驭众亦能训整。同士卒之甘苦,致纪律以严明。宣力久劳,战多实著。功加数路,迹扫群凶。遂行横列之迁,兼付承流之寄。悉平岭峤,既成破贼之功;威著江淮,益仗御戎之略。其承异宠,克励壮猷。可特授中卫大夫、武安军承宣使,依前神武副军都统制。

出处:《鄂国金佗续编》卷二。

赐新除太尉依前武成感德军节度使神武左军都统制福建江西荆湖南北路宣抚副使加食邑五百户食实封二百户韩世忠辞免恩命不允诏
（绍兴二年六月十一日后）

敕世忠：省所札子奏，辞免恩命，事具悉。人主之兴事，当劝于用赏；人臣之有功，常说于见知。卿出总王师，往行天讨，一鼓而平瓯粤，再举而临湖湘。妖孽悉除，逋逃自服。乃峻策勋之典，俾升掌武之班。朕既知卿徇国之劳，卿宜悦此褒功之意。亟祗成命，何用深辞？所请宜不允。故兹诏示，想宜知悉。

出处：《北海集》卷一四。
撰者：綦崇礼
考校说明：编年据《建炎以来系年要录》卷五五补。

赐韩世忠御札
（绍兴二年六月十一日后）

出师今将期岁，以尔劳苦，繄我忧冲。比岁李宏坏植，刘忠败绩，益张吾武，震挠凶徒，朕甚嘉之。且以防秋戒期，狄怨是念，卿其振旅来归，竭尽智力，以图大功，而后喜可知也。

出处：《名臣碑传琬琰之集》卷一三《韩忠武王世忠中兴佐命定国元勋之碑》。
考校说明：编年据韩世忠宦历补，见《宋史》卷二七《高宗纪》。

吏部检会磨勘条法等报川陕宣抚处置使司照会诏
（绍兴二年六月十二日）

吏部检会磨勘应干条法及前后所降指挥全文，报川陕宣抚处置使司照会。遇有陈乞磨勘，令一面照应条法施行，候磨勘讫，先给公据照会，每月具磨勘过人数闻奏，出给付身告札。

出处：《宋会要辑稿》职官一一之三四。

选人任内因赏收使事诏
(绍兴二年六月十三日)

应选人任内因赏,元得旨与改合入官未曾收使,后来别赏改官者,与作减二年磨勘指射差遣一次收使。

出处:《宋会要辑稿》职官一一之三四。

参知政事翟汝文致仕制
(绍兴二年六月十三日)

贤者立朝,以济济相逊为盛;忠臣爱上,以悻悻亟去为非。矧参预以烦机,在同寅而励翼。岂图乖谲,规就宴安。既念尽瘁之诚,当遂辞荣之志。具官翟汝文蚤以隽望,跻于迩联。肆予临御以来,嘉乃论思之旧。召自遐外,起于退闲。遂擢禁林之严,俄参钧柄之重。谓其名儒故老,多识祖宗之旧章;庶几博问遐观,以明国家之大体。念若巨川而相济,顾岂同舟而异心。何谋谟之未闻,乃议论之多拂。徒欲轻于去就,宁复任于安危。直情而行,不知可否之济;奉身而去,殆忘体恤之均。尚隆体貌于大臣,遂俾蕃宣于近郡。盖望之之轻丞相,止用左迁;而长孺之薄淮阳,犹烦卧治。属言章之交上,在公论以未平。时者谓千里造朝,甫窃庙堂之宠;一朝辞位,殆隳疆场之虞。故巧发于争端,以自托于微罪。原情审尔,诛意当深。姑从罢免之科,终许归休之侠。噫!丁宁谕旨,朕固不忘于贪贤;偃蹇居家,汝独无意于经世。往思啬养,以究寿臧。

出处:《宋宰辅编年录》卷一五。

推恩陈元助男诏
(绍兴二年六月十四日)

西安进士陈元助制造到刻漏一座,已送尚书省。元助男特令太史局量试,补充额内局生,依条支破请给。

出处:《宋会要辑稿》职官一八之八八。又见同书职官三一之六。

诸州常平主管官职事诏
（绍兴二年六月十七日）

诸州常平主管官合支食钱并许依旧支给，仍仰专催督常平诸色租课及应干钱谷。遇有替移，并令批上印纸，明言常平钱谷别无拖欠失陷，方许离任。候到吏部，如点检得不经批书，不许参部。

出处：《宋会要辑稿》职官四三之一九。

逃亡死绝等产去税存之户画时倚阁检察推割诏
（绍兴二年六月二十二日）

今后诸逃亡死绝及诡名挟佃并产去税存之户，不待造簿，画时倚阁，检察推割。著为令。

出处：《宋会要辑稿》食货六一之六四。
考校说明：此诏在同书食货六九作绍兴二年八月二十二日户部奏文，该奏文前有诏曰："今后应逃亡、死绝、诡名田产，令户部立法。"

叶焕奏池州税赋答诏
（绍兴二年六月二十二日）

于曾被贼马烧劫人户名下均减，以本州十分为率，不得过三分，即不得稍有情弊。如违，当职官甭责，人吏决配。

出处：《宋会要辑稿》食货六三之二。

台谏言事官不在轮对条具之数诏
（绍兴二年六月二十二日）

台谏、言事官系非时上殿，不合在轮对条具之数。

出处:《宋会要辑稿》职官五五之一七。

有官人充吏职止与支破吏职请给诏
（绍兴二年六月二十四日）

应有官充吏职之人,止与支破吏职请给,其本身请给并行住罢。外路依此。

出处:《宋会要辑稿》职官五七之九九。

赐知随州李道奖谕敕书
（绍兴二年六月二十四日）

敕李道:省德安府、复州、汉阳军镇抚使陈规奏,承知随州李道公文称:"于今年五月初二日酉时,随县尉司申解捉到李周、刘智二人,称系伪齐刘豫下奉使张玩等差赍伪敕檄书来随州下文字,系要招降。窃以本州官吏军民,父祖累世,受本朝涵养之恩二百余年。昨自兵火之后,惟竭尽忠节,上报朝廷,岂忍遽从伪命?今来伪齐刘豫亦是大宋臣子,尚敢遣人赍伪敕书强要招降,侵展疆土,孰不切齿?除已将李周、刘智盘枷,并伪敕檄书缴连解送本镇,兼具此申奏朝廷"事。自远夷结祸,中土靡宁。乃眷襄、随,重罹兵火。尚赖忠谊豪杰之士,不忘国家涵养之恩。心存本朝,力却伪使。连书词而来上,陈恟愊以甚明。灼见纯诚,良深嘉叹。勉坚令节,仁立殊勋。故兹奖谕,想宜知悉。夏热,汝比好否? 遣书,指不多及。

出处:《北海集》卷一六。
撰者:慕崇礼
考校说明:"绍兴二年"据《建炎以来系年要录》卷五四补。文中"张玩",《建炎以来系年要录》卷五四作"张琓"。

赐襄阳府统制军马李横奖谕敕书
（绍兴二年六月二十四日）

敕李横:省德安府、复州、汉阳军镇抚使陈规奏,承襄阳府统制军马李横公文称:"五月三日午时,有伪齐刘豫遣奉使彭义并亲随郭立赍伪敕檄书前来到府。窃以祖父以来,食大宋水土,仅二百年,方图补报,忽见此书,痛愤不已。除将郭立凌迟处斩号令外,所有奉使彭义并赍到伪敕檄书,并已解发赴行在去讫"事。自远夷结祸,中土靡宁。乃眷襄阳,重罹兵火。尚赖忠谊豪杰之士,不忘国家涵养之恩。心存本朝,力却伪使。连书词而来上,陈悃愊以甚明。灼见纯诚,良深嘉叹。勉坚令节,伫立殊勋。故兹奖谕,想宜知悉。夏热,汝比好否?遣书,指不多及。

出处:《北海集》卷一六。
撰者:綦崇礼
考校说明:"绍兴二年"据《建炎以来系年要录》卷五四补。

令两浙江淮存抚东北流寓诏
(绍兴二年六月二十五日)

令两浙、江、淮诸州县守令将东北流寓之人多方存抚照管。如无屋舍居止,即于寺院或空闲官舍内安泊,不管少有失所。及令逐路监司常切检察,毋致违戾。

出处:《宋会要辑稿》食货六九之五〇。

赐武功大夫贵州团练使统制军马李宏奖谕敕书
(绍兴二年六月二十七日)

敕李宏:省福建、江西、荆湖南北路宣抚使司奏,潭州申:"马友自到,跋扈恣横。六月一日,李宏将马友处置讫"事。朕以马友恃众阻兵,连年叛命,戒于多杀,姑务涵容。而汝疾恶之资,出于天性;体国之志,备见诚心。歼厥渠魁,既少申于众愤;抚其部曲,俾还齿于王人。载览奏陈,良深嘉尚。故兹奖谕,想宜知悉。夏热,汝比好否?遣书,指不多及。

出处:《北海集》卷一六。
撰者:綦崇礼
考校说明:"绍兴二年"据《建炎以来系年要录》卷五五补。

募到海船推恩体例诏
(绍兴二年六月二十八日)

沿海制置司在募到海船,每一只及一丈八尺以上,白身人与进义副尉,有名目人与转一官资,仍减三年磨勘。

出处:《宋会要辑稿》食货五○之一二。

诸路措置出卖官田诏
(绍兴二年六月二十九日)

诸路委漕臣一员,将管下应干系官田土并行措置出卖,仰各随土俗所宜,究心措置,出榜晓示,限一月召人实封投状请买。仍置印历,抄上承买人户先后资次、姓名。限满,当本官厅拆状,区画所著价最高之人,卖到钱数申取朝廷指挥。其诸路漕臣若推行不扰,早见次第,当议优加给赏;如或视为文具,隐蔽徇私,奉行灭裂,并当重行黜责。仍行下逐路照会。

出处:《宋会要辑稿》食货六一之五。
考校说明:此诏内容与绍兴二年七月二日《谕诸路出卖公田诏》(《宋会要辑稿》食货六一)大致相同,疑是同一诏。

召王绚赴都堂审察诏
(绍兴二年六月)

王某首奉诏令,劳民不怠,厥功茂焉,可召赴都堂审察。

出处:周必大《省斋文稿》卷二九《王公绚神道碑》。

谕诸路出卖公田诏
(绍兴二年七月二日)

诸路委漕臣一员,将应系官田并出卖,各随土俗所宜,究心措置。若推行不扰,早见次第,当议优加旌赏;如或视为文具,隐蔽营私,奉行灭裂,并当重行黜责。

出处:《宋会要辑稿》食货六一之五。

悉蠲福建诸州被兵之家田税手诏
(绍兴二年七月三日)

比缘闽境凶涛作乱,故遣师荡平,重念盗贼占据之地,及焚劫剽虏之家,用肆赦音,以蠲税敛。访闻州县检会条令不过三分,甚非所以称朕曲颁霈泽、患恤一方之意。可特依今来四月十一日赦降指挥,并行赦免。如有违戾去处,许民户越诉,官吏重行窜责。

出处:《宋会要辑稿》食货六三之二。

推恩李继宗等诏
(绍兴二年七月四日)

太史局生李继宗、宋公庠、赵祺,为演求纪元立成法,推步气朔、七政,可以颁朔,特并补保章正,差充太史局同知算造。

出处:《宋会要辑稿》职官一八之八八。又见同书职官三一之六。

奖谕王绚陈升诏
(绍兴二年七月五日)

知兴国军王绚、知永兴县陈升首先奉行诏令,措置招诱人户耕垦闲田,可各与转一官。候措置就绪日,令本路提刑司保明备申朝廷,取旨褒擢。

出处:《宋会要辑稿》食货六一之八一。

令广西收买战马诏
(绍兴二年七月五日)

令礼部支降广西度牒五百道,及本路出产盐七十万斤,付本路帅臣,许中限一月措置变卖,先次收买战马一千匹,交付新本路提举茶盐、权枢密院计议官范伯思,押付行在枢密院送纳。如限内措置不足,即将本路见存官马均那起发,续将所买马数以次拨还。如用外尚有钱数,即续次收买,差官起发。上件马并系御前要用,诸处不得截拦。

出处:《宋会要辑稿》兵二二之一五。

靖康勤王等赏自今不许陈乞诏
(绍兴二年七月八日)

靖康勤王、京城守御、应缘方腊及直达纲赏,靖康以前御笔指挥、明受可行事件,并淮南州县官建炎以前元不离任、靖康以前盐课增剩等赏,自今并不许陈乞。

出处:《建炎以来系年要录》卷五六。

赐新除资政殿学士左中大夫知福州张守辞免
恩命乞除一在外宫观不允诏
(绍兴二年七月九日后)

敕张守:省所札子奏,辞免知福州恩命,乞除一在外宫观,事具悉。朕以瓯闽之俗,民物夥繁,嬔啬自足,安于无事旧矣。间者政或不良,盗贼数起,兵拿祸结,频年未定,肆兴师旅,往行天诛。虽妖孽悉除,而疮痍未复,朕甚悯焉,思得辅弼旧臣,宣吾德意,往临镇之。载图其人,莫如卿者,是用辍金华之召,殿此南服,庶资雅望,于以肃清四境,安集一方。惟卿体国之诚,宜识朕志,以时上道,勿复深辞。所请宜不允。故兹诏示,想宜知悉。秋热,卿比安好? 遣书,指不多及。

出处:《北海集》卷一二。
撰者:綦崇礼

考校说明:编年据《建炎以来系年要录》卷五六补。

赐资政殿学士左中大夫知福州充福建路安抚使
张守乞一在外宫观任便居住不允诏
(绍兴二年七月九日后)

敕张守:省所札子奏,乞除一在外宫观,任便居住,事具悉。朕惟辅弼旧臣,邦家良翰。入居廊庙,所以尊朝廷;出领麾符,所以壮方岳。卿顷祈去位,尝许奉祠。载图雅望之隆,起畀近邦之逸。间由越府,改莅闽都。布宽大之恩,能推上意;戢斗争之暴,克变素风。嘉报政之甚休,谅遍邦之咸喜。方兹倚重,乃复求闲。人将谓何,卿其毋遽。所请宜不允。故兹诏示,想宜知悉。夏热,卿比安好?遣书,指不多及。

出处:《北海集》卷一二。
撰者:綦崇礼
考校说明:编年据《建炎以来系年要录》卷五六补。

赐资政殿学士左中大夫知福州充福建路
安抚使张守乞除在外宫观不允诏
(绍兴二年七月九日后)

敕张守:省所札子奏,乞除在外宫观,事具悉。朕以闽粤之区,蕃宣所寄。倚予旧弼,得抚循镇静之宜;惠彼疲氓,息争斗敓斁之暴。岁时再换,宵旰为宽。方深委注之诚,重有退闲之请。顾教条服习,已安襦袴之恩;则啸诺雍容,奚事米盐之务?谅徒资于卧治,亦不至于烦劳。勉体朕怀,毋行卿意。所请宜不允。故兹诏示,想宜知悉。春暄,卿比平安好?遣书,指不多及。

出处:《北海集》卷一二。
撰者:綦崇礼
考校说明:编年据《建炎以来系年要录》卷五六补。

诸军统制官钤束所部官兵不得越诉诏
(绍兴二年七月十一日)

令诸军统制官钤束所部官兵,应有陈诉事务,并须依条次第经由朝廷施行,不得依前隔蓦。如违,其越诉人当议重作行遣;统兵官容纵,亦仰取旨施行,各具依禀申枢密院。

出处:《宋会要辑稿》刑法七之三四。

臣僚赐衣带事诏
(绍兴二年七月十三日)

臣僚合赐衣带已经赐者,更不再赐;如有迁除合加赐鱼袋者,许加赐。

出处:《宋会要辑稿》礼六二之五六。

刘一止除起居郎制
(绍兴二年七月十五日)

敕左奉议郎、守监察御史刘某:朕于干戈多故之辰,崇奖文士;人物凋丧之后,选择近班。庶几朝廷之光,以副天下之望。四方所得,不次命之。以尔儒服退然,执义甚固,文声籍甚,进官晚成。比縻中秘之联,稍与南台之选。载稽公议,有简朕心。遂锡赞书,俾司史事。进直螭陛,退居鸾台。极于儒者一时之荣,以为多士稽古之劝。往哉祗服,益励尔修。可特授依前官试起居郎。

出处:《苕溪集》卷五五。
撰者:陈与义

未经审量人不得举辟及权摄职任诏
(绍兴二年七月十八日)

自今未经审量人,不得举辟及权摄职任。犯者,官司及被差举人并以违制论。

出处:《建炎以来系年要录》卷五六。

江南西路人户合纳一半本色等特许折纳价钱诏
(绍兴二年七月十八日)

江南西路人户合纳一半本色和预买并上供䌷绢,及洪州合起催衣䌷四千一百余匹、绢二万五百余匹,将截日未纳数并特许折纳价钱一次。依已立定折充籴本钱数,绢每匹作四贯五百文省,䌷每匹作三贯文省。如今人户愿纳米斛,纽计市价,从便折纳。光奏:洪州旧管上供准衣䌷四千一百余匹、绢二万五百余匹,岁下六县,将夏税䌷绢折纳而成端匹价钱收买。今属县残破,逃亡未复,委实无所从出,乞蠲免一年。

出处:《宋会要辑稿》食货九之二三。

赐新除起复左宣奉大夫守尚书右仆射同中书门下平章事兼知枢密院事朱胜非赴行在诏
(绍兴三年七月二十二日后)

敕朱胜非:卿任居次辅,时许真贤。对秉国钧,方赖有为之助;去丁家难,遽兴何怙之悲。自即倚庐,遂虚大府。念同心相与而共吾事,维二三臣;其一日不可以远朕躬,如左右手。礼既更于卒哭,义斯得而夺情。矧金革多虞,固有从戎之志;而邦家大计,难伸行服之私。乃孚号以扬庭,俾辍哀而居位。尚其趣驾,副此虚怀。已起复卿左宣奉大夫、守尚书右仆射、同中书门下平章事、兼知枢密院事,诏书到日,卿可乘递马疾速起发赴行在。故兹诏示,想宜知悉。秋热,卿比平安好? 遣书,指不多及。

出处:《北海集》卷八。又见《宋宰辅编年录》卷一五,《三朝北盟会编》卷一五五。
撰者:綦崇礼
考校说明:编年据朱胜非宦历补,见《建炎以来系年要录》卷六七。

赐观文殿学士左宣奉大夫知绍兴府事充两浙东路安抚使朱胜非辞免新除同都督江淮浙诸军事恩命不允诏
（绍兴二年七月二十三日后）

敕胜非：省所札子奏辞免恩命，事具悉。朕观吴、晋之主崛兴江左，陆逊、王导皆以佐命大臣督中外之师，所以尊王室而威诸夏，盖有在也。前属元宰有八路之行，顾朝廷之上不可虚位，肆令召还，以遥制于中；且命卿以故相之重，往临于外。庶表里相与戮力，共济艰虞。朕岂乐夫迁令易制，以数劳吾旧德为哉？安危之计，正需卿等，有不得已耳。昔人以一士止百万之师，一贤制千里之难，非卿则孰任此？尚疾其驱，毋复坚避。所请宜不允。故兹诏示，想宜知悉。秋凉，卿比平安好？遣书，指不多及。

出处：《北海集》卷九。

撰者：綦崇礼

考校说明：编年据《建炎以来系年要录》卷五六。"江淮浙"，《建炎以来系年要录》卷五六作"江淮荆浙"。朱胜非除同都督江淮荆浙诸军事之日，《宋十朝纲要》卷二二系于绍兴二年七月二十四日壬午。

赐左中奉大夫徽猷阁待制德安府复州汉阳军镇抚使马步军都总管兼知德安府陈规奖谕诏
（绍兴二年七月二十四日）

敕陈规：卿体国尽忠，守藩称治。当中原之未定，念南亩之多荒。兵食未充，农功盖少。乃别营屯之制，用兴稼穑之功。军民不杂，而无争畔之辞；官吏不增，而无加赋之费。得鲁侯之重谷，同汉相之留田。东作西成，居有安生之计；缓耕急战，人怀赴敌之心。条理不烦，设施可法。载观绩效，深用叹嘉。故兹奖谕，想宜知悉。秋热，卿比平安好？遣书，指不多及。

出处：《北海集》卷九。

撰者：綦崇礼

考校说明：编年据《宋会要辑稿》食货六三补。

赐陈规诏
(绍兴二年七月二十四日)

敕陈规:卿体国尽忠,守藩称治。当中原之未定,念南亩之多荒,兵食弗充,农收盖寡。乃别营屯之制,用兴稼穑之功。军民不杂而无争畔之词,官吏不增而无加廪之费。得鲁侯之重谷,同汉将之留田。东作西成,居有安生之利;缓耕急战,人怀赴敌之心。条理不烦,施设可法。载观绩效,深用叹嘉。故兹奖谕,想宜知悉。

出处:《宋会要辑稿》食货六三之八八。又见同书食货二之九。

令广东西路存恤江北流寓士人诏
(绍兴二年七月二十六日)

访闻江北诸路士人流寓广东、西路,州县或不支请给,致令失所,仰逐路经略、安抚、转运等司存恤。其合得宫观监庙人听申所居州军,日下申尚书省,仍并支与俸给,不得积压。

出处:《宋会要辑稿》职官五七之六八。

临安府遗火止令马步军司及府兵救扑诏
(绍兴二年七月二十七日)

自今临安府遗火,止令马步军司及府兵救扑,仍预给色号。他军非奉御前处分者,毋得擅出营。

出处:《建炎以来系年要录》卷五六。

綦崇礼除尚书兵部侍郎兼直学士院制
(绍兴二年七月二十八日)

敕:朕思为君之难,以立政为急。既慎图于官使,亦求备于人材。方多虞之辰,武部实为重任;极儒者之选,禁林则异庶司。盖所寄不在闲剧之间,而得人则兼文武之用。左奉议郎、试尚书吏部侍郎、兼权直学士院、北海县开国男、食邑三百户、赐紫金鱼袋綦某,器凝远业,学富多闻。再典领于铨衡,皆摄承于制作。功课简在两府,既阅岁时;文辞独行中朝,自高名誉。贤劳之叹,公议所同。是用易以司戎之班,遂兼视草之直。推燕、许之手,奚俟考言;成颇、牧之功,则为称职。服我休命,尔为钦哉。可特授依前左奉议郎、试尚书兵部侍郎、兼直学士院,封赐如故。

出处:《北海集》附录上。
考校说明:编年据《建炎以来系年要录》卷五八补。

赐新除吏部尚书兼翰林学士沈与求辞免恩命乞除一在外宫观不允诏
(绍兴二年七月二十八日后)

敕与求:省所奏辞免恩命,乞除一在外宫观,事具悉。卿历更言路,进长宪台。纠弹不避于贵权,建明有补于当世。贤劳滋久,宜在褒升。顾自元丰而来,御史中执法盖以天官常伯、北门学士为美迁。惟卿材识疏通,辞章赡蔚。政事文学之选,见谓兼长。并命两官,以为优宠。退闲之请,非朕所望。往体眷意,勿复牢辞。所请宜不允。故兹诏示,想宜知悉。

出处:《北海集》卷一一。
撰者:綦崇礼
考校说明:编年据《建炎以来系年要录》卷五六补。

赐户部尚书兼侍读黄叔敖乞除一在外宫观差遣不允诏
(绍兴二年七月二十八日后)

敕叔敖:省所奏,乞除一在外宫观差遣,事具悉。朕绍建丕基,亲用耆俊,资其智虑,协济艰虞。顷者召卿远方,置之近缀,岁中三命,遂长地官。盖图乃功,岂其私宠?矧卿世高儒术,久历外台。诸父诸昆,知名文艺者凡几人;自南自北,从事金谷者凡几任。推家学之善,固谈经而有余;运心计之精,宜丰财而不匮。处之甚暇,胡为告劳?闲退之求,卿其毋遽。所请宜不允。故兹诏示,想宜知悉。

出处:《北海集》卷一二。
撰者:綦崇礼
考校说明:编年据《建炎以来系年要录》卷五六补。

赐新除户部尚书兼侍读充修政局参详
官黄叔敖辞免恩命不允诏
(绍兴二年七月二十八日后)

　　敕叔敖:省所奏辞免恩命,事具悉。自南渡以来,胡骑盗贼,迭兴干戈,江浙荆闽之间,遍罹其毒。兵火所及,城邑为丘墟,南亩之民,靡有孑遗耗矣。于斯时也,乃足食足兵,知取知予,地官之任,其可忽耶? 朕比诏大臣,设修政局,讲求裕国息民之策;而卿以小司徒,实参厥事。顾老成详练,取决为多,肆命卿遂为之长,以帅其属。庶几议论推行之际,无所乖戾,克就乃功,朕之志也。卿其勿辞。所请宜不允。故兹诏示,想宜知悉。

出处:《北海集》卷一二。
撰者:綦崇礼
考校说明:编年据《建炎以来系年要录》卷五六补。

綦崇礼辞免兵部侍郎兼直学士院不允诏
(绍兴二年七月二十八日至二十九日间)

　　敕某:省所奏"辞免兵部侍郎兼直学士院恩命、乞改除一宫观差遣"事具悉。朕患武克之不刚,既重司戎之选;欲文德之广被,又严视草之求。卿以宏材,遍仪禁路,身无数器,誉振一时。谓蹇蹇之王臣,当膺备责;顾谦谦之君子,尚托不能。非特以卿更左右而其宜,庶几知予用文武为一道。既非作好,其又何辞? 所请宜不允。故兹诏示,想宜知悉。

出处:《北海集》附录中。
考校说明:"二十八日至二十九日间"据《建炎以来系年要录》卷五六补。

赐参知政事孟庾辞免通议大夫恩命不允诏
(绍兴二年七月后)

朕以闽越湖湘之间大憝逋诛,根连蔓结,胁我赤子,盗弄库兵,宿师连年,未克平珍,眷然南顾,实疚于怀。乃辍帷幄之臣,而总干戈之事。卿义形于色,慷慨请行。揆策投机,指授诸将。群凶随以荡灭,数路为之肃清。坐使黎元,复见休息。论功甚茂,颁赏犹轻。时惟股肱,必识朕意。抗章避宠,岂所望焉。夫谦冲之节虽云可尚,令出而寝,卿岂不为朝廷惜乎!

出处:《沈忠敏公龟溪集》卷四。
撰者:沈与求
考校说明:编年据沈与求任两制时间、孟庾官历补,见《建炎以来系年要录》卷五五、《宋会要辑稿》兵一三。

再赐孟庾辞免不允诏
(绍兴二年七月后)

朕比遣师徒,往平寇盗。想山川之悠远,爰念怀归;悯臣下之勤劳,岂忘劝赏。矧我哲辅,夙有壮图。入则参与政机,谋谟足以决大议;出则总提师律,精神足以折遐冲。蠢兹啸聚之群,讵费坐筹之画。指顾而定,逋逃一空。歌《杕杜》之诗,士方休舍;变潢池之习,民乃奠居。褒律肆行,需章荐至。载惟谦抑,殊咈眷怀。夫位高而志卑,固云美矣;功多者赏厚,犹用歉然。往其钦承,勿复固请。

出处:《沈忠敏公龟溪集》卷四。
撰者:沈与求
考校说明:编年据沈与求任两制时间、孟庾官历补,见《建炎以来系年要录》卷五五、《宋会要辑稿》兵一三。

赐孟庾辞免进通议大夫不允口宣
(绍兴二年七月后)

卿总护戎行,扫平寇虐,褒功未称,避宠奚为? 其服恩章,勿形逊牍。

出处:《沈忠敏公龟溪集》卷五。

撰者:沈与求

考校说明:编年据沈与求任两制时间、孟庾宦历补,见《建炎以来系年要录》卷五五、《宋会要辑稿》兵一三。

赐左中大夫参知政事福建江西荆湖南北路宣抚使孟庾乞除外一宫观差遣不允诏

（绍兴二年七月至八月间）

敕孟庾:省所札子奏,乞除在外一任宫观差遣,事具悉。朕倚重辅臣,用严武事。居则谋谟帷幄,以制胜于中;出则绥定方隅,以宣威于外。安危所寄,左右实均。卿文武兼资,险夷一节。入参政柄,往总戎旃。既清瓯粤之氛,继息荆湘之暴。克成朕志,庸启嘉猷。方俾遄归,载图远略,副三台而建府,督八路以屯师,遽腾引疾之辞,顾有投闲之请,殊乖所望,未谕乃怀。宜深体于艰难,勿自安于休逸。所请宜不允。故兹诏示,想宜知悉。秋凉,卿比安好? 遣书,指不多及。

出处:《北海集》卷一二。

撰者:綦崇礼

考校说明:编年据孟庾宦历及文中所述"秋凉"补,见《建炎以来系年要录》卷四九、卷五七。

赐尚书右仆射同中书门下平章事秦桧为水灾待罪不允诏

（绍兴二年二月至八月间）

御笔批:方时天大雨水,将害粢盛,岂惟宰辅,罪在朕躬。今秦桧抗章,宜赐诏不允,不得再有陈请。敕秦桧:省所札子奏,为霖雨逾旬,害于农亩,伏望特赐罢黜,事具悉。天作淫雨,水潦荐臻,将有粢盛之害,朕甚惧焉,方兹侧躬,以请命上帝。卿诚深忧国,谊切同心,引咎抗章,遽求避位。朕惟汉家灾异,为策免之文;不如禹汤罪己,有应天之实。朕则不德,而移责股肱,此何理哉! 尚思燮理之宜,勉副焦劳之托。所请宜不允,仍不得再有陈请。故兹诏示,想宜知悉。

出处:《北海集》卷一二。

撰者:慕崇礼

考校说明:编年据慕崇礼任两制时间、秦桧官历补,见《建炎以来系年要录》卷四六、卷五七。《建炎以来系年要录》卷五四:"(绍兴二年五月庚申)时浙部淫雨害稼,御史中丞沈与求因推言灾异……"此诏"水灾"或指此。

赐陈彦明下一行官兵等奖谕敕书
(绍兴二年八月二日)

敕陈彦明下一行官兵等:黠贼彦舟负国大恩,甘心伪命,罪盈恶稔,天罚可逃? 汝等各保忠诚,弗从叛乱,克整其众,自归本朝。使臣以闻,良用嘉叹。已命大帅收抚师徒,尚肩一心,以图报力。故兹奖谕,想宜知悉。秋凉,汝等比好否? 遣书,指不多及。

出处:《北海集》卷一六。

撰者:慕崇礼

考校说明:"绍兴二年"据《建炎以来系年要录》卷五五补。

谕用朱胜非之意御札
(绍兴二年八月五日前)

昨逆傅作乱,而胜非卒调护于内,使勤王之师得以致力。矧今诸将皆同功一体之人,必能为朕克济事功。

出处:《建炎以来系年要录》卷五七。

赐朱胜非辞免依旧知绍兴府乞除授一
外任宫祠差遣不允诏
(绍兴二年八月五日后)

敕胜非:省所札子奏,辞免依旧知绍兴府恩命,乞除一外任宫祠差遣,事具悉。朕以天步犹艰,边虞未靖,思时雅望,为国折冲。图旧弼以临戎,督全师而开府。烦言遽至,成命遂迁。顾东道之要藩,实行朝之近屏,用还其故,亦便乃私。

矧礼义不愆,纵多言而奚恤;且君臣无间,于大体而何伤? 朕固循爱人以德之规,卿其尽事君以忠之道,乞闲之语,非朕欲闻。所请宜不允。故兹诏示,想宜知悉。秋凉,卿比安好? 遣书,指不多及。

出处:《北海集》卷九。

撰者:綦崇礼

考校说明:编年据《建炎以来系年要录》卷五七补。

赐参知政事孟庾辞免兼权同都督江淮荆浙诸军恩命并乞除在外宫观差遣不允诏
(绍兴二年八月五日后)

敕孟庾:省所上札子,辞免恩命,乞除在外宫观差遣,事具悉。卿参陪政事,曾未阅时,即总师干,往平寇乱。成功神速,亦既凯旋。朕岂不知卿之勤劳,而难留卿于中以自辅哉? 属时已盛秋,当深儆备,肆命卿遂副上宰,移师江次,尽督诸军。比览需章,乃求闲退。顾方命下,已诏谕朕旨,载披来奏,重以疾辞。虽曰由衷,而似未体国。天下方有急,卿宁得避位而安耶? 所请宜不允。故兹诏示,想宜知悉。秋凉,卿比安好? 遣书,指不多及。

出处:《北海集》卷一二。

撰者:綦崇礼

考校说明:编年据《建炎以来系年要录》卷五七补。

罢市舶司诏
(绍兴二年八月六日)

市舶司废罢,其本司银器钱物并令起赴行在左藏库送纳,旧管人吏以入仕年月日先后,三分中存留一分。官吏请给旧费令提刑司取见元支禀名,每月支数依元禀名桩收讫,具状申尚书省。

出处:《宋会要辑稿补编》第四五页。

谕内外指事统制官立功报国诏
（绍兴二年八月七日）

韩世忠荡平诸寇，连奏大捷，已加优擢，其告内外指事统制官，各务立功报国，共济中兴，以光史册。

出处：《建炎以来系年要录》卷五七。

不得拘占截拨虔饶州提点铸钱司官船诏
（绍兴二年八月七日）

虔、饶州提点铸钱司官船，其过往军马及他司州县辄拘占截拨，依绍兴二年三月二十二日指挥科罪，仍许梢工越诉。

出处：《宋会要辑稿》食货五〇之一三。

蠲温州借拨军粮诏
（绍兴二年八月七日）

温州年例借拨一半军粮米一万九千六百四石，只今认起一万石，余数特予蠲免。

出处：《宋会要辑稿》食货六三之二。

安泊赈济临安府被火百姓诏
（绍兴二年八月九日）

临安府被火百姓，许于法慧寺及三天竺寺等处权安泊，应客店亦许安下，免出房钱。其四向买贩木植、芦箔、竹筏，并不得抽分收税。官私房钱不以贯百，并放五日。内孤贫不能自存之人，令户部省仓支米二千硕付临安府赈济，仍开具赈济过人数以闻。

出处:《宋会要辑稿》食货五九之二三。又见同书食货六八之一二一。

赐观文殿学士左宣奉大夫知绍兴府朱胜非乞改一外任宫观差遣不允诏
(绍兴二年五月二十九日至七月二十三日间或绍兴二年八月五日至十一日间)

敕胜非:省所札子奏,乞改授一外任宫观差遣,事具悉。卿尝秉国钧,比更藩翰,肆图人望,召付兵权。而乃力贡忱辞,愿回成命。莫副急贤之用,独深将母之怀。朕鉴乃诚,重劳旧德,爰止趣行之使,已颁改命之书。还政近邦,俾谐私欲;尚资绥靖,得缓顾忧。闲退之求,则非朕意。所请宜不允。故兹诏示,想宜知悉。秋凉,卿比安好? 遣书,指不多及。

出处:《北海集》卷九。
撰者:綦崇礼
考校说明:编年据朱胜非宦历补,见《建炎以来系年要录》卷五四、卷五六、卷五七。

已授差遣人又就辟差者不得占据所授阙诏
(绍兴二年八月十一日)

应已授差遣人而又就辟差理资任者,更不得占据所授阙。如阙到,合令以次人赴上;如无以次人,即令使阙。

出处:《宋会要辑稿》职官八之一四。又见《宋会要辑稿补编》第五二四页。

选人充枢密院计议编修官磨勘条例诏
(绍兴二年八月十一日)

选人充枢密院计议编修官,到任一年,进士通理四考,余人五考,并与改京官。

出处:《建炎以来系年要录》卷五七。

赈济福建路诏
(绍兴二年八月十一日)

福建路亢旱,米价翔贵,令本路提刑司将泉、福州寄卸广东米取拨三万石赈粜,仍斟量逐州军丰歉次第分拨。

出处:《宋会要辑稿》食货五九之二三。

答侍御史江跻论海船事诏
(绍兴二年八月十一日)

权令官户并同编民,仍委帅臣、监司自绍兴三年将本路海船轮定番次。其当番年分辄出他路,并从杖一百科罪,其船仍没官。所有今年募到人,与理充一次。

出处:《宋会要辑稿》食货五○之一三。

赐新除提举万寿观兼侍读朱胜非辞免
恩命乞改授一外任宫祠不允诏
(绍兴二年八月十一日后)

敕胜非:省所札子奏辞免恩命,乞改除一外任宫祠,事具悉。朕怀思旧臣,欲以自近,肆初召卿于外,盖期入侍燕闲,以补眇躬之阙。属会稽谋帅,辍卿以行。未曾煖席,而以军国大计,起为八路之督。卿既露恳固辞,而远临戎事,论者亦谓兹非处卿者,遂复中格,俾还旧治。顾卿未谕厥旨,遂求闲便。继阅来奏,良用怃然。式遣其归,申颁前命,庶几奉祠琳馆,进读金华。且无职事之烦,而得话言之益。朕之初意若此,卿尚何云?所请宜不允,仍不得再行陈请,日下起发前来赴行在供职。故兹诏示,想宜知悉。秋凉,卿比安好?遣书,指不多及。

出处:《北海集》卷九。
撰者:慕崇礼
考校说明:编年据《建炎以来系年要录》卷五七补。据《建炎以来系年要录》卷五四,朱胜非除提举万寿观兼侍读在绍兴二年五月三日壬戌,然此与文中所述"属会稽谋帅,辍卿以行。未曾煖席,而以军国大计,起为八路之督。卿既露恳固辞,而远临戎事,论者亦谓兹非处卿者,遽复中格,俾还旧治"不合,疑"万寿观"为"醴泉观"之误。据《建炎以来系年要录》卷五四、卷五六、卷五七,绍兴二年五月二十九日戊子,朱胜非除观文殿学士、知绍兴府。七月二十三日辛巳,朱胜非除同都督江淮荆浙诸军事。八月五日壬辰,朱胜非复知绍兴府。八月十一日戊戌,朱胜非除提举醴泉观兼侍读,正与文中所述"秋凉"相合。

令所在州军依条勘给吴国长公主俸米诏
(绍兴二年八月十三日)

吴国长公主俸米许诸司米内取拨,如不足,截拨上供米应副;其都尉并一行官属等请给,令所在州军依条勘给。

出处:《宋会要辑稿》帝系八之三二。

武臣遥郡已上减俸诏
(绍兴二年八月十七日)

武臣遥郡已上,非统兵战守者,并依靖康指挥,减本俸之半。

出处:《建炎以来系年要录》卷五七。
考校说明:此诏疑为同日《武臣俸给诏》(《宋会要辑稿》职官五七)之一部分。

武臣俸给诏
(绍兴二年八月十七日)

比降指挥,措置武臣横行、正任、遥郡请俸,各依出身,权行减借钱。内管军谓殿前马步军司。并宗室月廪合依宣和七年十二月二十五日指挥,节度使权依六曹尚书,承宣使权依侍郎,观察使权依给舍,防团依郎官例支破。其统兵战守之官,谓在军中充都统制、统制、统领、将副之类。更不权减。其诸路总管、钤辖、都监、巡检及州钤辖、都监、巡检系是职任差遣,不合作统兵战守之官。除系宗室更不减借,其余转至遥郡以上俸钱衣赐、傔人俸马,依靖康元年二月二十七日指挥,权支三分之二;并当年七月九日指挥,于见请二分则例上以四分为率,权借一分支给;月廪依宣和七年十二月二十五日指挥;傔粮等钱依靖康元年闰十一月二十一日指挥,权行住支。外路依此施行。自今降指挥日为始。

出处:《宋会要辑稿》职官五七之六八。

胡安国落职提举建昌军仙都观诏
(绍兴二年八月二十一日)

安国屡召,偃蹇不至,今始造朝,又数有请。初言胜非不可任以同都督,改命经筵,又以为非。岂以时方艰难,不肯致身尽瘁,乃欲求微罪而出,其自为谋则善矣,百官象之,又如国计何!可落职提举建昌军仙都观。

出处:《建炎以来系年要录》卷五七。

朱胜非辞职不允诏
(绍兴二年八月二十一日)

礼义不愆,纵多言而奚恤;君臣无间,于大体以何伤?

出处:《建炎以来系年要录》卷五七。

赐武功大夫遥郡防御使襄阳府郢州镇抚使李横武义大夫兼阁门宣赞舍人邓随州镇抚使李道权知邓州桑立奖谕敕书
(绍兴二年八月二十一日)

敕李横等:汝夙秉至忠,深明大义。虽属艰难之际,弗迷顺逆之宜。执贼使以来归,却檄书而不答。臣子之诚无贰,神明之鉴所临。周览敷陈,良深咨叹。尚其奋励,以建功名。故兹奖谕,想宜知悉。秋凉,汝比好否?遣书,指不多及。

出处:《北海集》卷一六。
撰者:綦崇礼
考校说明:"绍兴二年"据李横、李道、桑立宦历补,见《建炎以来系年要录》卷五

四、卷五五等。《建炎以来系年要录》卷五四:"(绍兴二年五月辛酉)伪齐刘豫闻桑仲死,遣通直郎张珫持敕书至随州招李道、使臣彭义至邓州招李横。时横留别将蔡立知邓州,二人皆不受,且执其使以闻。诏嘉奖。"此处"蔡立"当为"桑立"之误。

赐尚书右仆射同中书门下平章事秦桧
乞外任宫观差遣不允诏
(暂系于绍兴二年八月二十一日后)

敕秦桧:省所札子奏,乞外任宫观差遣,事具悉。朕惟大公之道,责成辅弼,委任不疑。固欲赖其心德之同,以济大业于艰难也。卿来自孤远,遂相朕躬,夙夜勤劳,于兹旬岁。谅欲行其道以有为于当世耳,胡为抗章,遽求避位?无乃违卿欲行之志,而异朕所以责成之意哉!所请宜不允。故兹诏示,想宜知悉。

出处:《北海集》卷一二。
撰者:慕崇礼
考校说明:编年据《建炎以来系年要录》卷五七补。《建炎以来系年要录》卷五七:"(绍兴二年八月戊申)右仆射秦桧三上章乞留(胡)安国,不报,遂家居不出。"秦桧或即因此事而乞外任。文中称"卿来自孤远,遂相朕躬,夙夜勤劳,于兹旬岁",而秦桧于绍兴元年八月二十三日丁亥除右仆射(见《建炎以来系年要录》卷四六),正与此相合。

令傅枢率兵讨贼诏
(绍兴二年八月二十四日)

枢总兵累年,糜费钱粮,未尝立功,当躬率所部兵讨贼。如敢逗留,重置典宪。

出处:《建炎以来系年要录》卷五七。

禁买花木珍禽诏
(绍兴二年八月二十七日)

访闻行在渐卖花木窠株,或一二珍禽,此风不可长。及有舟船兴贩,多以旗帜妄作御前物色。可严行禁止。如或官司合行收买者,须明坐所属去处。其花木窠株、珍禽,可札下临安府诸门晓示,不得放入。

出处:《宋会要辑稿》刑法二之一一一。又见《咸淳临安志》卷四〇。

除秦桧特授观文殿学士提举江州太平观依
前通奉大夫食邑食实封如故任便居住制
(绍兴二年八月二十七日)

门下:王者循至公之道,常加厚于股肱;大臣高易退之风,欲曲全于体貌。维时次辅,兹解近司,式颁上印之恩,诞布告庭之命。左通议大夫、守尚书右仆射、同中书门下平章事、兼知枢密院事、提举修政局、江宁郡开国公、食邑二千四百户、食实封八百户秦桧,蚤矜志行,历蹈艰危。谓其尽节以事君,可膺大用;嘉乃脱身而归国,实慰群情。擢置岩廊,俾参柄任。自初豫政,疑若献忠。从其长,则未尝争议于当然;私于朕,则每独指言其不可。遂令代相,倚以为邦。务推勿贰之诚,庶尽欲行之志。自诡得权而举事,当耸动于四方;逮兹居位以陈谋,首建明于二策。罔烛厥理,殊乖素期。念方委听之专,更责寅恭之效。而乃凭恃其党,排根所憎。进用臣邻,率面从而称善;稽留命令,辄阴訹以交攻。岂实汝心,殆为众误。顾窃弄于威柄,虑或长于奸萌,方悉屏除,尚图改事。遽辞机政,屡却封章。诏谕莫回,留挽难强。爰升华于秘殿,仍赋禄于殊庭,以示优容,以昭眷遇。於戏!予夺在我,岂云去朋党之难;始终待卿,斯无负君臣之谊。往膺涣渥,勿替令猷。可特授观文殿学士、提举江州太平观,依前通奉大夫,食邑、食实封如故。主者施行。

出处:《北海集》卷七。又见《建炎以来系年要录》卷五七,《宋宰辅编年录》卷一五,《宋四六选》卷三。

撰者:綦崇礼

考校说明:编年据《建炎以来系年要录》卷五七、《宋宰辅编年录》卷一五、《宋史》

卷二七《高宗纪》补。

论秦桧御笔
(绍兴二年八月二十七日)

桧作执政日,范宗尹为相,凡有未尽善事,未尝与宗尹争议,每事私言于朕。宗尹既罢去,则曰,若用臣为相,有耸动天下事。既而献二策,一则与南北士大夫通致家信,一则纠率山东、河北散群之人愿归乡土者,差官管押前去。此何理哉!近除权邦彦、朱胜非,皆面从而称善,退而与其党力攻之,可谓大臣欤?

出处:《北海集》卷二。

外任官上殿事诏
(绍兴二年八月二十九日)

外任官合上殿者,不因罪犯虽系非次替罢之人,许令阁门引见上殿,即依已降指挥。

出处:《宋会要辑稿补编》第八九页。

廖刚先次落职诰
(绍兴二年八月二十九日)

敕:朕临朝思治,仄席求贤,士有一善,未尝不悦而进之,惟恐其不及也。在廷之臣,亦宜精白,克承朕意,庶几共济,以底丕平。其或诡行败德,务规进身,岂朕用人之意哉?具官某,始以操守,见推乡间,中尝宣劳,以绥盗贼。使者献状,朕意嘉焉,故自造朝,曾无几时,而循致禁从。朕之期汝,亦云厚矣。而乃柔佞回邪,喜为附会,朕既失望,汝亦奚颜!其镌美官,稍正其罪。尚体宽渥,毋忘改图。

出处:《东牟集》卷八。
撰者:王洋
考校说明:编年据《建炎以来系年要录》卷五七补。

刘一止除宫祠制
(绍兴二年八月三十日)

　　敕左奉议郎、试起居郎刘某:朕于艰难之际,虽暴衣露盖,不敢康宁。而旁招四方之才,与之治天职、食天禄,延见访问,礼貌加焉,惟恐失士大夫心,可谓无负矣。苟或负朕,其可不惩?尔自少史,列耳目之官,又亲擢之,以为柱史,冀尔助朕,以成中兴之绩。今乃不然,朋比奸回,更相借誉,窃弄威权,渐不可长。抑而不扬,何以为政?其罢所任,往食祠宫。尚体宽恩,无忘循省。可罢起居郎,特授依前官主管台州崇道观。

出处:《苕溪集》卷五五。
撰者:陈与义

赐新知平江府赵鼎辞免不允诏
(绍兴二年八月后)

　　朕亲抚六师,肆觐群后。乃眷三吴之都会,实为二浙之喉襟。控扼要冲,兹号股肱之郡;慰存凋瘵,宜得腹心之臣。卿节概刚方,器量闳达。临事绝回邪之见,为政多岂弟之称。自初进为,皆朕识擢。置之言路,论尤切于爱民;付以事枢,志每先于许国。退即祠宫之逸,荐更岁籥之赊。执德不回,宅心无竞。是用起从闲适,纾朕顾忧。念孔戣立朝,见谓公卿之皆惮;知宽饶治郡,必使吏民之不欺。奚为抗章,尚稽就道。勿循谦执之节,其承属任之恩。

出处:《沈忠敏公龟溪集》卷四。
撰者:沈与求
考校说明:编年据正德《姑苏志》卷三补。

陈之道为生擒贼首邓庆及斫到龚富首级及生擒次首
领共一百九十三人转一官比类合于阶官上循两资杨
志招为与莫公晟贼众斗敌掩杀逐次斫到贼头三级及
杀死贼人不知其数转忠训郎制

（暂系于绍兴二年八月后）

敕：尔以少吏，擒盗有劳。俾进阶资，用酬勤勚。可。

出处：《紫微集》卷一三。

考校说明：编年据宋廷平定邓庆时间补，见《建炎以来系年要录》卷五七。张嵲此
时未任两制，此文或为《紫微集》误收。

宣抚处置使司主管机宜文字张宗元可除工部员外郎依旧张浚下主管机宜文字候回日供职制

（绍兴二年九月前）

敕具官某：朕以夷狄外逼，寇贼内侵，注意枢臣，出宣威令。庶几氛祲，克就
清夷。尔辍自奉常，往从军务。资其婉画，经略畿西。犷悍革心，咸思效顺。畴
尔之绩，宜在宠嘉。擢位台郎，仍参机幕。待终乃事，还践厥官。益吐奇谋，尚有
褒秩。可。

出处：《北海集》卷三。

撰者：綦崇礼

考校说明：编年据张宗元官历补，见《建炎以来系年要录》卷五八。

陈渊责官制

（绍兴二年九月一日）

会计当则为委吏，出纳吝则为有司。尔为管库之官，不知簿书之谨，既庋三
尺，用镌一阶。往祗宽恩，毋怠深省。

出处：《东牟集》卷八。

撰者:王洋

考校说明:编年据《建炎以来系年要录》卷五八补。

观文殿学士提举江州太平观秦桧落职制
(绍兴二年九月一日)

耸动四方之听,朕志为移;建明二策之谋,尔材可见。

出处:《建炎以来系年要录》卷五八。又见《中兴两朝圣政》卷一二,《挥麈后录》卷七,《玉照新志》卷六。

考校说明:王明清《挥麈后录》以为此制为谢克家所撰,李心传辨证云:"此时谢克家以前执政领京祠,不知制词何人所作,明清盖误也。"

罢修政局诏
(绍兴二年九月二日)

修政局日下罢,应今日已前已未行事,并不施行,其应干取索公案等,并归尚书省。

出处:《宋会要辑稿》职官一之四九。

赐新除礼部尚书洪拟赴阙诏
(绍兴二年九月二日后)

卿居列英髦,望隆耆艾。中台曳履,尝冠从班;外屏分符,久宽忧顾。乃念践扬之旧,岂忘简记之勤。爰锡赞书,聿颁召节。虚常伯之席,式伫遄归;促舍人之装,应宜夙驾。

出处:《沈忠敏公龟溪集》卷四。

撰者:沈与求

考校说明:编年据《建炎以来系年要录》卷五八补。

四川编配羁管等命官依条移放叙复诏
（绍兴二年九月四日）

　　四川见编配、羁管及因事停降命官，有已遇恩或期限已满合该移放及叙复者，令宣抚处置使司依便宜指挥一面依条施行讫，类聚具奏。

出处：《宋会要辑稿》刑法四之四三。
考校说明：此诏疑为同日《彗星出大赦天下制》赦文内容之一部分。

彗星出大赦天下制
（绍兴二年九月四日）

　　访闻诸路官司拘收人户逃田，殊非还定安集之意。应逃移人户仰所在招谕，各令归业；其弃下田产虽无契照，而官司并邻主可以照据，委非伪冒者，日下给还；若已归业，其旧欠税役并行除放。如敢因缘作弊，但为文具，惠不及民者，并按劾闻奏。
出处：《宋会要辑稿》食货六九之五〇。

　　应经断人，依限三年外不许诉雪。如元因有司勘断委有不当，致久负冤抑，在五年限内者，并仰经所属投状以闻，刑部审实改正。
出处：《宋会要辑稿》刑法三之二五。

　　五家结为一保，邻保知而不纠，及主兵官失觉，与同罪。
出处：《宋会要辑稿》刑法二之一〇五。

　　民间遭罹兵火，耕牛宰杀殆尽，应州县人户典买耕牛，特与免纳税钱一年。其客旅兴贩去处准此。
出处：《宋会要辑稿》食货一七之三五。

　　应官员、诸色人因奉使金国未回之人，其家属寄居州县，已降指挥令所在官司多方存恤。窃虑州县遵奉不虔，仰监司按察，无致失所。
出处：《宋会要辑稿》职官五一之一〇。

　　勘会河北、河东、陕西、京东、西等路人民尽吾赤子，昨缘金人胁虏，随逐南来，号为"金军"。近来往往后归本朝，并已存恤养济；至于军兵，亦已优支请给。仰所属常加检察，无令失所。日后更有似此之人，亦仰依此施行。仍下沿江诸路宣抚、安抚司及诸镇抚使，多出文榜晓示。

出处：《宋会要辑稿》兵一五之二。

　　应盗官物入己罪抵死者不赦。内外臣庶许直言时政阙失；行在和籴军粮，自今并用一色见钱银绢充籴本，免民间牛税一年；应盗贼啸聚去处，限十日出首，免罪补官；川陕豪户辇运军储数多者，与补承信郎至进义副尉；陕西诸叛将，许令自新，前罪一切不问。

出处：《建炎以来系年要录》卷五八。

王伦特转朝奉大夫除右文殿修撰主管万寿观诰
（绍兴二年九月四日）

　　敕具官某：朕惟古者交战之国，虽兵刃相接，而摄饮献禽之使，往来其间，故得以分曲直，定强弱，宣导怒气，化为和平。此古人所以贵于使者也。尔昔以气节自信，将命出疆，去国五年，斯亦勤矣。今其来归，不失使指，庶几平国，以靖吾民。官爵利禄，非所爱者。昔西汉之世，赏功太轻，故苏武还朝，位止属国，后世议者，固多惜之。朕今待汝有加于前，则汝之思报，尚其勉之。可。

出处：《东牟集》卷七。
撰者：王洋
考校说明：编年据《建炎以来系年要录》卷五八补。

赐新除吏部侍郎席益辞免恩命不允诏
（绍兴二年九月五日后）

　　敕席益：省所奏辞免恩命，事具悉。自南渡以来，典籍散亡，而铨选之法敝。有司随事建明，以补苴罅漏，而条目亦已粗举。任职者不知省，无所操执，以杜吏奸；乃徒沽誉一时，务先人情，而忽防检。故法益玩，奸益生，士皆趋利目前，有苟得之风，而将来者殆不可继，其敝为甚。维卿学知大体，智周小物，见于已试旧矣。肆命卿典兹左选,庶几惩乎前而善其后,使吏无容奸,而士不失职。所优为耳,夫尚何辞?所请宜不允。故兹诏示,想宜知悉。

出处:《北海集》卷一一。
撰者:綦崇礼
考校说明:编年据《建炎以来系年要录》卷五八补。

赐资政殿大学士左中大夫提举临安府洞霄宫王绚辞绍兴府恩命乞依旧宫祠终满此任不允诏
(绍兴二年九月六日后)

敕王绚:省所札子奏辞免恩命,事具悉。朕慎图旧弼,分殿大邦。资雅望之折冲,庶增隆于国势。即便安而为政,用优宠于耆英。纶命既孚,师言惟穆。遽披需奏,备控忱辞。顾政府周旋,尝处具瞻之地;则帅庭静治,可收坐镇之功。谅不至于勤劳,亦何烦于逊避?亟祗乃事,庸副朕怀。所请宜不允。故兹诏示,想宜知悉。秋冷,卿比安好?遣书,指不多及。

出处:《北海集》卷一〇。
撰者:綦崇礼
考校说明:编年据《建炎以来系年要录》卷五八补。

赐帛令户部折支钱三千诏
(绍兴二年九月七日)

自今应赐帛者,自禁中及二府、中丞、北使并军功、捕盗、收茶盐钱及数外,每匹令户部折支钱三千。

出处:《建炎以来系年要录》卷五八。

在外积并请给不得积留行在并请诏
(绍兴二年九月七日)

今后在外积并请给,不得积留于行在并请。虽有专降指挥,亦令户部执奏。

出处:《宋会要辑稿》职官二七之五八。

抚谕川陕诸路官吏军民敕书
(绍兴二年九月七日)

敕成都府、利州、夔州、潼川府、鄜延、环庆、秦凤、泾原、熙河路官吏军民等:秦据成皋,蜀称沃野。百年无事,但知耕耨之及时;万里如家,谁识战争之为苦。岂谓中原之衅,来从东海之滨。越关塞以虔刘,并秦雍而毒螫。近者身罹于锋镝,远者力困于征徭。或生生荡析而无余,或蠢蠢惊忧而莫保。祸流尔众,痛切朕心。属此治戎于南邦,未遑展义而西狩。兴言榛梗,莫救伤残。维天地之涵群生,虽幽而覆育亦至;维父母之爱其子,在远而思念愈深。向遣辅臣,往将使指。毕协迩遐之助,共图修捍之功。然而外侮内陵,岁起仍兴之役;行赍居送,民逾再藉之劳。虽兵家有利钝之常,人心无思致之改。将帅用命,官师即工。编氓竭力以应军须,徒旅奋身而效死节。永怀慨叹,姑示拊存。载念事烦虑易者人之常情,兵胜福生者国之大计。尚毋难于督责,庶速底于丕平。奠乐土之居,伫复如于前日;行息民之政,当益豫于他时。播告有邦,咸知至意。

出处:《三朝北盟会编》卷二五一。

除朱胜非特授依前左宣奉大夫守尚书右仆射同
中书门下平章事兼知枢密院事加食邑食实封制
(绍兴二年九月八日)

门下:朕戒惧多虞,畴咨良辅。维持左右,繄吾二相之协心;推挽后先,岂予一人之独济。念得贤则国之福,而知人者帝所难。惩亟易之徒烦,盖尝轻用于新进;怀老成之往效,曷若登庸于旧劳。爰即治朝,诞扬明命。观文殿学士、左宣奉大夫、提举万寿观、兼侍读、义阳郡开国公、食邑二千五百户、食实封七百户朱胜非,闳深而端亮,敦大而疏通。陈平之智有余,如晦之才能断。从予初载,蚤宣力于要津;嘉乃一心,遂奋庸于宰路。骇巨奸之窃发,睨神器而莫摇。独倚精忠,阴摧元恶。驯豺狼之暴而事无遗策,卒销沮于凶谋;翊帘帷之政而人靡间言,旋复还于明辟。成功不处,巧语俄兴。嗟去位之累年,殆谤书之盈箧。朕追原曩事,弥想谠言。惟当轴者三旬,岂远猷之能究;爰赐环而屡命,趣旧德以来归。再觌仪形,益新启沃。虽从容经幄,期入奉于谘询;而密勿岩廊,盍同寅于康济。乃还升于右揆,仍兼秉于中枢。增衍封租,并隆宠渥。以慰具瞻之素,以彰注意之诚。於戏! 谢安未起而心已系于苍生,盖大臣之重轻在望;裴度既还而威复行于河朔,则朝廷之得失以人。顾予共政之贤,时乃同功之旧。庶几兹美,无愧前闻。其戮力于我家,俾有辞于永世。可特授依前宣奉大夫、守尚书右仆射、同中书门下平章事、兼知枢密院事,加食邑一千户、食实封四百户,封如故。主者施行。

出处:《北海集》卷七。又见《宋宰辅编年录》卷一五。

撰者:綦崇礼

考校说明:编年据《建炎以来系年要录》卷五八、《宋宰辅编年录》卷一五补。

赐新除尚书右仆射同中书门下平章事朱胜非生日诏
(绍兴二年九月八日后)

萧昂储精,申嵩禀粹。巨川待济,再膺舟楫之求;吉梦献占,犹记熊罴之兆。维忠与孝,宜寿而臧。爰分生饩之仪,用助家庭之庆。今赐卿生日羊酒米面等,具如别录,至可领也。故兹诏示,想宜知悉。

出处:《北海集》卷八。

撰者:綦崇礼

考校说明:编年据綦崇礼任两制时间、朱胜非官历补,见《建炎以来系年要录》卷五八。

赐新尚书右仆射同中书门下平章事朱胜非
辞免恩命不允诏
(绍兴二年九月八日后)

敕胜非:省所札子奏辞免恩命,事具悉。朕惟自昔之君考慎其相,求之梦卜,盖难约于常规;拔自疏微,或未明于大体。能副忧勤之托,要先劳旧之图。卿尝秉国钧,适遭时变。笼吠主之群而无所肆暴,延勤王之旅而终以成功。明辟既还,左符径去。谪官四载,许国一心。是用悉辨谗诬,申加收召。俾复归于大任,庶终济于多虞。君臣之间,情好弥笃。胡为未体,尚或有云? 往懋乃庸,无留朕命。所请宜不允。故兹诏示,想宜知悉。

出处:《北海集》卷九。

撰者:綦崇礼

考校说明:编年据《建炎以来系年要录》卷五八补。"新"字后疑脱"除"字。

赐新除翰林学士知制诰綦崇礼辞免恩命不允诏
(绍兴二年九月八日后)

朕纂承丕图,戡定多难。将欲德意志虑凰达乎斯民,盖在号令文章鼓动乎当世。翰墨之选,兹惟艰哉。卿学穷本原,文备体要,代予述作,亦既有年。再隶职于卿曹,复兼官于辞禁。演纶滋久,摛藻益工。报淮南之书,卿其视草而遣矣;下山东之诏,民将扶杖而听之。肆加即拜之恩,示予亲擢之意。奚为逊避,犹徇故常。宜副金谐之言,往就久虚之次。

出处:《沈忠敏公龟溪集》卷四。

撰者:沈与求

考校说明:编年据《建炎以来系年要录》卷五八补。

赐新除尚书右仆射同中书门下平章事朱胜非
辞免恩命不允断来章批答
(绍兴二年九月八日后)

省表具知。朕闵国多艰,需人共济。金谷甲兵之问,每至于庙堂;盐梅舟楫之求,实劳于岩野。适吾旧德,归造行朝。顾雅望之素高,惜前功之未究,俾还分于台揆,以对秉于机衡。方今狄患犹滋,政多外惧,邦基未定,孰与中兴?惟夙怀许国之诚,宜大展匡时之略。庶其戮力,用克解忧。朕既急于得贤,卿盍思于爱日?雍容辞逊,岂所望哉!所请宜不允,仍断来章。有敕:卿道可致君,忠宜谋国。用再图于旧德,以协济于多虞。成命既行,谦辞何有?今差。

出处:《北海集》卷一七。

撰者:綦崇礼

考校说明:编年据《建炎以来系年要录》卷五八补。

赐朱胜非辞免新除右仆射不允批答
（绍兴二年九月八日后）

朕缵奕世之丕基，属四郊之多垒。眷求辅佐，期共济于艰虞；涉历岁时，久未闻于绩效。既虚厥位，益难其人。允惟旧德之良，宜膺大政之托。授之国柄，蔽自予衷。再从廊庙之游，大慰寰区之望。而乃露章荐至，避宠牢辞。弥徇谦挹，殊咈延伫。矧卿元功在国，隐德及民。雅量足以凝远图，沈机足以断大事。万方引领，冀臻休息之期；二相同心，克副焦劳之志。毋留邦涣，用穆师瞻。

出处：《沈忠敏公龟溪集》卷四。
撰者：沈与求
考校说明：编年据《建炎以来系年要录》卷五八补。

赐朱胜非辞免右仆射恩命不允口宣
（绍兴二年九月八日后）

卿功存应变，德协镇浮。廷号肆颁，朝佥允穆。宜膺眷意，往柄宰司。

出处：《沈忠敏公龟溪集》卷五。
撰者：沈与求
考校说明：编年据《建炎以来系年要录》卷五八补。

赐吏部尚书兼权翰林学士沈与求辞免
兼侍读恩命不允诏
（绍兴二年九月九日后）

敕与求：省所奏，辞免兼侍读恩命，事具悉。朕思乂时艰，若稽古典。维始终念学，舍斯道则安从；顾直谅多闻，需其人而自近。卿顷司风宪，有髃谔之言；今执铨衡，得公方之誉。代予述作，溢于文辞。盖学贯穿而不穷，故才纵横而皆可。进兼劝读，亦便咨询。勉迪我于大猷，姑略卿之小节。亟祗成命，毋事谦辞。所请宜不允。故兹诏示，想宜知悉。

出处：《北海集》卷一一。

撰者：綦崇礼

考校说明：编年据《建炎以来系年要录》卷五八补。

赐席益辞免侍讲不允批答
（绍兴二年九月九日后）

朕惟商之高宗师古建事，克致中兴。逮及光武，干戈鞍马之间，亦惟道艺，不废讲论，复汉中天之统。朕心慕焉。肆于万几之暇，他好弗亲，惟学是向。躬御经幄，延访儒臣，庶求多闻，宏益治道。以卿学问之富，师友渊源。擢居劝讲之联，俾卒金华之业。稽于金论，孰不谓宜？奚事谦挚，过形控避。往推所学，绅绎而茂明之。副朕虚伫，卿亦与有荣焉。

出处：《沈忠敏公龟溪集》卷四。

撰者：沈与求

考校说明：编年据《建炎以来系年要录》卷五八补。

定诸军诸司粮料院吏额诏
（绍兴二年九月十日）

诸司粮料院主押官一名、前行四人、后行一人十、贴司四人，诸军粮料院都主押官一名、前行四人、后行十人、贴司三人为额。今来减罢及已后罢役之人，仍不得在外点缝写历，充诸处抱历过勘。如违，从徒一年科罪；每名赏钱一百贯，以犯人家财充。

出处：《宋会要辑稿》职官二七之五八。

令翰林天文局祗应学生习学比试诏
（绍兴二年九月十日）

翰林天文局见祗应学生不曾经试之人，并限半年习学，依法比试。不合格人发遣归元来去处，其阙于诸局试选充填。其先降免试差取指挥更不施行。

出处:《宋会要辑稿》职官三六之一〇八。

令张杓韩应胄监督依时检举合检举人诏
（绍兴二年九月十三日）

委刑部郎官张杓、韩应胄专一监督检举,须管依限尽绝。如出违日限,仰御史台依降敕文觉察弹劾,当重行典宪。

出处:《宋会要辑稿》职官七六之四五。

批降处分作御笔行下诏
（绍兴二年九月十四日）

自今应批降处分系亲笔付出身者,并依旧作御笔行下。

出处:《建炎以来系年要录》卷五八。

樊端彦特除遥郡刺史御笔
（绍兴二年九月十四日）

医官樊端彦汤药有劳,特除遥郡刺史,免执奏。

出处:《建炎以来系年要录》卷五八。

诸州武臣见长吏仪诏
（绍兴二年九月十五日）

诸州武臣非教阅军阵、出师讨贼者,见长吏如文臣礼。

出处:《建炎以来系年要录》卷五八。

中亮大夫乔仲福阶官上转一官制
(绍兴二年九月十六日)

敕:国家有疆场之忧,未能外御;而郡县有蟊贼之患,复肆内陵。念非义勇之臣,曷胜披狙之势。宜申优赏,以劝异能。具官某沈鸷以有谋,恭和而善断。前者敌人之计,欲破江阴,汝与将士共遏其势,彼乃败散,一方保全。同时立功,皆已论赏,汝之劳效,不减众人,独拘常法,曾未迁改,岂信赏之道哉?加进一官,是为异数,往服恩命,益图后功。可。

出处:《东牟集》卷八。

撰者:王洋

考校说明:编年据《建炎以来系年要录》卷五六补。

端明殿学士左中大夫提举亳州明道
宫颜岐复资政殿学士诰
(绍兴二年九月十七日)

敕:具官某才华夙著,德厚有闻,清以善容,刚而不犯,誉既高于奕世,学自名于一家。昨从艰难,累更事任。总北州之师律,士听无哗;从南国之征行,人心胥悦。会敌师之侵扰,致淮土之绎骚。先事而图,曾靡闻于奠国;见几而作,何独善于谋身?俾辞机政之劳,姑就祠宫之佚。念已更于积岁,盍稍正于崇阶。一沐新恩,遂还旧物。惟始终之厚遇,岂替朕怀;若左右之具宜,其享汝德。可。

出处:《东牟集》卷八。

撰者:王洋

考校说明:编年据《建炎以来系年要录》卷五八补。

端明殿学士左中大夫提举临安府洞霄宫
李邴复资政殿学士诰
(绍兴二年九月十七日)

敕:具官某从容而能断,刚毅而用和,自奋材名,屡更华贯。旋司政柄,备罄忠勤。惜未济于艰难,遽请从于优佚。尝因旁累,遂坐镌除。念君臣通宥过之仁,而兄弟无相及之义。固知王导初不与大将军之谋,何待祁奚乃能免羊舌氏之难。已升华于秘殿,复进叙于崇阶。盖朕之待臣,初匪有疑,则臣之报君,亦宜自尽。往肃祈于明命,其益励于嘉猷。惟予荩臣,勿烦多训。可。

出处:《东牟集》卷八。

撰者:王洋

考校说明:编年据《建炎以来系年要录》卷五八补。

御笔处分仍许缴驳诏
(绍兴二年九月十九日)

近降御笔处分事多系宽恤及军期等事,与前此指挥事体不同,并经三省、枢密院。如或不当,自合奏禀,仍许给舍缴驳,台谏论列,有司申审,若奉行违慢,止依违圣旨科罪。

出处:《建炎以来系年要录》卷五八。

应副奉使之家请给诏
(绍兴二年九月十九日)

应奉使金国未还之人并随逐官员使臣等,其家属散在诸路州军居住,访闻所在并不应副请给。自今后专责守臣,须管排月支给。如违,从徒三年科罪;仍许奉使之家越诉,及出榜晓谕。

出处:《宋会要辑稿》职官五一之一○。

令张致远督察浙西出卖官田事诏
(绍兴二年九月十九日)

两江转运判官张致远躬亲前去取索浙西提刑司行遣出卖官田案检,具违慢官吏姓名申,仍行催督本司官将未卖田产遵依已降指挥催所管州县多出文榜,疾速召人依条实封投状承买。除本州县官吏、公人外,应官户、诸色人并听承买。

其未起卖田钱并租课应钱米等,仰子细检勘。拖欠去处,疾速催促送纳,逐旋附纲起发。其官司擅支过钱米,仰严紧催促当职官吏火急依数拨还,令提刑自责近限,须管数足。如敢出违今来再责日限,当职取旨重行窜责。

出处:《宋会要辑稿》食货六一之五。

綦崇礼除翰林学士制
(绍兴二年九月十九日)

敕:朕惟虞、夏、商、周之隆,邈乎尚矣;典、谟、训、诰之盛,赖以见之。遭时多虞,思古成烈,必得鸿博之士,其代予言;庶几号令之行,不匮厥指。自非已试,岂协朕心?左奉议郎、试尚书兵部侍郎、兼直学士院、北海县开国男、食邑三百户、赐紫金鱼袋綦某奥学足以贯前闻,敏识足以周庶务。其在外服,阀阅著于功劳;逮还中朝,文章擅于宿老。再任典选,一为司戎。皆以游刃之余,而兼禁林之直。艰难之际,典册有光。逮意之文,盖封敖其比;戡难有助,则陆贽之流。繄我腹心之良,孚于搢绅之望。宜锡申命,俾拜为真。无愧前代用人之心,极于一时崇儒之意。其往祗训,用永有辞。可特授依前左奉议郎、充翰林学士知制诰,封、赐如故。

出处:《北海集》附录上。

赐武泰军官吏僧道耆寿等示谕敕书
(绍兴二年九月十九日)

朕以郭仲荀将门华胄,帅阃劲臣。出则总护于戎行,屡任爪牙之重;入则典司于禁卫,见谓腹心之良。再扈岩廊之居,弥肃缀衣之列。嘉乃忠节,推其勇功,肆开屏翰之雄,尽复节旄之旧。逖惟雅俗,素服能名,及闻廷号之颁,必尽舆情之望。今特授郭仲荀武泰军节度使,依前云云。

出处:《沈忠敏公龟溪集》卷五。
撰者:沈与求
考校说明:编年据《建炎以来系年要录》卷五八补。

赐新除武泰军节度使依前侍卫亲军步军都总指挥使权主管殿前司公事郭仲荀辞免恩命不允诏
（绍兴二年九月十九日后）

敕仲荀：省所札子奏，辞免恩命，事具悉。朕祗畏天戒，肆有多方。宿负往愆，咸与更始。矧卿顷尝远谪，亦既召还，扈卫勤劳，弥见忠谨。而旌钺未复，有歉朕心。属更霈恩，在法当叙。所请宜不允。故兹诏示，想宜知悉。

出处：《北海集》卷一三。
撰者：綦崇礼
考校说明：编年据《建炎以来系年要录》卷五八补。

除郭仲荀武泰军节度使依前侍卫亲军步军都指挥使权主管殿前司公事制
（绍兴二年九月十九日后）

门下：胜负者兵家之常，将帅莫先于贾勇；予夺者国柄之大，帝王尤厚于植恩。眷我阃臣，丽于邦典。解斋旌而兹久，扈岩陛以弥勤。爰因霈音，式颁涣号。具官郭仲荀资禀沈毅，节概轩昂。风流绍于故家，气略闻于殊域。训齐士卒，适程李宽猛之宜；保障疆陲，合孙吴擒纵之要。战阀屡上，勋盟孔昭。自从朕于艰虞，更饬身于忠谨。属虏骑饮江而南下，虑敌人并海而东侵。授以偏师，扼其要路。兵势弗竞，避地逾一舍之遥；物论既腾，启途收六蠥之峻。顷召还于裔土，旋典司于禁兵。谋谟慨然，仪观伟甚。念世类之祥未艾，知功名之志不衰。将励山西之劲臣，遂付黔南之巨镇。周庐徼道，总中尉之八屯；锡盾雕戈，复元戎之十乘。兹为宠渥，庸示眷私。于乎！伏波迟留，克成铜柱之略；营平慎重，愿上金城之图。傥无愧于古人，盍有为于当世。往复休命，益励壮猷。可。

出处：《沈忠敏公龟溪集》卷四。
撰者：沈与求
考校说明：编年据《建炎以来系年要录》卷五八补。

赐新除武泰军节度使郭仲荀上奏辞免恩命不允批答
(绍兴二年九月十九日后)

省表具知。卿承家无忝,在事有劳。坐累谪官,既归宿卫,逢恩涤衅,当复班联。专节制于元戎,寄曲司于环尹。时卿之旧,匪朕其私。涣号已孚,谦辞毋固。所请宜不允。有敕:卿霈泽载更,官仪当复。爰畀将旄之旧,用昭邦典之常。宜即祇承,勿勤逊避。今差。

出处:《北海集》卷一七。
撰者:慕崇礼
考校说明:编年据《建炎以来系年要录》卷五八补。

赐郭仲荀再上表辞免恩命不允仍断来章批答
(绍兴二年九月十九日后)

省表具知。朕体覆载之无私,举恩威而迭用。顾弭灾肆宥,泽已逮于幽遐;忘过念劳,宠可稽于贵近?欲壮殿岩之势,俾还将钺之荣。邦典有常,师言惟穆。亟祇休命,毋事饰辞。所请宜不允,仍断来章。有敕:卿服勤岩陛,加宠藩旄。唯予命渥之新,时乃官仪之旧。奚为固避,勿复重陈。今差。

出处:《北海集》卷一七。
撰者:慕崇礼
考校说明:编年据《建炎以来系年要录》卷五八补。

赐郭仲荀辞免特授武泰军节度使恩命不允口宣
(绍兴二年九月十九日后)

卿家传韬略,世载勋庸。忠谨自将,简注惟旧。复颁节钺,仍侍殿岩。往服异恩,益图休烈。今赐卿告,想宜知悉。

出处:《沈忠敏公龟溪集》卷五。又见《永乐大典》卷五四一。
撰者:沈与求

考校说明:编年据《建炎以来系年要录》卷五八补。

上书人推恩免吏部审量御笔
(绍兴二年九月二十一日)

应建炎以来臣庶上书,有一言条陈利害,皆朕亲览,而又付之朝廷审定,然后推恩,岂可复与前日交结权幸之人为一律邪? 其靖康上书人依此施行,吏部照会。

出处:《宋会要辑稿》职官八之一四。又见《宋会要辑稿补编》第五二四页。

赐叙复平海军承宣使兰整辞免恩命不允诏
(绍兴二年九月二十二日后)

朕比以乾象示变,震惕于怀。乃骏发于需音,用导迎于善气。肆加群辟,一洗庶幸。卿饬身忠勤,致位休显。顷从羁旅之役,还典禁屯之兵。宿卫惟恭,训齐甚力。偶挂吏议,颇镌使名。属号令之布新,宜班联之复旧。奚为谦挹,犹事逊辞。往膺涊拭之恩,勿忘奋励之勇。

出处:《沈忠敏公龟溪集》卷四。
撰者:沈与求
考校说明:编年据《建炎以来系年要录》卷五八补。

端明殿学士左通议大夫提举万寿观许翰复资政殿学士制
(绍兴二年九月二十三日)

敕:朕遇灾而惧,未明求衣,推原其端,罔烛厥理,肆加需泽,大赉多方,虽极幽微,靡有遐弃。而况二三大臣,散在外服,盖朕所恃以为时望者也。使或失职,斯民何观? 宜锡恩章,悉加命数。具官某识高而器远,学博而闻多,清以有容,澹乎自守。刚而不犯,意在爱君。誉已高于一时,志独追于千古。昔靖康之初政,起宣和之旧臣,首预优除,旋登要路,遂从宪府,进陟枢庭。士心徯望其谋猷,天下想闻其风采,宜重持以自爱,何轻誉以假人? 功虽勒于燕然,岂无惭德;人既殊有道,宁免愧辞。荣名因褫于殿庐,赋禄乃从于祠宇,屡更岁月,亦既甄收。顾惟求旧之思,可缓再新之泽?殆将应于同德,宜先正其崇阶,不替前恩,用旌宿望。其勿忘于奋用,尚共济于艰难。可。

出处:《东牟集》卷七。

撰者:王洋

考校说明:编年据《建炎以来系年要录》卷五八补。

端明殿学士左大中大夫提举成都府玉局观
冯澥复资政殿学士制
(绍兴二年九月二十三日)

敕:同上。具官某智穷阃域,识造渊微,凛然君子之容,富有昔人之学。方议臣之进说,挟边将以开功,万口一辞,不期而合。独抗在庭之论,允惟特立之贤,衅迹既彰,名言具著。知夙沙之塞隧,盖辱国师;谓承璀之抚军,徒张贼势。凶德既从于显戮,吉人宜得以汇征,遂冠枢庭,实参政柄。迨国家仓卒之际,乃志士有为之时,岂前智而后愚,何始勤而终怠?无惑乎人言之屡至,当念乎己力之弗支。念祖宗崇宥过之仁,而宪典开自新之路,岂于旧弼,反缓疏恩?位已叙于故联,名复升于秘殿。乡居既佚,仍从玉局之游;国步方艰,应有日边之梦。尚惟耆德,勿替成言。可。

出处:《东牟集》卷七。

撰者:王洋

考校说明:编年据《建炎以来系年要录》卷五八补。

端明殿学士左光禄大夫提举凤翔府上清太平宫
宇文粹中复资政殿学士制
(绍兴二年九月二十三日)

敕:同上。具官某智穷奥域,识造渊微,温然君子之容,自得先王之学。刚而不犯,纵横皆本于爱君;清以有容,造次不忘乎自守。初从蜀土,来至上都。声誉蔼如,固已先于多士;文章卓尔,宁复慕于古人。旋赐对于大庭,果升华于前列。兰台词披,历践要途;画省蓥坡,几更岁籥。比参机务之际,适丁多故之时,艰难可见于同心,夷险不闻于异论。嗟国忠怀自谋之计,卒蹈危机;惟见素存忧国之心,终逃众祸。及出分于阃服,恃作屏于要藩,谅方忧于虎狼,固不虞于蜂虿。再剖符而均逸,屡膺需以图新,稍易崇名,初仍旧贯。念四郊多垒之难,莫若今朝;成群材并进之功,岂无异日! 尚益坚于汝志,用勿替于我家。可。

出处:《东牟集》卷七。

撰者:王洋

考校说明:编年据《建炎以来系年要录》卷五八补。

禁将兵拖拽舟船攘夺物色诏
(绍兴二年九月二十五日)

令三省、枢密院常切戒饬检察将兵,不得妄有拖拽舟船,开发篋笥,及因而攘夺物色。如违,军兵重行断配,将官取旨施行。

出处:《宋会要辑稿》刑法二之一一一。

旧市舶司职事令福建提举茶事兼领诏
(绍兴二年九月二十五日)

旧市舶司职事令福建提举茶事兼领,前降令提刑司兼领指挥更不施行。

出处:《宋会要辑稿》职官四四。又见《宋会要辑稿补编》第六四五页。

考校说明:《建炎以来系年要录》卷五八系于绍兴二年九月二十三日,又曰“务要招徕蕃商,课额增羡”。《全宋文》据《建炎以来系年要录》卷五八收入《福建市舶司移司泉州诏》,正文如下:“福建市舶司职事令提举茶盐官兼领,仍移司泉州,务要招徕蕃商,课额增羡。”(第二〇二册,第一六五至一六六页)《建炎以来系年要录》的这段记载似由本诏与绍兴二年十月四日《福建提举茶事司权移往泉州诏》(《宋会要辑稿》职官四四)组合而成,“仍移司泉州”后有注文曰:“移司在十月辛卯。”

大理寺选差使臣一员充监门官诏
（绍兴二年九月二十六日）

令大理寺选差使臣一员充监门官,具姓名申尚书省。仍令内侍省专差内侍官一员常切在门检察。

出处:《宋会要辑稿》职官二四之一五。

淮浙盐贴纳通货钱诏
（绍兴二年九月二十七日）

淮、浙盐每袋令商人贴纳通货钱三千,已算请而未售者亦如之。十日不自陈,论如私盐律。应贩私茶盐,虽遇非次赦恩,特不原免。

出处:《建炎以来系年要录》卷五八。

禁诸路监司等属官元额之外辄行奏辟诏
（绍兴二年九月二十八日）

今后诸路监司及安抚等司属官元额之外,不得以军期为名辄行奏辟,及见任、罢任、待阙、未出官人并不许暂时虚作名目差委出入。被差之人计俸坐赃,帅司、监司别行黜责。

出处:《宋会要辑稿》职官四五之一七。

吕源复直龙图阁制
（绍兴二年九月二十九日）

敕具官某:尔济世之美,为时名家,临政之优,所至称治。殆淬更于烦使,何屡致于谤书? 盖尝统三千之师,曾无发一矢之用。稍从贬黜,既易岁时,念将迈于远猷,盍稍还于旧物。升华奎阁,增贲星轺,其上体于眷求,益自期于报称。可。

出处：《东牟集》卷七。

撰者：王洋

考校说明：编年据《建炎以来系年要录》卷五八补。

季陵复徽猷阁待制制
（绍兴二年九月二十九日）

敕：大君之度，贵在匿瑕；有国之恩，莫如宥过。思仰符于骏命，肆大赉于多方。眷兹近臣，可忘申叙！具官某恭和而能断，质厚而有文，列服儒官，见推多士，致身法从，名重本朝。前膺旧德之求，实谨佐时之选，宜敷诚意，用副虚怀。乃遽致于烦言，谓有同于误国，一从贬削，屡易岁时。既均被于洪休，盍稍还于旧物，姑即祠庭之奉，言归次对之班。益自奋于忠嘉，其勿忘于协济。可。

出处：《东牟集》卷七。

撰者：王洋

考校说明：编年据《建炎以来系年要录》卷五八补。

郑望之复徽猷阁待制制
（绍兴二年九月二十九日）

敕：同上。具官某柔以有力，直而好谋，临难不回，惟祗厥事。所居见纪，克世其家。曩从散秩之卑，进贰铨曹之贵，殆有同于特起，盖以表其异材。觊竭嘉谋，共康庶务。及睹夫艰难而避事，乌在乎颠沛以爱君？俾即真祠，仍镌要职。念屡更于岁篇，宜稍叙于官联，言升延阁之华，益对茂时之宠。其思论报，勿替疏恩。可。

出处：《东牟集》卷七。

撰者：王洋

考校说明：编年据《建炎以来系年要录》卷五八补。"同上"指《东牟集》卷七《季陵复徽猷阁待制制》。

赵子淔复徽猷阁待制制
(绍兴二年九月二十九日)

敕:同上。具官某诗传古锦,学富巾箱,不群之材出乎天性,为善之乐见乎安行。昔汉家规磐石之安,大封同姓;若周室重维城之寄,亦以宗强。岂曰异时,弗图前烈。矧治功存乎已试,而誉望得于旧闻。虽尚寄于真祠,宜遂跻于华贯。益思奋励,嗣有宠光。可。

出处:《东牟集》卷七。

撰者:王洋

考校说明:编年据《建炎以来系年要录》卷五八补。"同上"指《东牟集》卷七《季陵复徽猷阁待制制》。

李光落职提举台州崇道观诰
(绍兴二年九月二十九日)

敕:王道不明,士以私义自高,其于君臣、师友之分,不知权轻重而行之,用失其叙者多矣。夫吕禄之死,刘氏之所以安也,而郦寄负卖友之谤。使寄纳忠于禄,则吕氏之祸岂易去邪?朕方欲息邪说、诋诐行、放淫辞,以正人心,有失厥叙,可不援而正诸?具官某,顷者大奸在位,持权日久,学士大夫始皆恶而逃之;及其中也,不能无疑;又其终也,乃反变而从焉。此由道术不明,而私义得以胜也。尔自服官箴,即思自奋,其视州县,力抗回邪,可谓义形于色矣。至大奸久而弗去,亦复变而从之,何也?靖康之初,条具宿恶,明示天下,汝当言路,自同寒蝉,岂亦君臣、师友之分,不知权轻重而行之者欤?嗟乎!范氏势盛,商丘听移,董卓云亡,伯喈兴叹,此学者之大戒也。其镌要职,往食真祠,求汝宅心,服我明训。可。

出处:《东牟集》卷八。

撰者:王洋

考校说明:编年据《建炎以来系年要录》卷五八补。

赐新除端明殿学士川陕等路宣抚处置等副使王似辞免恩命不允诏
（绍兴二年九月二十九日后）

敕王似：省所奏辞免恩命，事具悉。朕濡滞东巡，尚留警跸，勤劳西顾，孰共忧虞？肆求任重之才，就副抚戎之寄。惟卿数更边阃，士安宽猛之宜；久治蜀都，人咏中和之政。迨兹已试，用以不疑。朕命甫通，群情应悦；忽披忧奏，犹执谦辞。盖优宠儒臣，进班联于秘殿；而尽护诸将，俾节制于全师。非以私卿，庶其却敌。往殚乃力，庸副朕怀。所请宜不允。故兹诏示，想宜知悉。夏热，卿比平安好？遣书，指不多及。

出处：《北海集》卷一〇。

撰者：綦崇礼

考校说明：编年据《建炎以来系年要录》卷五八补。

赐检校少保定国军节度使知枢密院事宣抚处置使张浚乞检累奏赐黜责别选大臣经营关陕不允诏
（绍兴二年秋）

敕张浚：省所奏，乞检累奏赐黜责，别选大臣经营关陕，事具悉。胜负兵家之常，要以成功而为主；安危大臣所寄，岂其微眚之是尤？卿威望在人，诚心许国。自分忧于一面，盖御敌者三年。壮志弗渝，远图可必。彼将帅之不竞，非方略之实然。矧后效之已彰，顾前奔之执议？载披来请，殊拂朕怀。昔楚不赦得臣，徒益文公之喜；而晋复用林父，卒成赤狄之诛。得失之间，远近如此。尚其毕力，毋复多云。所请宜不允。故兹诏示，想宜知悉。秋冷，卿比安好？遣书，指不多及。

出处：《北海集》卷一五。

撰者：綦崇礼

考校说明：编年据张浚宦历及文中所述"秋冷"补，见《建炎以来系年要录》卷五一、卷六一。

除邢焕特授庆远军节度使充醴泉观使特封
德清县开国子食邑五百户食实封二百户制
（绍兴二年九月三十日）

门下：亲帝祠而行庆，本朝存不易之规；以后父而疏封，历世有相承之制。朕礼神而徼福，稽古而广恩。维时戚里之良，来被合宫之泽。肆颁斋钺，式布明纶。保静军承宣使邢焕，禀德纯明，赋资乐易。纳嫔朱邸，蚤联肺腑之亲；正位长秋，遂托椒房之重。方履艰难之际，实宣陪扈之劳。恂恂敦谨厚之风，翼翼执谦恭之节。籣英游于延阁，尝缀从班；承密旨于中枢，旋更使领。求闲甚力，避宠弗居。乃远引于荒遐，殆备尝于险阻。比赐环而锡命，喜乘驿以来归。顾宫掖凄凉，重感播迁之祸；而姻亲零落，孰宽寡恃之忧。留置行朝，复辞要地。念恩均百辟，可独限于后家；矧官滞五期，盍序升于将阃。是用建节旄于南屏，奉祠馆于中都。多食圭腴，肇开封邑。茂举邦朝之典，并为贤戚之荣。於戏！家重身尊，曾靡婴于吏职；仁沾恩洽，兹共享于神休。惟富贵不离其躬，则君臣并受其福。往膺涣渥，益勉令名。特授庆远军节度使、充醴泉观使，特封德清县开国子，食邑五百户，食实封二百户。主者施行。

出处：《北海集》卷六。
撰者：慕崇礼
考校说明：编年据《建炎以来系年要录》卷五八补。

赐交趾郡王李阳焕历日敕书
（绍兴二年秋）

朕正位凝命，纂圣绪于累朝；治历明时，加王正于率土。眷尔藩服，为予世臣，适临改岁之端，宜膺颁朔之庆。占耕期于农扈，克谨民功；奉贡职于象胥，必遵侯度。今赐卿绍兴三年日历一卷，至可领也。故兹示谕，想宜知悉。秋冷，卿比好否？遣书，指不多及。

出处：《沈忠敏公龟溪集》卷五。
撰者：沈与求
考校说明：编年据文中所述史事补。

赐试礼部尚书洪拟辞免转官并减磨勘不允诏
(绍兴二年九月后)

敕洪拟:省所奏辞免恩命,事具悉。日者瓯粤有征,王师大举。海浮陆进,分自永嘉。凡老弱之在行,悉留居以俟给。卿方守是郡,主其资饷。仓卒趣办,不加色辞。使战士无内顾之怀,而齐民免侵渔之扰。凯旋军罢,厥绩茂焉。惟责实在卿,则功将孰赏?毋辞命渥,式劝庶邦。所请宜不允。故兹诏示,想宜知悉。

出处:《北海集》卷一一。

撰者:綦崇礼

考校说明:编年据洪拟官历补,见《建炎以来系年要录》卷五八等。《宋史》卷三八一《洪拟传》:"迁给事中、吏部尚书,言者以拟未尝历州县,以龙图阁待制知温州。宣抚使孟庚总师讨闽寇,过郡,拟趣使赴援。庚怒,命拟犒师。拟借封桩钱用之,已乃自劾。贼平,加秩一等,召为礼部尚书,迁吏部。"《建炎以来系年要录》卷五八:"(绍兴二年九月己未)龙图阁待制、知温州洪拟试吏部尚书。"然《建炎以来系年要录》卷六〇绍兴二年十一月庚午条称洪拟为"礼部尚书",不知《建炎以来系年要录》卷五八"吏部尚书"是否为"礼部尚书"之误。

赐新除礼部尚书洪拟辞免恩命不允诏
(绍兴二年九月后)

敕洪拟:省所奏辞免恩命,事具悉。卿中违省户,出剖郡符。允资共理之良,已报期年之政。顾瞻班列,思见老成。虽殿彼一邦,方安良翰;而典兹三礼,宜属耆儒。趣还常伯之联,俾正秩宗之任。当军旅而陈俎豆之事,固曰未遑;披荆棘而立本朝之仪,乃其所急。勉推旧学,来副详延。成命不移,谦辞奚取?所请宜不允。故兹诏示,想宜知悉。冬寒,卿比安好?遣书,指不多及。

出处:《北海集》卷一一。

撰者:綦崇礼

考校说明:编年据洪拟官历补,见《建炎以来系年要录》卷五八等。《宋史》卷三八一《洪拟传》:"迁给事中、吏部尚书,言者以拟未尝历州县,以龙图阁待制知温州。宣抚使孟庚总师讨闽寇,过郡,拟趣使赴援。庚怒,命拟犒师。拟借封桩钱用之,已乃自劾。贼平,加秩一等,召为礼部尚书,迁吏部。"《建炎以来系年要录》卷五八:"(绍兴二年九月己未)龙图阁待制、知温州洪拟试吏部尚书。"然《建炎以来系年要录》卷六○绍兴二年十一月庚午条称洪拟为"礼部尚书",不知《建炎以来系年要录》卷五八"吏部尚书"是否为"礼部尚书"之误。

赐新除庆远军节度使充醴泉观使特封德清县开国子食邑五百户食实封二百户邢焕辞免恩命不允诏
(绍兴二年九月三十日后)

朕会朝方岳,竣事合宫。告宗祀之备成,遍敷惠泽;念后家之流落,未启戚藩。颇采彝章,诚为阙典。自椒涂正长秋之位,属翟驭从朔方之行。感此伤心,居焉累岁。推朕怀两宫之意,彼岂忘亲;广朕加四海之恩,兹为笃近。爰设将旄之重,肆开帅阃之雄。匪朕所私,繄国之旧。曷形逊牍,犹避宠名。况卿谦厚律身,忠谨事上。万里归于逆旅,谅险阻之备更;五载服于故官,亦靖共之足尚。孚号既发,金言允谐。勿复徇于劳谦,其往承于茂渥。

出处:《沈忠敏公龟溪集》卷四。
撰者:沈与求
考校说明:编年据《建炎以来系年要录》卷五八补。

再赐邢焕辞免不允断来章诏
(绍兴二年九月三十日后)

朕追考祖宗之旧,凡建节旄之雄,自非勋德之优,用为报称,必以宗姻之懿,昭其宠荣。卿世为德门,居有贤誉。以儒臣之英而识通机秘,以后父之贵而志绝豪华。熙事备成,惠术遍举。联长安之戚里,所存几人;开庆远之帅藩,姑循彝制。其往承于异渥,毋曲徇于牢辞。

出处:《沈忠敏公龟溪集》卷四。
撰者:沈与求
考校说明:编年据《建炎以来系年要录》卷五八补。

赐新除庆远军节度使邢焕上表辞免恩命不允批答
（绍兴二年九月三十日后）

省表具知。朕躬祠总章,均庆寰宇。乃眷椒房之泽,应逮其亲;肆崇藩阃之仪,用光厥族。矧卿官班一改,岁律五周。辞要地而弗居,奉殊庭而自抑。于义当得,非亲敢私。往服宠荣,奚烦谦避? 所请宜不允。有敕:比推祭泽,爰举邦彝。特颁将钺之华,用锡戚藩之祉。亟祗茂渥,毋饰谦辞。今差。

出处:《北海集》卷一七。
撰者:綦崇礼
考校说明:编年据《建炎以来系年要录》卷五八补。

赐邢焕除庆远军节度使充醴泉观使辞免恩命不允口宣
（绍兴二年九月三十日后）

卿系出儒家,恩联戚里。谦恭有守,静慎无哗。斋钺既颁,廷绅允穆。往承茂渥,勿复牢辞。

出处:《沈忠敏公龟溪集》卷五。
撰者:沈与求
考校说明:编年据《建炎以来系年要录》卷五八补。

二庙封夫人制
（暂系于绍兴二年八月至十月间）

神有功于民,既受封爵,而俪神作配者,可不锡以美号,共膺庙食乎? 具某神妻,英灵之迹,载于祀典,凡邑祈祷,影响感通。既耦像以享乎一方,宜疏恩以昭其异数。秩以二字,贵之小君。尚期杳冥,歆此嘉宠。

出处:《东牟集》卷七。
考校说明:编年据王洋任两制时间补。《东牟集》误收诏令甚多,其中绍兴十七年前后诏令尤多,集内有部分诏令未必是王洋所作,但由于无从考证时间,姑系于王洋任中书舍人的绍兴二年八月至十月间,以下不再一一说明。

除大理评事制
(暂系于绍兴二年八月至十月间)

大理刑狱之原,卿贰总其纲,丞正听其成,而言议根本,则始于廷评。非通律令、达民情者,莫克在此。尔等明习三尺法,试于有司,咸中科目,肆用推择,往参棘寺之属。务悉厥心,各扬乃职。

出处:《东牟集》卷七。

撰者:王洋

考校说明:编年据王洋任两制时间补。

詹公荐湖北常平茶盐制
(暂系于绍兴二年八月至十月间)

具官某:操煮摘之利,以佐经费;擅敛散之权,以称低昂。合兹二使之华,付以一方之略,委寄至重,推择尤艰。以尔早议礼于奉常,继乘轺于右广,乃眷重湖之壮,总于列郡之饶。财用之余不足得以周知,官吏之贤不肖得以遍察。往任外台之责,勉勤振职之思,祗予训言,用答光宠。

出处:《东牟集》卷七。

撰者:王洋

考校说明:编年据王洋任两制时间补。

裴良琮转秉义郎除閤门祗候制
(暂系于绍兴二年八月至十月间)

具官某:朕以东朝之戚属,缀上阁之班联,庸示眷恩,俾娴仪矩。往当祗肃,思副宠嘉。

出处:《东牟集》卷七。又见《永乐大典》卷一三四七九。

撰者:王洋

考校说明:编年据王洋任两制时间补。

大礼都虞候换给定本制
(暂系于绍兴二年八月至十月间)

具官某:朕以大报礼成,均厘海县,矧尔执戈之士,可无进秩之荣! 其祗宠光,益励忠绩。

出处:《东牟集》卷七。
撰者:王洋
考校说明:编年据王洋任两制时间补。

赵士琯磨勘制
(暂系于绍兴二年八月至十月间)

具官某:朕惇九族以广恩,免从吏责;必十年而进秩,用率国常。尔宗姓之英,材资之美,属司稽籍,岁考应迁。其繇环卫之联,俾进遥团之任,其思谦愻,以副宠光。

出处:《东牟集》卷七。
撰者:王洋
考校说明:编年据王洋任两制时间补。标题"赵"字原无,据文,士琯乃宗室,兹补"赵"字。

郑益换官制
(暂系于绍兴二年八月至十月间)

具官某:朕不吝爵赏,以旌战多,而尔效命行间,列员虞事。稽之彝式,秩以美阶,往祗官荣,益尽忠力。

出处:《东牟集》卷七。
撰者:王洋
考校说明:编年据王洋任两制时间补。

任元等换官制
(暂系于绍兴二年八月至十月间)

具官某:朕赏恐逾时,付便宜于帅阃;功图实效,严考核于吏铨。兹命为真,益思报称。

出处:《东牟集》卷七。

撰者:王洋

考校说明:编年据王洋任两制时间补。

横行换官制
(暂系于绍兴二年八月至十月间)

朕赏恐逾时,付便宜于帅阃;功图实效,严考核于吏铨。事乃率常,爵无滥与。具官某临戎果毅,励志精忠,援枹鼓则忘身,执干戈而卫社,战多累著,命秩从权。兹稽选部之文,用正遥团之秩。往祗渥典,益懋壮猷。

出处:《东牟集》卷七。

撰者:王洋

考校说明:编年据王洋任两制时间补。

姚舜明复一官制
(暂系于绍兴二年八月至十月间)

敕:遇灾而惧,修德所以应天;强恕而行,推恩期乎及物。既下再新之泽,宜原一眚之辜,眷予近臣,可忘褒叙!具官某气专以静,行正而和。蹈履艰难,久著舆人之诵;讲调师旅,居多长者之言。昔大敌之深侵,本婴城而固拒。民知务战,方图魏尚之功;力已不支,难罪常山之守。既升荣于华贯,复牵叙于崇阶,聊示徽章,用增命数。夺伯氏之骈邑,在朕何心;取甘茂之十官,于汝无愧。益祗明命,嗣有宠光。可。

出处:《东牟集》卷七。

撰者:王洋

考校说明:编年据王洋任两制时间补。

林安上复直龙图阁制
(暂系于绍兴二年八月至十月间)

敕具官某:尔文学之富、为时老成,政事之优,见于已试,自陪从列,誉重本朝。属时艰虞,靡究施设,尝稍从于贬爵,盖自致于烦言。屡沐殊休,宜还旧服,名已升于延阁,禄尚寄于真祠。勿替忠嘉,嗣有褒宠。可。

出处:《东牟集》卷七。

撰者:王洋

考校说明:编年据王洋任两制时间补。

叶焕复集英殿修撰制
(绍兴二年八月至十月间)

敕具官某:推恩宥罪,务通四海之心;含垢匿瑕,是谓大君之度。矧守藩之良翰,有持橐之旧臣。原其一眚之辜,岂宜终弃;需此再新之泽,用锡鸿休。庶均荡于仁风,冀共迎于善气。以尔蚤修文艺,旋事试功。出领州符,郁为共治之最;入参法从,卓然进说之优。尝偶致于烦言,俾暂镌于要职。既淹岁月,宜有甄收,升秘殿之崇名,假宣垣之伟望。昔周勃有重厚之器,卒安邦家;张敞被轻媠之名,不至师傅。汝惟谨择,何愧古人!可。

出处:《东牟集》卷七。

撰者:王洋

考校说明:编年据王洋任两制时间、叶焕宦历补,见《建炎以来系年要录》卷六三。

胡舜陟复集英殿修撰制
(绍兴二年八月至十月间)

敕具官某:朕惟遇灾而惧,修德所以应天;强恕而行,推恩期乎及物。矧兹寿俊,时惟旧臣。原其一眚之辜,岂宜终弃;需此再新之泽,用锡鸿休。庶均荡于仁风,冀共迎于善气。以尔早缘才誉,浸更要途。入贰宪台,执刚果不回之操;外分阃服,有从容治办之称。迹其蹈履于艰难,知乃始终之勉励。殆未究其成绩,用稍致于人言,既淹岁时,盍申优叙。西清要职,昔尝襫于崇朝;秘殿荣名,今匪颁于三锡。惟功罪之必正,见予夺之无心。其体恩章,益思奋用。可。

出处:《东牟集》卷七。

撰者:王洋

考校说明:编年据王洋任两制时间、胡舜陟官历补,见《建炎以来系年要录》卷六一。

朝散郎直龙图阁程昌禹复朝请郎制
(绍兴二年八月至十月间)

敕具官某:兵兴已来,人怀自谋,其有奋不顾身以徇国家之急者,虽有小过,固当宥之,以劝能者。尔前自淮蔡,徙于荆湖,皆履涉艰危,以身犯难,斯亦勤矣。比因赦宥,进叙旧阶,而有司谓尔尚在谴呵,法未当得。特从宽典,用视疏恩。夫拯涂炭之民,行劳徕之政,因时施设,固所敢为。然能不尚威名,毋急功利,则谤书满箧,亦何畏哉!其既乃心,勿替朕训。可。

出处:《东牟集》卷七。

撰者:王洋

考校说明:编年据王洋任两制时间、程昌禹官历补,见《三朝北盟会编》卷一三九、《梁溪集》卷六六《乞存留(陈)〔程〕昌禹依旧知鼎州奏状》。

张扩致仕复敷文阁待制制
(暂系于绍兴二年八月至十月间)

恳据礼经,力抗辞荣之奏;闵劳官职,爰疏归宠之恩。眷顾旧臣,申颁渥典。具官某才资雅健,德性粹温,顷擢自于郡麾,亟跻荣于郎省。演纶词掖,时称润色之工;持橐从班,日罄论思之益。方即真祠之秩,偶闻美疢之婴,勉徇情于奉身,用升华于次对。往祗邦涣,增耀家居。

出处:《东牟集》卷七。

撰者：王洋

考校说明：编年据王洋任两制时间补。

左中大夫提举西京崇福宫张徵复端明殿学士制
（绍兴二年八月至十月间）

敕：朕遇灾而惧，未明求衣，推原其端，罔烛厥理，肆加霈泽，大赉多方，虽极幽微，靡有遐弃。而况二三大臣，散在外服，盖朕所恃以为时望者也，使或失职，斯民何观？宜锡恩章，悉加命数。具官某识高器远，学博闻多，言语足以竦动群情，政事足以缉熙庶务。乌台正色，已称疾恶之如仇，螭陛记言，自信直辞之宁辱。自将使指，进直词垣，伟抗节之坚刚，嘉训词之温厚。会新田之方启，嗟旧弼之寡谋。执法不回，谅汝丹衷之志；去奸务速，具存白简之辞。固允协于师言，亦大同于予志，爰超从列，遂赞机衡。出入累年，备著忠勤之效；始终一节，曾无险易之殊。盖惟本朝之光，甚协当时之望。迨一麾而出守，据九江之要冲，休戚固同，中外奚间？猥烦言之屡至，谓旧眚之难逃，遽解真符，遂从贬爵，俾下联于中秘，仍分务于留司。既积岁时，累更优叙。兹下再新之泽，岂忘求旧之思？用还直于殿庐，尚均休于祠宇。永怀共济，期底丕平。可。

出处：《东牟集》卷七。

撰者：王洋

考校说明：编年据王洋任两制时间、张徵宦历补，见《宋会要辑稿》职官七六等。"张徵"，《宋会要辑稿》职官七六、《宋史》卷二一三《宰辅表》等作"张澂"。

赵岍复直秘阁制
（暂系于绍兴二年八月至十月间）

敕具官某：尔世济之美，为时名家；临政之优，所至称治。前帅乌合之众，会当蚁聚之师，念久习于安平，谅不虞于仓卒。官投散秩，职褫崇阶。已历岁时，屡膺霈泽，盍稍还于旧服，俾尚寄于真祠。其念宠光，益思报称。可。

出处：《东牟集》卷七。

撰者：王洋

考校说明：编年据王洋任两制时间补。

张士廉叙官制
（暂系于绍兴二年八月至十月间）

持军临阵，罪莫大于迁延；积岁省愆，恩亦昭于拂试。具官某顷粦勇略，擢任戎行。寇至失掎角之方，敌奔无追蹑之效，辟从吏议，名在刑书。既阅日以滋多，宜推仁而更始，悉还旧秩，益励新谋。往当终身，思鉴前辙。

出处：《东牟集》卷七。
撰者：王洋
考校说明：编年据王洋任两制时间补。

向子忞叙官制
（绍兴二年八月至十月间）

具官某：朕明罚而欲其当罪，示法之公；宥过而许其自新，待人之恕。尔顷从吏议，遂絓刑书，既阅岁时之多，宜还官秩之旧。往祗涣渥，毋怠省循。

出处：《东牟集》卷七。
撰者：王洋
考校说明：编年据王洋任两制时间、向子忞官历补，见《建炎以来系年要录》卷五一。

吴懋叙一官制
（绍兴二年八月至十月间）

敕具官某：朕念斯民离散之后，当宁慨叹，检身节用，不忍以一毫取于民，庶几力行以致仁寿。郡二千石固宜仰观朕意，布宣德泽，以成厚下之政。其或过计，以谋足国，岂朕意哉！尔在四明，绥养疲瘵，爱利之实，亦既行矣。而言者谓尔藉府库之余，供扉屦之乏。财匪由于天降，民不可以户晓，则前日之谴，固亦不可不行。今者已更岁时，再膺恩需，而大农举邦籍计之，实县官所藏，汝初不敢私也。进叙一官，稍还旧物。汝之疑罚，行自著明，益既乃心，以俟褒选。可。

出处:《东牟集》卷七。

撰者:王洋

考校说明:编年据王洋任两制时间、吴懋宦历补,见《宋会要辑稿》职官七〇、《浮溪集》卷二五《吴君墓志铭》。

李宣收使功赏转官制
（暂系于绍兴二年八月至十月间）

具官某:国严铨选,制定彝章,傥无格法之拘,则有甄升之宠。以尔旧功素著,余赏尚存,用进厥官,往钦茂渥。

出处:《东牟集》卷七。

撰者:王洋

考校说明:编年据王洋任两制时间补。

宋受等加官制
（暂系于绍兴二年八月至十月间）

闽寇干常,王师致讨,既策勋而饮至,宜锡爵以第功。爰品战多,用颁赏典,递进武阶之秩,各钦宠命之承。

出处:《东牟集》卷七。

撰者:王洋

考校说明:编年据王洋任两制时间补。

刘冲等加官制
（暂系于绍兴二年八月至十月间）

朕经帷讲道,记注前闻;尔等庀职编摩,积有岁月。进官一等,用旌厥勤,兹谓异恩,勉思报称。

出处:《东牟集》卷七。

撰者:王洋

考校说明:编年据王洋任两制时间补。

韩顺之加官制
(暂系于绍兴二年八月至十月间)

止戈盖设而弗用,除戎则戒于不虞。而尔庀职宣劳,器械精备,用进美秩,以旌厥勤。

出处:《东牟集》卷七。
撰者:王洋
考校说明:编年据王洋任两制时间补。

杜钦云郭镇加官制
(暂系于绍兴二年八月至十月间)

具官某等:属者鼠窃为患海滨,尔等或输帅阃之谋,或擒寇党之孽,有嘉显绩,用进厥官。祗服恩光,勉思职守。

出处:《东牟集》卷七。
撰者:王洋
考校说明:编年据王洋任两制时间补。

陈靖加官制
(暂系于绍兴二年八月至十月间)

具官某:朕阅武便朝,第材禁旅,以尔列属严闱之职,参华上阁之班。程其实能,预有成绩,进升一秩,庸示异恩。

出处:《东牟集》卷七。
撰者:王洋
考校说明:编年据王洋任两制时间补。

孟愈孔奕苏世能加官制
（暂系于绍兴二年八月至十月间）

具官某等：朕阅武便朝，第能禁旅。尔等或有总稽簿书之号，或有考案法律之劳。咸进厥官，益思自勉。

出处：《东牟集》卷七。
撰者：王洋
考校说明：编年据王洋任两制时间补。

黎初加官制
（暂系于绍兴二年八月至十月间）

谨备除戎，毕功第赏，既稽劳之有式，宜锡宠以示公。用循文阶，勉思职业。

出处：《东牟集》卷七。
撰者：王洋
考校说明：编年据王洋任两制时间补。

王永肩秦亮世熊诚并与遥郡上转一官制
（暂系于绍兴二年八月至十月间）

具官某：周以全失总在医师，唐于禁严入待君诏，故有稽事制食之政，用为褒功劝能之科。以尔习知方书，察见色脉，供奉神扆之内，备宣夙夜之劳。畴功十全，进官一列，遥制戎团之任，时为爵秩之荣。祗服宠光，益思懋勉。

出处：《东牟集》卷七。
撰者：王洋
考校说明：编年据王洋任两制时间补。

潘温卿加官制
（暂系于绍兴二年八月至十月间）

朕御便朝而阅士，校实艺以疏恩，载畴宿练之勤，宜靡彝章之限。具官某贤闻戚畹，胄出庆闳。司管钥于严闱，备宣忠绩；属櫜鞬于文陛，入缀清班。考周环训厉之功，拘转受赏延之制，用逾常典，峻陟华阶，进升留务之联，昭示外姻之宠。往思刻志，祇副眷怀。

出处：《东牟集》卷七。

撰者：王洋

考校说明：编年据王洋任两制时间补。

陈章等转官制
（暂系于绍兴二年八月至十月间）

具官某：阅武练师，程能第赏。艺既精而异等，宠宜厚以疏荣，叙进武阶，以旌勇力。

出处：《东牟集》卷七。

撰者：王洋

考校说明：编年据王洋任两制时间补。

薛璟转官制
（暂系于绍兴二年八月至十月间）

具官某：朕信赏待功，予心求当，尔能权宜措事，歼厥首祸之人。爰升一阶，用旌尔伐，益思自力，以副殊恩。

出处：《东牟集》卷七。

撰者：王洋

考校说明：编年据王洋任两制时间补。

俊胙转官制
(暂系于绍兴二年八月至十月间)

具官某:以尔克输忠顺,久捍边陲,载畴岁月之劳,参考典章之旧,叙进厥秩,用旌其能。祗服恩光,勉图报称。

出处:《东牟集》卷七。
撰者:王洋
考校说明:编年据王洋任两制时间补。

许制转官制
(暂系于绍兴二年八月至十月间)

具官某:罪惧非辜,故获寇释胁从之党;功疑惟重,故旌忠示褒劝之方。进尔一官,特为异数。往思自力,以答所蒙。

出处:《东牟集》卷七。
撰者:王洋
考校说明:编年据王洋任两制时间补。

郑抃推垛子转一官制
(暂系于绍兴二年八月至十月间)

具官某:朕阅武便朝,第能禁旅。尔严阃庀职,吏牍宣劳,庸进厥官,以昭劝奖。

出处:《东牟集》卷七。
撰者:王洋
考校说明:编年据王洋任两制时间补。题后原注:"系皇城使点检文字。"

邢元转官制
(暂系于绍兴二年八月至十月间)

具官某:尔仗节奋忠,死于王事。朕嘉其义,故贲以阶秩,悯其孤故,官及嗣子。尚有英爽,来歆荣之。

出处:《东牟集》卷七。
撰者:王洋
考校说明:编年据王洋任两制时间补。

蔡申转三官制
(暂系于绍兴二年八月至十月间)

具官某:顷者椒涂正位,归款祖祢,凡其戚属,悉沾恩渥。时尔服职远外,非朕尔遗。今以名闻,进秩三等。持为异宠,毋怠钦承。

出处:《东牟集》卷七。
撰者:王洋
考校说明:编年据王洋任两制时间补。

张颐老转官制
(暂系于绍兴二年八月至十月间)

王师殄寇,军不乏兴,财用足兵,功为可录。爰颁赏典,循尔文阶。往服恩光,益思砥砺。

出处:《东牟集》卷七。
撰者:王洋
考校说明:编年据王洋任两制时间补。

王挺之押天申节马转官制
（暂系于绍兴二年八月至十月间）

具官某：朕猗兰庆旦，职马之臣以骏来贡，而尔纪纲其行，策肥而达。进爵一级，庸示劝能。

出处：《东牟集》卷七。

撰者：王洋

考校说明：编年据王洋任两制时间补。

贾谠致仕转官制
（暂系于绍兴二年八月至十月间）

朕优贤尚齿，尤贵老成之人；览奏引年，又嘉止足之义。遽开请谢，爰用疏恩。具官某策名于时，施学于用，早著将输之效，屡宣牧养之劳。凡其居官，俱有显绩，持甘泉之囊，方均佚仙真之祠；挂神虎之冠，乃列陈钟漏之语。用颁宠典，进升峻阶。其安抚于精神，以光华于乡里。家居自适，只以观厉俗之规；世赏相承，当勿替教忠之训。

出处：《东牟集》卷七。

撰者：王洋

考校说明：编年据王洋任两制时间补。

升加五斗力更转一官制
（暂系于绍兴二年八月至十月间）

徒营较艺，膂力挽强，载畴出类之能，复进历阶之秩。往祗叠宠，益励壮图。

出处：《东牟集》卷七。

撰者：王洋

考校说明：编年据王洋任两制时间补。

一石五斗弓各转一官制
（暂系于绍兴二年八月至十月间）

因秋阅武，被甲控弦。爰嘉七札之能，用进一阶之秩。往祗宠数，以奋勇功。

出处:《东牟集》卷七。

撰者:王洋

考校说明:编年据王洋任两制时间补。

张涓转官制
（暂系于绍兴二年八月至十月间）

具官某:狂夫不率，诡众造言，既明弃市之诛，宜示发谋之赏。进官一级，以旌厥忠。往服宠章，以图报效。

出处:《东牟集》卷七。

撰者:王洋

考校说明:编年据王洋任两制时间补。

雷进押骆驼转官制
（暂系于绍兴二年八月至十月间）

具官某:帅四川之臣，贡一封之兽，而尔纪纲其至，视护无伤。宠进品阶，用旌劳勋。

出处:《东牟集》卷七。

撰者:王洋

考校说明:编年据王洋任两制时间补。

夏嗣忠转官制
（暂系于绍兴二年八月至十月间）

具官某：朕优内宰解职之恩，锡给役减年之宠。用升尔秩，思副所蒙。

出处：《东牟集》卷七。

撰者：王洋

考校说明：编年据王洋任两制时间补。

钱肃之转官制
（暂系于绍兴二年八月至十月间）

具官某：夔漕率职，输币贡金，而尔纲纪其行，道涂修阻。宜旌劳勚，宠进厥官。往服恩光，益思报称。

出处：《东牟集》卷七。

撰者：王洋

考校说明：编年据王洋任两制时间补。

苏楷许宦转官制
（暂系于绍兴二年八月至十月间）

尔等奋忠宣力，获寇执渠，既更秩以躐七阶之拘，复转官以增三级之宠。赏为至厚，思称所蒙。

出处：《东牟集》卷七。

撰者：王洋

考校说明：编年据王洋任两制时间补。

梅兴祖转一官制
（暂系于绍兴二年八月至十月间）

具官某:《周官》于医,以全失差次上下,而稽事制食,固不轻授。以尔明习方药,服勤滋久,甄升一阶,庸示劝奖。益祇厥职,以答茂恩。

出处:《东牟集》卷七。
撰者:王洋
考校说明:编年据王洋任两制时间补。

李蹈循资制
（暂系于绍兴二年八月至十月间）

具官某:除奸盗、安良民、令之职也。尔能洗清蒲泽,保全邑城。宁惜一阶之循,因任百里之寄。往祇宠渥,益务抚绥。

出处:《东牟集》卷七。
撰者:王洋
考校说明:编年据王洋任两制时间补。

张之德循资制
（暂系于绍兴二年八月至十月间）

朕于军赏,固不逾时。尔在吏铨,初未理选。今既效官之久,宜甄讨贼之功。用循文阶,勉思报称。可。

出处:《东牟集》卷七。
撰者:王洋
考校说明:编年据王洋任两制时间补。

张适道循资制
(暂系于绍兴二年八月至十月间)

具官某:朕于使命,遣必疏恩。尔在铨曹,拘于理选。今既任官之正,宜循旧赏之资。往服恩光,勉图报称。

出处:《东牟集》卷七。

撰者:王洋

考校说明:编年据王洋任两制时间补。

蒲荣循资制
(暂系于绍兴二年八月至十月间)

具官某:巴蜀贡金,岁时率职,而尔道途之远,纪纲其行。用循文阶,以旌劳勋。

出处:《东牟集》卷七。

撰者:王洋

考校说明:编年据王洋任两制时间补。

杨时发循资制
(暂系于绍兴二年八月至十月间)

具官某:海寇窃发,官军讨平,而尔奋其精忠,与有劳效。用循厥秩,思副所蒙。

出处:《东牟集》卷七。

撰者:王洋

考校说明:编年据王洋任两制时间补。

董谅循资制
（暂系于绍兴二年八月至十月间）

具官某：以尔职在字民，功能御寇，保聚而境，以固守给饷，而军不乏兴。肆畴乃劳，用循厥秩。益思奋励，以副褒嘉。

出处：《东牟集》卷七。

撰者：王洋

考校说明：编年据王洋任两制时间补。

曹霁循资制
（暂系于绍兴二年八月至十月间）

具官某：榷酤擅利，佐国饷军，既以羡闻，是为职举。用考赏格，式循文阶。祗服宠光，勉图报称。

出处：《东牟集》卷七。

撰者：王洋

考校说明：编年据王洋任两制时间补。

陈伯疆循资制
（暂系于绍兴二年八月至十月间）

具官某：古者兵交而使在其间，尔能奉命军前，用循文阶，以正赏典。往思懋勉，期称所蒙。

出处：《东牟集》卷七。

撰者：王洋

考校说明：编年据王洋任两制时间补。

孙谊缘有去失将四官作四资制
（暂系于绍兴二年八月至十月间）

具官某：朕闻懋军赏者曾不逾时，立战多者固将超级。尔显效虽著，阙文莫稽，宜锡宠以从权，俾历阶而进秩。得于已失，思称所蒙。

出处：《东牟集》卷七。

撰者：王洋

考校说明：编年据王洋任两制时间补。

皇叔右监门卫大将军秀州防御使士街
磨勘转正任防御使制
（绍兴二年八月至十月间）

敕：考绩之法，谨于有司。近自同姓，至于疏远之臣，小大共之，非可私也。具官某久官环卫，祗事有劳；宗司计年，法应迁秩。镇防之任，禄厚官尊，惟忠惟勤，乃称厥服。夫兵戈未定，勇夫宣力，其有积功累劳以死勤事，而仅获爵一级者，则官至于此，亦可贵矣。勉思谨戒，以为宗属之劝。可。

出处：《东牟集》卷八。

撰者：王洋

考校说明：编年据王洋任两制时间、赵士街官历补，见《建炎以来系年要录》卷八〇。

潘浃叙右武大夫济州防御使制
（暂系于绍兴二年八月至十月间）

敕：国家崇宥过之仁，宪网开自新之路。既施霈泽，以赍多方，其于庶工，岂忘甄叙？具官某沈审善断，果毅有谋，自服官箴，累更任使。而乃逡巡诏命，遂坐镌官。已屡沐于新恩，宜悉还于旧物。往祗懋渥，更务恭勤。可。

出处：《东牟集》卷八。

撰者：王洋

考校说明：编年据王洋任两制时间补。

赵公悦责官制
（暂系于绍兴二年八月至十月间）

官吏之置，本欲为民；租税之输，适滋其扰。聊镌一级，以示薄惩。往思厥愆，尚体宽典。

出处：《东牟集》卷八。

撰者：王洋

考校说明：编年据王洋任两制时间补。

江少虞责官制
（暂系于绍兴二年八月至十月间）

汉宣帝勤恤民隐，故重二千石之选；朕念赤子，付之牧守，庶几其安。而尔领郡寄，租税之输，宜检弊奸。乃庸吏言，惟务赀货，何以副朕之望哉！聊镌一阶，用惩失职。

出处：《东牟集》卷八。

撰者：王洋

考校说明：编年据王洋任两制时间补。

王淑责官制
（暂系于绍兴二年八月至十月间）

三尺垂文，百锾示罚，盖因疑赦，讵可擅行？况有应言之科，聊从镌秩之贬。往祗宽典，毋怠省愆。

出处：《东牟集》卷八。

撰者：王洋

考校说明：编年据王洋任两制时间补。

储秉直责官制

（暂系于绍兴二年八月至十月间）

士有常心,莫先廉慎;人无远虑,必堕悔尤。尔于职事之间,每有擅私之累。聊从镌秩,毋怠省愆。可。

出处:《东牟集》卷八。

撰者:王洋

考校说明:编年据王洋任两制时间补。

赵不曲责官制

（暂系于绍兴二年八月至十月间）

隶隶之人,罪籍所系,失于闲检,遂致逋逃。镌秩两阶,用惩弛职。

出处:《东牟集》卷八。

撰者:王洋

考校说明:编年据王洋任两制时间补。

连环责官制

（暂系于绍兴二年八月至十月间）

设官分职,上下相维,令而不从,何以为治？其镌一级,以示薄惩。

出处:《东牟集》卷八。

撰者:王洋

考校说明:编年据王洋任两制时间补。

郭照责官制

（暂系于绍兴二年八月至十月间）

弧矢之用,唯在辕门,忿厉而伤,则丽宪网。虽经肆宥,尚镌一阶。往体宽恩,毋忘有咎。

出处:《东牟集》卷八。

撰者:王洋

考校说明:编年据王洋任两制时间补。

苗靖责官制
(暂系于绍兴二年八月至十月间)

具官某:古者大夫有家臣,欲尽心于所事。尔典其计,而私其用,可乎? 镌秩一阶,尚为宽典。

出处:《东牟集》卷八。

撰者:王洋

考校说明:编年据王洋任两制时间补。

王俊民责官制
(暂系于绍兴二年八月至十月间)

士有常心,莫先廉慎;人无远虑,必堕悔尤。尔于持己之间,每涉徇私之累,法稽吏议,爵贬文阶。尚服宽恩,毋忘惩艾。

出处:《东牟集》卷八。

撰者:王洋

考校说明:编年据王洋任两制时间补。

田安衡责官制
(暂系于绍兴二年八月至十月间)

萃除戎器,以戒不虞。尔职总弓人,愆于成式,聊从贬秩,用儆瘝官。尚为宽恩,毋怠省咎。

出处:《东牟集》卷八。

撰者:王洋

考校说明:编年据王洋任两制时间补。

徐大任责官制
(暂系于绍兴二年八月至十月间)

尉职逐盗,本欲安民,滥及无辜,适滋其扰。聊从末减,用贬一阶。往体宽恩,毋忘循省。

出处:《东牟集》卷八。

撰者:王洋

考校说明:编年据王洋任两制时间补。

孙彦责官制
(暂系于绍兴二年八月至十月间)

朝廷总机务,郡县分等级,固有次第,不可逾也。尔不循常制,越序陈词。令甲昭垂,镌官一秩。往祗宽典,以听攸同。

出处:《东牟集》卷八。

撰者:王洋

考校说明:编年据王洋任两制时间补。

陈大猷责官制
(暂系于绍兴二年八月至十月间)

鞫勘圜扉,必期当罪,故失出入,律所不容。尔议狱纵辜,法当镌秩。聊从宽典,往省厥愆。

出处:《东牟集》卷八。

撰者:王洋

考校说明:编年据王洋任两制时间补。

何休降官制
（暂系于绍兴二年八月至十月间）

具官某：足兵先于足食，所患违期；守道贵于守官，宁容擅去？尔给军储而失职，假赦宥以脱身。徇国伊何，原情莫恕。聊镌一级，尚体宽恩。

出处：《东牟集》卷八。
撰者：王洋
考校说明：编年据王洋任两制时间补。

李队降官制
（暂系于绍兴二年八月至十月间）

具官某：尔莅官行政，规利暗私。三尺垂文，一官镌秩。往祗宽典，毋怠省愆。

出处：《东牟集》卷八。
撰者：王洋
考校说明：编年据王洋任两制时间补。

姚伸降官制
（暂系于绍兴二年八月至十月间）

具官某：尔检身不谨，至丽刑章，明罚有常，用镌官秩。往祗宽典，毋怠省愆。

出处：《东牟集》卷八。
撰者：王洋
考校说明：编年据王洋任两制时间补。

赵立之降官制
（暂系于绍兴二年八月至十月间）

具官某：策名仕版，宜慎检身；投足贿场，致轻犯宪。吏议三尺，秩镌一阶。往体宽恩，毋忘省咎。

出处：《东牟集》卷八。

撰者：王洋

考校说明：编年据王洋任两制时间补。

戚宝等降官制
（暂系于绍兴二年八月至十月间）

具官某：朕兼爱南北之民，俾还桑梓之地；而尔懈于护送，致有过愆。用贬一阶，以惩不职。

出处：《东牟集》卷八。

撰者：王洋

考校说明：编年据王洋任两制时间补。

侯璋降官制
（暂系于绍兴二年八月至十月间）

具官某：尔纲纪贡金，来输左帑，恣为贷用，因作贩商。邦有常刑，镌官一级。聊从末减，往省厥愆。

出处：《东牟集》卷八。

撰者：王洋

考校说明：编年据王洋任两制时间补。

董季舒降两官制
(暂系于绍兴二年八月至十月间)

具官某:士有常心,在于廉;职有常守,在于谨,否则辟也。尔居官而私其用,聚券而妄其给,纵下而盗其帑,罪将何逭? 以经肆宥,聊示薄惩。镌秩两阶,益思循省。

出处:《东牟集》卷八。

撰者:王洋

考校说明:编年据王洋任两制时间补。

郑知刚降官制
(暂系于绍兴二年八月至十月间)

具官某:朕于方郡设教官,欲其以德行表士子而厉风俗。尔乃移书请托,诡卒给廪,是以盗训也。其镌一级,往服宽恩,毋忘循省。

出处:《东牟集》卷八。

撰者:王洋

考校说明:编年据王洋任两制时间补。

赵子俨降官制
(暂系于绍兴二年八月至十月间)

具官某:禄以致养,宜修廉隅。尔职兼税官,既为贾售之事,又匿其征,可无惩乎? 聊镌一阶,尚服宽典。

出处:《东牟集》卷八。

撰者:王洋

考校说明:编年据王洋任两制时间补。

武安宁走失罪人降两官制
（暂系于绍兴二年八月至十月间）

　　具官某：尔职在巡警，被檄追逃，纵下受赇，获而复纵。狱成来上，镌秩两阶。尚为宽恩，毋忘循省。

出处：《东牟集》卷八。

撰者：王洋

考校说明：编年据王洋任两制时间补。

王褒降官制
（暂系于绍兴二年八月至十月间）

　　具官某：礼辨等威，律严诬告。尔饰词以伪，越诉于朝，镌秩两阶，以惩诞率。其归营垒，益务省愆。

出处：《东牟集》卷八。

撰者：王洋

考校说明：编年据王洋任两制时间补。

王国光降官制
（暂系于绍兴二年八月至十月间）

　　具官某：时启闭以严公帑，谨出纳以检吏奸，此莅官行政之所先也。而尔驭下无威，盗金失察，将谁执咎，聊褫一阶。往体宽恩，毋忘惩艾。

出处：《东牟集》卷八。

撰者：王洋

考校说明：编年据王洋任两制时间补。

葛善降官制
（暂系于绍兴二年八月至十月间）

　　具官某:尉以讨贼为职,会以合谋为名。而尔怯懦违期,顾望逸寇,以经肆眚,聊褫一官。尚为宽恩,往宜循省。

出处:《东牟集》卷八。
撰者:王洋
考校说明:编年据王洋任两制时间补。

张皋押马降官制
（暂系于绍兴二年八月至十月间）

　　具官某:君子以窒欲则无私喜,以惩忿则无私怒,可损之善,莫大于此。尔容军妇以出入于家,而捶死其夫,镌秩两阶,尚为宽恩。往省厥愆,毋重悔尤。

出处:《东牟集》卷八。
撰者:王洋
考校说明:编年据王洋任两制时间补。此制题与文不相应,疑有误。

田瓘降官制
（暂系于绍兴二年八月至十月间）

　　具官某:律设大法,明过与故,所以原其情也。尔初虞券历之失,而失之乃过;尔既失而因以诬人,岂不为故乎? 用镌一阶,尚服宽典。

出处:《东牟集》卷八。
撰者:王洋
考校说明:编年据王洋任两制时间补。

莫仲效降官制
（暂系于绍兴二年八月至十月间）

具官某：以尔居官为下交之渎，莅事信诬告之事，镌秩一阶，用惩不恪。尚为末减，其懋省循。

出处：《东牟集》卷八。
撰者：王洋
考校说明：编年据王洋任两制时间补。

张通降官制
（暂系于绍兴二年八月至十月间）

具官某：愚为臧获，宁免过愆？尔既不能恢雅量以含容，又不能付攸司而裁决，至于殴死，则有常刑。用镌一阶，尚服宽典。

出处：《东牟集》卷八。
撰者：王洋
考校说明：编年据王洋任两制时间补。

吴亿降官制
（暂系于绍兴二年八月至十月间）

具官某：尔长治百里，师帅斯民，不能检身，自丽刑辟。虽经肆宥，尚镌两阶。兹乃原情，毋忘省咎。可。

出处：《东牟集》卷八。
撰者：王洋
考校说明：编年据王洋任两制时间补。

孙庆降官制
(暂系于绍兴二年八月至十月间)

具官某:朕兼爱南北之民,俾还桑梓之地;而尔护送不谨,诈弊滋生。用贬厥阶,以惩失职。

出处:《东牟集》卷八。

撰者:王洋

考校说明:编年据王洋任两制时间补。

汪召嗣余应求降官制
(绍兴二年八月至十月间)

具官某等:唐刘晏总转输,号一时能吏,观其所任,虽在千里外,奉教令若目前。尔等专领漕计,委使之际,不能择人。镌秩一阶,用惩失举。尚服宽典,毋忘省愆。

出处:《东牟集》卷八。

撰者:王洋

考校说明:编年据王洋任两制时间、汪召嗣官历补,见《建炎以来系年要录》卷五八。

孙处厚降官制
(暂系于绍兴二年八月至十月间)

具官某:朕悯死事之孤,而官其嗣子,盖旌其忠也。有欲冒赏者,尔乃以身保之,罪将奚逃?镌秩一阶,尚为宽典,往宜循省,可尤人乎?

出处:《东牟集》卷八。

撰者:王洋

考校说明:编年据王洋任两制时间补。

秦琪降官制
（暂系于绍兴二年八月至十月间）

　　具官某：尔策名仕版，效命戎行，不能检身，至丽刑辟。聊从镌秩，勉自省愆。

出处：《东牟集》卷八。
撰者：王洋
考校说明：编年据王洋任两制时间补。

钟志大降官制
（暂系于绍兴二年八月至十月间）

　　具官某：竞逐市利，固失于廉隅；假贷官金，又从而隐讳。吏议三尺，秩镌两阶。往服宽恩，毋忘省愆。

出处：《东牟集》卷八。
撰者：王洋
考校说明：编年据王洋任两制时间补。

刘真降官制
（暂系于绍兴二年八月至十月间）

　　具官某：策名以仕，检己为先；而尔被酒私游，尚气不逞。聊镌一级，以示薄惩，往体宽恩，毋忘循省。

出处：《东牟集》卷八。
撰者：王洋
考校说明：编年据王洋任两制时间补。

某官致仕制

（暂系于绍兴二年八月至十月间）

策名就列,早联持橐之班;引疾抗封,力起挂冠之请。重违雅尚,爰举彝章。具官某经术淹该,风猷凝远。入趋清署,郁为侍从之臣;出殿大邦,绰有蕃宣之誉。方即真祠之奉,遽陈美疢之婴。笃意遗荣,悯劳以事,疏恩增秩,用宠其归。往祗邦涣之优,益遂家居之乐。

出处:《东牟集》卷八。

撰者:王洋

考校说明:编年据王洋任两制时间补。此篇原附于同集同卷《胡寅转一官致仕制》后,文末四库馆臣注云:"案此首失题,附此。"

任铸致仕制

（暂系于绍兴二年八月至十月间）

具官某:侍宫闱而勤事,允为亲信之臣;归选部以引年,爰笃始终之礼。以尔性资恪谨,材谓疏通,既久奉于宸扃,乃愿归于铨品。偶因婴疾,力欲辞荣。宜仍阶秩之华,俾遂家居之乐。

出处:《东牟集》卷八。

撰者:王洋

考校说明:编年据王洋任两制时间补。

韩材起复制

（暂系于绍兴二年八月至十月间）

素冠三年之制,是谓礼经;墨绖一时之宜,盖当戎事。愿从权而制义,可移孝以为忠。具官某鸷勇多谋,鱼丽著绩,遽动倚庐之戚,谅深陟岵之悲。与其处苦块以居忧,慕亲何及;曷若执干戈而在列,徇国为先? 勉服训言,趣还官守。

出处:《东牟集》卷八。

撰者：王洋

考校说明：编年据王洋任两制时间补。

陆谨范胜起复制
（暂系于绍兴二年八月至十月间）

具官某：倚庐枕块，虽怀至性之悲；腰绖从戎，亦有夺情之礼。盖资父事君之道一也。尔其起从王事，悉乃心力，扬名显亲，则忠孝兼得矣。

出处：《东牟集》卷八。

撰者：王洋

考校说明：编年据王洋任两制时间补。

王瓌父亨赠太师制
（暂系于绍兴二年八月至十月间）

敕：朕属时艰虞，率巡侯社，惟兹大飨之礼，敢忘九献之勤！礼既备于克禋，庆宜均于厚下。具官某父某，忠能事上，勇足帅人。少服戎行，擅勇冠三军之誉；晚持使节，有功成三箭之歌。燕及后人，保兹余庆，爰升品秩之数，遂极师保之荣。灵如弗忘，宜克知享。可。

出处：《东牟集》卷八。

撰者：王洋

考校说明：编年据王洋任两制时间补。

武略大夫王俊赠五官制
（暂系于绍兴二年八月至十月间）

敕：夫死难之臣，虽非有劳，亦宜第赏，况功状已著，而身荣弗及，则褒扬之典，其可后乎？具官某：昔者狂寇引兵，攻陷城邑，杀掠吏民，江淮之间，为盗渊薮。至并师合击，乃始败却。尔居其中，处死弗顾，亦既忠矣。大将计功，以状来上，进官五等，遥领郡章。灵如有知，尚克歆享。可。

出处：《东牟集》卷八。

撰者：王洋

考校说明：编年据王洋任两制时间补。

张思正赠父制
（暂系于绍兴二年八月至十月间）

朕贵诚质而因天事天，严陟配而以孝教孝，均尔将臣之眖，为其祢庙之光。具官故父某，实浮于名，材裕于用，少著严闱之绩，庆钟嗣子之贤。肆颁神休，以率国典，爰陟廉车之峻，载昭饰襚之荣。尚期爽灵，歆此嘉宠。

出处：《东牟集》卷八。

撰者：王洋

考校说明：编年据王洋任两制时间补。

康谞封赠故父制
（暂系于绍兴二年八月至十月间）

供奉宸闱，番休分兼职之掌；典司帝辇，满秩有疏恩之常。推以及亲，讵当吝赏？具官某故父某，早称勤愨，服在禁严，生陟廉车之荣，殁受帅节之宠。厥有嗣子，能绍家声。酬其尚舆之劳，申兹饰壤之礼，仪物俾同于三事，光华增贲于九原。未泯英魂，来歆异数。

出处：《东牟集》卷八。

撰者：王洋

考校说明：编年据王洋任两制时间补。

康谞赠故母制
（暂系于绍兴二年八月至十月间）

具官某故母某氏，淑惠根性，柔恭律身，丛然陨祥，茂于嗣叶。能勤事役，克绍家声。酬其尚舆之劳，申兹饰壤之礼，既正小君之号，改荒大国之封。邈焉九原，歆此异数。

出处:《东牟集》卷八。

撰者:王洋

考校说明:编年据王洋任两制时间补。

康谞赠妻制
(暂系于绍兴二年八月至十月间)

供奉宸闱之密,典司章辇之严,既满秩以赏劳,用疏恩于厥室。具官妻某氏,温恭植性,淑谨提身,严盥馈之威仪,谨闺门之法度。粤从夫爵,载陟阶封,躐命妇四级之华,为端朝一时之宠。祗承涣渥,益励柔嘉。

出处:《东牟集》卷八。

撰者:王洋

考校说明:编年据王洋任两制时间补。

王璵故母马氏赠庆国夫人制
(暂系于绍兴二年八月至十月间)

敕:具官某故母某氏仪于中壶,早著令猷,惠及小星,盖由淑德,实生令子,为予虎臣。虽弗逮于身荣,岂遽忘于追报?易名大国,用侈余休。灵如弗忘,尚克知享。可。

出处:《东牟集》卷八。

撰者:王洋

考校说明:编年据王洋任两制时间补。

王璵继母向氏封秦国太夫人制
(暂系于绍兴二年八月至十月间)

具官某继母某氏:柔仪可则,令誉有闻,生于世家,作配君子。惟内黄汤沐之奉,已启旧封;嘉秦川陆海之饶,载开新邑。益膺褒宠,永绥寿康。可。

出处:《东牟集》卷八。

撰者:王洋

考校说明:编年据王洋任两制时间补。

王璨故妻令人赵氏赠硕人制
(暂系于绍兴二年八月至十月间)

敕:具官某故妻某氏梦兰协吉,载翟有光,以《鸤鸠》之德而居鹊巢,以《采蘋》之诚而荐行潦。爰嘉有礼,乃命疏封,益修中馈之仪;助成分阃之略。永祇命服,勿替训词。可。

出处:《东牟集》卷八。又见《永乐大典》卷二九七二。

撰者:王洋

考校说明:编年据王洋任两制时间补。

罢吏部侍郎落职提举宫观诰
(暂系于绍兴二年八月至十月间)

侍从之臣,义当徇国,谋身既切,理必背公。肆瘅朋比之徒,用振公方之气。具官某顷有旧誉,擢置谏垣,察其陈说之词,谓绝附枝之援。当群情之交煽,委正道而弗行,汝宜为朕辟大公之涂,朕亦恃汝为众正之望。猥自同于新进,谅有愧于初心。阴交台臣,为嚅嗫相亲之态;致身从列,忘逡巡自好之风。姑褫铨曹之联,往即祠庭之奉。是惟茂渥,其务改图。可。

出处:《东牟集》卷八。

撰者:王洋

考校说明:编年据王洋任两制时间补。此诰脱受诰者名,待考。

师敏转遥郡刺史诰
(暂系于绍兴二年八月至十月间)

敕具官某:七闽之区,素称无事。比年以来,盗贼数起,至遣将辅抚戎,乃稍底定。夫战克之难如此,则凡斩将搴旗之士,可谓均有劳矣。尔前者躬率师徒,冒涉山险,不顾必死,遂擒渠魁。上功自言,备见成效,进官一等,遥领郡章。益图后勋,朕不忘汝。可。

出处:《东牟集》卷八。

撰者:王洋

考校说明:编年据王洋任两制时间补。

邵溥复秘阁修撰诰
(绍兴二年八月至十月间)

敕:朕遇灾而惧,广求其端,爰疏涣恩,大赍群品,冀迎善气,以享天心。而况勤劳之臣,尚婴谴戾,载加申叙,其可后乎？尔文学之富,为时老成;政事之优,见于已试。自登禁从,名重本朝,属时艰虞,未究施设。尝下锋车之召,益勤仄席之思,即将迈于远猷,盍稍还于旧物。升华芸阁,寄侁真祠。虽在远而弗忘,宜体恩而图报。可。

出处:《东牟集》卷八。

撰者:王洋

考校说明:编年据王洋任两制时间、邵溥宦历补,见《建炎以来系年要录》卷六三。《宋史翼》卷一〇《邵溥传》:"绍兴元年三月,复朝请郎、秘阁修撰。"未知所据。《建炎以来系年要录》卷四三:"(绍兴元年四月)庚午,责授汝州团练副使邵溥复为朝请郎。"未提及复秘阁修撰事。

李弼孺复直徽猷阁诰
(绍兴二年八月至十月间)

敕具官某:尔世济之美,为时名家,临政之优,所至称治。既屡更于烦使,或稍致于谤书。对仗自言,何乃果于用辨;投章而去,是亦近于弗思。念既历于岁时,亦屡更于霈泽,已起真祠之秩,仍归延阁之班。励汝忠嘉,服我休宠。可。

出处:《东牟集》卷八。

撰者:王洋

考校说明:编年据王洋任两制时间、李弼孺宦历补,见《建炎以来系年要录》卷四四。

何志同复待制制
(绍兴二年十月一日)

敕:朕绍履尊极,康济艰难,思得四海贤俊豪杰之士,共图兴复,庶臻嘉靖。矧尝位禁从之臣,岂宜置而不用哉?具官问学淹该,器质纯粹。典领编摩之任,优游礼乐之司,遂进长于天官,旋跻华于秘殿。比从物议,稍黜近班。宜推起废之仁,复还次对之选。尚思励翼,庸副眷怀。可。

出处:《大隐集》卷一。
考校说明:编年据《建炎以来系年要录》卷五九补。李正民此时未任两制,且已出知吉州(见《建炎以来系年要录》卷四九),此制或为《大隐集》误收。

李璆复集英殿修撰制
(绍兴二年十月一日)

敕具官某:大君之度,贵在匿瑕;有国之恩,莫如宥过。思仰符于骏命,肆大赉于多方,眷予旧臣,可忘申叙!尔质行素美,术业甚优,早以艺文,遂登禁从,往从贬黜,遂历岁时。其跻秘殿之联,仍即真祠之奉。念人言之可畏,汝勉自修;承帝命而莫违,予惟好德。勿烦多训,益迈远猷。可。

出处:《东牟集》卷七。
撰者:王洋
考校说明:编年据《建炎以来系年要录》卷五九补。

赵子崧复集英殿修撰制
(绍兴二年十月一日)

敕具官某:同上。尔质行之美,著乎凤闻,术业之优,见于已试。自登要路,益显令猷。河间大雅之风,本由天性;东平为善之乐,盖自安行。往遭寇攘,有失绥御,一从贬黜,遂历岁时。其跻秘阁之荣,仍即真祠之奉。可。

出处:《东牟集》卷七。

撰者:王洋

考校说明:编年据《建炎以来系年要录》卷五九补。

卫仲达秘阁修撰制
(绍兴二年十月一日)

敕具官某:同上。尔质行素美,术业甚优,早以艺文,遂登禁从。及事功之累试,在名位为已隆,殆睹时危,率先干纪,念一从于贬黜,既屡沐于恩休。其升中秘之联,仍即真祠之奉。可。

出处:《东牟集》卷七。

撰者:王洋

考校说明:编年据《建炎以来系年要录》卷五九补。

何志同复徽猷阁待制制
(绍兴二年十月一日)

敕具官某:尔质行之美,著于凤闻,术业之优,见于已试。自登要路,益显令猷,多雍容长者之风,具礼乐成人之事。念不见于三年之后,常仁予怀;想致意于一篇之中,可明汝志。尚即真祠之奉,言归次对之班,益保令名,永绥后祉。可。

出处:《东牟集》卷七。

撰者:王洋

考校说明:编年据《建炎以来系年要录》卷五九补。

常平司岁举京官员数令宪漕二司分举诏
(绍兴二年十月三日)

诸路常平司岁举京官员数,令宪、漕二司分举,宪司一分,漕司二分。

出处:《建炎以来系年要录》卷五九。

管军臣僚等许入行宫北门诏
(绍兴二年十月四日)

驻跸临安府,日逐后殿坐。管军臣僚并阁门官御带祗应、宣赞舍人已下,及先起居提点承受等,依例并许入行宫北门。

出处:《宋会要辑稿补编》第八九页。

福建提举茶事司权移往泉州诏
(绍兴二年十月四日)

福建提举茶事司权移往泉州,就旧提举市舶司置司,将今来兼管市舶司职务系衔。

出处:《宋会要辑稿》职官四四。又见《宋会要辑稿补编》第六四五页。

见任及出使并前任宰臣执政官到阙报御药院闻奏诏
(绍兴二年十月五日)

今后见任及出使并前任宰臣、执政官路由国门及到阙,并前五日报御药院闻奏取旨,差官传宣抚问,并赐银合茶药。

出处:《宋会要辑稿》礼六二之五六。

禁官司及奉使官辄指差大理寺使臣公吏诏
(绍兴二年十月五日)

大理寺使臣、公吏,应官司及奉使官辄指差者,并从杖一百科罪,仍仰本寺执奏,更不发遣。

出处:《宋会要辑稿》职官二四之一七。

王庶落职诏
（绍兴二年十月八日）

起复徽猷阁直学士王庶语言轻率，用意倾险，落职提举江州太平观，本州居住。

出处：《建炎以来系年要录》卷五九。

赐广南东西路荆湖南北路两浙东西路
福建路江南东西路州县官吏等敕书
（绍兴二年十月八日）

敕广南东西等路州县官吏等：朕以中原否隔，狄难岁滋，巡省治兵，久淹江表。惟是六师供亿调度之繁，以盗贼干戈诛求之苦，扰吾郡邑，害及生灵，终夜以思，当食而叹。虽诏书宽恤，赦令蠲除，以时而下，尚虑奉行之吏便文自营，徒挂墙壁，使吾恻怛哀矜之意不能下究，而元元之民靡获沾其实惠，朕甚愍之。肆简忠信之使分路循行，逮诸郡县检察诏令，平反刑狱，观问风俗，宣布德意。付以亲札之历，使按举必书，以稽其殿最；丁宁告戒，躬临遣之。惟尔在官小大之臣，斯亦知朕志矣。其相率励，各公乃心，勤乃职，毋荒失朕命，务安吾民。凡使者之所上闻，朕将即其功罪，以示劝惩，随其惰修，加以诛赏。尔乃狃于习俗，行或不良，将冒吾禁，其洒心易虑，务自悔革，勿蹈大刑。朕言必行，惟明听之毋忽。故兹示谕，想宜知悉。冬寒，汝等各比好否？遣书，指不多及。

出处：《北海集》卷一六。
撰者：綦崇礼
考校说明："绍兴二年"据《建炎以来系年要录》卷六〇补。

统领军马官不得陵犯知通县令诏
（绍兴二年十月九日）

差发兵马统领、将佐、使臣、将校尉、兵级于经由及屯驻处陵犯知、通、县令，或以请受之类为名陵犯见任命官者，统领、将佐、使臣流三千里，仍奏裁；将校、兵级依违犯阶级法。以上所为重者，自从重。令州县、监司觉察举劾。知而不举，减罪人罪三等。州县每季检举晓谕。

出处：《庆元条法事类》卷七。又见《建炎以来系年要录》卷五九。

臣僚不得再任诏
（绍兴二年十月十三日）

自今非监司及缘边守臣，毋得再任。违者，令御史察之。

出处：《建炎以来系年要录》卷五九。又见《宋会要辑稿》帝系八之二一。

令孙逸等催纳江西上供粮斛诏
（绍兴二年十月十三日）

差仓部郎官孙逸前去同本路漕臣韩球于逐州催纳，先次起发三十万硕，各差逐州通判、兵官一员管押，赴镇江府权行交卸。其合用舟船，如官纲不足，仰本路安抚大使司协力那融应副，仍限至十二月终起发尽绝；如有已受纳到早米，亦仰疾速起发，祗备应接行在支遣。令户部常切催促。如限内依数起足，其韩球、孙逸并管押官一例推恩；若出限不足，取旨降黜。及差郎官一员、密院准备将两员前去受纳，令别项桩管，非奉朝廷指挥，不以是何去处，不得支动颗粒，并沿路不得拘截。如违，并重置典宪。

出处：《宋会要辑稿》食货六四之四八。

徐俯赐进士出身御批
（绍兴二年十月十三日）

右谏议大夫徐俯志气刚方，早闻于世，其于文学，直其余事。可赐进士出身。

出处：《建炎以来系年要录》卷五九。又见《宋会要辑稿补编》第七三页。

广西纲马须押到行在枢密院交纳诏
（绍兴二年十月十四日）

广西所买纲马,仰帅臣指挥管押官等,今后并须押到行在枢密院交纳,分拨支降。虽有朝旨,亦不许截留。仍仰两浙、江东西、荆湖、福建、广南东西路转运司遍行辖下州军:遇有管押上件纲马到来,将今降指挥关报押马官等知委。如被官司截留,不到行在,管押等并不推恩。其管押官辄敢计会官司截留,当议重作施行。

出处:《宋会要辑稿》兵二四之三三。

待阙官权摄州县职任令长吏批书印纸诏
（绍兴二年十月十五日）

待阙官权摄州县职任者,令长吏批书印纸。违者无得调官。

出处:《建炎以来系年要录》卷五九。

臣僚陈请不得任乡部诏
（绍兴二年十月十六日）

臣僚陈请不得任乡部指挥。如有任乡部人,限指挥到日令自陈。隐而不闻者,当科违制之罪。

出处:《宋会要辑稿》职官八之一四。又见《宋会要辑稿补编》第五二四页。

诸司诸军粮料院审计司监官差权支给条例诏
（绍兴二年十月十六日）

诸司、诸军粮料院、审计司监官每遇阙官,逐急权差,每月支钱三十贯文;权不满月,计日支给;见支食钱三百文罢。

出处:《宋会要辑稿》职官二七之五八。

宣谕官出谒制诏
(绍兴二年十月十七日)

宣谕官所至,有使相及前执政官知判州府者,许出谒。

出处:《建炎以来系年要录》卷五九。

赐庆远军官吏军民僧道耆寿等示谕敕书
(绍兴二年十月十九日)

敕庆远军官吏军民、僧道耆寿等:朕以邢焕亲居后父,蚤推姻阀之贤,宠建戚藩。兹广合宫之庆,留奉祠于琳馆,俾遥领于龙江。时维邦翰之良,匪特椒房之重。旌旄载道,知远服之增光;典册告廷,想群臣之咸喜。今特授邢焕庆远军节度使,充醴泉观使,特封德清县开国子,食邑五百户,食实封二百户。故兹示谕,想宜知悉。冬寒,汝等各比好否? 遣书,指不多及。

出处:《北海集》卷一六。
撰者:慕崇礼
考校说明:"绍兴二年"据文中所述"今特授邢焕庆远军节度使,充醴泉观使"补,见《建炎以来系年要录》卷五八。

诸路帅臣等造公使正赐库酒遵依成法诏
(绍兴二年十月二十二日)

诸路帅臣及统兵官司所造公使正赐库酒,并仰遵依成法,止合自供食用并馈遗官属,不得过数酝造,违法出卖,侵耗国用。如违,除本罪外,取旨重作行遣。

出处:《宋会要辑稿》食货二一之一九。

收捉浙东吃菜事魔诏
(绍兴二年十月二十九日)

令浙东帅宪司、温、台州守臣疾速措置收捉为首众之人,依条断遣。今后遵依见行条法,各先具已措置事状以闻。

出处:《宋会要辑稿》刑法二之一一一。

打造手射弓诏
(绍兴二年十月二十九日)

令户部支降钱一万贯付军器所,打造手射弓二千张,专委韩肖胄、杨沂中提领措置。其合用工匠,权于诸军借差,仍量日支食钱,候打造了日发遣。如不足,许令和顾。

出处:《宋会要辑稿》职官一六之四。

造省样升斗秤尺等子出卖诏
(绍兴二年十月二十九日)

户部支钱五百贯,令文思院依临安府秤斗务造成省样升斗、秤尺、等子,依条出卖,其钱循还作本。仍先次制造样制法则,颁降诸路漕司依式制造,分给州县货易行使。其民间见行使私置升斗、秤尺、等子,候官中出卖日并行禁止;如或违犯,并依条施行。

出处:《宋会要辑稿》食货六九之一〇。

令江北州军帅臣互相救援诏
(绍兴二年十一月一日)

江北州军帅臣郡守遇警急,即互相关报,统率人马应援。若依前坐视,致邻近疏虞,元承关报帅守重置典宪。

出处:《宋会要辑稿》职官四二之七七。

赐新除吏部侍郎韩肖胄辞免恩命改授一州不允诏
(绍兴二年十一月二日后)

　　敕肖胄:省所奏辞免恩命,事具悉。卿顷由宰士,擢贰冬卿。阅岁月之再周,厥材猷而自见。眷言劳勋,宜有序迁。朕方绍立邦基,缅怀世烈。故国在念,岂徒乔木之思;遗笏仅存,犹若甘棠之比。矧得贤于后裔,宜戮力于本朝。进执铨衡,兹图乃绩。出分符竹,可副朕心。往亟践于厥官,毋久留于成命。所请宜不允。故兹诏示,想宜知悉。

出处:《北海集》卷一四。
撰者:慕崇礼
考校说明:编年据《建炎以来系年要录》卷六〇补。

支破福国夫人请给诏
(绍兴二年十一月三日)

　　皇后母福国夫人能氏,昨缘皇后封册,已降指挥依例支破诸般请给。于建炎三年三月内去失文历,至今并不曾请给。所有积下请受更不支破,可别行出给历头,仍自十一月为始,依旧勘给。

出处:《宋会要辑稿》后妃二之三。

令诸路州军将官员到罢窠阙状供申吏部诏
(绍兴二年十一月三日)

　　诸路州军将官员到罢、窠阙状,随选分作四本供申吏部,仍令问具里居不仕及流寓人,随吏部窠阙状申尚书省。

出处:《宋会要辑稿》职官八之一四。又见《宋会要辑稿补编》第五二四页。

谕讲筵所诏
（绍兴二年十一月三日）

今后住讲日,令讲读官依讲筵日分,除假、故、旦、望,隔日轮官接续供进《春秋口义》一授,开讲日依旧。所有日进故事,仍令侍从官依先降指挥,与讲读官、翰林学士、两省官共进,却遇开讲权免。

出处:《宋会要辑稿》崇儒七之二。

秘书省日轮官一员止宿诏
（绍兴二年十一月七日）

秘书省依旧制,日轮官一员止宿,遇请假验实,即以次官;长贰五日一次点宿。

出处:《宋会要辑稿》职官一八之二五。

谕江湖闽浙广南路州县官吏诏
（绍兴二年十一月八日）

朕以中原否隔,狄难岁滋,巡省治兵,久淹江表。惟是六师供亿调度之繁,加以盗贼干戈诛求之苦,扰吾郡邑,害及生灵。终夜以思,当食而叹。虽诏书宽恤,赦令蠲除,以时而下,尚虑奉行之吏,便文自营,徒挂墙壁,使吾恻怛哀矜之意不能下究,而元元之民靡获沾其实惠,朕甚愍之! 肆简忠信之使分路循行,逮诸郡县,检察诏令,平反刑狱,观风问俗,宣布德意,付之以亲札之历,使举案必书,以稽其殿最。丁宁告戒,躬临遣之。惟尔在官小大之臣,斯亦知朕志矣。其相率励,各公乃心,勤乃职,毋荒失朕命,务安吾民。凡使者之所上闻,朕将即其功罪,示以劝惩;随其惰修,加以诛赏。尔乃狃于习俗,行或不良,时冒吾禁,其洗心易虑,务自悔革,勿蹈大刑。朕言必行,惟明听之,勿忽。

出处:《建炎以来系年要录》卷六〇。

知县等阙官补填条例诏
（绍兴二年十一月十三日）

今后知县阙官处,只委本州日下差本州属邑丞、簿权外,巡尉场务阙下依旧法。

出处:《宋会要辑稿》职官四八之三四。

责罚透漏私贩盐地分官诏
（绍兴二年十一月十六日）

私贩获三十斤以上,其透漏地分巡尉、捕盗官并冲替,令、佐差替,知、通不以官序并降一官。

出处:《宋会要辑稿》食货二六之七。又见《宋会要辑稿补编》第七八〇页。

淮浙盐支文钞事诏
（绍兴二年十一月十七日）

淮、浙盐场所出盐,以十分为率,四分支今降指挥以后文钞,二分支今年九月甲申以后文钞,四分支建炎渡江以后文钞。

出处:《建炎以来系年要录》卷六〇。又见《文献通考》卷一六。

免武昌军上供钱物一年诏
（绍兴二年十一月十七日）

武昌军累经焚劫,可以本军所乞上供钱物全免一年。

出处:《宋会要辑稿》食货六三之三。

令孟庾韩世忠为屯田之计诏

（绍兴二年十一月十八日）

令孟庾、韩世忠措置将兵马为屯田之计，体仿陕西弓箭手法。所贵耕植渐广，以省国用，以宽民力。

出处：《宋会要辑稿》食货六三之八八。

修起居注官立班诏

（绍兴二年十一月二十一日）

修注官赴起居殿陛侍立，比之余官权职不同，特令立起居郎、舍人班。

出处：《宋会要辑稿补编》第一二六页。

放免临安府人户去年和买并䌷绢折帛钱诏

（绍兴二年十一月二十三日）

临安府实经贼马残破去处，人户未纳去年和买并䌷绢折帛钱，并与放免。

出处：《宋会要辑稿》食货三八之一四。又见《宋会要辑稿补编》第三六五页。

支破行在御辇院辇官食钱事诏

（绍兴二年十一月二十三日）

行在御辇院辇官钱食犒设，并系应天府立定，依禁卫则例支破。内食钱累经裁定，所有元降支给指挥则例因昨兵火散失，可依历内明州对到犒设并粮料院出到小历内人员长行已请日支钱米等第则例，今后执用批勘。

出处：《宋会要辑稿》职官一九之一六。

检察州县施行宽免诏旨实状上闻诏
(绍兴二年十一月二十四日)

应宽免诏旨,令诸路监司每季具所部州县施行实状上闻。其奉行周悉与夫苟简者,精加检察,为之赏罚。

出处:《宋会要辑稿》职官四五之一八。

诸学士待制合请职钱米麦等依嘉祐禄令支破诏
(绍兴二年十一月二十五日)

诸学士待制合请职钱米麦等,依《嘉祐禄令》支破;中散大夫以上提举在外宫观,依《嘉祐禄令》随资序立等支破添支。如州郡官失觉察,从杖一百科罪。

出处:《宋会要辑稿》职官五七之六八。

赐尚书左仆射领江淮荆浙都督诸军吕颐浩生日诏
(绍兴二年七月至十二月间)

风威翔于北陆,方迎朔律之严;台象耀于中阶,爰启高门之庆。是生贤佐,来相朕躬。位崇补衮之华,日应垂弧之吉。式颁珍赐,往介蕃祺。倚毗廊庙之谟,孰逾元老;戡定邦家之难,必享长年。

出处:《沈忠敏公龟溪集》卷四。
撰者:沈与求
考校说明:编年据沈与求任两制时间、吕颐浩宦历补,见《宋史》卷二一三《宰辅表》等。

速捕闽盗诏
(绍兴二年十二月一日)

闽盗范忠窃发,令神武前军左部统领申世景、御前忠锐第六将单德中以所部二千速捕之,毋致滋长。如不即扑灭,其帅守、监司及应干捕盗官并重置典宪。

出处:《建炎以来系年要录》卷六一。

禁大理寺官出谒诏
(绍兴二年十二月三日)

大理寺官自卿、少至司直评事,虽假日亦不得出谒及接见宾客。令本寺长贰常切觉察。仍令尚书省出榜,于本寺门晓示。

出处:《宋会要辑稿》刑法二之一一三。

赐新除龙图阁学士充荆湖南路安抚使兼知潭州沈与求辞免恩命乞一在外宫观不允诏
(绍兴二年十二月八日后)

敕与求:省所奏并辞免恩命,乞一在外宫观,事具悉。朕以湖湘之南,寇攘频扰,兵革之后,做备未休,爰咨近臣,往镇方面。维卿历居台省,每陈忧国之言;久侍轩墀,与识爱民之意。察其可用,何所不宜?虽铨衡得人,无若山涛之比;然诗书取帅,谁居却谷之先?肆分藩阃之雄,并宠河图之峻。顾中外迭任,乃国朝之旧章;而险夷一心,亦臣子之常分。胡为有请,自托不能?惟付之甚艰,岂忧诚之弗亮?尚其深体,毋复多云。所请宜不允。故兹诏示,想宜知悉。

出处:《北海集》卷一一。
撰者:慕崇礼
考校说明:编年据《建炎以来系年要录》卷六一补。

禁销金服饰诏
(绍兴二年十二月十日)

古者商旅于市,以视时所贵尚而为低昂,故淫则侈物贵也。访闻此来民间销金服饰甚盛,可检举旧制,严行禁绝。

出处:《宋会要辑稿》刑法二之一一五。

许陈乞还官任子诏
(绍兴二年十二月十日)

应陈乞还官任子者,但有官私印押文字一件可以照验,即许召保陈乞。

出处:《建炎以来系年要录》卷六一。

赐吕颐浩御札
(绍兴二年十二月十日)

惟天降灾,彰朕失德,当与卿等,共思所以谢天谴。其勿有请。

出处:《建炎以来系年要录》卷六一。

赐徐俯诏
(绍兴二年十二月十一日)

卿近进言,使朕熟看《世祖纪》,以益中兴之治。因思读之十过,未若书一遍之为愈也。先以一卷赐卿,虽字恶甚无足观者,但欲知朕不废卿之言耳。

出处:《建炎以来系年要录》卷六一。又见《玉海》卷三四。

临安民居毋得以茅覆盖诏
(绍兴二年十二月十二日)

临安民居皆改造席屋,毋得以茅覆盖。行宫皇城周回各径直留空三丈,毋得居。

出处:《建炎以来系年要录》卷六一。

谕临安府民捉获放火者诏
(绍兴二年十二月十二日)

今后捉获放火人,有官人与转一官,无官人支给赏钱一千贯,令临安府出榜晓谕。

出处:《宋会要辑稿》兵一三之一二。

行宫皇城周回须空留尺度防谨火禁诏
(绍兴二年十二月十二日)

行宫皇城周回各径直空留三丈,皇城门外各空留五丈外,许见存人居住,并须防谨火禁。如有违漏之家,依《开封府皇城法》断罪。

出处:《宋会要辑稿》职官三四之三五。

八路除阙权归吏部诏
(绍兴二年十二月十三日)

八路转运司除摄官及应辟人外,其阙并权归吏部。候边事宁息取旨。

出处:《建炎以来系年要录》卷六一。

断遣诸路制勘公事徒罪以下者诏
(绍兴二年十二月十五日)

诸路制勘公事徒罪以下,并令宣谕官酌情断遣以闻。四川分镇路分,令宣抚司遣官结绝。

出处:《建炎以来系年要录》卷六一。

令辛炳等所在州军给办装钱趣赴朝命诏
（绍兴二年十二月十五日）

辛炳、常同、唐恕、张呆在远之人,恐不能趣赴朝命,可令所在州军各给办装钱三百贯,以趣其行。

出处:《宋会要辑稿》选举三四之五一。

李愿差充川陕抚谕官诏
（绍兴二年十二月十五日）

驾部员外郎李愿差充川陕抚谕官,迪功郎潘棐差充抚谕官下干办官,令李振下差兵级五十人、使臣一员,京畿第二将下差兵级五十人、使臣一员,并令给券,候回至行在日住给。逐州差兵级一百人、兵官一员护送逐州交替。

出处:《宋会要辑稿》职官四二之七一。

赐新除工部侍郎贾安宅辞免恩命不允诏
（绍兴二年十二月十五日后）

敕安宅:省所奏辞免恩命,事具悉。周、汉二宣,皆中兴主。诗人所歌,既以任贤使能为宣王美;而史赞孝宣之治,至于技巧工匠器械,后世鲜及,以见吏称职之效,朕甚慕焉。惟卿发策妙龄,践扬最久,安恬知止,勇于退休。缅怀资善之游,厥有甘盘之旧。召还琐闼,益励靖共。冬官攸司,亦卿故领,庶几任使之广,必值于贤能,而综核之精,弗遗于工技。勉助于治,无庸固辞。所请宜不允。故兹诏示,想宜知悉。

出处:《北海集》卷一三。
撰者:綦崇礼
考校说明:编年据《建炎以来系年要录》卷六一补。

措置太平州修圩岸钱米及人户种粮诏
（绍兴二年十二月十六日）

太平州诸县兴修圩岸钱米及借贷人户种粮,令于宣州义仓常平等米内取拨一万硕。仍令太平州认数,候将来圩田收成日,却行拨还。

出处:《宋会要辑稿》食货六一之一〇七。

令诸路州县召僧道耕垦寺观常住荒田诏
（绍兴二年十二月十八日）

诸路寺观常住荒田,令州县召僧道耕垦。内措置有方及税租无拖欠者,并仰所属差拨住持,其田宅、寺观,仍不以名次高下差拨。

出处:《宋会要辑稿》食货六一之八一。

吉州榷货务支钱岳州充夵军粮支用诏
（绍兴二年十二月十九日）

吉州榷货务支钱二万贯应付岳州,专充夵军粮支用。

出处:《宋会要辑稿》食货四〇之一五。

赐张浚部叛将蜡书
（绍兴二年十二月二十二日）

昨宣司参议刘子羽,弄权用事,不通人情,今已召张浚还朝,更命王似。无复嫌隙,其早自归。

出处:《建炎以来系年要录》卷六一。

周随亨与李愿同行诏
（绍兴二年十二月二十三日）

吏部郎中周随亨差充川陕抚谕官,与李愿同行,给券外各支赐银五百两,候回日,并与升擢差遣。

出处:《宋会要辑稿》职官四二之七二。

两浙转运司用申状公牒事诏
（绍兴二年十二月二十三日）

两浙转运司于浙西安抚大使司用申状,于沿海制置使司、都转运司并用公牒。

出处:《宋会要辑稿》食货四九之三九。

抚谕四川路敕书
（绍兴二年十二月二十四日）

敕成都府、潼川府、利州、夔州等路官吏军民等:朕慨览舆图,计安邦域。眷予梁蜀,自我祖宗,宽彼政刑,革异时之苛急;顺其风俗,俾终岁以遨嬉。甲子再周,干戈不试,怨咨之气弗起,安乐之音相闻。繄国家施德泽之深,故民物极庶繁之美,岂虞他盗,辄乱诸华。流毒关中,遂肆侵陵之计;垂涎剑外,未忘吞噬之心。幸背城伸一战之威,获守险为四川之障。然而师徒久役,备御尚严,转粟兵间,固多劳苦,取民赋外,谅数诛求。所期暂费而永宁,夫岂好勤而恶逸?凤宵在念,焚灼于中。惟暴强而弗戢,则敌当自摧;惟祸乱之已穷,则时当自定。皇天是辅,伫成绥靖之图;王化复行,终底和平之会。往体至意,尚肩一心。故兹抚谕,想宜知悉。冬寒,汝等各比好否?遣书,指不多及。

出处:《北海集》卷一六。
撰者:綦崇礼
考校说明:编年年份据文中所述史事补,见《宋史》卷二七《高宗纪》。《三朝北盟会编》卷一五五将此敕系于绍兴三年五月十三日,敕文并无"冬寒"等语。

抚谕陕西路官吏军民等敕书
(绍兴二年十二月二十四日)

敕陕西路官吏军民等:朕躬履多艰,力兴大业。勒兵吴会,以北控于江淮;分帅秦川,俾西临于关塞。庶将复国,用克息民。嗟谋画之未良,致师徒之不竞。委金汤而弗守,半已隳残;纵蛇豕之无厌,恣其吞噬。靡顾黎元之祸,但资僭窃之臣。沦陷者无路以自归,散亡者有生而皆弃。流毒尔众,痛切朕心。是用更命近臣,往护诸将。既抚循于凋瘵,且备御于侵陵。毋逞淫刑,务行宽政。庶反侧者罔迷于首鼠,而逋逃者还齿于吾人。共图戡定之期,终底和平之旧。体斯至意,肩尔一心。故兹抚谕,想宜知悉。冬寒,汝等各比好否? 遣书,指不多及。

出处:《北海集》卷一六。

撰者:慕崇礼

考校说明:编年年份据文中所述史事补,见《宋史》卷二七《高宗纪》。

催促钱斛不差郎官诏
(绍兴二年十二月二十八日)

今后催促钱斛,并委都转运司,更不差郎官。

出处:《宋会要辑稿》食货四九之三九。

赐同都督江淮荆浙诸军事孟庾辞免恩命不允诏
(绍兴二年十二月二十八日后)

敕孟庾:省所札子奏,辞免同都督江淮荆浙诸军事恩命,事具悉。朕以军国大务,内倚丞弼,外责将帅。而方所病,在于兵权不一,莫适任患。顾瞻中原,孰将经理? 肆命上宰以八路之督,遥制于中;复俾辅臣往即师屯,以为之副。庶几表里协济,克就远图。维卿入赞政机,出提戎律。闽湘既定,江汉为清,威望隐然,固已折冲万里之外矣。因其摄事,申命正名,式重乃权,用齐众听。非为迁次,尚何足辞? 所请宜不允。故兹诏示,想宜知悉。

出处:《北海集》卷一二。
撰者:綦崇礼
考校说明:编年据《建炎以来系年要录》卷六一补。

赐同都督江淮荆浙诸军事孟庾上表辞免恩命不允仍断来章批答(绍兴二年十二月二十八日后)

省表具知。朕惟股肱一体,休戚所同。世当承平,则大衣高冠,雍容庙堂而有余;时属多故,则躬擐甲胄,驰驱军旅而不足。朕岂不欲与二三臣坐论于上,无为而用天下哉?顾方亲总六师,尝胆苦志,力图中国之难,则夫入参政柄,出董戎旃,以是委卿而不少休息者,宁所得已?往体朕意,益励壮猷。辞逊之常,于卿可略。所请宜不允,仍断来章。有敕:卿中联近辅,出董全师。揆已试之成功,实克堪于重寄。往图远略,毋事谦辞。今差。

出处:《北海集》卷一七。
撰者:綦崇礼
考校说明:编年据《建炎以来系年要录》卷六一补。

令临安府押汪大珪等归本贯诏(绍兴二年十二月二十九日)

近来未尝因言责人,惟伏阙事不可不戒。可令临安府押归本贯。

出处:《建炎以来系年要录》卷六一。

士街缘五享献官所得添给并行住罢诏(绍兴二年十二月二十九日)

士街除本身合得请给令温州勘给外,应缘五享献官所得添给并行住罢,其手分、人从并减罢。遇五享,令本州量差拨手分、人从,事毕勾回。

出处:《宋会要辑稿》职官五七之六九。

行在榷货务等火禁法诏
（绍兴二年十二月三十日）

行在榷货务火禁,并行在省仓草料场火禁,并依皇城法。

出处:《宋会要辑稿》刑法二之一一〇。

封罗文通敕
（绍兴二年十二月）

君子于不道之朝,逸隐为高;人主于清修之士,激扬为务。昔晋罗文通寡欲无求,廉退自守。隐居学道,著一十四篇之书;力学训徒,感从学八百之众。苟全性命于乱世,不求闻达于诸侯。有若高人,是宜嘉奖。今南昌尉梅福已封吏隐真人,文通之行,梅福之流,屡征不仕,明哲知几,可封大罗悟道征君,并修罗山书院额。主者施行。

出处:同治《崇仁县志》卷首,同治十二年刻本。

孔莘夫授迪功郎诏
（绍兴二年）

皇帝诏曰:盛德必百世祀。历观自古圣贤,惟夫子之后千余岁不绝,所谓贤于尧舜者耶！六经之道,帝王世守之,君臣、父子所以不胥为夷者,皆夫子之赐也。读其书,享其学,而可不录其苗裔乎！今袭封者,言汝最长,有司其如故事官之,试以民事,以称朕尊崇先圣之意焉。

出处:同治《临川县志》卷五一,同治九年刻本。又见《阙里志》卷七。
考校说明:编年据《阙里志》卷七补,同治《临川县志》卷五一系于孝宗朝。

杨政换给右武大夫恭州团练使制
(绍兴二年前后)

　　爵以驭贵,初无予夺之私;赏必视功,用为能否之劝。允惟多绩,奚惮屡迁?具官某许国以忠,行师有律,久振鹰扬之旅,力摧蚁聚之锋。食肉寝皮,志每存于去恶;履肠涉血,勇屡见于先登。是为出类之勋,可后非常之典?载班命绶,超进兵团,以示眷隆,以旌显效。克祗予训,益懋汝为。

出处:《竹溪先生文集》卷四。
考校说明:编年据《宋史》卷三六七《杨政传》补。《宋史》卷三六七《杨政传》:"绍兴元年春,金人趋和尚原,又攻箭筈关,政引兵大破之,斩千户一、酋长二。迁右武大夫。十月,金兵大集,号十万,自宝鸡列栅至原下……复出奇兵断其粮道,敌少却,遮击之,获万户及首领三百余人、甲士八百六十人。拜恭州刺史……二年,金合步骑数千栅鱼龙川口,政帅精兵劫破之。升陇州团练使,移知方山原,军储刍谷在其中。"与此制不合。李弥逊此时未任两制,此文或为《竹溪先生文集》误收。

杨政换给川陕宣抚使补授十将至
右武大夫恭州团练使付身制
(绍兴二年前后)

　　朕慎惜名器,不以假人,而于将帅之臣,率用优典,所以劝有功也。具官某沈毅有谋,疏通知变,久提师律,备积战多。众皆知其威名,人将贾其余勇。顾何待于三锡,俾尽从于九迁,爰考旧勋,载加新命。益罄干城之略,助成辟国之功。

出处:《竹溪先生文集》卷五。
考校说明:编年据《宋史》卷三六七《杨政传》补。《宋史》卷三六七《杨政传》:"绍兴元年春,金人趋和尚原,又攻箭筈关,政引兵大破之,斩千户一、酋长二。迁右武大夫。十月,金兵大集,号十万,自宝鸡列栅至原下……复出奇兵断其粮道,敌少却,遮击之,获万户及首领三百余人、甲士八百六十人。拜恭州刺史……二年,金合步骑数千栅鱼龙川口,政帅精兵劫破之。升陇州团练使,移知方山原,军储刍谷在其中。"与此制不合。李弥逊此时未任两制,此文或为《竹溪先生文集》误收。

高宗朝卷七　绍兴三年(1133)

诸路提刑司官兼提举常平等事诏
(绍兴三年正月三日)

诸路提刑司官各给敕一道,兼提举常平等事,于衔内添入,仍许置干办官一员,于置司州军差属官一员兼管常平等事。其本司人吏与存旧额之半。内提刑官兼提举常平等事与依旧支破提举官食钱,其本司应干田产钱物,委逐州主管官根括驱磨,候新差到干办官,逐一取索检察。如得见主管官却有隐漏,令提刑司按劾施行。

出处:《宋会要辑稿》职官四三之二〇。

婺州绍兴三年分罗权折纳价钱诏
(绍兴三年正月三日)

婺州绍兴三年分罗并权折纳价钱,令两浙转运使开具合折价直钱,申尚书省。

出处:《宋会要辑稿》食货六四之二九。

令度支出给文武官料钱历头取会阁门等处诏
(绍兴三年正月七日)

度支出给文武官料钱历头,取会阁门、吏部、都官、粮料院等处。其违限不报人吏,并从杖一百科罪。

出处:《宋会要辑稿》食货五一之四三。

姚舜明专一总领应干都督府钱物粮斛诏
(绍兴三年正月八日)

　　差户部侍郎姚舜明前往建康府专一总领应干都督府钱物粮斛,仍于都督府选差有风力、谙晓钱谷属官四员,充粮院、审计司监官。都督府管下官兵等帮勘请给等,并经由户部粮审院依条批勘支给。建康府榷货务都茶场亦仰姚舜明提领。

出处:《宋会要辑稿》职官四一之四五。

中外刑官各务仁平手诏
(绍兴三年正月九日)

　　廷尉,天下之平也,曹刿谓"大小之狱,虽不能察,必以情"为忠之属也,可以一战。不其然乎? 可布告中外,应为吾士师者,各务仁平,济以哀矜。天高听卑,福善祸淫。莫遂尔情,罚及尔身。置此座右,永以为训。台属宪臣,常加检察,月具所平反刑狱以闻。三省岁终钩考,当议殿最。

出处:《建炎以来系年要录》卷六二。又见《中兴两朝圣政》卷一三,《玉海》卷六七,《宋史记》卷九。
考校说明:编年据《建炎以来系年要录》卷六二、《中兴两朝圣政》卷一三、《玉海》卷六七补。

韩世忠兵往还所给粮令漕司偿其数诏
(绍兴三年正月九日)

　　世忠往还所给粮,令漕司偿其数,余不行。如奉行有违,合干官吏并当重行审责。

出处:《建炎以来系年要录》卷六二。

令守臣劝诱献纳祖宗御书及国史实录会要等诏
（绍兴三年正月十二日）

湖州管下故执政林摅家有道君皇帝御书、太祖以来国史、实录、《国朝会要》等书，及历代经史子集，书集全备；开元寺有仁宗皇帝御书一大匣；道场山天圣、报本二寺，各有祖宗御书。令本州守臣劝诱献纳。

出处:《宋会要辑稿》崇儒四之二二。

禁诸司踏逐指差拘留截栏修造御前军器官物人吏诏
（绍兴三年正月十二日）

修内司见造御前军器，其掌管官物使臣人吏等并不许诸官司踏逐指差，拘留截栏，应副它处。如承受传宣内降朝旨等指挥，令本司遵执，更不发遣，亦不回报，止具奏知。

出处:《宋会要辑稿》职官三〇之二。

巡捕官知通等透漏私盐责罚条约诏
（绍兴三年正月十三日）

今后巡捕官、知通、令佐透漏持仗群众结党般贩私盐五百斤以上，并依绍兴二年十一月十六日已降指挥施行；若透漏其余私贩之人，断罪并系依旧制；如及一千斤，即合状申尚书省酌情取旨行遣，余依已降指挥。

出处:《宋会要辑稿》食货二六之七。又见《宋会要辑稿补编》第七八〇页。

赐新除工部尚书席益辞免恩命不允诏
（绍兴三年正月十三日后）

敕席益:省所奏辞免恩命，事具悉。卿世有令名，蚤跻华贯。历代言于两禁，更共理者五州。身数器而有余，才兼人而不匮。顷被赐环之命，载联持橐之荣。

执铨衡而奸欺之迹靡容,奉劝讲而补益之言屡至。审堪还用,宁惮亟迁? 维时六卿,实亚二府,有以德举,不由序升。姑进掌于冬官,尚委成于选事。并图乃绩,岂曰朕私? 其即钦承,毋劳逊避。所请宜不允。故兹诏示,想宜知悉。

出处:《北海集》卷一一。

撰者:綦崇礼

考校说明:编年据《建炎以来系年要录》卷六二补。

赐新除吏部侍郎陈与义辞免恩命不允诏
(绍兴三年正月十三日后)

敕与义:省所奏辞免恩命,事具悉。选部旧为剧曹,自南渡以来,典籍散亡,奸弊百出。或者当用文学之吏治之,庶几能胜,则又大不然。夫铨综之地,多士所趋,而专以吏道绳焉,其肯退听? 昔人盖有简要清通之目,非吾儒学之臣,其素节雅望足以领袖后进者,顾未易以厌服士心,而见推平允也。朕今擢卿于词掖而行之选事,岂苟然哉? 亟祗厥官,毋留成命。所请宜不允。故兹诏示,想宜知悉。

出处:《北海集》卷一五。

撰者:綦崇礼

考校说明:编年据《建炎以来系年要录》卷六二补。

赐左奉议郎试尚书吏部侍郎兼侍讲陈与义
乞除一在外宫观不允诏
(绍兴三年正月十三日后)

敕与义:省所奏,乞除一在外宫观差遣,事具悉。朕建立邦国于剥乱陵夷之后,号召人材于流离解散之余,有德于兹,将收其用,夫岂无故而遽弃之? 卿以硕学懿文,宏材赡智,来从孤远,越置近严。纶阁摛辞,识王言之体;天官典选,得士誉之公。方观厥成,克副朕志。遽以疾谂,欲轻去朝,何嫌何疑,则为计出此? 姑安乃职,毋复多言。所请宜不允。故兹诏示,想宜知悉。

出处:《北海集》卷一五。

撰者:綦崇礼

考校说明:编年据《建炎以来系年要录》卷六二补。

诚约不得无故入三省诸门诏
(绍兴三年正月十四日)

无故入三省诸门,许人告捕,每名赏钱三十贯,余依见行条法。

出处:《宋会要辑稿》职官一之五〇。

赐皇叔祖检校少保靖海军节度使开府仪同
三司嗣濮王仲湜辞免兼大宗正事恩命不允诏
(绍兴三年正月十四日后)

敕仲湜:省所奏辞免兼判大宗正事恩命,事具悉。朕观《麟趾》之风,而念振振之族;读《行苇》之雅,而怀戚戚之私。遭时艰否之期,感此散离之后,肆召司属,还趋行朝。庶纠合于宗枝,以固安于根本。惟卿嗣承濮邸,贵袭王封。属籍既尊,宗盟是赖。俾总有司之务,用敦同姓之恩。宜疾其驰,尚何所避? 所请宜不允。故兹诏示,想宜知悉。

出处:《北海集》卷九。
撰者:綦崇礼
考校说明:编年据《建炎以来系年要录》卷六二补。

赐刘光世再辞免恩命不允诏
(绍兴三年正月十五日后)

敕光世:省所奏,再辞免恩命,事具悉。卿以上将之重,作镇方面,折冲敌忾,厥绩茂焉。肆酬贤劳,加荣双节。而卿深戒满盈,过自抑畏。忱辞荐至,益见勤诚。夫惟富而不骄,贵而能降,负功名而不伐,则福禄长久之道,在卿勉之。宠命已行,勿复固避。所请宜不允。故兹诏示,想宜知悉。秋热,卿比安好? 遣书,指不多及。

出处:《北海集》卷一二。

撰者:慕崇礼

考校说明:编年据文中所述"加荣双节"补,见《建炎以来系年要录》卷六二。

令御史台每季点检禁囚诏
(绍兴三年正月十七日)

　　御史台每季委本察官一员躬诣大理寺及应有刑职去处,点检禁囚,淹留不决或有冤滥,并具当职官职位、姓名以闻。

出处:《宋会要辑稿》职官一七之一八。

赐新除知扬州充淮南东路安抚使汤东野辞免恩命不允诏
(绍兴三年正月十七日后)

　　敕东野:省所札子奏,辞免恩命,事具悉。朕北顾中原,淮海实为控扼之地。自分镇以来,未得其人,使吾遗氓,更以重困。肆求侍从之旧,往绥抚之。如卿材能,著于已试,起当阃寄,孰曰不然?云胡抗章,犹以疾谂?夫天下多事,正圣哲驰骛之时。卿体国有素,顾欲辞难而就佚耶?其趣之官,副此眷倚。所请宜不允,依已降指挥,疾速前去之任。有合申事件,条具申尚书省。故兹诏示,想宜知悉。春暖,卿比安好?遣书,指不多及。

出处:《北海集》卷一五。

撰者:慕崇礼

考校说明:编年据《建炎以来系年要录》卷六二补。

颁降历日时限诏
(绍兴三年正月二十三日)

　　今后历日须管于十月上旬颁降了当,仍以四本作两次入递,其卖到钱赴行在榷货务送纳。

出处:《宋会要辑稿》职官一八之八八。又见同书职官三一之六,《建炎以来系年要录》卷六二。

百官诸司诸军合支本色米更不用麦支折诏
(绍兴三年正月二十四日)

百官诸司诸军本色麦并依见支折分数支给外,其合支本色米内见用麦支折者,今后依旧支米,更不支折。

出处:《宋会要辑稿》职官五七之六九。

诸军三衙支请合差官兵赴仓钤束诏
(绍兴三年正月二十六日)

今后诸军、三衙每遇支请,并差拨逐部将官部押人兵赴仓钤束。

出处:《宋会要辑稿》食货六二之一三。

临安府收养乞丐诏
(绍兴三年正月二十六日)

令临安府两通判体认朝廷惠养之意,行下诸厢地分都监,将街市冻馁乞丐之人尽行依法收养。仍仰两通判常切躬亲照管,毋致少有死损。如稍有灭裂,所委官取旨重作施行。仍日具收养人数以闻。

出处:《宋会要辑稿》食货六八之一三九。又见同书食货六〇之八。

邕州置买马司收买战马诏
(绍兴三年正月二十六日)

邕州置买马司,收买高及四尺二寸以上、口齿四岁以上、八岁以下堪披带战马,并经由邕州边界出入,及用邕州寨官并效用说谕收买。今后委本州知州专管。每买一百匹,发赴桂州经略司交割。仍每纲须要上等马十匹,桂州经略司专一提举收买。发到马数,委帅臣看验。堪充披带战马,即行交收。如有不依条法,并行退还,令变转别买。今来买马虽已立定格尺、价钱,仰买马官子细相视。

虽稍有不及格尺而阔壮堪披带,许量添收买,亦须及四尺一寸以上,仍于纲界状内分明开说。如有未尽未便,委广西帅司速具条画,申请施行。

出处:《宋会要辑稿》兵二二之一六。

邕州置买马司收买战马诏
(绍兴三年正月二十六日)

邕州置买马司,收买战马。每一百匹为一纲,每纲差官二员管押,将校一名、节级二人、牵马禁军或厢军五十人、兽医一名、军典一名。兽医许募百姓。其厢、禁军于一路通差,即不得差寄居待阙官及峒丁、土丁。纲马逐匹各于两胯下用火印纲马字,及造木牌雕刻字号,分明标记格赤、齿岁、毛色等事,于马项如法封记,务要辨验。及于纲解状内声说,实封发遣。预申枢密院,用纸画逐马毛色,以凭照验交收。押纲官如到行在,损失不及一分,依得条法交割了当,与转一官;将校、节级、军兵,并与转一资。失及二分,并降一官资。若有情弊,送大理寺根治。押马纲官兵等在路换易官马,许诸色人告捉。所有罪赏,并依川陕马纲法。

出处:《宋会要辑稿》兵二四之三三。

权行倚阁江东西湖北路绍兴二年未起上供纸数诏
(绍兴三年正月二十九日)

江东西、湖北路绍兴元年二年未起上供纸数,并特与权行倚阁,绍兴三年合发数目一半权折纳价钱。

出处:《宋会要辑稿》食货六四之四九。又见同书食货三五之三五。

宗室添差差遣条例诏
(绍兴三年正月三十日)

宗室添差差遣,每州十县已上不得过十员,不及十县至五县去处,各随所管县分数目添差,三县已上五员,三县已下三员,诸县万户已上三员,万户已下二员。仍并以二年为任。

出处:《宋会要辑稿》帝系六之二。

禁箭簳往山东诏
(绍兴三年二月一日)

禁箭簳往山东,犯者抵死。官吏失察,流三千里,不以原赦。

出处:《建炎以来系年要录》卷六三。

支赏告获东北仓偷盗粮斛者诏
(绍兴三年二月二日)

告获东北仓偷盗粮斛,每石支赏钱五十贯文,先以官钱代支,后于犯人并干连人名下追理还官。仍令左藏西库先次支钱二百贯文于两仓监门官处收掌,堆垛充赏。

出处:《宋会要辑稿》食货六二之一三。

行在诸仓支请事诏
(绍兴三年二月三日)

行在诸仓遇打请日,令户部前一日据合支数,令本仓般量出廒,于廊屋下安顿;遇天晴,于砖场上垛放支遣。

出处:《宋会要辑稿》食货五三之二。又见同书食货六二之一三。
考校说明:"三年"原作"二年",据原书前后条目系年及《宋会要辑稿》食货六二改。

广南西路置提举买马官诏
(绍兴三年二月五日)

广南西路置提举买马官一员,以提举广南西路买马为名,于邕州置司。请给、序官、荐举、人从等,并依本路提举茶盐官条例。并置属官武臣一员,以本路买马司干办公事为名,自邕州至行在,往来催促纲马、驿程等。请给、序官、人从等,并依提举茶盐司条例。所差官,并令三省、枢密院选择取旨。其经略司所差属官,只依旧提举洞丁。其措置收买战马指挥,更不施行。余依近降指挥,令所差官遵守。如有相妨及更有合行事件,条具申枢密院。

出处:《宋会要辑稿》兵二二之一六。

赐新除翰林学士知制诰徐俯辞免恩命不允诏
(绍兴三年二月五日后)

敕徐俯:省所奏辞免恩命,事具悉。学士之职,非独以文翰,待命禁林,而深谋密议,或预参决,号称内相,尚矣。我祖宗优礼词臣,退朝燕闲,犹多召见,从容顾问,克广聪明。而数十年来,官因人废,书诏之外,无所预闻。分厘院务,殆与外司等耳。朕甚惜之。卿以豪杰之才,老成之望,比跻谏省,数对于中,嘉其告猷,宜在兹选。庶几兴复之功,兼赖腹心之助。且使故事因卿而存,岂特号令文章需其用哉!益体眷知,毋烦谦避。所请宜不允。故兹诏示,想宜知悉。

出处:《北海集》卷一一。
撰者:綦崇礼
考校说明:编年据《建炎以来系年要录》卷六三补。

谕江西帅司招安事诏
(绍兴三年二月六日)

江西帅司今后应有招收贼火分明,谕以朝廷德意。若已受招安,放散之后复有结集作过,即遣发大兵,不以远近讨捕,焚荡庐舍,籍没家产,更不招安。

出处:《宋会要辑稿》兵一三之一二。

蠲免钱塘仁和两县民户地基和买诏
（绍兴三年二月十三日）

比闻临安府钱塘、仁和两县昨经兵火焚毁，其民户居止唯存地基，而又有为官府营寨拘占者，尚依旧家业钱均敷和买绢数。既无从出，岂免逋负，追呼催索，在所愍恤。可令本府契勘见为官占去处，许计家业钱蠲免绢数，仍具榜示。

出处：《咸淳临安志》卷四〇。又见《宋会要辑稿》食货六三之三，《建炎以来系年要录》卷六三。
考校说明："十三日"据《建炎以来系年要录》卷六三补。《宋会要辑稿》食货六三系于绍兴三年三月二十七日。

天章阁神御旦望节序酌献食依旧排设二十五位诏
（绍兴三年二月十三日）

春秋祭祀，内神御二十五位昨经节减，共缫一分，于礼未安，常慊于心，可别议定料例。今后天章阁神御旦望节序酌献食，依旧排设二十五位，每位食七味，依御厨供到料例施行。

出处：《宋会要辑稿》礼一三之九。

州县具所过官兵人数等申尚书省诏
（绍兴三年二月十四日）

官兵所过州县，并具人数及所敷钱米与支用实数申尚书省。

出处：《建炎以来系年要录》卷六三。

伯琮特除和州防御使诏
（绍兴三年二月十四日）

伯琮特除和州防御使，仍赐单名，偏傍从玉，令学士院撰二十字，逐注下各注意义进入。

出处:《中兴礼书》卷一九七。

景灵宫诸殿神御酌献食合用羊数诏
(绍兴三年二月十五日)

景灵宫诸殿神御酌献食合用羊三百三十八口,以三分为率减一分。

出处:《宋会要辑稿》礼一四之一二一。

天章阁神御酌献合用羊数诏
(绍兴三年二月十五日)

天章阁神御二十五位,旦望节序、帝后忌辰,依旧逐位排设。内应用羊肚者,以他物代之。

出处:《建炎以来系年要录》卷六三。

部送罪人条约诏
(绍兴三年二月十五日)

部送罪人所至州军不差人交替,知、通并从徒一年科罪,仍差职官一员专一主管,令详定一司敕令所立法申尚书省。

出处:《宋会要辑稿》刑法四之四三。

伯琮贵州防御使制
(绍兴三年二月十六日)

广建宗藩,周有维城之固;大封同姓,汉成盘石之安。眷予族属之贤,宜厚褒嘉之典。和州防御使伯琮英姿天禀,令器凤成,幼有异能,夤承义训。第笃诗书之好,靡矜富贵之华。卓尔不群,可表仪于皇籍;毅然特立,当屏翰于王家。俾膺纶命之颁,峻正兵房之任。兹为异数,盍匪彝章! 朕不令爵秩以敦骨肉之恩,尔其全忠孝以明君臣之分。能尊愈恭而富贵俭,宜永戒于骄奢;则满不溢而高不危,庶益隆于闻望。往祗于训,无怠尔心。赐名伯琮,可改除贵州防御使。

出处:《中兴礼书》卷一九七。

奖谕彭起牛皋等诏
(绍兴三年二月十八日)

彭起、牛皋下有功将佐,候李横具到功状给降恩命外,可令学士院先降敕书奖谕。其牛皋等令李横抚谕存恤,候立功日优与推恩。

出处:《宋会要辑稿》兵一五之二。

特给降武翼郎已下空名官告与李横诏
(绍兴三年二月十八日)

李横所乞,与寻常出师事体不同,难拘常制。可特给降武翼郎已下空名官告三百道。

出处:《宋会要辑稿》兵一五之二。

检察漕司移用钱诏
(绍兴三年二月十九日)

应诸路漕司移用钱,每季具支使科名申户部,察其违法之甚者,按劾以闻。其诸州军亦每季开具本处有无转运司取拨移用、赴甚处支使文状,申户部互换比照检察。

出处:《宋会要辑稿》食货四九之三九。

令孟庾将永丰圩禾稻应副韩世忠军粮诏
(绍兴三年二月二十四日)

札与孟庾,将永丰圩禾稻应副韩世忠军粮。如有剩数,令分俵淮东州军守臣,更行充借贷归业人户粮种。

出处:《宋会要辑稿》食货六九之五一。

牛皋转两官制
(绍兴三年二月二十四日后)

杀敌为果,莫先制胜之谋;战功日多,宜懋畴庸之典。具官某忠于为国,奋不顾身。亲更百战之余,独冠三军之勇。志平外侮,期复中原。大挫贼锋,有嘉戎捷。比既付以翰藩之任,宠之廉察之权。吉语嗣闻,计功特异。更增显秩,并示褒恩。其益勉于壮猷,庶克终于伟绩。

出处:《华阳集》卷一。
撰者:张纲
考校说明:编年据《建炎以来系年要录》卷六三补。

茶园户请引贩茶事诏
(绍兴三年二月二十五日)

茶园户自请引贩茶,如引不随茶,并依客人兴贩引不随茶条法断罪施行。

出处:《宋会要辑稿》食货三二之二八。又见《宋会要辑稿补编》第七○二页。

赐新除签书枢密院事徐俯辞免恩命不允诏
(绍兴三年二月二十五日后)

敕徐俯:省所札子奏,辞免恩命。事具悉。朕焦劳愿治,物色求贤,庶由多难以兴邦,思得非常之奇士。顷召卿于闲远,初未觌于仪形。擢在七人,居才五月。

正言慷慨,尽拾遗补过之忠;燕见从容,多画策含奇之助。察其可用,宁复计资?视草奚为,姑假途于銮禁;运筹有赖,俾列位于枢庭。曾无累日之淹,式表一时之遇。期大摅于素蕴,以共济于康功。谦逊之辞,卿其毋执。所请宜不允。故兹诏示,想宜知悉。

出处:《北海集》卷一一。

撰者:綦崇礼

考校说明:编年据《建炎以来系年要录》卷六三补。

赐新除参知政事席益辞免恩命不允诏
(绍兴三年二月二十五日后)

敕席益:省所札子奏,辞免恩命,事具悉。朕以神州犹梗,天步未夷。并力合谋,方圣哲共劳于驰骛;兴衰拨乱,岂眇冲独济于艰难?肆求真才,同翊大政。顷得卿于远外,已属意于今兹。遭谤去朝,谪官经岁。追还侍从,弥见周旋。进列六卿,既稔隆于物望;入陪四辅,宜参执于事枢。览君臣遇合之言,察心体相同之谊。卿其尽道,朕则知人。尚恢复古之图,毋徇好谦之节。所请宜不允。故兹诏示,想宜知悉。

出处:《北海集》卷一一。

撰者:綦崇礼

考校说明:编年据《建炎以来系年要录》卷六三补。《宋代诏令全集》称席益除参知政事在绍兴三年二月五日辛卯(第三九六九页),误。

赐新除参知政事席益上表辞免恩命不允仍断来章批答
(绍兴三年二月二十五日后)

省表具知。恭惟祖宗慎图辅臣,置相之外,别咨其副,要使可否相济,共成厥功。大厦非一木之支,太平非一士之略。矧艰虞之际,任大事丛,急务所先,朕何敢忽?久虚厥次,实需其人。顾惟器识渊深,知略辐凑,重厚之质,通达之才,选众比贤,无出卿右,断以必用,尚其可辞?所请宜不允,仍断来章。有敕:卿进陪国论,允穆师言。继披重复之辞,载谕丁宁之意。亟祗承命,用副眷怀。今差。

出处:《北海集》卷一七。

撰者:綦崇礼

考校说明:编年据《建炎以来系年要录》卷六三补。

赐新除端明殿学士同签枢密院事徐俯
上表辞免恩命不允仍断来章批答
(绍兴三年二月二十五日后)

省表具知。朕惟中兴拨乱之图,须人以济。非能越拘挛之俗,求杰异之士,则不足与共功。乃者召卿于外,直置近班,而不以为过者,盖读卿之文而知其学,察卿之言而知其识耳。及出入禁闼,累月之间,进沃朕心,备闻奇论。参陪枢辅,断用不疑。夫君臣之遇,固有相得于一言之顷者,则卿之用晚矣,何以辞为?所请宜不允,仍断来章。有敕:卿夙负瑰材,起膺迅用。览奏陈之周悉,谕旨意以丁宁。往体至怀,毋为固避。今差。

出处:《北海集》卷一七。

撰者:綦崇礼

考校说明:编年据《建炎以来系年要录》卷六三补。"同签枢密院事",《建炎以来系年要录》卷六三作"签书枢密院事"。

不得追赠李通诏
(绍兴三年二月二十六日)

李通元系路进下以次首领,其路进等系已受招安再行作过之人,元在司空山扎寨,侵扰舒、蕲二州,因知舒州武赳死,路进、李通聚众攻破舒州,残害不少。后来虽受都督府招安,令往和州驻扎,又迁延累月,不下山寨,前后反覆,放兵劫掠作过不已。今来止是因起发间被火内杀并,即不见得的实事因,难以追赠,令都督府照会施行。

出处:《宋会要辑稿》兵一三之一二。

有官圩田州县官兼提举主管诏
（绍兴三年二月二十八日）

应有官圩田州县，通判于衔位带"兼提举圩田"，知县带"兼主管圩田"。每岁不得使有荒闲，委监司以旧额立定租稻硕斗，尽收以充军储。

出处：《宋会要辑稿》食货六三之一九九。

邵溥复徽猷阁待制制
（绍兴三年二月二十八日）

责人臣以见危致命之义，盖万世之常规；眇天下以赦过宥罪之仁，兹一时之盛典。乃眷甘泉之旧，尝于丹笔之书。属有庞洪，稍还光宠。具官某奋以时望，仪于本朝。早承三接之荣，函贰六卿之职。一从吏议，久去周行。亦既省循，宜见阔略。需雷雨而作解，已疏南洽之恩；近日月而依光，用复西清之列。尔其益图远业，务盖前愆，庶晚节之可观，伫中兴而来助。

出处：《华阳集》卷一。
撰者：张纲
考校说明：编年据《建炎以来系年要录》卷六三补。

檀倬复徽猷阁待制制
（绍兴三年二月二十八日）

朕即位以来，与民更始。闵一夫之不获，每推肆眚之仁；顾三尺之靡容，亦与自新之路。矧在谪籍，尝为从臣，宜均宠光，以复玷阙。具官某顷缘拔擢，浸历高华。坐罹朋附之言，辱在谴呵之域。孽由自作，念久去于周行；恩不汝遗，既数沾于兑泽。其即殊庭之遽，聿升次对之班。包荒不以遐遗，朕欲尽捐于宿负；无咎在乎补过，汝宜益勉于新图。及此艰难，尚期报称。

出处：《华阳集》卷一。
撰者：张纲

考校说明:编年据《建炎以来系年要录》卷六三补。

綦崇礼翰林学士进兼侍读制
(绍兴三年二月二十八日)

敕:朕每当听政临朝之暇,不忘崇儒访道之勤。盖君子欲进德以及时,惟王人求多闻而师古。爰咨硕望,俾陪经幄之华;载考金言,允属禁林之旧。翰林学士、左奉议郎、知制诰、北海县开国男、食邑三百户、赐紫金鱼袋綦某蕴高明之识,负超卓之才。笃学力行,洽闻殚见。蚤膺识拔,荐历禁严。参内朝法从之班,登北门学士之选。崇论宏议,名声动于朝廷;大册高文,言语妙于天下。屡赐玉堂之对,入奉清闲;进读金华之书,益资鸿博。惟前载兴衰之迹,与当今治乱之原。汝其悉意以陈,朕方虚己而听。往服休命,毋怠钦承。可特授依前左奉议郎、充翰林学士、知制诰、兼侍读,封、赐如故。

出处:《北海集》附录上。
考校说明:编年据《建炎以来系年要录》卷六三补。

綦崇礼辞免兼侍读不允诏
(绍兴三年二月二十八日后)

敕某:省所奏辞免兼侍读恩命事具悉。朕稽古有为,事必师古。学于古训,庶几有获。故求博识洽闻之士,通传注之精义,明诂训之学,探微言之旨。诵说于前,以缉熙予之光明,广所闻知,得前圣之心术,以尊所行焉。卿以经明,号为纯儒,染翰北门,阅日滋久。复命以知经之事,与诸儒迭进而入侍。冀以微显阐幽、探赜索隐,同其涂归,一其虑致,所期于卿远者大者。而乃执谦辞避,朕何望焉。其体予意,勿复有言。所请宜不允。故兹诏示,想宜知悉。

出处:《北海集》附录中。
考校说明:编年据《建炎以来系年要录》卷六三补。

左武大夫开州团练使充池州驻札御前诸军统制
休宁县开国伯食邑九百户程全赠六官制
（绍兴三年二月）

敕：执干戈以卫社稷，圣人之所褒；旌死事而恤遗孤，军政之所急。左武大夫、开州团练使、充池州驻札御前诸军统制、休宁县开国伯、食邑九百户程全，负其材力，奋不顾身。御寇江淮，勇气自倍。卒以战没，深用悼伤。加赉九泉，进官六等。推恩厥后，并示不忘。尚其有知，服此嘉宠。绍兴三年二月□□日。

出处：弘治《休宁志》卷三一，弘治四年刻本。
考校说明：《北山小集》卷二七又有《阵亡官赵谨等赠五官制》，文字与此制基本相同，此制撰者当是程俱。然程俱此时未任两制，存疑待考。

赐资政殿学士左中大夫江南西路安抚大使兼知
洪州李回乞除一宫观差遣不允诏
（绍兴三年正月至三月间）

敕李回：省所札子奏，乞除一宫观差遣，事具悉。朕以中原未定，凤宵疢怀，巡省治兵，驻于吴会。眷言豫章，则吾西屏，内抚江表，北控淮右，非老成重望，孰克镇之？卿由庙堂，往命帅事，驱攘群盗，绥辑疲民。勤劳逾年，休有成绩。方兹倚赖，遽欲求闲，引疾自言，殊非所望。惟旧劳则知体国，而卧护可以折冲。勉亲药石之良，用副藩宣之托。所请宜不允。故兹诏示，想宜知悉。春寒，卿比安好？遣书，指不多及。

出处：《北海集》卷一四。
撰者：綦崇礼
考校说明：编年据李回官历及文中所述"勤劳逾年""春寒"补，见《建炎以来系年要录》卷四八、卷六三。

李道迁荣州团练使制
(绍兴三年三月五日)

朕念艰难以来,干戈未息。图回疆场之事,寤寐将帅之臣。苟功善之有闻,顾褒崇之可后! 惟尔协谋王事,戮力戎行。材兼将略之优,功有战多之积。比欲遣临于外镇,盖将就付于中权。成命既颁,辞宠以避。有嘉谦德,宜锡懋恩。益务远图,钦予特命。

出处:《华阳集》卷一。
撰者:张纲
考校说明:编年据《建炎以来系年要录》卷六三补。

令严州抄录茶盐法条制送大理寺收掌诏
(绍兴三年三月六日)

临安府系驻跸州军,事务繁剧,合改令严州限一月抄录成册,送本寺收掌。

出处:《宋会要辑稿》食货三二之二九。

禁伪造行在请给文历券旁及诈冒盗请官物诏
(绍兴三年三月八日)

应行在请给文历、券旁伪造,及诈冒盗请官物,并犯轻者并徒三年;有官人除名勒停,送广南编管,永不收叙;诸色人刺配广南。许人告捕,内有官人转两官,无官人补进义副使;不愿补官资,支赏钱一千贯,以犯人家财充,不足,以官钱代支。其帮书经历官司如能点检收获,依此推赏;故纵者与同罪,失点检杖一百。盗请官物数多或所犯情重者,犯人及帮书经历官吏申奏取旨,其告捕人亦当格外优加推赏。

出处:《宋会要辑稿》职官二七之五八。

户部不得勾唤榷货务都茶场吏人及取索文字诏
(绍兴三年三月八日)

榷货务都茶场,除提领官并左、右司外,其余官司并非所隶,毋得勾唤吏人及取索文字。

出处:《建炎以来系年要录》卷六三。

李回落职宫观制
(绍兴三年三月九日)

十国为连,是谓朝廷之重寄;万夫观政,岂容师帅之不贤。物论既喧,邦刑敢缓!具官某起从谪籍,擢贰政机。顷眷大江之南,旋分方伯之任。庶回晚节,共济中兴。报政之期,指日以俟。及是再期之久,宜深恤于民劳;乃惟众恶弗胜,忽骇闻于朕听。设施无状,悖谬其谋。承诏旨则匿不布宣,上封章则肆为欺罔。蔑弃公议,横市私恩。义方不肃于过庭,奸赃至于狼籍;冗食猥多于入幕,聚敛因以烦苛。黜胥挟宠,而威权暗移;名贼显行,而方略倒置。曾是股肱之旧,迄无尺寸之功。民生不聊,谁任其责?览十条之来上,按三尺而靡容。其镌秘殿之华,往食贞祠之禄。尚从宽典,益懋省愆。

出处:《华阳集》卷一。
撰者:张纲
考校说明:编年据《建炎以来系年要录》卷六三补。

舒蕲州控守事务听江州沿江安抚司约束等事诏
(绍兴三年三月十一日)

舒、蕲州今后控守事务,听江州沿江安抚司约束措置,仍依旧隶属江西帅司,应大事从帅司处置。内黄州遇盗贼窃发,就近委湖北安抚司遣兵应援。其岳州系长江上流紧切控扼之地,可依江、池州例,守臣带沿江安抚,并候盗贼宁息日依旧。

出处:《宋会要辑稿》职官四一之一〇四。又见《建炎以来系年要录》卷六三。

禁约臣僚上殿辄论私事及有侥求诏
(绍兴三年三月十二日)

自今臣僚上殿,毋得辄论私事及有侥求。对毕,仍申阁门照会。

出处:《建炎以来系年要录》卷六三。

沿江三大使司置属官员额诏
(绍兴三年三月十二日)

沿江三大使司许置参谋、参议官、主管机宜文字、主管书写机宜文字各一员,干办公事三员,文臣准备差遣、武臣准备差使、准备将领各以五员为额,其溢额人并依省罢法施行。

出处:《宋会要辑稿》职官四一之一〇四。

令百司将已省记条例与合为永格续降指挥置册编纂诏
(绍兴三年三月十三日)

令百司各将已省记条例与合为永格续降指挥先委本处当职官吏精加看详,置册分门编纂,申纳朝廷。如有所隶去处,即申所隶,审覆圆备,送敕令所看详,取旨颁降。逐处收掌所有合用纸笔朱墨等,各具合用数目申所属应付。

出处:《宋会要辑稿》刑法一之三四。

李擢除工部侍郎告词
(绍兴三年三月十四日)

国有六职,百工与居一焉。凡今冬官之属,以予观之,才二十有八,而五官各有羡数。考冢宰官府之六属,各为六十,而天官则六十四,地官则七十,夏官则六十七,秋官则六十六。盖断简失次而然,非实散亡也。取其羡数,凡百工之事,归之冬官,其数乃周。汝尚深加考核,分别部居,不相杂厕,则六职者均一,非特可正历代之违,抑亦见今日辨治之精且详也。非汝其谁任?

出处:《鸡肋编》卷中。

撰者:洪炎

考校说明:编年据《建炎以来系年要录》卷六三补。

李横转行翊卫大夫制
(绍兴三年三月十四日)

汉武帝宠力战之士,而置赏功之官;魏文侯有胜齐之功,而受上闻之爵。矧予藩翰,积有劳能,可无宠光,以示褒劝? 具官某忠勤体国,志略绝伦。殿天子之邦,威名独著;下将军之令,杀敌无前。顾瞻河洛之区,行入版图之旧,捷书屡至,嘉叹不忘。宜益峻于崇阶,庶以昭于茂烈。尔其乘建瓴之势,鼓行而西;收破竹之功,凯旋以报。期在朝夕,别对休荣。

出处:《华阳集》卷一。

撰者:张纲

考校说明:编年据《建炎以来系年要录》卷六三补。

赐新除工部侍郎李擢辞免恩命不允诏
(绍兴三年三月十四日后)

敕李擢:省所奏辞免恩命,事具悉。朕惟为国之务,邪正必分;用人所先,内外孰急? 肆简论思之旧,俾迁侍从之班。卿华国有文,事君无隐。排宿奸于朋党蔽朝之际,德音甚明;参书命于艰难践祚之初,典册具在。顷辞青琐,再易朱幡。惟疾恶以如仇,故遭谗而屡绌。察孤忠之可近,乃趣召以来归。顾文昌六职之联,共裨庶政;而起部百工之事,姑试长才。尚疾其驱,毋复坚避。所请宜不允。故兹诏示,想宜知悉。

出处:《北海集》卷一○。

撰者:綦崇礼

考校说明:编年据《建炎以来系年要录》卷六三补。

赐尚书工部侍郎兼权侍讲李擢乞
除僻小一郡或在外宫观不允诏
(绍兴三年三月十四日后)

敕李擢:省奏,乞除一僻小郡或在外宫观差遣,事具悉。朕求士虽广,用人敢轻? 除目甫行,待金谐而得下;周行并进,察众好而始安。仅有获焉,可谓艰矣。如卿艺文之富,议论之公。卓尔不群,高映一时之望;慨然有意,每怀当世之忧。还置近严,是资裨益。方仁燕闲之欸,遽辞侍从之劳。用实甚难,去其可易? 勉摅素蕴,毋惑他虞。所请宜不允。故兹诏示,想宜知悉。

出处:《北海集》卷一〇。
撰者:慕崇礼
考校说明:编年据《建炎以来系年要录》卷六三补。"侍讲",清乾隆翰林院抄本作"侍读"。

因功劳先次拟补官之人有犯依摄诸州助教法诏
(绍兴三年三月十五日)

敕:应朝廷许便宜从事,实因功劳先次拟补官之人,有犯,依摄诸州助教法,犯赃私罪杖、公罪徒以下并赎。

出处:《庆元条法事类》卷七六。

彭玘转一官遥郡刺史制
(绍兴三年三月十六日)

朕励志中原,靡忘旰食。惟时恢复之计,悉委将帅之臣。功状上闻,褒崇可后? 尔早怀忠义,独奋机权。斩将搴旗,屡奏边廷之捷;第功行赏,宜登勇爵之优。其就进于崇阶,俾遥分于刺部。服兹休命,益茂戎昭。成尔远图,副予延望。

出处:《华阳集》卷一。
撰者:张纲

考校说明:编年据《建炎以来系年要录》卷六三补。

凌唐优赠徽猷阁待制制
(绍兴三年三月十六日)

临难不求苟免,是为守节之臣;杀身足以成仁,宜举饰终之典。具官某奋自儒学,浸阶显途。宣力方勤,遭时多故。身虽受辱,岂忘报于公家;义不爱生,卒见殒于贼手。深怆无辜之戮,有嘉将死之言。陟华贯于西清,慰营魂于下地。歆予茂渥,昭尔遗忠。

出处:《华阳集》卷一。

撰者:张纲

考校说明:编年据《建炎以来系年要录》卷六三补。

副钤辖改作路分都监诏
(绍兴三年三月十七日)

要郡、次要郡守臣已罢兼带兵职,其逐路官兵亦合措置,钤辖改充路分都监。内增置副钤辖去处,皆系冲要控扼州军,方今多事之际,未可便罢,副钤辖依见置员数改作路分都监,权且存留,并候宁息日取旨。仍仰逐路帅司开具见任人申枢密院,将不应格法人别行选差,内见添差人依旧。

出处:《宋会要辑稿》职官四八之一一六。

部送罪人所差兵级公人等添支食钱诏
(绍兴三年三月十九日)

今后应差兵级公人等部送罪人,除合破口券外,每人逐日添支食钱五十文,所至州县即时批支,仍令监司常切觉察。

出处:《宋会要辑稿》刑法四之四四。

令枢密院检详计议官点对广西起发纲马诏
（绍兴三年三月二十一日）

广西起发纲马，到日，委枢密院检详计议官各一员亲赴省马院，当官以元解发纲马状并图画到毛色、齿岁、尺寸逐一点对，并验认火印封记、鬃尾讫，具有无异同，日下申枢密院呈验。仍令省马院候纲马到院，实时依数交收，如法喂养。

出处：《宋会要辑稿》兵二四之三四。

知藤州侯彭老投进卖盐宽剩钱特降一官诏
（绍兴三年三月二十二日）

纵有宽剩，自合归之有司，非守臣所当进纳。或恐乱有刻剥，取媚朝廷。侯彭老可特降一官放罢，以惩妄作。所进物退还。

出处：《宋会要辑稿》食货二六之一二。又见《建炎以来系年要录》卷六三。
考校说明：原书系于绍兴二年九月十六日侯彭老奏文后，据《建炎以来系年要录》改。

令张思温追捕事魔为首之人诏
（绍兴三年三月二十二日）

衢州守臣汪思温追捕事魔为首之人，重置于法，毋得张皇搔扰。

出处：《建炎以来系年要录》卷六三。

虔州作过之民依限自首诏
（绍兴三年三月二十二日）

虔民啸众，皆吾赤子，虽曾作过，尚务宽贷。仰江西帅宪及本州告谕，限二十日自新，一切罪犯特与赦免。如违，即令虔州见屯军马依已降指挥前去收捕。

出处:《宋会要辑稿》兵一三之一三。

招诱淮东亭户归业事诏
(绍兴三年三月二十二日)

淮南未归业亭户,比附绍兴二年九月四日已降赦恩,限一月许令出首还业;其兵火以前罪犯,除恶逆已上及劫杀、谋杀、故杀、斗杀兼为亲下手已杀人外,余并一切不问,仍自今降指挥到日理限;其已归业人兵火以前罪犯,亦依此贷免。若于今来限外出首并归业,因被苦之家陈诉者,止将杀人首恶及同谋下手人理断,其余并免追证。仍令提盐司多出文榜晓谕。

出处:《宋会要辑稿》食货二六之一一。又见《宋会要辑稿补编》第七八一页。

诸军不得互相招收别人军兵诏
(绍兴三年三月二十三日)

若敢尚习旧弊,互相隐留,主兵官重行黜责,本军帮书将佐及批勘官并徒二年。内外诸军忠锐兵将并依此施行。

出处:《宋会要辑稿》刑法七之三五。

收买广东亭户官盐货诏
(绍兴三年三月二十三日)

广南东路亭户中官盐货正额与额外之数,并依两浙正额盐价一十四文足收买,所添钱依例官给一半,客纳一半,仍令榷货务添揩前去盐场送纳。

出处:《宋会要辑稿》食货二六之一一。

令行在南北仓官兼管干和籴诏
(绍兴三年三月二十五日)

行在南、北仓监官四员,并兼管干和籴,其食钱每员日支二百文,于本场百陌钱内支。

出处:《宋会要辑稿》食货六二之一三。

内军器库监门使臣令提点所申吏部指差诏
(绍兴三年三月二十六日)

内军器库监门使臣,今后提点所申吏部指差,经审量使臣填阙,不得辞避,别求差遣。

出处:《宋会要辑稿》食货五二之二七。

赐新除开府仪同三司韩世忠辞免恩命不允诏
(绍兴三年三月二十六日后)

敕世忠:省所札子奏,辞免恩命,事具悉。朕以湖湘之境,氛祲既清;淮泗之冲,藩篱未固。惟卿志无遗虑,勇不辞难。酬其前劳,乃视仪于大府;加之今授,盖倚重于长城。既兼将相之名,宜徇邦家之计。忠勤有素,谦逊何为?所请宜不允。故兹诏示,想宜知悉。

出处:《北海集》卷一四。
撰者:綦崇礼
考校说明:编年据《建炎以来系年要录》卷六三补。

赐韩世忠再上札子辞免恩命不允诏
(绍兴三年三月二十六日后)

敕世忠:省所再上札子奏,辞免恩命,事具悉。朕薄于奉己,而倾帑廪之入以养兵;慎于官人,而极臣邻之宠以任将。顾何所事,盖欲有为。卿继立奇功,进图远略。既削平于多垒,将绥定于中原。迨此策勋,适当遣戍。拟台司而建府,临淮甸以宣威。岂曰朕私,时惟国计。师言咸穆,庙胜可期。毋烦谦逊之辞,式副忧勤之念。所请宜不允。故兹诏示,想宜知悉。

出处：《北海集》卷一四。

撰者：綦崇礼

考校说明：编年据《建炎以来系年要录》卷六三补。

赐韩世忠三上札子辞免恩命不允诏
（绍兴三年三月二十六日后）

敕世忠：省所三上札子奏，辞免恩命，事具悉。朕惟五材并用，谁能去兵；四海未安，注意在将。故不爱三军之费，以收其力；不遗一战之劳，以勤其功。卿昨定湖湘，未加信赏；兹屯淮泗，宜有宠行。进号仪同，式循典故。而乃深陈中恳，荐贡忱辞，欲消贪觊之风，愿保谦冲之节。载观于守，益叹尔贤。然爵于朝而尽公，则令惟行而难返。第思厚报，毋执小廉。往体眷怀，亟祇成命。所请宜不允。故兹诏示，想宜知悉。

出处：《北海集》卷一四。

撰者：綦崇礼

考校说明：编年据《建炎以来系年要录》卷六三补。

除韩世忠特授开府仪同三司依前武成感德军节度使神武左军都统制充淮南东西路宣抚使加食邑食实封制
（绍兴三年三月二十七日）

门下：朕负斧扆而惭域中之尊，孰与慰普天之望；披舆图而怀阃外之虑，其惟先推毂之求。乃眷虎臣，久从戎事。高勋当报，兹隆开府之仪；大任荐更，式倚干城之略。诞扬涣号，敷告治庭。太尉、武成感德军节度使、神武左军都统制、充淮南东西路宣抚使、南阳郡开国公、食邑二千五百户、食实封九百户韩世忠，英勇冠军，纯诚许国。摧锋陷阵，绩屡载于旂常；受命忘家，心靡渝于金石。顷宣威令，往殄寇攘。楼船南下而瓯粤为清，虽尝举褒崇之典；铁马西驰而荆湘继定，顾未酬俊伟之功。属已盛秋，方营严戍。廉颇居国，讵容邻壤之加兵；李勣守边，遂致敌人之远塞。少稽信赏，及此移屯。维江表之藩篱，任淮堧之屏翰。招徕失业，务绥抚于凋残；备御不虞，要防闲于侵轶。爰资宿望，用折遐冲。贵绝右班，既典五兵之重；宠仍双节，其联三事之华。予惟必践于前言，尔尚克图于来效。载陪多赋，加食真封。并昭进律之常，庸示旌功之劝。威严夙著，信草木之知名；号令增新,见旌旐之动色。繄中权之有赖,庶外侮之自消。於戏!辅周则国必强,轻敌损威者惟汝之戒;将能而君不御,临机制胜者惟汝之为。顾方略之如何,期功名之未艾。往服予训,毋隳乃成。可特授开府仪同三司、依前武成感德军节度使、神武左军都统制、淮南东西路安抚使,泗州置司,加食邑五百户、食实封三百户。主者施行。

出处:《北海集》卷七。
撰者:綦崇礼
考校说明:编年据《宋史》卷二七《高宗纪》、《建炎以来系年要录》卷六三、《三朝北盟会编》卷一五五补。

赃吏依祖宗法断罪诏
(绍兴三年三月二十八日)

今后赃吏依祖宗旧制断讫,令刑部镂板行下。

出处:《建炎以来系年要录》卷六三。

许中降直秘阁制
(绍兴三年三月二十八日)

朕以胡丑乱华,士大夫流寓东南,数诏郡国,谨遇以理。尔幸蒙推择,为一路帅守,职在奉行诏书,所宜体朕德意,务安存之。而乃坐视沦落,忽焉不加戚于其心,唯恐他族实偪,以夺己便。既欲绝其廪稍,则又请以兴徒,信如尔言,凡失职之士,将安所托处乎?朕方布大信于人,命以优恤,而反动危之,何以示信?静言乖谬,罚其可逃?延阁华资,稍从降黜。服我宽典,毋怠省躬。

出处:《华阳集》卷一。
撰者:张纲
考校说明:编年据《建炎以来系年要录》卷六三补。

进士策问等以七书为题一首诏
（绍兴三年三月二十九日）

自今进士策问及铨试选人时议,并以七书为题一首。

出处:《建炎以来系年要录》卷六三。

赐徽猷阁直学士降授左中奉大夫知鄂州
荆湖北路安抚使刘洪道奖谕诏
（绍兴二年二月至三月间或绍兴三年春）

敕洪道:省所荆湖北路监司奏:"契勘本路州累年以来,屡经剧寇焚劫。自帅臣刘洪道到任以来,方始措画,整治军旅,张大声势。即今沿流上下,并皆宁肃;客旅舟船,渐见通快;远近居民,各已安妥。鼎澧道路,文移往来,悉无限碍。措置已向就绪。"事具悉。朕惟荆汉之地,鞠为盗区,荒芜连城,白骨蔽野。眷焉西顾,焚灼于怀。谋帅属卿,往图绥定。果能为朕,宽忧一方。军声既张,鼠窃自遁,叛亡降附,奸宄浸销,道梗复清,江流无壅。事滋就绪,民若更生。究观设施,咸有成绩。使者言状,朕甚嘉之。故兹奖谕,想宜知悉。春寒,卿比安好?遣书,指不多及。

出处:《北海集》卷九。
撰者:慕崇礼
考校说明:编年据刘洪道官历及文中所述"春寒"补,见《建炎以来系年要录》卷五一、卷六九。《建炎以来系年要录》卷六九:"(绍兴三年十月甲辰)徽猷阁直学士、知鄂州、充湖北安抚使刘洪道进二官为左中大夫。"刘洪道若由左中奉大夫进二官,当为左太中大夫而非左中大夫,疑"进二官"为"进一官"之误,或是"左中大夫"为"左太中大夫"之误。

赐新除兵部侍郎郑滋辞免恩命不允诏
（绍兴三年春）

敕郑滋:省所奏辞免恩命,事具悉。朕闵国多虞,思人共乂。载念贤能之远,敢忘寤寐之求？惟卿进历三朝,备更众事。南台西省,咸见推称;绝徼遐方,久嗟流落。肆颁召节,还贰司戎。庶收未究之才,克助有为之志。兹闻新命,犹欲就闲。虽辞逊之可观,岂艰难之所望？尚毋谦执,其即来朝。所请宜不允。故兹诏示,想宜知悉。春寒,卿比安好？遣书,指不多及。

出处:《北海集》卷一○。
撰者:綦崇礼
考校说明:编年据郑滋官历及文中所述"春寒"补,见《建炎以来系年要录》卷五八。

赐新除徽猷阁直学士依前知德安府陈规辞免恩命不允诏
（绍兴三年春）

敕陈规:省所奏辞免恩命,事具悉。朕惟赏当功则人情劝,名当实则爵秩重。砺世之具,无以易此。卿秉心忠谊,更陟艰危。远守孤城,兼提两郡。务农修备,屡却重围。载省勤劳,爰加进宠。峻升学士之职,俾为文吏之荣。顾惟此迁,功实并当。亟祗成命,毋复劳辞。所请宜不允。故兹诏示,想宜知悉。春暖,卿比安好？遣书,指不多及。

出处:《北海集》卷一○。
撰者:綦崇礼
考校说明:编年据陈规官历及文中所述"春暖"补,见《建炎以来系年要录》卷五九。

赐检校少保镇西军节度使泾原秦凤路经略安抚使马步军都总管兼知秦州军州事兼管内劝农使充陕西诸路都统制兼宣抚处置使司都统制兼利州路阶成凤州制置使节置使龙州吴玠乞罢都统制职事别差官主管不允诏
（绍兴三年春）

敕吴玠:省所奏,乞罢都统制职事,别差官主管,事具悉。卿以颇、牧之才,关、张之勇,尽护诸将,独殿一方。鏖兵苦战,则大敌为奸;据险守坚,则严师莫犯。功存巴汉,威动羌夷。克宽西顾之忧,实赖外攘之力。方颁廷号,增重军容。

兼隆制使之名,进假孤卿之秩。忽披函奏,祈解兵权。顾戎事之未宁,正边防之当备。卿而辞疾,谁与赴功？其勉务于协心,以无忘于体国。所请宜不允。故兹诏示,想宜知悉。春寒,卿比平安？遣书,指不多及。

出处:《北海集》卷一一。

撰者:綦崇礼

考校说明:编年据吴玠官历及文中所述"春寒"补,见《建炎以来系年要录》卷五〇、卷六六等。

赐龙图阁直学士左朝奉大夫知处州耿延禧
乞除在外宫观差遣不允诏
(绍兴三年春)

敕延禧:省所奏,乞除在外宫观差遣,事具悉。陟降多士,怀思旧人。方霸府初开,曾艰难之共济;暨皇家再造,率疏斥而莫留。有慨予心,实勤乃眷。起于瘴海流离之后,付以便邦偃息之优。式资恺悌之风,已报循良之政。遽兹引疾,还欲就闲。虽持橐居中,未克在补过拾遗之列;而析符于外,姑欲图承流宣化之功。毋复有陈,勉共乃事。所请宜不允。故兹诏示,想宜知悉。春暖,卿比平安好？遣书,指不多及。

出处:《北海集》卷一三。

撰者:綦崇礼

考校说明:编年据耿延禧官历及文中所述"春暖"补,见《建炎以来系年要录》卷六一、卷六九。

赐检校少保定国军节度使知枢密院事
张浚乞罢知院事不允诏
(绍兴三年春)

敕张浚:省所札子奏,乞罢知枢密院,事具悉。卿任居近辅,身荷大功。佐佑弼谐,正仰忠贤之力;周旋恩礼,敢遗勋旧之臣。既屡诏以遄归,犹固陈而辞位。虽乐羊多谤,朕将投箧以焚书;而郭令可师,卿其闻命而就道。矧初无间,何所致疑？伫入告于嘉猷,以终图于大计。勉成朕志,毋费乃辞。所请宜不允,仍依累降指挥赴行在。故兹诏示,想宜知悉。春寒,卿比平安好? 遣书,指不多及。

出处:《北海集》卷一五。

撰者:慕崇礼

考校说明:编年据张浚及文中所述"仍依累降指挥赴行在"补,见《建炎以来系年要录》卷六一等。

陈宥昭宣使上复一官制
(暂系于绍兴三年三月前后)

法行必自近,虽左右前后之人,苟有罪者,法所不赦;恩施欲及远,虽窜逐退闲之久,能自新者,恩所不遗。具官某出入宫廷,典司禁卫,获谴以免,阅时滋多。蒙霈泽之屡更,谅洗心而知过。稍还秩序,用示宠光。益励操修,以图报效。

出处:《华阳集》卷一。

撰者:张纲

考校说明:编年据同集前后文时间、陈宥官历补,见《建炎以来系年要录》卷四八。

钱忱父景臻追封卫国公制
(暂系于绍兴三年三月前后)

朕祇率训典,大飨合宫,熙事备成,鲜泽旁畅。眷兹在列,咸与宠荣;施及其亲,岂间存没? 具官某胄出王门之贵,姻联帝室之华。被遇累朝,躬秉一节。夙著老成之望,更高身后之名。伟忠懿之遗勋,既克成于祖德;问汉阳之所服,尤想见其家风。有子象贤,任吾环卫。爰念教忠之素,宜推广孝之恩。追锡徽章,益开茅土。信都旧镇,虽无改于斋旄,淇奥新封,庶以昭于幽壤。精爽不寐,尚其享之!

出处:《华阳集》卷一。

撰者:张纲

考校说明:编年据同集前后文时间补。

钱忱妻康氏封安定郡夫人制
（暂系于绍兴三年三月前后）

朕以季秋大飨,均福天下,群臣在列,咸被光宠。汤沐之赐,迨其室家。国有旧章,予不敢废。具封某氏早以懿行,嫔于甲族。奉我秦鲁大姬,夙夜不怠。见谓闺房之秀,实增戚畹之华。序爵从夫,疏恩异等。其以小君之号,就更大郡之封。服此纶言,益勤妇事。

出处:《华阳集》卷一。
撰者:张纲
考校说明:编年据同集前后文时间补。

推恩陈蔼等诏
（绍兴三年四月一日）

吉州榷货务都茶场监官陈蔼等,到任一季内起到茶盐等钱三十万贯,职事修举,特与转一官,余官吏并依已降旨挥施行。

出处:《宋会要辑稿》食货五五之二六。
考校说明:"三年"原作"二年",据原书上下文叙事系年改。

改委李处励措置宣州兴修官私圩田诏
（绍兴三年四月一日）

宣州见兴修官私圩田,可改委新除守臣李处励措置,并依樊滋前后已得指挥疾速施行。其樊滋不合专辍工役,限一日分析不奉行因依以闻。

出处:《宋会要辑稿》食货六一之一○八。

应副商虢陕州粮食诏
(绍兴三年四月二日)

已除董震权商虢陕州镇抚使,缘本镇耕种未广,令宣抚处置使司斟量郡县应副粮食,无令阙误。

出处:《宋会要辑稿》职官四二之七七。

令陈敏识拨付宣州常平义仓等米借贷圩田民户诏
(绍兴三年四月二日)

江南东路转运判官陈敏识,将宣州见管常平义仓并惠民圩租米一万九千七百余石于内支拨一万三千石与太平州外,余数拨付宣州,并专充贷借圩田民户使用,同所委守臣疾速劝民耕佃。

出处:《宋会要辑稿》食货六一之一〇八。

起纲差拨条约诏
(绍兴三年四月二日)

今后起纲,如本州差过三员皆未还任,接续有合发纲运,即先从倚郭县差县丞或主簿一员管押,以后先近远于诸县轮差。如被差辄敢规避,并从徒二年科罪。管押官候到行在别无疏虞,依已降指挥推恩。

出处:《宋会要辑稿》食货四三之一八。又见同书食货四七之一七,《宋会要辑稿补编》第五七四页。

董震转武节大夫遥郡刺史制
(绍兴三年四月二日)

朕惟康济艰难,勤劳夙夜。思得竭忠奋义之士,付以折冲御侮之权,因示褒优,庶图恢复。尔威名夙著,智略有余。乃心不负于朝廷,自率来归之路;抗志欲平于寇难,更多斩获之功。眷予方念于中原,倚重孰先于西土。方择维藩之寄,宜推敌忾之臣。地合三州,势当一面,用启尔宇,爰俾镇临。克壮军容,坐期缓靖,名郡遥分于刺举,武阶兼进于崇资。尔其祗服恩荣,益思报称。伫俟平戎之奏,尚增破虏之封。

出处:《华阳集》卷一。

撰者:张纲

考校说明:编年据《建炎以来系年要录》卷六四补。

杜林鱼泽刘宝王升各转遥防遥团制
(绍兴三年四月二日)

朕于艰难之际,惜名器不轻予人;至于执干戈,亲行阵,能为朝廷立功,以宽朕顾忧,则大官高爵,亦所不吝。具官某忠勤自奋,沈勇有谋。从大将以徂征,扫群凶而屡捷。第功来上,嘉叹不忘。服兹褒劝之荣,益懋边陲之绩。

出处:《华阳集》卷一。

撰者:张纲

考校说明:编年据《建炎以来系年要录》卷六四补。

岳超转防御使朱公旦高政许大同转团练使制
(绍兴三年四月二日)

国家方事干戈,荡平寇乱,故于战胜克敌之功,自大将军而下,第其优劣,悉加褒赏,盖所以劝也。具官某深于勇略,久在戎行。出讨不庭,所至辄克,是谓一时枭俊之士。虏功来上,朕甚嘉之,迁官一等,以答忠勤。益励壮猷,用期报效。

出处:《华阳集》卷一。

撰者:张纲

考校说明:编年据《建炎以来系年要录》卷六四补。

赐新除武节大夫遥郡刺史依前阁门宣赞舍人权商虢陕州镇抚使兼知虢州董震奖谕敕书
(绍兴三年四月三日)

敕董震:自兵缠雍洛,地隔江湖,顾王命之未通,岂人心之能固? 凤宵在念,焚灼于怀。惟汝克殿一邦,并连他郡。既倡端而效顺,将相帅以归真。天无疾风,安知劲草;人当乱世,乃见纯臣。载亮勤诚,屡形咨叹。已加爵命,就界藩方。惟神相于至忠,矧事从于大谊。庶由乃力,能一众情。勉就功名,副予嘉尚。故兹奖谕,想宜知悉。夏热,汝比好否? 遣书,指不多及。

出处:《北海集》卷一六。

撰者:慕崇礼

考校说明:"绍兴三年"据《建炎以来系年要录》卷六四补。

借请人兵不得妄指远处冒借请受诏
(绍兴三年四月五日)

今后应差破送还人兵,据依条合得之数,指定的实去处,依法借请。如敢妄指远处冒借请受者,徒二年;按察官加一等,并不以赦原减。仍令监司常切检察。

出处:《宋会要辑稿》职官一四之七。

神武诸军将统领官阙不得直行差填及额外增置诏
(绍兴三年四月五日)

神武诸军将统领官阙,依已降旨保明具奏,给降敕札。如直行差填及额外增置,当重置典宪。

出处:《建炎以来系年要录》卷六四。

除刘光世特授检校太傅依前起复宁武宁国军节度使开府仪同三司充江南东路宣抚使建康府置司加食邑食实封如故制

（绍兴三年四月六日）

门下：朕观高帝创兴王之业，亦安能久居于汉中；孝文怀良将之风，则未尝不在于钜鹿。眷吾当世之杰，克继昔人之贤。旌衮交辉，俾东西而作镇；鼓旗相应，庶表里以济功。载涓休辰，敷告列位。起复宁武宁国军节度使、开府仪同三司、充两浙西路安抚大使、马步军都总管、兼知镇江军府事兼管内劝农使、彭城郡开国公、食邑四千八百户、食实封二千一百户刘光世，威严而持重，沉毅而尚谋。勇冠军中，幼已从于父战；名闻阃外，壮自取于侯封。屡宣入卫之劳，茂著勤王之绩。迨作藩于京口，实捍寇于淮潢。吴汉在军，隐若敌国；李勋护塞，贤于长城。尽经理之百为，见忠纯之一节。幸天心之悔祸，属敌境之按兵，敢恃小康，遽忘远略？临泗滨而列戍，良所重烦；抚江左以宣威，式从改命。益资雅望，还控上游。视黄阁以参华，仍墨缞而从事。申加采食，昭示邦彝。廉、蔺相欢，应体公家之急；贾、冯不伐，伫观远业之成。於戏！殚廪廥之储以养兵，斯欲赖一朝之用；枉名器之宠而命帅，岂其美百姓之观。维予一人，注意以畴咨；与彼万方，劳心而属望。尔之责也，往其钦哉！可特授检校太傅，依前起复宁武宁国军节度使、开府仪同三司、充江南东路宣抚使，建康府置司，加食邑五百户、实封三百户，如故。主者施行。

出处：《北海集》卷六。

撰者：綦崇礼

考校说明：编年据《建炎以来系年要录》卷六四补。

赐新除检校太傅依前起复宁武宁国军节度使开府仪同三司充江南东路宣抚使刘光世辞免恩命不允诏

（绍兴三年四月六日后）

敕光世：省所札子奏，辞免恩命，事具悉。朕以将阃之臣，勤劳既久，帝傅之位，品秩为尊，假之此名，时惟其称。卿望高阀阅，勋载旂常。兼两镇之旌旄，视三司之仪物。显荣已盛，倚注方深。属烦江右之行，欲示军中之宠。肆出扬廷之命,用升绝席之班。国典有常,师言维穆,毋多逊避,其即钦承。所请宜不允。故兹诏示,想宜知悉。

出处:《北海集》卷一一。

撰者:綦崇礼

考校说明:编年据《建炎以来系年要录》卷六四补。

赐刘光世再辞免恩命不允诏
(绍兴三年四月六日后)

敕光世:省所再上札子奏,辞免恩命,事具悉。朕以安危之计,寄于二三将帅之臣。既命世忠出营淮泗,则夫建邺上游之地,非时伟望,其孰镇之?惟卿忠谊世济,勋名并高。茹痛衔恤,起从戎事,家仇国患,宁忘厥图?发号移屯,军声益振,固已威宣万里之外矣。方兹委重,宜有宠行。顾将相之官,已登极品;则帝傅之秩,姑示褒崇。往体眷怀,毋烦坚避。所请宜不允。故兹诏示,想宜知悉。

出处:《北海集》卷一二。

撰者:綦崇礼

考校说明:编年据文中所述"既命世忠出营淮泗,则夫建邺上游之地,非时伟望,其孰镇之"补,见《建炎以来系年要录》卷六四。此诏当在同集同卷《赐新除检校太傅依前起复宁武宁国军节度使开府仪同三司充江南东路宣抚使刘光世辞免恩命不允诏》之后。

赐刘光世三上札子辞免恩命不允诏
(绍兴三年四月六日后)

敕光世:省所三上札子,辞免恩命,事具悉。卿结发从军,盖逾二纪;以身许国,殆历百危。惟尽瘁于艰难,岂容心于高显?但念重劳宿望,共集远图。宣威还控于江东,制敌密连于淮上。庶几表里,协济事功。方兹临遣之初,爰锡宠行之数。肆颁廷号,时乃邦彝。成命已孚,谦辞毋固。所请宜不允,仍不得再有陈请。故兹诏示,想宜知悉。

出处:《北海集》卷一二。

撰者：綦崇礼

考校说明：编年据文中所述"宣威还控于江东，制敌密连于淮上"补，见《建炎以来系年要录》卷六四。此诏当在同集同卷《赐刘光世再辞免恩命不允诏》之后。

吕祉转一官制
（绍兴三年四月七日）

间者盗起湖湘，民用震扰。惟尔按临一路，能知尺籍伍符，部发将士，授之方略，迄以荡平。肆畴厥功，进官一等。往服朕命，益懋所职。

出处：《华阳集》卷二。

撰者：张纲

考校说明：编年据《建炎以来系年要录》卷六四补。

赐新除徽猷阁直学士淮南东西路宣抚使
参谋官宋伯友辞免恩命不允诏
（绍兴三年四月七日后）

敕伯友：省所奏辞免恩命，事具悉。朕于裁度万务，待遇庶品，付以至公之道，无容心焉。乃者临遣上将，宣威淮甸，凡厥参佐，听以自择。而有言于朝者，首愿得卿。顾方倚以成功，重违其请，肆升学士之职，俾赞幕中之画。谓当伸于知己，欣然从命，而犹以疾病不能为解，朕甚疑之。卿之获此，盖必有见取者矣，其尚何辞？所请宜不允。故兹诏示，想宜知悉。

出处：《北海集》卷一三。

撰者：綦崇礼

考校说明：编年据《建炎以来系年要录》卷六四补。

王瓒除天武捧日四厢都指挥使
充淮南东西路安抚使司都统制
（绍兴三年四月八日）

朕思恢复中原，经理淮甸。比谋元帅，既付虎臣。必资统制之权，爰整师徒之众。维时宿将,宜锡赞书。具官某束发从军,奋身许国。怀御侮折冲之略,有牧人御众之材。奇谋暗合于孙、吴,伟绩远希于卫、霍。被坚执锐,贾义勇以无前;逐北追奔,积战多而居最。久留行阙,董我亲军,益见忠勤,宜分忧寄。用升华于部督,俾总率以戎昭。朕命甚优,尔行惟宠。深沟高垒,岂徒为固围之谋;训卒励兵,于以俟侵疆之复。

出处:《华阳集》卷二。

撰者:张纲

考校说明:编年据《建炎以来系年要录》卷六四补。

赐新除捧日天武四厢都指挥使充淮南东西路宣抚使司都统制王瓒辞免恩命不允诏
(绍兴三年四月八日后)

敕王瓒:省所奏辞免恩命,事具悉。自艰难以来,兵政浸隳,行营置帅,非复旧制,而军卫之职多缺,朕甚念之。卿出自世将,为时虎臣。宣力爪牙,既多成绩;出屯淮楚,方赖协心。持假四厢之权,以示三军之重。遽披诚悃,请避宠荣。惟勉于大功,罔矜于小节。所请宜不允。故兹诏示,想宜知悉。

出处:《北海集》卷一五。

撰者:綦崇礼

考校说明:编年据《建炎以来系年要录》卷六四补。

东西作坊作匠人吏物料并入军器所诏
(绍兴三年四月九日)

东西作坊作匠、人吏、物料并入军器所,监官依省罢法。如人吏数多,令韩肖胄相度裁减。

出处:《宋会要辑稿》职官一六之五。

赐唐州官吏军民等抚谕敕书
（绍兴三年四月十日）

敕唐州官吏军民等：自神州既梗，王命遂睽，痛尔士民，陷兹涂炭。旧都旧邑，力虽劫于凶威；我子我臣，志岂忘于归戴？果闻忠义，来效勤诚。察人意之合符，知天心之悔祸。各坚尔志，还奉本朝。唇齿相依，同盟而奖王室；掎角以进，连衡而御寇仇。务救灾而恤邻，且讲信而修睦。勿怀私忿，勉就大功。期九庙之再安，庶两宫之可复。山河之誓，金石不渝。朕所念也，尔其懋哉！故兹抚谕，想宜知悉。夏热，汝等各比好否？遣书，指不多及。

出处：《北海集》卷一六。
撰者：綦崇礼
考校说明："绍兴三年"据《建炎以来系年要录》卷六四补。《建炎以来系年要录》卷六四系于绍兴三年四月九日甲午。

张公济乞增籴本答诏
（绍兴三年四月十一日）

其官告绫纸于数内减迪功、承节郎各二十道，承信郎三十道，进义尉二十道，计二十七万贯，改支下项：轻赍就给昨张公济拘收籴本细银等七万七千贯；及令户部于桩管高丽绢内支一万五千匹，每匹作六贯；见在䌷内支二万匹，每匹作五贯；余不足钱三千贯，并以银折支，每两作二贯二百。仰黄叔敖据逐州数目品搭均给，并限五日给降了当。

出处：《宋会要辑稿》食货四〇之一七。

马钦特落归朝字诏
（绍兴三年四月十一日）

马钦自归朝后来累立劳效，可特落"归朝"字，与厘务，余依已降指挥。

出处：《宋会要辑稿》兵一五之三。

江浙等都转运司时暂添差属官二员诏
(绍兴三年四月十二日)

江、浙、荆湖、广南、福建路都转运司时暂添差属官二员,候催促今年夏税并上供折帛钱物了日罢。

出处:《宋会要辑稿》食货四九之四〇。

胡舜陟乞置回易奏答诏
(绍兴三年四月十三日)

许踏逐文臣两员主管,仍令礼部给降江东、两浙空名度牒共二百道充本路支用。余依汤东野已得指挥。

出处:《宋会要辑稿》职官四一之一〇四。

权行减免福建钞盐钱诏
(绍兴三年四月十五日)

福建路所认钞盐钱极为费力,兼数目浩瀚,权行减免五万贯。

出处:《宋会要辑稿》食货二六之一二。

胡世将知镇江府制
(绍兴三年四月十六日)

四郊多垒,每深当宁之忧;十国为连,尤重殿邦之寄。将使间阎之安堵,其惟师帅之得人。爰择时髦,肆颁明命。具官某论笃古今,而富渊源之学;智周事物,而高练达之材。尝进列于从班,蔚有声于词掖。方时多故,庸许即安?载稽望实之孚,宜委蕃宣之重。眷朱方之会府,当行阙之上游。田桑或废于兵屯,狱讼靡关于吏课。兴言积弊,深轸至怀。昔宣帝闵斯民愁恨之声,以为守相之任;而文皇录刺史才否之状,用昭废置之公。朕师其言,今以命尔。往究厥职,别俟宠褒。

出处:《华阳集》卷一。

撰者:张纲

考校说明:编年据《建炎以来系年要录》卷六四补。

谢克家知平江府制
(绍兴三年四月十六日)

朕时巡方岳,倚重吴门。城邑相望,是谓股肱之郡;藩宣所寄,必求师帅之贤。眷我洪儒,久劳远服,载新符竹,宜锡赞书。具官某智穷万物之微,学总百家之要。孤忠自奋,见义必为。直道正言,进弥缝于主阙;高文大册,久润色于皇猷。俾参机务之烦,尤赖弼谐之助。暂去廊庙,数更翰垣。治有能名,达于朕听。兹用嘉其丕绩,畀此大邦。所期名德之崇,益重镇临之望。念斯民歌于来暮,其无惮于暑行;惟郡守职在承流,将亟观于河润。

出处:《华阳集》卷一。

撰者:张纲

考校说明:编年据《建炎以来系年要录》卷六四补。

欧阳懋除徽猷阁待制知建康府制
(绍兴三年四月十六日)

朕惟江左名都,朝廷重寄。承流宣化,宜求师帅之贤;御侮折冲,兼倚藩维之固。爰举于众,兹得其人。具官某性资高明,才术敏邵。屡更器使,久著忠勤。优吏最于侯邦,赞军谋于督府。嘉尔名臣之后,用昭遗德之传。升次对之清班,俾分忧于方面。民劳未息,其师盖公清静之言;戍役方更,盍讲充国留屯之策。伫观丕绩,嗣有宠光。

出处:《华阳集》卷一。

撰者:张纲

考校说明:编年据《建炎以来系年要录》卷六四补。

昭慈圣献皇后大祥除几筵推恩本家亲属诏
（绍兴三年四月十七日）

本宗缌麻已上亲，各特与转两官，碍止法人依条回授。内亲侄之子孟毅夫、孟子礼、孟子夏各更赐绯章服，白身二人从昭慈圣献皇后每岁合得恩例条格与补初品官，未有差遣人令吏部与占射差遣一次，合堂除人与合入差遣。异姓缌麻已上亲，各特与转一官。内本宗异姓缌麻已上亲、命妇，并各加封一等。

出处:《宋会要辑稿》后妃二之三。

赐新除信安郡王孟忠厚辞免恩命不允诏
（绍兴三年四月十七日后）

敕忠厚:省所札子奏，辞免恩命，事具悉。朕惟昭慈之盛德，有社稷之大功。弃养东朝，奄经祥祭。疏恩外族，敢后彝章？念其终鲜于弟兄，维乃独当于门户，故用昔舅家之礼，而启兹异姓之封。仰慰神灵，下孚观听。然位高则寄愈重，贵极则责愈深。凡光宠于一身，欲保安于九族。勉追遗志，何用谦辞？所请宜不允。故兹诏示，想宜知悉。

出处:《北海集》卷一三。
撰者:綦崇礼
考校说明:编年据《建炎以来系年要录》卷六四补。

赐新除信安郡王孟忠厚上表辞免恩命不允批答
（绍兴三年四月十七日后）

省表具知。卿生于戚里，而夙敦儒素。进由文史，而今享王封。贵岂力求，盖本高门之庆；宠非私予，实怀先后之恩。授受之间，存往无憾。涣音已布，谦避奚为？所请宜不允。有敕:卿地并亲贤，位兼将相。进被后家之泽，宜膺王爵之封。已谕至怀，毋留成命。今差。

出处:《北海集》卷一七。

撰者:綦崇礼

考校说明:编年据《建炎以来系年要录》卷六四补。

赐忠厚再上表辞免恩命不允仍断来章批答
(绍兴三年四月十七日后)

省表具知。卿以方壮之年,励好文之志,而地居戚里,名列武班。虽兼将相之官,已极王侯之爵。笃庆则厚,存心宜然。叠露忱辞,益知雅尚。永念昭慈之盛德,流泽既深;重惟姑侄之近亲,疏恩可薄? 非徒乃宠,聊致予恩。往体至怀,毋烦坚避。所请宜不允,仍断来章。有敕:卿顷易儒绅,载持将钺。既拟公槐之重,遂分王社之荣。镌谕已周,谦辞毋固。今差。

出处:《北海集》卷一七。

撰者:綦崇礼

考校说明:编年据《建炎以来系年要录》卷六四补。

逐处见管军器衣甲数目不得漏泄诏
(绍兴三年四月十九日)

逐处见管军器衣甲等,今后非奉旨及朝廷指挥取索,不得辄擅供报。如官吏、作匠敢有漏泄数目,并流三千里,不以赦降原免。

出处:《宋会要辑稿》食货五二之二七。

官员因事责授广南监当等条约诏
(绍兴三年四月十九日)

官员因事被责送吏部注广南监当或远小处监当人,便行与阙,申尚书省点差施行。如后来却有碍乡贯、三代等,即令本官自陈,从本部具钞改注本路一盘差遣;如有隐匿辄上乞,依避亲辄之官法断罪。

出处:《宋会要辑稿》职官八之一七。又见《宋会要辑稿补编》第五二五页。

陈永锡迁职制
(绍兴三年四月十九日)

宫庭之制,典司有官,以率前后左右之人,以申戒令纠禁之事,其职顾不重哉!以尔早奋材能,数更事任。历险阻艰难之久,靡惮勤劳;于出入起居之间,备见忠谨。积功既著,实简予怀。其进陟于内司,俾益图于报效。服此休命,用副眷知。

出处:《华阳集》卷一。
撰者:张纲
考校说明:编年据《建炎以来系年要录》卷六四补。

慕氏魏氏转婕妤制
(暂系于绍兴三年四月二十一日)

朕念昭慈,保兹皇祚。已毕三年之服,敢忘万世之功!爰诏有司,载畴旧典。既推茂渥,下迨宗亲;宜有异恩,以及嫱御。具封某禀徽柔之德,躬淑慎之仪,叙于王宫,修厥妇事。魏氏:具封某赍备德容之懿,雅勤图史之规,进服宫闱,率遵妇事。方哲宗当宁,既殚夙夜之劳;逮太母垂帘,更资左右之助。感今怀昔,抚事怆情。爰申品秩之荣,式示褒嘉之意。服我休命,往其钦哉!

出处:《华阳集》卷一。
撰者:张纲
考校说明:编年据同集前后文时间、《宋会要辑稿》后妃四。《宋会要辑稿》后妃四系于"二年",疑为"三年"之误。

遣发大兵所至州县责通判充钱粮官诏
(绍兴三年四月二十三日)

今后应遣发大兵所至州县,并专责通判充钱粮官,于界首伺候应副支遣。俟人马出州界,方得归州。

出处:《宋会要辑稿》职官四七之六六。又见《建炎以来系年要录》卷六四。

诸军弃毁亡失付身不得于本军陈乞一面出给公据诏
（绍兴三年四月二十三日）

诸军弃毁亡失付身宣帖之类,今后并依见行条令,所在州保奏施行,即不依前于本军陈乞,一面出给公据。如辄敢一面出给公据,并从杖一百科断,其给到公据亦不得收使。令殿前、马步军司常切检察遵守。

出处:《宋会要辑稿》刑法七之三五。

高士瞳转遥郡承宣使差权管客省四方馆阁门公事制
（绍兴三年四月二十三日）

唐窦氏虽缘外戚姻家,然皆自以才猷结知天子,厕迹名臣。朕尝以是求之今日,苟有出于懿亲,而能以器业自奋,则亦加以宠荣而策励之,庶无愧于前代。具官某胄出高门,是为宣仁近属。早由忠谨,数更事任,阀阅虽远,风流具存。粤自初载,尝执羁鞚,从朕于艰危,勤劳百为,夙夜匪懈,以捍牧圉,积功居多。《传》曰"禄勋合亲",朕岂忘之哉? 爰畀郡符,往司留务。其将进尔诸窦之列,尔尚勉之,毋忘大训!

出处:《华阳集》卷二。
撰者:张纲
考校说明:编年据《建炎以来系年要录》卷六四补。高士瞳,一作高士瞳,见《宋史》卷二四《高宗纪》等。

陈谊特留依旧供职诏
（绍兴三年四月二十五日）

武翼大夫兼阁门宣赞舍人、点检阁门簿书公事陈谊,以年劳合该陈乞铨辖差遣,为系簿书官祇应详熟之人,特留,依旧供职。仍依元降奏留指挥具名阙申朝廷,特与差兼行在诸司差遣。

出处:《宋会要辑稿》职官三四之四。

支诸路提刑司兼干办常平官食钱诏
(绍兴三年四月二十六日)

诸路提刑司近令兼干办常平官,每月添支食钱五贯文,以本司常平等头子钱支给。

出处:《宋会要辑稿》职官五七之六九。

禁宗室南班官出谒及接见宾客诏
(绍兴三年四月二十六日)

今后宗室南班官不许出谒及接见宾客,著为令。

出处:《宋会要辑稿》帝系六之三。

支钱与韩世忠诸军搭盖席屋诏
(绍兴三年四月二十七日)

韩世忠诸军合用营寨席屋壹万间,每间支钱四贯文。建康府榷货务钱内支四万贯文付世忠,令诸将搭盖席屋,以处人兵。

出处:《宋会要辑稿》兵六之一六。

令韩世忠军疾速进发诏
(绍兴三年四月二十七日)

韩世忠忠诚体国,能任大事,仰疾速进发,或先遣轻兵夹淮屯驻,全军相继起发,毋失机会。所有粮运,分委近上将官统押舟舡接续装发前去。

出处:《宋会要辑稿》兵九之一○。

除刘光世特起复检校太傅宁武宁国军节度使开府仪同三司充江南东路宣抚使彭城郡开国公食邑五千三百户食实封二千四百户依旧建康府置司制
（绍兴三年四月二十七日）

门下：礼，居丧则不从政，虽曲本于人情；将受命而忘其家，盖当先于国事。眷予贤帅，实总师徒。方更镇于上游，乃重遭于大故。肆颁申命，以诏在廷。持服前起复检校太傅、宁武宁国军节度使、开府仪同三司、充江南东路宣抚使、建康府置司、彭城郡开国公、食邑五千三百户、食实封二千四百户刘光世，智及勇俱，忠兼孝立。周旋出入，身久在于兵间；契阔艰难，心每存于亲侧。蚤从父战，晚与母逢。由跳荡之功，遂显名于当代；尽劬劳之报，获就养于高堂。理实难谌，天胡不吊！既抱靡瞻之痛，复缠何恃之悲。载惟将相之大臣，无取闾阎之细行。宣威南国，正需方、召之勋；终服倚庐，可徇骞、参之志？矧缘金革，已释苴麻，顾注意以弥深，荐夺哀而奚避？起从苫块，还界旌旄。被以衮衣，视鼎司而建府；命之黻冕，假帝傅以临屯。叠示新恩，悉仍旧贯。以慰三军之望，以宽丙夜之忧。於戏！事有贵于从宜，恩岂颛于检义。见杯圈而辍饮，固孝子之至情；墨缞绖以临戎，亦昔人之变礼。勉服予训，毋留乃行。可特授起复检校太傅、宁武宁国军节度使、开府仪同三司、充江南东路宣抚使、彭城郡开国公、食邑五千三百户、食实封二千四百户，依旧建康府置司。主者施行。

出处：《北海集》卷六。
撰者：綦崇礼
考校说明：编年据《建炎以来系年要录》卷六四补。

赐新除起复检校太傅宁武宁国军节度使开府仪同三司充江南东路宣抚使刘光世辞免恩命不允诏
（绍兴三年四月二十七日后）

敕光世：省所奏，辞免起复恩命，事具悉。卿甫易师屯，继丁家难。顾衔哀茹痛，永怀怙恃之忧；而御侮折冲，方任安危之寄。以邦家之大计，夺苫块之至情。义有所先，事非获已。谓能体悉，姑徇权宜；乃控孝诚，愿从丧制。虽孺子之慕，正切于思亲；然大臣之心，可忘于虑国。勉从变礼，毋复牢辞。所请宜不允。仍依已降指挥,日下供职,不许再有陈请。故兹诏示,想宜知悉。夏热,卿比安好?遣书,指不多及。

出处:《北海集》卷一一。

撰者:綦崇礼

考校说明:编年据《建炎以来系年要录》卷六四补。

曹成转右武大夫制
(绍兴三年四月二十八日)

朕设勇爵,以叙进天下有功之士。至于横列,其秩尤高。方时艰难,惜此名器,非用褒劝,不轻假人。具官某沈勇有谋,奋于行阵,率众数万,听命朝廷。盖知夫转祸为福之几,而有尊君亲上之义,朕甚嘉之。上阁华资,肆以命汝。其思吾所以宠绥之意,益图忠荩,无忘报国。

出处:《华阳集》卷二。

撰者:张纲

考校说明:编年据《建炎以来系年要录》卷六四补。

赐岳飞诏
(绍兴三年四月)

朕已亲敕诸路漕臣,应副卿军马钱粮,坐贬岭外之罪。卿当体国,疾速统率精锐人马前去,务要招捕净尽,无使滋蔓,罪有所归。仍具起发日时及沿路所至去处,逐旋以闻。付岳飞。御押。

出处:《鄂国金佗续编》卷一。又见《汤阴精忠庙志》卷四。

连南夫知泉州制
(暂系于绍兴三年四月前后)

往者闽寇弄兵,诸郡相蹂藉,而泉南阻险以免。泉之地并海,蛮胡贾人,舶交其中,故货通而民富。夫富则易骄,寇不至则怠,而莫之备。朕思得仁明练达之士,以守兹土。求于已试,莫如汝宜。具官某文学政事,高于一时,为吾从臣,公论浩然归重。朕尝考汝江左三州之政,其施设不同,而民皆有惬志。兹用命汝,往临于泉。昔汲黯为东海太守,以大治闻,后迁淮阳,居郡如其故治。汝尚勉之,其为朕移所以守三州者施于泉人,勿使骄惰,则予一人汝嘉。

出处:《华阳集》卷一。
撰者:张纲
考校说明:编年据同集前后文时间、乾隆《泉州府志》卷二六补。

冯轸降一官制
(暂系于绍兴三年四月前后)

国家度缁黄,以牒掌于祠部,而下之四方。尔居是官,乃不谨察,合符缪互,将使者疑之。昔马援以印文不同,即闻于上,而石建书马阙一,退辄恐惧,尔当知矣。黜官一等,姑示薄惩。尚省前非,以修厥职。

出处:《华阳集》卷一。
撰者:张纲
考校说明:编年据同集前后文时间补。

祁立转团练使制
(暂系于绍兴三年四月前后)

朕于人之劳,虽微必录。矧兹荡平剧贼,底定一方,第功有差,可无褒劝? 具官某久在戎行,深于将略。荆湘之役,陷阵先登。爰推赏典之公,以示眷知之意。益思策励,毋负恩华。

出处:《华阳集》卷一。
撰者:张纲
考校说明:编年据同集前后文时间、祁立宦历补,见《建炎以来系年要录》卷七六。

郭安奴转尚仪苏迎喜转司宝宋七娘转司衣制
(暂系于绍兴三年四月前后)

朕念昭慈保佑之功,痛深追慕。几筵初彻,爰举彝章。以尔祗奉壶闱,夙夜不怠,进升内职,用示宠光。服我训词,毋忘祗戒!

出处:《华阳集》卷一。
撰者:张纲
考校说明:编年据同集前后文时间补。

朱倩奴转掌彩制
(暂系于绍兴三年四月前后)

尔事我昭慈,谨于内职。怆念几筵之彻,爰推纶綍之恩。进陟妇宫,式彰宠渥。

出处:《华阳集》卷一。
撰者:张纲
考校说明:编年据同集前后文时间补。

士晤转防御使制
(暂系于绍兴三年四月前后)

朕惟皇族近亲,不责以吏事,须岁月之及序,则迁厥官。兹实祖宗旧法,务隆恩宠,予其敢废?具官某神明之胄,礼法是遵。居无席宠之骄,克有维城之誉。蚤奉朝请,进列卫官。岁既十周,会课来上,其正捍防之秩,用昭眷遇之私。服我训词,毋忘饬励。

出处:《华阳集》卷一。
撰者:张纲
考校说明:编年据同集前后文时间补。

孟忠厚妻王氏封秦国夫人制
（暂系于绍兴三年四月前后）

朕追念昭慈，德音如在；奄经祥祭，孝思敢忘！宜颁封爵之荣，下及宗亲之懿。具封某氏蚤嫔甲族，独著令仪。礼先苹藻之勤，誉蔼闺房之秀。袭后家之余庆，既克有闻；配君子以疏荣，岂云虚授。用易三秦之壤，俾新大国之名。是为宠光，往其祗服！

出处：《华阳集》卷二。

撰者：张纲

考校说明：编年据同集前后文时间补。

董贵转官迁团练使制
（暂系于绍兴三年四月前后）

朕方畴咨将臣，疆理天下，惟恐一士之或失也。倘有被坚执锐，忠愤不忘于朝廷，顾于高爵厚禄，岂所惜哉？惟尔武勇自奋，智能有余。粤自艰难，即亲行阵，摧坚却敌，屡奏肤功。兹用正尔武阶，而畀以戎团之重。尔其祗服宠渥，思朕所以待汝之意，益加懋勉，以报所蒙。

出处：《华阳集》卷二。

撰者：张纲

考校说明：编年据同集前后文时间补。

赐捧日天武四厢都指挥使庆远军承宣使神武前军统制王瓒辞免军职不允诏
（绍兴三年四月后）

敕王瓒：省所奏辞免军职，事具悉。国家宿兵京师，密卫王室；列置主帅，付以军权。号令训齐，克壮爪牙之势。承平既久，纪律浸隳。比更乱离，播弃殆尽，而庙卫之职，徒存其名。顾犹慎宠将臣，而不敢轻废者，示朕区区，未尝一日忘其旧耳。卿夙由忠勇，分总行营。将俾出师，特加是命。虽休兵淮楚，姑辍乃行；而荡寇荆湖,正需尔力。临遣之意,无怠于前。傥能体朕思复旧典之心,以共恢远之略,不亦善乎?辞逊小廉,于卿何有?所请宜不允。故兹诏示,想宜知悉。

出处:《北海集》卷一五。

撰者:慕崇礼

考校说明:编年据王瓒官历补,见《建炎以来系年要录》卷六四。

赐太尉定江昭庆军节度使神武右军都统制张浚
乞一在外宫观差遣许任便居住不允诏
(绍兴二年二月至绍兴三年五月间)

敕张浚:省所枢密奏,据卿申,乞一外任宫观差遣,许任便居住,事具悉。卿结发从军,积功百战,忠谊之性,出于天资。事朕累年,备宣劳勤。如卿自列,朕所深知。方边报尚新,而防秋甚迩,正资宿将,以捍外虞,遽求退闲,岂朕所望?矧士马之蓄耗,器械之有无,蒐补缮修,卿之职也。其条所务,以上枢庭,益思先事之图,毋作自安之计。国家休戚,卿实同之。所请宜不允,仍不得再有陈请。其见阙军马器甲,条具措置,申枢密院。故兹诏示,想宜知悉。

出处:《北海集》卷一五。

撰者:慕崇礼

考校说明:编年据张俊官历补,见《建炎以来系年要录》卷四八、卷六五。"张浚"当为"张俊"之误。

诸路宣谕官所荐人才入对诏
(绍兴三年五月一日)

诸路宣谕官所荐人才,并俟终更令入对,当不次升擢,以劝能吏。

出处:《建炎以来系年要录》卷六五。

湖南告捕私茶盐支赏事诏
(绍兴三年五月二日)

逐州县四色共桩三百贯,通融支用。如系阙钱去处,令提盐司具的确钱数关提刑司,于合发经制钱内取拨桩垛,不得占吝。具已支过钱数申尚书省。

出处:《宋会要辑稿》食货三二之二九。

博籴米斛给度牒官告事诏
(绍兴三年五月二日)

博籴米斛,以度牒、官告偿其直者,中籴数多之家,多给官告,数少者给度牒。

出处:《建炎以来系年要录》卷六五。

令张公济梁汝嘉博籴不得徇情诏
(绍兴三年五月二日)

令公济、汝嘉不得徇情,一概支给告命,务从民便,仍各具知禀文状申尚书省。

出处:《宋会要辑稿》食货四〇之一七。

张玘转官制
(绍兴三年五月二日)

朕惟郡太守系千里休戚,未尝不重其选。而况陕服会府,当兵火疮残之后,外侮可虞,民不安业,则使之共理,非其人可乎？以尔怀许国之忠,奋兼人之勇。早亲行阵,屡拙敌锋,威名所加,远近信服。兹用进尔武阶,并兹西土。尔其为朕安集黎元,绥靖疆场,使夫妖氛不作,而境内廓清无事,则予汝嘉,嗣有褒宠。

出处:《华阳集》卷二。

撰者:张纲

考校说明:编年据《建炎以来系年要录》卷六五补。

董先除观察使陕西安抚制
(绍兴三年五月二日)

朕惟陕右之地,风俗劲勇,名都大邑,雄于天下。爰择主帅,实难其人。以尔奋不顾身,忠于卫上。粤自艰难之际,即亲行阵之荣,休绩著闻,民用信服。宜升勇爵,仍畀廉车。其往为朕抚兹三州,兼治虢、略之政。使夫奸宄消伏,渐宽疆场之虞;闾阎乂安,复务农桑之业。在尔懋勉,毋忘训词。

出处:《华阳集》卷二。

撰者:张纲

考校说明:编年据《建炎以来系年要录》卷六五补。"陕西安抚",《建炎以来系年要录》卷六五作"河南镇抚副使",待考。

翟兴赠节度使制
(绍兴三年五月三日)

固藩维而外拒,权莫重于敌忾之臣;擐甲胄以先登,义孰逾于死难之士。有能兼是二者,独取名于一时,宜举恤章,以昭大节。具官某雅好将帅之略,亟励忠勤之规。纠合师徒,镇临方面。肃中权之威令,御外侮于封圻。骇兹狂孽之凭陵,誓与孤军而麈击。奇祸既作,奋势莫回。狼瞫驰师,身获死而无恨;张巡遇害,气吞贼而有余。念尔仗节之忠,兴予当宁之叹,用颁斋钺,嘉贲泉扃。庶几精爽之存,不寐宠灵之锡。

出处:《华阳集》卷二。

撰者:张纲

考校说明:编年据《建炎以来系年要录》卷六五补。

措置招捕钟相等诏
（绍兴三年五月四日）

令折彦质节制鼎州并荆南镇抚司军马，疾速措置招捕，仰程昌县、解潜如承彦质勾索军马，不得逗留占吝。

出处：《宋会要辑稿》兵一〇之三三。

赐翊卫大夫忠州观察使神武左副军统制西京路招抚使襄阳府邓随郢州镇抚使兼知襄阳府李横利州观察使河南府孟汝郑州镇抚使兼知河南府翟琮武功大夫吉州观察使河南府孟汝郑州镇抚使董先武节大夫贵州刺史兼阁门宣赞舍人权商虢陕州镇抚使董震亲卫大夫安州观察使唐州信阳军镇抚使知蔡州牛皋武功大夫吉州团练使知汝州彭玘武义大夫阁门宣赞舍人邓州南阳县界巡绰盗贼牛宝修武郎阁门祗候权河阳安抚使王伟武经大夫达州刺史知信阳军赵起武功郎阁门宣赞舍人知唐州朱全武翼郎阁门宣赞舍人邓州
南阳县把隘官朱力成抚谕敕书
（绍兴三年五月六日）

敕李横等：朕淹汨南邦，顾瞻中国。神都旧宅，犹闻戎马之依凭；赤子遗民，特困敌人之驱迫。天终助顺，人果怀归。肆时镇守之臣，迭效忠勤之绩。每嘉汝志，实动予衷。维乱既极以趋安，且恶已盈而将败。赖汝豪杰，成此功名。仗大义以连行，要倚辅车之势；肩一心而戮力，当如手足之亲。各务协和，更相勉励。期大复祖宗之宇，以并书社稷之勋。姑捐尔私，共济国事。故兹抚谕，想宜知悉。夏热，汝比好否？遣书，指不多及。

出处：《北海集》卷一六。

撰者:綦崇礼

考校说明:"绍兴三年"据李横等官历补,见《建炎以来系年要录》卷六三、卷七六等。此敕标题中有二"孟汝","利州观察使、河南府孟汝""郑州镇抚使、兼知河南府翟琮"疑当作"利州观察使、权河南镇抚使翟琮""郑州镇抚使、兼知河南府孟汝";"吉州观察使"与"董先"之间"河南府孟汝郑州镇抚使"十字疑误,当作"河南镇抚副使"(见《建炎以来系年要录》卷六五)。

吉州榷货务都茶场申奏行移格诏
(绍兴三年五月七日)

今后镇江府、吉州榷货务都茶场应申奏行移,各以"行在场务、某州某府置场务"为名。

出处:《宋会要辑稿》食货五五之二六。

考校说明:原书系于绍兴二年五月七日,据上下文叙事,此处"二年"当为"三年"之误。《宋中兴纪事本末》卷二五:"(绍兴三年五月辛酉)初,榷货务都茶场概称行在,至是诏镇江府、吉州置司者别为名。"亦是一证。

潘致尧转五官制
(绍兴三年五月七日后)

朕顷以边陲未静,求可使殊邻者。惟尔有材,优于专对,遂授以指,遣之出疆。果能为朕仗节驰驱,通二国之好以归。夫奉命不辱,既无愧于光华;则有功见知,其可后于褒宠? 峻升秩序,用答勤劳。毋怠远图,以修厥职。

出处:《华阳集》卷二。

撰者:张纲

考校说明:编年据文中所述史事补,见《建炎以来系年要录》卷六五。

措置大礼赏给支用诏
(绍兴三年五月九日)

左藏库今后将每日收到应干钱物以十分为率,桩出一分,专充大礼赏给支用。

出处:《宋会要辑稿》食货五一之二七。

韩肖胄除签书枢密院事制
（绍兴三年五月十三日）

赞襄帷幄,允资同德之良;绥靖边隅,尤重本兵之寄。矧风尘之未息,方社稷之是忧。历选廷臣,参决庙胜。必兼隆于才望,乃克副于倚毗。具官某志大而高明,谋深而博敏。辅中兴于初载,勤劳惟国事之图;联法从之清班,议论得大臣之体。眷维韩氏之显,盖自庆历以来,父子继为宗臣,勋烈藏在盟府。宜有闻孙之秀,蔚为当世之英。务儒学以自将,振流风而不坠。朕慨念祖宗之绪,恢复古之宏规;每惟勋阀之家,嘉象贤之有后。是用考观素履,昭示眷怀。加秘殿之隆名,付枢庭之重柄。昔宣王有常德以立武,岂徒震惊于徐方;而管仲作内政以寓车,殆将方行于天下。尚图远业,以嗣先猷。

出处:《华阳集》卷二。
撰者:张纲
考校说明:编年据《建炎以来系年要录》卷六五补。

胡松年除工部尚书制
（绍兴三年五月十三日）

六卿分职,政事悉总于中台;百工惟时,制作独专于起部。任责既重,选能为难。得于迩联,举以率属。具官某异材间出,时论同归。堂堂冠人物之英,蹇蹇励王臣之节。智识能穷于物表,尊其所闻而高明;利害不怵于胸中,养之以气而刚大。早由词掖,出领侯藩,兼文学政事之长,得朝野缙绅之誉。迨登锁闼,有古批敕之风;继侍经筵,起予正坐之讲。简自朕志,其若予工。念无台池苑囿之观,固靡劳于增饰;惟是甲胄戈兵之器,正有赖于咸精。服我训言,伫观不绩。

出处:《华阳集》卷二。
撰者:张纲
考校说明:编年据《建炎以来系年要录》卷六五补。

改赐李横等敕书
(暂系于绍兴三年五月十三日)

敕李横等:朕失驭中原,省方南国,眷兹列郡,孰保吾民? 维时镇守之臣,克效忠勤之绩,每嘉忠志,实动予心。属暑候之方炎,念戍徒之良苦。御侵待暴,姑慎守于封疆;按甲缓兵,其少休于士卒。拊循涠瘵,劝课耕桑。务收绥靖之功,终底和平之福。故兹抚谕,想宜知悉。夏热,汝比安否? 遣书,指不多及。

出处:《北海集》卷一六。

撰者:綦崇礼

考校说明:此敕原注"五月十三日",无年份,或在同集同卷《赐翊卫大夫忠州观察使神武左副军统制西京路招抚使襄阳府邓随郢州镇抚使兼知襄阳府李横利州观察使河南府孟汝郑州镇抚使兼知河南府翟琮武功大夫吉州观察使河南府孟汝郑州镇抚使董先武节大夫贵州刺史兼阁门宣赞舍人权商虢陕州镇抚使董震亲卫大夫安州观察使唐州信阳军镇抚使知蔡州牛皋武功大夫吉州团练使知汝州彭玘武义大夫阁门宣赞舍人邓州南阳县界巡绰盗贼牛宝修武郎阁门祗候权河阳安抚使王伟武经大夫达州刺史知信阳军赵起武功郎阁门宣赞舍人知唐州朱全武翼郎阁门宣赞舍人邓州南阳县把隘官朱力成抚谕敕书》之后,姑系于绍兴三年。

抚谕四川官吏军民敕书
(绍兴三年五月十三日)

敕成都府、潼川府、利州、夔州等路官吏军民等:朕慨览舆图,计安邦域,眷于梁、蜀。自我祖宗宽彼政刑,革异时之苛急;顺其风俗,俾终岁以嬉恬。甲子再周,干戈不试。怨怼之气弗起,安乐之音相闻。繄国家施德泽之深,故民物极繁庶之盛。岂虞他盗,辄乱诸华。流毒关中,遂肆侵陵之计;垂涎剑外,未忘吞噬之心。幸背城伸一战之威,获守险为四川之障。然而师徒久役,备御尚严。转粟兵间,固多劳苦;取民赋外,谅数征求。所期暂费而永宁,夫岂好勤而恶逸。宵旰在念,焚灼于中。惟强暴弗戢,则适当自摧;惟祸乱已穷,则时当自定。皇天是辅,伫成绥靖之图;王化复行,终底和平之旧。往体至意,尚肩一心。

出处:《三朝北盟会编》卷一五五。

赐宇文虚中诏
（绍兴三年五月十三日后）

　　敕虚中：潘致尧等回，得丞相都元帅书，于国家事情甚厚，谅卿为我恳请多矣。且知家信已达卿所，足慰乃怀。我之区区，计今大国所能深悉，肆遣同签书枢密院韩肖胄、工部尚书胡松年再往计议。二臣者，国家任用已久，卿之所知，非新进小臣比。临遣之日，皆遣授词，庶几足以取信，必获嘉报。惟卿忠亮之节孚于上下，其亦为我极陈而力赞之。尚其绥镇，副此倾仁。今赐卿银绫绢茶等，具如别录，至可领也。故兹诏示，想宜知悉。夏热，卿比安好？遣书，指不多及。

出处：《北海集》卷八。

撰者：綦崇礼

考校说明：编年据文中所述"潘致尧等回……肆遣同签书枢密院韩肖胄、工部尚书胡松年再往计议"补，见《建炎以来系年要录》卷六五。

赐新除工部尚书胡松年辞免恩命不允诏
（绍兴三年五月十三日后）

　　敕松年：省所奏，辞免工部尚书恩命，事具悉。昔晋惠公在秦，阴饴甥一言，而秦伯乃归晋君；楚汉方争，侯生一说项王，而太公、吕后复还于汉。今上天悔祸，强敌欲和，信使继通，约好在此，思得辨志之士、专对之才，如彼二人往焉，庶克谕回两宫，平定邦国。选于在列，肆以属卿。乃闻慨然起任吾事。惟忠谊有激于内，而几微不见于色，成功可必，朕用嘉之。中台常伯，班秩虽高，顾卿绵历二省，可以序进，朕意恨薄，尚何足辞？所请宜不允。故兹诏示，想宜知悉。

出处：《北海集》卷一三。

撰者：綦崇礼

考校说明：编年据《建炎以来系年要录》卷六五补。

赐端明殿学士左中大夫同签书枢密院事充大金国军前通问使韩肖胄辞免特赐恩泽七资起发钱一千贯左朝奉大夫试工部尚书充大金国军前通问副使胡松年辞免特赐恩泽五资起发钱八百贯恩命不允诏

（绍兴三年五月十三日后）

　　敕肖胄等：省所札子奏，辞免特赐恩泽并起发钱，事具悉。卿将命出疆，推诚许国。惟邦家社稷之计，正赖深谋；则闺门子弟之私，可贻纤虑？肆颁渥泽，用慰远怀。载瞻道里之长，并给赍装之费。归两宫而平二国，卿其勉于成功；庇九族而禄万钟，朕岂难于优报？体兹至意，毋复多辞。所请宜不允，仍不得再有陈请。故兹诏示，想宜知悉。

出处：《北海集》卷一四。

撰者：綦崇礼

考校说明：编年据韩肖胄、胡松年官历及文中所述"卿将命出疆"补。

赐新除同签书枢密院事韩肖胄辞免恩命不允诏

（绍兴三年五月十三日后）

　　敕肖胄：省所札子奏，辞免恩命，事具悉。朕惟参五兵之务，实赖于智谋；合二国之成，必资于忠信。兼此重任，属吾世臣。卿克绍家声，允为国器。运筹之略、专对之才，求于禁近之间，无若老成之比。进联右府，岂独本朝之得人；出聘北方，亦知韩氏之有后。绳功名之是似，庶祸乱之可平。勉副眷怀，毋劳谦避。所请宜不允。故兹诏示，想宜知悉。

出处：《北海集》卷一四。

撰者：綦崇礼

考校说明：编年据《建炎以来系年要录》卷六五补。

赐新除端明殿学士同签书枢密院事韩肖胄
上表辞免恩命不允仍断来章批答
（绍兴三年五月十三日后）

省表具知。兹者上天悔祸，强敌欲和。眷惟使指之艰，繄我柄臣之重。卿奕叶元宰，勋德相高。累岁从班，名实咸著。进与枢机之任，时乃世官；出勤轺传之行，亦其旧职。庶赖承家之美，克收平国之功。姑往定盟，即还辅政。勉徇安危之计，毋烦辞逊之文。所请宜不允，仍断来章。有敕：卿选于相阀，任以枢庭。欲图平国之功，遂俾出疆之事。载加镌谕，毋复牢辞。今差。

出处：《北海集》卷一七。
撰者：綦崇礼
考校说明：编年据《建炎以来系年要录》卷六五补。

天申节犒设行在禁卫诸班直等诏
（绍兴三年五月十五日）

天申节，行在禁卫诸班直、亲从、亲事、辇官、宿卫亲兵，神武诸军、御前忠锐将、枢密院三衙军兵，宰执下亲兵，可令户部依例犒设一次。

出处：《中兴礼书》卷二〇三。

黄龟年除中书舍人制
（绍兴三年五月十五日）

持橐簪笔，均为从臣，视草代言，独高词禁。当朝廷之多故，出告令于四方，欲昭德意志虑之孚，正赖讨论润色之美。求称厥职，可无其人。具官某问学淹该，才猷敏博。务明国家之体，深达事物之情。往在艰难，得于扈从，浸膺显仕，蔚有休称。正奉常礼乐之司，肃御史风宪之地。弥纶宰属，践更史官。嘉其发于辞章，雅有合乎法度。宜登凤阁，分掌纶言。夫惟操笔成文，自得中和之气；庶几扶杖往听，思见德化之成。尚其勉旃，以副予望。

出处:《华阳集》卷二。

撰者:张纲

考校说明:编年据《建炎以来系年要录》卷六五补。

颜孝恭转遥郡团练使制
(绍兴三年五月十七日)

往者南城盗起,害吾良民。偏师讨之,既克底定,有司言状,可无宠褒?具官某智谋有余,忠勇自奋。能率众士,深入贼巢,一举成禽,绩效居最。兹用进秩,以昭尔能。毋替厥勤,尚图报称。

出处:《华阳集》卷二。

撰者:张纲

考校说明:编年据《建炎以来系年要录》卷六五补。

曹成转左武大夫遥郡防御使制
(绍兴三年五月二十三日)

国家用武,式遏寇攘,有能为朕摧坚却敌,顾于爵赏,岂所爱哉!具官某久在戎行,深于将略。尝率众士,大破贼群。有司上闻,绩效显著,其升上阁,仍界使名。益务忠勤,用图报称。

出处:《华阳集》卷二。

撰者:张纲

考校说明:编年据《建炎以来系年要录》卷六四补。

禁宣谕官擅行取拨支使诸官司钱物诏
(绍兴三年五月二十五日)

今后宣谕官不得一面擅行取拨支使诸官司钱物。如有合支用钱物,并仰申取朝廷指挥。如违,重置典宪。

出处:《宋会要辑稿》职官四一之二。

权免权住供进春秋口义及故事时日诏
（绍兴三年五月二十六日）

讲筵所见轮官供进《春秋口义》，并侍从等官日进故事，可自今后遇六月、十一月权免供进，开讲日权住供进。

出处：《宋会要辑稿》职官六之五九。

更不起发婺州和买绢诏
（绍兴三年五月二十八日）

昨建炎三年二月二十七日已降指挥婺州上供平罗减定，著为永法。其户部续申明去年十二月二十八日及今年四月九日令本州将折罗和买绢起发指挥，可更不施行，以纾民力。

出处：《宋会要辑稿》食货六四之二九。

仇念降两官制
（绍兴三年五月二十八日）

朕以尔节制舟师，控于海道。乃者徐文率众背义，惊吾良民，实尔所临，曾无忌惮，统驭之术，盖亦疏矣，岂朕所望哉？褫官二等，姑示薄惩。尚省厥躬，益警尔众。

出处：《华阳集》卷二。
撰者：张纲
考校说明：编年据《建炎以来系年要录》卷六五补。

孚济侯加封嘉显孚济侯制
（暂系于绍兴三年五月）

尔惟明神，受职下土，克有常享，大芘吾民。愆阳为灾，祈祷屡应，有司以实来上,朕用叹嘉,增锡徽章,式昭宠渥。尚期灵爽,无替格思。

出处:《华阳集》卷二。

撰者:张纲

考校说明:编年据同集前后文时间、《宋会要辑稿》礼二〇补。《宋会要辑稿》礼二〇系于"绍兴二年五月","二年"疑为"三年"之误。

董旼转行两官制
(暂系于绍兴三年五月前后)

赏,国之典也,所以待天下有功之士。方时多故,苟能为朕输忠效智,以遏乱略,则应于功令,赏可后哉!具官某奋不顾身,久亲行阵,从吾大将,屡收戎捷。盗起湖湘,复能说以祸福,率使数万之众,投戈以归。有司上其劳绩,良用嘉叹。进官二等,爰示褒优。无替厥勤,尚图所报。

出处:《华阳集》卷二。

撰者:张纲

考校说明:编年据同集前后文时间补。

裴衍转遥郡刺史制
(暂系于绍兴三年五月前后)

尔久以勇闻,从吾大将扫平狂寇,见谓勤劳,应进一官。制不可越,升刺名郡,宜知茂恩。益勉戎行,毋忘报称。

出处:《华阳集》卷二。

撰者:张纲

考校说明:编年据同集前后文时间补。

辛彦宗叙左武大夫康州刺史制
(暂系于绍兴三年五月前后)

赦过宥罪,帝王盛德。既涣大号,咸与维新。具官某生于将家,久更器使。

坐累贬削,克自省循。被此庞鸿,宜见式序。往其茂勉,尚盖前愆。

出处:《华阳集》卷二。

撰者:张纲

考校说明:编年据同集前后文时间补。《建炎以来系年要录》卷四六:"(绍兴元年八月辛卯)诏停官人降授右武大夫、和州防御使、汉州居住辛彦宗许自便。彦宗提举永兴、秦凤路保甲兼提刑,张浚案其罪,贬秩五等,至是用赦而复之。"待考。

安时转官制
(暂系于绍兴三年五月前后)

量材授官,计功赋禄,此国家驭群臣之法也。至于皇族近亲则不然,吏事劳能,一切略之,而特以岁月之积,进其秩序。盖敦睦之道如是而后可。具官某生长富贵,无膏粱之习;讲闻诗礼,有忠信之行。久列卫官,士论甚美。有司会课,以为当选。夫兵防之职,视武阶亦俊矣,今以授汝,往其钦承。益务谨良,以光属籍。

出处:《华阳集》卷二。

撰者:张纲

考校说明:编年据同集前后文时间补。

冯正己落职冲替制
(暂系于绍兴三年五月前后)

尔以近臣之子,列于缙绅,不务谨良,淫丑自露,有非士之所当为者。延阁之班,尚安得处。其加镌夺,姑示薄惩。

出处:《华阳集》卷二。

撰者:张纲

考校说明:编年据同集前后文时间补。

叶涣落职宫观制
（暂系于绍兴三年五月前后）

池阳边临大江，以兵为重。尔任帅事，宜知尺籍伍符，谨修补卒之法。而乃妄行募召，倚为捍防，凡所审名，皆群不逞。坐致凶谋潜会，肘腋变生。逸其渠魁，务兹姑息。郡寄若此，朕何赖焉？其镌论撰之华，往食祠宫之禄。犹为宽典，毋废省循。

出处：《华阳集》卷二。
撰者：张纲
考校说明：编年据同集前后文时间补。

赐起复检校太傅宁武宁国军节度使开府仪同三司充江南东路宣抚使刘光世辞免特赐银一千两恩命不允诏
（绍兴三年四月至六月间）

敕光世：省所奏，辞免特赐银一千两恩命，事具悉。卿以将相大臣，寄国重任。衔哀怙恃，再更大忧。虽丧事尽力，无所憾者；顾礼遇之厚、隐恤之深，体貌既隆，情文当称。则常赙之外，朕独不能少致其私乎？为费几多，何辞之有！所请宜不允。故兹诏示，想宜知悉。夏热，卿比平安好。遣书，指不多及。

出处：《北海集》卷一一。
撰者：綦崇礼
考校说明：编年据刘光世宦历及文中所述"夏热"补，见《建炎以来系年要录》卷六四。此制标题无"新除"二字，当在同集同卷《赐新除起复检校太傅宁武宁国军节度使开府仪同三司充江南东路宣抚使刘光世辞免恩命不允诏》之后。

解潜李横遇敌不得辄分彼此诏
（绍兴三年六月一日）

札与解潜、李横，各务体国协和，敦睦邻好，训练士卒。遇有贼马侵犯，不得辄分彼此，致失机事。

出处:《宋会要辑稿》职官四二之七八。

给降空名官告绫纸令立字号置籍诏
(绍兴三年六月二日)

自今给降空名官告绫纸,令官告院各立字号,吏部置籍。其书填官司限一月申部注,每年仍具已未书填总数申部。

出处:《建炎以来系年要录》卷六六。

赐端明殿学士左中大夫同签书枢密院事韩肖胄
左朝奉大夫试工部尚书胡松年辞免赐马不允诏
(绍兴三年六月四日后)

敕肖胄等:省所札子奏,辞免赐马,事具悉。卿昨违行阙,远聘殊封。尝分驵骏之良,俾佐驱驰之力。越飞狐之险阻,知我马之虺隤。缅想忠勤,每深咨叹。甫结二邦之好,方嘉四牡之还。未足偿劳,曷云纳赐? 往备服乘之用,第思摧秣之宜。所请宜不允。故兹诏示,想宜知悉。

出处:《北海集》卷一四。
撰者:慕崇礼
考校说明:编年据韩肖胄、胡松年官历及文中所述"卿昨违行阙"补,见

出入三衙并具闻奏诏
(绍兴三年六月五日)

三衙总提禁旅,躬赴宿卫,事体尤重。除旧制自合遵守外,自今后应出入并具闻奏。

出处:《宋会要辑稿》职官三二之一〇。

韩肖胄母文氏特封国号制
（绍兴三年六月五日）

朕惟天步方艰,戎衣未定,爰择近辅,往使殊邻。受命而行,既尽大臣之节;劝子以义,又闻贤母之言。盖其志有私亲之所难,则以知夫国事之为重。肆加褒宠,靡限彝章。具封某氏太师之孙,魏公之妇。积勋劳于异世,萃忠孝于一门。允蹈令仪,岂独专女子之职;习闻先德,固知徇国家之勤。眷予枢臣,夙遵母训,比通两国之好,乃有万里之行。果能教以义方,谓勿忧于家事。慈闱定省,虽暂远于晨昏;使节光华,庶克昭于忠信。有嘉尔志,良副朕怀。爰疏大国之封,用侈雕轩之饰。纶言锡宠,宜益保于耆年;彩戏辉庭,将共观于复命。

出处:《华阳集》卷二。
撰者:张纲
考校说明:编年据《宋会要辑稿》仪制一〇补。

拣放使臣校副尉等请给条约诏
（绍兴三年六月六日）

今后使臣校副尉等元在诸军下使唤,遇拣退发归部,并须申取朝廷发遣,方许出给请受文历,令吏部于本人付身上分明批凿"系某军拣放,不堪披带"。给历已后,仍令诸军不得再行收管。

出处:《宋会要辑稿》职官二七之二七。

蠲免兴元府洋州未起上供物帛钱斛诏
（绍兴三年六月七日）

契勘利州路兴元府、洋州一带郡县经兵马残破去处,仰所属将归业人户应未起上供物帛钱斛并与蠲免。

出处:《宋会要辑稿》食货六三之四。

四川得解进士愿赴行在省试者给驿券诏
（绍兴三年六月七日）

四川得解进士有愿赴行在省试之人,给与进义副尉驿券,津遣前来。

出处:《宋会要辑稿》选举四之二四。

李膺落职降一官制
（绍兴三年六月九日）

天下之赋,盐利居半。方时艰难,仰此以佐邦用,则商贾懋迁,宜有以优假之。尔为郡守,不知体国,乃托赡军之名,违法率敛。其人上诉,辄更文书,变诈自解,诏案有实,罪不可道。黜官一等,罢直延阁。尚为宽典,勉务自新。

出处:《华阳集》卷二。
撰者:张纲
考校说明:编年据《建炎以来系年要录》卷六六补。

江浙州县丝帛及折帛钱立限到行在诏
（绍兴三年六月十三日）

江、浙诸州丝帛及折帛钱,并以七月中旬到行在。有不足者,守贰并行窜黜。

出处:《建炎以来系年要录》卷六六。

罢沿海制置使司为总领海船所诏
（绍兴三年六月十六日）

罢沿海制置使司。见在定海县船令明州守臣兼总领张公裕充同总领,专在定海县,逐官并同签书。如守臣合诣点检,听暂将州事交与通判讫前去。参谋、参议官并罢,属官人吏等裁减数目,令守臣同公裕减定申尚书省,仍以"总领海船所"为名。

出处:《宋会要辑稿》职官四〇之五。

令大理寺监门使臣与内侍官在门常切检察诏
(绍兴三年六月十八日)

大理寺监门使臣与内侍官一员,并仰每日常切在门检察;遇夜,许分番宿直。其内侍官与免趁赴朝殿祗应及传宣出入之类。

出处:《宋会要辑稿》职官二四之一七。

解潜再任荆南镇抚使制
(绍兴三年六月十九日)

昔韦皋治蜀,张建封治徐,严震治凤,率以久任而成功名,未闻数变易也。载在旧史,朕甚慕之。具官某有牧人御众之材,有折冲御侮之略。作镇荆峡,兼总兵民,恩威并施,远近信服。朕方以为西南藩翰之固,而飞章遽至,乃以满岁自言。夫申画封圻,抚绥方面,盖将久其所职,责以成效,虽终更有制,岂应亟还?宜申锡于赞书,俾荐临于郡政,毋使有唐数子,独擅其美。则予汝嘉,汝亦永有终誉。

出处:《华阳集》卷三。
撰者:张纲
考校说明:编年据《建炎以来系年要录》卷六六补。

江西帅司遇盗贼听淮西帅司措置诏
(绍兴三年六月二十一日)

令江西帅司依旧那融应副钱粮,遇盗贼窃发,令听淮西帅臣措置,应大事兼依旧听江西安抚大使司节制。

出处:《宋会要辑稿》职官四一之一〇六。

归朝归明人支给事诏
（绍兴三年六月二十二日）

敕：归朝归明白身、效用、无差使人，并归朝归明官、效用等身故之家老小无依倚人，寄居州军计口数支钱、米，每家不得过五口，每州不得过一十户。每季具见养济户数、逐家人口帐状申枢密院并户部。如有改移事故之人，帐内分明声说。

出处：《庆元条法事类》卷七八。

知大宗正丞谢伋言宗室五事答诏
（绍兴三年六月二十三日）

内外侍从各举宗室一员，大小学教授各选差一员袭封，令吏部勘当，余从之。

出处：《宋会要辑稿》帝系六之四。

赐特进尚书左仆射同中书门下平章事
吕颐浩辞免监修国史恩命不允诏
（绍兴三年六月二十七日后）

敕颐浩：省所札子奏，辞免恩命，事具悉。自前世以来，致详史事。人君之言动，则起居有注；辅相之经纶，则时政有纪；授之秘府，日而历之，则著作有官。此其概也。顾宰相之职无所不统，矧左右史乃其所属，时政记乃其所行，而秘府三馆则又旧制所兼隶也。朕方深念，艰难之际，记事多缺，肆命攸司，举行厥官。则委卿监总，固其宜耳。昔张说以旧相居边镇，即军中修史。今虽戎马未息，军国务繁，卿独不能以庶政余隙董成兹事乎？一代大典，方以属卿，勉副朕怀，毋复谦避。所请宜不允。故兹诏示，想宜知悉。

出处：《北海集》卷一三。
撰者：綦崇礼
考校说明：编年据《建炎以来系年要录》卷六六补。《宋代诏令全集》以《南宋馆阁录》卷七为据,称吕颐浩除监修国史在绍兴三年四月(第三九七一页),恐误。《南宋馆阁录》周校本、徐校本均作"六月"。

昭慈圣献皇后改谥命官撰谥册宝文诏
(绍兴三年六月二十九日)

昭慈圣献皇后改谥,命签书枢密院事徐俯撰谥册文,参知政事席益书谥册文,枢密都承旨赵子昼书篆宝文,户部员外郎徐杞奉册、宝告庙,并命使发册、宝,起居郎、权中书舍人孙近读册文。

出处:《宋会要辑稿》帝系一之一四。

赐龙图阁直学士左朝请大夫知湖州汪藻奖谕诏
(绍兴二年夏或绍兴三年夏)

敕汪藻:省所奏再辞免转官恩命,事具悉。为国之道,有劳必录,行赏必均,初无间于贵近也。乃者和籴之令下,其奉行之敏、不扰而办者三州,卿实在焉。惟吾侍从之旧,体国爱民,固与众异;而第劳进秩,姑与众同,庶乎无所偏私者。乃且力辞宠命,再以情言,明近臣报施之宜,励君子廉耻之操。谛观所守,深用叹嘉。顾卿陈义若此,朕亦何嫌于迁令,而不以成其美哉!所请宜允。故兹诏谕,想宜知悉。夏热,卿比平安好?遣书,指不多及。

出处:《北海集》卷九。
撰者:綦崇礼
考校说明:编年据綦崇礼任两制时间、汪藻官历补,见《鸿庆居士文集》卷三四《汪君墓志铭》,《建炎以来系年要录》卷四七、卷八七。

赐龙图阁直学士左朝请大夫知湖州汪藻
再乞除在外宫观差遣不允诏
(绍兴二年夏或绍兴三年夏)

敕汪藻:省所奏,再乞除一在外宫观差遣,事具悉。卿厌直承明,出临便郡。奉三年之最,将讫外庸;披再至之辞,荐陈中悃。愿归印绶,祈领宫祠。俯惟私室之情,虽欲从于闲佚;顾在公家之计,正深赖于循良。緊乃尔臣,体予德意,姑少安于所守,以终惠于斯民。所请宜不允。故兹诏示,想宜知悉。夏热,卿比平安好?遣书,指不多及。

出处:《北海集》卷一〇。

撰者:綦崇礼

考校说明:编年据汪藻宦历及文中所述"夏热"补,见《鸿庆居士文集》卷三四《汪君墓志铭》,《建炎以来系年要录》卷四七、卷八七。

赐起复检校少保光山军节度使知大宗正事士儇
上表辞免宗祀加恩不允诏
(绍兴二年夏或绍兴三年夏)

敕士儇:省所上表奏,辞免宗祀加恩,事具悉。朕以王室未宁,公族零散,夙夜惴惕,惟所以惇睦而亲厚之,无敢不至也。矧合宫均庆,恩加庶邦,而卿以同姓之贤,司宗盟之籍,馂胙之福,宜在所先。增邑广封,时乃彝典,匪朕私惠,毋用深辞。所请宜不允。故兹诏示,想宜知悉。夏热,卿比安好?遣书,指不多及。

出处:《北海集》卷一〇。

撰者:綦崇礼

考校说明:编年据綦崇礼任两制时间、赵士儇宦历及文中所述"夏热"补,见《建炎以来系年要录》卷三六。

赐刘光世再辞免起复恩命并乞回纳赙
赠及特赐银绢并不允诏
(绍兴二年夏或绍兴三年夏)

敕光世:省所奏,再辞免起复,并乞回纳赙赠及特赐绢银等,事具悉。朕惟将相大臣,股肱同体。家虽遭变,时亦多虞。念创巨痛深,方斩焉而在疚;然主忧臣辱,岂恝尔而忘怀?毋恤小嫌,勉从大谊。亟祗成命,期雪深仇。若赙典之稍加,示眷私之特异。曾无多费,何用牢辞?所请宜不允。故兹诏示,想宜知悉。夏热,卿比安好?遣书,指不多及。

出处：《北海集》卷一一。

撰者：綦崇礼

考校说明：编年据刘光世官历及文中所述"夏热"补，见《建炎以来系年要录》卷五三、卷六四。

赐端明殿学士左朝奉大夫江南西路安抚大使
兼知洪州赵鼎乞除一宫观差遣不允诏
（绍兴三年夏）

敕赵鼎：省札子，乞除一宫观差遣，事具悉。朕惟辅弼旧臣，谊当体国；蕃宣要地，务在得人。自东徂西，由近及远，宽朕忧顾，在卿抚绥。方入境之云初，谅遍邦之咸喜，胡为引疾，乃欲求闲？盖尝即卿所陈，察卿已试。请于朝则以军储为急，言于朕则惟民力之忧；用属寮则取州县之实才，勤官政则亲米盐之细务。第如故治，端本成功。卿若辞难，人谁任事？勉思深眷，毋复多云。所请宜不允。故兹诏示，想宜知悉。夏热，卿比安好？遣书，指不多及。

出处：《北海集》卷九。

撰者：綦崇礼

考校说明：编年据赵鼎官历及文中所述"夏热"补，见《建炎以来系年要录》卷六三、卷六八。

赐参知政事同都督江淮荆浙诸军事孟庾
乞除在外宫观差遣不允诏
（暂系于绍兴三年夏）

敕孟庾：省所再上札子，乞除在外宫观差遣，事具悉。朕继统兴衰，任大责重。所与图回天下之事者，维二三辅臣是咨是托。或谋于中，或勤于外，如腹心股肱之相为用焉。卿出抚全师，淹留滋久，引疾来谂，岂不念劳？第以将帅士卒，方安卿威信，而并江淮营戍，未可以弛严，孰能代卿，往任吾事？虽忱辞屡至，势未得从。卿其专精神，近医药，为朕缓带而卧护之。神相至忠，何恙不已？乞闲之语，毋复以闻。所请宜不允。故兹诏示，想宜知悉。

出处：《北海集》卷一二。

撰者:綦崇礼

考校说明:编年据孟庾宦历补,见《建炎以来系年要录》卷六一、卷七三。此诏当在同集同卷《赐同都督江淮荆浙诸军事孟庾乞除一在外宫观差遣不允诏》之后。

赐同都督江淮荆浙诸军事孟庾乞除一
在外宫观差遣不允诏
(绍兴三年夏)

敕孟庾:省所札子奏,乞除一在外宫观差遣,事具悉。朕惟安危之计,得失以人。仡仡勇夫,固良难于独任;龊龊文士,又不足以成功。乃劳四辅之臣,往将八路之督。属淮滨之列戍,俾幕府以移屯。正赖壮猷,共图远略,云胡引疾,遽欲投闲?念将相之一心,用能协济;岂股肱之同体,可得自谋?宽我顾忧,烦卿卧护。均逸之语,所未欲闻。所请宜不允。故兹诏示,想宜知悉。夏热,卿比安好?遣书,指不多及。

出处:《北海集》卷一二。

撰者:綦崇礼

考校说明:编年据孟庾宦历及文中所述"夏热"补,见《建炎以来系年要录》卷六一、卷七三。

赐新除龙图阁学士充川陕宣抚处置副使卢法
原辞免恩命不允诏
(绍兴三年夏)

敕法原:省所奏,辞免龙图阁学士、充川陕宣抚处置副使恩命,事具悉。朕留跸东南,忧深西顾,举陕蜀之计,付之枢臣。闵其久劳,召还入辅。重惟布宣威德,抚循兵民,孰克代之,俾任吾事?以卿位列常伯,名高本朝,巴梁剑外之人稔厥治行,秦雍山西之士服其风声。是用参界中权,尽护诸将,河图峻职,增贲戎昭。胡为抗章,犹尔避命?顾令行之莫反,且众选之已详。既云竭力于艰虞,毋复执谦于辞逊。所请宜不允。故兹诏示,想宜知悉。夏热,卿比安好?遣书,指不多及。

出处:《北海集》卷一三。

撰者:綦崇礼

考校说明:编年据卢法原官历及文中所述"夏热"补,见《建炎以来系年要录》卷六一。

婕妤慕氏转婉仪制
(绍兴三年夏)

敕:治自六宫,实遴贤才之选;名参一品,式彰命数之崇。申锡赞书,宠隆邦媛。具官慕氏,娟靓毓质,惠和秉心。兰蕴国香,雅高服媚之誉;玉由德贵,独厚粹温之资。顷傅先朝,实勤内助。史贻彤管,记说侔于无穷;秩亚四星,侈光华于近列。祗朕涣渥,益务钦承。

出处:《东窗集》卷九。

考校说明:编年据《建炎以来朝野杂记》甲集卷一补。此制疑为《东窗集》误收。

婕妤魏氏转修容制
(绍兴三年夏)

敕:阴教修明,盖求端于内治;宸严密勿,每称重于名流。眷时硕媛之良,申锡纶言之渥。具官魏氏,性柔而静,行懿而芳。进退循环珮之和,妇仪甚谨;居处蹈箴图之训,女则惟新。顷傅先朝,克勤乃职。礼先诸御,已华弓韣之联;秩见上公,益峻宫闱之列。永保令闻,式称异恩。

出处:《东窗集》卷九。

考校说明:编年据《建炎以来朝野杂记》甲集卷一补。此制疑为《东窗集》误收。

陈永锡特转行遥郡一官制
(暂系于绍兴三年六月前后)

赏以序官,国之令典,藏在盟府,示不敢私。惟尔知事上之忠,得谨身之道,服勤殿幄,积岁居多,迎护宫闱,任职无阙。宜升武秩,举刺大州。用答劳能,尚图报称。

出处:《华阳集》卷二。

撰者:张纲

考校说明:编年据同集前后文时间、陈永锡宦历补,见《建炎以来系年要录》卷六四、卷七八。

樊彦端转行遥郡刺史制
(暂系于绍兴三年六月前后)

朕惟王者用人,有劳必录,一艺而上,咸被褒宠。以尔究习方技,出入禁严,祗奉有年,率职弥谨。用兹畴其功绪,锡以殊恩。往慎厥官,益图称塞。

出处:《华阳集》卷三。

撰者:张纲

考校说明:编年据同集前后文时间、樊彦端宦历补,见《建炎以来系年要录》卷八五。《宋代诏令全集》:"此制原无系年,《中兴小纪》卷一三绍兴二年九月九日丙寅载:'先是,医官樊端彦汤药有劳,御笔特转遥郡刺史',然是时张纲尚未试中书舍人,或此制误收入《华阳集》中,或《中兴小纪》所载有误,当考。"(第二九四五页)然检《中兴小纪》(《中兴纪事本末》)原文,"御笔特转遥郡刺史"一句后又载:"言者谓:'陛下临御以来,深戒侥幸之弊,事有不由朝廷者,皆许覆奏,所以绝群小之求,天下幸甚。今恐斜封墨敕,复自此始,愿下三省评议。'乃诏寝前命。"

士博转一官制
(暂系于绍兴三年六月前后)

朕念国家多故,皇族中微,每推骨肉之恩,欲厚根本之芘。矧兹会课,敢废旧章? 以尔胄出神明,蕃闻诗礼,耻贵骄之习,敦信厚之风。入奉内朝,久居环卫,用载颁于命绶,俾升进于武阶。夫阅岁十周,迁官一等,得之匪易,尚克钦承。

出处:《华阳集》卷三。

撰者:张纲

考校说明:编年据同集前后文时间补。

士樽转正任防御使制
（暂系于绍兴三年六月前后）

考绩之法,治道所先。虽予属籍之懿亲,犹以积年而叙进,是曰旧典,岂朕敢私! 具官某胄出神明,闲于教训。雅知为善之乐,居无席宠之骄。列位内朝,久著嘉誉。有司上课,法应第迁。夫惟捍御侮者,既用名尔之官;则以亲屏周者,其亦惟官之称。往服明命,无愧古人。

出处:《华阳集》卷三。
撰者:张纲
考校说明:编年据同集前后文时间补。

士賜转遥郡刺史制
（暂系于绍兴三年六月前后）

刺史,汉官也。国家因其名以为武阶,所以待天下劳能之士。而有司谓尔宗族之英,久居环卫,法当得之。朕惟亲亲尚恩,肆加宠命。尔其益思祖宗流庆之及,勉尽忠孝,求称厥官。勿期世禄之骄,庶有维城之托。

出处:《华阳集》卷三。
撰者:张纲
考校说明:编年据同集前后文时间补。

令广东市舶司博买香药诏
（绍兴三年七月一日）

广南东路提举市舶官,今后遵守祖宗旧制,将中国有用之物如乳香、药物及民间常使香货,并多数博买。内乳香一色,客算尤广,所差官自当体国,招诱博买。仍令户部限三日将市舶司抽解博买旧法参酌重别立定殿最赏罚条格,具状申尚书省。

出处:《宋会要辑稿补编》第六四六页。

令刘光世应副王璪舟船诏
(绍兴三年七月一日)

刘光世依已降指挥,将李进彦见管舟船并榜梢尽数应副王璪使用。候回日,发归本军。

出处:《宋会要辑稿》食货五〇之一四。

赐资政殿学士左中大夫谢克家辞免提举万寿观兼侍读恩命不允诏
(绍兴三年七月一日后)

敕克家:省所札子奏,乞除一宫观差遣,事具悉。朕以忧勤之暇,纵观诗书执礼之言,顾惟闲燕所亲,必有直谅多闻之士,肆求鸿博,以副详延。卿道学精深,性资端粹。尝入陪于大政,方移守于近藩。属此来朝,载嘉敷奏。与其外更符竹,徒劳剧郡之烦;曷若留置经帷,式款话言之益。弗縻吏职,俾食真祠。韦、平之辅汉朝,本由经术;褚、马之逢唐主,盖以耆儒。卿实兼之,人谁议者?亟祗成命,毋饰谦辞。所请宜不允。故兹诏示,想宜知悉。

出处:《北海集》卷一〇。
撰者:綦崇礼
考校说明:编年据《建炎以来系年要录》卷六七补。

大理寺手分狱子于外州军差拨诏
(绍兴三年七月九日)

大理寺手分、狱子令本寺于外州军差拨,不得更于临安府抽差。其已差过本府手分、狱子,候外州军差到日,对替发遣。

出处:《宋会要辑稿》职官二四之一七。

选差统兵官带兵驻札广州诏
（绍兴三年七月九日）

令枢密院选差统官兵一员,带领官兵三千人并家小前去广州驻札,弹压盗贼,权听本路帅臣节制。

出处:《宋会要辑稿》兵一三之一三。

赐左奉议郎试尚书吏部侍郎兼侍讲兼权直学士院陈与义乞除一小郡或宫观差遣并不允诏
（绍兴三年七月十日后）

敕与义:省所奏陈乞,事具悉。朕闵劳多虞,事皆草创,而铨选之法坏,比命有司裒辑科条,聚为成书,庶几遵行,稍有定制。但今舆图半没,仕路犹广,衣冠流离失职者众,而州县之员有限,不足以充其求。乃至逆用数年之缺,先者未至,已复揭榜而待其后矣。苟于是中尚容奸幸,则可乎？轸于朕怀,申饬宪禁,方赖卿等革兹弊源,而遽求罢去,岂朕所望？如卿才能学识,盖一时之选,惟悉乃心,勤乃职,使吏不得用法,而士无谤言,朕复何虑？所请宜不允。故兹诏示,想宜知悉。

出处:《北海集》卷一五。
撰者:綦崇礼
考校说明:编年据《建炎以来系年要录》卷六七补。

赐吏部侍郎兼直学士院兼侍讲陈与义乞除一在外宫观差遣不允诏
（绍兴三年七月十日后）

敕与义:省所奏,乞除一在外宫观差遣,事具悉。朕惟铨衡人物,必有清通之才;劝讲经帷,必有鸿博之学;发挥帝制,必有典雅之文,夫然后称。卿以时望,登于从班,兼兹三长,获为朕用。矧其辞章为后来之冠,议论合当世之宜,求之在庭,几见其比？人才难得,国步犹艰,顾如卿者,可因引疾,而听其去哉？勉体眷知,毋徒辞费。所请宜不允。故兹诏示,想宜知悉。

出处:《北海集》卷一五。

撰者:慕崇礼

考校说明:编年据《建炎以来系年要录》卷六七补。

赐知枢密院张浚乞在外宫观差遣不允诏
(暂系于绍兴三年七月十一日)

敕张浚:省所奏,乞在外宫观差遣,事具悉。卿功存社稷,任总枢机。虽闵劳师旅之繁,正倚重庙堂之望。矧五年在外,渴欲见卿;而四辅居中,久难虚位。亟下遄归之诏,犹披引疾之辞。载惟上命之行,礼毋俟驾;俯亮乃心之素,忠岂忘君? 其趣来归,以图远略。求闲之语,匪朕所期。所请宜不允,仍依累降指挥疾速赴行在。故兹诏示,想宜知悉。秋冷,卿比平安好? 遣书,指不多及。

出处:《北海集》卷一五。

撰者:慕崇礼

考校说明:编年据张浚宦历、文中所述“矧五年在外,渴欲见卿;而四辅居中,久难虚位。亟下遄归之诏,犹披引疾之辞……所请宜不允,仍依累降指挥疾速赴行在”及“秋冷”补,见《建炎以来系年要录》卷六一、卷六七等。《建炎以来系年要录》卷六七:“(绍兴三年七月甲子)知枢密院事张浚言:‘君臣相与之际,自古所难。惟圣贤之君,乃能终始保全,使其臣立于无过之地,史册书之,后世歌之。此臣日夜引领东向,区区有求于陛下者也。臣以崎岖孤旅之身,幸蒙擢用,适时艰危,屡经大变。臣荷陛下恩德深隆,不敢以家室、宗族为念,勉竭股肱之力。庶几有济,力唱忠义,决图破敌,誓不俱生。而臣志大而才疏,心忠而识暗,举措谬戾,动致怨尤。首罢使权,继膺召命。再念臣五年使事,心力俱疲,疾病交攻,日以衰弱。愿陛下推保全之志,广均逸之仁,俾获真祠,奉事香火。方今大敌败却,将士一心,外敌之势渐衰,中国之威将振。臣之求退,不为无辞。异时傥未死于沟壑,尚求报于天地。执笔见意,涕泪交流。’诏不允,令浚疾速赴行在。”疑即此诏。

令真扬楚泗承州埋瘗遗骸诏
(绍兴三年七月十一日)

访闻真、杨、楚、泗、承州道路尚多遗骸暴露,令礼部给降逐州空名度牒各一十道,付逐州专委通判召募童行如法埋瘗,仍仰往来按视。每及二百人,即验实申州,书填度牒一道给付。

出处:《宋会要辑稿》食货六八之一二一。

趣岳飞赴行在御札
(绍兴三年七月十二日)

具奏省。卿殄灭群寇,安靖一方,应无遗类为异日之患也,朕甚嘉之。已诏卿赴行在,可即日就道,勿惮暑行。纪律严明,秋毫不犯,卿之所能也,朕不多及。七月二十四日。敕岳飞。御押。

出处:《鄂国金佗续编》卷一。

田怡特支米诏
(绍兴三年七月十三日)

田怡归朝累年,备见忠勤,每月特支破米三石。

出处:《宋会要辑稿》兵一五之三。

令两浙提刑司结绝刑狱诏
(绍兴三年七月十六日)

浙东路及临安府、严、秀等州久阙雨泽,窃虑刑狱淹滞,仰两浙路提刑躬诣所部州县,将见禁罪人事小者监视决遣;事大及合行追逮干照者,疾速催促勾追结绝。如遐远去处,即仰选差通判、幕职官分诣,仍逐旋具已施行次第申尚书省。

出处:《宋会要辑稿》刑法五之三三。

令诸路提刑司将见任官合得职田依法摽拨诏
(绍兴三年七月十七日)

诸路提刑司将见任官至选人、小使臣应合得职田,依格法摽拨。如本州见任官数多,所管田不足,令提刑司于一路邻近州县通融摽拨,须管数足。即不得挑取膏腴田土及过数摽拨并摽拨未归业人田土。又选人、小使臣任外路州县差遣,内有无职田,及虽有职田不曾依格拨足,每月止请钱三五贯,难以养廉,仍令诸路提刑司依格法摽拨。窃虑行法之初,或摽拨未足,夏秋未有所得,仰转运司权将无职田选人并亲民小使臣每员每月支茶汤钱一十贯文。内虽有职田,每月不及一十贯处,补足一十贯。如每月细计支得职田计三贯,添支七贯之类。候依格拟到职田,其所收租课细计一十贯文以上即罢。

出处:《宋会要辑稿》职官五八之二三。又见《建炎以来系年要录》卷六七。

左藏库给散诸军衣赐不得揽先拥闹诏
(绍兴三年七月十九日)

左藏库给散诸军衣赐,令三衙管军、神武右中后军统制官、忠锐诸将官躬亲在库弹压,无令揽先拥闹。如有犯人,并从军法。仍令尚书省给降黄榜晓谕。

出处:《宋会要辑稿》食货五一之二七。

赐吕颐浩诏
(绍兴三年七月二十日)

与其去位,曷若同寅协恭,交修不逮,思所以克厌天心者。

出处:《建炎以来系年要录》卷六七。又见《宋史》卷二七《高宗纪》,《宋史新编》卷九。

禁职田强抑人户租佃诏
（绍兴三年七月二十日）

职田虽堪耕种，而强抑人户租佃，及佃户无力耕种不令退免，各徒二年。遇灾伤已经捡放，或不堪耕种无人租佃而抑勒乡保邻人陪纳租课，并计所纳数坐赃论罪，轻者徒二年；非县令而他官辄干预催佃自己职田者，杖一百。并许人越诉。仍令提刑司觉察按劾。

出处：《宋会要辑稿》职官五八之二四。

仪鸾司籍定惯熟手高工匠应奉御前排办诏
（绍兴三年七月二十日）

仪鸾司将本司惯熟手高工匠先行籍定五十人，充专一应奉御前排办。如有事故之人，于以次工匠内差填。今后诸官司于籍定工匠数内指名抽差，并不发遣，止从本司差拨前去。虽承降到特旨，及冲改本司一切条禁，具令发遣，更不许执奏占留一切指挥，并从本司未得发遣，申取朝廷指挥。

出处：《宋会要辑稿》职官二二之九。

禁约抑勒江北流寓人等诏
（绍兴三年七月二十二日）

江北流寓之人赁屋居住，多被业主骚扰，添搭房钱，坐致穷困。又豪右兼并之家占据官地，起盖房廊，重赁与人，钱数增多，小人重困。令临安府禁止，仍许被抑勒之人诣府陈告，根究得实，将业主重行断遣，其物没纳入官；本府不为受理，许诣朝省越诉。

出处：《宋会要辑稿》刑法二之一四七。

密行收捕宗室及不肖子弟殴打平人诏
（绍兴三年七月二十二日）

宗室及有荫不肖子弟,多是酤私酒,开柜坊,遇夜将带不逞殴打平人,夺取沿身财物。令临安府寅夜密行收捕。如获上件作过之人,先行收禁枷讯,具奏听旨。

出处:《宋会要辑稿》刑法二之一四七。

令临安府及诸州遣官诣诸县检察决遣刑狱诏
（绍兴三年七月二十二日）

大理寺、临安府等刑狱已施行外,诸州县囚禁尚多,其间虑多冤枉淹系,令临安府及诸州各遣强明官分诣诸县检察决遣。

出处:《宋会要辑稿》刑法五之三四。

令浙西埋瘗露骸诏
（绍兴三年七月二十二日）

昨缘兵马,闻山谷沟渠暴骨尚多,令礼部给降两浙西路空名度牒十道,委临安府召募僧行收瘗,不得有暴露。

出处:《宋会要辑稿》食货六八之一二一。

体究搔扰临安府人户事申尚书省诏
（绍兴三年七月二十二日）

昨缘临安府申请,桥道去处居民搭盖茅草席屋并令拆去。其本府并不预定的确去处,于一二日内了毕,却纵令官吏所至搔扰,有不系当拆去处,亦行起动,小民不安。令临安府分析措置无法因依,即令转运司体究曾搔扰人户官吏申尚书省。如漕臣隐庇,朝廷觉察得知,亦重置典宪。

出处:《宋会要辑稿》方域一三之二七。

右仆射朱胜非起复制
(绍兴三年七月二十二日)

　　宰相代天以治,其惟尽注意之诚;孝子为臣必忠,是故有夺情之典。眷言次辅,方宅私忧。久倾虚位之思,宜锡告廷之命。持服前右仆射朱胜非德尊而度胜,器博而用周。考师友之源,自管晏之流莫及;处君臣之义,非尧舜之道不陈。既底绩于政途,遂登庸于台席。及臻变故,乃见英贤。镇国家有不挠之风,致狼心之自扰;措宗社于再安之地,殆桑荫之不移。进退固其何常,名实久而自正。虽阅时之易远,岂求旧之敢忘。下环诏以趣归,复鼎司之重任。内则和任百度,日奏盐梅之功;外则承宁诸侯,渐存臂指之势。朝有伟望,士无间言。方指日以仰成,遽执丧而去位。朕惟儒者检身之道若闵子其无讥,大臣事主之方如房乔其何议。载考流风于典籍,皆存变礼之情文。是用参合国章,俾还揆路。仍俟易衰之后,肆疏出綍之恩。庶几两义之安,克副一时之瞩。於戏!邦势若此,念积薪之已然;民力几何,惧奔驷之将败。朕之论相,何可以不备;卿之图功,亦在于攸终。勉行从政之权,益懋同寅之业。其祗孚号,以迪至怀。

出处:《宋宰辅编年录》卷一五。
撰者:陈与义

罢都督府随军运判诏
(绍兴三年七月二十六日)

　　都督府已有户部侍郎姚舜明总领应副钱粮,其随军运判可省罢。

出处:《宋会要辑稿》食货四九之四〇。

杨沂中除遥郡承宣使诏
(绍兴三年七月二十七日)

　　神武中军统制杨沂中招捕魔贼缪罗等了毕,可除沂中遥郡承宣使,其余人第一等各转两官,第二等各转一官,第三等减三年磨勘。

出处:《宋会要辑稿》兵一三之一三。

杨沂中转官制
(绍兴三年七月二十七日)

《司马法》曰:"军赏不逾月。"欲其速得为善之利。矧吾枭俊,讨定一方,畴厥劳能,可无褒劝? 具官某忠于卫上,奋不顾身,有古将帅之风,能励士卒之气。比缘妖寇,窃发严衢,命以徂往,至则殄灭。虽杀敌致果,众一乃心,而发纵指示,实由主将。进司留务,用为尔宠。往其祗服,益思远图。

出处:《华阳集》卷三。
撰者:张纲
考校说明:编年据《建炎以来系年要录》卷六五补。

赐朱胜非诏
(绍兴三年七月后)

朕方兴复是图,盖一切当用权以有济。卿既安危所系,何三年不从政之可言?

出处:《宋宰辅编年录》卷一五。又见《三朝北盟会编》卷一五五。

赐朱胜非诏
(绍兴三年七月后)

卿罹私艰,已逾卒哭之制。且朕待卿为政,奚翅三秋邪? 盖恩由义断,情以礼夺,古所然也。况成命已颁,人情胥悦。卿无濡滞,以拂朕心。

出处:《宋宰辅编年录》卷一五。又见《三朝北盟会编》卷一五五。

赐给事中詹乂乞淮浙一小郡或在外宫观不允诏
（绍兴三年七月后）

敕詹乂：省札子奏乞除淮浙一小郡或在外宫观差遣一次事，具悉。贤者在位，赖其仪刑，岁计有余，岂待勋阀。而卿自讼无补，志欲怀归。与其辞禄而畏讥，曷若受宠而思称？为朕谋国，于尔有辞。所请宜不允。故兹诏示，想宜知悉。

出处：《忠惠集》卷一。
撰者：翟汝文
考校说明：编年据詹乂宦历补，见《建炎以来系年要录》卷六七。翟汝文此时已致仕，此文作者或非翟汝文。

李吉等为有战功换官制
（暂系于绍兴三年七月后）

敕具官某：吏士乘边，朕所优恤，矧有功效，法当序迁。可。

出处：《东牟集》卷七。
考校说明：编年据李吉宦历补，见《建炎以来系年要录》卷六三、卷一二九。王洋此时未任两制，此文或为《东牟集》误收。

禁粮料院审计司人吏于诸军诡名收系影带执役诏
（绍兴三年八月三日）

粮料院、审计司人吏今后敢于诸军诡名收系，或影带执役，并许诸色人告，赏钱三百贯文，以犯事人家财充，仍令户部先以官钱代支。其犯人并从徒一年科罪。诸军如是粮料院、审计司人吏敢有陈乞差拨，或私辄收系在军及影带执役，其统制、统领并取旨行遣。

出处：《宋会要辑稿》职官二七之六一。又见同书职官二七之五八。

水 陆 兴 贩 出 界 断 罪 诏
(绍兴三年八月七日)

应水陆兴贩出界,其知情负载及随舡售顾火儿,并徒二年罪。

出处:《宋会要辑稿》刑法二之一〇六。

诸 路 州 军 申 部 取 断 奏 案 诏
(绍兴三年八月九日)

诸路州军自去年以后奏案未得断敕者,具日月申部取断。

出处:《建炎以来系年要录》卷六七。

减 罢 都 转 运 司 官 吏 诏
(绍兴三年八月二十一日)

都转运司已移司抚州,可存留属官四员,并指使一员,余并减罢。

出处:《宋会要辑稿》食货四九之四一。

求 直 言 诏
(绍兴三年八月二十二日)

比者雨旸弗时,几坏苗稼,朕方寅畏怵惕之中,又复地震苏、湖,益甚惧焉。盖天之降灾,其应必至,皆朕失德,不能奉顺乾坤、协序阴阳之故。咨尔在位大小之臣,有能应变弭灾,辅朕不逮者,极言无隐。

出处:《建炎以来系年要录》卷六七。又见《宋会要辑稿》帝系九之二八,《中兴两朝圣政》卷一四。

除放建炎四年以前未纳钱物诏
（绍兴三年八月二十二日）

近降指挥,委逐路宪司取索起发以前合桩阙额禁军钱物。比复思之,于民未便。想所在州军虽有不经兵火残破者,军期调拨,应副科敷,力不暇给,今立近限起发积年桩管,定见追呼禁系,朕不忍焉。可复令诸宪司疾速行下州郡,将建炎四年以前未纳钱物并行除放,销毁簿籍,其绍兴二年合桩纳数,令自绍兴三年为始,分作四限,每年带纳一限。

出处:《宋会要辑稿》食货六四之七五。

尚书省额内年未及格守阙人吏住罢请给诏
（绍兴三年八月二十四日）

尚书省额内年未及格守阙人吏,并截日住罢请给,令本房习学公事,候年及格,召正额令史二人结罪委保,许支破请给。如冒请及隐庇不实,帮看人与犯人同罪。

出处:《宋会要辑稿》职官三之三八。

钱塘建德当职官卖盐增亏赏罚诏
（绍兴三年八月二十五日）

临安府钱塘县、严州建德县当职官并依户部供到状内事理施行,令本司开具合该赏罚人职位姓名申尚书省。

出处:《宋会要辑稿》食货二六之一四。

令户部具都转运司事申尚书省诏
（绍兴三年八月二十六日）

都转运使司官吏并罢,令户部将本司应干合行拘催诸路上供钱物等限五日措置,却合如何差官催发,及如何检察漕司侵移积弊,逐一条具申尚书省。

出处:《宋会要辑稿》食货四九之四一。

检察孤遗宗子尊长支请钱米事诏
(绍兴三年八月二十九日)

自今检察尊长满一年无诈冒者,与减三年磨勘;如有不实,责亦如之。其勘给官司有失觉察,重作行遣。仍令所在月具管下宗室支过钱物数以闻。余从之。

出处:《宋会要辑稿》帝系六之四。

封金坛灵济庙嘉惠夫人诏
(绍兴三年八月)

大江之南,勾曲之区,山高水深,余泽不□。民常困于旱乾,而吁嗟于闵雨。镇江府金坛县灵济庙龙母阴灵所□,有祷辄应。部使者以言,朕亦何惜褒封之命,不以慰其一方? 服我宠光,用永绥于有庙。可特封嘉惠夫人。

出处:《江苏通志·金石志》卷一一。
考校说明:原文前有"尚书省牒。镇江府金坛县灵济庙嘉惠夫人牒,奉敕"句,文后有"牒至准敕,故牒。绍兴三年八月日牒。政事席臣、参知政事孟出使、尚书右仆射同中书门下平章事、尚书左仆射同中书门下平章事"等文。

赐侍卫亲军步军都指挥使武泰军节度使权主管殿前司公事郭仲荀乞罢军职除一宫观差遣不允诏
(绍兴二年九月至绍兴三年九月间)

敕仲荀:省所奏札子,乞罢军职,除一宫观差遣,事具悉。卿勋阀名家,将坛宿望。典司环尹,祗扈殿岩。尽一意以周旋,复再更于寒暑。行营不警,列卫无哗。忽披恳款之辞,遂有退闲之请。顾爪牙之攸赖,吾寝为安;且精力之尚强,乃劳奚避? 体兹眷属,姑即官常。所请宜不允。故兹诏示,想宜知悉。

出处:《北海集》卷一四。

撰者:綦崇礼

考校说明:编年据郭仲荀官历补,见《建炎以来系年要录》卷五八、卷六八。

奉迎温州太庙神主所等改名诏
(绍兴三年九月二日)

奉迎温州太庙神主所改称"太庙奉迎所",其监官以"奉迎所干办"为称;景灵宫神御所改称"景灵宫奉迎所",其监官以"主管奉迎所"为称;提点官以"太庙景灵宫提点奉迎所"为名。奉迎福州启运宫神御所改称"启运宫奉迎所",其监官以"奉迎所干办官"为称。

出处:《宋会要辑稿》礼一五之一五。

凡遇水旱监司郡守具奏毋隐诏
(绍兴三年九月五日)

诸路如有水旱等事,令监司郡守即时具奏。如敢隐默,当置典宪。

出处:《宋会要辑稿》食货五九之二四。又见同书食货六八之一二一。

行在职事及厘务官上书实封用公文印记诏
(绍兴三年九月六日)

自今行在职事及厘务官上书,并实封,用公文印记,缴牒检、鼓院投进,不在召保知在逐便之数。

出处:《建炎以来系年要录》卷六八。

除吕颐浩特授镇南军节度使开府仪同三司
提举临安府洞霄宫食邑食实封如故制
(绍兴三年九月七日)

门下:王者崇德以报功,务极始终之遇;君子难进而易退,要明去就之宜。若时元臣,久秉魁柄,方切仰成之意,遽披引疾之辞。爰锡徽章,诞敷群听。特进、尚书左仆射、同中书门下平章事、兼知枢密院事、领江淮荆浙都督诸军事、文安郡开国公、食邑五千五百户、食实封二千二百户吕颐浩,才周万变,望折遐冲。奋不顾身,仗天戈而济难;忠以卫上,扶日毂以安行。谊动神明,功存社稷。用再登于台鼎,兹继阅以星霜。主调阴阳,觊天心之克享;典正法度,期王化之复行。备观夙夜之勤,莫测灾祥之异。骇人言之归咎,指国政之失平。朕则责躬,乡胡辞位?览叠陈于恳款,良感予怀;欲终保其功名,重违乃志。姑解钧衡之极任,还兼将相之崇资。拥节旧邦,奉祠闲馆。盖闵劳于机务,庶均逸于耆英。於戏!从赤松之游,卿岂遽遗于世事;申丹书之信,朕将差定于勋盟。尚勉令猷,永膺遐福。可特授镇南军节度使、开府仪同三司、提举临安府洞霄宫,食邑、食实封、封如故。主者施行。

出处:《北海集》卷七。又见《宋宰辅编年录》卷一五,《建炎以来系年要录》卷六八,《宋四六选》卷三。

撰者:綦崇礼

考校说明:编年据《宋宰辅编年录》卷一五、《宋史》卷二七《高宗纪》、《建炎以来系年要录》卷六八补。

重定以绢计赃手诏
(绍兴三年九月八日)

朕闻子产铸刑书,叔向罪之,盖刑法世轻世重,有伦有要而已。昨因臣僚有请,举行祖宗之制,欲杖脊赃吏于朝堂,痛恨椎肤,剥体于斯民,亦以刑止刑之意也。复思纽绢之法,与祖宗立意大不相侔,是时绢值不满十钱,故以一贯三百计匹,是官估比市价几过半矣。其后尝因论例,遂增至二贯足,自今绢价不下四五贯,岂可尚守旧制耶?可每匹更增一贯,通作三贯足,俟戎马平定,绢价低小,别行取旨。而今而后,赃吏犯法,夫复何言!

出处:《宋会要辑稿》刑法三之五。

广南市舶库钱物不得取拨支使诏
（绍兴三年九月九日）

广南市舶库钱物除朝廷指定取拨合应副外,其余官司今后并不得取拨支使。虽奉特旨,亦听本司执奏不行。

出处:《宋会要辑稿补编》第六四六页。

吕颐浩复特进观文殿大学士宫祠如故制
（绍兴三年九月九日）

迨再预于首台,遂两更于期岁。声称有减,风绩顿怨。复亏难进之风,遂致易污之失。

出处:《建炎以来系年要录》卷六八。

赐观文殿大学士提举临安府洞霄宫吕颐浩
辞免恩命不允诏
（绍兴三年九月九日后）

敕颐浩:省所奏辞免恩命,事具悉。卿事朕艰难,为时勋业。三陟蒙司之峻,亦既累年;再辞魁柄之崇,宜加异数。迫人言之荐至,怅朕意之莫伸。收建旆开府之仪,更秘殿隆儒之职,用宠光于故弼,俾休逸于殊庭。终始厚恩,应识保全之意;优游晚岁,毋忘兢慎之思。其即钦承,尚奚逊避? 所请宜不允。故兹诏示,想宜知悉。秋冷,卿比平安好? 遣书,指不多及。

出处:《北海集》卷一三。
撰者:綦崇礼
考校说明:编年据《建炎以来系年要录》卷六八补。

贩到临安竹木薏苢权免税诏
（绍兴三年九月十三日）

临安府近缘居民遗火,四向贩到竹木薏苢,并权免抽解收税。

出处:《宋会要辑稿》食货一七之三五。又见《宋会要辑稿补编》第六七九页。

为李韬等伏阙上书谕宰执诏
（绍兴三年九月十五日）

朕于献言者,未尝有所拒也。况韬等所言皆细务,非有诋讦之语,顾不当伏阙尔。向来靖康伏阙之风,皆李纲辈启之,卒成变乱。令尚书省检坐前后不许伏阙旨挥,出榜晓谕。

出处:《宋会要辑稿》职官三之六八。

李韬苏白押归本贯御笔
（绍兴三年九月十五日）

江阴军进士李韬、苏白上书辄违诏旨,不诣检院而伏阙,令临安府差人押归本贯,所上书令看详。

出处:《宋会要辑稿》职官三之六八。

进奏官有犯依旧制诏
（绍兴三年九月十七日）

进奏官有犯依旧制,其令吏部直送所属指挥不行。

出处:《宋会要辑稿》职官二之四八。

仲湜等月廩诏
（绍兴三年九月十八日）

仲湜、士从、士术、士篯月廩，依令旹等例，特免一半折钱，并依尚书郎官则例支破本色。

出处：《宋会要辑稿》帝系六之四。

岳飞除镇南军承宣使充江南西路沿江制置使告
（绍兴三年九月十八日）

敕：全师楙赏，必首正中权之功；谋帅授方，爰控制上流之重。若时名将，为国虎臣，屡列上于战多，式载图于临遣，并颁命渥，增重戎昭。中卫大夫、武安军承宣使、神武副军都统制岳飞秉谊忠纯，赋资沈毅，自奋庸于行阵，久宣力于方维。料敌出奇，洞识韬钤之奥；摧锋决胜，身先矢石之危。荐率偏师，往平巨孽，属江西之窃发，连岭表之绎骚。命以专征，迄兹底定，歼灭凶渠之恶，荡平狡窟之奸。千里行师，见秋毫之无犯；百城按堵，闻犬吠之不惊。嘉尔凯还，趣其入觐。念凤殚于忠节，尚辰告于壮猷，宜疏进律之恩，俾正承流之任。天设之险，择形势于九江；师克在和，隐兵威于万旅。以作藩于屏辅，以式遏于寇攘。益申纪律之严，用谨守攻之备。往服朕命，无怠尔成。可特授镇南军承宣使，依前神武副军都统制，充江南西路沿江制置使。

出处：《鄂国金佗粹编》卷二。
考校说明：编年据《宋会要辑稿》职官四〇补。

推赏吴玠等和尚原立功统制将佐诏
（绍兴三年九月十九日）

凤翔府和尚原立功统制将佐等，并以节次除授官职，尚虑无以激劝，令宣抚处置使司于逐路无人识认地土内摽拨给赐。如今后更立奇功，当议增数拨赐。都统制吴玠一十五顷，永兴军路经略使郭浩一十顷，统制官以下一等各七顷，统领、钤辖、路分等各五顷，将官一等各三顷。

出处:《宋会要辑稿》兵一八之三三。又见《建炎以来系年要录》卷六八。

特给范温料历诏
(绍兴三年九月十九日)

武功大夫、忠州团练使、兼阁门宣赞舍人、神武军左部统领官范温系归附忠义人,可特令户部给料历,余人不得援例。

出处:《宋会要辑稿》职官五七之七〇。

非急速不可待者令给舍书读诏
(绍兴三年九月二十一日)

自今非急速不可待时者,勿报,应给、舍书读。如无封驳,令画时行下。

出处:《建炎以来系年要录》卷六八。

岳飞充江南西路制置使江州驻札诏
(绍兴三年九月二十一日)

岳飞落"沿江"二字,充江南西路制置使,江州驻札。其沿江兴国、南康军一带江面,仰多方措置堤备,及本路州军缓急贼马侵犯去处,亦仰分拨军马遮护,无致疏虞。余依已降指挥。

出处:《宋会要辑稿》职官四〇之六。

泉州奏水灾事答诏
(绍兴三年九月二十三日)

仍令本路漕司躬亲前去点检被水州县,奉行宽恤赈济等事件以闻。如州县奉行不虔,仰提刑司按劾闻奏,当议重置典宪。

943

出处:《宋会要辑稿》食货五九之二四。又见同书食货六八之一二一。

罗兴转官诏
(绍兴三年九月二十三日)

敦武郎借阁门宣赞舍人权主管寿春府事统制军马罗兴特与转一官,补正阁门宣赞舍人,赐金带,差权发遣寿春府。

出处:《宋会要辑稿》职官三四之五。

赐新除江东淮西路宣抚使刘光世诏
(绍兴三年九月二十四日后)

敕光世:朕惟吴越之区,既留警跸;江淮之险,宜植藩篱。顾贵池、姑熟之津,直下蔡、历阳之会,接九江之冲要,临建业之上游,分宿重兵,是资伟望。眷予勋旧,深体艰虞。闻指意以具孚,请从移戍;驰封章而来上,曾靡告劳。卿能若斯,朕复何虑?载嘉恭顺,深动叹咨。惟孝于亲,则必扬后世之名;惟忠于君,则当徇公家之念。此中外安危之计,属卿二三将帅之臣。情若弟兄,毋蓄阋墙之怨;义均寮寀,共输许国之诚。所期戮力以同心,用克折冲而御侮。丹青不朽,将并列于云台;带砺弗渝,亦咸书于盟府。乃所望也,岂不韪欤。已除卿江东淮西两路宣抚使,池州置司。故兹诏示,想宜知悉。秋冷,卿比平安好?遣书,指不多及。

出处:《北海集》卷八。
撰者:慕崇礼
考校说明:编年据《建炎以来系年要录》卷六八补。

赐新除镇江府建康府淮南东路宣抚使韩世忠诏
(绍兴三年九月二十四日后)

敕世忠:朕惟时以戒寒,守当严备。循江流而镇险,顾力散以难周;联形胜以宿师,则势专而易应。眷昇、润东西之府,据江淮南北之冲,走集所趋,舳舻交会。封疆之接,鸡犬相闻,曾无数舍之遥,奚假两军之重?乃命江东之戍,更莅池阳;遂因京口之屯,并临建邺。仍资威望,分控长淮。惟卿勇不顾身,忠无择事。宽其分部,庶能展足以赴功;睦乃比邻,尚克同心而济务。念国家之至计,繄将相之协恭,勉就大勋,毋怀小忿。譬犹捕鹿,要为犄角之图;有若献貔,皆获公私之利。往体朕意,伫观厥成。已除卿镇江、建康府、淮南东路宣抚使,镇江府置司。故兹诏示,想宜知悉。秋冷,卿比平安好? 遣书,指不多及。

出处:《北海集》卷八。又见《宋四六选》卷一。
撰者:慕崇礼
考校说明:编年据《建炎以来系年要录》卷六八补。

令岳飞明远斥堠诏
(绍兴三年九月二十五日)

岳飞常切明远斥堠。如探报外敌侵犯,委是紧急,即将本路州县江道港汊不以官私舟船尽行拘收,随军使用,事息给还。即不得无事便行拘收,却致搔扰。

出处:《宋会要辑稿》食货五○之一四。

令岳飞说谕签军来归诏
(绍兴三年九月二十五日)

金人自来多系驱虏河北等路军民,号为"签军",所当先冲冒矢石,枉遭杀戮。念皆吾民,深可怜悯。兼自来招收投降汉,而签军等并皆优补官资,支破请授。可令岳飞如遇外敌侵犯,措置说谕,有率众来归,为首之人仍优与推恩。

出处:《宋会要辑稿》兵一五之三。

赐左朝奉大夫新除兵部尚书赵子昼辞免恩命不允诏
(暂系于绍兴三年九月二十五日后)

敕子昼:省所奏辞免恩命,事具悉。眷我国家,教行宗属。虽久袭儒冠之盛固不乏人,而间持从橐之荣未尝在事,岂有嫌于同姓,盖莫值于真才。今卿立朝,自我作古。缺文浸举,既更礼学之清司;密旨是承,复置枢机之要地。所居自称,无适不宜。肆还正于贰卿,俾分厘于武部。益详阅试,庶尽猷为。其戮力于艰虞,毋执谦于辞逊。所请宜不允。故兹诏示,想宜知悉。

出处:《北海集》卷一三。

撰者:綦崇礼

考校说明:编年据《建炎以来系年要录》卷六八补。"赵子昼",《建炎以来系年要录》多误作"赵子画"。据《北山小集》卷三三《赵公墓志铭》,赵子昼未曾任兵部尚书,疑"兵部尚书"为"兵部侍郎"之误。

郭仲荀乞辟差官属答诏
(绍兴三年九月二十九日)

置书写机宜文字一员,许差男及之外,其余属官使臣令仲荀相度就用总领所见任人。如内有不堪倚仗之人,许具名申尚书省替换;若非泛合差官干事遇阙,许本州或所部合差出官内差委。

出处:《宋会要辑稿》职官四〇之六。

沈昭远改官制
(绍兴三年九月二十九日)

昔郑当时推毂士,及官属丞史,有味其言,见称后世。矧予枢辅,慎简乃僚,谓尔有材,形于论荐。召见便殿,言合朕心。宜进厥官,俾仍旧服。往承休命,益勉所闻。

出处:《华阳集》卷三。

撰者:张纲

考校说明:编年据《建炎以来系年要录》卷七一补。

钱圻改官制
(绍兴三年九月二十九日)

铨部改官之法,必稽岁月,审功过,察保任,应格然后以闻于上。惟时异恩则略之。尔以儒学之秀,克自奋励,为属枢府,誉言达于朕听。召见便殿,占对可嘉,是用进尔京秩,示吾所以推奖之意。往服休命,益勉厥勤。

出处:《华阳集》卷三。

撰者:张纲

考校说明:编年据《建炎以来系年要录》卷七一补。

赐镇潼军节度使开府仪同三司充醴泉观使孟忠厚生日诏
(绍兴二年九月三十日)

望冠亲贤,位隆将相。属祥麟之感梦,美乔岳之钟灵。可无牢饩之颁,用助家庭之庆? 今赐卿生日羊酒米面等,具如别录,至可领也。故兹诏示,想宜知悉。

出处:《北海集》卷八。

撰者:綦崇礼

考校说明:编年年份据綦崇礼任两制时间、孟忠厚官历补,见《建炎以来系年要录》卷四五。

赐检校少保定国军节度使知枢密院事张浚赴行在诏
(绍兴三年秋)

敕张浚:卿道可济时,诚维许国。发心忠谊,伟社稷之元勋;资其智谋,勤封疆之远役。数摧巨敌,独叹贤劳。爰俾遄归,复还近辅。董戎旃而在外,固分一面之忧;执枢柄以居中,斯展四方之略。卿既得行其雅意,朕方有赖以成功。矧久渴于仪刑,将大披于心腹。仁期燕见,式罄嘉猷。载惟趋命之恭,备历征途之苦,体兹深眷,毋惮疾驱。已降指挥,召卿依旧知枢密院事,诏书到日,卿可疾速赴行在供职。故兹诏示,想宜知悉。秋热,卿比安好? 遣书,指不多及。

出处:《北海集》卷八。

撰者:綦崇礼

考校说明:编年据张浚官历及文中所述“秋热”补,见《建炎以来系年要录》卷五一、卷六五、卷六七等。

赐宇文虚中诏

（绍兴三年秋）

敕虚中：卿衔命出疆，迨兹五载，委身徇国，曾靡贰心。惟忠不欺而信不疑，肆彼无恶而此无致。备闻诚节，深动叹咨。卿其益惟我宗社之图，朕岂少忘尔妻孥之恤？慰万民之望，行观季友之来归；集二国之成，宁复子卿之久苦？尚期自勉，以副此怀。今赐卿金银绫绢茶，具如别录，至可领也。故兹诏示，想宜知悉。秋冷，卿比平安好？遣书，指不多及。

出处：《北海集》卷八。

撰者：綦崇礼

考校说明：编年据文中所述"卿衔命出疆，迨兹五载"及"秋冷"补。宇文虚中于建炎二年出使，见《建炎以来系年要录》卷一五。

告谕天下州郡诏

（绍兴三年十月一日）

昨者出自朕意，分遣使人，授以手历，澄清诸道。逮胡蒙等还朝，偶缘他事，相继而去，皆非有失使指。深虑四远不知其由，妄意揣摩，将已行之事苟简灭裂，颠倒纷纭，民受其弊。未还二使不无疑虑，动辄畏缩，甚失临遣之旨意也。三省可速行下诸路，所陈利害令监司郡县遵守，举荐人材，取旨录用。

出处：《建炎以来系年要录》卷六九。

赐新除徽猷阁直学士提举江州太平观
洪拟辞免恩命不允诏

（绍兴三年十月一日后）

敕洪拟：省所奏辞免恩命，事具悉。卿仕阅四朝，位登八座，外历专城之寄，中更持橐之劳。迨此请闲，可无加宠？寓西清之禁直，仍列从班；贲学士之荣名，式彰儒效。俾从优佚，曾靡疵瑕。第深体于恩私，亦奚烦于逊避？所请宜不允。故兹诏示，想宜知悉。冬寒，卿比安好？遣书，指不多及。

出处:《北海集》卷一一。
撰者:慕崇礼
考校说明:编年据《建炎以来系年要录》卷六九补。

令张俊杨沂中约束所部官兵不得辄出营寨诏
(绍兴三年十月七日)

张俊、杨沂中严行约束所部官兵,寅夜不得辄出营寨。如违,收捉解赴枢密院,并行军法。若本军不觉察致败露,其本辖兵将官并重置典宪。

出处:《宋会要辑稿》刑法七之三六。

捕获强盗推赏事诏
(绍兴三年十月八日)

捕获强盗,虽无被主姓名,而赃满已经论决者,许推赏。

出处:《建炎以来系年要录》卷六九。

犯私盐依绍兴敕断罪诏
(绍兴三年十月十一日)

自今犯私盐,并依绍兴敕断罪。如亭户、非亭户煎盐与私贩,及军人聚集百姓,依藉军兵声势私贩,本犯不至徒者,配邻州;若罪至徒,即配千里;如系流罪,即刺配广南。内私贩拒捕之人,依政和指挥,不以赦降原减。其去年十二月甲午敕旨及今年六月辛丑尚书省批状指挥勿行。

出处:《建炎以来系年要录》卷六九。

令宣抚处置使司除授帅臣监司阙官诏
(绍兴三年十月十一日)

帅臣、监司每遇有阙,令宣抚处置使司每一阙具奏两三人,听旨除授。其余堂除及安抚、茶马等司奏辟窠阙,依已降指挥选差。其元系逐路转运司拟注窠阙,仰转运司依旧法施行。如遇军兴缓急,州县官有不堪倚仗之人,仍许宣抚处置使司差官对移,各不理遗阙。

出处:《宋会要辑稿》选举三一之三。

江州守臣衔内权不带沿江安抚诏
(绍兴三年十月十二日)

江州守臣衔内权不带"沿江安抚"。候岳飞班师日,申取朝廷指挥。

出处:《宋会要辑稿》职官四一之一〇六。

优官非出入假故应通签而独行者官司不得被受诏
(绍兴三年十月十三日)

坐条申严行下。今后如遇差出或在假等事故,并于阶衔下分明批凿。

出处:《宋会要辑稿》职官四八之三四。

诫约士大夫手诏
(绍兴三年十月十七日)

朕以眇躬,亲逢厄运,愧无德化,纯一风俗。深虑士大夫趋向尚多趋附征利。盖奔竞之风不息,则朋比之势渐成,若不以时警惧,辨其邪正,尚且曰内修政事,外攘夷狄,得不负愧于天下!可令台谏伺察其微,即行纠劾;三省、枢密院差除常加遴选,朕有望焉。

出处:《建炎以来系年要录》卷六九。

福温州酌献祖宗神御祭酒就便支供诏
(绍兴三年十月十七日)

福、温州酌献祖宗神御,祠祭酒只就神御所在州军就便支供,仍仰逐州据合用数目别料如法酝造,务要精洁。

出处:《宋会要辑稿》礼一四之一二一。

舒清国除起居郎制
(绍兴三年十月十七日)

昔孔子作《春秋》,先正王而系万事,大法昭然,垂训后世。朕方日昃御朝,思齐洪业,若时言动,慎于几微,遴简时髦,畀职记注。庶于纪事得实,如古作者。惟尔操行纯洁,秀于士林,问学渊深,蔚有文藻。雠书中秘,议礼南宫,阅时滋多,发闻弥著。兹用命尔,进直螭坳,凡举必书,是为善志。官守勿失,嗣有宠褒。

出处:《华阳集》卷三。
撰者:张纲
考校说明:编年据《建炎以来系年要录》卷六九补。

收籴米斛桩管事诏
(绍兴三年十月十八日)

令两浙东西、江南东西、广南东西路提刑兼常平官,将应干州县见在常平等合充常平籴本钱物,专委任主管官亲诣逐县,同令佐尽数划刷,逐旋关拨,乘时措置开报,尽本收籴米斛桩管。其籴到数仰知、通认数,就元籴州县常平仓别项封桩。仍仰提刑官严切约束所委官,将合取拨籴官先次桩垛钱本,遇有人户中,即仰躬亲监视,两平交量,不得过收加耗,即时支还价钱,无令少有科配骚扰,及容纵请托,入中巧伪湿恶米斛。如违,仰提刑司官按劾,仍仰逐司各先具上件合划刷窠名,且约度半年钱数及可以收籴米斛各若干,并旬具划刷到钱本、已籴买到米数,各开具申尚书省。

出处:《宋会要辑稿》职官四三之二二。

王冈王廷秀除直秘阁宫观制
（绍兴三年十月十八日）

朕惟在服在位之士,宣劳国家,或以疲老言旋,于其去也,宜有以宠绥之。尔等践更任使,恪守靖共。擢自郎曹,置之宰属,阅时未久,遽欲求闲。其升延阁之华,往食真祠之禄。少休劳勋,尚勉壮猷。

出处:《华阳集》卷三。
撰者:张纲
考校说明:编年据《建炎以来系年要录》卷六九补。

刘大中除监察御史制
（绍兴三年十月十八日）

乃者分遣使轺,假御史持节,导德意于四方,而察郡国之政。尔以端方亮直之资,奉指衔命,风望隐然,奏牍屡闻,刺举无所回避,朕甚嘉之。兹用擢居宪府,遂正其名。夫耳目之官,职在振肃纪纲,督吏治以纠不法。惟尔之能,见于已试。往其勉之,勿苟勿随,勿使声称减于前日,则为举职,克副朕意。

出处:《华阳集》卷三。
撰者:张纲
考校说明:编年据《建炎以来系年要录》卷六九补。

令吴玠等协和御贼诏
（绍兴三年十月十九日）

吴玠已除利州路阶成凤州制置使。访闻昨来饶风岭退师,盖缘宣抚处置使司所任官属听信不一。今来王似等已委吴玠措置守备,所有战御之策,临机制胜,尤当委任,务出长算,以责成功。仍在协和,共济国事,捍贼保境,无失机会。可札与王似、卢法原、吴玠,各具知禀闻奏。

出处：《宋会要辑稿》职官四〇之六。

令御史台措置参谢辞官合用木炭茶汤诏
（绍兴三年十月二十日）

御史台每日体量台参谢辞官合用木炭、茶汤等，内木炭于左藏库勘请，茶汤下临安府支破。

出处：《宋会要辑稿》职官五五之一八。

赏功房按法推恩诏
（绍兴三年十月二十一日）

赏功房今后除法所不载事即看详审实外，应有格法事虽系三省、密院送到及词状判付本房，并送六部按法推恩。

出处：《宋会要辑稿》职官三之三八。

李擢除徽猷阁直学士与郡制
（绍兴三年十月二十一日）

中台政事之原，尚书均为八座；内阁图书之府，学士尤高近班。入则分六职以赴功，出则畀隆名而示宠。具官某夙以儒术，简于公朝。遍仪法从之华，借罄辰猷之告。顷从外服，载陟周行，亟进贰于冬官，遂跻荣于宗伯。朕方慎择师帅，抚临翰藩，用辍迩联，复分忧寄。念宣劳于南省，俾列职于西清。宠遇则均，往服恩荣之意；论思惟旧，敢忘忠荩之规。

出处：《华阳集》卷三。
撰者：张纲
考校说明：编年据《建炎以来系年要录》卷六九补。

李擢知婺州制
（绍兴三年十月二十一日）

昔汲黯由九卿出补淮阳,薛宣以御史中丞为临淮守。侍从之臣,宜在左右,然郡国得人,不以去朝廷为惜也。具官某文学奋励,有称于时,更践禁途,宣劳滋久。惟东阳古郡,捍我南服,若时师帅,非贤不居。是用辍尔于六官之列,畀之西清延阁之华,以抚临其民。朕之用人,视汉无愧。往服休命,勿怠厥修。

出处:《华阳集》卷三。
撰者:张纲
考校说明:编年据《建炎以来系年要录》卷六九补。

结绝绍兴二年前作过人词诉诏
（绍兴三年十月二十二日）

诸路州县自绍兴二年正月一日以前应因群寇残破占据去处乘时作过之人,限今降指挥到日,将已受理词诉限十日结绝,不得枝蔓。日后更有词诉,并不得受理。曾经金人占据去处,依绍兴府已降指挥施行。

出处:《宋会要辑稿》刑法三之二五。

曾楙除礼部尚书制
（绍兴三年十月二十三日）

周监二代,备庶事于弥文;汉鄙两生,起朝仪于绵蕝。朕承祖宗积累之德,悼礼乐散亡之余。名物虽具于有司,制作靡遵于故典。欲振乃职,必惟其人。具官某有厚重长者之风,能通达当世之务。蚤由时望,亟被明扬。浸更二省之严,旋置六卿之列。词章雅健,极代言视草之工;议论宏深,见忧国忧民之志。自违朝著,久逸真祠。益闻誉处之休,深渴老成之助。属春官之虚位,惟旧人之是图。已试曰能,肆今命汝。夫笾豆玉帛,宜兼节于情文;若朝觐会同,必因时而隆杀。庶使威仪复正,奸宄自消。靡闻击枉之争,是谓播刑之迪。往服朕训,无愧古人。

出处：《华阳集》卷三。

撰者：张纲

考校说明：编年据《建炎以来系年要录》卷六九补。

宋伯友除刑部侍郎制
（绍兴三年十月二十三日）

尧帝清问下民，时莫先于降典；文王罔兼庶狱，亦惟付之有司。眷予邦宪之严，实重秋官之职。欲使无讼，何择非人！具官某识量宏达，而济之强敏之材；性资粹温，而辅以疏通之智。当官有守，见义敢为。顷由识拔之公，亟跻侍从之列。式我司寇，能自得于刑书；殿彼雄藩，至不扰于狱市。大孚众论，有嘉尔能。其遂解于一麾，以复掌于八辟。尔宜察吏刀笔，重人死生。岂独以明允自将，迈种皋陶之德；亦庶几刚正不挠，无替广平之风。祗服新恩，往司旧服。

出处：《华阳集》卷三。

撰者：张纲

考校说明：编年据《建炎以来系年要录》卷六九补。

令三省除铨曹奸弊诏
（绍兴三年十月二十六日）

六官之长，是谓佐王理邦国者，其惟铨衡乎？今自艰难以来，士夫流离契阔，有徒跣而赴行在所者，深可愍恤！访闻迩来注授榜阙之际，奸弊百出，货赂公行，寒士困苦，未有甚于此时者。安得如毛玠清公，使天下之士莫不以廉洁自励，如陆慧晓不容胥吏谍执？三省可行措置除其弊，严立赏禁，仍选能吏以主之，柏台常加纠察，当议重行惩诫。

出处：《宋会要辑稿》职官八之一七。又见《宋会要辑稿补编》第五二五页，《中兴两朝圣政》卷一四，《建炎以来系年要录》卷六九，《宋史》卷一五八《选举志》。

考校说明：《宋史》卷一五八《选举志》系于绍兴元年，疑误。

枢密直学士威愍忠臣郑骧敕命
(绍兴三年十月二十六日)

皇帝制曰:人臣有报国之诚而后有委身之忠,或临阵杀身,或守城坚壁,咸得以遂其愿。而国家褒其志,愍其死,劝忠之义,均有进律之典焉。故同州知州郑骧天资纯粹,志节方刚,学有己任之才,政有爱民之功。自居官是土,嘉猷日著,异政月闻。一旦金贼叛伦,天地晦冥,举兵罚罪。焚贼舟千万于龙门,神谋莫测;守王城五月于同州,义勇不屈。事未遂于素志,身肯甘于乱手?虽枭勇难回,而挺身许国。其赤心耿耿,视夫临难而苟免者远矣,朕用嘉悼。特赠尔为枢密直学士,谥威愍。呜呼,英魂正气,虽死犹生。尚奋尔威烈,以相王师,珍兹丑逆,方纾未竟之志。歆予旌宠,永慰忠魂。绍兴三年十月二十六日。

出处:康熙《广信府志》卷二八,雍正八年补刻本。又见同治《广信府志》卷一一。

诸路添差官额诏
(绍兴三年十月三十日)

诸路添差官,州十县已上勿过十员,三县已上五员,已下二员;县万户已上三员,已下二员。仍并以二年为任。

出处:《建炎以来系年要录》卷六九。

洪炎转一官致仕制
(暂系于绍兴三年十月前后)

朕遭时多艰,纂业中兴。顾焦劳方急于求贤,义岂容于谢事;惟筋力或惓于尽瘁,势难强以居官。矧予迩臣,服劳兹久,宜颁命渥,以休余年。具官某旧学渊源,老犹笃志;后生领袖,论必据经。召从江海退闲之余,擢置言语侍从之列。方资献纳,俄爽节宣,陟次对之清班,就燕闲于真馆。露章有请,遽欲辞荣。当馈兴嗟,重违雅志,俾遂山林之适,仍加爵秩之荣。祗服宠光,用介眉寿。

出处:《华阳集》卷三。

撰者:张纲

考校说明:编年据同集前后文时间、洪炎官历补,见《建炎以来系年要录》卷六四、卷七〇。

杜湛转武翼大夫遥郡刺史制
(暂系于绍兴三年十月前后)

朕欲绥靖方隅,而盗贼群辈为害,民久失业。尔以忠勇自奋,杀敌无前,用能乘利席胜,破蚍豕之毒。有司言状,惟予汝嘉,进陟武阶,升刺名郡。恩宠厚矣,往其勉之!

出处:《华阳集》卷三。

撰者:张纲

考校说明:编年据同集前后文时间、杜湛官历补,见《建炎以来系年要录》卷七一。

梁彦赠官制
(暂系于绍兴三年十月前后)

惟尔奋自行阵,蚤以勇闻。盗起抢攘,率先犯敌,陨于非命,良用盡伤。赠官一等,式昭异数。营魂未泯,尚其享之。

出处:《华阳集》卷三。

撰者:张纲

考校说明:编年据同集前后文时间补。

杨从仪转亲卫大夫制
(暂系于绍兴三年十月前后)

川陕用师久矣。凡出入行伍,有尺寸微劳者,未尝不录;而况被坚执锐,勒部曲以立功名,顾所以宠褒之,其可后乎?具官某沉勇多谋,戮力自奋。方虏寇大入,勤吾西顾,乃能先登却敌,屡纪殊效。幕府上功,进秩一等,庸示眷奖,以励其余。往服厥官,毋忘报称。

出处:《华阳集》卷三。

撰者:张纲

考校说明:编年据同集前后文时间补。

陈桷升郎中制
（暂系于绍兴三年十月前后）

文昌六官之属,有郎中,有外郎,各从其资,以序厥位。尔以文行兼著,再擢省闱,有司上其阀阅,即尔旧服,用外正员。夫以二千石之秩,入赞地官之政,望亦高矣。往既乃心,以充其实。

出处:《华阳集》卷三。

撰者:张纲

考校说明:编年据同集前后文时间、《宋史》卷三七七《陈桷传》补。

虞澐陆长民除吏部郎官制
（暂系于绍兴三年十月前后）

天官铨序人物,其任重矣。省方以来,案牍散落,巧吏滑徒,诈欺百出,寒士有不能堪者。比诏有司,除其弊源,选吏以主之。汝澐材识详练,有闻于时;汝长民风力敏强,见于已试。兹用简拔为属,其往为朕摘辨条章,检捉奸伪,要使官曹一清,而侑谢之私,自汝屏迹。汝尚勉之,无负予诏。

出处:《华阳集》卷三。

撰者:张纲

考校说明:编年据同集前后文时间、陆长民官历补,见《建炎以来系年要录》卷七三。

赐资政殿学士左中大夫提举万寿观兼侍读谢克家辞免新除男伋工部郎官恩命不允诏
（绍兴三年七月至十一月间）

敕克家:省所札子奏,辞免新除男伋工部郎官恩命,事具悉。朕以伋学蓄传家,允为令器,仕能举职,尝摄名郎,乃由司属之联,俾正列星之位。是惟才选,宜以序升。甫嘉济美之贤,遽览辞荣之请。念前载教忠之谊,固将勉其事君;稽昔人举善之公,犹靡嫌于称子。矧卿久离政地,方领闲官;而佽特出朕知,匪由卿故。初无他议,何用谦辞? 所请宜不允。故兹诏示,想宜知悉。

出处:《北海集》卷一一。

撰者:綦崇礼

考校说明:编年据谢克家、谢佚官历补,见《建炎以来系年要录》卷六七、卷七〇。

洪炎转四官制
(绍兴三年十一月二日后)

遇臣下之礼,宜务全其始终;念死丧之威,顾可忘于褒恤。具官某言有坛宇,学造渊源。典刑独绍于前人,气节雅高于流俗。召自远俗,置之迩联,期造膝以输忠,会积疴而去位。义难夺志,甫遂挂冠;天不假年,遽闻易箦。命也不淑,怆然兴怀! 其峻陟于文阶,庶流光于泉壤。尚惟精爽,歆此恩荣。

出处:《华阳集》卷三。

撰者:张纲

考校说明:编年据洪炎卒年补,见《建炎以来系年要录》卷七〇。《宋会要辑稿》仪制一一:"左中大夫、充徽猷阁待制洪炎(绍兴三年)十一月赠左通奉大夫。"与此制"转四官"不合。

承务郎以上去失奏状收使事诏
(绍兴三年十一月三日)

绍兴三年十月十三日指挥已后,虽奏状不到,如有用印奏检,亦许收使。仍自来年正月一日依已降指挥止用奏状。如去失,许依诸选法再奏。

出处:《宋会要辑稿》职官一〇之二四。

邢焕特赠少师追封国公制
(绍兴三年十一月三日)

正位齐家,允赖坤闱之助;褒贤录善,宜先戚畹之英。追赉宠章,式昭异数。具官某忠信而好礼,静专而寡求。早奋志于周行,亟跻荣于清贯。践扬滋久,誉处弥休。惟积庆之有初,致流芳之未艾。是生硕媛,作配朕躬。位正椒涂,亲隆肺腑。斋坛授钺,专节制于中权;华衮升班,等威仪于上宰。念沦亡之未远,怆阀阅以兴怀。再疏大国之封,仍冠三孤之秩。夫云台画像,伏波岂乏于勋名;而石臼阴功,平寿宜膺于命册。尚期精爽,服此恩荣。

出处:《华阳集》卷三。

撰者:张纲

考校说明:编年据《建炎以来系年要录》卷七〇、《宋会要辑稿》后妃二补。

邢孝扬除直秘阁制
(绍兴三年十一月三日)

朕读周诗,而美《葛覃》之化;稽汉制,而隆肺腑之亲。匪为私恩,厥由旧典。尔恭慎自守,志节可嘉。顾于中宫,实谓同气。俾升华于延阁,庶增宠于私庭。往服官荣,式彰眷遇。

出处:《华阳集》卷三。

撰者:张纲

考校说明:编年据《建炎以来系年要录》卷七〇、《宋会要辑稿》后妃二补。

后姊邢氏加封郡夫人制
(绍兴三年十一月三日)

朕于戚里之家,不欲以私恩掩公义。然义有不可废者,恩得以行焉。惟尔克懋女德,实为后兄,习闻环珮之声,秀发闺房之誉。疏封大郡,进号小君。服此茂恩,益修淑慎。

出处:《华阳集》卷三。

撰者:张纲

考校说明:编年据《宋会要辑稿》后妃二补。

后妹邢氏并弟妇高氏并封安人制
(绍兴三年十一月三日)

命妇八等之制,惟夫若子通籍于朝,始得以序进焉。至于一时异恩,岂限彝典。尔以中宫女弟,高氏云"后亲之懿"。淑慎有闻。念方加惠戚藩,宜见优宠,是用躐进封号,以昭朕意。往服休命,益茂尔德。

出处:《华阳集》卷三。

撰者:张纲

考校说明:编年据同集同卷《邢焕特赠少师追封国公制》《邢孝扬除直秘阁制》《后姊邢氏加封郡夫人制》补。

禁班直宿卫亲兵逃走辄投别军诏
(绍兴三年十一月四日)

今后班直宿卫亲兵逃走辄投别军,并依建炎四年七月已降指挥施行。令尚书刑部遍牒合属去处。

出处:《宋会要辑稿》职官三二之一〇。

禁诸郡委倚郭县认纳公帑措息钱诏
(绍兴三年十一月五日)

诸郡委倚郭县认纳公帑措息钱者,徒一年;认而纳者,罪亦如之。著为令。

出处:《建炎以来系年要录》卷七〇。

临安府排岸司添文官手分诏
(绍兴三年十一月五日)

临安府排岸司添文官一员,手分一名,其阙从朝廷差人。纲运少欠,本府拨散从官监追。所有本司见管军兵内有诸处占碍,并仰日下拘收招填。事干禁勘,只就本府刑狱施行。

出处:《宋会要辑稿》职官二六之二九。

吴革除直秘阁制
(绍兴三年十一月五日)

中秘图书之府,以储天下英俊之士。惟尔奋由材谞,久赞军谋,奏事便殿,议论通敏。其往寓直延阁,以昭示宠奖之意。钦予时命,益勉厥修。

出处:《华阳集》卷三。
撰者:张纲
考校说明:编年据《建炎以来系年要录》卷六九补。

推赏高道等诏
(绍兴三年十一月七日)

统领官武经郎高道、修武郎司全各转一官;将官、使臣、校副尉、下班祗应刘广、孙遇等各与减三年磨勘,年限不同人依五年法比折;效用公据甲头、白身人、民兵、弓手、士兵各与转一资,于正职名上收使;白身人依陕西效用法补授。

出处:《宋会要辑稿》兵一八之三三。

令江南东西路转运司召人请佃未佃闲田诏
(绍兴三年十一月九日)

令江南东、西路转运司自今降指挥到日,将应未佃闲田依刘大中立定三等租课,召人请佃,候满三年,即依元税额送纳。所有闲田元地主积欠租税,即不得于佃人名下催理,其日后逃闲田土,依今年十月七日指挥,照应税额输纳。

出处:《宋会要辑稿》食货一之三六。

折支绢钱诏
(绍兴三年十一月十日)

应折支绢,江南作五贯文,两浙作六贯五百文。如遇无渍污绢,即将好绢递增一贯文给。

出处:《宋会要辑稿》食货五一之二七。

觉察宗子不法事诏
(绍兴三年十一月十二日)

敕:宗子分寓郡县,骚动民庶,强取其物;或攘人之物而不偿其直;或欺虐良民,稍涉触忤,则动以铁尺,捶之致死;或挟弓带矢,飞鹰走犬,骧骏马,驱小人,驰骋田野,踏践谷麦;或酝造酒,兴贩私物,有司无以禁止。令诸路帅臣、监司、守臣常切觉察。如有似此之人,具事因闻奏取旨,重作施行。

出处:《庆元条法事类》卷七。又见《宋会要辑稿》帝系六之五。

责罚稽违侵隐上供钱物诏
(绍兴三年十一月十二日)

诸路上供钱物,令户部岁终举劾稽违侵隐去处,申朝廷取旨责罚。

出处:《建炎以来系年要录》卷七〇。

令内外诸军分明说谕议和事诏
（绍兴三年十一月十五日）

今来议和,与往日不同,更不发遣北人,令内外诸军帅分明说谕。

出处:《建炎以来系年要录》卷七〇。

诸路州军通融应副遣发军马钱粮诏
（绍兴三年十一月十九日）

今后诸路州军遇遣发军马,并仰本州将不系军马经由县分钱粮通融移用应副。仍依已降指挥专责通判充钱粮官,于界首伺候应副支遣,及令所委通判常切点检觉察。

出处:《宋会要辑稿》职官四七之六七。

常同陈请皇城司隶台察指挥更不施行诏
（绍兴三年十一月二十一日）

皇城司系专一掌管禁庭出入,祖宗法不隶台察,已降指挥更不施行。自今后臣僚不得乱有陈请,更改祖宗法度。如违,重行黜责。

出处:《宋会要辑稿》职官三四之三五。又见《建炎以来系年要录》卷七〇。

张叔献除直阁提刑制
（绍兴三年十一月二十一日）

朕惟尔父当靖康艰难之际,竭节自奋,犯贼凶威,身陷虏庭,忠在王室。肆求厥后,大臣以尔名闻。引对便朝,有嘉占奏,进直延阁,往按祥刑。岂独示朕一时异恩,亦以为后世臣子之劝。

出处:《华阳集》卷四。

撰者：张纲

考校说明：编年据《建炎以来系年要录》卷七〇补。

火灾依军法断罪并赈恤被火人户诏
（绍兴三年十一月二十二日）

今后放火人，不以烧毁舍屋多少，并依军法。其失火正犯人，如焚烧官私屋宇数多，并取旨，亦依军法断遣。令临安府出榜晓示，仍多差使臣缉捕放火之人。其被火人户，令户部日下支米五百硕，付梁汝嘉差官分头给散。所有官私白地房钱，不以贯百，并放半月。被火处每自方五十间，不被火处每自方一百间，各开火巷一道，约阔三丈。委知通躬亲相视，画图取旨，即不得夤缘骚扰。内朝天门里遗火人户，令并盖瓦屋。行宫内宫人所居屋宇，昨缘移跸草创，大段低小逼窄，于防谨火烛不便。令修内司日下措置掇移修盖，务要宽阔。

出处：《宋会要辑稿》瑞异二之三五。又见《建炎以来系年要录》卷七〇。

两浙江东西路转运司买扑坊场事诏
（绍兴三年十一月二十三日）

令两浙、江东西路提举司、转运司同共取索管下州县买扑坊场，将兴盛及过界并减定净利钱若败阙去处，各条具利害、自来逐场有无造酒年额并差官点栈体利申户部。其官务若管酒价钱，而拍户沽卖私价大段高贵，赢落厚利，自合随宜增添。仍令逐州军每季具官务酒价与市价有无亏□申转运司检察。

出处：《宋会要辑稿》食货二〇之一五。

唐辉除右史制
（绍兴三年十一月二十四日）

朕惟唐虞三代之盛，皆有史官纪其行事，千载之后，如出乎其时，而见乎其人者，书之传也。今吾左右置史执笔记言动，亦以昭示后来，厥任重矣。惟尔秉心直谅，迪德惠和。学靡空言，虑无遗策。顷自台属，擢备谏员。谠议日闻，风节弥劲。兹用稽之士论，俾直殿垴。昔遂良由谏大夫知起居事，善恶必记，以戒太宗，不为非法；而魏谟自补阙为右史，文宗犹以朝廷阙失，责其论奏。此朕所以命尔之意，尔宜勉焉。无愧古人，以永发誉。

出处：《华阳集》卷四。

撰者：张纲

考校说明：编年据《建炎以来系年要录》卷七〇补。

谢克家移郡制
（绍兴三年十一月二十四日）

怀仁义以事君，入则馨嘉猷于帷幄；居贤德而善俗，出则分忧寄于藩维。虽二者任职之不同，然一于宠遇而无间。矧竭均劳之请，宜推从欲之恩。具官某疏通而有谋，庄重而不倚。见闻弹洽，故能洞群言之微；议论宏深，可与图当世之务。蚤延登于辅弼，俾茂赞于经纶。自去嵩廊，数更符竹。趣奉介圭之觐，诏陪讲席之游。大一统于麟经，觉斯文之未坠；冠诸儒于虎殿，广旧学以多闻。俄爽节宣，屡形恳避。念稽古之功未究，而引疾之志莫移。畁以近邦，宽予南顾。徒得君重，当无薄于淮阳；惟既厥心，尚不忘于王室。

出处：《华阳集》卷四。

撰者：张纲

考校说明：编年据《建炎以来系年要录》卷七〇补。

摘出赃吏巨蠹之人留禁俟旨诏
（绍兴三年十一月二十六日）

宣谕官所劾赃吏罪至死者，令刑寺摘出情理巨蠹之人三两名，令所在留禁俟旨。

出处：《建炎以来系年要录》卷七〇。

祗候库人吏磨勘迁转诏
（绍兴三年十一月二十九日）

祗候库人吏自入役充手分至补副知界满，别无不了过犯，与先补进义副尉，立界再充专知。候二年界满，别无诸般不了等事，与依使臣法减二年磨勘，发遣归都官。

出处:《宋会要辑稿》食货五二之三五。

郭孝友礼部郎官制
（暂系于绍兴三年十一月前后）

文昌设属，唯仪曹旧号南宫舍人。稽古礼文之事，与夫尚书笺奏，皆在所掌，其选甚艰。尔以儒学有声，践历滋久，擢居省户，孰曰不宜？惟制作必遵于典常，而撰著务明于体要。是为称职，嗣有宠褒。

出处:《华阳集》卷三。
撰者:张纲
考校说明:编年据同集前后文时间、郭孝友宦历补，见《建炎以来系年要录》卷七一。

赵濡礼部郎官制
（暂系于绍兴三年十一月前后）

祠者国之大典，职在春官，而祠曹主之。尔以儒术自奋，克世其家，官于奉常，见谓通敏。省户之选，佥曰汝谐。往既厥心，毋忽朕命。

出处:《华阳集》卷三。
撰者:张纲
考校说明:编年据同集前后文时间补。

粟顺等迁长史并司马制
(暂系于绍兴三年十一月前后)

惟尔世怀忠顺,克守教条,有司以言,进尔上佐。往服恩宠,思报所蒙。

出处:《华阳集》卷三。

撰者:张纲

考校说明:编年据同集前后文时间补。

王序封赠二代制
(暂系于绍兴三年十一月前后)

朕顷者合宫享帝,庆赐遂行,缙绅大夫,恩及父祖。陈氏、向氏云"父母"。存亡靡间,厥惟旧章。具官故祖故父或母以尔抱才不施,张氏、陈氏、向氏云"闻训具宜"。积德甚厚,有孙能仕,父母云"有子"。遂至大官。推其本源,父曰"推其忠教",母曰"推其母慈"。用赠封秩。服此休命,以光重泉。

出处:《华阳集》卷四。

撰者:张纲

考校说明:编年据同集前后文时间补。题后原注:"故祖伯琪、故父梦阳、故祖母张氏、前母陈氏、故母向氏。"

王序故妻钩氏追封制
(暂系于绍兴三年十一月前后)

命妇爵秩,各从其夫。兹予庆赐之行,燕及臣工之列,既疏荣于祖祢,仍追贲其室家。具官某妻某氏,相其良人,登于显仕。生具淑德,没有令名。宜更大郡之封,以慰重泉之望。营魂未泯,服命惟新。

出处:《华阳集》卷四。

撰者:张纲

考校说明:编年据同集前后文时间补。

杨选马千转行右武大夫制
（暂系于绍兴三年十一月前后）

师出以律，故能有功；赏不逾时，所以示劝。具官某智穷武略，勇冠戎行。枉寇犯边，奋身却敌，数其军实，积有战多，宜升上阁之华，以联横列之峻。往服休命，益勉壮猷。

出处：《华阳集》卷四。
撰者：张纲
考校说明：编年据同集前后文时间补。

田开除刺史制
（暂系于绍兴三年十一月前后）

往者房寇大入西土，人以不静。赖我将士云集霆击，以克有功。幕府且闻，尔实居最。锡以褒命，用昭宠渥。尚思懋勉，无负厥官。

出处：《华阳集》卷四。
撰者：张纲
考校说明：编年据同集前后文时间补。

许份转一官致仕制
（暂系于绍兴三年十一月前后）

事君而能致其身，既励匪躬之节；引疾则闵劳以事，宜推从欲之仁。厥有故常，用昭异数。具官某沉静有守，惠和而通。问学得于家传，经术明于世务。持橐簪笔，遍仪侍从之华；剖竹分符，屡易翰藩之寄。自违朝著，久佚祠宫，忽抱疾之有加，愿辞劳而归老。进一官等，俾休余年。其茂对于宠光，尚克宁于干止。

出处：《华阳集》卷四。
撰者：张纲
考校说明：编年据同集前后文时间、许份卒年补，见《建炎以来系年要录》卷七二。

李彦明昨捉获刘超贼徒立功便宜转官给到尚书吏部公据本部照得本人付身并系真命合转忠翊郎制
(暂系于绍兴三年十二月前)

敕:尔曩迹捕群盗,有功中率,有司按状,当酬尔劳。锡以官荣,申颁书命。祗承恩渥,无或堕渝。可。

出处:《紫微集》卷一三。
考校说明:编年据宋廷平定刘超时间补,见《宋会要辑稿》兵一八。张嵲此时未任两制,此文或为《紫微集》误收。

禁排岸司非理留难阻节押纲人吏诏
(绍兴三年十二月二日)

今后如遇纲运卸纲了当,别无缘故,排岸司非理留难阻节,官吏并从杖一百科罪。

出处:《宋会要辑稿》食货四三之一八。

张绚改官制
(绍兴三年十二月二日)

朕分遣御史,循行天下,察吏治之能否而升黜之。尔以材谞效官,发闻于下邑,遂获论荐,召见便殿。敷奏详明,兹用进尔京秩,以示褒宠。夫千里之行,始于足下,往加策励,用勉远图。

出处:《华阳集》卷四。
撰者:张纲
考校说明:编年据《建炎以来系年要录》卷七一补。

赐朱胜非辞免监修国史命不允诏
（绍兴三年十二月六日）

敕胜非：省所札子奏，辞免恩命，事具悉。自艰难以来，乱靡有定，史牒散落，干戈岁兴，未遑编削之事。虽载笔赤墀，属书东观，官存其名，而漫不举职，朕甚悯焉。夫君举必书，善恶不隐，所以垂训于后也。今阙无所记者几年矣，久或失传，后将奚考？若事有过举，言有失中，而不见其迹，朕亦于何而自鉴耶？是用申饬厥官，趣行记录，而属吾相臣，以董成之。惟卿学冠古今，资兼才识。从朕初载，以迄于今，顾其阅历之详、笔削之善，取正多矣。勉副朕志，何以辞为？所请宜不允。故兹诏示，想宜知悉。

出处：《北海集》卷九。
撰者：綦崇礼
考校说明：编年据《宋会要辑稿》运历一补。

周聿许抟范伯奋改官制
（绍兴三年十二月八日）

朕寤寐求材，唯恐不及。虽布衣之士，延见访问，犹将用其言而显其身；矧如尔等，咸以行能，克施有政。肆加召对，议论简于予衷，可无异数，昭示宠奖？其各改序京秩，以需进用。

出处：《华阳集》卷四。
撰者：张纲
考校说明：编年据《建炎以来系年要录》卷七一补。

司农寺丞应办事诏
（绍兴三年十二月九日）

司农寺丞每月将诸仓见在斛斗约度色额高下，品定合支自宰执已下至厢军诸色人等月粮口食，定样供呈，行下粮料院，并应办禁中月俸、节季粳米及申乞支给折麦钱数，仓场给纳，和籴场收籴，并行亲诣检㧑点检，及检察稽滞违法。粮斛草料纲运入门前,随事报寺丞,催督排岸司日下看步拘辖卸纳,检察搜空,覆验湿润,估剥亏欠。

出处:《宋会要辑稿》职官二六之一八。

砌垒宫墙诏
(绍兴三年十二月九日)

宫墙底小却薄,不足以限制内外,令修司使相度帮贴砌垒。其合用工料砖灰,具申尚书省。

出处:《宋会要辑稿》方域二之一一。

诚约不得违犯临安府改造瓦屋指挥诏
(绍兴三年十二月九日)

临安府官司已改造瓦屋,开通瓦巷,各有专降指挥。今后如有违犯之人,依条根治,命官降一官,民户徒一年。当职官奉行灭裂,亦从降官行遣。

出处:《宋会要辑稿》刑法二之一一○。

臣僚差遣不得自具阙乞差诏
(绍兴三年十二月十二日)

诸路监司令三省选择差除,自今臣僚差遣,并不得自具阙乞差。

出处:《建炎以来系年要录》卷七一。

承直郎以下转官条诏
(绍兴三年十二月十三日)

应承直郎以下因白身劳绩或回授恩赏得转一官,而元降指挥有言依条施行者,并与依条改官;或循资而回授者,不得改官。如称比类、比附、比折或依条比类与循资即已至承直郎者，候改官了日收使。

出处：《宋会要辑稿》职官一〇之五。

昭慈圣献皇后改谥礼毕恩赐诏
（绍兴三年十二月十三日）

昭慈圣献皇后改谥册、宝，命使发册，告迁，权安奉神御，迎奉至温州太庙，奉上册、宝，景灵宫安奉神御。礼毕，礼仪使已下并官吏等比拟除几筵例，各支银绢有差。

出处：《宋会要辑稿》帝系一之一四。又见同书礼五八之七六。

令岳飞刘洪道同共掩杀贼兵诏
（绍兴三年十二月十四日）

大军讨荡，已累破贼寨。访闻其间有西北无归之人为贼诱胁，窃虑一例杀戮，有旨降旗榜五副付王瓌晓谕招收。今来王瓌见在上流鼎、江一带，虑逼逐贼徒奔冲岳、鄂州界，可令制置使岳飞、刘洪道同共遣兵掩杀，毋令走透。

出处：《宋会要辑稿》兵一〇之三六。

责罚令佐替移催科二税不经批书人吏诏
（绍兴三年十二月十五日）

令、佐替移，催科夏秋二税不经批书，及当行人吏所批不实，并杖一百。内人吏勒停，永不收叙。令、佐到部日依冲替人例。

出处：《宋会要辑稿》职官五九之一九。又见《宋会要辑稿补编》第三九八页。

魏良臣除刑部郎官制
(绍兴三年十二月十六日)

朕惟官人之方,徇名不考其实,则浮伪者胜;徇法而必以次迁,则陆沉者众。尔以儒术自奋,效官辇毂之下,率身自检,屏迹权门,嘉有誉言。肆令召见,观其占奏,名实具孚,宜膺不次之除,用示求材之劝。亟升郎位,往属秋官。无怠厥修,思所以报。

出处:《华阳集》卷四。
撰者:张纲
考校说明:编年据《建炎以来系年要录》卷七一补。

军器所宣抚安抚司合用军须物色不得抑配科扰诏
(绍兴三年十二月十七日)

今后军器所、宣抚、安抚司合用军须物色,并仰州县依市价和买。如诸司一面收买过物,亦仰具数申尚书省,即不得抑配科扰。如违,并令提刑司按劾闻奏。

出处:《宋会要辑稿》食货三七之三五。又见《宋会要辑稿补编》第八九〇页。
考校说明:《宋会要辑稿补编》系于绍兴三年十二月十二日。

诫约火发去处不得乘时作过诏
(绍兴三年十二月十七日)

今后火发去处,委官及临安府当职官监辖军民,约度火势远近拆截,不得乘时作过。其救火之兵,并不得带刀剑军器出寨,因而邀夺物色。又乘火之际,于相去远处寻求有力之家,用铁猫钩索于屋上钩定,商量乞觅钱物,稍不满意,即便拆拽。令临安府觉察,犯人计赃断罪,重者取旨。又因火发,有良民妻女人口迷路为人诱引,知下落不肯收赎者,许赴尚书省陈诉。

出处:《宋会要辑稿》刑法二之一一〇。

梁汝嘉措置人使到行在差人把巷约闹事答诏
(绍兴三年十二月十七日)

第一项依;第二项每十五丈各置一铺,每铺差军兵五人,其军兵仰神武中军差拨;第三项令神武中军并临安府各差兵将官二员分地分约闹,仍具姓名申尚书省;第四项依。仍出榜晓谕。

出处:《宋会要辑稿》职官三六之四一。

借拨广西常平免役场务抵当金银钱赴衡州桩管诏
(绍兴三年十二月十八日)

借拨广西常平免役场务抵当黄金四百七十两、白金八十两、钱五十万缗赴衡州提刑司别库桩管。非奉朝旨,毋得取拨。再得旨奏知不行。

出处:《建炎以来系年要录》卷七一。

陈规除直龙图阁知庐州安抚淮西制
(绍兴三年十二月十八日)

朕惟淮西之地,沃壤千里,胡丑乱华,莽为盗区。虽干戈扰攘之难略平,而创痛呻吟之声未息。非夫练达老成之士,往殿厥服,何以宽朕顾忧?具官某静重有谋,果毅以达。蚤励忠勤之节,屡膺藩翰之寄。折冲御侮,疆场绥静;牧人御众,闾阎辑和。朕尝考观安陆、池阳之政,多乃成绩;兹用峻以内阁、河图之直,昭示褒宠。汝其为朕徙治合淝,振肃中权,拊安诸郡。昔魏尚守云中,而匈奴不敢近塞;龚遂治渤海,而贼盗至于弃兵。往师古人,无使声名减于前日,则予汝嘉。

出处:《华阳集》卷四。
撰者:张纲
考校说明:编年据《建炎以来系年要录》卷七一补。

沈昭远除户部郎官制
（绍兴三年十二月二十一日）

以版籍考户口之耗登，以地征制财用之出入，民部之职，郎实参之。惟尔蚤励材猷，亟蒙器使。效官枢府，有裨密议；宜升省户，益究厥能。往修而官，以副朕足国裕民之意。

出处：《华阳集》卷四。

撰者：张纲

考校说明：编年据《建炎以来系年要录》卷七一补。

禁内侍收养禽虫等诏
（绍兴三年十二月二十五日）

自今后内侍并不得收养禽虫等并市肆游行。如违，以违制科罪。

出处：《宋会要辑稿》职官三六之二五。

三衙军管官月廪诏
（绍兴三年十二月二十五日）

三衙军管官月廪，并依统兵战守官批勘；如见依侍从官则例所请数多，即依旧支给。

出处：《宋会要辑稿》职官五七之七〇。

令吉州榷货务支降见钱打造战船诏
（绍兴三年十二月二十七日）

吉州榷货务支降见钱二万贯，依数打造般载钱粮船，仍开具料例及合用的确钱数申尚书省，其战船关送枢密院。

出处:《宋会要辑稿》食货五〇之一五。

闻人武子改官制
(绍兴三年十二月二十八日)

朕比遣将臣,经理疆宇,尔居幕府,久以材闻。赐对便朝,占奏有足嘉者。宜略铨部之法,改序厥官。其往悉心以佐武服,以称朕待汝之意。

出处:《华阳集》卷四。
撰者:张纲
考校说明:编年据《建炎以来系年要录》卷七一补。

王雱改官制
(绍兴三年十二月二十八日)

朕惟尔兄以身徇国,不得终于牖下,念之恻然。同气之亲,如有尔者,尝掌执羁靮,从朕于艰难,宜有以优恤之。改序厥官,无忘报称。

出处:《华阳集》卷四。
撰者:张纲
考校说明:编年据《建炎以来系年要录》卷七一补。

章谊洪拟各转一官制
(绍兴三年十二月三十日)

为官择人,取正铨衡之法;以稽为决,具存简册之公。属兵火之荡焚,诏臣工而绪正。成书来上,第劳有差。具官某博通世务,而言必据经;明习宪章,而事无遗策。顷贰司寇,考法治官。拟云"顷由宗伯,兼长治官"。俾专笔削之工,厘补诏条之逸。昭明义类,迄就编书;分核品流,悉从科指。吏绝诈欺舞文之弊,士无流滞失职之忧。实繁尔能,有协朕志。章程既定,仍旧贯于七司;褒典有加,进文阶于一列。往服休命,知予眷怀。

出处:《华阳集》卷四。

撰者:张纲

考校说明:编年据《建炎以来系年要录》卷七一补。

章谊除龙图阁学士制
(绍兴三年十二月三十日)

宪河洛图书之瑞,宏内阁之邃严;奉祖宗谟训之藏,极儒臣之荣宠。式序在位,必协公言。具官某博稽艺文,明达政体。粹然论议,智每合于投机;试之剧繁,才有余于游刃。以嫉恶根霜台之誉,以持平守法寺之公。擢贰秋官,有严邦禁;为属枢府,克赞兵谋。蔚高侍从之华,嘉乃践扬之久。冠西清之峻职,正学士之隆名。庸示殊恩,式彰有德。往祗厥服,思振所蒙。

出处:《华阳集》卷四。

撰者:张纲

考校说明:编年据《建炎以来系年要录》卷七一补。

孙近除给事中制
(绍兴三年十二月三十日)

国家以三省纲纪天下,而东台封驳之司,实万机出纳之地。欲使发号施令,罔有不臧,立正官人,动无过举,宜得刚明练达之士,以修厥职。肆求在列,佥曰汝谐。具官某负挺拔之资,富精微之学。蚤先群彦,再掇异科。秀于文词,得宇宙中和之气;措诸事业,究朝廷设施之宜。耻违道以干时,久淹才于外服。顷方擢备记注,遂掌丝纶。既多润色之工,尤竭论思之助。宜进司于平奏,用益展于壮猷。简自朕心,克协公论。惟尔代言之日,已屡闻于直声;则夫批敕之风,谅无愧于前史。往共乃事,尚勉之哉。

出处:《华阳集》卷四。

撰者:张纲

考校说明:编年据《建炎以来系年要录》卷七一补。

赐检校少保定国军节度使知枢密院事张浚赴行在诏
（绍兴三年冬）

　　敕张浚：卿天挺杰材，民瞻硕辅。勤王入卫，炳义烈之昭明；受命出师，蹈艰虞而慷慨。宣威数路，阅岁四迁。缅怀社稷之功，久渴庙堂之论。与其伐将帅之事，徒毕力于边陲；曷若归丞弼之联，俾讦谟于帷幄。肆颁召节，还总中枢。庶协济于远猷，以绍隆于大业。山川云邈，次舍良勤，尚其疾驱，副此虚伫。已召卿知枢密院事，诏书到日，卿可乘递马疾速赴行在。故兹诏示，想宜知悉。冬寒，卿比安好？遣书，指不多及。

出处：《北海集》卷八。
撰者：綦崇礼
考校说明：编年据张浚宦历及文中所述"冬寒"补，见《建炎以来系年要录》卷五一、卷六五、卷六七等。

赐武泰军节度使知明州军州事兼管内劝农使兼沿海制置使郭仲荀辞免新除检校少保恩命不允诏
（绍兴三年冬）

　　敕仲荀：省所札子奏，辞免检校少保恩命，事具悉。卿斋坛名将，勋阅故家。久扈殿岩，顾闵劳于宿卫；出临海道，将倚重于蕃宣。恳陈避宠之诚，愿罢典章之职。载嘉冲节，爰锡徽章。假贰公亚保之崇，仍六蠹元戎之旧。用光阃寄，实典邦彝。往体茂恩，毋留成命。所请宜不允。故兹诏示，想宜知悉。冬寒，卿比平安好？遣书，指不多及。

出处：《北海集》卷一四。
撰者：綦崇礼
考校说明：编年据郭仲荀宦历及文中所述"冬寒"补，见《建炎以来系年要录》卷六八补。

赐新除检校少保郭仲荀辞免恩命不允诏
（绍兴三年冬）

敕仲荀：省所上表辞免恩命，事具悉。宣尼有言：“惟器与名不可以假人。”今检校官称，虽无所事，而名参公孤，亦云宠矣。加之方镇，于以劝劳。朕敢持是，而轻厥付予？顾卿久勤宿卫，兹解军权，稽按旧章，当有褒进。初非虚假，奚用牢辞？所请宜不允，仍断来章。故兹诏示，想宜知悉。冬寒，卿比平安好？遣书，指不多及。

出处：《北海集》卷一四。

撰者：慕崇礼

考校说明：编年据郭仲荀宦历及文中所述“冬寒”补，见《建炎以来系年要录》卷六八补。

赐端明殿学士左中大夫知饶州军州事主管孽生监牧董耘乞除在外宫观差遣不允诏
（建炎三年冬或建炎四年十月或绍兴三年冬）

敕董耘：省所奏，乞除一在外宫观差遣，事具悉。朕访道燕间，欲旧人之自近；登贤禁路，须论者之金谐。惟卿久去内朝，甫安便郡。赐环初召，益思代邸之勤劳；偃节复留，非若河东之毁誉。始终不替，内外何殊？第坚体国之诚，姑勉治民之最。遽求退避，曷副眷怀？所请宜不允。故兹诏示，想宜知悉。冬寒，卿比平安好？遣书，指不多及。

出处：《北海集》卷一五。

撰者：慕崇礼

考校说明：编年据慕崇礼任两制时间、董耘宦历、文中所述“惟卿久去内朝，甫安便郡”及“冬寒”补，见《建炎以来系年要录》卷二〇、卷六八等。

梁汝嘉转一官制
(暂系于绍兴三年十二月前后)

唐李巽领盐铁,初岁之利,如刘晏之季年,其后则三倍晏时。今国家经费浩繁,盐利居半,分道置使,务广赀储。尔以通敏之材,尝被简擢,颇能为朕操致奇赢,课其岁入,视昔增羡。使诸路得人悉如尔者,亦何必远希晏、巽哉!宜进一官,以为尔宠。往服休命,益励远图。

出处:《华阳集》卷四。
撰者:张纲
考校说明:编年据同集前后文时间、梁汝嘉官历补,见《乾道临安志》卷三等。

虞澐除左司制
(暂系于绍兴三年十二月前后)

天下之士,固有优于政术,而辞采或不足观;饱于文学,而吏事乃其所短。朕励精图治,求全材而用之,则官人之方,莫如历试。以尔典校秘文,资以多识;论撰东观,敏而有辞。方将考实于事功,而郎省践扬,未究厥蕴。若时宰属,夙号要司,纠察六曹,分总万务,肆以命尔,益试其能。夫盘根错节游刃有余者,大匠之斫也。勉既厥心,以副朕意。待汝举职,则有褒迁。

出处:《华阳集》卷四。
撰者:张纲
考校说明:编年据同集前后文时间、虞澐官历补,见《宋会要辑稿》职官四。

陈昂除吏部郎官制
(暂系于绍兴三年十二月前后)

朕惟艰难以来,铨部之法日失其序,比加刊定,著之方册,将选通敏之士,各修乃职,奉以周旋。惟尔奋自诸生,久更器使;属予司寇,蔼有休声。兹用序进剧曹,究其施设。夫成法具在,待人而举,能使吏奸浸息,而官曹益清,是为守法。尚克勉之,朕将于汝观焉!

出处:《华阳集》卷四。

撰者:张纲

考校说明:编年据同集前后文时间补。

吴敏封赠二代制
(暂系于绍兴三年十二月前后)

朕大享合宫,祗见上帝。肆颁渥泽,均迨于臣工;燕及私庭,岂间于存没。具官某故祖具官某,生于积德,乐于隐沦,故祖母云"有积德,发慈祥"。报在乃孙,浸以光大。时惟故相,属奉真祠。方庆赐之遂行,推本原于所自。维师一品,追贲九泉。故祖母云"更封大国,追贲重泉"。尚克有知,服兹休命。

出处:《华阳集》卷四。

撰者:张纲

考校说明:编年据同集前后文时间补。题后原注:"故祖父,故祖母王氏、段氏。"

吴敏故父赠官制
(暂系于绍兴三年十二月前后)

朕大享合宫,祗见上帝。肆颁渥泽,均迨于臣工;燕及私庭,岂间于存没。具官某故父具官某,抱材不试,积德在躬,发其幽光,克有嗣子。时惟故相,属奉真祠,方庆赐之遂行,推教忠之所自,宠增峻秩,追贲重泉。尚其有知,服此休命。

出处:《华阳集》卷四。

撰者:张纲

考校说明:编年据同集前后文时间补。

吴敏故母夏侯氏追封制
(暂系于绍兴三年十二月前后)

朕大享合宫,祗见上帝。肆颁渥泽,均迨于臣工;燕及私庭,岂间于存没。具官某故母具封某,夙奉苹藻,具宜室家。积德在躬,有子而贵。时惟故相,属奉真祠,方予庆赐之行,慰乃劬劳之报,宠增封秩,追贲泉扃。尚克有知,服此休命。

出处:《华阳集》卷四。

撰者:张纲

考校说明:编年据同集前后文时间补。

吴敏祖母韩氏加封制
(暂系于绍兴三年十二月前后)

朕躬报圭币,大享于合宫。霈泽下流,群工卿士,爵命及其私庭,时乃旧章,予不敢废。具官某母具封某氏,淑德懿行,有闻里族,庆种厥孙,实惟故相。眷兹盛礼,宜锡恩荣。爰增大国之封,用侈雕轩之饰。往服休命,益介寿祺。

出处:《华阳集》卷四。

撰者:张纲

考校说明:编年据同集前后文时间补。

吴敏妻曹氏加封制
(暂系于绍兴三年十二月前后)

朕躬报圭币,大享于合宫。霈泽下流,群工卿士,爵命及其私庭,时乃旧章,予不敢废。具官某妻具封某氏,淑德懿行,有闻里族。作配君子,尝为辅臣。宜更大国之封,用侈雕轩之饰。往服休命,益介寿祺。

出处:《华阳集》卷四。

撰者:张纲

考校说明:编年据同集前后文时间补。

王秀除直秘阁仍赐章服制
(暂系于绍兴三年十二月前后)

朕遭多故,深怀磐石之宗;睦族以恩,欲大本根之芘。以尔龚神明之贵胄,崇信厚之遗风。志在诗书,不骄于富贵;施之政事,克励于廉勤。有嘉属籍之贤,独

蔼荐绅之誉。俾升华于内阁,仍赐宠于身章。庸示展亲,以褒有德。往服休命,
无怠尔猷

出处:《华阳集》卷四。

撰者:张纲

考校说明:编年据同集前后文时间补。

徐杞除司勋郎官制
(暂系于绍兴三年十二月前后)

赏,国之典也,以待天下有功之士。若时司勋,实掌其法,以辨其等,而诏爵
禄焉。惟尔练达老成,恪勤事业,列职民部,克有能称。往赞治于天官,以参校于
勋籍。昔王成以伪受赏,而后之俗吏多为虚名。尔勉图之,用惩其弊。

出处:《华阳集》卷四。

撰者:张纲

考校说明:编年据同集前后文时间、徐杞官历补,见《宋会要辑稿》帝系一。

赐新除龙图阁学士依前枢密院都承旨
章谊辞免恩命不允诏
(绍兴三年十二月三十日后)

敕章谊:省所奏辞免恩命,事具悉。朕闻古者以礼使臣,量才授职。礼不备,
则是待人以犬马;才不称,则将假人以器名。缓急何由而尽心,爵禄亦无以励世。
谨守兹戒,朕焉敢私。卿学粹而通经,识明而知务。贰剧曹于兰省,承密旨于枢
庭。左右其宜,周旋匪懈。欲加烦使,爰锡徽章。顾内阁之联,河图为重;而学士
之选,寓直则轻。俾超缀于新班,用增华于旧任。盖将有待,尚何可辞? 所请宜
不允。故兹诏示,想宜知悉。

出处:《北海集》卷一〇。

撰者:綦崇礼

考校说明:编年据《建炎以来系年要录》卷七一补。

赐新除龙图阁直学士章谊再辞免恩命不允诏
(绍兴三年十二月三十日后)

　　敕章谊:省所奏再辞免恩命,事具悉。朕以强敌欲和,择才充使,必得一时之隽,继图二国之成。顾孰可行? 独卿称首。肆分颁于宠渥,以显示于光华。苟怀利事君,卿固所当戒者;而不遑将母,朕其何以慰之? 况延阁之序迁,亦从班之常数。惟朝廷之爵禄,本以劝功;体臣下之勤劳,可无加礼。亟祗成命,勿复固辞。所请宜不允。故兹诏示,想宜知悉。

出处:《北海集》卷一〇。
撰者:綦崇礼
考校说明:编年据《建炎以来系年要录》卷七一补。

篇名索引

卷一　建炎元年

13　高宗即位告天册文

13　高宗登极大赦诏

19　黄潜善除中书侍郎制

20　汪伯彦除同知枢密院制

20　李纲用登极恩封赠制

21　责李邦彦等诏

22　翁彦国除宝文阁学士知江宁府兼江南东西路经制使制

22　周望除考功员外郎制

22　上乾龙皇帝尊号为孝慈渊圣皇帝御札

23　上元祐皇后尊称为元祐太后御札

23　张深除龙图阁直学士京兆府路安抚使制

24　王庶除直龙图阁权发遣鄜延路经略安抚使制

24　范致虚知邓州制

24　杨渊除工部员外郎王起之除屯田郎中秦伯祥除虞部员外郎制

25　耿南仲罢门下侍郎诏

25　令李纲赴行在诏

25　李纲右仆射制

26　立嘉国夫人邢氏为皇后制

26　李纲除正议大夫尚书右仆射中书侍郎制

27　上韦贤妃尊号为宣和皇后御札

27　命马忠张换出兵河北诏

28　具实闻奏天象休咎灾福诏

28　开启天申节道场诏

28　吕好问除尚书右丞制

29　冯澥除资政殿学士知潼川府制

29　李回依旧延康殿学士知洪州制

30　宋齐愈起居郎制

30　李祐除京东转运副使制

30　苏迟除右司郎官制

31　令国史院别差官刊修神宗实录诏

31　李若水赠观文殿学士诏

31　从仕郎傅雱改宣教郎借工部侍郎充大金通和使制

32　修职郎王伦改朝奉郎充大金通问使制

32　通问副使武功大夫赵哲可达州刺史制

33　李若水赠观文殿学士制

33　修国政手诏

34　范宗尹除右谏议大夫制

35　黄彦除京畿转运判官制

35　许份乞幸扬州状批答

35　令范冲等赴阙诏

36　张邦昌依文彦博例一月两赴都堂诏

36　恩转官事诏

36　罢天申节上寿诏

37　姚平仲复吉州团练使所在出榜召赴行在制

37　赐勤王兵钱诏

37　知东平府卢益落职宫观制

38　闾丘升濮州团练副使封州安置制

38　覃恩进秩事诏

38　官员转官等合取会圆备诏

39　文武官不得辄陈乞致仕诏

39　耿南仲落观文殿学士提举杭州洞霄宫制

39　邵溥落职京东小郡制

40　罢许便宜行事指挥诏

40　知江宁府宇文粹中落职宫祠安置制

40　前户部侍郎邵溥降一官制

41　王襄赵野分司制

41　钱盖落职制

42　台官随从巡幸事诏

42　宗泽覃恩转朝请郎敕

43　綦辛为奉迎驾至南京登宝位了当坐甲有劳转忠训郎换给制

43　永兴军等准备巡幸诏

43　太府卿徐公裕等降两官制

44　王襄赵野散官安置制

44　王宗濋散官安置制

44　进奏官依限抄录传报诸路州军文字诏

45　知怀州霍安国赠延康殿学士制

45　张邦昌责授昭化军节度副使潭州安置制

46　吴开莫俦散官安置制

46　敕榜诏

47　李回秘书少监分司南京制

47　马忠可龙神卫四厢都指挥使充河北路经制使措置节制军民兵等事制

48　谭世勣赠延康殿学士制

48　戒谕武臣诏

49　谢克家降充龙图阁待制制

49　刘韐赠资政殿学士诏

49　李若水赐谥忠愍制

50　刘韐赠特进制

50　谢克家范宗尹落职宫祠制

51　贤妃潘氏生皇子赦天下诏

54　诫约市舶司不得枉费国用诏

55　抚谕河北河东诏

55　行军用师依新法从事诏

56　减诸路州军通判诏

57　减俸诏

57　两浙福建提举市舶司并归转运司诏

57　河北西路河东路守臣转官进职诏

57　能收复河北河东等功效卓著者除官诏

58　淮浙盐仓盐货拨支真州在京钞诏

58　真州钞引止用见钱入纳诏

58　河北河东等添差武臣弓手诏

59　江淮两浙路招置弓手诏

59 胡舜陟胡唐老姚舜朋王俣各降两官制

59 三省人吏转官条法诏

60 知筠州杨允降三官制

60 与金元帅书

61 沿河沿淮沿江置帅府要郡次要郡诏

61 江宣州文武臣带兵马钤辖副钤辖诏

61 置赏功司诏

62 范讷罢东京留守司降授承宣使淄州居住制

62 知淮宁府李弥大降两官制

63 刘光世特授奉国军节度使依前侍卫亲军马军都虞候进封武功县开国伯
　　加食邑五百户食实封贰伯户制

63 禁州县用乐诏

63 沿河置巡察六使诏

64 惠柔民等押赴河北京东陕西路监当差遣制

64 钱景臻赠太师诏

64 尚书户部右曹所掌坊场免役等法并归左曹诏

64 钱景臻还旧官诏

65 罢监司州县职田诏

65 括买官民马诏

65 宗泽龙图阁学士知襄阳府提举随房郢州兵马巡检敕

66 许翰复职制

66 许景衡召为给事中制

67 覃恩转官事诏

67 宋齐愈罢谏议大夫送御史台根勘制

67 算请盐钞事诏

68 知杭州叶梦得复旧职制

68 陆藻李邴复旧职制

68 诸路发到米纲以三分之一给行在支遣诏

69 知恩州赵子昉落职降三官制

69 省官诏

69 今年五月一日以前差出官罢归元任诏

70 高卫落职降两官宫祠制

70 翟汝文降两官制

70 吏部举催召赴行在并除授职任人诏

71 敕榜独留中原诏

71 审黜叛臣诏

72 李回散官安置制

72 武臣县尉一员专一总领弓手诏

72 杀获强盗定赏诏

73 赐李纲言吕好问手札

73 宋齐愈特不原赦依断诏

73 巡幸东南手诏

73 迎奉神主赴行在诏

74 宗泽迁开封府敕

74 宗泽东京留守诏

74 三省人吏任知州事诏

75 戒励士风诏

75 右曹所辖局务并归左曹诏

76 令张所招抚山寨首领民兵渡河复地诏

76 翁彦国吴昉落职御批

76 张昱转两官阁门祗候知慈州制

76 起居道君太上皇帝表本

77 起居孝慈渊圣皇帝表本

77 根治周懿文等诏

78 周懿文散官岭外安置制

78 韩世忠除定国军承宣使制

78 李纲除右仆射制

79 诸路都监改为副钤辖诏

79 推行枢密院立定忠义巡社之法诏

79 差李祐检察措置催促纲运诏

80 陈乞词状赴洪州三省、枢密院披诉诏

80 官司及诸路军脚下马不得衷私转卖诏

80 傅亮罢制置使发赴行在御笔

80 捉杀陈通诏

81 张自牧补从事郎御营使司准备差使制

81 耿南仲散官南雄州安置制

82　李纲罢左相为观文殿学士提举杭州洞霄宫制

82　令检会李纲乞都江宁府奏状诏

83　赐杭州招谕作过军民黄榜诏

83　差江端友等抚谕闽浙湖广江淮京东西诸路诏

84　天下诸州建祈福道场诏

84　答宗泽乞拘留敌使诏

84　宗泽加延康殿学士兼开封尹敕

84　答宗泽辞延康殿学士开封尹诏

85　许景衡除御史中丞制

85　荣国柔惠夫人郭氏等位祗候使臣支破身分驿券诏

85　方闻降两官冲替制

86　河北经制使马忠降两官制

86　京西路转运副使昌弼降两官制

87　知襄阳府黄叔敖落职降两官监当制

87　江南东路转运副使刘蒙提举常平陆友谅降五官制

87　令吕颐浩等准备修治城池诏

88　向子諲落职与郡制

88　知河中府席益落职制

88　巡幸所过无得骚扰诏

89　奉迎太庙神主赴扬州诏

89　召募水手诏

90　掩瘗诸路亡殁战士诏

90　溃逃人逐急投充效用功赏补授事诏

90　沿河州县明远斥堠上下应援杀敌诏

90　暂驻跸淮甸诏

91　申严斥堠诏

91　令三省枢密院措置巡幸合行事务诏

91　赵点勒停制

92　京畿府县官初到任进秩一等诏

92　令张邦昌自裁诏

92　不许妄议巡幸摇动朝廷诏

93　诫约百官不得擅离任所诏

93　增立进纳补官条例诏

93　成都等备巡幸诏

93　奖谕宗泽诏

94　禁擅募民兵溃卒诏

94　晓谕盗贼立功赎罪诏

95　诸路帅司转运司同计会一路合添兵数等诏

95　招置新兵不得仰度牒紫衣及许杂兵改刺诏

95　获到强盗罪至死情理巨蠹者不申提刑司详覆诏

96　诸路监司州郡不得用便宜行事指挥诏

96　赵哲提举两浙路巡社兼提点刑狱公事制

96　入内内侍省内侍省使臣不得与统制官等私相往来诏

96　广西沿边无得受安南逃户诏

97　答宗泽第十一疏乞回銮诏

97　许景衡迁朝请大夫制

97　给事中王绚复朝散郎制

98　李纲落职鄂州居住制

98　求能使绝域将万众者诏

99　罢政和以来诸庆节诏

99　杂犯死罪有疑及情理可悯许酌情减降诏

99　不得辄拨诸司钱物抑勒民间出钱诏

99　张悫尚书左丞制

100　颜岐初任执政封赠制

101　曲赦应天府宿亳楚泗扬州高邮军诏

101　诈冒军兵姓名伪造券旁盗请系官钱粮者不用今降赦原诏

101　诸路无额上供钱米更不立额诏

102　翁彦国追夺宝文阁学士制

102　军资库物许桩留诏

102　监司郡守辟差官禁辟差本土进纳人诏

102　马忠落龙神卫指挥使降充经制副使制

103　被受中使传宣密具所得旨实封以闻诏

103　宣旨等元无条贯者并中书枢密院取旨诏

103　传宣等系元无条贯者并中书枢密院覆奏取旨诏

104　许景衡除尚书右丞制

104　东南漕臣遇帅司那移军马去处具实状奏闻诏

104 　向子褒钱丰赠官制

105 　命从臣四员充讲读官就内殿讲读诏

105 　省试合取分数下诸路类试诏

106 　禁约游畋诏

106 　罢省台寺监百官司权官者诏

106 　谏议大夫卫肤敏中书舍人制

107 　令监司巡历烧劫州县诏

107 　知秀州赵叔近落职制

107 　邢焕特换光州观察使诏

107 　走马承受公事职事依祖宗法诏

108 　许侍读官奏陈书中所见诏

108 　已罢添差官宗室各还旧任诏

108 　改正旧无签判处存留司录充签判诏

108 　拘收付身诏

109 　罢后增置路分巡社诏

109 　户部支银绢付两浙提刑司置场收籴封桩诏

109 　中书舍人刘观给事中制

110 　给事中刘珏吏部侍郎制

110 　都官员外郎尹忠臣广南东路转运判官制

110 　待制杨时工部侍郎制

111 　令言时政阙失诏

111 　徽猷阁待制邢焕换授正任观察使制

卷二　建炎二年

112 　知兴仁府邓绍密右文殿修撰制

112 　孙默许德之复官制

113 　诸司诸州月具承受朝省文字遣人赴行在投下诏

113 　录两河流亡吏士并沿河给流民官田牛种诏

113 　孔彦舟转武翼大夫添差东平府钤辖制

114 　武臣未至武功大夫不得除遥郡诏

114 　令诸系籍及上书人家自陈诏

114 　寺院改宫观者仍还寺院诏

114 　张公济仓部郎官谢亮主客郎官制

115 　季陵右司员外郎制

115　置行在榷货务诏

115　中书籍记枉法自盗赃人姓名诏

116　放被虏百姓归业诏

116　纲运条约诏

116　筑扈从军马营寨诏

117　李楫监察御史制

117　知杭州叶梦得落职制

117　赐夏国主诏

118　诫约纲船官诏

118　内侍邵成章送南雄州编管诏

118　范冲荆湖北路转运副使制

119　新除中书舍人孙觌可待制与郡制

119　孙觌知平江府制

120　不受烧金术付三省手札

120　令扬州两浙路开具御前顿放金玉等物及收买海味等闻奏诏

120　知建州张勋降三官制

120　招降盗贼诏

121　禁诸将引溃兵入蜀诏

121　崇宁以来无状之人除罪恶深重外随材选用诏

122　委宗泽置场收籴诏

122　非泛假日权住更不修务诏

122　褚宗谔广南东路转运副使制

122　凌唐佐直秘阁京畿提刑再任制

123　开封府推官范世延降一官制

123　苏轼孙从事郎符改宣教郎制

124　阎瑾正任防御使制

124　京东路转运判官柴天因升转运副使兼知青州制

124　太史局天文不许报诸处诏

125　耿南仲移临江军居住诏

125　诸路邻近州军互相策应诏

125　上官愔秘书省校书郎制

125　张孝纯子颖直秘阁制

126　辛炳落致仕制

126　户部侍郎吕颐浩户部尚书制

126　刑部尚书周武仲吏部尚书制

127　御史中丞王宾刑部尚书制

127　宇文虚中特与复中大夫诏

127　知寿州康允之进直龙图阁制

128　宇文虚中复太中大夫赴阙制

128　差待阙使臣副校尉巡察扬州奸细诏

128　赦免建州作过军民诏

129　减罢内侍官兼钤辖教坊诏

129　谕刘光世措置江口御笔

129　恤民诏

130　胡珵特追所有官诏

130　措置招填阙额军兵诏

130　置振华军诏

131　刘光世进检校少保依前奉国军节度使充殿前都虞候御营使司专一提
　　举一行事务都巡检使制置使进封彭城郡开国侯加食邑五百户食实封
　　贰伯户制

131　宗泽进朝奉大夫资政殿学士敕

131　答宗泽辞进朝奉大夫资政殿学士诏

132　李长民秘书省正字制

132　曾谓陕西转运副使制

133　勘验解发到材武人文状诏

133　诸路帅臣等供给诏

133　令诸路安抚使便宜节制官吏诏

134　禁擅行支用大礼合用金银钱帛诏

134　诫约行在并差出及五军下出战军兵诏

134　与高丽国王诏

134　文武臣举所知二人诏

135　禁逃田税役辄勒邻保代输诏

135　罢置巡社诏

135　下第举人保明申礼部议推恩诏

136　进士理解诏

136　皇城司逃亡人限时出首诏

136　诸路监司条具靖康以来弃城逃遁及保城力守者诏

137　刺配罪人权送本处重役营分收管诏

137　户部督责司农太府及辖下仓场库务各置都簿诏

137　将现阙军额去处拨入一等军分敷足旧额诏

137　禁抑令客贩粮斛柴草入京船车纳力胜商税钱诏

138　除信王榛河外兵马都元帅制

138　毛宏为招安张清及掩杀贼首赵海等贼节次立功转忠训郎换给制

138　还京诏

139　许景衡以资政殿大学士提举杭州洞霄宫罢右丞制

139　禁官司拘籍人户养马数目诏

139　许同伪造度牒紫衣师号及知情引领变卖人陈首诏

140　曲赦河北陕西京东路诏

140　苏轼追复端明殿学士诏

140　知州带管内安抚使节制将副诏

141　催押斛斗诏

141　走马承受公事于帅司用申状诏

141　不得擅杀见任官诏

142　蔡庄罢徽猷阁待制诏

142　圭田更不拘借诏

142　答宗泽乞回銮第二十三疏恩抚慰劳诏

143　许景衡特赠五官加正奉大夫瑞安县开国男谥忠简制

143　进纳补官人令尚书省度量给付官告诏

143　禁增荆湖江浙客贩米斛赴行在税钱诏

144　指名抽差补填翰林天文局瞻望学生见阙诏

144　福建路提刑司募少壮武勇枪杖手专一准备东南捕盗使唤诏

144　王庶节制陕西六路军马曲端充节制司都统制诏

145　宗泽特加朝散大夫敕

145　吏部审量到行在京官诏

145　蔡京王黼所用人许自新复用诏

145　士卒有犯依军法不得过为惨酷诏

146　禁班直辄经他处陈状侥求差遣等诏

146　郊祀天地御札

146　谕诸帅臣等保明立功事诏

147　禁诈冒入川诏

147　令通判检察命官无职事请俸诏

147　令监司郡守条上阙政并蜀州郡灾甚者田赋诏

147　申明京官知县关升诸州通判考数诏

148　诸路应兵将捕盗等官应援不得逗遛诏

148　宗泽赠观文殿学士通议大夫诰

148　不得辄行追呼扬州排岸司人吏诏

148　拘收添酒钱与发运司打船使用诏

149　逐路提刑司按察新额招置弓手诏

149　机密文字实封不得贴说所奏事宜诏

149　户部于江宁平江府置库桩管纲运诏

150　许用乐迎送高丽国使诏

150　赐李成一行将佐诏

150　试礼部奏名进士制策

151　刘宁止綦崇礼等除尚书工部员外郎制

151　令搬取起发祭器等应副郊祀大礼诏

151　靖康以后三省不应发出职人吏转资诏

151　权许客人就东南盐仓支请盐钞诏

152　抽差弓手土兵条诏

152　添置弓手将领部将诏

152　夔利州守臣升带本路兵马钤辖诏

152　诸路军兵差拨事诏

153　守臣带管内安抚使者听帅司节制诏

153　诸路类试开拆试卷委提刑官诏

153　见任宫观等俸钱全支诏

153　差官主濒江州县官渡口诏

154　冬祀封赠文武升朝官并经所属保明诏

154　诸路钞旁定帖依宣和七年四月指挥诏

154　提领措置茶盐司官吏等各转一官诏

154　建炎二年进士及第授官诏

155　以师号赎罪条诏

155　刘光世进检校少傅依前奉国军节度使充御营使司专一提举一行事务都巡检使江淮制置使加食邑五百户食实封贰伯户制

155　与高丽国王诏

156　诫百官诏

156　南郊大赦天下制

159　刘光世进封彭城郡开国公加食邑五百户食实封贰伯户余如旧制

159　禁将归朝官及因谋叛等人一例发遣诏

160　李楑为掩杀叛贼史斌生擒到伪第五将王晟转一官比类循两资制

160　住罢留守司违法差权诏

160　非见阙官及已授人违年不赴毋奏辟诏

160　茶事司招诱客人入钱请买茶引诏

161　黄潜善拜左相制

161　吴给徽猷阁待制知东平府制

162　宗泽加赠开府仪同三司诰

162　奖谕权邦彦诏

卷三　建炎三年

163　刘洪道除直显谟阁制

163　归朝官等支俸条约诏

164　占城国王杨卜麻叠特授检校太傅制

164　赐青州刘洪道奖谕敕书

164　见任官不得辄搬家及动摇人心诏

165　抚慰维扬迁徙人诏

165　朱胜非节制平江府秀州军民控扼等事诏

166　吕颐浩充江淮两浙制置使诏

166　避殿诏

166　责己诏

167　省费诏

167　赐刘光世御笔

167　赐汪伯彦敕

168　令侍从等荐士诏

168　寻访逃避守贰兵官归任诏

168　德音

169　令左右司轮官设次看详谋虑之士所陈诏

169　叶梦得除尚书左丞制

169　张澂除尚书右丞制

170　黄潜善罢左仆射制

170　汪伯彦罢右仆射制

171　边防措置等事归三省枢密院诏

171　罢监司州县擅立军期司诏

171　除授迁官非侍从并给敕量行开说补授因依诏

172　诫约江浙等州军官司不得非理阻节客旅般贩米斛诏

172　谕刘光世守江御笔

172　赠陈东欧阳澈承事郎诏

172　求直言诏

173　郎官以上荐士并令入对诏

173　幸江宁府诏

173　商守拙大理卿制

174　王宾追复龙图阁学士制

174　赐右谏议大夫郑毅乞待罪不允诏

175　择日幸江宁府诏

175　监司不得擅置官属诏

175　令人户将纪元历经等赴行在送纳诏

175　朱胜非右仆射制

176　令李迨等主管车驾巡幸诏

176　周杞奏车驾巡幸事答诏

177　叶梦得除知洪州制

177　孙觌除户部尚书制

178　叶梦得提领户部财用御批

178　赐新除户部尚书孙觌辞免恩命不允诏

178　逊位诏

179　王渊正典刑令尚书省晓谕诏

179　侍从官荐举台谏官诏

179　即位赦天下制

180　康允之除徽猷阁待制制

180　赐新除翰林院学士李邴辞免恩命不允诏

181　赐新除徽猷阁待制康允之辞免恩命不允诏

181　外家不得干预朝政诏

181　文武官除授迁转依旧给告诏

182　改明受之年诏

182　赐中书侍郎王孝迪尚书左丞卢益赴阙诏

182　卢益除尚书左丞制

183　范宗尹除中书舍人制

183　王孝迪除中书侍郎制

184　赐新除中书侍郎王孝迪辞免恩命不允诏

184　许行在官将料钱米麦于所寄住州军请领诏

184　中书舍人黄唐传林遹除待制宫祠制

185　苗傅授武当军节度使诏

185　刘正彦授武成军节度使诏

186　刘光世除太尉淮南制置使制

187　张浚除礼部尚书制

187　客贩东南盐须于经过州军县镇批引诏

187　季陵除中书舍人制

188　郑毂除中丞制

188　赐新除御史中丞郑毂辞免恩命不允诏

189　加太皇太后尊号不允诏

189　诸路民兵重立劝沮诛赏之法诏

189　许人户纳钱补官诏

190　睿圣皇帝皇帝称号诏

190　太后赐门下诏

190　有司排办巡幸不得骚扰诏

191　赐新除端明殿学士同签书枢密院事郑毂辞免恩命不允诏

191　赐新除端明殿学士同签书枢密院事李邴辞免恩命不允诏

192　郑枢密封赠曾祖制

192　郑枢密赠曾祖母制

192　郑枢密赠祖制

193　郑枢密赠祖母制

193　郑枢密赠父制

194　郑枢密赠母制

194　郑枢密封妻制

194　赐韩世忠手诏

195　宰执大臣奏乞睿圣还尊位皇太后批答

195 赐资政殿学士叶梦得辞免知洪州恩命不允诏

196 贾安宅落致仕除吏部侍郎制

196 疾速请睿圣皇帝还位诏

196 皇太后赐睿圣皇帝诏

197 赐门下诏

197 振济东路军民诏

198 不得非理邀阻兴贩物斛入京诏

198 宰执等乞皇帝复位表批答

198 宰执等再乞皇帝复位表批答

199 诸军犯罪至死若还行在申枢密院取旨断遣诏

199 皇太后撤帘诏

199 皇太后撤帘圣旨

199 悬赏斩捕苗傅刘正彦诏

200 凌唐佐升职知应天府制

200 撤帘诏

200 招安苗傅刘正彦部下兵诏

201 皇太子嗣位赦优赏诸军改作复辟优赏诏

201 尚书右仆射兼中书侍郎兼御营使朱胜非罢为观文殿大学士知洪州制

201 朱胜非观文殿大学士知洪州制

202 颜岐资政殿学士宫祠制

202 朱胜非罢相制

203 吕颐浩拜右相制

203 赐朱胜非诏

204 令苗傅刘正彦部下将佐使臣军兵自首诏

204 刘光世除太尉依前奉国军节度使御营副使加食邑五百户食实封贰伯户制

204 答郑毂奏御笔

205 大赦天下制

206 禁内侍用事诏

206 胡安国除给事中制

206 周望给事中制

207 刘珏吏部侍郎制

207 叶份户部侍郎制

208　黄概兵部侍郎制

208　宋彦通待制知筠州制

208　李邺待制知越州制

209　罢诸路添差官诏

209　仓部印司依户部通用令选差诏

209　罢司农寺诏

210　减大理寺官诏

210　天申节开启满散公筵权罢伎乐诏

210　苗傅犯寿昌县令防托诏

210　差注京东西等路州县窠阙事诏

211　帅臣监司等采访寓居文武官诏

211　三省枢密院人吏减残年出职条诏

211　赐陈东乡钱诏

211　张浚辞元枢不允诏

212　周颖检正制

212　李成为固守蒲城劳效转五官内两官授忠州防御使制

212　滕康初任执政封赠制

214　谢伋与权行在宗正司赵令時同措置移司事务诏

215　改江宁府为建康府诏

215　内侍蓝珪等遣赴行在诏

215　赐洪皓敕

216　赐戒谕李邃宫仪张成等敕书

216　许太史局天文官吴师颜等将带学生内中止宿诏

216　诫约诸路预买并行支给价钱诏

216　封显应忠烈顺济公诏

217　上官愔吏部员外郎制

217　商守拙知筠州制

217　上官愔除直秘阁京畿运副制

218　沈思赠官制

218　程昌县直显谟阁制

219　令召郎官以上言阙政诏

219　御马院合破草料依昇阳宫例交纳诏

219　池州招枪杖手等充控扼守御诏

219　召材武之士诏

220　观文殿学士可除宣武军节度使制

221　发遣宗室从军者赴都堂审量与升等差遣诏

221　合纳绫纸钱依旧法寄纳诏

221　存恤忠义死节之家诏

222　李迨李承造御营使司参议官制

222　吏部侍郎刘珏吏部尚书制

222　新除吏部侍郎高卫辞免恩命不允诏

223　刘珏辞免吏部尚书不允批答

223　拣放不堪使唤弓手诏

223　赈济渡江之民诏

224　罪己诏

225　以绢充封赠官告诏

225　袁植出知池州诏

225　赵鼎除司谏吕祉除正言制

226　枢密院择材武可仗者贰沿江巡检诏

226　傅崧卿黄叔敖中书门下检正制

226　刘宁止直龙图阁同提领水军制

227　待制陈彦文兵部侍郎制

227　中书舍人范宗尹御史中丞制

227　御史中丞张守礼部侍郎制

228　韩俨加职制

228　防秋谕中外军民诏

229　文武臣给告身条例诏

229　胡寅驾部员外郎制

229　王绹为从弟投拜金人自劾不允诏

230　检校少保建武军节度使龙神卫四厢都指挥使杨惟忠加恩制

230　洪皓大金通问使降两官制

231　张自牧转两官直秘阁京东转运判官制

231　韩肖胄左司员外郎制

231　柳约太常少卿制

232　莱州张成进天申节礼物金银奖谕敕书

232　大金通和使傅雱转五官郎官制

233　禁约诸军粮料院人吏逃亡诏

233　左司谏赵鼎殿中侍御史制

233　赐韩世忠诏

233　韩世忠妻梁氏封护国夫人制

234　韩世忠除两镇节度使制

234　赐新除徽猷阁学士提举临安府洞霄宫詹义辞免恩命不允诏

235　辛企宗辞免御营使司都统制不允批答

235　责罚朱胜非等诏

235　李会徽猷阁待制知庐州制

236　权邦彦复旧职知江州兼制置使制

236　胡舜陟徽猷阁待制淮西安置使制

237　给事中周望兵部尚书制

237　权邦彦起复依旧知江州制

237　赐莱州张成进天申节礼物金银奖谕敕书

238　恭福帝姬追封隋国公主制

238　增免役钱诏

238　辛企宗提举御营使司一行事务制

239　兵部尚书周望同签书枢密院制

239　王绹第一表辞免参知政事不允批答

240　王绹第二表不允批答

240　周望第一表辞免签书枢密院事不允批答

240　周望第二表辞免不允批答

241　谏院别置局诏

241　两浙路守臣兼制置安抚使不得妄用便宜诏

241　蠲免太平池州等被劫人户租赋诏

241　刘诲直显谟阁知楚州制

242　赐关陕官吏诏

242　胡寅富直柔左右史制

242　汪藻给事中制

243　张阆等并诸曹员外郎制

243　李承造右司员外郎制

244　綦崇礼除中书舍人制

244　李公彦中书舍人制

244　董迨徽猷阁待制与郡制

245　进士陈大川程百之并迪功郎制

245　三省枢密院迁洪州诏

246　资政殿学士李邴滕康权知三省枢密院事扈从大母往洪州制

246　东京留守杜充同知枢密院制

247　杜充同知枢密院事辞免恩命不允诏

247　王参政赠曾祖制

247　王参政赠曾祖母制

248　王参政赠祖制

248　王参政赠祖母皇甫氏制

249　王参政赠祖母韩氏制

249　王参政赠祖母来氏制

250　王参政赠父制

250　王参政赠母制

251　王参政赠故妻制

251　王参政封妻制

251　杜充第二表辞免同知枢密院不允批答

252　滕康辞免权同知三省枢密院事不允仍断来章批答

252　滕康辞免权同知三省事不允口宣

252　江西福建等路枪杖手峒丁预先依数团结排拣诏

253　籍淮南沿江民间水手小舟姓名以备战守诏

253　中书舍人叶涛赠徽猷阁待制制

253　右武大夫梁州防御使知滑州张扰赠三官四资恩泽制

254　赐新除建康府路安抚大使兼知池州吕颐浩再辞免恩命不允诏

254　连南夫知饶州制

255　朝散大夫充徽猷阁待制季陵可落职依旧宫观制

255　承奉郎直龙图阁添差权发遣副使刘宁止朝散郎权发遣江东转运副使
　　李尚行可各降一官制

255　刘洪道直龙图阁制

256　降授通议大夫充显谟阁待制知袁州王仲嶷可先次落职放罢制

256　资政殿学士权知三省枢密院事李邴乞闲慢差遣不允诏

257　谢克家兵部尚书制

257　曾楙礼部尚书制

258　叶焕待制知镇江府制

258　兵部尚书谢克家辞免恩命不允诏

258　两浙及江南西路广行收籴诏

259　高卫往洪州因便处置控扼及具形势以闻诏

259　刘珏权知三省枢密院事制

259　滕康权知三省枢密院事制

260　侍从官所得官给葬事指挥勿行诏

260　祠部度牒改用绫纸诏

260　勘验伪造度牒等诏

261　差往诸路军兵经由州县毋得入城诏

261　差提举措置新法度牒等事所合用押号簿使臣诏

261　与金国左副元帅宗维书

262　新法度牒号簿付逐路公吏不得邀阻取受诏

262　捕妄书填民间未书填度牒诏

263　张守翰林学士制

263　刘洪道除待制制

264　戒谕李逵宫仪张成等敕书

264　赐高丽国王诏

264　张徽知江州充江南东路制置使制

265　令行在职事管兵官条奏定居建康安危利害诏

265　李邴知平江府制

266　胡舜陟知建康府制

266　胡舜陟水军措置使制

267　王羲叔水军措置副使制

267　诸处不得抽差盐场地分巡检土军诏

267　杜充右仆射制

268　吕颐浩拜左仆射制

268　范致虚知鼎州制

269　宫仪转两官遥郡刺史制

269　胡寅直龙图阁宫观制

270　分擘定防江臣僚诏

270　杜充宣抚使制

270　韩世忠可除西路制置使应沿江防守战守备御之事并听节制依旧镇江

府驻札制

271 诸路送纳金银绢帛之类赴行在送纳诏

271 朝散大夫充徽猷阁待制知镇江府充两浙西路安抚使叶焕降授朝散郎制

272 叶焕可落职提举亳州明道宫制

272 巡幸不得搔扰百姓诏

272 刘洪道知楚州制

273 张公济除右司员外郎制

273 中奉大夫新除右司员外郎张公济可除中书门下省检正诸房公事制

274 赐端明殿学士左朝奉大夫江南西路安抚大使兼知洪州赵鼎乞除一宫观差遣不允诏

274 朝散郎充徽猷阁待制提领水军沿江措置制置使胡舜陟为前知庐州日因郡盗孙琦攻城守御有劳可特转一官授朝请郎制

275 程振赠朝议大夫端明殿大学士诏

275 吕颐浩罢尚书左仆射同中书门下平章事御营使特授镇南军节度使开府仪同三司醴泉观使食邑食实封如故任便居住制

276 陈邦光除刑部侍郎制

276 张守签书枢密院制

277 周望宣抚使制

277 端明殿学士朝奉大夫同签书枢密院事周望可除两浙宣抚使制

278 禁官兵搔扰客人诏

278 监司守臣不得缘军兴横敛诏

278 禁江东西等路守倅出受谒及接送诏

278 根刷到并州县起到钱物依法于军资库桩收诏

279 邢倞责授汝州团练副使英州安置诏

279 邢倞责授汝州团练副使英州安置制

279 徽猷阁直学士朝请郎陈彦文可先次落职制

280 诸路监司不得差待阙官出干事诏

280 广南东路监事委通判专行诏

280 程迈除太常少卿制

281 陈邦光知镇江府制

281 减东南和预买绅绢诏

282 陈邦光移知建康府制

282　胡唐老知镇江府制

282　朝散大夫秘阁修撰知衢州胡唐老可除徽猷阁待制知镇江府充浙西路
　　　安抚使制

283　汤东野除待制依旧知平江府制

284　汤东野徽猷阁直学士知平江府制

284　邹浩可特与追复龙图阁待制制

285　沈积中可特追复资政殿学士还旧官与合得致仕恩泽制

285　巡幸随驾百司不得取索州县诏

285　谕刑部给降空名告札事诏

286　梁汝嘉直秘阁制

286　赵鼎侍御史制

286　谢克家徽猷阁学士知泉州制

287　右武大夫吉州团练使泾原路经略安抚使知渭州曲端可除遥郡防御
　　　使制

288　责授安远军节度使范致虚可复旧官除资政殿学士提举中太一宫制

288　赐报张浚西行三奏手书

288　赐杨惟忠奖谕诏

289　赐新除建康府路安抚大使兼知池州吕颐浩乞给假将治不允诏

289　赵令峸起复黄州制

290　赵令峸直龙图依前知黄州制

290　朝散郎权都大同主管成都府等路茶马赵开可除直秘阁制

290　按察官岁上所发摘赃吏姓名以为殿最诏

291　书填度牒等专委近上职级即时书填给付诏

291　武功大夫忠州刺史淮南西路提刑马识远可除右武大夫知寿春府兼淮
　　　南西路安抚使制

291　刘锡辞免熙河路安抚使不允批答

292　赡学钱粮户部置籍拘催诏

292　许客人于行在送纳见钱或用金银算请钞引诏

292　富直柔特转一官诏

292　沈与求兵部员外郎制

293　赐湖南广南江东西抚谕诏

293　李擢徽猷阁待制制

293　郑望之吏部侍郎制

294　惠柔民礼部万格祠部并员外郎制

294　郑望之工部侍郎制

295　青州刘洪道奖谕敕书

295　建炎三年十一月三日德音

296　陈戬太常少卿制

297　程迈除检正制

297　流寓文武官给钱有差诏

297　都省奏守倅有端坐廨宇一两日不出厅者答诏

298　验实新法度牒条诏

298　新法度牒不得擅书填诏

298　两浙转运司具所得指挥申尚书省取旨应副诏

299　令逐路提刑司将经制钱尽数起发依限赴行在诏

299　斩向大猷诏

299　禁海舶擅载外国入贡者诏

299　移跸浙西迎敌谕中外诏

300　回浙西迎敌诏

300　禁舡户揽载无券引军人诏

301　范宗尹除参知政事制

301　万格监察御史制

301　赵鼎除御史中丞制

302　端明殿学士朝奉大夫同签枢密院事周望可除中大夫同知枢密院事制

302　赐浙东宣抚副使郭仲荀诏

303　赐御营都统制辛企宗诏

304　参知政事范宗尹故曾祖德赠太子少保制

304　参知政事范宗尹故曾祖母朱氏杨氏制

304　参知政事范宗尹故祖昌可赠太子少傅制

305　参知政事范宗尹故祖母制

305　参知政事范宗尹故父昱可赠太子少师制

306　参知政事范宗尹故前母李氏郝氏制

306　参知政事范宗尹故母李氏制

306　参知政事范宗尹妻张氏可封和义郡夫人制

307　赐两浙制置使韩世忠诏

307　福建路转运提刑奖谕敕书

308　唐璟任和州通判日金人内侵势力不加遂至杀害赠两官制

308　陈起宗直徽猷阁都大提举川陕路茶马制

308　曲端知渭州制

309　李迨除户部侍郎制

309　起复中散大夫试尚书户部侍郎兼权御营使司参赞军事李迨乞持余服
　　　不允诏

310　刘洪道知明州制

310　宋辉直龙图阁发运副使制

311　刘海赠直龙图阁制

311　赐张俊诏

311　赐威武大将军曲端诏

312　赐严州柳约诏

312　刘晏直龙图阁制

313　明州城下与金人接战阵亡将官谓俊可赠鄂州观察使制

313　临安府民兵抚恤敕书

314　减福建广南上供银诏

314　与金国元帅请和书

卷四　建炎四年

315　晁公为直秘阁知台州制

315　林遹待制知福州制

316　知徐州赵立治郡忠劳显著可特转武德大夫兼阁门宣赞舍人充管内安
　　　抚使制

316　令韩世忠率部邀击金军诏

316　晁公为直显谟阁制

317　殿前都指挥使昭化军节度使郭仲荀可责授汝州团练副使广州安置制

317　两浙州郡降金官吏特与放罪诏

317　程迈集英殿修撰知福州制

318　推赏张俊军诏

318　抚恤潭州官吏军民等敕书

318　朝奉郎吴表臣可除监察御史制

319　资政殿学士朝请大夫权知三省枢密院事滕康可落职提举亳州明道宫
　　　资政殿学士朝散大夫权同知三省枢密院事刘珏可落职提举江州太平
　　　观制

319　许僧尼道士女冠将已书填黄白纸度牒等赴礼部纳换诏

320　令侍从官条具时宜诏

320　不得辄邀阻士大夫避难入福建诏

320　蠲放福建路州军诏

320　明州奏捷赐诏

321　滕膺直秘阁制

321　知蔡州程昌禹可除直龙图阁制

322　荆南府唐悫奖谕敕书

322　朝奉郎知宣州李光治效显著可除直龙图阁制

323　朝散郎上官悟除秘阁修撰制

323　吏部侍郎兼权户部侍郎高卫可降一官制

323　巡幸所至严禁骚扰民户商旅诏

324　朝议大夫试礼部尚书曾楙可除显谟阁学士知洪州制

324　中奉大夫直龙图阁知温州卢知原治状有闻可特除右文殿修撰制

325　奉直大夫充集英殿修撰知洪州王子猷可先次落职放罢制

325　中奉大夫集英殿修撰沿江制置副使王义升可先次落职放罢制

325　永嘉知县乞立限召人请买没官田宅答诏

326　令福建路提举茶盐司干办公事陈麟改铸新印及量添吏额诏

326　置行在内军器库诏

326　赐临安府民兵敕书

327　令刘光世止统本部乘间击金军诏

327　中散大夫行大理少卿王衣可除大理正卿制

327　降杜充观文殿学士提举江州太平观制

328　朝奉郎提举亳州明道宫邵薄可责授汝州团练副使峡州安置制

328　徽猷阁直学士通议大夫知庆阳府王似可差知成都府制

329　自海道归驻跸浙东德音

329　行宫禁卫所已给散敕号不许代名借带诏

330　令福建有司措置榷酤以闻诏

330　朝奉郎中书门下省检正诸房公事傅崧卿可除直龙图阁知越州制

330　赐报张浚兴元两奏手书

331　季陵复待制知温州制

331　赐浙东制置使张俊诏

332　赐浙东制置使张俊诏

332　令宋辉诱说两浙储蓄之家借助米斛诏

332　陈思恭转遥郡团练使制

333　赐大食国敕书

333　处置投敌官及贷溃散州军统兵官罪诏

333　柳约充右文殿修撰诏

333　朝请郎新除中书舍人季陵可除徽猷阁待制知临安府制

334　刘舜文防御使制

334　刘文舜可特授左武大夫遥郡团练使制

335　通议大夫守尚书左仆射同中书门下平章事吕颐浩乞除在外宫观差遣任便居住不允诏

335　尚书左仆射吕颐浩罢授镇南军节度使开府仪同三司中太一宫使制

336　抚谕州军敕书

336　巡幸经由海道神祠庙宇加封及赐庙额诏

336　浙西亲征诏

337　朝奉大夫试御史中丞赵鼎可除吏部尚书制

337　福建路钞盐法更不施行诏

338　淮南西路残破州军建置科场诏

338　赐吕颐浩乞宫观不允诏

338　赐吕颐浩乞宫观不允诏

339　赐吕颐浩乞宫观不允诏

339　镇南军节度使开府仪同三司醴泉观使任便居住吕颐浩再辞免恩命不允诏

340　新除镇南军节度使开府仪同三司醴泉观使任便居住吕颐浩辞免恩命不允诏

340　曾经残破州军发解举人数诏

340　禁将帅监司守臣等陈乞空名告敕宣札诏

341　起复中散大夫试户部侍郎李迨可除显谟阁待制江淮荆浙发运使制

341　赐两浙制置使韩世忠诏

342　赐淮南诸镇诏

342　赐韩世忠御札

342　赐陕西宣抚处置使张浚诏

343　郑士彦除吏部员外郎制

343　薛庆武功大夫忠州刺史制

344 神龙卫四厢都指挥使降授明州观察使闾丘勃可复保宁军承宣使制

344 王棣赠资政殿学士制

345 王朋约赠直龙图阁制

345 刘榕除直龙图阁制

345 商守拙待制制

346 范直方直秘阁参议官制

346 张上行直秘阁制

347 胡考宁直秘阁制

347 贾惇诗直秘阁制

347 陈国瑞直秘阁制

348 向子伋直秘阁制

348 陈机直秘阁制

348 赵不群直秘阁制

349 杨掌礼监察御史制

349 张纲吏部员外郎制

349 张宗元工部员外郎制

350 韩裕兵部员外郎制

350 潘因刑部员外郎制

350 成大亨祠部员外郎制

351 王禹得礼部员外郎制

351 王昂驾部员外郎制

351 韩古都官员外郎制

352 管思可度支员外郎制

352 韩球度支员外郎制

353 黄龟年除仓部员外郎制

353 李釜中书舍人制

353 刘范起居舍人制

354 李贵遥郡刺史制

354 许中知桂州制

355 柳约直龙图阁知吉州制

355 李釜待制知筠州制

355 董迪知信州制

356 俞儋遥郡团练使制

356　刘钟赠团练使制

356　李承造两浙转运使制

357　成大亨直秘阁两浙转运使制

357　苏恪广东转运使制

357　姜仲谦起复湖北转运使制

358　乔仲福左武大夫遥郡防御使制

358　王罕赠观察使制

359　贾说换观察使制

359　奉圣旨内侍郑谌恬退自守不妄干进特除和州观察使制

359　田思迈袭封溪洞都誓首制

360　周离萼直秘阁转运判官制

360　徐处仁赠官制

361　魏宪赠父制

361　魏宪赠母制

361　魏宪封妻制

362　刘棐复官制

362　兰整复官制

363　李釜转官致仕制

363　曹昱转官致仕制

363　辛兴宗辛企宗降官制

364　董逌赠官制

364　沈与求殿中侍御史制

365　监司帅守应办军期有劳止进阶官诏

365　除范宗尹特授通议大夫守尚书右仆射同中书门下平章事进封高平郡开国侯加食邑食实封制

366　赐新除通议大夫守尚书右仆射同中书门下平章事进封高平郡开国侯范宗尹辞免恩命不允诏

366　范宗尹辞免右仆射不允批答

367　新除通议大夫守尚书右仆射范宗尹再上表辞免恩命不允断来章批答

367　范宗尹辞免右仆射恩命不允口宣

367　新除通议大夫守尚书右仆射范宗尹再上表辞免恩命不允断来章口宣

368　时政记令三省枢密院轮次通修诏

368　赐新除兵部侍郎兼权直学士院汪藻辞免恩命乞除一在外宫观差遣不

允诏

368　赵子栎所至按月支行请给诏

369　徽猷阁学士通奉大夫卢法原可除户部尚书制

369　新除吏部侍郎綦崇礼辞免恩命不允诏

369　赐新除签书枢密院事赵鼎辞免不允诏

370　赐新除参知政事张守辞免恩命不允诏

370　赐新除参知政事张守上表辞免恩命不允仍断来章批答

371　赐新除端明殿学士签书枢密院事赵鼎上表辞免恩命不允仍断来章
　　批答

371　新除吏部尚书卢法原新除礼部尚书谢克家新除刑部尚书胡直孺并赴
　　行在供职诏

372　新除资政殿大学士提举万寿观兼侍读王绹辞免恩命不允诏

372　新除资政殿大学士提举万寿观兼侍读王绹上表辞免恩命不允断来章
　　批答

372　新除资政殿大学士提举万寿观兼侍读王绹上表辞免恩命不允断来章
　　口宣

373　高卫可除显谟阁待制知虔州制

373　行宫禁卫所使臣人吏特依旧支破每日券钱诏

373　复置权尚书六曹侍郎诏

374　枢密院授功罪簿与诸将诏

374　綦崇礼除尚书吏部侍郎制

374　綦崇礼辞免尚书吏部侍郎不允诏

375　蠲放福州人户均认准备巡幸钱粮诏

375　给事中綦崇礼可除翰林院学士制

376　许遇恩文武升朝官再封赠诏

376　行在职事官及厘务官门客请解事诏

376　京畿等路流寓士人许于所在州府附试诏

376　赐门下分镇诏

377　禁宰杀耕牛诏

377　权擢翟兴为镇抚使制

377　罢诸州守臣见带管内安抚使诏

378　御前中军差赴充亲兵祗应人改刺充皇城司亲从诏

378　令诸镇戮力御寇诏

378 汤东野降官制

379 御营使司并归枢密院为机速房诏

379 张汝舟除直显谟阁依旧知明州制

379 朝散大夫直秘阁苏迟可除中书门下省检正诸房公事制

380 宗室陈乞添差法诏

380 应副秦鲁国大长公主请给诏

380 御药院见管书写崇奉祖宗表词待诏等依旧各自收管诏

381 文武臣转官给告身条诏

381 行在受纳米斛钱帛仓库不得大量升合非理退剥诏

381 南班宗妇支破钱物事诏

382 赐王璨军兵席屋之费诏

382 崇宁以后冒滥功赏转官减年者不许收使诏

382 检正都司取索条具见责降人曾任宰执侍从者诏

382 赐吕颐浩乞收还节度使印钺落开府仪同三司却除一合得职名不允诏

383 赐江南安抚大使吕颐浩诏

383 宁武军节度使开府仪同三司充两浙西路安抚大使刘光世加恩制

384 分镇州军有功人定赏事诏

384 禁监司巡历用米曲价钱于公使库买酒诏

384 户部支钱修合汤药调治侍卫马步军病患人诏

384 赵立措置邀击金军诏

385 朝请郎监察御史林之平可除右司员外制

385 诸军统制官不得容纵军兵骚扰百姓诏

385 去失付身告札印纸令经监司陈乞诏

386 监司巡历辄以米曲价钱于所部公使库买酒以盗赃论诏

386 禁将客人遗弃下钞引诈妄官司支盐诏

386 吕颐浩乞守前官通奉大夫致仕不允诏

387 赐观文殿学士朱胜非辞免恩命不允诏

387 赐太尉奉国军节度使御营副使刘光世乞一便郡差遣或守本官致仕不允诏

388 赐新除端明殿学士朝议大夫权同知三省枢密院事李回辞免恩命乞除一宫观差遣不允诏

388 路允迪责授散官英州安置制

389 赐新除礼部尚书谢克家辞免恩命不允诏

389　投降蕃人李委波等赴行在补官诏

389　许僧道尼自陈因盗贼散失度牒诏

390　京畿等路科举诏

390　禁闽越商贾载重货往山东贩卖诏

390　谕河北等路失守州军失付身之人诏

390　除刘光世特授开府仪同三司集庆军节度使依前充两浙西路安抚大使马步军都总管兼知镇江军府事兼管内劝农使加食邑食实封制

391　刘光世除集庆军节度使开府仪同三司依前两浙西路安抚大使马步军都总管兼知镇江府兼管内劝农使加食邑五百户食实封三百户制

392　新除利州观察使孔彦舟辞免恩命不允诏

392　内军器库许置库子长行架子头诏

392　赐新除宁武军节度使开府仪同三司刘光世辞免恩命不允断来章诏

393　诫约浙西根括蔡京等田产官吏诏

393　淮浙盐场买纳亭户盐不得大秤斤重诏

393　赐新除龙图阁直学士知泉州叶份辞免恩命不允诏

394　令诸处差教骏祗应赴御前马院诏

394　新除户部侍郎季陵辞免恩命不允诏

394　令浙江福建有司分定州县巡按土豪所立寨栅诏

395　江南三帅各置准备将领等诏

395　程僖特留充入内省法司诏

395　诸军使臣效用军兵不得辄投别军诏

395　洪拟起居郎制

396　检校少保光山军节度使同知大宗正事士㒟可除知大宗正事制

396　赐士㒟辞免宗司不允批答

397　赐士㒟辞免检校少保不允批答

397　赐新除参知政事谢克家上表辞免恩命不允仍断来章批答

397　福建及温台等州海船民户权行籍定五家为保诏

398　吏部差注诏

398　神武中军益选亲兵入直禁中诏

398　责降落职人经赦未曾牵叙等官展限召保诏

399　赐江南西路安抚大使朱胜非诏

399　韩世忠起复检校少师武成感德军节度使制

400　张俊检校少保宁武昭庆军节度使制

400 赐检校少师武成感德军节度使神武左军都统制韩世忠奖谕诏

401 检校少师武成感德军节度使充神武左军都统制韩世忠加恩制

401 新除检校少保定江昭庆军节度使依前神武右军都统制张俊上表辞免
恩命不允批答

402 检校少保定江昭庆军节度使张俊再上表辞免恩命不允断来章批答

402 新除起复检校少师武成感德军节度使韩世忠上表辞免恩命不允批答

403 新除起复检校少师武成感德军节度使韩世忠上第二表辞免恩命不允
断来章批答

403 新除起复检校少师武成感德军节度使韩世忠上第二表辞免恩命不允
断来章口宣

403 新除起复检校少师武成感德军节度使韩世忠上表辞免恩命不允口宣

404 检校少保定江昭庆军节度使张俊再上表辞免恩命不允断来章口宣

404 令诸路州县召募土豪乡兵捍御把隘诏

404 推赏土豪立功之人诏

405 王瓌乞节制管下诸县乡兵等事答诏

405 新除户部侍郎孟庾辞免恩命不允诏

405 令刘光世前去镇江堤备金兵诏

406 两浙西路安抚大使许置官属诏

406 浙西安抚大使司官属请给诏

406 废弃旧法未曾书填度牒诏

406 罢提领度牒所诏

407 士儇特起复依前检校少保光山军节度使制

407 新除起复依前检校少保光山军节度使知大宗正事士儇辞免恩命不
允诏

407 命官陈乞祖父母父母恩例不得诈冒诏

408 器甲所限十日结局诏

408 饶信州德音

408 令岳飞率兵掩击金兵诏

409 赐新除御史中丞富直柔辞免恩命不允诏

409 祠部作度牒事诏

409 造成诸路度牒合同号簿事诏

410 文思院打背度牒紫衣师号官吏专置一司管办诏

410 赐陕西宣抚处置使张浚诏

410　朝奉郎直龙图阁刘棐可除礼部员外郎制

411　朝议大夫试中书舍人李公彦可转中奉大夫守中书舍人致仕制

411　保明推恩实有劳效官员乡兵土豪诏

411　令刘光世督责王德等掩击金兵诏

412　赐岳飞诏

412　令刘光世选精锐军马渡江杀贼诏

412　令刘光世督王德等乘胜进兵诏

413　赐岳飞诏

413　奖谕刘光世御笔

413　诸色人于检鼓院陈献文字诏

414　归明归朝人支给诏

414　赐刘光世御札

414　朝奉大夫直龙图阁知福州林安上可落职与宫观制

415　赐新除淮南江浙荆湖等路制置发运使权邦彦辞免恩命不允诏

415　赵公谨奖谕敕书

416　朝奉郎充集英殿修撰知婺州沈晦可除徽猷阁待制制

416　赐尚书右仆射范宗尹生日诏

416　武功郎阁门宣赞舍人阎皋可特与补吉州防御使所有借宣州观察使候
　　再立功日申朝廷取旨施行制

417　枢密直学士通议大夫知渭州席贡可除徽猷阁学士知遂宁府制

417　奉直大夫知泰州王浚明可除直秘阁制

418　神龙卫四厢都指挥使明州观察使熙河兰廓路经略安抚使知熙州刘锡
　　可除捧日天武四厢都指挥使制

418　赐宁远军节度使充醴泉观使孟忠厚辞免回授转官恩命不允诏

419　赈济诸处流移老弱到行在者诏

419　令刘光世率大军渡江讨杀金兵诏

419　温州观察使王瓚辞免复两官恩命不允诏

420　监司被旨体究公事不得迁延及循情灭裂诏

420　招人承佃户绝逃田事诏

420　宣奉大夫提举亳州明道宫朱胜非可除观文殿学士充江西荆湖南北路
　　宣抚使制

421　官员差除降黜等事令六曹类聚行下诏

421　禁杀耕牛告赏条约诏

421 赐浙西安抚大使刘光世诏

422 天申节回进隆祐皇太后度牒紫衣事诏

422 越州赈济流移百姓诏

422 綦崇礼除徽猷阁直学士知漳州制

423 新除徽猷阁直学士知漳州綦崇礼辞免恩命不允诏

423 宗室支破请给诏

423 新除同知枢密院事李回辞免恩命不允诏

424 同知枢密院事李回批答口宣

424 耿南仲追复宣奉大夫诏

424 谕刘光世诏

425 秦桧辞免礼部尚书不允诏

425 柳约进秩一等诏

425 赐陕西宣抚处置使张浚诏四斩赵哲待罪

426 无照验功赏不得更有保明诏

426 令三省检举褒赠吕公著等诏

426 赵鼎罢签书枢密院事制

427 新除吏部侍郎李正民辞免恩命不允诏

427 安抚司合用关牒申状事诏

427 綦崇礼降授宣教郎制

428 新除端明殿学士签书枢密院事富直柔辞免恩命不允诏

428 新除端明殿学士签书枢密院事富直柔上表辞免恩命不允断来章批答

428 富直柔签书枢密院事制

429 新差充荆湖南路马步军副总管孔彦舟辞免利州观察使恩命不允诏

429 追封吕公著范纯仁吕大防诏

430 人犯流配事诏

430 放散行在百司量留官吏诏

430 再令刘光世过江邀击金军诏

430 赐刘光世御笔

431 诸路旧置弓手节级立功转资条例诏

431 令刘光世修书金帅求和御笔

431 刘光世请定战守方略答诏

432 张汶系权京西南路安抚司使唤本路副总管王辟辄生叛逆汶节次掩杀
收复房州便宜特授武义大夫兼阁门宣赞舍人制

432　令高卫总率张用宋畋等军马前来江州应援诏

432　令韩球速往饶州划刷钱粮诏

432　赐孔彦舟诏

433　刘光世奏阙军粮答诏

433　给行在禁卫诸班直等雪寒柴炭钱诏

434　监司郡守通判三年为任诏

434　赠郑襄父制

434　赠郑襄母制

434　江西州县受理作过徒党事诏

435　擒获李敦仁等推恩诏

435　观文殿大学士宣奉大夫朱胜非奏受告新差江州路安抚大使知江州乞就近别行差官不允诏

435　建炎四年科举诏

436　赐陈正汇白金御札

436　陶悦特赠秘阁修撰制

卷五　绍兴元年

437　南平王李乾德嗣子阳焕吊祭敕书

437　知信州李尚行等奖谕敕书

438　赐参知政事谢克家生日诏

438　改建炎五年为绍兴元年德音

439　遥拜太上皇帝表

439　礼部奏科举事答诏

439　江南路荆湖路各分东西路诏

440　检校少保定江昭庆军节度使江淮路招讨使张俊加恩制

440　参知政事谢克家乞外任宫观不允诏

441　新除资政殿学士提举临安府洞霄宫谢克家辞免恩命不允诏

441　荐举除授京朝官知县诏

441　许诸路差随行在军兵借衣诏

442　行在供职官吏请受条约诏

442　录赵普子孙诏

442　令有司上袭封安定郡王人名手诏

442　州县奉行德音宽恤事件诏

443　推赏赵伦胡安中诏

443 左武大夫成州刺史京畿提刑兼权京城副留守赵伦武德大夫忠州刺史京西南路提刑权知唐州胡安中奖谕敕书

443 命官冲替勒停年月日内请受并不支破诏

444 诫谕刘光世措置边备诏

444 綦崇礼复授通直郎制

444 赐吕颐浩诏

445 越州差拨人匠修讲筵所诏

445 赵公燨特与改合入官事诏

445 令江南等路提刑司亲诣所部州县划刷合起金银钱帛诏

445 明堂大礼赏给事诏

446 知县县令不得差出诏

446 责沈长卿等诏

446 赐刘光世支军食御笔

446 令州县措置擒捕盗贼诏

447 秦桧辞免参知政事不允诏

447 秦桧参知政事制

447 令韩球施行纲运诏

448 三省监印使依大观政和条诏

448 通议大夫试刑部尚书胡直孺辞免恩命兼侍读不允诏

448 王璹依旧听吕颐浩使唤诏

448 郡守在任改移须俟新官合符诏

449 取问非理科率人户钱米官司诏

449 令孔彦舟率军马前来筠州掩杀李成贼马诏

449 诫约诸郡供申寀阙不得违限及隐匿漏落诏

449 将士立功推赏先申朝廷审度诏

450 令侍从台谏条陈时宜手诏

450 今年秋试于诸路类试诏

450 置江南东路兵马钤辖诏

451 大理评事差填条例诏

451 章识减二年磨勘诏

451 武功大夫荣州团练使知郢州曹成武功大夫贵州团练使知复州李宏并一行人兵奖谕敕书

452 赐张深程唐刘子羽奖谕诏

452　三省正官都录事转官事诏

452　宁武军节度使开府仪同三司新除淮南路宣抚使刘光世辞免恩命不
　　　允诏

453　令刘光世讨李成诏

453　罢诸路州军免行钱诏

454　何克忠献书补官诏

454　严止遏籴诏

454　犒设行在禁卫诸班直等诏

454　奖谕桑仲敕书

455　辛道宗罢枢密都承旨御笔

455　禁约官司辄截留赴行在钱物斛斗诏

455　令张俊晓谕赦李成胁从及赏斩成级诏

455　赐张俊诏

456　赈恤流民诏

456　赐江南西路安抚大使朱胜非诏

457　差官措置淮南东路盐事诏

457　柳约充集英殿修撰诏

457　李齐一行军兵等奖谕敕书

458　赐陕西宣抚处置使张浚诏

458　大洪山僧守珍补承节郎制

459　赐陕西宣抚处置使张浚诏

459　军兵打草不得收刈田苗诏

459　省曹台院等诸司被受指挥及改更诏条并限当日录申修日历所诏

460　不得辄入国史日历所诏

460　馆职选人供职及一年通理四考诏

460　江南东西路在官合起发上供米斛依市价出粜诏

460　校定省仓见使升斗诏

461　秘书省合撰乐章等并长贰分请官撰诏

461　秘书省官轮季点检太史局等诏

461　秘书省官转官诏

461　秘书省书库官楷书员额诏

462　隆祐皇太后遗诰

462　赐门下诏

463 秘阁书不许本省官及诸处关借诏

463 隆祐皇太后应行典礼比拟钦宪皇后故事诏

463 文武百僚宰臣范宗尹等上表乞遵隆祐皇太后遗诰服期允批答

464 范宗尹等乞不重服临朝批答

464 范宗尹等乞听政允批答

464 通议大夫试刑部尚书兼侍读胡直孺辞免昭慈献烈皇太后攒宫桥道顿
递司结局转两官恩命不允诏

465 榷货务遵守茶盐见行成法诏

465 令福建州县访询乡村豪侠信义之人诏

465 文武百僚范宗尹等上表请皇帝听政不允批答

465 文武百僚宰臣范宗尹等再上表请皇帝听政允批答

466 百司进呈条册钞录送刑部诏

466 天申节道场不许施乐诏

466 中书门下两省合送给舍文字更不分送诏

467 禁诸军补转官资辄增请受诏

467 官员去失付身止经州军保奏诏

467 临安府秀州亭户合给二税依皇祐专法诏

467 兴国军知通以下军兵将佐奖谕敕书

468 文武百僚宰臣范宗尹等再上表请皇帝御正殿不允批答

468 吕颐浩等兼淮南诸州宣抚使诏

468 夺李成官诏

469 文武百僚宰臣范宗尹等上表请皇帝御殿不允批答

469 范宗尹等请御正殿第二表不允批答

469 右朝议大夫直徽猷阁李弥孺可落职永不与堂除差遣制

470 左藏库许置官吏兵士诏

470 文武百僚宰臣范宗尹等三上表请皇帝御正殿允批答

470 全去失付身官员等不许委保诏

471 有官人全去失付身者不许召保陈乞诏

471 赐门下诏

471 有官人委保去失告敕陈乞恩泽者条法诏

472 明堂御札

472 积粟之家出粜补官有差诏

472 诸路死罪囚应奏谳者降等断遣诏

473　辨验并存恤自金国南归之人诏

473　持杖劫盗等依法真决配行诏

473　诚约州县不得非理科率手诏

474　令张俊速将李成除灭诏

474　选人投下磨勘文字令关报御史台置簿籍定诏

474　令监司即时按劾侍从所荐县令不法御笔

474　封昭裕公制

475　支拨米应副刘光世招降女真汉儿诏

475　隆祐皇太后哀册文

476　大行隆祐皇太后谥册文

476　阁门赐孟忠厚告口宣

477　赵应之特落致仕诏

477　令平江府埋瘗流尸诏

477　起复明州观察使吴玠兼陕西诸路都统制诏

478　臣僚言田产事答诏

478　尽鬻诸路官田诏

478　朝奉郎以上陈乞致仕身亡许任子诏

478　令刘光世剿杀张琪诏

479　赐韩世忠诏

479　孟忠厚特授起复镇潼军节度使开府仪同三司充醴泉观使进封东海郡开国侯加食邑食实封制

480　新除起复镇潼军节度使开府仪同三司充醴泉观使孟忠厚辞免恩命乞许终丧制不允诏

480　起复镇潼军节度使开府仪同三司充醴泉观使孟忠厚加恩制

480　镇潼军官吏军民道士僧尼耆寿等示谕敕书

481　镇潼军节度使开府仪同三司孟忠厚上表辞免恩命不允批答

481　镇潼军节度使开府仪同三司孟忠厚再上表辞免恩命不允仍断来章批答

482　镇潼军节度使开府仪同三司孟忠厚上表辞免恩命不允口宣

482　孟忠厚辞免恩命不允断来章口宣后

482　令张俊复渡江州驻札诏

483　官司申陈阙乏更不降给茶盐钞引诏

483　令温台明越州严禁牙人邀籴南米诏

483　令吕颐浩等扑灭张琪诏

483　新除吏部侍郎黎确辞免恩命不允诏

484　新除礼部侍郎李正民辞免恩命改授一闲慢职局不允诏

484　赐刘光世玉带等诏

484　李元瀹与外任诏

484　州县常平免役案吏人支重禄钱诏

485　京畿京西湖北淮南路诸州军抚谕敕书

485　抚问吕颐浩等口宣

485　赐吕颐浩银合茶药并抚问一行将佐军兵等口宣

486　堂除及举辟差遣之人条约诏

486　诸州军每季取索本州并属邑借支钱物数诏

486　去失印纸告札保奏条约诏

486　令范福李宝激励所部将士掩杀贼兵诏

487　罢四川宣抚司自行制造度牒出卖诏

487　招安南剑州将乐县作过百姓诏

487　太史局奏阙人吏答诏

488　汉阳军荆湖东路招抚使马友奖谕敕书

488　擒获邵清等可推恩诏

488　令支拨广南西路转运司上供钱应副买马诏

489　招安舒蕲等七州军作过百姓诏

489　用省样新斗诏

489　陈允亨特授承议郎诏

490　罢论武臣滥赏御批

490　编配京畿等路军人百姓事诏

490　行在厢军禁军一等借支绵诏

490　刑部尚书兼侍读胡直孺辞免昭慈献烈皇太后攒宫桥道顿递司结局转两官依所乞奖谕诏

491　谕刘光世简练士卒以省军资诏

491　王俣万格送吏部治罪诏

491　范宗尹特授观文殿学士提举临安府洞霄宫依前通议大夫食邑食实封如故任便居住制

492　新授观文殿学士提举临安府洞霄宫范宗尹辞免恩命不允诏

492　绍兴元年科举诏

493　赐陕西宣抚处置使张浚诏

493　赐知枢密院事李回生日诏

493　赐福建制置使辛企宗诏

494　范温等抚谕招收敕书

494　法济院权奉安祖宗神御诏

495　复观文殿学士知潭州吴敏乞辞免恩命不允诏

495　赐范温等奖谕敕书

496　减免湖州吉安县人户夏料税赋诏

496　措置浙西籴本事诏

496　造苍璧黄琮事诏

497　新除兵部尚书胡直孺辞免恩命乞除台严一州差遣不允诏

497　新除参知政事李回辞免恩命不允诏

497　新除资政殿学士提举临安府洞霄宫任便居住张守辞免恩命不允诏

498　新除参知政事李回上表辞免恩命不允断来章批答

498　新除同知枢密院事富直柔上表辞免恩命不允断来章批答

499　新除参知政事李回上表辞免恩命不允断来章口宣

499　新除同知枢密院事富直柔上表辞免恩命不允断来章口宣

499　张守罢参知政事制

500　李回参知政事制

500　复置催驱六曹房诏

500　防江及出战立功人推赏诏

501　明堂礼毕给赐诏

501　五路举人依旧制别项考校诏

501　秦桧辞免右仆射不允诏

501　李回辞免参知政事不允诏

502　诸路漕司估折帛钱申省诏

502　秦桧特授通议大夫守尚书左仆射同中书门下平章事进封文安郡开国侯加食邑食实封制

502　程颐追赠直龙图阁制

503　蠲减大观三年额外增添绅绢等续诏

503　差明堂五使诏

504　募人往河南伺金齐事及慰抚忠义之人诏

504　赐西蕃部族将士抚恤诏

504　抚恤单州军民诏

505　绍兴元年追严隆祐皇太后诏

505　赐镇潼军节度使开府仪同三司充醴泉观使孟忠厚生日诏

505　赐同知枢密院事富直柔生日诏

506　仲琮乞罢宗正司不允诏

506　辛企宗乞免秦凤路经略安抚使不允诏

506　隆祐太后推赠制

508　宣和皇后推赠推封制

510　李纲封赠制

511　桂州甘氏年九十可封太孺人制

512　掌设王氏典言吴氏并转国夫人制

512　宣和皇后侄女母吴氏封恭人制

512　皇叔祖郑州观察使同知宗正司事仲旸可承宣使制

513　方阍国子司业制

513　王彦成太仆少卿制

513　祝廷卫尉少卿制

514　王拨除直秘阁制

514　贵州刺史知顺安军徐沆转团练使制

514　随龙康益特转团练使监御辇院制

515　王敏文潼川府路转运副使制

515　武功大夫成州刺史黄琪已复旧官差知邕州制

516　甘晖可宣赞舍人制

516　蔡溥太府寺丞制

516　郭敏修都水监丞制

517　傅宿韩澄吏部郎官制

517　驾部员外郎尹东珣库部员外郎制

517　张宗臣大理寺丞孔仲原大理司直制

518　进士周义起刘宜孙充大金通问使属官特授从事郎制

518　黎译御史台主簿制

518　苏良冶太常寺主簿制

519　萧伦都水监主簿制

519　赵善淑等各可补承信郎制

519　宗子赵彦谟补承信郎制

520　谢才等补承信郎制

520　进武校尉常益等可承信郎制

520　任浃补承信郎制

521　枢密院编修官张灏改宣教郎制

521　秉义郎甘晖可阁门祇候制

521　承信郎潘璋可阁门祇候制

522　吴诩改合入官通判本州制

522　吕士昭提举保甲兼河东提刑制

522　刘亚夫何处厚复职与郡制

523　建阳知县黄邦光起复制

523　进纳陈真可承节郎制

523　信阳军义士首领孙仲等补秉义郎制

524　王琪赠武经郎制

524　曾升赠五官与一子恩泽制

524　张琄散官安置权主管北外承司公事制

525　仲辑降三官制

525　王公亮降两官放罢制

525　淮东提刑汪师忠降两官制

526　东南第三将郭实降两官放罢制

526　应天府钤辖王彻降两官制

526　应天府士曹黄诩降一官制

527　南道总管司属官诏齐降两官勒停制

527　提举皇城司郭镇降两官制

527　内侍黄逊先降两官取勘制

528　知麟州韩忠嗣降两官放罢制

528　吕噩司勋各降一官制

528　徐慎言落职制

529　孟汝嘉马向刑部郎官制

529　俞随刘公彦知东上阁门事

529　刘锡可龙神卫四厢都指挥使制

530　镇庆关使徐杰转防御使制

530　武义大夫董植可落致仕制

530　入内内侍省武经郎朱回敦武郎陈彦乞转出归部致仕依所乞制

531　孙馨李熙靖王资深韩持各赠五官制

531　皇叔检校少保光山军节度使知大宗正事士儇加恩制

532　皇叔祖检校少傅靖海军节度使开府仪同三司嗣濮王仲湜加恩制

532　枢密院主事王露可兵房副承旨制

532　拱卫大夫成州团练使权荆湖东路副总管马友并一行官兵等奖谕敕书

533　从义郎张琪等奖谕敕书

533　戒谕刘洪道敕书

534　麟府等州抚谕敕书

534　河南府官吏军民抚谕敕书

534　潭州官吏军民等抚恤敕书

535　蔡州官吏军民等奖谕敕书

535　朝散郎提举淮南西路茶盐公事许大年并本司官属奖谕敕书

535　贾说辞免宝文阁直学士不允批答

536　韩世忠告敕口宣

536　抚问韩世忠口宣

536　韩世忠辞免恩命不允口宣

537　抚问刘光世等口宣

537　抚问张俊口宣

537　抚问王瓒一行将佐仍赐犒设口宣

538　抚问韩世忠等一行军兵将佐口宣

538　抚问吕颐浩王瓒杨惟忠并赐银合茶药口宣

538　抚问吕颐浩朱胜非并赐银合茶药口宣

539　神武前军统制王瓒等奖谕敕书

539　责李成军中诏

540　范浩赠直徽猷阁制

540　郑毅赠七官制

540　江西转运司于洪州置司诏

541　江南东西路安抚大使分别兼知建康府洪州诏

541　许全州遇军期听广南西路经略安抚司节制诏

541　迪功郎张滉改官制

541　新除少保尚书左仆射吕颐浩上表辞免恩命不允口宣

542　令刑部郎官亲诣越州取黄德等公案看详诏

542　文臣寄禄官分左右字诏

542 新除江南东路安抚大使兼知寿春府滁濠庐和州无为军宣抚使叶梦得辞免恩命不允诏

543 令逐州守臣修置缺坏圩岸诏

543 减放昭慈献烈皇太后灵驾发引潩浸处租税诏

543 定审计司员额诏

544 剿捕张琪贼马诏

544 赐吕颐浩茶药口宣

544 令张缋发遣王冠人马讨捕张琪诏

544 令枢密院每半年遣使臣往河南省视诸陵诏

545 起发纲运金银计价推赏诏

545 明堂前朝飨太庙册文

545 明堂飨昊天上帝册文

546 明堂飨皇地祇册文

546 明堂飨太祖皇帝册文

546 明堂大礼赦文

547 真腊国王金裒宾深明堂加恩制

548 占城国王杨卜麻叠明堂加恩制

548 阇婆国王悉里地茶兰固野明堂加恩制

549 同知枢密院事富直柔明堂大礼赦恩曾祖任尚书都官员外郎赠太师中书令兼尚书令追封韩国公言改封鲁国公制

549 富直柔曾祖母韩国夫人韩氏赠鲁国夫人制

550 富直柔祖任武宁军节度使太师守司徒致仕韩国公谥文忠弼追封魏国公余如故制后

550 富直柔祖母韩国夫人晏氏赠魏国夫人制

550 富直柔父任右朝议大夫赠宣奉大夫绍庭赠太子少师制

551 富直柔母普安郡夫人刘氏赠彭城郡夫人制

551 富直柔故妻齐安郡夫人王氏赠太宁郡夫人制

552 参知政事李回明堂大礼曾祖赠正奉大夫祥赠太子少保制

552 李回曾祖母咸宁郡夫人印氏赠武陵郡夫人制

552 李回祖任太子中允赠正奉大夫禹赠太子少傅制

553 李回祖母晋康郡夫人姚氏赠太宁郡夫人制

553 李回父任宝文阁待制太中大夫赠太师琼追封襄国公制

554 李回嫡母鲁国夫人吴氏赠秦国夫人制

554　李回继母越国夫人邵氏赠秦国夫人制

554　李回继母燕国夫人孙氏赠秦国夫人制

555　李回所生母信安郡夫人常氏赠文安郡夫人制

555　李回妻齐安郡夫人郭氏封同安郡夫人制

555　同知枢密院富直柔加食邑实封制

556　知枢密院张浚加食邑实封制

556　参知政事李回加食邑实封制

557　兵部尚书胡直孺父任职方郎中赠开府仪同三司况赠少保制

557　胡直孺故母赠淑人制

557　胡直孺故继母嘉国夫人龚氏赠徐国夫人制

558　胡直孺故妻淑人吕氏赠淑人制

558　龙图阁待制知广州林遹父任建州司理参军赠中大夫格赠太中大夫制

558　林遹故母令人陈氏赠硕人制

559　林遹妻令人范氏赠硕人制

559　工部侍郎韩肖胄父中大夫赠正奉大夫治赠光禄大夫制

559　韩肖胄故母硕人文氏赠和义郡夫人制

560　韩肖胄继母太硕人文氏赠齐安郡夫人制

560　韩肖胄故妻令人王氏赠硕人制

560　韩肖胄故妻令人文氏赠硕人制

560　吕好问父任奉直大夫直秘阁赠太子少师希哲赠太子太傅制

561　吕好问故母齐安郡夫人张氏赠文安郡夫人制

561　吕好问故妻永嘉郡夫人王氏赠东莱郡夫人制

561　给事中洪拟明堂大礼父赠通议大夫固赠通奉大夫制

562　洪拟妻宜人邓氏封令人制

562　资政殿大学士中大夫提举万寿宫兼侍读王绹故祖任尚书都官郎中赠
　　　太子少傅克存赠太子少师制

563　王绹故祖母平原郡夫人韩氏赠文安郡夫人制

563　王绹故祖母安化郡夫人皇甫氏赠饶阳郡夫人制

563　王绹故祖母临淮郡夫人来氏赠淮安郡夫人制

564　王绹故父任宣教郎赠太子少师发赠太子太保制

564　王绹故母高平郡夫人张氏赠太宁郡夫人制

565　王绹故妻淄川郡夫人高氏赠济阳郡夫人制

565　王绹妻永嘉郡夫人强氏封同安郡夫人制

565　吕颐浩拜左相制

566　新除少保尚书左仆射同中书门下平章事吕颐浩辞免恩命不允诏

566　吕颐浩辞免少保恩命不允诏

567　吕颐浩除左仆射再辞免恩命不允诏

567　少保尚书左仆射吕颐浩加恩制

568　新除少保尚书左仆射吕颐浩上表辞免恩命不允批答

568　放散范汝为徒党不得迁延诏

568　令河南诸州互相救应诏

569　朝奉大夫起居舍人侯延庆除右文殿修撰与郡制

569　孟庾除户部尚书制

570　席益差知温州制

570　新除户部尚书孟庾辞免恩命不允诏

570　户部尚书孟庾故父赠朝散大夫赠中奉大夫制

571　孟庾故母宜人申氏赠淑人制

571　孟庾妻宜人徐氏封淑人制

571　席益徽猷阁待制与郡制

572　知岳州袁植赠直龙图阁制

572　刘宁止复旧职制

573　知太平州郭伟依已降指挥再任制

573　令江东安抚司拘留取勘方承诏

574　赐尚书左仆射同中书门下平章事吕颐浩等为火灾待罪不允诏

574　讨捕曹成贼马诏

574　禁福建转运使抑勒士民出助军钱物诏

575　差孟庾为江东西湖南路宣抚制置使诏

575　翰林学士汪藻父任奉议郎致仕赠正议大夫穀赠正奉大夫制

575　汪藻前母淑人陈氏赠淑人制

576　汪藻故妻淑人赵氏赠淑人制

576　汪藻妻淑人庄氏封淑人制

577　吏部侍郎黎确父任许田县主簿国子监直讲赠朝议大夫宗孟赠中大
　　夫制

577　黎确故母赠淑人制

577　黎确故妻赠淑人制

578　黎确妻封淑人制

578　吏部侍郎高卫父任左朝请郎尚书户部郎中铸赠银青光禄大夫制

578　高卫故前母普安郡夫人赵氏赠淮安郡夫人制

579　高卫故母齐安郡夫人赵氏赠同安郡夫人制

579　高卫故妻令人李氏赠硕人制

579　求能还两宫之人诏

580　委通判检察宗室请给诏

580　翰林学士汪藻龙图阁直学士与郡制

580　吏部侍郎黎确龙图阁待制与郡制

581　吏部侍郎高卫龙图阁待制与郡制

581　吏部员外郎胡世将校书郎刘一止除监察御史制

582　文林郎河南府孟汝唐州镇抚使司干办公事任直清与改合入官除直秘
　　　阁仍赐绯章服制

582　武节大夫河南府孟汝唐州镇抚使翟兴武功大夫遥郡防御使制

582　汪藻龙图阁直学士知湖州制

583　黎确龙图阁待制知漳州制

583　高卫龙图阁待制知抚州制

584　龙图阁学士朝议大夫致仕翟汝文翰林学士制

584　朝奉郎徽猷阁待制知婺州李光尚书吏部侍郎主管右选制

584　李弥大尚书吏部侍郎主管左选制

585　赐新除吏部尚书李光辞免恩命不允诏

585　令胡世将兼程去福建措置盗贼诏

585　严禁越州杀牛诏

586　赐少保尚书左仆射同中书门下平章事吕颐浩生日诏

586　武义大夫忠州刺史阁门宣赞舍人襄阳府邓随郢州镇抚使桑仲奖谕
　　　敕书

586　尚书右仆射秦桧曾祖赠太子少保某赠太子太保制

587　秦桧曾祖母永嘉郡夫人王氏赠崇国夫人制

587　秦桧祖赠太子少傅某赠太子太傅制

588　秦桧祖母普安郡夫人俞氏赠嘉国夫人制

588　秦桧父任信州玉山县令赠太子少师某赠太子太师制

588　秦桧母和义郡夫人王氏赠荣国夫人制

589　秦桧妻信安郡夫人王氏封镇国夫人制

589　左仆射吕颐浩曾祖赠太子少保元吉赠太子太保制

590 吕颐浩曾祖母荣国夫人李氏赠充国夫人制

590 吕颐浩祖赠太子少傅京赠太子太傅制

590 吕颐浩故祖母崇国夫人耿氏赠徐国夫人制

591 吕颐浩故父任宣德郎赠太子少师当赠太子太师制

591 吕颐浩故母温国夫人魏氏赠郓国夫人制

592 吕颐浩故妻嘉国夫人魏氏赠蔡国夫人故妻和国夫人姜氏赠卫国夫人制

592 资政殿学士张守故父赠太子少师彦直赠太子太保制

592 张守故母永嘉郡夫人王氏赠文安郡夫人制

593 张守妻普安郡夫人姚氏封太宁郡夫人制

593 起复镇潼军节度使开府仪同三司充醴泉观使孟忠厚曾祖任内殿承制阁门祗候赠太师追封秦王随追封魏王制

594 孟忠厚曾祖母徐豫国夫人张氏赠秦魏国夫人制

594 孟忠厚祖任武安军节度观察留后致仕赠太师追封岐王遂追封韩王制

594 孟忠厚祖母夏商国夫人王氏赠韩豫国夫人制

595 孟忠厚父任中散大夫开封府左司录赠通议大夫徽猷阁待制彦弼赠太子少师制

595 孟忠厚母徐郓国夫人李氏赠吴越国夫人制

596 孟忠厚妻卫国夫人王氏封楚国夫人制

596 给事中胡交修故父赠中大夫宗旦赠太中大夫制

596 胡交修故母令人姚氏赠硕人制

597 胡交修继母太令人杨氏封太硕人制

597 卫振为父靖招收李忠贼马阵亡补承信郎制

597 吴玠明州观察使制

598 明州观察使吴玠起复前件官职差遣制

598 令两浙转运司改造座船诏

599 蔡京王黼门人有才能者公举叙擢诏

599 参知政事李回除资政殿学士江南西路安抚大使令谢辞上殿制

600 给事中洪拟除吏部尚书制

600 左司员外郎赵子昼太常少卿制

601 降授朝奉大夫姚舜明左司郎官吏部员外郎仇念右司员外郎制

601 潘良贵考功郎官楼炤兵部李易屯田张衒刑部张汇比部郎官制

601 诸郡守臣改移及罪罢不俟新官先次罢任诏

602　禁诸军擅出城斫柴诏

602　赐新除户部侍郎柳约辞免恩命不允诏

602　诸处差破兵级人从请给事诏

603　林遹除龙图阁直学士诏

603　告谕范汝为徒党诏

603　官军杀获范汝为等赏格诏

603　进奏院承受文字依限投下诏

604　孟庾除参知政事制

604　直龙图阁前知婺州傅崧卿除秘书少监制

605　诸路屯驻军官支给钱米事诏

605　吏部尚书洪拟除龙图阁待制知温州制

605　吏部员外郎廖刚起居舍人制

606　陆长民孙近吏部郎官王珩户部郎官胡蒙度支郎官制

606　秦某与绯章服除直秘阁与郡制

606　枢密院先因童贯陈请过指挥更不施行诏

607　审计司阙官权差诏

607　德安府复州汉阳军镇抚使陈规除徽猷阁待制制

607　德安府通判李忏直秘阁制

608　官吏辨验伪造度牒赏格诏

608　谢克家差知泉州制

608　户部印押见钱关子召人入中诏

609　王庶转两官除徽猷阁直学士制

609　朝奉大夫直秘阁赵开除直显谟阁制

609　赈给越州被烧民户事诏

610　令叶梦得体究诣实宣州贱价收买客盐事诏

610　官司条例改送敕令所立限刊定诏

610　结绝刑狱诏

611　参知政事孟庾曾祖珏赠太子少保制

611　孟庾曾祖母王氏赠高平郡夫人制

611　孟庾祖任赵州司录某赠太子少傅制

612　孟庾祖母郭氏赠齐安郡夫人制

612　孟庾父赠中奉大夫淳赠太子少师制

613　孟庾母淑人申氏赠永嘉郡夫人制

613 孟庾妻淑人徐氏封普安郡夫人制

613 刑部员外郎钱稔大理少卿制

614 诸州钤辖差除兵官遵守见行条格诏

614 通议大夫试兵部尚书兼侍读胡直孺赠端明殿学士制

614 向宗厚除祠部郎官兼权太常少卿制

615 武功大夫忠州防御使新差主管迎奉景灵宫万寿观会圣宫章武殿神御所岑筌除内侍省押班制

615 有劳绩功赏整会叠转授之人陈诉事诏

615 知宣州李彦卿除刑部郎官制

616 朝奉大夫胡安国除中书舍人兼侍讲制

616 翰林学士翟汝文兼侍读制

616 招安江南等作过百姓诏

617 赐参政福建宣抚使孟庾诏

617 赐福建宣抚副使韩世忠诏

618 徐康国权知临安府措置移跸事务诏

618 差岑筌主管迎奉温州景灵宫等处神御诏

618 娄寅亮除监察御史制

619 谕孟庾韩世忠诏

619 令杨公弼与徐康国同措置擗截行宫诏

619 赐宇文虚中诏

620 百司收管军兵令申取朝廷指挥诏

620 官员陈乞封赠文字事诏

620 许人告官员入己赃罪诏

620 淮河捕获到铜钱断罪条约诏

621 以厢军抵替粮料院审计司占破禁军诏

621 富直柔罢同知枢密院事依前中大夫差提举临安府洞霄宫制

621 方孟卿除右司谏制

622 百辟卿士各举所知诏

622 令临安府贴占严洁寺院充奉祖宗神御诏

622 天章阁祖宗神御权于临安府院奉安诏

623 桑仲奏乞驻跸荆南答诏

623 陈刚中特与改合入官制

623 翟汝文除翰林学士承旨制

624　校书郎林待聘司封员外郎制

624　关防州县官吏容纵邻人换易蔡京田产诏

624　礼部侍郎李正民除徽猷阁待制知吉州制

625　悬赏告捉宰杀耕牛诏

625　修内司工匠添支食钱诏

625　龙图阁学士朝请大夫提举江州太平观路允迪守本官职致仕制

626　江东提刑程瑀太常少卿制

626　中大夫吴敏新除观文殿学士知潭州除资政殿学士提举洞霄宫制以祖
　　　母老辞潭州

626　复置枢密都承旨诏

627　枢密直学士通议大夫知遂宁府席贡赠五官制

627　祈雨雪诏

627　告谕范汝为徒党手诏

628　曾任宰执侍从责降落职人依已降赦敕检举诏

628　犒设邵清所管人数诏

628　前江西安抚使司主管机宜文字叶夏卿除直秘阁知饶州制

628　告捕妄言火灾者诏

629　蠲建炎三年以前积欠手诏

629　令三省将真决赃吏旧制镂板行下诏

629　赐神武副军都统制岳飞辞免恩命不允诏

630　陈戩差知明州制

630　推恩范温等诏

630　盐地分失察亭户隐缩私煎盗卖盐者责罚条约诏

631　武翼郎阁门宣赞舍人范温转武功大夫康州刺史依前阁门宣赞舍人制

631　诸州供给酒钱条诏

631　赐薛安靖玺书

632　抚谕淮东州县诏

632　秘书丞刘大中尚书吏部员外郎新授国子监丞汪廷直屯田员外郎制

633　大理寺且留绍兴府诏

633　保明功赏等须勘验虚实诏

633　罢收籴赏格诏

633　侍从及百司官吏逐旋起发前去临安府诏

634　诫约出师毋得搔扰诏

634　文臣陈乞状词系衔带左右字诏

634　移跸临安扈从军兵诏

635　官员陈乞状词札子须声说带左右字诏

635　令桑仲王彦释怨诏

635　左司员外郎江跻除殿中侍御史制

635　吴玠授镇西军节度使制

636　存恤张孝纯等家属诏

636　吏部员外郎潘良贵左司员外郎制

636　断勘乘乱作过人诏

637　林叔豹除秘书省正字制

637　应见科催合出印榜御札

637　葛胜仲复显谟阁待制制

卷六　绍兴二年

639　令吕颐浩寻访徐俯手诏

639　宣州太平州官修治圩田赏罚条约诏

639　复置贤良方正直言极谏科诏

640　谳诸路死罪囚诏

640　张浚书写奏状张棅授承务郎制

640　张守知绍兴府制

641　陈汝锡特责授汝州团练副使漳州安置制

641　赐韩世忠御札

641　赐韩世忠御札

642　左司员外郎姚舜明直龙图阁江淮荆浙等路发运副使制

642　侍御史沈与求御史中丞制

642　禁止行在诸军使臣军兵等强占民屋诏

643　放免租税诏

643　分擘人马往广东西界首把截曹成贼马诏

643　罢修造诏

643　徐俯除右谏议大夫诏

644　除放诸路建炎四年以前未起上供钱物粮斛诏

644　赐张浚手书

644　中大夫徽猷阁待制王昇太中大夫致仕制

645　黄叔敖除给事中制

645　拱卫大夫宣州观察使刘公彦差同管客省四方馆阁门公事制

646　资政殿学士太中大夫提举临安府洞霄宫吕好问守本官致仕制

646　端明殿学士正议大夫致仕黄裳父赠金紫光禄大夫文庆赠特进制

647　黄裳母永宁郡夫人吴氏赠高密郡夫人制

647　梁扬祖复徽猷阁学士制

647　陆宰复直秘阁制

648　责授单州团练副使宋晙叙朝请大夫制

648　杨康国特赠徽猷阁待制制

648　中奉大夫龙图阁待制知抚州高卫磨勘转中大夫制

649　王氏封和义夫人制

649　掌衣苏氏典宝宋氏典彩制

649　河东转运判官直秘阁王蓥赠正议大夫制

650　瑞昌县玉仙乡税户迪功郎周仁厚与改承务郎制

650　胡唐老赐谥制

651　故中书侍郎赠开府仪同三司张悫谥忠穆制

651　谢文瓘赠徽猷阁待制与两资恩泽制

651　通议大夫冯躬厚磨勘转通奉大夫制

652　宣和皇后故曾祖赠太子太保韦舜臣赠太子太傅制

652　宣和皇后故曾祖母惠国夫人段氏赠徐国夫人制

652　宣和皇后故祖赠太傅韦子华赠太师制

653　宣和皇后故祖母庆国夫人杜氏赠秦国夫人制

653　宣和皇后故父赠太师追封普安郡王韦安礼追封简王制

654　宣和皇后故母越国夫人宋氏赠魏国夫人制

654　知枢密院宣抚制置使张浚曾祖赠太子少保文矩赠太子太保制

654　张浚曾祖母南平郡夫人杨氏赠高密郡夫人制

655　张浚祖赠太子少傅赠太子太傅制

655　张浚祖母德阳郡夫人赵氏赠武陵郡夫人制

655　张浚祖母平昌郡夫人王氏赠太宁郡夫人制

656　张浚父赠太子少师咸赠太子太师制

656　张浚前母齐安郡夫人任氏赠蕲春郡夫人制

656　张浚前母普安郡夫人赵氏赠通义郡夫人制

657　张浚母永嘉郡夫人计氏封淮安郡夫人制

657　张浚妻信安郡夫人乐氏封同安郡夫人制

657　端明殿学士左中大夫冯澥靖康元年任左丞封赠故曾祖某赠太子少
　　保制

658　冯澥故曾祖母雍氏赠咸宁郡夫人制

658　冯澥故祖赠朝奉大夫仲堪赠太子少傅制

658　冯澥故祖母宜人杜氏赠咸安郡夫人制

659　冯澥故祖母宜人汝氏赠德阳郡夫人制

659　冯澥故父任朝请郎尚书祠部郎中赠宣奉大夫山赠太子少师制

659　冯澥故母淑人王氏赠普安郡夫人制

660　冯澥故妻安人赵氏赠南昌郡夫人制

660　冯澥故妻安人黎氏赠安岳郡夫人制

660　綦崇礼磨勘授奉议郎依前徽猷阁直学士制

661　武功大夫文州团练使兼阁门宣赞舍人知泰州张荣特授防御使制

661　朝奉大夫秘阁修撰方商都官员外郎制

661　越州奏从事郎黄大知状母洪氏年九十一岁乞依明堂赦书推恩封太孺
　　人制

662　朝奉郎向伯奋弟奉议郎仲堪乞依赦回授封叙与祖父母制

662　尚食直笔杨一娘赐名从信特除知内尚书省事制

662　赠通议大夫郑瓖谥威愍制

663　江西路招讨使张俊申具到掩杀李成等功状奇功统制官亲卫大夫文州
　　防御使杨沂中等统领官协忠大夫温州观察使张翼等将官起复左武大
　　夫忠州刺史郭吉等使臣武显大夫武勃等各转五官并遥郡制

663　朱赟等转武功大夫遥郡刺史制

664　第一等统领官左武大夫贵州刺史曹涤将官亲卫大夫史德等使臣右武
　　大夫刘全等四官第二等统制官拱卫大夫忠州防御使鲁珏将官武功大
　　夫齐闰使臣武功大夫阁门宣赞舍人张子厚三官遥郡第三等使臣武功
　　大夫康州防御使田友及两官制

664　使臣横行已上制

664　阵亡官赵谨等赠五官制恩泽两资，更与一名进义副尉。

665　枢密院检详诸房文字张公济右司郎中朝请郎刘峤枢密院检详制

665　安化州殿侍银青光禄大夫检校国子祭酒兼监察御史蒙光仲等加安化
　　州三班借差余如故制

665　朝请郎直秘阁知明州吴懋转朝奉大夫制

666　显谟阁直学士中大夫提举临安府洞霄宫魏宪特授太中大夫制

666　李邈赠节度使制

667　婕妤张氏祖赠中奉大夫张仲迪赠太中大夫制

667　婕妤张氏祖母令人孙氏赠淑人制

667　婕妤张氏父任忠翊郎赠修武郎张彦度赠武节大夫制

668　婕妤张氏故母孺人李氏赠淑人制

668　婕妤张氏故继母孺人赵氏赠淑人制

668　张浚故妻信安郡夫人乐氏赠武陵郡夫人制

669　端明殿学士中大夫冯澥遇建炎元年赦恩转太中大夫制

669　故武功大夫康州防御使提举江州太平观陈淬赠四官拱卫大夫遥郡观察使与两资恩泽制

670　权户部侍郎柳约故父任述古殿直学士通议大夫赠正奉大夫庭俊赠光禄大夫制

670　柳约母硕人胡氏封齐安郡夫人制

670　柳约故妻孺人魏氏赠硕人制

671　禁约官司擅行夺占舟船诏

671　禁人至临安府近行宫高阜诏

671　尽数收买贺铸家所藏图籍诏

671　李承造充两浙转运副使诏

672　禁州县及把隘官兵非理阻节茶盐客贩诏

672　太常少卿程瑀给事中制

672　吏部侍郎李光吏部尚书制

673　吏部侍郎李弥大户部尚书制

673　徽猷阁直学士知漳州綦崇礼吏部侍郎兼权直学士院制

673　给事中胡交修显谟阁待制提举江州太平观制

674　綦崇礼辞免吏部侍郎兼权直学士院不允诏

674　赐新除户部尚书李弥大辞免恩命不允诏

675　推赏崇德嘉兴官吏手诏

675　天章阁祖宗神御先行过钱塘江诏

675　计市价偿民材诏

675　榷货务制造官斝颁降诸路诏

676　福建转运判官张礜考功员外郎制

676　遣兵捕杀曹成贼马诏

676　李纲除观文殿学士荆湖广南路宣抚使兼知潭州制

677　綦崇礼再除尚书吏部侍郎制

677　诸路州军天申节拨放僧道度牒诏

677　令临安府差人兵救护遗火民财诏

678　起居舍人廖刚权吏部侍郎制

678　李友闻复集英殿修撰差提举江州太平观制

678　官户与编户一例均敷科配诏

679　置御前忠锐军诏

679　给事中黄叔敖兼侍读权吏部侍郎廖刚兼侍讲制

679　褒赠黄庭坚张耒晁补之秦观敕

680　监司官不得除乡贯系本路人诏

680　内外诸军月具籍申枢密院诏

680　故臣寮之家合破宣借兵请给条约诏

680　令张浚选精锐赴行在诏

681　六部开便门以便赴都堂禀白职事诏

681　赐新除检校少保定国军节度使依前知枢密院事宣抚处置使张浚辞免
　　　恩命不允诏

681　何九章为妻父贾信与董先贼兵斗敌身死得两资恩泽内将一资与次男
　　　僧奴其僧奴未曾承受间身死乞改正补承信郎换给制

682　武义为与翟兴军兵接战收复陕城转忠训郎换给薛道为措置牛十八等
　　　贼马有功转成节郎又措置赵常贼马转保义郎换给杜远为照管关隘捍
　　　御贼马并两次杀散逆贼等转保义郎换给张蒙为捕捉群贼易当世立功
　　　转一官吴青为收捉叛贼黄先等贼马转承节郎又与金人见阵转成忠郎
　　　换给制

682　赐资政殿学士左中大夫江南西路安抚大使马步军都总管兼知洪州军
　　　州充德安府舒蕲光黄复州汉阳军宣抚使李回奖谕诏

683　赐知枢密院事张浚乞许辞免先除检校少保定国军节度恩命不允诏

683　亲卫大夫荣州防御使巨师古可降三官制

684　令桑仲度势收复陷没诸郡诏

684　温州太庙百步内居止遗火条约诏

684　临安府犯强盗等依开封府条法断罪诏

684　赐新除端明殿学士左朝奉郎充江南东路安抚大使兼知建康府充寿春
　　　府滁濠和州无为军宣抚使李光辞免恩命不允诏

685　除占城国王杨卜麻叠特授依前检校太傅使持节琳州诸军事琳州刺史

充怀远军节度使琳州管内观察处置等使兼御史大夫占城国王加食邑食实封散官勋如故制

686　除阇婆国王悉里地茶兰固野特授依前检校司徒使持节琳州诸军事琳州刺史充怀远军节度使琳州管内观察处置等使兼御史大夫阇婆国王加食邑食实封散官勋如故制

686　诫约纲运赴合属仓分送诏

687　秘书省校书事诏

687　淮南通判到任赏格诏

687　人户典田产事诏

687　孟庾韩世忠至荆湖措置事务从本司施行诏

688　边顺复莱州防御使制

688　推恩汤易道等诏

688　放行请给须先行检察诏

689　诫谕诸路州军依条起发上供钱帛斛细诏

689　招诱淮东八郡人户佃田纳税条约诏

689　捉获顾安推恩刘坦等诏

690　官吏军下使臣等不得辄指占舟船诏

690　应逃亡等产去税存之户画时依法倚阁检察推割诏

690　赐御试考校官御批

691　行在御试策题

691　令韶州铸钱不得灭裂诏

691　减景灵宫酌献用羊诏

692　五品以下官等给告以缬罗代锦标诏

692　定左右金吾街仗司额诏

692　蔡孟容为乞将生擒贼徒李敦仁功赏于阶官上转行奉圣旨循修武郎制

693　赐川陕宣抚使司张浚诏

693　范综为杀败贼兵授右武大夫依前贵州刺史换给制

694　吴伦因金人来侵陇州掩杀金兵及解围方山原等立功授左武大夫威州刺史制

694　谢才为掩杀桑仲贼马转忠训郎掩杀李成贼马转秉义郎换给制

695　李英为掩杀桑仲补守阙进义副尉掩杀李忠贼马授承信郎又掩杀桑仲授保义郎制

695　孟诠元系保正因掩杀桑仲贼马立功节次转成忠郎制

695　向世章为掩杀桑仲贼众得功转承节郎并部押义军赴宣抚司转保义郎换给制

696　李纶因掩杀叛贼李忠授承信郎谭敏修为与王辟贼马斗敌获功于进义副尉上转四资授承信郎徐西美为归州捍御桑仲等贼马转忠翊郎又因杀王铁创贼马转忠训郎换给庞宏为杀叛贼桑仲等贼马转忠翊郎又因杀捕叛贼李忠等转从义郎又因捍御桑仲转修武郎换给董礼为

696　戒士大夫不为朋党诏

697　赐新除汝州观察使曹曚辞免恩命不允诏

697　工部侍郎除节度制

698　严禁亭户将所煎盐货私与百姓交易诏

698　改置清酒务诏

698　景灵宫潜火兵士额诏

698　翟汝文参知政事制

699　赐新除参知政事翟汝文辞免恩命不允诏

699　赐新除参知政事翟汝文上表辞免恩命不允断来章批答

700　禁神武诸军等衷私借差本军兵卒诏

700　德音

701　定江浙安抚大使司准备差遣准备差使员额诏

701　太府寺丞措置印给茶盐钞引事诏

701　赐新除显谟阁直学士左朝请郎知平江府李弥大辞免恩命不允诏

702　和雇船户起发浙西上供籴买钱米诏

702　禁宗室诈称袒免亲陈乞请受诏

702　禁三省枢密院人本宗有服亲任军中差遣诏

702　逐路差拨听候差使员额诏

703　吴国长公主所过州县不得过有搔扰诏

703　令内外侍从等各举中原流寓士人诏

703　诚谕朝臣同心体国诏

704　补授文学人听参选诏

704　医官填阙诏

704　除吕颐浩特授依前尚书左仆射同中书门下平章事兼知枢密院事都督江淮两浙荆湖诸军事

705　赐新除都监江淮两浙荆湖诸军事吕颐浩上表辞免恩命不允批答

705　赐吕颐浩再上表辞免恩命不允仍断来章批答

706　赐新除户部侍郎黄叔敖辞免恩命不允诏

706　赐新除端明殿学士江东路安抚大使李光再辞免恩命不允诏

707　守臣监司按举戍兵违法者诏

707　禁军人百姓集徒众买贩私盐诏

707　回赐高丽国王陈奏诏

708　回赐高丽国王起居诏

708　回赐高丽国王进奉方物诏

708　高丽使副朝见托归馆赐御宴口宣

709　高丽使副朝辞赐御筵口宣

709　诸路类试进士赴殿试不及人恩例诏

709　出矾引给江西茶盐司召人算请诏

710　臣僚之家宣借人换给历头事诏

710　绍兴府都茶场移于建康府置局诏

710　典卖田产事诏

710　臣僚乞令福建将合发上供银委官置场收买答诏

711　推恩仲综孙女诏

711　宣抚处置使司参议官宝文阁直学士程唐复阁学士制

711　开启天申节道场两府官作休务假诏

712　典田宅年限诏

712　榷货务官吏推恩事诏

712　令酌量曹成贼势措置掩杀诏

712　令桑仲等不得擅出兵诏

713　除刘光世特起复宁武军节度使开府仪同三司依前充两浙西路安抚大使马步军都总管兼知镇江军府事淮南东路宣抚使兼营田使食邑食实封如故制

713　封寿春吏隐真人制

714　蓬岭败曹成获捷抚谕将士诏

714　赐试兵部尚书权邦彦辞免兼侍读恩命不允诏

715　赐资政殿学士左中大夫知绍兴府张守辞免提举万寿观兼侍读恩命并乞外任宫观一次不允诏

715　赐新除端明殿学士签书枢密院事权邦彦辞免恩命不允诏

715　赐新除端明殿学士金书枢密院事权邦彦上表辞免恩命不允仍断来章批答

716　朱胜非兼侍读召赴行在诏

716　张九成类试第一名授官诏

716　正奏名进士范寅宾等转官诏

717　谕岳飞掩捕曹成事诏

717　结绝刑狱诏

717　黄子游乞许请盐钞客人入纳米斛答诏

717　赐新除兵部侍郎程瑀辞免恩命不允诏

718　神武五军汉弓箭手权添口食米诏

718　赐签书枢密院权邦彦生日诏

718　董悯送五百里外州军编管诏

719　左藏东西库不得留难阻节纲运诏

719　江东西籴买诏

719　江东西上供丝帛于建康府吉州桩管诏

719　令内外侍从等官条具省费裕国强兵息民之策手诏

720　除授榷货务都茶场等官事诏

720　主管西南外敦宗院等官堂除诏

720　百官日轮一人转对诏

721　大小使臣校尉缘军功补授而于军中解罢者参试诏

721　张守侍读醴泉观使制

722　起复徽猷阁直学士朝议大夫利州路经略安抚使知兴元府王庶转行两官制

722　赐参知政事翟汝文乞除在外一宫观差遣不允诏

723　书填空名官告事诏

723　置枢密院效士诏

723　赐特进尚书左仆射同中书门下平章事兼知枢密院事都督江淮荆浙路诸军事吕颐浩辞免长男承议郎抗次男宣教郎摭除职名赐章服恩命不允诏

724　军兵经过州县收支钱粮赢余储别库诏

724　赐新除龙图阁直学士折彦质辞免恩命并召赴行在乞除在外宫观不允诏

724　堂除选人任大理司直评事迁转事诏

725　除刘光世特授宁武军国军节度使依前起复开府仪同三司充两浙西路安抚大使马步军都总管兼知镇江军府事淮南东路宣抚使兼营田使加

食邑食实封制

725　除韩世忠特授太尉依前武成感德军节度使神武左军都统制福建江西
　　荆湖南北路宣抚副使加食邑实封制

726　岳飞除中卫大夫武安军承宣使告

727　赐新除太尉依前武成感德军节度使神武左军都统制福建江西荆湖南
　　北路宣抚副使加食邑五百户食实封二百户韩世忠辞免恩命不允诏

727　赐韩世忠御札

727　吏部检会磨勘条法等报川陕宣抚处置使司照会诏

728　选人任内因赏收使事诏

728　参知政事翟汝文致仕制

728　推恩陈元助男诏

729　诸州常平主管官职事诏

729　逃亡死绝等产去税存之户画时倚阁检察推割诏

729　叶焕奏池州税赋答诏

729　台谏言事官不在轮对条具之数诏

730　有官人充吏职止与支破吏职请给诏

730　赐知随州李道奖谕敕书

730　赐襄阳府统制军马李横奖谕敕书

731　令两浙江淮存抚东北流寓诏

731　赐武功大夫贵州团练使统制军马李宏奖谕敕书

732　募到海船推恩体例诏

732　诸路措置出卖官田诏

732　召王绹赴都堂审察诏

732　谕诸路出卖公田诏

733　悉蠲福建诸州被兵之家田税手诏

733　推恩李继宗等诏

733　奖谕王绹陈升诏

734　令广西收买战马诏

734　靖康勤王等赏自今不许陈乞诏

734　赐新除资政殿学士左中大夫知福州张守辞免恩命乞除一在外宫观不
　　允诏

735　赐资政殿学士左中大夫知福州充福建路安抚使张守乞一在外宫观任
　　便居住不允诏

735 赐资政殿学士左中大夫知福州充福建路安抚使张守乞除在外宫观不
允诏

736 诸军统制官钤束所部官兵不得越诉诏

736 臣僚赐衣带事诏

736 刘一止除起居郎制

736 未经审量人不得举辟及权摄职任诏

737 江南西路人户合纳一半本色等特许折纳价钱诏

737 赐新除起复左宣奉大夫守尚书右仆射同中书门下平章事兼知枢密院
事朱胜非赴行在诏

738 赐观文殿学士左宣奉大夫知绍兴府事充两浙东路安抚使朱胜非辞免
新除同都督江淮浙诸军事恩命不允诏

738 赐左中奉大夫徽猷阁待制德安府复州汉阳军镇抚使马步军都总管兼
知德安府陈规奖谕诏

739 赐陈规诏

739 令广东西路存恤江北流寓士人诏

739 临安府遗火止令马步军司及府兵救扑诏

739 綦崇礼除尚书兵部侍郎兼直学士院制

740 赐新除吏部尚书兼翰林学士沈与求辞免恩命乞除一在外宫观不允诏

740 赐户部尚书兼侍读黄叔敖乞除一在外宫观差遣不允诏

741 赐新除户部尚书兼侍读充修政局参详官黄叔敖辞免恩命不允诏

741 綦崇礼辞免兵部侍郎兼直学士院不允诏

742 赐参知政事孟庾辞免通议大夫恩命不允诏

742 再赐孟庾辞免不允诏

742 赐孟庾辞免进通议大夫不允口宣

743 赐左中大夫参知政事福建江西荆湖南北路宣抚使孟庾乞除外一宫观
差遣不允诏

743 赐尚书右仆射同中书门下平章事秦桧为水灾待罪不允诏

744 赐陈彦明下一行官兵等奖谕敕书

744 谕用朱胜非之意御札

744 赐朱胜非辞免依旧知绍兴府乞除授一外任宫祠差遣不允诏

745 赐参知政事孟庾辞免兼权同都督江淮荆浙诸军恩命并乞除在外宫观
差遣不允诏

745 罢市舶司诏

746　谕内外指事统制官立功报国诏

746　不得拘占截拨虔饶州提点铸钱司官船诏

746　蠲温州借拨军粮诏

746　安泊赈济临安府被火百姓诏

747　赐观文殿学士左宣奉大夫知绍兴府朱胜非乞改一外任宫观差遣不允诏

747　已授差遣人又就辟差者不得占据所授阙诏

747　选人充枢密院计议编修官磨勘条例诏

748　赈济福建路诏

748　答侍御史江跻论海船事诏

748　赐新除提举万寿观兼侍读朱胜非辞免恩命乞改授一外任宫祠不允诏

749　令所在州军依条勘给吴国长公主俸米诏

749　武臣遥郡已上减俸诏

749　武臣俸给诏

750　胡安国落职提举建昌军仙都观诏

750　朱胜非辞职不允诏

750　赐武功大夫遥郡防御使襄阳府郢州镇抚使李横武义大夫兼阁门宣赞舍人邓随州镇抚使李道权知邓州桑立奖谕敕书

751　赐尚书右仆射同中书门下平章事秦桧乞外任宫观差遣不允诏

751　令傅枢率兵讨贼诏

752　禁买花木珍禽诏

752　除秦桧特授观文殿学士提举江州太平观依前通奉大夫食邑食实封如故任便居住制

753　论秦桧御笔

753　外任官上殿事诏

753　廖刚先次落职诰

754　刘一止除宫祠制

754　赐新知平江府赵鼎辞免不允诏

755　陈之道为生擒贼首邓庆及斫到龚富首级及生擒次首领共一百九十三人转一官比类合于阶官上循两资杨志招为与莫公晟贼众斗敌掩杀逐次斫到贼头三级及杀死贼人不知其数转忠训郎制

755　宣抚处置使司主管机宜文字张宗元可除工部员外郎依旧张浚下主管机宜文字候回日供职制

755 陈渊责官制

756 观文殿学士提举江州太平观秦桧落职制

756 罢修政局诏

756 赐新除礼部尚书洪拟赴阙诏

757 四川编配羁管等命官依条移放叙复诏

757 彗星出大赦天下制

758 王伦特转朝奉大夫除右文殿修撰主管万寿观诰

758 赐新除吏部侍郎席益辞免恩命不允诏

759 赐资政殿大学士左中大夫提举临安府洞霄宫王绚辞绍兴府恩命乞依
旧宫祠终满此任不允诏

759 赐帛令户部折支钱三千诏

759 在外积并请给不得积留行在并请诏

760 抚谕川陕诸路官吏军民敕书

760 除朱胜非特授依前左宣奉大夫守尚书右仆射同中书门下平章事兼知
枢密院事加食邑食实封制

761 赐新除尚书右仆射同中书门下平章事朱胜非生日诏

761 赐新尚书右仆射同中书门下平章事朱胜非辞免恩命不允诏

762 赐新除翰林学士知制诰綦崇礼辞免恩命不允诏

762 赐新除尚书右仆射同中书门下平章事朱胜非辞免恩命不允断来章
批答

763 赐朱胜非辞免新除右仆射不允批答

763 赐朱胜非辞免右仆射恩命不允口宣

763 赐吏部尚书兼权翰林学士沈与求辞免兼侍读恩命不允诏

764 赐席益辞免侍讲不允批答

764 定诸军诸司粮料院吏额诏

764 令翰林天文局祗应学生习学比试诏

765 令张杓韩应胄监督依时检举合检举人诏

765 批降处分作御笔行下诏

765 樊端彦特除遥郡刺史御笔

765 诸州武臣见长吏仪诏

766 中亮大夫乔仲福阶官上转一官制

766 端明殿学士左中大夫提举亳州明道宫颜岐复资政殿学士诰

766 端明殿学士左中大夫提举临安府洞霄宫李邴复资政殿学士诰

767 　御笔处分仍许缴驳诏

767 　应副奉使之家请给诏

767 　令张致远督察浙西出卖官田事诏

768 　綦崇礼除翰林学士制

768 　赐武泰军官吏僧道耆寿等示谕敕书

769 　赐新除武泰军节度使依前侍卫亲军步军都总指挥使权主管殿前司公
　　　事郭仲荀辞免恩命不允诏

769 　除郭仲荀武泰军节度使依前侍卫亲军步军都指挥使权主管殿前司公
　　　事制

770 　赐新除武泰军节度使郭仲荀上奏辞免恩命不允批答

770 　赐郭仲荀再上表辞免恩命不允仍断来章批答

770 　赐郭仲荀辞免特授武泰军节度使恩命不允口宣

771 　上书人推恩免吏部审量御笔

771 　赐叙复平海军承宣使兰整辞免恩命不允诏

771 　端明殿学士左通议大夫提举万寿观许翰复资政殿学士制

772 　端明殿学士左大中大夫提举成都府玉局观冯澥复资政殿学士制

772 　端明殿学士左光禄大夫提举凤翔府上清太平宫宇文粹中复资政殿学
　　　士制

773 　禁将兵拖拽舟船攘夺物色诏

773 　旧市舶司职事令福建提举茶事兼领诏

774 　大理寺选差使臣一员充监门官诏

774 　淮浙盐贴纳通货钱诏

774 　禁诸路监司等属官元额之外辄行奏辟诏

774 　吕源复直龙图阁制

775 　季陵复徽猷阁待制制

775 　郑望之复徽猷阁待制制

776 　赵子淔复徽猷阁待制制

776 　李光落职提举台州崇道观诰

777 　赐新除端明殿学士川陕等路宣抚处置等副使王似辞免恩命不允诏

777 　赐检校少保定国军节度使知枢密院事宣抚处置使张浚乞检累奏赐黜
　　　责别选大臣经营关陕不允诏

778 　除邢焕特授庆远军节度使充醴泉观使特封德清县开国子食邑五百户
　　　食实封二百户制

778　赐交趾郡王李阳焕历日敕书

779　赐试礼部尚书洪拟辞免转官并减磨勘不允诏

779　赐新除礼部尚书洪拟辞免恩命不允诏

780　赐新除庆远军节度使充醴泉观使特封德清县开国子食邑五百户食实封二百户邢焕辞免恩命不允诏

780　再赐邢焕辞免不允断来章诏

781　赐新除庆远军节度使邢焕上表辞免恩命不允批答

781　赐邢焕除庆远军节度使充醴泉观使辞免恩命不允口宣

781　二庙封夫人制

782　除大理评事制

782　詹公荐湖北常平茶盐制

782　裴良琮转秉义郎除阁门祗候制

783　大礼都虞候换给定本制

783　赵士琯磨勘制

783　郑益换官制

784　任元等换官制

784　横行换官制

784　姚舜明复一官制

785　林安上复直龙图阁制

785　叶焕复集英殿修撰制

785　胡舜陟复集英殿修撰制

786　朝散郎直龙图阁程昌禹复朝请郎制

786　张扩致仕复敷文阁待制制

787　左中大夫提举西京崇福宫张徽复端明殿学士制

787　赵岍复直秘阁制

788　张士廉叙官制

788　向子忞叙官制

788　吴懋叙一官制

789　李宣收使功赏转官制

789　宋受等加官制

789　刘冲等加官制

790　韩顺之加官制

790　杜钦云郭镇加官制

790　陈靖加官制

791　孟愈孔奕苏世能加官制

791　黎初加官制

791　王永肩秦亮世熊诚并与遥郡上转一官制

792　潘温卿加官制

792　陈章等转官制

792　薛璟转官制

793　俊胙转官制

793　许制转官制

793　郑抃推垛子转一官制

794　邢元转官制

794　蔡申转三官制

794　张颐老转官制

795　王挺之押天申节马转官制

795　贾说致仕转官制

795　升加五斗力更转一官制

796　一石五斗弓各转一官制

796　张涓转官制

796　雷进押骆驼转官制

797　夏嗣忠转官制

797　钱肃之转官制

797　苏楷许宧转官制

798　梅兴祖转一官制

798　李蹈循资制

798　张之德循资制

799　张适道循资制

799　蒲荣循资制

799　杨时发循资制

800　董谅循资制

800　曹霁循资制

800　陈伯疆循资制

801　孙谊缘有去失将四官作四资制

801　皇叔右监门卫大将军秀州防御使士街磨勘转正任防御使制

1054

801 潘浃叙右武大夫济州防御使制

802 赵公悦责官制

802 江少虞责官制

802 王淑责官制

803 储秉直责官制

803 赵不曲责官制

803 连环责官制

803 郭照责官制

804 苗靖责官制

804 王俊民责官制

804 田安衡责官制

805 徐大任责官制

805 孙彦责官制

805 陈大猷责官制

806 何休降官制

806 李队降官制

806 姚伸降官制

807 赵立之降官制

807 戚宝等降官制

807 侯璋降官制

808 董季舒降两官制

808 郑知刚降官制

808 赵子俨降官制

809 武安宁走失罪人降两官制

809 王褒降官制

809 王国光降官制

810 葛善降官制

810 张皋押马降官制

810 田瓘降官制

811 莫仲效降官制

811 张通降官制

811 吴亿降官制

812 孙庆降官制

812　汪召嗣余应求降官制

812　孙处厚降官制

813　秦琪降官制

813　钟志大降官制

813　刘真降官制

814　某官致仕制

814　任铸致仕制

814　韩材起复制

815　陆谨范胜起复制

815　王瓘父亨赠太师制

815　武略大夫王俊赠五官制

816　张思正赠父制

816　康谓封赠故父制

816　康谓赠故母制

817　康谓赠妻制

817　王瓘故母马氏赠庆国夫人制

817　王瓘继母向氏封秦国太夫人制

818　王瓘故妻令人赵氏赠硕人制

818　罢吏部侍郎落职提举宫观诰

818　师敏转遥郡刺史诰

819　邵溥复秘阁修撰诰

819　李弼孺复直徽猷阁诰

820　何志同复待制制

820　李璆复集英殿修撰制

820　赵子崧复集英殿修撰制

821　卫仲达秘阁修撰制

821　何志同复徽猷阁待制制

821　常平司岁举京官员数令宪漕二司分举诏

822　管军臣僚等许入行宫北门诏

822　福建提举茶事司权移往泉州诏

822　见任及出使并前任宰臣执政官到阙报御药院闻奏诏

822　禁官司及奉使官辄指差大理寺使臣公吏诏

823　王庶落职诏

823 赐广南东西路荆湖南北路两浙东西路福建路江南东西路州县官吏等敕书

823 统领军马官不得陵犯知通县令诏

824 臣僚不得再任诏

824 令孙逸等催纳江西上供粮斛诏

824 徐俯赐进士出身御批

825 广西纲马须押到行在枢密院交纳诏

825 待阙官权摄州县职任令长吏批书印纸诏

825 臣僚陈请不得任乡部诏

825 诸司诸军粮料院审计司监官差权支给条例诏

826 宣谕官出谒制诏

826 赐庆远军官吏军民僧道耆寿等示谕敕书

826 诸路帅臣等造公使正赐库酒遵依成法诏

827 收捉浙东吃菜事魔诏

827 打造手射弓诏

827 造省样升斗秤尺等子出卖诏

827 令江北州军帅臣互相救援诏

828 赐新除吏部侍郎韩肖胄辞免恩命改授一州不允诏

828 支破福国夫人请给诏

828 令诸路州军将官员到罢窠阙状供申吏部诏

829 谕讲筵所诏

829 秘书省日轮官一员止宿诏

829 谕江湖闽浙广南路州县官吏诏

830 知县等阙官补填条例诏

830 责罚透漏私贩盐地分官诏

830 淮浙盐支文钞事诏

830 免武昌军上供钱物一年诏

831 令孟庚韩世忠为屯田之计诏

831 修起居注官立班诏

831 放免临安府人户去年和买并细绢折帛钱诏

831 支破行在御辇院辇官食钱事诏

832 检察州县施行宽免诏旨实状上闻诏

832 诸学士待制合请职钱米麦等依嘉祐禄令支破诏

832　赐尚书左仆射领江淮荆浙都督诸军吕颐浩生日诏

832　速捕闽盗诏

833　禁大理寺官出谒诏

833　赐新除龙图阁学士充荆湖南路安抚使兼知潭州沈与求辞免恩命乞一
　　　在外宫观不允诏

833　禁销金服饰诏

834　许陈乞还官任子诏

834　赐吕颐浩御札

834　赐徐俯诏

834　临安民居毋得以茅覆盖诏

835　谕临安府民捉获放火者诏

835　行宫皇城周回须空留尺度防谨火禁诏

835　八路除阙权归吏部诏

835　断遣诸路制勘公事徒罪以下者诏

836　令辛炳等所在州军给办装钱趣赴朝命诏

836　李愿差充川陕抚谕官诏

836　赐新除工部侍郎贾安宅辞免恩命不允诏

837　措置太平州修圩岸钱米及人户种粮诏

837　令诸路州县召僧道耕垦寺观常住荒田诏

837　吉州榷货务支钱岳州充籴军粮支用诏

837　赐张浚部叛将蜡书

838　周随亨与李愿同行诏

838　两浙转运司用申状公牒事诏

838　抚谕四川路敕书

839　抚谕陕西路官吏军民等敕书

839　催促钱斛不差郎官诏

839　赐同都督江淮荆浙诸军事孟庾辞免恩命不允诏

840　赐同都督江淮荆浙诸军事孟庾上表辞免恩命不允仍断来章批答

840　令临安府押汪大珪等归本贯诏

840　士街缘五享献官所得添给并行住罢诏

841　行在榷货务等火禁法诏

841　封罗文通敕

841　孔莘夫授迪功郎诏

842　杨政换给右武大夫恭州团练使制

842　杨政换给川陕宣抚使补授十将至右武大夫恭州团练使付身制

卷七　绍兴三年

843　诸路提刑司官兼提举常平等事诏

843　婺州绍兴三年分罗权折纳价钱诏

843　令度支出给文武官料钱历头取会阁门等处诏

844　姚舜明专一总领应干都督府钱物粮斛诏

844　中外刑官各务仁平手诏

844　韩世忠兵往还所给粮令漕司偿其数诏

845　令守臣劝诱献纳祖宗御书及国史实录会要等诏

845　禁诸司踏逐指差拘留截拦修造御前军器官物人吏诏

845　巡捕官知通等透漏私盐责罚条约诏

845　赐新除工部尚书席益辞免恩命不允诏

846　赐新除吏部侍郎陈与义辞免恩命不允诏

846　赐左奉议郎试尚书吏部侍郎兼侍讲陈与义乞除一在外宫观不允诏

847　诫约不得无故入三省诸门诏

847　赐皇叔祖检校少保靖海军节度使开府仪同三司嗣濮王仲湜辞免兼大
宗正事恩命不允诏

847　赐刘光世再辞免恩命不允诏

848　令御史台每季点检禁囚诏

848　赐新除知扬州充淮南东路安抚使汤东野辞免恩命不允诏

848　颁降历日时限诏

849　百官诸司诸军合支本色米更不用麦支折诏

849　诸军三衙支请合差官兵赴仓钤束诏

849　临安府收养乞丐诏

849　邕州置买马司收买战马诏

850　邕州置买马司收买战马诏

850　权行倚阁江东西湖北路绍兴二年未起上供纸数诏

850　宗室添差差遣条例诏

851　禁箭笴往山东诏

851　支赏告获东北仓偷盗粮斛者诏

851　行在诸仓支请事诏

851　广南西路置提举买马官诏

852　赐新除翰林学士知制诰徐俯辞免恩命不允诏

852　谕江西帅司招安事诏

853　蠲免钱塘仁和两县民户地基和买诏

853　天章阁神御旦望节序酌献食依旧排设二十五位诏

853　州县具所过官兵人数等申尚书省诏

853　伯琮特除和州防御使诏

854　景灵宫诸殿神御酌献食合用羊数诏

854　天章阁神御酌献合用羊数诏

854　部送罪人条约诏

854　伯琮贵州防御使制

855　奖谕彭起牛皋等诏

855　特给降武翼郎已下空名官告与李横诏

855　检察漕司移用钱诏

856　令孟庾将永丰圩禾稻应副韩世忠军粮诏

856　牛皋转两官制

856　茶园户请引贩茶事诏

856　赐新除签书枢密院事徐俯辞免恩命不允诏

857　赐新除参知政事席益辞免恩命不允诏

857　赐新除参知政事席益上表辞免恩命不允仍断来章批答

858　赐新除端明殿学士同签枢密院事徐俯上表辞免恩命不允仍断来章批答

858　不得追赠李通诏

859　有官圩田州县官兼提举主管诏

859　邵溥复徽猷阁待制制

859　檀倬复徽猷阁待制制

860　綦崇礼翰林学士进兼侍读制

860　綦崇礼辞免兼侍读不允诏

861　左武大夫开州团练使充池州驻札御前诸军统制休宁县开国伯食邑九百户程全赠六官制

861　赐资政殿学士左中大夫江南西路安抚大使兼知洪州李回乞除一宫观差遣不允诏

862　李道迁荣州团练使制

862　令严州抄录茶盐法条制送大理寺收掌诏

862　禁伪造行在请给文历券旁及诈冒盗请官物诏

863　户部不得勾唤榷货务都茶场吏人及取索文字诏

863　李回落职宫观制

863　舒蕲州控守事务听江州沿江安抚司约束等事诏

864　禁约臣僚上殿辄论私事及有侥求诏

864　沿江三大使司置属官员额诏

864　令百司将已省记条例与合为永格续降指挥置册编纂诏

864　李擢除工部侍郎告词

865　李横转行翊卫大夫制

865　赐新除工部侍郎李擢辞免恩命不允诏

866　赐尚书工部侍郎兼权侍讲李擢乞除僻小一郡或在外宫观不允诏

866　因功劳先次拟补官之人有犯依摄诸州助教法诏

866　彭玘转一官遥郡刺史制

867　凌唐优赠徽猷阁待制制

867　副钤辖改作路分都监诏

867　部送罪人所差兵级公人等添支食钱诏

868　令枢密院检详计议官点对广西起发纲马诏

868　知藤州侯彭老投进卖盐宽剩钱特降一官诏

868　令张思温追捕事魔为首之人诏

868　虔州作过之民依限自首诏

869　招诱淮东亭户归业事诏

869　诸军不得互相招收别人军兵诏

869　收买广东亭户官盐货诏

869　令行在南北仓官兼管干和籴诏

870　内军器库监门使臣令提点所申吏部指差诏

870　赐新除开府仪同三司韩世忠辞免恩命不允诏

870　赐韩世忠再上札子辞免恩命不允诏

871　赐韩世忠三上札子辞免恩命不允诏

871　除韩世忠特授开府仪同三司依前武成感德军节度使神武左军都统制充淮南东西路宣抚使加食邑食实封制

872　赃吏依祖宗法断罪诏

872　许中降直秘阁制

873　进士策问等以七书为题一首诏

873　赐徽猷阁直学士降授左中奉大夫知鄂州荆湖北路安抚使刘洪道奖谕诏

873　赐新除兵部侍郎郑滋辞免恩命不允诏

874　赐新除徽猷阁直学士依前知德安府陈规辞免恩命不允诏

874　赐检校少保镇西军节度使泾原秦凤路经略安抚使马步军都总管兼知秦州军州事兼管内劝农使充陕西诸路都统制兼宣抚处置使司都统制兼利州路阶成凤州制置使节置使龙州吴玠乞罢都统制职事别差官主管不允诏

875　赐龙图阁直学士左朝奉大夫知处州耿延禧乞除在外宫观差遣不允诏

875　赐检校少保定国军节度使知枢密院事张浚乞罢知院事不允诏

876　陈宥昭宣使上复一官制

876　钱忱父景臻追封卫国公制

877　钱忱妻康氏封安定郡夫人制

877　推恩陈蔼等诏

877　改委李处励措置宣州兴修官私圩田诏

878　应副商虢陕州粮食诏

878　令陈敏识拨付宣州常平义仓等米借贷圩田民户诏

878　起纲差拨条约诏

878　董震转武节大夫遥郡刺史制

879　杜林鱼泽刘宝王升各转遥防遥团制

879　岳超转防御使朱公旦高政许大同转团练使制

880　赐新除武节大夫遥郡刺史依前阁门宣赞舍人权商虢陕州镇抚使兼知虢州董震奖谕敕书

880　借请人兵不得妄指远处冒借请受诏

880　神武诸军将统领官阙不得直行差填及额外增置诏

881　除刘光世特授检校太傅依前起复宁武宁国军节度使开府仪同三司充江南东路宣抚使建康府置司加食邑食实封如故制

881　赐新除检校太傅依前起复宁武宁国军节度使开府仪同三司充江南东路宣抚使刘光世辞免恩命不允诏

882　赐刘光世再辞免恩命不允诏

882　赐刘光世三上札子辞免恩命不允诏

883　吕祉转一官制

883　赐新除徽猷阁直学士淮南东西路宣抚使参谋官宋伯友辞免恩命不

允诏

883　王瓌除天武捧日四厢都指挥使充淮南东西路安抚使司都统制

884　赐新除捧日天武四厢都指挥使充淮南东西路宣抚使司都统制王瓌辞
　　　免恩命不允诏

884　东西作坊作匠人吏物料并入军器所诏

885　赐唐州官吏军民等抚谕敕书

885　张公济乞增籴本答诏

885　马钦特落归朝字诏

886　江浙等都转运司时暂添差属官二员诏

886　胡舜陟乞置回易奏答诏

886　权行减免福建钞盐钱诏

886　胡世将知镇江府制

887　谢克家知平江府制

887　欧阳懋除徽猷阁待制知建康府制

888　昭慈圣献皇后大祥除几筵推恩本家亲属诏

888　赐新除信安郡王孟忠厚辞免恩命不允诏

888　赐新除信安郡王孟忠厚上表辞免恩命不允批答

889　赐忠厚再上表辞免恩命不允仍断来章批答

889　逐处见管军器衣甲数目不得漏泄诏

889　官员因事责授广南监当等条约诏

890　陈永锡迁职制

890　慕氏魏氏转婕妤制

890　遣发大兵所至州县责通判充钱粮官诏

891　诸军弃毁亡失付身不得于本军陈乞一面出给公据诏

891　高士瞳转遥郡承宣使差权管客省四方馆阁门公事制

891　陈谊特留依旧供职诏

892　支诸路提刑司兼干办常平官食钱诏

892　禁宗室南班官出谒及接见宾客诏

892　支钱与韩世忠诸军搭盖席屋诏

892　令韩世忠军疾速进发诏

893　除刘光世特起复检校太傅宁武宁国军节度使开府仪同三司充江南东
　　　路宣抚使彭城郡开国公食邑五千三百户食实封二千四百户依旧建康
　　　府置司制

893　赐新除起复检校太傅宁武宁国军节度使开府仪同三司充江南东路宣
　　抚使刘光世辞免恩命不允诏

894　曹成转右武大夫制

894　赐岳飞诏

894　连南夫知泉州制

895　冯轼降一官制

895　祁立转团练使制

896　郭安奴转尚仪苏迎喜转司宝宋七娘转司衣制

896　朱倩奴转掌彩制

896　士晤转防御使制

897　孟忠厚妻王氏封秦国夫人制

897　董贵转官迁团练使制

897　赐捧日天武四厢都指挥使庆远军承宣使神武前军统制王瓒辞免军职
　　不允诏

898　赐太尉定江昭庆军节度使神武右军都统制张浚乞一在外宫观差遣许
　　任便居住不允诏

898　诸路宣谕官所荐人才入对诏

899　湖南告捕私茶盐支赏事诏

899　博籴米斛给度牒官告事诏

899　令张公济梁汝嘉博籴不得徇情诏

899　张玼转官制

900　董先除观察使陕西安抚制

900　翟兴赠节度使制

901　措置招捕钟相等诏

901　赐翊卫大夫忠州观察使神武左副军统制西京路招抚使襄阳府邓随郢
　　州镇抚使兼知襄阳府李横利州观察使河南府孟汝郑州镇抚使兼知河
　　南府翟琮武功大夫吉州观察使河南府孟汝郑州镇抚使董先武节大夫
　　贵州刺史兼阁门宣赞舍人权商虢陕州镇抚使董震亲卫大夫安州观察
　　使唐州信阳军镇抚使知蔡州牛皋武功大夫吉州团练使知汝州彭玼武
　　义大夫阁门宣赞舍人邓州南阳县界巡绰盗贼牛宝修武郎阁门祗候权
　　河阳安抚使王伟武经大夫达州刺史知信阳军赵起武功郎阁门宣赞舍
　　人知唐州朱全武翼郎阁门宣赞舍人邓州南阳县把隘官朱力成抚谕
　　敕书

902 吉州榷货务都茶场申奏行移格诏

902 潘致尧转五官制

902 措置大礼赏给支用诏

903 韩肖胄除签书枢密院事制

903 胡松年除工部尚书制

904 改赐李横等敕书

904 抚谕四川官吏军民敕书

905 赐宇文虚中诏

905 赐新除工部尚书胡松年辞免恩命不允诏

906 赐端明殿学士左中大夫同签书枢密院事充大金国军前通问使韩肖胄辞免特赐恩泽七资起发钱一千贯左朝奉大夫试工部尚书充大金国军前通问副使胡松年辞免特赐恩泽五资起发钱八百贯恩命不允诏

906 赐新除同签书枢密院事韩肖胄辞免恩命不允诏

907 赐新除端明殿学士同签书枢密院事韩肖胄上表辞免恩命不允仍断来章批答

907 天申节犒设行在禁卫诸班直等诏

907 黄龟年除中书舍人制

908 颜孝恭转遥郡团练使制

908 曹成转左武大夫遥郡防御使制

908 禁宣谕官擅行取拨支使诸官司钱物诏

909 权免权住供进春秋口义及故事时日诏

909 更不起发婺州和买绢诏

909 仇悆降两官制

909 孚济侯加封嘉显孚济侯制

910 董旼转行两官制

910 裴衍转遥郡刺史制

910 辛彦宗叙左武大夫康州刺史制

911 安时转官制

911 冯正己落职冲替制

912 叶涣落职宫观制

912 赐起复检校太傅宁武宁国军节度使开府仪同三司充江南东路宣抚使刘光世辞免特赐银一千两恩命不允诏

912 解潜李横遇敌不得辄分彼此诏

913　给降空名官告绫纸令立字号置籍诏

913　赐端明殿学士左中大夫同签书枢密院事韩肖胄左朝奉大夫试工部尚
　　　书胡松年辞免赐马不允诏

913　出入三衙并具闻奏诏

914　韩肖胄母文氏特封国号制

914　拣放使臣校副尉等请给条约诏

914　蠲免兴元府洋州未起上供物帛钱斛诏

915　四川得解进士愿赴行在省试者给驿券诏

915　李膺落职降一官制

915　江浙州县丝帛及折帛钱立限到行在诏

915　罢沿海制置使司为总领海船所诏

916　令大理寺监门使臣与内侍官在门常切检察诏

916　解潜再任荆南镇抚使制

916　江西帅司遇盗贼听淮西帅司措置诏

917　归朝归明人支给事诏

917　知大宗正丞谢伋言宗室五事答诏

917　赐特进尚书左仆射同中书门下平章事吕颐浩辞免监修国史恩命不
　　　允诏

918　昭慈圣献皇后改谥命官撰谥册宝文诏

918　赐龙图阁直学士左朝请大夫知湖州汪藻奖谕诏

918　赐龙图阁直学士左朝请大夫知湖州汪藻再乞除在外宫观差遣不允诏

919　赐起复检校少保光山军节度使知大宗正事士儇上表辞免宗祀加恩不
　　　允诏

919　赐刘光世再辞免起复恩命并乞回纳赙赠及特赐银绢并不允诏

920　赐端明殿学士左朝奉大夫江南西路安抚大使兼知洪州赵鼎乞除一宫
　　　观差遣不允诏

920　赐参知政事同都督江淮荆浙诸军事孟庾乞除在外宫观差遣不允诏

921　赐同都督江淮荆浙诸军事孟庾乞除一在外宫观差遣不允诏

921　赐新除龙图阁学士充川陕宣抚处置副使卢法原辞免恩命不允诏

922　婕好慕氏转婉仪制

922　婕好魏氏转修容制

922　陈永锡特转行遥郡一官制

923　樊彦端转行遥郡刺史制

923 士博转一官制

924 士樽转正任防御使制

924 士贶转遥郡刺史制

924 令广东市舶司博买香药诏

925 令刘光世应副王璪舟船诏

925 赐资政殿学士左中大夫谢克家辞免提举万寿观兼侍读恩命不允诏

925 大理寺手分狱子于外州军差拨诏

926 选差统兵官带兵驻札广州诏

926 赐左奉议郎试尚书吏部侍郎兼侍讲兼权直学士院陈与义乞除一小郡
或宫观差遣并不允诏

926 赐吏部侍郎兼直学士院兼侍讲陈与义乞除一在外宫观差遣不允诏

927 赐知枢密院张浚乞在外宫观差遣不允诏

928 令真扬楚泗承州埋瘗遗骸诏

928 趣岳飞赴行在御札

928 田怡特支米诏

928 令两浙提刑司结绝刑狱诏

929 令诸路提刑司将见任官合得职田依法摽拨诏

929 左藏库给散诸军衣赐不得搀先拥闹诏

929 赐吕颐浩诏

930 禁职田强抑人户租佃诏

930 仪鸾司籍定惯熟手高工匠应奉御前排办诏

930 禁约抑勒江北流寓人等诏

931 密行收捕宗室及不肖子弟殴打平人诏

931 令临安府及诸州遣官诣诸县检察决遣刑狱诏

931 令浙西埋瘗露骸诏

931 体究搔扰临安府人户事申尚书省诏

932 右仆射朱胜非起复制

932 罢都督府随军运判诏

932 杨沂中除遥郡承宣使诏

933 杨沂中转官制

933 赐朱胜非诏

933 赐朱胜非诏

934 赐给事中詹义乞淮浙一小郡或在外宫观不允诏

934 李吉等为有战功换官制

934 禁粮料院审计司人吏于诸军诡名收系影带执役诏

935 水陆兴贩出界断罪诏

935 诸路州军申部取断奏案诏

935 减罢都转运司官吏诏

935 求直言诏

936 除放建炎四年以前未纳钱物诏

936 尚书省额内年未及格守阙人吏住罢请给诏

936 钱塘建德当职官卖盐增亏赏罚诏

936 令户部具都转运司事申尚书省诏

937 检察孤遗宗子尊长支请钱米事诏

937 封金坛灵济庙嘉惠夫人诏

937 赐侍卫亲军步军都指挥使武泰军节度使权主管殿前司公事郭仲荀乞罢军职除一宫观差遣不允诏

938 奉迎温州太庙神主所等改名诏

938 凡遇水旱监司郡守具奏毋隐诏

938 行在职事及厘务官上书实封用公文印记诏

938 除吕颐浩特授镇南军节度使开府仪同三司提举临安府洞霄宫食邑食实封如故制

939 重定以绢计赃手诏

940 广南市舶库钱物不得取拨支使诏

940 吕颐浩复特进观文殿大学士宫祠如故制

940 赐观文殿大学士提举临安府洞霄宫吕颐浩辞免恩命不允诏

941 贩到临安竹木薪菷枯权免税诏

941 为李韬等伏阙上书谕宰执诏

941 李韬苏白押归本贯御笔

941 进奏官有犯依旧制诏

942 仲湜等月廪诏

942 岳飞除镇南军承宣使充江南西路沿江制置使告

942 推赏吴玠等和尚原立功统制将佐诏

943 特给范温料历诏

943 非急速不可待者令给舍书读诏

943 岳飞充江南西路制置使江州驻札诏

943　泉州奏水灾事答诏

944　罗兴转官诏

944　赐新除江东淮西路宣抚使刘光世诏

944　赐新除镇江府建康府淮南东路宣抚使韩世忠诏

945　令岳飞明远斥堠诏

945　令岳飞说谕签军来归诏

945　赐左朝奉大夫新除兵部尚书赵子昼辞免恩命不允诏

946　郭仲荀乞辞差官属答诏

946　沈昭远改官制

946　钱圻改官制

947　赐镇潼军节度使开府仪同三司充醴泉观使孟忠厚生日诏

947　赐检校少保定国军节度使知枢密院事张浚赴行在诏

948　赐宇文虚中诏

948　告谕天下州郡诏

948　赐新除徽猷阁直学士提举江州太平观洪拟辞免恩命不允诏

949　令张俊杨沂中约束所部官兵不得辄出营寨诏

949　捕获强盗推赏事诏

949　犯私盐依绍兴敕断罪诏

950　令宣抚处置使司除授帅臣监司阙官诏

950　江州守臣衔内权不带沿江安抚诏

950　优官非出入假故应通签而独行者官司不得被受诏

950　诫约士大夫手诏

951　福温州酌献祖宗神御祭酒就便支供诏

951　舒清国除起居郎制

951　收籴米斛桩管事诏

952　王冈王廷秀除直秘阁宫观制

952　刘大中除监察御史制

952　令吴玠等协和御贼诏

953　令御史台措置参谢辞官合用木炭茶汤诏

953　赏功房按法推恩诏

953　李擢除徽猷阁直学士与郡制

954　李擢知婺州制

954　结绝绍兴二年前作过人词诉诏

954 曾楸除礼部尚书制

955 宋伯友除刑部侍郎制

955 令三省除铨曹奸弊诏

956 枢密直学士威愍忠臣郑骧敕命

956 诸路添差官额诏

956 洪炎转一官致仕制

957 杜湛转武翼大夫遥郡刺史制

957 梁彦赠官制

957 杨从仪转亲卫大夫制

958 陈桷升郎中制

958 虞㵣陆长民除吏部郎官制

958 赐资政殿学士左中大夫提举万寿观兼侍读谢克家辞免新除男仅工部
郎官恩命不允诏

959 洪炎转四官制

959 承务郎以上去失奏状收使事诏

960 邢焕特赠少师追封国公制

960 邢孝扬除直秘阁制

960 后姊邢氏加封郡夫人制

961 后妹邢氏并弟妇高氏并封安人制

961 禁班直宿卫亲兵逃走辄投别军诏

961 禁诸郡委倚郭县认纳公帑措息钱诏

962 临安府排岸司添文官手分诏

962 吴革除直秘阁制

962 推赏高道等诏

962 令江南东西路转运司召人请佃未佃闲田诏

963 折支绢钱诏

963 觉察宗子不法事诏

963 责罚稽违侵隐上供钱物诏

964 令内外诸军分明说谕议和事诏

964 诸路州军通融应副遣发军马钱粮诏

964 常同陈请皇城司隶台察指挥更不施行诏

964 张叔献除直阁提刑制

965 火灾依军法断罪并赈恤被火人户诏

965 两浙江东西路转运司买扑坊场事诏

965 唐辉除右史制

966 谢克家移郡制

966 摘出赃吏巨蠹之人留禁俟旨诏

967 祗候库人吏磨勘迁转诏

967 郭孝友礼部郎官制

967 赵濡礼部郎官制

968 粟顺等迁长史并司马制

968 王序封赠二代制

968 王序故妻钧氏追封制

969 杨选马千转行右武大夫制

969 田开除刺史制

969 许份转一官致仕制

970 李彦明昨捉获刘超贼徒立功便宜转官给到尚书吏部公据本部照得本人付身并系真命合转忠翊郎制

970 禁排岸司非理留难阻节押纲人吏诏

970 张绚改官制

971 赐朱胜非辞免监修国史命不允诏

971 周聿许抟范伯奋改官制

971 司农寺丞应办事诏

972 砌垒宫墙诏

972 诫约不得违犯临安府改造瓦屋指挥诏

972 臣僚差遣不得自具阙乞差诏

972 承直郎以下转官条诏

973 昭慈圣献皇后改谥礼毕恩赐诏

973 令岳飞刘洪道同共掩杀贼兵诏

973 责罚令佐替移催科二税不经批书人吏诏

974 魏良臣除刑部郎官制

974 军器所宣抚安抚司合用军须物色不得抑配科扰诏

974 诫约火发去处不得乘时作过诏

975 梁汝嘉措置人使到行在差人把巷约闹事答诏

975 借拨广西常平免役场务抵当金银钱赴衡州桩管诏

975 陈规除直龙图阁知庐州安抚淮西制

976 沈昭远除户部郎官制

976 禁内侍收养禽虫等诏

976 三衙军管官月廪诏

976 令吉州榷货务支降见钱打造战船诏

977 闻人武子改官制

977 王雱改官制

977 章谊洪拟各转一官制

978 章谊除龙图阁学士制

978 孙近除给事中制

979 赐检校少保定国军节度使知枢密院事张浚赴行在诏

979 赐武泰军节度使知明州军州事兼管内劝农使兼沿海制置使郭仲荀辞
     免新除检校少保恩命不允诏

980 赐新除检校少保郭仲荀辞免恩命不允诏

980 赐端明殿学士左中大夫知饶州军州事主管孳生监牧董耘乞除在外宫
     观差遣不允诏

981 梁汝嘉转一官制

981 虞溍除左司制

981 陈昂除吏部郎官制

982 吴敏封赠二代制

982 吴敏故父赠官制

982 吴敏故母夏侯氏追封制

983 吴敏祖母韩氏加封制

983 吴敏妻曹氏加封制

983 王秀除直秘阁仍赐章服制

984 徐杞除司勋郎官制

984 赐新除龙图阁学士依前枢密院都承旨章谊辞免恩命不允诏

985 赐新除龙图阁直学士章谊再辞免恩命不允诏